제12판

행정법총론 | 행정구제법 | 행정법각론

기본 행정법

Verwaltungsrecht

홍정선

박영사

제12판(2024년판) 머리말

[1] 제12판에서는 법규명령의 통제, 이행강제금의 의의, 국가배상법 제2조의 법령 위반, 이의신청의 방법, 재심사의 신청 방법, 행정심판청구서의 제출 · 접수 · 처리, 행정심판 청구의 심리 등 여러 부분에서 기존 내용을 수정하거나 보완하였고, 새로운 내용을 추가하기도 하였다,

[2] 지난해에도 정부조직법, 지방행정제재 · 부과금의 징수 등에 관한 법률, 개인정보 보호법, 행정심판법, 지방자치법, 국가공무원법, 강원특별자치도 설치 등에 관한 특별법, 지방자치분권 및 지방행정체제개편에 관한 특별법, 행정규제기본법, 부담금관리 기본법, 문화재보호법 등 많은 법률의 개정이 있었다. 이러한 상황도 반영하였다.

[3] 지난해 가을까지 선고된 대법원과 헌법재판소의 주요 판례도 반영하였다. 같은 취지의 판례는 새로운 판례로 대체하려고 하였다.

[4] PART 4. **기출 국가시험 사례문제와 답안작성요령** 부분에서 2023년까지 출제된 변호사시험, 입법고시, 법원행정고등고시, 5급공채, 종래의 사법시험 등의 기출 국가시험 문제를 해설하였다. 행정기본법 제정 전에 출제되었던 문제들의 해설도 행정기본법의 내용에 맞추어 수정하였다.

[5] 끝으로, 이 책을 출간해주신 박영사 안종만 회장님, 조성호 이사님, 편집 등을 맡아준 김선민 이사님에게 감사한다. 제23판을 발간하게 된 것도 독자들의 끊임없는 큰 호응이 있었기에 가능하다고 믿는다. 독자들의 건승을 기원하면서 …

2024년 1월 1일
우거에서
홍 정 선 씀

머 리 말

[1] 저자는 그동안 전문학술서로 「**행정법원론(상)(하)**」, 사법시험 · 변호사시험 · 5(등)급 국가공무원 공개경쟁채용시험 · 입법고시 등 각종 국가시험용 교재로 「**행정법특강**」, 행정법 초학자용 교재로 「**新행정법입문**」을 박영사를 통해 출간해왔다. 이러한 책들은 법과대학 · 로스쿨의 행정법 기본교재로 활용하기에는 다소 거리가 있다고 생각해오다가, 이제 법과대학 · 로스쿨의 행정법 강의의 표준적인 기본교재로 「**기본행정법**」을 출간하게 되었다.

[2] 「**기본행정법**」에서는 행정법 전반(행정법총론, 행정법각론, 행정구제법)을 다루는 바, 독자들이 행정법 전반을 체계적으로 이해하는 데 많은 도움을 줄 것이다. 저자는 행정법의 체계를 행정법총론 · 행정법각론 · 행정쟁송법으로 구성하는 것이 논리적이라 생각하지만, 「**기본행정법**」에서는 행정법총론 · 행정법각론 · 행정구제법으로 구성하였고, 행정구제법은 국가책임법(손실보상 · 손해배상)과 행정쟁송법으로 구성하였다. 행정법총론의 한 부분인 국가책임법(손실보상 · 손해배상)을 행정구제법의 내용으로 한 것은 대부분의 대학이나 로스쿨에서 국가책임법(손실보상 · 손해배상)을 행정쟁송법과 묶어 행정구제법이라는 제목하에 강의하고 있기 때문이다.

[3] 한편, 독자들이 보다 쉽게 이 책을 이해할 수 있도록 하기 위해 많은 예를 들었다. 내용이 긴 것은 [예]라는 제목하에 기술하였고, 내용이 짧은 것은 본문에서 기술하였다. 그리고 본문의 구성상 필요한 경우에는 내용이 긴 예도 본문에 기술한 경우가 있다. 하여간 이 책의 내용은 전반적으로 쉽게 기술되고 있으므로, 독자들이 혼자서 공부하고자 하는 경우에도 유용할 것이다.

[4] 이 책에서 언급되는 법률은 2013년 1월 1일을 기준으로 하였다. 그리고 2012년 12월까지 선고된 대법원과 헌법재판소의 주요 판례를 참고하였다. 한편, 이 책에서는 독자들의 편의를 위해 많은 예와 관련 조문을 달았으며, 각주는 붙이지 아니하였다. 혹시라도 출처에 관해 궁금함이 있는 경우에는 「**행정법원론(상)(하)**」의 출처를 참고하면 될 것이다.

[5] 머리말을 쓸 기회를 이용하여 저자가 금년 초에 경찰행정 관련학과 학생들을 위한 경찰행정법의 표준적인 교재의 목적으로 박영사를 통해 「**기본 경찰행정법**」을 출간하게 되었음을 알리고 싶다. 「**기본 경찰행정법**」에서는 경찰행정법 전반(경찰행정법일반론, 경찰행정조직법, 경찰행정작용법, 국가책임과 비용상환, 경찰상 행정쟁송법)이 비교적 쉽게 기술되고 있으므로, 독자들이 경찰행정법 전반을 보다 쉽게 체계적으로 이해하는 데 많은 도움을 줄 것이다. 경찰승진시험 등을 준비하는 이들이 활용하기도 좋을 것이다.

[6] 끝으로, 이 책을 펴내는 데 도움을 주신 분들에게 감사를 표하고자 한다. 먼저, 원고를 비판적으로 검토해준 단국대학교 법과대학의 홍강훈 교수에게 감사를 표한다. 홍 교수에게 학문하는 즐거움이 늘 함께하기를 기원한다. 이 책을 출간해주신 박영사 안종만 회장님, 편집과 교정을 맡아준 문선미 대리님에게 감사한다.

2013년 1월 1일
우거에서
홍 정 선 씀

차 례

▌제 1 부 행정법총론

▌제1장 일 반 론 3

제1절 행정법의 관념 3

제1항 행정과 통치행위 3

Ⅰ. 행정의 의의 _ 3
Ⅱ. 통치행위 _ 6

제2항 행정법의 개념 9

Ⅰ. 정의 _ 9
Ⅱ. 공법의 의의 _ 9
Ⅲ. 공법과 사법의 구분 _ 9

제2절 행정법의 법원 10

제1항 법원의 의의와 종류 10

Ⅰ. 법원의 의의 _ 10
Ⅱ. 법원의 종류 _ 10

제2항 법원의 효력 14

Ⅰ. 시간적 효력범위 _ 14
Ⅱ. 지역적 효력범위 _ 15
Ⅲ. 인적 효력범위 _ 16

제3항 행정기본법상 법원칙 16

Ⅰ. 법치행정의 원칙 _ 16
Ⅱ. 평등의 원칙 _ 19
Ⅲ. 비례의 원칙 _ 20
Ⅳ. 성실의무 및 권한남용금지의 원칙 _ 22
Ⅴ. 신뢰보호의 원칙과 실권의 원칙 _ 23
Ⅵ. 부당결부금지의 원칙 _ 25

제4항 법원의 흠결과 보충(행정법관계와 사법의 적용) 27

Ⅰ. 사법규정의 적용 _ 27
Ⅱ. 공법규정의 적용 _ 28

제3절 행정법관계 29

제1항 행정법관계의 당사자 29

Ⅰ. 행정의 주체 _ 29
Ⅱ. 행정의 상대방(객체) _ 32

제2항 행정법관계의 의의 32
Ⅰ. 행정법관계의 개념 _ 32
Ⅱ. 행정법관계의 특징 _ 33
제3항 행정법관계의 종류 34
Ⅰ. 권력관계·비권력관계 _ 34
Ⅱ. 특별권력관계 _ 34
Ⅲ. 사법관계(국고관계) _ 35
제4항 행정법관계의 발생과 소멸 35
Ⅰ. 발생원인 _ 35
Ⅱ. 소멸원인 _ 40
제5항 행정법관계의 내용 40
A. 국가적 공권 40
Ⅰ. 의의 _ 40
Ⅱ. 권력과 권리 _ 41
B. 개인적 공권 41
Ⅰ. 개인적 공권의 개념 _ 41
Ⅱ. 개인적 공권의 종류 _ 43
Ⅲ. 개인적 공권의 성립 _ 44
Ⅳ. 제3자의 법률상 이익 _ 47
Ⅴ. 무하자재량행사청구권 _ 49
Ⅵ. 행정개입청구권 _ 52
C. 공 의 무 54
Ⅰ. 의의 _ 54
Ⅱ. 종류 _ 55
Ⅲ. 특징 _ 55
D. 공권·공의무의 승계 55
Ⅰ. 행정주체 사이의 승계 _ 55
Ⅱ. 사인 사이의 승계 _ 56

제2장 행정의 행위형식 59

제1절 행정입법 59
제1항 법규명령 60
Ⅰ. 법규명령의 개념 _ 60
Ⅱ. 법규명령의 헌법적 근거 _ 61
Ⅲ. 법규명령의 성질 _ 62
Ⅳ. 법규명령의 종류 _ 62
Ⅴ. 법규명령의 근거와 한계 _ 63
Ⅵ. 법규명령의 적법요건 _ 65
Ⅶ. 법규명령의 하자 _ 65
Ⅷ. 법규명령의 소멸 _ 66
Ⅸ. 법규명령의 통제 _ 66

제2항 행정규칙 69
Ⅰ. 행정규칙의 의의 _ 69
Ⅱ. 행정규칙의 헌법적 근거 _ 70
Ⅲ. 행정규칙의 성질 _ 70
Ⅳ. 행정규칙의 종류 _ 71
Ⅴ. 행정규칙의 근거와 한계 _ 72
Ⅵ. 행정규칙의 적법요건 _ 73
Ⅶ. 행정규칙의 하자 _ 73
Ⅷ. 행정규칙의 소멸 _ 74
Ⅸ. 행정규칙의 효과 _ 74
Ⅹ. 행정규칙의 통제 _ 76
제3항 입법사항과 규율의 불일치(형식과 실질의 불일치) 77
Ⅰ. 행정규칙형식의 법규명령 _ 78
Ⅱ. 법규명령형식의 행정규칙 _ 79
제2절 행정계획 81
제1항 행정계획의 의의 81
Ⅰ. 국가와 계획 _ 81
Ⅱ. 계획의 개념 _ 81
Ⅲ. Plan과 Planning의 구분 _ 82
제2항 행정계획의 성질 82
Ⅰ. 논의의 의미 _ 82
Ⅱ. 학설 _ 82
Ⅲ. 판례 _ 83
Ⅳ. 사견 _ 83
제3항 행정계획의 종류 83
Ⅰ. 자료제공적 계획 _ 84
Ⅱ. 영향적 계획 _ 84
Ⅲ. 규범적 계획 _ 84
제4항 행정계획의 절차 85
Ⅰ. 일 반 법 _ 85
Ⅱ. 관계행정기관간의 조정 _ 85
Ⅲ. 주민·이해관계인의 참여 _ 86
Ⅳ. 이익형량(형량명령) _ 86
제5항 행정계획의 효과 86
Ⅰ. 일 반 론 _ 86
Ⅱ. 구 속 효 _ 87
Ⅲ. 집 중 효 _ 87
제6항 행정계획의 통제 88
Ⅰ. 의의 _ 88
Ⅱ. 행정내부적 통제 _ 88
Ⅲ. 행정외부적 통제 _ 89

제3절 행정행위 92
제1항 행정행위의 관념 92
Ⅰ. 행정행위의 개념 _ 92
Ⅱ. 행정행위의 종류 _ 97
제2항 불확정개념, 기속행위·재량행위 100
Ⅰ. 법의 집행과정과 법의 해석·적용 _ 100
Ⅱ. 불확정개념과 판단여지 _ 102
Ⅲ. 기속행위와 재량행위 _ 104
제3항 행정행위의 내용 110
제1목 명령적 행위 110
Ⅰ. 하명 _ 111
Ⅱ. 허가 _ 111
Ⅲ. 면제 _ 119
제2목 형성적 행위 119
A. 상대방을 위한 행위 120
Ⅰ. 권리설정행위-협의의 특허(설권행위 1) _ 120
Ⅱ. 기타 설정행위(설권행위 2) _ 121
B. 타자를 위한 행위 122
Ⅰ. 인가(보충행위) _ 122
Ⅱ. 대리 _ 124
제3목 준법률행위적 행정행위 124
Ⅰ. 확인 _ 125
Ⅱ. 공증 _ 127
Ⅲ. 통지 _ 129
Ⅳ. 수리 _ 130
제4항 행정행위의 적법요건 131
Ⅰ. 주체요건 _ 132
Ⅱ. 내용요건 _ 133
Ⅲ. 형식요건 _ 134
Ⅳ. 절차요건 _ 134
Ⅴ. 표시요건 _ 137
제5항 행정행위의 효력 139
Ⅰ. 내용상 구속력 _ 139
Ⅱ. 공 정 력 _ 140
Ⅲ. 구성요건적 효력 _ 142
Ⅳ. 존 속 력 _ 146
Ⅴ. 강제력 _ 148
제6항 행정행위의 하자 150
Ⅰ. 일 반 론 _ 150
Ⅱ. 행정행위의 부존재 _ 151
Ⅲ. 행정행위의 무효와 취소의 구별 _ 152
Ⅳ. 행정행위의 무효 _ 154

Ⅴ. 행정행위의 하자의 승계 _ 155
Ⅵ. 하자있는 행정행위의 치유 _ 159
Ⅶ. 하자있는 행정행위의 전환 _ 161
제7항 행정행위의 폐지 162
Ⅰ. 일 반 론 _ 162
Ⅱ. 행정행위의 직권취소 _ 163
Ⅲ. 행정행위의 철회 _ 167
Ⅳ. 행정행위의 변경과 실효 _ 170
제8항 행정행위의 부관 171
Ⅰ. 행정행위의 부관의 관념 _ 171
Ⅱ. 행정행위의 부관의 종류 _ 173
Ⅲ. 행정행위의 부관의 가능성, 요건, 사후부관 _ 175
Ⅳ. 행정행위의 부관의 하자 _ 176
제9항 확약 179
Ⅰ. 확약의 의의 _ 179
Ⅱ. 확약의 법적 성질 _ 180
Ⅲ. 확약의 법적 근거 _ 180
Ⅳ. 확약의 요건 _ 181
Ⅴ. 확약의 효과 _ 181
제4절 기타의 행위형식 183
제1항 공법상 계약 183
Ⅰ. 공법상 계약의 개념 _ 183
Ⅱ. 공법상 계약과 법치행정 _ 184
Ⅲ. 공법상 계약의 종류 _ 184
Ⅳ. 공법상 계약의 적법요건 _ 185
Ⅴ. 계약의 해제 · 해지, 변경, 이행 _ 186
Ⅵ. 공법상 계약의 하자 _ 187
제2항 공법상 사실행위(사실행위론 1) 188
Ⅰ. 공법상 사실행위의 의의 _ 188
Ⅱ. 공법상 사실행위의 종류 _ 189
Ⅲ. 공법상 사실행위의 법적 근거와 한계 _ 189
Ⅳ. 공법상 사실행위와 권리보호 _ 191
Ⅴ. 공법상 사실행위로서 공적 경고 _ 193
제3항 행정지도(사실행위론 2) 194
Ⅰ. 행정지도의 관념 _ 194
Ⅱ. 행정지도의 종류 _ 195
Ⅲ. 행정지도의 법적 근거와 한계 _ 197
Ⅳ. 행정지도상 원칙 _ 198
Ⅴ. 행정지도의 효과 _ 198
Ⅵ. 행정지도와 권리보호 _ 199
제4항 사법형식의 행정작용 201
Ⅰ. 일반론 _ 201
Ⅱ. 행정사법작용 _ 202

Ⅲ. 조달행정 _ 203
Ⅳ. 영리활동 _ 204

■ 제3장 행정절차·행정정보 205

제1절 행정절차 205
제1항 일반론 205
Ⅰ. 행정절차의 관념 _ 205
Ⅱ. 행정절차법 _ 206
Ⅲ. 국민참여의 확대와 비용 _ 207
제2항 행정절차의 종류 207
제1목 처분절차 207
Ⅰ. 처분의 신청 _ 207
Ⅱ. 처분의 처리기간 _ 208
Ⅲ. 처분의 처리기준 _ 209
Ⅳ. 처분의 사전통지와 의견청취 _ 209
Ⅴ. 처분의 발령 _ 210
제2목 기타 절차 213
Ⅰ. 신고절차 _ 213
Ⅱ. 행정상 입법예고절차 _ 214
Ⅲ. 행정예고절차 _ 215
Ⅳ. 행정지도절차 _ 216
제3항 당사자 등의 권리 217
Ⅰ. 사전통지를 받을 권리(처분의 사전통지제도) _ 217
Ⅱ. 의견제출권(의견제출제도) _ 218
Ⅲ. 청문권(청문제도) _ 220
Ⅳ. 공청회참여권(공청회제도) _ 223
제4항 행정절차의 하자 225
Ⅰ. 절차상 하자의 관념 _ 225
Ⅱ. 절차상 하자의 효과 _ 225
Ⅲ. 절차상 하자의 치유 _ 226
제2절 행정정보 228
제1항 정보상 자기결정권(자기정보결정권) 228
Ⅰ. 정보상 자기결정권의 관념 _ 228
Ⅱ. 보호대상 개인정보 _ 228
Ⅲ. 정보상 자기결정권의 내용(정보주체의 권리) _ 229
Ⅳ. 정보주체의 권리보호 _ 232
제2항 정보공개청구권 233
Ⅰ. 정보공개청구권의 관념 _ 233
Ⅱ. 정보공개청구권의 주체·대상 _ 234
Ⅲ. 정보공개청구의 절차 _ 236
Ⅳ. 정보공개청구권자의 권리보호 _ 237
Ⅴ. 제3자의 권리보호 _ 238

■ 제4장 행정의 실효성확보 ······ 239

제1절 행 정 벌 ······ 240
Ⅰ. 행정벌의 관념 _ 240
Ⅱ. 행정형벌 _ 241
Ⅲ. 행정질서벌 _ 243

제2절 행정상 강제 ······ 247
제1항 일반론 ······ 247
제2항 강제집행 ······ 248
Ⅰ. 행정대집행 _ 248
Ⅱ. 이행강제금의 부과 _ 253
Ⅲ. 직접강제 _ 255
Ⅳ. 강제징수 _ 257
제3항 즉시강제 ······ 258
Ⅰ. 관 념 _ 258
Ⅱ. 요 건 _ 259
Ⅲ. 권리보호 _ 261

제3절 행정조사 ······ 262
Ⅰ. 행정조사의 관념 _ 262
Ⅱ. 행정조사의 한계 _ 263
Ⅲ. 실력행사와 위법조사 _ 264
Ⅳ. 행정조사의 권리보호 _ 265

제4절 그 밖의 수단 ······ 266
Ⅰ. 금전상 제재 _ 266
Ⅱ. 제재처분 _ 268
Ⅲ. 공표 _ 271
Ⅳ. 시정명령 _ 273

■ 제 2 부 행정구제법

■ 제1장 국가책임법 ······ 277

제1절 손해배상제도(국가배상제도) ······ 277
제1항 국가배상제도 일반론 ······ 277
Ⅰ. 국가배상제도의 의의 _ 277
Ⅱ. 헌법과 국가배상제도 _ 277
Ⅲ. 국가배상법 _ 278
제2항 손해배상책임의 성립요건 ······ 279
Ⅰ. 위법한 직무집행행위로 인한 배상책임의 성립요건 _ 279
Ⅱ. 영조물의 하자로 인한 배상책임의 성립요건 _ 289

제3항 손해배상책임의 내용, 손해배상의 청구권자와 책임자 293
Ⅰ. 손해배상책임의 내용 _ 293
Ⅱ. 손해배상의 청구권자와 시효 _ 294
Ⅲ. 손해배상의 책임자 _ 296
Ⅳ. 국가의 배상책임의 성질과 선택적 청구, 가해공무원의 책임 _ 298
제4항 손해배상금의 청구절차 301
Ⅰ. 행정절차(임의적 결정전치) _ 301
Ⅱ. 사법절차 _ 303
제2절 손실보상제도 303
제1항 일반론 303
Ⅰ. 손실보상제도의 의의 _ 303
Ⅱ. 손실보상제도의 법적 근거 _ 305
제2항 손실보상청구권의 성립요건 306
Ⅰ. 공공필요 _ 306
Ⅱ. 재산권 _ 307
Ⅲ. 침해 _ 308
Ⅳ. 특별한 희생 _ 308
Ⅴ. 보상규정 _ 310
제3항 손실보상의 범위·내용과 지급상 원칙 310
Ⅰ. 보상의 범위 _ 310
Ⅱ. 보상의 내용 _ 312
Ⅲ. 보상의 지급 _ 316
제4항 손실보상절차 318
Ⅰ. 공익사업을 위한 토지 등의 취득 및 보상에 관한 법률의 경우 _ 318
Ⅱ. 기타 법률의 경우 _ 320
제3절 국가책임제도의 보완 321
제1항 재산권침해에 대한 손실보상청구권의 확장 322
Ⅰ. 수용·사용·제한규정은 있으나 보상규정 없는 법률과 손실보상청구권 _ 322
Ⅱ. 수용·사용·제한규정 및 보상규정 있는 법률의 위법한 집행과 손실보상청구권 _ 324
Ⅲ. 수용·사용·제한 및 보상의 규정이 없는 법률의 집행과 손실보상청구권 _ 326
제2항 비재산권침해에 대한 보상청구권 328
Ⅰ. 의의 _ 328
Ⅱ. 입법상황(법적 근거) _ 328
Ⅲ. 비재산권침해보상청구권의 인정 여부 _ 329
Ⅳ. 성립요건과 보상 _ 330
Ⅴ. 비재산권침해보상청구권의 확장 _ 330
제3항 기타 331
Ⅰ. 허가의 취소·철회와 보상 _ 331
Ⅱ. 결과제거청구권 _ 331
Ⅲ. 공법상 위험책임 _ 332

■ 제2장 행정쟁송법 ······ 335

제1절 행정기본법·행정심판법 ······ 335

제1항 행정기관에 의한 분쟁해결절차 ······ 335

Ⅰ. 일반론 _ 335
Ⅱ. 당사자심판(재결의 신청) _ 336

제2항 행정기본법상 이의신청·재심사 ······ 337

제1목 이의신청 ······ 337

Ⅰ. 이의신청의 관념 _ 337
Ⅱ. 이의신청의 요건 _ 338
Ⅲ. 심사결과의 통지 등 _ 339

제2목 처분의 재심사 ······ 340

Ⅰ. 재심사의 관념 _ 340
Ⅱ. 재심사의 신청 _ 340
Ⅲ. 심사결과의 통지 등 _ 341

제3항 행정심판법상 행정심판 ······ 342

제1목 행정심판의 관념과 활용(고지제도) ······ 342

Ⅰ. 행정심판의 관념 _ 342
Ⅱ. 고지제도 _ 344

제2목 행정심판의 종류·기관·당사자 ······ 347

Ⅰ. 행정심판의 종류 _ 347
Ⅱ. 행정심판기관(행정심판위원회) _ 349
Ⅲ. 행정심판의 당사자 _ 353

제3목 행정심판절차 ······ 356

Ⅰ. 행정심판의 청구 _ 356
Ⅱ. 행정심판의 심리·의결과 조정 _ 361
Ⅲ. 행정심판의 재결 _ 363

제2절 행정소송법 ······ 369

제1항 일반론 ······ 369

제1목 행정소송의 관념 ······ 369

Ⅰ. 행정소송의 의의 _ 369
Ⅱ. 행정소송의 종류 _ 370
Ⅲ. 행정소송법 _ 371

제2목 행정소송의 한계 ······ 371

Ⅰ. 문 제 점 _ 371
Ⅱ. 사법본질적 한계(법률상 쟁송으로서 한계) _ 372
Ⅲ. 권력분립적 한계 _ 374

제2항 항고소송 ······ 376

제1목 취소소송 ······ 376

A. 취소소송 일반론 ······ 376

Ⅰ. 취소소송의 관념 _ 376
Ⅱ. 취소소송과 무효등확인소송의 관계 _ 377
Ⅲ. 취소소송과 당사자소송의 관계 _ 378

B. 본안판단의 전제요건 378
Ⅰ. 일반론 _ 378
Ⅱ. 처분등의 존재(대상적격) _ 379
Ⅲ. 관할법원 _ 385
Ⅳ. 당사자와 참가인 _ 388
Ⅴ. 제소기간 _ 394
Ⅵ. 소장 _ 396
Ⅶ. 행정심판의 전치(행정심판법상 행정심판과 행정소송의 관계) _ 396
Ⅷ. 권리보호의 필요(협의의 소의 이익) _ 399
Ⅸ. 중복제소의 배제 등 _ 403
C. 소제기의 효과 404
D. 본안요건(위법성) 404
E. 소의 변경 405
F. 가구제(잠정적 권리보호) 406
Ⅰ. 일반론 _ 406
Ⅱ. 집행정지 _ 407
Ⅲ. 가처분 _ 410
G. 취소소송의 심리 411
Ⅰ. 심리상 원칙 _ 411
Ⅱ. 심리의 범위 _ 414
Ⅲ. 심리의 방법 _ 414
H. 취소소송의 판결 418
Ⅰ. 판결의 종류 _ 418
Ⅱ. 판결의 효력 _ 420
Ⅲ. 판결에 대한 불복 _ 428
Ⅳ. 소송비용 _ 429
제2목 무효등확인소송 430
Ⅰ. 무효등확인소송의 관념 _ 430
Ⅱ. 본안판단의 전제요건 _ 431
Ⅲ. 소제기의 효과 _ 433
Ⅳ. 본안요건(이유의 유무) _ 433
Ⅴ. 소의 변경 _ 433
Ⅵ. 심리 _ 434
Ⅶ. 판결 _ 434
Ⅷ. 선결문제 _ 435
제3목 부작위위법확인소송 435
Ⅰ. 부작위위법확인소송의 관념 _ 435
Ⅱ. 본안판단의 전제요건 _ 436
Ⅲ. 소제기의 효과 _ 439
Ⅳ. 본안요건(이유의 유무) _ 440
Ⅴ. 소의 변경 _ 440
Ⅵ. 심리 _ 441
Ⅶ. 판결 _ 441

제4목 무명항고소송 442
Ⅰ. 일반론 _ 442
Ⅱ. 입법례 _ 443
제3항 기타 소송 444
제1목 당사자소송 444
Ⅰ. 당사자소송의 관념 _ 444
Ⅱ. 관할법원 _ 446
Ⅲ. 당사자 및 참가인 _ 446
Ⅳ. 소송의 제기 _ 447
Ⅴ. 소제기의 효과 _ 448
Ⅵ. 심리 _ 448
Ⅶ. 판결 _ 448
제2목 객관적 소송 449
Ⅰ. 민중소송 _ 449
Ⅱ. 기관소송 _ 450
제3절 기타 권리구제제도 451
제1항 헌법소원 451
Ⅰ. 헌법소원의 관념 _ 451
Ⅱ. 헌법소원의 청구요건 _ 452
Ⅲ. 가처분 _ 455
Ⅳ. 인용결정 _ 455
제2항 청원 456
Ⅰ. 청원의 관념 _ 456
Ⅱ. 청원법상 규정내용 _ 456
제3항 고충민원 458
Ⅰ. 의의 _ 458
Ⅱ. 관장기관(국민권익위원회) _ 459
Ⅲ. 고충민원의 신청 _ 459
Ⅳ. 고충민원의 조사 _ 460
Ⅴ. 고충민원의 각하 등 _ 460
Ⅵ. 조정결정 등 _ 460
Ⅶ. 결정의 통지와 사후조치 _ 461
제4항 기타 462

제 3 부 행정법각론

제1장 행정조직법 467
제1절 일반론 467
제1항 행정조직법의 개념 467
Ⅰ. 광의의 행정조직법 _ 467
Ⅱ. 협의의 행정조직법 _ 467

제2항 행정조직법의 종류 ········· 468
Ⅰ. 국가행정조직법 _ 468
Ⅱ. 지방자치행정조직법 _ 469
제3항 행정조직법의 헌법상 원칙 ········· 469
Ⅰ. 행정조직법과 법치주의(행정조직법정주의) _ 469
Ⅱ. 행정조직법과 민주주의 _ 469
Ⅲ. 행정조직법과 사회복지주의 _ 469
제2절 행정기관 ········· 470
제1항 행정기관의 의의 ········· 470
Ⅰ. 행정기관의 개념 _ 470
Ⅱ. 행정기관의 법인격성 _ 470
제2항 행정기관의 구성방식과 종류 ········· 471
Ⅰ. 행정기관의 구성방식 _ 471
Ⅱ. 행정기관의 종류 _ 471
제3절 행정관청 ········· 472
제1항 행정관청 일반론 ········· 472
Ⅰ. 행정관청의 개념 _ 472
Ⅱ. 행정관청의 법적 지위 _ 473
Ⅲ. 행정관청의 종류 _ 473
Ⅳ. 행정관청의 권한 _ 474
제2항 권한의 대리와 위임(권한행사의 예외적 방식) ········· 474
Ⅰ. 권한의 대리 _ 474
Ⅱ. 권한의 위임 _ 476
제3항 행정관청간의 관계 ········· 480
Ⅰ. 상·하관청간의 관계 _ 480
Ⅱ. 대등관청간의 관계 _ 482
Ⅲ. 상이한 사무영역에 있는 행정관청간의 관계 _ 483
Ⅳ. 상이한 행정주체소속의 행정관청간의 관계 _ 483
제4항 행정각부와 합의제행정기관 ········· 484
Ⅰ. 행정각부 _ 484
Ⅱ. 합의제행정기관 _ 485
제4절 간접국가행정조직법 ········· 485
Ⅰ. 의의 _ 485
Ⅱ. 공법상 사단(공공조합) _ 486
Ⅲ. 공법상 재단 _ 486
Ⅳ. 공법상 영조물법인 _ 487

제2장 지방자치법 ········· 489

제1절 일반론 ········· 489
제1항 지방자치의 관념 ········· 489
제1목 자치행정의 의의 ········· 489
Ⅰ. 정치적 의미의 자치행정 _ 489

Ⅱ. 법적 의미의 자치행정 _ 489
Ⅲ. 사견 _ 489
제2목 지방자치(자치권)의 성질 490
Ⅰ. 자치권의 본질 _ 490
Ⅱ. 간접국가행정으로서의 지방자치행정 _ 490
제2항 지방자치의 보장과 제한 491
제1목 지방자치제도의 헌법적 보장 491
Ⅰ. 제도보장 _ 491
Ⅱ. 권리주체성의 보장 _ 492
Ⅲ. 주관적인 법적 지위의 보장 _ 492
제2목 지방자치권의 제한 492
Ⅰ. 자치권의 제한의 기준 _ 492
Ⅱ. 제한의 한계로서 핵심영역 _ 492
제3항 지방자치단체의 관념 493
Ⅰ. 지방자치단체의 개념 _ 493
Ⅱ. 지방자치단체의 능력 _ 493
Ⅲ. 지방자치단체와 기본권 _ 493
Ⅳ. 지방자치단체의 명칭 _ 494
Ⅴ. 지방자치단체의 종류 _ 494
제4항 지방자치단체의 구성요소 495
제1목 주　민 495
Ⅰ. 주민의 의의 _ 495
Ⅱ. 주민의 권리 _ 496
Ⅲ. 주민의 의무 _ 505
Ⅳ. 주민의 참여 _ 505
제2목 구역 506
Ⅰ. 의의 _ 506
Ⅱ. 구역변경 _ 506
Ⅲ. 폐치·분합 _ 507
제3목 자치권 507
Ⅰ. 의의 _ 507
Ⅱ. 법적 성질 _ 508
Ⅲ. 종류(내용) _ 508
제2절 지방자치단체의 조직 509
제1항 지방의회 509
Ⅰ. 일반론 _ 509
Ⅱ. 지방의회의 구성과 운영 _ 510
Ⅲ. 지방의회의 권한 _ 512
Ⅳ. 조례제정권 _ 514
Ⅴ. 지방의회의원 _ 521
제2항 집행기관 522
Ⅰ. 지방자치단체의 장의 지위 _ 522

Ⅱ. 지방자치단체의 장의 신분 _ 523
Ⅲ. 지방자치단체의 장의 권한 _ 525
Ⅳ. 보조기관 등 _ 528
제3절 지방자치단체의 사무 529
제1항 자치사무 529
Ⅰ. 자치사무의 의의 _ 529
Ⅱ. 자치사무의 특징 _ 531
Ⅲ. 자치사무의 내용 _ 532
Ⅳ. 자치사무의 배분 _ 534
제2항 단체위임사무 536
Ⅰ. 단체위임사무의 의의 _ 536
Ⅱ. 단체위임사무의 특징 _ 537
제3항 기관위임사무 539
Ⅰ. 기관위임사무의 의의 _ 539
Ⅱ. 기관위임사무의 특징 _ 540
제4절 지방자치단체의 협력과 통제 542
제1항 지방자치단체의 협력과 분쟁조정 542
Ⅰ. 지방자치단체 상호간 협력 _ 542
Ⅱ. 지방자치단체 상호간 등의 분쟁조정 _ 544
Ⅲ. 지방자치단체와 국가간의 협력 _ 546
제2항 지방자치단체의 통제 547
Ⅰ. 통제의 의의 _ 547
Ⅱ. 통제의 유형 _ 548
제3항 자치사무에 대한 감독(행정적 통제 Ⅰ) 551
Ⅰ. 일반론 _ 551
Ⅱ. 사전적 수단 _ 552
Ⅲ. 사후적 수단 _ 553
제4항 단체위임사무에 대한 감독(행정적 통제 Ⅱ) 558
Ⅰ. 일반론 _ 558
Ⅱ. 사전적 수단 _ 559
Ⅲ. 사후적 수단 _ 559
제5항 기관위임사무에 대한 감독(행정적 통제 Ⅲ) 560
Ⅰ. 일반론 _ 560
Ⅱ. 사전적 수단 _ 560
Ⅲ. 사후적 수단 _ 561

제3장 공무원법 565

제1절 일반론 565
제1항 공무원법의 헌법적 기초 565
Ⅰ. 민주적 공무원제도 _ 565
Ⅱ. 직업공무원제도 _ 566
Ⅲ. 공무원과 기본권 _ 568

제2항 공무원법관계의 발생 568
Ⅰ. 임명 _ 568
Ⅱ. 임용요건과 채용시험 _ 570
제3항 공무원법관계의 변경 572
Ⅰ. 다른 직위에로의 변경 _ 572
Ⅱ. 무직위에로의 변경 _ 574
제4항 공무원법관계의 소멸 575
Ⅰ. 당연퇴직 _ 575
Ⅱ. 면직 _ 577
제2절 공무원법관계의 내용 579
제1항 공무원의 권리 579
Ⅰ. 신분상 권리 _ 579
Ⅱ. 재산상 권리 _ 582
제2항 공무원의 의무 585
Ⅰ. 일반론 _ 585
Ⅱ. 공무원법상 의무 _ 585
Ⅲ. 기타 법률상 의무 _ 591
제3항 공무원의 책임 592
Ⅰ. 징계책임(징계벌) _ 592
Ⅱ. 변상책임 _ 597

제4장 경찰법 599

제1절 일 반 론 599
제1항 경찰법의 관념 599
Ⅰ. 기본개념으로서 경찰 _ 599
Ⅱ. 경찰법의 의의 _ 603
제2항 경찰법과 헌법 604
Ⅰ. 경찰법의 기초로서 헌법 _ 604
Ⅱ. 경찰상 법치행정의 원칙 _ 605
제2절 경찰조직법 606
제1항 경찰기관법 606
Ⅰ. 경찰기관법의 의의 _ 606
Ⅱ. 경찰행정기관의 종류 _ 607
Ⅲ. 사인과 경찰 _ 610
제2항 경찰공무원법 612
Ⅰ. 임용권자와 임용의 상대방 _ 612
Ⅱ. 경찰공무원의 의무 _ 613
제3절 경찰작용법 614
제1항 경찰작용의 법적 근거와 한계 614
Ⅰ. 경찰작용의 법적 근거 _ 614
Ⅱ. 경찰권의 한계 _ 618
Ⅲ. 행정기본법상 행정의 법 원칙으로부터 나오는 한계 _ 620

Ⅳ. 경찰권의 적극적 한계(경찰권발동의 의무성) _ 621
제2항 경찰책임 621
Ⅰ. 경찰책임의 관념 _ 622
Ⅱ. 행위책임 _ 624
Ⅲ. 상태책임 _ 625
Ⅳ. 경찰책임자의 경합 _ 626
Ⅴ. 경찰책임의 법적 승계 _ 627
Ⅵ. 경찰상 긴급상태(경찰책임자로서 제3자) _ 628
제3항 기타 경찰작용법상 특수문제 631
제1목 실효성 확보 수단으로서 경찰상 즉시강제 631
Ⅰ. 일반론 _ 631
Ⅱ. 경찰상 즉시강제의 수단 _ 632
Ⅲ. 차량의 견인 _ 636
제2목 경찰상 위험방지와 손실보상, 사인의 비용상환 636
Ⅰ. 경찰관 직무집행법상 위험방지조치에 따른 손실의 보상 _ 636
Ⅱ. 사인의 비용상환(경찰의 비용상환청구) _ 638

제5장 공적 시설법 641

제1절 공물법 641
제1항 일 반 론 641
Ⅰ. 공물의 의의 _ 641
Ⅱ. 공물의 종류 _ 642
제2항 공법적 지위의 변동 643
Ⅰ. 공물의 성립 _ 643
Ⅱ. 공물의 소멸 _ 645
제3항 공물의 법적 특질 647
Ⅰ. 공물권의 성질(공물법제) _ 647
Ⅱ. 사법적용의 한계 _ 648
제4항 공물의 관리 650
Ⅰ. 공물의 관리권 _ 650
Ⅱ. 공물관리의 비용 _ 652
Ⅲ. 공물의 관리와 경찰 _ 654
제5항 공물의 사용관계 655
Ⅰ. 자유사용 _ 655
Ⅱ. 허가사용 _ 657
Ⅲ. 특허사용 _ 659
Ⅳ. 관습법상 사용 _ 662
Ⅴ. 행정재산의 목적외 사용 _ 663
제2절 영조물법 664
Ⅰ. 영조물의 의의 _ 664
Ⅱ. 영조물주체의 고권(영조물권력) _ 666

제3절 공기업법 ······ 666
Ⅰ. 공기업의 의의 _ 666
Ⅱ. 공기업의 보호·감독 _ 668
Ⅲ. 특허기업의 관념 _ 669

제6장 공용부담법 ······ 673

제1절 공용부담 일반론 ······ 673
Ⅰ. 공용부담의 관념 _ 673
Ⅱ. 공용부담의 종류 _ 673
제2절 인적 공용부담 ······ 674
Ⅰ. 부 담 금 _ 674
Ⅱ. 노역·물품 _ 677
Ⅲ. 부역·현품 _ 678
Ⅳ. 시설부담 _ 679
Ⅴ. 부작위부담 _ 680
제3절 공용제한(물적 공용부담 1) ······ 681
Ⅰ. 공용제한의 관념 _ 681
Ⅱ. 공용제한의 종류 _ 683
제4절 공용수용 ······ 687
제1항 일반론 ······ 687
Ⅰ. 공용수용의 의의 _ 687
Ⅱ. 공용수용의 당사자 _ 688
Ⅲ. 공용수용의 목적물 _ 689
제2항 사업의 준비('토상법'의 경우) ······ 690
Ⅰ. 출입의 허가와 공고 _ 690
Ⅱ. 장해물의 제거 _ 691
Ⅲ. 손실의 보상 _ 692
제3항 공용수용의 절차 ······ 692
Ⅰ. 사업의 인정 _ 693
Ⅱ. 토지조서·물건조서, 보상계획 및 보상액의 산정 _ 695
Ⅲ. 협의 _ 696
Ⅳ. 재결 _ 697
Ⅴ. 재결에 대한 불복 _ 699
제4항 공용수용의 효과 ······ 700
Ⅰ. 손실의 보상 _ 700
Ⅱ. 대물적 효과 _ 701
제5항 환 매 권 ······ 703
Ⅰ. 환매권의 관념 _ 703
Ⅱ. 환매의 요건 _ 704
Ⅲ. 환매의 절차 _ 706
Ⅳ. 환매권에 관한 소송 _ 706

■ 제7장 기타 특별행정법상 주요사항 ···· 707

제1절 토지행정법상 주요사항 ···· 707

제1항 토지행정작용의 주요내용 ···· 707

Ⅰ. 토지의 소유에 관한 사항 _ 707
Ⅱ. 토지의 이용에 관한 사항 _ 707
Ⅲ. 토지의 수익에 관한 사항 _ 708
Ⅳ. 토지의 처분에 관한 사항 _ 708

제2항 지가의 공시 ···· 709

Ⅰ. 표준지공시지가 _ 709
Ⅱ. 개별공시지가 _ 711

제2절 경제행정법의 주요사항 ···· 712

Ⅰ. 경제행정법의 의의 _ 712
Ⅱ. 경제행정의 임무 _ 712
Ⅲ. 보 조 금 _ 714

제3절 재무행정법상 주요사항 ···· 716

제1항 국유재산의 관리·처분 ···· 716

Ⅰ. 행정재산 _ 716
Ⅱ. 일반재산 _ 716
Ⅲ. 국유재산의 보호 _ 717

제2항 조세행정상 권리보호 ···· 718

Ⅰ. 행정상 쟁송(행정심판과 행정소송) _ 718
Ⅱ. 과오납의 반환청구 _ 720

제4절 환경행정법상 주요사항 ···· 720

Ⅰ. 환경정책상 기본원칙 _ 720
Ⅱ. 환경영향평가 _ 722
Ⅲ. 권리보호 _ 723

■ 부 록 ···· 725

서식 1. 행정심판 청구서 ···· 727
서식 2. 집행정지신청서 ···· 728
서식 3. 소 장 ···· 729
서식 4. 행정처분 집행정지신청 ···· 730

■ 판례색인 ···· 731

■ 사항색인 ···· 739

법령약어

1. 이 책에서 아래의 법령을 인용할 때, 약어로 표시한다.
2. 이 책에서 아래에 없는 법령을 인용할 때, 원래의 명칭(계속되는 경우에는 '같은 법')으로 표시한다.
3. 이 책에서 인용된 법률의 내용은 2023년 1월 1일을 기준으로 한다.

경직법	경찰관직무집행법
경찰법	국가경찰과 자치경찰의 조직 및 운영에 관한 법률
공개법	공공기관의 정보공개에 관한 법률
공재법	공유재산 및 물품 관리법
국공법	국가공무원법
국배법	국가배상법
국재법	국유재산법
국토법(토용법)	국토의 계획 및 이용에 관한 법률
국징법	국세징수법
규제법	행정규제기본법
민원법	민원처리에 관한 법률
부공법	부동산 가격공시에 관한 법률
부신법	부동산 거래신고 등에 관한 법률
절차법	행정절차법
정보법	개인정보 보호법
정조법	정부조직법
주조법	주민조례발안에 관한 법률
지공법	지방공무원법
지자법	지방자치법
질서법	질서위반행위규제법
토상법	공익사업을 위한 토지 등의 취득 및 보상에 관한 법률
행소법	행정소송법
행심법	행정심판법
행집법	행정대집행법

제 1 부

*

행정법총론

제 1 장 일 반 론

제 2 장 행정의 행위형식

제 3 장 행정절차 · 행정정보

제 4 장 행정의 실효성확보

• 제 1 장

일 반 론

제1절 행정법의 관념

제1항 행정과 통치행위

행정법이란 「행정에 특유한 국내법으로서 공법」을 말한다. 바꾸어 말하면 행정법은 국내법 중 행정에 관한 법이면서 동시에 공법인 법을 말한다. 아래에서 「행정」과 「공법」의 의미를 살펴보기로 한다.

Ⅰ. 행정의 의의

1. 실질적 의미의 행정

(1) 실질적 의미의 입법·행정·사법 국가작용의 성질(실질, 내용)에 초점을 맞춘 입법·행정·사법의 개념들을 실질적 의미의 입법, 실질적 의미의 행정, 실질적 의미의 사법이라 부른다.

[예] 서울에 주소를 둔 대학생 甲이 자동차를 운전하려고 하면, 서울지방경찰청장으로부터 운전면허를 받아야 한다. 왜냐하면 도로교통법 제80조 제 1 항이 "자동차등을 운전하려는 사람은 지방경찰청장으로부터 운전면허를 받아야 한다"라고 규정하고 있기 때문이다. 여기서 국회가 도로교통법 등 법률을 만드는 작용을 실질적 의미의 입법이라 하고, 행정기관인 지방경찰청장이 도로교통법 제80조 제 1 항이 정하는 바에 따라 사인에게 운전면허를 내주는 것과 같이 법률을 집행하는 작용을 실질적 의미의 행정이라 한다. 만약 甲이 운전면허시험에 합격하였음에도 불구하고 서울지방경찰청장이 운전면허를 내주는 것을 거부하면, 甲은 서울행정법원에 운전면허거부처분의 취소를 구하는 행정소송을 제기할 수 있고, 행정소송이 제기되면 법원은 재판을 하게 되는데, 법원의 이러한 재판작용을 실질적 의미의 사법이라 한다.

(2) 실질적 의미의 행정의 개념 실질적 의미의 행정은 ① 소극적으로는 「입법도 사법도 아닌 국가작용」 또는 「입법도 사법도 통치작용도 아닌 국가작용」으로 정의하기도 하고(소극설), ② 적극적으로는 ⓐ 국가의 목표와 법질서의 달성을 위한 국가의 활동, ⓑ 법률

의 범위 안에서 그리고 법률의 토대 위에서의 사회형성, ⓒ 법 아래서 법의 규제를 받으면서 현실적·구체적으로 국가목적의 적극적 실현을 위하여 행하여지는 전체로서 통일성을 가진 계속적인 형성적 국가활동 등으로 정의하기도 한다(ⓐⓑⓒ를 적극설이라 한다).

(3) 실질적 의미의 행정의 특징 ① 행정은 공익의 실현을 목적으로 하며, ② 법의 집행작용이므로 법을 그 근거와 한계로 하는 작용이며, ③ 능동적이고 미래지향적인 적극적인 사회형성작용으로서, ④ 추상적인 법규의 구체적인 집행작용으로서의 성격을 갖는다.

2. 형식적 의미의 행정

(1) 형식적 의미의 입법·행정·사법 국회가 하는 작용을 입법, 정부가 하는 작용을 행정, 법원이 하는 작용을 사법이라 부르기도 한다. 이와 같이 국가기관이라는 제도(형식, 기관)에 초점을 맞춘 입법·행정·사법의 개념들을 형식적 의미의 입법, 형식적 의미의 행정, 형식적 의미의 사법이라 부른다. 형식적 의미의 입법에는 실질적 의미의 입법 외에 실질적 의미의 행정(예: 국회 소속 공무원의 임용행위)과 실질적 의미의 사법(예: 국회 소속 공무원의 징계에 대한 소청심사)이 포함되며, 형식적 의미의 행정에는 실질적 의미의 행정 외에 실질적 의미의 입법(예: 대통령령·총리령·부령의 제정·개정)과 실질적 의미의 사법(예: 정부 소속 공무원의 징계에 대한 소청심사)이 포함되며, 형식적 의미의 사법에는 실질적 의미의 사법 외에 실질적 의미의 입법(예: 법원규칙의 제정·개정)과 실질적 의미의 행정(예: 법원 소속 공무원에 대한 징계)이 포함된다.

(2) 형식적 의미의 행정의 개념 형식적 의미의 행정이란 행정부(정부)에 속하는 기관에 의해 이루어지는 모든 작용을 말한다.

3. 행정의 종류

(1) 공법상 행정·사법상 행정(법형식에 따른 분류)

㈎ **공법상 행정** 공법상 행정은 공행정 또는 고권행정으로 불리기도 한다. 공법상 행정은 공법(행정법)에 따라 이루어지는 행정을 의미하며, 국가와 사인간의 관계에서 국가의 우월적 지위를 주요 특징으로 한다. 공법상 행정은 다시 권력행정과 비권력행정(단순고권행정)으로 구분된다. 권력행정은 행정행위 또는 행정강제 등의 형식으로 개인의 자유와 재산을 침해하거나 구속하는 것을 주된 내용으로 하는 행정이다(예: 과세처분·경찰처분·입영처분). 권력행정에는 엄격한 법적 기속이 따르며, 행정법의 특징이 가장 강하게 나타난다. 비권력행정은 강제 없이 수행되는 공법상 행정을 의미한다. 말하자면 공법에 근거하는 행정작용이라는 점에서는 권력행정의 경우와 같으나, 그 수단이 비권력적이라는 점에서 권력행정과 다르고, 그것이 공법작용인 점에서 사법작용과 다르다(예: 강제접종 대신 접종의 권고, 도로의 건설과 유지, 지도와 계몽, 경고, 감정, 영조물의 경영).

(나) **사법상 행정** 사법(私法)상 행정은 넓은 의미의 국고행정을 의미한다. 사법상 행정은 사법에 따라 이루어지는 행정이며, 그것은 국가와 사인간의 관계가 대등한 것이 특징적이다. 종래에 사법적으로 작용하는 국가를 국고라 불렀다. 현재 국고란 ① 사법관계의 한 당사자로서 국가라는 의미와 ② 국가재산의 관리자로서 그 속성에 따라 개별 행정분야별 권리주체로서의 의미(예: 조세국고·관세국고·산림국고)를 갖는다.

(2) 침해행정·급부행정(수단에 따른 분류)

(가) **침해행정** 침해행정이란 공익을 위해 개인의 자유와 재산의 영역을 침해하는 모든 행정을 말한다(예: 세금 등 공과금부과·징수처분, 교통통제 등 경찰처분, 행정강제처분). 침해행정에는 법률의 우위의 원칙과 법률의 유보의 원칙이 적용된다.

(나) **급부행정** 급부행정이란 개인의 권리영역을 확대·안정시키는 행정을 말한다. 즉 개인의 생활조건을 보장하고 향상시키는 행정이다. 이것은 일면 개개시민의 급부를 보장하고, 타면 전체로서의 개인에게 일반적 생활배려를 행하는 작용이다. 한편 급부행정도 침해행정과 같이 법률의 우위하에 놓이나, 법률유보가 적용되는가에 관해서는 다툼이 있다. 그리고 급부행정은 대체로 공법적으로 이루어지나 부분적으로는 사법적으로 이루어질 수도 있다.

(3) 질서행정·급부행정(목표에 따른 분류)

(가) **질서행정** 질서행정이란 공적 안전과 공적 질서에 적합하지 아니한 상황이나 위험 또는 교란을 예방하고 제거하는 것을 목표로 하는 행정을 말한다(예: 교통경찰행정). 질서행정에는 일반적으로 침해적인 수단(예: 운전면허취소, 각종 허가제)이 활용된다. 따라서 침해적 성질로 인하여 질서행정은 공법적 수단 중에서 명령·강제의 방식이 활용되는 공법상 행정이며, 사법적 수단과는 거리가 멀다. 또한 질서행정은 법률유보의 원칙이 기본적으로 적용되는 영역이다.

(나) **급부행정** 급부행정이란 시민의 생활조건을 보장하고 개선하는 행정을 말한다(예: 장학지원행정, 사회부조행정, 대부, 의약품제공, 직장소개). 급부란 행정의 목표로서의 급부(실질적 의미)와 행정의 수단으로서의 급부(도구적 의미)의 2중의 의미를 갖는다. 침해행정과 대비되는 급부행정은 수단으로서의 급부행정이고, 질서행정과 대비되는 급부행정은 목표로서의 급부행정이다. 질서행정의 경우와 달리 목적으로서의 급부행정의 수단은 기본적으로 명령·강제와 거리가 멀다. 급부행정은 공법적인 방식 외에 사법적인 방식으로도 이루어지기도 하는바, 권력행정과 달리 경우에 따라 공법적 수단과 사법적 수단 사이에서 수단선택의 자유가 있기도 한다.

■ 참고 ■ 보장행정

국가가 여태까지 자신이 맡았던 생활배려활동을 시장 또는 경쟁을 통해 특정되는 사경제주체(영역)에 넘기는 경우, 국가는 사인의 이익보호를 위해 필요하다면 그 생활배려활동이 사기업에 의해 충분히 그리고 상당한 방법으로 실현되는 것을 적당한 조치를 통해 보장하여야만 하는데, 이러한 보장과 관련된 행정을 보장행정이라 부른다.

Ⅱ. 통치행위

학설이나 판례는 대통령이 일반 사병을 이라크에 파병하기로 하는 결정이나 계엄을 선포하는 행위 등은 사법심사(재판)의 대상이 되지 아니하는 것으로 본다. 이러한 행위들은 고도의 정치적 성격을 갖기 때문에 재판의 대상으로 하는 것은 적절하지 않기 때문이라는 것이다. 이러한 행위들과 같이 국가행위 중에서 고도의 정치성을 갖기 때문에 사법심사가 제한되는 행위를 통치행위(統治行爲)라 한다. 통치행위도 넓은 의미에서는 행정이라 할 수 있으나, 일반적인 행정과 구분하는 것이 학설의 일반적인 경향이다.

1. 통치행위의 개념

통치행위란 국가행위 중에서 고도의 정치성을 갖기 때문에 사법심사가 제한되는 행위를 말한다. 통치행위는 국가행위에 대한 사법심사의 문제와 관련하여 나타난 개념이다. 통치행위는 법치주의 내지 개인의 권리보호제도의 발전을 전제로 한다. 통치행위를 논하는 이유는 통치행위도 법치주의의 적용하에 있다는 점, 통치행위로 인한 개인의 권익침해도 기본적으로는 보호받아야 한다는 점 등을 분명히 하는 데 있기 때문이다.

2. 통치행위의 인정 여부와 근거

(1) 학 설

㈎ 긍 정 설 　다수의 학자들은 통치행위의 관념을 인정하고 있다. 긍정설로 권력분립설(권력분립원리상 사법권에는 내재적인 한계가 있다는 견해) · 자유재량행위설(통치행위는 행정행위이기는 하나 자유재량행위인 까닭에 사법심사의 대상이 되지 않는다는 견해) · 사법자제설(이론상 통치행위에도 사법권이 미치나, 사법의 정치화를 막기 위하여 정치문제에 대하여는 사법이 자제하는 것이 좋다는 견해) · 독자성설(통치행위는 국가지도적인 최상위의 행위로서 본래적으로 사법권의 판단에 적합한 사항이 아닌 독자적인 정치행위라는 견해)이 제시되고 있다. 권력분립설에 대해서는 사법권에 내재적인 한계가 있는 것인지 명백하지 않다는 지적, 자유재량행위설에 대해서는 통치행위의 문제는 사법심사의 대상의 문제인데 이를 사법심사의 범위의 문제인 재량문제로 파악한 것은 잘못이라는 지적, 사법자제설에 대해서는 사법의 과도한 자제는 결코 기본권의 수호자인 법원이 취해야 할 바람직한 태도가 아니라는 지적이 가해진다.

㈏ 부 정 설 　헌법이 법치주의를 택하고 있고 사법심사에서 개괄주의를 택하고 있는 관계상 사인의 권리를 침해하는 모든 국가작용은 사법심사의 대상이 된다는 입장이다. 부정설은 통치행위의 인정을 사법권의 포기로 이해한다.

㈐ 제한적 긍정설 　통치행위는 정책적 관점에서 다만 국가의 존립에 극도의 혼란

을 초래할 수도 있는 정치적 사안들의 경우에 정책적 관점에서 예외적으로 인정될 수밖에 없다는 견해이다(정책설).

(2) 판 례 ① 대법원은 5·18내란사건에서 '계엄선포의 요건 구비 여부나 선포의 당·부당'에 대한 판단(대판 1997. 4. 17, 96도3376 전원합의체), 대북송금사건에서 '남북정상회담개최'에 대한 판단(대판 2004. 3. 26, 2003도7878) 등을 통치행위로 보고 사법심사의 배제를 긍정하고 있다. ② 헌법재판소는 대통령의 금융실명거래및비밀보장에관한긴급재정경제명령의 발령을 통치행위로 보았다(헌재 1996. 2. 29, 93헌마186). 또한 사면(헌재 2000. 6. 1, 97헌바74), 이라크파병결정도 통치행위로 보았다(헌재 2004. 4. 29, 2003헌마814).

(3) 사 견 헌법이 실질적 법치주의를 지향하고 있다는 점, 행정소송법이 개괄주의를 채택하고 있는 점, 부정설은 개인의 권익보호에 기여한다는 점 등을 고려할 때 논리상으로는 부정설이 타당하다(헌법 제27조 제 1 항의 재판청구권과 헌법 제107조 제 2 항에 따른 법원의 명령·규칙·처분심사권 등에 근거한 헌법이론상 또는 헌법해석상의 관점). 그러나 실질적 법치주의나 개괄주의도 국가의 존립을 전제로 하는 것임을 고려할 때, 제한적 긍정설인 정책설이 합리적이다.

■ 참고 ■ 외국의 통치행위

(1) 미국에서는 전쟁, 국가의 승인, 조약의 해석 등의 문제를 둘러싸고 통치행위가 정치문제(Political Question)라는 이름으로 인정되어 오고 있다.

(2) 영국에서는 「국왕은 제소되지 아니한다」는 원칙하에 국가의 승인, 선전포고, 강화, 조약체결 등과 의회해산, 수상임명, 정부해산, 은사권의 행사 등은 사법심사에서 제외되고 있다. 이러한 행위들은 국사행위(Acts of State) 또는 대권행위(Prerogative) 등으로 불리며 이론과 판례상으로 승인되고 있다(대권행위설).

(3) 프랑스는 통치행위론의 탄생지로서 통치행위의 인정근거를 법정책적 견지에서 행정재판소의 사법적 자제에서 구하고 있다(사법자제설). 프랑스에서는 재판으로부터 자유로운 의회행위(예: 정부의 불신임, 의회소집, 의원의 징계)와 행정재판으로부터 제외되는 정부행위(예: 의회의 해산, 계엄의 선포, 군사, 외교 등의 행위)가 판례상 인정되어 왔다. 그러나 오늘날에는 정부의 국제관계사항 및 의회관계행위와 전쟁만이 국사원의 통제로부터 제외되고 있다.

(4) 독일에서는 통치행위의 관념을 인정하려는 방향이 다수의 견해와 판례의 입장인 것으로 보인다(예: 연방하원에 의한 연방수상의 선출, 연방수상의 정치지도기준의 설정, 의회에 의한 예산법률을 통한 예산의 확정, 연방대통령의 법률안의 서명·공포, 연방수상의 연방장관의 임명·해임).

(5) 일본에서는 통치행위의 관념을 인정하는 것이 지배적이고, 판례 또한 통치행위의 관념을 인정하고 있다.

3. 통치행위의 예

정부의 행위로서 ① 외교행위·전쟁·사면·영전수여 등 국가원수의 지위에서 행하는 일정 국가작용, ② 국무총리임명 등 조직법상 행위, ③ 법률안거부, 국민투표회부, 비상계엄의 선포, 긴급명령, 긴급재정·경제명령 등 일련의 행위는 통치행위에 해당한다. 한편, 국회의 행위로서 국무총리·국무위원해임의 건의, 국회의원의 징계(이와 달리 지방의회의원의 징계는 행정행위에 해당하며 사법심사가 전면적으로 이루어진다), 국회의 조직행위 등도 성질상 통치행위에 해당한다.

4. 통치행위의 한계

(1) 개념상 한계 ① 정치적 문제에는 진정한 의미의 정치적 분쟁과 정치적 법률분쟁이 있는데, 진정한 의미의 정치적 분쟁은 법원의 위헌심사에서 제외될 것이지만 정치적 법률분쟁은 법원의 심사대상이 되어야 한다(헌재 2004. 10. 21, 2004헌마554·566(병합) 전원재판부). ② 통치행위에 부수하는 행위, 예컨대 대통령의 계엄선포행위 후 계엄법에 따라 이루어지는 처분들은 계엄법 등 관련법령이 정하는 바에 따라야 한다. 계엄법 등 관련법령에 따른 처분들은 통치행위가 아니며 사법심사의 대상이 된다. 판례의 입장도 같다(대판 2004. 3. 26, 2003도7878). 이러한 통치행위에 부수하는 행위는 통치행위와 구별되어야 한다. 한편, 통치행위에 부수하는 행위가 위법하다면, 그러한 행위는 행정소송의 대상이 될 수도 있고, 국가배상책임을 발생시킬 수도 있다.

(2) 요건상 한계 고도의 정치성을 띠는 행위일지라도 헌법과 법률이 정한 요건을 명백히 결하거나(대판 1997. 4. 17, 96도3376 전원합의체) 기본권침해와 직접 관련하는 경우에는(헌재 1996. 2. 29, 93헌마186; 헌재 2004. 10. 21, 2004헌마554·566(병합) 전원재판부) 사법심사 또는 헌법소원의 대상이 되어야 한다. 헌법과 법률이 정하는 요건을 명백히 결한 고도의 정치적 행위(예: 헌법과 법률이 정하는 요건을 명백히 결한 대통령의 비상계엄선포행위)를 통치행위라 부를 것인지의 여부는 표현상의 문제이다. 구태여 이름을 붙인다면 그러한 행위는 부진정 통치행위라 부를 수 있을 것이다.

5. 권리보호

(1) 국가배상 '누구에게도 일견하여 헌법이나 법률에 위반되는 것으로서 명백하게 인정될 수 있는 등 특별한 사정이 있는 경우(대판 1997. 4. 17, 96도3376 전원합의체. 5·18내란사건)' 또는 '국민의 기본권 침해와 직접 관련되는 경우(헌재 1996. 2. 29, 93헌마186)'에는 국가배상법상 요건을 충족한다면 제한적으로 국가배상청구가 가능하다.

(2) 손실보상 논리적으로 보면, 손실보상청구권의 성립요건을 구비하는 경우에는 손실보상을 인정할 것이다. 그러나 재산권에 대한 공용침해가 있다고 하더라도 통치행위에 따른 손실에 대한 보상규정이 일반적으로 마련되어 있지 아니하기에 손실보상은 현실적으로는 어려울 것이다.

(3) 헌법소원 통치행위가 통상적인 사법심사는 어렵다고 하더라도 당해 행위가 국민의 기본권침해와 직접 관련된 행위인 경우에는 헌법소원의 대상이 된다.

제 2 항 행정법의 개념

Ⅰ. 정 의

행정법이란 행정에 특유한 국내법으로서 공법의 전체를 말한다. 나누어서 말한다면, ① 행정법은 행정에 관한 법이다. 행정법은 입법(법률의 제정 · 개정)에 관한 법인 입법법(예: 국회법)이나 사법(재판)에 관한 법인 사법법(예: 법원조직법)과 구별된다. ② 행정법은 국내법이다. 국제법은 우리의 행정법이 아니다. 그러나 헌법 제 6 조 제 1 항은 "헌법에 의하여 체결 · 공포된 조약과 일반적으로 승인된 국제법규는 국내법과 같은 효력을 가진다"고 규정하고 있으므로 우리나라가 외국과 체결한 조약(예: 한미상호방위조약) 등은 우리나라 행정법의 한 부분이 된다. ③ 행정법은 공법이다. 공법의 의미는 아래에서 보기로 한다.

Ⅱ. 공법의 의의

우리의 법은 공법과 사법으로 구분된다. 사인(私人)들이 계약을 체결하면 민법이 적용되는데, 민법과 같이 사인 사이에 적용되는 법을 사법이라 한다. 한편, 국가나 지방자치단체가 국민이나 주민에게 세금을 부과하려고 하면 소득세법이나 지방세법등 세법에 따라야 하는데, 소득세법이나 지방세법과 같이 국가와 국민 사이 또는 지방자치단체와 주민 사이에 적용되는 법을 공법이라 한다. 그러나 국가와 국민 사이 또는 지방자치단체와 주민 사이에도 매매계약과 관련하여서는 민법이 적용될 수 있으므로 국가와 국민 사이 또는 지방자치단체와 주민 사이에 적용되는 모든 법이 언제나 공법이라고 말할 수는 없다.

Ⅲ. 공법과 사법의 구분

법을 공법과 사법으로 구분하는 것은 현행 법제상 재판절차와 적용법규 등에 차이가 있기 때문이다. 말하자면 사인 사이에서 토지소유권을 다투는 소송은 민사소송으로서 민사법원에 제기하여야 하지만, 지방경찰청장의 운전면허를 취소해달라는 소송은 행정소송으로서 행정법원에 제기하여야 한다. 그리고 사인이 타인에게 폭행 등을 가하면, 폭행으로 피해를 입은 피해자는 민법에 근거하여 가해자를 상대로 손해배상을 청구할 수 있지만, 공무원이 공무수행 중에 사인에게 폭행을 가하면 폭행으로 피해를 입은 사인은 민법이 아니라 국가배상법을 근거로 하여 국가나 지방자치단체를 상대로 손해배상을 청구할 수 있다.

제 2 절 행정법의 법원

제 1 항 법원의 의의와 종류

Ⅰ. 법원의 의의

1. 법원의 개념

행정법의 법원(法源)이란 정부나 지방자치단체가 따르고 집행하여야 할 법의 총체를 말한다. 학술적으로는 행정법의 법원을 행정권이 준수하여야 할 행정법의 인식근거라고 한다. 행정법의 법원으로서 가장 기본적인 것으로 행정기본법이 있다.

2. 법원의 특징

행정법은 직업의 자유, 국방의 의무와 납세의무 등 국민의 국가에 대한 권리와 의무에 관한 사항을 주요 규율대상으로 한다. 국민들의 안정된 생활을 보장하기 위해서는 국민의 국가에 대한 권리와 의무의 내용을 명백히 할 필요가 있다. 이 때문에 행정법은 문자로 기록된 성문법을 원칙으로 한다. 이를 성문법주의(成文法主義)라 한다.

Ⅱ. 법원의 종류

1. 성 문 법

성문법이란 문자로 기록된 법원을 말한다. 성문법원에 헌법, 법률, 행정입법(법규명령 · 행정규칙)과 자치입법이 있다.

(1) 헌 법 헌법(憲法)은 국가의 최고법이다. 헌법은 행정법의 최상위의 법원이다. 모든 행정법은 헌법의 가치결단과 기본원칙에 구속된다. 행정법은 헌법을 구체화한 법이어야 한다.

(2) 법 률 법률이란 국회가 헌법이 정한 입법절차에 따라 정하는 법 또는 법률이라는 명칭을 가진 법을 말한다. 법률에는 ① 행정기본법, 행정절차법과 같이 경찰행정 등을 포함하여 모든 행정영역을 적용대상으로 하는 법률과 ② 건축법, 도로교통법, 식품위생법 등과 같이 특정 행정영역을 적용대상으로 하는 법률이 있다.

(3) 행정입법 행정입법이란 대통령이 법령의 위임을 받아 만드는 법인 대통령령, 국무총리가 법령의 위임을 받아 만드는 법인 총리령, 장관이 법령의 위임을 받아 만드는 법

인 부령을 말한다. 대통령령의 예로서 대통령이 법률인 병역법의 위임을 받아 만드는 병역법 시행령을 볼 수 있고, 부령의 예로서 국방부장관이 법률인 병역법이나 대통령령인 병역법 시행령의 위임을 받아 만드는 병역법 시행규칙을 볼 수 있다. 대통령령은 실무상 □□시행령이라 부르고, 총리령이나 부령은 실무상 □□시행규칙이라 부른다.

(4) 자치입법 자치입법에는 조례와 규칙 및 교육규칙이 있다. 조례는 지방의회가 법령이 정하는 절차에 따라 정하는 조례라는 명칭을 가진 법을 말한다(예: 서울특별시 하수도 사용조례, 서울특별시 강남구 쓰레기 줄이기와 자원순환 촉진에 관한 조례). 규칙이란 지방자치단체의 장이 법령이나 조례의 위임 또는 직권으로 정하는 규칙이라는 이름을 가진 법을 말한다(예: 서울특별시 하수도 사용조례 시행규칙, 서울특별시 강남구 쓰레기 줄이기와 자원재활용 촉진에 관한 조례 시행규칙). 교육규칙이란 특별시·광역시·도의 교육감이 법령이나 조례의 위임 또는 직권으로 정하는 규칙이라는 이름을 가진 법을 말한다(예: 서울특별시교육감 소속 지방공무원 정원규칙).

■ 참고 ■

행정기본법 제 2 조 제 1 호에서 국내법상 성문법의 유형을 대부분 볼 수 있다.

행정기본법 제2조(정의) 이 법에서 사용하는 용어의 뜻은 다음과 같다.
1. "법령등"이란 다음 각 목의 것을 말한다.
가. 법령: 다음의 어느 하나에 해당하는 것
 1) 법률 및 대통령령 · 총리령 · 부령
 2) 국회규칙 · 대법원규칙 · 헌법재판소규칙 · 중앙선거관리위원회규칙 및 감사원규칙
 3) 1) 또는 2)의 위임을 받아 중앙행정기관(「정부조직법」 및 그 밖의 법률에 따라 설치된 중앙행정기관을 말한다. 이하 같다)의 장이 정한 훈령 · 예규 및 고시 등 행정규칙
나. 자치법규: 지방자치단체의 조례 및 규칙

2. 불 문 법

(1) 의 의 불문법이란 문자로 기록되지 아니한 법을 말한다. 불문법에는 관습법과 판례법이 있다. 성문법주의를 취하는 우리나라에서 불문법은 보충적이다. 말하자면 성문법이 없는 경우에 불문법의 적용 여부가 보충적으로 문제된다.

(2) 관 습 법

(가) 의 의 관습법이란 문자로 기록된 것은 아니지만, 일정한 사실들이 장기간 반복되고, 국민들이 그러한 장기간 반복되는 사실에 대하여 법적인 확신 내지 법적인 믿음을 가지게 될 때, 이러한 사실을 관습법이라 부른다.

[예] 낙동강변에서 농사를 짓는 농민들이 오래전부터 강물을 끌어다가 농사를 해왔다면, 정부는 함부로 농민들에게 낙동강의 강물사용을 금지할 수 없다. 왜냐하면 조상대대로 낙동강의 물을 끌어다가 농사를 해온 농민들에게는 국가에 대하여 강물을 끌어다가 농사에 사용할 수 있는 관습법상 권리가 인정된다고 보아야 하기 때문이다. 수산업법 제 2 조 제 9 호와 제48조에 의하면, 수산업법 제

48조의 규정에 의하여 어업의 신고를 한 자로서 마을어업권이 설정되기 전부터 당해 수면에서 계속적으로 수산동식물을 포획·채취하여 온 사실이 대다수 사람들에게 인정되는 자 중 대통령령이 정하는 바에 의하여 어업권원부에 등록된 자인 입어자는 고기잡이를 할 수 있는데, 입어자에게 어업권을 인정하는 것은 오래전부터 관행적으로 고기잡이를 해온 사람들에게 관습법상 권리가 있다는 것을 성문법으로 보장하는 것이라 하겠다.

▪ **수산업법 제2조(정의)** 이 법에서 사용하는 용어의 뜻은 다음과 같다.

9. "입어자"란 제48조에 따라 어업신고를 한 자로서 마을어업권이 설정되기 전부터 해당 수면에서 계속하여 수산동식물을 포획·채취하여 온 사실이 대다수 사람들에게 인정되는 자 중 대통령령으로 정하는 바에 따라 어업권원부에 등록된 자를 말한다.

제48조(신고어업) ① 제7조·제40조·제43조 또는 제46조에 따른 어업 외의 어업으로서 대통령령으로 정하는 어업을 하려는 자(신고일을 기준으로 조업장소를 관할하는 시·군·구에 6개월 이상 주소를 둔 자에 한정한다)는 시장·군수·구청장에게 해양수산부령으로 정하는 바에 따라 신고하여야 한다.

(나) 성립과 소멸

(a) 성립요건 통설과 판례에 의하면, 관습법은 객관적 요소로서 장기적이고 일반적인 관행·관습이 있고, 주관적 요소로서 민중의 법적 확신이 있는 경우에 인정된다(법적 확신설·법력내재설)(대판 2005. 7. 21, 2002다1178; 헌재 2004. 9. 23, 2003헌라2). 그러나 이러한 객관적 요소와 주관적 요소 외에 형식적 요소로서 관습을 법으로 인정하는 국가의 승인도 있어야 관습법이 인정된다는 견해도 있다(승인설). 관습법은 생성된 것이지 의도된 것은 아니므로 관습법의 성립에 국가의 승인은 요구되지 아니한다고 볼 것이므로, 법적 확신설이 타당하다.

(b) 소멸사유 사회의 거듭된 관행으로 생성된 사회생활규범이 관습법으로 승인되었다고 하더라도 사회 구성원들이 그러한 관행의 법적 구속력에 대하여 확신을 갖지 않게 되었다거나, 사회를 지배하는 기본적 이념이나 사회질서의 변화로 인하여 그러한 관습법을 적용하여야 할 시점에 있어서의 전체 법질서에 부합하지 않게 되었다면 그러한 관습법은 법적 규범으로서의 효력이 부정될 수밖에 없다(대판 2005. 7. 21, 2002다1178).

(다) 인정범위(효력) 법률의 유보의 원리상 그 효과가 침해적인 관습법은 인정하기 곤란하다. 관습법은 성문법의 결여시에 성문법을 보충하는 범위에서 효력을 갖는다. 판례의 입장도 같다(대판 1983. 6. 14, 80다3231). 한편 성문법이 관습법에 성문법의 개폐적 효력을 부여할 수도 있다(국세기본법 제18조 제3항 참조). 물론 헌법에 반하는 관습법은 인정될 수 없다(대판 2003. 7. 24, 2001다48781; 대판 2005. 7. 21, 2002다1178).

(라) 종 류 행정법의 영역에서 관습법으로 행정선례법과 민중적 관습법이 있다. 행정선례법은 행정사무처리상의 관행이 법적 성격을 갖게 되는 경우를 말한다. 실정법(절차법 제4조 제2항; 국세기본법 제18조 제3항)은 행정선례법의 존재를 명문으로 인정하고 있다. 한편 민중적 관습법은 민중들 사이의 관행이 법적 성격을 갖게 된 경우를 말한다. 그 예가 많지 않다. 예로서 입어권(수산업법), 하천용수에 관한 관습법을 들 수 있다.

(3) 판 례 법 　판례에서 동일한 원칙이 반복되어 사람들이 그러한 원칙을 법적인 것으로 확신하게 되는 경우, 그러한 원칙들을 판례법이라 부른다. ① 헌법재판소법 제47조의 규정에 비추어 헌법재판소의 결정례(일반적으로 법원의 재판을 판결이라 하고, 헌법재판소의 재판을 결정이라 하고, 판결의 예와 결정의 예를 합하여 판례라 부른다)는 국가기관 · 지방자치단체 및 법원이 따라야 하는 행정법의 법원이 된다. ② 대법원판결이 법원이라는 일반적인 규정은 없다. 다만 소액사건심판법 제3조 제2호의 규정에 비추어 대법원판결은 소액사건 등에서 부분적으로 법원의 성격을 갖는다.

▌대판 2017. 3. 16, 2015다3570(소액사건에서 구체적 사건에 적용할 법령의 해석에 관한 대법원판례가 아직 없는 상황에서 같은 법령의 해석이 쟁점으로 되어 있는 다수의 소액사건들이 하급심에 계속되어 있을 뿐 아니라 재판부에 따라 엇갈리는 판단을 하는 사례가 나타나고 있는 경우, 소액사건이라는 이유로 대법원이 법령의 해석에 관하여 판단을 하지 아니한 채 사건을 종결하고 만다면 국민생활의 법적 안전성을 해칠 것이 우려되므로, 이와 같은 **특별한 사정이 있는 경우에는 소액사건에 관하여 상고이유로 할 수 있는 '대법원의 판례에 상반되는 판단을 한 때'의 요건을 갖추지 아니하였다고 하더라도** 법령해석의 통일이라는 대법원의 본질적 기능을 수행하는 차원에서 실체법 해석적용의 잘못에 관하여 판단할 수 있다).

■ **헌법재판소법 제47조(위헌결정의 효력)** ① 법률의 위헌결정은 법원과 그 밖의 국가기관 및 지방자치단체를 기속한다.
② 위헌으로 결정된 법률 또는 법률의 조항은 그 결정이 있는 날로부터 효력을 상실한다.
③ 제2항에도 불구하고 형벌에 관한 법률 또는 법률의 조항은 소급하여 그 효력을 상실한다. 다만, 해당 법률 또는 법률의 조항에 대하여 종전에 합헌으로 결정한 사건이 있는 경우에는 그 결정이 있는 날의 다음 날로 소급하여 효력을 상실한다.
■ **소액사건심판법 제3조(상고 및 재항고)** 소액사건에 대한 지방법원 본원 합의부의 제2심 판결이나 결정·명령에 대하여는 다음 각호의 어느 하나에 해당하는 경우에만 대법원에 상고 또는 재항고를 할 수 있다.
2. 대법원의 판례에 상반되는 판단을 한 경우

3. 국 제 법

국제법이 우리의 법원이 될 수 있다는 것은 앞에서 말한 바 있다. 국제법에도 성문의 국제법과 불문의 국제법이 있다.

■ **헌법 제6조** ① 헌법에 의하여 체결·공포된 조약과 일반적으로 승인된 국제법규는 국내법과 같은 효력을 가진다.

제2항 법원의 효력

Ⅰ. 시간적 효력범위

1. 의 의

법원의 시간적 효력이란 법원이 국민들에게 효력을 갖는 시간적 간격을 말한다. 시간적 간격이란 법원의 효력발생시점에서 효력소멸시점까지의 기간을 말한다.

2. 효력의 발생

(1) 공 포 국가의 법령의 공포는 원칙적으로 관보, 지방자치단체의 자치입법의 공포는 원칙적으로 당해 지방자치단체의 공보에 게재하는 방법으로 한다(법령 등 공포에 관한 법률 제11조 제1항, 지방자치법 제32조 제9항, 지방자치법 시행령 제31조).

(2) 주지기간 법령을 시행하기 위해서는 사전에 일정한 기간 동안 국민들에게 그 법령의 내용을 알리는 기간을 주지기간 또는 시행유예기간이라 한다. 법률은 특별한 규정이 없는 한 공포한 날로부터 20일을 경과함으로써 효력을 발생한다(헌법 제53조 제7항). 다만, 국민의 권리 제한 또는 의무 부과와 직접 관련되는 법률, 대통령령, 총리령 및 부령은 긴급히 시행하여야 할 특별한 사유가 있는 경우를 제외하고는 공포일부터 적어도 30일이 경과한 날부터 시행되도록 하여야 한다(법령 등 공포에 관한 법률 제13조의2).

(3) 시행일의 기간 계산

㈎ 시행일이 공포일인 경우 법령등을 공포한 날부터 시행하는 경우에는 공포한 날을 시행일로 한다(행정기본법 제7조 제1호). 말하자면 법령등을 공포한 날부터 시행하는 경우에는 초일 불산입의 원칙을 적용하지 않는다.

㈏ 시행일이 공포일 이후인 경우 법령등을 공포한 날부터 일정 기간이 경과한 날부터 시행하는 경우에는 법령등을 공포한 날을 첫날에 산입하지 아니한다(행정기본법 제7조 제2호)(예: 7월 5일에 공포하면서 공포일로부터 1개월이 경과한 날부터 시행한다고 하는 경우, 7월 5일이 아니라 7월 6일을 기산일로 하여 1개월이 경과하는 시점인 8월 5일 오후 12시, 8월 6일 오전 0시부터 시행된다). 즉, 초일 불산입의 원칙을 적용한다.

㈐ 기간의 말일이 토요일·공휴일 경우 법령등을 공포한 날부터 일정 기간이 경과한 날부터 시행하는 경우로서 그 기간의 말일이 토요일 또는 공휴일인 경우에도 기간은 그 날로 만료한다(행정기본법 제7조 제3호)(예: 8월 15일이 만료일인 경우, 8월 15일 경과로 만료되는 것이지, 8월 16일 경과로 만료되는 것이 아니다).

3. 불소급의 원칙(소급적용의 금지)

(1) 의 의 시행일 이전에 발생한 사항에 대하여 법령을 적용하는 것은 소급적용이라 한다. 새로운 법령등은 법령등에 특별한 규정이 있는 경우를 제외하고는 그 법령등의 효력 발생 전에 완성되거나 종결된 사실관계 또는 법률관계에 대해서는 적용되지 아니한다(행정기본법 제14조 제1항). 이를 불소급의 원칙이라 한다.

(2) 취 지 침익적인 소급을 인정한다면, 국민들의 안정된 생활은 기대할 수 없다. 왜냐하면 국민들은 행위 당시의 법을 보고 자신의 행동을 결정하는 것이지, 행위 당시에는 없었으나 사후에 만들어질 법의 내용을 예측하여 자신의 행동을 결정할 수는 없기 때문이다. 그러나 수익적인 소급적용은 원칙적으로 허용된다. 예컨대 조례를 개정하여 지난해에 징수한 재산세의 일부를 주민들에게 되돌려주는 것은 수익적인 것으로서 원칙적으로 허용된다.

[예] 허가 없이 붕어낚시를 하면 10만원의 과태료를 부과한다는 내용의 (가칭) 낚시법이 2030년 4월 2일에 국회를 통과하고, 2030년 4월 25일에 정부가 공포하고, 2030년 5월 15일에 발효되었다고 하자. 그런데 낚시법이 부칙에서 2029년 1월 1일부터 붕어를 낚시한 자에게도 10만원의 과태료를 부과한다고 규정하면, 낚시법 부칙은 낚시법을 소급하여 적용하는 것이 된다. 만약 2029년 2월 5일에 붕어를 낚시한 A에 대하여 2030년 6월 5일에 과태료를 부과한다면, 그것은 불소급의 원칙에 반하는 것으로서 위법한 것이 된다. 왜냐하면 A가 낚시를 하였던 2029년 2월 5일에는 허가 없이 붕어를 낚시하는 것을 금지하는 바가 없었고, 또한 허가 없이 붕어를 낚시하면 추후에 과태료가 부과된다는 법적 상황도 없었으므로, 이러한 A에게 과태료를 부과한다는 것은 A의 법적 안정을 깨뜨리는 것이 되기 때문이다.

4. 소 멸

"A법률을 폐지한다"는 내용의 「A법률 개정법률」을 만들거나 기존의 법률의 내용과 충돌되는 새로운 법률을 만들거나, 헌법재판소의 위헌결정이 있으면, 기존의 법률은 소멸한다. 행정입법의 경우에 상위법을 폐지하면 행정입법 역시 소멸한다. 예컨대 대통령령의 근거법인 법률을 폐지하면 대통령령은 소멸된다.

Ⅱ. 지역적 효력범위

행정법규는 그 법규의 제정권자의 권한이 미치는 지역적 범위 내에서만 효력을 갖는다. 예컨대 대통령령·부령은 전국에 미치고, 조례는 해당 지방자치단체의 관할구역에 미친다. 「제주특별자치도 설치 및 국제자유도시조성을 위한 특별조치법」과 같이 국가의 법령이 국내의 일부 지역에만 미치는 경우도 있다. 지역이란 영토뿐만 아니라 영해(바다)와 영공(하늘)까지 포함하는 개념이다. 한편, 국제법상 외교 특권(외교관 특권, 면책특권)이 미치는 구역(예: 외국공관)에는 우리의 행정법규의 집행이 제한을 받는다.

Ⅲ. 인적 효력범위

행정법규는 지역적 효력이 미치는 당해 지역 안에 있는 모든 사람에게 적용된다. 자연인 · 법인, 내국인 · 외국인을 불문한다. 외교 특권(외교관 특권, 면책특권)이 있는 자에게는 적용되지 아니한다.

> **[예]** 서대문구 주민이 강남구에서 담배꽁초를 버리면 강남구의 관련 자치법규에 의해 과태료가 부과될 수 있다. 서대문구에 주소를 둔 법인인 기업은 서대문구에 당연히 재산세를 납부하여야 한다. 미국인이 강남구에서 담배꽁초를 버리면 강남구의 관련 자치법규에 의해 과태료가 부과될 수 있다. 그러나 치외법권을 가진 자는 우리 행정법의 적용을 받지 아니한다. 말하자면 주한 A국대사가 도로교통법을 위반하였다고 하여도 처벌받지는 아니한다. 외국거주 한국인에게도 우리 행정법규의 효력은 당연히 미친다. 미국 등에 거주하는 한국인이 서대문구에 재산을 갖고 있다면, 당연히 서대문구에 재산세를 납부하여야 한다.

제 3 항 행정기본법상 법원칙

행정기본법은 모든 행정에 적용되는 법원칙으로 법치행정의 원칙, 평등의 원칙, 비례의 원칙, 성실의무 및 권한남용금지의 원칙, 신뢰보호의 원칙, 부당결부금지의 원칙을 규정하고 있다. 모든 행정기관은 반드시 이러한 원칙을 따라야 한다. 이러한 원칙에 반하는 행정작용은 위법한 행정작용이 된다.

Ⅰ. 법치행정의 원칙

1. 일 반 론

(1) 법치행정의 의의 넓은 의미로 법치행정이란 「행정은 법률의 범위 내에서 이루어져야 하며, 만약 법률에 어긋나는 행정으로 인해 사인이 피해를 입게 되면, 그 사인은 법원에 의해 구제를 받을 수 있어야 한다」는 것을 말하며, 좁은 의미로 법치행정이란 「행정은 법률의 범위 내에서 이루어져야 한다」는 것을 말한다. 「행정은 법률의 범위 내에서 이루어져야 한다」는 것은 행정은 법률에 반할 수 없다는 것과 행정은 법률의 근거를 필요로 한다는 것을 의미한다.

(2) 일반법과 개별법(특별법) 행정기본법 제 8 조는 법치행정의 원칙이라는 명칭하에 "행정작용은 법률에 위반되어서는 아니 되며, 국민의 권리를 제한하거나 의무를 부과하

는 경우와 그 밖에 국민생활에 중요한 영향을 미치는 경우에는 법률에 근거하여야 한다."라고 하여 좁은 의미의 법치행정의 원칙을 규정하고 있다. 내용상으로 보면, 행정기본법 제8조 전단은 법률의 우위의 원칙, 후단은 법률의 유보의 원칙을 규정하고 있다. 행정기본법 제8조는 일반법(일반조항)이다. 개별 법률에 특별규정이 없다고 하여도 행정기본법 제8조가 당연히 적용된다.

2. 법률의 우위의 원칙

(1) 의 의 법률의 우위의 원칙이란 "행정작용은 법률에 위반되어서는 아니 된다"는 원칙을 말한다(행정기본법 제8조 전단). 바꾸어 말하면 "국가의 행정은 합헌적 절차에 따라 제정된 법률에 위반되어서는 아니 된다"는 것을 의미한다. 법률의 우위의 원칙으로 인해 대통령이나 장관은 법률에 위반되는 대통령령이나 부령을 만들 수 없고, 하급기관이나 공무원에게 법률에 위반되는 내용을 지시할 수도 없다. 뿐만 아니라 17세의 청소년에 대한 징병검사를 명하거나 혈중알코올 농도 0.03%의 음주운전자에 대한 운전면허취소처분(도로교통법령상으로는 혈중알코올 농도 0.08% 이상인 경우에 운전면허취소의 대상이 된다)과 같이 법률에 위반되는 처분을 국민들에게 할 수도 없다. 특별시장 · 광역시장 · 특별자치시장 · 도지사 · 특별자치도지사 그리고 시장 · 군수 · 구청장도 마찬가지로 법률의 우위의 원칙에 반할 수 없다.

(2) 적용범위 법률의 우위의 원칙은 행정의 모든 영역에 적용된다. 수익적 행위인가, 침익적 행위인가를 가리지 않는다. 조직상의 행위인가도 가리지 않는다. 법률의 우위의 원칙은 공법형식의 국가작용뿐만 아니라 사법형식으로 이루어지는 국가작용에도 적용된다.

(3) 위반의 효과 대통령이나 장관의 행위가 법률의 우위의 원칙에 위반되면, 그러한 행위는 무효 또는 취소할 수 있는 행위가 된다. 만약 그러한 행위로 사인이 피해를 입게 되면, 사인은 국가를 상대로 손해배상을 청구할 수도 있다.

3. 법률의 유보의 원칙

(1) 의 의 법률의 유보의 원칙이란 "행정작용은 … 국민의 권리를 제한하거나 의무를 부과하는 경우와 그 밖에 국민생활에 중요한 영향을 미치는 경우에는 법률에 근거하여야 한다"는 원칙을 말한다(행정기본법 제8조 후단). 바꾸어 말하면 행정권의 발동에는 법률의 근거가 필요하다는 것을 의미한다. 법률의 유보의 원칙으로 인해 법률의 근거 없이 국민들에게 세금이나 범칙금을 부과할 수 없고, 청년들에게 입영을 명할 수도 없다. 특별시장 · 광역시장 · 특별자치시장 · 도지사 · 특별자치도지사 그리고 시장 · 군수 · 구청장도 마찬가지로 법률의 유보의 원칙에 반할 수 없다. 행정기본법상 법률의 우위의 원칙은 모든 행정에 적용되지만, 법률의 유보의 원칙은 국민의 권리를 제한하는 경우, 의무를 부과하는 경우, 그밖에

국민생활에 중요한 영향을 미치는 경우에만 적용된다.

(2) 이론적 근거 행정기본법 제 8 조가 규정하는 법률의 유보의 원칙은 헌법상 기본원리인 민주주의원리(국회가 국가공동체의 본질적인 결단을 하여야 한다) · 법치국가원리(국가와 시민간의 법관계는 일반적인 법률을 통해 규율되어야 한다) · 기본권보장원리(개인의 자유와 권리는 오로지 법률의 근거 위에서만 제한이 가능하다)에서 나온다.

(3) 적용범위

㈎ 규정 내용 행정기본법 제 8 조는 법률의 유보의 원칙이 ① 국민의 권리를 제한하는 경우(예: 영업정지처분 · 운전면허정지처분), ② 국민에게 의무를 부과하는 경우(예: 철거명령 · 과태료부과처분), ③ 그 밖에 국민생활에 중요한 영향을 미치는 경우에 적용됨을 규정하고 있다.

㈏ 국민생활에 중요한 영향을 미치는 경우 이 부분은 행정기본법이 중요사항유보설을 받아들인 것이다. 중요사항유보설이란 기본적인 규범영역에서 모든 중요한 결정은 적어도 입법자 스스로가 법률로 정하여야 한다는 학설을 말한다. 중요사항유보설은 이중의 의미 내지 2단계로 구성된다. 1단계는 법률의 유보, 즉 중요사항은 입법사항(형식적 의미의 법률로 정할 사항)의 문제이고, 2단계는 법률의 유보를 전제로 위임입법과의 관계에서 보다 중요한 사항은 입법자가 위임입법에 위임할 수 없고 반드시 입법자 스스로 정해야 한다는 의미의 문제이다. 이러한 2단계에서의 문제, 즉 위임금지를 통해 강화된 법률유보를 의회유보라고도 부른다. 헌법재판소의 판례도 이러한 입장을 취한다(헌재 2023. 2. 23, 2021헌바93).

▌헌재 1999. 5. 27, 98헌바70(오늘날 법률유보원칙은 단순히 행정작용이 법률에 근거를 두기만 하면 충분한 것이 아니라, 국가공동체와 그 구성원에게 기본적이고도 중요한 의미를 갖는 영역, 특히 국민의 기본권실현과 관련된 영역에 있어서는 국민의 대표자인 입법자가 그 본질적 사항에 대해서 스스로 결정하여야 한다는 요구까지 내포하고 있다(**의회유보원칙**). 그런데 텔레비전방송수신료는 대다수 국민의 재산권 보장의 측면이나 한국방송공사에게 보장된 방송자유의 측면에서 국민의 기본권실현에 관련된 영역에 속하고, 수신료금액의 결정은 납부의무자의 범위 등과 함께 수신료에 관한 본질적인 중요한 사항이므로 국회가 스스로 행하여야 하는 사항에 속하는 것임에도 불구하고 한국방송공사법 제36조 제 1 항에서 국회의 결정이나 관여를 배제한 채 한국방송공사로 하여금 수신료금액을 결정해서 문화관광부장관의 승인을 얻도록 한 것은 **법률유보원칙**에 위반된다)(**제 1 차 KBS 수신료 사건**).

(4) 위반의 효과 법률유보의 원칙에 반하는 행정작용은 무효 또는 취소할 수 있는 행위가 된다. 만약 그러한 행위로 사인이 피해를 입게 되면, 사인은 국가를 상대로 손해배상을 청구할 수도 있다.

Ⅱ. 평등의 원칙

1. 의 의

평등의 원칙이란 "행정청은 합리적 이유 없이 국민을 차별해서는 아니 된다"는 원칙을 말한다(행정기본법 제9조). 행정기본법상 평등의 원칙은 헌법 제11조가 규정하는 평등권·평등원칙이 행정의 영역에서 구체화된 것이다.

2. 일반법과 개별법(특별법)

행정기본법 제9조가 규정하는 평등의 원칙은 행정의 법 원칙으로서, 일반적 규정이다(일반법). 개별 법률에 평등의 원칙에 관한 규정이 없다고 하여도, 행정청은 개별 법률의 집행에 평등의 원칙을 준수하여야 한다.

3. 적용범위

행정기본법 제9조의 평등의 원칙은 모든 행정에 적용된다. 침익적 행정과 수익적 행정, 질서행정과 급부행정, 침해행정과 급부행정 등 모든 행정에 적용된다. 행정기본법 제9조의 평등의 원칙의 수범자는 행정청이다.

4. 합리적 차별

행정기본법 제9조는 합리적 이유 없이 국민을 차별하는 것만을 금지한다. 행정기본법 제9조의 반대해석상 합리적 이유 있는 차별은 허용된다(헌재 2023. 2. 23, 2019헌마1157). 상대적 평등(합리적 이유의 유무)의 판단기준으로 자의금지, 형평, 합리성 등이 활용되고 있다.

5. 위반의 효과

평등의 원칙에 반하는 행정작용은 무효 또는 취소할 수 있는 행위가 된다. 만약 그러한 행위로 사인이 피해를 입게 되면, 사인은 국가를 상대로 손해배상을 청구할 수도 있다.

6. 행정의 자기구속의 원칙

(1) 의 의 학설과 대법원(대판 2009. 12. 24, 2009두7967; 대판 2014. 11. 27, 2013두18964) 그리고 헌법재판소(헌재 1990. 9. 3, 90헌마13; 헌재 2001. 5. 31, 99헌마413)는 행정기본법 제정 전부터 평등원칙의 구체화로서 행정의 자기구속의 원칙을 구성하였다. 행정의 자기구속의 원칙이란 행정청은 동일한 사안에 대하여는 동일한 결정을 하여야 한다는 원칙을 말한다.

[예] 식품위생법령상 단란주점영업자가 19세 미만의 청소년에게 술을 팔면 허가권자인 시장·군수·구청장은 6월 이내의 기간을 정하여 영업정지처분을 할 수 있는데, 강남구청장은 단란주점영업자가 처음으로 청소년에게 술을 팔다 적발되면 1개월의 영업정지처분을 할 것을 정해놓았다고 하자. 그런데 강남구에 소재하는 A단란주점이 2월 5일에 처음으로 청소년에 술을 팔다가 적발되어 강남구청장으로부터 영업정지 1개월의 행정처분을 받았는데, 규모와 시설이 유사한 B단란주점이 또한 처음으로 3월 10일에 청소년에 술을 팔다가 적발되었다면 강남구청장은 특별한 사정이 없는 한 자신이 정해놓은 기준에 구속을 받아서 B단란주점에 대하여도 영업정지 1개월의 행정처분을 하여야 한다.

▮ 대판 2009. 12. 24, 2009두7967(시장이 농림수산식품부에 의하여 공표된 '2008년도 농림사업시행지침서'에 명시되지 않은 '시·군별 건조저장시설 개소당 논 면적' 기준을 충족하지 못하였다는 이유로 신규 건조저장시설 사업자 인정신청을 반려한 사안에서) 위 지침이 되풀이 시행되어 행정관행이 이루어졌다거나 그 공표만으로 신청인이 보호가치 있는 신뢰를 갖게 되었다고 볼 수 없고, 쌀 시장 개방화에 대비한 경쟁력 강화 등 우월한 공익상 요청에 따라 위 지침상의 요건 외에 '시·군별 건조저장시설 개소당 논 면적 1,000ha 이상' 요건을 추가할 만한 특별한 사정을 인정할 수 있어, 그 처분이 **행정의 자기구속의 원칙** 및 행정규칙에 관련된 신뢰보호의 원칙에 위배되거나 재량권을 일탈·남용한 위법이 없다)[**아산시 DSC (Drying Storage Center 신규 건조저장시설) 사건**).

(2) 활　용　　행정실무에서 유사한 사건이 연이어 발생하는 경우, 행정청은 「선행사건에 행한 처분과 동일한 처분」을 후행사건에 하게 되는데, 그러한 경우, ① 개별 법률에 평등원칙의 규정이 없으면, 처분 사유로 행정기본법 제 9 조의 평등원칙을 제시하여도 좋고, 행정기본법 제 9 조의 평등원칙과 아울러 행정의 자기구속의 원칙을 함께 제시하여도 좋다. 후자의 사유가 보다 구체적이다. ② 개별 법률에 평등원칙의 규정이 있으면, 해당법률의 평등원칙조항과 행정기본법 제 9 조의 평등원칙을 제시하여도 좋고, 해당법률의 평등원칙조항과 행정기본법 제 9 조의 평등원칙, 아울러 행정의 자기구속의 원칙을 함께 제시하여도 좋다.

Ⅲ. 비례의 원칙

1. 의　의

비례원칙이란 "행정작용은 ① 행정목적을 달성하는 데 유효하고 적절하여야 하고, ② 행정목적을 달성하는 데 필요한 최소한도에 그쳐야 하고, ③ 행정작용으로 인한 국민의 이익 침해가 그 행정작용이 의도하는 공익보다 크지 아니하여야 한다"는 원칙을 말한다(행정기본법 제10조). 비례원칙은 "대포로 참새를 쏘아서는 아니 된다"는 법언으로 표현되기도 한다.

[예] 대통령표창을 여러 번 수상한 모범공무원이 술취한 상태에서 뇌물로 2만원을 받은 것이 발각된 경우, 그 공무원에게 파면처분을 한다면, 그러한 파면처분은 비례원칙에 어긋나는 것이 된다. 왜냐하면 그러한 공무원의 경우에는 파면보다 경미한 징계인 감봉처분이나 견책처분만으로도 그 비행을 응징하고, 비행의 재발을 방지하고, 또한 다른 공무원에게 경종을 울리는 데 충분하다고 판단되기 때문이다. 법정전염병이 발생한 지역에서 소독을 철저히 함으로써 전염병의 확산을 방지할 수 있음에도 불구하고, 그 지역의 모든 가옥을 태워버린다면, 그것 역시 비례원칙에 어긋나는 것이 된다. 대포로 참새를 잡는다면 그것 역시 비례원칙에 어긋난다.

2. 일반법과 개별법(특별법)

행정기본법 제10조가 규정하는 비례의 원칙은 행정의 법 원칙으로서, 일반적 규정이다(일반법). 개별 법률에 비례의 원칙에 관한 규정이 없다고 하여도, 행정청은 개별 법률의 집행에 비례의 원칙을 준수하여야 한다.

3. 내용(광의의 비례원칙)

(1) 적합성의 원칙 행정기본법 제10조 제1호는 행정작용은 "행정목적을 달성하는 데 유효하고 적절할 것"을 규정하고 있다. "행정목적을 달성하는 데 유효하고 적절할 것"이란 「행정목적의 달성에 법적으로나 사실상으로 유용한 수단만이 채택되어야 한다」는 것을 의미한다. 이를 적합성의 원칙이라 부른다.

(2) 필요성의 원칙 행정기본법 제10조 제2호는 행정작용은 "행정목적을 달성하는 데 필요한 최소한도에 그칠 것"을 규정하고 있다. "행정목적을 달성하는 데 필요한 최소한도에 그칠 것"이란 「적합한 수단 중에서 개인이나 공중에 최소한의 침해를 가져오는 수단만이 채택되어야 한다」는 것을 의미한다. 이를 최소침해의 원칙이라 부른다. 필요성의 원칙 또는 최소수단의 원칙이라고도 한다.

(3) 상당성의 원칙 행정기본법 제10조 제3호는 "행정작용으로 인한 국민의 이익 침해가 그 행정작용이 의도하는 공익보다 크지 아니할 것"을 규정하고 있다. "행정작용으로 인한 국민의 이익 침해가 그 행정작용이 의도하는 공익보다 크지 아니할 것"이란 「적용하고자 하는 수단으로부터 나오는 침해가 목적하는 효과를 능가하여서는 아니 된다」는 것을 의미한다. 이를 상당성의 원칙이라 부른다. 협의의 비례원칙 또는 협의의 과잉금지의 원칙으로 부르기도 한다. 상당성의 원칙은 제3자효 있는 행위에도 적용된다. 상당성의 원칙을 적용한 판례도 적지 않다.

4. 적용 범위

행정기본법 제10조는 비례원칙이 적용되는 행정영역에 아무런 제한을 두고 있지 않다. 비례원칙은 예외 없이 행정의 모든 영역에 적용된다. 침해행정인가 급부행정인가를 가리지 아니한다. 수익적 행위인가, 침익적 행위인가를 가리지 않는다.

5. 원칙위반의 효과

비례의 원칙에 반하는 행정작용은 무효 또는 취소할 수 있는 행위가 된다. 만약 그러한 행위로 사인이 피해를 입게 되면, 사인은 국가를 상대로 손해배상을 청구할 수도 있다.

Ⅳ. 성실의무 및 권한남용금지의 원칙

1. 성실의무의 원칙

(1) 의 의 성실의무의 원칙이란 "행정청은 법령등에 따른 의무를 성실히 수행하여야 한다"는 원칙을 말한다(행정기본법 제11조 제1항). 예를 들어, 민원인이 건축허가를 신청하면, 군수는 아무런 까닭 없이 허가절차를 지연시켜서는 아니 되고, 성의를 다하여 법령이 정하는 허가절차를 진행시켜야 한다. 행정청은 국민을 위해 존재하고, 행정청의 인적 구성요소인 공무원은 국민에 대한 봉사자인 까닭에 행정청은 자신의 양심과 인격을 바탕으로 성의를 다하여 법령이 정하는 대로 행정사무를 수행하여야 하는바, 여기에 성실의무의 원칙이 인정되는 이유가 있다.

(2) 일반법과 개별법(특별법) 행정기본법 제11조 제1항이 규정하는 성실의무의 원칙은 행정의 법 원칙으로서, 일반적 규정이다(일반법). 개별 법률에 성실의무에 관한 규정이 없다고 하여도, 개별 법률의 집행에 성실의무가 준수되어야 한다.

(3) 적용범위 행정기본법 제11조 제1항의 성실의무의 원칙은 모든 행정에 적용된다. 침익적 행정과 수익적 행정, 질서행정과 급부행정, 침해행정과 급부행정 등 모든 행정에 적용된다.

(4) 원칙위반의 효과 성실의무의 원칙에 반하는 행정작용은 무효 또는 취소할 수 있는 행위가 된다. 만약 그러한 행위로 사인이 피해를 입게 되면, 사인은 국가를 상대로 손해배상을 청구할 수도 있다.

2. 권한남용금지의 원칙

(1) 의 의 권한남용금지의 원칙이란 "행정청은 행정권한을 남용하거나 그 권한의 범위를 넘어서는 아니 된다"는 원칙을 말한다(행정기본법 제11조 제2항). 예를 들어, A가 필요한 요건을 모두 갖추어 건축허가를 신청하였음에도, B시장이 법적 근거 없이 허가 시 민원이 야기될 우려가 있다고 하면서 허가를 거부하면, B시장은 자신에게 주어진 권한을 남용한 것이 된다. 이와 같이 행정청은 자신에게 부여된 권한을 그 권한이 부여된 목적에 어긋나게 행사하여서도 아니 되고 주어진 권한을 넘어서서 행사하여서도 아니 된다는 원칙을 권한남용금지의 원칙이라 한다.

(2) 일반법과 개별법(특별법) ① 행정기본법 제11조 제2항이 규정하는 권한남용금지의 원칙은 행정의 법 원칙으로서, 일반적 규정이다(일반법). ② 행정기본법 제21조는 "행정청은 재량이 있는 처분을 할 때에는 관련 이익을 정당하게 형량하여야 하며, 그 재량권의

범위를 넘어서는 아니 된다"고 하여 재량권의 남용과 일탈을 금지하고 있다. 행정기본법 제21조는 재량권과 관련하여 행정기본법 제11조 제 2 항에 대한 특별규정이다. ③ 개별 법률에 권한남용금지의 원칙에 관한 규정이 없다고 하여도, 개별 법률의 집행에 권한남용금지의 원칙은 준수되어야 한다. 한편, 판례는 행정기본법 제정이전부터 권한남용금지의 원칙을 인정하였다.

▌대판 2016. 12. 15, 2016두47659(이 사건 세무조사는 외관상으로는 세무조사의 형식을 취하고 있으나 그 실질은 세무공무원이 개인적 이익을 위하여 그 권한을 남용한 전형적 사례에 해당하고 그 위법의 정도가 매우 중대하다. 결국 이 사건 세무조사는 위법하므로 그에 근거하여 수집된 과세자료를 기초로 이루어진 이 사건 처분 역시 위법하다. 원심이 이 사건 처분이 위법하여 취소되어야 한다고 판단한 것은 이러한 법리에 따른 것으로서 정당하다)(**서초세무서 대화정밀화학(주) 세무조사 사건**).

(3) 남용금지의 대상으로서 행정권한 조직의 단일체가 갖는 사무의 범위 내지 그 사무수행에 필요한 각종의 권능과 의무의 총체를 권한이라 한다. 행정권한이란 행정청이 국가나 지방자치단체를 위하여, 그리고 국가나 지방자치단체의 행위로써 유효하게 사무를 처리할 수 있는 능력 또는 사무의 범위를 말한다.

(4) 내 용 ① 행정권한의 남용이란 행정권한이 법령상 주어진 권한의 범위 내에서(이 점에서 권한의 일탈이 아니다) 행사되었으나(이 점에서 권한의 불행사가 아니다) 잘못된 방향으로 사고되어 권한행사가 이루어지는 경우를 말한다(예: 평등의 원칙에 반하는 권한행사, 비례의 원칙에 반하는 권한행사, 비이성적인 동기에 기인한 권한행사). ② 행정권한의 일탈이란 법령상 주어진 권한의 한계를 벗어난 행정권한의 행사를 말한다[예: 법령에서 정한 액수 이상의 과징금을 부과하거나, 또는 법령이 허용한 수단이 아닌 수단(예: 법령은 과태료부과만을 예정하고 있으나 행정청이 영업허가를 취소한 경우)을 도입하는 경우].

(5) 적용범위 행정기본법 제11조 제 2 항의 권한남용금지의 원칙은 모든 행정에 적용된다. 말하자면 침익적 행정과 수익적 행정, 질서행정과 급부행정, 침해행정과 급부행정 등 모든 행정에 적용된다.

(6) 원칙위반의 효과 권한남용금지의 원칙에 반하는 행정작용은 무효 또는 취소할 수 있는 행위가 된다. 만약 그러한 행위로 사인이 피해를 입게 되면, 사인은 국가를 상대로 손해배상을 청구할 수도 있다.

Ⅴ. 신뢰보호의 원칙과 실권의 원칙

1. 신뢰보호의 원칙

(1) 의 의 신뢰보호의 원칙이란 "행정청은 공익 또는 제 3 자의 이익을 현저히

해칠 우려가 있는 경우를 제외하고는 행정에 대한 국민의 정당하고 합리적인 신뢰를 보호하여야 한다"는 원칙을 말한다(행정기본법 제12조 제 1 항).

▌대판 2008. 10. 9, 2008두6127(시의 도시계획과장과 도시계획국장이 도시계획사업의 준공과 동시에 사업부지에 편입한 토지에 대한 완충녹지 지정을 해제함과 아울러 당초의 토지소유자들에게 환매하겠다는 약속을 했음에도, 이를 믿고 토지를 협의매매한 토지소유자의 완충녹지지정해제신청을 거부한 것은, 행정상 신뢰보호의 원칙을 위반하거나 재량권을 일탈·남용한 위법한 처분이다)(**안산시 완충녹지지정해제신청 거부 사건**).

■ 참고 ■

행정기본법상 신뢰보호의 원칙은 행정의 법원칙으로 규정되고 있지만, 신뢰보호의 원칙은 입법(법률의 제정·개정)에도 적용되는 법원칙이기도 하다(헌재 2021. 7. 15, 2019헌마406). 신뢰보호의 원칙은 헌법상 법치국가원리에 기초하고 있다.

(2) 인정배경 신뢰보호의 원칙은 행정조직이 너무 방대할 뿐만 아니라 행정의 작용영역도 아주 다양하며, 특히 행정법규의 내용을 사인이 알기가 매우 어려워 사인은 행정청이 제시하는 법령의 해석 등을 준수할 수밖에 없어서 사인이 행정청의 언동에 의존하는 경향이 강하다고 할 수 있는바, 이와 관련하여 사인의 믿음을 어떻게 보호할 것인가의 문제를 그 배경으로 해왔다.

(3) 일반법과 개별법(특별법) 행정기본법 제12조 제 1 항이 규정하는 신뢰보호의 원칙은 행정의 법 원칙으로서, 일반적 규정이다(일반법). 개별 법률에 신뢰보호의 원칙에 관한 규정이 없다고 하여도, 행정청은 개별 법률의 집행에 신뢰보호의 원칙을 준수하여야 한다. 한편, 판례는 행정기본법 제정이전부터 신뢰보호의 원칙을 인정하였다.

(4) 적용요건(내용) 행정기본법 제12조 제 1 항은 "행정청은 공익 또는 제 3 자의 이익을 현저히 해칠 우려가 있는 경우를 제외하고는 행정에 대한 국민의 정당하고 합리적인 신뢰를 보호하여야 한다"고 규정한다. 제 1 문 부분, 즉 "행정청은 공익 또는 제 3 자의 이익을 현저히 해칠 우려가 있는 경우를 제외하고는"이라는 부분은 신뢰보호의 원칙의 적용이 배제되는 요건(소극적 요건)의 규정이고, 제 2 문, 즉 "행정에 대한 국민의 정당하고 합리적인 신뢰를 보호하여야 한다"는 부분은 신뢰보호의 원칙이 적용되기 위한 요건(적극적 요건)의 규정이다.

(5) 원칙위반의 효과 신뢰보호의 원칙에 반하는 행정작용은 무효 또는 취소할 수 있는 행위가 된다. 만약 그러한 행위로 사인이 피해를 입게 되면, 사인은 국가를 상대로 손해배상을 청구할 수도 있다.

2. 실권의 원칙

(1) 의　　의　　실권의 원칙이란 "행정청은 권한 행사의 기회가 있음에도 불구하고 장기간 권한을 행사하지 아니하여 국민이 그 권한이 행사되지 아니할 것으로 믿을 만한 정당한 사유가 있는 경우에는 그 권한을 행사해서는 아니 된다"는 원칙을 말한다(행정기본법 제12조 제 2 항 본문). 그러나 "공익 또는 제 3 자의 이익을 현저히 해칠 우려가 있는 경우"에는 실권의 원칙이 인정되지 아니한다(행정기본법 제12조 제 2 항 단서).

[예] A가 운전면허정지처분의 사유가 되는 도로교통법 위반행위를 범하였고, 경찰관이 이를 단속하였음에도 불구하고 관할 지방경찰청장이 아무런 조치를 취하지 아니하다가 5년이 지나가는 시점에 와서 운전면허취소처분을 한다면, 그러한 처분은 실권의 원칙에 반하는 것이 된다. 왜냐하면 도로교통법 위반행위가 있은 지 5년 동안 관할 지방경찰청장이 아무런 조치도 하지 아니하였다면, A는 관할지방경찰청장이 아무런 조치를 취하지 아니한다는 믿음을 가지게 되었고, A는 그러한 믿음을 바탕으로 자신의 생활을 영위한다고 볼 것이고, 그러한 믿음을 바탕으로 한 A의 평화로운 생활은 보호되어야 하기 때문이다.

(2) 성　　질　　실권의 원칙은 신뢰보호의 원칙의 파생원칙이라 할 수 있으나, 행정기본법 제12조 제 1 항의 신뢰보호의 원칙과 제 2 항의 실권의 법리는 적용요건에 차이가 있다.

(3) 일반법과 개별법(특별법)　　행정기본법 제12조 제 2 항이 규정하는 실권의 원칙은 행정의 법 원칙으로서, 일반적 규정이다(일반법). 개별 법률에 실권의 원칙에 관한 규정이 없다고 하여도, 행정청은 개별 법률의 집행에 실권의 원칙을 준수하여야 한다.

(4) 적용요건(내용)　　행정기본법 제12조 제 2 항의 해석상 실권의 원칙은 ① 권한 행사의 기회가 있을 것, ② 장기간 권한의 무행사가 있을 것, ③ 권한의 무행사에 대한 국민의 신뢰가 있을 것, ④ 공익 등을 해칠 우려가 없을 것을 적용 요건으로 한다.

(5) 원칙위반의 효과　　실권의 원칙에 반하는 행정작용은 무효 또는 취소할 수 있는 행위가 된다. 만약 그러한 행위로 사인이 피해를 입게 되면, 사인은 국가를 상대로 손해배상을 청구할 수도 있다.

Ⅵ. 부당결부금지의 원칙

1. 의　　의

부당결부금지의 원칙이란 "행정청은 행정작용을 할 때 상대방에게 해당 행정작용과 실질적인 관련이 없는 의무를 부과해서는 아니 된다"는 원칙을 말한다(행정기본법 제13조). 달리 말하면, 행정청이 사인에게 처분을 하면서 그 사인에게 처분의 대가(對價)를 부담하도록 하는 경우, 그 처분과 사인이 부담하는 대가(반대급부)는 부당한 내적인 관련을 가져서는 아니 되고 또한 부당하게 상호결부되어서도 아니 된다는 원칙을 말한다.

[예] A시장이 B에게 C아파트의 건축허가(처분)를 하면서 아무런 법적 근거도 없이 C아파트 건축부지의 인근에 있는 B의 D토지를 A시에 기부하라(대가)는 조건을 붙인다면, 그러한 조건은 부당결부금지의 원칙에 어긋난다. 왜냐하면 C아파트의 건축허가와 D토지는 서로 아무런 관련이 없을 뿐만 아니라, 법적 근거가 없음에도 불구하고 A시장이 일방적으로 C아파트의 건축허가 시에 D토지를 기부하도록 하는 것이 가능하다면, B의 사유재산의 보호는 불가능해지기 때문이다.

2. 일반법과 개별법(특별법)

행정기본법 제13조가 규정하는 부당결부금지의 원칙은 행정의 법 원칙으로서, 일반적 규정이다(일반법). 개별 법률에 부당결부금지의 원칙에 관한 규정이 없다고 하여도, 행정청은 개별 법률의 집행에 부당결부금지의 원칙을 준수하여야 한다. 한편, 판례도 행정기본법의 제정 전에 이미 부당결부금지의 원칙을 인정하였다(대판 2009. 2. 12, 2005다65500).

3. 적용범위

행정기본법 제13조의 부당결부금지의 원칙은 모든 행정에 적용된다. 말하자면 침익적 행정과 수익적 행정, 질서행정과 급부행정, 침해행정과 급부행정 등 모든 행정에 적용된다. 행정실무상으로 부당결부금지의 원칙은 행정행위의 부관(예 : 건축허가를 하면서 다른 토지의 기부채납을 부관으로 부담하게 하는 경우), 공법상 계약(예: 주차장시설의무의 면제와 천만원의 납부의무를 내용으로 공법상 계약을 체결하는 경우), 또는 행정의 실효성 확보수단(예: 사업에 관한 허가등의 제한)과 관련하여 문제되고 있다

4. 부당결부 여부의 판단기준

부당결부금지의 원칙은 「행정청이 행정작용을 할 때 상대방에게 해당 행정작용과 실질적인 관련이 없는 의무를 부과해서는 아니 되는 것」인바, 부당결부금지의 원칙의 적용을 위해서는 「해당 행정작용과 실질적인 관련의 유무를 판단하는 기준을 마련하는 것」이 필요하다. 관련성 유무의 판단기준으로 행정작용의 원인과 행정작용의 목적을 활용할 수 있다. 법령상 사인의 의무가 행정작용의 원인으로 규정되어 있거나 법령상 사인의 의무가 행정작용의 목적과 같은 목적을 지향한다면, 해당 행정작용 상대방의 의무 사이에 실질적인 관련이 있다고 볼 것이다.

5. 원칙위반의 효과

부당결부금지의 원칙에 반하는 행정작용은 무효 또는 취소할 수 있는 행위가 된다. 만약 그러한 행위로 사인이 피해를 입게 되면, 사인은 국가를 상대로 손해배상을 청구할 수도 있다.

제 4 항 법원의 흠결과 보충(행정법관계와 사법의 적용)

현재로서 통일된 단일의 행정법전은 존재하지 아니한다. 공법적 성질을 갖는 구체적 법률관계에서 성문의 공법도 없고 관습법도 없는 경우에 어떠한 법이 적용될 것인가의 문제가 있다. 이것이 바로 행정법원의 흠결과 보충의 문제이다. 행정법의 흠결의 보충은 공·사법의 2원적 법체계를 가진 국가에서 문제된다. 이러한 문제의 해결책으로 행정법관계에서 사법의 적용문제가 다루어지고 있다. 또한 공법규정의 유추적용이 행정법의 흠결의 보충의 방법으로 검토되기도 한다.

Ⅰ. 사법규정의 적용

1. 사법적용의 가능성

(1) 학 설 통설은 행정법관계에서 사법규정의 적용문제를 기본적으로 한정적 유추적용설의 입장에 서서 사법규정의 분석과 행정법관계의 구분에 따라 판단하는 입장을 취한다. 이러한 입장을 특히 개괄적 구별설이라 부른다. 개괄적 구별설은 '사법규정은 대체로 일반법원리적 규정·법기술적 규정·이해조절적 규정 등으로 이루어져 있고, 여기서 일반법원리적 규정이나 법기술적 규정에 해당하는 조항은 권력관계와 비권력관계 모두에 적용되며, 다만 이해조절적인 규정은 비권력관계에서 유추적용이 가능한 경우도 있다'는 견해이다.

(2) 사 견 명문으로 사법규정의 적용을 예정해 두고 있는 경우에는 특별한 문제가 없다(국배법 제 8 조; 국세기본법 제 4 조). 명문의 규정이 없는 경우에는 사법이 전면적으로 그대로 적용될 수는 없다. 이러한 경우에는 원칙적으로 개괄적 구별설에 따라 판단하는 것이 합리적이다. 판례도 같은 입장이다(대판 1961. 10. 5, 4292행상6).

2. 적용가능한 사법규정

(1) 권력관계 자연인 및 법인의 관념, 권리능력과 행위능력의 관념, 주소·물건의

관념, 법률행위 · 의사표시 · 대리 · 무효 · 취소 · 조건 · 기한 등의 관념, 기간 · 시효제도 · 사무관리 · 부당이득 · 불법행위 등의 일반법원리적 규정 · 법기술적 규정은 권력관계에서도 적용된다고 하는 것이 일반적인 경향이다. 한편, 이해조절적 규정은 원칙적으로 권력관계에는 적용되지 않는다고 함이 일반적이나, 예외적으로는 성질에 반하지 않는 한 적용될 수도 있을 것이다.

(2) 비권력관계 일방적인 관계가 아닌 비권력관계는 기본적으로 사법관계와 상이한 것은 아니기 때문에 특별한 공법적 제한(예: 국배법 제 5 조; 우편법 제38조)이 가해지지 않는 한 사법규정이 전반적으로 유추적용될 수 있다고 본다.

(3) 국고관계 행정법관계에서의 사법규정의 적용문제는 아니지만, 국고관계에서 사법규정의 적용문제를 언급한다. 행정상 법률관계 중 사법이 지배하는 법률관계인 국고관계에 사법이 적용되는 것은 개념상 당연하고(대판 1961. 10. 5, 4292행상6) 특별히 언급할 필요가 없을 것이다. 그렇지만 경우에 따라서는 실정법이 사법관계(국고관계)에 특별한 제한을 가하는 경우도 있고, 이때에는 그에 따라야 한다. 한편 국고관계를 좁은 의미의 국고관계와 행정사법관계로 나눌 때, 행정사법의 경우에는 좁은 의미의 국고관계에 비해 공법적 기속(예: 평등원칙 · 비례원칙 · 신뢰보호원칙 등의 적용)이 보다 강하게 가해진다.

Ⅱ. 공법규정의 적용

1. 헌법상 원칙의 적용

행정법은 구체화된 헌법인 까닭에 적용할 행정법규의 결여시에는 무엇보다도 헌법상의 기본원칙, 헌법상 최상위의 가치가 중요한 의미를 가진다. 이러한 것으로 법적 안정성, 신뢰보호, 법적 명확성, 기본권의 보호, 효과적인 권리보호의 방법 등을 들 수 있다.

2. 공법규정의 유추해석

유추해석은 법원의 존부에 관한 개념이 아니라 법원의 해석에 관련된 개념이지만, 공법규정의 유추해석이 공법규정의 흠결을 보완하는 방법일 수 있다.

▌대판 2004. 12. 23, 2002다73821(사업시행자가 손실보상의무를 이행하지 아니한 채 공유수면에서 허가어업을 영위하던 어민들에게 피해를 입힐 수 있는 공유수면매립공사를 시행함으로써 어민들이 더 이상 허가어업을 영위하지 못하는 손해를 입게 된 경우에는, 어업허가가 취소 또는 정지되는 등의 처분을 받았을 때 손실을 입은 자에 대하여 보상의무를 규정하고 있는 수산업법 제81조 제1항을 유추적용하여 그 손해를 배상하여야 할 것이고, 이 경우 그 손해액은 공유수면매립사업의 시행일을 기준으로 삼아 산정하여야 할 것이다)(**새만금사업관련 무보상 공유수면매립공사 사건**).

제 3 절 행정법관계

제 1 항 행정법관계의 당사자

Ⅰ. 행정의 주체

1. 국가와 지방자치단체

운전을 면허하거나, 세금을 부과하거나, 단란주점영업을 허가하는 등 행정을 하는 국가나 지방자치단체를 행정의 주체라 부른다. 논리상으로는 국가나 지방자치단체가 행정의 주체이지만, 실제상으로는 국가의 행정이 정부조직법이나 개별 법률에 의거하여 장관이나 청장 등에 의해 이루어지고 있고, 지방자치단체의 행정이 지방자치법 등에 의해 특별시장·광역시장·특별자치시장·도지사·특별자치도지사, 시장·군수·구청장에 의해 이루어지고 있다. 여기서 행정을 행하는 장관이나 청장, 특별시장·광역시장·특별자치시장·도지사·특별자치도지사, 그리고 시장·군수·구청장 등을 행정청이라 부른다. 행정기본법은 행정청의 개념규정을 두고 있다.

■ 행정기본법 제 2 조(정의) 이 법에서 사용하는 용어의 뜻은 다음과 같다.
2. "행정청"이란 다음 각 목의 자를 말한다.
가. 행정에 관한 의사를 결정하여 표시하는 국가 또는 지방자치단체의 기관
나. 그 밖에 법령등에 따라 행정에 관한 의사를 결정하여 표시하는 권한을 가지고 있거나 그 권한을 위임 또는 위탁받은 공공단체 또는 그 기관이나 사인(私人)

2. 공무수탁사인

(1) 의 의 공무수탁사인이란 법률이나 법률에 근거한 행위로 공적인 임무를 자기의 이름으로 수행하도록 권한이 주어진 사인(자연인 또는 법인)을 말한다. 공무수탁사인은 수탁사인 또는 국가적 공권이 부여된 사인이라고도 한다.

[예] 항공보안법 제22조 제 1 항에 따라 비행기의 기장은 운항중인 항공기의 보안을 해치고 인명·재산에 위해를 가져오는 행위를 하는 자에 대하여 그 행위를 저지시키기 위하여 필요한 조치를 취할 수 있다. 기장이 이러한 권한을 행사하는 경우에는 기장이 경찰기관의 지위에서 경찰권을 행사하는 것이 된다. 이러한 기장의 행위는 경찰의 행위와 동일한 것으로 간주된다.

■ 항공보안법 제22조(기장 등의 권한) ① 기장이나 기장으로부터 권한을 위임받은 승무원(이하 "기장등"이라 한다) 또는 승객의 항공기 탑승 관련 업무를 지원하는 항공운송사업자 소속 직원 중 기장의 지원요청을 받은 사람은 다음 각 호의 어느 하나에 해당하는 행위를 하려는 사람에 대하여 그 행위를

저지하기 위한 필요한 조치를 할 수 있다.
1. 항공기의 보안을 해치는 행위
2. 인명이나 재산에 위해를 주는 행위

(2) 구별개념 ① 사법상 계약에 의하여 단순히 경영위탁을 받은 사인은 공무수탁사인이 아니다(예: 경찰과의 계약에 의해 주차위반차량을 견인하는 민간사업자, 쓰레기수거인은 위탁계약의 범위 안에서 독립적으로 활동하지만, 차량의 견인이나 쓰레기수거는 공법적인 것이 아니고 행정사법적 또는 사법적인 것이다. 만약 견인업자나 쓰레기수거인에게 행정권한이 부여되고 있다면 공무수탁사인이 된다). 또한 ② 행정의 보조자(예: 사고 현장에서 경찰의 부탁에 의해 경찰을 돕는 자)는 행정주체를 위해 단순히 도구로서 비독립적으로 활동하므로 공무수탁사인이 아니다. ③ 제한된 공법상 근무관계에 있는 자(예: 국립대학 시간강사)도 독립적으로 행위하지만 공적인 권한이 주어진 것이 아니므로 행정의 주체는 아니다.

(3) 제도의 취지 공무수탁사인이라는 제도는 행정의 분산을 도모하고, 사인이 갖는 독창성 · 전문지식 · 재정수단 등을 활용하여 행정의 효율을 증대하고자 하는 데 있다. 수탁사인의 제도는 공행정임무를 사인에게 맡김으로써 나타날지도 모를 폐해를 어떻게 방지할 것인가라는 문제점도 갖는다. 이 때문에 공무수탁사인에 대한 감독이 중요하다.

(4) 법적 근거 공무수탁사인제도는 공권의 행사가 사인에게 이전되는 제도이므로, 법적 근거를 필요로 한다. ① 공무수탁사인에 관한 일반적인 근거로는 정부조직법 제 6 조 제 3 항, 지방자치법 제117조 제 3 항이 있다. ② 개별 법률에서 공무수탁사인을 규정하는 경우도 적지 않다(예: 여객자동차 운수사업법 제76조 제 1 항; 항공보안법 제22조 제 1 항; 선원법 제 6 조).

▪ **정부조직법 제 6 조(권한의 위임 또는 위탁)** ③ 행정기관은 법령으로 정하는 바에 따라 그 소관사무 중 조사·검사·검정·관리 업무 등 국민의 권리·의무와 직접 관계되지 아니하는 사무를 지방자치단체가 아닌 법인·단체 또는 그 기관이나 개인에게 위탁할 수 있다.
▪ **지방자치법 제117조(사무의 위임 등)** ③ 지방자치단체의 장은 조례나 규칙으로 정하는 바에 따라 그 권한에 속하는 사무 중 조사·검사·검정·관리업무 등 주민의 권리·의무와 직접 관련되지 아니하는 사무를 법인·단체 또는 그 기관이나 개인에게 위탁할 수 있다.

(5) 행정주체성 여부 공무수탁사인이 행정주체에 해당하는가의 문제는 행정주체의 개념문제와 관련한다. 행정법상 법인격자만을 행정주체로 본다면 공무수탁사인은 행정주체가 아니다. 그러나 행정주체의 권한행사라는 기능면을 중시하면 공무수탁사인은 행정주체이다.

(6) 위탁의 대상 공무수탁사인에 대한 위탁의 대상은 국가의 사무의 위탁과 국가활동을 위한 권한의 위탁의 양면성을 갖는다.

(7) 법률관계

(개) 위탁기관과의 관계 ① 위탁자인 국가 또는 지방자치단체와 수탁사인의 관계는 공법상 위임관계에 해당한다. 공행정임무수행을 위하여 공권을 부여받은 사인은 관계법령

에 따라 의사결정을 자신의 책임하에 하게 된다. 수탁사인은 수탁사무의 수행권 외에 위탁자에 대하여 비용청구권을 가지며, 경영의무를 진다. ② 수탁사인은 당연히 위임자인 국가 또는 지방자치단체의 감독하에 놓인다. 국가의 감독은 행정기관에 대한 감독의 경우와 마찬가지로 수탁사무수행의 합목적성이나 적법성에 미친다.

(나) **국민과의 관계** 공무수탁사인은 자신의 권한의 범위 안에서 행정행위를 발령할 수도 있고, 수수료를 징수할 수도 있고, 강제징수권이나 재산권을 수용할 수 있는 특권이 부여되기도 하며, 기타 공법상의 행위를 할 수도 있다. 그러나 공무수탁사인은 사업수행의무를 부담하기에 사업수행을 임의로 중단할 수 없고, 사업을 수행함에 있어 성문법과 행정법의 일반원칙을 준수하여야 한다.

(8) 권리구제

(가) **행정쟁송** 행정심판법과 행정소송법은 공무수탁사인을 행정청으로 규정하고 있다. 따라서 공무수탁사인의 위법한 행정처분으로 권리를 침해당한 사인은 공무수탁사인을 피청구인이나 피고로 하여 행정심판이나 항고소송을 제기할 수 있다(행심법 제17조 제1항; 행소법 제13조 제1항). 그리고 공법상 계약의 형식으로 이루어진 행정작용의 경우 국민은 행정소송법 제39조에 따라 공무수탁사인을 피고로 당사자소송을 제기할 수 있다.

행정심판법 제2조(정의) 이 법에서 사용하는 용어의 뜻은 다음과 같다.
4. "행정청"이란 행정에 관한 의사를 결정하여 표시하는 국가 또는 지방자치단체의 기관, 그 밖에 법령 또는 자치법규에 따라 행정권한을 가지고 있거나 위탁을 받은 공공단체나 그 기관 또는 사인(私人)을 말한다.

행정소송법 제2조(정의) ② 이 법을 적용함에 있어서 행정청에는 법령에 의하여 행정권한의 위임 또는 위탁을 받은 행정기관, 공공단체 및 그 기관 또는 사인이 포함된다.

(나) **손해배상** 2009. 10. 21. 개정된 국가배상법은 공무를 위탁받은 사인도 공무원임을 명시적으로 규정하고 있으므로(국배법 제2조 제1항), 공무수탁사인의 위법한 직무집행의 경우에도 국가 등이 배상책임을 부담한다.

(다) **손실보상** 공무수탁사인의 공공의 필요에 따른 공용침해로 특별한 희생을 받은 국민은 공무수탁사인에게 손실보상을 청구할 수 있다.

(9) 지위의 종료

수탁사인의 공적 지위는 사망 · 파산 · 기간경과 · 유죄선고 등 일정한 사실의 발생 또는 공무수탁사인에 대한 공권 부여의 근거인 법률이나 행정행위의 폐지 등으로 인하여 종료된다.

Ⅱ. 행정의 상대방(객체)

1. 의 의

운전면허를 받거나, 과세통지를 받거나, 단란주점영업허가를 받는 등 행정청으로부터 행정을 받는 사인을 행정의 상대방 또는 행정의 객체라 한다. 행정의 상대방인 사인에는 자연인과 법인이 있다. 운전면허를 받거나 신체검사통지서를 받는 청년은 자연인으로서 행정의 상대방이 되고, 납세통지서를 받는 법인인 주식회사는 법인으로서 행정의 상대방이 된다. 시위를 벌이는 군중들에게 해산명령을 하는 경우에는 여러 명의 자연인이 동시에 행정의 상대방이 된다.

2. 자격의 제한

도로교통법상 15세의 청소년은 운전면허를 받을 수 없다. 이와 같이 상대방이 허가 등을 받지 못하도록 하는 것은 기본권 제한에 해당하는바, 그러한 결격사유는 헌법 제37조 제2항에 근거하여 법률로 정하여야 한다. 이에 따라 행정기본법은 결격사유에 관한 규정을 두고 있다.

▪ **도로교통법 제82조(운전면허의 결격사유)** ① 다음 각 호의 어느 하나에 해당하는 사람은 운전면허를 받을 수 없다.
1. 18세 미만(원동기장치자전거의 경우에는 16세 미만)인 사람

▪ **행정기본법 제16조(결격사유)** ① 자격이나 신분 등을 취득 또는 부여할 수 없거나 인가, 허가, 지정, 승인, 영업등록, 신고 수리 등(이하 "인허가"라 한다)을 필요로 하는 영업 또는 사업 등을 할 수 없는 사유(이하 "결격사유"라 한다)는 법률로 정한다. (이하 생략)

제2항 행정법관계의 의의

Ⅰ. 행정법관계의 개념

행정의 주체인 국가와 행정의 상대방인 국민 사이의 법관계 또는 행정의 주체인 지방자치단체와 행정의 상대방인 주민 사이의 법관계를 행정법관계라 부른다. 예컨대, 세무서장이 소득세법이 정하는 바에 따라 A에게 종합소득세의 납부를 명하면, 국가와 A사이에는 국가의 세금징수권과 A의 납세의무를 내용으로 하는 행정법관계가 존재하고, 구청장이 B에게 단란주점영업허가를 취소하면, B에게는 단란주점영업을 하지 말아야 할 의무와 구청장에게는 만약 B가 영업을 하는 경우에는 제재를 가할 수 있는 권리(권한)를 내용으로 하는 행정법관계가 존재한다.

Ⅱ. 행정법관계의 특징

1. 법 관 계

국가와 국민의 관계와 지방자치단체와 주민의 관계는 국가나 지방자치단체가 법과 무관하게 자신의 자유로운 판단에 따라 명령만 하면 국민이나 주민은 무조건 복종하여야 하는 관계가 아니다. 국가와 국민의 관계 또는 지방자치단체와 주민의 관계는 국민의 대표자인 국회가 정한 법에 따라 이루어지는 관계이다. 따라서 국가와 국민의 관계 또는 지방자치단체와 주민의 관계는 법에 따라 형성되는 법관계이지, 법과 관계없이 이루어지는 사실상의 명령·복종관계는 아니다.

2. 불대등관계

행정법관계는 기본적으로 국가나 지방자치단체가 우월한 지위에서 일방적으로 그 내용을 정하는 것이 특징이다. 예컨대 세무서장이 세금을 부과할 때에 금액이나 납부기한 등을 납세자와 상호 협의하여 정하는 것이 아니라 세법이 정한 범위 안에서 세무서장이 일방적으로 정한다. 또한 행정법관계에서 의무가 이행되지 아니하면 행정청은 법원의 도움 없이 일방적으로 그 이행을 실현시킬 수 있다. 예컨대 납세자가 세금을 납부기한 내에 납부하지 아니

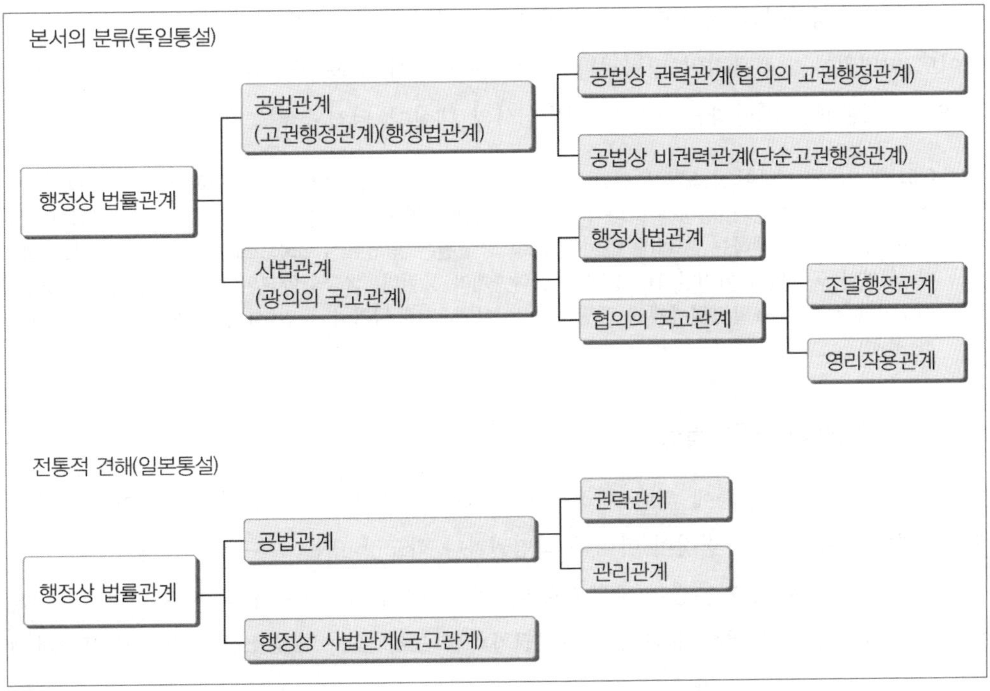

하면, 세무서장은 국세징수법이 정한 바에 따라 강제로 징수할 수 있다. 납세자는 다만 강제징수에 문제가 있는 경우에 행정심판절차와 행정소송절차를 통해 다툴 수 있을 뿐이다.

제 3 항 행정법관계의 종류

Ⅰ. 권력관계·비권력관계

행정법관계는 공법관계이다. 행정법관계에는 권력관계와 비권력관계가 있다. 권력관계란 세무서장의 세금납부고지서 발부에 의한 납세관계와 같이 행정청이 우월한 지위에서 일방적으로 형성해내는 행정법관계를 말한다. 도로상에서 녹색신호등이 켜져 있음에도 불구하고 교통경찰관이 교통혼잡을 정리하기 위하여 운전자에게 정지를 명하면 운전자는 정지하여야 하는 도로교통관계도 역시 권력관계이다. 비권력관계는 고용노동부가 실시하는 직업교육에 참여하는 관계와 같이 강제를 수반하지 아니하고 이루어지는 행정법관계를 말한다.

Ⅱ. 특별권력관계

1. 특별권력관계의 의의

종래에는 당사자의 신청에 의하여 일단 공무원이 되면, 개별적인 법률의 근거가 없다고 하여도 임명권자는 포괄적인 명령권과 강제권을 갖고서 소속 공무원의 기본권을 제한할 수도 있고, 기본권을 제한하는 행위는 사법심사의 대상이 되지도 않는다고 하였다.

[예] 과거에는 시장이 소속 공무원들에게 법률의 근거 없이 일정한 지역에 거주할 것을 명령한다면, 소속 공무원은 시장의 명령을 따라야 하고, 그러한 시장의 명령이 소속 공무원의 거주이전의 자유라는 기본권을 침해하는 것이라 하여도 소속 공무원은 법원에서 소송으로 다툴 수도 없다고 하였다. 국가와 공무원의 이러한 관계를 특별권력관계라 불렀다. 국공립학교와 학생의 관계, 교도소장과 재소자의 관계도 특별권력관계에 해당하였다. 이에 반해 국가와 국민 사이의 관계를 일반권력관계라 불렀다.

2. 특별권력관계의 특징

일반권력관계는 법률에 의한 행정이 이루어지고, 기본권이 보장되는 관계이지만, 특별권력관계는 법률에 의한 행정이 아니라 임명권자나 학교장 또는 교도소장의 자의(恣意)에 의한 행정이 이루어지고, 기본권이 보장되지 아니하는 관계였다. 공무원의 지휘나 학생의 교육 또는 재소자의 관리는 법률이 아니라 임명권자나 학교장 또는 교도소장의 판단에 따르게 하는 것이 보다 합리적이라는 사고를 바탕으로 하였다.

3. 특별권력관계의 부인

인권이 보장되고 법치주의가 전면적으로 시행되는 오늘날에는 특별권력관계를 인정할 수 없다. 공무원이나 학생 또는 재소자도 인간으로서의 존엄과 가치를 가진 인격체이므로 법률의 근거 없이 그들의 기본권을 제한할 수 없다. 만약 법률의 근거 없이 특별권력관계라는 논리를 근거로 공무원이나 학생 또는 재소자의 기본권을 침해한다면, 그러한 침해는 당연히 법원에서 구제받을 수 있다. 더 이상 특별권력관계론이 주장되어서는 아니 된다.

▮ 헌재 2023. 6. 29, 2018헌마1215(수형자라 하여 모든 기본권을 제한하는 것은 허용되지 않으며, 제한되는 기본권은 형의 집행과 도망의 방지라는 구금의 목적과 관련된 기본권, 예를 들어 신체의 자유, 거주 이전의 자유, 통신의 자유 등에 한정되어야 하고, 그 역시 형벌의 집행을 위하여 필요한 한도를 벗어날 수 없다. 특히 교정시설 내의 질서 및 안전 유지를 위하여 행해지는 기본권의 제한은 수형자에게 구금과는 별도로 부가적으로 가해지는 고통으로서 다른 방법으로는 그 목적을 달성할 수 없는 경우에만 예외적으로 허용되어야 할 것이다. 이와 같이, 수형자의 기본권 제한에 대한 구체적인 한계는 헌법 제37조 제2항에 따라 구체적인 자유·권리의 내용과 성질, 그 제한의 태양과 정도 등을 교량하여 설정하게 된다).

▮ 대판 2018. 8. 30, 2016두60591(사관생도는 군 장교를 배출하기 위하여 국가가 모든 재정을 부담하는 특수교육기관인 육군3사관학교의 구성원으로서, 학교에 입학한 날에 육군 사관생도의 병적에 편입하고 준사관에 준하는 대우를 받는 특수한 신분관계에 있다(육군3사관학교 설치법 시행령 제 3 조). 따라서 그 존립 목적을 달성하기 위하여 필요한 한도 내에서 일반 국민보다 상대적으로 기본권이 더 제한될 수 있으나, 그러한 경우에도 법률유보원칙, 과잉금지원칙 등 기본권 제한의 헌법상 원칙들을 지켜야 한다).

Ⅲ. 사법관계(국고관계)

국가나 지방자치단체가 사인과 토지를 매매하는 경우에는 사인과 사인이 토지를 매매하는 경우와 같이 사법(私法)의 적용을 받는다. 말하자면 국가와 국민과의 법관계와 지방자치단체와 주민과의 법관계에는 공법관계 외에도 사법이 적용되는 사법관계가 있다. 사법관계는 국고관계라고도 한다.

제 4 항 행정법관계의 발생과 소멸

Ⅰ. 발생원인

1. 개 관

행정법관계의 발생원인은 다양하다. 대체적으로 말하면, 행정법관계는 ① 행정주체의 의사작용(意思作用)에 기한 공법행위, ② 사인의 의사작용(意思作用)에 기한 공법행위, 그리고 ③ 일정한 사실(事實)에 의해 발생한다. 설명의 편의상 ①과 ③에 관해 먼저 살피고, 이어서 ②에 관해 보기로 한다.

2. 행정주체의 의사작용

앞에서 언급한 ①의 예로 대통령이 식품위생법 시행령을 만들면 국민이 식품위생법 시행령을 따라야 하는 법률관계가 발생하고, 국토교통부장관이나 시 · 도지사가 도시계획을 입안 · 시행하면 국민이나 주민이 도시계획에 따라야 하는 법률관계가 발생하고, 시장 · 군수 · 구청장이 재산세납부를 명하면 주민이 재산세를 납부하여야 하는 법률관계가 발생하는 경우를 볼 수 있다.

3. 일정한 사실

(1) 의　　의　　앞에서 언급한 ③의 예로 시효제도(時效制度)를 볼 수 있다. 시효제도란 일정한 사실관계가 일정한 기간 계속되면, 그 사실관계가 진실에 부합하는가의 여부와 관계없이 그 사실관계를 진실한 법률관계로 인정하는 제도를 말한다. 시효제도에는 소멸시효와 취득시효가 있다.

(2) 소멸시효　　사인이나 행정주체의 소멸시효에 관해서는 국가재정법 제96조와 지방재정법 제82조에서 명시적으로 규정되고 있다. 따라서 국가나 지방자치단체가 세금을 부과한 후 아무런 조치를 취하지 아니하고 5년이 경과하면 국가나 지방자치단체의 징세권은 소멸하고, 납세자의 납세의무도 소멸한다. 국민이나 주민이 국가나 지방자치단체에 대하여 받아야 할 돈이 있음에도 아무런 조치를 취하지 아니하고 5년이 경과하면 역시 국가나 지방자치단체는 국민이나 주민에게 돈을 줄 의무가 소멸한다.

> **▪ 국가재정법 제96조(금전채권 · 채무의 소멸시효)** ① 금전의 급부를 목적으로 하는 국가의 권리로서 시효에 관하여 다른 법률에 규정이 없는 것은 5년 동안 행사하지 아니하면 시효로 인하여 소멸한다.
> ② 국가에 대한 권리로서 금전의 급부를 목적으로 하는 것도 또한 제 1 항과 같다.
> **▪ 지방재정법 제82조(금전채권과 채무의 소멸시효)** ① 금전의 지급을 목적으로 하는 지방자치단체의 권리는 시효에 관하여 다른 법률에 특별한 규정이 있는 경우를 제외하고는 5년간 행사하지 아니하면 소멸시효가 완성한다.
> ② 금전의 지급을 목적으로 하는 지방자치단체에 대한 권리도 제 1 항과 같다.

(3) 취득시효　　국유재산법과 공유재산 및 물품관리법은 국가나 지방자치단체의 재산 중 행정재산에 대하여만 시효취득의 대상이 아니라고 규정하고 있으므로 국가나 지방자치단체의 일반재산은 사인의 시효취득의 대상이 된다.

국유재산법 제 7 조(국유재산의 보호) ② 행정재산은 「민법」 제245조에도 불구하고 시효취득(時效取得)의 대상이 되지 아니한다.
공유재산 및 물품관리법 제 6 조(공유재산의 보호) ② 행정재산은 「민법」 제245조에도 불구하고 시효취득(時效取得)의 대상이 되지 아니한다.

■ 참고 ■ 행정에 관한 기간의 계산방법

행정기본법은 행정에 관한 기간의 계산에 관하여 일반적인 규정을 두고 있다. 그 내용을 보기로 한다.

행정기본법 제 6 조(행정에 관한 기간의 계산) ① 행정에 관한 기간의 계산에 관하여는 이 법 또는 다른 법령등에 특별한 규정이 있는 경우를 제외하고는 「민법」을 준용한다.
② 법령등 또는 처분에서 국민의 권익을 제한하거나 의무를 부과하는 경우 권익이 제한되거나 의무가 지속되는 기간의 계산은 다음 각 호의 기준에 따른다. 다만, 다음 각 호의 기준에 따르는 것이 국민에게 불리한 경우에는 그러하지 아니하다.
1. 기간을 일, 주, 월 또는 연으로 정한 경우에는 기간의 첫날을 산입한다.
2. 기간의 말일이 토요일 또는 공휴일인 경우에도 기간은 그 날로 만료한다.

4. 사인의 공법행위

(1) 의 의 누구든지 이사를 가면, 주민등록법이 정하는 바에 따라 새 주소지의 동사무소에서 전입신고를 하여야 한다. 주민이 전입신고를 하면, 그 주민은 새 주소지가 속한 지방자치단체의 주민이 되고, 그 지방자치단체의 주민으로서의 권리와 의무를 갖게 된다. 지방자치단체의 주민이 되고, 주민으로서의 권리와 의무를 갖게 되는 것은 공법적이다. 전입신고는 사인이 하는 것이지만, 그 효과는 공법적이다. 이와 같이 공법적 효과를 가져오는 사인의 행위를 사인(私人)의 공법행위(公法行爲)라 부른다.

주민등록법 제16조(거주지의 이동) ① 하나의 세대에 속하는 자의 전원 또는 그 일부가 거주지를 이동하면 제11조나 제12조에 따른 신고의무자가 신거주지에 전입한 날부터 14일 이내에 신거주지의 시장·군수 또는 구청장에게 전입신고를 하여야 한다.
제40조(과태료) ④ 정당한 사유 없이 … 제16조 제 1 항 …에 따른 신고 또는 신청을 기간 내에 하지 아니한 자에게는 5만원 이하의 과태료를 부과한다.

(2) 종 류 사인의 공법행위에는 ① 사인의 행위만으로 법적 효과가 완성되는 경우와 ② 사인의 행위는 다만 국가나 지방자치단체의 행위의 전제요건이 될 뿐이고, 국가나 지방자치단체의 행위에 의해 법적 효과가 완성되는 경우가 있다. ①의 예로 전입신고·혼인신고·출생신고·사망신고 등을 들 수 있고, ②의 예로 건축허가신청·단란주점영업허가신청·운전면허신청·행정심판제기 등을 들 수 있다. ①에 속하는 사인의 공법행위를 자체완성적 사인의 공법행위라 부르며, 자족적 공법행위 또는 자기완결적 공법행위라 부르기도 한다. ②에 속하는 사인의 공법행위는 행정요건적 사인의 공법행위라 부른다.

(3) 일 반 법 사인의 공법행위에 관한 일반법은 없다. 다만 행정절차법과 민원사

무의 처리에 관한 법률 등에서 사인의 공법행위에 관한 몇몇 규정이 나타난다. 개별 규정이 없는 사항에 관해서는 학설과 판례가 정하는 바에 의할 수밖에 없다.

5. 사인의 공법행위로서 신고

(1) 의 의 사인의 공법행위로서 신고란 "사인이 공법적 효과의 발생을 목적으로 행정주체에 대하여 일정한 사실을 알리는 행위"를 말한다. 일반인의 화재발생신고나 산사태발생신고와 같이 일정한 사실을 알리지만 아무런 법적 효과를 가져 오지 아니하는 행위는 사실로서의 신고일 뿐, 사인의 공법행위로서 신고에 해당하지 아니한다.

(2) 종 류 사인의 공법행위로서 신고에는 수리를 요하지 않는 신고(예: 체육시설의 설치 · 이용에 관한 법률상 당구장업 신고)와 수리를 요하는 신고(예: 체육시설의 설치 · 이용에 관한 법률상 골프장업 등록)가 있다.

(3) 일 반 법 사인의 공법행위로서 신고 전반에 관한 일반법은 없다. 행정기본법은 수리 여부에 따른 신고의 효력에 관한 일반규정만 두고 있고, 행정절차법은 수리를 요하지 아니하는 신고의 요건 등에 관한 일반규정을 두고 있다. 행정기본법 · 행정절차법 그리고 개별 법률에 규정이 없는 사항에 관해서는 학설과 판례가 정하는 바에 의할 수밖에 없다.

(4) 수리를 요하지 않는 신고

㈎ 의 의 수리를 요하지 않는 신고란 법령등으로 정하는 바에 따라 행정청에 일정한 사항을 통지하여야 하는 신고로서 법률에 신고의 수리가 필요하다고 명시되어 있지 아니한 신고를 말한다(행정기본법 제34조). 자체완성적 공법행위로서 신고 또는 자기완결적 신고라고도 한다.

㈏ 효력발생시기 신고요건을 갖추고서 접수기관에 도달하면 효력이 발생한다(행정절차법 제40조 제 1 항). 따라서 접수기관에 도달한 이상, 신고필증을 교부받지 못했다고 하여도 수영장업을 경영할 수 있다. 물론 수영장업의 신고는 체육시설의 설치 · 이용에 관한 법률이 규정한 모든 요건을 구비한 적법한 신고이어야 한다.

▪ 행정절차법 제40조(신고) ② 제 1 항에 따른 신고가 다음 각 호의 요건을 갖춘 경우에는 신고서가 접수기관에 도달된 때에 신고 의무가 이행된 것으로 본다.
1. 신고서의 기재사항에 흠이 없을 것
2. 필요한 구비서류가 첨부되어 있을 것
3. 그 밖에 법령등에 규정된 형식상의 요건에 적합할 것
③ 행정청은 제 2 항 각 호의 요건을 갖추지 못한 신고서가 제출된 경우에는 지체 없이 상당한 기간을 정하여 신고인에게 보완을 요구하여야 한다.
④ 행정청은 신고인이 제 3 항에 따른 기간 내에 보완을 하지 아니하였을 때에는 그 이유를 구체적으로 밝혀 해당 신고서를 되돌려 보내야 한다.

㈐ **요건미비의 부적법한 신고** 만약 행정절차법 제40조 제 2 항 및 체육시설의 설치·이용에 관한 법률이 규정한 모든 요건을 구비한 신고가 아니라면 위법한 신고이고, 신고자는 수영장업을 경영할 수 없다.

㈑ **수리의 거부**(처분성의 문제) 사인의 신고 그 자체로서 법적 절차가 완료되어 행정청의 처분이 개입할 여지가 없으므로 그 거부행위는 행정소송법상 처분에 해당하지 않는다(대판 2001. 5. 29, 99두10292).

(5) 수리를 요하는 신고

㈎ **의 의** 수리를 요하는 신고란 법령등으로 정하는 바에 따라 행정청에 일정한 사항을 통지하여야 하는 신고로서 법률에 신고의 수리가 필요하다고 명시되어 있는 경우(행정기관의 내부 업무 처리 절차로서 수리를 규정한 경우는 제외한다)를 말한다(행정기본법 제34조).

㈏ **효력발생시기** 신고(등록신청)에 대한 수리가 있어야만 신고의 효과가 발생한다. 신고(등록신청)만으로는 스키장업을 적법하게 경영할 수 없고, 신고(등록신청)에 대한 수리가 있어야만 스키장업을 경영할 수 있다. 수리하기 전에 영업한다면, 그것은 불법영업이 된다.

㈐ **요건미비의 부적법한 신고** 등록요건에 미비가 있다고 하여도 수리가 되었다면 적법하게 영업을 할 수 있다. 왜냐하면 수리라는 절차를 통해 행정청의 심사를 받았고, 사인은 행정청의 심사를 신뢰할 수밖에 없기 때문이다. 물론 행정청은 신고요건(등록요건)의 미비를 이유로 신고수리(등록)를 취소할 수 있다.

㈑ **수리 여부의 심사방식** 수리를 요하는 신고에 있어서 행정청의 수리에는 형식적 심사가 필요한 것이지, 실질적 심사가 필요한 것은 아니다. 형식적 심사란 법률이 정한 요건의 외관만을 심사하는 것을 말한다. 실질적 심사는 허가에서 요구된다.

㈒ **수리의 거부**(처분성의 문제) 수리를 요하는 신고의 경우에 있어서도 신고 그 자체는 행정청의 처분이 아니다. 그러나 신고의 수리 또는 신고수리의 거부는 행정소송법상 처분개념에 해당한다. 따라서 위법한 거부처분을 항고소송으로 다툴 수 있다.

▌대판 2010. 11. 18, 2008두167 전원합의체(건축주 등은 신고제하에서도 건축신고가 반려될 경우 당해 건축물의 건축을 개시하면 시정명령, 이행강제금, 벌금의 대상이 되거나 당해 건축물을 사용하여 행할 행위의 허가가 거부될 우려가 있어 불안정한 지위에 놓이게 된다. 따라서 건축신고 반려행위가 이루어진 단계에서 당사자로 하여금 반려행위의 적법성을 다투어 그 법적 불안을 해소한 다음 건축행위에 나아가도록 함으로써 장차 있을지도 모르는 위험에서 미리 벗어날 수 있도록 길을 열어 주고, 위법한 건축물의 양산과 그 철거를 둘러싼 분쟁을 조기에 근본적으로 해결할 수 있게 하는 것이 법치행정의 원리에 부합한다. 그러므로 건축신고 반려행위는 **항고소송의 대상**이 된다)(**청주시 상당구 건축신고 수리거부 사건**).

Ⅱ. 소멸원인

행정법관계의 소멸원인은 다양하다. ① 세금을 납부하면, 과세처분에 따른 납세관계가 소멸하는 것처럼 급부를 내용으로 하는 법률관계는 급부의 이행에 의해 행정법관계가 종료한다. ② 2020년 2월 1일부터 2022년 12월 31일까지 영업허가를 하는 경우, 2022년 12월 31일이 경과하면 영업허가에 따른 법률관계는 종료하는 것처럼 기간의 경과도 행정법관계의 소멸사유이다. ③ 화재로 인하여 건축물이 다 타버리면 건축허가의 효력이 소멸하는 것처럼 대상의 소멸도 행정법관계의 소멸사유가 되고, 사망하면 운전면허의 효력이 소멸하는 것처럼 사람의 사망(死亡)도 행정법관계의 소멸사유가 된다. ④ 소멸시효가 완성하는 것도 행정법관계의 소멸사유이다.

제 5 항 행정법관계의 내용

법관계는 권리주체 사이의 권리와 의무의 관계이다. 행정법관계는 행정법상 권리와 의무의 관계이다. 따라서 행정법관계의 내용이란 행정법상 권리와 의무를 말한다. 국가나 지방자치단체가 사인에 대하여 갖는 공권을 국가적 공권이라 하고, 사인이 국가나 지방자치단체에 대하여 갖는 공권을 개인적 공권이라 부른다. 한편, 국가나 지방자치단체가 사인에 대하여 부담하는 공의무를 국가적 공의무라 하고, 사인이 국가나 지방자치단체에 대하여 부담하는 공의무를 개인적 공의무라 부른다.

A. 국가적 공권

Ⅰ. 의 의

국가나 지방자치단체가 법령이 정하는 바에 따라 국민이나 주민에게 과세처분을 할 수 있는 권리를 가질 뿐만 아니라, 현실적으로 국민이나 주민에게 과세처분을 하면, 국가나 지방자치단체는 국민이나 주민에 대하여 세금을 징수할 있는 권리를 갖게 되는데, 이와 같이 행정법관계에서 국가 등 행정주체가 사인에 대해 갖는 권리를 국가적 공권이라 한다.

Ⅱ. 권력과 권리

국가적 공권은 권리인가 아니면 권력인가의 문제가 있다. 행정주체와 사인 간에서 행정주체가 갖는 국가적 공권은 모두 법령에 근거를 둔 법관계의 내용이므로, 국가적 공권은 모두 권리의 성질을 갖는다. 다만 과세권이나 징세권과 같이 국가적 공권 중에는 국가나 지방자치단체가 일방적으로 그 내용을 정하고 또한 사인이 의무를 불이행하면 국가나 지방자치단체가 법원의 도움 없이 스스로 강제할 수 있다는 점에서 권력적 성질을 갖는다고 말할 수 있는 것이 있다. 따라서 권리는 법관계에 관련된 개념이고, 권력은 국가적 공권의 일반적 성질과 관련된 개념으로 볼 수 있다.

B. 개인적 공권

Ⅰ. 개인적 공권의 개념

1. 의 의

사인이 자기의 이익을 추구하기 위해 국가 등 행정주체에 대하여 일정한 행위를 요구할 수 있는 법적인 힘을 개인적 공권이라 한다. 예컨대, 모든 국민은 공공기관의 정보공개에 관한 법률이 정하는 바에 따라 국가기관 등에 대하여 자신이 원하는 정보의 공개를 청구할 수 있는 권리(정보공개청구권)를 갖는바, 이러한 권리를 개인적 공권이라 한다. 따라서 개인이 서울특별시장에게 서울특별시 A구역의 개발계획에 관한 자료의 공개를 청구하면, 서울특별시장은 공공기관의 정보공개에 관한 법률에서 정한 거부사유가 없는 한 반드시 그 개인에게 그 정보를 공개하여야 한다.

▪ 공공기관의 정보공개에 관한 법률 제5조(정보공개 청구권자) ① 모든 국민은 정보의 공개를 청구할 권리를 가진다.
② 외국인의 정보공개 청구에 관하여는 대통령령으로 정한다.
제9조(비공개 대상 정보) ① 공공기관이 보유·관리하는 정보는 공개 대상이 된다. 다만, 다음 각 호의 어느 하나에 해당하는 정보는 공개하지 아니할 수 있다.
1. 다른 법률 또는 법률에서 위임한 명령(국회규칙·대법원규칙·헌법재판소규칙·중앙선거관리위원회규칙·대통령령 및 조례로 한정한다)에 따라 비밀이나 비공개 사항으로 규정된 정보

2. 법률상 이익

법률에서 개인적 공권이라는 용어를 사용하는 경우는 보이지 아니한다. 개별 법률에서는 개인적 공권이라는 용어 대신에 법률상 이익이라는 용어를 사용하는 경우가 나타난다(행

소법 제12조; 행심법 제13조). 과거의 일반적 견해는 개인적 공권과 법률상 이익을 다른 개념으로 보았으나, 오늘날의 일반적 견해는 양자를 같은 개념으로 이해하고 있다. 이 책에서는 개인적 공권, 법률상 이익, 법률상 보호이익, 그리고 법률상 보호되는 이익을 모두 같은 의미로 사용한다.

▪ **행정소송법 제12조(원고적격)** 취소소송은 처분등의 취소를 구할 법률상 이익이 있는 자가 제기할 수 있다. 처분등의 효과가 기간의 경과, 처분등의 집행 그 밖의 사유로 인하여 소멸된 뒤에도 그 처분등의 취소로 인하여 회복되는 법률상 이익이 있는 자의 경우에는 또한 같다.

▪ **행정심판법 제13조(청구인 적격)** ① 취소심판은 처분의 취소 또는 변경을 구할 법률상 이익이 있는 자가 청구할 수 있다. 처분의 효과가 기간의 경과, 처분의 집행, 그 밖의 사유로 소멸된 뒤에도 그 처분의 취소로 회복되는 법률상 이익이 있는 자의 경우에도 또한 같다.

② 무효등확인심판은 처분의 효력 유무 또는 존재 여부의 확인을 구할 법률상 이익이 있는 자가 청구할 수 있다.

③ 의무이행심판은 처분을 신청한 자로서 행정청의 거부처분 또는 부작위에 대하여 일정한 처분을 구할 법률상 이익이 있는 자가 청구할 수 있다.

3. 반사적 이익

개인적 공권과 구별하여야 할 개념으로 반사적 이익이 있다. 반사적 이익이란 국가가 일정한 제도를 시행함으로 인해 국민들이 누리는 이익 중에서 침해되어도 법적으로 보호받지 못하는 이익을 말한다. 예컨대, 기획재정부 등 국가기관은 금융기관을 감독한다. 국가의 금융기관에 대한 감독으로 사인들은 「안전한 금융거래」를 하는 이익을 갖는다. 그렇지만 특정 금융기관이 파산하는 경우, 예금주들은 자신들이 입은 피해의 보상을 국가에 청구할 수는 없다. 왜냐하면 국가의 금융기관에 대한 감독은 공공의 안전을 위한 것이지 피해를 입은 예금주를 위한 것은 아니기 때문이다. 말하자면 「안전한 금융거래」라는 이익은 반사적 이익으로서 사실상 이익에 불과하다.

▪ **정부조직법 제27조(기획재정부)** ① 기획재정부장관은 중장기 국가발전전략수립, 경제·재정정책의 수립·총괄·조정, 예산·기금의 편성·집행·성과관리, 화폐·외환·국고·정부회계·내국세제·관세·국제금융, 공공기관 관리, 경제협력·국유재산·민간투자 및 국가채무에 관한 사무를 관장한다.

4. 개인적 공권의 구체성

개인적 공권은 개인이 갖는 구체적 권리를 뜻하는 것이지, 개인이 갖는 추상적 권리를 뜻하는 것은 아니다. 헌법 제34조 제 1 항이 "모든 국민은 인간다운 생활을 할 권리를 가진다"고 규정하고 있다고 하여, 소득이 적은 사람은 누구나 국가에 대하여 상당한 수준의 생계비를 지원해달라고 요구할 수 있는 권리를 갖는 것은 아니다. 소득이 적은 사람이 국가에 대하여 상당한 수준의 생계비를 지원해달라고 요구할 수 있기 위해서는 국회가 법률로 저소득

국민의 생계비지원에 관해 구체적으로 정하여야 한다. 헌법 제34조 제 1 항이 정하고 있는 '인간다운 생활을 할 권리'는 '추상적인 권리로서 인간다운 생활을 할 권리'이다. '구체적인 권리로서 인간다운 생활을 할 권리'는 헌법 제34조 제 1 항 등을 구체화한 국민기초생활보장법 등에서 나온다. 소득이 적은 사람은 국민기초생활보장법이 정하는 바에 따라 비로소 생계비지원을 청구할 수 있는 권리(개인적 공권)를 갖는다.

▪ **국민기초생활 보장법 제 2 조(정의)** 이 법에서 사용하는 용어의 뜻은 다음과 같다.
1. "수급권자"란 이 법에 따른 급여를 받을 수 있는 자격을 가진 사람을 말한다.
4. "보장기관"이란 이 법에 따른 급여를 실시하는 국가 또는 지방자치단체를 말한다.
제 8 조(생계급여의 내용 등) ② 생계급여 수급권자는 부양의무자가 없거나, 부양의무자가 있어도 부양능력이 없거나 부양을 받을 수 없는 사람으로서 그 소득인정액이 제20조 제 2 항에 따른 중앙생활보장위원회의 심의 · 의결을 거쳐 결정하는 금액(이하 이 조에서 "생계급여 선정기준"이라 한다) 이하인 사람으로 한다. 이 경우 생계급여 선정기준은 기준 중위소득의 100분의 30 이상으로 한다.
제19조(보장기관) ① 이 법에 따른 급여는 수급권자 또는 수급자의 거주지를 관할하는 시·도지사와 시장·군수·구청장[…]이 실시한다. 다만, 주거가 일정하지 아니한 경우에는 수급권자 또는 수급자가 실제 거주하는 지역을 관할하는 시장·군수·구청장이 실시한다.

Ⅱ. 개인적 공권의 종류

1. 기본권인 개인적 공권

개인적 공권은 ① 헌법상 기본권(基本權)으로 보호되는 개인적 공권과 ② 법률상으로 보호되는 개인적 공권으로 구분할 수 있다. 기본권인 개인적 공권의 예로 접견권과 국민투표권을 볼 수 있다. 수감중인 피고인 또는 피의자를 만날 수 있는 권리인 접견권은 형사소송법이 아니라 헌법 제10조에서 바로 나오는 권리라는 것이 판례의 입장이다. 국민투표권도 헌법 제130조 제 2 항 등에서 바로 나오는 기본권으로서의 개인적 공권이다.

▪ **헌법 제10조** 모든 국민은 인간으로서의 존엄과 가치를 가지며, 행복을 추구할 권리를 가진다. 국가는 개인이 가지는 불가침의 기본적 인권을 확인하고 이를 보장할 의무를 진다.
제130조 ② 헌법개정안은 국회가 의결한 후 30일 이내에 국민투표에 붙여 국회의원선거권자 과반수의 투표와 투표자 과반수의 찬성을 얻어야 한다.

2. 기본권이 아닌 개인적 공권

기본권이 아닌 개인적 공권의 예로 주민투표권을 볼 수 있다. 주민투표권은 헌법 제117조(지방자치제도)에 근거하여 입법자인 국회가 주민투표법을 제정함으로써 국민들이 갖게 되는 개인적 공권이다. 요컨대 국민투표권이 헌법이 보장하는 기본권으로서의 개인적 공권인 데 반하여, 주민투표권은 법률적 차원의 개인적 공권일 뿐 헌법이 보장하는 기본권으로서의 개인적 공권은 아니다.

▌헌재 2014. 4. 24, 2012헌마287(주민투표권이나 조례제정·개폐청구권은 법률에 의하여 보장되는 권리에 해당하고, 헌법상 보장되는 기본권이라거나 헌법 제37조 제 1 항의 '헌법에 열거되지 아니한 권리'로 보기 어렵다).

▪ **헌법 제117조** ① 지방자치단체는 주민의 복리에 관한 사무를 처리하고 재산을 관리하며, 법령의 범위안에서 자치에 관한 규정을 제정할 수 있다.

▪ **주민투표법 제 5 조(주민투표권)** ① 18세 이상의 주민 중 제 6 조 제 1 항에 따른 투표인명부 작성기준일 현재 다음 각 호의 어느 하나에 해당하는 사람에게는 주민투표권이 있다. 다만, 「공직선거법」 제18조에 따라 선거권이 없는 사람에게는 주민투표권이 없다.

1. 그 지방자치단체의 관할 구역에 주민등록이 되어 있는 사람
2. 출입국관리 관계 법령에 따라 대한민국에 계속 거주할 수 있는 자격(체류자격변경허가 또는 체류기간연장허가를 통하여 계속 거주할 수 있는 경우를 포함한다)을 갖춘 외국인으로서 지방자치단체의 조례로 정한 사람

② 주민투표권자의 연령은 투표일 현재를 기준으로 산정한다.

Ⅲ. 개인적 공권의 성립

1. 헌법에 의한 개인적 공권

헌법상 기본권(基本權)이라 일컬어지는 모든 권리가 구체성을 띠는 개인적 공권이라고 말할 수는 없다. 헌법상 기본권에는 구체성을 띠는 개인적 공권도 있고(예: 알 권리, 접견권), 추상성만을 갖기 때문에 구체성을 띠는 개인적 공권이라 할 수 없는 기본권도 있다.

▌헌재 2022. 10. 27, 2021헌가4(알 권리는 국민이 일반적으로 접근할 수 있는 정보원으로부터 자유롭게 정보를 수령·수집하거나 의사형성이나 여론형성에 필요한 정보를 적극적으로 수집하고 수집에 대한 방해의 제거를 국가기관 등에 청구할 수 있는 권리로서 헌법 제21조에 의하여 직접 보장되는 기본권으로(헌재 1991. 5. 13, 90헌마133; 헌재 2014. 9. 25, 2011헌바358 등 참조), 신문, 방송 등은 국민이 일반적으로 접근할 수 있는 정보원에 해당한다).

▌헌재 2023. 5. 25, 2021헌마993(헌법 제34조 제1항이 보장하는 인간다운 생활을 할 권리는 인간의 존엄에 상응하는 최소한의 물질적인 생활의 유지에 필요한 급부를 요구할 수 있는 권리를 의미하는바, 이전기관 종사자들에게 주택특별공급 기회를 부여하는 것은 국가에 대하여 최소한의 물질적 생활을 요구할 수 있는 인간다운 생활을 할 권리의 향유와 관련되어 있다고 할 수 없으므로 주택특별공급 폐지 조항이 인간다운 생활을 할 권리를 침해할 가능성은 인정되지 않는다).

(1) 방어권으로서 기본권 　괴한이 강의 중인 대학의 강의실에 무단으로 침입하면, 교수와 학생은 헌법상 학문의 자유에 근거하여 침입자에게 퇴거를 요구할 수 있는 것처럼, 학문의 자유와 같은 자유권적 기본권은 소극적 방어권이라는 측면에서 구체성을 띠는 기본권으로서 개인적 공권이다. 그러나 교수와 학생이 헌법상 학문의 자유에 근거하여 국가에 보다 나은 교육시설을 제공해줄 것을 요구할 수 있는 권리가 있다고 보기는 어렵다.

(2) 생존권적 기본권 　헌법상 생존권적 기본권은 법률에서 구체화되기 전에는 구체성을 띠는 개인적 공권으로 보기 어렵다. 예컨대 헌법 제34조 제 1 항이 "모든 국민은 인

간다운 생활을 할 권리를 가진다"고 규정하고 있다고 하여 국민들이 헌법 제34조 제 1 항을 근거로 정부에 대하여 생계비지원을 요구할 수 있는 권리가 나온다고 보기 어렵다.

2. 법률에 의한 개인적 공권 — 명문에 의한 인정

개인적 공권의 성립 여부에 결정적인 역할을 하는 것은 법률이다. 헌법은 선언적·강령적·정책적·추상적 성질을 갖기 때문에 법률로서 구체화가 이루어진다. 따라서 개인적 공권의 성립 내지 인정 여부는 기본적으로 법률에 의해 이루어진다. 그러나 법률에서 개인적 공권이 인정되는 방식은 다양하다. 공공기관의 정보공개에 관한 법률 제 5 조 제 1 항이 "모든 국민은 정보의 공개를 청구할 권리를 가진다"고 규정하는 것과 같이 개별 법률 자체가 권리가 있다고 규정하면, 그 법률 조항에 의해 당연히 개인적 공권은 성립한다. 개별 법률에서 권리가 있다고 명시적으로 규정하지 않는 경우에 개인적 공권이 인정되는가의 여부는 관련 법률의 해석 문제가 된다.

▌대판 2014. 10. 15, 2014두37658(구 건축법 시행규칙 제11조의 규정은 단순히 행정관청의 사무집행의 편의를 위한 것에 지나지 아니한 것이 아니라, 허가대상 건축물의 양수인에게 건축주의 명의변경을 신고할 수 있는 공법상의 권리를 인정하고 있다).

3. 법률에 의한 개인적 공권 — 해석에 의한 인정

(1) 의 의 일반적으로 말해 ① 법률이 국가나 지방자치단체에 대하여 행위의무를 부과하고 있고, 아울러 ② 오로지 공익실현만을 목적으로 하는 것이 아니라 적어도 사익보호, 즉 개인의 이익보호도 목적으로 하고 있다면, 개인적 공권이 성립한다.

[예] 甲이 단란주점을 경영하기 위하여 근거법률인 식품위생법이 정하는 요건을 모두 갖추어 단란주점영업허가를 신청하였음에도 구청장이 거부하였다고 하면, 구청장은 갑의 단란주점영업의 자유라는 개인적 공권을 침해한 것이 된다. 왜냐하면 ① 식품위생법상 구청장은 단란주점영업허가의 신청에 대하여 처분(허가)이라는 행위의무를 부담하고 있을 뿐만 아니라 ② 식품위생법상 단란주점영업의 허가제는 오로지 공익을 위한 제도라고 볼 것은 아니고 오히려 공익을 도모함과 동시에 법령이 정하는 요건을 구비하여 단란주점을 경영하려고 하는 사인을 보호하는 목적도 갖는다고 볼 것이기 때문이다. 또한 甲이 도로교통법이 정하는 요건을 구비하여 운전면허를 신청하였음에도 불구하고, 관할 지방경찰청장이 운전면허를 거부하였다면 역시 관할 지방경찰청장은 甲의 운전의 자유라는 개인적 공권을 침해한 것이 된다. 왜냐하면 ① 도로교통법상 지방경찰청장은 운전면허의 신청에 대하여 처분(면허)이라는 행위의무를 부담하고 있을 뿐만 아니라 ② 도로교통법상 운전의 면허제는 오로지 공익을 위한 제도라고 볼 것은 아니고 오히려 공익을 도모함과 동시에 법령이 정하는 요건을 구비하여 운전을 하고자 하는 사인을 보호하는 목적도 갖는다고 볼 것이기 때문이다.

(2) 사익보호목적 존부의 판단기준

(가) 학 설 학설은 ① 당해 처분의 근거되는 법률의 규정과 취지(목적)만을 고려해야 한다는 견해(실체법적 근거법령과 절차법적 근거 법령으로 구분하기도 한다), ② 처분의 근거되

는 법률의 규정과 취지 외에 관련 법률의 규정과 취지도 고려하여야 한다는 견해, ③ 처분의 근거되는 법률의 규정과 취지 외에 관련 법률의 규정과 취지, 그리고 기본권규정도 고려하여야 한다는 견해(바꾸어 말하면, 헌법규정에서 바로 나오는 구체적인 권리는 아니지만, 법률에서 구체화된 권리로서 인정할 것인가의 여부의 판단에 있어서 기본권에 대한 고려를 통해 권리성을 인정할 수도 있다는 견해. 예컨대, 설령 국민기초생활보장법이 권리성을 명시적으로 규정하고 있지 아니한다고 하여도 헌법 제34조 제 1 항 · 제 5 항을 고려하면서 국민기초생활보장법에 근거하여 무의탁노인의 기초생활수급권을 인정할 수 있다는 논리)로 구분할 수 있다. ③이 일반적인 견해로 보인다.

㈏ **판 례** 판례는 종래 원고적격의 '법률상 이익'의 판단에서 ① "법률상의 이익이란 당해 처분의 근거법률에 의하여 직접 보호되는 구체적인 이익을 말한다"고 하여 기본적으로 당해 처분의 근거되는 법률만을 고려하지만, ② 오늘날에는 근거법률 외에 관련법률까지 고려한다. 그러나 ③ 헌법상의 기본권이나 기본원리는 법률상 이익의 해석에서 일반적으로 고려하지 않는다. 다만, 기본권을 개인적 공권으로 인정하거나 고려하는 판례도 보인다.

▮ 대판 2006. 3. 16, 2006두330 전원합의체(새만금간척종합개발사업을 위한 공유수면매립면허 및 사업시행인가처분의 취소신청에 대한 거부처분을 다툰 사건에서) 법률상 보호되는 이익이라 함은 **당해 처분의 근거 법규 및 관련 법규**에 의하여 보호되는 개별적 · 직접적 · 구체적 이익이 있는 경우를 말하고, 공익보호의 결과로 국민 일반이 공통적으로 가지는 일반적 · 간접적 · 추상적 이익이 생기는 경우에는 법률상 보호되는 이익이 있다고 할 수 없다(새만금간척종합개발사업 사건).

▮ 헌재 1998. 4. 30, 97헌마141(특정업체를 납세병마개 제조자로 지정토록 규정하고 있는 구 특별소비세법시행령 제37조 제 3 항 등의 위헌확인을 구한 헌법소원에서) 설사 국세청장의 지정행위의 근거규범인 이 사건 조항들이 단지 공익만을 추구할 뿐 청구인 개인의 이익을 보호하려는 것이 아니라는 이유로 청구인에게 취소소송을 제기할 법률상 이익을 부정한다고 하더라도, 청구인의 **기본권인 경쟁의 자유**가 바로 행정청의 지정행위의 취소를 구할 법률상 이익이 된다)(납세병마개 제조자 지정제도 사건).

㈐ **사 견** 처분의 근거되는 법률의 규정과 취지 외에 관련 법률의 규정과 취지, 그리고 기본권까지 고려하는 견해가 타당하다.

4. 계약 · 관습법에 의한 개인적 공권

계약직 공무원이 공법상 계약을 해 국가나 지방자치단체에 대하여 공무원으로서의 권리를 갖게 되는 바와 같이, 개인적 공권은 공법상 계약에 의해서도 성립될 수 있다. 또한 개인적 공권은 관습법에 의해 인정될 수도 있다. 조상 대대로 낙동강의 강물을 끌어다가 농사를 지어온 농민은 공물인 낙동강의 강물을 농사를 위해 사용할 수 있는 개인적 공권이 있다고 볼 것이다. 국가나 지방자치단체가 임의로 그 농민이 사용하는 물줄기를 임의로 끊으면, 그것은 농민의 개인적 공권인 수리권(용수권)을 침해하는 것이 된다.

Ⅳ. 제 3 자의 법률상 이익

1. 문제상황

개인의 권리의식의 강화, 사인 사이의 이익충돌현상의 증대 등과 더불어 처분의 상대방이 아닌 제 3 자에도 처분의 상대방과 관련하여 행정청에 일정한 행위를 청구할 수 있는 개인적 공권을 갖는 경우가 증대하고 있다. 제 3 자의 개인적 공권은 경쟁자관계, 경원자관계, 그리고 이웃관계에서 나타나고 있다.

2. 경쟁자소송

경쟁관계에 있는 자들 사이에서 특정인(아래의 A운수회사)에게 주어지는 수익적 행위(5대의 증차)가 제 3 자(아래의 B운수회사)에게 법률상 불이익을 초래하는 경우에 그 제 3 자가 자기의 법률상 이익의 침해를 다투는 소송을 경쟁자소송이라 한다.

[예] A운수회사와 B운수회사는 모두 서울역에서 청량리역까지 운행하는 버스회사이다. A회사는 50대의 버스운행허가를 받았고, B회사는 25대의 버스운행허가를 받았다. 그런데 A운수회사를 우대해 주어야 할 특별한 사유가 없음에도 불구하고 버스운송사업면허권자인 서울특별시장이 A운수회사에는 10대의 버스를 증차해주면서 B운수회사에는 1대의 버스도 증차해주지 않았다면, 서울시장은 B회사의 경영상 이익을 침해한 것이 된다. 여객자동차운수사업법상 경영상 이익은 법률상 이익, 즉 개인적 공권으로 이해되고 있으므로, 서울특별시장은 B운수회사의 법률상 이익을 침해한 것이 된다. 여기서 자신의 법률상 이익이 침해된 B운수회사는 서울특별시장의 A운수회사에 대한 10대의 위법한 증차처분의 취소를 구하는 소송을 제기할 수 있다.

3. 경원자소송

면허나 인·허가 등의 수익적 행정처분(아래의 A약품의 제조허가)을 신청한 수인(數人)이 서로 경쟁관계에 있어서 특정인(아래의 甲제약회사)에 대한 면허나 인·허가 등의 수익적 행정처분이 다른 경쟁자(아래의 乙제약회사 등)에 대하여 불면허나 불인가·불허가를 가져올 수밖에 없는 경우, 불허가 등으로 인해 자기의 법률상 이익이 침해된 자(아래의 乙제약회사 등)가 수익적 행정처분(아래의 甲제약회사에 대한 A약품제조허가)을 다투는 소송을 경원자소송이라 한다.

[예] 보건복지부장관은 여러 제약회사 가운데 단 하나의 제약회사에 A약품의 제조를 허가할 것을 공고한 후에 신청을 받았다. 허가신청에는 10개의 제약회사가 참여하였고, 보건복지부장관은 그 중에서 甲제약회사를 선정하여 허가하였다. 허가를 받지 못한 제약회사들은 A약품의 제조와 판매를 위한 영업의 자유 내지 직업의 자유가 침해되었다. 여기서 허가대상자 선정에서 탈락되어 법률상 이익이 침해된 乙제약회사 등은 보건복지부장관의 甲제약회사에 대한 위법한 허가처분의 취소를 구하는 소송을 제기할 수 있다.

4. 이웃소송

이웃하는 자들 사이에서 특정인(아래의 甲 또는 丙)에게 주어지는 수익적 행위(건축허가)가 타인(아래의 乙 또는 丁)에게는 법률상 불이익을 가져오는 경우에 그 타인이 자기의 법률상 이익의 침해를 다투는 소송을 이웃소송이라 한다. 이웃소송은 인인소송(隣人訴訟)이라고도 한다.

[예1] 甲은 관할관청으로부터 황산제조공장설립허가 및 황산제조허가를 받았다. 甲에 대한 허가로 황산제조공장부지에 이웃하는 주민 乙은 황산의 냄새 등으로 인해 생활환경상의 이익을 침해받게 된다. 이웃주민의 생활환경상의 이익은 환경관련법령이 보호하는 이익, 즉 법률상 이익으로 이해된다. 만약 관할관청이 甲에게 내준 허가가 위법하다면, 법률상 이익의 침해를 받은 주민들은 관할관청을 피고로 하여 甲에 대한 황산제조공장설립허가 및 황산제조허가의 취소를 구하는 소송을 제기할 수 있다.

[예2] 민법 제242조(경계선부근의 건축) 제 1 항은 "건물을 축조함에는 특별한 관습이 없으면 경계로부터 반미터이상의 거리를 두어야 한다"고 규정하고 있다. 丙은 서대문구청장에게 경계까지 건축물을 축조하는 내용의 설계도를 첨부하여 건축허가를 신청하였고, 서대문구청장은 착오로 丙에게 건축허가를 내 주었다. 그런데 건물을 축조할 때에 경계로부터 반미터이상의 거리를 두도록 하는 것은 이웃하는 자들의 생활환경상의 이익을 조절하기 위한 것이고, 그러한 생활환경상의 이익은 법률상 이익으로 이해되고 있다. 따라서 법률상 이익이 침해된 丙의 이웃인 丁은 서대문구청장을 피고로 하여 丙에 대한 건축허가의 취소를 구하는 소송을 제기할 수 있다.

▮대판 2011. 9. 8, 2009두6766(구 장사 등에 관한 법령에서 납골묘, 납골탑, 가족 또는 종중·문중 납골당 등 사설납골시설의 설치장소에 제한을 둔 것은, 이러한 사설납골시설을 인가가 밀집한 지역 인근에 설치하지 못하게 함으로써 **주민들의 쾌적한 주거, 경관, 보건위생 등 생활환경상의 개별적 이익을 직접적·구체적으로 보호**하려는 데 취지가 있으므로, 이러한 납골시설 설치장소에서 500m 내에 20호 이상의 인가가 밀집한 지역에 거주하는 주민들은 납골당 설치에 대하여 **환경상 이익** 침해를 받거나 받을 우려가 있는 것으로 사실상 추정된다)(**파주시 납골당 설치 사건**).

▮대판 2006. 3. 16, 2006두330 전원합의체(새만금간척종합개발사업을 위한 공유수면매립면허 및 사업시행인가처분의 취소신청에 대한 거부처분을 다툰 사건에서) 구 공유수면매립법 등의 각 관련 규정의 취지는, 공유수면매립과 농지개량사업시행으로 인하여 직접적이고 중대한 환경피해를 입으리라고 예상되는 환경영향평가 대상지역 안의 주민들이 전과 비교하여 수인한도를 넘는 환경침해를 받지 아니하고 쾌적한 환경에서 생활할 수 있는 개별적 이익까지도 이를 보호하려는 데에 있다고 할 것이므로, 위 주민들이 공유수면매립면허처분 등과 관련하여 갖고 있는 위와 같은 **환경상의 이익은 주민 개개인에 대하여 개별적으로 보호되는 직접적·구체적 이익**으로서 그들에 대하여는 특단의 사정이 없는 한 환경상의 이익에 대한 침해 또는 침해우려가 있는 것으로 사실상 추정되어 공유수면매립면허처분 등의 무효확인을 구할 원고적격이 인정된다)(**새만금간척종합개발사업 사건**).

▮대판 1998. 9. 4, 97누19588(원자력법 제12조 제 2 호(발전용 원자로 및 관계 시설의 위치·구조 및 설비가 대통령령이 정하는 기술수준에 적합하여 방사성물질 등에 의한 인체·물체·공공의 재해방지에 지장이 없을 것)의 취지는 원자로 등 건설사업이 방사성물질 및 그에 의하여 오염된 물질에 의한 인체·물체·공공의 재해를 발생시키지 아니하는 방법으로 시행되도록 함으로써 방사성물질 등에 의한 생명·건강상의 위해를 받지 아니할 이익을 일반적 공익으로서 보호하려는 데 그치는 것이 아니라 방사성물질에 의하여 보다 **직접적이고 중대한 피해를 입으리라고 예상되는 지역 내의 주민**들의 위와 같은 이익을 직접적·구체적 이익으로서도 보호하려는 데에 있다 할 것이므로, 위와 같은 지역 내의 주민들에게는 방사성물질 등에 의한 생명·신체의 안전침해를 이유로 부지사전승인처분의 취소를 구할 원고적격이 있다)(**영광 원자력발전소부지 사건**).

Ⅴ. 무하자재량행사청구권

1. 의 의

(1) 일반건축물 건축허가와 숙박용건물의 건축허가의 비교

㈎ **일반건축물 건축허가** 건축법 제11조 제 1 항 본문은 "건축물을 건축…하려는 자는 특별자치시장·특별자치도지사 또는 시장·군수·구청장의 허가를 받아야 한다"고 규정하고 있다. 건축법 제11조 제 1 항 본문은 일반 건축물의 건축허가에 관한 조항이다. 건축법 제11조 제 1 항 본문에 따라 甲이 일반 건축물을 짓기 위하여 건축법령이 정하는 요건을 구비하여 관할 행정청에 건축허가를 신청하면, 관할 행정청은 반드시 건축허가를 하여야 한다(이와 같이 요건을 구비한 행위의 경우에 행정청은 선택의 자유가 없이 반드시 허가나 허가를 거부하여야 하는 행위를 기속행위라 한다). 학설과 판례는 건축법 제11조 제 1 항 본문에 의한 일반건축물의 건축허가의 경우, 건축법령이 정하는 요건을 구비하는 한, 허가권자는 반드시 허가를 하여야 한다고 새긴다. 따라서 일반건축물의 축조의 경우, 모든 국민은 건축법령이 정하는 요건을 구비하는 한 건축허가를 반드시 받을 권리가 있다. 만약 관할 행정청이 甲에게 거부처분을 한다면, 甲은 취소소송의 제기를 통해 거부처분의 취소를 구할 수 있다.

㈏ **숙박용건물의 건축허가** 건축법 제11조 제 4 항 제 1 호는 "위락시설이나 숙박시설에 해당하는 건축물의 건축을 허가하는 경우 해당 대지에 건축하려는 건축물의 용도·규모 또는 형태가 주거환경이나 교육환경 등 주변 환경을 고려할 때 부적합하다고 인정되는 경우," 허가권자는 건축위원회의 심의를 거쳐 건축허가를 하지 아니할 수 있다고 규정하고 있다. 甲이 여관건물을 짓기 위하여 건축법령이 정하는 요건을 구비하여 관할 행정청에 건축허가를 신청하였다고 하여도, 관할 행정청은 건축법 제11조 제 4 항 제 1 호에 따라 건축허가를 할 수도 있고 아니할 수도 있다(이와 같이 요건을 구비한 행위일지라도 행정청의 선택에 따라 허가를 할 수도 있고 허가를 거부할 수도 있는 행위를 재량행위라 한다). 왜냐하면 건축법 제11조 제 4 항은 명시적으로 "… 건축허가를 하지 아니할 수 있다"고 규정하고 있기 때문이다. 따라서 여관건물의 축조의 경우, 모든 국민은 건축법령이 정하는 요건을 구비하는 한 건축허가를 반드시 받을 권리가 있다고 말할 수는 없다. "건축물의 용도·규모 또는 형태가 주거환경이나 교육환경 등 주변 환경을 감안할 때 부적합하다고 인정하는 경우"가 아니라면 건축허가를 받을 권리가 있다고 하겠지만, 부적합하다고 인정하는 경우라면 건축허가를 받을 권리가 있다고 말할 수 없다. 따라서 만약 관할 행정청이 甲의 여관건물건축허가를 거부한다면, 甲은 관할 행정청의 "여관건물의 용도·규모 또는 형태가 주거환경이나 교육환경 등 주변 환경을 감안할 때 부적합하다"한 판단이 잘못된 것임을 이유로 여관건물건축허가의 거부처분의 취소를 구할

수 있을 뿐, 건축허가거부처분이 무조건 위법하니 취소하라고 요구할 수는 없다.

(2) 허가청구권의 성질의 비교 앞에서 논의한 바를 요약하면 다음과 같다. ① 건축법령이 정하는 요건을 구비하여 이루어진 일반건축물의 건축허가신청에 대해서는 반드시 허가를 내주어야 하지만, ② 건축법령이 정하는 요건을 구비하여 이루어진 여관용 건축물의 건축허가신청에 대해서는 허가를 내줄 수도 있고, 안 내줄 수도 있다. 한편, 만약, ① 일반건축물의 경우에 요건을 구비한 허가신청에 대하여 관할 행정청이 허가를 거부하면, 거부처분은 무조건 위법한 것이 된다. 따라서 건축허가신청자는 건축허가라는 특정행위를 구하는 청구권을 갖는다고 말할 수 있다. 그러나 ② 여관용 건축물의 경우에 요건을 구비한 허가신청에 대하여 관할 행정청이 허가를 거부하면, 거부처분은 무조건 위법한 것이 된다고 말할 수는 없고, 다만 건축물의 용도·규모 또는 형태가 주거환경 또는 교육환경 등 주변환경을 감안할 때 적합한지 또는 부적합한지의 여부에 대한 판단, 즉 재량행사에 잘못이 있는 경우에만 건축허가신청자는 건축허가라는 특정행위를 구하는 청구권을 갖는다고 말할 수 있다. 따라서 ① 기속행위인 일반 건축물의 건축허가를 신청한 자가 갖는 허가받을 권리는 특정행위청구권의 성질을 갖지만, ② 재량행위인 여관용 건축물의 건축허가를 신청한 자가 갖는 허가받을 권리는 허가를 하지 않은 것이 하자있는 재량행사가 되는 경우에만 특정행위청구권의 성질을 갖는다.

2. 개념의 정리

일정한 행위의 발령이 법규상 행정청의 재량이며(과거에는 행정청이 행정작용의 발령에 대해 법규상 재량권을 가진다면 사인은 개인적 공권이 성립될 수 없다고 보았다), 그 결정이 사인의 이익보호와 관련된다면 그 사인은 행정청에 대하여 하자 없는 재량행사를 청구할 수 있는 권리를 가지는 바 이를 무하자재량행사청구권이라 한다. 즉 무하자재량행사청구권은 재량행위에서 인정되는 개인적 공권의 일반적 특성을 말하는 것으로 기속행위에서 인정되는 개인적 공권의 일반적 특성을 말하는 특정행위청구권과 대비되는 개념이다.

3. 성 질

20세기 전반까지 재량행위에 개인적 공권(법률상 이익)이 인정되지 아니하다가 20세기 중반 이후에 이르러 재량행위에도 개인적 공권(법률상 이익)이 인정될 수 있지만, 재량행사에 하자가 있는 경우에만 다툴 수 있다는 점이 시인되면서 무하자재량행사청구권의 개념이 성립되었다는 점을 고려할 때, 무하자재량행사청구권은 '재량행위에 인정되는 개인적 공권(법률상 이익)의 성질이 기속행위에 인정되는 개인적 공권(법률상 이익)의 성질과 다르다는 것'을 뜻하는 개념이라는 점에서 의미를 갖는다. 그러나 무하자재량행사청구권의 개념은 재량행위에 인정되는 개인적 공권(법률상 이익)의 특징을 표현하는 개념이지 그 자체가 원고적격을 가져다주는 법률상 이익 그 자체는 아니다.

4. 소권(원고적격)과의 관계

① 무하자재량행사청구권은 원고적격을 가져다 주는 권리라는 견해가 있다. 그러나 ② 무하자재량행사청구권은 개인적 공권의 일종으로 분류되기는 하지만, 기술한 바와 같이 독립성이 없는 형식적인 권리이므로 그 자체만으로는 취소소송의 제기에 요구되는 소송요건의 하나인 원고적격을 가져다 줄 수 있는 권리는 아니다. 그것은 다만 본안요건에서 재량권 일탈·남용으로서 위법성의 문제로 심사된다(독자성 부정설).

▌대판 1991. 2. 12, 90누5825((검사임용이 거부된 사법연수원수료자 K씨가 그 거부처분을 다툰 사건에서) 임용신청자가 임용거부처분이 재량권을 남용한 위법한 처분이라고 주장하면서 그 취소를 구하는 경우에는 법원은 **재량권남용 여부를 심리**하여 본안에 관한 판단으로서 청구의 인용 여부를 가려야 한다)(**K검사 임용거부 사건**).

5. 청구권의 성립요건

재량행위의 영역에서 권리가 인정되기 위해서는 ① 그 전제로서 무하자재량행사의무가 존재하여야 하고(행정청의 의무의 존재, 강제규범성), ② 관련법규범이 공익뿐만 아니라 관련사인의 이익을 보호하도록 의도하고 있어야 한다(사익보호목적의 존재, 사익 보호성). 말하자면 하자 있는 재량행사는 객관적으로는 위법하지만, 그것 자체만으로는 무하자재량행사청구권이 발생하지는 아니한다. 즉 특정인의 사익침해와 관계없이 모든 재량행사에 적용되는 일반적인 무하자재량행사청구권은 인정되지 아니한다.

6. 영으로의 재량수축

(1) 의　　의　　특정한 예외적인 경우에는 재량행위임에도 불구하고 행정청이 자유영역을 갖지 못하고 하나의 결정만을 하여야 하는 경우가 나타난다. 즉, 예외적인 경우에는 하나의 특정한 결정만이 무하자재량행사가 되는데, 이러한 경우를 영(또는 1)으로의 재량수축 또는 재량감소라고 한다(0이란 재량영역이 없다는 의미이고, 1이란 적법한 행위는 한 가지뿐이라는 의미이다). 영으로의 재량수축은 경찰영역(위험방지영역)에서 기본권의 보호를 위해 빈번히 문제된다(예: 폭약공장이 인근주민의 생명(헌법 제10조)을 위협하면, 인근주민은 권한행정청에 대하여 관련법령에 따라 필요한 부담을 발령할 것을 구하는 청구권을 갖는다).

(2) 성　　질　　영으로의 재량수축의 경우에 행정청은 특정한 행위만을 하여야 하므로, 그것은 기속행위와 같은 결과가 된다. 만약 이 경우의 재량이 특정인의 법률상 이익과

관련되면, 그 특정인은 특정한 결정을 청구할 수 있는 권리를 가진다. 영으로 재량이 축소되는 경우에 무하자재량행사청구권은 특정행위청구권으로 변하며, 내용상 형식적인 권리에서 실질적인 권리로 변하게 된다.

▮대판 2022. 7. 14, 2017다29053[(다수의 성폭력범죄로 여러 차례 처벌을 받은 뒤 위치추적 전자장치를 부착하고 보호관찰을 받고 있던 甲이 乙을 강간하였고(이하 '직전 범행'이라고 한다), 그로부터 13일 후 丙을 강간하려다 살해하였는데, 丙의 유족들이 경찰관과 보호관찰관의 위법한 직무수행을 이유로 국가를 상대로 손해배상을 구한 사건에서) 국민의 생명 · 신체 · 재산 등에 관하여 절박하고 중대한 위험상태가 발생하였거나 발생할 우려가 있어서 국민의 생명 · 신체 · 재산 등을 보호하는 것을 본래적 사명으로 하는 국가가 초법규적, 일차적으로 그 **위험 배제에 나서지 않으면 국민의 생명 · 신체 · 재산 등을 보호할 수 없는 경우**에는 형식적 의미의 법령에 근거가 없더라도 국가나 관련 공무원에 대하여 그러한 위험을 배제할 작위의무를 인정할 수 있다].

Ⅵ. 행정개입청구권

1. 의 의

행정개입청구권이란 광의로는 사인이 자기의 이익을 위해 행정청에 대하여 자기 또는 제 3 자에게 행정권을 발동해줄 것을 청구할 수 있는 권리를 말하고(광의의 행정개입청구권), 협의로는 사인이 자기의 이익을 위해 행정청에 대하여 제 3 자에게 행정권을 발동할 것을 청구하는 권리를 의미한다(협의의 행정개입청구권). 이러한 협의의 행정개입청구권은 제 3 자효 있는 행정행위의 경우에 행정의 상대방과 제 3 자 사이의 법률관계에 행정권이 개입하게 되는 경우와 관련된다. 자기에게 행정권의 발동을 청구할 수 있는 권리를 행정행위발급청구권이라 부르기도 한다.

[자신에 대한 행정개입청구권의 예] 국민기초생활 보장법 제 8 조 제 2 항에 해당하는 사람이 권한 행정청에 대하여 자신을 수급권자로 지정할 것을 요구할 수 있는 권리.

■ 국민기초생활 보장법 제 8 조(생계급여의 내용 등) ② 생계급여 수급권자는 부양의무자가 없거나, 부양의무자가 있어도 부양능력이 없거나 부양을 받을 수 없는 사람으로서 그 소득인정액이 제20조 제 2 항에 따른 중앙생활보장위원회의 심의·의결을 거쳐 결정하는 금액(이하 이 조에서 "생계급여 선정기준"이라 한다) 이하인 사람으로 한다. 이 경우 생계급여 선정기준은 기준 중위소득의 100분의 30 이상으로 한다.

[제 3 자에 대한 행정개입청구권의 예] 5층 건물의 건축허가를 받은 甲이 위법하게 7층 건물을 축조함으로서 일조권 등의 침해를 받은 이웃의 乙이 건축법 제79조 제 1 항등을 근거로 권한 행정청에 대하여 甲에게 6층과 7층의 철거를 명하는 처분을 할 것을 요구할 수 있는 권리.

■ 건축법 제79조(위반 건축물 등에 대한 조치 등) ① 허가권자는 이 법 또는 이 법에 따른 명령이나 처분에 위반되는 대지나 건축물에 대하여 이 법에 따른 허가 또는 승인을 취소하거나 그 건축물의 건축주 · 공사시공자 · 현장관리인 · 소유자 · 관리자 또는 점유자(이하 "건축주등"이라 한다)에게 공사의 중지를 명하거나 상당한 기간을 정하여 그 건축물의 해체 · 개축 · 증축 · 수선 · 용도변경 · 사용금지 · 사용제한, 그 밖에 필요한 조치를 명할 수 있다.

2. 개념의 인정 여부

(1) 비 판 론 앞의 [자신에 대한 행정개입청구권의 예]에서 "자신을 수급권자로 인정하는 처분을 하라고 요구할 수 있는 권리"는 수급권(급여를 받을 권리) 그 자체와는 다르다. 논자에 따라서는 수급권을 근거로 급여를 신청하고, 만약 보장기관이 급여를 거부하면, 급여거부처분의 취소를 구하는 소송을 제기하여 급여를 받을 수 있으므로, 수급권 외에 "자신을 수급권자로 인정하는 처분을 하라고 요구할 수 있는 권리"를 인정할 필요가 없다고 한다. 또한 앞의 [제 3 자에 대한 행정개입청구권의 예]에서 "'甲은 6층과 7층을 철거하라'는 내용의 처분을 할 것을 요구할 수 있는 권리"는 "甲의 건축물 중 6층과 7층의 철거를 신청한다"는 것을 청구할 수 있는 권리와는 다르다. 논자에 따라서는 허가권자에게 甲의 건축물 중 6층과 7층의 철거를 신청하고, 만약 허가권자가 철거를 거부하면, 철거거부처분의 취소를 구하는 소송을 제기하여 허가권자로 하여금 철거토록 할 수 있으므로, 乙에 대한 철거신청권 외에 "허가권자에 대하여 '甲은 6층과 7층을 철거하라'는 내용의 처분을 할 것을 요구할 수 있는 권리"를 인정할 필요가 없다고 한다.

(2) 인정실익

㈎ 앞의 [자신에 대한 행정개입청구권의 예]의 경우 급여거부처분을 다투는 소송에서 원고승소판결의 주문(主文)은 「급여거부처분을 취소한다」라는 형식이 되지만, "자신을 수급권자로 인정하는 처분을 하라고 요구할 수 있는 권리"를 다투는 소송에서 원고승소판결의 주문은 「"甲을 수급권자로 인정한다"라는 처분을 하라」는 형식이 된다. 「급여거부처분을 취소한다」라는 판결은 단순히 '급여거부처분을 취소한다'라는 의미일 뿐 그것이 '甲에게 급여를 하라' 또는 '甲은 급여를 받을 권리를 갖는다'는 것을 내용으로 한다고 보기는 어렵기 때문에 「급여거부처분을 취소한다」라는 판결보다는 「"甲을 수급권자로 인정한다"라는 처분을 하라」는 판결이 甲의 권리보호에 보다 효과적이다. 따라서 甲에게 수급권(급여를 받을 권리) 외에 보건복지부장관에게 "자신을 수급권자로 인정하는 처분을 하라고 요구할 수 있는 권리"를 인정할 필요성이 있다,

㈏ 앞의 [제 3 자에 대한 행정개입청구권의 예]의 경우 철거거부처분을 다투는 소송에서 원고승소판결의 주문은 「철거거부처분을 취소한다」라는 형식이 되지만, 「철거하라」는 내용의 처분을 할 것을 요구할 수 있는 권리를 다투는 소송에서 원고승소판결의 주문은 「乙에게 철거를 명하는 처분을 하라」는 형식이 된다. 「철거거부처분을 취소한다」라는 판결은 단순히 '철거거부처분을 취소한다'라는 의미일 뿐, 그것이 '乙은 철거를 하라' 또는 '乙에게 철거를 명하라'는 것을 내용으로 한다고 보기는 어렵기 때문에 「철거거부처분을 취소한다」라는 판결보다는 「乙에게 철거를 명하는 처분을 하라」는 판결이 甲의 권리보호에 보다 효과

적이다. 따라서 관할 행정청에 대하여 "'乙의 건축물 중 6층과 7층의 철거를 신청한다'는 것을 청구할 수 있는 권리" 외에 "'乙은 6층과 7층을 철거하라'는 내용의 처분을 乙에게 할 것을 요구할 수 있는 권리"를 인정할 필요성이 있다. 요컨대 행정개입청구권을 인정할 필요가 있다.

(3) 판 례 행정개입청구권을 긍정하는 것으로 볼 수 있는 판례가 있다.

▌대판 2007. 5. 11, 2007두1811(제 3 자에 대한 행정개입청구권의 예) 지방자치단체장이 공장시설을 신축하는 회사에 대하여 사업승인 내지 건축허가 당시 부가하였던 조건에 따른 이행을 하고 이를 증명하는 서류를 제출할 때까지 신축공사를 중지하라는 공사중지명령에 있어서는 그 명령의 내용 자체로 또는 그 성질상으로 명령 이후에 그 원인사유가 해소되는 경우에는 잠정적으로 내린 당해 공사중지명령의 해제를 요구할 수 있는 권리를 위 명령의 상대방에게 인정하고 있다고 할 것이므로, 위 회사에게는 조리상으로 그 해제를 요구할 수 있는 권리가 인정된다)(**포천시 영광아스콘(주) 사건**).

3. 법적 성질

행정개입청구권이 개인적 공권임은 의문이 없다. 그러나 행정개입청구권을 형식적 공권으로 보기는 어렵다. 오히려 이러한 권리는 특정의 실체적인 사항을 내용으로 갖기 때문에 실체법상 권리라고 보는 것이 타당하다.

4. 성립요건

행정개입청구권도 공권의 일종이므로 공권의 성립요건을 갖추어야 한다. 말하자면 법규가 행정청에게 공권력을 발동하여 개입을 할 의무를 지우고 있어야 한다. 행정청에 재량이 부여된 경우, 행정권은 반드시 공권력을 발동해야 할 의무를 부담하지 않는다. 그러나 재량이 부여된 경우라도 재량이 0으로 수축되는 경우에는 공권력을 발동해야 할 의무가 발생한다.

C. 공 의 무

Ⅰ. 의 의

공의무란 공권에 대응하는 개념이다. 사법상 임대차계약을 하면, 임대인은 임대료를 받을 권리가 생기고, 임차인은 임대료에 상응하여 임차한 물건을 사용할 수 있는 권리가 생기는 바와 같이 사법상으로는 권리와 의무가 대칭관계에 놓인다. 그러나 공권과 공의무는 언제나 대칭관계에 놓인다고 말할 수는 없다. 예컨대 소득세를 납부하였다고 하여 소득세납부에 상응하는 권리가 생기는 것도 아니고, 소득세납부면제자에게는 주어지지 아니하는 특별한 권리가 생기는 것도 아니다.

Ⅱ. 종　　류

공의무는 ① 주체에 따라 행정주체가 지는 국가적 공의무(예: 봉급지급의무, 배상금지급의무)와 개인이 지는 개인적 공의무(예: 구체적인 납세의무, 수수료납부의무)로 나눌 수 있고, ② 내용에 따라 작위의무(예: 건축허가발령의무) · 부작위의무(예: 사익을 위한 경찰처분의 불발령의무) · 수인의무(예: 전염병예방강제접종의 수인의무) · 급부의무(예: 납세의무)로 나눌 수 있으며, ③ 근거에 따라 법규에 의해 발생하는 의무(예: 도로교통법규준수의무), 행정행위에 근거한 의무(예: 과세처분에 따른 구체적인 납세의무)등으로 나눌 수 있다.

Ⅲ. 특　　징

공의무는 공법상 계약과 같이 의무자의 의사에 따라 발생하기도 하나, 법령 또는 법령에 근거한 행정행위에 의해 발생함이 일반적이다. 특히 개인적 공의무의 경우에는 ① 포기와 이전이 제한되기도 하고(예: 병역복무의무), ② 의무의 불이행시에는 행정상 강제수단이 가해지기도 하며, ③ 의무의 위반시에는 행정벌이 가해지기도 한다.

D. 공권 · 공의무의 승계

Ⅰ. 행정주체 사이의 승계

행정주체의 권한은 법규에서 규정되고 있으므로, 권한과 의무의 주체의 변경에는 반드시 법률상의 근거를 필요로 한다(예: 지자법 제 8 조 제 1 항). 따라서 승계문제는 법률의 규정에 따라야 한다. 말하자면 행정주체의 권리와 의무는 명시적인 규정 없이는 원칙적으로 이전되지 아니한다. 다만 지방자치단체 등 공법상 법인이 소멸되거나 합병되는 경우는 예외가 된다. 이러한 경우에는 행정주체의 권리와 의무는 독자성을 상실하고, 새로이 그 기능을 수행할 행정주체에게 이전된다. 새로이 그 기능을 수행할 행정주체가 없다면, 그 법인을 설립한 국가나 지방자치단체에 이전된다고 볼 것이다.

▪ **지방자치법 제 8 조(구역을 변경하거나 폐치 · 분합할 때의 사무와 재산의 승계)** ① 지방자치단체의 구역을 변경하거나 지방자치단체를 폐지하거나 설치하거나 나누거나 합칠 때에는 새로 그 지역을 관할하게 된 지방자치단체가 그 사무와 재산을 승계한다.

Ⅱ. 사인 사이의 승계

1. 실 정 법

개인적 공권과 공의무의 승계에 관한 단일의 일반법은 없다. 다만 행정절차법은 제10조에서 지위의 승계에 관한 조항을 두고 있다. 한편 개별법령에서 규정내용은 다양하다. 즉, 개별적인 권리의 양도를 금지하는 경우(예: 국배법 제 4 조), 법령상 당연히 승계가 되는 경우(체육시설의 설치 · 이용에 관한 법률 제27조 제 1 항), 개별적인 권리를 양수 · 상속받은 자가 신고하여야 하는 경우(예: 도로법 제106조), 합병에 의한 일반승계가 행정청의 인가를 요건으로 하는 경우(예: 전기통신사업법 제18조 제 1 항), 합병에 의한 일반승계가 양수자의 신고를 요건으로 하는 경우(예: 식품위생법 제39조) 등이 있다.

▪ 국가배상법 제 4 조(양도 등 금지) 생명·신체의 침해로 인한 국가배상을 받을 권리는 양도하거나 압류하지 못한다.

▪ 체육시설의 설치·이용에 관한 법률 제27조(체육시설업 등의 승계) ① 체육시설업자가 사망하거나 그 영업을 양도한 때 또는 법인인 체육시설업자가 합병한 때에는 그 상속인, 영업을 양수한 자 또는 합병 후 존속하는 법인이나 합병(合倂)에 따라 설립되는 법인은 그 체육시설업의 등록 또는 신고에 따른 권리·의무(제17조에 따라 회원을 모집한 경우에는 그 체육시설업자와 회원 간에 약정한 사항을 포함한다)를 승계한다.

▪ 도로법 제106조(권리·의무의 승계 등) ① 이 법에 따른 허가 또는 승인을 받은 자의 사망, 그 지위의 양도, 합병이나 분할 등의 사유가 있으면 이 법에 따른 허가 또는 승인으로 인하여 발생한 권리·의무는 다음 각 호의 구분에 따른 자가 승계한다.

1. 이 법에 따른 허가 또는 승인으로 발생한 권리나 의무를 가진 사람이 사망한 경우: 상속인
2. 이 법에 따른 허가 또는 승인으로 발생한 권리나 의무를 가진 자가 그 지위를 양도한 경우: 양수인
3. 이 법에 따른 허가 또는 승인으로 발생한 권리나 의무를 가진 법인이 분할·합병한 경우: 분할·합병 후 존속하는 법인이나 합병에 따라 새로 설립되는 법인

② 제 1 항에 따라 권리나 의무를 승계한 자는 1개월 내에 국토교통부령으로 정하는 바에 따라 도로관리청에 신고하여야 한다.

▪ 전기통신사업법 제18조(사업의 양수 및 법인의 합병 등) ① 다음 각 호의 어느 하나에 해당하는 자는 대통령령으로 정하는 바에 따라 과학기술정보통신부장관의 인가를 받아야 한다. (단서 생략)

2. 기간통신사업자인 법인을 합병 … 하려는 자

▪ 식품위생법 제39조(영업 승계) ① 영업자가 영업을 양도하거나 사망한 경우 또는 법인이 합병한 경우에는 그 양수인·상속인 또는 합병 후 존속하는 법인이나 합병에 따라 설립되는 법인은 그 영업자의 지위를 승계한다.

③ 제 1 항 또는 제 2 항에 따라 그 영업자의 지위를 승계한 자는 총리령으로 정하는 바에 따라 1개월 이내에 그 사실을 식품의약품안전처장 또는 특별자치시장 · 특별자치도지사·시장·군수·구청장에게 신고하여야 한다.

▌대판 2012. 12. 13, 2011두29144((공매 등의 절차로 스포츠센터 필수 영업시설 등의 소유권을 상실한 원고가 유원시설업허가처분등의 취소를 구한 사건에서) 구 관광진흥법 제 8 조 제 4 항에 의한 지위승계신고를 수리하는 허가관청의 행위는 단순히 양도·양수인 사이에 이미 발생한 사법상 사업양도의 법률효과에 의하여 양수인이 그 영업을 승계하였다는 사실의 신고를 접수하는 행위에 그치는 것이 아니라, 영업허가자의 변경이라는 법률효과를 발생시키는 행위이다)(**부천시 원미구 타이거월드(주) 사건**).

2. 명문의 규정이 없는 경우

공법상 권리와 의무의 이전에는 2가지의 요건이 필요하다. 즉 ① 권리와 의무가 이전에 적합하여야 하고(비일신전속성)(예: 무허가건물의 철거의무는 인적 특성이 본질적인 것이 아니므로 일신전속적인 것이 아니다), ② 이전을 실현시킬 수 있는 사유(예: 사법상의 매매 · 채무인수 · 상속)가 발생하여야 한다.

• 제 2 장

행정의 행위형식

(1) 행정의 행위형식이란 행정권이 법을 집행하는 방식을 말한다. 행정권이 법을 집행하면 관계자에게 권리와 의무를 발생시키므로, 행정의 행위형식은 행정상 법률관계의 변동(발생·변경·소멸)을 가져오는 원인이라 말할 수도 있다.

(2) 행정권이 법을 집행하는 방식에는 ① 행정권이 법령의 위임을 받거나 직권으로 법을 만드는 방식(행정입법), ② 행정권이 계획을 수립하고 시행하는 방식(행정계획), ③ 행정권이 개별 처분을 행하는 방식(행정행위), ④ 행정권이 다른 법주체와 공법의 영역에서 계약을 체결하는 방식(공법상 계약), ⑤ 행정권이 공법의 영역에서 사실작용을 행하는 방식(공법상 사실행위), 그리고 ⑥ 행정권이 사법의 형식으로 행하는 방식(사법형식의 행정작용)이 있다.

제 1 절 행정입법

(1) 행정입법이란 일반적으로 정부(행정권)나 지방자치단체가 일반적·추상적인 법규범을 만드는 작용을 말하거나 또는 정부나 지방자치단체가 만든 일반적·추상적인 법규범을 말한다. 행정입법은 실정법상의 용어가 아니다. 행정입법은 행정법의 체계적인 정립을 위한 학문상의 용어이다. 행정입법은 위임입법·종속입법·준입법 등으로 불린다. 그러나 법원에 의한 입법(예: 대법원규칙)도 있음을 고려할 때, 행정권에 의한 입법은 행정입법이라는 용어가 적합하다.

(2) 행정입법에는 국가행정권에 의한 행정입법과 지방자치단체에 의한 행정입법이 있다. 전통적 견해는 국가행정권에 의한 행정입법을 법규(국민을 구속하는 법)의 성질을 갖는 법규명령과 법규의 성질을 갖지 않는 행정규칙으로 구분한다. 행정규칙은 행정명령이라고도 한다. 지방자치단체에 의한 자치입법에는 조례와 규칙, 교육규칙이 있다.

(3) 행정기본법은 행정의 입법활동에 관한 규정을 두고 있다.

■ **행정기본법 제38조(행정의 입법활동)** ① 국가나 지방자치단체가 법령등을 제정·개정·폐지하거나 그와 관련된 활동(법률안의 국회 제출과 조례안의 지방의회 제출을 포함하며, 이하 이 장에서 "행정의 입법활동"이라 한다)을 할 때에는 헌법과 상위 법령을 위반해서는 아니 되며, 헌법과 법령등에서 정한 절차를 준수하여야 한다.

② 행정의 입법활동은 다음 각 호의 기준에 따라야 한다.
1. 일반 국민 및 이해관계자로부터 의견을 수렴하고 관계 기관과 충분한 협의를 거쳐 책임 있게 추진되어야 한다.
2. 법령등의 내용과 규정은 다른 법령등과 조화를 이루어야 하고, 법령등 상호 간에 중복되거나 상충되지 아니하여야 한다.
3. 법령등은 일반 국민이 그 내용을 쉽고 명확하게 이해할 수 있도록 알기 쉽게 만들어져야 한다.

제 1 항 법규명령

Ⅰ. 법규명령의 개념

1. 정 의

전통적 견해는 행정권이 법령의 수권을 받아 정립하는 규범으로서 국민을 구속하는 규범을 법규명령이라 한다. 예를 들면, 식품위생법 시행령 제29조 제 1 항은 행정권(대통령)이 법률(식품위생법 제44조 제 1 항)의 수권(위임)을 받아 정립한 규범(대통령령)으로서 법규명령에 해당한다. 식품위생법 시행령 제29조 제 1 항이 정하는 영업자는 식품위생법 제44조 제 1 항이 정하는 영업자 등의 준수사항을 준수하여야 한다.

■ **식품위생법 제44조(영업자 등의 준수사항)** ① 제36조 제 1 항 각 호의 영업을 하는 자 중 대통령령으로 정하는 영업자와 그 종업원은 영업의 위생관리와 질서유지, 국민의 보건위생 증진을 위하여 영업의 종류에 따라 다음 각 호에 해당하는 사항을 지켜야 한다.
1. 「축산물 위생관리법」 제12조에 따른 검사를 받지 아니한 축산물 또는 실험 등의 용도로 사용한 동물은 운반 · 보관 · 진열 · 판매하거나 식품의 제조 · 가공에 사용하지 말 것
(제 2 호 이하 생략)
제36조(시설기준) ① 다음의 영업을 하려는 자는 총리령으로 정하는 시설기준에 맞는 시설을 갖추어야 한다.
3. 식품접객업
■ **식품위생법 시행령 제29조(준수사항 적용 대상 영업자의 범위)** ① 법 제44조 제 1 항 각 호 외의 부분에서 "대통령령으로 정하는 영업자"란 다음 각 호의 영업자를 말한다.
7. 제21조 제 8 호의 식품접객업자

2. 직 제

(1) 문제상황 정부조직법 제 2 조 제 4 항에 따른 대통령령인 행정기관의 조직과 정원에 관한 통칙 제 4 조 제 1 항에 의하면, 행정조직에 관한 대통령령을 직제(職制)라 부른다. 행정안전부와 그 소속기관 직제에는 지방행정실과 지방재정세제실 등이 있다. 만약 행정안전부장관이 지방재정에 관한 처분을 하면서 지방재정세제실장의 보조를 받지 아니하고, 지

방행정실장의 보조를 받았다면, 행정안전부장관의 처분은 행정안전부와 그 소속기관 직제에 어긋나지만, 위법하다고 보지는 아니한다. 말하자면 행정안전부와 그 소속기관 직제는 행정권(대통령)이 법률(정부조직법)의 위임을 받아 만들었지만, 행정안전부장관이 이를 따르지 아니하였다고 하여도 국민들이 다툴 수 있는 것은 아니다. 즉 국민을 구속하지 아니한다.

▪ **정부조직법 제 2 조(중앙행정기관의 설치와 조직 등)** ③ 중앙행정기관의 보조기관은 이 법과 다른 법률에 특별한 규정이 있는 경우를 제외하고는 차관·차장·실장·국장 및 과장으로 한다. 다만, 실장·국장 및 과장의 명칭은 대통령령으로 정하는 바에 따라 본부장·단장·부장·팀장 등으로 달리 정할 수 있으며, 실장·국장 및 과장의 명칭을 달리 정한 보조기관은 이 법을 적용할 때 실장·국장 및 과장으로 본다. ④ 제 3 항에 따른 보조기관의 설치와 사무분장은 법률로 정한 것을 제외하고는 대통령령으로 정한다. 다만, 과의 설치와 사무분장은 총리령 또는 부령으로 정할 수 있다.

▪ **행정기관의 조직과 정원에 관한 통칙 제 4 조(직제 등)** ① 행정기관의 조직과 정원을 규정하는 대통령령은 특별한 사유가 없는 한 「정부조직법」(이하 "법"이라 한다) 제 2 조 제 2 항의 규정에 의한 중앙행정기관 단위로 정하고, 그 명칭을 "○○직제"로 한다.

(2) 전통적 견해 비판 전통적 견해는 이러한 규범(법률의 위임을 받아 행정권이 정립하는 규범이지만, 국민을 구속하는 것이 아닌 규범)에 대하여 언급하는 바가 없다. 이것은 전통적 견해에 논리체계상 문제가 있음을 의미한다. 그러나 저자는 이러한 규범도 법규명령으로 본다. 말하자면 무릇 법령의 위임을 받아 행정권이 정립하는 규범을 모두 법규명령으로 본다. 또한 저자는 법규명령은 일반적으로 국민을 구속하는 힘을 갖지만, 직제와 같이 국민을 구속하지 아니하는 법규명령도 있다고 새긴다.

Ⅱ. 법규명령의 헌법적 근거

1. 입법기관

삼권분립국가에서 입법은 국민의 대표기관인 국회가 하여야 한다. 권력분립의 원칙에 입각한 우리의 헌법도 제40조에서 "입법권은 국회에 속한다"고 규정함으로써 국회가 입법기관임을 명시하고 있다.

2. 근거조문

국회가 법률로 국가공동체의 모든 사항을 정한다는 것이 바람직한 것만은 아니다. 경우에 따라 국회는 원칙만을 정하고 행정전문가로 하여금 구체적인 사항을 정하도록 하는 것이 효과적일 수도 있다. 이러한 필요성에 의해 규정된 것이 헌법 제75조와 헌법 제95조이다. 요컨대 헌법 제75조와 제95조가 법규명령의 헌법적 근거조항이 된다(헌재 2019. 8. 29, 2018헌바4).

▪ 헌법 第75조 대통령은 법률에서 구체적으로 범위를 정하여 위임받은 사항과 법률을 집행하기 위하여 필요한 사항에 관하여 대통령령을 발할 수 있다.
第95조 국무총리 또는 행정각부의 장은 소관사무에 관하여 법률이나 대통령령의 위임 또는 직권으로 총리령 또는 부령을 발할 수 있다.

Ⅲ. 법규명령의 성질

1. 외부적 구속효

법규명령은 국민과 모든 국가기관이 준수하여야 하는 법이다. 말하자면 국민과 모든 국가기관을 구속한다는 의미에서 법규성을 갖는다. 따라서 법규명령에 반하는 행위는 위법한 것이 된다. 예컨대 경찰서장이 도로교통법 시행령에 위반되는 처분을 한 경우, 그러한 처분으로 권리(법률상 이익)가 침해된 사인은 경찰서장의 처분이 위법함을 이유로 그러한 처분의 취소를 구하는 소송의 제기를 통해 침해된 권리를 구제받을 수 있다.

2. 내부적 구속효

규정내용의 성질상 법규명령이 다만 행정내부적으로만 구속력을 가지는 경우에는 국민과의 관계에서 위법의 문제가 제기되지 아니할 수 있다. 앞에서 본 바와 같이, 행정안전부장관이 지방재정에 관한 처분을 하면서 지방재정세제국장의 보조를 받지 아니하고, 지방행정국장의 보조를 받았다면, 행정안전부장관의 처분은 행정안전부와 그 소속기관 직제에 어긋나지만, 위법하다고 보지는 아니한다.

Ⅳ. 법규명령의 종류

1. 효력의 위상

법적 효력의 위상을 기준으로 본다면, 법규명령은 비상명령 · 법률대위명령 · 법률종속명령으로 구분된다. 비상명령은 헌법을 정지시킬 수 있는 효력(헌법적 효력)을 갖는 법규명령을 말한다. 현재 우리나라에서는 이러한 비상명령을 찾아볼 수 없다. 유신시대의 헌법에는 있었다. 법률대위명령은 법률을 개정할 수 있는 효력, 즉 법률과 동등한 효력(법률적 효력)을 갖는 법규명령을 말한다. 헌법 제76조 제 1 항이 규정하는 긴급재정경제명령과 헌법 제76조 제 2 항이 규정하는 긴급명령이 법률대위명령에 해당한다. 법률종속명령(法律從屬命令)이란 법률보다 아래에 놓이는 효력을 갖는 법규명령을 말한다. 헌법 제75조의 대통령령과 헌법 제95조의 총리령과 부령이 이에 속한다. 일반적으로 법규명령이라 함은 법률종속명령을 말한다.

▪ **헌법 제76조** ① 대통령은 내우·외환·천재·지변 또는 중대한 재정·경제상의 위기에 있어서 국가의 안전보장 또는 공공의 안녕질서를 유지하기 위하여 긴급한 조치가 필요하고 국회의 집회를 기다릴 여유가 없을 때에 한하여 최소한으로 필요한 재정·경제상의 처분을 하거나 이에 관하여 법률의 효력을 가지는 명령을 발할 수 있다.
② 대통령은 국가의 안위에 관계되는 중대한 교전상태에 있어서 국가를 보위하기 위하여 긴급한 조치가 필요하고 국회의 집회가 불가능한 때에 한하여 법률의 효력을 가지는 명령을 발할 수 있다.

2. 제정권자

제정권자를 기준으로 본다면, 대통령이 제정하는 대통령령, 국무총리가 제정하는 총리령, 행정각부의 장관이 제정하는 부령이 있다. 대통령령 · 총리령 · 부령일지라도 법령에 근거 없이 제정되었다면, 그것은 법규명령이 아니고 행정규칙일 뿐이다. 한편, 법규명령에 준하는 것으로 국회규칙 · 법원규칙 · 헌법재판소규칙 · 중앙선거관리위원회규칙을 볼 수 있다.

3. 개별적 위임 여부

개별적 위임 여부(수권 여부)를 기준으로 본다면, 상위법령의 개별적인 위임을 받아 제정하는 위임명령과 법령을 집행하기 위하여 개별적인 위임이 없이도 헌법 제95조와 제75조를 근거로 제정되는 집행명령이 있다.

Ⅴ. 법규명령의 근거와 한계

1. 위임명령의 근거와 한계

(1) 근 거 위임명령은 헌법 제75조와 헌법 제95조에 따라서 법률이나 상위명령에서 '구체적으로 범위를 정하여' 위임하는 경우에만 가능하다. ① 포괄적 위임은 금지된다. ② 국적취득의 요건 등 헌법에서 국회가 정하여야 한다고 규정하고 있는 사항(국회전속적 입법사항)은 국회가 정하여야 하며, 위임할 수 없다. 물론 일정한 범위 안에서 구체적으로 범위를 정하면 위임이 가능하다. ③ 위임된 입법권을 전부 재위임하는 것은 허용되지 아니한다. 다만, 위임받은 사항 중 일반적인 사항을 규정하고, 세부적인 사항의 보충을 재위임하는 것은 가능하다. ④ 죄형법정주의원칙에 비추어 벌칙의 위임은 할 수 없다고 보아야 한다. 다만, 법률에서 구성요건의 구체적인 기준을 설정하고 그 범위 안에서, 형의 최고한도를 정하고 그 범위 안에서 각각 세부적인 사항을 정하도록 하는 것은 가능하다.

▪ **헌법 제75조** 대통령은 법률에서 구체적으로 범위를 정하여 위임받은 사항과 법률을 집행하기 위하여 필요한 사항에 관하여 대통령령을 발할 수 있다.
제95조 국무총리 또는 행정각부의 장은 소관사무에 관하여 법률이나 대통령령의 위임 또는 직권으로 총리령 또는 부령을 발할 수 있다.

▌헌재 2022. 9. 29, 2018헌바356(헌법은 제12조 제1항 후문과 제13조 제1항 전단에서 죄형법정주의원칙을 천명하고 있는데, 현대국가의 사회적 기능 증대와 사회현상의 복잡화에 비추어 볼 때 형벌법규를 모두 입법부에서 제정한 법률만으로 정할 수는 없으므로 이를 행정부에 위임하는 것도 허용된다).

(2) 한 계 위임명령은 수권(위임)의 범위 내에서 제정되어야 한다(대판 2014. 8. 20, 2012두19526). 만약 (가칭) 귀화국민기초생활보장법 제X조가 "50세 이상의 귀화국민 중에서 대통령령으로 정하는 자에게 생활비를 지원한다"고 규정하였음에도 불구하고, (가칭) 귀화국민기초생활보장법 시행령 제Y조가 "52세 이상의 무주택자인 귀화국민에게 생활비를 지원한다"고 규정하면, 이것은 (가칭) 귀화국민기초생활보장법 제X조를 위반한 것이 된다. 왜냐하면 (가칭) 귀화국민기초생활보장법 제X조는 (가칭) 귀화국민기초생활보장법 시행령에서 50세인 귀화국민 또는 그 이상 연령의 귀화국민을 대상으로 생활비 지원대상자를 규정하라고 하였지, 52세인 귀화국민 또는 그 이상 연령의 귀화국민을 대상으로 생활비 지원대상자를 규정하라고 한 것은 아니므로, (가칭) 귀화국민기초생활보장법 시행령 제Y조는 (가칭) 귀화국민기초생활보장법의 위임의 범위를 벗어난 것이 되기 때문이다.

▌헌재 2023. 7. 20, 2017헌마1376(하위법령에 규정된 내용이 법률상 근거가 있는지 여부를 판단함에 있어서는, 당해 특정 법령조항 하나만 가지고 판단할 것이 아니라 관련 법령조항 전체를 유기적 · 체계적으로 고려하여 종합적으로 판단하여야 한다. 수권법령조항 자체가 위임하는 사항과 그 범위를 명확히 규정하고 있지 않다고 하더라도 관련 법규의 전반적 체계와 관련 규정에 비추어 위임받은 내용과 범위의 한계를 객관적으로 확인할 수 있다면 그 범위 안에서 규정된 하위법령 조항은 위임입법의 한계를 벗어난 것이 아니다).

2. 집행명령의 근거와 한계

(1) 근거와 한계 집행명령은 법률이나 상위명령이 명시적이고도 개별적인 수권(위임)을 하지 아니하여도 직권으로 발령된다. 집행명령은 헌법 제75조와 제95조에 근거하여 개별적인 법령의 매개 없이도 바로 발령될 수 있다. 위임명령의 직접적인 법적 근거는 개별 법령이지만, 집행명령의 직접적인 법적 근거는 바로 헌법 제75조와 헌법 제95조이다. 집행명령은 집행에 필요한 세칙을 정하는 범위 내에서만 가능하고, 새로운 권리나 의무를 규정할 수는 없다.

(2) 집행명령의 예 도로교통법 제11조 제 2 항은 "앞을 보지 못하는 사람(이에 준하는 사람을 포함한다)의 보호자는 그 사람이 도로를 보행할 때에는 흰색지팡이를 갖고 다니도록 하거나 앞을 보지 못하는 사람에게 길을 안내하는 개로서 행정안전부령으로 정하는 개(이하 "장애인보조견"이라 한다)를 동반하도록 하는 등 필요한 조치를 하여야 한다"고 규정하고 있고, 도로교통법 시행령 제 8 조는 "도로교통법 제11조 제 2 항에 따른 앞을 보지 못하는 사람에 준하는 사람은 다음 각 호(1. 듣지 못하는 사람, 2. 신체의 평형기능에 장애가 있는 사람, 3. 의족 등을 사용하지 아니하고는 보행을 할 수 없는 사람)의 어느 하나에 해당하는 사람을 말한다"고 규정하고 있다.

도로교통법 시행령 제 8 조는 도로교통법 제11조 제 2 항에서 규정하지 아니한 새로운 권리나 의무를 규정한 것은 아니다. 도로교통법 시행령 제 8 조는 도로교통법 제11조 제 2 항을 집행하기 위하여 그 의미를 보다 분명히 한 집행명령이다.

Ⅵ. 법규명령의 적법요건

1. 요건 개관

법규명령이 적법하기 위해서는 다음의 여러 요건을 구비하여야 한다. ① 법규명령은 정당한 권한을 가진 기관이 제정하여야 한다. 대통령령은 대통령이, 총리령은 국무총리가, 부령은 장관이 제정하여야 한다. 국무총리가 대통령령을, 장관이 총리령을, 차관이 부령을 제정할 수는 없다. ② 법규명령은 제정권자의 권한의 범위 내의 사항에 관해 규정하여야 한다. ③ 법규명령은 행정절차법이 규정하는 입법예고절차 등 법령이 정한 절차를 거쳐야 한다. ④ 법규명령은 문서로 제정하되, 제 1 조, 제 2 조 등 법조문 형식에 의하여야 한다. ⑤ 법규명령은 법령 등 공포에 관한 법률이 정하는 바에 따라 공포하여야 한다.

2. 법률보충규칙

행정규제기본법 제 4 조 제 2 항에 따른 법률보충규칙의 경우는 일반적인 법규명령과는 사정이 다르다. 법률보충규칙의 적법요건은 행정 효율과 협업 촉진에 관한 규정이 정하는 바에 의한다. 그러나 이러한 법률보충규칙이 법규성을 갖는다는 점에 비추어 법률보충규칙의 공포는 일정한 범위 내에서 법령 등 공포에 관한 법률을 준용하는 것이 필요할 것이다.

Ⅶ. 법규명령의 하자

1. 의 의

법규명령의 적법요건에 미비가 있으면, 하자있는 것이 되어 위법한 것이 된다. 예컨대 도로교통법 제17조(자동차등의 속도) 제 1 항은 "자동차등(개인형 이동장치는 제외한다. 이하 이 조에서 같다)과 노면전차의 도로 통행 속도는 행정안전부령으로 정한다"고 규정하고 있음에도 불구하고, 자동차등이 도로를 통행하는 경우의 속도를 법무부령으로 규정한다면, 그러한 법무부령은 하자있는 것으로서 위법한 부령이 된다.

2. 효 과

위법한 법규명령은 무효가 된다. 왜냐하면 법률에서 특별히 규정하는 바가 없음에도 불구하고 위법한 국가작용에 적법한 행위의 경우와 같은 효력을 인정할 수는 없기 때문이다. 위법한 법규명령의 취소라는 것은 없다. 하자 있는 행정행위는 무효 외에 취소할 수 있는 경우도 있다는 점에서 법규명령의 하자의 효과는 하자 있는 행정행위의 효과와 다르다. 자동차등이 도로를 통행하는 경우의 속도를 법무부령으로 규정한다면, 그러한 법무부령은 무효가 된다.

3. 하자있는 법규명령에 따른 행정행위

하자있는 법규명령에 따른 행정행위는 당연히 하자있는 것이 된다. 하자있는 법규명령에 따른 행정행위는 내용상 중대한 하자를 갖는다. 따라서 근거된 법규명령의 하자가 외관상 명백하다면, 그러한 행정행위는 무효가 되고, 외관상 명백하지 않다면 취소할 수 있는 행위가 된다.

[예] 도로교통법 제17조(자동차등의 속도) 제 1 항에 위반하여 자동차등이 도로를 통행하는 경우의 속도를 법무부령으로 규정하면서 4차선도로에서 최고속도로 60Km를 규정하였고, 甲이 4차선 도로를 80Km로 운전하다가 적발되어 관할 경찰서장으로부터 운전면허정지처분을 받았다고 하자. 자동차등이 도로를 통행하는 경우의 속도를 행정안전부령이 아니라 법무부령으로 규정한 것은 내용상 위법하므로 그 법무부령은 무효이고, 무효인 법무부령에 근거한 관할경찰서장의 운전면허정지처분은 하자가 중대하다고 하겠고, 또한 자동차등이 도로를 통행하는 경우의 속도를 행정안전부령이 아니라 법무부령으로 규정한 하자는 외관상으로도 명백하므로, 무효인 법무부령에 근거한 관할경찰서장의 운전면허정지처분은 하자가 명백하다고 하겠다. 따라서 관할경찰서장의 운전면허정지처분은 하자가 중대하고 명백하므로, 관할경찰서장의 운전면허정지처분은 무효이다.

Ⅷ. 법규명령의 소멸

① 법규명령은 폐지의 의사표시로 소멸한다. A법률 시행령 폐지령을 제정하면, A법률 시행령은 폐지된다. ② 법규명령은 일정사실의 발생으로 소멸되기도 하는데, 이를 실효라고 한다. 실효사유로는 기존의 법규명령의 내용과 반대되는 사항을 규정하는 상위 또는 동위의 법령의 제정, 법정부관의 성취(예: '2020년 12월 31일까지 시행한다'는 법규명령은 2020년 12월 31일이 경과함으로써 소멸한다), 근거법령의 소멸(예: A법률이 폐지되면, A법률에 근거한 A법률 시행령은 폐지된다)을 볼 수 있다.

Ⅸ. 법규명령의 통제

1. 의 의

법규명령의 통제란 법규명령이 적법하고 타당한 것이 되도록 하기 위한 일체의 작용을 말한다. 법규명령의 통제에는 ① 자기통제로서 행정권 스스로에 의한 통제와 ② 타자통제로서 국회에 의한 통제, 법원에 의한 통제, 헌법재판소에 의한 통제 그리고 국민에 의한 통제를 볼 수 있다.

2. 행정내부적 통제

행정권 스스로에 의한 통제방식으로는 ① 절차상 통제, ② 감독권에 의한 통제, ③ 공무원·행정기관의 법령심사, ④ 행정심판이 있다. ① 절차상 통제로는 행정절차법상 입법예고제, 대통령령의 국무회의 심의, 대통령령과 부령에 대한 법제처의 심사절차를 볼 수 있다. ② 감독권에 의한 통제로는 대통령이나 국무총리가 장관에게 부령의 제정이나 개정을 명하는 경우를 볼 수 있다. ③ 법규명령이 명백히 위법하다면, 공무원이나 행정기관은 법규명령의 적용을 거부할 수 있다. 즉, 이러한 범위 안에서 공무원이나 행정기관은 법령심사권을 갖는다. ④ 행정심판을 통한 통제도 감독권에 의한 통제의 하나로 볼 수 있다. 행정심판법 제59조는 중앙행정심판위원회에 법령 등의 개선에 관한 강력한 통제권을 부여하고 있다.

▪ **행정심판법 제59조(불합리한 법령 등의 개선)** ① 중앙행정심판위원회는 심판청구를 심리·재결할 때에 처분 또는 부작위의 근거가 되는 명령 등(대통령령·총리령·부령·훈령·예규·고시·조례·규칙 등을 말한다. 이하 같다)이 법령에 근거가 없거나 상위 법령에 위배되거나 국민에게 과도한 부담을 주는 등 크게 불합리하면 관계 행정기관에 그 명령 등의 개정·폐지 등 적절한 시정조치를 요청할 수 있다. 이 경우 중앙행정심판위원회는 시정조치를 요청한 사실을 법제처장에게 통보하여야 한다.
② 제 1 항에 따른 요청을 받은 관계 행정기관은 정당한 사유가 없으면 이에 따라야 한다.

3. 행정외부적 통제

(1) 국회에 의한 통제 국회에 의한 통제에는 ① 간접적 통제와 ② 직접적 통제가 있다. ① 간접적 통제에는 현행법제상 부령의 제정권자인 국무총리나 장관에 대한 해임건의 제도, 국정감사와 국정조사제도 등을 볼 수 있다. 한편, ② 직접적 통제로는 ⓐ 법규명령의 효력발생을 위해 국회의 동의를 요하게 하는 동의권유보, ⓑ 이미 효력을 발생하고 있는 법규명령의 효력을 유지하기 위하여 국회의 동의를 얻어야 하는 적극적 결의, ⓒ 이미 효력이 발생된 법규명령의 효력을 소멸시키는 국회의 의사결정방식인 소극적 결의, ⓓ 법규명령을 국회에 제출하게 하는 제출절차 등이 있으나, 현행법상으로는 법률대위명령인 긴급재정·경제명령(헌법 제76조 제 1 항)이나 긴급명령(헌법 제76조 제 2 항)에는 적극적 결의인 승인제도가 도입되어 있고, 법률종속명령인 대통령령·총리령·부령 등의 경우에는 제출절차가 도입되어 있다(국회법 제98조의2).

▪ **헌법 제76조** ① 대통령은 내우·외환·천재·지변 또는 중대한 재정·경제상의 위기에 있어서 국가의 안전보장 또는 공공의 안녕질서를 유지하기 위하여 긴급한 조치가 필요하고 국회의 집회를 기다릴 여유가 없을 때에 한하여 최소한으로 필요한 재정·경제상의 처분을 하거나 이에 관하여 법률의 효력을 가지는 명령을 발할 수 있다.
② 대통령은 국가의 안위에 관계되는 중대한 교전상태에 있어서 국가를 보위하기 위하여 긴급한 조치가 필요하고 국회의 집회가 불가능한 때에 한하여 법률의 효력을 가지는 명령을 발할 수 있다.

③ 대통령은 제 1 항과 제 2 항의 처분 또는 명령을 한 때에는 지체없이 국회에 보고하여 그 승인을 얻어야 한다.
④ 제 3 항의 승인을 얻지 못한 때에는 그 처분 또는 명령은 그때부터 효력을 상실한다. 이 경우 그 명령에 의하여 개정 또는 폐지되었던 법률은 그 명령이 승인을 얻지 못한 때부터 당연히 효력을 회복한다.

국회법 제98조의2(대통령령 등의 제출 등) ① 중앙행정기관의 장은 법률에서 위임한 사항이나 법률을 집행하기 위하여 필요한 사항을 규정한 대통령령·총리령·부령·훈령·예규·고시 등이 제정·개정 또는 폐지되었을 때에는 10일 이내에 이를 국회 소관 상임위원회에 제출하여야 한다. 다만, 대통령령의 경우에는 입법예고를 할 때(입법예고를 생략하는 경우에는 법제처장에게 심사를 요청할 때를 말한다)에도 그 입법예고안을 10일 이내에 제출하여야 한다.

(2) 법원에 의한 통제 법원에 의한 통제는 재판을 통한 통제를 말한다. 법원에 의한 통제방식에는 추상적 규범통제와 구체적 규범통제가 있다.

㈎ 추상적 규범통제의 의의 예컨대 건축법 제X조가 위임한 사항을 건축법 시행령 제Y조가 규정하였는데, 건축법 시행령 제Y조가 위법하다고 하자. 여기서 법규명령인 건축법 시행령 제Y조의 무효확인을 구하는 소송이 추상적 규범통제에 해당한다.

㈏ 구체적 규범통제의 의의 예컨대 서대문구청장이 건축법 시행령 제Y조를 근거로 하여 甲이 신청한 건축허가를 거부하였다고 하자. 이러한 경우, 甲이 건축법 시행령 제Y조의 위법을 이유로 건축허가거부처분의 취소를 구하는 소송이 구체적 규범통제에 해당한다.

㈐ 양자의 차이 추상적 규범통제는 법규명령 등 규범 그 자체를 소송의 대상으로 하는 데(청구취지의 예: '건축법 시행령 제Y조가 무효임을 확인한다'라는 판결을 구함) 반하여 구체적 규범통제란 개별 처분을 소송의 대상으로 하되(청구취지의 예: '건축허가 거부처분을 취소한다'라는 판결을 구함), 법규명령 등 규범의 위법 여부를 위법의 사유로 하는 점에서 양자가 다르다. 구체적 규범통제는 처분을 다투면서 간접적으로 규범의 위법을 다투는 형식이다.

㈑ 헌법상 인정되는 규범통제방식 지배적 견해와 판례는 헌법 제107조 제 2 항이 구체적 규범통제를 규정하는 것으로 새긴다. 따라서 지배적 견해와 판례에 의하면, 현행법상 법규명령에 대한 재판은 구체적 규범통제만 인정되고 추상적 규범통제는 인정되지 아니한다.

헌법 제107조 ② 명령·규칙 또는 처분이 헌법이나 법률에 위반되는 여부가 재판의 전제가 된 경우에는 대법원은 이를 최종적으로 심사할 권한을 가진다.

■ 참고 ■

법규명령 중 내용이 처분인 경우를 처분적 법령이라 부른다. 처분적 법령은 처분과 동일한 효력을 가진다.

▌대판 1996. 9. 20, 95누8003((경기 가평군 가평읍 상색국민학교 두밀분교를 폐지하는 내용의 조례의 무효확인을 구한 사건에서) 조례가 집행행위의 개입 없이도 그 자체로서 직접 국민의 구체적인 권리의무나 법적 이익에 영향을 미치는 등의 법률상 효과를 발생하는 경우 그 조례는 항고소송의 대상이 되는 행정처분에 해당한다)(**두밀분교 폐지조례 사건**).

(3) 헌법재판소에 의한 통제 헌법재판소에 의한 통제는 재판을 통한 통제를 말한다. 그런데 헌법 제107조 제 2 항의 규정상으로는 대법원이 명령·규칙 또는 처분의 심사기관인 것으로 보이는바, 헌법재판소도 명령·규칙을 심사할 수 있는가의 문제가 발생한다. ① 헌법재판소는 법무사법시행규칙에 대한 헌법소원의 결정례(헌재 1990. 10. 15, 89헌마178)에서 대법원규칙인 구 법무사법시행규칙 제 3 조 제 1 항이 헌법상의 평등권과 국민의 직업선택의 자유를 침해하는 위헌·무효의 규정이라고 결정함으로써 법규명령에 대하여 심사를 하였다. ② 대법원은 이러한 헌법재판소의 결정에 대하여 헌법 제107조 제 2 항이 명시적으로 명령·규칙에 대한 최종적인 심사권을 대법원에 부여하고 있다는 점과 법원과 헌법재판소 사이의 관할에 혼란을 가져온다는 점 등을 논거로 부정적인 입장을 표명한 바 있었다. 한편, ③ 다수의 학자들은 헌법재판소의 입장을 지지하였다(헌법소원에 관해서는 이 책 451쪽을 보라).

(4) 국민에 의한 통제 국민에 의한 통제는 여론·자문·청원·압력단체의 활동 등을 통해 이루어질 수 있다. 그러나 이러한 통제는 그 효과가 간접적이라는 점에 한계를 갖는다. 그럼에도 국민주권 내지 주민참정이라는 원리에 입각하여 국민(주민)에 의한 통제방식은 강조되고 존중되어야 한다. 사회의 통합은 행정의 영역에서도 중요한 요청임을 상기할 필요가 있다.

제 2 항 행정규칙

Ⅰ. 행정규칙의 의의

1. 행정규칙의 개념

행정규칙이란 행정조직내부(특별한 공법상의 법률관계내부 포함)에서 그 조직과 활동을 규율하는 일반추상적인 명령으로서 법규(국민을 구속한다는 의미)의 성질을 갖지 않는 행정입법을 말한다. 행정규칙은 일반추상적인 명령인 점에서 법규명령과 같으나, 일반적으로 국민을 구속하는 성질을 갖지 아니하는 점에서 법규명령과 다르다. 행정규칙은 행정명령이라고도 한다.

2. 행정규칙의 예

(1) 근무에 관한 행정규칙의 예 예컨대, 서대문구청장이 여름철에 직권으로 부서별로 소속 공무원들에게 홍수에 취약한 구역을 정하여 출근할 때마다 둘러볼 것을 명하는 지침을 발령하였다면, 공무원들은 서대문구청장의 지침을 따라야 한다. 국민이 따라야 하는 것은 아니다.

(2) 법령집행에 관한 행정규칙의 예 예컨대, 법무부장관이 출입국관리법 제 4 조 제 2 항의 집행을 위해 직권으로 "범죄 수사를 위하여 출국이 적당하지 아니하다고 인정되는 사람"에 관한 기준 등을 일반적으로 정하면, 출입국관리사무를 행하는 행정기관은 그 기준을 따라야 한다. 국민이 따라야 하는 것은 아니다.

■ 출입국관리법 제 4 조(출국의 금지) ② 법무부장관은 범죄 수사를 위하여 출국이 적당하지 아니하다고 인정되는 사람에 대하여는 1개월 이내의 기간을 정하여 출국을 금지할 수 있다. 다만, ….

Ⅱ. 행정규칙의 헌법적 근거

1. 권력분립

권력분립국가에서 입법은 국민의 대표기관인 국회가 한다. 권력분립의 원칙에 입각한 우리의 헌법도 제40조에서 "입법권은 국회에 속한다"고 규정함으로써 국회가 입법기관임을 명시하고 있다. 그러나 '국회가 입법기관이라는 것'이 '국회가 국가의 모든 사항에 관하여 법률로 정하여야 한다'는 것은 아니다. 말하자면 헌법이나 법률에서 법률로 정하라고 규정하는 사항이나 국가공동체의 중요한 사항은 반드시 국회가 법률로 정하여야 한다. 그러나 그 밖의 사항에 관해서도 반드시 국회가 법률로 정하여야 하는 것은 아니다.

2. 행정권의 고유권능

삼권분립은 입법권과 행정권, 그리고 사법권이 동등한 권력임을 전제로 한다. 국회가 입법권을 갖는다고 하여 행정권의 독자성을 부인할 수 있는 정도에 이르는 사항까지 법률로 정한다면, 그것은 오히려 권력분립의 원칙에 어긋나는 것이 된다. 따라서 행정권도 입법권이 정한 입법을 집행함에 있어서 입법권자의 의사에 반하지 아니하는 범위 안에서 제한적이지만 독자적으로 입법을 할 수 있는 권한을 갖는다고 보아야 한다. 말하자면 행정권도 권력분립의 원칙과 법률유보의 원칙 등 헌법상 기본원칙에 위반되지 아니하는 범위 안에서 독자적으로 입법을 할 수 있는 권한을 갖는다. 행정권의 이러한 권한은 행정권에 내재하는 고유한 권능에 속한다. 행정권에 내재하는 고유한 권능에 근거하여 행정권이 정립하는 입법이 바로 행정규칙이다.

Ⅲ. 행정규칙의 성질

1. 내 부 법

행정규칙은 행정기관이 준수하여야 하는 법이다. 행정기관을 구속한다는 의미에서 법규성을 갖는다. 행정규칙은 행정조직 내부에서만 법적 구속력을 갖는다고 하여 내부법이라고 부른다. 공무원이 행정규칙을 위반하면, 법령을 위반한 것이 된다.

▮ 대판 2020. 5. 28, 2017두66541(행정기관이 소속 공무원이나 하급행정기관에 대하여 세부적인 업무처리절차나 법령의 해석 · 적용 기준을 정해 주는 '행정규칙'은 상위법령의 구체적 위임이 있지 않는 한 그 조직 내부에서만 효력을 가질 뿐 대외적으로 국민이나 법원을 구속하는 효력이 없다).

2. 외 부 법

행정규칙은 국민을 구속하는 법은 아니다. '국민을 구속한다'는 것은 국민이 따라야 한다는 것을 의미하고, 또한 행정기관이 위반하면 국민이 그 위반을 다툴 수 있다는 것을 의미한다. 국민을 구속하는 법을 외부법이라 부르는데, 행정규칙은 국민을 구속하는 법이 아니기 때문에 외부법이 아니다(대판 2019. 7. 11, 2017두38874).

▮ 대판 2020. 5. 28, 2017다211559(공무원의 조치가 행정규칙을 위반하였다고 해서 그러한 사정만으로 곧바로 위법하게 되는 것은 아니고, 공무원의 조치가 행정규칙을 따른 것이라고 해서 적법성이 보장되는 것도 아니다. 공무원의 조치가 적법한지는 행정규칙에 적합한지 여부가 아니라 상위법령의 규정과 입법 목적 등에 적합한지 여부에 따라 판단해야 한다).

Ⅳ. 행정규칙의 종류

1. 내용에 따른 종류

(1) 조직규칙 조직규칙은 행정청 내부의 조직 · 질서 · 권한 · 절차를 규율하는 규칙을 말하고, 근무규칙이란 하급기관이나 기관구성자인 공무원의 근무에 관한 규칙을 말한다.

(2) 법률해석규칙 법률해석규칙이란 법률의 통일적 · 단일적인 적용을 위한 법규범의 해석과 적용에 관한 규칙을 말하며, 규범해석규칙 또는 해석준칙이라고도 한다.

(3) 재량지도규칙 재량지도규칙이란 통일적이고도 동등한 재량행사를 확보하기 위해 어떠한 방식으로 재량을 행사할 것인가에 관한 규칙을 말하며, 재량준칙이라고도 한다.

(4) 법률보충규칙 법률보충규칙이란 법률의 내용이 일반적이어서 보충 내지 구체화의 과정이 필요하기 때문에 이를 보충하거나 구체화하는 고시 · 훈령(행정규칙)을 말한다.

2. 형식에 따른 종류

(1) 고시형식의 행정규칙 고시란 행정기관이 법령이 정하는 바에 따라 일정한 사항을 불특정다수의 일반인에게 알리는 행위(형식)를 말한다.

■ 참고 ■

실정법상 고시는 ① 행정입법의 의미, ② 행정행위의 의미(예: 도로법 제25조의 도로구역 결정의 고시), ③ 행정행위 적법요건의 의미(예: 공익사업을 위한 토지 등의 취득 및 보상에 관한 법률 제22조의 사업인정의 고시), ④ 사실행위의 의미(예: 국적법 제17조의 귀화의 고시)로 사용되기도 한다. ①의 경우는 ⓐ 법규명령(행정규칙형식의 법규명령)으로서의 고시와 ⓑ 행정규칙(전형적인 행정규칙)으로서의 고시가 있다. 고시형식의 행정규칙은 ⓑ를 말한다.

(2) 훈령형식의 행정규칙 훈령은 다시 협의의 훈령 · 지시 · 예규 · 일일명령으로 세분된다. 훈령이란 상급기관이 하급기관에 대하여 장기간에 걸쳐 그 권한의 행사를 일반적으로 지시하기 위하여 발하는 명령(예: 외교부장관이 재외공관장에게 '재외 공관장은 A국이 주최하는 일체의 모임에 참석하지 말라'는 명령)을 말하고, 지시란 상급기관이 직권 또는 하급기관의 문의에 의하여 하급기관에 개별적 · 구체적으로 발하는 명령(예: A국주재 대사가 외교부장관에 보낸 질의에 대한 답변으로서 장관이 대사에게 보낸 '재외 공관장은 A국이 주최하는 X모임에 참석하지 말라'는 명령)을 말하고, 예규란 행정사무의 통일을 기하기 위하여 반복적 행정사무의 처리기준을 제시하는 법규문서 외의 문서를 말하고, 일일명령이란 당직 · 출장 · 시간외근무 · 휴가 등 일일업무에 관한 명령을 말한다. 그러나 그 내용이 일반추상적인 규율이 아닌 것은 행정규칙이 아니다.

■ 참고 ■

훈령 · 지시 · 예규 · 일일명령의 개념은 과거의 「사무관리규정 시행규칙」에 따른 것이다. 「사무관리규정 시행규칙」에 상응하는 현행 「행정 효율과 협업 촉진에 관한 규정 시행규칙」에서는 이러한 용어의 의미를 정리하고 있지 않다. 현행 규정의 이러한 태도는, 법률 등에서 사용되는 용어에 대한 정의규정을 시행령이나 시행규칙에서 두는 것은 규범체계에 적합하지 않다고 보았기 때문일 것이다.

V. 행정규칙의 근거와 한계

1. 근 거

헌법상 행정규칙의 발령을 위한 권능은 집행권에 내재하는 것이고, 행정규칙은 국민의 법적 지위에 직접 침익적으로 작용하는 것이 아니고, 하급기관의 권한행사를 지휘하는 것이므로 상급기관이 갖는 포괄적인 감독권에 근거하여 발할 수 있다. 따라서 행정규칙의 발령에는 개별적인 근거법은 필요로 하지 아니하고, 일반적인 조직규범으로 족하다(통설). 예컨대 국방부장관은 정부조직법 제33조를 근거로 병무행정사무와 관련하여 병무청장에 대하여 행정규칙을 발할 수 있다.

▪ **정부조직법 제33조(국방부)** ① 국방부장관은 국방에 관련된 군정 및 군령과 그 밖에 군사에 관한 사무를 관장한다.
③ 징집·소집 그 밖에 병무행정에 관한 사무를 관장하기 위하여 국방부장관 소속으로 병무청을 둔다.

2. 한 계

행정규칙은 법률이나 상위의 행정규칙에 반할 수 없고, 비례원칙 등 행정기본법상 행정의 법원칙에 반할 수 없다. 행정규칙은 목적상 필요한 범위 내에서만 가능하다. 행정규칙으로 국민의 권리를 제한하거나 의무를 부과할 수는 없다. 저자는 행정규칙으로 국민에게 이익을 부여할 수는 있다고 본다.

Ⅵ. 행정규칙의 적법요건

행정규칙이 적법하기 위해서는 다음의 여러 요건을 구비하여야 한다. ① 권한 있는 기관이 제정하여야 한다. ② 행정규칙의 내용은 법규나 상위규칙에 반하지 않아야 하고, 실현가능해야 하고 명확하여야 한다. ③ 행정규칙에 관해 소정의 절차와 형식이 있으면, 그것을 갖추어야 한다. ④ 개별법령상의 수권(위임)이 있어야 하는 것은 아니다. ⑤ 행정규칙은 적당한 방법으로 통보되고 도달하면 효력을 갖는다. 반드시 국민에게 공포되어야만 하는 것은 아니다.

Ⅶ. 행정규칙의 하자

1. 의 의

적법요건을 완전히 갖춘 행정규칙은 적법한 행위로서 효력을 발생하게 된다. 그러나 행정규칙의 적법요건에 미비가 있으면, 하자 있는 것이 되어 위법한 행정규칙이 된다. 하자 있는 행정규칙은 효력을 발생하지 못한다. 하자 있는 행정행위는 무효 또는 취소의 대상이 되지만, 하자 있는 행정규칙의 경우에는 효력을 발생하지 못하므로 취소 대상이 될 여지가 없고 무효만 있다(대판 2019. 10. 31, 2013두20011).

[예] 법무부장관이 서대문구청 소속 공무원에게 여름철에 홍수에 취약한 지역을 순시하도록 하는 지침을 발령하였다고 한다면, 그러한 지침(근무규칙)은 권한 없는 기관이 제정한 것이어서 무효이고, 따라서 서대문구청 소속 공무원은 법무부장관의 지침(근무규칙)을 따를 필요가 없다.

2. 하자 있는 행정규칙에 따른 행정행위

하자 있는 행정규칙에 따른 행정행위가 당연히 하자가 있다고 말하기 어렵다. 하자 있는 행정규칙에 따른 행정행위가 하자가 있는지의 여부는 그 행정행위와 관련된 법률과 법규명령에 위반되는가의 여부에 따라 판단하여야 한다.

> **[예]** 만약 서대문구청장이 식품위생법시행규칙 제89조를 무시하고 1회 위반에 영업정지 3월, 2회 위반에 영업정지 6월, 3회 위반에 영업허가 취소라는 서대문구 자체의 기준을 마련하고, 이에 따라 2회 위반자 甲에게 영업정지 6월을 부과하였다고 하자. 서대문구청장이 마련한 처분기준은 식품위생법 제75조 제 4 항에 따른 식품위생법 시행규칙 제89조 별표에 위반한 것이 된다. 그렇다고 '甲에게 한 영업정지 6월이 식품위생법 시행규칙 제89조 별표를 위반하였으므로 위법하다'라고 말하기 어렵다. 왜냐하면 판례는 식품위생법 시행규칙 제89조 별표의 처분기준을 행정규칙으로 보기 때문이다. 이 때문에 甲에게 한 영업정지 6월의 위법 여부는 관련조문인 식품위생법 제75조 제 1 항과 비례원칙이나 평등원칙(행정의 자기구속의 원칙) 등 행정기본법상 행정의 법원칙에 어긋나는지의 여부에 따라 판단하여야 한다.

Ⅷ. 행정규칙의 소멸

① 행정규칙은 폐지의 의사표시로 소멸한다. A행정규칙의 폐지를 위한 규칙을 제정하면, A행정규칙은 폐지된다. ② 행정규칙 역시 일정사실의 발생으로 소멸되기도 하는데, 이를 실효(失效)라고 한다. 실효사유로는 기존의 행정규칙의 내용과 반대되는 사항을 규정하는 상위 또는 동위의 행정규칙의 제정, 법정부관의 성취(예: '2020년 12월 31일까지 시행한다'는 행정규칙은 2020년 12월 31일이 경과함으로써 소멸한다), 근거법령의 소멸(예: A법률이 폐지되면, A법률을 위한 행정규칙은 폐지된다)을 볼 수 있다.

Ⅸ. 행정규칙의 효과

1. 행정내부적 효과

행정내부적 효과로 다음을 언급할 수 있다. ① 행정규칙은 발령기관의 권한이 미치는 범위 내에서 효력을 갖는다. 법무부장관이 발령한 행정규칙은 법무부와 법무부 소속 공무원에 효력이 미칠 뿐, 국방부와 국방부 소속 공무원 등에 미치는 것은 아니다. ② 행정규칙은 상대방을 직접 구속한다. 예컨대, 법무부장관이 발령한 행정규칙은 법무부와 법무부 소속 공무원을 직접 구속한다. 따라서 법무부 소속 기관이나 공무원이 행정규칙에 반한 행위를 하면, 그러한 기관이나 공무원에게는 징계책임 또는 징계벌이 가해질 수 있다. ③ 따라서 내부적 구속력 역시 법적인 구속력으로 볼 것이다.

2. 행정외부적 효과 — 직접적·외부적 구속효

행정외부적 효과는 행정규칙이 직접 국민을 구속하는지(직접적 구속효), 아니면 간접적으로 구속하는지(간접적 구속효) 구분하여 살펴볼 필요가 있다.

먼저, 직접적 · 외부적 구속효에 관해 보기로 한다. 행정규칙은 직접적인 외부적 효과를 갖지 아니한다(대판 2019. 10. 31, 2013두20011). ① 행정규칙으로 인해 사인의 권리와 의무는 발생하지 아니한다. 따라서 사인이 행정규칙을 근거로 권리의 발생이나 의무의 소멸을 주장할 수 없다. 예컨대 영세민에게 생활자금을 지원하는 것을 내용으로 하는 행정규칙이 있다고 하여도, 관련자에게 그러한 행정규칙을 근거로 생활자금의 지원을 요구할 수 있는 권리가 발생하지 아니한다. ② 행정규칙은 법원을 구속하지 않는다. 따라서 행정규칙은 법원의 재판에 기준이 되지 아니한다. 행정규칙이 재판의 참고자료는 될 수 있다. ③ 행정규칙은 법규가 아니므로 행정규칙위반은 위법이 아니다. 따라서 사인에 대해 행정기관이 규칙위반의 불이익처분을 하여도 사인은 규칙위반을 이유로 다툴 수 없다. 아울러 행정규칙에 따른 행정처분이라 하여 적법하다고 추정되지 아니한다.

3. 행정외부적 효과 — 간접적 · 외부적 구속효

(1) 평등원칙과 행정의 자기구속 행정규칙은 내부적 구속효를 갖기 때문에 공무원들은 행정규칙을 준수하여야 한다. 그런데 평등원칙에 의거하여 상황에 변동이 없는 한 공무원들은 행정규칙을 영속적으로 누구에게나 동등하게 적용하여야 한다. 만약 특별한 사정이 없음에도 불구하고 동등하게 적용하지 아니한다면, 그것은 평등의 원칙에 위반하는 것이 된다. 이것은 결국 행정청은 자신이 만든 규칙에 따라야 한다는 것을 뜻하는 것이고, 이것은 행정의 자기구속의 원칙으로 표현되기도 한다. 행정의 자기구속의 원칙은 평등원칙의 구체화이다.

(2) 행정의 자기구속과 간접적 구속력 행정의 자기구속의 원칙으로 인해 행정규칙은 간접적으로 구속효를 갖는다. 예컨대, 미성년자에 대한 주류판매 1차 위반으로 적발된 식품접객업자인 甲에게 2월의 영업정지처분을 하였다고 하더라도, 미성년자에 대한 주류판매 1차 위반으로 적발된 식품접객업자인 乙에게 2월의 영업정지처분이 아니라 영업허가취소처분을 할 수도 있지만, 특별한 사정이 없음에도 불구하고 乙에게 영업허가취소처분을 하였다면, 그것은 평등원칙의 구체화인 행정의 자기구속의 원칙에 위반하는 것이 된다. 따라서 행정의 자기구속의 원칙으로 인해 처분기준은 간접적으로 구속력을 갖는다고 말하게 된다.

(3) 위법의 근거로서 행정의 자기구속의 원칙 행정규칙은 직접적인 외부효를 갖지 아니하므로 행정규칙위반을 이유로 다툴 수는 없다. 예컨대, 판례에 의하면, 1차 위반으로 영업정지 2월의 처분을 받은 甲과 달리 특별한 사정이 없음에도 1차 위반으로 영업허가취소처분을 받은 乙은 영업허가취소처분이 식품위생법 시행규칙 제89조 [별표 23]의 행정처분기준을 위반한 위법을 이유로 다툴 수는 없고, 행정기본법상 행정의 법원칙인 평등원칙 또는 행정의 자기구속의 원칙에 위반한 위법을 이유로 다툴 수 있을 뿐이다. 이미 언급한 바와 같이 판례는 식품위생법 시행규칙 제89조 [별표 23]의 행정처분기준을 내부법인 행정규칙으

로 보기 때문이다.

▌대판 2013. 11. 14, 2011두28783(구 '부당한 공동행위 자진신고자 등에 대한 시정조치 등 감면제도 운영고시'(2009. 5. 19. 공정거래위원회 고시 제2009-9호로 개정되기 전의 것) 제16조 제 1 항, 제 2 항은 그 형식 및 내용에 비추어 재량권 행사의 기준으로 마련된 행정청 내부의 사무처리준칙 즉 재량준칙이라 할 것이고, 구 '독점규제 및 공정거래에 관한 법률 시행령' 제35조 제 1 항 제 4 호에 의한 추가감면 신청 시 그에 필요한 기준을 정하는 것은 행정청의 재량에 속하므로 그 기준이 객관적으로 보아 합리적이 아니라든가 타당하지 아니하여 재량권을 남용한 것이라고 인정되지 않는 이상 행정청의 의사는 가능한 한 존중되어야 한다. 이러한 재량준칙은 일반적으로 행정조직 내부에서만 효력을 가질 뿐 대외적인 구속력을 갖는 것은 아니므로 행정처분이 이를 위반하였다고 하여 그러한 사정만으로 곧바로 위법하게 되는 것은 아니고, 다만 그 재량준칙이 정한 바에 따라 되풀이 시행되어 행정관행이 이루어지게 되면 평등의 원칙이나 신뢰보호의 원칙에 따라 행정기관은 상대방에 대한 관계에서 그 규칙에 따라야 할 자기구속을 받게 되므로, 이러한 경우에는 특별한 사정이 없는 한 그에 반하는 처분은 평등의 원칙이나 신뢰보호의 원칙에 어긋나 재량권을 일탈·남용한 위법한 처분이 된다.)

■ **독점규제 및 공정거래에 관한 법률 제44조(자진신고자 등에 대한 감면 등)** ⑤ 제 1 항에 따라 시정조치 또는 과징금이 감경 또는 면제되는 자의 범위와 감경 또는 면제의 기준·정도 등과 제 4 항에 따른 정보 및 자료의 제공·누설 금지에 관한 세부 사항은 대통령령으로 정한다.

■ **독점규제 및 공정거래에 관한 법률 시행령 제51조(자진신고자등에 대한 감면 기준 등)** ⑥ 제 1 항부터 제 5 항까지에서 규정한 사항 외에 과징금 또는 시정조치의 감면 기준·정도와 그 방법 및 절차 등에 관하여 필요한 세부사항은 공정거래위원회가 정하여 고시한다.

Ⅹ. 행정규칙의 통제

1. 의 의

행정규칙의 통제란 행정규칙이 적법하고 타당한 것이 되도록 하기 위한 일체의 작용을 말한다. 행정규칙의 통제에는 ① 자기통제로서 행정권 스스로에 의한 통제와 ② 타자통제로서 국회에 의한 통제, 법원에 의한 통제, 헌법재판소에 의한 통제, 그리고 국민에 의한 통제를 볼 수 있다.

2. 행정내부적 통제

행정권 스스로에 의한 통제방식으로는 ① 절차상 통제, ② 감독권에 의한 통제, ③ 공무원·행정기관의 법령심사, ④ 행정심판이 있다. ① 절차상 통제로는 행정절차법상 입법예고제 등을 볼 수 있다. ② 감독권에 의한 통제로는 대통령이나 국무총리가 장관에게 행정규칙의 제정이나 개정을 명하는 경우를 볼 수 있다. ③ 행정규칙이 명백히 위법하다면, 공무원이나 행정기관은 행정규칙의 적용을 거부할 수 있다. 즉, 이러한 범위 안에서 공무원이나 행정기관은 법령심사권을 갖는다. ④ 행정심판을 통한 통제도 있다. 행정심판법 제59조는 중앙행정심판위원회에 예규·고시 등의 개선에 관한 강력한 통제권을 부여하고 있다.

3. 행정외부적 통제

(1) 국회에 의한 통제 국회에 의한 통제에는 ① 간접적 통제와 ② 직접적 통제가 있다. ① 간접적 통제에는 현행법제상 총리령 또는 부령의 제정권자인 국무총리나 장관에 대한 해임건의제도, 국정감사와 국정조사제도 등을 볼 수 있다. 한편, ② 직접적 통제로는 행정규칙을 국회에 제출하게 하는 제출절차가 도입되어 있다(국회법 제98조의2).

(2) 법원에 의한 통제 법원에 의한 통제는 재판을 통한 통제를 말한다. 판례에 의하면, 행정규칙 그 자체는 행정소송법에서 규정하는 소송의 대상인 처분에 해당하지 아니하고, 또한 행정규칙은 국민과 법원을 구속하는 법규가 아니므로 재판의 기준이 될 수도 없다.

(3) 헌법재판소에 의한 통제 헌법재판소에 의한 통제는 재판을 통한 통제를 말한다. 행정규칙이 기본권을 침해하고 아울러 다른 방법으로는 이러한 침해를 다툴 수가 없어서 결과적으로 권리보호가 불가능하다면, 헌법소원의 방식으로 이를 다툴 수 있다(헌법 제111조 제 1 항; 헌법재판소법 제68조 제 1 항)(헌재 2013. 8. 29, 2012헌마767).

▪ 헌법 제111조 ① 헌법재판소는 다음 사항을 관장한다.
5. 법률이 정하는 헌법소원에 관한 심판
▪ 헌법재판소법 제68조(청구 사유) ① 공권력의 행사 또는 불행사(不行使)로 인하여 헌법상 보장된 기본권을 침해받은 자는 법원의 재판을 제외하고는 헌법재판소에 헌법소원심판을 청구할 수 있다. 다만, 다른 법률에 구제절차가 있는 경우에는 그 절차를 모두 거친 후에 청구할 수 있다.

(4) 국민에 의한 통제 국민에 의한 통제는 여론 · 자문 · 청원 · 압력단체의 활동 등을 통해 이루어질 수 있다. 그러나 이러한 통제는 그 효과가 간접적이라는 점에 한계를 갖는다. 그럼에도 국민주권 내지 주민참정이라는 원리에 입각하여 국민(주민)에 의한 통제방식은 강조되고 존중되어야 한다. 사회의 통합은 행정의 영역에서도 중요한 요청임을 상기할 필요가 있다.

제 3 항 입법사항과 규율의 불일치(형식과 실질의 불일치)

입법의 실제상 법규명령의 형식(대통령령 · 총리령 · 부령)으로 규정하여야 할 사항(법규명령사항)을 행정규칙의 형식(고시 · 훈령)으로 규정하거나, 행정규칙의 형식(고시 · 훈령)으로 규정하여야 할 사항(행정규칙사항)을 법규명령의 형식(대통령령 · 총리령 · 부령)으로 규정하는 경우가 나타난다. 전자를 행정규칙형식의 법규명령, 후자를 법규명령형식의 행정규칙이라 부른다.

Ⅰ. 행정규칙형식의 법규명령

1. 의 의

행정기본법 제2조 제1호 가목 3)이 규정하는 훈령·예규 및 고시 등 행정규칙을 말한다. 행정기본법상 법령등은 국민에게도 구속력을 갖는 규범이므로, 이러한 훈령·예규 및 고시 등 행정규칙은 성질상 법규명령에 해당한다. 이러한 행정규칙을 고시(훈령)형식의 법규명령 또는 법률보충규칙이라고도 부른다. 법규명령은 법형식과 관련하여 「대통령령·총리령·부령형식의 법규명령」과 「훈령·예규 및 고시 등 행정규칙형식의 법규명령」으로 구분될 수 있다. 시행령·시행규칙의 형식의 법규명령이 원칙적인 법형식이다.

▪ **행정기본법 제2조(정의)** 이 법에서 사용하는 용어의 뜻은 다음과 같다.
1. "법령등"이란 다음 각 목의 것을 말한다.
가. 법령: 다음의 어느 하나에 해당하는 것
1) 법률 및 대통령령·총리령·부령
2) 국회규칙·대법원규칙·헌법재판소규칙·중앙선거관리위원회규칙 및 감사원규칙
3) 1) 또는 2)의 위임을 받아 중앙행정기관(「정부조직법」 및 그 밖의 법률에 따라 설치된 중앙행정기관을 말한다. 이하 같다)의 장이 정한 훈령·예규 및 고시 등 행정규칙
나. 자치법규: 지방자치단체의 조례 및 규칙

2. 예

행정규칙형식의 법규명령의 예로 정보통신망 이용촉진 및 정보보호 등에 관한 법률 제42조 및 정보통신망 이용촉진 및 정보보호 등에 관한 법률 시행령 제24조에 근거한 청소년유해매체물의 표시방법에 관한 방송통신위원회 고시를 볼 수 있다. 이 방송통신위원회 고시는 법규명령에 해당한다. 이러한 방송통신위원회 고시에 위반하게 되면, 벌칙이 가해진다.

▪ **정보통신망 이용촉진 및 정보보호 등에 관한 법률 제42조(청소년유해매체물의 표시)** 전기통신사업자의 전기통신역무를 이용하여 일반에게 공개를 목적으로 정보를 제공하는 자(이하 "정보제공자"라 한다) 중 「청소년 보호법」 제2조 제2호 마목에 따른 매체물로서 같은 법 제2조 제3호에 따른 청소년유해매체물을 제공하려는 자는 대통령령으로 정하는 표시방법에 따라 그 정보가 청소년유해매체물임을 표시하여야 한다.

▪ **정보통신망 이용촉진 및 정보보호 등에 관한 법률 시행령 제24조(청소년유해매체물의 표시방법)**
① 법 제42조에 따른 청소년유해매체물을 제공하는 자는 당해 매체물에 19세 미만의 자는 이용할 수 없다는 취지의 내용을 누구나 쉽게 확인할 수 있도록 음성·문자 또는 영상으로 표시하여야 한다.
② 제1항에 따른 표시를 하여야 하는 자 중 인터넷을 이용하여 정보를 제공하는 자의 경우에는 기호·부호·문자 또는 숫자를 사용하여 청소년유해매체물임을 나타낼 수 있는 전자적 표시도 함께 하여야 한다.
③ 방송통신위원회는 정보의 유형 등을 고려하여 제1항 및 제2항에 따른 표시의 구체적 방법을 정하여 관보에 고시하여야 한다.

▪ 청소년 유해매체물의 표시방법
(시행 2015. 8. 1.) [방송통신위원회고시 제2015-17호, 2015. 7. 31., 일부개정]
1. 청소년유해매체물 표시자
전기통신사업자의 전기통신역무를 이용하여 일반에게 공개를 목적으로 정보를 제공하는 자 중 「청소년보호법」 제 2 조 제 2 호 마목에 따른 매체물로서 동법 제 2 조 제 3 호에 따른 청소년유해매체물을 제공하고자 하는 자
2. 청소년유해매체물 표시의 종류 및 방법
가. 청소년유해매체물 표시의 종류
① "유해문구"라 함은 청소년에게 유해한 매체물임을 누구나 쉽게 인식할 수 있도록 하는 다음 내용의 표시를 말한다.

이 정보내용은 청소년유해매체물로서 「정보통신망이용촉진및정보보호등에관한법률」 및 「청소년보호법」에 따라 19세 미만의 청소년이 이용할 수 없습니다.

[이하 생략]

3. 적용법리

통상적인 법규명령은 「법령 등 공포에 관한 법률」에 따른 공포절차가 필요하지만, 고시 또는 훈령형식의 법규명령은 「행정 효율과 촉진에 관한 규정」에 따른 발신절차가 필요한 점에서 차이가 있으나, 고시 또는 훈령형식의 법규명령에도 기본적으로는 통상적인 법규명령의 법원리가 적용된다.

▮ 헌재 2021. 6. 24, 2018헌가2(행정규칙은 법규명령과 같은 엄격한 제정 및 개정절차를 요하지 아니하므로, 여성가족부의 고시와 같은 형식으로 입법위임을 할 때에는 법령이 전문적 · 기술적 사항이나 경미한 사항으로서 업무의 성질상 위임이 불가피한 사항에 한정된다 할 것이고, 그러한 사항이라 하더라도 포괄위임금지원칙상 법률의 위임은 반드시 구체적 · 개별적으로 한정된 사항에 대하여 행하여져야 한다).

Ⅱ. 법규명령형식의 행정규칙

1. 의 의

대통령령 · 총리령 · 부령에서 행정규칙사항을 규정하는 경우, 그러한 대통령령 · 총리령 · 부령을 법규명령형식의 행정규칙이라 부른다.

2. 성 질

(1) 학 설 법규명령형식의 행정규칙의 성질과 관련하여 학설은 법규명령설, 행정규칙설, 그리고 수권여부기준설(법령의 수권에 근거한 경우는 법규명령, 법령의 수권없이 제정된 경우는 행정규칙이라는 견해)로 나뉜다. 법규명령설이 다수설로 보인다.

(2) 판례의 태도 판례상 행정규칙의 특별한 형태로 제재적 행정처분기준과 관련하

여 부령형식의 행정규칙이 있다. 판례는 영업허가의 취소 또는 정지처분에 관한 기준과 같은 제재적 행정처분기준이 법령의 위임을 받아 부령에서 정해지면, 그러한 행정처분기준(예: 식품위생법 시행규칙 제89조 별표 23의 행정처분기준)은 행정규칙이라 한다. 그러나 판례는 영업허가의 취소 또는 정지처분에 관한 기준과 같은 제재적 행정처분기준이 법령의 위임을 받아 대통령령에서 정해지면, 그러한 행정처분기준(구 청소년보호법 제49조 제 1 항과 제 2 항에 따른 청소년보호법 시행령 제40조 별표 6의 행정처분기준)은 행정규칙이 아니라 법규명령이라 한다. 판례의 입장을 따르게 되면, 행정규칙의 기본적인 법형식은 고시·훈령이지만, 예외적으로 부령형식의 행정규칙도 있게 된다. 총리령 형식의 행정규칙도 있을 수 있다.

▌대판 1995. 10. 17, 94누14148 전원합의체(규정형식상 부령인 시행규칙 또는 지방자치단체의 규칙(이하 이들을 "규칙"이라고 줄여 쓴다)으로 정한 행정처분의 기준은 행정처분 등에 관한 사무처리기준과 처분절차 등 행정청 내의 사무처리준칙을 규정한 것에 불과하므로 행정조직 내부에 있어서의 행정명령의 성격을 지닐 뿐 대외적으로 국민이나 법원을 구속하는 힘이 없고, 그 처분이 위 규칙에 위배되는 것이라 하더라도 위법의 문제는 생기지 아니하고 또 위 규칙에서 정한 기준에 적합하다 하여 바로 그 처분이 적법한 것이라고도 할 수 없으며, 그 처분의 적법여부는 위 규칙에 적합한지의 여부에 따라 판단할 것이 아니고 관계 법령의 규정 및 그 취지에 적합한 것인지의 여부에 따라 개별적 구체적으로 판단하여야 한다)(**서울특별시 노원구 자동차운행정지처분 사건**).

▌대판 2014. 6. 12, 2014두2157(구 식품위생법 시행규칙 제89조에서 [별표 23]으로 구 식품위생법 제75조에 따른 행정처분의 기준을 정하였다 하더라도, 이는 행정기관 내부의 사무처리준칙을 규정한 것에 불과한 것으로서 보건복지부장관이 관계행정기관 및 직원에 대하여 직무권한행사의 지침을 정하여 주기 위하여 발한 행정명령의 성질을 가지는 것이지 같은 법 제75조 제 1 항의 규정에 의하여 보장된 재량권을 기속하는 것이라고 할 수 없고, 대외적으로 국민이나 법원을 기속하는 힘이 있는 것은 아니다.

▪ **식품위생법 제75조(허가취소 등)** ① 식품의약품안전처장 또는 특별자치시장 · 특별자치도지사 · 시장 · 군수 · 구청장은 영업자가 다음 각 호의 어느 하나에 해당하는 경우에는 대통령령으로 정하는 바에 따라 영업허가 또는 등록을 취소하거나 6개월 이내의 기간을 정하여 그 영업의 전부 또는 일부를 정지하거나 영업소 폐쇄(제37조 제 4 항에 따라 신고한 영업만 해당한다. 이하 이 조에서 같다)를 명할 수 있다. (각 호 생략)
⑤ 제 1 항 및 제 2 항에 따른 행정처분의 세부기준은 그 위반 행위의 유형과 위반 정도 등을 고려하여 총리령으로 정한다.
▪ **식품위생법 시행규칙 제89조(행정처분의 기준)** 법 제71조, 법 제72조, 법 제74조부터 법 제76조까지 및 법 제80조에 따른 행정처분의 기준은 별표 23과 같다.
[별표 23] 행정처분기준(제89조 관련)
II. 개별기준
3. 식품접객업(영 제21조 제 8 호의 식품접객업을 말한다)
(11) 법 제44조(영업자 등의 준수사항) 제 2 항을 위반한 경우
라. 청소년에게 주류를 제공하는 행위(출입하여 주류를 제공한 경우 포함)를 한 경우

1차위반	2차위반	3차위반
영업정지 2개월	영업정지 3개월	영업허가취소 또는 영업소폐쇄

■ 판례에 의하면, 청소년에게 주류를 제공하는 행위를 1차로 위반한 식품접객업자에게 영업정지 2월이 아니라 영업정지 3월이나 영업허가취소를 하여도 위법하다고 단언할 수 없다. 왜냐하면 판례는 식품위생법시행규칙 제89조의 [별표 23]의 행정처분기준을 법규명령이 아니라 행정규칙으로 보기 때문

이다. 그러나 영업정지 3월이나 영업허가취소가 비례원칙 등에 위반한다면, 위법한 것이 된다.

(3) 판례 비판 행정처분기준을 부령에서 규정한다고 하여도, 그것이 상위의 법령의 위임에 따른 것이라면 법규명령으로 볼 것이다. 물론 법령의 근거 없이 부령이나 대통령령에서 행정내부적인 사항을 정하면, 그러한 부령이나 대통령령은 당연히 행정규칙에 해당한다.

▮대판 2015. 6. 24, 2012두7073(법령에서 행정처분의 요건 중 일부 사항을 부령으로 정할 것을 위임한데 따라 시행규칙 등 부령에서 이를 정한 경우에 그 부령의 규정은 국민에 대해서도 구속력이 있는 법규명령에 해당한다고 할 것이지만, 법령의 위임이 없음에도 법령에 규정된 처분 요건에 해당하는 사항을 부령에서 변경하여 규정한 경우에는 그 부령의 규정은 행정청 내부의 사무처리 기준 등을 정한 것으로서 행정조직 내에서 적용되는 행정명령의 성격을 지닐 뿐 국민에 대한 대외적 구속력은 없다고 보아야 한다).

3. 적용법리

법령의 위임이 없음에도 대통령령·총리령·부령에서 행정규칙사항을 규정하는 경우, 그러한 대통령령·총리령·부령에도 통상적인 행정규칙의 법원리가 적용된다.

제 2 절 행정계획

제 1 항 행정계획의 의의

Ⅰ. 국가와 계획

정부와 지방자치단체는 쾌적한 생활환경의 조성, 지역경제의 원활한 발전, 자연환경 및 경관의 보전, 국민생활과 경제활동에 필요한 토지 및 각종 시설물의 효율적 이용과 원활한 공급 등을 목적으로 인구·경제·사회·문화·토지이용·환경·교통·주택에 관한 각종 정보를 수집·분석하고, 전문가와 국민(주민)의 의견을 수렴하는 과정 등을 거쳐 구체적인 국토계획·도시계획(안)을 수립하고 시행한다.

Ⅱ. 계획의 개념

행정계획이란 특정한 행정목표를 달성하기 위하여 행정에 관한 전문적·기술적 판단을 기초로 관련 행정수단을 종합·조정함으로써 장래의 일정한 시점에 일정한 질서를 실현하기 위하여 설정한 활동기준이나 그 설정행위를 말한다(대판 2021. 7. 29, 2021두33593).

Ⅲ. Plan과 Planning의 구분

구체적인 도시계획(안)과 같은 활동기준(Plan)과 활동기준을 마련하기까지의 체계적인 과정(Planning)을 구별할 필요가 있다. 행정계획의 통제는 구체적 계획(Plan)뿐만 아니라 과정으로서의 계획(Planning)에도 필요하다. 과정으로서의 계획(Planning)은 기획이라고도 한다. 한편, 구체적 계획(Plan)에 문제가 있으면, 다시 과정으로서의 계획(Planning)을 거쳐 새로운 구체적 계획(Plan)을 가져오게 되는바, 과정으로서의 계획(Planning)은 구체적 계획(Plan)을 포함하는 개념이 된다.

[예] 일부 독자들은 국가시험일자가 공고되면, 각종 정보와 경험을 바탕으로 여러 생각을 수정하는 과정을 거치면서(Planning-1) 수험을 대비하는 계획표(Plan-1)를 만들 것이다. 수험생이 게을리 공부하거나 계획표에 문제가 있어 계획대로 수험준비가 진행되지 아니하면, 다시 문제점을 반영하는 과정을 거치면서(Planning-2) 새로운 계획표(Plan-2)를 만들 것이다. 이 때문에 Plan은 Planning의 산물이라 할 수 있고, Planning은 Plan을 포함하는 개념이라 말할 수 있다. 요컨대 계획은 영속적인 과정이지 일회적(一回的)인 의사결정이 아니다.

제2항 행정계획의 성질

Ⅰ. 논의의 의미

행정계획의 성질을 살피는 것은 특히 행정계획의 사법적 통제(행정소송)와 관련한다. 우리나라의 행정소송법은 처분만을 행정소송으로 다툴 수 있다고 규정한다. 따라서 행정계획이 처분(행정행위)에 해당하면, 행정소송을 통해 위법한 행정계획을 다툴 수 있지만, 행정계획이 처분(행정행위)에 해당하지 아니한다면, 행정소송을 통해서는 위법한 행정계획을 다툴 수 없기 때문이다. 또한 행정계획의 성질문제는 기본적으로 과정으로서의 계획(Planning)이 아니라 구체적 계획(Plan)과 관련한다.

Ⅱ. 학 설

과거에는 행정계획의 성질과 관련하여 행정계획은 입법이라는 견해(입법행위설), 행정행위라는 견해(행정행위설), 입법행위와 행정행위의 성질을 동시에 갖는 행위라는 견해(혼합행위설), 행정계획은 입법도 행정행위도 아닌 독자적 성질을 가진 행위라는 견해(독자성설) 등이 있었다. 그러나 오늘날에는 행정계획의 법적 성질은 행정계획마다 개별적으로 검토하여야 한다는 견해(개별검토설)만이 주장되고 있다.

Ⅲ. 판 례

판례는 도시계획결정과 관련하여 "(구) 도시계획법 제12조 소정의 도시계획결정이 고시되면 도시계획구역안의 토지나 건물 소유자의 토지형질변경, 건축물의 신축, 개축 또는 증축 등 권리행사가 일정한 제한을 받게 되는바 이런 점에서 볼 때 고시된 도시계획결정은 특정 개인의 권리 내지 법률상의 이익을 개별적이고 구체적으로 규제하는 효과를 가져오게 하는 행정청의 처분이라 할 것이고, 이는 행정소송의 대상이 된다"고 하였다(대판 1982. 3. 9, 80누105).

▌대결 2011. 4. 21, 2010무111 전원합의체(국토해양부, 환경부, 문화체육관광부, 농림수산부, 식품부가 합동으로 2009. 6. 8. 발표한 '4대강 살리기 마스터플랜' 등은 4대강 정비사업과 주변 지역의 관련 사업을 체계적으로 추진하기 위하여 수립한 종합계획이자 '4대강 살리기 사업'의 기본방향을 제시하는 계획으로서, 행정기관 내부에서 사업의 기본방향을 제시하는 것일 뿐, 국민의 권리 · 의무에 직접 영향을 미치는 것이 아니어서 행정처분에 해당하지 않는다)(**4대강 살리기 마스터플랜 사건**).

Ⅳ. 사 견

헌법 제54조가 정하는 「예산(예산계획)」은 일종의 법률의 성격을 갖는 헌법적 차원의 계획이고, 국토의 계획 및 이용에 관한 법률에서 규정하는 「도시 · 군관리계획」은 행정행위의 성질을 갖는 행정계획이지만, 각 행정기관이 민원사무를 신속하게 처리하기 위하여 임의적으로 수립 · 시행하는 「민원사무신속처리계획」 같은 것은 단순한 사실로서의 계획에 불과하다. 구체적인 계획은 법규범으로 나타날 수도 있고, 행정행위로 나타날 수도 있고, 단순한 사실행위로 나타날 수도 있다(헌재 2014. 3. 27, 2011헌마291). 따라서 계획의 구체적인 법적 성질은 계획마다 개별적으로 검토되어야 한다. 개별검토설이 통설이다.

▪ 헌법 제54조 ① 국회는 국가의 예산안을 심의 · 확정한다.
② 정부는 회계연도마다 예산안을 편성하여 회계연도 개시 90일전까지 국회에 제출하고, 국회는 회계연도 개시 30일전까지 이를 의결하여야 한다.

제 3 항 행정계획의 종류

행정계획의 종류는 기본적으로 과정으로서의 계획(Planning)이 아니라 구체적 계획(Plan)과 관련한다. 행정계획은 계획기간에 따라 단기계획 · 중기계획 · 장기계획으로 구분할 수 있고, 계획대상지역에 따라 전국계획 · 지방계획 · 구역계획으로 구분할 수 있고, 생활영역에 따라 경제계획 · 사회계획 · 교육문화계획 · 시설계획 등으로 구분할 수 있다. 법학의 관점에서 중요한 구분은 자료제공적 계획 · 영향적 계획 · 규범적 계획의 구분이다.

Ⅰ. 자료제공적 계획

자료제공적 계획이란 단순히 자료나 정보를 제공하고 청사진만을 제시하는 계획으로 아무런 법적 효과도 갖지 않는 계획을 말한다. 이 계획은 미래행위의 가능성만을 제시한다. 자료제공적 계획은 법적으로는 아무런 효과를 갖지 않는다. 그러나 종래에 기업들이 투자를 함에 있어 정부의 「경제사회발전을 위한 5개년계획」에 많은 영향을 받았음을 볼 때, 「경제사회발전을 위한 5개년계획」과 같은 자료제공적 계획도 사실상으로는 영향력을 갖는다. 자료제공적 계획은 사법심사의 대상이 되지 아니한다. 자료제공적 계획을 비구속적 계획 또는 정보제공적 계획이라고도 한다.

Ⅱ. 영향적 계획

영향적 계획이란 명령이나 강제가 아니라 신용의 보증, 세제상의 혜택 등 재정수단을 통해 그 실현을 확보하려는 계획을 말한다. 영향적 계획은 법적으로 강제성을 갖는 계획이 아니므로 원칙적으로 사법심사의 대상이 되지 아니한다. 영향적 계획을 반구속적 계획 또는 유도적 계획이라고도 한다.

[예] 서울특별시가 A구에 소재하는 B지역 노후주택 개선사업을 위한 계획을 수립하면서, 자진하여 주택을 개량하는 자에게는 낮은 이율의 자금을 지원하거나 지방세를 감면하는 것을 계획의 내용으로 하는 경우, B지역노후주택 개선사업계획은 영향적 계획에 해당한다. B지역 노후주택 개선사업계획에서 자진하여 주택을 개량하는 것이 법적 의무로서 강제되는 것은 아니지만, 융자나 지방세감면과 같은 경제적 이익의 부여를 매개로 하여 어느 정도 사실상 강제의 효과를 갖게 된다.

Ⅲ. 규범적 계획

규범적 계획이란 법률 · 명령 · 행정행위 등 규범적인 명령이나 강제를 통해 목표의 달성을 확보하려는 계획이다. 국토의 계획 및 이용에 관한 법률 제24조 이하에 따른 도시 · 군관리계획은 국민(주민)이 따라야 한다. 도시 · 군관리계획에 위반하면, 예컨대 도시 · 군관리계획으로 결정된 자연환경보전구역에서 임의로 건축물을 건축하면, 벌칙이 가해질 수 있다. 한편 위법한 도시 · 군관리계획은 사법심사의 대상이 될 수 있다. 규범적 계획을 구속적 계획 또는 명령적 계획이라고도 한다.

제 4 항 행정계획의 절차

Ⅰ. 일 반 법

행정계획의 절차는 구체적 계획(Plan)이 아니라 과정으로서의 계획(Planning)과 관련한다. 현재로서 행정계획의 절차를 규정하는 일반법은 없다. 현행 행정절차법에는 행정계획에 관한 규정이 없다. 한편, 국토의 계획 및 이용에 관한 법률 등 개별 계획법률에서는 행정계획절차에 관한 규정을 볼 수 있다. 행정계획절차는 행정내부적인 절차와 행정외부적 절차로 구분할 수 있다.

Ⅱ. 관계행정기관간의 조정

행정내부적 절차의 예로 ① 관계기관의 장과의 협의를 하게 하는 경우(예: 국토기본법 제9조 제3항), ② 상급행정청의 승인이나 조정을 받도록 하는 경우(예: 토용법 제22조의2 제1항), ③ 관계기관의 장의 의견을 듣도록 하는 경우(예: 토용법 제24조 제5항), ④ 지방의회의 의견을 듣도록 하는 경우(예: 토용법 제28조 제5항), ⑤ 관련심의회의 심의를 거치게 하는 경우(예: 대외경제장관회의 규정 제2조), ⑥ 국무회의의 심의를 거치게 하는 경우(예: 헌법 제89조 제1·4·6·13호) 등을 볼 수 있다.

▪ **국토기본법 제9조(국토종합계획의 수립)** ③ 국토교통부장관은 제2항에 따라 받은 소관별 계획안을 기초로 대통령령으로 정하는 바에 따라 이를 조정·총괄하여 국토종합계획안을 작성하며, 제출된 소관별 계획안의 내용 외에 국토종합계획에 포함되는 것이 타당하다고 인정하는 사항은 관계 행정기관의 장과 협의하여 국토종합계획안에 반영할 수 있다.

▪ **국토의 계획 및 이용에 관한 법률 제22조의2(시·군 도시·군기본계획의 승인)** ① 시장 또는 군수는 도시·군기본계획을 수립하거나 변경하려면 대통령령으로 정하는 바에 따라 도지사의 승인을 받아야 한다.

제24조(도시·군관리계획의 입안권자) ⑤ 국토교통부장관은 제1항이나 제2항에도 불구하고 다음 각 호의 어느 하나에 해당하는 경우에는 직접 또는 관계 중앙행정기관의 장의 요청에 의하여 도시·군관리계획을 입안할 수 있다. 이 경우 국토교통부장관은 관할 시·도지사 및 시장·군수의 의견을 들어야 한다.

1. 국가계획과 관련된 경우

제28조(주민과 지방의회의 의견 청취) ⑥ 국토교통부장관, 시·도지사, 시장 또는 군수는 도시·군관리계획을 입안하려면 대통령령으로 정하는 사항에 대하여 해당 지방의회의 의견을 들어야 한다.

Ⅲ. 주민·이해관계인의 참여

행정외부적 절차로 예로 주민 및 관계 전문가 등으로부터 의견을 듣기 위한 공청회(예: 토용법 제14조), 주민과 이해관계자의 권한행정청에 대한 도시·군관리계획의 입안의 제안(예: 토용법 제26조) 등을 볼 수 있다.

▪ **국토의 계획 및 이용에 관한 법률 제14조(공청회의 개최)** ① 국토교통부장관, 시·도지사, 시장 또는 군수는 광역도시계획을 수립하거나 변경하려면 미리 공청회를 열어 주민과 관계 전문가 등으로부터 의견을 들어야 하며, 공청회에서 제시된 의견이 타당하다고 인정하면 광역도시계획에 반영하여야 한다.
제26조(도시 · 군관리계획 입안의 제안) ① 주민(이해관계자를 포함한다. 이하 같다)은 다음 각 호의 사항에 대하여 제24조에 따라 도시 · 군관리계획을 입안할 수 있는 자에게 도시 · 군관리계획의 입안을 제안할 수 있다. 이 경우 제안서에는 도시 · 군관리계획도서와 계획설명서를 첨부하여야 한다. (각호 생략)

Ⅳ. 이익형량(형량명령)

행정청은 행정청이 수립하는 계획 중 국민의 권리의무에 직접 영향을 미치는 계획을 수립하거나 변경·폐지할 때에는 관련된 여러 이익을 정당하게 형량하여야 한다(절차법 제40조의4). 이를 형량명령이라 한다. 그렇다고 국민의 권리의무에 간접접 영향을 미치는 계획을 수립하거나 변경·폐지할 때에는 관련된 여러 이익을 정당하게 형량할 필요가 없다는 것은 아닐 것이다.

제 5 항 행정계획의 효과

Ⅰ. 일 반 론

행정계획의 효과는 기본적으로 과정으로서의 계획(Planning)이 아니라 구체적 계획(Plan)과 관련한다. 개인의 자유와 권리를 제한하는 계획은 반드시 국민들에게 알려져야만 효력을 발생한다. 법률이나 부령 등 법령형식의 계획은 '법령 등 공포에 관한 법률'이 정한 바의 형식을 갖추어서 공포되어야 하고, 특별히 정함이 없으면 공포일로부터 20일이 지나야 효력이 발생한다(법령 등 공포에 관한 법률 제13조).

▪ **법령 등 공포에 관한 법률 제11조(공포 및 공고의 절차)** ① 헌법개정·법률·조약·대통령령·총리령 및 부령의 공포와 헌법개정안·예산 및 예산 외 국고부담계약의 공고는 관보에 게재함으로써 한다.

Ⅱ. 구 속 효

자료제공적 계획이나 영향적 계획은 구속효(법적 구속력)를 갖지 아니한다. 그러나 규범적 계획은 당연히 구속효를 갖는다. 그러나 구속효의 내용은 한마디로 말할 수 없다. “이 법에 따른 국토종합계획은 다른 법령에 따라 수립되는 국토에 관한 계획에 우선하며 그 기본이 된다. … ”고 규정하는 국토기본법 제 8 조에서 보는 바와 같이 국가에 대하여 구속력을 갖는 계획도 있고, 사인이 국토의 계획 및 이용에 관한 법률에서 정하는 도시 · 군관리계획에 위반하면 벌칙이 가해지는 바와 같이 국민에 대하여 구속력을 갖는 계획도 있다. 한편 행정의 영속성 · 통일성, 사인의 신뢰확보와 관련하여 모든 계획은 강도에는 차이가 있지만, 사실상의 구속효를 갖는다.

Ⅲ. 집 중 효

1. 개 념

택지개발촉진법 제11조에서 보는 바와 같이 계획확정이 일반법규에 규정되어 있는 승인 또는 허가 등을 대체시키는 효과를 집중효라 부른다.

▪ **택지개발촉진법 제11조(다른 법률과의 관계)** ① 시행자가 실시계획을 작성하거나 승인을 받았을 때에는 다음 각 호의 결정·인가·허가·협의·동의·면허·승인·처분·해제·명령 또는 지정(이하 “인·허가등”이라 한다)을 받은 것으로 보며, 지정권자가 실시계획을 작성하거나 승인한 것을 고시하였을 때에는 관계 법률에 따른 인·허가등의 고시 또는 공고가 있은 것으로 본다.

1. 「국토의 계획 및 이용에 관한 법률」 제30조에 따른 도시·군관리계획의 결정, 같은 법 제56조에 따른 개발행위의 허가, 같은 법 제86조에 따른 도시계획시설사업 시행자의 지정, 같은 법 제88조에 따른 실시계획의 인가
2. 「도시개발법」 제17조에 따른 실시계획의 인가
3. 「주택법」 제15조에 따른 사업계획의 승인 (이하 각호 생략)

2. 법적 근거

집중효제도는 행정기관의 권한에 변경을 가져온다. 따라서 행정조직법정주의의 원리에 비추어 집중효는 개별법률에서 명시적으로 규정되는 경우에만 인정될 수 있다. 집중효가 발생하는 행위도 법률에서 명시적으로 규정된 것에 한정된다.

3. 기 능

집중효는 ① 절차간소화를 통해 사업자의 부담해소 및 절차촉진에 기여하며, ② 다수의

인 · 허가부서를 통합하는 효과를 가져오고, ③ 인 · 허가에 필요한 구비서류의 감소효과를 가져온다.

4. 집중효의 정도(계획확정기관의 심사정도)

(1) 판　　례　　판례는 의제되는 법률에 규정된 이해관계인의 의견청취절차를 생략할 수 있다고 하여 절차집중을 인정하고 있으나(대판 1992. 11. 10, 92누1162), 의제되는 인 · 허가의 요건불비를 이유로 주된 인 · 허가신청을 거부할 수 있다고 하고 있어 실체집중은 부정하는 것으로 보인다(대판 2002. 10. 11, 2001두151).

(2) 사　　견　　계획을 확정하는 행정청(계획확정기관)은 계획확정시 집중효의 대상이 되는 인 · 허가행위의 요건(원래 인 · 허가의 주무행정청이 심사하는 실체 · 절차적 요건)에 구속되는지 그리고 어디까지 구속되는지 그 정도 내지 범위가 문제된다. 생각건대 법치행정의 원칙에 비추어 계획확정기관은 모든 실체적 요건을 존중해야 하지만, 절차요건은 생략할 수 있다고 본다. 다만 이해관계 있는 제 3 자의 권익보호를 위한 절차는 생략할 수 없고, 거쳐야 할 것이다. 요컨대 집중되는 것(계획확정기관이 생략할 수 있는 것)은 대체행정청이 거쳐야 했던 절차의 일부이다(제한적 절차집중설).

제 6 항　행정계획의 통제

Ⅰ. 의　　의

행정계획의 통제는 구체적 계획(Plan)을 포함하는 의미의 과정으로서의 계획(Planning)과 관련한다. 행정계획의 통제란 행정계획이 적법하고 타당한 것이 되도록 하기 위한 일체의 작용을 말한다. 행정계획의 통제에는 ① 자기통제로서 행정권 스스로에 의한 통제, 즉 행정내부적 통제와 ② 타자통제로서 국회에 의한 통제, 법원에 의한 통제, 헌법재판소에 의한 통제, 그리고 국민에 의한 통제를 볼 수 있다.

Ⅱ. 행정내부적 통제

행정계획에 대한 행정내부적 통제로는 ① 절차상 통제, ② 감독권에 의한 통제, ③ 공무원에 의한 심사, 그리고 ④ 행정심판이 있다. ① 절차상 통제란 행정계획의 수립과정에서 행정부 내부적으로 일정한 절차를 거치게 함으로써 행정계획의 합법성 · 합목적성 · 합리성을 확보하는 것을 말한다. ② 감독권에 의한 통제란 상급행정청이 행정계획의 합법성·합목적성·합리성을 확보하기 위해 하급행정청에 대하여 행정계획의 기준·내용 등을 지시하거나, 기존의 행정계획의 취소·변경을 명하는 것을 말한다. ③ 공무원에 의한 심사란 행정계획이 명백히 위법한 경우, 공무원이나 행정기관이 행정계획의 시행을 거부할 수 있음을 말한다. ④ 행정심판에 의한 통제란 처분성을 갖는 행정계획은 행정심판을 통해 통제될 수 있음을 말한다.

Ⅲ. 행정외부적 통제

1. 국회에 의한 통제

국회에 의한 통제에는 ① 간접적 통제와 ② 직접적 통제가 있다. ① 간접적 통제에는 현행 법제상 국무총리나 장관에 대한 해임건의제도, 국정감사와 국정조사제도 등을 볼 수 있다. 그러나 이러한 간접적 통제수단은 그 효과가 통상 간접적이고 사후적이라는 데 한계가 있다. 한편, ② 직접적 통제에 관해서 보면, 현재로서 행정계획의 성립·발효에 국회가 직접 통제를 가할 수 있도록 규정하는 명시적 규정은 찾아보기 어렵다. 생각건대 중요한 행정계획이 확정되면 이를 국회에 제출케 하는 제도를 일반적으로 도입할 필요가 있다. 헌법상 예산(예산계획)은 국회의 의결을 요하지만, 예산계획은 정치적 계획으로서 통상의 행정계획과 성질을 달리한다.

2. 법원에 의한 통제

(1) 문제상황 법원에 의한 통제는 재판을 통한 통제를 말한다. 행정계획에 대한 재판은 ① 행정계획이 사법심사의 대상이 되는가, 그리고 ② 사법심사의 대상이 된다고 하는 경우, 법원이 어느 정도로 행정권에 자유영역을 인정하여야 하는가의 문제를 쟁점으로 한다.

[예] A군수가 국토의 계획 및 이용에 관한 법률이 정하는 바에 따라 B지구에 C도시·군관리계획을 책정·시행하였고, 이로 인해 자신의 땅값이 폭락한 甲이 C도시·군관리계획이 국토의 계획 및 이용에 관한 법률에 위반됨을 이유로 C도시·군관리계획의 취소를 구하는 소송을 제기하였다고 하자. 여기서 문제의 쟁점은 ① 과연 C도시·군관리계획이 행정소송법이 규정하는 행정소송의 대상인 처분에 해당하는지의 문제(처분성의 문제)와 ② 만약 C도시·군관리계획이 행정소송법이 규정하는 행정소송의 대상인 처분에 해당한다고 하더라도 법원은 C도시·군관리계획을 수립함에 있어서 A군수에게 어느 정도의 판단의 자유영역이 있다고 할 것인가의 문제(계획재량의 문제)가 있다.

(2) 처 분 성 행정소송법 제 2 조 제 1 항 제 1 호는 「"처분등"이라 함은 행정청이 행하는 구체적 사실에 관한 법집행으로서의 공권력의 행사 또는 그 거부와 그 밖에 이에 준하는 행정작용(이하 "처분"이라 한다) 및 행정심판에 대한 재결을 말한다」고 규정하면서, 행정소송법 제19조는 "취소소송은 처분등을 대상으로 한다. …"고 규정하고 있다. 따라서 행정계획

이 취소소송의 대상이 되는가의 여부는 행정계획이 행정소송법상 처분등(처분+재결)에 해당하는가의 여부에 달려 있다. 앞에서 살펴본 바와 같이 행정계획의 성질은 행정계획마다 검토되어야 하지만, 국토의 계획 및 이용에 관한 법률에서 규정하는 도시관리계획과 같이 행정행위의 성질을 갖는 행정계획은 처분등에 해당하므로, 취소소송의 대상이 된다.

(3) 계획법과 계획재량(형성의 자유)

㈎ **의 의** 예컨대 甲이 위법한 A도시·군관리계획으로 법률상 이익이 침해되었다고 주장하면서, A도시·군관리계획의 취소를 구하는 소송을 제기하면, 법원은 당연히 A도시·군관리계획이 국토의 계획 및 이용에 관한 법률에 위반되는지의 여부를 심사하게 된다. 그런데 ① 식품위생법 등 전통적 의미의 법률(통상의 법률이라 부르기도 한다)은 「만약 …하면, …한다」는 규정방식(예: 만약 미성년자에게 술을 판매하면, 영업허가를 취소한다)을 취하지만, ② 국토의 계획 및 이용에 관한 법률 등 계획법률은 「…위하여, …한다」는 규정방식(예: 국토의 균형있는 발전을 위하여, …계획을 수립한다)을 취한다. ①의 규정형식을 조건프로그램이라 하고, ②의 규정형식을 목적프로그램이라 한다. 조건프로그램에서는 규율상황 자체가 비교적 구체적이지만, 목적프로그램에서는 추상적인 목표를 제시할 뿐, 구체적인 계획의 내용에 관해서는 자세히 언급하지 않음이 일반적이다. 이 때문에 행정주체는 계획법률에 근거한 구체적인 계획을 책정하는 과정에서 광범위한 형성의 자유를 갖게 된다(대판 2016. 1. 28, 2015두52432). 형성의 자유를 계획재량이라 부르기도 한다.

㈏ **계획재량행위와 전통적인 재량행위와의 구별** ① 규범구조상 계획재량은 목적프로그램에서 문제되나, 재량행위는 조건프로그램에서 문제된다. ② 판단의 대상이 계획재량은 새로운 질서의 형성에 관한 것이나, 재량행위는 기존의 구체적인 생활관계에 대한 것이다. ③ 판단의 자유의 범위가 계획재량의 경우에는 상대적으로 넓으나, 재량행위는 상대적으로 좁다. ④ 통제에 관해서 보면 계획재량의 경우에는 절차적 통제가 중심적이나, 재량행위의 경우에는 절차적 통제 외에 실체적 통제도 중요한 문제가 된다.

㈐ **계획재량과 사법심사** 계획재량의 경우에 형성의 자유가 인정되는 범위 내에서 사법심사는 배제된다. 예컨대 어느 정도의 범위라고 단언할 수는 없지만, 도시·군관리계획을 수립함에 있어서 계획행정청에 고유한 형성의 자유영역이 있다고 말할 수밖에 없고, 그러한 형성의 자유영역 안에서 이루어진 계획내용에 대해서는 법원이 위법 여부를 심사할 수는 없다. 한편, 형성의 자유영역이 있다고 하여 형성의 자유에는 아무런 제한이 없다는 것은 아니다. ① 계획상의 목표는 법질서에 부합하여야 하고, ② 수단은 목표실현에 적합하고, 필요하고 또한 비례적이어야 하고, ③ 법에서 절차를 정한 것이 있다면 그 절차를 준수하여야 하고, ④ 「전체로서 계획관련자 모두의 이익을 정당히 고려하여야 한다」는 형량명령을 준수하는 전제하에 형성의 자유는 인정된다. 어느 하나에 위반하여도 위법을 가져오게 된다.

(라) **형량하자** 형량명령의 위배, 즉 형량(계획에 관련된 자들의 이익을 정당하게 저울질하는 것)에 하자가 있는 경우로는 ① 형량이 전혀 없던 경우(예: 도시·군관리계획을 수립하면서, 종래의 문제점을 그대로 유지하고 변화가 없는 경우), ② 형량에서 반드시 고려되어야 할 특정 이익이 고려되지 않은 경우(예: 신도시개발계획을 수립하면서 학교부지를 배제하여 장래 입주할 주민들의 자녀의 이익을 고려하지 아니한 경우), ③ 특정의 의미가 부인된 경우(예: 재개발계획을 수립하면서 경제활성화만 고려한 탓으로 환경상 이익이 배제된 경우), ④ 공익과 사익 사이의 조정이 객관적으로 보아 특정이익만을 위한 것으로, 즉 비례원칙이 깨뜨려진 것으로 판단되는 경우(예: 재개발계획을 수립하면서 계획구역의 대부분을 공공기관의 입주구역으로 정하는 경우)가 있다(대판 2016. 1. 28, 2015두52432). 여기서 ①·②·③·④ 의 구분이 반드시 명확한 것은 아니다.

3. 헌법재판소에 의한 통제

헌법재판소에 의한 통제는 재판을 통한 통제를 말한다. 실제상 예상하기 어렵지만, 법률형식의 행정계획이 기본권을 침해하고 아울러 다른 방법으로는 이러한 침해를 다툴 수가 없어서 결과적으로 권리보호가 불가능하다면, 헌법소원의 방식으로 이를 다툴 수 있다.

4. 국민에 의한 통제

(1) 의 미 국민에 의한 행정계획의 통제수단으로 ① 행정계획과정에 국민의 참여, ② 행정계획과 관련된 재산상 피해보상청구권(계획보장청구권)의 행사, ③ 행정계획과 관련된 특정행위청구권의 행사를 볼 수 있다. ①은 직접적 통제수단의 의미를 가지만, ②와 ③은 간접적 의미를 갖는다.

(2) 국민의 참여 계획과정에 국민이 참여한다는 것은 민주주의원리상, 계획의 입안·책정·수행에 있어 합리성 보장이라는 면에서, 또한 국민 권익침해의 사전예방이라는 면에서 의미를 갖는다. 현재로서 국민이 직접 계획의 입안에 참여하는 제도는 보이지 않는다. 그리고 구체적 계획의 결정단계에 국민이 참여할 수 있는 경우는 없다. 다만, 개별법령상 이해관계인의 참여를 규정하는 경우는 있다.

(3) 계획보장청구권 계획보장청구권의 용어는 상이하게 사용되고 있다. 계획보장청구권을 위에서 보는 계획과 관련된 특정행위청구권과 보상청구권의 상위개념으로 사용하기도 한다. 이 책에서는 계획보장청구권을 보상청구권의 의미로 사용한다. 이러한 입장에서 볼 때, 계획보장청구권이란 시행중인 구체적 계획에 폐지나 변경이 있는 경우, 이로 인해 손실을 입은 개인이 계획주체에 대해 그 손실의 보상을 청구할 수 있는 권리를 말한다. 일반적으로 말해서 ① 자료제공적 계획의 경우에는 계획의 변경 등으로 인한 위험은 계획수범자가 부담하여야 하므로 계획보장청구권이 인정될 수 없다. ② 영향적 계획의 경우에는 행정권의

행위(예: 지방세의 감면이나 융자의 제공)가 계획수범자(국민)의 의사결정에 본질적으로 그리고 실제상 강제적으로 영향을 미쳤다면 계획보장 청구권이 발생할 수 있을 것이다. 그리고 ③ 명령적 계획의 경우에는 행정권의 행위가 계획수범자(국민)의 처분에 결정적인 것으로 보아야 할 것이므로 계획보장청구권이 널리 인정될 수 있다.

(4) 특정행위청구권 특정행위청구권이란 계획작용과 관련하여 사인이 계획주체인 국가에 대하여 계획과 관련된 특정행위를 요구할 수 있는 권리를 말한다. 이론상 특정행위청구권으로는 ① 사인이 행정주체에 대하여 일정영역에서 계획과정으로 나아갈 것을 요구할 수 있는 권리인 계획청구권, ② 구체적인 계획을 변경하거나 폐지하려고 할 때에 계획의 존속을 청구할 수 있는 사인의 권리인 계획존속청구권, ③ 사인이 기존의 적법한 계획의 변경을 청구할 수 있는 권리인 계획변경청구권, ④ 기존계획과 상이한 방향으로 계획이 집행되는 경우에 기존의 계획을 따를 것을 요구할 수 있는 권리인 계획준수청구권, ⑤ 책정만 하고 집행하지 않는 계획을 집행할 것을 요구할 수 있는 권리인 계획집행청구권(계획준수청구권과 계획집행청구권을 합하여 (광의의) 계획준수청구권이라 부르기도 한다)의 인정 여부가 문제된다. 개별 법령에서 사인을 보호하는 특별규정을 두고 있지 아니하는 한, 이러한 권리를 인정하기는 어렵다.

▌대판 2003. 9. 23, 2001두10936(국토이용관리법상 주민이 국토이용계획의 변경에 대하여 신청을 할 수 있다는 규정이 없을 뿐만 아니라, 국토건설종합계획의 효율적인 추진과 국토이용질서를 확립하기 위한 국토이용계획은 장기성, 종합성이 요구되는 행정계획이어서 원칙적으로는 그 계획이 일단 확정된 후에 어떤 사정의 변동이 있다고 하여 그러한 사유만으로는 지역주민이나 일반 이해관계인에게 일일이 그 계획의 변경을 신청할 권리를 인정하여 줄 수는 없을 것이지만(대법원 1995. 4. 28, 95누627 판결 참조), 장래 일정한 기간 내에 관계 법령이 규정하는 시설 등을 갖추어 일정한 행정처분을 구하는 신청을 할 수 있는 법률상 지위에 있는 자의 국토이용계획변경신청을 거부하는 것이 실질적으로 당해 행정처분 자체를 거부하는 결과가 되는 경우에는 예외적으로 그 신청인에게 국토이용계획변경을 신청할 권리가 인정된다고 봄이 상당하다)(**주식회사 진도 폐기물처리업 신청거부 사건**).

제 3 절 행정행위

제 1 항 행정행위의 관념

Ⅰ. 행정행위의 개념

1. 개념의 예시

① 세무서장이 소득세법에 근거하여 甲에게 미납한 2020년 종합소득세의 납부를 일방적으로 명하는 과세통지서를 보내오면, 甲은 과세통지서에 정한 대로 납세하여야 한다. ②

지방경찰청장이 신촌로타리에서 발생한 도로교통법의 위반을 이유로 일정한 절차를 거친 후 乙에게 운전면허취소통지서를 보내오면 乙은 더 이상 운전을 하여서는 아니 된다. ③ 丙이 신촌동에 거주용 건물의 건축허가를 신청하였는데 구청장이 건축허가서를 보내오면 丙은 허가를 받은 대로 건축을 할 수 있다.

2. 예시의 분석

앞의 1.에서 예시된 행위들은 [첫째] 행정청이 하였다는 점(예: ①의 경우에는 세무서장, ②의 경우에는 지방경찰청장, ③의 경우에는 구청장), [둘째] 법에 근거하였다는 점(예: ①의 경우에는 소득세법, ②의 경우에는 도로교통법, ③의 경우에는 건축법), [셋째] 구체적 사실에 대한 것이라는 점(예: ①의 경우에는 2015년분 소득, ②의 경우에는 신촌로타리에서의 도로교통법위반, ③의 경우에는 신촌동에서의 건축허가신청), [넷째] 법을 만드는 것이 아니라 법을 집행한다는 점(예: ①의 경우에는 세금의 부과, ②의 경우에는 운전면허의 취소, ③의 경우에는 건축허가), [다섯째] 권력적 단독행위라는 점(예: ①의 경우에는 세무서장이 갑과 합의가 아니라 우월한 지위에서 일방적으로 행한 행위, ②의 경우에도 지방경찰청장이 을과 합의가 아니라 우월한 지위에서 일방적으로 행한 행위, ③의 경우에도 구청장이 병과 합의가 아니라 우월한 지위에서 일방적으로 행한 행위. 병의 신청이 있었으나, 병의 신청의 의사와 구청장의 허가의 의사는 대등한 것이 아니다), [여섯째] 공법적 행위라는 점(예: ①의 경우에 발생하는 2015년분 소득에 대한 세금의 납부의무는 사인 간에서는 찾아볼 수 없는 공법적 효과이다. ②의 경우에 발생하는 운전면허금지의무는 국가와의 관계에서 나타나는 공법적 효과이다. ③의 경우에 발생하는 건축허가의 자유 역시 국가와의 관계에서 나타나는 공법적 효과이다)에서 공통의 성질을 갖고 있다.

3. 개념의 정의

명칭이 다르다고 하여도 공통의 성질을 갖는다면, 동일한 원리가 적용되어야 한다. 말하자면 앞의 1.에서 예로 든 행위들은 처분(①의 과세처분의 경우), 면허(②의 운전면허취소의 경우), 허가(③의 건축허가의 경우) 등 명칭을 달리하지만, 여러 가지 점에서 공통의 성질을 갖고 있으므로 이러한 행위들에 대해서는 동일한 원리가 적용되는 것이 논리적이고 합리적이다. 이러한 관점에서 행정법학자들은 허가·인가특허·면허·승인·하명·면제·통지 등 명칭을 불문하고 「행정청이 법 아래서 구체적 사실에 대한 법집행으로서 행하는 권력적 단독행위로서 공법행위」를 행정행위라 부르고 있다. 한편, 실정법[행정절차법, 행정심판법, 행정기본법]상 처분과 행정행위가 동일한 개념인지, 아니면 처분이 행정행위보다 넓은 개념인지 여부에 관해 학설상 다툼이 있다. 판례는 같은 개념으로 보는 것 같다.

4. 입법·공법상 계약·공법상 사실행위와 비교

(1) 입법과 구별 행정행위는 개별적인 사람을 대상으로 하면서 구체적 사실에 대한 것이지만, 법률이나 행정입법 등 입법은 일반적인 사람을 대상으로 하면서 추상적 사실에 대한 것이라는 점에서 행정행위와 입법은 구별된다. 다음의 예로써 비교해 보기로 한다.

[예]

[입법] 도로교통법 제93조 제 1 항 제12호: 지방경찰청장은 운전면허를 받은 사람이 다른 사람의 자동차등을 훔치거나 빼앗은 경우에는 행정안전부령이 정하는 기준에 따라 운전면허를 취소해야 한다.
[행정행위] (乙의 자동차를 훔친 면허소지자인 甲에게) 甲의 운전면허를 취소한다.

[입법] 사람의 일반성 ———————— 누구든지
사건의 추상성 ———————— 모든 종류의 훔치거나 빼앗는 행위

[행정행위] 사람의 개별성 —————— 甲
사건의 구체성 —————— 乙의 자동차를 훔친 행위

한편, 사람은 일반적이지만 사건은 구체적인 경우도 있다. 예컨대 누구든지 교통신호등에 빨간 불이 켜지면 정차하여야 한다. 여기서 '누구든지'는 사람이 일반적임을 뜻하고, 빨간 불은 사건이 구체적임을 뜻한다. 교통신호등과 같이 사람은 일반적이고 사건이 구체적인 경우는 입법과 행정행위의 중간형태에 해당하나 학설과 판례는 행정행위로 본다. 그리고 학설은 이것을 일반처분이라 부른다.

■ 참고 ■ 일반처분

(1) 의 의 일반처분이란 관련자의 범위는 일반적(인적 범위의 불특정)이나 규율하는 대상은 구체적인(시간, 공간 등의 관점에서 특정) 행정의 행위형식을 말한다. 따라서 특정사건을 대상으로 한다는 점에서 입법과 구분된다.

(2) 법적 성질 입법행위로 보는 견해, 집행행위와 입법행위의 중간영역으로 보는 견해 등이 있지만, 통설은 행정행위의 한 유형으로 본다. 따라서 일반처분으로 법률상 이익이 침해된 자는 항고소송을 제기할 수 있다.

▌대판 2000. 10. 27, 98두8964(도로교통법 제10조 제 1 항은 지방경찰청은 도로를 횡단하는 보행자의 안전을 위하여 행정자치부령이 정하는 기준에 의하여 횡단보도를 설치할 수 있다고 규정하고, 제10조 제 2 항은 보행자는 지하도·육교 그 밖의 횡단시설이나 횡단보도가 설치되어 있는 도로에서는 그 곳으로 횡단하여야 한다고 규정하며, 제24조 제 1 항은 모든 차의 운전자는 보행자가 횡단보도를 통행하고 있는 때에는 그 횡단보도 앞에서 일시 정지하여 보행자의 횡단을 방해하거나 위험을 주어서는 아니된다고 … 규정하는 도로교통법의 취지에 비추어 볼 때, 지방경찰청장이 횡단보도를 설치하여 보행자의 통행방법 등을 규제하는 것은, 행정청이 특정사항에 대하여 의무의 부담을 명하는 행위이고 이는 국민의 권리의무에 직접 관계가 있는 행위로서 행정처분이라고 보아야 할 것이다).

(3) 종 류

(가) 인적 일반처분 인적 일반처분이란 행정행위의 발령 당시에는 인적 범위가 특정되어 있

지 않으나, 구체적인 경우에 있어서 일반적인 징표(예: 주택소유자 · 임차인 · 교통참여자 · 공공시설 이용자)를 근거로 하여 특정되어지거나 특정되어질 수 있는 인적 범위를 대상으로 하는 행위(예: A단체 주도의 반 정부시위 금지처분)를 말한다.

(나) 물적 일반처분 물적 일반처분이란 물건에 공법적 성격을 부여, 변경, 박탈 또는 다른 방식으로 공법상 조건을 변경하는 행위(예: 도로에 대한 공용지정행위)를 말한다. 즉 특정물건의 공법적 특성을 결정하는 행위를 말한다. 이는 인적 범위를 전혀 특정할 수 없다는 점에서 일반처분의 성질을 가진다고 할 수 있다.

(다) 이용규율의 일반처분 이용규율의 일반처분이란 영조물 기타 공공시설의 이용에 관한 규율(예: 교통표지판에 의한 교통제한표시, 일방통행구역표시, 박물관 · 도서관의 이용규율)을 내용으로 하는 행위를 말한다. 이를 인적 일반처분이나 물적 일반처분으로 보는 견해도 있다.

(2) 공법상 계약과 구별 행정행위는 행정청이 우월한 지위에서 일방적으로 이루어지는 것이지만, 공법상 계약은 행정청과 상대방이 대등한 지위에서 이루어진다(행정기본법 제27조). 예컨대 행정행위인 甲에 대한 세금부과처분은 세무서장이 납세자인 甲과 합의하여 행하는 것이 아니라 세무서장이 세법에 근거하여 일방적으로 행하는 것이지만, 공법상 계약인 乙을 계약직 공무원으로 채용하는 계약은 행정청과 乙이 대등한 지위에서 이루어진다. 물론 공법상 계약도 법령이 정한 범위 안에서 이루어진다.

(3) 공법상 사실행위와 구별 행정행위는 법적 효과를 가져오지만, 공법상 사실행위는 법적 효과를 가져오지 아니한다. 예컨대 세무서장이 甲에게 행정행위인 과세처분을 하면 甲에게는 세금을 납부하여야 할 공법상 의무가 발생하지만, 구청장이 주민들에게 사실행위인 절약운동을 위한 행정지도를 한다고 하여도 주민에게 절약의무가 발생하는 것은 아니다.

5. 전자행정행위, 자동적으로 결정되는 행정행위, 자동적 처분

(1) 전자행정행위 전자행정행위란 전자문서에 의한 행정행위를 말한다. "전자문서"란 컴퓨터 등 정보처리능력을 가진 장치에 의하여 전자적인 형태로 작성되어 송신 · 수신 또는 저장된 정보를 말한다(절차법 제 2 조 제 8 호). 전자행정행위는 2002년 말에 개정된 행정절차법에 도입되었다. 전자행정행위의 도입은 당사자의 동의를 전제로 전자문서(예: 이메일)의 교부를 통한 행정청과 시민 사이에서 쌍방소통을 가져오게 되었다. 전자문서의 교부는 전통적인 소통수단인 문서의 교부와 동일한 법적 효과를 갖는다. 전자행정행위는 문서형식이 서면이 아니라 전자방식이라는 점이 특징적이다.

(2) 자동적으로 결정되는 행정행위 자동적으로 결정되는 행정행위란 행정청(공무원)이 투입한 요령에 의거하여 그 내용이 자동적으로 결정되는 행정행위를 말한다. 예로 교통신호등에 의한 교통신호, 세금의 부과결정, CCTV에 의한 과속단속, 컴퓨터추첨에 의한 학교배정 등을 볼 수 있다.

(3) 자동적 처분 행정기본법상 자동적 처분은 「완전히 자동화된 시스템(인공지능 기술을 적용한 시스템을 포함한다)으로 발급하는 처분」을 말한다(행정기본법 제20조). 자동적 처분은 행위자(처분권자, 공무원)의 인식(의사적용) 없이 완전히 자동화된 시스템으로 발급되는 처분으로 이해된다. 스스로 학습능력을 가진 AI가 교통경찰을 대신하여 운전자에게 직접 차량이동명령, 주정차금지명령 등을 하게 되면, 그러한 행위는 완전히 자동화된 시스템에 의한 처분, 즉 자동적 처분에 해당한다. 자동적 처분은 행정행위의 내용의 결정이 자동적으로 이루어질 뿐만 아니라 송달(통지)도 자동적으로 이루어진다는 점이 특징적이다. 자동적 처분이 행정에 활용되기 위해서는 법령의 근거가 필요하다(행정기본법 제20조).

6. 강학상 개념과 실정법상 개념의 비교

행정행위와 유사한 개념으로 실정법상으로는 처분(處分)이라는 용어가 사용되고 있다. 즉, 행정기본법 제 2 조 제 4 호는 「"처분"이란 행정청이 구체적 사실에 관하여 행하는 법 집행으로서 공권력의 행사 또는 그 거부와 그 밖에 이에 준하는 행정작용을 말한다」고 규정하고 있다. 행정절차법(제 2 조 제 2 호)·행정심판법(제 2 조 제 1 호)·행정소송법(제 2 조 제 1 항 제 1 호)도 유사한 개념 규정을 갖고 있다. 강학상 개념인 행정행위 개념의 요소와 실정법상 개념인 행정기본법상 처분 개념의 요소를 비교하면 다음과 같다.

행정행위개념 (강학상 개념)	행정기본법상 처분개념 (실정법상 개념)	비고
행정청이 법 아래서	행정청이 행하는	의미가 같다
구체적 사실에 대한	구체적 사실에 관하여	의미가 같다
법집행으로서 행하는	행하는 법집행으로서	의미가 같다
권력적 단독행위로서 공법행위	공권력의 행사 또는 그 거부와 그 밖에 이에 준하는 행정작용	처분개념의 의미가 행정행위개념보다 넓다 의미가 같다는 견해도 있다

7. 판결과 비교

구분	판결	행정행위
기본적 성격	분쟁해결수단	사회형성수단
판단의 대상	적법성에 관한 판단	적법성에 관한 판단 및 합목적성 판단
판단기관의 성격	분쟁당사자 아닌 제 3 자로서 법원	처분의 당사자로서 행정청
절차개시의 원인	원고의 소송제기에 의해	대부분 직권에 의해
절차의 엄격성	엄격한 절차	약식절차
위법결정(판결)	선고법원에 의한 취소 불가	처분청의 직권취소 가능

Ⅱ. 행정행위의 종류

1. 국가에 의한 행정행위·지방자치단체에 의한 행정행위

행정행위는 발령주체에 따라 국가에 의한 행정행위와 지방자치단체에 의한 행정행위로 구분할 수 있다. 전자의 예로 세무서장의 과세처분을 볼 수 있고, 후자의 예로 시장·군수의 주민세부과처분을 볼 수 있다.

2. 수익적 행위·침익적 행위·복효적 행위

(1) 수익적 행위와 침익적 행위 행정행위는 효과의 성질에 따라 수익적 행위·침익적 행위·복효적 행위로 나눌 수 있다. ① 수익적 행위란 생활보조금이나 장학금의 지급결정과 같이 효과가 권리·이익을 내용으로 하는 행위를 말한다. ② 침익적 행위란 과세처분이나 입영처분과 같이 효과가 법적 불이익을 내용으로 하는 행위를 말한다.

(2) 복효적 행위 복효적 행위란 효과가 수익적이자 동시에 침익적인 이중적인 것을 내용으로 하는 행위를 말하며, 이를 이중효과적 행정행위라고도 한다. 복효적 행위도 ① 단란주점영업허가(수익적)를 하면서 미성년자에게 주류판매를 금지하는 경우(침익적)와 같이 이중의 효과가 동일인에게 귀속하는 경우를 혼효적 행위라 하고, ② 황산제조공장의 건설을 허가하면 허가를 받은 자에게는 수익적이지만, 이웃주민들에게는 침익적인 경우에서 보는 바와 같이 이중의 효과가 상이한 자에게 분리되는 경우를 제 3 자효 있는 행정행위라 한다. 여기서 이익이란 법적 이익을 말하고, 침익이란 법적 이익의 침해를 말한다. 수익적 행위와 침익적 행위는 다음과 같은 차이점을 갖는다.

구분	수익적 행위	침익적 행위
법률의 유보	엄격하지 않다	엄격하다
절차	엄격하지 않다	비교적 엄격하다
신청	비교적 신청을 전제로 한다	신청과 무관하다
부관	비교적 용이하게 붙일 수 있다	비교적 붙이기 어렵다
취소·철회	용이하지 않다	비교적 용이하다
강제집행	비교적 대상이 되지 아니한다	비교적 대상이 된다

(3) 제 3 자효 있는 행위 원자력발전소의 건설허가와 같은 제 3 자효 있는 행정행위는 복수의 이해관계자를 갖는다는 점과 사익과 공익의 조화뿐만 아니라 사익과 사익의 조화도 중요한 문제가 된다는 점을 특징으로 갖는다. 여기서 제 3 자효란 직접적으로 제 3 자에

게 법률상 이익에 관한 효과를 가져오는 경우를 말하고, 간접적으로 제 3 자에게 사실상 영향을 가져오는 것은 이에 해당하지 아니한다(예: 정부가 보험회사의 보험료의 인상을 승인한 경우, 이로 인한 고객의 피해는 간접적이다). 행정청이 제 3 자효 있는 행위를 할 때에는 제 3 자의 권익보호를 위해 제 3 자에게 의견제출의 기회나 청문회에 참여할 수 있는 기회 등을 부여하여야 한다. 원자력발전소허가가 거부된 경우에 허가를 신청한 자가 거부처분의 취소를 구하는 행정심판이나 행정소송을 제기하게 되면, 제 3 자(원자력발전소의 건설허가로 피해를 입게될 이웃 주민들)에게도 행정심판이나 행정소송에서 자기들의 입장을 밝힐 수 있는 기회를 반드시 제공하여야 한다.

3. 일방적 행위 · 협력을 요하는 행위

행정행위는 상대방의 협력이 필요한가에 따라 일방적 행위와 협력을 요하는 행위로 구분할 수 있다. 전자의 예로 세무서장의 과세처분을 볼 수 있고, 후자의 예로 공무원임명신청에 따른 공무원임명을 볼 수 있다.

4. 대인적 행위 · 대물적 행위 · 혼합적 행위

행정행위는 규율대상에 따라 인적 요소를 대상으로 하는 대인적 행위와 물적 요소를 대상으로 하는 대물적 행위, 그리고 인적 요소와 물적 요소를 동시에 대상으로 하는 혼합적 행위로 구분할 수 있다. 대인적 행위의 예로 운전면허, 대물적 행위의 예로 건축허가를 볼 수 있고, 혼합적 행위의 예로 인적 요소인 위생사와 물적 요소인 위생시설을 모두 요건으로 하는 음식접객업허가를 볼 수 있다.

5. 요식행위 · 불요식행위

행정행위는 성립에 일정한 형식을 요하는가의 여부에 따라 요식행위와 불요식행위로 구분할 수 있다. 전자의 예로 서면에 일정한 사항을 반드시 기재하여야 하는 세무서장의 과세처분을 볼 수 있고, 후자의 예로 도로상에서 이루어지는 교통경찰관의 교통상 지시를 볼 수 있다.

6. 일회적 행위 · 계속효 있는 행위

행정행위는 효과의 시간적 지속성에 따라 1회적 행위와 계속효 있는 행위로 구분할 수 있다. 전자의 예로 세금납부로 효과가 종료되는 세무서장의 과세처분을 볼 수 있고, 후자의 예로 진입금지표시가 철거되기 전까지는 계속적으로 효력을 갖는 도로상 진입금지표시를 볼 수 있다.

7. 수령을 요하는 행위 · 수령을 요하지 않는 행위

행정행위는 효력발생에 상대방의 수령이 요건이 되는가에 따라 수령을 요하는 행위와 수령을 요하지 않는 행위로 구분할 수 있다. 전자의 예로 세무서장의 과세처분을 볼 수 있고, 후자의 예로 특정 도로의 일시적 통행금지처분을 볼 수 있다.

8. 부분승인 · 예비결정 · 가행정행위

(1) 부분승인 원자력발전소등 하나의 대단위사업을 위해서는 건축허가 · 시설허가 · 영업허가를 받는 것이 필요한데, 건축허가 · 시설허가 · 영업허가의 3가지를 동시에 받는 것은 어렵다. 이러한 경우에는 우선 건축허가부터 받고 이어서 시설허가와 영업허가를 차례로 받는 것이 일반적이다. 여기서 건축허가만을 우선 내주는 것과 같이 단계화된 행정절차에서 사인이 원하는 바의 일부에 대해서만 우선 승인하는 행위를 부분승인이라 한다. 부분승인은 부분허가라고도 한다.

(2) 예비결정 예비결정이란 건축법 제10조 제 1 항에서 보는 바와 같이 종국적인 행정행위(예: 건축법 제11조의 건축허가)를 하기에 앞서서 종국적인 행정행위에 요구되는 여러 요건 중에서 개별적인 몇몇 요건에 대한 결정(예: 건축법 제10조의 사전결정)을 말한다.

> **▪ 건축법 제10조(건축 관련 입지와 규모의 사전결정)** ① 제11조에 따른 건축허가 대상 건축물을 건축하려는 자는 건축허가를 신청하기 전에 허가권자에게 그 건축물의 건축에 관한 다음 각 호의 사항에 대한 사전결정을 신청할 수 있다.
> 1. 해당 대지에 건축하는 것이 이 법이나 관계 법령에서 허용되는지 여부
> 2. 이 법 또는 관계 법령에 따른 건축기준 및 건축제한, 그 완화에 관한 사항 등을 고려하여 해당 대지에 건축 가능한 건축물의 규모
> 3. 건축허가를 받기 위하여 신청자가 고려하여야 할 사항

(3) 가행정행위 공무원이 위법행위를 하면 국가공무원법이나 지방공무원법이 정하는 바에 따라 징계의결을 요구하게 되고, 징계의결이 요구중인 자에게는 국가공무원법이나 지방공무원법에 의해 잠정적으로 직위를 해제하게 되는데, 이러한 직위해제는 그 공무원에 대한 징계의결이 이루어지기까지의 잠정적인 행위이고, 징계의결이 이루어지면, 징계의결된 내용에 따라 새로운 처분이 이루어지게 된다. 가행정행위는 법적 상태에 대한 자세한 심사에 많은 시간이 필요하거나 사실관계가 최종적으로 명료하게 되지 아니하여 종국적인 규율을 할 수 없는 경우에 활용된다.

> **▪ 국가공무원법 제73조의3(직위해제)** ① 임용권자는 다음 각 호의 어느 하나에 해당하는 자에게는 직위를 부여하지 아니할 수 있다.
> 2. 직무수행 능력이 부족하거나 근무성적이 극히 나쁜 자(기타 각호 생략)
> ② 제 1 항에 따라 직위를 부여하지 아니한 경우에 그 사유가 소멸되면 임용권자는 지체 없이 직위를 부여하여야 한다.

제 2 항 불확정개념, 기속행위 · 재량행위

Ⅰ. 법의 집행과정과 법의 해석 · 적용

1. 단란주점영업허가신청과 그 처리과정 분석

甲이 단란주점을 경영하고자 단란주점영업허가에 필요한 서류들(요건)을 구비하여 관할 A구청의 보건식품위생과에 제출하면, A구청의 담당 공무원은 우선 甲이 제출한 서류가 단란주점영업허가를 위한 것임을 확인한 후, ① 甲이 제출한 서류가 식품위생법이 규정하는 서류를 모두 구비한 것인지를 살피고, ② 구비하였다면, 허가할 것인지의 여부를 선택하게 되고, 구비하지 못하였다면 서류의 보완을 요구하거나 허가거부처분을 하게 될 것이다. 여기서 ①은 단란주점영업허가에 관한 요건(要件)의 심사과정이고, ②는 단란주점영업허가의 효과의 선택과정이다. 이와 같이 법의 집행은 일정한 사실관계(갑의 단란주점영업허가신청)를 전제로 요건의 구비 여부와 효과의 선택의 과정을 거치게 된다.

2. 법령규정방식으로서 요건의 불확정성과 효과의 선택

법에서 규정하는 요건이 100% 명백하고, 그 요건을 구비하면 반드시 효과를 부여하도록 규정되어 있다면, 법의 집행은 매우 쉽지만, 실제상은 그렇지 않다. 이와 관련하여 법률의 규정형식을 예시적으로 살펴보기로 한다.

[예문1] (요건부분) 운전면허소지자가 타인의 자동차를 훔쳐서 운전하면, (효과부분) 지방경찰청장은 그 운전면허소지자의 운전면허를 취소하여야 한다.

[예문2] (요건부분) 운전면허소지자가 타인의 자동차를 훔쳐서 운전하면, (효과부분) 지방경찰청장은 그 운전면허소지자의 운전면허를 취소할 수 있다.

[예문3] (요건부분) 대한민국의 안전을 위태롭게 할 우려가 있는 외국인이 입국사증발급을 신청하면, (효과부분) 법무부장관은 입국사증발급을 거부하여야 한다.

[예문4] (요건부분) 대한민국의 안전을 위태롭게 할 우려가 있는 외국인이 입국사증발급을 신청하면, (효과부분) 법무부장관은 입국사증발급을 거부할 수 있다.

3. 예문의 분석

(1) 요건부분 [예문 1]과 [예문 2]의 요건부분의 의미는 확정적이다. "운전면허소지자가 타인의 자동차를 훔쳐서 운전하면"이라는 의미는 확정적이다. [예문 3]과 [예문 4]의 요건부분의 의미는 불확정적이다. "대한민국의 안전을 위태롭게 할 우려가 있는 외국인이 입국사증발급을 신청하면"이라는 표현 중에 '안전', '위태롭게', '우려'의 의미는 불확정적이다.

해석하는 사람에 따라 의미를 달리 새길 수 있는 표현이다.

(2) 효과부분 [예문 1]의 효과부분의 선택은 기속적(의무적)이다. 반드시 운전면허를 취소하여야 한다. [예문 2]의 효과부분의 선택은 재량적(선택적)이다. 운전면허를 취소할 수도 있고, 아니할 수도 있다. [예문 3]의 효과부분의 선택은 기속적(의무적)이다. 입국사증발급을 거부하여야 한다. [예문 4]의 효과부분의 선택은 재량적(선택적)이다. 입국사증발급을 거부할 수도 있고, 아니할 수도 있다. 이상을 분석을 도해하면 다음과 같다.

예문의 구분	요건부분	효과부분
[예문 1]	확정적	기속적(의무적)
[예문 2]	확정적	재량적(선택적)
[예문 3]	불확정적	기속적(의무적)
[예문 4]	불확정적	재량적(선택적)

4. 요건의 불확정성과 효과의 재량성의 비교

(1) 요건의 불확정성과 행정의 판단의 자유의 유무 법률이 요건부분에 불확정개념을 사용한다고 하여도, 그 불확정개념의 해석에 있어서 행정청에게 판단의 자유를 부여하였다고 말하기 어렵다. 예컨대 앞의 [예문 3]과 [예문 4]에서 "대한민국의 안전을 위태롭게 할 우려가 있는 외국인이 입국사증발급을 신청하면"이라는 요건부분에서 '안전'이나 '위태롭게 할 우려'라는 개념이 불확정적이고 전체로서 "대한민국의 안전을 위태롭게 할 우려"라는 것 역시 불확정적이다. 여기서 '대한민국의 안전을 위태롭게 할 우려'가 있는지의 여부에 대한 판단에 있어서 공무원에게 자유가 있다고 말하기 어렵다. 왜냐하면 객관적으로 '대한민국의 안전을 위태롭게 할 우려'가 없음에도 불구하고 행정청이 '대한민국의 안전을 위태롭게 할 우려'가 있다고 판단하면 '대한민국의 안천을 위태롭게 할 우려'가 있게 된다고 할 수는 없기 때문이다. 또한 '대한민국의 안전을 위태롭게 할 우려'가 있음에도 불구하고 행정청이 '대한민국의 안전을 위태롭게 할 우려'가 없다고 판단하면 '대한민국의 안전을 위태롭게 할 우려'가 없게 된다고 말할 수는 없기 때문이다. 따라서 불확정개념을 해석함에 있어서 행정청에게 판단의 자유가 있다고 말하기 어렵다. 과거의 지배적 견해는 불확정개념의 해석의 경우에도 행정청에게 재량권이 있다고 이해하였다. 판례는 불확정개념의 해석에도 행정청의 재량권을 인정한다.

(2) 효과의 재량성과 행정의 판단의 자유의 유무 법률이 효과부분에서 선택의 자유를 부여한 경우에는 행정청에게 자유(재량)를 부여하였다고 보아야 한다. 예컨대 앞의 [예문 2]와 [예문 4]에서 "… 할 수 있다"라는 것은 입법자가 행정청에 판단의 자유, 즉 재량권을 명시적으로 부여한 것이다. 따라서 행정청은 효과의 선택에 자유를 갖는다.

(3) 요건의 불확정성과 효과의 재량성의 구별 요건과 관련하여 불확정개념을 해석함에 있어서 행정청에게 판단의 자유가 있다고 말하기 어렵지만, 효과와 관련하여 재량행위에는 행정청에게 판단의 자유가 있다고 할 것이므로 이하에서는 양자를 구별하여 살피기로 한다. 참고로, 과거의 지배적 견해는 불확정개념의 해석의 경우에도 행정청에게 재량권이 있다고 하여 불확정개념의 해석과 재량행위를 특별히 구별하지 않았다. 판례는 여전히 양자를 동일한 문제로 본다.

Ⅱ. 불확정개념과 판단여지

1. 의 의

불확정개념이란 [예문 3]과 [예문 4]에서 보는 '안전'이나 '위태롭게 할 우려' 등과 같이 그 의미내용이 단 하나(한 개)가 아니라 여러 가지(여러 개)이어서 진정한 의미내용은 구체적 상황에 따라 그때그때 판단되어지는 개념을 말한다. 말하자면 테러국가의 대표가 입국사증발급을 신청하면, 그 대표를 대한민국의 안전을 위태롭게 할 우려가 있는 외국인이라고 단언할 수는 없다. 그 대표가 대한민국의 안전을 위태롭게 할 우려가 있는 외국인에 해당하는지의 여부는 가변적인 국제상황과 국내상황에 따라 판단할 수밖에 없다.

2. 사용하는 이유

법률(법령)에서 불확정개념을 사용하는 것은 ① 공동체에서 나타날 수 있는 모든 상황을 구체적으로 나열하는 것은 불가능한 것이므로 추상적으로 규정할 수밖에 없고, ② 정치·기술·도덕 등이 변하여도 법은 영속성을 가져야 하고, ③ 법률의 경우, 국회를 통과시키기 위해 정치과정상 원내교섭단체 사이의 타협으로 인해 애매모호한 표현을 사용하기도 하기 때문이다. 불확정개념은 불확정법개념 또는 불확정법률개념이라고도 한다.

3. 사법심사

예컨대 테러국가의 대표(A)가 입국사증발급을 신청할 때, A가 "대한민국의 안전을 위태롭게 할 우려가 있는 외국인"인가의 여부는 입국사증발급여부를 결정하기 위한 요건의 문제인데, 과연 A가 요건에 해당하는가의 여부가 행정청의 선택의 문제라면, A가 "대한민국의 안전을 위태롭게 할 우려가 있는 외국인"이 아님에도 불구하고 행정청은 "대한민국의 안전을 위태롭게 할 우려가 있는 외국인"이라고 결정할 수도 있게 된다. 그러나 A가 요건에 해당하는가의 여부가 행정청의 인식의 문제라면, 행정청은 A가 "대한민국의 안전을 위태롭게 할 우려가 있는 외국인"이 아님에도 불구하고 행정청이 "대한민국의 안전을 위태롭게 할 우려가 있는 외국인"이라고 결정하게 된다면 위법한 것이 된다. 그런데 불확정개념의 해석·적용은 특정한 사실관계가 요건에 해당하는가의 여부에 대한 인식의 문제로서의 법적 문제이기 때문에 그것은 원칙적으로 사법심사의 대상이 되어야 한다.

4. 판단여지

(1) 판단여지의 의의 불확정개념의 적용에는 하나의 정당한 결론만이 있다. 앞에서 언급한 테러국가의 대표(A)는 "대한민국의 안전을 위태롭게 할 우려가 있는 외국인"인지의 여부와 관련하여 ① "대한민국의 안전을 위태롭게 할 우려가 있는 외국인"이라는 결론, ② "대한민국의 안전을 위태롭게 할 우려가 있는 외국인"이 아니라는 결론, ③ "대한민국의 안전을 위태롭게 할 우려가 있는 외국인"일 수도 있고, 아닐 수도 있다는 결론의 3가지가 있을 수 있으나, 이 중에서 입국사증을 발급하기 위해서는 ②의 결론이 나와야 한다. 그러나 그 판단이 용이하지 않다. 여기서 일반론적으로 말한다면, 행정의 실제상 행정청의 평가영역이 전문적·기술적 사항(예: 국가시험의 출제, 공무원의 능력평가, 청소년에 해로운 도서인지의 판단)과 관련될 때, 어떠한 것이 정당한 결론인지를 판단하는 것은 용이하지 않다. 정당한 결론이 무엇인지를 판단하기가 무척 어려운 한계적인 영역을 판단여지라 부른다.

(2) 판단여지에 대한 법원의 개입가능성 법원이 판단여지의 영역에서 이루어진 행정청의 결정을 심사하기란 사실상 기대하기 어렵다. 이러한 경우에는 행정청의 결정이 법원에 의해 존중받게 된다. 따라서 판단여지가 인정되는 영역에서 행정청의 행위는 사실상 사법심사와 거리가 멀다고 하겠다. 판단여지의 경우, 사법심사의 대상이지만, 실제상 사법심사가 어렵다는 것이지, 사법심사의 대상이 아니라는 것은 아니다. 뒤에서 보는 재량행위는 원칙적으로 사법심사의 대상이 아니라는 점에서 다르다.

(3) 판단여지의 적용영역 독일의 판례상 인정된 판단여지로는 ① 시험평가결정(예: 고등학교졸업시험, 변호사시험·의사시험 등 국가시험), ② 학교영역에서 시험유사의 결정(예: 유급결정·특별교육필요성심사결정), ③ 공무원법상 평가(예: 상관에 의한 부하공무원의 근무평가, 시보공무원평가, 공무원임용시 적성·능력의 평가), ④ 전문가와 이익대표자로 구성되는 독립의 위원회의 결정(예: 인사평가위원회의 평가, 독립의 전문감정위원회에 의한 건축사자격평가, 청소년 유해도서의 해당 여부의 평가, 보호대상문화재의 해당 여부의 평가), ⑤ 특히 환경법과 경제법영역에서 미래의 사실관계에 대한 고려하에서의 예측적 결정과 위험의 평가(예: 예측적 결정의 경우로서 택시업지원자의 기능능력과 택시신규허가를 통한 공공의 교통상의 이익의 침해에 대한 평가, 위험의 평가의 경우로 원자력작업장운영시의 위험에 대한 사전대비의 평가), ⑥ 특히 행정정책적인 종류의 불확정개념과 관련한 결정(예: 공무원의 전보를 위해 근무상의 필요성을 평가하기 위한 기준으로서의 행정청의 인사계획) 등을 볼 수 있다.

(4) 판단여지의 한계 판단여지가 인정되는 영역에서도 ① 절차규정을 준수하였는

지(예: 국가시험의 출제시에 법이 정한 출제과정을 거쳤는지의 여부), ② 정당한 사실관계에서 출발하였는지(예: 공무원의 근무평가시 1년 동안 관찰한 내용을 판단의 대상으로 한 것인지, 아니면 우연히 1회적인 실수만을 평가의 대상으로 한 것인지의 여부 등), ③ 일반적으로 승인된 평가의 척도(예: 평등원칙)를 따른 것인지 여부는 사법심사의 대상이 된다는 것이 판단여지설의 내용이다.

5. 판례의 태도

판례는 판단여지를 재량으로 이해하고, 따라서 판단여지에 대한 사법심사방법도 재량에 대한 사법심사의 문제로 본다.

▌대판 2023. 2.2 , 2020두4372(국토계획법 제56조 제1항에 따른 개발행위허가요건에 해당하는지 여부는 행정청의 재량판단의 영역에 속하므로, 그에 대한 사법심사는 행정청의 공익판단에 관한 재량의 여지를 감안하여 원칙적으로 재량권의 일탈이나 남용이 있는지 여부만을 대상으로 하고, 사실오인과 비례 · 평등의 원칙 위반 여부 등이 그 판단 기준이 된다).

Ⅲ. 기속행위와 재량행위

도로교통법 제93조(운전면허의 취소 · 정지) ① 지방경찰청장은 운전면허(연습운전면허는 제외한다. 이하 이 조에서 같다)를 받은 사람이 다음 각 호의 어느 하나에 해당하면 행정안전부령으로 정하는 기준에 따라 운전면허(운전자가 받은 모든 범위의 운전면허를 포함한다. 이하 이 조에서 같다)를 취소하거나 1년 이내의 범위에서 운전면허의 효력을 정지시킬 수 있다. 다만, 제 2 호, 제 3 호, 제 7 호, 제 8 호, 제 8 호의2, 제 9 호(정기 적성검사 기간이 지난 경우는 제외한다), 제14호, 제16호, 제17호, 제20호의 규정에 해당하는 경우에는 운전면허를 취소하여야 하고(제 8 호의2에 해당하는 경우 취소하여야 하는 운전면허의 범위는 운전자가 거짓이나 그 밖의 부정한 수단으로 받은 그 운전면허로 한정한다), 제18호의 규정에 해당하는 경우에는 정당한 사유가 없으면 관계 행정기관의 장의 요청에 따라 운전면허를 취소하거나 1년 이내의 범위에서 정지하여야 한다.

14. 이 법에 따른 교통단속 임무를 수행하는 경찰공무원등 및 시 · 군공무원을 폭행한 경우
15. 운전면허증을 다른 사람에게 빌려주어 운전하게 하거나 다른 사람의 운전면허증을 빌려서 사용한 경우

1. 기속행위와 재량행위의 의의

(1) 기속행위의 개념 甲이 도로교통법에 따라 교통단속 임무를 수행하는 경찰공무원을 폭행한 경우, 지방경찰청장은 도로교통법 제93조 제 1 항 단서 및 제14호에 근거하여 甲의 운전면허를 취소하여야 한다. 지방경찰청장은 甲에 대하여 운전면허의 취소 또는 1년 이내의 범위에서 운전면허의 정지처분 중 선택이 아니라 반드시 면허취소처분을 하여야 한다. 이와 같이 행정청이 다수의 효과 중에서 하나의 효과를 선택할 수 없고, 행정청은 반드시 기계적으로 특정의 효과를 부여하여야 하는 행위를 기속행위라 한다. 일반론적으로 말한다면, 법규상의 구성요건에서 정한 요건이 충족되면 행정청이 반드시 어떠한 행위를 발령하

거나 발령하지 말아야 하는 행위, 즉 법의 기계적인 집행으로서의 행정행위를 기속행위라 한다. 기속행위는 행정청에 선택의 자유가 인정되지 아니한다.

(2) 재량행위의 개념 乙이 자신의 운전면허증을 다른 사람에게 빌려주어 운전하게 하였다면, 지방경찰청장은 도로교통법 제93조 본문 및 제15호에 근거하여 행정안전부령이 정하는 기준에 의하여 운전면허를 취소하거나 1년 이내의 범위에서 운전면허의 효력을 정지시킬 수 있다. 즉, 지방경찰청장은 甲에 대하여 운전면허의 취소 또는 1년 이내의 범위에서 운전면허의 정지처분 중에서 선택하여 행정처분을 할 수 있다. 이와 같이 행정청이 다수의 효과 중에서 특정의 효과를 선택할 수 있는 행위를 재량행위라 한다. 선택을 재량이라 하고, 선택할 수 있는 권능을 재량권이라 한다. 일반론적으로 말한다면, 법규상의 구성요건에서 정한 요건이 충족되었다고 하여도 행정청이 다수의 효과 중에서 하나를 선택할 수 있는 행위를 재량행위라 한다.

(3) 의무에 합당한 재량 재량권의 행사는 행정의 고유영역에 속한다. 그렇다고 재량권의 행사가 행정청이 마음대로 할 수 있다는 것(임의, 자의)을 의미하는 것은 아니다. 재량권의 행사는 재량권을 부여한 입법의 취지 · 목적 · 성질과 당해 처분에 관련된 본질적인 관심사에 대한 고려하에 행사되어야 한다. 따라서 재량은 언제나 '의무에 합당한 재량'이다(대판 2006. 9. 28, 2004두5317). 의무에 합당한 재량은 '법에 구속된 재량'이라고도 한다. 순수한 의미의 자유재량은 법치국가에서 있을 수 없다.

2. 기속행위와 재량행위의 구별필요성

행정심판법 제 1 조와 제 5 조 제 1 호 등에 의하면 행정심판은 위법한 처분 외에 부당한 처분도 대상으로 하지만, 행정소송법 제 1 조와 제 4 조 제 1 호 등에 의하면, 행정소송은 위법한 처분만을 대상으로 하고 부당한 처분은 대상으로 하지 아니한다. 행정심판법에서 사용된 "부당한"이라는 용어는 "비합목적적인"이라는 의미로 이해되고 있다. 부당 내지 비합목적적이란 재량권의 행사에 있어서 합리성을 다소 결한 경우(예: 영업정지 1월이 가장 합리적이지만, 40일 영업정지처분을 한 경우)를 의미한다. 재량권의 행사에 있어서 합리성을 과다하게 결한 경우, 즉 재량권행사에 일탈이나 남용이 있는 경우(예: 영업정지 1월이 가장 합리적이지만, 영업정지 2월도 아닌 영업허가취소처분을 한 경우)에는 위법이 된다. 행정소송법 제27조가 "행정청의 재량에 속하는 처분이라도 재량권의 한계를 넘거나 그 남용이 있는 때에는 법원은 이를 취소할 수 있다"라고 하는 것은 재량권의 행사에 있어서 합리성을 과다하게 결한 경우인 재량권의 일탈과 남용의 경우는 위법이 되어 행정소송의 대상이 된다는 것을 의미한다.

행정쟁송의 유형	행정쟁송의 대상
행정심판	기속위반의 위법한 처분＋위법한 재량처분(재량권의 일탈과 남용) ＋부당한 재량처분(비합목적적 재량행사)
행정소송	기속위반의 위법한 처분＋위법한 재량처분(재량권의 일탈과 남용)

[예] 건축법 제11조 제 1 항과 제 4 항에 비추어 일반건축물의 건축허가는 기속행위이고, 숙박용 건물의 건축허가는 재량행위이다. ① 甲이 요건을 구비하여 일반건축물의 건축허가를 신청하였음에도 행정청이 건축허가를 거부하였다면, 건축허가거부처분은 위법한 것이 된다. 甲으로서는 취소심판이나 취소소송을 통해 거부처분의 취소를 구할 수 있다. 그러나 ② 乙이 요건을 구비하여 숙박용 건물의 건축허가를 신청하였음에도 행정청이 건축허가를 거부하였다고 하여도, 건축허가거부처분이 반드시 위법한 것이라 말하기 어렵다. 건축허가거부처분에 단순히 부당한(비합목적적인) 재량행사가 있었다면, 건축허가거부처분은 부당한 행위가 되어 행정심판의 대상은 되지만 행정소송의 대상은 되지 아니한다. 그러나 건축허가거부처분에 재량권의 행사에 일정한 한계를 벗어난 잘못, 즉 재량권의 일탈이나 남용이 있다면 건축허가거부처분은 위법한 행위가 되어 행정심판의 대상은 물론이고 행정소송의 대상이 된다. 따라서 사법심사와 관련하여 기속행위와 재량행위를 구별할 필요가 있다.

▪ 건축법 제11조(건축허가) ① 건축물을 건축하거나 대수선하려는 자는 특별자치시장·특별자치도지사 또는 시장·군수·구청장의 허가를 받아야 한다. 다만, 21층 이상의 건축물 등 대통령령으로 정하는 용도 및 규모의 건축물을 특별시나 광역시에 건축하려면 특별시장이나 광역시장의 허가를 받아야 한다.

④ 허가권자는 제 1 항에 따른 건축허가를 하고자 하는 때에 「건축기본법」 제25조에 따른 한국건축규정의 준수 여부를 확인하여야 한다. 다만, 다음 각 호의 어느 하나에 해당하는 경우에는 이 법이나 다른 법률에도 불구하고 건축위원회의 심의를 거쳐 건축허가를 하지 아니할 수 있다.

1. 위락시설이나 숙박시설에 해당하는 건축물의 건축을 허가하는 경우 해당 대지에 건축하려는 건축물의 용도·규모 또는 형태가 주거환경이나 교육환경 등 주변 환경을 고려할 때 부적합하다고 인정되는 경우

3. 기속행위와 재량행위의 구별기준

(1) 법문에서 명시된 경우 앞에서 살펴본 도로교통법 제93조 제 1 항과 같이 법률 자체가 명백히 기속행위와 재량행위를 구분하여 규정하고 있는 경우에는 기속행위와 재량행위의 구별에 어려움이 없다.

(2) 법문에서 명시되지 아니한 경우

(가) 문제상황 예컨대, 식품접객업을 하려면 식품위생법 제37조 제 1 항에 근거하여 허가를 받아야 한다. 그런데 식품위생법은 '식품접객업을 하고자 하는 자는 … 허가를 받아야 한다'고 규정하고 있을 뿐, '식품접객업을 하고자 하는 자가 허가를 신청하면, … 허가를 하여야 한다' 또는 '식품접객업을 하고자 하는 자가 허가를 신청하면, … 허가를 할 수 있다'라고 규정하고 있지는 않다. 이와 같이 법률 자체가 명백히 기속행위와 재량행위를 구분하여 규정하고 있지 아니한 경우에는 해석을 통해서 구별할 수밖에 없다.

▪ **식품위생법 제37조(영업허가 등)** ① 제36조 제 1 항 각 호에 따른 영업 중 대통령령으로 정하는 영업을 하려는 자는 대통령령으로 정하는 바에 따라 영업 종류별 또는 영업소별로 식품의약품안전처장 또는 특별자치시장·특별자치도지사·시장·군수·구청장의 허가를 받아야 한다. 허가받은 사항 중 대통령령으로 정하는 중요한 사항을 변경할 때에도 또한 같다.

(나) **구별기준** 이러한 경우에 있어서 양자의 구별에 관한 학설과 판례의 표현방식은 다양하지만, 결론적으로는 "어느 행정행위가 기속행위인지 재량행위인지는 당해 처분의 근거가 되는 규정의 체재 · 형식과 그 문언, 당해 행위가 속하는 행정 분야의 주된 목적과 특성, 당해 행위 자체의 개별적 성질과 유형 등을 모두 고려하여 개별적으로 판단하여야 한다(대판 2020. 6. 4, 2015두39996)"는 입장을 취한다. 본서는 이러한 입장을 종합설이라 부른다. 종합설에 의하여도 구분이 용이하지 아니한 경우에는 헌법상 최상위의 조항인 헌법 제10조와 제37조 제 2 항 및 행정행위의 내용 · 성질에서 그 기준을 찾아야 한다. 즉 '기본권의 최대한 보장'이라는 헌법상 명령과 행정행위의 '공익성'을 재량행위와 기속행위의 구분기준으로 하여야 한다(기본권기준설). 따라서 기본권의 보장이 보다 강하게 요청되는 경우에는 사인의 기본권실현에 유리하게 판단하고, 공익실현이 보다 강하게 요청되는 경우에는 공익실현에 유익하도록 판단하여야 한다고 본다.

[예] ① 유흥주점영업의 허가의 경우에는 기본권(직업선택의 자유)이 보다 중요하므로 반드시 허가하는 것이 기본권의 최대한의 보장에 부합하는 것인바, 기속행위로 보아야 한다. 판례의 입장도 같다. 한편, ② 여객자동차운송사업의 면허(특허)의 경우에는 공익실현이 보다 중요하므로 행정청이 공익실현을 위해 합리적이고도 자유로운 판단을 할 수 있어야 하는바, 재량행위로 보아야 한다. 판례의 입장도 같다.

■ 참고 ■

판례는 "건축허가권자는 건축허가신청이 건축법 등 관계 법규에서 정하는 어떠한 제한에 배치되지 않는 이상 당연히 같은 법조에서 정하는 건축허가를 하여야 하고, 중대한 공익상의 필요가 없는데도 관계 법령에서 정하는 제한사유 이외의 사유를 들어 요건을 갖춘 자에 대한 허가를 거부할 수는 없다"고 한다(대판 2009. 9. 24, 2009두8946; 대판 2017. 5. 30, 2017두34087; 대판 2019. 10. 31, 2017두74320 등). 기본권기준설의 입장에서 보면, 판례는「일반적으로는 기본권의 보장이 강하게 요청되는 행위(기속행위)일지라도 특별한 상황에서는 공익실현이 더 절실히 요구되는 경우(재량행위)가 있을 수 있다」는 견해를 취한다고 본다. 특별한 상황의 설정은 예외적이어야 한다. 그렇지 않다면 기본권의 보장은 상대화될 수 있다.

4. 재량행사

(1) 적정한 재량행사 행정청은 재량이 있는 처분을 할 때에는 관련 이익을 정당하게 형량하여야 하며, 그 재량권의 범위를 넘어서는 아니 된다(행정기본법 제21조). 일련의 유사한 사건에서 행정청이 유사한 방법으로 재량권을 행사하였으면, 평등원칙에 의거하여 특별한 사유가 없는 한 행정청은 후행의 유사사건에도 동일한 결정을 하여야 한다.

[예] 단란주점업자인 甲과 乙이 각각 2명의 청소년에게 맥주 2병씩을 팔았다면, 甲이 乙보다 악질이라는 등의 특별한 사정이 없는 한, 행정청은 甲과 乙에게 동일한 행정처분을 하여야 하며, 甲에게는 영업허가취소를 하고 乙에게는 영업정지처분을 하는 등의 불평등한 행정처분을 하여서는 아니 된다.

(2) 영으로의 재량수축 외관상 행정청에게 재량권이 있다고 하여도 사람의 생명이나 신체가 중대한 위험에 직면한 경우에는 재량권이 없다고 보아야 할 때도 있다. 이를 영(Zero)으로의 재량수축이라 부른다. 예컨대 아래의 경찰관 직무집행법 제 4 조 제 1 항 제 1 호는 「경찰관은 '술취한 상태로 인하여 자기의 생명·신체에 위해를 미칠 우려가 있는 자'에 대하여 경찰관서에 보호하는 등 '적당한 조치를 할 수 있다'」고 규정하고 있지 「… 적당한 '조치를 취하여야 한다'」라고 규정하고 있지 않다. 말하자면 경찰관 직무집행법 제 4 조 제 1 항 제 1 호는 경찰관에게 재량권을 부여하고 있다. 그러나 경우에 따라서는 「… 적당한 '조치를 취하여야 한다'」라고 새겨야 할 때도 있다.

▪ **경찰관 직무집행법 제 4 조(보호조치등)** ① 경찰관은 수상한 행동이나 그 밖의 주위 사정을 합리적으로 판단해 볼 때 다음 각 호의 어느 하나에 해당하는 것이 명백하고 응급구호가 필요하다고 믿을 만한 상당한 이유가 있는 사람(이하 "구호대상자"라 한다)을 발견하였을 때에는 보건의료기관이나 공공구호기관에 긴급구호를 요청하거나 경찰관서에 보호하는 등 적절한 조치를 할 수 있다.

1. 정신착란을 일으키거나 술에 취하여 자신 또는 다른 사람의 생명·신체·재산에 위해를 끼칠 우려가 있는 사람

[예] 영하 20도의 추운날씨에 술취한 甲이 도로에서 잠들어 있는 것을 새벽 2시에 경찰관 A가 보았다고 하자. 이러한 경우, 경찰관 직무집행법 제 4 조 제 1 항 제 1 호가 경찰관에게 재량권을 부여하고 있다고 하여 경찰관 A가 甲에 대하여 '적당한 조치를 할 수 있고 아니할 수도 있다'고 말할 수는 없다. 경찰관 A는 甲에 대하여 반드시 '적당한 조치를 하여야 한다'고 보아야 한다. 이러한 경우가 영으로의 재량수축에 해당한다. 만약 경찰관 A가 적당한 조치를 하지 아니하여 甲이 사망하였다면, 경찰관 A가 적당한 조치를 하지 아니한 부작위는 위법한 것이 되고, 甲의 유족은 국가배상법 제 2 조에 근거하여 국가를 상대로 국가배상(손해배상)을 청구할 수도 있다.

5. 재량하자

(1) 의 의 행정청은 재량권이 주어진 목적과 한계 내에서 재량권을 행사하여야 한다. 도로교통법 제93조 제 1 항이 "지방경찰청장은 운전면허(연습운전면허를 제외한다. 이하 이 조에서 같다)를 받은 사람이 다음 각 호의 어느 하나에 해당하면 행정안전부령으로 정하는 기준에 따라 운전면허(운전자가 받은 모든 범위의 운전면허를 포함한다. 이하 이 조에서 같다)를 취소하거나 1년 이내의 범위에서 운전면허의 효력을 정지시킬 수 있다 …"고 규정한 것은 ① 도로교통법을 위반한 자에 대한 응징과 교화, 도로교통의 원활, 그리고 도로교통문화의 향상 등의 목적을 위해, ② 운전면허의 취소 또는 1년 이내의 범위에서 운전면허의 효력정지처분을 할 수 있는 재량권을 부여한 것이므로, 지방경찰청장은 이러한 목적과 범위 안에서 재량권을 행사하여야 한다. 만약 이러한 목적과 한계를 벗어나면 재량하자가 있는 것이 되고, 그것은 위

법한 것이 되어 사법심사의 대상이 된다는 것은 실정법(행소법 제27조) · 이론 · 판례가 모두 인정하고 있다. 재량하자는 재량행위에서의 문제이지, 기속행위와는 아무런 관련이 없다. 재량하자에는 재량권의 일탈 · 재량권의 남용 · 재량권의 불행사의 3가지가 있다.

▌대판 2019. 7. 11, 2017두38874(처분의 근거 법령이 행정청에 처분의 요건과 효과 판단에 일정한 재량을 부여하였는데도, 행정청이 자신에게 재량권이 없다고 오인한 나머지 처분으로 달성하려는 공익과 그로써 처분상대방이 입게 되는 불이익의 내용과 정도를 전혀 비교형량하지 않은 채 처분을 하였다면, 이는 재량권 불행사로서 그 자체로 재량권 일탈 · 남용으로 해당 처분을 취소하여야 할 위법사유가 된다).

(2) 재량권의 남용 행정청이 재량이 있는 처분을 할 때 관련 이익을 정당하게 형량하지 아니한 것을 재량권의 남용이라 한다(행정기본법 제21조). 달리 말하면, 재량권의 남용이란 법령상 주어진 재량권의 범위 내에서(이 점에서 재량권의 일탈과 다르다) 재량권이 고려되었으나(이 점에서 재량권의 불행사가 아니다) 잘못된 방향으로 사고되어 재량행사가 이루어지는 경우를 말한다. 재량권의 남용의 경우로 ① 평등위반의 재량행사, ② 비례원칙위반의 재량행사, ③ 비이성적인 형량에 따른 재량행사가 있다. ④ 사실의 오인에 기인한 재량행사도 재량권의 남용에 해당한다(대판 2018. 4. 24, 2016두40207).

[예] ① 甲과 乙이 동일한 장소에서 동시에 교통신호를 위반하였음에도 甲에게는 1월의 운전면허정지처분을 하고, 乙에게는 2월의 운전면허정지처분을 하였다면, 그것은 평등위반의 재량행사가 된다. ② 운전면허취득 후 20년 만에 처음으로, 그것도 실수로 교통신호를 위반한 丙에게 운전면허취소처분을 하였다면, 운전면허취소처분은 丙의 위반행위에 대한 제재적 처분으로서는 과다한 것으로서 비례원칙위반이 된다. 丙에 대해서는 1월의 운전면허정지처분만으로도 충분하다고 보기 때문이다. ③ 평소에 경찰에 대한 비판을 자주하는 사람이 교통신호를 위반하여 단속에 걸리자, 지방경찰청장은 그 사람이 경찰에 대하여 비협조적이라는 판단에서 운전면허취소처분을 한다면, 그것은 비이성적인 형량에 따른 재량행사가 된다. ④ 교통경찰관 A의 지시에 의하여 빨간신호등불이 켜져 있음에도 불구하고 丁이 운전하였는데, 교통경찰관 B가 교통경찰관 A의 지시가 있었음을 모르고 단속하여 지방경찰청장이 丁에게 운전면허정지처분을 하였다면, 그것은 사실의 오인에 기인한 재량행사가 된다.

(3) 재량권의 일탈 행정청이 재량이 있는 처분을 할 때 그 재량권의 범위를 넘어서는 것을 재량권의 일탈이라 한다(행정기본법 제21조). 달리 말하면, 재량권의 일탈이란 법령상 주어진 재량권의 범위를 벗어나서(이 점에서 재량권의 남용과 다르다) 재량권이 행사된 것(이 점에서 재량권의 불행사가 아니다)을 말한다.

[예] 도로교통법 제93조 제 1 항은 운전면허의 취소 또는 1년 이내의 범위에서 운전면허정지처분을 규정하고 있는데, 지방경찰청장이 음주운전을 한 사람에게 2년의 운전면허정지처분을 하였다면, 그것은 도로교통법 제93조 제 1 항이 규정한 재량권의 한계를 일탈한 것이 된다.

(4) 재량권의 불행사 재량권의 불행사란 행정청이 자신에게 부여된 재량권을 행사하지 아니하는 경우를 말한다. 여객자동차운수사업법이 정하는 여객자동차운수사업의 면허는 재량행위이다.

[예] 甲이 여객자동차운수사업법이 정하는 바에 따라 여객자동차운수사업의 면허를 신청하였으나 1년이 지나도 행정청이 아무런 조치를 취하지 아니한다면, 행정청은 재량권을 불행사하고 있는 것이 된다.

6. 기속행위와 재량행위에 대한 사법심사 방법

기속행위에 대한 사법심사는 그 법규에 대한 원칙적인 기속성으로 인하여 법원이 사실인정과 관련 법규의 해석 · 적용을 통하여 일정한 결론을 도출한 후 그 결론에 비추어 행정청이 한 판단의 적법 여부를 독자의 입장에서 판정하는 방식에 의하게 되나, 재량행위에 대한 사법심사는 행정청의 재량에 기한 공익판단의 여지를 감안하여 법원은 독자의 결론을 도출함이 없이 해당 행위에 재량권의 일탈 · 남용이 있는지 여부만을 심사하게 되고, 이러한 재량권의 일탈 · 남용 여부에 대한 심사는 사실오인, 비례 · 평등의 원칙 위배 등을 그 판단 대상으로 한다(대판 2016. 1. 28, 2015두52432).

제 3 항 행정행위의 내용

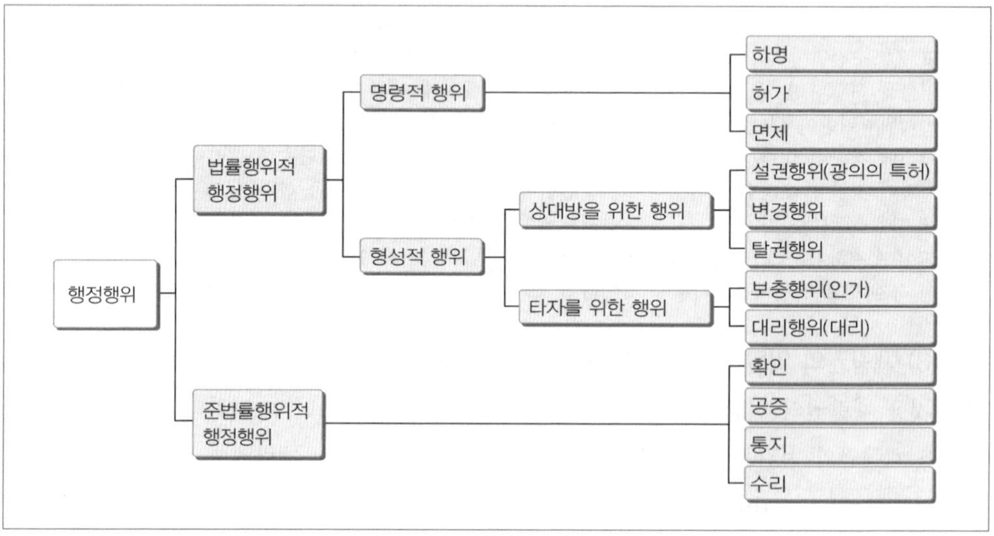

제 1 목 명령적 행위

명령적 행위란 사인이 원래부터 갖고 있는 자연적 자유를 제한하여 일정한 행위를 할 의무를 부과하거나 또는 부과된 의무를 해제하는 행위를 말한다. 말하자면 명령적 행위는 자연적 자유를 제한하거나 그 제한을 해제하는 행위를 말한다. 명령적 행위는 하명 · 허가 · 면제로 구분된다.

Ⅰ. 하 명

1. 의 의

하명이란 작위 · 부작위 · 급부 · 수인을 명하는 행정행위를 말한다. ① 작위하명은 "불법 건물을 철거하라"는 처분과 같이 적극적으로 행위를 할 것을 명하는 행정행위를 말한다. ② 부작위하명은 "재난지역에 출입하지 말라"는 처분과 같이 소극적으로 행위를 하지 말 것을 명하는 행정행위를 말한다. ③ 급부하명이란 "세금 100만원을 납부하라"는 처분과 같이 급부행위(납부행위)를 명하는 행정행위를 말한다. ④ 수인하명이란 참을 것을 명하는 처분을 말한다. 예컨대 행정대집행법 제 4 조 제 3 항에 따라 대집행책임자가 자신이 집행책임자라는 것을 표시한 증표를 이해관계인에게 제시하면, 그 이해관계인은 집행책임자의 대집행의 실행에 대하여 참아야 한다.

■ **행정대집행법 제 4 조(대집행의 실행 등)** ③ 대집행을 하기 위하여 현장에 파견되는 집행책임자는 그가 집행책임자라는 것을 표시한 증표를 휴대하여 대집행시에 이해관계인에게 제시하여야 한다.

2. 특 징

① 하명은 개인의 자연적 자유를 제한하여 의무를 부과시키는 행위이므로 헌법 제37조 제 2 항에 근거하여 반드시 법령의 근거를 필요로 한다(법률의 유보). ② 하명은 그 내용에 따라 작위의무(예: 철거의무) · 부작위의무(예: 출입하지 말아야 할 의무) · 급부의무(예: 세금 100만원을 납부할 의무) · 수인의무(예: 출입과 조사를 참아야 할 의무)를 발생시킨다. ③ 하명에 의거하여 발생한 의무를 이행하지 아니하면 행정상 강제집행(예: 철거의무를 불이행하면 구청에서 강제철거하고, 세금을 납부하지 아니하면 세무서장이 강제로 징수한다) 또는 행정벌(예: 출입하면 처벌하고, 참지 않고 방해하면 처벌한다)이 가해지는 것이 일반적이다. ④ 위법한 하명으로 권리(법률상 이익)가 침해된 자는 취소소송이나 무효등확인소송 등을 제기하여 위법상태를 제거할 수 있고, 손해배상청구소송을 제기하여 손해를 배상받을 수 있다.

Ⅱ. 허 가

1. 의 의

(1) 상대적 금지해제 도로교통법은 도로상에서 아무나 마음대로 운전하는 것을

금지하고 있다. 운전을 하고자 하면 도로교통법이 정하는 바에 따라 면허시험에 합격한 후 운전면허를 받아야 한다. 이와 같이 법령(예: 도로교통법)에 의해 개인의 자연적 자유(예: 운전의 자유)가 제한되고 있는 경우(예: 운전금지)에 그 제한을 해제하여 자연의 자유를 적법하게 행사할 수 있도록 회복하여 주는 행정행위(예: 운전면허)를 허가(許可)라 한다. 인신매매는 반인륜적인 것이어서 절대적으로 금지되어야 하는바, 인신매매의 허가는 있을 수 없다. 이와 같이 절대적 금지는 허가의 대상이 되지 아니한다. 허가는 상대적 금지의 경우에만 가능하다.

(2) 위험방지 도로교통법이 도로상에서 아무나 마음대로 운전하는 것을 금지하는 것은 도로상에서 위험을 방지하기 위함이고, 식품위생법이 아무나 마음대로 음식점을 운영하는 것을 금지하는 것은 식품위생상 위험을 방지하기 위한 것이다. 따라서 허가는 위험의 방지를 목적으로 금지하였던 바를 해제하는 행위인 예방적 금지해제이다. 학문상 위험방지작용을 경찰이라 부르는바, 허가는 경찰허가로 불리기도 한다. 허가는 학문상 용어이다. 허가는 법령상 허가, 면허, 특허, 처분 등으로 불리기도 한다. 법령에서 어떻게 표현되든 상대적 금지해제를 내용으로 한다면, 그것은 허가에 해당한다.

2. 법적 근거

(1) 법령의 개정과 근거법 허가의 신청 후, 그러나 행정처분 전에 법령의 개정으로 허가기준에 변경이 있게 되면, 허가는 원칙적으로 개정법령에 따라야 한다. 판례의 입장도 같다(대판 2006. 8. 25, 2004두2974). 그러나 허가신청 후 상당한 기간이 경과하도록 신청에 대한 처분이 이루어지지 아니하고 있는 동안에 법령이 개정되었다면, 행정청은 신청인이 신법에 따른 보완을 할 수 있는 기회를 부여하여야 할 것이다.

(2) 행정권에 의한 허가요건의 추가 허가의 구체적인 요건은 법률에서 규정되어야 한다(대판 1981. 1. 27, 79누433). 허가요건의 추가는 바로 기본권의 제한(제한의 신설, 제한의 강화 등)에 해당하기 때문이다. 따라서 법률의 근거 없이 행정권이 독자적으로 허가요건을 추가한다면, 그것은 헌법 제37조 제2항의 위반이 된다.

3. 종류(대인적 허가 · 대물적 허가 · 혼합적 허가)

(1) 의 의 허가는 대상에 따라 대인적 허가 · 대물적 허가 · 혼합적 허가로 구분된다. ① 대인적 허가란 허가요건이 특정인의 능력 · 기술 같은 주관적인 사항인 경우를 말한다. 예컨대, 대인적 허가의 예가 되는 운전면허를 받기 위해서는 면허시험을 치러야 하는데, 면허시험은 면허신청자의 능력을 확인하기 위한 주관적 요건이다. ② 대물적 허가란 허가요건이 객관적 · 물적인 사항을 말한다. 예컨대, 대물적 허가의 예가 되는 건축허가를 받기 위해서는 설계도면을 제출하여야 하는데, 설계도면은 건축물의 안전 등을 확인하기 위한 객

관적 · 물적 요건이다. 어떠한 사람이 건축허가를 신청하였는가는 중요하지 않다. ③ 혼합적 허가란 허가요건이 주관적 사항과 객관적 · 물적인 사항에 걸치는 허가를 말한다. 예컨대, 혼합적 허가의 예가 되는 원자력발전소의 건설과 운영을 허가받으려면, 원자력발전소의 시설 자체의 안전에 관한 사항도 확보하여야 하고, 아울러 원자력발전소를 실제로 관리할 원자력 전문가도 확보하여야 하는데, 시설 자체의 안전에 관한 사항은 객관적 · 물적인 요건이고, 원자력전문가의 확보는 주관적 요건이다.

(2) 구별하는 의미 허가를 대상에 따라 대인적 허가 · 대물적 허가 · 혼합적 허가로 구분하는 것은 허가대상의 양도성과 관련하여 의미를 갖는다. ① 운전면허나 의사면허와 같은 대인적 허가는 양도와 친하지 않다. 예컨대 의사인 甲이 사망한다고 하여 의사면허의 효과(의사자격)가 甲의 자녀에게 이전하지 아니한다. 운전면허를 가진 乙이 사망한다고 하여 운전면허의 효과가 乙의 자녀에게 이전하지 아니한다. 특정 '사람'에게만 허락한 것이기 때문이다. ② 건축허가와 같은 대물적 허가는 대상물건의 양도와 함께 그 효과가 이전된다. 예컨대 甲이 건축허가를 받아 건축한 건물을 乙에게 양도하면, 甲이 받은 건축허가의 효과는 당연히 乙에게 이전한다. ③ 혼합적 허가의 경우에는 한마디로 할 수 없다. 일반적으로 말해 주관적 요건을 구비한 자에 대한 양도의 경우에는 허가의 효과가 이전된다고 볼 것이다.

4. 성 질

(1) 기속행위와 재량행위 허가가 기속행위인지 아니면 재량행위인지의 여부는 개별 법령이 정하는 바에 의한다. 법조문의 표현상 그 성질이 불분명한 경우에는 해석문제가 된다. 아래의 건축법상 건축허가의 성질을 중심으로 살펴보자.

> **■ 건축법 제11조(건축허가)** ① 건축물을 건축하거나 대수선하려는 자는 특별자치시장·특별자치도지사 또는 시장·군수·구청장의 허가를 받아야 한다. 다만, 21층 이상의 건축물 등 대통령령으로 정하는 용도 및 규모의 건축물을 특별시나 광역시에 건축하려면 특별시장이나 광역시장의 허가를 받아야 한다.
> ④ 허가권자는 제 1 항에 따른 건축허가를 하고자 하는 때에 「건축기본법」 제25조에 따른 한국건축규정의 준수 여부를 확인하여야 한다. 다만, 다음 각 호의 어느 하나에 해당하는 경우에는 이 법이나 다른 법률에도 불구하고 건축위원회의 심의를 거쳐 건축허가를 하지 아니할 수 있다.
> 1. 위락시설이나 숙박시설에 해당하는 건축물의 건축을 허가하는 경우 해당 대지에 건축하려는 건축물의 용도·규모 또는 형태가 주거환경이나 교육환경 등 주변 환경을 고려할 때 부적합하다고 인정되는 경우

① 건축법 제11조 제 4 항 제 1 호는 숙박시설용 건축물의 건축허가를 명시적으로 재량행위로 규정하고 있다. 그러나 ② 건축법 제11 조 제 1 항은 일반 건축물의 건축허가의 성질을 명시적으로 밝히고 있지 않다. 생각건대 건축은 기본적으로 개인의 자유의 영역에 속하는 것이므로 일반 건축물의 건축허가의 성질은 「기본권의 최대한의 보장」이라는 헌법원리에서 판단

하여야 하는데, 건축의 허가는 자유의 회복을 의미하고, 자유의 회복을 반드시(의무적 · 기속적) 보장하는 것이 기본권의 최대한의 보장이므로 일반건축물의 건축허가는 기속행위로 볼 것이다.

(2) 명령적 행위와 형성적 행위 ① 전통적 견해와 판례는 허가를 예방적 차원에서 금지를 해제하여 자연의 자유를 되돌려줄 뿐이라 한다(명령적 행위설). ② 허가는 새로운 권리를 설정하는 행위, 즉 형성적 행위라는 견해도 있다(형성적 행위설). ③ 오늘날의 다수 견해는 허가가 소극적으로는 금지를 해제하는 의미(예: 단란주점허가로 인해 단란주점 무단영업금지의 해제), 즉 명령적 행위의 의미도 갖고, 적극적으로 법적 지위를 창설하는 의미(예: 단란주점허가로 허가를 받은 자가 고객과 법률관계(거래행위)를 형성할 수 있는 지위 취득) 즉, 형성적 의미도 갖는다고 본다(양면성설, 병존설). ③의 견해가 타당하다.

5. 요 건

허가에 관해 규정하는 개별 법령을 살펴보면, 허가요건에 관한 규정내용은 아주 다양하다. 그러나 그 허가요건을 분석해보면, 그 요건은 모두 무위험성 · 신뢰성 · 전문성의 3가지에 관련된 것이다. ① 건축법상 건축허가에 설계도면을 요구하는 것이나 식품위생법상 식품접객업의 허가에 일정한 시설을 요구하는 것은 건축물의 무위험성 내지 안전성을 심사하기 위한 것이고, ② 식품위생법을 위반한 이유로 식품접객업의 허가가 취소된 자는 일정한 기간 영업허가를 신청할 수 없도록 하는 것은 식품접객업자의 신뢰성을 심사하기 위한 것이고, ③ 도로교통법상 운전면허에 자동차운전면허시험이 요구되고, 식품위생법상 식품접객업의 허가에 자격증을 가진 조리사 등을 요구하는 것은 전문성을 심사하기 위한 것이다.

6. 효 과

(1) 기본권회복 - 법률상 이익 허가로 인한 이익은 2가지 방향에서 검토를 요한다. 허가(예: 식품접객업의 허가)로 인해 피허가자(예: 식품접객업자)는 자유(예: 직업 · 영업의 자유)를 회복하게 된다. 이것은 제한된 기본권[예: 헌법 제15조(모든 국민은 직업선택의 자유를 가진다)가 규정하는 직업선택의 자유]의 회복을 의미한다. 기본권의 회복은 헌법에서 보장하는 이익의 회복이므로, 그것은 당연히 법률상 이익에 해당한다. 따라서 허가요건을 구비한 허가신청에 대한 거부는 법률상 이익에 대한 위법한 침해가 되는바, 취소소송의 대상이 된다.

(2) 경영상 이익 - 반사적 이익 한편, 허가는 금지를 해제하여 피허가자로 하여금 어떠한 행위를 할 수 있는 가능성을 부여할 뿐, 그 행위와 관련된 이익을 법적으로 보장하는 것은 아니다. 허가로 인해 경영상 이익을 얻는다면, 그러한 이익은 반사적 이익이지 법적으로 보호되는 이익이 아니다. 예컨대 단란주점영업자 甲의 영업장 바로 옆에 乙이 신규로 단란주점영업을 허가받아 영업을 하게 되면 甲에게 경제상 불이익(손해)이 발생하지만, 그렇다

고 허가권자나 신규업자인 乙이 甲의 손해를 물어주어야 하는 것은 아니다. 허가영업을 경영함으로써 얻는 이익은 사실상의 이익이지 법적으로 보장되는 이익은 아니기 때문이다. 따라서 설령 허가권자가 乙에게 내준 허가가 위법하다고 하여도 甲은 乙에 대한 허가의 취소를 구할 수 없다. 왜냐하면 취소소송(행정소송)은 법률상 이익이 있는 자만이 제기할 수 있기 때문이다(행소법 제12조).

▪ **행정소송법 제12조(원고적격)** 취소소송은 처분등의 취소를 구할 법률상 이익이 있는 자가 제기할 수 있다. …

7. 허가의 변동

(1) 허가의 갱신 허가의 기간에 제한이 있는 경우에 종전 허가의 효력을 지속시키기 위하여는 허가의 갱신이 필요하다(예: 총포·도검·화약류 등의 안전관리에 관한 법률 제16조 제 1 항). 허가의 갱신은 종전의 허가의 효력을 지속시키는 것이지, 그것과 무관한 새로운 행위가 아니다(대판 1982. 7. 27, 81누174; 대판 1984. 9. 11, 83누658). 허가의 갱신제도는 허가의 요건에 대한 판단이 장기적인 관점에서 이루어지기 곤란하고 오히려 비교적 단기간에 반복적으로 판단할 필요가 있는 경우에 도입된다.

▪ **총포·도검·화약류 등의 안전관리에 관한 법률 제16조(총포 소지허가의 갱신)** ① 제12조에 따라 총포의 소지허가를 받은 자는 허가를 받은 날부터 3년마다 이를 갱신하여야 한다.

허가의 갱신은 기한의 도래 전에 이루어져야 함이 원칙이다. 기한의 도래 전에 갱신이 이루어지면, 갱신 전후의 행위는 하나의 행위가 된다. 기한의 도래 후에 갱신신청을 하였고, 갱신이 이루어지면, 갱신 전후의 행위는 별개의 행위로 볼 것이다. 말하자면 종전의 허가가 기한의 도래로 실효한 후에 이루어진 신청에 따른 허가는 갱신허가가 아니고 별개의 새로운 행위이다(대판 1995. 11. 10, 94누11866).

(2) 허가의 소멸 ① 철회사유가 발생하면 허가는 철회될 수 있다. 다만 철회함에 있어서는 철회의 법적 근거·사유 등을 명확히 하여야 한다. 가분성 또는 특정성이 있는 처분의 경우에는 허가의 일부철회도 가능하다(대판 1995. 11. 16, 95누8850). ② 대인적 허가의 경우, 사망은 허가의 효과의 소멸을 가져온다. 대물적 허가의 경우, 허가대상의 멸실은 허가의 효과의 소멸을 가져온다. 그러나 대물적 허가의 경우, 허가받은 자의 변경이 허가의 효과에 당연히 영향을 미친다고 보기 어렵다.

(3) 허가영업의 양도와 지위승계 허가영업양도 후 영업양도 전에 있었던 양도인의 법위반행위를 이유로 양수인에 대해 제재처분을 발령할 수 있는지가 문제된다.

■ 참고 ■

영업양도의 경우, 양도인의 위법행위를 근거로 양수인에게 제재처분을 할 수 있는가의 문제인 제재사유의 승계문제(영업자의 지위승계, 위법의 승계)가 발생할 수 있다. 제재사유의 승계문제는 개별 법령상 양도인의 지위승계에 관한 명문규정은 있으나, 제재사유의 승계에 관한 명문의 규정이 없는 경우, 지위승계규정이 양도인에 대한 제재사유의 승계에 관한 근거가 될 수 있는가의 문제이다. 양자를 모두 규정하는 법률도 있다(예: 식품위생법 제39조, 제78조, 석유 및 석유대체연료 사업법 제 7 조, 제 8 조).

(가) 학 설 논리상 ① 당해 허가영업의 성질이 대물적 허가인지 대인적 허가인지로 나누어 대물적 허가인 경우에는 제재사유가 승계되지만 대인적 허가인 경우에는 승계되지 않는다는 견해, ② 허가의 이전이 가능한지의 여부와 행정제재사유의 이전이 가능한지는 별개의 문제라는 전제하에, 제재사유(제재처분이 부과된 원인)가 물적 사정에 관련되는 경우에는 그 사유가 양수인에게 승계되는 것으로 보아야 하나, 양도인의 자격상실이나 부정영업 등 인적인 사유인 경우에는 원칙적으로 그 사유가 승계되지 않는다는 견해, ③ 양도인의 법위반행위로 인해 발령된 제재처분의 성질이 대물적 처분인지 대인적 처분인지로 나누어 전자는 승계되나 후자는 승계되지 않는다는 견해가 주장 가능하다.

(나) 판 례 판례는 ①설의 입장에서 석유판매업허가를 대물적 허가로 보아 양수인의 석유판매업허가를 취소한 예(대판 1986. 7. 22, 86누203)와 ③설의 입장에서 공중위생영업정지처분이 대물적 처분임을 근거로 양수인의 영업을 정지한 예(대판 2001. 6. 29, 2001두1611)가 있다.

(다) 사 견 허가제도의 취지는 확보되어야 한다는 점에서 볼 때, 제재사유가 물적인 경우와 제재처분의 성질이 물적인 경우 모두 승계된다고 볼 것이다. 승계로 인해 양수인이 입는 피해는 양수인과 양도인 사이에서 해결되어야 할 것이다.

■ **식품위생법 제78조(행정 제재처분 효과의 승계)** 영업자가 영업을 양도하거나 법인이 합병되는 경우에는 제75조 제 1 항 각 호, 같은 조 제 2 항 또는 제76조 제 1 항 각 호를 위반한 사유로 종전의 영업자에게 행한 행정 제재처분의 효과는 그 처분기간이 끝난 날부터 1년간 양수인이나 합병 후 존속하는 법인에 승계되며, 행정 제재처분 절차가 진행 중인 경우에는 양수인이나 합병 후 존속하는 법인에 대하여 행정 제재처분 절차를 계속할 수 있다. 다만, 양수인이나 합병 후 존속하는 법인이 양수하거나 합병할 때에 그 처분 또는 위반사실을 알지 못하였음을 증명하는 때에는 그러하지 아니하다.

8. 무허가행위

허가를 받은 후에 할 수 있는 행위를 허가를 받지 아니하고 행하면, 일반적으로 행정상 강제 또는 행정벌이 가해진다. 경우에 따라서는 무효가 되기도 한다. 예컨대 도시지역에서 건축허가를 받지 아니하고 일반건축물을 건축하면, 3년 이하의 징역 또는 5억원 이하의 벌금에 처하고(건축법 제108조 제 1 항), 또한 철거명령의 대상이 되며(건축법 제79조 제 1 항), 운전면허를 받지 아니하고 운전을 하면, 1년 이하의 징역이나 300만원 이하의 벌금에 처한다(도로교통법 제152조 제 1 호).

9. 인허가의 의제

(1) 의 의 인허가의제란 하나의 인허가(이하 "주된 인허가"라 한다)를 받으면 법률로 정하는 바에 따라 그와 관련된 여러 인허가(이하 "관련 인허가"라 한다)를 받은 것으로 보는 것을 말한다(행정기본법 제24조 제 1 항). 예를 들어 건축법 제11조 제 5 항 제 9 호는 「건축법 제11조 제 1 항에 따른 건축허가를 받으면, 도로법 제61조에 따른 도로의 점용 허가를 받은 것으로 본다」고 규정하고 있는데, 이와 같이 특정한 허가(예: 건축허가. 본조항은 이를 주된 인허가라 부른다)를 받으면 다른 특정한 허가(예: 도로점용허가. 본 조항은 이를 관련 인허가라 부른다)도 받은 것으로 보는 것을 허가의 의제라 한다. 이러한 의제는 신고·인가·등록 등의 경우에도 활용되기 때문에 인허가의제라는 용어가 널리 사용되고 있다.

(2) 인허가의제의 취지 하나의 사업을 위해 여러 종류의 인허가를 받아야 하는 경우, 모든 인허가절차를 거치게 되면 많은 시간, 많은 비용이 소요되는 등 민원인에게 많은 불편이 따르게 되는데, 이를 시정하여 민원인에게 편의를 제공하고자 하는 것이 인허가의제를 두는 취지이다.

▌대판 2018. 7. 12, 2017두48734(중소기업창업법 제35조 제 1 항의 인허가의제 조항은 창업자가 신속하게 공장을 설립하여 사업을 개시할 수 있도록 창구를 단일화하여 의제되는 인허가를 일괄 처리하는 데 그 입법 취지가 있다).

(3) 인허가의제의 요건 ① 실체적 요건의 문제로서, 관련 인허가도 해당 법령(예: 건축법 제11조 제 1 항에 따른 건축허가를 받으면, 도로법 제61조에 따른 도로의 점용 허가를 받은 것으로 본다는 경우, 도로법이 인허가 관련 법령이다)에 따른 실체적 요건을 충족하여야 한다(행정기본법 제24조 제 4 항).

▌대판 2021. 4. 29, 2020두55695(일정한 건축물에 관한 건축신고는 건축법 제14조 제 2 항, 제11조 제 5 항 제 3 호의 인허가의제로 인해 건축법상 건축신고와 「국토의 계획 및 이용에 관한 법률」(이하 '국토계획법'이라고 한다)상 개발행위허가의 성질을 아울러 갖게 되므로, 국토계획법상의 개발행위허가를 받은 것으로 의제되는 건축신고가 국토계획법령이 정하는 개발행위허가기준을 갖추지 못한 경우 행정청으로서는 이를 이유로 그 수리를 거부할 수 있다).

② 절차의 간소화 등을 내용으로 하는 인허가의제 제도의 취지에 비추어, 주된 인허가 행정청은 관련 인허가의 절차적 요건을 준수하여야 하는 것은 아니다. 그럼에도 개별 법률에서 인허가의제 시 관련 인허가에 필요한 심의, 의견 청취 등 절차를 거친다는 명시적인 규정이 있는 경우는 이를 거쳐야 한다(행정기본법 제24조 제 5 항 단서).

(4) 인허가의제의 효과 인허가의제의 효과는 주된 인허가의 해당 법률에 규정된 관련 인허가에 한정된다(행정기본법 제25조 제 2 항). 따라서 인허가의제가 있는 경우, 관련 인허가 효과가 미치는 범위에 대한 판단은 주된 인허가의 해당 법률을 기준으로 하여야 한다. 따

라서 관련 인허가의 근거 법률에 규정된 권리제한이나 의무부과에 관한 사항은 의제된 인허가에 적용되지 않는다. 개별 법률에 명시적 규정이 있으면, 그 명시적 규정에 의할 것이다.

10. 유사제도와 비교

(1) 신고와 비교

㈎ **수리를 요하지 않는 신고와 비교** 수리를 요하지 않는 신고는 신고행위 그 자체만으로 금지가 해제된다. 물론 신고는 도달하여야 효력이 발생한다. 예컨대 체육시설의 설치 · 이용에 관한 법률상 신고업인 골프연습장업은 영업신고를 하고 신고가 도달하면 적법하게 영업을 할 수 있다.

㈏ **수리를 요하는 신고(등록)와 비교** 수리를 요하는 신고는 행정청의 수리행위가 있어야만 금지가 해제된다. 수리를 요하는 신고는 등록이라 불리기도 한다. 그렇다고 등록이 언제나 수리를 요하는 신고를 뜻하는 것은 아니다. 체육시설의 설치 · 이용에 관한 법률상 등록업인 골프장업은 등록(신고 또는 신청 후 수리)이 되면, 적법하게 영업을 할 수 있다. 허가의 요건에 대한 행정청의 심사는 실질적 심사이지만, 등록(수리를 요하는 신고)에 있어서 등록의 요건에 대한 행정청의 심사는 형식적 심사인 점에서 양자는 차이가 있다. 형식적 심사란 외형적인 심사를 말한다.

[예1] 월간지 등 정기간행물을 발간하려고 하면, 잡지 등 정기간행물의 진흥에 관한 법률에 따라 동법 제15조 제 1 항이 정하는 등록사항을 등록하여야 한다. 등록사항 중 제 5 호를 제외한 제 1 호, 제 2 호, 제 3 호, 제 4 호, 제 6 호의 내용은 형식적인 것이므로, 심사에 어려움이 없다. 문제는 제 5 호의 경우이다. 제 5 호의 심사와 관련하여 2가지의 심사방법이 있을 수 있다. 즉, ① 하나는 관할 행정청이 제 5 호를 심사함에 있어서 등록신청인이 기재한 내용이 외관상 적법한 것인가의 여부만을 심사하는 방법이다. 이것을 형식적 심사라 한다. ② 또 하나는 관할 행정청이 등록신청서에 기재된 내용이 외관상 적법하지만, 장차 그 월간지가 발간되면 도색잡지로 변질될 수 있을 것인지의 내용까지 심사하는 방법이다. 이것을 실질적 심사라 한다. 등록요건의 심사는 형식적 심사에 머물러야 한다. 만약 외관상 적법함에도 불구하고, 그 월간지가 발간되면 도색잡지로 변질될 수도 있을 것이라는 이유로 발행목적이나 발행내용에 문제가 있다고 등록을 거부한다면, 그것은 헌법 제21조 제 1 항과 제 2 항에 위반된다.

■ **잡지 등 정기간행물의 진흥에 관한 법률 제15조(등록)** ① 잡지를 발행하고자 하는 자는 대통령령으로 정하는 바에 따라 다음 각 호의 사항을 주된 사무소의 소재지를 관할하는 특별자치시장 · 특별자치도지사 · 시장 · 군수 · 구청장(자치구의 구청장을 말하며, 이하 "시장 · 군수 · 구청장"이라 한다)에게 등록하여야 한다. 등록된 사항을 변경하고자 할 때에도 또한 같다. 다만, 국가 또는 지방자치단체가 발행 또는 관리하거나 법인, 그 밖의 기관·단체가 그 소속원에게 무료로 보급할 목적으로 발행하는 경우와 대통령령으로 정하는 잡지는 그러하지 아니하다.

1. 제호
2. 종별 및 간별
3. 발행인 및 편집인의 성명, 생년월일, 주소. 다만, 외국 잡지의 내용을 변경하지 아니하고 국내에서 그대로 인쇄·배포하는 경우를 제외한다.

4. 발행소 및 발행소의 소재지
5. 발행목적과 발행내용
6. 무가 또는 유가 발행의 구분

▪ **헌법 제21조** ① 모든 국민은 언론·출판의 자유와 집회·결사의 자유를 가진다.
② 언론·출판에 대한 허가나 검열과 집회·결사에 대한 허가는 인정되지 아니한다.

[예2] 건축허가의 경우에 제출되는 설계도면에 대한 심사는 실질적 심사이어야 한다. 말하자면 설계도대로 건축을 한 경우에 건축물의 안전에 문제가 없는지의 여부를 내용적으로 심사하여야 한다. 요컨대 허가의 요건에 대한 행정청의 심사는 실질적 심사이지만, 등록(수리를 요하는 신고)에 있어서 등록의 요건에 대한 행정청의 심사는 형식적 심사이다.

(2) 예외적 승인과 비교 예외적 승인은 절대적 금지(예: 인신매매)가 아닌 억제적인 금지를 예외적으로 해제하는 것을 말한다(예: 치료목적의 아편사용허가). 즉, 예외적 승인은 일반적으로 금지를 예정하면서 예외적으로 금지를 해제하는 경우를 말한다. 이에 반해 허가는 일반적으로 해제가 예정되어 있는 경우의 금지를 해제하는 것, 즉 예방적 금지해제를 의미한다. 예외적 승인은 사회적으로 유해한 행위를 대상으로 하고, 허가는 위험방지를 대상으로 한다. 예외적 승인을 예외적 허가라고도 한다.

Ⅲ. 면 제

면제란 작위의무·수인의무·급부의무를 특정한 경우에 해제하여 주는 행위를 말한다. 작위의무의 면제의 예로 공작물철거의무의 면제를 볼 수 있고, 수인의무의 면제의 예로 세무조사를 면제함으로써 세무조사에 수인하여야 할 의무를 면제하는 경우를 볼 수 있고, 급부의무의 면제의 예로 공립학교 학생에 대한 등록금납부의무의 면제를 볼 수 있다. 의무해제라는 점에서 면제는 허가와 같은 것이나, 허가의 경우는 그 대상이 부작위의무라는 점이 다를 뿐이다.

제 2 목 형성적 행위

형성적 행위는 자연적 자유의 회복이 아니라 사인에 대하여 특별한 권리·능력 기타 법적 지위를 설정·변경·박탈하는 행위를 말한다. 형성적 행위는 ① 직접 상대방을 위한 행위, ② 他者를 위한 행위로 구분된다. ①은 다시 설권행위·변경행위·탈권행위로 구분되고, ②는 다시 보충행위인 인가와 공법상 대리행위로 구분된다.

A. 상대방을 위한 행위

Ⅰ. 권리설정행위 – 협의의 특허(설권행위 1)

1. 의 의

특정인에게 특정한 권리를 설정하는 행위를 권리설정행위라 한다. 좁은 의미의 특허라고도 한다. 실정법상으로 면허·허가 등으로 불린다. 여객자동차 운수사업법상 운송사업면허, 광업법에 따른 광업권의 허가, 수산업법에 따른 어업면허, 공유수면 관리 및 매립에 관한 법률에 의한 공유수면매립면허 등이 협의의 특허에 해당한다.

[예] 여객자동차운수사업법에 따라 자동차운수사업면허를 받은 자는 운수사업을 독점적으로 경영할 수 있는 독점적 경영권을 취득하게 된다. 甲은 연세대학교 앞을 기점으로 하고 서울대학교 앞을 종점으로 하는 버스운송사업의 면허를 받아 버스운송사업을 경영하고 있는데, 乙이 버스운송사업의 면허를 받지도 않고 甲과 같은 노선으로 버스운송사업을 하였다면, 乙은 甲의 독점적 경영권을 침해한 것이 되고, 甲은 乙에게 피해의 배상을 요구할 수 있다.

▌대판 2010. 1. 28, 2009두4845(재개발조합설립인가신청에 대한 행정청의 조합설립인가처분은 단순히 사인들의 조합설립행위에 대한 보충행위로서의 성질을 가지는 것이 아니라 법령상 일정한 요건을 갖추는 경우 행정주체(공법인)의 지위를 부여하는 일종의 설권적 처분의 성질을 가진다)(**해운대구 우동6구역 재개발정비사업조합설립인가 사건**).

2. 특 징

① 행정행위로서의 특허는 언제나 출원(신청)을 전제로 한다. 허가는 신청 없이 발령되지만(예: 통행금지해제로서 통행허가), 특허는 신청 없이 발령되는 경우는 없다. ② 특허는 언제나 특정인을 상대방으로 한다. ③ 특허가 협력(신청)을 요하는 행정행위(쌍방적 행정행위)인가, 아니면 공법상 계약인가에 관해 견해의 대립이 있었으나, 오늘날에는 협력(신청)을 요하는 행정행위로 보는 것이 일반적이다. ④ 명문의 규정이 없는 한 특허는 원칙적으로 재량행위이다.

▌대판 2017. 4. 28, 2017두30139(공유수면 관리 및 매립에 관한 법률에 따른 공유수면의 점용·사용허가는 특정인에게 공유수면 **이용권이라는 독점적 권리를 설정**하여 주는 처분으로서 그 처분 여부 및 내용의 결정은 **원칙적으로 행정청의 재량**에 속하고, 이와 같은 재량처분에 있어서는 그 재량권 행사의 기초가 되는 사실인정에 오류가 있거나 그에 대한 법령적용에 잘못이 없는 한 그 처분이 위법하다고 할 수 없다).

3. 효 과

(1) 기본권회복 – 법률상 이익 특허로 인한 이익은 2가지 방향에서 검토를 요한다. 특허로 인해 소극적으로 상대방은 자유를 회복하게 된다. 이것은 제한된 기본권의 회복

(예: 여객자동차운송사업면허의 경우에 운송사업이라는 직업의 자유, 어업권의 면허의 경우에 어업이라는 직업의 자유)을 의미한다. 기본권의 회복은 헌법에서 보장하는 이익의 회복이므로, 그것은 당연히 법률상 이익에 해당한다. 따라서 요건을 구비한 특허신청에 대한 거부는 법률상 이익의 침해가 되는바, 취소소송의 대상이 된다. 다만 특허가 재량행위인 경우에는 무하자재량행사청구권이 문제된다.

(2) 경영상 이익 – 법률상 이익 특허로 인해 적극적으로 새로운 법적인 힘이 발생한다(예: 여객자동차운송사업면허의 경우에 독점적 경영권, 어업권의 면허의 경우에 어업권). 따라서 행정청이 경쟁자인 제 3 자에게 위법하게 특허를 하면, 경쟁자는 이를 행정쟁송으로 다툴 수 있다.

[예] 甲이 연세대학교 앞을 기점으로 하고 서울대학교 앞을 종점으로 하는 버스운송사업의 면허를 받아 버스운송사업을 경영하고 있는데, 행정청이 요건이 미비된 乙에게 위법하게 甲과 동일한 노선의 버스운송사업의 면허를 하였다면, 甲은 행정청을 피고로 하여 乙에 대한 버스운송사업면허의 취소를 구하는 소송을 제기할 수 있다.

4. 허가와 특허의 비교

항목	허가	특허
제도의 예	단란주점영업허가	버스운송사업면허
제도의 목적	경찰목적(소극적 위험방지)	복리목적(적극적 복지증진)
행위의 성질	기속행위의 성격이 강하다	재량행위의 성격이 강하다
	명령적 행위로 이해되고 있다	형성적 행위로 이해되고 있다
행위의 요건	비교적 확정적	비교적 불확정적
행위의 효과	자유의 회복－법률상 이익	자유의 회복－법률상 이익
	경영상 이익－반사적 이익	경영상 이익－법률상 이익
국가의 감독	소극적이다	적극적이다

Ⅱ. 기타 설정행위(설권행위 2)

1. 능력설정행위

법률행위의 주체가 될 수 있는 능력인 권리능력이나 법적 행위를 할 수 있는 능력인 행위능력의 설정은 법률에 의해 이루어지고 있다(예: 민법에서 자연인과 법인에 관한 규정을 볼 수 있고, 한국은행법 · 한국토지주택공사법 등 개별 법률에서 공법인의 법인격에 관한 규정을 볼 수 있다). 법률에 직접 근거하지 않고 행정행위에 근거하는 예는 찾을 수 없다.

2. 포괄적 법률관계설정행위

권리와 의무를 포괄적으로 설정하는 행위를 포괄적 법률관계설정행위라 한다. 행정행위를 통해 법률관계가 포괄적으로 이루어지는 예를 귀화허가(헌재 2016. 7. 28, 2014헌바421)나 공무원임명의 경우에 볼 수 있다. 외국인 A에게 귀화허가를 하면 A는 한국인으로서의 모든 권리와 의무를 갖게 되며, 甲을 공무원으로 임명하면 甲은 공무원으로서의 모든 권리와 의무를 갖게 된다.

B. 타자를 위한 행위

Ⅰ. 인가(보충행위)

1. 의 의

행정청이 타자의 법률행위(예: 사립학교법인의 이사회의 임원선임행위)를 동의(예: 사립학교법 제20조 제 2 항의 승인)로써 보충하여 그 행위의 효력을 완성시켜주는 행정행위를 인가라 한다. 인가의 예로 고등교육법상 사립대학의 설립인가(고등교육법 제 4 조 제 2 항 참조), 민법상 재단법인의 정관변경허가(민법 제45조 제 3 항), 부동산 거래신고 등에 관한 법률상 토지거래허가(부동산 거래신고 등에 관한 법률 제11조 제 1 항) 등을 볼 수 있다.

[예] 미성년자가 다른 사람과 법률행위(예: 계약체결)를 할 때에는 미성년자의 법정대리인이 미성년자를 도와주는 것처럼, 국가나 지방자치단체도 사인간의 관계에 개입하여 사인간의 법관계를 도와주는 경우가 있다. 예컨대 사립학교법인의 임원(이사와 감사)은 이사회에서 선임하지만, 관할청(사립의 초등학교·중학교·고등학교 등은 특별시·광역시·도의 교육감, 사립의 대학·산업대학·전문대학 등은 교육부장관)의 승인을 받아야 취임할 수 있다. 사립학교법인의 임원의 취임에 앞서 관할청의 승인을 얻도록 한 것은 사립학교법인의 임원과 사립학교 학생 사이에 관할청이 끼어들어 사립학교가 학생들에게 잘못이 없도록 하기 위함이다.

▪ 사립학교법 제20조(임원의 선임과 임기) ① 임원은 정관이 정하는 바에 의하여 이사회에서 선임한다.
② 임원은 관할청의 승인을 얻어 취임한다. 이 경우 교육부장관이 정하는 바에 따라 인적사항을 공개하여야 한다.

▮ 대판 2021. 2. 10, 2020두48031(구 「도시 및 주거환경정비법」에 기초하여 주택재개발정비사업조합이 수립한 사업시행계획은 관할 행정청의 인가·고시가 이루어지면 이해관계인들에게 구속력이 발생하는 독립된 행정처분에 해당하고, 관할 행정청의 사업시행계획 인가처분은 사업시행계획의 법률상 효력을 완성시키는 보충행위에 해당한다).

2. 특 징

① 인가는 언제나 처분(행정행위)의 형식으로 행한다. 법령에 의한 인가는 없다. ② 인가의 대상은 언제나 법률행위이다. 인가는 사실행위를 대상으로 하지는 아니한다. ③ 인가는 언제나 신청(출원)을 전제로 한다. ④ 인가에 의해 기본적인 법률행위는 효과를 발생한다. 예컨대, 학교법인 이사회에서 선출된 자는 관할청이 승인을 함으로써 사립학교법인의 임원으로서의 지위를 갖게 된다.

3. 기본행위와 인가행위의 관계

(1) 기본행위 - 적법, 인가행위 - 적법 기본행위가 적법하고 인가행위도 적법하면, 전체로서 당해 행위는 유효하다. 아무런 문제가 없다. 예컨대 기본행위인 사립학교법인 이사회의 임원선임행위가 적법하고, 관할청의 인가행위(승인행위)가 적법하면, 전체로서 임원선임행위는 적법하다. 선임된 자는 임원으로서 적법하게 행위할 수 있다.

(2) 기본행위 - 적법, 인가행위 - 위법(취소) 기본행위가 적법하지만 인가행위가 취소할 수 있는 행위이면, 인가가 취소될 때까지는 유인가행위로서 효력을 갖는다. 예컨대 기본행위인 사립학교법인 이사회의 임원선임행위가 적법하여도, 관할청의 인가행위(승인행위) 자체가 위법하여 취소할 수 있는 행위인 경우에는 인가행위가 취소될 때까지는 인가 있는 행위로서 효력을 갖는다. 선임된 자는 임원으로서 적법하게 행위할 수 있다.

(3) 기본행위 - 적법, 인가행위 - 위법(무효) 기본행위가 적법하나 인가행위가 무효이면, 무인가행위가 된다. 무인가행위는 전체로서 유효한 행위로 성립되지 아니한다. 예컨대 기본행위인 사립학교법인 이사회의 임원선임행위가 적법하여도, 관할청의 인가행위(승인행위) 자체가 위법하여 무효이면, 전체로서 임원선임행위는 유효한 행위로 되지 아니한다. 선임된 자는 임원으로서 적법하게 행위할 수 없다.

(4) 기본행위 - 위법, 인가행위 - 유효 기본행위가 위법할 때, 유효한 인가가 있어도 기본행위가 유효한 것이 될 수 없다. 예컨대 기본행위인 사립학교법인 이사회의 임원선임행위가 위법하면, 관할청의 인가행위(승인행위) 자체가 적법하다고 하여도, 임원선임행위가 적법한 것이 될 수 없다. 선임된 자는 임원으로서 적법하게 행위할 수 없다.

기본행위	인가행위	효과
적법	적법	전체로서 임원선임행위는 적법 · 유효하다.
적법	위법(취소)	인가가 취소될 때까지 인가 있는 행위로서 효력을 갖는다.
적법	위법(무효)	전체로서 임원선임행위는 적법 · 유효한 것이 아니다.
위법	적법+위법	임원선임행위가 유효한 행위가 되지 아니한다.

4. 쟁송방법

(1) 기본행위에 하자가 있는 경우 기본행위(예: A선임행위)에 하자가 있는 경우에는 기본행위를 다투어야 하며, 인가행위(관할청의 승인행위)를 다툴 것은 아니다. 판례의 입장이다.

▌대판 2021. 2. 10, 2020두48031(기본행위인 사업시행계획에는 하자가 없는데 보충행위인 인가처분에 고유한 하자가 있다면 그 인가처분의 무효확인이나 취소를 구하여야 할 것이지만, 인가처분에는 고유한 하자가 없는데 사업시행계획에 하자가 있다면 사업시행계획의 무효확인이나 취소를 구하여야 할 것이지 사업시행계획의 무효를 주장하면서 곧바로 그에 대한 인가처분의 무효확인이나 취소를 구하여서는 아니 된다).

[예] 기본행위로서 甲사립학교법인 이사회가 A를 위법하게 임원으로 선임하였고, 이에 대하여 관할청인 서울특별시교육감이 甲사립학교법인 이사회의 선임행위가 잘못된 것인지 모르고, A의 선임행위를 승인하였다고 하자. 이러한 경우에 A의 취임을 반대하는 甲사립학교법인 이사회의 이사 乙은 甲사립학교법인 이사회가 A를 임원으로 선임한 것이 위법하다고 주장하면서, 민사법원에 가서 다투어야지, 서울특별시교육감의 승인행위가 위법하다고 주장하면서 행정법원에 가서 다툴 수는 없다.

(2) 인가행위에 하자가 있는 경우 기본행위(예: A선임행위)에는 잘못이 없고, 다만 인가행위(관할청의 승인행위)에 잘못이 있다면, 당연히 행정법원에서 인가행위를 다투어야 한다.

Ⅱ. 대 리

예컨대, A가 세금을 납부하지 아니하면 세무서장이 강제징수를 하게 되는데, 강제징수 절차 중에는 세무서장이 A의 재산을 공매하는 경우가 있다. 세무서장의 공매는 세무서장이 A를 대신하여 A의 재산을 매각한 것이 된다. 이와 같이 공법상 행정주체(예: 국가를 대표하여 세무서장)가 제 3 자(예: A)가 할 행위(예: 공매행위)를 대신하여 행한 경우에 그 효과(예: 판매수익)를 직접 제 3 자(예: A)에게 귀속하게 하는 제도를 공법상 대리(公法上 代理)라 한다. 일반적으로 대리(代理)란 甲이 타인(乙)을 위한 것임을 표시하면서 자기(甲)의 이름으로 법률행위를 하되, 그 효과는 乙에게 귀속하게 하는 것을 말하는데, 이러한 대리의 의미는 공법이나 사법에서 동일하다. 다만 공법상 대리는 그 원인이 공법적이라는 점에서 다를 뿐이다.

제 3 목 준법률행위적 행정행위

① 세무서장이 甲에게 100만원의 세금을 납부하라고 고지서를 보내면, 甲은 세무서장의 의사에 따라 100만원의 세금을 납부하여야 한다. 그러나 ② 서울특별시가 분양하는 아파트분양의 청약을 위해 동장으로부터 주민등록등본(용도: 아파트분양청약용)을 발급받았다고 하여 당연히 아파트를 분양받는 것이 아니다. 주민등록등본은 동장의 의사와 관계없이 주민등록법

에 따라 등록되어 있는 내용을 공적으로 증명할 뿐이다. ①과 같이 행정청의 의사대로 법적 효과가 발생하는 행정행위를 법률행위적 행정행위라 하고, ②와 같이 행정청의 의사와는 무관하게 일정한 법적 효과가 발생하는 행정행위를 준법률행위적 행정행위라 한다. 준법률행위적 행정행위에는 확인 · 공증 · 통지 · 수리가 있다.

Ⅰ. 확 인

1. 의 의

선거구선거관리위원회의 당선인 결정과 같이 특정의 사실 또는 법률관계의 존재 여부를 공권적으로 판단하여 이것을 확정하는 행위를 확인이라 한다. 실정법상으로는 재결 · 재정 · 특허 등 여러 가지 용어가 사용되고 있다. 확인행위는 기존의 사실 또는 법률관계의 존재여부를 판단하는 것일 뿐, 새로운 법관계를 창설하는 것은 아니다. 확인행위는 준사법적 행위, 법선언행위라고도 한다. 확인행위로는 교과서검인정, 소득세부과를 위한 소득액의 결정, 법관계에 관한 확인을 위한 무효등확인심판의 재결 등을 볼 수 있다.

[예] 공직선거법상 선거구선거관리위원회는 당해 국회의원 지역구 선거에서 유효투표의 다수를 얻은 자를 당선인으로 결정하고 공고한다. 여기서 당선인결정이라는 것은 후보자 중에서 누가 가장 많은 득표를 하였는가를 공적으로 확인하는 행위이다.

▪ 공직선거법 제188조(지역구국회의원당선인의 결정 · 공고 · 통지) ① 지역구국회의원선거에 있어서는 선거구선거관리위원회가 당해 국회의원지역구에서 유효투표의 다수를 얻은 자를 당선인으로 결정한다. 다만, 최고득표자가 2인 이상인 때에는 연장자를 당선인으로 결정한다.
⑥ 제 1 항 내지 제 4 항의 규정에 의하여 국회의원지역구의 당선인이 결정된 때에는 당해 선거구선거관리위원회위원장은 이를 공고하고 지체없이 당선인에게 당선증을 교부하여야 하며, 상급선거관리위원회에 보고하여야 한다.

2. 특 징

① 확인행위는 판단작용으로서 객관적 진실에 따라 결정되므로 성질상 기속행위로 보아야 한다. ② 확인은 언제나 처분의 형식으로 행한다. 법령에 의한 일반적인 확인은 없다. ③ 확인은 일정형식이 요구되는 요식행위임이 원칙이다(절차법 제24조 제 2 항). ④ 준법률행위적 행정행위로서 확인행위는 행정심판법과 행정소송법상 처분에 해당하므로 확인행위에 하자가 있다면 행정심판이나 행정소송을 통해 다툴 수 있다.

3. 효 과

① 확인행위는 존속력을 갖는다. 즉, 확인행위로 확정된 사실 또는 법관계는 권한 있는

기관에 의해 부인되지 않는 한, 누구도 그것을 임의로 변경할 수 없는 힘을 갖는다. 이것은 모든 확인행위에 공통된 효력이다. ② 그 밖의 확인행위의 효과는 개별 법률이 정하는 바에 따라 정해진다. 예로써 살펴보기로 한다. ③ 앞에서 본 바와 같이 공직선거법상 선거구선거관리위원회의 국회의원 당선인의 결정은 최고득표자의 확인일 뿐이다. 공직선거법 제188조 제 1 항에 따른 선거구선거관리위원회의 공고에 의해 당선인이 국회의원의 임기가 개시되는 것은 아니다. 당선인의 국회의원 임기개시는 공직선거법 제14조에 의한 것이다.

■ **공직선거법 제14조(임기개시)** ② 국회의원과 지방의회의원(이하 이 항에서 "의원"이라 한다)의 임기는 총선거에 의한 전임의원의 임기만료일의 다음 날부터 개시된다. 다만, 의원의 임기가 개시된 후에 실시하는 선거와 지방의회의원의 증원선거에 의한 의원의 임기는 당선이 결정된 때부터 개시되며 전임자 또는 같은 종류의 의원의 잔임기간으로 한다.

4. 특허법상 특허

특허법은 "자연법칙을 이용한 기술적 사상의 창작으로서 고도한 것"을 발명이라 하고(특허법 제 2 조), 특허를 받은 발명(발명특허)에 대해서는 일정한 기간 동안 그 특허발명을 실시할 권리를 독점한다(특허법 제94조). 여기서 발명특허라는 것은 그 대상이 "자연법칙을 이용한 기술적 사상의 창작으로서 고도한 것"이라는 것을 심사관이 확인하는 행위일 뿐이다(특허법 제66조). 발명특허를 받은 자가 '특허발명을 실시할 권리'를 갖는 것은 심사관의 특허행위에서 바로 생겨나는 것이 아니라, 특허법의 다른 조문, 즉 특허법 제87조, 제88조, 제94조 등에 의하여 발생한다. 따라서 형성적 행위로서 특허(예: 여객자동차운송사업의 면허)와 특허법상 발명특허의 성질은 구별되어야 한다.

■ **특허법 제 2 조(정의)** 이 법에서 사용하는 용어의 뜻은 다음과 같다.
1. "발명"이란 자연법칙을 이용한 기술적 사상의 창작으로서 고도(高度)한 것을 말한다.
2. "특허발명"이란 특허를 받은 발명을 말한다.
3. "실시"란 다음 각 목의 구분에 따른 행위를 말한다.
가. 물건의 발명인 경우: 그 물건을 생산·사용·양도·대여 또는 수입하거나 그 물건의 양도 또는 대여의 청약(양도 또는 대여를 위한 전시를 포함한다. 이하 같다)을 하는 행위

제66조(특허결정) 심사관은 특허출원에 대하여 거절이유를 발견할 수 없으면 특허결정을 하여야 한다.
제87조(특허권의 설정등록 및 등록공고) ① 특허권은 설정등록에 의하여 발생한다.
제88조(특허권의 존속기간) ① 특허권의 존속기간은 제87조 제 1 항에 따라 특허권을 설정등록한 날부터 특허출원일 후 20년이 되는 날까지로 한다.
제94조(특허권의 효력) 특허권자는 업으로서 특허발명을 실시할 권리를 독점한다. …

Ⅱ. 공 증

1. 의 의

특정의 사실 또는 법관계의 존재 여부를 공적으로 증명하는 행위를 공증이라 한다. 공증은 다만 어떠한 사실 또는 법관계가 진실이라고 인식하여 그것을 공적으로 증명하는 행위일 뿐이다. 그것이 진실이 아닐 수도 있다. 이 때문에 공증행위는 반증에 의해 전복될 수도 있다. 각종 허가증·여권·영수증 등의 발행도 공증행위에 해당한다.

[예] 국공립대학의 입학시험에 합격하면, 대학에서 합격자에게 합격증서를 준다. 합격증서는 입학시험에 합격하였다는 것을 공적으로 증명한다. 부동산등기부는 부동산의 소유권자 등에 관해 공적으로 증명한다. 국공립대학이 합격증서를 교부하는 것은 합격이라는 특정의 사실을 공적으로 증명하는 것이고, 등기소에서 부동산등기부를 교부하는 것은 소유권 등의 법관계를 공적으로 증명하는 것이다.

2. 특 징

① 공증행위 역시 관련법규의 내용상 명백한 것이 아닌 한 성질상 기속행위로 보아야 한다. 그리고 ② 공증행위는 행정절차법상 처분에 해당하므로 요식행위임이 원칙이다(절차법 제24조 제 1 항). ③ 준법률행위적 행정행위로서 공증은 행정심판법과 행정소송법상 처분에 해당하므로 공증행위에 하자가 있다면 행정심판이나 행정소송을 통해 다툴 수 있다.

3. 효 과

① 국회의원선거 등 공직선거에 투표하려면 선거인명부에 등록되어야 한다. 선거인명부에 등록되어 있다는 것은 유권자임을 공증하는 것이다. 이러한 경우에 공증(선거인명부에 등록)은 권리(선거권·투표권)의 행사요건이 된다. ② 광업권은 광업 원부에 등록하여야 하는데, 등록은 공증의 의미를 갖는 허가통지서를 받은 후에 한다. 이러한 경우에 공증(허가통지서)은 권리(광업권)의 설정요건이 된다. 이와 같이 공증행위는 권리설정요건(예: 광업원부에 등록)일 때도 있고, 권리행사요건(예: 선거인명부에 등록)일 때도 있으나, ③ 개개 공증행위의 효과는 개별법규정에 따라 정해진다. 반증이 없는 한 공적 증거력을 가짐은 모든 공증행위에 공통하는 효과이다.

▪ **광업법 제28조(광업권설정)** ① 광업출원인은 광업권설정의 허가통지서를 받으면 허가통지를 받은 날부터 60일 이내에 대통령령으로 정하는 바에 따라 등록세를 내고 산업통상자원부장관에게 등록을 신청하여야 한다.
제38조(광업권의 등록) ① 다음 각 호의 사항은 광업 원부에 등록한다. (각호 생략)

4. 각종 공부에의 등재행위의 성질

(1) 문제상황 준법률행위적 행정행위로서 공증행위는 실체적 권리관계에 변동을 가져오는, 즉 법적 효과를 가져오는 행위만을 말하지만, 각종 공적 장부에 대해서 공신력이 인정되지 않고, 또한 공부에의 등재행위나 변경행위에 있어서 담당 공무원들의 실질적 심사권도 인정되고 있지 않는 등의 특수한 사정이 있는 상황하에서 과연 공증행위가 항고소송의 대상이 되는 처분인지가 문제된다.

(2) 판 례 ① 종래 대법원은 각종 공부에의 등재행위는 행정사무집행의 편의와 사실증명의 자료로 삼기 위한 것이고 등재로 실체상의 권리관계에 변동을 가져오지 않으므로 처분이 아니라고 하였다(대판 1991. 9. 24, 91누1400). ② 그 후 헌법재판소가 지목등록변경신청거부행위를 항고소송의 대상인 거부처분으로 판단하자(헌재 1999. 6. 24, 97헌마315) 대법원도 지목변경신청거부처분취소소송에서, '지목은 공법상의 법률관계에 영향을 미치고, 토지소유자는 지목을 토대로 토지의 사용 · 수익 · 처분에 일정한 제한을 받으며, 토지소유자의 실체적 권리관계에 밀접하게 관련되어 있음'을 이유로 항고소송의 대상인 거부처분으로 보았다(대판 2004. 4. 22, 2003두9015). ③ 그리고 최근 대법원은 건축물대장의 용도변경신청거부를 '건축물의 용도는 토지의 지목에 대응하는 것으로서 건축물의 소유권을 제대로 행사하기 위한 전제요건으로서 건축물 소유자의 실체적 권리관계에 밀접하게 관련되어 있다'는 이유로 항고소송의 대상인 거부처분으로 보았으며(대판 2009. 1. 30, 2007두7277), 건축물대장의 작성신청거부도 '건축물대장의 작성은 건축물의 소유권을 제대로 행사하기 위한 전제요건으로서 건축물 소유자의 실체적 권리관계에 밀접하게 관련되어 있다'는 이유로 역시 항고소송의 대상인 처분으로 보았다(대판 2009. 2. 12, 2007두17359). ④ 그러나 무허가건물등재대장삭제행위는 '무허가건물에 대한 실체상의 권리관계에 변동을 가져오는 것이 아니라'는 이유로 항고소송의 대상인 처분이 아니라고 보았다(대판 2009. 3. 12, 2008두11525). 최근 대법원은 지적공부 소관청이 토지대장을 직권으로 말소한 행위를 항고소송의 대상이 되는 행정처분으로 보았다(대판 2013. 10. 24, 2011두13286).

(3) 사 견 각종 공부에의 등재행위는 행정소송법이 정하는 처분개념에 해당하지만, 그 등재행위 자체로서 법률관계를 직접 변동시키는 것으로 보기는 어렵다. 말하자면 취소소송을 형성소송으로 이해하는 한, 각종 공부에의 등재행위를 다투기는 어렵다. 다만 등재행위 자체로서 법률관계를 직접 변동시키는 경우에는 예외적으로 항고소송의 대상이 되는 처분으로 보아야 한다.

Ⅲ. 통 지

1. 의 의

법적 절차로서 특정인 또는 불특정다수인에게 어떠한 사실을 알리는 행위를 통지행위라 한다.

[예1] 불법건물을 강제로 철거하려면 우선 건물주에게 철거를 명하고, 건축주가 스스로 철거하지 아니하면 행정청이 강제로 철거하게 된다. 그런데 강제철거는 행정대집행법이 정하는 바에 의한다. 행정대집행법상 강제철거는 계고처분(행집법 제 3 조 제 1 항) → 대집행영장발부통보처분(행집법 제 3 조 제 2 항) → 대집행의 실행의 순서로 진행된다. 여기서 계고처분은 특정인에게 불법건물을 스스로 철거하고, 스스로 철거하지 아니하면 행정청이 철거하겠다는 사실을 알리는 행위이다.

▪ 행정대집행법 제 3 조(대집행의 절차) ① 전조의 규정에 의한 처분(이하 대집행이라 한다)을 하려함에 있어서는 상당한 이행기한을 정하여 그 기한까지 이행되지 아니할 때에는 대집행을 한다는 뜻을 미리 문서로써 계고하여야 한다. 이 경우 행정청은 상당한 이행기한을 정함에 있어 의무의 성질·내용 등을 고려하여 사회통념상 해당 의무를 이행하는 데 필요한 기간이 확보되도록 하여야 한다.
② 의무자가 전항의 계고를 받고 지정기한까지 그 의무를 이행하지 아니할 때에는 당해 행정청은 대집행영장으로써 대집행을 할 시기, 대집행을 시키기 위하여 파견하는 집행책임자의 성명과 대집행에 요하는 비용의 개산에 의한 견적액을 의무자에게 통지하여야 한다.

[예2] 법무부장관이 외국인 A의 한국인으로의 귀화를 결정하였을 때에는, 그 사실을 지체 없이 본인과 등록기준지 가족관계등록관서의 장에게 통보하고, 관보에 고시하여야 한다(국적법 시행령 제 5 조). 여기서 관보에 하는 귀화고시는 외국인 A의 한국인으로의 귀화를 결정하였다는 사실을 불특정다수인 국민들에게 알리는 행위이다.

2. 특 징

① 통지행위는 독립된 행위이기 때문에 행정행위의 적법요건으로서의 통지와 구별된다. 예컨대 납세고지서로 통지하는 행위는 납세의무를 발생시키는 과세처분의 한 부분이지 독립된 행위가 아니다. 따라서 납세고지서의 통지는 준법률행위적 행정행위로서 통지행위가 아니다. ② 준법률행위적 행정행위로서 통지란 독자적으로 법적 효과를 가져오는 행위만을 말한다. 예컨대 공무원은 정년에 달하면, 정년에 관한 통지를 받지 아니하여도 당연히 퇴직한다. 정년에 달한 공무원에게 정년통지를 하는 것은 정년에 달하였다는 사실을 단순히 알려줄 뿐이다. 정년통지와 같이 법적 효과를 가져오지 아니하는 단순한 사실로서 알리는 행위는 준법률행위적 행정행위로서 통지에 해당하지 아니한다. ③ 준법률행위적 행정행위로서 통지는 행정심판법과 행정소송법상 처분에 해당하므로 통지행위에 하자가 있다면 행정심판이나 행정소송을 통해 다툴 수 있다.

▌대판 2004. 4. 22, 2000두7735 전원합의체(기간제로 임용되어 임용기간이 만료된 국·공립대학의 조교수는 교원으로서의 능력과 자질에 관하여 합리적인 기준에 의한 공정한 심사를 받아 위 기준에 부합되면 특별한 사정이 없는 한 재임용되리라는 기대를 가지고 재임용 여부에 관하여 합리적인 기준에 의한 공정한 심사를 요구할 법규상 또는 조리상 신청권을 가진다고 할 것이니, 임용권자가 임용기간이 만료된 조교수에 대하여 재임용을 거부하는 취지로 한 임용기간만료의 통지는 위와 같은 대학교원의 법률관계에 영향을 주는 것으로서 행정소송의 대상이 되는 처분에 해당한다)(**김민수교수 재임용거부 사건**).

3. 효　과

통지행위에 어떠한 효과가 주어지는가는 개별법규가 정한 바에 따른다. 예컨대 ① 강제집행을 함에 있어서는 원칙적으로 계고처분을 거쳐야만 다음 절차인 대집행을 실행할 수 있고, ② 귀화의 경우에는 귀화허가를 고시하여야 귀화의 효과가 발생하며, ③ 납세자가 세금을 미납하여 세무서장이 강제징수를 하는 경우에는 통지행위인 납세의 독촉이 있은 후에라야 체납처분(압류+매각+청산)을 할 수 있는 것과 같다.

Ⅳ. 수　리

1. 의　의

관할 행정청이 골프장업의 등록을 받아들이거나 또는 교육감이 학원등록을 받아들이는 것과 같이, 행정청이 타인의 행위를 유효한 행위로 받아들이는 행위를 수리(受理)라 한다. 따라서 등록이란 수리를 요하는 신고라 부르기도 한다. 수리행위의 예로 각종의 원서·신청서·신고서·청구서 등을 받아들이는 경우를 볼 수 있다.

[예1] 골프장업을 하려면, 체육시설의 설치·이용에 관한 법률이 정한 요건을 구비하여 관할 행정청에 등록하여야 한다. 甲이 골프장업의 등록을 위해 등록신청을 하면, 관할 행정청은 「체육시설의 설치·이용에 관한 법률이 정한 요건」을 갖추었는지의 여부를 심사한 후, 갖추었다고 한다면, 甲의 신청을 받아들이게 된다.

[예2] 교습학원을 설립·운영하려고 하면, 학원의 설립·운영 및 과외교습에 관한 법률이 정하는 시설 및 설비를 갖추어 교육감에게 등록하여야 한다. 신청인이 학원등록을 위해 등록신청을 하면, 교육감은 「학원의 설립·운영 및 과외교습에 관한 법률이 정하는 시설 및 설비」를 갖추었는지의 여부를 심사한 후, 갖추었다고 한다면, 신청인의 신청을 받아들이게 된다.

▪ 학원의 설립·운영 및 과외교습에 관한 법률 제6조(학원 설립·운영의 등록) ① 학원을 설립·운영하려는 자는 제8조에 따른 시설과 설비를 갖추어 대통령령으로 정하는 바에 따라 설립자의 인적사항, 교습과정, 강사명단, 교습비등, 시설·설비 등을 학원설립·운영등록신청서에 기재하여 교육감에게 등록하여야 한다. 등록한 사항 중 교습과정, 강사명단, 교습비등, 그 밖에 대통령령으로 정하는 사항을 변경하려는 경우에도 또한 같다.

2. 특　징

① 수리행위는 하나의 의사작용인 까닭에 단순한 사실로서의 도달과 다르다. ② 여기서 수리는 준법률행위적 행정행위로서의 수리를 말하는바, 당구장업의 신고수리와 같은 자체완성적 사인의 공법행위에서 말하는 수리는 여기의 수리에 해당하지 아니한다. 당구장업의 신고는 당구장업신고서가 관할 행정청에 도달하면 발생하는 것이지, 관할 행정청이 수리하여야 비로소 신고의 효과가 발생하는 것은 아니다. 관할 행정청이 발행하는 당구장업신고필증은 단순한 사실작용에 불과하고, 당구장업신고필증을 받지 아니하여도 당구장업신고서가 관할 행정청에 적법하게 도달하였으면 당구장업을 할 수 있다.

3. 효　과

① 수리행위에 대해 어떠한 효과가 주어지는가는 개별법규가 정한 바에 따른다. 골프장업의 등록신청이 수리되기 전에는 골프장업을 경영할 수 없고, 학원의 등록신청이 수리되기 전에는 학원을 운영할 수 없는 것과 같이 수리가 있기 전까지는 일정행위가 금해지기도 한다. ② 수리를 요하는 신고인 등록신청의 수리가 거부되면, 행정심판이나 행정소송의 제기를 통해 등록거부처분(수리거부처분)을 다툴 수 있다. 예컨대 골프장업의 등록이 거부되면, 골프장업등록거부처분의 취소를 구하는 행정심판이나 행정소송을 제기할 수 있고, 학원의 등록신청이 거부되면 학원등록거부처분의 취소를 구하는 행정심판이나 행정소송을 제기할 수 있다.

제 4 항　행정행위의 적법요건

행정행위의 적법요건이란 행정행위가 적법한 것이 되기 위하여 반드시 구비하여야 할 요건을 말한다. 행정행위가 적법하기 위해서는 주체요건 · 내용요건 · 형식요건 · 절차요건 및 표시요건을 구비하여야 한다. 이들 요건에 미비가 있게 되면 흠(하자) 있는 행정행위가 된다.

▌대판 2021. 12. 16, 2019두45944(일반적으로 처분이 주체 · 내용 · 절차와 형식의 요건을 모두 갖추고 외부에 표시된 경우에는 처분의 존재가 인정된다. 행정의사가 외부에 표시되어 행정청이 자유롭게 취소 · 철회할 수 없는 구속을 받게 되는 시점에 처분이 성립하고, 그 성립 여부는 행정청이 행정의사를 공식적인 방법으로 외부에 표시하였는지를 기준으로 판단해야 한다).

Ⅰ. 주체요건

1. 권한기관

(1) 의 의 행정행위는 권한을 가진 기관이 행사하여야 한다. 운전면허의 권한은 지방경찰청에 있기 때문에 운전면허는 지방경찰청장이 하여야 한다. 만약 경찰서장이 운전면허를 한다면, 그러한 운전면허는 위법하다.

> ▪ **도로교통법 제80조(운전면허)** ① 자동차등을 운전하려는 사람은 지방경찰청장으로부터 운전면허를 받아야 한다. …

(2) 권한의 위임 법령이 정하는 바에 따라 권한이 위임된 경우에는 권한을 위임받은 자(수임자)가 권한 행정청이다. 예컨대 운전면허정지처분의 권한은 도로교통법 제93조 제 1 항에서 지방경찰청장의 권한으로 규정되어 있지만, 도로교통법 제147조 제 3 항과 도로교통법 시행령 제86조 제 3 항 제 3 호에 의해 운전면허정지처분의 권한은 경찰서장에게 위임되어 있다. 따라서 운전면허정지처분의 권한행정청은 경찰서장인바, 운전면허정지처분은 경찰서장이 하여야 적법한 것이고, 경찰청장이 운전면허정지처분을 하면 위법한 처분이 된다.

> ▪ **도로교통법 제93조(운전면허의 취소·정지)** ① 지방경찰청장은 운전면허(연습운전면허는 제외한다. 이하 이 조에서 같다)를 받은 사람이 다음 각 호의 어느 하나에 해당하면 행정안전부령으로 정하는 기준에 따라 운전면허(운전자가 받은 모든 범위의 운전면허를 포함한다. 이하 이 조에서 같다)를 취소하거나 1년 이내의 범위에서 운전면허의 효력을 정지시킬 수 있다. (단서 생략)
> **제147조(위임 및 위탁 등)** ③ 시·도경찰청장은 이 법에 따른 권한 또는 사무의 일부를 대통령령으로 정하는 바에 따라 관할 경찰서장에게 위임하거나 교통 관련 전문교육기관 또는 전문연구기관 등에 위탁할 수 있다.
> ▪ **도로교통법 시행령 제86조(위임 및 위탁)** ③ 시·도경찰청장은 법 제147조 제 3 항에 따라 다음 각 호의 권한을 관할 경찰서장에게 위임한다.
> 3. 법 제93조에 따른 운전면허효력 정지처분

2. 합의제기관

토지수용위원회와 같이 합의제기관이 권한을 가진 기관인 경우에는 합의제기관의 구성원이 적법한 소집절차·의결절차에 따라 의사결정을 할 수 있는 지위에 있어야 한다. 일부 구성원만 비밀리에 모여 회의를 개최하여 의사결정을 한다면, 그러한 의사결정은 적법한 것이 아니다.

3. 정상적 의사작용

권한행정청의 권한의 행사는 정상적인 의사작용에 기한 것이어야 한다. 따라서 행정기관의 구성자는 의사능력과 행위능력을 가져야 한다. 행정청의 지위에 있는 공무원이 만취한 상태에서 처분을 한다면, 그러한 처분은 정상적인 의사작용에 기한 것이 아니므로 적법한 것이 아니다.

Ⅱ. 내용요건

1. 적 법

행정행위는 내용상 적법하여야 한다. 내용상 적법하여야 한다는 것은 그 내용이 법률에 적합하여야 하고, 행정법의 일반원칙에 적합하여야 하고, 기본권을 침해하는 것이어서도 아니 되며, 침익적 행위의 발령에는 법적 근거가 있어야 하고, 재량행위인 경우에는 재량하자가 없어야 함을 의미한다. 내용상 적법하지 아니한 행정행위는 당연히 위법한 것이 된다.

2. 가 능

행정행위는 사실상으로나 법률상으로 실현이 가능한 것이어야 한다. 예컨대 100층이나 되는 무허가건물이 있다고 할 때, 그러한 건물을 1월안에 철거하라는 처분은 사실상 불가능한 것을 내용으로 하는 것이고, 세금을 미납한 甲이 乙소유의 물건을 빌려서 사용하고 있는데, 세무서장이 그 물건을 압류한다면, 그러한 압류처분은 법률상 불가능한 것을 내용으로 하는 것이 된다. 객관적으로 불가능한 것을 내용으로 하는 행정행위는 당연히 위법한 것이 된다.

3. 명 확

행정행위는 내용상 명확하여야 한다. 왜냐하면 내용이 명확하지 않다면, 처분의 상대방은 이행하여야 할 처분의 내용을 알지 못하여 처분을 이행할 수 없기 때문이다. 예컨대 무허가건물 3채를 갖고 있는 甲에게 철거대상 건물을 명확히 하지 않고 단순히 무허가건물 1채를 철거하라고 명령한다면, 그러한 철거명령은 불명확한 행위에 해당한다. 내용상 명확하여야 한다는 것은 행정행위 그 자체로부터 발령행정청 · 상대방 · 처분내용 등을 인식할 수 있어야 함을 의미한다. 명확성의 정도는 처분의 상대방이 처분행정청 등의 특별한 도움이 없이도 규율내용을 인식할 수 있는 것이어야 한다. 명확하지 아니한 행위는 위법한 행위가 된다.

Ⅲ. 형식요건

1. 문서형식의 원칙

처분의 형식에 관해서는 일반법으로 행정절차법 제24조가 있다. 행정절차법 제24조는 처분을 원칙적으로 문서로 할 것을 규정하고 있다.

행정절차법 제24조(처분의 방식) ① 행정청이 처분을 할 때에는 다른 법령등에 특별한 규정이 있는 경우를 제외하고는 문서로 하여야 하며, 다음 각 호의 어느 하나에 해당하는 경우에는 전자문서로 할 수 있다.
1. 당사자등의 동의가 있는 경우
2. 당사자가 전자문서로 처분을 신청한 경우
② 제1항에도 불구하고 공공의 안전 또는 복리를 위하여 긴급히 처분을 할 필요가 있거나 사안이 경미한 경우에는 말, 전화, 휴대전화를 이용한 문자 전송, 팩스 또는 전자우편 등 문서가 아닌 방법으로 처분을 할 수 있다. 이 경우 당사자가 요청하면 지체 없이 처분에 관한 문서를 주어야 한다.
③ 처분을 하는 문서에는 그 처분 행정청과 담당자의 소속·성명 및 연락처(전화번호, 팩스번호, 전자우편주소 등을 말한다)를 적어야 한다.

2. 취 지

행정절차에 관한 일반법인 행정절차법 제24조 제 1 항은 처분내용의 명확성을 확보하고 처분의 존부에 관한 다툼을 방지하여 처분상대방의 권익을 보호하기 위한 것이므로, 이를 위반한 처분은 하자가 중대 · 명백하여 무효이다(대판 2019. 7. 11, 2017두38874).

■ 참고 ■

'대판 2019. 7. 11, 2017두38874'는 가수 유승준 사건 판결이다. 이 사건은, 병무청장이 법무부장관에게 '가수 유승준이 공연을 위하여 국외여행허가를 받고 출국한 후 미국 시민권을 취득함으로써 사실상 병역의무를 면탈하였으므로 재외동포 자격으로 재입국하고자 하는 경우 국내에서 취업, 가수활동 등 영리활동을 할 수 없도록 하고, 불가능할 경우 입국 자체를 금지해 달라'고 요청함에 따라 법무부장관이 유승준의 입국을 금지하는 결정을 하고, 그 정보를 내부전산망인 '출입국관리정보시스템'에 입력하였으나, 유승준에게는 통보하지 않은 상태에서 재외공관장이 아무런 재량을 행사하지 않고 사증발급 거부처분을 하자 이에 유승준이 사증발급거부처분의 취소를 구한 사건이다.

Ⅳ. 절차요건

1. 협력절차

행정행위의 성립에 청문, 타기관의 협력이 법상 요구되면 그 절차를 거쳐야 한다. 그러한 협력절차가 요구되는 것은 일반적으로 상대방의 이익을 보호하고, 절차의 공정성과 처분의 전문성을 확보하기 위한 것이다. 타기관의 협력이 법상 요구되는 예로 소방시설 설치·유지 및 안전관리에 관한 법률에서 규정하고 있는 건축허가의 동의 등을 볼 수 있다.

▪ **소방시설 설치 및 관리에 관한 법률 제 6 조(건축허가등의 동의 등)** ① 건축물 등의 신축·증축·개축·재축(再築)·이전·용도변경 또는 대수선(大修繕)의 허가·협의 및 사용승인(「주택법」 제15조에 따른 승인 및 같은 법 제49조에 따른 사용검사, 「학교시설사업 촉진법」 제 4 조에 따른 승인 및 같은 법 제13조에 따른 사용승인을 포함하며, 이하 "건축허가등"이라 한다)의 권한이 있는 행정기관은 건축허가등을 할 때 미리 그 건축물 등의 시공지(施工地) 또는 소재지를 관할하는 소방본부장이나 소방서장의 동의를 받아야 한다.

▌대판 2004. 10. 15, 2003두6573(건축허가권자가 건축불허가처분을 하면서 그 처분사유로 건축불허가 사유뿐만 아니라 구 소방법(2003. 5. 29. 법률 제6916호로 개정되기 전의 것) 제 8 조 제 1 항에 따른 소방서장의 건축부동의 사유를 들고 있다고 하여 그 건축불허가처분 외에 별개로 건축부동의처분이 존재하는 것이 아니므로, 그 건축불허가처분을 받은 사람은 그 건축불허가처분에 관한 쟁송에서 건축법상의 건축불허가 사유뿐만 아니라 소방서장의 부동의 사유에 관하여도 다툴 수 있다)(**부산광역시 연제구청장 건축불허가 사건**).

2. 처분의 사전통지

행정절차법 제21조는 의무를 과하거나(예: 교통범칙금을 부과하는 경우) 권익을 제한하는(예: 단란주점영업허가를 취소하거나 운전면허를 취소하는 경우) 처분을 하는 경우에는 미리 일정한 사항을 당사자등에게 통지하도록 규정하고 있다. 이러한 처분의 사전통지는 침익적 처분의 상대방을 보호하기 위한 것이다. 사전통지가 배제되는 예외의 경우도 있다.

▪ **행정절차법 제21조(처분의 사전통지)** ① 행정청은 당사자에게 의무를 부과하거나 권익을 제한하는 처분을 하는 경우에는 미리 다음 각 호의 사항을 당사자등에게 통지하여야 한다.
1. 처분의 제목
2. 당사자의 성명 또는 명칭과 주소
3. 처분하려는 원인이 되는 사실과 처분의 내용 및 법적 근거
4. 제 3 호에 대하여 의견을 제출할 수 있다는 뜻과 의견을 제출하지 아니하는 경우의 처리방법
5. 의견제출기관의 명칭과 주소
6. 의견제출기한
7. 그 밖에 필요한 사항

④ 다음 각 호의 어느 하나에 해당하는 경우에는 제 1 항에 따른 통지를 하지 아니할 수 있다.
1. 공공의 안전 또는 복리를 위하여 긴급히 처분을 할 필요가 있는 경우
2. 법령등에서 요구된 자격이 없거나 없어지게 되면 반드시 일정한 처분을 하여야 하는 경우에 그 자격이 없거나 없어지게 된 사실이 법원의 재판 등에 의하여 객관적으로 증명된 경우
3. 해당 처분의 성질상 의견청취가 현저히 곤란하거나 명백히 불필요하다고 인정될 만한 상당한 이유가 있는 경우

⑤ 처분의 전제가 되는 사실이 법원의 재판 등에 의하여 객관적으로 증명된 경우 등 제 4 항에 따른 사전 통지를 하지 아니할 수 있는 구체적인 사항은 대통령령으로 정한다.

3. 의견청취

행정절차법 제22조는 일정한 경우에 청문이나 공청회, 또는 의견제출절차 등 의견청취의 절차를 거치도록 하여 당사자 등 관계자의 이익의 보호를 도모하고 있다.

▪ 행정절차법 제22조(의견청취) ① 행정청이 처분을 할 때 다음 각 호의 어느 하나에 해당하는 경우에는 청문을 한다.
1. 다른 법령등에서 청문을 하도록 규정하고 있는 경우
2. 행정청이 필요하다고 인정하는 경우
3. 다음 각 목의 처분 시 제21조 제1항 제6호에 따른 의견제출기한 내에 당사자등의 신청이 있는 경우
가. 인허가 등의 취소
나. 신분·자격의 박탈
다. 법인이나 조합 등의 설립허가의 취소
② 행정청이 처분을 할 때 다음 각 호의 어느 하나에 해당하는 경우에는 공청회를 개최한다.
1. 다른 법령등에서 공청회를 개최하도록 규정하고 있는 경우
2. 해당 처분의 영향이 광범위하여 널리 의견을 수렴할 필요가 있다고 행정청이 인정하는 경우
3. 국민생활에 큰 영향을 미치는 처분으로서 대통령령으로 정하는 처분에 대하여 대통령령으로 정하는 수 이상의 당사자등이 공청회 개최를 요구하는 경우
③ 행정청이 당사자에게 의무를 부과하거나 권익을 제한하는 처분을 할 때 제1항 또는 제2항의 경우 외에는 당사자등에게 의견제출의 기회를 주어야 한다.

4. 이유제시

처분의 합리성과 타당성을 확보하고, 처분의 상대방 등이 처분을 보다 용이하게 받아들이도록 하기 위하여 행정절차법 제23조는 처분을 할 때에 처분하는 이유를 제시하도록 하고 있다. 예컨대 교통신호위반을 이유로 운전면허정지처분을 하려고 하면, 운전면허정지처분통지서에 ① 교통신호를 위반한 날짜와 장소, 그리고 ② 교통신호를 위반하면 운전면허정지처분을 할 수 있다는 도로교통법의 조문 등을 기재하여야 한다. 사실관계(앞의 ①)와 근거 법조문(앞의 ②)을 모두 적어야 한다. 이유제시는 이유명시 · 이유부기 · 이유강제 등으로 불리기도 한다.

▪ 행정절차법 제23조(처분의 이유 제시) ① 행정청은 처분을 할 때에는 다음 각 호의 어느 하나에 해당하는 경우를 제외하고는 당사자에게 그 근거와 이유를 제시하여야 한다.
1. 신청 내용을 모두 그대로 인정하는 처분인 경우
2. 단순·반복적인 처분 또는 경미한 처분으로서 당사자가 그 이유를 명백히 알 수 있는 경우
3. 긴급히 처분을 할 필요가 있는 경우
② 행정청은 제1항 제2호 및 제3호의 경우에 처분 후 당사자가 요청하는 경우에는 그 근거와 이유를 제시하여야 한다.

Ⅴ. 표시요건

1. 의 의

행정행위는 외부에 표시되어야 상대방이 인식할 수 있기 때문에 표시(表示)는 행정행위의 적법요건이다(대판 2020. 2. 27, 2016두60898). 표시는 권한을 가진 기관이 하여야 한다. 표시는 불특정다수인에 대한 처분의 경우와 특정인에 대한 처분의 경우로 나누어서 살펴볼 필요가 있다.

2. 불특정다수인에 대한 처분의 경우

(1) 표시의 방법 행정행위가 불특정다수인에 대한 것이라면 고시하여야 한다. 이러한 경우에는 국민 개개인에게 우편을 보내는 것이 아니라 관보 등에 고시함으로써 국민들에게 알린 것으로 갈음한다.

▪ **청소년 보호법 제 7 조(청소년유해매체물의 심의·결정)** ① 청소년보호위원회는 매체물이 청소년에게 유해한지를 심의하여 청소년에게 유해하다고 인정되는 매체물을 청소년유해매체물로 결정하여야 한다. (단서 생략)

제16조(판매 금지 등) ① 청소년유해매체물로서 대통령령으로 정하는 매체물을 판매·대여·배포하거나 시청·관람·이용하도록 제공하려는 자는 그 상대방의 나이 및 본인 여부를 확인하여야 하고, 청소년에게 판매·대여·배포하거나 시청·관람·이용하도록 제공하여서는 아니 된다.

제21조(청소년유해매체물 결정 등의 통보·고시) ① 각 심의기관은 청소년유해매체물의 결정, 확인 또는 결정 취소를 한 경우 청소년유해매체물의 목록과 그 사유를 청소년보호위원회에 통보하여야 한다.

② 여성가족부장관은 청소년보호위원회와 각 심의기관이 결정, 확인 또는 결정 취소한 청소년유해매체물의 목록과 그 사유 및 효력 발생 시기를 구체적으로 밝힌 목록표(이하 "청소년유해매체물 목록표"라 한다)를 고시하여야 한다.

(2) 효력의 발생 「행정업무의 운영 및 혁신에 관한 규정」에 의거하여 불특정다수인에 대한 고시는 원칙적으로 고시 후 5일이 경과하면 효력이 발생한다.

▪ **행정업무의 운영 및 혁신에 관한 규정 제 4 조(공문서의 종류)** 공문서(이하 "문서"라 한다)의 종류는 다음 각 호의 구분에 따른다.

1. 법규문서: 헌법·법률·대통령령·총리령·부령·조례·규칙(이하 "법령"이라 한다) 등에 관한 문서
2. 지시문서: 훈령·지시·예규·일일명령 등 행정기관이 그 하급기관이나 소속 공무원에 대하여 일정한 사항을 지시하는 문서
3. 공고문서: 고시·공고 등 행정기관이 일정한 사항을 일반에게 알리는 문서(이하 생략)

제 6 조(문서의 성립 및 효력 발생) ① 문서는 결재권자가 해당 문서에 서명(전자이미지서명, 전자문자서명 및 행정전자서명을 포함한다. 이하 같다)의 방식으로 결재함으로써 성립한다.

② 문서는 수신자에게 도달(전자문서의 경우는 수신자가 관리하거나 지정한 전자적 시스템 등에 입력되는 것을 말한다)됨으로써 효력을 발생한다.

③ 제 2 항에도 불구하고 공고문서는 그 문서에서 효력발생 시기를 구체적으로 밝히고 있지 않으면 그 고시 또는 공고 등이 있은 날부터 5일이 경과한 때에 효력이 발생한다.

3. 특정인에 대한 처분의 경우

(1) 표시의 방법 특정인에 대한 처분은 그 특정인에게 송달하여야 한다. 송달에 관해서는 행정절차법 제14조가 일반적인 규정이다. 행정절차법은 송달을 받을 자의 주소 등을 알고 있는 경우에는 우편송달·교부송달 등의 방법을 규정하고 있고, 송달을 받을 자의 주소 등을 모르거나 송달이 불가능한 경우에는 공고 등의 방법을 규정하고 있다.

[알고 있는 경우] ▪ 행정절차법 제14조(송달) ① 송달은 우편, 교부 또는 정보통신망 이용 등의 방법으로 하되, 송달받을 자(대표자 또는 대리인을 포함한다. 이하 같다)의 주소·거소(居所)·영업소·사무소 또는 전자우편주소(이하 "주소등"이라 한다)로 한다. 다만, 송달받을 자가 동의하는 경우에는 그를 만나는 장소에서 송달할 수 있다.
② 교부에 의한 송달은 수령확인서를 받고 문서를 교부함으로써 하며, 송달하는 장소에서 송달받을 자를 만나지 못한 경우에는 그 사무원·피용자(被用者) 또는 동거인으로서 사리를 분별할 지능이 있는 사람에게 문서를 교부할 수 있다. 다만, 문서를 송달받을 자 또는 그 사무원등이 정당한 사유 없이 송달받기를 거부하는 때에는 그 사실을 수령확인서에 적고, 문서를 송달할 장소에 놓아둘 수 있다.
③ 정보통신망을 이용한 송달은 송달받을 자가 동의하는 경우에만 한다. 이 경우 송달받을 자는 송달받을 전자우편주소 등을 지정하여야 한다.
[모르는 경우] ▪ 행정절차법 제14조(송달) ④ 다음 각 호의 어느 하나에 해당하는 경우에는 송달받을 자가 알기 쉽도록 관보, 공보, 게시판, 일간신문 중 하나 이상에 공고하고 인터넷에도 공고하여야 한다.
1. 송달받을 자의 주소등을 통상적인 방법으로 확인할 수 없는 경우
2. 송달이 불가능한 경우
⑤ 제4항에 따른 공고를 할 때에는 민감정보 및 고유식별정보 등 송달받을 자의 개인정보를 「개인정보 보호법」에 따라 보호하여야 한다.

(2) 효력의 발생 – 도달주의 ① 행정절차법은 처분의 효력발생시점에 관해 송달의 경우에는 도달주의를 규정하고 있다(절차법 제15조 제 1 항). 여기서 도달이란 현실적으로 상대방이 행정행위를 수령하여 그 내용을 반드시 알아야 하는 것을 의미하는 것은 아니고 상대방이 알아볼 수 있는 상태에 두는 것을 말한다. 우편에 의한 송달의 경우, 보통우편에 의한 송달은 상당기간 내에 도달된 것으로 추정할 수 없으나(판례), 등기우편은 상당기간 내에 도달된 것으로 추정된다(판례). 따라서 확실한 도달을 위해 우편송달은 등기우편에 의하는 것이 바람직하다. ② 공고의 경우에는 원칙적으로 공고일부터 14일이 지난 때에 그 효력이 발생한다고 규정하고 있다(절차법 제15조 제 3 항).

▪ 행정절차법 제15조(송달의 효력 발생) ① 송달은 다른 법령등에 특별한 규정이※ 있는 경우를 제외하고는 해당 문서가 송달받을 자에게 도달됨으로써 그 효력이 발생한다.
② 제14조 제 3 항에 따라 정보통신망을 이용하여 전자문서로 송달하는 경우에는 송달받을 자가 지정한 컴퓨터 등에 입력된 때에 도달된 것으로 본다.
③ 제14조 제 4 항의 경우에는 다른 법령등에 특별한 규정이 있는 경우를 제외하고는 공고일부터 14

일이 지난 때에 그 효력이 발생한다. 다만, 긴급히 시행하여야 할 특별한 사유가 있어 효력 발생 시기를 달리 정하여 공고한 경우에는 그에 따른다.
※ 특별한 규정의 예로 발신주의를 규정하는 국세기본법 제 5 조의2를 볼 수 있다.

제 5 항 행정행위의 효력

① 행정행위는 국가나 지방자치단체의 의사(뜻)이다. 행정행위가 있게 되면, 행정청이나 상대방 등은 당연히 국가나 지방자치단체의 의사인 행정행위를 따라야 하는 구속을 받게 된다. 여기서 행정행위가 갖는 구속력을 행정행위의 효력이라 한다. ② 행정행위가 갖는 구속력에는 내용상 구속력, 공정력, 구성요건적 효력, 존속력, 그리고 강제력 등 여러 종류가 있으나, 이를 모두 합하여 행정행위의 효력이라 부른다. ③ 모든 행정행위가 한결같이 내용상 구속력, 공정력, 구성요건적 효력, 존속력, 그리고 강제력을 모두 갖는 것은 아니다. 행정행위에 따라서는 구성요건적 효력이 문제되지 아니하는 경우도 있고, 존속력이 문제되지 아니하는 경우도 있고, 강제력이 문제되지 아니하는 경우도 있다.

Ⅰ. 내용상 구속력

1. 의 의

행정행위는 적법요건을 갖추면, 행정청이 표시한 의사의 내용에 따라(법률행위적 행정행위) 또는 법령이 정하는 바에 따라(준법률행위적 행정행위) 일정한 법적 효과를 발생시키고 당사자를 구속하는 힘을 갖는데, 이러한 힘을 내용상 구속력이라 한다.

[예] 종로세무서장이 甲에게 100만원의 세금을 납부하라는 세금납부통지서를 보내면, 甲은 100만원을 납부하여야 할 구속을 받게 되고(납세의무), 종로세무서장은 100만원을 징수하여야 할 구속(징수의무)을 받게 된다. 경찰서장이 乙에게 1월의 운전면허정지처분통지서를 보내면, 乙은 1월동안 운전을 하지 말아야 할 구속을 받으며, 경찰서장은 乙이 운전을 하지 않도록 해야 하는 구속을 받게 된다.

2. 특 징

① 내용상 구속력은 모든 행정행위에 인정되는 실체법(권리와 의무의 발생과 소멸에 관한 법)상 효력이다. 달리 말한다면, 예컨대 과세처분의 경우, 납세의 의무와 징수의 권리를 발생시키는 것을 내용으로 하는바, 내용상 구속력은 행정행위의 내용의 문제이다. ② 내용상 구속력은 그 행정행위가 취소나 철회되지 않는 한 지속한다. 예컨대, 과세처분이 취소되거나 철

회되면, 과세처분의 내용상 구속력은 소멸하고, 상대방은 세금을 납부할 필요가 없다. 그러나 취소나 철회되지 않는 한, 과세처분의 내용상 구속력은 지속하므로 납세자는 세금을 납부하여야 한다. ③ 내용상 구속력은 처분의 상대방뿐만 아니라 처분청에도 미친다. 예컨대 과세처분의 경우에 내용상 구속력은 처분의 상대방인 납세자뿐만 아니라 세금을 부과한 세무서장에도 미친다. 요컨대 내용상 구속력은 처분청과 상대방의 관계에서 나타나는 구속력이다.

Ⅱ. 공 정 력

1. 의 의

예컨대 종로구청장이 甲에게 100만원의 과징금을 부과하는 것이 관련 법령에 따른 것인데, 실수로 甲에게 102만원의 과징금을 부과하였다면, 102만원의 과징금부과처분은 위법한 처분이지만, 그렇다고 당연히 무효인 처분이라고 말하기는 어렵다. 종로구청장이 102만원의 과징금부과처분을 취소하지 않는 한, 행정절차상 甲은 102만원의 과징금을 일단 납부하여야 하고, 종로구청장은 또한 징수하여야 한다. 다만 甲은 102만원의 과징금부과처분이 위법하다고 주장하면서 2만원 부분의 취소를 구하는 행정심판(심사청구, 심판청구)과 행정소송을 제기할 수 있다. 이와 같이 행정행위는 위법하다고 하여도 당연무효가 아닌 한 권한을 가진 기관에 의해 취소될 때까지 행위의 상대방이나 제 3 자가 그 효력을 부인할 수 없는 일종의 구속력을 발생시키는바(대판 2013. 4. 26, 2010다79923), 이러한 구속력을 공정력이라 부른다. 앞에서 甲이 102만원을 일단 납부하여야 하는 것은 공정력 때문이라 말할 수 있다.

2. 성 질

공정력은 행정행위의 내용이 적법하다는 내용상의 구속력이 아니다. 공정력은 설령 행정행위가 위법하다고 하여도 무효가 아니라면 절차적으로 일단 준수되어야 한다는 절차상 구속력이다. 처분청이 위법한 처분을 직권으로 취소하지 아니하는 한, 공정력을 깨뜨리려고 하면 행정심판이나 행정소송을 제기하여야 한다. 앞의 예에서 종로구청장이 102만원의 과징금부과처분을 취소하지 않는 한, 甲은 행정심판(심사청구, 심판청구)과 행정소송을 제기하지 않고서는 공정력을 깨뜨릴 수 없다. 공정력이 깨뜨려지기 전까지 甲은 행정행위의 내용을 이행하여야 한다.

3. 법적 근거

행정행위의 공정력을 인정하는 직접적인 법적 근거는 행정기본법 제15조(처분은 권한이 있는 기관이 취소 또는 철회하거나 기간의 경과 등으로 소멸되기 전까지는 유효한 것으로 통용된다. 다만, 무효인 처분은 처음부터 그 효력이 발생하지 아니한다)이다. 행정심판법 제 5 조 제 1 호의 취소심판이나 행정소송법 제 3 조 제 1 호의 취소소송은 공정력의 승인을 전제로 하는 것이므로, 이러한 규정들은 공정력을 인정하는 간접적인 법적 근거로 볼 수 있다.

행정심판법 제 5 조(행정심판의 종류) 행정심판의 종류는 다음 각 호와 같다.
1. 취소심판: 행정청의 위법 또는 부당한 처분을 취소하거나 변경하는 행정심판

행정소송법 제 4 조(항고소송) 항고소송은 다음과 같이 구분한다.
1. 취소소송: 행정청의 위법한 처분등을 취소 또는 변경하는 소송

4. 인정 취지

① 앞의 예에서 102만원의 부과처분이 위법한바, 甲이 종로세무서장에 대하여 '102만원의 부과처분을 취소하고 새로이 100만원의 과세처분을 할 때까지는 세금을 납부할 수 없다'고 주장할 때, 종로세무서장이 세금을 징수할 수 없다고 한다면, 종로세무서장은 승소판결을 통해서만 세금을 징수할 수 있는 결과가 된다. 모든 납세자가 甲과 같은 주장을 하게 되면 세금징수의 곤란으로 인해 국가의 재정운용은 난관에 봉착하게 된다. 따라서 원활한 재정운영을 위해서는 행정행위가 다소 위법하다고 하여도 일단은 행정행위의 내용대로 따르게 하는 것이 필요하다(행정정책설). ② 뿐만 아니라 실제상 다소 위법하다고 하여도 위법을 모르는 국민들은 행정행위를 믿고 따를 수밖에 없다. 국민들이 신뢰하는 행정행위는 그대로 유지하는 것이 국민들의 안정된 법생활에 필요하다. 말하자면 행정법관계의 안정성에 기여한다(법적 안정설). 요컨대 원활한 국정운용, 국민들의 안정된 법생활의 확보 내지 행정법관계의 안정성 등을 위해 공정력은 의미를 갖는다.

5. 주관적 범위

위법한 행정행위를 일단 유효한 것으로 하게 되면, 그 행정행위의 위법을 다툴 수 있는 길(행정쟁송)을 열어 주어야만 한다. 위법한 행정행위를 일단 유효한 것으로 하면서, 그 위법을 다툴 수 없다고 한다면, 그러한 것은 법치국가의 원리에 반한다. 말하자면 공정력을 인정하게 되면 불가피하게 쟁송을 제기할 수 있는 길을 보장해주어야 한다. 그런데 행정쟁송은 상대방과 이해관계인만이 제기할 수 있는 것이지, 다른 행정청이나 법원이 처분청을 상대로 제기할 수 있는 것은 아니다. 따라서 공정력은 행위의 상대방과 이해관계인에게만 미치고, 다른 행정청이나 법원에 대해서는 미치지 아니하는 것으로 볼 것이다. 전통적인 견해가 공정력은 행위의 상대방과 이해관계인 외에 다른 행정청과 법원에도 발생하는 것으로 보는 것은 타당하지 않다.

6. 한 계

① 공정력은 부당한 행위 또는 단순위법의 행정행위의 경우에 인정된다. 하자가 중대하고 명백하여 무효인 행정행위의 경우에는 공정력이 인정되지 아니한다. 병무청장이 실수로 여성에게 입영통지서를 보낸 경우, 당연무효이므로 입영통지서를 받은 여성은 입영할 필요가 없다. 이러한 경우에는 공정력의 인정을 위한 논리적 근거가 되는 행정의 안정성에 대한 침해가 되지 않기 때문이다. ② 공정력은 행정행위에서의 문제이지 사법행위나 사실행위에서의 문제는 아니다. 공정력은 비권력적 공법작용에도 적용이 되지 아니한다.

7. 입증책임

종로구청장이 甲에게 100만원의 과징금을 부과하는 것이 관련 법령에 따르는 것인데, 실수로 甲에게 102만원의 과징금을 부과하였으므로 甲이 취소소송을 제기하였다고 하자. ① 과거에는 공정력이 있다는 것은 행정행위(과징금부과처분)가 적법하다고 추정되는 것이라 하여 甲이 종로구청장의 과징금부과처분이 위법하다는 것을 입증하여야 한다는 견해(원고책임설)도 있었고, ② 법치행정의 원리상 행정청이 입증책임을 부담하여야 한다는 견해(피고책임설)도 있었다. ③ 그러나 공정력은 국민들의 안정된 법생활의 확보 내지 행정법관계의 안정성을 위해 인정되는 것일 뿐, 적법 여부와는 직접적인 관련성이 없다. 따라서 공정력을 이유로 甲이 종로구청장의 과징금부과처분이 위법하다는 것을 입증하여야 할 책임을 부담한다고 말할 수 없다. 오늘날에는 종로구청장이 102만원의 과징금부과처분이 적법하다고 입증(立證)을 하여야 하고, 甲이 종로구청장의 주장에 문제점을 적시하고 102만원의 과징금부과처분이 위법하다고 반증(反證)을 하여야 하고, 다시 종로구청장이 甲의 문제점을 적시하고 102만원의 과징금부과처분이 적법하다고 반증을 하는 등의 방식으로 입증책임을 부담하게 된다고 새긴다. 말하자면 입증책임분배의 원리에 따른다(법률요건분배설)(이 책 401쪽 3.(3)을 보라).

Ⅲ. 구성요건적 효력

1. 의 의

서울지방국세청장이 운전기사를 채용하겠다는 공고를 내자 甲이 운전면허증사본 등 필요한 서류를 서울지방국세청에 제출하였다. 그런데 서울지방경찰청장이 甲에게 내준 운전면허는 위법하였는데, 무효에 이를 정도는 아닌 단순 위법한 것이었다고 하자. 이러한 경우에 서울지방국세청장은 甲의 운전면허가 위법한 것이라 하여 甲을 심사대상에서 제외할 수 있는가? 결론부터 말한다면, 서울지방국세청장은 甲의 운전면허가 위법한 것이라 하여 甲을 심사대상에서 제외할 수 없다. 서울지방국세청장은 甲이 제출한 운전면허가 비록 위법하여도 운전기사 채용에 필요한 서류를 구비한 것으로 보아야 한다. 이와 같이 취소할 수 있는 행위인가를 불문하고 유효한 행정행위(예: 甲에 대한 운전면허)가 존재하는 한, 모든 행정기관(예: 서울지방국세청장)과 법원은 그 행위와 관련이 있는 자신들의 결정(예: 甲을 서울지방국세청장의 운전기사로 임용할 것인지에 대한 결정)에 그 행위(예: 甲에 대한 운전면허)의 존재와 법적 효과를 인정해야 하고, 아울러 그 내용(예: 甲이 운전면허 소지자라는 내용)에 구속되는데, 행정행위가 갖는 이와 같은 구속력을 구성요건적 효력 또는 구성요건효라 부른다. 달리 말한다면, 甲이 운전면허소지자라는 것은 서울지방국세청 운전기사채용의 (구성)요건인데, 서울지방국세청장은 서울지방경찰청장이 발급한 甲에 대한 운전면허를 서대문구 운전기사채용에 요구되는 운전면허에 관한 구성요건을 충족한 것으로 시인하여야 할 구속을 받는다. 여기서 서울지방경찰청장이 발급한 甲에 대한 운전면허가 서울지방국세청장을 구속하는 힘을 구성요건적 효력이라 한다.

2. 성 질

① 구성요건적 효력은 행정행위의 내용과 관련된 효력의 일종이다. 예컨대, 앞의 예에서 서울지방경찰청장이 발급한 甲에 대한 운전면허가 서울지방국세청장을 구속하는 것은 '서울지방경찰청장이 발급한 甲에 대한 운전면허가 적법하다'는 것을 구속하는 것이 아니라 '서울지방경찰청장으로부터 甲에 대한 운전면허가 있었다'는 내용을 구속하는 것이다. 한편, 앞서 본 내용적 구속력은 당해 행위 그 자체의 내용상의 문제(예: 운전면허의 내용상 구속력은 운전을 해도 좋다는 것을 내용으로 하는 구속력이다. 따라서 경찰관은 운전면허를 받은 자에게 운전을 못하게 하여서는 아니 된다)인 데 반해, 구성요건적 효력은 당해 행위와 다른 행위와의 관계에서 당해 행위가 다른 행위의 구성요건요소가 되는 경우의 효력(예: 서울지방경찰청장의 운전면허를 서울지방국세청의 운전기사임용에 있어서 요건을 구비한 것으로 인정하라는 구속력)을 의미한다. ② 구성요건적 효력은 행정행위를 스스로 폐지할 수 없는 다른 행정청·법원과 관련하여 의미를 갖는다.

3. 근 거

(1) 구성요건효와 행정청 다른 행정청에 구성요건효가 미치는 것은 각 행정기관의 권한 내지 관할은 상이하나 전체로서 통일적인 행정은 불가피하고, 또한 기관 상호간의 권한존중과 권한의 불가침이 요구되기 때문이다. 만약 앞의 예에서 서울지방국세청장이 「서울지방경찰청장이 甲에게 발급한 운전면허가 적법한지 또는 위법한지의 여부」를 존중하지 않고 심사할 수 있다고 한다면, 서울지방국세청장이 지방경찰청장의 감독기관의 성격을 갖게 된다. 이렇게 되면 세무행정기관인 국세청·지방국세청과 경찰행정기관인 경찰청·지방경찰청을 분리하여 설치한 취지가 몰각된다. 세무행정과 경찰행정을 구별하여 국세청·지방국세

청과 경찰청 · 지방경찰청을 분리하여 설치한 취지를 살리려고 하면, 지방경찰청장의 행위가 무효가 아닌 한, 지방국세청장은 존중하여야 하고, 반대로 지방국세청장의 행위가 무효가 아닌 한, 지방경찰청장은 존중하여야 한다.

(2) 구성요건효와 법원 법원에 구성요건효가 미치는 것은 헌법상의 권력분립원리에서 나온다. 즉 행정행위의 존재와 내용을 법원이 존중하는 것이 권력분립원리에 합당한 것이기 때문이다. 예컨대 서울지방국세청장이 운전기사를 채용하겠다는 공고를 내자 甲과 乙이 운전면허증사본 등 필요한 서류를 서울지방국세청에 제출하였는데, 서울지방국세청장이 甲을 채용하고 乙을 탈락시키자 乙이 임용거부처분의 취소를 구하는 소를 제기하였고, 이에 법원이 심리를 하다 보니 서울지방경찰청장의 甲에 대한 운전면허가 위법한 것임을 알게 되었다고 하여도, 법원이 서울지방경찰청장의 甲에 대한 운전면허가 위법함을 이유로 취소할 수는 없다. 법원은 당사자가 소송을 제기하여 다투는 사항에 대해서만 재판을 하는 것이지, 당사자가 소송을 통해 다투지 아니하는 사항을 스스로 찾아서 재판하지는 아니한다. 뿐만 아니라 위법한 행정행위일지라도 당연무효가 아닌 한, 법원은 정부의 행위를 존중하여야 한다. 만약 법원이 위법하다고 판단하여 소송제기가 없음에도 불구하고 임의로 취소를 할 수 있다고 한다면, 법원이 정부를 감독하는 상위기관이 되어버린다. 권력분립원리는 사법권과 행정권이 동등하다는 원리이지, 사법권이 행정권에 상위하는 원리는 아니다.

4. 선결문제

(1) 민사소송과 선결문제

(가) 행정행위의 위법 여부가 쟁점인 경우 판례는 처분의 위법 여부가 민사상 선결문제인 경우에도 심사하고 있다(예: 위법한 처분으로 피해를 입은 사인이 국가배상법에 따라 손해배상을 청구하는 경우).

▌대판 1972. 4. 28, 72다337(본건 계고처분 행정처분이 위법임을 이유로 배상을 청구하는 취의로 인정될 수 있는 본건에 있어 미리 그 **행정처분의 취소판결이 있어야만** 그 행정처분의 위법임을 이유로 피고에게 **배상을 청구할 수 있는 것은 아니다**).

(나) 행정행위의 효력 유무가 쟁점인 경우 영등포세무서장이 甲에게 100만원의 세금을 부과하였고, 甲은 100만원의 세금을 납부하였다. 그 후 영등포세무서장의 과세처분이 무효임을 알게 된 甲은 100만원을 되돌려 받으려고 한다. 이러한 경우에 甲은 과세처분이 무효임을 이유로 부당이득금반환청구소송을 제기하여야 한다. 부당이득금반환청구소송에서 부당이득 여부의 판단을 위해 먼저 해결되어야 할 문제가 공법(행정법)상의 문제인 '영등포세무서장이 甲에게 한 100만원의 과세처분이 무효인지의 여부'의 문제이다. 이와 같이 소송에서 먼저 해결되어야 할 행정법상 문제를 선결문제라 부른다. 학설상으로는 논란이 있지만,

판례상 공법상 부당이득금반환청구소송은 민사소송으로 처리되고 있다. 판례는 민사소송에서 선결문제를 심사하고 있다. 예컨대 민사법원에서 부당이득금반환청구소송을 심리할 때 먼저 영등포세무서장이 甲에게 한 100만원의 과세처분이 무효인지의 여부를 민사법원 스스로 판단할 수 있으며, 심리의 결과 과세처분이 무효라면 국가가 법률상 이유 없이 부당하게 이득을 한 것이므로 부당이득금의 반환을 명하게 되고, 무효가 아니라면 국가의 이득은 법률상 이유가 있는 것이므로 기각판결을 하게 된다.

▮ 대판 2010. 4. 8, 2009다90092(도시환경정비사업의 관리처분계획 인가의 고시가 있은 후 그 시행자인 조합이 종전 토지 또는 건축물의 소유자 등 권리자에게 소유 또는 점유하고 있는 부동산의 인도를 청구하자 그 권리자가 조합설립결의와 관리처분계획에 대한 결의에 중대하고 명백한 하자가 있어 그 각 결의가 무효이므로 위 청구에 응할 수 없다고 주장한 사안에서) 민사소송에 있어서 어느 행정처분의 당연무효 여부가 선결문제로 되는 때에는 이를 판단하여 **당연무효임을 전제로 판결**할 수 있고 반드시 행정소송 등의 절차에 의하여 그 취소나 무효확인을 받아야 하는 것은 아니다(**순화구역도시환경정비사업조합 사건**).

(2) 형사소송과 선결문제

㈎ **행정행위의 위법 여부가 쟁점인 경우** 판례는 처분의 위법 여부가 형사상 선결문제인 경우에도 심사하고 있다(예: 명령불복종으로 기소된 경우, 상관의 행정법상 명령이 위법한지의 여부가 문제되는 경우).

▮ 대판 2017. 9. 21. 선고 2017도7321(개발제한구역의 지정 및 관리에 관한 특별조치법(이하 '개발제한구역법'이라 한다) 제30조 제1항에 의하여 행정청으로부터 시정명령을 받은 자가 이를 위반한 경우, 그로 인하여 개발제한구역법 제32조 제2호에 정한 처벌을 하기 위하여는 시정명령이 적법한 것이라야 하고, 시정명령이 당연무효가 아니더라도 위법한 것으로 인정되는 한 개발제한구역법 제32조 제2호 위반죄가 성립될 수 없다)(**개발제한구역 원상복구 시정명령 위반 사건**).

㈏ **행정행위의 효력 유무가 쟁점인 경우** 뇌물을 주고 운전면허를 받은 乙이 무면허운전을 하였다는 이유로 검찰에 의해 기소되었다. 과연 乙이 무면허운전을 하였는가의 여부를 판단하기 위해 먼저 해결되어야 할 문제가 공법(행정법)상의 문제인 '뇌물을 주고받은 乙의 운전면허가 무효인지의 여부'의 문제이다(운전면허가 취소할 수 있는 행위라면, 취소할 때까지는 유효하므로, 취소 전까지는 무면허운전이 아니다). 이와 같이 형사소송에서도 민사소송과 마찬가지로 선결문제가 발생한다. 판례는 형사소송에서 선결문제를 심사하고 있다. 예컨대 형사법원은 乙의 유죄 여부를 판단하기 위해 스스로 乙의 운전면허가 무효인지의 여부를 먼저 판단할 수 있으며, 심리의 결과 운전면허가 무효라면 유죄를 선고하고, 무효가 아니라면 기각판결을 하게 된다.

▮ 대판 2011. 11. 10, 2011도11109(무효인 명령에 따른 의무위반이 생기지 아니하는 이상 피고인에게 명령 위반을 이유로 소방시설 설치유지 및 안전관리에 관한 법률 제48조의2 제 1 호에 따른 행정형벌을 부과할 수 없다)(**시흥소방서 구두 시정명령 사건**).

■ **도로교통법 제152조(벌칙)** 다음 각 호의 어느 하나에 해당하는 사람은 1년 이하의 징역이나 300만원 이하의 벌금에 처한다.

1. 제43조를 위반하여 제80조에 따른 운전면허(원동기장치자전거면허는 제외한다. 이하 이 조에서 같다)를 받지 아니하거나(운전면허의 효력이 정지된 경우를 포함한다) 또는 제96조에 따른 국제운전면허증을 받지 아니하고(운전이 금지된 경우와 유효기간이 지난 경우를 포함한다) 자동차를 운전한 사람

Ⅳ. 존 속 력

1. 문제상황

행정행위는 확정판결과 달리 영속적·종국적으로 관계당사자를 구속하는 것은 아니다. 그러나 행정행위가 발령되면, 그 행정행위를 근거로 하여 많은 법률관계가 형성되기도 하므로, 그 행정행위의 자유로운 취소·변경은 바람직하지 않다. 이 때문에 일단 발령된 행정행위를 존속시키기 위한 제도로서 존속력의 문제가 나타난다. 행정행위의 존속력은 형식적 존속력과 실질적 존속력으로 이루어진다.

2. 형식적 존속력(행정행위의 상대방 등에 대한 효력)

(1) 의 의 쟁송기간이 도과하거나 판결로써 행정행위가 확정되는 등의 사유가 존재하면, 행정행위의 상대방등이 더 이상 그 행정행위의 효력을 다툴 수 없게 되는바, 행정행위가 갖는 이러한 효력을 형식적 존속력 또는 불가쟁력이라 한다. 형식적 존속력은 국가공동체의 법적 평화를 위한 것이라 말할 수 있다.

[예] 종로구청장이 甲에게 100만원의 과징금을 부과하는 것이 관련 법령에 따른 것인데, 실수로 甲에게 102만원의 과징금을 부과하였다면, 甲은 행정심판(취소심판)이나 행정소송(취소소송)의 제기를 통해 102만원의 과징금부과처분을 다툴 수 있으나, 처분이 있음을 안 날부터 90일이 경과하면 다툴 수 없다(행정심판법 제27조 제 1 항, 행정소송법 제20조 제 1 항).

■ **행정심판법 제27조(심판청구기간)** ① 행정심판은 처분이 있음을 알게 된 날부터 90일 이내에 청구하여야 한다.
② 청구인이 천재지변, 전쟁, 사변, 그 밖의 불가항력으로 인하여 제 1 항에서 정한 기간에 심판청구를 할 수 없었을 때에는 그 사유가 소멸한 날부터 14일 이내에 행정심판을 청구할 수 있다. 다만, 국외에서 행정심판을 청구하는 경우에는 그 기간을 30일로 한다.
③ 행정심판은 처분이 있었던 날부터 180일이 지나면 청구하지 못한다. 다만, 정당한 사유가 있는 경우에는 그러하지 아니하다.

■ **행정소송법 제20조(제소기간)** ① 취소소송은 처분등이 있음을 안 날부터 90일 이내에 제기하여야 한다. …
② 취소소송은 처분등이 있은 날부터 1년(제 1 항 단서의 경우는 재결이 있은 날부터 1년)을 경과하면 이를 제기하지 못한다. 다만, 정당한 사유가 있는 때에는 그러하지 아니하다.

(2) 위법의 치유 여부 형식적 존속력이 발생한 행정행위는 비록 위법하다고 하여도 더 이상 다툴 수 없다. 그렇다고 형식적 존속력이 발생하면, 위법한 행위가 적법한 행위로 바뀌는 것은 아니다.

[예] 종로구청장이 甲에게 100만원의 세금을 부과하는 것이 관련 법령에 따른 적법한 것인데, 실수로 甲에게 102만원의 과징금을 부과하였으나, 甲이 이를 알고서도 다투지 아니하고 90일이 경과하게 되어도 102만원의 과징금부과처분이 적법한 처분으로 바뀌는 것은 아니다. 그러나 90일이 경과한 경우 甲은 102만원의 과징금을 납부하여야 한다.

(3) 직권취소와 철회, 재심사의 신청 행정행위가 형식적 존속력(불가쟁력)을 발생한 후일지라도 ① 상대방은 행정기본법 제37조가 정하는 바에 따라 행정청에 처분의 재심사를 신청할 수 있다. ② 행정청은 행정기본법 제18조가 정하는 바에 따라 행정행위를 취소, 행정기본법 제19조가 정하는 바에 따라 그 행정행위를 철회할 수 있다.

3. 실질적 존속력(불가변력)(처분청에 대한 효력)

(1) 의 의 ① 전통적 견해는 위법하거나 부당한 행정행위는 처분청이 직권으로 취소할 수 있지만, 준사법적 합의제 행정기관인 토지수용위원회의 재결이나 이의재결과 같이 일정한 행정행위는 처분청도 당해 행위에 구속되어 직권으로 취소·변경할 수 없다고 하고, 행정행위가 갖는 이러한 힘을 실질적 존속력 또는 불가변력(협의의 불가변력)이라 불러왔다. ② 행정행위의 하자의 유무를 불문하고, 행정행위의 폐지·변경에는 특별한 제한이 따른다는 의미(즉, 폐지·변경이 자유롭지 않다는 의미)에서 나타나는 구속력을 실질적 존속력 또는 불가변력(광의의 불가변력)이라 부르기도 한다. ③ 일반적인 견해는 불가변력을 협의로 이해한다. 판례도 불가변력을 협의로 이해하고 있다. 이 책에서도 불가변력을 협의의 의미로 사용하기로 한다.

(2) 위반의 효과 실질적 존속력이 있는 행정행위를 취소하거나 철회하면 그것은 위법한 것이 된다.

(3) 쟁송취소, 재심사의 신청 행정행위가 실질적 존속력(불가변력)을 발생한 경우라도 ① 상대방은 행정기본법 제36조의 이의신청이나 제37조의 처분의 재심사를 신청할 수 있고, 행정심판법상 행정심판과 행정소송법상 항고소송을 제기할 수 있다. 한편, ② 실질적 존속력의 개념(협의의 개념)에 비추어 행정청은 불가변력이 발생한 행정행위를 철회하기 어렵다.

4. 양자의 관계

형식적 존속력은 행정행위의 상대방·이해관계자에 대한 구속력을, 실질적 존속력은 처분청에 대한 구속력을 관심사로 하는바, 양자는 관심방향이 다르다. 따라서 앞에서 본 바와 같이 형식적 존속력이 생긴 행위일지라도 실질적 존속력이 없는 한, 권한을 가진 행정청은 그 행위를 취소 · 변경할 수 있다.

[예] 종로구청장이 甲에게 100만원의 과징금을 부과하는 것이 관련 법령에 따른 적법한 것인데, 실수로 甲에게 102만원의 과징금을 부과하였으나, 甲이 이를 알고서도 다투지 아니한 채 90일이 경과하였다고 하여도 종로구청장은 102만원의 과징금부과처분을 취소할 수 있다.

실질적 존속력이 있는 행위일지라도 쟁송수단이 허용되는 한 상대방 등은 다툴 수 있다.

[예] 토지수용위원회가 甲에게 발급한 행정행위(예: 재결, 이의재결)에 하자가 있다고 하여도, 토지수용위원회는 그 행정행위를 취소 또는 변경할 수 없지만, 쟁송기간이 경과하지 아니하였다면, 甲은 그 행정행위(예: 재결, 이의재결)의 취소를 구하는 이의신청(행정심판)이나 행정소송을 제기할 수 있다.

공익사업을 위한 토지 등의 취득 및 보상에 관한 법률 제83조(이의의 신청) ③ 제 1 항 및 제 2 항에 따른 이의의 신청은 재결서의 정본을 받은 날부터 30일 이내에 하여야 한다.
제85조(행정소송의 제기) ① 사업시행자·토지소유자 또는 관계인은 제34조에 따른 재결에 불복할 때에는 재결서를 받은 날부터 90일 이내에, 이의신청을 거쳤을 때에는 이의신청에 대한 재결서를 받은 날부터 60일 이내에 각각 행정소송을 제기할 수 있다. …

Ⅴ. 강 제 력

1. 개 관

행정행위는 경우에 따라 처분의 상대방의 협력(예: 철거명령에 따른 자발적 철거협력, 교통신호의 준수협력, 여객자동차운수사업면허가 취소된 자는 운수사업을 하지 말아야 할 협력)이 필요한 경우가 많다. 상대방의 협력이 필요한 행위임에도 불구하고 상대방이 협력하지 아니하면, 상대방의 협력을 강제로 확보하는 것이 필요하다. 여기서 상대방의 협력을 강제로 확보할 수 있는 힘이 강제력(强制力)이다. 강제력에는 자력집행력과 제재력이 있다.

2. 자력집행력

(1) 의 의 행정행위로 명령되거나 금지된 의무를 불이행하는 경우, 행정청이 법원의 원조를 받음이 없이 스스로 강제력에 의해 직접 의무의 내용을 실현할 수 있고, 또한 상대방에게 그것을 수인하도록 요구할 수 있는 행정행위의 효력을 자력집행력 또는 집행력이라 부른다. 집행력은 의무가 부과되는 명령적 행위에서 문제되며, 의무부과와 관계없는 형성적 행위에서는 문제되지 아니한다. 운전면허의 취소처분과 같은 형성적 행위는 그 자체로 법적 효과가 완성되는 것으로서 집행이 필요 없기 때문이다. 예컨대 운전면허가 취소된 자가 운전한다면, 강제집행이 아니라 후술하는 처벌(제재력)이 문제된다. 행정기본법은 제31조 이하에서 행정상 강제에 관한 규정을 두고 있다.

[예] 하남시장이 甲에게 개발제한구역의 지정 및 관리에 관한 특별조치법 등에 근거하여 그린벨트에 지은 위법건축물의 철거를 명하는 처분을 하였으나 甲이 자진하여 철거하지 아니하면, 하남시장은 그 위법건축물을 강제로 철거할 수 있다. 종로세무서장이 乙에게 소득세법에 근거하여 세금 100만원을 납부하라는 과세통지서를 보냈으나 乙이 이에 응하지 아니하면, 종로세무서장은 乙을 대신하여 乙의 재산을 강제로 매각하여 세금을 징수할 수 있다.

(2) 성　　질　　앞의 예에서 하남시장이 강제로 철거할 수 있는 것은 개발제한구역의 지정 및 관리에 관한 특별조치법 등에 근거한 철거명령 속에 강제로 철거할 수 있는 힘이 있어서가 아니라 행정대집행법 등 다른 법률에 강제철거의 근거가 있기 때문이다. 그리고 종로세무서장이 세금을 강제로 징수할 수 있는 것은 소득세법에 따른 과세처분 속에 납부하지 아니하면 강제로 징수할 수 있는 힘이 있어서가 아니라 국세징수법 등의 법률에 근거가 있기 때문이므로, 엄밀히 말한다면 자력집행력은 행정행위의 고유한 효과라고 말하기 어렵다.

3. 제 재 력

(1) 의　　의　　행정행위에 의해 부과된 의무를 위반하는 경우, 행정벌을 부과할 수 있는 힘을 제재력이라 한다.

[예] 교통경찰관이 도로상 안전을 위하여 甲 등에게 도로의 우측에 붙여 통행할 것을 명령하였으나, 甲 등이 이에 응하지 아니하면 甲 등에게 벌칙을 가할 수 있다.

(2) 성　　질　　앞의 예에서 국가가 甲 등에게 벌칙을 부과할 수 있는 것은 교통경찰관이 도로교통법 제 9 조 제 3 항에 따라 행한 조치(행정행위) 속에 벌칙을 부과할 수 있는 힘이 있어서가 아니라 도로교통법 제157조 제 3 호에 벌칙 부과의 법적 근거가 있기 때문이다. 따라서 엄밀히 말한다면 제재력은 행정행위의 고유한 효과라고 말하기 어렵다.

▪ **도로교통법 제 9 조(행렬등의 통행)** ③ 경찰공무원은 도로에서의 위험을 방지하고 교통의 안전과 원활한 소통을 확보하기 위하여 필요하다고 인정할 때에는 행렬등에 대하여 구간을 정하고 그 구간에서 행렬등이 도로 또는 차도의 우측(자전거도로가 설치되어 있는 차도에서는 자전거도로를 제외한 부분의 우측을 말한다)으로 붙어서 통행할 것을 명하는 등 필요한 조치를 할 수 있다.
제157조(벌칙) 다음 각 호의 어느 하나에 해당하는 사람은 20만원 이하의 벌금이나 구류 또는 과료에 처한다.
3. 제 9 조 제 1 항을 위반하거나 같은 조 제 3 항에 따른 경찰공무원의 조치를 위반한 행렬등의 보행자나 지휘자

제 6 항 행정행위의 하자

Ⅰ. 일 반 론

1. 행정행위의 하자의 의의

행정행위의 적법요건을 완전하게 구비한 것이 아닌 행정행위, 즉 적법요건에 미비(흠결)가 있는 행위를 하자(瑕疵) 있는 행정행위라 부른다. 그리고 적법요건의 미비를 하자(흠)라 부른다. 예컨대 문서로 하여야 할 행위를 구두로 하면 형식상 하자 있는 행위가 되고, 상대방의 의견을 먼저 듣고 처분을 하여야 할 행위를 상대방의 의견을 듣지 않고 처분을 하면 절차상 하자 있는 행위가 된다. 하자에는 위법과 부당이 있다. 부당은 재량권의 행사에 합리성이 다소 결여된 것을 의미한다.

2. 하자 유무 판단의 기준 법령

행정행위의 하자 유무의 판단은 발급된 행정행위의 근거법령을 기준으로 판단하여야 한다. 행정행위의 발급근거가 되는 법령은 다음의 경우로 나누어 살펴볼 필요가 있다.

(1) 일반적인 경우(처분시주의) 행정행위가 적법한 것인지 또는 위법한 것인지의 여부는 행정행위가 발급되는 시점의 법령등을 기준으로 한다. 행정행위가 적법하게 발령된 이상 발령 후에 법령이 개정되어도 위법한 행위로 되지 아니한다.

[예] 2030년 9월 1일에 건축법에 따라 적법하게 건축허가를 받았는데, 2030년 9월 2일에 건축법이 개정되었고, 개정된 건축법은 개정 전의 건축법과 내용이 충돌된다고 하여도 2030년 9월 1일에 적법하게 받은 건축허가는 2030년 9월 2일에도 여전히 적법한 행위이다.

(2) 당사자의 신청에 따른 처분 당사자의 신청에 따른 처분은 처분 당시의 법령등에 따른다(행정기본법 제14조 제 2 항).

[예] 2월 2일에 단란주점영업허가를 신청하였는데, 2월 5일에 관련 법령등의 개정이 있었고, 허가권자가 2월 10일에 처분을 하려고 하면, 허가권자는 2월 5일에 개정된 법령을 따라야 한다. “법령등에 특별한 규정이 있거나 처분 당시의 법령등을 적용하기 곤란한 특별한 사정이 있는 경우”에는 2월 5일에 개정된 법령을 따르지 않을 수 있다(행정기본법 제14조 제 2 항).

(3) 제재처분

㈎ 일반적인 경우 법령등을 위반한 행위의 성립과 이에 대한 제재처분은 법령등을 위반한 행위 당시의 법령등에 따른다(행정기본법 제14조 제 3 항 본문).

[예] 2월 2일에 음주운전을 하였는데, 2월 10일에 관련 법령등의 개정으로 제재처분이 강화되었고,

운전면허권자가 2월 20일에 처분을 하려고 하면, 면허권자는 2월 2일에 유효한 법령등을 준수하여야 한다. “특별한 규정이 있는 경우”에는 2월 2일에 유효한 법령등을 따르지 아니할 수 있다.

㈏ **제재내용이 완화된 경우** 법령등을 위반한 행위 후 법령등의 변경에 의하여 그 행위가 법령등을 위반한 행위에 해당하지 아니하거나 제재처분 기준이 가벼워진 경우에는 변경된 법령등을 적용한다(행정기본법 제14조 제3항 단서). 한편, “해당 법령등에 특별한 규정이 있는 경우”에는 변경된 법령등을 적용하지 아니할 수 있다(행정기본법 제14조 제3항 본문).

[예] 2월 2일에 식품위생법 위반행위(A행위)를, 2월 10일에 관련 식품위생법의 개정으로 위반행위(A행위)에 대한 제재처분이 영업허가취소에서 영업정지 3개월로 완화되었고, 허가권자가 2월 20일에 처분을 하려고 하면, 허가권자는 영업정지 3개월로 하여야 한다.

3. 행정행위의 하자의 효과

학설과 판례는 하자 있는 행정행위의 법적 효과를 행정행위의 부존재, 무효인 행정행위, 취소할 수 있는 행정행위의 세 가지로 구분하고 있다. 행정심판법 제5조는 취소, 무효, 부존재의 개념을 전제로 하여, 행정심판의 종류를 규정하고 있고, 행정소송법 제4조도 취소, 무효, 부존재의 개념을 전제로 하여 항고소송의 종류를 규정하고 있다.

■ **행정심판법 제5조(행정심판의 종류)** 행정심판의 종류는 다음 각 호와 같다.
1. 취소심판: 행정청의 위법 또는 부당한 처분을 취소하거나 변경하는 행정심판
2. 무효등확인심판: 행정청의 처분의 효력 유무 또는 존재 여부를 확인하는 행정심판
3. 의무이행심판: 당사자의 신청에 대한 행정청의 위법 또는 부당한 거부처분이나 부작위에 대하여 일정한 처분을 하도록 하는 행정심판

■ **행정소송법 제4조(항고소송)** 항고소송은 다음과 같이 구분한다.
1. 취소소송: 행정청의 위법한 처분등을 취소 또는 변경하는 소송
2. 무효등 확인소송: 행정청의 처분등의 효력 유무 또는 존재여부를 확인하는 소송
3. 부작위위법확인소송: 행정청의 부작위가 위법하다는 것을 확인하는 소송

Ⅱ. 행정행위의 부존재

1. 의　　의

외관상 명백히 행정청의 행위로 볼 수 있는 행위가 존재하지 아니하는 경우를 행정행위의 부존재라 한다.

[예] 서대문구청의 총무과 직원이 기안한 문서가 총무과장과 구청장의 결재도 거치지 않고 甲에게 우편으로 송달되었다고 하여도, 그러한 행위는 서대문구청 내부의 의사결정과정에 있는 행위일 뿐, 서대문구청장의 의사결정으로서의 행위가 있다고 말할 수 없다. 정부가 2020년 4월 1일에 카지노영업허가를 하면서 허가기간은 2023년 3월 31일까지로 한다는 조건을 붙였다면, 2023년 4월 1일부터는 카지노영업허가는 존재하지 않는 것이 된다.

2. 의 미

행정행위의 부존재의 경우에는 행정행위가 존재하지 아니하므로, 논리상 문제될 것이 없다. 그러나 현실적으로는 부존재하는 행위를 존재한다고 하면서 행정청이 강제한다면, 강제당하는 상대방은 불리한 입장에 놓일 수밖에 없다. 따라서 상대방을 보호하기 위하여 부존재를 다투는 행정심판과 행정소송을 인정할 수밖에 없다. 이리하여 행정심판법과 행정소송법은 행정행위부존재확인심판 및 행정행위부존재확인소송을 명문으로 인정하고 있다(행심법 제5조 제2호; 행소법 제4조 제2호).

3. 효 과

행정행위가 부존재하는 경우에는 아무런 법적 효과도 발생하지 아니한다. 다만 그러한 행위들이 문제될 때에는 그리고 문제되는 범위 안에서 부존재확인이나 폐지 등이 가능하다. 다만 폐지된다고 하여도 그것은 법적 외관을 폐기하는 것에 불과하다.

[예] 서대문구청의 총무과 직원이 총무과장과 구청장의 결재도 거치지 않고 자신이 기안한 문서를 甲에게 우편으로 송달한 것을 알게 된 서대문구청장이 그 문서가 무효이므로 폐지한다고 하여도, 서대문구청장의 폐지는 존재하는 행정행위를 없앤다는 의미에서 폐지가 아니라 직원이 한 행위가 처음부터 아무런 의미가 없었다는 것을 확인하는 의미를 가질 뿐이다.

Ⅲ. 행정행위의 무효와 취소의 구별

1. 구별의 필요성

① 취소할 수 있는 행위는 일정한 기간의 경과 등으로 불가쟁력(형식적 존속력)이 발생하지만, 무효인 행위에는 불가쟁력이 발생하지 아니하고, ② 취소할 수 있는 행위는 선·후행행위가 하나의 효과를 목적으로 하는 경우에만 선행행위의 하자가 후행행위에 승계되지만(판례), 무효인 행위에는 하나의 효과를 목적으로 하지 아니하는 경우에도 승계되고(하자의 승계에 관해서는 뒤에서 자세히 살핀다), ③ 취소할 수 있는 행위에는 하자의 치유가 인정되지만, 무효인 행위에는 하자의 치유가 인정되지 아니하고(하자의 치유에 관해서는 뒤에서 자세히 살핀다), ④ 취소할 수 있는 행위에는 하자의 전환이 인정되지 아니하지만(전통적 견해), 무효인 행위에는 인정된다(하자의 전환에 관해서는 뒤에서 자세히 살핀다). 따라서 무효와 취소를 구별할 필요성이 있다.

2. 구별의 기준

행정행위의 무효와 취소를 구별하는 기준으로 여러 견해가 있으나, 전통적 견해와 판례는 중대명백설을 취한다(대판 2019. 5. 16, 2018두34848; 대판 1995. 7. 11, 94누4615 전원합의체). 중대명백설이란 하자가 중대하고 동시에 명백한 행위는 무효이고, 하자가 중대하지만 명백하지 않거나, 명백하지만 중대하지 않은 행위는 취소할 수 있는 행위라는 견해이다. 한편, 하자가 중대하면 무효이지만, 제 3 자나 공공의 신뢰보호의 필요가 있는 경우에는 하자가 중대하고 동시에 명백하여야 무효이고, 그러하지 아니하면 취소할 수 있는 행위라고 하는 명백성보충요건설도 주장되고 있다.

3. 중대명백설

① 중대명백설이 ⓐ 하자가 중대하고 명백한 행정행위를 무효로 보는 것은 정의의 원칙을 위한 것이고, ⓑ 하자가 중대하지만 명백하지 않거나 하자가 중대하지 않지만 명백한 행정행위를 취소할 수 있는 행위로 하여 쟁송기간이 경과하면 하자에도 불구하고 더 이상 하자를 다툴 수 없도록 하는 것은 법적 안정성을 위한 것이므로, 중대명백설은 정의의 원칙과 법적 안정성의 원칙의 조화를 내용으로 한다. ② 중대명백설에서 하자가 중대하다는 것은 당해 행정행위의 적법요건의 면에서 하자가 중대하다는 것을 의미하고, 하자가 명백하다는 것은 행정행위의 자체에 하자 있음이 일반인의 관점에서 외관상 명백하다는 것을 의미한다. 그러나 실제상 중대성과 명백성의 판단은 쉽지 않다.

[예1] 여성에게 입영통지서를 발부하였다면, 그 입영통지처분은 무효이다. 왜냐하면 병역법상 입영대상자가 아닌 여성을 대상자로 하였다는 점에서 적법요건상 하자가 중대하고, 또한 여성에게 입영통지서를 발부한 것이 위법하다는 것은 일반인에게도 명백하기 때문이다.

[예2] 세금의 납부를 구두로 통지한 것도 무효이다. 왜냐하면 세법이 납세자의 보호를 위해 과세처분은 반드시 서면으로 할 것을 규정하고 있으므로 서면으로 하지 아니한 것은 적법요건상 하자가 중대하고, 또한 구두로 한 과세처분이 위법하다는 것은 일반인에게도 명백하기 때문이다.

[예3] 청소년에게 술을 판 단란주점업자에게 의견제출의 기회를 주지 아니하고 영업정지처분을 한 것은 취소할 수 있는 행위이다. 왜냐하면 의견제출의 기회를 부여하지 아니한 하자는 외관상 명백하지만, 의견제출의 기회를 부여하지 아니한 하자가 적법요건상 중대한 하자라고 보기는 어렵기 때문이다.

[예4] 구로세무서장이 2015년 5월 1일에 A법률에 근거하여 甲에게 100만원의 세금을 부과하였다. 2015년 6월 1일에 헌법재판소가 A법률이 헌법에 위반된다고 선언하였다. 이러한 경우, 甲에 대한 구로세무서장의 과세처분은 무효가 아니고 취소할 수 있는 행위이다. 왜냐하면 무효인 법률에 근거하여 세금을 부과한 것은 중대한 하자가 되지만, 헌법재판소에 의해 A법률이 무효로 선언되기 전인 2015년 5월 1일에는 A법률이 무효라는 것은 명백하지 않았기 때문이다.

Ⅳ. 행정행위의 무효

1. 의 의

외관상 행정행위로서 존재함에도 불구하고 하자가 중대하고 동시에 명백하여 행정행위로서 갖는 효과를 전혀 갖지 못하는 것을 무효(無效)라 하고, 그러한 행정행위를 무효인 행정행위라 부른다(통설). 무효인 행정행위는 행위의 외관이 존재한다는 점에서 부존재(不存在)와 구별되며, 처음부터 효력이 없다는 점에서 취소되기 전까지는 효력을 가지는 취소(取消)와 구별된다. 그리고 일단 유효하게 성립하였다가 일정한 사유의 발생으로 효력이 소멸되는 실효(失效)와도 구별된다.

2. 사 유

국가공무원법 제13조 제 2 항이나 지방공무원법 제18조 제 2 항과 같이 개별 법률에서 무효사유를 규정하기도 하지만, 개별 법률에서 규정이 없다고 하여도 중대하고도 명백한 하자는 무효사유가 된다.

▪ **국가공무원법 제13조(소청인의 진술권)** ① 소청심사위원회가 소청 사건을 심사할 때에는 대통령령등으로 정하는 바에 따라 소청인 또는 제76조 제 1 항 후단에 따른 대리인에게 진술 기회를 주어야 한다.
② 제 1 항에 따른 진술 기회를 주지 아니한 결정은 무효로 한다.
▪ **지방공무원법 제18조(소청인의 진술권)** ① 심사위원회가 소청사건을 심사할 때에는 대통령령으로 정하는 바에 따라 소청인 또는 그 대리인에게 진술 기회를 주어야 한다.
② 제 1 항의 진술 기회를 주지 아니한 결정은 무효로 한다.

▌대판 1995. 7. 11, 94누4615 전원합의체(하자 있는 행정처분이 당연무효가 되기 위하여는 그 하자가 법규의 중요한 부분을 위반한 중대한 것으로서 객관적으로 명백한 것이어야 하며 하자가 중대하고 명백한 것인지 여부를 판별함에 있어서는 그 법규의 목적, 의미, 기능 등을 목적론적으로 고찰함과 동시에 구체적 사안 자체의 특수성에 관하여도 합리적으로 고찰함을 요한다)(**난지도 휀스공사 사건**).

3. 효 과

무효인 처분은 처음부터 그 효력이 발생하지 아니한다(행정기본법 제15조 단서). 누구라도 무효인 행정행위를 준수할 필요가 없다. 만약 행정청이 무효임에도 유효하다고 주장하면 상대방은 행정심판(무효확인심판)이나 행정소송(무효확인소송)의 제기를 통해 무효확인을 구할 수 있다.

Ⅴ. 행정행위의 하자의 승계

1. 의의(대집행절차를 통해 본 이해)

(1) 대집행절차의 요건 서대문구청장이 건축법 제79조에 근거하여 甲에게 불법건물의 철거를 명하였으나, 甲이 철거하지 아니하면, 서대문구청장은 행정대집행법이 정하는 바에 따라 대집행을 할 수 있다. 행정대집행법에 따라 甲의 불법건물을 철거하려고 하면, 서대문구청장은 원칙적으로 甲에게 ① 상당한 이행기한을 정하여 그 기한까지 철거하지 아니하면 서대문구청이 철거할 것을 미리 문서로써 계고하고(알리고), 그럼에도 그 기한까지 철거하지 아니하면, ② 대집행할 시기 등을 기재한 대집행영장을 발부하고 이를 통지한 후, ③ 대집행영장에 기재한 시기에 실제로 강제철거를 하게 된다.

▪ **건축법 제79조(위반 건축물 등에 대한 조치 등)** ① 허가권자는 이 법 또는 이 법에 따른 명령이나 처분에 위반되는 대지나 건축물에 대하여 이 법에 따른 허가 또는 승인을 취소하거나 그 건축물의 건축주 · 공사시공자 · 현장관리인 · 소유자 · 관리자 또는 점유자(이하 "건축주등"이라 한다)에게 공사의 중지를 명하거나 상당한 기간을 정하여 그 건축물의 해체 · 개축 · 증축 · 수선 · 용도변경 · 사용금지 · 사용제한, 그 밖에 필요한 조치를 명할 수 있다.

▪ **행정대집행법 제 3 조(대집행의 절차)** ① 전조의 규정에 의한 처분(이하 대집행이라 한다)을 하려함에 있어서는 상당한 이행기한을 정하여 그 기한까지 이행되지 아니할 때에는 대집행을 한다는 뜻을 미리 문서로써 계고하여야 한다. 이 경우 행정청은 상당한 이행기한을 정함에 있어 의무의 성질·내용 등을 고려하여 사회통념상 해당 의무를 이행하는 데 필요한 기간이 확보되도록 하여야 한다.
② 의무자가 전항의 계고를 받고 지정기한까지 그 의무를 이행하지 아니할 때에는 당해 행정청은 대집행영장으로써 대집행을 할 시기, 대집행을 시키기 위하여 파견하는 집행책임자의 성명과 대집행에 요하는 비용의 개산에 의한 견적액을 의무자에게 통지하여야 한다.

(2) 계고처분의 하자와 쟁송기간의 도과 서대문구청장이 甲에게 계고할 때에는 행정대집행법 제 3 조 제 1 항이 정하는 바에 따라 상당한 이행기간을 정하여 문서로 하여야 함에도 불구하고 매우 짧은 이행기한을 정하여 甲에게 계고하였다면, 甲은 서대문구청장의 계고처분이 위법하므로 계고처분의 취소를 구할 수 있다. 그러나 甲이 계고처분이 있음을 안 날부터 90일이 지나가도록 계고처분을 다투지 아니하였다면, 甲은 더 이상 계고처분의 위법을 다툴 수 없게 된다.

▪ **행정심판법 제27조(심판청구의 기간)** ① 행정심판은 처분이 있음을 알게 된 날부터 90일 이내에 청구하여야 한다.

▪ **행정소송법 제20조(제소기간)** ① 취소소송은 처분등이 있음을 안 날부터 90일 이내에 제기하여야 한다. …

(3) 계고처분의 하자를 이유로 한 대집행영장발부통보처분의 쟁송가능성 계고처분(알리는 처분)에서 정한 짧은 이행기간이 지난 후 서대문구청장이 甲에게 대집행영장이 발부되었다는 통지를 하여왔다고 하자. 그리고 대집행영장발부통보처분은 행정대집행법 제3조 제2항이 정한 바에 따라 이루어진 적법한 행위였다고 하자. 이러한 경우에 甲은 계고처분이 위법하였으므로 대집행영장발부통보처분의 취소를 구할 수 있는가의 문제가 있다.

(4) 하자의 승계의 의의 일반론적으로 말해 둘 이상의 행정행위가 연속적으로 행해지는 경우, 선행행위(예: 계고처분)에 하자가 있으면 후행행위(예: 대집행영장발부통보처분)에 하자가 없다고 하여도 선행행위가 위법함을 이유로 후행행위를 다툴 수 있는가의 문제가 바로 하자의 승계의 문제이다. 다툴 수 있다면 승계된다고 하고, 다툴 수 없다고 하면 승계되지 아니한다고 표현한다.

2. 문제의 해결

(1) 해결기준 전통적인 견해와 판례에 따르면, 행정행위의 하자문제는 행정행위마다 독립적으로 판단되어야 한다는 전제하에 선행행위와 후행행위가 일련의 절차를 구성하면서 하나의 효과를 목적으로 하는 경우에는 예외적으로 선행행위의 위법성이 후행행위에 승계되지만, 선행행위와 후행행위가 상호 관련성이 있을지라도 별개의 목적으로 행하여지는 경우에는 선행행위의 단순위법은 후행행위에 승계되지 아니한다고 한다(대판 2019. 1. 31, 2017두40372; 헌재 2014. 3. 27, 2012헌바29). 그리고 선행행위가 무효이면 어떠한 경우에도 승계된다고 한다. 이를 도해하면 다음과 같다.

효과(목적)의 동일성	선행행위	후행행위	승계 여부
① 별개의 효과(목적)	단순 위법(취소)	적법	승계되지 아니한다
② 하나의 효과(목적)	단순 위법(취소)	적법	승계된다
③ 별개의 효과(목적)	위법(무효)	적법	승계된다
④ 하나의 효과(목적)	위법(무효)	적법	승계된다

(가) 상기 ①의 예 위법한 철거명령과 적법한 계고처분의 경우를 볼 수 있다. 철거명령은 철거의무의 발생을 목적으로 하고, 계고처분은 발생된 철거의무를 현실적으로 이행하는 것을 목적으로 한다. 즉 별개의 효과를 목적으로 한다. 단순 위법한 철거명령을 다툴 수 있는 기한이 경과한 후에 철거명령의 위법을 이유로 계고처분을 다툴 수 없다.

(나) 상기 ②의 예 단순 위법한 계고처분과 적법한 대집행영장발부통보처분의 경우를 볼 수 있다. 계고처분과 대집행영장발부통보처분은 모두 발생된 철거의무의 현실적인 이행이라는 점에서 목적이 동일하다. 즉 하나의 효과를 목적으로 한다. 계고처분을 다툴 수 있

는 기한이 경과하여도 계고처분의 위법을 이유로 대집행영장발부통보처분을 다툴 수 있다. 단순 위법한 대집행영장발부통보처분과 적법한 대집행의 실행 사이, 단순 위법한 대집행의 실행과 적법한 비용징수 사이의 경우도 같다.

㈐ **상기 ③의 예** 무효인 철거명령과 적법한 계고처분의 경우를 볼 수 있다. 철거명령은 철거의무의 발생을 목적으로 하고, 계고처분은 발생된 철거의무를 현실적으로 이행하는 것을 목적으로 한다. 즉 별개의 효과를 목적으로 한다. 그러나 무효인 철거명령으로부터는 철거의무가 발생하지 아니하므로, 철거의무의 불이행을 전제로 한 계고처분을 다툴 수 있다. 이러한 경우에는 철거명령의 무효를 다투는 것도 방법이다.

㈑ **상기 ④의 예** 무효인 위법한 계고처분과 적법한 대집행영장발부통보처분의 경우를 볼 수 있다. 계고처분과 대집행영장발부통보처분은 모두 발생된 철거의무의 현실적인 이행이라는 점에서 목적이 동일하다. 즉 하나의 효과를 목적으로 한다. 그러나 무효인 계고처분으로부터는 아무런 법적 효과가 발생하지 아니하므로, 무효인 계고처분을 전제로 한 대집행영장발부통보처분을 다툴 수 있다. 이러한 경우에는 계고처분의 무효를 다투는 것도 방법이다. 무효인 위법한 대집행영장발부통보처분과 적법한 대집행의 실행 사이, 무효인 위법한 대집행의 실행과 적법한 비용징수 사이의 경우도 같다.

■ 참고 ■

서대문세무서장이 甲에게 100만원의 과세처분을 하였으나, 甲이 지정된 기한까지 납부하지 아니하였으므로 서대문세무서장이 강제징수절차를 거치게 된 경우에 하자의 승계문제를 본다. 강제징수절차는 독촉 → 압류 → 매각 → 청산의 순으로 진행된다.

① 별개의 효과를 목적으로 하는 단순 위법한 부과처분과 적법한 독촉(처분) 사이에서 부과처분의 위법을 이유로 독촉(처분)의 취소를 구할 수 없다.
② 하나의 효과를 목적으로 하는 단순 위법한 독촉(처분)과 적법한 압류(처분) 사이에서 독촉(처분)의 위법을 이유로 압류(처분)의 취소를 구할 수 있다. 단순 위법한 압류(처분)과 적법한 매각(처분) 사이, 단순 위법한 매각(처분)과 적법한 청산(처분) 사이의 경우도 같다.
③ 별개의 효과를 목적으로 하는 무효인 부과처분과 적법한 독촉(처분) 사이에서 부과처분의 무효를 이유로 독촉(처분)의 취소를 구할 수 있다. 물론 부과처분의 무효를 다툴 수도 있다.
④ 하나의 효과를 목적으로 하는 무효인 독촉(처분)과 적법한 압류(처분) 사이에서 독촉(처분)의 무효를 이유로 압류(처분)의 취소를 구할 수 있다. 물론 독촉(처분)의 무효를 다툴 수도 있다. 무효의 압류(처분)과 적법한 매각(처분) 사이, 무효의 매각(처분)과 적법한 청산(처분) 사이의 경우도 같다.

▌대판 1984. 9. 11, 84누191(구 경찰공무원법 제50조 제 1 항에 의한 직위해제처분과 같은 제 3 항에 의한 면직처분은 후자가 전자의 처분을 전제로 한 것이기는 하나 각각 단계적으로 별개의 법률효과를 발생하는 행정처분이어서 선행직위 해제처분의 위법사유가 면직처분에는 승계되지 아니한다 할 것이므로 선행된 직위해제 처분의 위법사유를 들어 면직처분의 효력을 다툴 수는 없다)(**전주경찰서 수사본부장 면직 사건**).

(마) **예 외** 판례는 별개의 효과를 목적으로 하는 경우에도 수인성의 원칙에 따라 선행처분의 하자를 이유로 후행처분의 효력을 다툴 수 있는 경우를 인정한다.

■ 참고 판례 ■ 서부산 세무서 양도소득세부과 사건

두 개 이상의 행정처분이 연속적으로 행하여진 경우 선행처분과 후행처분이 서로 독립하여 별개의 법률효과를 목적으로 하는 때에는 선행처분에 불가쟁력이 생겨 그 효력을 다툴 수 없게 되면 선행처분의 하자가 중대하고 명백하여 **당연무효인 경우를 제외하고는 선행처분의 하자를 이유로 후행처분을 다툴 수 없는 것이 원칙**이나, 이 경우에도 선행처분의 불가쟁력이나 구속력이 그로 인하여 불이익을 입게 되는 자에게 **수인한도를 넘는 가혹함을 가져오고 그 결과가 당사자에게 예측가능한 것이 아닌 경우에는** 국민의 재판받을 권리를 보장하고 있는 헌법의 이념에 비추어 선행처분의 후행처분에 대한 구속력은 인정될 수 없다고 봄이 타당하므로, 선행처분에 위법이 있는 경우에는 그 자체를 행정소송의 대상으로 삼아 위법 여부를 다툴 수 있음은 물론 이를 기초로 한 **후행처분의 취소를 구하는 행정소송에서도 선행처분의 위법을 독립된 위법사유**로 주장할 수 있다(대판 1998. 3. 13, 96누6059).

(2) 구속력설

(가) **의 의** 행정행위의 하자의 승계문제를 행정행위의 효력 중에서 불가쟁력이 발생한 선행행위의 후행행위에 대한 구속력(규준력)의 문제로 다루는 견해(구속력설)도 있다. 즉 구속력이란 선행행정행위의 내용과 효과가 후행행정행위를 구속함으로써 상대방(관계인, 법원)은 후행행위를 다툼에 있어 선행행위의 내용과 대립되는 주장이나 판단을 할 수 없게 하는 효과를 말한다. 즉 이러한 구속력이 미치는 범위에서 후행행위를 다툼에 있어서 선행행위의 효과와 다른 주장을 할 수 없게 된다고 한다(선행행위의 위법을 후행행위를 다투며 주장할 수 없게 된다).

(나) **비 판** 구속력설에 대해서는 ① 구속력의 범위를 분명하게 확정하는 것이 용이하지 않다는 점, ② 선행행위의 후행행위에 대한 구속력의 문제는 하자의 승계문제가 해결된 뒤에 발생하는 문제로 보이기 때문에 행정행위의 하자의 승계문제와 행정행위의 선행행위의 후행행위에 대한 구속력의 문제의 상호관계에 대한 분명한 해명 없이 행정행위의 하자의 승계문제를 행정행위의 선행행위의 후행행위에 대한 구속력의 문제로 대체하는 것은 위험하다는 지적이 가해진다. 이 책은 전통적 견해를 따른다.

3. 문 제 점

전통적 견해와 판례는 하나의 효과를 목적으로 하는 선행행위와 후행행위의 관계에서 선행행위를 다툴 수 없게 된 경우에도 선행행위의 위법을 이유로 후행행위를 다툴 수 있다고 하는 것을 살펴본 바 있다. 생각건대 쟁송기간의 경과 등으로 인하여 선행행위에 불가쟁력이 발생하여 선행행위를 다툴 수 없음에도 선행행위의 위법을 이유로 후행행위를 다툴 수 있다고 하는 것은 선행행위를 직접 대상으로 하여 다투는 것과 큰 차이가 없다. 예컨대 단순 위법한 독촉(처분)을 다툴 수 없다고 하면서, 선행행위인 독촉(처분)의 위법을 이유로 후행행위인 압류(처분)를 다툴 수 있다고 하는 것은 독촉(처분)을 다투는 것과 큰 차이가 없다. 요컨대 전통적 견해와 판례는 선행행위를 다툴 수 없다고 하면서 선행행위를 다투는 것과 유사한 효과를 가져오는 하자의 승계를 인정하고 있는데, 이것은 논리적으로 충실하지 않다고 하겠다.

Ⅵ. 하자있는 행정행위의 치유

1. 의 의

행정행위가 발령 당시에 적법요건을 완전히 구비한 것이 아니어서 위법한 것이라고 하여도 사후에 흠결을 보완하게 되면, 발령당시의 하자에도 불구하고 그 행위의 효과를 다툴 수 없도록 유지하는 것을 하자 있는 행정행위의 치유라 부른다.

[예] 서대문구청장은 미성년자에게 상습적으로 술을 팔아온 단란주점영업자 甲에게 단란주점영업허가를 취소하는 처분을 하였다. 단란주점영업허가 취소통보서에는 甲이 저지른 식품위생법위반사실에 대한 기재가 없었다. 행정절차법 제23조는 처분의 이유를 제시하도록 규정하고 있으므로, 식품위생법위반사실을 기재하지 아니한 서대문구청장의 처분은 위법하다. 따라서 甲이 취소소송을 제기하면 승소하게 된다. 만약 甲이 취소심판이나 취소소송을 제기하기 전에 서대문구청장이 甲에게 단란주점영업허가를 취소한 이유를 기재한 서면을 보내면, 서대문구청장의 단란주점영업허가취소처분은 처음부터 적법한 것이 된다. 따라서 서대문구청장이 甲에게 단란주점영업허가를 취소한 이유를 보낸 후에 甲이 취소소송을 제기하면, 甲은 승소할 수 없다.

2. 근 거

(1) 이론상 근거 행정행위의 하자의 치유를 인정하는 것은 국민의 법생활의 안정과 신뢰보호를 위한 것이고, 아울러 행정행위의 불필요한 반복을 방지하기 위한 것이다. 물론 국민의 권익보호에 역행하면서 하자의 치유를 인정할 수는 없다.

[예] 예컨대, 하자의 치유를 인정하지 아니한다면, 서대문구청장은 甲에 대하여 새로이 단란주점영업허가 취소절차를 밟아야 한다. 이것은 비경제적이다. 오히려 하자의 치유를 인정하게 되면, 서대문구청장은 甲에 대하여 새로이 단란주점영업허가 취소절차를 거칠 필요 없이 다만 甲에게 취소사유만을 통보하면 된다.

(2) 실정법상 근거 민법상으로는 하자의 치유의 법리가 명문화되어 있다(민법 제143조 내지 제146조의 취소할 수 있는 법률행위의 추인). 그러나 행정법상으로는 일반규정이 없다.

▪ 민법 제143조(추인의 방법, 효과) ① 취소할 수 있는 법률행위는 제140조에 규정한 자가 추인할 수 있고 추인후에는 취소하지 못한다.
제144조(추인의 요건) ① 추인은 취소의 원인이 소멸된 후에 하여야만 효력이 있다.

② 제1항은 법정대리인 또는 후견인이 추인하는 경우에는 적용하지 아니한다.
제145조(법정추인) 취소할 수 있는 법률행위에 관하여 전조의 규정에 의하여 추인할 수 있는 후에 다음 각호의 사유가 있으면 추인한 것으로 본다. 그러나 이의를 보류한 때에는 그러하지 아니하다.
1. 전부나 일부의 이행 (이하 각호 생략)
제146조(취소권의 소멸) 취소권은 추인할 수 있는 날로부터 3년내에 법률행위를 한 날로부터 10년내에 행사하여야 한다.

(3) 학설 · 판례 전통적 견해와 판례는 하자의 치유를 인정한다. 현재 하자의 치유를 부정하는 견해는 찾아볼 수 없다.

▌대판 2014. 2. 27, 2011두11570(하자 있는 행정행위의 치유는 행정행위의 성질이나 법치주의 관점에서 볼 때 원칙적으로 허용될 수 없는 것이고, 예외적으로 행정행위의 무용한 반복을 피하고 당사자의 법적 안정성을 위해 이를 허용하는 때에도 국민의 권리나 이익을 침해하지 아니하는 범위에서 구체적 사정에 따라 합목적적으로 인정하여야 할 것이다).
▌대판 2020. 10. 29, 2017두51174(과세관청이 과세처분에 앞서 납세자에게 보낸 세무조사결과통지 등에 납세고지서의 필요적 기재사항이 제대로 기재되어 있어 납세의무자가 그 처분에 대한 불복 여부의 결정 및 불복 신청에 전혀 지장을 받지 않았음이 명백하다면, 이로써 납세고지서의 하자가 보완되거나 치유될 수 있다).

3. 효 과

치유의 효과는 소급적이다. 처음부터 적법한 행위와 같은 효과를 가진다. 치유가 허용되지 않은 행위의 경우에는 새로운 행위를 발령함으로써 치유의 효과를 얻을 수 있을 뿐이다.

[예] 서대문구청장이 2020년 5월 1일에 甲에게 식품위생법 위반사실에 대한 기재 없이 단란주점영업허가 취소처분을 하였다가 2020년 6월 1일에 甲에게 식품위생법 위반사실을 기재한 서면을 보내면, 서대문구청장의 단란주점영업허가취소처분은 2020년 5월 1일에 식품위생법 위반사실을 기재한 처분을 한 것과 같은 효과를 갖는다.

4. 적용영역

① 전통적 견해와 판례는 취소할 수 있는 행정행위에 하자의 치유가 인정되고, 무효인 행정행위에는 하자의 치유가 인정되지 아니한다고 한다. ② 판례는 하자의 치유가 행정심판이나 행정소송이 제기되기 전까지만 가능하다고 한다. 말하자면 처분의 상대방 등이 행정심판이나 행정소송으로 다투겠다는 의사를 표출하면, 하자의 치유는 인정되지 아니한다는 것이다.

5. 한 계

(1) 실체적 한계 행정행위의 성질이나 법치주의의 관점에서 볼 때 하자 있는 행정행위의 치유는 원칙적으로 허용될 수 없을 뿐만 아니라 이를 허용하는 경우에도 국민의 권리와 이익을 침해하지 않는 범위에서 구체적 사정에 따라 합목적적으로 가려야 할 것이다.

(2) 시간적 한계

(가) **학 설** 학설상 ⓐ 쟁송제기이후에 하자의 치유를 인정하면 당사자의 법적 안정성과 예측가능성을 침해하는 것이며, (특히 절차나 형식상의 하자의 경우) 행정의 공정성확보와 당사자에게 불복 여부 결정 및 불복신청에 편의를 줄 수 있도록 하자의 치유는 쟁송제기 이전에 있어야 한다는 견해(쟁송제기 이전시설)와 ⓑ 쟁송이후에 하자의 치유를 인정해도 처분의 상대방의 권리구제에 장애를 초래하지 않는 경우가 있을 수 있고 또한 소송경제를 고려하여야 하며, 치유는 예외적인 경우에만 인정됨을 근거로 쟁송이후에도 치유가 가능하다는 견해(쟁송종결시설)가 대립된다.

(나) **판 례** 판례는 '치유를 허용하려면 늦어도 과세처분에 대한 불복 여부의 결정 및 불복신청에 편의를 줄 수 있는 상당한 기간 내에 하여야 한다고 할 것'이라고 하고 있어 행정쟁송제기 이전까지만 가능하다는 것이 판례의 입장이다(대판 1983. 7. 26, 82누420; 대판 1984. 4. 10, 83누393).

(다) **사 견** 생각건대 행정능률이나 소송경제도 중요한 법가치이며 당사자의 시간과 노력을 절감하는 효과도 있는바 소송절차 종결 전까지 하자의 치유를 인정하는 것이 바람직하다.

Ⅶ. 하자있는 행정행위의 전환

1. 의 의

하자있는 행정행위(예: 아래의 예에서 사망한 甲에 대한 건축허가)를 적법한 다른 행정행위(예: 아래의 예에서 생존중인 甲의 배우자 乙에 대한 건축허가)로 유지시키는 것을 하자있는 행정행위의 전환이라 한다. 행정행위의 치유는 하자의 사후적인 제거를 위한 것이나, 전환은 새로운 행위를 가져온다는 점에 차이가 있다.

[예] 甲이 2020년 3월 5일에 서대문구청장에게 건축허가를 신청하였다. 甲은 2020년 3월 7일에 사망하였다. 서대문구청장은 2020년 3월 9일에 甲을 처분의 상대방으로 하여 건축허가를 내주었다. 서대문구청장의 건축허가는 적법한가? 민법 제 3 조(권리능력의 존속기간)는 "사람은 생존한 동안 권리와 의무의 주체가 된다"고 규정하고 있다. 따라서 2020년 3월 9일에 甲은 생존하고 있지 아니하므로 서대문구청장의 2020년 3월 9일자 처분은 죽은 자에 대한 것이므로 적법한 것이 아니다. 이러한 경우에 서대문구청장의 건축허가처분을 甲의 배우자인 乙에 대한 것으로 전환하면 문제가 없어진다.

2. 근 거

(1) 이론상 근거 하자 있는 행정행위의 전환을 인정하는 것은 국민의 법생활의 안정과 신뢰보호를 위한 것이고, 아울러 행정행위의 불필요한 반복을 방지하기 위한 것이다.

물론 국민의 권익보호에 역행하면서 하자 있는 행정행위의 전환을 인정할 수는 없다.

[예] 하자의 전환을 인정하지 아니한다면, 甲의 배우자 乙은 새로이 건축허가절차를 밟아야 한다. 이것은 비경제적이다. 오히려 사망한 甲에 대한 건축허가를 생존중인 甲의 배우자 乙에 대한 건축허가로 전환하는 것을 인정하게 되면, 乙은 새로이 건축허가를 신청할 필요는 없고, 다만 甲의 사망을 확인하는 공문서(예: 가족관계의 등록 등에 관한 법률상 기본증명서)를 첨부하여 甲의 건축허가신청 중에서 신청인의 이름변경을 신청하면 된다.

(2) 실정법상 근거 하자 있는 행정행위의 전환의 법리가 민법상으로는 명문화되어 있다(민법 제138조의 무효행위의 전환). 그러나 행정법상으로는 통칙적 규정이 없다.

■ 민법 제138조(무효행위의 전환) 무효인 법률행위가 다른 법률행위의 요건을 구비하고 당사자가 그 무효를 알았더라면 다른 법률행위를 하는 것을 의욕하였으리라고 인정될 때에는 다른 법률행위로서 효력을 가진다.

(3) 학설·판례 전통적 견해와 판례는 하자 있는 행정행위의 전환을 인정한다.

3. 효 과

하자 있는 행정행위의 전환은 새로운 행위를 가져온다.

[예] 사망한 甲에 대한 건축허가를 생존중인 甲의 배우자 乙에 대한 건축허가로 전환하면, 사망한 甲에 대한 건축허가를 그대로 유지시키는 것이 아니라 새로운 행위로서 乙에 대한 건축허가가 된다.

4. 적용영역

전통적 견해와 판례는 하자 있는 행정행위의 전환은 무효인 행정행위에만 인정하고, 취소할 수 있는 행정행위에는 인정하지 아니한다. 저자는 취소할 수 있는 행위에도 전환을 인정할 수 있다고 본다.

제 7 항 행정행위의 폐지

Ⅰ. 일 반 론

1. 개 관

행정행위의 폐지란 행정청 등의 의사표시에 의해 행정행위의 효과를 소멸시키는 것을 말한다. 행정행위의 폐지에는 하자 있는 위법·부당한 행정행위를 폐지하는 것과 하자 없는 적법한 행정행위를 폐지하는 것이 있다. 전자에는 행정청이 직권으로 폐지하는 직권취소와 행정심판이나 행정소송을 통해 폐지하는 쟁송취소가 있고, 후자는 행정행위의 철회라고 부른다. 쟁송취소는 행정심판법과 행정소송법에서 살펴보고, 행정행위의 직권취소와 철회만을 보기로 한다.

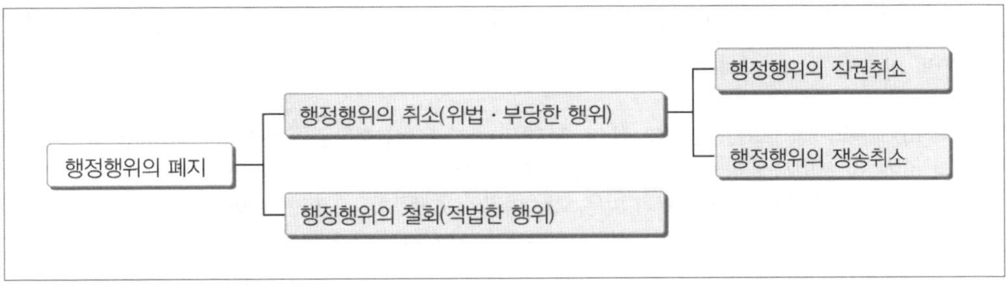

2. 직권취소와 쟁송취소의 비교

	직권취소	쟁송취소
주목적	행정목적실현(공익우선)	권리구제(사익우선)
권한기관	행정청(처분청+감독청)	행정청(처분청+감독청+제3기관) · 법원
대상	수익적 행위+침익적 행위	침익적 행위+제 3 자효 있는 행위
주된 사유	공익침해+권익침해	권익침해
절차	일반법(행정기본법) 有	일반법(행정심판법 · 행정소송법) 有
절차의 엄격성	절차가 비교적 엄격하지 않다	절차가 비교적 엄격하다
절차의 개시	행정청 스스로의 판단에 의한다	상대방 등의 쟁송제기에 의한다
기간제한	기간제한 없다	쟁송제기에 기간상 제한이 있다
취소내용	적극적 변경도 가능하다	소극적 변경만 가능하다(전통적 견해)
효과	소급+불소급	소급원칙

Ⅱ. 행정행위의 직권취소

1. 의　　의

행정청은 위법 또는 부당한 처분의 전부나 일부를 소급하여 또는 장래를 향하여 취소할 수 있는바(행정기본법 제18조 제 1 항), 이를 행정행위의 직권취소라 한다. 달리 말하면, 직권취소란 일단 유효하게 발령된 행정행위를 처분청 등이 그 행위에 위법 또는 부당한 하자가 있음을 이유로 하여 직권으로 그 효력을 소멸시키는 것을 말한다. 직권취소는 행정청 스스로의 반성에 의거하여 행하는 취소를 말한다. 직권취소는 적법요건에 흠이 있는 행위의 효과를 소멸시킨다는 점에서 사후의 새로운 사정을 이유로 효력을 소멸시키는 철회와 구별된다.

[예] 서대문구청장이 미성년자에게 술을 팔았다는 이유로 단란주점업자 甲에게 영업정지 2월의 처분을 하였는데, 영업정지처분을 하기 전에 甲에게 의견제출의 기회를 주지 아니한 하자(위법)가 있음을 알고 서대문구청장이 스스로 2월의 영업정지처분을 취소하는 경우가 직권취소에 해당한다.

2. 일 반 법

행정행위의 직권취소에 관한 일반법으로 행정기본법 제18조가 있다. 직권취소를 규정하는 개별 법률도 적지 않다(예: 도로교통법 제93조).

도로교통법 제93조(운전면허의 취소 · 정지) ① 시 · 도경찰청장은 운전면허(연습운전면허는 제외한다. 이하 이 조에서 같다)를 받은 사람이 다음 각 호의 어느 하나에 해당하면 행정안전부령으로 정하는 기준에 따라 운전면허(운전자가 받은 모든 범위의 운전면허를 포함한다. 이하 이 조에서 같다)를 취소하거나 1년 이내의 범위에서 운전면허의 효력을 정지시킬 수 있다
8. 제82조에 따라 운전면허를 받을 수 없는 사람이 운전면허를 받은 … 경우

3. 취소권자

직권취소의 취소권자는 행정청이다(행정기본법 제18조 제 1 항). 행정청은 처분청을 의미한다. 예컨대 서대문구청장이 甲에게 위법하게 단란주점영업정지처분을 하였다면, 서대문구청장은 스스로 그 처분을 취소할 수 있다. 말하자면 식품위생법령이 서대문구청장에게 단란주점영업정지처분을 할 수 있는 권한을 부여한 것은 적법하게 단란주점영업정지처분을 하라는 것이지, 위법하게 단란주점영업정지처분을 하라는 것은 아니고, 만약 위법하게 단란주점영업정지처분을 하였다면 이를 바로잡기 위하여 단란주점영업정지처분을 취소하라는 것으로 보아야 하기 때문이다.

■ 참고 ■ 행정조직법상 감독청의 취소권

국가행정조직 내부에서는 감독청이 감독수단으로서 행하는 직권취소에 관한 일반법으로는 정부조직법 제11조 제 2 항, 제18조 제 2 항, 제26조 제 2 항이 있고, 국가가 지방자치단체에 대하여 행하는 감독수단으로서 직권취소에 관한 일반법으로는 지방자치법 제169조 제 1 항 등이 있다.

정부조직법 제11조(대통령의 행정감독권) ② 대통령은 국무총리와 중앙행정기관의 장의 명령이나 처분이 위법 또는 부당하다고 인정하면 이를 중지 또는 취소할 수 있다.
제18조(국무총리의 행정감독권) ② 국무총리는 중앙행정기관의 장의 명령이나 처분이 위법 또는 부당하다고 인정될 경우에는 대통령의 승인을 받아 이를 중지 또는 취소할 수 있다.
제26조(행정각부) ③ 장관은 소관사무에 관하여 지방행정의 장을 지휘·감독한다.
지방자치법 제188조(위법·부당한 명령이나 처분의 시정) ① 지방자치단체의 사무에 관한 지방자치단체의 장(제103조 제 2 항에 따른 사무의 경우에는 지방의회의 의장을 말한다. 이하 이 조에서 같다)의 명령이나 처분이 법령에 위반되거나 현저히 부당하여 공익을 해친다고 인정되면 시·도에 대해서는 주무부장관이, 시·군 및 자치구에 대해서는 시·도지사가 기간을 정하여 서면으로 시정할 것을 명하고, 그 기간에 이행하지 아니하면 이를 취소하거나 정지할 수 있다.

4. 사유와 대상

① 직권취소의 사유는 처분의 위법 또는 부당이다. 여기서 위법은 무효원인이 아닌 하자, 즉 단순위법을 말한다. 무효원인 아닌 하자란 중대하나 명백하지 않은 하자 또는 명백하나 중대하지 않은 하자를 말한다. ② 직권취소는 처분의 전부를 대상으로 할 수도 있고(전부취소), 처분의 일부를 대상으로 할 수도 있다(일부취소).

▌대판 2021. 9. 30, 2020두48857(공정거래위원회가 위반행위에 대한 과징금을 부과하면서 여러 개의 위반행위에 대하여 외형상 하나의 과징금 납부명령을 하였으나 여러 개의 위반행위 중 일부의 위반행위에 대한 과징금 부과만이 위법하고 소송상 그 일부의 위반행위를 기초로 한 과징금액을 산정할 수 있는 자료가 있는 경우에는, 하나의 과징금 납부명령일지라도 그 일부의 위반행위에 대한 과징금액에 해당하는 부분만을 취소하여야 한다).

5. 자유와 제한(사익과 공익의 형량)

(1) 수익적 처분

(가) **형량이 필요한 경우**(취소의 제한) 당사자에게 권리나 이익을 부여하는 처분을 취소하려는 경우에는 처분의 상대방의 보호를 위해 처분청이 직권취소를 할 수 없는 제한을 받는다. 즉, 행정청은 제 1 항에 따라 당사자에게 권리나 이익을 부여하는 처분을 취소하려는 경우에는 취소로 인하여 당사자가 입게 될 불이익을 취소로 달성되는 공익과 비교 · 형량하여야 한다(행정기본법 제18조 제 2 항 본문). 비교 · 형량의 결과 당사자의 불이익이 보다 크다면 직권취소를 할 수 없다,

[예] 서대문구청장이 甲에게 건축허가를 하였고 이에 따라 甲이 건축을 완료한 후, 서대문구청장이 건축허가에 위법이 있음을 발견하였다고 하자. 이러한 경우에 그 위법을 바로 잡아야 할 필요(공익)와 건축허가의 취소로 인해 甲이 입게 될 손해(사익)를 비교하여 공익이 크다면 직권취소를 할 수 있지만, 사익이 크다면 직권취소를 할 수 없다.

(나) **형량이 불요한 경우**(취소의 자유) 수익적 처분일지라도 ① 거짓이나 그 밖의 부정한 방법으로 처분을 받은 경우나, ② 당사자가 처분의 위법성을 알고 있었거나 중대한 과실로 알지 못한 경우에는 직권취소를 할 수 있다(행정기본법 제18조 제 2 항 단서).

(다) **기간상 제한의 문제** 행정청이 수익적 처분을 직권취소할 수 있는 기간에 관한 일반적 규정은 없다. 그러나 수익적 행위의 직권취소의 경우, 행정기본법 제12조 제2항 본문의 실권의 법리에 따라 취소기간은 제한을 받을 수 있다.

(2) 침익적 처분

(가) **취소의 자유** 행정기본법은 침익적 처분의 직권취소의 경우에는 사익과 공익의

형량을 요구하지 아니한다. 따라서 침익적 처분의 직권취소는 수익적 처분의 직권취소보다 용이하다고 하겠다.

㈏ **기간상 제한의 문제** 행정청이 침익적 처분을 직권취소할 수 있는 기간에 관한 일반적 규정은 없다. 침익적 행위의 직권취소의 경우, 처분의 상대방에게는 수익적이므로 직권취소의 기간에 제한을 둘 필요는 없다. 다만 제3자효 있는 행위의 경우에는 사정이 다르다.

6. 절 차

직권취소처분도 행정처분이므로 행정절차법에서 정하는 일반적인 절차규정을 따르면 된다. 예컨대 서대문구청장이 甲에게 내준 건축허가를 직권으로 취소하려고 하면, 행정절차법이 정하는 바에 따라 甲에게 사전통지 및 의견제출의 기회를 주고 또는 이유제시를 하여야 한다. 물론 개별법령에서 구체적인 절차를 규정하고 있으면, 그것도 따라야 한다.

7. 효 과

행정청은 위법 또는 부당한 처분의 전부나 일부를 소급하여 또는 장래를 향하여 취소할 수 있다(행정기본법 제18조 제 1 항). 즉, 직권취소에는 소급효를 갖는 직권취소와 장래효를 갖는 직권취소가 있다.

(1) 소 급 효 적법요건에 하자가 있음을 이유로 행정행위의 효력을 부인하려는 것이 행정행위의 직권취소이므로, 직권취소의 효과는 소급(遡及)하는 것이 원칙이다.

[예] 종로세무서장이 2030년 3월 15일에 甲에게 한 102만원의 과세처분이 위법하다고 판단하여 2030년 4월 10일에 그 과세처분(2030년 3월 15일자 과세처분)을 직권취소하였다면, 2030년 3월 15일부터 과세처분의 효력이 없었던 것으로 보아야 하며, 2030년 4월 10일부터 과세처분의 효력이 없는 것으로 보아서는 아니 된다.

(2) 장 래 효 당사자의 신뢰를 보호할 가치가 있는 등 정당한 사유가 있는 경우에는 취소의 효과를 장래적인 것, 즉 장래효(將來效)를 갖는 것으로 보아야 하는 경우도 있다.

[예] 종로구청장이 2030년 3월 15일 甲에게 내준 단란주점영업의 허가가 위법하다고 하여 2030년 4월 10일에 그 영업허가를 직권으로 취소하면, 2030년 4월 10일부터 영업허가의 효력이 없는 것으로 보아야 하며, 2030년 3월 15일부터 효력이 없는 것으로 보아서는 아니 된다. 만약 2030년 3월 15일부터 효력이 없는 것으로 보면, 甲은 2030년 3월 15일부터 2030년 4월 10일까지 불법영업을 한 셈이 된다. 위법하다고 하여도 종로구청장의 허가를 받은 후 경영한 단란주점영업을 불법이라고 하는 것은 甲의 보호나 일반 고객들의 보호에 어울리지 아니한다. 물론 甲이 악질적으로 허가를 받은 경우에는 사정이 다를 수도 있을 것이다.

8. 직권취소의 하자

(1) 무효사유인 하자 직권취소처분 자체에 중대하고 명백한 하자가 있으면 그 취소는 당연무효이고, 직권취소의 상대방이 취소처분에 대해 무효선언으로서의 취소나 무효확인을 구할 수 있다. 처분청도 직권으로 무효를 확인할 수 있다.

(2) 취소사유인 하자 직권취소처분에 단순위법의 하자가 있는 경우, 처분청은 직권취소처분을 다시 직권으로 취소할 수 있는가의 문제가 있다. 학설은 직권취소를 다시 직권취소를 할 수 있다는 적극설과 직권취소를 다시 직권취소할 수 없다는 소극설로 견해가 나뉜다. 판례의 태도는 일정하지 않다.

[예] 종로구청장이 2020년 3월 15일 甲에게 내준 단란주점영업의 허가가 위법하다고 판단하여 의견제출절차도 거치지 아니한 채 2020년 4월 10일에 그 영업허가를 직권으로 취소하였다면, 종로구청장의 영업허가취소처분은 절차상 하자가 있는 위법한 처분이 된다. 이러한 경우에 종로구청장은 2020년 4월 10일자 영업허가취소처분을 다시 직권으로 취소할 수 있는가의 여부가 문제된다. 종로구청장의 2020년 4월 10일자 영업허가취소처분을 다시 직권취소할 수 없다고 하면, 甲은 새로이 영업허가절차를 거쳐야 할 것이다.

Ⅲ. 행정행위의 철회

1. 의 의

행정청은 적법한 처분이 일정한 사유가 있는 경우에는 그 처분의 전부 또는 일부를 장래를 향하여 철회할 수 있다(행정기본법 제19조 제 1 항). 철회는 원행정행위와 독립된 별개의 의사표시이며, 실정법상으로는 취소로 불리기도 한다. 철회는 적법요건에 흠이 없는 행위의 효력을 소멸시킨다는 점에서 적법요건에 흠이 있음을 이유로 효력을 소멸시키는 직권취소와 구별된다.

[예] 서울지방경찰청장이 2030년 3월 5일에 甲에게 적법하게 운전면허를 내주었으나, 甲이 2030년 3월 10일에 다른 사람의 자동차를 훔친 사실이 2030년 4월에 밝혀지자, 서울지방경찰청장이 도로교통법 제93조 제 1 항 제12호에 근거하여 자동차를 훔친 사실을 이유로 甲에게 내준 운전면허가 없었던 것으로 하는 의사표시가 행정행위의 철회에 해당한다.

2. 법적 근거

행정행위의 철회에 관한 일반법으로 행정기본법 제19조가 있다. 철회를 규정하는 개별 법률도 적지 않다(예: 도로교통법 제93조).

▪도로교통법 제93조(운전면허의 취소 · 정지) ① 시 · 도경찰청장은 운전면허(연습운전면허는 제외한다. 이하 이 조에서 같다)를 받은 사람이 다음 각 호의 어느 하나에 해당하면 행정안전부령으로 정하는 기준에 따라 운전면허(운전자가 받은 모든 범위의 운전면허를 포함한다. 이하 이 조에서 같다)를 취소하거나 1년 이내의 범위에서 운전면허의 효력을 정지시킬 수 있다. …
1. 제44조 제 1 항을 위반하여 술에 취한 상태에서 자동차등을 운전한 경우

3. 철회권자

철회권자는 행정청이다(행정기본법 제19조 제 1 항). 행정청은 처분청을 의미한다. 행정기본법이 처분청을 철회권자로 규정한 것은 처분권한에는 기존의 처분을 변화하는 환경에 적합하도록 조정할 수 있는 권한도 포함되어 있다고 보았기 때문이다. 한편, 감독청은 철회권을 갖지 못한다. 왜냐하면 철회도 하나의 독립된 새로운 행정행위인데 감독청이 철회한다면, 이는 감독청이 합리적인 이유 없이 처분청의 권한을 침해하는 결과가 되고, 이러한 결과는 처분청을 둔 행정조직의 목적에 반하기 때문이다.

4. 철회의 사유와 대상

(1) 사 유 철회의 사유는 ① 법률에서 정한 철회 사유에 해당하게 된 경우, ② 법령등의 변경이나 사정변경으로 처분을 더 이상 존속시킬 필요가 없게 된 경우, ③ 중대한 공익을 위하여 필요한 경우이다(행정기본법 제19조 각호). 행정기본법이 제정되기 전 학설과 판례상 철회사유로 보았던 「철회권이 유보되어 있거나, 부담을 불이행하는 경우」는 행정기본법이 규정하는 「중대한 공익을 위하여 필요한 경우」에 해당하는 것으로 볼 수 있을 것이다.

[법적 상황의 변화의 경우의 예] 강서구청장이 甲에게 건축허가를 하였으나, 그 직후에 甲의 건축예정부지가 개발제한구역(그린벨트)으로 지정된 경우, 강서구청장은 甲에게 내준 건축허가를 철회할 수 있다.

[사실관계 변화의 경우의 예] 강서구청장이 甲에게 건축허가를 하였으나, 그 후에 甲의 건축예정부지가 월드컵주경기장 건설예정지로 지정된 경우, 강서구청장은 甲에게 내준 건축허가를 철회할 수 있다.

[철회권유보의 경우의 예] 서대문구청장이 甲에게 단란주점영업을 허가하면서 영업장을 도박장소로 제공하면 영업허가를 철회(취소)한다고 조건(부관)을 붙였는데, 甲이 乙에게 도박장소를 제공하였다가 적발된 경우에 서대문구청장은 영업허가를 철회할 수 있다.

[부담을 불이행하는 경우의 예] 서울특별시장이 2030년 4월 1일에 甲에게 한강변에서의 수상스키업을 허가하면서 점용료(한강사용료) 500만원을 2030년 5월 31일까지 납부토록 하였으나, 甲이 점용료납부(부담)를 이행하지 아니한 경우에 철회할 수 있다.

(2) 대 상 철회는 처분의 전부 또는 일부를 대상으로 한다(행정기본법 제19조 제 1 항). 전부를 대상으로 하는 경우로 부담부 골재채취허가처분 전부의 철회(전부철회), 일부를 대상으로 하는 경우로 부담부 골재채취허가처분 중 부담 부분의 철회(일부철회)를 볼 수도 있다. 일부철회가 가능하다면 비례원칙상 전부철회가 아닌 일부철회를 하여야 한다.

[예] 관계 행정청이 甲에게 100만평에 대한 공원묘지건설허가를 하였으나, 그 후에 甲의 건설예정부지가 월드컵주경기장 건설예정지로 지정된 경우, 월드컵주경기장이 30만평으로 가능하다면 100만평 전부에 대한 공원묘지건설허가를 철회할 것이 아니고 30만평 부분에 대해서만 공원묘지건설허가를 철회하여야 한다.

5. 철회의 제한(사익과 공익의 형량)

(1) 사익과 공익의 형량에 따른 제한 처분을 철회하려는 경우에는 철회로 인하여 당사자가 입게 될 불이익을 철회로 달성되는 공익과 비교 · 형량하여야 한다(행정기본법 제19조 제2항 본문). 비교 · 형량의 결과 당사자의 불이익이 보다 크다면 철회를 할 수 없다. 침익적 행위의 철회는 수익적인 결과를 가져오기 때문에 비교적 자유롭다. 그러나 수익적 행정행위의 철회는 상대방에 불이익하므로 비교적 자유롭지 않다

[예] 서대문구청장이 甲에게 건축허가를 한 후, 그 허가지역 일대가 공항지구로 지정된 경우, 공항으로 하여야 할 할 필요(공익)와 건축허가의 취소로 인해 甲이 입게 될 손해(사익)를 비교하여 공익이 크다면 철회를 할 수 있지만, 사익이 크다면 철회를 할 수 없다.

(2) 기간상 제한 행정청이 철회할 수 있는 기간에 관한 일반적인 규정은 없다. 그러나 수익적 행위를 철회하려는 경우에는 행정기본법 제12조 제2항 본문이 정하는 실권의 법리에 따라 철회기간은 제한을 받을 수 있다.

6. 철회의 절차

(1) 행정절차법의 적용 행정행위의 철회 역시 행정처분이므로 행정절차법에서 정하는 일반적인 절차규정을 따르면 된다. 다만 개별법령에서 구체적인 절차를 규정하고 있으면, 그것 또한 따라야 한다. 예컨대, 서대문구청장이 甲에게 내준 건축허가를 직권으로 철회하려고 하면, 甲에게 사전통지 및 의견제출의 기회를 주거나 이유제시를 하여야 한다.

(2) 비례원칙의 적용

(가) 경미한 수단의 도입 철회권의 행사에도 비례원칙이 적용되므로 행정행위의 철회시에 처분청은 철회에 의한 경우보다 경미한 침해를 가져오는 다른 방법이 있다면, 철회는 채택할 수 없고 다른 방법을 채택하여야 한다.

[예] 甲제약회사가 판매한 A드링크류에 이물질이 섞인 것이 발견된 경우, 일정기간 A드링크류의 제조정지처분을 하여도 甲제약회사에 대한 충분한 응징과 경고의 의미를 갖는다면, A드링크류의 제조허가를 철회(취소)할 것이 아니라 A드링크류의 제조정지처분을 하여야 한다.

(나) 일부철회 일부철회가 가능하다면 전부철회가 아닌 일부철회의 방법을 채택하여야 한다.

[예] 관계 행정청이 甲에게 100만평에 대한 공원묘지건설허가를 하였으나, 그 후에 甲의 건설예정부지가 월드컵주경기장 건설예정지로 지정된 경우, 월드컵주경기장이 30만평으로 가능하다면 100만평 전부에 대한 공원묘지건설허가를 철회할 것이 아니고 30만평 부분에 대해서만 공원묘지건설허가를 철회하여야 한다.

7. 철회의 효과

(1) 장 래 효 행정행위의 철회의 효과는 장래적이다. 그것은 처음부터 적법한 행위였기 때문이다. 입법례에 따라서는 일정한 수익적 행위의 철회에 소급효를 인정하는 경우도 있다.

[예] 양천구청장이 2020년 3월 15일에 甲에게 단란주점영업허가를 내주었다가 2020년 4월 10일에 철회처분을 하였다면, 2020년 4월 10일부터 단란주점영업허가의 효력이 없어지는 것으로 보아야 하며, 2020년 3월 15일부터 효력이 없어지는 것으로 보아서는 아니 된다. 왜냐하면 만약 2020년 3월 15일부터 효력이 없는 것으로 보게 되면 甲은 2020년 3월 15일부터 무허가영업을 한 결과가 되기 때문이다.

(2) 손실보상 수익적 행정행위의 철회로 인해 상대방이 재산상의 특별한 손해를 입게 되면, 상대방에게 귀책사유가 없는 한 행정청은 그 손실을 보상해주는 것이 정당하다. 그러나 이에 관한 일반법은 없다.

8. 철회의 하자

① 철회처분 자체에 중대하고 명백한 하자가 있으면 그 철회는 당연무효이고, 철회의 상대방이 철회에 대해 무효선언으로서의 취소나 무효확인을 구할 수 있다. 처분청도 직권으로 무효를 확인할 수 있다. ② 철회처분에 단순위법의 하자가 있는 경우, 그 철회처분의 직권취소가 가능한가의 문제가 있다. 하자있는 행정행위의 직권취소의 문제와 동일하게 새기면 된다.

Ⅳ. 행정행위의 변경과 실효

1. 행정행위의 변경

(1) 의 의 행정행위의 변경이란 행정행위의 내용의 일부 또는 전부를 다른 내용으로 변경하는 것을 말한다(예: 현역병의 병역처분을 받은 병역의무자에게 질병 또는 심신장애나 그 치유 등의 사유가 발생한 경우에 병역법 제65조 등이 정하는 바에 따라 병역면제처분으로 변경하는 경우).

(2) 적법요건 행정행위의 변경에 요구되는 적법요건(주체 · 내용 · 형식 · 절차 및 표시의 요건)은 변경 전의 행위에 적용되었던 적법요건과 다를 바 없다.

(3) 변경의 효과 선행처분의 내용 중 일부만을 소폭 변경하는 후행처분이 있는 경우 선행처분도 후행처분에 의하여 변경되지 아니한 범위 내에서 존속하고, 후행처분은 선행처분의 내용 중 일부를 변경하는 범위 내에서 효력을 가지지만, 선행처분의 주요 부분을 실질적으로 변경하는 내용으로 후행처분을 한 경우에는 선행처분은 특별한 사정이 없는 한 그 효력을 상실한다(대판 2022. 7. 28, 2021두60748).

2. 행정행위의 실효

(1) 의 의 건축허가를 받아 건축한 건물이 화재로 완전히 타버리면, 그 건축허가의 효과는 당연히 소멸한다. 운전면허를 받은 甲이 사망하면, 甲에 대한 운전면허의 효력은 소멸한다. 이와 같이 행정청의 의사와 관계없이 일정한 사실의 발생(예: 사망, 화재로 인한 소실)으로 인해 행정행위의 효력이 장래를 향하여 당연히 소멸하는 것을 행정행위의 실효(失效)라 한다.

(2) 사 유 실효의 사유에는 대상의 소멸(예: 사망으로 인한 운전면허의 효력이 소멸한다), 부관의 성취(예: 2020년 12월 31일까지 허가한 경우, 2020년 12월 31일이 경과하면 허가의 효력이 소멸한다), 목적의 달성(예: 불법건물에 대한 철거하명의 경우, 철거하면 철거하명의 효력은 소멸한다), 새로운 법규의 제정·개정(특정한 행정행위와 상충되는 내용을 가진 법령이 제정·개정되면서 그 법령과 상충되는 행위의 효력을 부인하는 규정을 둔다면, 동 법령의 효력발생과 더불어 기존의 특정한 행정행위는 효력이 소멸된다) 등이 있다.

(3) 효 과 행정행위의 실효의 사유가 발생하면, 그때부터 장래를 향하여 효력이 소멸된다. 일단 실효된 행위는 다시 되살아날 수는 없다. 실효의 여부에 관해 분쟁이 생기면, 실효확인의 소의 제기를 통해 해결할 수 있다.

제 8 항 행정행위의 부관

Ⅰ. 행정행위의 부관의 관념

1. 부관의 개념

甲이 단란주점영업허가를 신청하자 관할 행정청인 서대문구청장은 식품위생법령에 근거하여 단란주점영업을 허가하면서 다음의 5가지의 조건(부관)을 붙였다고 하자.

1. 영업자는 청소년에게 주류를 제공하지 말아야 합니다.
2. 영업허가기간은 2025년 12월 31일까지입니다.
3. 영업자는 우리 구청의 위생검사에 협조하여야 합니다.

4. 우리 구청은 추후에 영업자에게 새로운 허가요건을 추가할 수 있습니다.
5. 영업자가 앞의 사항을 위반하면, 우리 구청은 영업허가를 취소(철회)할 수 있습니다.

▪ 식품위생법 제37조(영업허가 등) ① 제36조 제 1 항 각 호에 따른 영업 중 대통령령으로 정하는 영업을 하려는 자는 대통령령으로 정하는 바에 따라 영업 종류별 또는 영업소별로 식품의약품안전처장 또는 특별자치시장·특별자치도지사·시장·군수·구청장의 허가를 받아야 한다. 허가받은 사항 중 대통령령으로 정하는 중요한 사항을 변경할 때에도 또한 같다.
② 식품의약품안전처장 또는 특별자치시장·특별자치도지사·시장·군수·구청장은 제 1 항에 따른 영업허가를 하는 때에는 필요한 조건을 붙일 수 있다.

甲이 받은 허가 중에서 중심적인 사항은 「식품접객업(단란주점영업)을 허가한다」는 것이다. 이것을 주(主)된 행위라 부른다. 그런데 조건으로 붙여진 것은 주된 행위인 식품접객업(단란주점영업)의 허가의 범위를 제한하거나 보충하는 등 주된 행위인 식품접객업(단란주점영업)의 범위를 보다 자세히 규율하는 종(從)된 규율이다. 이와 같이 행정행위의 효력범위를 보다 자세히 정하기 위하여 주된 행정행위에 부가된 종된 규율을 행정행위의 부관이라 한다. 종된 규율은 주된 행정행위의 효과를 제한하거나 특별한 의무를 부과하거나 요건을 보충하는 내용으로 이루어진다.

2. 법정부관

법규에서 직접 효력범위를 자세히 정하고 있는 경우를 행정행위의 부관의 경우와 구분하여 법정부관이라 부른다. 법정부관은 법령의 한 부분을 구성한다. 법정부관에 대한 통제는 바로 법규명령의 통제문제가 된다.

[예] 위의 예에서 서대문구청장이 조건으로 "1. 청소년에게 주류를 제공하지 말아야 합니다"라는 내용을 붙이지 아니하였다고 하여도, 甲은 청소년에게 주류를 제공하지 말아야 한다. 왜냐하면 "청소년에게 주류를 제공하지 말아야 할 의무"는 서대문구청장이 붙인 조건에서 나오는 것이 아니라, 바로 식품위생법 제44조 제 2 항 제 4 호에 의해 나오기 때문이다. 서대문구청장이 붙인 "1. 청소년에게 주류를 제공하지 말아야 합니다"라고 한 것은 서대문구청장이 甲에게 친절을 배푸는 차원에서 식품위생법 제44조 제 2 항 제 4 호를 알려준 것에 불과하다. 이와 같이 법령에서 바로 나오는 부관을 행정행위의 부관과 구별하여 법정부관이라 부른다.

▪ 식품위생법 제44조(영업자등의 준수사항) ② 식품접객영업자는 「청소년 보호법」 제 2 조에 따른 청소년(이하 이 항에서 "청소년"이라 한다)에게 다음 각 호의 어느 하나에 해당하는 행위를 하여서는 아니 된다.
1. 청소년을 유흥접객원으로 고용하여 유흥행위를 하게 하는 행위
2. 「청소년 보호법」 제 2 조 제 5 호 가목 3)에 따른 청소년출입·고용 금지업소에 청소년을 출입시키거나 고용하는 행위
3. 「청소년 보호법」 제 2 조 제 5 호 나목 3)에 따른 청소년고용금지업소에 청소년을 고용하는 행위
4. 청소년에게 주류를 제공하는 행위

3. 부관의 법적 근거

행정행위의 부관에 관한 일반법으로 행정기본법 제17조가 있다. 행정행위의 부관을 규정하는 개별 법률도 적지 않다(예: 식품위생법 제37조 제 2 항). 개별 법률에 규정이 없다고 하여도 행정청은 일반법인 행정기본법 제17조가 정하는 바에 따라 부관을 붙일 수 있다.

▪ 식품위생법 제37조(영업허가 등) ② 식품의약품안전처장 또는 특별자치시장 · 특별자치도지사 · 시장 · 군수 · 구청장은 제 1 항에 따른 영업허가를 하는 때에는 필요한 조건을 붙일 수 있다.

Ⅱ. 행정행위의 부관의 종류

행정기본법은 부관의 종류로 조건, 기한, 부담, 철회권의 유보 등을 규정하고 있다(행정기본법 제17조 제 1 항). 행정기본법은 부관의 종류를 제한적이 아니라 예시적으로 규정하고 있다.

1. 조　　건

(1) 의　　의　　행정행위의 효력(예: 도로의 점용)의 발생 · 소멸을 장래에 발생 여부가 객관적으로 불확실한 사실(예: B도로의 건설)에 의존시키는 부관을 조건이라 한다.

[예] 甲이 서대문구청장에게 A도로점용허가를 신청하였다. 이에 대하여 서대문구청장은 甲에게 "2020년 1월 5일자로 A도로의 점용을 허가한다. 다만, 2020년 2월 2일까지 A도로에 접속되는 B도로를 건설한 후부터 점용할 수 있다"는 처분을 하였다. 여기서 甲이 2020년 2월 2일까지 B도로를 건설할 것인지 아니할 것인지는 불확실하지만, 甲이 2020년 2월 2일까지 B도로를 건설하여야 A도로의 점용허가는 효력이 발생된다.

(2) 종　　류　　조건에는 정지조건과 해제조건이 있다. 정지조건이란 앞의 甲에 대한 A도로점용허가의 경우와 같이 일정사실의 발생으로 효력을 발생시키는 경우를 말하고, 해제조건이란 "A도로의 점용을 허가한다. 다만, 2020년 2월 2일까지 B도로를 건설하지 아니하면 2020년 2월 2일 자정에 점용허가의 효과는 소멸하는 것으로 한다"와 같이 일정사실의 발생으로 효력을 소멸시키는 경우를 말한다. 한편, 조건은 조건 · 기한 · 철회권의 유보 · 부담 · 부담유보 등 모든 부관을 통칭하는 의미로 사용되기도 한다(넓은 의미의 조건). 법령상으로는 조건이 빈번히 이러한 넓은 의미로 사용되고 있다.

2. 기　　한

(1) 의　　의　　앞의 조건 "2. 영업허가기간은 2025년 12월 31일까지입니다"에서 보는 바와 같이 행정행위의 효력의 발생 · 소멸을 장래에 발생 여부가 객관적으로 확실한 사실

에 의존시키는 부관을 기한이라 한다. 기한은 발생 여부가 확실하다는 점에서 조건과 다르다.

(2) 종 류 기한에는 시기와 종기, 확정기한과 불확정기한이 있다. ① 시기란 "도로점용을 허가한다. 다만, 허가기간은 2020년 2월 1일부터 6월로 한다"와 같이 행정행위의 효력의 발생을 장래 발생이 확실한 사실에 의존하게 하는 경우를 말하고, ② 종기란 앞의 조건 2.와 같이 행정행위의 효력의 소멸을 장래 발생이 확실한 사실에 의존하게 하는 경우를 말하며, ③ 확정기한이란 "도로점용을 허가한다. 다만, 허가기간은 2020년 2월 1일부터 6월로 한다" 또는 "도로점용을 허가한다. 다만, 허가기간은 2020년 12월 31일까지로 한다"와 같이 장래 발생시점이 확정된 경우를 말하고, ④ 불확정기한이란 "도로점용을 허가한다. 다만, 허가기간은 첫눈이 오는 날까지로 한다"에서 보는 바와 같이 장래 발생은 확실하나 발생시점이 불확정적인 경우를 말한다.

3. 철회권의 유보

철회권의 유보란 앞의 조건 "5. 영업자가 앞의 사항을 위반하면, 우리 구청은 영업허가를 취소할 수 있습니다"에서 보는 바와 같이 일정요건하에서 행정행위를 철회하여 행정행위의 효력을 소멸케 할 수 있음을 정하는 부관을 말한다. 용례상 취소권의 유보라고 부르기도 한다. 철회권의 유보가 있다고 하여 언제나 철회권의 행사가 용이한 것은 아니다. 그것은 공익상의 요구가 있음을 전제로, 그리고 상대방의 신뢰보호의 고려하에 행정청의 의무에 합당한 재량에 따라 이루어져야 한다.

4. 부 담

부담이란 수익적 행정행위에 부가된 부관으로 상대방에게 작위·부작위·수인·급부를 명하는 것을 말한다.

[작위부담의 예] 모래채취를 허가한다. 단 허가일로부터 30일 이내에 시가지 **침수방지시설을 하여야 한다.**

[부작위부담의 예] 모래채취를 허가한다. 단 **강변을 훼손하여서는 아니 된다.**

[수인부담의 예] 모래채취를 허가한다. 단 허가사항 준수 여부 조사에 **협조하여야 한다**(검사 행위를 참아야 한다는 의미).

[급부부담의 예] 모래채취를 허가한다. 단 허가일로부터 30일 이내에 **채취료 1,000만원을 납부하여야 한다.**

5. 부담유보

부담유보란 ① "도로점용을 허가합니다. 다만, 우리 군에서는 추후에 도로점용료를 징수할 수 있습니다." 또는 ② "도로점용을 허가합니다. 도로점용료로 매월 1일 100만원을 납부하여야 합니다. 우리 군에서는 추후에 도로점용료를 인상할 수 있습니다."라는 처분에서 보듯이 사후적으로 부담을 설정하거나(①의 경우), 변경하거나(②의 경우) 하는 등의 권리를 미리 유보해두는 경우의 부관을 말한다. 부담유보의 사후적인 행사는 새로운 행정행위를 뜻한다. 부담의 유보는 행정행위의 사후변경의 유보, 부담의 추가·변경 또는 보충권의 유보라 불리기도 한다. 부담의 유보는 영속적인 효과를 갖는 행정행위에서 변화하는 환경에 적합한 행정을 실현하는 데에 의미를 갖는다.

Ⅲ. 행정행위의 부관의 가능성, 요건, 사후부관

1. 가 능 성

(1) 재량행위 행정청은 처분에 재량이 있는 경우에는 부관을 붙일 수 있다(행정기본법 제17조 제 1 항). 재량행위의 경우에도 성질상 부관을 붙일 수 없는 경우(예: 외국인 A를 한국인으로 귀화허가하면서, '만약 국법을 위반하면 귀화허가를 취소한다'라는 조건을 붙일 수는 없다)도 있다.

(2) 기속행위 행정청은 처분에 재량이 없는 경우에는 법률에 근거가 있는 경우에 부관을 붙일 수 있다(행정기본법 제17조 제 2 항). 기속행위의 경우에도 부관이 법상의 전제요건을 충족시키게 될 때(예: 허가에 5가지 서류가 필요하지만, 4가지 서류만 제출한 경우, 나머지 1가지 서류를 제출할 것을 조건으로 허가하는 경우)에는 부관을 붙일 수 있다고 볼 것이다.

2. 요 건

행정기본법은 부관의 요건으로 다음의 3가지를 규정하고 있다(행정기본법 제17조 제 4 항). 행정기본법 제정 전까지 이러한 요건은 학문상 부관의 한계로 다루었다.

(1) 목적상 요건 부관은 해당 처분의 목적에 위배되지 아니하여야 한다(행정기본법 제17조 제 4 항 제 1 호). 예컨대 숙박용 건축물의 건축허가를 하면서, '주거용으로만 사용하여야 한다'는 조건을 붙이면, 이러한 조건은 목적상 한계에 반하는 것이 된다.

(2) 실질적 관련성 요건 부관은 해당 처분과 실질적인 관련이 있어야 한다(행정기본법 제17조 제 4 항 제 2 호). 예컨대, 식품위생법에 따라 단란주점영업을 허가하면서 "고객용 주차장으로 100평 이상을 마련할 것"이라는 부관을 붙일 수는 없다. 왜냐하면 단란주점영업의 허가와 주차장의 마련은 사항적으로 상호 관련성이 없기 때문이다. 물론 식품위생법에 주차장설치에 관한 규정이 있거나, 아니면 주차장법이 정하는 바에 따라 주차장을 마련하라고 처분하는 것은 가능하다.

■ 참고 ■

행정행위의 성질에 비추어 부관을 붙이는 것이 곤란한 경우, 예컨대, 다중이 모이는 단란주점의 성격에 비추어 어느 정도의 소음이 발생한다는 것은 불가피하기 때문에 단란주점영업허가를 하면서 '일체의 소음을 발생시켜서는 아니 된다'라는 조건을 붙인다면, 이러한 조건도 실질적 관련성 요건을 구비하지 못한 것으로 볼 것이다.

(3) 비례원칙 요건　　부관은 해당 처분의 목적을 달성하기 위하여 필요한 최소한의 범위 내에서 이루어져야 한다(행정기본법 제17조 제4항 제3호).

3. 사후부관

행정행위를 발령한 후에 새로이 부관을 붙이거나 변경을 할 수 있는가의 여부가 사후부관의 문제이다. 예컨대 2030년 5월 2일 허가처분을 한 후, 2030년 6월 5일에 부관을 붙일 수 있는가의 문제인 사후부관의 문제가 시간적 한계의 문제이다. 행정청은 부관을 붙일 수 있는 처분이 ① 법률에 근거가 있는 경우(행정기본법 제17조 제3항 제1호, 도로교통법 제80조 제4항), ② 당사자의 동의가 있는 경우(행정기본법 제17조 제3항 제2호), ③ 사정이 변경되어 부관을 새로 붙이거나 종전의 부관을 변경하지 아니하면 해당 처분의 목적을 달성할 수 없다고 인정되는 경우(행정기본법 제17조 제3항 제3호)에는 그 처분을 한 후에도 부관을 새로 붙이거나 종전의 부관을 변경할 수 있다(행정기본법 제17조 제3항).

■ 도로교통법 제80조(운전면허) ④ 지방경찰청장은 제87조 및 제88조에 따라 적성검사를 받은 사람의 신체 상태 또는 운전 능력에 따라 제3항에 따른 조건을 새로 붙이거나 바꿀 수 있다.

Ⅳ. 행정행위의 부관의 하자

1. 위법부관의 유형

부관의 가능성과 한계를 벗어난 부관은 위법한 것이 된다. 행정행위의 하자론의 일반원리에 따라 중대하고 명백한 하자를 가진 부관은 무효가 되고, 단순위법의 하자를 가진 부관은 취소할 수 있는 행위가 된다.

2. 위법부관의 직권폐지

(1) 무효의 부관　　부관의 무효는 원칙적으로 주된 행위에 아무런 영향을 미치지 아니하므로 부관만을 무효로 선언하여야 하나, 예외적으로 부관이 없었다면 주된 행위를 하지 않았을 것이라 인정되는 경우에는 부관부 행정행위 전체가 무효로 되므로 처분청은 부관부행정행위 전부를 무효로 선언하여야 하여야 한다.

[예] 서대문구청장이 甲에게 "A도로의 점용을 허가한다. 다만 A도로에 연결되는 B도로를 전액 甲의 비용으로 완성할 것을 조건으로 한다"라는 처분을 하였는데, 이 처분 중에서 부관 부분, 즉 '다만 A도로에 연결되는 B도로를 전액 甲의 비용으로 완성할 것을 조건으로 한다'는 부분이 무효라고 하자. 그런데 B도로의 건설 없이는 A도로의 점용을 허가할 수 없는 상황인바, 서대문구청장이 부관 부분 없이는 甲에게 A도로의 점용을 허가하지 아니하였을 것이라고 인정된다면, 부관 부분만이 무효일지라도 허가청인 서대문구청장은 전체 처분을 무효로 선언하여야 한다.

(2) 취소의 부관 부관이 취소의 사유를 가진 경우에도 부관이 무효인 경우와 논리가 같다.

3. 위법부관의 쟁송

(1) 쟁송의 대상

(가) **부담을 제외한 부관** 판례는 부담을 제외한 부관은 독립하여 쟁송의 대상이 되지 아니한다는 입장을 취한다.

[예] 서대문구청장이 甲에게 "A도로의 점용을 허가한다. 다만 점용기간은 2020년 1월 1일부터 2020년 6월 30일까지로 한다."라는 처분을 한 경우, "다만 점용기간은 2020년 1월 1일부터 2020년 6월 30일까지로 한다."라는 부분이 점용목적에 비추어 위법하다면, 甲은 아래의 [청구의 취지 (1)]과 같이 처분 전체의 취소를 구하는 소송을 제기하면서, "점용기간은 2020년 1월 1일부터 2020년 6월 30일까지로 한다."라는 부분이 위법함을 주장하여야 한다. 왜냐하면 "점용기간은 2020년 1월 1일부터 2020년 6월 30일까지로 한다."라는 부관은 기한으로서 독립하여 다툴 수 있는 부관이 아니기 때문이라는 것이다. 따라서 판례는 [청구의 취지(2)]와 같이 처분 중 부관(기한) 부분만의 취소를 구하는 소송을 제기할 수는 없다는 입장이다.

[청구의 취지(1)] 「"A도로의 점용을 허가한다. 다만 점용기간은 2020년 1월 1일부터 2020년 6월 30일까지로 한다."라는 처분을 취소한다」라는 판결을 구함.

[청구의 취지(2)] 「"A도로의 점용을 허가한다. 다만 점용기간은 2020년 1월 1일부터 2020년 6월 30일까지로 한다."라는 처분 중 "다만 점용기간은 2020년 1월 1일부터 2020년 6월 30일까지로 한다"라는 부분을 취소한다」라는 판결을 구함.

▌대판 1985. 7. 9, 84누604(원고가 신축한 상가등 시설물을 부산직할시에 기부채납함에 있어 그 무상사용을 위한 도로점용기간은 원고의 총공사비와 시 징수조례에 의한 점용료가 같아지는 때까지로 정하여 줄 것을 전제조건으로 하고 원고의 위 조건에 대하여 시는 아무런 이의없이 수락하고 위 상가등 건물을 기부채납받아 그 소유권을 취득하였다면 시가 원고에 대하여 위 상가 등의 사용을 위한 도로점용허가를 함에 있어서는 그 점용기간을 수락한 조건대로 해야 할 것임에도 합리적인 근거없이 단축한 것은 위법한 처분이라 할 것이며 가사 원고가 위 상가를 타에 임대하여 보증금 및 임료수입을 얻는다 하여 위 무상점용기간을 단축할 사유가 될 수 없다)(**부산 대현실업 지하상가 사건**).

(나) 부 담 판례는 부관 중 부담만은 독립하여 쟁송의 대상이 되고, 독립하여 취소의 대상이 된다고 한다.

[예] 서대문구청장이 甲에게 한 "A도로의 점용을 허가한다. 다만 점용료로 매월 1,000만원을 납부하여야 한다."라는 처분에서 "다만 점용료로 매월 1,000만원을 납부하여야 한다"라는 부분이 점용

목적에 비추어 위법하다면, 甲은 아래의 [청구의 취지(4)]와 같이 전체 처분 중에서 부담 부분만의 취소를 구하는 소송을 제기하여야 하며, 아래의 [청구의 취지(3)]과 같이 처분 전체의 취소를 구하는 소송을 제기하여서는 아니 된다. 판례가 부담만은 독립하여 다툴 수 있도록 하는 것은 부담이 주된 행위로부터 독립적인 성질을 갖는 것으로 보았기 때문이다.

[청구의 취지(3)] 「"A도로의 점용을 허가한다. 다만 점용료로 매월 1,000만원을 납부하여야 한다." 라는 처분을 취소한다」라는 판결을 구함.

[청구의 취지(4)] 「"A도로의 점용을 허가한다. 다만 점용료로 매월 1,000만원을 납부하여야 한다."」라는 처분 중 "다만 점용료로 매월 1,000만원을 납부하여야 한다."라는 부분을 취소한다」라는 판결을 구함.

▌대판 1992. 1. 21, 91누1264(행정행위의 부관은 행정행위의 일반적인 효력이나 효과를 제한하기 위하여 의사표시의 주된 내용에 부가되는 종된 의사표시이지 그 자체로서 직접 법적 효과를 발생하는 독립된 처분이 아니므로 현행 행정쟁송제도 아래서는 부관 그 자체만을 독립된 쟁송의 대상으로 할 수 없는 것이 원칙이나 행정행위의 부관 중에서도 행정행위에 부수하여 그 행정행위의 상대방에게 일정한 의무를 부과하는 행정청의 의사표시인 부담의 경우에는 다른 부관과는 달리 행정행위의 불가분적인 요소가 아니고 그 존속이 본체인 행정행위의 존재를 전제로 하는 것일 뿐이므로 부담 그 자체로서 행정쟁송의 대상이 될 수 있다)(**현대자동차 울산항 수토대금 사건**).

(2) 독립취소가능성

㈎ **부담을 제외한 부관** 판례는 부담을 제외한 부관은 독립하여 취소의 대상이 되지 아니한다는 입장이다. 앞의 [청구의 취지(1)]에 대하여 다음의 [주문(1)]의 형태만 인정하고, [주문(2)]의 형태는 인정하지 아니한다. 물론 청구에 이유가 없다면(즉, 위법하지 않다면), 기각판결을 하게 된다. 한편 청구에 이유가 있다고 하여도(즉, 위법하다고 하여도) 부관 부분이 중요부분이 아니라면, 기각판결을 한다.

[주문(1)] "甲에게 A도로의 점용을 허가한다. 다만 점용기간은 2020년 1월 1일부터 2020년 6월 30일까지로 한다."라는 처분을 취소한다.

[주문(2)] "甲에게 A도로의 점용을 허가한다. 다만 점용기간은 2020년 1월 1일부터 2020년 6월 30일까지로 한다."라는 처분 중 "다만 점용기간은 2020년 1월 1일부터 2020년 6월 30일까지로 한다"라는 처분을 취소한다.

㈏ **부 담** 판례상 부담의 경우에는 독립하여 취소의 대상이 된다. 앞의 [청구의 취지(4)]에 대하여 다음의 [주문(3)]의 형태가 아니라, [주문(4)]의 형태를 인정한다. 물론 청구에 이유가 없다면(즉, 위법하지 않다면), 기각판결을 하게 된다.

[주문(3)] "甲에게 A도로의 점용을 허가한다. 다만 점용료로 매월 1,000만원을 납부하여야 한다." 라는 처분을 취소한다.

[주문(4)] "甲에게 A도로의 점용을 허가한다. 다만 점용료로 매월 1,000만원을 납부하여야 한다." 라는 처분 중 "다만 점용료로 매월 1,000만원을 납부하여야 한다."라는 부분(처분)을 취소한다.

제 9 항 확약

Ⅰ. 확약의 의의

1. 확약의 개념

법령등(예: 아래의 예에서 체육시설의 설치 · 이용에 관한 법률)에서 당사자가 신청할 수 있는 처분(예: 아래의 예에서 골프장업등록)을 규정하고 있는 경우, 행정청(예: 아래의 예에서 강원도지사)은 당사자의 신청(예: 골프장업의 등록신청)에 따라 장래에 어떤 처분을 하거나 하지 아니할 것을 내용으로 하는 의사표시를 할 수 있는바(절차법 제40조의2 제1항), 행정절차법은 그 의사표시를 확약이라 부른다.

[예] 甲은 국민여가선용에 기여하기 위하여 Y군에서 골프장업을 설치 · 운영하고자 골프장업사업계획서를 강원도지사에게 제출하였고, 강원도지사는 체육시설의 설치 · 이용에 관한 법률(다른 관련 법률은 논외로 하기로 한다)이 정하는 사항을 구비하여 골프장업의 등록을 신청을 하면 등록을 받아주겠다고 하였다. 여기서 등록을 받아주겠다고 한 의사표시가 확약에 해당한다. 이에 甲은 체육시설의 설치 · 이용에 관한 법률이 정하는 사항을 구비하여 골프장업의 등록을 신청하였으나, 강원도지사는 Y군에 골프장이 너무 많다는 이유로 수리를 거부하였다. 여기서 ① 등록수리거부처분이 체육시설의 설치 · 이용에 관한 법률에 위반되는가의 문제와는 별도로 ② 甲이 강원도지사에게 "체육시설의 설치 · 이용에 관한 법률이 정하는 사항을 구비하여 골프장업의 등록을 신청하면 등록을 받아주겠다고 한 약속을 왜 이행하지 아니하는가?"라고 다툴 수 있는가의 문제가 있다.

2. 종래 강학상 개념

종래 강학상으로는 행정주체가 사인에 대하여 장차 일정한 행정작용을 행하거나 행하지 않겠다고 하는 것을 내용으로 하는 공법상 일방적인 자기구속의 의사표시를 확언이라 하고, 확언의 대상이 특정 행정행위의 발령이나 불발령에 관한 것인 경우를 확약(넓은 의미의 확약개념)이라 불러왔다. 확언이나 확약은 행정청의 자기구속의 의사를 요소로 한다는 점이 특징적이다. 자기구속의 의사표시는 일방적인 것이며, 합의에 의한 것이 아니다. 상대방의 신청에 의한 것이라고 하여도 확언이나 확약 그 자체는 행정청의 일방적인 행위로 이해하였다.

[예] 서대문구 A번지에 사는 주민 甲과 乙이 서대문구청장에게 A번지 앞의 도로를 포장해줄 것을 탄원하였고, 서대문구청장은 2030년 4월 30일까지 포장해주겠다고 하였다. 여기서 도로포장의 의사표시가 확언에 해당한다.

3. 개념의 입법화

1987년에 입법예고가 되었던 행정절차법(안) 제25조는 확약에 관해 규정하고 있었다.

입법화는 되지 못하였다. 확언이나 확약의 법리는 이론과 판례에 맡겨져 있었다. 2022년 개정 행정절차법은 모든 처분이 아니라 당사자가 신청할 수 있는 처분만을 대상으로 하여 확약의 개념을 입법화하였다(좁은 의미의 확약개념). 입법화되지 아니한 부분에는 행정절차법 제40조의2가 규정하는 확약의 법리를 유추적용할 수 있을 것이다.

Ⅱ. 확약의 법적 성질

1. 학 설

확약이 공법상의 의사표시이긴 하지만, 그 자체가 행정행위인가에 관해서는 견해가 갈린다. 다수설은 행정행위성을 인정한다. 확약을 행정법상 독자적 행위형식으로 보는 견해도 있다.

2. 판 례

판례는 확약을 행정처분이 아니라 한 경우도 있고(대판 1995. 1. 20, 94누6529), 행정처분이라 한 경우도 있다(대판 2020. 4. 29, 2017두31064). 한편, 판례는 확약의 취소행위는 처분으로 보았다(대판 1991. 6. 28, 90누4402).

3. 사 견

생각건대 확약은 종국적인 행위 그 자체는 아니지만, 확약의 구속적인 의사표시 그 자체는 행정행위의 개념(행정청이 법 아래서 구체적 사실에 대한 법집행으로서 행하는 권력적 단독행위로서의 공법행위)을 충족시킨다고 본다. 따라서 행정행위로 볼 것이다.

Ⅲ. 확약의 법적 근거

좁은 의미의 확약에 관한 일반법으로 행정절차법 제40조의2가 있다.

■참고■ 확언 등의 법적 근거

(1) 행정주체가 사인에 대하여 장차 일정한 행정작용을 행하거나 행하지 않겠다고 하는 것을 내용으로 하는 공법상 일방적인 자기구속의 의사표시 중 행정절차법 제40조의2에서 규정되지 아니한 부분도 일반적인 법제도로서 인정될 수 있을 것인가의 문제가 있다. 예를 들어, 앞의 확언의 예에서, 2030년 4월 30일까지 서대문구청장이 A번지 앞의 도로를 포장하지 아니한 경우에 주민 甲과 乙은 서대문구청장에게 "A번지 앞의 도로를 4월 30일까지 포장해주겠다"고 한 약속을 이행하라고 요구할 수 있는가의 문제가 발생한다.

(2) 확언 등으로 인해 국민은 앞으로 있을 행정을 미리 알 수 있는 이익(예지이익)과 미리 알게

됨으로써 그에 대처할 수 있는 이익(대처이익)을 갖게 되는데, 그러한 이익은 법적으로 보호받아야 할 가치가 있는 이익이라 판단되는바, 명문의 규정이 없다고 하여도 확언 등도 법적 구속력을 갖는 법제도로서 인정되어야 할 것이다. 논거로, 본처분(本處分)을 할 수 있는 권한 속에는 확언을 할 수 있는 권한까지 포함된다고 본다. 예컨대 서대문구청장이 갖는 도로포장의 직무권한에는 장래 도로포장을 할 것이라는 일방 구속적인 의사표시를 할 수 있는 권한까지 포함되어 있는 것으로 본다.

Ⅳ. 확약의 요건

1. 주체요건

확약은 권한을 가진 행정청에 의해서만, 그리고 권한의 범위 내에서만 발령될 수 있다. 서대문경찰서장이 서대문세무서장의 권한사항에 대하여 확약을 할 수 없는 것은 자명하다.

2. 내용요건

① 확약은 법령등에서 당사자가 신청할 수 있는 처분을 대상으로 한다(절차법 제40조의2 제1항). 당자사에게 신청권이 인정되지 아니하는 처분은 확약의 대상이 아니다. ② 확약의 내용은 행정기본법이 정하는 행정의 법원칙에 부합하여야 한다. ② 확약은 추후 행정행위의 규율내용과 범위에서 일치되어야 한다.

3. 형식요건

확약은 문서로 하여야 한다(절차법 제40조의2 제 2 항).

4. 절차요건

① 확약은 당사자의 신청을 전제로 한다(절차법 제40조의2 제 1 항). 당사자의 신청 없이 이루어지는 행정청의 일방구속적인 약속은 행정절차법 제40조의2의 적용대상이 아니다. ② 행정청은 다른 행정청과의 협의 등의 절차를 거쳐야 하는 처분에 대하여 확약을 하려는 경우에는 확약을 하기 전에 그 절차를 거쳐야 한다(절차법 제40조의2 제 3 항). 그렇지 않다면 확약은 절차회피의 수단으로 남용될 수 있다.

Ⅴ. 확약의 효과

1. 효력의 발생

확약도 상대방에 통지되어야 효력을 발생한다. 확약도 행정행위의 일종이므로, 단순위법의 확약도 효력을 가진다. 또한 그것은 하자의 치유의 대상이 된다. 예컨대 이유가 기재되지 아니한 확약은 추후에 이유가 보완되면, 적법한 확약이 된다.

2. 구 속 효

통상의 행정행위만큼 광범위한 것은 아니나 확약도 구속효를 갖는다. 적법한 확약이 성립하면, 행정청은 상대방에 대해 확약한 행위를 이행하여야 할 의무를 부담하고, 상대방은 당해 행정청에 대해 그 이행을 청구할 수 있다. 예컨대 강원도지사가 甲에게 체육시설의 설치 · 이용에 관한 법률(다른 관련 법률은 논외로 하기로 한다)이 정하는 사항을 구비하여 골프장업의 등록을 신청하면 등록을 받아주겠다고 확약하였다면, 그리고 이에 따라 甲이 체육시설의 설치 · 이용에 관한 법률(다른 관련 법률은 논외로 하기로 한다)이 정하는 사항을 구비하여 골프장업의 등록을 신청을 하였다면, 강원도지사는 골프장업등록을 받아주어야 한다.

3. 실효 · 철회 · 취소(구속효의 배제)

(1) 실효 등 행정청은 확약을 한 후에 확약의 내용을 이행할 수 없을 정도로 법령 등이나 사정이 변경된 경우(대판 1996. 8. 20, 95누10877) 또는 확약이 위법한 경우에는 확약에 기속되지 아니한다(절차법 제40조의2 제4항). 예컨대 강원도지사가 甲에게 체육시설의 설치 · 이용에 관한 법률(다른 관련 법률은 논외로 하기로 한다)이 정하는 사항을 구비하여 골프장업의 등록을 신청을 하면 등록을 받아주겠다고 확약하였지만, 확약 후 그러나 등록신청 전에 골프장업이 허가업으로 변경되었다면, 등록업을 전제로 하였던 확약은 당연히 소멸된다고 볼 것이다.

(2) 폐 지 행정청은 위법한 행정행위를 취소하거나(행정기본법 제18조) 적법한 행정행위를 철회할 수 있는 것(행정기본법 제19조)과 동일한 요건 하에서 확약을 취소 또는 철회함으로써 확약의 구속성을 사후적으로 제거할 수도 있다.

4. 하 자

확약에 중대하고 명백한 하자가 있다면, 그러한 확약은 무효가 된다. 예컨대 서대문구청의 구청장이 아니라 담당공무원이 甲에게 체육시설의 설치 · 이용에 관한 법률이 정하는 사항을 구비하여 골프장업의 등록신청을 하면 등록을 받아주겠다고 한 확약은 하자가 중대하고 명백하므로 무효이다. 단순위법의 하자가 있다면 취소할 수 있는 행위가 된다. 이 경우 취소의 제한에 대한 일반원리(행정기본법 제18조)가 적용된다.

제 4 절 기타의 행위형식

제 1 항 공법상 계약

Ⅰ. 공법상 계약의 개념

1. 정 의

공법상 계약이란 행정청이 행정목적을 달성하기 위하여 체결하는 공법상 법률관계에 관한 계약을 말한다(행정기본법 제27조 제 1 항). 강학상 공법상 계약은 공법의 영역에서 법관계를 발생·변경·폐지시키는 복수당사자의 반대방향의 의사의 합치로 이해된다. 내용상 양자의 개념 간에 차이가 없다.

[예] 서울특별시장과 경기도지사는 도로법 제85조 제 2 항이 정하는 바에 따라 상호 대등한 입장에서 서울특별시와 경기도의 경계에 있는 도로의 비용을 분담하는 계약을 체결할 수 있다.

▪ 도로법 제85조(비용부담의 원칙) ② 제 1 항에도 불구하고 제20조에 따라 노선이 지정된 도로나 행정구역의 경계에 있는 도로에 관한 비용은 관계 지방자치단체가 협의하여 부담 금액과 분담 방법을 정할 수 있다.

▌대판 2023. 6. 29, 2021다250025(어떠한 계약이 공법상 계약에 해당하는지는 계약이 공행정 활동의 수행 과정에서 체결된 것인지, 계약이 관계 법령에서 규정하고 있는 공법상 의무 등의 이행을 위해 체결된 것인지, 계약 체결에 계약 당사자의 이익만이 아니라 공공의 이익 또한 고려된 것인지 또는 계약 체결의 효과가 공공의 이익에도 미치는지, 관계 법령에서의 규정 내지 그 해석 등을 통해 공공의 이익을 이유로 한 계약의 변경이 가능한지, 계약이 당사자들에게 부여한 권리와 의무 및 그 밖의 계약 내용 등을 종합적으로 고려하여 판단하여야 한다).

■ 참고 ■

이 판례는, 甲 주식회사 등으로 구성된 컨소시엄과 한국에너지기술평가원은 산업기술혁신 촉진법 제11조 제 4 항에 따라 산업기술개발사업에 관한 협약을 체결하고, 위 협약에 따라 정부출연금이 지급되었는데, 한국에너지기술평가원이 甲 회사가 외부인력에 대한 인건비를 위 협약에 위반하여 집행하였다며 甲 회사에 정산금 납부통보를 하자, 甲 회사는 한국에너지기술평가원 등을 상대로 정산금 반환채무가 존재하지 아니한다는 확인을 구하는 소를 민사소송으로 제기한 사건에 대한 것이다.

2. 공법상 계약과 행정계약

공법상 계약은 공법의 영역에서 이루어지는 계약으로서 공법상 효과, 즉 공법상 권리·의무의 발생·변경·소멸을 목적으로 한다. 그러나 행정주체는 문구류 구매계약과 같이 사법상 계약을 체결하기도 한다. 행정주체가 일방당사자가 되는 공법상 계약과 사법상 계약을 합하여 행정계약이라 부르기도 한다.

Ⅱ. 공법상 계약과 법치행정

1. 일반법(적용법규)

행정기본법 제27조가 공법상 계약에 관해 일반법이다. 특별법이 있으면, 특별법이 행정기본법에 우선하여 적용된다. 특별법이나 행정기본법에 규정이 없는 사항에 대해서는 성질이 허락하는 범위 안에서 민법이 유추 적용될 수 있을 것이다.

2. 법치행정의 원칙(행정기본법 제 8 조)과의 관계

① 공법상 계약에도 법률의 우위의 원칙은 적용된다. 즉, 행정청은 법령등을 위반하지 아니하는 범위에서 행정목적을 달성하기 위하여 필요한 경우에는 공법상 법률관계에 관한 계약(이하 "공법상 계약"이라 한다)을 체결할 수 있다(행정기본법 제27조 제 1 항 본문). 강행법규에 반하는 공법상 계약은 위법한 것이 된다. 국유재산법 제29조에서 보는 바와 같이 공법상 계약에는 사적 자치의 원칙보다 법규에 의해 체결의 자유와 형성의 자유가 제한될 수 있다. ② 행정기본법 제27조가 공법상 계약에 관해 일반적인 근거법이므로, 공법상 계약에 법률유보의 원칙이 적용되고 있는 셈이다.

■ **국유재산법 제29조(관리위탁)** ① 중앙관서의 장은 행정재산을 효율적으로 관리하기 위하여 필요하면 국가기관 외의 자에게 그 재산의 관리를 위탁(이하 "관리위탁"이라 한다)할 수 있다.
③ 관리위탁을 받을 수 있는 자의 자격, 관리위탁 기간, 관리위탁을 받은 재산의 사용료, 관리현황에 대한 보고, 그 밖에 관리위탁에 필요한 사항은 대통령령으로 정한다.
■ **국유재산법 시행규칙 제13조(관리위탁의 계약 등)** ① 법 제29조 제 1 항에 따른 관리위탁(이하 "관리위탁"이라 한다)을 하는 경우에는 다음 각 호의 사항을 명시한 계약서에 의하여야 한다. (각호 생략)

Ⅲ. 공법상 계약의 종류

1. 주체에 따른 유형의 개관

공법상 계약은 주체에 따라 행정주체 사이에 이루어지는 공법상 계약, 행정주체와 사인 사이에 이루어지는 공법상 계약, 그리고 사인 사이에 이루어지는 공법상 계약이 있다.

2. 행정주체 사이의 공법상 계약

행정주체 사이에 이루어지는 공법상 계약은 국가와 지방자치단체 또는 지방자치단체 사이에 특정의 행정사무의 처리를 합의하는 경우를 말한다. 예로서 지방자치단체 사이의 사무의 위탁, 공공시설의 관리(예: 도로법 제24조), 경비분담협의(예: 도로법 제85조)의 경우를 볼 수 있다.

▪ **도로법 제24조(도로 관리의 협의 및 재정)** ① 제23조에도 불구하고 행정구역의 경계에 있는 도로는 관계 행정청이 협의하여 도로관리청과 관리방법을 따로 정할 수 있다.

3. 행정주체와 사인 사이의 공법상 계약

행정주체와 사인 사이의 공법상 계약의 예로 임의적 공용부담(공공용도로의 기부채납) · 지방계약직공무원채용계약 · 보조금(자금)지원계약 · 행정사무위탁(예: 사인에 별정우체국 지정) · 특별행정법관계설정합의(지원입대) · 공익사업을 위한 토지 등의 취득 및 보상에 관한 법률상 협의의 경우를 볼 수 있다.

4. 사인 사이의 공법상 계약

사인 사이의 공법상 계약은 국가로부터 공권을 위탁받은 사인과 타 사인간의 계약을 말한다(예: 기업자로서의 사인과 토지소유자간의 토지수용에 관한 합의). 국가로부터 공권을 위탁받은 사인은 행정주체의 기능을 수행한다.

Ⅳ. 공법상 계약의 적법요건

1. 주체요건

공법상 계약의 한쪽 당사자는 행정청이다(행정기본법 제27조 제 1 항). 논리적으로 보면, 공법상 계약의 한쪽 당사자는 권리주체이어야 하는바, 국가나 지방자치단체 등이 당사자가 되어야 한다. 그러나 현실적으로는 행정청이 계약당사자의 기능을 수행하는바, 행정기본법은 행정청을 공법상 계약의 당사자로 하였다.

2. 내용요건

① 공법상 계약의 내용은 법령등을 위반하지 않아야 한다(행정기본법 제27조 제 1 항). ② 공법상 법률관계에 관한 것이어야 한다(행정기본법 제27조 제 1 항). ③ 사인의 급부와 행정청의 급부가 부당하게 결부되어서는 아니 된다(행정기본법 제13조).

3. 형식요건

공법상 계약의 체결은 계약의 목적 및 내용을 명확하게 적은 계약서(문서)로 하여야 한다(행정기본법 제27조 제 1 항). 문서형식은 계약내용을 명확히 하고, 추후에 분쟁이 발생한 경우에 분쟁해결에 기여한다.

4. 절차요건

공법상 계약의 절차에 관한 일반법은 없다. 특별규정이 없는 한, 의사표시와 계약에 관한 일반원칙을 따르게 된다. 경우에 따라서는 공법상 계약의 성립에 감독청의 승인·인가 등을 받게 할 수도 있다.

5. 공공성요건

행정청은 공법상 계약의 상대방을 선정하고 계약 내용을 정할 때 공법상 계약의 공공성과 제 3 자의 이해관계를 고려하여야 한다(행정기본법 제27조 제 2 항). 공법상 계약도 공익실현을 목적으로 하는 공행정의 한 부분이기 때문이다.

Ⅴ. 계약의 해제·해지, 변경, 이행

1. 해 제

계약의 효과를 소급적으로 제거하는 것을 해제라 한다. 공법상 계약의 해제에 관한 일반법은 없다. 사법상 해제에는 ① 계약 당사자가 약정한 사유가 발생한 경우에 당사자 일방의 의사표시로 이루어지는 해제인 약정해제와 ② 법률에서 정한 사유인 이행지체(민법 제544조) 또는 이행불능(민법 제546조) 등의 경우에 당사자 일방의 의사표시로 이루어지는 해제인 법정해제가 있다. 해제에 관한 사법규정은 공법상 계약에도 유추적용될 수 있을 것이다.

2. 해 지

계약의 효과를 장래적으로 제거하는 것을 해지라 한다. 공법상 계약의 해지에 관한 일반법은 없다. 해제에 관한 사법규정은 공법상 계약에도 유추적용될 수 있을 것이다.

3 변 경

공법상 계약의 변경에 관한 일반법은 없다. 행정법은 사법의 경우와 달리 공공복지를 위해 중대한 불이익을 제거하거나 방지하기 위해 계약체결 후 계약내용의 결정에 기준이 된 상황이 본질적으로 달리 변경될 때 행정청 또는 계약 상대방은 계약 내용의 변경을 요구할 수 있다고 볼 것이다.

4. 이 행

계약당사자는 계약내용에 따라 이행의무를 진다. 당사자가 계약상의 의무를 이행하지 아니하면 상대방은 법원의 도움을 받아 이행을 강제할 수 있다. 행정행위의 경우와 달리 법원의 도움 없이 강제집행할 수는 없다. 다만 예외적으로 명문의 규정이 있다면, 행정청은 판결 없이 강제집행을 할 수도 있을 것이다.

5. 행정소송

공법상 계약에 관한 분쟁은 행정소송법 제 3 조 제 2 호에 의거하여 당사자소송의 대상이 된다. 공법상 계약에 관한 것인 한, 그것이 계약이행의 문제인가, 또는 계약상의 손해배상청구의 문제인가는 가리지 않는다. 판례는 손해배상과 관련하여 견해를 달리한다.

▮대판 1995. 12. 22, 95누4636(지방자치법 제 9 조 제 2 항 제 5 호 (라)목 및 (마)목 등의 규정에 의하면, 서울특별시립무용단원의 공연 등 활동은 지방문화 및 예술을 진흥시키고자 하는 서울특별시의 공공적 업무수행의 일환으로 이루어진다고 해석될 뿐 아니라, 단원으로 위촉되기 위하여는 일정한 능력요건과 자격요건을 요하고, 계속적인 재위촉이 사실상 보장되며, 공무원연금법에 따른 연금을 지급받고, 단원의 복무규율이 정해져 있으며, 정년제가 인정되고, 일정한 해촉사유가 있는 경우에만 해촉되는 등 서울특별시립무용단원이 가지는 지위가 공무원과 유사한 것이라면, **서울특별시립무용단 단원의 위촉은 공법상의 계약**이라고 할 것이고, 따라서 그 단원의 해촉에 대하여는 공법상의 당사자소송으로 그 무효확인을 청구할 수 있다)(**서울특별시립무용단원 해촉 사건**).

▮대판 2023. 6. 29, 2021다250025(공법상 계약의 한쪽 당사자가 다른 당사자를 상대로 그 이행을 청구하는 소송 또는 이행의무의 존부에 관한 확인을 구하는 소송은 공법상 법률관계에 관한 분쟁이므로 분쟁의 실질이 공법상 권리 · 의무의 존부 · 범위에 관한 다툼이 아니라 손해배상액의 구체적인 산정방법 · 금액에 국한되는 등의 특별한 사정이 없는 한 공법상 당사자소송으로 제기하여야 한다).

Ⅵ. 공법상 계약의 하자

1. 위법 · 무효의 효과

위법한 공법상 계약의 효과 등에 관한 일반적인 규정은 없다. 명문의 규정이 없는 한, 하자있는 공법상 계약은 원칙적으로 무효로 볼 것이다. 무효인 공법상 계약으로부터는 아무런 법적 효과도 발생하지 아니한다. 누구도 무효인 공법상 계약의 이행을 주장할 수 없다. 만약 무효인 공법상 계약에 기하여 급부를 제공하였다면, 공법상 부당이득반환청구권의 법리에 따라 급부의 반환을 요구할 수 있다.

2. 유동적 무효

제 3 자의 권리를 침해하는 공법상 계약이 제 3 자의 동의 없이 체결되었다면(예: 서대문구청장이 공익사업을 위한 토지 등의 취득 및 보상에 관한 법률에 근거하여 甲과 토지의 매수협의를 하면서 乙의 토지까지 협의내용으로 한 경우), 제 3 자의 문서에 의한 동의가 있기까지 유동적 무효의 상태에 있다고 볼 것이다. 그리고 다른 행정청의 동의 또는 합의를 요하는 공법상 계약의 경우에 다른 행정청의 동의 또는 합의가 없이 체결된 공법상 계약은 다른 행정청의 동의 또는 합의가 있기까지는 유동적 무효의 상태에 있다고 볼 것이다.

3. 공법상 계약에 근거한 행정행위의 효과

무효인 공법상 계약에 근거하여 행정청이 행정행위를 발령하였다면, 그러한 행정행위는 하자있는 행정행위가 된다고 볼 것이다. 그러한 행정행위의 효과는 중대명백설에 따라 판단하면 된다.

[예] 공익사업을 위한 토지 등의 취득 및 보상에 관한 법률에 근거하여 서대문구청장이 甲과 토지의 매수협의를 한 후, 관할토지수용위원회의 협의성립의 확인을 받아두었고, 그 협의내용에는 서대문구 A번지 소재 甲소유의 토지에 건축허가를 내주는 것을 중요한 조건으로 하였다. 그런데 A번지는 건축허가를 내줄 수 없는 개발제한구역(그린벨트)이었다. 하지만 서대문구청장은 甲과의 협의에 따라 A번지 소재 甲소유의 토지에 건축허가를 내주었다. 이러한 경우, 그린벨트에 건축허가를 내주기로 하는 것을 중요 내용으로 하는 서대문구청장과 甲사이의 공법상 계약(공익사업을위한토지등의취득및보상에관한법률상 협의)은 무효이고, 무효인 공법상 계약에 근거하여 A번지 소재 甲소유의 토지에 내준 건축허가는 당연히 위법하다. 중대명백설에 따라 판단할 때, 그 위법의 하자는 중대하고 동시에 명백하므로 서대문구청장이 甲에게 내준 건축허가는 무효이다.

4. 일부 무효

공법상 계약의 위법과 무효가 계약의 일부분에 관련하는 경우, 그 계약내용이 나눌 수 있는 것(可分)이라면, ① 원칙적으로 나머지 부분(위법하지 아니한 부분)만 유효하다. 그러나 ② 무효부분을 제외하고는 계약을 체결하지 아니하였으리라고 판단되는 경우에는 계약의 전부가 무효가 된다고 볼 것이다.

제2항 공법상 사실행위(사실행위론 1)

Ⅰ. 공법상 사실행위의 의의

1. 개 념

일정한 법적 효과의 발생을 목적으로 하는 것이 아니라 도로의 포장, 교량의 건설, 건물의 강제철거, 졸업식에서의 축사 등에서 보는 바와 같이 직접 어떠한 사실상의 효과·결과의 실현을 목적으로 하는 행정작용을 공법상 사실행위라 한다.

[예] 서울특별시 서대문구 등 모든 지방자치단체는 주민들의 편의를 위해 도로의 포장공사를 한다. 도로가 새로이 단장된다고 하여, 그것으로부터 주민들에게 어떠한 권리나 의무가 발생하지는 않는다. 도로의 포장은 주민의 편의를 사실상으로 증진시킬 뿐이다. 군수가 공립학교졸업식에서 축사를 한다고 하여, 축사로부터 졸업생들에게 권리나 의무가 발생하지 아니한다. 축사로부터 졸업생들은 의미 있는 지혜를 사실상으로 얻을 수 있을 뿐이다.

2. 문제상황

공법상 사실행위는 의사표시가 아니라 사실로서의 어떤 상태의 실현을 내용으로 한다. 공법상 사실행위는 아무런 직접적인 법적 효과를 갖는 것이 아니라고 하여 공법상 사실행위가 법적으로 무의미한 것은 아니다. 왜냐하면 공법상 사실행위도 법질서에 부합해야 하고, 만약 그것이 위법한 경우에는 손해배상의 문제를 발생시키기 때문이다. 예컨대, 서대문구청이 도로포장공사를 하면서 甲의 건물을 파손하게 되면, 서대문구청은 甲에게 손해배상을 하여야 한다. 따라서 법적 관점에서 사실행위는 특히 권리구제문제와 관련하여 의미를 갖는다.

Ⅱ. 공법상 사실행위의 종류

1. 권력적 사실행위와 비권력적 사실행위

권력적 사실행위란 공공의 안녕과 질서의 유지를 위해 경찰관이 범법자들에게 무기를 사용하는 것과 같이 명령적·강제적 공권력행사로서의 사실행위를 말하고, 비권력적 사실행위란 행정지도나 축사 또는 표창과 같이 명령적·강제적 공권력행사와 직접 관련성이 없는 사실행위를 말한다.

2. 독립적 사실행위와 집행적 사실행위

독립적 사실행위란 시장이나 군수에 의한 축사같이 자체로서 독립적인 사실행위를 말하고, 집행적 사실행위란 경찰관이 범죄행위의 저지를 위하여 무기를 사용하거나 세무공무원이 압류를 위하여 실력을 행사하는 것과 같이 법령이나 행정행위를 집행하기 위해 행해지는 사실행위를 말한다.

Ⅲ. 공법상 사실행위의 법적 근거와 한계

1. 법적 근거

공법상 사실행위에도 법률의 우위의 원칙과 법률의 유보의 원칙이 적용된다. 먼저, ① 공법상 사실행위는 조직규범의 범위 내에서 이루어져야 한다. 세무서장은 세법이 정하는 범위 안에서 공법상 사실행위를 할 수 있다. 다음으로 ② 개인의 신체 · 자유 · 재산에 직접 침해를 야기할 수 있는 사실행위는 작용법상 근거도 가져야 한다(중요사항유보설). 예컨대 공공의 안녕과 질서를 파괴하는 범죄자에게 무기를 사용하려면, 경찰법령의 근거가 있어야 한다. 현행법령상으로는 경찰관 직무집행법 제10조의4가 무기사용의 근거규정이다. ③ 개인의 신체 · 자유 · 재산에 직접 침해를 야기할 수 있는 경우가 아니라면, 공법상 사실행위에는 법적 기속이 완화되며, 따라서 법률로부터 자유로운 행정영역의 주요 부분이 된다.

▪ 경찰관 직무집행법 제10조의4(무기의 사용) ① 경찰관은 범인의 체포, 범인의 도주 방지, 자신이나 다른 사람의 생명·신체의 방어 및 보호, 공무집행에 대한 항거의 제지를 위하여 필요하다고 인정되는 상당한 이유가 있을 때에는 그 사태를 합리적으로 판단하여 필요한 한도에서 무기를 사용할 수 있다. 다만, 다음 각 호의 어느 하나에 해당할 때를 제외하고는 사람에게 위해를 끼쳐서는 아니 된다.

1. 「형법」에 규정된 정당방위와 긴급피난에 해당할 때
2. 다음 각 목의 어느 하나에 해당하는 때에 그 행위를 방지하거나 그 행위자를 체포하기 위하여 무기를 사용하지 아니하고는 다른 수단이 없다고 인정되는 상당한 이유가 있을 때

가. 사형·무기 또는 장기 3년 이상의 징역이나 금고에 해당하는 죄를 범하거나 범하였다고 의심할 만한 충분한 이유가 있는 사람이 경찰관의 직무집행에 항거하거나 도주하려고 할 때

나. 체포·구속영장과 압수·수색영장을 집행하는 과정에서 경찰관의 직무집행에 항거하거나 도주하려고 할 때

다. 제 3 자가 가목 또는 나목에 해당하는 사람을 도주시키려고 경찰관에게 항거할 때

라. 범인이나 소요를 일으킨 사람이 무기·흉기 등 위험한 물건을 지니고 경찰관으로부터 3회 이상 물건을 버리라는 명령이나 항복하라는 명령을 받고도 따르지 아니하면서 계속 항거할 때

3. 대간첩 작전 수행 과정에서 무장간첩이 항복하라는 경찰관의 명령을 받고도 따르지 아니할 때

② 제 1 항에서 "무기"란 사람의 생명이나 신체에 위해를 끼칠 수 있도록 제작된 권총·소총·도검 등을 말한다.

③ 대간첩·대테러 작전 등 국가안전에 관련되는 작전을 수행할 때에는 개인화기(個人火器) 외에 공용화기(共用火器)를 사용할 수 있다.

2. 법적 한계

공법상 사실행위는 ① 조직법상 주어진 권한의 범위 내에서 가능하다. 세무서장이 경찰서장의 권한을 대신하여 행사할 수는 없다. ② 개별법령에 공법상 사실행위에 관한 규정이 있다면, 그에 따라야 한다. ③ 공법상 사실행위는 그 행위의 목적의 범위 내에서만 가능하다. 예컨대 경찰관 직무집행법상 무기의 사용은 경찰관 직무집행법 제10조의4가 정하는 범위 내에서만 가능하다. ④ 공법상 사실행위는 평등원칙 · 신뢰보호원칙 등 행정법의 일반원칙에 따라서 행해져야 한다. 이에 위반하면 위법한 행위가 된다. 위법한 사실행위는 손해배상청구 등의 문제를 가져온다.

Ⅳ. 공법상 사실행위와 권리보호

1. 행정쟁송

(1) 행정쟁송의 대상 여부 위법한 행정작용으로 권리(법률상 이익)가 침해되면, 침해된 권리를 회복할 필요가 있다. 침해된 권리를 회복하는 방식으로 행정기관에 의한 구제방식인 행정심판과 법원에 의한 구제방식인 행정소송이 있다. 행정심판에 관한 일반법으로 행정심판법이 있고, 행정소송에 관한 일반법으로 행정소송법이 있다. 행정심판법과 행정소송법은 모두 처분(處分)을 대상으로 한다. 지배적 견해는 사실행위 중 권력적 사실행위는 대부분이 사실행위의 요소(집행행위)와 법적 행위의 요소(수인하명)가 결합되어 있다고 새기면서, 법적 요소로 인해 권력적 사실행위는 행정심판과 행정소송의 대상이 된다고 새긴다. 예를 들어, 무허가건물의 강제철거는 ① 실제상 강제로 철거하는 사실행위와 ② 강제철거 시에 상대방이 강제철거를 참아야 하는 수인의무가 결합되어 있다고 새기면서, 수인의무의 부분이 행정심판법과 행정소송법상 처분에 해당하므로 수인의무의 취소나 무효확인을 구하는 의미에서 강제철거처분의 취소나 무효확인을 구하는 소송을 제기할 수 있다고 새긴다.

(2) 권리보호의 필요

㈎ 권력적 사실행위 행정의 실제상 권력적 사실행위는 단기간에 종료되는 것이 일반적이며, 권력적 사실행위가 종료된다면, 그 이후에는 권리보호의 필요가 없는 것이 된다(이 책 385쪽 Ⅷ. 참조). 따라서 권력적 사실행위의 종료 후에 제소되면, 각하판결을 받게 된다.

[예] 일반적으로 건물에 대한 강제철거행위는 오래 걸리지 아니한다. 건물이 철거된 후에는 행정소송을 통해 강제철거행위의 취소를 구할 이익이 없게 된다. 왜냐하면 건물이 철거된 후에 강제철거처분이 취소된다고 하여도 철거된 건물이 저절로 되살아날 수는 없기 때문이다. 따라서 강제철거가 이루어진 후에 강제철거처분취소청구소송을 제기하면 각하판결을 받게 된다. 각하판결을 면하고자 하면 권력적 사실행위(강제철거행위)가 이루어지기 전에 철거행위를 하지 못하게 하는 집행정지를 신청하여 집행정지의 결정을 받아 두어야 한다. 집행정지를 받게 되면, 행정청은 강제철거를 할 수 없다.

㈏ 비권력적 사실행위 비권력적 사실행위의 경우에는 법적 행위의 요소를 찾아보기 어려우므로, 행정심판이나 행정소송의 대상이 되지 아니한다.

[예] 대학교의 졸업식에서 이루어진 대통령의 축사는 비권력적인 행위로서 권리나 의무를 발생시키는 법적 행위가 아니기 때문에 행정심판이나 행정소송의 대상이 되는 처분에 해당하지 아니 한다. 말하자면 대통령 축사의 취소를 구하는 소송이나 무효확인을 구하는 소송은 허용되지 아니한다.

2. 결과제거청구권

사인은 행정청에 대하여 행정청의 위법한 사실행위로 발생한 위법한 상태를 제거하고 적법한 상태로의 회복을 청구할 수 있는 권리를 갖는데, 이러한 권리를 결과제거청구권이라 한다. 행정소송상으로 결과제거청구권은 당사자소송형식을 통해 주장할 수 있다.

[예] 서대문구청장이 도로포장공사를 하면서 공사용 장비를 甲의 허락 없이 임의로 甲의 토지에 두게 되면, 위법한 사실행위로 甲의 토지소유권을 침해하는 것이 된다. 이러한 침해상태가 계속되는 한, 서대문구청장은 위법한 상태를 제거하고 적법한 상태를 회복할 의무를 부담하고, 甲은 서대문구청장에게 공사용 장비를 자기의 토지에서 치워줄 것을 청구할 수 있다.

3. 손해배상

위법한 행정상 사실행위로 인해 사인이 손해를 입게 되면, 피해자는 그 사실행위가 사법적 사실행위인 경우에는 민사법(민법 제750조 등, 민사소송법)에 따라, 공법적 사실행위인 경우에는 국가배상법과 행정소송법에 따라 손해배상을 청구할 수 있다. 그러나 판례는 후자를 민사사건으로 다루고 있다.

[예] 서대문구청에서 도로포장을 하면서 실수로 甲의 담장을 부수었다면, 甲은 국가배상법과 행정소송법이 정하는 바에 따라 손해배상을 청구할 수 있다. 그러나 판례는 이러한 경우에 국가배상법과 민사소송법이 정하는 바에 따라 민사법원에서 손해배상을 청구할 수 있다는 입장이다.

4. 손실보상

적법한 공법상 사실행위로 사인이 손실을 입게 되면, 그 사인은 그 손실이 특별한 희생에 해당하는 경우에 생명이나 신체의 희생에 대한 보상이나 재산상의 손실에 대한 보상을 청구할 수 있다. 다만 보상에 관한 명문의 규정이 없는 경우는 문제이다. 이러한 경우에는 손실보상법론상의 간접효력설(유추적용설)에 근거하여 보상을 청구할 수 있다고 볼 것이다.

[예] 우리의 영공에 침투한 적의 비행기를 격추시키기 위해 대공포를 쏘았는데, 그 대공포의 파편으로 인해 甲이 신체상의 피해나 재산상의 피해를 입었다면 피해의 보상을 청구할 수 있다고 볼 것이다.

5. 기　　타

위법한 행정상 사실행위를 행한 공무원에 대한 형사책임·징계책임의 추궁, 감독청의 직무상 감독작용, 관계자의 청원 등도 간접적이긴 하나 피해자의 권리보호에 기여할 수 있다. 그리고 헌법소원 역시 권리구제의 중요한 수단이다.

Ⅴ. 공법상 사실행위로서 공적 경고

1. 의 의

특정 공산품이나 농산품과 관련하여 사인에게 발하는 행정청의 설명·공고·성명·고시 등을 공적 경고라 부르고 있다. 한편, 사인 또는 공무원이 위법 또는 부당한 행위를 하였음을 이유로 사인 또는 공무원에게 주의 조치로서 경고가 발해지기도 하지만, 이것은 사인 또는 공무원 개인에 대한 것인 점에서 널리 공공을 대상으로 하는 공적 경고와 구별된다.

[예] 정부가 “甲회사가 A국으로부터 수입한 B농산품과 乙회사가 자체 개발하여 시판중인 C공산품에는 인체에 유해한 성분을 함유하고 있을지도 모른다”고 발표하는 경우

2. 기 능

공적 경고는 법적 구속이 미약하지만 그 효과에 있어서는 결코 미약하지 않다. 공적 경고에 대하여 국민들이 진지하게 받아들이게 되면, 그 상품은 더 이상 판매되기 어렵다. 그것은 판매금지와 유사한 효과를 가져온다.

[예] 정부의 발표가 B상품과 C상품의 판매를 금지하는 것은 아니라고 하여도 정부의 발표로 인해 B상품이나 C상품의 판매는 기대하기 어렵고, 경우에 따라서는 甲회사나 乙회사의 도산까지도 가져올 수 있다.

3. 법적 성격

공적 경고가 오로지 사실행위에 해당하는 것인지, 아니면 행정법상 행정청의 고유한 행위형식인지의 여부는 불분명하다. 공적 경고의 종류와 효과는 매우 상이하므로, 현재로서 공적 경고를 개념상 명백하게 파악하는 것은 어려울 뿐만 아니라 그에 관한 법적 효과를 정립하는 것도 용이하지 않다. 현재로서 공적 경고는 사실행위의 특별한 경우로 이해되고 있을 뿐이다.

4. 법적 근거의 필요 여부

공적 경고에 법률의 근거를 요하는가의 문제가 있다. 공적 경고는 특정인의 이익을 직접 침해하는 것을 목적으로 하는 것이 아니므로 조직법상 권한에 관한 규정만으로도 가능하다고 볼 것이다. 그러나 개인의 이해와 직결된 경고는 침해를 가능하게 하는 권한규정이 필요하다고 본다.

[예] 자외선이 강하다는 공적 경고와 같이 특정인의 이익과 무관한 공적 경고의 경우에는 정부조직법 제40조 제2항과 같은 조직법상 권한규정만으로 가능하다고 본다.

▪ **정부조직법 제40조(환경부)** ② 기상에 관한 사무를 관장하기 위하여 환경부장관 소속으로 기상청을 둔다.

[예] 정부가 "甲회사가 A국으로부터 수입한 B농산품과 乙회사가 자체 개발하여 시판중인 C공산품에는 인체에 유해한 성분을 함유하고 있을지도 모른다"고 발표하는 것과 같이 개인의 이해와 직결된 경고의 경우에는 정부조직법 제25조 제1항과 같은 조직법상 권한규정 외에 식품위생법령상 작용법상 권한규정이 있어야 할 것인데, 식품위생법 제73조 제1항을 유추해석한다면, 동 조문은 작용법상 권한규정으로 볼 여지도 있다.

▪ **정부조직법 제25조(식품의약품안전처)** ① 식품 및 의약품의 안전에 관한 사무를 관장하기 위하여 국무총리 소속으로 식품의약품안전처를 둔다.
▪ **식품위생법 제73조(위해식품등의 공표)** ① 식품의약품안전처장, 시·도지사 또는 시장·군수·구청장은 다음 각 호의 어느 하나에 해당되는 경우에는 해당 영업자에 대하여 그 사실의 공표를 명할 수 있다. 다만, 식품위생에 관한 위해가 발생한 경우에는 공표를 명하여야 한다.
1. 제4조부터 제6조까지, 제7조 제4항, 제8조 또는 제9조 제4항 등을 위반하여 식품위생에 관한 위해가 발생하였다고 인정되는 때

5. 직업선택의 자유의 침해 여부

공적 경고가 직업선택의 자유에 대한 본질적인 침해가 아닌가의 문제가 있다. 예컨대 정부가 "甲회사가 A국으로부터 수입한 B농산품과 乙회사가 자체 개발하여 시판중인 C공산품은 인체에 유해한 성분을 함유하고 있을지도 모른다"고 발표하는 것이 甲회사와 乙회사의 직업선택의 자유(영업의 자유)에 대한 본질적인 침해가 아닌가의 문제가 있다. 생각건대 공적 경고는 중대한 공익(예: 국민의 생명·신체·건강)을 위한 것이고, 또한 국민의 직업선택의 자유는 일정한 제약을 전제로 하는 것이므로 공적 경고가 원칙적으로 직업선택의 자유에 대한 본질적 침해라고 보기는 어렵다.

제3항 행정지도(사실행위론 2)

Ⅰ. 행정지도의 관념

1. 개　념

행정기관이 그 소관사무의 범위 안에서 일정한 행정목적을 실현하기 위하여 특정인에게 일정한 행위를 하거나 하지 아니하도록 지도·권고·조언 등을 하는 행정작용을 행정지도라 한다(절차법 제2조 제3호). 개별 법령상으로는 지도(사행행위 등 규제 및 처벌 특례법 제19조 제1항)·

권고(주택법 제53조 제 1 항) 등으로 불리기도 한다.

[예] 정부나 지방자치단체는 추석이 다가오면 경제의 안정을 도모하기 위하여 물가가 오르는 것을 방지하는 노력을 기울인다. 그러한 노력의 일환으로 지방자치단체는 관할 구역안의 목욕장이나 이발관 또는 미용실 등에 대하여 요금을 인상하지 아니하도록 권고·권유한다. 정부나 지방자치단체는 여름철에 전염병이 발생하지 않도록 하기 위해 각종의 보건위생상의 주의사항을 홍보한다.

2. 성　　질

행정지도는 국민의 임의적인 협력을 전제로 하는 비권력적 사실행위이다. 예컨대 지방자치단체가 관할 구역안의 목욕장이나 이발관 또는 미용실 등에 대하여 요금을 인상하지 아니하도록 권고한다고 하여 목욕장이나 이발관 또는 미용실의 경영자에게 요금을 인상하지 말아야 할 의무가 발생하는 것은 아니다. 행정지도의 효과를 제고하기 위하여 이익의 제공(예: 자금의 융자, 교부지원금지급, 정보제공)이 따르기도 한다. 요컨대 행정지도는 일정한 법적 효과의 발생을 목적으로 하는 의사표시가 아니며, 단지 상대방의 임의적인 협력을 통해 사실상의 효과를 기대하는 사실행위일 뿐이다. 행정지도는 공법상 사실행위의 대표적인 예에 해당한다.

3. 유용성과 문제점

① 행정지도는 행정주체에 대해서는 법적 근거가 없는 경우에 행정의 편의와 탄력성을 제고하고, 행정의 상대방에 대해서는 합의에 유사한 의미를 갖게 함으로써 분쟁을 미연에 방지하고 행정에 적극적인 협력을 가능하게 하는 의미를 갖는다. 한편 ② 행정지도는 사실상의 강제성을 통한 법치주의의 붕괴, 한계와 책임소재의 불분명으로 인한 책임행정의 이탈, 행정상 구제수단의 결여 내지 행정구제의 기회상실 등을 문제점으로 갖는다. ③ 문제점을 줄여가면서 행정지도의 의미를 살려가는 것이 행정지도의 중심과제이다.

Ⅱ. 행정지도의 종류

1. 법규상 지도·비법규상 지도

① 법규상 지도란 작용법상 근거하에 이루어지는 행정지도를 말한다. 법규상 지도에는 ⓐ 직업안정법 제14조와 같이 특정의 행정지도 자체가 법규에 규정되어 있는 경우도 있고, ⓑ 식품위생법 제21조에 규정된 처분권(특정식품등의 판매 등 금지권한)을 배경으로 하여 특정식품의 판매를 하지 말 것을 권유하는 경우와 같은 지도도 있다. ⓐ의 경우를 법령의 직접적인 근거에 의한 행정지도, ⓑ의 경우를 법령의 간접적인 근거에 의한 행정지도라 부른다. ② 비

법규상 지도란 국가의 경제위기 시에 기획재정부장관이 직접적인 작용법상 근거 법규 없이 조직규범인 정부조직법 제27조 제 1 항을 바탕으로 하여 절약 또는 소비를 권유하는 경우에 보는 것과 같은 행정지도를 말한다. 비법규상 지도도 조직규범이 정한 업무의 범위 내에서만 이루어진다고 볼 것이므로, 엄밀하게 말하자면 비법규상 지도라는 것도 넓은 의미에서 법규상 지도의 일종이다.

직업안정법 제 2 조의2(정의) 이 법에서 사용하는 용어의 뜻은 다음 각 호와 같다.
3. "직업지도"란 취업하려는 사람이 그 능력과 소질에 알맞은 직업을 쉽게 선택할 수 있도록 하기 위한 직업적성검사, 직업정보의 제공, 직업상담, 실습, 권유 또는 조언, 그 밖에 직업에 관한 지도를 말한다.

제 3 조(정부의 업무) ① 정부는 이 법의 목적을 달성하기 위하여 다음 각 호의 업무를 수행한다.
3. 구직자에 대한 직업지도 업무

제14조(직업지도) ① 직업안정기관의 장은 다음 각 호의 어느 하나에 해당하는 사람에게 직업지도를 하여야 한다.
1. 새로 취업하려는 사람
2. 신체 또는 정신에 장애가 있는 사람
3. 그 밖에 취업을 위하여 특별한 지도가 필요한 사람

식품위생법 제21조(특정 식품등의 수입·판매 등 금지) ① 식품의약품안전처장은 특정 국가 또는 지역에서 채취·제조·가공·사용·조리 또는 저장된 식품등이 그 특정 국가 또는 지역에서 위해한 것으로 밝혀졌거나 위해의 우려가 있다고 인정되는 경우에는 그 식품등을 수입·판매하거나 판매할 목적으로 제조·가공·사용·조리·저장·소분·운반 또는 진열하는 것을 금지할 수 있다.

정부조직법 제27조(기획재정부) ① 기획재정부장관은 중장기 국가발전전략수립, 경제·재정정책의 수립·총괄·조정, 예산·기금의 편성·집행·성과관리, 화폐·외환·국고·정부회계·내국세제·관세·국제금융, 공공기관 관리, 경제협력·국유재산·민간투자 및 국가채무에 관한 사무를 관장한다.

2. 규제적 지도·조정적 지도·조성적 지도

① 규제적 지도란 독점규제 및 공정거래에 관한 법률 제88조 제 1 항에서 보는 바와 같이 일정한 행위의 억제를 내용으로 하는 행정지도를 말한다. ② 조정적 지도란 남녀고용평등과 일·가정 양립 지원에 관한 법률 제24조 제 2 항에서 보는 바와 같이 이해관계자 사이의 분쟁이나 지나친 경쟁의 조정을 내용으로 하는 행정지도를 말한다. ③ 조성적 지도란 농촌진흥법 제 2 조 제 3 호와 같이 보다 발전된 사회질서 내지 생활환경의 형성을 내용으로 하는 행정지도를 말한다.

독점규제 및 공정거래에 관한 법률 제88조(위반행위의 시정권고) ① 공정거래위원회는 이 법의 규정에 위반하는 행위가 있는 경우에 당해 사업자 또는 사업자단체에 대하여 시정방안을 정하여 이에 따를 것을 권고할 수 있다.

남녀고용평등과 일·가정 양립 지원에 관한 법률 제24조(명예고용평등감독관) ② 명예감독관은 다음 각 호의 업무를 수행한다.
3. 법령위반 사실이 있는 사항에 대하여 사업주에 대한 개선 건의 및 감독기관에 대한 신고

■ **농촌진흥법 제 2 조(정의)** 이 법에서 사용하는 용어의 뜻은 다음과 같다.
3. "농촌지도사업"이란 연구개발 성과의 보급과 농업경영체의 경영혁신을 통하여 농업의 경쟁력을 높이고 농촌자원을 효율적으로 활용하는 사업으로서 다음 각 목의 업무를 수행하는 사업을 말한다. (…)
마. 농작물 병해충의 과학적인 예찰, 방제정보의 확산 및 기상재해에 대비한 기술 지도
바. 가축질병 예방을 위한 방역 기술 지도

3. 행정주체 · 행정기관에 대한 지도와 사인에 대한 지도

① 행정주체에 대한 지도란 지방자치법 제184조 제 1 항에서 보는 바와 같이 국가가 지방자치단체에 대하여 또는 광역지방자치단체가 기초지방자치단체에 대하여 행하는 지도를 말하고, 행정기관에 대한 지도란 국세청장이 지방국세청장에게 지도하는 경우에 보는 바와 같이 상급행정기관이 하급행정기관에 대하여 행하는 지도를 말한다. ② 사인에 대한 지도란 앞의 2.에서 본 예와 같이 사인을 상대방으로 하는 지도를 말한다. 행정절차법은 행정지도의 상대방으로 특정인이라는 표현을 사용하고 있다.

■ **지방자치법 제184조(지방자치단체의 사무에 대한 지도와 지원)** ① 중앙행정기관의 장이나 시·도지사는 지방자치단체의 사무에 관하여 조언 또는 권고하거나 지도할 수 있으며, 이를 위하여 필요하면 지방자치단체에 자료의 제출을 요구할 수 있다.

Ⅲ. 행정지도의 법적 근거와 한계

1. 법적 근거

① 행정지도에 법적 근거가 필요한가의 여부에 관한 일반법은 없다. 행정절차법은 행정지도에 적용되는 일반원칙과 행정지도의 방법을 규정하고 있을 뿐이다(절차법 제48조 이하). 개별법령에서 행정지도에 관해 규정하는 경우가 적지 않다. ② 행정지도는 법적 구속력을 갖지 아니하는 사실상의 행위에 불과하므로, 법적 근거를 요하는 것은 아니다.

2. 법적 한계

① 행정기관은 조직법상 주어진 권한 내에서만 행정지도를 할 수 있다. 만약 이를 위반하면 위법한 행정지도가 된다. 예컨대 경찰서장이 식품위생에 대한 행정지도를 한다면, 그것은 위법한 것이 된다. ② 조직법상 권한 내에서의 행정지도라고 하여도 개별법령에서 정하는 행정지도에 관한 작용법상 규정(예: 절차법 제48조 내지 제51조)을 준수하여야 한다. ③ 행정지도 역시 행정작용의 하나이므로, 명시적 규정의 유무를 불문하고 행정법의 일반원칙을 준수하여야 한다.

Ⅳ. 행정지도상 원칙

① 행정지도는 그 목적달성에 필요한 최소한도에 그쳐야 한다(절차법 제48조 제 1 항 제 1 문). 이것은 행정지도에 비례원칙이 적용됨을 의미한다. ② 행정청은 행정지도의 상대방의 의사에 반하여 부당하게 강요하여서는 아니 된다(절차법 제48조 제 1 항 제 2 문). 이것은 행정지도에 임의성의 원칙이 적용됨을 의미한다. 강제적인 지도는 행정지도가 아니다. ③ 행정기관은 행정지도의 상대방이 행정지도에 따르지 아니하였다는 것을 이유로 불이익한 조치를 하여서는 아니 된다(절차법 제48조 제 2 항). 이를 불이익조치금지의 원칙이라 한다. ④ 행정지도를 행하는 자는 그 상대방에게 당해 행정지도의 취지 및 내용과 신분을 밝혀야 한다(절차법 제49조 제 1 항). 이를 행정지도실명제라 한다. 행정지도실명제는 행정지도를 행하는 자와 지도의 내용을 분명히 함으로써 위법하거나 과도한 행정지도로부터 상대방에게 가져다줄 수 있는 불이익을 방지하고자 함에 그 목적이 있다.

Ⅴ. 행정지도의 효과

1. 사실상의 효과

사실행위는 법적 효과의 발생을 목적으로 하는 의사표시가 아니므로, 사실행위로부터 아무런 법적 효과도 발생하지 않는다(대판 1999. 8. 24, 99두592; 대판 1991. 12. 13, 91누1776).

2. 개별법에 따른 절차상 효과

개별 법률에서 행정지도에 절차상 법적 효과를 부여하는 경우는 있다[예: 대 · 중소기업 상생협력 촉진에 관한 법률 제33조(사업조정에 관한 권고 및 명령) ④ 중소벤처기업부장관은 제 3 항에 따른 공표 후에도 정당한 사유 없이 권고사항을 이행하지 아니하는 경우에는 해당 대기업등에 그 이행을 명할 수 있다. 다만, 제 2 항에 따른 권고의 내용이 사업이양인 경우에는 그러하지 아니하다].

3. 행정지도 효과의 제고

행정지도의 효과를 제고하기 위하여 이익의 제공(예: 자금의 융자, 교부지원금지급, 정보제공)이 따르기도 한다. 그러나 이러한 수단은 행정지도에 부수하는 것이지 그 자체가 행정지도의 내용이나 효과를 구성하는 것은 아니다(실효성확보수단).

Ⅵ. 행정지도와 권리보호

1. 위법지도와 위법성조각

[예] 서대문구의 주민인 甲은 서대문구청장으로부터 서대문구의 조경을 위하여 甲소유의 A토지에 B시설을 영구적으로 설치하도록 권유를 받아 B시설을 설치하였다. 그런데 A토지는 일체의 시설물의 설치가 금지되는 구역 안에 있었다. 그 후 甲은 A토지에 B시설을 설치하였다는 이유로 기소되었다. 甲은 서대문구청장의 행정지도를 받아 B시설을 설치하였기 때문에 B시설을 설치한 자신의 행위가 위법하지 않다고 할 수 있는가? 여기서 위법한 행정지도(예: 시설물의 설치가 금지되는 구역에 시설물을 설치하라는 서대문구청장의 권유행위)에 따른 사인의 행위(예: A토지에 B시설의 설치)의 위법 여부가 문제된다.

행정지도는 강제가 아니라 상대방의 임의적인 협력을 기대하는 것이므로, 행정지도에 따른 행위는 상대방의 자의에 의한 행위라고 볼 수밖에 없다(예: 서대문구청장의 권유행위가 있었다고 하여도 A토지에 B시설을 설치한 것은 甲의 자신의 판단에 의한 행위이지 서대문구청장의 강제에 의한 행위로 볼 수는 없다). 따라서 위법한 행정지도에 따라 행한 사인의 행위는, 법령에 명시적으로 정함이 없는 한, 위법성이 조각된다고 할 수 없다. 판례의 입장도 같다.

2. 행정쟁송

행정지도는 법적 효과를 갖지 아니하는 비권력적 사실행위에 불과하다. 행정지도는 '공권력행사를 개념요소로 하는 행정심판법과 행정소송법상 처분개념'에 해당하지 아니하므로 행정심판의 대상도 아니고 행정소송의 대상도 아니다. 다수설과 판례의 입장이기도 하다. 그러나 행정지도를 따르지 아니함으로 인하여 일정한 행정행위가 있게 되는 경우, 그 행정행위에 대하여 행정소송을 제기함으로서 간접적으로 행정지도를 다툴 수 있음은 물론이다.

[예] 서대문구청장이 목욕장업자인 甲에게 요금을 내릴 것을 권유하였지만, 甲이 이에 불응하자, 서대문구청장이 甲에게 위생시설미비로 목욕장업의 정지를 명하는 처분을 하였다고 하자. 이러한 경우에 甲은 "서대문구청장이 요금인하를 권유하는 행위"의 취소를 구하는 행정심판이나 행정소송을 제기할 수는 없지만, 요금인하에 불응하자 위생시설미비로 목욕장업의 정지를 명하는 것은 '불이익조치금지의 원칙(절차법 제48조 제 2 항)'에 위반된다는 이유로 목욕장업 영업정지처분의 취소를 구하는 행정심판이나 행정소송을 제기할 수는 있다.

3. 손해배상

행정지도를 따름으로 인해 피해를 입은 자는 국가배상법이 제 2 조 제 1 항 제 1 문이 정하는 바에 따라 손해의 배상을 청구할 수도 있다. 특히 문제가 되는 것은 손해배상청구권이 발생하기 위해서는 행정지도와 손해발생 사이에 인과관계가 있어야 하는데, 즉 손해의 발생이 행정지도에 기인하는 것이어야 하는데, 과연 '손해가 행정지도에 의한 것이라고 말할 수 있을 것인가'라는 점이다. 행정지도의 상대방이 행정지도를 따른다는 것은 자신의 임의적인 의사에 따라 행정지도를 따른 것이라 할 것이므로, 손해가 행정지도에 의한 것이라 말하기 어렵다. 말하자면 행정지도와 손해발생 사이에 인과관계가 존재한다고 보기는 어렵다. 그러나 사실상 강제에 의한 경우, 즉 제반사정을 고려할 때 국민이 행정지도를 따를 수밖에 없는 불가피한 경우라고 해석되는 경우에는 인과관계가 존재한다고 보아 국가의 배상책임을 인정하여야 할 것이다.

[예] 정부가 식품제조업자에게 원자재로 A물건을 사용할 것을 권고하자 甲회사가 이를 따랐으나, 판매단계에 들어가자 원자재로 A물건을 사용한 제품은 건강에 위태로운 것으로 밝혀졌고, 이로 인해 甲회사가 상당한 재산상 피해를 입었다고 하자. 이러한 경우에 甲회사가 원자재로 A물건을 사용한 것이 甲회사의 자의에 의한 것인지, 아니면 정부의 행정지도에 의한 것인지가 문제된다. 행정지도에서 지도는 다만 지도일 뿐이고, 지도를 따를 것인지의 여부는 지도를 받는 자의 몫이라는 것이 일반적인 견해이다. 이러한 일반적 견해에 의하면, 원자재로 A물건을 사용할 것인지의 여부에 대한 판단은 甲회사의 몫이고, 따라서 甲회사는 손해배상청구권을 갖지 못한다. 그러나 만약 甲회사가 행정지도를 따르지 아니하면 상당한 불이익을 가하겠다는 의지를 정부가 강하게 표명하였고, 甲회사가 정부의 의지를 믿을 수밖에 없었다면 행정지도와 손해의 발생 사이에 인과관계가 있다고 할 것이고, 따라서 甲회사는 손해배상청구권을 갖는다고 볼 것이다.

▪ 국가배상법 제 2 조(배상책임) ① 국가나 지방자치단체는 공무원 또는 공무를 위탁받은 사인(이하 "공무원"이라 한다)이 직무를 집행하면서 고의 또는 과실로 법령을 위반하여 타인에게 손해를 입히거나, 「자동차손해배상 보장법」에 따라 손해배상의 책임이 있을 때에는 이 법에 따라 그 손해를 배상하여야 한다. 다만, 군인·군무원·경찰공무원 또는 예비군대원이 전투·훈련 등 직무 집행과 관련하여 전사(戰死)·순직(殉職)하거나 공상(公傷)을 입은 경우에 본인이나 그 유족이 다른 법령에 따라 재해보상금·유족연금·상이연금 등의 보상을 지급받을 수 있을 때에는 이 법 및 「민법」에 따른 손해배상을 청구할 수 없다.

4. 손실보상

행정지도는 권력적 행위가 아니고 비권력적 행위에 불과하다. 행정지도를 따르고 따르지 아니하고는 행정지도의 상대방이 정할 일이다. 말하자면 행정지도는 상대방의 임의적인 협력을 전제로 하는 법형식이다. 따라서 행정권의 적법한 권력적 행위(강제적 행위)로 인하여 발생하는 특별한 희생에 대하여 주어지는 손실보상이 행정지도로 인하여 발생하는 피해에 대하여 주어질 수는 없다. 그러나 사실상의 강제로 인하여 특별한 희생이 있고, 그 희생이 행정지도와 인과관계를 갖는 경우에는 예외적으로 보상법론상의 간접효력규정설(유추적용설)에 근거하여 보상을 청구할 수 있다고 볼 것이다.

[예] 정부는 우리 쌀의 국제적 경쟁력을 높이고자 비와 바람에 강하고, 병충해에 강하고, 다수확이고 또한 맛이 좋은 품종인 "노풍"이라고 이름을 붙인 새 종자를 개발하여 농민들에게 경작을 권유하였고, 권유에 따르지 아니하는 농가에 대하여는 영농자금의 대출을 제한하였다고 하자. 그리고

"노풍"을 심어본 결과 비와 바람에 쓰러지고, 병충해에 약하고, 빈 쭉정이가 태반이고 또한 맛은 지지리도 없는 것으로 밝혀지고, 그 결과 "노풍"을 심은 농민들이 엄청난 피해를 입었다고 하자. ① 만약 정부가 사전에 "노풍"이 갖는 이러한 문제점을 알았거나 과실로 알지 못하였다면 국가의 손해배상책임이 인정될 수 있겠지만, 정부가 사전에 "노풍"이 갖는 이러한 문제점을 알았거나 과실로 알지 못하였다고 보기 어렵다. ② 그렇다고 정부가 농민들의 재산을 수용한 것도 아니므로 농민들은 통상의 손실보상청구권도 갖지 못한다. ③ 이러한 경우에는 ⓐ 정부가 농민들에게 "노풍"을 경작토록 권유한 것은 쌀의 국제적 경쟁력 강화라는 공공필요를 위한 것이고, ⓑ 수확을 거의하지 못하였다는 것은 재산권에 대한 ⓒ 일종의 특별희생에 해당하는 것임을 고려하여 ⓓ 비록 정부가 농민의 재산을 적극적·의도적으로 침해한 것은 아닐지라도, 영농자금 대출 없이는 영농이 사실상 불가능한 농민에게는 "노풍"을 경작토록 권유한 것이 단순한 행정지도가 아니라 일종의 "노풍"경작의 강제로 보면서 국가에 의한 침해(수용·사용·제한)가 있었던 것으로 간주하여 국가가 그러한 농민의 손실을 보상하는 것이 타당하다.

5. 헌법소원

행정지도는 요건을 충족하는 경우에 헌법소원의 대상이 될 수 있다.

▌헌재 2003. 6. 26, 2002헌마337 등(**교육인적자원부장관의 대학총장들에 대한 이 사건 학칙시정요구**는 고등교육법 제 6 조 제 2 항, 동법시행령 제 4 조 제 3 항에 따른 것으로서 그 법적 성격은 대학총장의 임의적인 협력을 통하여 사실상의 효과를 발생시키는 **행정지도의 일종이지만**, 그에 따르지 않을 경우 일정한 불이익조치를 예정하고 있어 사실상 상대방에게 그에 따를 **의무를 부과하는 것**과 다를 바 없으므로 단순한 **행정지도로서의 한계를 넘어 규제적·구속적 성격을 상당히 강하게 갖는 것**으로서 **헌법소원의 대상이 되는 공권력의 행사**라고 볼 수 있다).

제 4 항 사법형식의 행정작용

Ⅰ. 일 반 론

1. 의 의

서대문구청장은 소속 공무원들의 업무처리를 위해 민간기업체인 甲으로부터 문방구류를 구매할 수 있다. 여기서 서대문구청장이 甲과 맺는 문구류 구매계약은 사법적 효과를 발생시키는 사법계약의 성질을 갖는다. 이와 같이 지방자치단체 등 공행정주체는 사법관계의 한 당사자로서 법률관계를 맺을 수 있는데, 공행정주체의 사법상 작용을 광의의 국고행정이라 부르기도 한다. 광의의 국고행정작용에는 협의의 국고작용과 행정사법작용이 있다. 협의의 국고작용에는 조달작용과 영리활동이 있다.

▌헌재 2020. 4. 23, 2018헌바350(국가가 언제나 공권력의 주체로서 우월적 지위에서 국민에 대하여 일방적으로 명령, 강제하는 행위만을 하는 것은 아니고, 공적 임무를 적정하게 수행하기 위하여 필요한 물품 등을 사인과의 계약을 통해 조달하거나 일정한 영리활동을 하는 등 사경제주체로서 행위를 하는 경우도 많다).

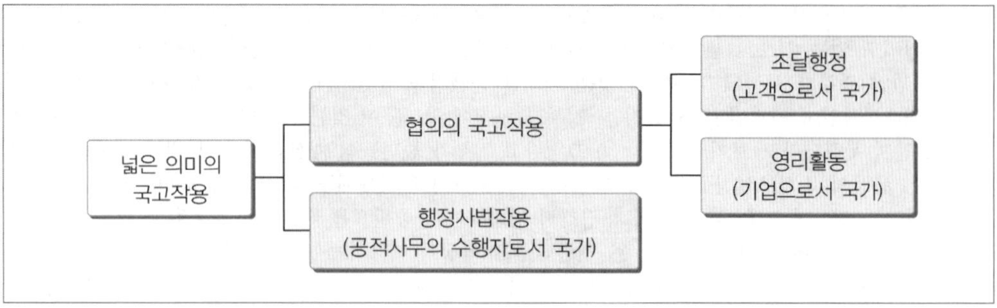

2. 한 계

① 사법적 행정작용은 각 행정청이 갖는 권한의 범위 내에서만 가능하다. 예컨대 행정안전부장관은 당연히 행정안전부장관의 소관사무(권한사항)와 관련하여 사법작용을 행할 수 있을 뿐, 법무부장관의 소관사무(권한사항)에 대하여 사법작용을 행할 수는 없다. ② 국가나 지방자치단체가 사법작용을 행함에 있어서도 기본권을 보장하여야 한다. 헌법 제10조가 규정하는 국가나 지방자치단체의 기본권보장의무는 공법의 영역뿐만 아니라 사법의 영역에도 적용된다고 볼 것이기 때문이다.

▪ **헌법 제10조** 모든 국민은 인간으로서의 존엄과 가치를 가지며, 행복을 추구할 권리를 가진다. 국가는 개인이 가지는 불가침의 기본적 인권을 확인하고 이를 보장할 의무를 진다.

Ⅱ. 행정사법작용

1. 의 의

국가나 지방자치단체는 주택을 건설하여 분양하기도 하고, 극장이나 체육시설을 설치·운영하기도 한다. 이러한 작용은 국민·주민과의 관계에서 사법형식으로 이루어지지만, 공공의 복지증진이라는 공적 목적을 직접 실현하기 위한 것이므로, 이러한 작용에는 공법적 제약이 가해진다. 이와 같이 공적사무를 사법형식으로 수행하되 공법적 제약이 가해지는 행정작용을 행정사법작용이라 하고, 이러한 원리를 행정사법이라 한다. 행정사법은 주로 복리행정분야에서 나타난다. 행정사법작용은 ① 사법형식의 행정작용이라는 점, ② 공적 임무수행을 직접적인 목적으로 한다는 점, ③ 공법적 규율이 가해진다는 점을 특징으로 갖는다.

2. 공법적 제약

행정사법작용에는 사적 자치가 그대로 적용되는 것이 아니다. 행정사법작용에는 헌법 제10조에 근거하여 기본권 구속이 따른다. 국가나 지방자치단체는 기본권 특히 자유권이나 평등권에 구속된다. 예컨대 지방자치단체는 시영 체육관을 모든 주민이 평등하게 이용할 수 있도록 할 제한을 받는다.

3. 관할법원

특별규정이 없는 한, 행정사법작용의 법관계는 공법적인 제약에도 불구하고 전체로서 사법적인 성질을 갖는다. 따라서 행정사법작용에 관한 분쟁은 민사법원의 관할사항이다. 예컨대 서대문구청이 甲과 체결한 아파트분양계약에 관해 분쟁이 발생하였다면, 그러한 분쟁은 민사법원의 관할사항이 된다. 즉 甲은 민사법원에 제소하여 분쟁을 해결할 수 있다.

Ⅲ. 조달행정

1. 의 의

국가나 지방자치단체는 공무를 처리하기 위한 공간인 정부나 시·도 등의 청사를 마련하기 위하여 사인과 청사건설계약을 체결하기도 하고, 공무원들에게 필요한 문구류도 매입하고, 국방에 필요한 군수물자를 매입하기도 한다. 이와 같이 행정청이 공적 임무를 수행하는데 전제가 되는 물건을 확보하는 행정작용을 조달행정이라 부른다. 조달행정은 사법상 조성행위로 불리기도 한다. 조달행정은 공적 목적을 간접적으로 수행한다는 점에서 공적 목적을 직접적으로 수행하는 행정사법작용과 구별된다. 조달행정을 국고적이라 하는 것은 조달행정이 사법적으로 이루어지는 것을 의미한다.

2. 공법적 제약

① 물자의 구매에 관련된 절차·종류·방법 등에 공법상의 제한이 있는 경우에는 구매 자체의 법적 성질 여하를 불문하고 그러한 제한을 준수하여야 한다. 이러한 범위에서 국가의 계약의 자유는 제한된다. 한편 ② 조달작용이 사법작용이라 할지라도 기본권 특히 평등권에 구속된다. 조달작용도 내용에 따라서는 공적 기속이 강조되어야 하는 경우도 적지 않다. 예컨대 국군의 새로운 무기체계에 관한 대단위조달작용은 국방·과학기술발전·일자리확보·군수산업촉진 등의 효과와 직접 관련을 맺는바, 이러한 효과들은 바로 공적인 것이라 하지 않을 수 없고, 따라서 무기체계의 조달을 단순히 사법이 적용되는 조달작용이라고만 할 수는 없다.

3. 관할법원

특별규정이 없는 한, 조달행정에 관한 법적 분쟁은 원칙적으로 민사법원의 관할사항이다. 예컨대 서대문구청이 서대문구청의 청사건축을 위한 계약을 甲과 체결하였으나, 계약의 이행과정에서 분쟁이 생긴 경우, 이러한 분쟁은 민사법원의 관할사항이 된다.

Ⅳ. 영리활동

1. 의 의

국가나 지방자치단체는 잡종재산을 매각하여 재정수입을 넓히기도 하며, 국가는 우체국을 통해 예금사업·보험사업을 하면서 재정수입을 도모하기도 한다. 이와 같이 공행정목적의 직접적인 수행과는 관계없이 수익의 확보를 위한 국가나 지방자치단체의 행정작용을 영리활동 또는 영리작용이라 부른다. 영리활동은 재정확보를 통해 공적 목적을 간접적으로 보장한다는 점에서 공적 목적을 직접적으로 수행하는 행정사법작용과 구별된다. 영리작용을 국고적이라 하는 것은 영리작용이 사법적으로 이루어지는 것을 의미한다.

2. 공법상 제약

국민들로부터 세금을 강제로 징수하는 국가나 지방자치단체가 국민이나 주민과 경쟁적으로 영리활동을 하는 것이 헌법상 가능한가의 문제가 있으나, 공적 사무의 수행에 필요한 범위 안에서 제한적으로 가능하다는 것이 일반적인 견해이다.

3. 관할법원

특별규정이 없는 한, 영리작용에 관한 법적 분쟁은 원칙적으로 민사법원의 관할사항이다. 예컨대 서대문구청이 오래 사용한 자동차를 甲에게 매각하였으나 매매계약의 이행과정에서 분쟁이 생긴 경우, 이러한 분쟁은 민사법원의 관할사항이 된다.

제 3 장

행정절차 · 행정정보

제 1 절 행정절차

제 1 항 일 반 론

Ⅰ. 행정절차의 관념

1. 행정절차의 개념

행정절차의 개념은 다의적이다. ① 이론상으로 ⓐ 넓게는 행정과정상 행정기관이 거쳐야 하는 일체의 절차(계획하고, 결정하고, 집행하고, 사후적으로 통제하는 등 행정청이 하는 모든 절차)를 말한다. 이러한 의미의 행정절차는 입법절차 · 사법절차에 대응하는 개념이다. ⓑ 좁게는 행정의사결정에 관한 제 1 차적 결정과정인 절차를 말한다. 일반적으로 이론상 행정절차란 좁은 의미로 이해되고 있다. 그러나 ② 실정법(實定法)인 행정절차법은 처분, 신고, 행정상 입법예고, 행정예고 및 행정지도의 절차를 행정절차로 구성하고 있다(절차법 제 3 조 제 1 항).

2. 행정절차의 중요성

국가권력의 행사인 행정과정에 주권자인 국민이 참여한다는 것은 당연하며, 행정의사결정과정에 있어서 국민의 참여를 통해 국정에 국민의사의 반영을 보장하는 것은 행정의 민주화를 가져온다. 그리고 행정의 절차를 법제화하면 국민으로 하여금 행정권발동의 예측을 가능하게 하여 개인의 법생활의 안정을 도모할 뿐만 아니라 법적 분쟁을 미연에 방지할 수 있는 기회를 제공함으로써 사전적 권리구제제도로서의 의미를 갖는다. 이 때문에 행정절차를 제도화하고 행정절차과정에 국민의 참여를 보장하기 위하여 행정절차법이 제정되어 있다.

3. 행정절차의 법적 근거

① 헌법 제12조 제 1 항과 제 3 항은 형사사건의 적법절차에 관해 규정하고 있고, 행정절차에 관해서는 특별히 규정하는 바는 없지만 헌법의 동 규정은 행정절차에도 적용된다(대판

2014. 6. 26, 2012두91; 헌재 2018. 2. 22, 2017헌가29). ② 행정절차에 관한 일반법으로 행정절차법이 있다. 민원사무와 관련된 일반법으로 민원사무처리에 관한 법률이 있다. 그 밖에 행정절차에 관한 개별규정을 두는 법률도 있다. 예컨대 개별 법률에서 공무원을 징계할 때에는 진술 기회를 부여하여야 하고(국공법 제13조), 식품위생검사기관의 지정을 취소하는 경우 등에 청문하여야 하고(식품위생법 제81조), 위험한 사태가 발생한 경우에 경찰관이 경고를 발할 수 있는 것(경직법 제 5 조)을 규정하고 있는 것을 볼 수 있다.

▪ **헌법 제12조** ① 모든 국민은 신체의 자유를 가진다. 누구든지 법률에 의하지 아니하고는 체포·구속·압수·수색 또는 심문을 받지 아니하며, 법률과 적법한 절차에 의하지 아니하고는 처벌·보안처분 또는 강제노역을 받지 아니한다.

▪ **국가공무원법 제13조(소청인의 진술권)** ① 소청심사위원회가 소청 사건을 심사할 때에는 대통령령등으로 정하는 바에 따라 소청인 또는 제76조 제 1 항 후단에 따른 대리인에게 진술 기회를 주어야 한다.
② 제 1 항에 따른 진술 기회를 주지 아니한 결정은 무효로 한다.

▪ **식품위생법 제81조(청문)** 식품의약품안전처장, 시·도지사 또는 시장·군수·구청장은 다음 각 호의 어느 하나에 해당하는 처분을 하려면 청문을 하여야 한다.
4. 제80조 제 1 항에 따른 면허의 취소

▪ **경찰관 직무집행법 제 5 조(위험 발생의 방지 등)** ① 경찰관은 사람의 생명 또는 신체에 위해를 끼치거나 재산에 중대한 손해를 끼칠 우려가 있는 천재(天災), 사변(事變), 인공구조물의 파손이나 붕괴, 교통사고, 위험물의 폭발, 위험한 동물 등의 출현, 극도의 혼잡, 그 밖의 위험한 사태가 있을 때에는 다음 각 호의 조치를 할 수 있다.
1. 그 장소에 모인 사람, 사물(事物)의 관리자, 그 밖의 관계인에게 필요한 경고를 하는 것

Ⅱ. 행정절차법

1. 성 격

행정절차에 관한 공통적인 사항을 규정하여 국민의 행정참여를 도모함으로써 행정의 공정성·투명성 및 신뢰성을 확보하고 국민의 권익을 보호함을 목적으로 행정절차법이 제정되어 있다. ① 행정절차법은 행정절차에 관한 일반법이다. 따라서 개별 법률에 특별한 규정이 없는 한, 행정절차에 관해서는 당연히 행정절차법이 적용된다. 행정절차법은 공법상 행정작용에 관한 일반법이며, 사법작용과는 무관하다. 한편, ② 행정절차법은 「절차법」이지만, 그렇다고 행정절차법이 절차적 규정만을 갖는 것은 아니고 실체적 규정(예: 제 4 조의 신뢰보호의 원칙)도 갖는다. 절차적 규정이 행정절차법의 주류를 이루고 있음은 물론이다.

2. 적용범위

① 행정절차법은 행정절차에 관한 일반법이지만, 모든 행정작용에 적용되는 것은 아니다. 행정절차법은 「처분, 신고, 확약, 위반사실 등의 공표, 행정계획, 행정상 입법예고, 행정예고 및 행정지도」의 절차에 관하여 다른 법률에 특별한 규정이 없는 경우에 적용된다(절차법

제 3 조 제 1 항). 따라서 행정절차법은 공법상 계약이나 도시기본계획과 같은 행정계획절차에는 적용되지 아니한다. ② 행정절차법은 지방자치단체에도 적용된다(절차법 제 2 조 제 1 호). 한편, ③ 행정절차법은 국회 또는 지방의회의 의결을 거치거나 동의 또는 승인을 얻어 행하는 사항 등에 대하여는 적용되지 아니한다(절차법 제 3 조 제 2 항).

Ⅲ. 국민참여의 확대와 비용

1. 의　　의

행정청은 행정과정에 국민의 참여를 확대하기 위하여 다양한 참여방법과 협력의 기회를 제공하도록 노력하여야 한다(절차법 제52조).

2. 전자적 정책토론

행정청은 국민에게 영향을 미치는 주요 정책 등에 대하여 국민의 다양하고 창의적인 의견을 널리 수렴하기 위하여 정보통신망을 이용한 정책토론(이하 이 조에서 "전자적 정책토론"이라 한다)을 실시할 수 있다(절차법 제53조 제 1 항).

3. 비　　용

행정절차에 드는 비용은 행정청이 부담한다. 다만, 당사자등이 자기를 위하여 스스로 지출한 비용은 그러하지 아니하다(절차법 제54조). 행정청은 행정절차의 진행에 필요한 참고인이나 감정인 등에게 예산의 범위에서 여비와 일당을 지급할 수 있다(절차법 제55조 제 1 항).

제 2 항　행정절차의 종류

제 1 목　처분절차

Ⅰ. 처분의 신청

1. 문서주의

건축허가의 신청이나 운전면허의 신청 등 행정청에 처분을 구하는 신청은 문서로 하여야 한다(절차법 제17조 제 1 항 본문). 이를 처분신청의 문서주의라 한다. 다만, 다른 법령등에 특별한 규정이 있는 경우와 행정청이 미리 다른 방법을 정하여 공시한 경우에는 그러하지 아니하다(절차법 제17조 제 1 항 단서).

2. 의무적 접수

행정청은 신청을 받았을 때에는 다른 법령등에 특별한 규정이 있는 경우를 제외하고는 그 접수를 보류 또는 거부하거나 부당하게 되돌려 보내서는 아니 되며, 신청을 접수한 경우에는 신청인에게 접수증을 주어야 한다(절차법 제17조 제 4 항 본문). 다만, 대통령령으로 정하는 경우에는 접수증을 주지 아니할 수 있다(절차법 제17조 제 4 항 단서).

3. 신청의 보완

행정청은 신청에 구비서류의 미비 등 흠이 있는 경우에는 보완에 필요한 상당한 기간을 정하여 지체 없이 신청인에게 보완을 요구하여야 한다(절차법 제17조 제 5 항). 행정청은 신청인이 제 5 항에 따른 기간 내에 보완을 하지 아니하였을 때에는 그 이유를 구체적으로 밝혀 접수된 신청을 되돌려 보낼 수 있다(절차법 제17조 제 6 항). 신청인은 처분이 있기 전에는 그 신청의 내용을 보완 · 변경하거나 취하할 수 있다(절차법 제17조 제 8 항 본문).

Ⅱ. 처분의 처리기간

1. 처리기간의 설정 · 연장

행정청은 신청인의 편의를 위하여 처분의 처리기간을 종류별로 미리 정하여 공표하여야 한다(절차법 제19조 제 1 항). 행정청은 부득이한 사유로 제 1 항에 따른 처리기간 내에 처분을 처리하기 곤란한 경우에는 해당 처분의 처리기간의 범위에서 한 번만 그 기간을 연장할 수 있다(절차법 제19조 제 2 항). 행정청은 제 2 항에 따라 처리기간을 연장할 때에는 처리기간의 연장 사유와 처리 예정 기한을 지체 없이 신청인에게 통지하여야 한다(절차법 제19조 제 3 항).

2. 처리기간의 경과

(1) 위법 여부 처리기간에 관한 규정은 일반적으로 훈시적 규정으로 볼 것이다. 따라서 처리기간 내에 처리하지 못하고, 처리기간 경과 후에 처리한 경우, 그러한 처리를 위법하다고 말하기 어렵다(대판 2019. 12. 13, 2018두41907). 그러나 개별 법령에서 달리 규정할 수도 있을 것이다.

(2) 신속처리요구권 행정청이 정당한 처리기간 내에 처리하지 아니하였을 때에는 신청인은 해당 행정청 또는 그 감독 행정청에 신속한 처리를 요청할 수 있다(절차법 제19조 제 4 항). 본조항에 의한 신청인의 신속처리요청은 신청인의 권익보호를 위한 것이므로, 신청인

은 본조항에 근거하여 절차적 권리로서 신속처리요구권을 갖는다.

Ⅲ. 처분의 처리기준

1. 공표의 원칙

행정청은 필요한 처분기준을 해당 처분의 성질에 비추어 되도록 구체적으로 정하여 공표하여야 한다(절차법 제20조 제 1 항 제 1 문). 처분기준을 변경하는 경우에도 또한 같다(절차법 제20조 제 1 항 제 2 문). 행정기본법 제24조에 따른 인허가의제의 경우 관련 인허가 행정청은 관련 인허가의 처분기준을 주된 인허가 행정청에 제출하여야 하고, 주된 인허가 행정청은 제출받은 관련 인허가의 처분기준을 통합하여 공표하여야 한다(절차법 제20조 제 2 항 제 1 문). 처분기준을 변경하는 경우에도 또한 같다(절차법 제20조 제 2 항 제 2 문). 제 1 항에 따른 처분기준을 공표하는 것이 해당 처분의 성질상 현저히 곤란하거나 공공의 안전 또는 복리를 현저히 해치는 것으로 인정될 만한 상당한 이유가 있는 경우에는 처분기준을 공표하지 아니할 수 있다(절차법 제20조 제 3 항).

▮ 대판 2020. 12. 24, 2018두45633(행정청이 행정절차법 제20조 제 1 항의 처분기준 사전공표 의무를 위반하여 미리 공표하지 아니한 기준을 적용하여 처분을 하였다고 하더라도, 그러한 사정만으로 곧바로 해당 처분에 취소사유에 이를 정도의 흠이 존재한다고 볼 수는 없다. 다만 해당 처분에 적용한 기준이 상위법령의 규정이나 신뢰보호의 원칙 등과 같은 법의 일반원칙을 위반하였거나 객관적으로 합리성이 없다고 볼 수 있는 구체적인 사정이 있다면 해당 처분은 위법하다고 평가할 수 있다).

2. 해석 · 설명요구권

당사자등은 공표된 처분기준이 명확하지 아니한 경우 해당 행정청에 그 해석 또는 설명을 요청할 수 있다(절차법 제20조 제 4 항 제 1 문). 이 경우 해당 행정청은 특별한 사정이 없으면 그 요청에 따라야 한다(절차법 제20조 제 4 항 제 2 문). 본조항에 의한 신청인의 해석요구 · 설명요구는 신청인의 권익보호를 위한 것인바, 신청인은 본조항에 근거하여 절차적 권리로서 해석요구권 · 설명요구권을 갖는다.

Ⅳ. 처분의 사전통지와 의견청취

1. 사전통지

행정청은 당사자에게 침익적 처분을 하는 경우에는 미리 일정한 사항을 당사자등에게 통지하여야 한다(절차법 제21조 제 1 항)(이에 관해 뒤에서 자세히 살핀다).

▌대판 2012. 12. 13, 2011두29144(행정청이 구 관광진흥법 또는 구 체육시설법의 규정에 의하여 유원시설업자 또는 체육시설업자 **지위승계신고를 수리하는 처분은 종전 유원시설업자 또는 체육시설업자의 권익을 제한하는 처분**이고, 종전 유원시설업자 또는 체육시설업자는 그 처분에 대하여 직접 그 상대가 되는 자에 해당한다고 보는 것이 타당하므로, 행정청이 그 신고를 수리하는 처분을 할 때에는 행정절차법 규정에서 정한 당사자에 해당하는 종전 유원시설업자 또는 체육시설업자에 대하여 위 규정에서 정한 행정절차를 실시하고 처분을 하여야 한다)(**부천시 원미구 웅진플레이도시 스포츠센터 사건**).

2. 의견청취

경우에 따라 행정청은 청문 · 공청회 · 의견제출 등의 절차를 거쳐야 한다(절차법 제22조). 행정절차법은 이 세 가지 절차를 의견청취라 부른다(절차법 제22조). 의견청취 중에서 청문이나 공청회의 개최는 법문상 비교적 제한적이기 때문에 일반적으로 적용되는 것은 약식절차라 할 당사자등의 의견제출제도이다(뒤에서 살핀다).

Ⅴ. 처분의 발령

1. 문서주의

건축허가신청에 대한 건축허가처분이나 운전면허신청에 대한 운전면허처분 등과 같이 행정청이 처분을 할 때에는 다른 법령등에 특별한 규정이 있는 경우를 제외하고는 문서로 하여야 한다(절차법 제24조 제 1 항 제 1 문). 이를 처분의 문서주의라 한다. 그러나 다음 각 호(1. 당사자등의 동의가 있는 경우, 2. 당사자가 전자문서로 처분을 신청한 경우)의 어느 하나에 해당하는 경우에는 전자문서로 할 수 있다(절차법 제24조 제 1 항 제 2 문). 제 1 항에도 불구하고 공공의 안전 또는 복리를 위하여 긴급히 처분을 할 필요가 있거나 사안이 경미한 경우에는 말, 전화, 휴대전화를 이용한 문자 전송, 팩스 또는 전자우편 등 문서가 아닌 방법으로 처분을 할 수 있다. 이 경우 당사자가 요청하면 지체 없이 처분에 관한 문서를 주어야 한다(절차법 제24조 제 2 항).

▌대판 2011. 11. 10, 2011도11109(행정절차법 제24조는 … 행정의 공정성 · 투명성 및 신뢰성을 확보하고 국민의 권익을 보호하기 위한 것이므로 위 규정에 위반하여 행하여진 행정청의 처분은 그 하자가 중대하고 명백하여 원칙적으로 무효이다. 시흥소방서의 담당 소방공무원이 피고인에게 행정처분인 위 **시정보완명령을 구두로 고지한 것**은 행정절차법 제24조에 위반한 것으로 그 **하자가 중대하고 명백**하여 위 시정보완명령은 당연 무효이다)(**시흥소방서 구두 시정명령 사건**).

2. 이유제시

(1) 개　　념　　행정청은 처분을 하는 때에는 당사자에게 그 근거와 이유를 제시하여야 한다(절차법 제23조 제 1 항). 이를 이유제시라 한다. 이유제시는 이유명시 · 이유부기 · 이유강제 등으로 불리기도 한다. 이유제시에는 관련 사실과 관련 법조문을 적시하여야 한다. 당

사자에게 그 근거와 이유를 제시하도록 규정하고 있는 것은 행정청의 자의적 결정을 배제하고 당사자로 하여금 권리구제절차에서 적절히 대처할 수 있도록 하는 데 그 취지가 있다(대판 2020. 6. 11, 2019두49359).

[예] 단란주점업자 甲이 16세의 미성년자에게 주류를 제공한 것을 서대문구청장이 적발하고 甲에게 영업허가를 취소하는 경우, 서대문구청장은 취소통지서에 甲이 16세의 미성년자에게 주류를 제공한 사실과 그 사실이 식품위생법 제44조 제 2 항 제 4 호에 위반되므로, 제75조 제 1 항 제13호에 따라 취소한다는 것을 알려야 한다.

▪ 식품위생법 제44조(영업자 등의 준수사항) ② 식품접객영업자는 「청소년 보호법」 제 2 조에 따른 청소년(이하 이 항에서 "청소년"이라 한다)에게 다음 각 호의 어느 하나에 해당하는 행위를 하여서는 아니 된다.
4. 청소년에게 주류(酒類)를 제공하는 행위
제75조(허가취소 등) ① 식품의약품안전처장 또는 특별자치시장 · 특별자치도지사 · 시장 · 군수 · 구청장은 영업자가 다음 각 호의 어느 하나에 해당하는 경우에는 대통령령으로 정하는 바에 따라 영업허가 또는 등록을 취소하거나 6개월 이내의 기간을 정하여 그 영업의 전부 또는 일부를 정지하거나 영업소 폐쇄(제37조 제 4 항에 따라 신고한 영업만 해당한다. 이하 이 조에서 같다)를 명할 수 있다. 다만, …
13. 제44조 제 1 항 · 제 2 항 및 제 4 항을 위반한 경우

다만 ① 신청내용을 모두 그대로 인정하는 처분인 경우, ② 단순 · 반복적인 처분 또는 경미한 처분으로서 당사자가 그 이유를 명백히 알 수 있는 경우, ③ 긴급히 처분을 할 필요가 있는 경우에는 이유제시가 생략될 수 있다(절차법 제23조 제 1 항). 그러나 행정청은 ②와 ③의 경우에 처분 후 당사자가 요청하는 경우에는 그 근거와 이유를 제시하여야 한다(절차법 제23조 제 2 항).

(2) 성질(적법요건) 이유제시결여의 하자가 독자적인 위법사유라는 점에 대해서 행정절차법이 시행중인 오늘날 이견은 없어 보인다. 말하자면 이유제시의 결여는 위법을 가져온다(대판 1985. 5. 28, 84누289; 대판 1990. 9. 11, 90누1786). 이유제시를 요구하는 것은 처분의 상대방의 권익보호뿐만 아니라 처분의 정당성의 근거를 제시하기 위한 것이므로, 이유제시는 적법요건으로 볼 것이다.

(3) 법적 근거 ① 행정절차법 제23조가 행정행위의 이유제시에 관한 일반적인 규정이다. ② 민원사무처리와 관련하여서는 민원 처리에 관한 법률 제27조 제 2 항이 일반적인 규정이다. 민원사무와 관련하는 한 특별법으로서 민원 처리에 관한 법률이 적용되고, 아울러 일반법으로서 행정절차법이 보충적으로 적용된다. ③ 그 밖에 단행법률에서도 이유제시에 관한 규정을 두는 경우도 있다(예: 국공법 제75조).

(4) 요 건

㈎ **정 도** 이유제시의 정도는 처분사유를 이해할 수 있을 정도로 구체적이어야 한다. 이유제시에 있어서는 행정청이 자기의 결정에 고려하였던 사실상 · 법률상의 근거를 알려야 한다. 사실상 근거에는 행정청이 확정하여 행정행위의 결정에 근거로 삼은 사실관계

가 포함되며, 법률상 근거에는 해석 · 포섭 · 형량 및 절차법상 형량이 포함된다.

▌대판 1990. 9. 11, 90누1786(세무서장인 피고가 주류도매업자인 원고에 대하여 한 이 사건 일반주류도매업면허취소통지에 "상기 주류도매장은 무면허 주류판매업자에게 주류를 판매하여 주세법 제11조 및 국세법사무처리규정 제26조에 의거 지정조건위반으로 주류판매면허를 취소합니다"라고만 되어 있어서 원고의 영업기간과 거래상대방 등에 비추어 원고가 **어떠한 거래행위로 인하여 이 사건 처분을 받았는지 알 수 없게 되어 있다**면 이 사건 면허취소처분은 위법하다)(**남양주세무서 미금상사 주류판매업허가취소 사건**).

(나) 방 식 행정절차법상 처분의 방식은 동법 제24조 제 1 항의 규정에 의하여 원칙적으로 문서로 하게 되어 있고, 민원사무 처리에 관한 법률에서도 처리결과의 통지는 원칙적으로 문서로 하게 되어 있는바, 이러한 경우에는 그 이유제시도 당해 문서로 하여야 한다.

(다) 기준시점 이유제시는 원칙적으로 처분이 이루어지는 시점에 이루어져야 한다. 처분시에 이유제시가 없거나 미비하다면, 그러한 처분은 하자 있는 것으로서 위법한 것이 된다.

(5) 하자의 효과

① 이유제시가 요구됨에도 불구하고 이유의 기재가 전혀 없거나 중요사항의 기재가 결여되어 그 하자가 중대하다면 무효사유가 되고, 중대하지 않다면 취소사유가 될 것이다. 이유기재의 불충분은 취소사유로 볼 것이다. ② 이유제시와 관련된 하자에는 이유제시 그 자체가 없는 경우(형식적 관점에서의 하자)와 이유제시가 있으나 제시된 이유가 정당하지 아니한 경우(실질적 관점에서의 하자)가 있다. 전자가 여기서의 문제이고, 후자는 행정소송법상 처분사유의 사후변경의 문제가 된다.

(6) 하자의 치유

(가) 적용범위 전통적 견해와 판례(대판 1989. 12. 12, 88누8869)는 하자의 치유는 취소할 수 있는 행위에만 인정되며, 무효인 행위는 언제나 무효이어서 종국적 성질을 가지므로 치유가 인정되지 않는다고 한다.

(나) 치유의 한계

(a) 실체적 한계 하자의 치유는 법치주의의 관점에서 보아 원칙적으로는 허용될 수 없지만, 국민의 권리와 이익을 침해하지 않는 범위에서 예외적으로 인정되어야 한다(제한적 긍정설, 통설 · 판례).

(b) 시간적 한계 ① 학설은 쟁송제기 이전시설과 이후에도 가능할 것이라는 입장(쟁송종결시설)이 대립된다. ② 판례는 행정쟁송제기 이전까지만 가능하다는 입장이다. ③ 쟁송이후에 하자의 치유를 인정해도 처분의 상대방의 권리구제에 장애를 초래하지 않는 경우가 있을 수 있고 또한 소송경제를 고려하여야 하며, 치유는 예외적인 경우에만 인정되기에 쟁송이후에도 치유가 가능하다는 견해가 타당하다.

▮대판 1983. 7. 26, 82누420(과세처분시 납세고지서에 과세표준, 세율, 세액의 산출근거 등이 누락된 경우에는 늦어도 과세처분에 대한 **불복여부의 결정 및 불복신청에 편의를 줄 수 있는 상당한 기간내에 보정**행위를 하여야 그 하자가 치유된다 할 것이므로, 과세처분이 있은 지 4년이 지나서 그 취소소송이 제기된 때에 보정된 납세고지서를 송달하였다는 사실이나 오랜 기간(4년)의 경과로써 과세처분의 하자가 치유되었다고 볼 수는 없다)(**이리세무서 동우산업 법인세 사건**).

3. 불복고지

행정청이 처분을 할 때에는 당사자에게 그 처분에 관하여 행정심판 및 행정소송을 제기할 수 있는지 여부, 그 밖에 불복을 할 수 있는지 여부, 청구절차 및 청구기간, 그 밖에 필요한 사항을 알려야 한다(절차법 제26조). 이를 불복고지라 한다.

[예] 甲의 건축허가신청에 대하여 서대문구청장이 거부처분을 하는 경우, 서대문구청장은 건축허가거부처분통지서에 "이 처분에 대하여 불복하면 이 처분을 안 날부터 90일 이내에 서울특별시행정심판위원회에 행정심판을 제기할 수 있습니다. 그러나 심판청구는 처분이 있은 날로부터 180일을 경과하면 제기하지 못합니다. 다만, 정당한 사유가 있는 경우에는 그러하지 아니합니다"라는 등의 문구를 삽입하여야 한다.

4. 처분의 정정

행정청은 처분에 오기(誤記), 오산(誤算) 또는 그 밖에 이에 준하는 명백한 잘못이 있을 때에는 직권으로 또는 신청에 따라 지체 없이 정정하고 그 사실을 당사자에게 통지하여야 한다(절차법 제25조). 예컨대 100만원으로 기재하여야 하는 것을 100만달러로 기재하는 경우가 오기에 해당한다.

제 2 목 기타 절차

Ⅰ. 신고절차

행정기본법은 수리 여부에 따른 신고의 효력에 관한 일반적 규정을 두고 있는바(행정기본법 제34조) 신고절차도 수리가 필요한 신고의 절차와 수리가 필요하지 아니한 신고의 절차로 구분할 수 있다.

1. 수리가 필요한 신고의 절차

수리가 필요한 신고의 절차에 관한 일반법은 보이지 아니한다. 개별 법률에 특별한 규정이 있으면 그 규정에 의할 것이다. 만약 특별 규정이 없다면, 수리가 필요하지 아니한 신고의 절차를 유추적용할 수 있을 것이다.

2. 수리가 필요하지 않는 신고의 절차

(1) 적용법령 행정절차법은 법령등에서 행정청에 대하여 일정한 사항을 통지함으로써 의무가 끝나는 신고, 즉 수리를 요하지 아니하는 신고의 요건 등에 관한 일반적 규정을 두고 있다(절차법 제40조). 행정기본법·행정절차법 그리고 개별 법률에 규정이 없는 사항에 관해서는 학설과 판례가 정하는 바에 의할 수밖에 없다.

(2) 신고의 요건 이러한 신고는 ① 신고서의 기재상에 흠이 없어야 하고, ② 필요한 구비서류가 첨부되어야 하며, ③ 그 밖에 법령등에서 규정된 형식상의 요건에 적합하여야 한다(절차법 제40조 제 2 항).

(3) 신고의 보완 행정청은 제 2 항 각호의 요건을 갖추지 못한 신고서가 제출된 경우에는 지체 없이 상당한 기간을 정하여 신고인에게 보완을 요구하여야 한다(절차법 제40조 제 3 항). 행정청은 신고인이 제 3 항에 따른 기간 내에 보완을 하지 아니하였을 때에는 그 이유를 구체적으로 밝혀 해당 신고서를 되돌려 보내야 한다(절차법 제40조 제 4 항).

(4) 신고의 효과 수리가 필요한 신고에 해당하지 아니하는 경우 그 신고의 효력은「행정절차법」제40조 제 2 항에 따른다. 법령등에서 행정청에 일정한 사항을 통지함으로써 의무가 끝나는 신고가 상기의 요건을 갖춘 경우에는 신고서가 접수기관에 도달된 때에 신고 의무가 이행된 것으로 본다(절차법 제40조 제 2 항). 발신주의가 아니라 도달주의가 채택되고 있다.

(5) 편 람 법령등에서 행정청에 일정한 사항을 통지함으로써 의무가 끝나는 신고를 규정하고 있는 경우 신고를 관장하는 행정청은 신고에 필요한 구비서류, 접수기관 그 밖에 법령등에 따른 신고에 필요한 사항을 게시(인터넷 등을 통한 게시를 포함한다)하거나 이에 대한 편람(便覽)을 갖추어 두고 누구나 열람할 수 있도록 하여야 한다(절차법 제40조 제 1 항).

Ⅱ. 행정상 입법예고절차

1. 입법예고의 원칙

법령등을 제정·개정 또는 폐지(이하 "입법"이라 한다)하려는 경우에는 해당 입법안을 마련한 행정청은 이를 예고하여야 한다. 다만, 다음 각 호(1. 신속한 국민의 권리 보호 또는 예측 곤란한 특별한 사정의 발생 등으로 입법이 긴급을 요하는 경우, 2. 상위 법령등의 단순한 집행을 위한 경우, 3. 입법내용이 국민의 권리·의무 또는 일상생활과 관련이 없는 경우, 4. 단순한 표현·자구를 변경하는 경우 등 입법내용의 성질상 예고의 필요가 없거나 곤란하다고 판단되는 경우, 5. 예고함이 공공의 안전 또는 복리를 현저히 해칠 우려가 있는 경우)의 어느 하나에 해당하는 경우에는 예고를 하지 아니할 수 있다(절차법 제41조 제 1 항).

2. 입법예고의 방법

행정청은 입법안의 취지, 주요 내용 또는 전문(全文)을 다음 각 호(1. 법령의 입법안을 입법예고하는 경우: 관보 및 법제처장이 구축 · 제공하는 정보시스템을 통한 공고, 2. 자치법규의 입법안을 입법예고하는 경우: 공보를 통한 공고)의 구분에 따른 방법으로 공고하여야 하며, 추가로 인터넷, 신문 또는 방송 등을 통하여 공고할 수 있다(절차법 제42조 제 1 항). 행정청은 대통령령을 입법예고하는 경우 국회 소관 상임위원회에 이를 제출하여야 한다(절차법 제42조 제 2 항). 행정청은 입법예고를 할 때에 입법안과 관련이 있다고 인정되는 중앙행정기관, 지방자치단체, 그 밖의 단체 등이 예고사항을 알 수 있도록 예고사항을 통지하거나 그 밖의 방법으로 알려야 한다(절차법 제42조 제 3 항). 입법예고기간은 예고할 때 정하되, 특별한 사정이 없으면 40일(자치법규는 20일) 이상으로 한다(절차법 제43조).

3. 입법안에 대한 의견

누구든지 예고된 입법안에 대하여 의견을 제출할 수 있다(절차법 제44조 제 1 항). 행정청은 해당 입법안에 대한 의견이 제출된 경우 특별한 사유가 없으면 이를 존중하여 처리하여야 한다(절차법 제44조 제 3 항). 행정청은 의견을 제출한 자에게 그 제출된 의견의 처리결과를 통지하여야 한다(절차법 제44조 제 4 항).

Ⅲ. 행정예고절차

1. 행정예고의 원칙

행정청은 정책, 제도 및 계획(이하 "정책등"이라 한다)을 수립 · 시행하거나 변경하려는 경우에는 이를 예고하여야 한다. 다만, 다음 각 호(1. 신속하게 국민의 권리를 보호하여야 하거나 예측이 어려운 특별한 사정이 발생하는 등 긴급한 사유로 예고가 현저히 곤란한 경우, 2. 법령등의 단순한 집행을 위한 경우, 3. 정책등의 내용이 국민의 권리 · 의무 또는 일상생활과 관련이 없는 경우, 4. 정책등의 예고가 공공의 안전 또는 복리를 현저히 해칠 우려가 상당한 경우)의 어느 하나에 해당하는 경우에는 예고를 하지 아니할 수 있다(절차법 제46조 제 1 항).

2. 행정예고의 방법 등

행정청은 정책등(案)의 취지, 주요 내용 등을 관보 · 공보나 인터넷 · 신문 · 방송 등을 통하여 공고하여야 한다(절차법 제47조 제 1 항). 행정예고의 방법, 의견제출 및 처리, 공청회 및 온라인공청회에 관한 사항은 행정상 입법예고의 경우와 유사하다(절차법 제47조 제 2 항).

Ⅳ. 행정지도절차

1. 행정지도의 개념

행정지도란 행정기관이 그 소관 사무의 범위에서 일정한 행정목적을 실현하기 위하여 특정인에게 일정한 행위를 하거나 하지 아니하도록 지도, 권고, 조언 등을 하는 행정작용을 말한다(절차법 제 2 조 제 3 호).

[예] 물가안정을 위하여 관련 사업자들에게 목욕요금이나 이발요금을 올리지 말라고 권유하거나, 여름철 건강을 위하여 국민들에게 일정 음식물의 섭취를 자제토록 권유하는 행위 등.

2. 행정지도상 원칙

행정지도는 그 목적 달성에 필요한 최소한도에 그쳐야 하며, 행정지도의 상대방의 의사에 반하여 부당하게 강요하여서는 아니 된다(절차법 제48조 제 1 항). 행정기관은 행정지도의 상대방이 행정지도에 따르지 아니하였다는 것을 이유로 불이익한 조치를 하여서는 아니 된다(절차법 제48조 제 2 항). 이에 위반하면 위법한 것이 된다.

[예] 서대문구청장이 물가안정을 위하여 목욕요금을 올리지 말라고 권유하였음에도 목욕장업자인 甲이 이에 불응한 경우, 서대문구청장이 위생관리상태의 불량을 이유로 甲에게 영업정지처분을 하는 것은 위법한 행위가 된다.

3. 행정지도 실명제

행정지도를 하는 자는 그 상대방에게 그 행정지도의 취지 및 내용과 신분을 밝혀야 한다(절차법 제49조 제 1 항). 행정지도를 행하는 자가 상대방에게 신분 등을 밝히는 제도를 행정지도실명제라 한다. 행정지도실명제는 책임행정의 구현에 기여한다.

4. 구술지도와 서면교부

행정지도가 말로 이루어지는 경우에 상대방이 제 1 항의 사항을 적은 서면의 교부를 요구하면 그 행정지도를 하는 자는 직무 수행에 특별한 지장이 없으면 이를 교부하여야 한다(절차법 제49조 제 2 항).

제 3 항 당사자 등의 권리

Ⅰ. 사전통지를 받을 권리(처분의 사전통지제도)

1. 의 의

(1) 규정내용 행정청은 당사자에게 의무를 부과하거나 권익을 제한하는 처분을 하는 경우에는 미리 다음 각 호(1. 처분의 제목, 2. 당사자의 성명 또는 명칭과 주소, 3. 처분하려는 원인이 되는 사실과 처분의 내용 및 법적 근거, 4. 제 3 호에 대하여 의견을 제출할 수 있다는 뜻과 의견을 제출하지 아니하는 경우의 처리방법, 5. 의견제출기관의 명칭과 주소, 6. 의견제출기한, 7. 그 밖에 필요한 사항)의 사항을 당사자등에게 통지하여야 한다(절차법 제21조 제 1 항).

[예] 의무를 부과하는 처분인 도로교통법을 위반한 자에게 범칙금을 부과하기 위해서는 범칙금을 부과하기 전에, 권익을 제한하는 처분인 도로교통법을 위반한 자에게 운전면허정지처분을 하기 위해서는 운전면허정지처분을 하기 전에 처분의 제목 등 앞에서 열거한 사항을 반드시 알려야 한다.

(2) 거부처분과 사전통지 사전통지의 적용 범위와 관련해 ① 학설은 부정설(거부처분은 의무부과도 아니고 권익제한도 아니어서 사전통지가 불요하다는 견해), 긍정설(거부처분은 당사자의 권익을 제한하는 처분이어서 사전통지가 필요하다는 견해)로 나뉘고, ② 판례는 거부처분은 아직 당사자에게 권익이 부과되지 않았으므로 권익을 제한하는 처분에 해당하지 않아 처분의 사전통지의 대상이 아니라 한다(대판 2003. 11. 28, 2003두674). ③ 거부처분은 당사자의 권익을 직접 제한하거나 의무를 부과하는 처분으로 볼 수 없어 사전통지의 대상이 되지 않는다는 입장이 타당하다. 그러나 거부처분도 권익에 대한 간접적 제한으로 보아 사전통지의 범위를 확대할 필요는 있다.

▮ 대판 2003. 11. 28, 2003두674(신청에 따른 처분이 이루어지지 아니한 경우에는 **아직 당사자에게 권익이 부과되지 아니하였으므로** 특별한 사정이 없는 한 신청에 대한 거부처분이라고 하더라도 직접 당사자의 권익을 제한하는 것은 아니어서 신청에 대한 거부처분을 여기에서 말하는 '당사자의 권익을 제한하는 처분'에 해당한다고 할 수 없는 것이어서 처분의 사전통지대상이 된다고 할 수 없다)(**인천대학 교원재임용거부 사건**).

2. 성 질

사전통지를 받는 것은 절차적 권리로서 당사자의 개인적 공권으로 보호된다. 예외사유에 해당하지 않는 한, 사전통지는 의무적이다. 이에 위반하면 위법한 것이 된다.

3. 의견제출기한

행정절차법 제21조 제 1 항 제 6 호에 따른 기한은 의견제출에 필요한 기간을 10일 이상으로 고려하여 정하여야 한다(절차법 제21조 제 3 항). 상당한 기간이란 불확정개념이다. 상당한 기간의 여부는 사회적인 통념에 따라 판단할 수밖에 없다.

4. 사전통지의 생략

다음 각 호(1. 공공의 안전 또는 복리를 위하여 긴급히 처분을 할 필요가 있는 경우, 2. 법령등에서 요구된 자격이 없거나 없어지게 되면 반드시 일정한 처분을 하여야 하는 경우에 그 자격이 없거나 없어지게 된 사실이 법원의 재판 등에 의하여 객관적으로 증명된 경우, 3. 해당 처분의 성질상 의견청취가 현저히 곤란하거나 명백히 불필요하다고 인정될 만한 상당한 이유가 있는 경우)의 어느 하나에 해당하는 경우에는 제 1 항에 따른 통지를 하지 아니할 수 있다(절차법 제21조 제 4 항). 처분의 전제가 되는 사실이 법원의 재판 등에 의하여 객관적으로 증명된 경우 등 제 4 항에 따른 사전 통지를 하지 아니할 수 있는 구체적인 사항은 대통령령으로 정한다(절차법 제21조 제 5 항).

5. 사전통지의 결여

행정청이 침해적 행정행위를 함에 있어서 당사자에게 사전통지를 하지 아니하였다면, 의견제출의 기회를 주지 아니하여도 되는 예외적인 경우에 해당하지 않는 한, 그 행정행위는 위법한 것이 된다(대판 2016. 10. 27, 2016두41811; 대판 2004. 5. 28, 2004두1254).

Ⅱ. 의견제출권(의견제출제도)

1. 의 의

행정절차법상 의견제출이란 행정청이 어떠한 행정작용을 하기 전에 당사자등이 의견을 제시하는 절차로서 청문이나 공청회에 해당하지 아니하는 절차를 말한다(절차법 제 2 조 제 7 호). 의견제출절차는 약식절차이다. 의견제출제도는 사전통지제도와 마찬가지로 의무를 부과하거나 권익을 제한하는 경우에만 적용되고, 수익적 행위나 수익적 행위의 거부의 경우에는 적용이 없다. 여기서 당사자란 행정청의 처분에 대하여 직접 그 상대가 되는 당사자(절차법 제 2 조 제 4 호)를 의미한다(대판 2014. 10. 27, 2012두7745).

[예] 서대문구청장이 식품위생법위반자인 甲에게 단란주점영업정지처분을 하려고 하면, 甲에게 단란주점영업정지처분을 할 것임을 사전통지할 것이고, 사전통지를 받은 甲은 영업정지처분을 막기 위하여 구두나 문서로 자신의 의견을 서대문구청장에게 제출하게 된다. 여기서 甲이 서대문구청장에게 자신의 의견을 제출하는 것이 바로 의견제출에 해당한다.

■ 참고 판례 ■

관광진흥법 제 8 조 제 2 항, 제 4 항, 체육시설법 제27조 제 2 항, 제20조의 각 규정에 의하면, 공매 등의 절차에 따라 문화체육관광부령으로 정하는 주요한 유원시설업 시설의 전부 또는 체육시설업의 시설 기준에 따른 필수시설을 인수함으로써 그 유원시설업자 또는 체육시설업자의 지위를 승계한 자가 관계 행정청에 이를 신고하여 행정청이 이를 수리하는 경우에는 종전의 유원시설업자에 대한 허가는 그 효력을 잃고, 종전의 체육시설업자는 적법한 신고를 마친 체육시설업자로서의 지위를 부인당할 불안정한 상태에 놓이게 된다. 따라서 행정청이 관광진흥법 또는 체육시설법의 규정에 의하여 유원시설업자 또는 체육시설업자 지위승계신고를 수리하는 처분은 종전의 유원시설업자 또는 체육시설업자의 권익을 제한하는 처분이라 할 것이고, 종전의 유원시설업자 또는 체육시설업자는 그 처분에 대하여 직접 그 상대가 되는 자에 해당한다고 봄이 상당하므로, 행정청으로서는 신고를 수리하는 처분을 함에 있어서 행정절차법 규정 소정의 당사자에 해당하는 종전의 유원시설업자 또는 체육시설업자에 대하여 위 규정 소정의 행정절차를 실시하고 처분을 하여야 한다(대판 2012. 12. 13, 2011두29144).

2. 성　질

의견제출을 할 수 있는 것은 절차적 권리로서 당사자의 개인적 공권으로 보호된다. 의견제출의 기회부여는 의무적이다. 이에 위반하면 위법한 것이 된다.

[예] 서대문구청장이 식품위생법위반자인 甲에게 단란주점영업정지처분을 하려고 하면, 甲에게 반드시 의견제출의 기회를 주어야 한다. 甲에게 의견제출의 기회를 주지 아니하고 단란주점영업정지처분을 하면, 그러한 처분은 위법한 것이 된다.

의견제출권은 개인적 공권이지만 당사자에 의해 포기될 수 있다(절차법 제22조 제 4 항 참조). 말하자면 앞의 예에서 서대문구청장으로부터 의견제출하라는 통지를 받은 甲은 반드시 의견제출을 하여야 하는 것은 아니다. 물론 의견제출을 하지 아니하면 실제상 甲에게 불이익할 수도 있을 것이다. 의견제출절차는 후술하는 청문절차에 비교할 때, 약식절차의 성격을 갖는다.

3. 방　법

① 당사자등은 처분 전에 그 처분의 관할 행정청에 서면이나 말로 또는 정보통신망을 이용하여 의견제출을 할 수 있다(절차법 제27조 제 1 항). ② 당사자등은 제 1 항에 따라 의견제출을 하는 경우 그 주장을 입증하기 위한 증거자료 등을 첨부할 수 있다(절차법 제27조 제 2 항).

4. 의견반영

① 행정청은 처분을 할 때에 당사자등이 제출한 의견이 상당한 이유가 있다고 인정하는 경우에는 이를 반영하여야 한다(절차법 제27조의2 제 1 항). 행정청이 반드시 당사자등의 의견을 따라야 하는 것은 아니다. ② 행정청은 당사자등이 제출한 의견을 반영하지 아니하고 처분을 한 경우 당사자등이 처분이 있음을 안 날부터 90일 이내에 그 이유의 설명을 요청하면 서면으로 그 이유를 알려야 한다. 다만, 당사자등이 동의하면 말, 정보통신망 또는 그 밖의 방법으로 알릴 수 있다(절차법 제27조의2 제 2 항). ③ 당사자등이 정당한 이유 없이 의견제출기한까

지 의견제출을 하지 아니한 경우에는 의견이 없는 것으로 본다(절차법 제27조 제 4 항).

5. 의견제출절차의 위반

행정청이 침해적 행정처분을 함에 있어서 당사자에게 위와 같은 사전통지를 하지 않거나 의견제출의 기회를 주지 아니하였다면 사전통지를 하지 않거나 의견제출의 기회를 주지 아니하여도 되는 예외적인 경우에 해당하지 아니하는 한 그 처분은 위법하여 취소를 면할 수 없다(대판 2013. 1. 16, 2011두30687).

Ⅲ. 청문권(청문제도)

1. 의 의

행정절차법상 청문이란 "행정청이 어떠한 처분을 하기 전에 당사자등의 의견을 직접 듣고 증거를 조사하는 절차를 말한다"(절차법 제 2 조 제 5 호). 이론상 청문은 행정절차의 참가자가 자기 자신을 표현할 수 있는 기회로 정의되기도 하고(협의의 청문개념), 무릇 국가기관의 행위에 영향을 받거나 불이익을 받게 될 자가 자신의 의견을 밝히거나 자신을 방어할 수 있는 기회로 이해되기도 한다(광의의 청문개념). 청문은 정식의 의견청취절차이다.

2. 성 질

청문권(청문을 받을 권리)은 개인적 공권이다. 청문권의 보장은 당사자에게 예상 외의 놀라운 결정을 방지하고, 당사자에게 절차의 종결 전에 자신의 관점에서 결정에 중요한 사실관계 등을 제출할 수 있는 기회를 확보해주기 위한 것이다. 청문권은 포기될 수 있는 권리이지만(절차법 제22조 제 4 항), 청문절차제도 그 자체는 법치국가의 행정절차에서 포기할 수 없는 부분이다.

3. 실시 여부

(1) 필요적 청문 행정청이 처분을 할 때 다음 각 호(1. 다른 법령등에서 청문을 하도록 규정하고 있는 경우, 2. 행정청이 필요하다고 인정하는 경우, 3. 다음 각목[가. 인·허가 등의 취소, 나. 신분·자격의 박탈, 다. 법인이나 조합 등의 설립허가의 취소]의 처분을 하는 경우)의 어느 하나에 해당하는 경우에는 청문을 한다(절차법 제22조 제 1 항).

▪ **식품위생법 제81조(청문)** 식품의약품안전처장, 시·도지사 또는 시장·군수·구청장은 다음 각 호의 어느 하나에 해당하는 처분을 하려면 청문을 하여야 한다.
4. 제80조 제 1 항에 따른 면허의 취소

(2) 임의적 청문 행정절차법 제22조 제 4 항이 정하는 사유가 있는 경우에는 청문을 실시하지 아니할 수 있다.

행정절차법 제22조(의견청취) ④ 제 1 항부터 제 3 항까지의 규정에도 불구하고 제21조 제 4 항 각 호의 어느 하나에 해당하는 경우와 당사자가 의견진술의 기회를 포기한다는 뜻을 명백히 표시한 경우에는 의견청취를 하지 아니할 수 있다.

제21조(처분의 사전통지) ④ 다음 각 호의 어느 하나에 해당하는 경우에는 제 1 항에 따른 통지를 하지 아니할 수 있다.

1. 공공의 안전 또는 복리를 위하여 긴급히 처분을 할 필요가 있는 경우
2. 법령등에서 요구된 자격이 없거나 없어지게 되면 반드시 일정한 처분을 하여야 하는 경우에 그 자격이 없거나 없어지게 된 사실이 법원의 재판 등에 의하여 객관적으로 증명된 경우
3. 해당 처분의 성질상 의견청취가 현저히 곤란하거나 명백히 불필요하다고 인정될 만한 상당한 이유가 있는 경우

⑤ 처분의 전제가 되는 사실이 법원의 재판 등에 의하여 객관적으로 증명된 경우 등 제 4 항에 따른 사전 통지를 하지 아니할 수 있는 구체적인 사항은 대통령령으로 정한다.

▌대판 2004. 7. 8, 2002두8350(행정청이 당사자와 사이에 도시계획사업의 시행과 관련한 협약을 체결하면서 관계 법령 및 행정절차법에 규정된 청문의 실시 등 의견청취절차를 배제하는 조항을 두었다고 하더라도, 국민의 행정참여를 도모함으로써 행정의 공정성·투명성 및 신뢰성을 확보하고 국민의 권익을 보호한다는 행정절차법의 목적 및 청문제도의 취지 등에 비추어 볼 때, 위와 같은 **협약의 체결로 청문의 실시에 관한 규정의 적용을 배제할 수 있다고 볼 만한 법령상의 규정이 없는 한**, 이러한 협약이 체결되었다고 하여 청문의 실시에 관한 규정의 적용이 배제된다거나 청문을 실시하지 않아도 되는 예외적인 경우에 해당한다고 할 수 없다)(**안산시 대경마이월드 사건**).

4. 방 법

(1) 청문의 주재자 행정청은 소속 직원 또는 대통령령으로 정하는 자격을 가진 사람 중에서 청문 주재자를 공정하게 선정하여야 한다(절차법 제28조 제 1 항). 행정청은 다음 각 호(1. 다수 국민의 이해가 상충되는 처분, 2. 다수 국민에게 불편이나 부담을 주는 처분, 3. 그 밖에 전문적이고 공정한 청문을 위하여 행정청이 청문 주재자를 2명 이상으로 선정할 필요가 있다고 인정하는 처분)의 어느 하나에 해당하는 처분을 하려는 경우에는 청문 주재자를 2명 이상으로 선정할 수 있다. 이 경우 선정된 청문 주재자 중 1명이 청문 주재자를 대표한다(지자법 제28조 제 2 항). 행정청은 청문이 시작되는 날부터 7일 전까지 청문 주재자에게 청문과 관련한 필요한 자료를 미리 통지하여야 한다(절차법 제28조 제 3 항).

(2) 설명과 질문 청문 주재자가 청문을 시작할 때에는 먼저 예정된 처분의 내용, 그 원인이 되는 사실 및 법적 근거 등을 설명하여야 하고(절차법 제31조 제 1 항), 당사자 등은 의견을 진술하고 증거를 제출할 수 있으며, 참고인이나 감정인 등에 대하여 질문할 수 있다(절차법 제31조 제 2 항).

(3) 조 사 청문 주재자는 직권으로 또는 당사자의 신청에 따라 필요한 조사를 할 수 있으며, 당사자등이 주장하지 아니한 사실에 대하여도 조사할 수 있다(절차법 제33조 제 1 항).

(4) 청문조서 청문 주재자는 다음 각 호(1. 제목, 2. 청문 주재자의 소속, 성명 등 인적사항, 3. 당사자등의 주소, 성명 또는 명칭 및 출석 여부, 4. 청문의 일시 및 장소, 5. 당사자등의 진술의 요지 및 제출된

증거, 6. 청문의 공개 여부 및 공개하거나 제30조 단서에 따라 공개하지 아니한 이유, 7. 증거조사를 한 경우에는 그 요지 및 첨부된 증거, 8. 그 밖에 필요한 사항)의 사항이 적힌 청문조서를 작성하여야 한다(절차법 제34조 제 1 항).

5. 의견반영

행정청은 처분을 할 때에 제35조 제 4 항에 따라 받은 청문조서, 청문 주재자의 의견서, 그 밖의 관계 서류 등을 충분히 검토하고 상당한 이유가 있다고 인정하는 경우에는 청문결과를 반영하여야 한다(절차법 제35조의2). 청문에서 나타난 결과를 반영하는 것은 필요하지만, 청문절차에서 나타난 사인의 의견에 행정청이 구속되지는 않는다.

6. 문서열람 · 복사청구권

당사자등은 의견제출의 경우에는 처분의 사전 통지가 있는 날부터 의견제출기한까지, 청문의 경우에는 청문의 통지가 있는 날부터 청문이 끝날 때까지 행정청에 해당 사안의 조사결과에 관한 문서와 그 밖에 해당 처분과 관련되는 문서의 열람 또는 복사를 요청할 수 있다(절차법 제37조 제 1 항 제 1 문). 이것을 문서열람청구권과 문서복사청구권이라 한다. 당사자등의 문서열람 · 복사청구권은 절차상 권리로서 개인적 공권의 성질을 갖는다. 행정절차법에 따른 문서열람 · 복사청구권은 청문의 통지시점부터 청문의 종결시점까지 인정된다. 한편, 당사자등은 청문의 통지를 불문하고 공공기관의 정보공개에 관한 법률에 의하여 정보공개를 청구할 수 있다. 동법률은 모든 국민에게 적용되는 법률이므로, 당사자등에도 당연히 적용되기 때문이다.

7. 비밀유지청구권

누구든지 의견제출 또는 청문을 통하여 알게 된 사생활이나 경영상 또는 거래상의 비밀을 정당한 이유 없이 누설하거나 다른 목적으로 사용하여서는 아니 된다(절차법 제37조 제 6 항). 이 조항이 관계자에게 비밀유지의무를 부과하지만, 동시에 이 조항은 관계자의 사적인 이익의 보장을 위한 규정으로 해석된다. 따라서 이 조항이 명시적으로 사인에게 행정청에 대하여 비밀유지의 청구를 구할 수 있는 권리를 표현하고 있지 않다고 하여도, 사적 당사자는 이 조항에 근거하여 행정청에 비밀유지청구권을 갖는다.

Ⅳ. 공청회참여권(공청회제도)

1. 의 의

행정절차법상 공청회란 행정청이 공개적인 토론을 통하여 어떠한 행정작용에 대하여 당사자등, 전문지식과 경험을 가진 사람, 그 밖의 일반인으로부터 의견을 널리 수렴하는 절차를 말한다(절차법 제 2 조 제 6 호).

2. 실시 여부

(1) 실시의 경우 행정청이 처분을 할 때 다음 각 호(1. 다른 법령등에서 공청회를 개최하도록 규정하고 있는 경우, 2. 해당 처분의 영향이 광범위하여 널리 의견을 수렴할 필요가 있다고 행정청이 인정하는 경우, 3. 국민생활에 큰 영향을 미치는 처분으로서 대통령령으로 정하는 처분에 대하여 대통령령으로 정하는 수 이상의 당사자등이 공청회 개최를 요구하는 경우)의 어느 하나에 해당하는 경우에는 공청회를 개최한다(절차법 제22조 제 2 항).

▪ **경관법 제11조(공청회 및 지방의회의 의견청취)** ① 시·도지사등은 경관계획을 수립하거나 변경하려는 경우에는 미리 공청회를 개최하여 주민 및 관계 전문가 등의 의견을 들어야 하며, 공청회에서 제시된 의견이 타당하다고 인정할 때에는 경관계획에 반영하여야 한다.

(2) 미실시의 경우 일정한 사유(청문이 배제되는 사유와 같다)가 있는 경우에는 공청회를 개최하지 아니할 수 있다(절차법 제22조 제 4 항).

3. 공청회 개최의 알림

(1) 원 칙 행정청은 공청회를 개최하려는 경우에는 공청회 개최 14일 전까지 다음 각 호(1. 제목, 2. 일시 및 장소, 3. 주요 내용, 4. 발표자에 관한 사항, 5. 발표신청 방법 및 신청기한, 6. 정보통신망을 통한 의견제출, 7. 그 밖에 공청회 개최에 필요한 사항)의 사항을 당사자등에게 통지하고 관보, 공보, 인터넷 홈페이지 또는 일간신문 등에 공고하는 등의 방법으로 널리 알려야 한다(절차법 제38조 본문). 다만, 공청회 개최를 알린 후 예정대로 개최하지 못하여 새로 일시 및 장소 등을 정한 경우에는 공청회 개최 7일 전까지 알려야 한다(절차법 제38조 단서).

(2) 온라인공청회 행정청은 제38조에 따른 공청회와 병행하여서만 정보통신망을 이용한 공청회(이하 "온라인공청회"라 한다)를 실시할 수 있다(절차법 제38조의2 제 1 항). 제 1 항에도 불구하고 다음 각 호(1. 국민의 생명·신체·재산의 보호 등 국민의 안전 또는 권익보호 등의 이유로 제38조에 따른 공청회를 개최하기 어려운 경우, 2. 제38조에 따른 공청회가 행정청이 책임질 수 없는 사유로 개최되지 못하거나 개최는 되었으나 정상적으로 진행되지 못하고 무산된 횟수가 3회 이상인 경우, 3. 행정청이 널리 의견을 수렴하기 위하여 온라인공청회를 단독으로 개최할 필요가 있다고 인정하는 경우. 다만, 제22조 제 2 항 제 1 호 또

는 제 3 호에 따라 공청회를 실시하는 경우는 제외한다)의 어느 하나에 해당하는 경우에는 온라인공청회를 단독으로 개최할 수 있다(절차법 제38조의2 제 2 항). 온라인공청회를 실시하는 경우에는 누구든지 정보통신망을 이용하여 의견을 제출하거나 제출된 의견 등에 대한 토론에 참여할 수 있다(절차법 제38조의2 제 4 항).

4. 방 법

(1) 공청회의 주재자 행정청은 해당 공청회의 사안과 관련된 분야에 전문적 지식이 있거나 그 분야에 종사한 경험이 있는 사람으로서 대통령령으로 정하는 자격을 가진 사람 중에서 공청회의 주재자를 선정한다(절차법 제38조의3 제 1 항).

(2) 공청회의 발표자 공청회의 발표자는 발표를 신청한 사람 중에서 행정청이 선정한다. 다만, 발표를 신청한 사람이 없거나 공청회의 공정성을 확보하기 위하여 필요하다고 인정하는 경우에는 다음 각 호(1. 해당 공청회의 사안과 관련된 당사자등, 2. 해당 공청회의 사안과 관련된 분야에 전문적 지식이 있는 사람, 3. 해당 공청회의 사안과 관련된 분야에 종사한 경험이 있는 사람)의 사람 중에서 지명하거나 위촉할 수 있다(절차법 제38조의3 제 2 항).

(3) 공청회의 진행 공청회의 주재자는 공청회를 공정하게 진행하여야 하며, 공청회의 원활한 진행을 위하여 발표 내용을 제한할 수 있고, 질서유지를 위하여 발언 중지 및 퇴장 명령 등 행정안전부장관이 정하는 필요한 조치를 할 수 있다(절차법 제39조 제 1 항). 발표자는 공청회의 내용과 직접 관련된 사항에 대하여만 발표하여야 한다(절차법 제39조 제 2 항). 공청회의 주재자는 발표자의 발표가 끝난 후에는 발표자 상호간에 질의 및 답변을 할 수 있도록 하여야 하며, 방청인에게도 의견을 제시할 기회를 주어야 한다(절차법 제39조 제 3 항).

5. 공청회의 재개최

행정청은 공청회를 마친 후 처분을 할 때까지 새로운 사정이 발견되어 공청회를 다시 개최할 필요가 있다고 인정할 때에는 공청회를 다시 개최할 수 있다(절차법 제39조의3).

6. 의견반영

① 행정청은 공청회를 거쳤을 때에는 신속히 처분하여 해당 처분이 지연되지 아니하도록 하여야 한다(절차법 제22조 제 5 항). 그리고 ② 행정청은 처분을 할 때에 공청회, 온라인공청회 및 정보통신망 등을 통하여 제시된 사실 및 의견이 상당한 이유가 있다고 인정하는 경우에는 이를 반영하여야 한다(절차법 제39조의2).

제 4 항 행정절차의 하자

Ⅰ. 절차상 하자의 관념

1. 의 의

행정행위의 적법요건 중 절차요건에 미비가 있는 것을 절차상 하자라 한다. 예컨대 처분을 하면서 사전통지와 의견청취절차가 필요함에도 불구하고 이를 생략하였다든가 아니면 처분이유를 기재하여야 함에도 불구하고 처분이유를 기재하지 아니한 경우가 절차상 하자에 해당한다.

2. 특 성

절차상 하자가 있다고 하여 반드시 실체상 하자가 있다고 단언하기 어렵다. 예컨대 미성년자에게 주류를 판매한 자에게 사전통지와 의견청취절차를 생략하고 영업정지처분을 한 경우, 사전통지와 의견청취절차를 생략한 절차상 하자가 있기 때문에 영업정지처분은 위법한 처분이라고 할 수는 있지만, 처분의 내용으로서 영업정지가 잘못된 것이라고 단언할 수는 없다. 왜냐하면 사전통지와 의견청취절차를 거쳤다고 하여도 영업정지처분을 할 수밖에 없는 경우도 있을 것이기 때문이다. 따라서 행정절차상의 하자에 대하여 어떠한 효과를 부여할 것인가는 검토를 요한다. 그 효과는 기본적으로는 입법자가 정할 사항이다.

Ⅱ. 절차상 하자의 효과

1. 명문규정이 있는 경우

현재로서 일반법은 없다. 국가공무원법과 지방공무원법 등 개별 법률에서 규정하는 경우가 있다.

▪ **국가공무원법 제13조(소청인의 진술권)** ① 소청심사위원회가 소청 사건을 심사할 때에는 대통령령 등으로 정하는 바에 따라 소청인 또는 제76조 제 1 항 후단에 따른 대리인에게 진술 기회를 주어야 한다.
② 제 1 항에 따른 진술 기회를 주지 아니한 결정은 무효로 한다.
▪ **지방공무원법 제18조(소청인의 진술권)** ① 심사위원회가 소청사건을 심사할 때에는 대통령령으로 정하는 바에 따라 소청인 또는 그 대리인에게 진술 기회를 주어야 한다.
② 제 1 항의 진술 기회를 주지 아니한 결정은 무효로 한다.

2. 명문규정이 없는 경우

(1) 위 법 학설과 판례는 절차상 하자가 있는 행위를 위법한 것으로 본다. 말

하자면 절차상 하자는 그 자체가 독자적인 위법사유가 된다. 행정절차법은 "행정청이 당사자에게 의무를 부과하거나 권익을 제한하는 처분을 할 때 제 1 항 또는 제 2 항의 경우 외에는 당사자등에게 의견제출의 기회를 주어야 한다"(절차법 제22조 제 3 항)고 규정하고 있는바, 침익적 처분에는 반드시 의견청취절차(청문 또는 의견제출)를 거쳐야 하고, 이를 거치지 아니하면 위법한 것이 된다.

(2) 무효와 취소 절차상 하자의 효과가 무효인지 아니면 취소인지의 여부는 중대명백설에 따라 판단하여야 한다. 즉, 하자가 중대하고 동시에 명백하다면 무효사유가 되고 그렇지 않다면 취소사유가 된다.

[예] 서대문구청장이 미성년자에게 주류를 제공한 단란주점업자 甲에게 의견제출의 기회를 주지 아니하고 영업정지처분을 한 경우, 의견제출의 기회를 주지 아니한 하자는 명백하지만, 의견제출의 기회를 주지 아니한 하자가 중대한 것이라고 보기는 어려우므로 甲에게 한 영업정지처분은 취소할 수 있는 행위이지 무효행위로 볼 것은 아니다.

▌대판 2021. 2. 4, 2015추528(행정청이 처분절차에서 관계법령의 절차 규정을 위반하여 절차적 정당성이 상실된 경우에는 해당 처분은 위법하고 원칙적으로 취소하여야 한다. 다만 처분상대방이나 관계인의 의견진술권이나 방어권 행사에 실질적으로 지장이 초래되었다고 볼 수 없는 특별한 사정이 있는 경우에는, 절차 규정 위반으로 인하여 처분절차의 절차적 정당성이 상실되었다고 볼 수 없으므로 해당 처분을 취소할 것은 아니다).

Ⅲ. 절차상 하자의 치유

1. 의 의

행정행위가 발령 당시에 절차요건에 흠결이 있었으나 사후에 그 흠결을 보완하면, 발령 당시의 하자에도 불구하고 그 행위의 효과를 다툴 수 없도록 유지하는 것을 절차상 하자의 치유라 한다.

[예] 2020년 5월 5일에 서대문구청장이 甲에게 단란주점영업정지처분을 하면서 처분사유를 기재하지 아니하였다면, 서대문구청장의 처분은 절차상 하자가 있는 것이 된다. 그런데 처분사유가 누락된 것을 발견한 서대문구청장이 2020년 5월 10일에 甲에게 2020년 5월 5일자 단란주점영업정지처분의 처분사유를 통보하면, 2020년 5월 5일자 단란주점영업정지처분은 처음부터 적법한 것과 같은 효과를 갖게 된다.

2. 인정 여부

(1) 실 정 법 민법상으로는 하자의 치유의 법리가 명문화되어 있으나(민법 제143조 내지 제146조), 행정법상으로는 통칙적 규정이 없다.

(2) 학 설 통설은 법치행정의 요청(위법한 행위로부터는 법적 효과를 발생할 수 없다는 요청)과 무용한 절차의 반복을 방지하여야 한다는 요청(흠이 있다고 하여 복잡한 절차를 새로 거쳐서

처분을 하기보다는 흠있는 행위에 약간의 손질을 가하여 그 흠을 바로 잡는 것이 보다 경제적이고 합리적이라는 요청)을 근거로 하자의 치유가 제한적으로만 허용된다는 제한적 긍정설을 취한다.

(3) 판 례 제한적 긍정설을 취한다.

▌대판 2002. 7. 9, 2001두10684(하자 있는 행정행위의 치유는 행정행위의 성질이나 **법치주의**의 관점에서 볼 때 **원칙적으로** 허용될 수 없는 것이고, **예외적으로** 행정행위의 무용한 반복을 피하고 당사자의 법적 안정성을 위해 이를 허용하는 때에도 **국민의 권리나 이익을 침해하지 않는 범위**에서 구체적 사정에 따라 합목적적으로 인정하여야 한다).

(4) 사 견 판례가 말하는 바와 같이 "하자있는 행정행위의 치유는 행정행위의 성질이나 법치주의의 관점에서 볼 때 원칙적으로 허용될 수 없는 것이지만, 행정행위의 무용한 반복을 피하고 당사자의 법적 안정성을 위해" 허용할 필요가 있다. 즉 제한적으로 긍정할 필요가 있다(제한적 긍정설).

3. 치유시기

판례는 하자의 치유가 행정심판(행정쟁송)의 제기 이전에 가능하다고 한다(대판 1997. 12. 26, 97누9390). 즉 처분의 상대방 등이 불복을 하기 전까지만 가능하며, 불복을 하면 불가능하다고 한다.

[예] 2020년 5월 5일에 서대문구청장이 甲에게 단란주점영업정지처분을 하면서 처분사유를 기재하지 아니하였는데 서대문구청장이 처분사유의 누락을 2020년 5월 15일에 알았다고 하자. 2020년 5월 14일까지 甲이 행정심판이나 행정소송을 제기하지 아니하였다면 서대문구청장은 2020년 5월 15일에 하자를 치유할 수 있다. 그러나 甲이 2020년 5월 15일 이전에 행정심판이나 행정소송을 제기하였다면, 서대문구청장은 하자를 치유할 수 없다는 것이 판례의 입장이다.

4. 효 과

하자의 치유로 인해 절차상 위법은 제거되고, 행정행위는 적법한 것으로 간주된다. 치유의 효과는 소급적이다. 처음부터 적법한 행위와 같은 효과를 가진다.

[예] 2020년 5월 5일에 서대문구청장이 甲에게 단란주점영업정지처분을 하면서 처분사유를 기재하지 아니하였으나 서대문구청장이 2020년 5월 10일에 단란주점영업정지처분의 처분사유를 통보하면, 단란주점영업정지처분은 2020년 5월 5일부터 적법한 행위와 같은 효과를 갖는다.

제 2 절 행정정보

제 1 항 정보상 자기결정권(자기정보결정권)

Ⅰ. 정보상 자기결정권의 관념

1. 의 의

개인은 누구나 자신에 관한 정보를 관리하고, 통제하고, 외부로 표현함에 있어 스스로 결정할 수 있는 권리를 가지는바, 이러한 권리를 정보상 자기결정권 또는 자기정보결정권이라 한다. 정보공개청구권은 국가의 정보상 협력을 통해 개인의 정보영역을 확대하는 데 기여하지만, 정보상 자기결정권은 국가로부터 개인정보의 침해를 방지하는 데 기여한다.

▌헌재 2021. 6. 24, 2018헌가2(개인정보자기결정권은 자신에 관한 정보가 언제 누구에게 어느 범위까지 알려지고 또 이용되도록 할 것인지를 그 정보주체가 스스로 결정할 수 있는 권리로서, 헌법 제10조 제1문에서 도출되는 일반적 인격권 및 헌법 제17조의 사생활의 비밀과 자유에 의하여 보장된다).

2. 법적 근거

(1) 헌 법　　대법원은 "개인정보자기결정권은 헌법 제10조의 인간의 존엄과 가치, 행복추구권과 헌법 제17조의 사생활의 비밀과 자유에서 도출된다(대판 2016. 3. 10, 2012다105482)"고 한다.

(2) 법 률　　헌법의 구체화로서 ① 일반법으로 개인정보 보호법이 있다(정보법 제 6 조). 이 법률은 개인정보의 처리 및 보호에 관한 사항을 정함으로써 개인의 자유와 권리를 보호하고, 나아가 개인의 존엄과 가치를 구현함을 목적으로 한다(정보법 제 1 조). ② 이 밖에 개인정보 보호에 관한 개별 법률로 전자정부법 · 정보통신망이용촉진 및 정보보호 등에 관한 법률 · 교육기본법(제23조의3) · 국가공무원법(제19조의3) · 형법 · 통신비밀보호법 · 통계법 · 가족관계의 등록 등에 관한 법률 등이 있다. 행정절차법도 비밀누설금지 · 목적 외 사용금지 등을 규정하고 있다(절차법 제37조 제 6 항). 이하에서 개인정보 보호법의 내용을 보기로 한다.

Ⅱ. 보호대상 개인정보

1. 보호대상 개인정보의 주체(보호대상자)

개인정보 보호법상 "개인정보"란 「살아 있는 개인」에 관한 정보를 말한다(정보법 제 2 조 제 1 호). 따라서 사자(死者)나 법인은 보호대상정보의 주체가 아니다. 요컨대 사자나 법인의 정보는 개인정보 보호법의 보호대상이 아니다. 개인정보 보호법은 처리되는 정보에 의하여 알아볼 수 있는 사람으로서 그 정보의 주체가 되는 사람을 "정보주체"라 부른다(정보법 제 2 조 제 3 호).

2. 보호대상 개인정보의 처리자(개인정보처리자)

개인정보 보호법상 "개인정보처리자"란 업무를 목적으로 개인정보파일을 운용하기 위하여 스스로 또는 다른 사람을 통하여 개인정보를 처리하는 공공기관(국회, 법원, 헌법재판소, 중앙선거관리위원회의 행정사무를 처리하는 기관, 중앙행정기관(대통령 소속 기관과 국무총리 소속 기관을 포함한다) 및 그 소속 기관, 지방자치단체, 그 밖의 국가기관 및 공공단체 중 대통령령으로 정하는 기관), 법인, 단체 및 개인 등을 말한다(정보법 제 2 조 제 5 호). 과거의 「공공기관의 개인정보보호에 관한 법률」에서는 공공기관에 의해 처리되는 정보만을 보호하였으나, 현행 개인정보 보호법은 공공기관에 의해 처리되는 정보뿐만 아니라 사인(민간)에 의해 처리되는 정보까지 보호대상으로 하고 있는 것이 특징적이다.

3. 보호대상 개인정보의 의미

개인정보 보호법상 "개인정보"란 살아 있는 개인에 관한 정보로서 다음 각 목[가. 성명, 주민등록번호 및 영상 등을 통하여 개인을 알아볼 수 있는 정보. 나. 해당 정보만으로는 특정 개인을 알아볼 수 없더라도 다른 정보와 쉽게 결합하여 알아볼 수 있는 정보. 이 경우 쉽게 결합할 수 있는지 여부는 다른 정보의 입수 가능성 등 개인을 알아보는 데 소요되는 시간, 비용, 기술 등을 합리적으로 고려하여야 한다. 다. 가목 또는 나목을 제 1 호의2에 따라 가명처리함으로써 원래의 상태로 복원하기 위한 추가 정보의 사용 · 결합 없이는 특정 개인을 알아볼 수 없는 정보(이하 "가명정보"라 한다)]의 어느 하나에 해당하는 정보를 말한다(정보법 제 2 조 제 1 호). 정보에는 생년월일 · 연령 · 가족관계등록부의 등록기준지 · 가족상황 · 교육수준 · 직업 · 종교 · 취미 · 지문 · 사진 · 수입 · 재산 · 보험 · 납세상황 · 차량 · 은행거래 등이 포함된다.

▌헌재 2018. 8. 30, 2014헌마843(개인정보자기결정권의 보호대상이 되는 개인정보는 개인의 신체, 신념, 사회적 지위, 신분 등과 같이 개인의 인격주체성을 특징짓는 사항으로서 개인의 동일성을 식별할 수 있게 하는 일체의 정보라고 할 수 있고, 반드시 개인의 내밀한 영역이나 사사(私事)의 영역에 속하는 정보에 국한되지 않고 공적 생활에서 형성되었거나 이미 공개된 정보까지 포함한다).

Ⅲ. 정보상 자기결정권의 내용(정보주체의 권리)

정보주체는 자신의 개인정보 처리와 관련하여 ① 개인정보의 처리에 관한 정보를 제공받을 권리, ② 개인정보의 처리에 관한 동의 여부, 동의 범위 등을 선택하고 결정할 권리, ③ 개인정보의 처리 여부를 확인하고 개인정보에 대한 열람(사본의 발급을 포함한다. 이하 같다) 및 전송을 요구할 권리, ④ 개인정보의 처리 정지, 정정 · 삭제 및 파기를 요구할 권리, ⑤ 개인정보의 처리로 인하여 발생한 피해를 신속하고 공정한 절차에 따라 구제받을 권리, ⑥ 완전히 자동화된 개인정보 처리에 따른 결정을 거부하거나 그에 대한 설명 등을 요구할 권리를 가진다(정보법 제 4 조).

1. 열람청구권

정보주체는 개인정보처리자가 처리하는 자신의 개인정보에 대한 열람을 해당 개인정보처리자에게 요구할 수 있다(정보법 제35조 제 1 항). 제 1 항에도 불구하고 정보주체가 자신의 개인정보에 대한 열람을 공공기관에 요구하고자 할 때에는 공공기관에 직접 열람을 요구하거나 대통령령으로 정하는 바에 따라 보호위원회를 통하여 열람을 요구할 수 있다(정보법 제35조 제 2 항).

2. 전송요구권

정보주체는 개인정보 처리 능력 등을 고려하여 대통령령으로 정하는 기준에 해당하는 개인정보처리자에 대하여 다음 각 호[1. 정보주체가 전송을 요구하는 개인정보가 정보주체 본인에 관한 개인정보로서 다음 각 목(가. 제15조 제 1 항 제 1 호, 제23조 제 1 항 제 1 호 또는 제24조 제 1 항 제 1 호에 따른 동의를 받아 처리되는 개인정보, 나. 제15조 제 1 항 제 4 호에 따라 체결한 계약을 이행하거나 계약을 체결하는 과정에서 정보주체의 요청에 따른 조치를 이행하기 위하여 처리되는 개인정보, 다. 제15조 제 1 항 제 2 호 · 제 3 호, 제23조 제 1 항 제 2 호 또는 제24조 제 1 항 제 2 호에 따라 처리되는 개인정보 중 정보주체의 이익이나 공익적 목적을 위하여 관계 중앙행정기관의 장의 요청에 따라 보호위원회가 심의 · 의결하여 전송 요구의 대상으로 지정한 개인정보)의 어느 하나에 해당하는 정보일 것, 2. 전송을 요구하는 개인정보가 개인정보처리자가 수집한 개인정보를 기초로 분석 · 가공하여 별도로 생성한 정보가 아닐 것, 3. 전송을 요구하는 개인정보가 컴퓨터 등 정보처리장치로 처리되는 개인정보일 것]의 요건을 모두 충족하는 개인정보를 자신에게로 전송할 것을 요구할 수 있다(정보법 제35조의2 제 1 항).

3. 정정 · 삭제청구권

개인정보 보호법 제35조에 따라 자신의 개인정보를 열람한 정보주체는 개인정보처리자에게 그 개인정보의 정정 또는 삭제를 요구할 수 있다. 다만, 다른 법령에서 그 개인정보가 수집 대상으로 명시되어 있는 경우에는 그 삭제를 요구할 수 없다(정보법 제36조 제 1 항). 개인정보처리자는 제 1 항에 따른 정보주체의 요구를 받았을 때에는 개인정보의 정정 또는 삭제에 관하여 다른 법령에 특별한 절차가 규정되어 있는 경우를 제외하고는 지체 없이 그 개인정보를 조사하여 정보주체의 요구에 따라 정정 · 삭제 등 필요한 조치를 한 후 그 결과를 정보주체에게 알려야 한다(정보법 제36조 제 2 항).

4. 처리정지요구권과 동의의 철회

정보주체는 개인정보처리자에 대하여 자신의 개인정보 처리의 정지를 요구하거나 개인정보 처리에 대한 동의를 철회할 수 있다. 이 경우 공공기관에 대해서는 제32조에 따라 등록대상이 되는 개인정보파일 중 자신의 개인정보에 대한 처리의 정지를 요구하거나 개인정보 처리에 대한 동의를 철회할 수 있다(정보법 제37조 제 1 항). 개인정보처리자는 제 1 항에 따른 처리정지 요구를 받았을 때에는 지체 없이 정보주체의 요구에 따라 개인정보 처리의 전부를 정지하거나 일부를 정지하여야 한다. 다만, 다음 각 호(1. 법률에 특별한 규정이 있거나 법령상 의무를 준수하기 위하여 불가피한 경우, 2. 다른 사람의 생명 · 신체를 해할 우려가 있거나 다른 사람의 재산과 그 밖의 이익을 부당하게 침해할 우려가 있는 경우, 3. 공공기관이 개인정보를 처리하지 아니하면 다른 법률에서 정하는 소관 업무를 수행할 수 없는 경우, 4. 개인정보를 처리하지 아니하면 정보주체와 약정한 서비스를 제공하지 못하는 등 계약의 이행이 곤란한 경우로서 정보주체가 그 계약의 해지 의사를 명확하게 밝히지 아니한 경우)의 어느 하나에 해당하는 경우에는 정보주체의 처리정지 요구를 거절할 수 있다(정보법 제37조 제 2 항).

5. 자동화된 결정에 대한 정보주체의 권리 등

정보주체는 완전히 자동화된 시스템(인공지능 기술을 적용한 시스템을 포함한다)으로 개인정보를 처리하여 이루어지는 결정(「행정기본법」 제20조에 따른 행정청의 자동적 처분은 제외하며, 이하 이 조에서 "자동화된 결정"이라 한다)이 자신의 권리 또는 의무에 중대한 영향을 미치는 경우에는 해당 개인정보처리자에 대하여 해당 결정을 거부할 수 있는 권리를 가진다. 다만, 자동화된 결정이 제15조 제 1 항 제 1 호 · 제 2 호 및 제 4 호에 따라 이루어지는 경우에는 그러하지 아니하다(정보법 제37조의2 제 1 항). 정보주체는 개인정보처리자가 자동화된 결정을 한 경우에는 그 결정에 대하여 설명 등을 요구할 수 있다(정보법 제37조의2 제 2 항).

6. 개인정보 유출 통지를 받을 권리 등

개인정보처리자는 개인정보가 분실 · 도난 · 유출(이하 이 조에서 "유출등"이라 한다)되었음을 알게 되었을 때에는 지체 없이 해당 정보주체에게 다음 각 호(1. 유출등이 된 개인정보의 항목, 2. 유출등이 된 시점과 그 경위, 3. 유출등으로 인하여 발생할 수 있는 피해를 최소화하기 위하여 정보주체가 할 수 있는 방법 등에 관한 정보, 4. 개인정보처리자의 대응조치 및 피해 구제절차, 5. 정보주체에게 피해가 발생한 경우 신고 등을 접수할 수 있는 담당부서 및 연락처)의 사항을 알려야 한다. 다만, 정보주체의 연락처를 알 수 없는 경우 등 정당한 사유가 있는 경우에는 대통령령으로 정하는 바에 따라 통지를 갈음하는 조치를 취할 수 있다(정보법 제34조 제 1 항).

Ⅳ. 정보주체의 권리보호

1. 손해배상청구권

정보주체는 개인정보처리자가 이 법을 위반한 행위로 손해를 입으면 개인정보처리자에게 손해배상을 청구할 수 있다. 이 경우 그 개인정보처리자는 고의 또는 과실이 없음을 입증하지 아니하면 책임을 면할 수 없다(정보법 제39조 제 1 항). 한편, 제39조 제 1 항에도 불구하고 정보주체는 개인정보처리자의 고의 또는 과실로 인하여 개인정보가 분실·도난·유출·위조·변조 또는 훼손된 경우에는 300만원 이하의 범위에서 상당한 금액을 손해액으로 하여 배상을 청구할 수 있다. 이 경우 해당 개인정보처리자는 고의 또는 과실이 없음을 입증하지 아니하면 책임을 면할 수 없다(정보법 제39조의2 제 1 항).

2. 분쟁조정

(1) 의 의 개인정보와 관련한 분쟁의 조정을 원하는 자는 분쟁조정위원회에 분쟁조정을 신청할 수 있다(정보법 제43조 제 1 항). 분쟁조정위원회는 당사자 일방으로부터 분쟁조정 신청을 받았을 때에는 그 신청내용을 상대방에게 알려야 한다(정보법 제43조 제 2 항). 공공기관이 제 2 항에 따른 분쟁조정의 통지를 받은 경우에는 특별한 사유가 없으면 분쟁조정에 응하여야 한다(정보법 제43조 제 3 항).

(2) 집단분쟁조정 국가 및 지방자치단체, 개인정보 보호단체 및 기관, 정보주체, 개인정보처리자는 정보주체의 피해 또는 권리침해가 다수의 정보주체에게 같거나 비슷한 유형으로 발생하는 경우로서 대통령령으로 정하는 사건에 대하여는 분쟁조정위원회에 일괄적인 분쟁조정(집단분쟁조정)을 의뢰 또는 신청할 수 있다(정보법 제49조 제 1 항).

3. 행정소송

(1) 행정소송 개인정보처리자가 국가·지방자치단체인 경우, 정보주체는 행정소송법이 정하는 바에 따라 국가·지방자치단체의 처분을 다투는 행정소송을 제기할 수도 있다. 이 경우의 행정소송은 주관적 소송의 형태가 된다.

(2) 개인정보 단체소송 이에 관해서는 개인정보 보호법 제51조에 규정되고 있다.

■ 참고 ■

개인정보 보호법 제51조(단체소송의 대상 등) 다음 각 호의 어느 하나에 해당하는 단체는 개인정보처리자가 제49조에 따른 집단분쟁조정을 거부하거나 집단분쟁조정의 결과를 수락하지 아니한 경우에는 법원에 권리침해 행위의 금지·중지를 구하는 소송(이하 "단체소송"이라 한다)을 제기할 수 있다.
1. 「소비자기본법」 제29조에 따라 공정거래위원회에 등록한 소비자단체로서 다음 각 목의 요건을 모두 갖춘 단체
가. 정관에 따라 상시적으로 정보주체의 권익증진을 주된 목적으로 하는 단체일 것
나. 단체의 정회원수가 1천명 이상일 것
다. 「소비자기본법」 제29조에 따른 등록 후 3년이 경과하였을 것
2. 「비영리민간단체 지원법」 제 2 조에 따른 비영리민간단체로서 다음 각 목의 요건을 모두 갖춘 단체
가. 법률상 또는 사실상 동일한 침해를 입은 100명 이상의 정보주체로부터 단체소송의 제기를 요청받을 것
나. 정관에 개인정보 보호를 단체의 목적으로 명시한 후 최근 3년 이상 이를 위한 활동실적이 있을 것
다. 단체의 상시 구성원수가 5천명 이상일 것
라. 중앙행정기관에 등록되어 있을 것

단체소송의 원고는 변호사를 소송대리인으로 선임하여야 한다(정보법 제53조).

제 2 항 정보공개청구권

Ⅰ. 정보공개청구권의 관념

1. 의 의

정보공개청구권이란 사인이 공공기관에 대하여 정보를 제공해줄 것을 요구할 수 있는 개인적 공권을 말한다. 정보공개청구권은 ① 자기와 직접적인 이해관계 있는 특정한 사안에 관한 개별적 정보공개청구권과 ② 자기와 직접적인 이해관계가 없는 일반적 정보공개청구권으로 구분된다. 사인의 정보공개청구권은 알 권리의 실현에 기여한다. 알 권리는 헌법상 원리로서의 참정권의 전제가 된다.

[예] ①의 예로 甲이 관할 등기소장에게 자기 소유의 건축물에 대한 등기부의 열람을 청구하는 경우를 볼 수 있고, ②의 예로 안양시민이 서울특별시장에게 판공비의 사용처에 대한 정보공개를 청구하는 경우를 볼 수 있다. 공공기관의 정보공개에 관한 법률의 정보공개청구권은 ①과 ②의 양자를 포함하는 개념이다.

2. 법적 근거

(1) 헌 법 정보공개청구권의 헌법상 근거조항에 관해서는 견해가 갈린다. 일설은 행복추구권을 규정하는 헌법 제10조가 근거조항이라 하고, 일설은 표현의 자유를 규정하는 헌법 제21조 제 1 항이 근거조항이라 한다. 판례는 후자의 견해를 취한다.

▮헌재 2015. 6. 25, 2011헌마769; 헌재 1994. 8. 31, 93헌마174(부동산 소유권의 회복을 위한 입증자료로 사용하고자 청구인이 문서의 열람·복사 신청을 하였으나 행정청이 이에 불응하였다 하더라도 그 불응한 행위로 인하여 청구인의 재산권이 침해당하였다고는 보기 어려우나, 청구인의 정당한 이해관계가 있는 정부보유의 정보의 개시(開示)에 대하여 행정청이 아무런 검토 없이 불응한 부작위는 헌법 제21조에 규정된 표현의 자유와 자유민주주의적 기본질서를 천명하고 있는 헌법 전문, 제 1 조, 제 4 조의 해석상 국민의 정부에 대한 일반적 정보공개를 구할 권리(청구권적 기본권)로서 인정되는 "알"권리를 침해한 것이고 임야조사서 및 토지조사부의 열람·복사민원의 처리는 법률의 제정이 없더라도 불가능한 것이 아니다).

▮대판 2014. 12. 24, 2014두9349(국민의 알 권리, 특히 공공기관이 보유·관리하는 정보에 접근할 권리는 우리 헌법상 기본권인 표현의 자유와 관련하여 인정되는 것이다).

(2) 법 률 ① 일반 법률로는 공공기관의 정보공개에 관한 법률이 있다. ② 정보공개청구권과 관련된 규정을 갖는 개별 법률도 있다(예: 민원 처리에 관한 법률 제13조의 민원편람의 비치, 제36조의 민원처리기준표의 고시, 행정절차법 제19조의 처리기간의 설정·공표, 제20조의 처분기준의 공표, 제23조의 처분의 이유 제시). ③ 공공기관의 정보공개에 관한 법률은 "지방자치단체는 그 소관 사무에 관하여 법령의 범위에서 정보공개에 관한 조례를 정할 수 있다"(공개법 제 4 조 제 2 항)고 규정하여 지방자치단체의 정보공개조례의 법적 근거를 명시적으로 마련하고 있다. 따라서 지방자치단체의 주민은 조례에 근거하여 정보공개청구권을 가질 수도 있다.

3. 의 미

정보의 공개는 ① 국가의 사정이나 지역의 사정을 국민이나 주민이 알 수 있게 하고, 이로 인해 ② 국민이나 주민이 행정의사의 결정과정에 효과적으로 참여할 수 있게 되며, ③ 아울러 행정서비스의 효율성을 제고할 수 있다는 점에 그 의미를 갖는다.

4. 문 제 점

① 과도한 정보공개는 오히려 국가기밀이나 개인정보에 대한 침해가능성을 갖는다는 점, ② 행정의 부담이 과중할 수 있다는 점, ③ 기업비밀이 악용될 수 있다는 점, ④ 부실정보·조작정보로 인한 정보질서의 혼란이 가능하다는 점, ⑤ 정보무능력자에 대해 정보능력자의 우위로 불평등을 초래할 수 있다는 점 등이 정보공개제도의 문제점으로 지적된다.

Ⅱ. 정보공개청구권의 주체·대상

1. 정보공개청구권자

모든 국민은 정보의 공개를 청구할 권리를 가진다(공개법 제 5 조 제 1 항). 따라서 모든 국민이 정보공개청구권자이다. 국민이란 자연인 외에 법인을 포함하는 개념이다. 법인격 없는 단체도 포함된다. 외국인의 정보공개청구에 대해서는 대통령령으로 정한다(공개법 제 5 조 제 2 항).

▌대판 2003. 12. 12, 2003두8050(공공기관의정보공개에관한법률…에서 말하는 국민에는 **자연인은 물론 법인, 권리능력 없는 사단·재단도 포함**되고, 법인, 권리능력 없는 사단 · 재단 등의 경우에는 설립목적을 불문하며, 한편 정보공개청구권은 법률상 보호되는 구체적인 권리이므로 청구인이 공공기관에 대하여 정보공개를 청구하였다가 **거부처분을 받은 것 자체가 법률상 이익의 침해**에 해당한다)(**충주환경운동연합 충주시장 정보공개청구 사건**).

2. 공개대상정보와 비공개대상정보

(1) 공개대상인 정보 공공기관이 보유 · 관리하는 정보는 공개대상이 된다(공개법 제 9 조 제 1 항 본문).

(가) 공공기관 공공기관이란 "국가기관, 지방자치단체, 공공기관의 운영에 관한 법률 제 2 조에 따른 공공기관, 그 밖에 대통령령으로 정하는 기관"을 말한다(공개법 제 2 조 제 3 호).

▪ **공공기관의 정보공개에 관한 법률 시행령 제 2 조(공공기관의 범위)** 「공공기관의 정보공개에 관한 법률」(이하 "법"이라 한다) 제 2 조 제 3 호 라목에서 "대통령령으로 정하는 기관"이란 다음 각 호의 기관 또는 단체를 말한다.
1. 「유아교육법」, 「초·중등교육법」, 「고등교육법」에 따른 각급 학교 또는 그 밖의 다른 법률에 따라 설치된 학교(이하 각호 생략)

(나) 정 보 정보란 "공공기관이 직무상 작성 또는 취득하여 관리하고 있는 문서(전자문서를 포함한다) · 도면 · 사진 · 필름 · 테이프 · 슬라이드 및 그 밖에 이에 준하는 매체 등에 기록된 사항"을 말한다(공개법 제 2 조 제 1 호).

(2) 비공개대상인 정보 공공기관의 정보공개에 관한 법률은 "다른 법률 또는 법률에서 위임한 명령(국회규칙 · 대법원규칙 · 헌법재판소규칙 · 중앙선거관리위원회규칙 · 대통령령 및 조례로 한정한다)에 따라 비밀이나 비공개 사항으로 규정된 정보" 등 일정 사항에 대하여는 공개하지 아니할 수 있다고 규정하고 있다(공개법 제 9 조 제 1 항).

▪ **공공기관의 정보공개에 관한 법률 제 9 조(비공개 대상 정보)** ① 공공기관이 보유·관리하는 정보는 공개 대상이 된다. 다만, 다음 각 호의 어느 하나에 해당하는 정보는 공개하지 아니할 수 있다.
1. 다른 법률 또는 법률에서 위임한 명령(국회규칙·대법원규칙·헌법재판소규칙·중앙선거관리위원회규칙·대통령령 및 조례로 한정한다)에 따라 비밀이나 비공개 사항으로 규정된 정보
2. 국가안전보장·국방·통일·외교관계 등에 관한 사항으로서 공개될 경우 국가의 중대한 이익을 현저히 해칠 우려가 있다고 인정되는 정보(이하 각호 생략)

Ⅲ. 정보공개청구의 절차

1. 정보공개의 청구

① 정보의 공개를 청구하는 자(이하 "청구인"이라 한다)는 해당 정보를 보유하거나 관리하고 있는 공공기관에 다음 각 호[1. 청구인의 성명 · 생년월일 · 주소 및 연락처<(전화번호 · 전자우편주소 등을 말한다. 이하 이 조에서 같다)>. 다만, 청구인이 법인 또는 단체인 경우에는 그 명칭, 대표자의 성명, 사업자등록번호 또는 이에 준하는 번호, 주된 사무소의 소재지 및 연락처를 말한다. 2. 청구인의 주민등록번호(본인임을 확인하고 공개 여부를 결정할 필요가 있는 정보를 청구하는 경우로 한정한다). 3. 공개를 청구하는 정보의 내용 및 공개방법]의 사항을 적은 정보공개 청구서를 제출하거나 말로써 정보의 공개를 청구할 수 있다(공개법 제10조 제 1 항). ② 제 1 항에 따라 청구인이 말로써 정보의 공개를 청구할 때에는 담당 공무원 또는 담당 임직원(이하 "담당공무원등"이라 한다)의 앞에서 진술하여야 하고, 담당공무원등은 정보공개 청구조서를 작성하여 이에 청구인과 함께 기명날인하거나 서명하여야 한다(공개법 제10조 제 2 항).

2. 공개 여부의 결정

① 공공기관은 제10조에 따라 정보공개의 청구를 받으면 그 청구를 받은 날부터 10일 이내에 공개 여부를 결정하여야 한다(공개법 제11조 제 1 항). ② 공공기관은 부득이한 사유로 제 1 항에 따른 기간 이내에 공개 여부를 결정할 수 없을 때에는 그 기간이 끝나는 날의 다음 날부터 기산하여 10일의 범위에서 공개 여부 결정기간을 연장할 수 있다. 이 경우 공공기관은 연장된 사실과 연장 사유를 청구인에게 지체 없이 문서로 통지하여야 한다(공개법 제11조 제 2 항).

3. 결정의 통지

① 공공기관은 제11조에 따라 정보의 공개를 결정한 경우에는 공개의 일시 및 장소 등을 분명히 밝혀 청구인에게 통지하여야 한다(공개법 제13조 제 1 항). ② 공공기관은 제11조에 따라 정보의 비공개 결정을 한 경우에는 그 사실을 청구인에게 지체 없이 문서로 통지하여야 한다. 이 경우 제 9 조 제 1 항 각 호 중 어느 규정에 해당하는 비공개 대상 정보인지를 포함한 비공개 이유와 불복(不服)의 방법 및 절차를 구체적으로 밝혀야 한다(공개법 제13조 제 5 항).

Ⅳ. 정보공개청구권자의 권리보호

1. 이의신청

(1) 신 청 청구인이 정보공개와 관련한 공공기관의 비공개 결정 또는 부분 공개 결정에 대하여 불복이 있거나 정보공개 청구 후 20일이 경과하도록 정보공개 결정이 없는 때에는 공공기관으로부터 정보공개 여부의 결정 통지를 받은 날 또는 정보공개 청구 후 20일이 경과한 날부터 30일 이내에 해당 공공기관에 문서로 이의신청을 할 수 있다(공개법 제18조 제 1 항).

(2) 정보공개심의회 개최 국가기관등은 제 1 항에 따른 이의신청이 있는 경우에는 심의회를 개최하여야 한다. 다만, 다음 각 호(1. 심의회의 심의를 이미 거친 사항, 2. 단순 · 반복적인 청구, 3. 법령에 따라 비밀로 규정된 정보에 대한 청구)의 어느 하나에 해당하는 경우에는 심의회를 개최하지 아니할 수 있으며 개최하지 아니하는 사유를 청구인에게 문서로 통지하여야 한다(공개법 제18조 제 2 항).

(3) 결 정 공공기관은 이의신청을 받은 날부터 7일 이내에 그 이의신청에 대하여 결정하고 그 결과를 청구인에게 지체 없이 문서로 통지하여야 한다. 다만, 부득이한 사유로 정하여진 기간 이내에 결정할 수 없을 때에는 그 기간이 끝나는 날의 다음 날부터 기산하여 7일의 범위에서 연장할 수 있으며, 연장 사유를 청구인에게 통지하여야 한다(공개법 제18조 제 3 항).

(4) 통 지 공공기관은 이의신청을 각하 또는 기각하는 결정을 한 경우에는 청구인에게 행정심판 또는 행정소송을 제기할 수 있다는 사실을 제 3 항에 따른 결과 통지와 함께 알려야 한다(공개법 제18조 제 4 항).

2. 행정심판

(1) 청 구 청구인이 정보공개와 관련한 공공기관의 결정에 대하여 불복이 있거나 정보공개 청구 후 20일이 경과하도록 정보공개 결정이 없는 때에는 「행정심판법」에서 정하는 바에 따라 행정심판을 청구할 수 있다. 이 경우 국가기관 및 지방자치단체 외의 공공기관의 결정에 대한 감독행정기관은 관계 중앙행정기관의 장 또는 지방자치단체의 장으로 한다(공개법 제19조 제 1 항).

(2) 이의신청과의 관계 청구인은 제18조에 따른 이의신청 절차를 거치지 아니하고 행정심판을 청구할 수 있다(공개법 제19조 제 2 항).

3. 행정소송

(1) 제　소　　청구인이 정보공개와 관련한 공공기관의 결정에 대하여 불복이 있거나 정보공개 청구 후 20일이 경과하도록 정보공개 결정이 없는 때에는 「행정소송법」에서 정하는 바에 따라 행정소송을 제기할 수 있다(공개법 제20조 제 1 항).

(2) 비 공 개　　재판장은 필요하다고 인정하면 당사자를 참여시키지 아니하고 제출된 공개 청구 정보를 비공개로 열람 · 심사할 수 있다(공개법 제20조 제 2 항).

Ⅴ. 제 3 자의 권리보호

1. 제 3 자에 대한 통지와 의견청취

공공기관은 공개 청구된 공개 대상 정보의 전부 또는 일부가 제 3 자와 관련이 있다고 인정할 때에는 그 사실을 제 3 자에게 지체 없이 통지하여야 하며, 필요한 경우에는 그의 의견을 들을 수 있다(공개법 제11조 제 3 항).

[예] 甲이 서대문세무서장에게 동업자들에 대한 과세관련자료의 공개를 청구한 경우, 서대문세무서장이 甲으로부터 청구된 자료의 일부분이 경쟁자인 乙의 영업활동과 관련이 있다고 판단되면, 서대문세무서장은 甲으로부터 동업자들에 대한 과세자료의 공개를 청구받았다는 사실을 乙에게 지체없이 통지하여야 하고, 그리고 필요하다고 판단되면 乙로부터 의견을 청취할 수 있다.

2. 제 3 자의 비공개요청

제11조 제 3 항에 따라 공개 청구된 사실을 통지받은 제 3 자는 그 통지를 받은 날부터 3일 이내에 해당 공공기관에 대하여 자신과 관련된 정보를 공개하지 아니할 것을 요청할 수 있다(공개법 제21조 제 1 항).

3. 공개결정과 행정쟁송

제 1 항에 따른 비공개 요청에도 불구하고 공공기관이 공개 결정을 할 때에는 공개 결정 이유와 공개 실시일을 분명히 밝혀 지체 없이 문서로 통지하여야 하며, 제 3 자는 해당 공공기관에 문서로 이의신청을 하거나 행정심판 또는 행정소송을 제기할 수 있다. 이 경우 이의신청은 통지를 받은 날부터 7일 이내에 하여야 한다(공개법 제21조 제 2 항). 공공기관은 제 2 항에 따른 공개 결정일과 공개 실시일 사이에 최소한 30일의 간격을 두어야 한다(공개법 제21조 제 3 항).

• 제 4 장

행정의 실효성확보

행정권은 각종의 행위형식(예: 행정입법 · 행정계획 · 행정행위)을 활용하면서 행정목적(공공복리의 증진과 질서유지)을 실현하려고 한다. 그러나 행정목적의 실현에는 행정의 상대방(국민 · 주민)의 협력이 필요한 경우가 적지 않다. 상대방의 협력이란 행정법상 의무를 준수하는 것(예: 빨간신호등이 켜진 때에는 진입하지 아니하는 것)과 행정법상 의무를 이행하는 것(예: 과세처분이 있으면 세금을 납부하는 것)을 말한다. 그러나 만약 행정의 상대방이 의무를 위반하면 처벌하고, 불이행하면 강제하는 것이 필요하다. 그래야만 행정은 실효성이 있게 된다. 행정의 실효성의 확보를 위한 수단들을 도해하면 다음과 같다.

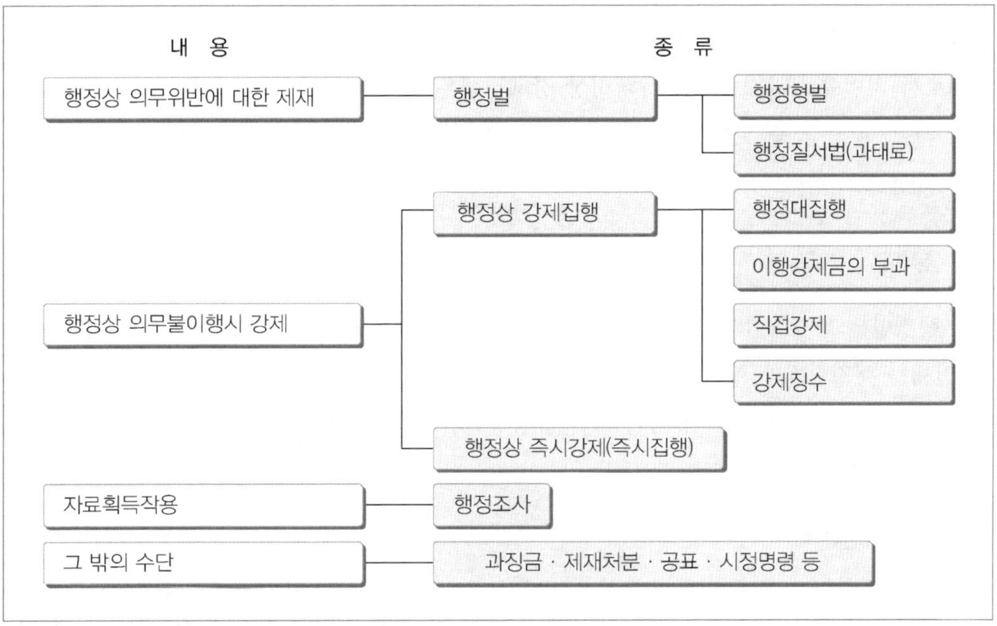

제1절 행 정 벌

Ⅰ. 행정벌의 관념

1. 개 념

행정의 상대방이 행정법상 의무를 위반한 경우에 국가 또는 지방자치단체가 행정의 상대방에 과하는 행정법상의 제재로서의 처벌(예: 징역·벌금·과태료)을 행정벌이라 한다. 행정벌은 직접적으로는 의무위반에 대하여 대가를 치르게 하는 것이고, 간접적으로는 처벌을 무기로 하여 의무위반을 방지하는 것을 목적으로 한다.

2. 구별개념

① 행정벌은 목적에서 행정조사와 구별된다. 행정벌은 과거의 의무위반에 대한 제재를 목적으로 하는 점에서 단순히 자료획득을 위한 행정조사와 목적을 달리한다. ② 행정벌은 내용상 행정상 강제집행이나 행정상 즉시강제와 구분된다. 행정벌은 과거의 의무위반에 대한 제재로서 처벌을 내용으로 하나, 행정상 강제집행은 불이행한 의무를 이행시키는 것을 내용으로 하고, 행정상 즉시강제는 의무를 명함이 없이 행정상 필요한 상태를 현실로 실현시키는 것을 내용으로 한다.

3. 종 류

행정벌은 행정형벌과 행정질서벌로 나누어진다. 행정형벌은 형사벌과 유사하다. 일반적인 견해는 행정형벌과 형사벌의 구별이 상대적·유동적이라는 전제하에 윤리를 기준으로 하여 형사벌의 대상은 반윤리적 행위이나, 행정형벌의 대상은 비교적 반윤리적 요소가 적은 행위라고 한다.

■ 참고 판례 ■

어떤 행정법규 위반행위에 대하여 이를 단지 간접적으로 행정상의 질서에 장해를 줄 위험성이 있음에 불과한 경우(단순한 의무태만 내지 의무위반)로 보아 행정질서벌인 과태료를 과할 것인가, 아니면 직접적으로 행정목적과 공익을 침해한 행위로 보아 행정형벌을 과할 것인가, 그리고 행정형벌을 과할 경우 그 법정형의 종류와 형량을 어떻게 정할 것인가는, 당해 위반행위가 위의 어느 경우에 해당하는가에 대한 법적 판단을 그르친 것이 아닌 한 그 처벌내용은 기본적으로 입법자가 제반 사정을 고려하여 결정할 입법재량에 속하는 문제이다(헌재 2016. 9. 29, 2015헌바121).

Ⅱ. 행정형벌

1. 의 의

형법은 형의 종류로 사형, 징역(무기 · 유기), 금고(무기 · 유기), 자격상실, 자격정지, 벌금, 구류, 과료, 몰수를 규정하고 있다(형법 제41조, 제42조). 앞에서 본 식품위생법 제94조와 같이 행정법령에 형법에 규정되어 있는 형벌이 규정되기도 하는데, 이와 같이 행정법상 의무위반에 대하여 형법에 규정되어 있는 형벌이 가해지는 행정벌을 행정형벌이라 한다.

2. 법적 근거

죄형법정주의의 원칙상 행정형벌은 법률의 근거를 요한다. 현재로서 행정벌에 관한 일반법은 없다. 단행 법률에서 개별적으로 규정되고 있다. 개별 법률의 위임이 있다면, 법규명령으로 행정벌을 규정할 수도 있으나, 헌법 제75조와 제95조의 위임입법의 법리에 따라야 한다.

▪ **헌법 제75조** 대통령은 법률에서 구체적으로 범위를 정하여 위임받은 사항과 법률을 집행하기 위하여 필요한 사항에 관하여 대통령령을 발할 수 있다.
제95조 국무총리 또는 행정각부의 장은 소관사무에 관하여 법률이나 대통령령의 위임 또는 직권으로 총리령 또는 부령을 발할 수 있다.

3. 형법총칙 적용 여부

식품위생법 제94조 제 1 항 제 1 호는 '총리령으로 정하는 질병에 걸린 동물의 고기를 판매하면 10년 이하의 징역 또는 1억원 이하의 벌금에 처하거나 이를 병과할 수 있다'고 규정한다. 그러나 총리령으로 정하는 질병에 걸린 동물의 고기를 판매하려다 미수에 그친 경우, 처벌할 수 있는가의 여부에 관해 식품위생법에는 아무런 규정이 없다. 이러한 경우에 형법총칙에서 규정하는 미수에 관한 조항을 적용할 것인가의 문제가 발생한다. 그런데 형법 제 8 조 본문은 "본법 총칙은 타법령에 정한 죄에 적용한다"고 규정하고 있고, 식품위생법은 타법령에 해당하므로 보건복지부령이 정하는 질병에 걸린 동물의 고기를 판매하려다 미수에 그친 경우, 처벌할 수 있는가의 여부는 형법총칙이 정하는 미수범에 관한 규정, 즉 형법 제29조가 정하는 바에 의한다.

▪ **형법 제 8 조(총칙의 적용)** 본법 총칙은 타법령에 정한 죄에 적용한다. 단 그 법령에 특별한 규정이 있는 때에는 예외로 한다.
제25조(미수범) ① 범죄의 실행에 착수하여 행위를 종료하지 못하였거나 결과가 발생하지 아니한 때에는 미수범으로 처벌한다.
② 미수범의 형은 기수범보다 감경할 수 있다.
제29조(미수범의 처벌) 미수범을 처벌할 죄는 각 본조에 정한다.

4. 과형절차

① 행정형벌의 부과에 관한 일반적인 절차는 형벌의 경우와 마찬가지로 형사소송법에 의한다. 그러나 ② 경우에 따라서는 특별절차로서 통고처분절차가 활용되기도 한다.

5. 통고처분

통고처분이란 일반형사소송절차에 앞선 절차로서 일정한 위법행위의 범법자에게 범칙금을 납부토록 하고, 범칙자가 그 범칙금을 납부하면 처벌이 종료되는 과형절차를 말한다. 통고처분은 조세범 · 관세범 · 출입국사범 · 교통사범(예: 도로교통법 제163조) 등의 경우에 적용되고 있다. 범칙자가 범칙금납부통고서에서 정한 범칙금을 납부하면 과형절차는 종료되고, 범칙자는 다시 형사소추되지 아니한다(예: 도로교통법 제164조). 만약 범칙자가 통고처분의 내용을 이행하지 아니하면 권한행정청(예: 세무서장 · 세관장)은 고발하여야 한다(조세범 처벌절차법 제17조 제 2 항; 관세법 제316조; 출입국관리법 제105조). 이로써 일반형사절차로 넘어가게 된다. 교통사범의 경우에는 권한행정청이 즉결심판을 신청하여야 한다(도로교통법 제165조 제 1 항). 범칙금의 납부자는 형벌을 받은 자와 달리 전과자가 아니다.

▪ **도로교통법 제163조(통고처분)** ① 경찰서장이나 제주특별자치도지사(제주특별자치도지사의 경우에는 제 6 조 제 1 항 · 제 2 항, 제61조 제 2 항에 따라 준용되는 제15조 제 3 항, 제39조 제 5 항, 제60조, 제62조, 제64조부터 제66조까지, 제73조 제 2 항 제 2 호부터 제 4 호까지 및 제95조 제 1 항의 위반행위는 제외한다)는 범칙자로 인정하는 사람에 대하여는 이유를 분명하게 밝힌 범칙금 납부통고서로 범칙금을 낼 것을 통고할 수 있다. 다만, 다음 각 호의 어느 하나에 해당하는 사람에 대하여는 그러하지 아니하다.
1. 성명이나 주소가 확실하지 아니한 사람
2. 달아날 우려가 있는 사람
3. 범칙금 납부통고서 받기를 거부한 사람

② 제주특별자치도지사가 제 1 항에 따라 통고처분을 한 경우에는 관할 경찰서장에게 그 사실을 통보하여야 한다.

제164조(범칙금의 납부) ① 제163조에 따라 범칙금 납부통고서를 받은 사람은 10일 이내에 경찰청장이 지정하는 국고은행, 지점, 대리점, 우체국 또는 제주특별자치도지사가 지정하는 금융회사 등이나 그 지점에 범칙금을 내야 한다. 다만, 천재지변이나 그 밖의 부득이한 사유로 말미암아 그 기간에 범칙금을 낼 수 없는 경우에는 부득이한 사유가 없어지게 된 날부터 5일 이내에 내야 한다.
② 제 1 항에 따른 납부기간에 범칙금을 내지 아니한 사람은 납부기간이 끝나는 날의 다음 날부터 20일 이내에 통고받은 범칙금에 100분의 20을 더한 금액을 내야 한다.
③ 제 1 항이나 제 2 항에 따라 범칙금을 낸 사람은 범칙행위에 대하여 다시 벌 받지 아니한다.

제165조(통고처분 불이행자 등의 처리) ① 경찰서장 또는 제주특별자치도지사는 다음 각 호의 어느 하나에 해당하는 사람에 대해서는 지체 없이 즉결심판을 청구하여야 한다. 다만, 제 2 호에 해당하는 사람으로서 즉결심판이 청구되기 전까지 통고받은 범칙금액에 100분의 50을 더한 금액을 납부한 사람에 대해서는 그러하지 아니하다.
1. 제163조 제 1 항 각 호의 어느 하나에 해당하는 사람
2. 제164조 제 2 항에 따른 납부기간에 범칙금을 납부하지 아니한 사람

② 제 1 항 제 2 호에 따라 즉결심판이 청구된 피고인이 즉결심판의 선고 전까지 통고받은 범칙금액에 100분의 50을 더한 금액을 내고 납부를 증명하는 서류를 제출하면 경찰서장 또는 제주특별자치도지사는 피고인에 대한 즉결심판 청구를 취소하여야 한다.
③ 제 1 항 각 호 외의 부분 단서 또는 제 2 항에 따라 범칙금을 납부한 사람은 그 범칙행위에 대하여 다시 벌 받지 아니한다.

Ⅲ. 행정질서벌

1. 의 의

(1) 학문적 개념 일반사회의 법익(법이 보호하는 이익)에 직접 영향을 미치지는 않으나 행정상의 질서(예: 집단급식소 현황파악과 관리를 위한 행정)에 장해를 야기할 우려가 있는 의무위반에 대해 과태료가 가해지는 제재를 행정질서벌이라 한다. 행정질서벌이나 행정형벌 모두 행정법규위반의 경우에 과해지는 제재라는 점에서 같다. 그러나 행정형벌은 공행정목적을 정면으로 위반한 경우에 과해지는 것이나, 행정질서벌은 단순의무위반으로 공행정질서에 장해를 줄 가능성이 있는 정도의 경미한 범법행위에 과해지는 제재라는 점이 다르다.

(2) 질서위반행위규제법상 개념 질서위반행위규제법은 질서위반행위를 형식적인 관점에서 「법률(지방자치단체의 조례를 포함한다)상의 의무를 위반하여 과태료를 부과하는 행위(① 대통령령으로 정하는 사법(私法)상 · 소송법상 의무를 위반하여 과태료를 부과하는 행위와 ② 대통령령으로 정하는 법률의 규정에 따른 징계사유에 해당하여 과태료를 부과하는 행위 제외)」로 정의하고 있다(질서법 제 2 조 제 1 호). 질서위반행위규제법에서 말하는 모든 질서위반행위가 행정질서벌에 해당하는 것은 아니고, 다만 행정법의 영역에서 이루어지는 질서위반행위만이 행정질서벌에 해당한다.

2. 법적 근거

(1) 법 률 행정질서벌의 총칙(행정질서벌의 성립요건 등에 관한 규정)으로 질서위반행위규제법이 있고(엄밀히 말한다면 질서위반행위규제법은 행정질서벌을 포함한 모든 질서벌의 일반법이다), 각칙(행정질서벌의 구체적인 종류를 정하는 규정)은 개별 법률에서 규정되고 있다.

(2) 조 례 조례로서 벌칙을 정할 수도 있다. 즉 지방자치단체는 조례로써 조례위반행위에 대하여 천만원 이하의 과태료를 정할 수 있다(지자법 제27조 제 1 항). 그리고 공공시설부정사용자등에 대하여 조례로 과태료를 정할 수 있다(지자법 제139조 제 2 항). 개별법률상 위임이 있으면, 위임의 범위 안에서 조례로 벌칙을 정할 수도 있다.

3. 질서위반행위의 성립 등

① 고의 또는 과실이 없는 질서위반행위는 과태료를 부과하지 아니한다(질서법 제 7 조).

② 14세가 되지 아니한 자의 질서위반행위는 과태료를 부과하지 아니한다. 다만, 다른 법률에 특별한 규정이 있는 경우에는 그러하지 아니하다(질서법 제 9 조). ③ 법인의 대표자, 법인 또는 개인의 대리인 · 사용인 및 그 밖의 종업원이 업무에 관하여 법인 또는 그 개인에게 부과된 법률상의 의무를 위반한 때에는 법인 또는 그 개인에게 과태료를 부과한다(질서법 제11조 제 1 항). ④ 과태료는 행정청의 과태료 부과처분이나 법원의 과태료 재판이 확정된 후 5년간 징수하지 아니하거나 집행하지 아니하면 시효로 인하여 소멸한다(질서법 제15조 제 1 항).

▮ 대결 2011. 7. 14, 2011마364(질서위반행위규제법은 과태료의 부과대상인 질서위반행위에 대하여도 **책임주의 원칙**을 채택하여 제 7 조에서 "고의 또는 과실이 없는 질서위반행위는 과태료를 부과하지 아니한다."고 규정하고 있으므로, **질서위반행위를 한 자가 자신의 책임 없는 사유로 위반행위에 이르렀다고 주장하는 경우** 법원으로서는 그 내용을 살펴 행위자에게 고의나 과실이 있는지를 따져보아야 한다)(**화성시 토지거래허가위반 사건**).

4. 과태료의 부과 · 징수와 이의제기

(1) 부과 · 징수 ① 행정청이 질서위반행위에 대하여 과태료를 부과하고자 하는 때에는 미리 당사자(제11조 제 2 항에 따른 고용주등을 포함한다. 이하 같다)에게 대통령령으로 정하는 사항을 통지하고, 10일 이상의 기간을 정하여 의견을 제출할 기회를 주어야 한다. 이 경우 지정된 기일까지 의견 제출이 없는 경우에는 의견이 없는 것으로 본다(질서법 제16조 제 1 항). ② 행정청은 제16조의 의견 제출 절차를 마친 후에 서면으로 과태료를 부과하여야 한다(질서법 제17조 제 1 항). ③ 행정청은 질서위반행위가 종료된 날(다수인이 질서위반행위에 가담한 경우에는 최종행위가 종료된 날을 말한다)부터 5년이 경과한 경우에는 해당 질서위반행위에 대하여 과태료를 부과할 수 없다(질서법 제19조 제 1 항).

(2) 이의제기 ① 행정청의 과태료 부과에 불복하는 당사자는 제17조 제 1 항에 따른 과태료 부과 통지를 받은 날부터 60일 이내에 해당 행정청에 서면으로 이의제기를 할 수 있다(질서법 제20조 제 1 항). ② 제 1 항에 따른 이의제기가 있는 경우에는 행정청의 과태료 부과처분은 그 효력을 상실한다(질서법 제20조 제 2 항). ③ 제20조 제 1 항에 따른 이의제기를 받은 행정청은 이의제기를 받은 날부터 14일 이내에 이에 대한 의견 및 증빙서류를 첨부하여 관할법원에 통보하여야 한다. 다만, 다음 각호(1. 당사자가 이의제기를 철회한 경우, 2. 당사자의 이의제기에 이유가 있어 과태료에 처할 필요가 없는 것으로 인정되는 경우)의 어느 하나에 해당하는 경우에는 그러하지 아니하다(질서법 제21조 제 1 항).

5. 질서위반행위의 재판 및 집행

(1) 재 판 ① 과태료 사건은 다른 법령에 특별한 규정이 있는 경우를 제외하고는 당사자의 주소지의 지방법원 또는 그 지원의 관할로 한다(질서법 제25조). ② 법원은 심문

기일을 열어 당사자의 진술을 들어야 한다(질서법 제31조 제 1 항). ③ 법원은 검사의 의견을 구하여야 하고, 검사는 심문에 참여하여 의견을 진술하거나 서면으로 의견을 제출하여야 한다(질서법 제31조 제 2 항). ④ 과태료 재판은 이유를 붙인 결정으로써 한다(질서법 제36조 제 1 항). 결정은 당사자와 검사에게 고지함으로써 효력이 생긴다(질서법 제37조 제 1 항).

(2) 집 행 과태료 재판은 검사의 명령으로써 집행한다. 이 경우 그 명령은 집행력 있는 집행권원과 동일한 효력이 있다(질서법 제42조 제 1 항). 과태료 재판의 집행절차는 「민사집행법」에 따르거나 국세 또는 지방세 체납처분의 예에 따른다(질서법 제42조 제 2 항 본문).

6. 병과(이중처벌의 문제)

(1) 행정형벌과 행정질서벌

(가) 학 설 학설은 ① 행정질서벌과 행정형벌은 넓은 의미의 처벌이고, 동일한 위반행위에 대한 행정벌이라는 점에서 병과가 불가능하다는 부정설과 ② 동일인이라도 그 대상행위가 다른 경우에 양자를 각각 부과하는 것은 그 보호법익과 목적에서 차이를 갖게 되므로 이중처벌에 해당하지 않는다는 긍정설이 있다.

(나) 판 례 대법원과 헌법재판소는 행정형벌과 행정질서벌은 모두 행정벌의 일종이지만, 그 목적이나 성질이 다르므로, 행정질서벌인 과태료부과처분 후에 행정형벌을 부과한다고 하여도 일사부재리의 원칙에 반하는 것은 아니라고 한 바 있다(대판 1996. 4. 12, 96도158; 헌재 1994. 6. 30, 92헌바38).

(다) 사 견 ① 행정형벌과 행정질서벌의 개념은 법익침해의 강약 등에 따른 처벌의 강약에 차이가 있다. 입법자는 특정 행위의 법익침해의 정도가 강하여 강한 처벌이 필요하면 행정형벌로 규정할 것이고, 미약하다면 행정질서벌로 규정할 것이다. 따라서 특정의 행위는 행정형벌의 대상이 되든지 아니면 행정질서벌의 대상이 되는 것이지, 동시에 행정형벌의 대상이 되면서 행정질서벌의 대상이 될 수는 없다(부정설). 그러나 ② 만약 입법자가 하나의 행위가 갖는 여러 의미를 분리하여 규정한다면 — 그러한 입법은 바람직한 것도 아니고 위헌이라 할 수도 없지만 — 양자의 병과는 가능하다고 볼 것이다.

(2) 징계벌과 행정질서벌의 병과 징계벌과 행정질서벌은 모두 불이익한 처벌이다. 그러나 징계벌은 공무원 사회의 내부질서를 위한 것이지만 행정질서벌은 국가 전체의 질서를 위한 것이라는 점에서 양자는 목적을 달리한다. 따라서 징계벌을 부과한 후 행정질서벌을 부과할 수도 있다.

> **[예]** 새 차를 구입하면서 임시운행기간의 경과 후에도 자동차등록원부에 등록을 하지 아니한 채 자동차를 운행하면, 임시운행기간의 경과 후의 운행을 이유로 행정질서벌(과태료)이 부과될 수 있을 뿐만 아니라 공무원의 품위를 유지하지 아니하였다는 이유로 징계처분을 받을 수도 있다.

▪ 국가공무원법 제63조(품위 유지의 의무) 공무원은 직무의 내외를 불문하고 그 품위가 손상되는 행위를 하여서는 아니 된다.

제78조(징계 사유) ① 공무원이 다음 각 호의 어느 하나에 해당하면 징계 의결을 요구하여야 하고 그 징계 의결의 결과에 따라 징계처분을 하여야 한다.

1. 이 법 및 이 법에 따른 명령을 위반한 경우

▪ 지방공무원법 제55조(품위 유지의 의무) 공무원은 품위를 손상하는 행위를 하여서는 아니 된다.

제69조(징계사유) ① 공무원이 다음 각 호의 어느 하나에 해당하면 징계의결을 요구하여야 하고, 징계의결의 결과에 따라 징계처분을 하여야 한다.

1. 이 법 또는 이 법에 따른 명령이나 지방자치단체의 조례 또는 규칙을 위반하였을 때

7. 실효성 제고수단

(1) 관허사업의 제한 ① 행정청은 허가·인가·면허·등록 및 갱신(이하 "허가등"이라 한다)을 요하는 사업을 경영하는 자로서 다음 각 호(1. 해당 사업과 관련된 질서위반행위로 부과받은 과태료를 3회 이상 체납하고 있고, 체납발생일부터 각 1년이 경과하였으며, 체납금액의 합계가 500만원 이상인 체납자 중 대통령령으로 정하는 횟수와 금액 이상을 체납한 자, 2. 천재지변이나 그 밖의 중대한 재난 등 대통령령으로 정하는 특별한 사유 없이 과태료를 체납한 자)의 사유에 모두 해당하는 체납자에 대하여는 사업의 정지 또는 허가등의 취소를 할 수 있다(질서법 제52조 제 1 항). ② 허가등을 요하는 사업의 주무관청이 따로 있는 경우에는 행정청은 당해 주무관청에 대하여 사업의 정지 또는 허가등의 취소를 요구할 수 있다(질서법 제52조 제 2 항). ③ 행정청은 제 1 항 또는 제 2 항에 따라 사업의 정지 또는 허가등을 취소하거나 주무관청에 대하여 그 요구를 한 후 당해 과태료를 징수한 때에는 지체 없이 사업의 정지 또는 허가등의 취소나 그 요구를 철회하여야 한다(질서법 제52조 제 3 항). ④ 제 2 항에 따른 행정청의 요구가 있는 때에는 당해 주무관청은 정당한 사유가 없는 한 이에 응하여야 한다(질서법 제52조 제 4 항).

(2) 신용정보의 제공 등 행정청은 과태료 징수 또는 공익목적을 위하여 필요한 경우 「국세징수법」 제 7 조의2를 준용하여 「신용정보의 이용 및 보호에 관한 법률」 제25조 제 2 항 제 1 호에 따른 종합신용정보집중기관의 요청에 따라 체납 또는 결손처분자료를 제공할 수 있다(질서법 제53조 제 1 항 본문).

(3) 고액·상습체납자에 대한 제재 법원은 검사의 청구에 따라 결정으로 30일의 범위 이내에서 과태료의 납부가 있을 때까지 다음 각 호(1. 과태료를 3회 이상 체납하고 있고, 체납발생일부터 각 1년이 경과하였으며, 체납금액의 합계가 1천만원 이상인 체납자 중 대통령령으로 정하는 횟수와 금액 이상을 체납한 경우, 2. 과태료 납부능력이 있음에도 불구하고 정당한 사유 없이 체납한 경우)의 사유에 모두 해당하는 경우 체납자(법인인 경우에는 대표자를 말한다. 이하 이 조에서 같다)를 감치(監置)에 처할 수 있다(질서법 제54조 제 1 항).

(4) 자동차 관련 과태료 체납자에 대한 자동차 등록번호판의 영치 ① 행정청은 「자동차관리법」 제 2 조 제 1 호에 따른 자동차의 운행·관리 등에 관한 질서위반행위 중 대

통령령으로 정하는 질서위반행위로 부과받은 과태료(이하 "자동차 관련 과태료"라 한다)를 납부하지 아니한 자에 대하여 체납된 자동차 관련 과태료와 관계된 그 소유의 자동차의 등록번호판을 영치할 수 있다(질서법 제55조 제 1 항). ② 자동차 관련 과태료를 납부하지 아니한 자가 체납된 자동차 관련 과태료를 납부한 경우 행정청은 영치한 자동차 등록번호판을 즉시 내주어야 한다(질서법 제55조 제 3 항).

8. 행정형벌의 행정질서벌화

행정형벌의 행정질서벌화는 비교적 오래전부터 주장되어 왔다. 경미한 행정법규위반이 행정형벌로 이어진다면, 그것은 국민을 전과자로 만들 가능성을 갖는다. 따라서 비교적 경미한 행정법규위반에 대해 단기자유형이나 벌금형을 규정하는 경우에는 과태료로 전환하는 것이 필요하다. 실무상으로도 행정형벌의 질서벌화가 계속 추진되고 있다.

제 2 절 행정상 강제

제1항 일 반 론

1. 의 의

행정청은 행정목적을 달성하기 위하여 필요한 경우에는 법률로 정하는 바에 따라 필요한 최소한의 범위에서 다음 각 호(행정대집행, 이행강제금의 부과, 직접강제, 강제징수, 즉시강제)의 어느 하나에 해당하는 조치를 할 수 있다(행정기본법 제30조 제 1 항). 행정기본법은 이러한 수단들을 행정상 강제라 부르고 있다(행정기본법 제30조 제목).

2. 유 형

행정대집행 · 이행강제금의 부과 · 직접강제 · 강제징수는 의무자가 행정상 의무를 불이행하는 경우의 행정상 강제수단이고, 즉시강제는 의무의 부과와 동시에 이루어지는 즉시강제가 있다. 이하에서 행정대집행 · 이행강제금의 부과 · 직접강제 · 강제징수를 합하여 강제집행으로 부르기로 한다.

3. 행정상 강제 법정주의

행정기본법 제30조 제 1 항은 "…법률로 정하는 바에 따라…조치(행정상 강제)를 할 수 있다"고 규정하고 있다. 따라서 행정기본법은 행정상 강제는 법률로 정하는 바에 따라야 한다는 행정상 강제 법정주의를 취하고 있다. 행정상 강제 조치에 관하여 행정기본법에서 정한 사항 외에 필요한 사항은 따로 법률로 정한다(행정기본법 제30조 제 2 항).

4. 비례원칙

행정기본법 제30조 제 1 항은 "① '행정목적을 달성하기 위하여 필요한 경우'에 ② '필요한 최소한의 범위에서' 조치(행정상 강제)를 할 수 있다"고 규정하여 행정상 강제가 이루어질 수 있는 실체적 요건으로서 비례원칙을 규정하고 있다.

제 2 항 강제집행

Ⅰ. 행정대집행

1. 의 의

행정대집행이란 "의무자가 행정상 의무(법령등에서 직접 부과하거나 행정청이 법령등에 따라 부과한 의무를 말한다. 이하 이 절에서 같다)로서 타인이 대신하여 행할 수 있는 의무를 이행하지 아니하는 경우 법률로 정하는 다른 수단으로는 그 이행을 확보하기 곤란하고 그 불이행을 방치하면 공익을 크게 해칠 것으로 인정될 때에 행정청이 의무자가 하여야 할 행위를 스스로 하거나 제 3 자에게 하게 하고 그 비용을 의무자로부터 징수하는 것"을 말한다(행정기본법 제31조 제 1 항 제 1 호). 단순히 대집행이라 부르기도 한다.

2. 법적 근거

행정대집행에 관한 일반법으로 행정대집행법이 있다. 행정대집행에 관한 규정을 갖는 개별 법률도 있다(예: 골재채취법 제33조, 공익사업을 위한 토지 등의 취득 및 보상에 관한 법률 제89조). 개별 법률에 특별한 규정이 없는 경우에는 행정대집행법이 일반법으로 적용된다.

▪ **골재채취법 제33조(원상복구 명령 등)** ① 시장·군수 또는 구청장은 골재채취 허가를 받아야 할 자가 허가를 받지 아니하고 골재를 채취한 경우에는 골재채취구역의 원상복구 또는 시설의 철거 등을 명하거나 이에 필요한 조치를 할 수 있다.
② 시장·군수 또는 구청장은 제 1 항에 따른 명령을 받은 자가 그 명령을 이행하지 아니할 때에는 「행정대집행법」에 따라 대집행을 할 수 있다.

▪ **공익사업을 위한 토지 등의 취득 및 보상에 관한 법률 제89조(대집행)** ① 이 법 또는 이 법에 따른 처분으로 인한 의무를 이행하여야 할 자가 그 정하여진 기간 이내에 의무를 이행하지 아니하거나 완료하기 어려운 경우 또는 그로 하여금 그 의무를 이행하게 하는 것이 현저히 공익을 해친다고 인정

되는 사유가 있는 경우에는 사업시행자는 시·도지사나 시장·군수 또는 구청장에게 「행정대집행법」에서 정하는 바에 따라 대집행을 신청할 수 있다. 이 경우 신청을 받은 시·도지사나 시장·군수 또는 구청장은 정당한 사유가 없으면 이에 따라야 한다.

3. 요 건

대집행의 실체적 요건은 행정대집행법 제 2 조가 정하고 있다.

▪ **행정대집행법 제 2 조(대집행과 그 비용징수)** 법률(법률의 위임에 의한 명령, 지방자치단체의 조례를 포함한다. 이하 같다)에 의하여 직접명령되었거나 또는 법률에 의거한 행정청의 명령에 의한 행위로서 타인이 대신하여 행할 수 있는 행위를 의무자가 이행하지 아니하는 경우 다른 수단으로써 그 이행을 확보하기 곤란하고 또한 그 불이행을 방치함이 심히 공익을 해할 것으로 인정될 때에는 당해 행정청은 스스로 의무자가 하여야 할 행위를 하거나 또는 제삼자로 하여금 이를 하게 하여 그 비용을 의무자로부터 징수할 수 있다.

(1) 공법상 의무의 불이행이 있을 것 ① 대집행은 공법상 의무의 불이행을 대상으로 한다. 따라서 사법상 의무의 불이행은 대집행의 대상이 되지 않는다(대판 1975. 4. 22, 73누215). ② 공법상 의무의 불이행이 있어야 한다. 대집행절차의 개시 후에 의무의 이행이 있었다면, 대집행은 중지되어야 한다.

(2) 불이행된 의무는 대체적 작위의무일 것 ① 공법상의 의무는 타인이 대신하여 행할 수 있는 의무, 즉 대체적 작위의무이어야 한다. 의무자만이 이행가능한 전문·기술적인 의무는 대체성이 없다. ② 행정청이 토지나 건물의 인도의무(인도명령)를 부과한 경우 그 의무부과의 목적은 토지 등의 점유이전이다. 이러한 의무는 대체적 작위의무가 아니어서 대집행은 불가능하다(대판 1998. 10. 23, 97누157). 따라서 토지·건물의 인도의무의 불이행이 있는 경우에는 사정에 따라 경찰관 직무집행법상 위험발생방지조치(제 5 조) 등이나 형법상 공무집행방해죄의 적용을 통해 의무의 이행을 확보할 수 있을 뿐이다. ③ 부작위의무는 철거명령 등을 통해 작위의무로 전환시킨 후에 대집행의 대상이 될 수 있다(건축법 제79조; 도로법 제96조; 골재채취법 제33조 참조). 작위의무로 전환시킬 수 있는 법적 근거(전환규범)가 없다면, 법률유보의 원칙상 대집행은 불가능하다(대판 1996. 6. 28, 96누4374).

▪ **건축법 제79조(위반 건축물 등에 대한 조치 등)** ① 허가권자는 이 법 또는 이 법에 따른 명령이나 처분에 위반되는 대지나 건축물에 대하여 이 법에 따른 허가 또는 승인을 취소하거나 그 건축물의 건축주 · 공사시공자 · 현장관리인 · 소유자 · 관리자 또는 점유자(이하 "건축주등"이라 한다)에게 공사의 중지를 명하거나 상당한 기간을 정하여 그 건축물의 해체 · 개축 · 증축 · 수선 · 용도변경 · 사용금지 · 사용제한, 그 밖에 필요한 조치를 명할 수 있다.
▪ **도로법 제96조(법령 위반자 등에 대한 처분)** 도로관리청은 다음 각 호의 어느 하나에 해당하는 자에게 이 법에 따른 허가나 승인의 취소, 그 효력의 정지, 조건의 변경, 공사의 중지, 공작물의 개축, 물건의 이전, 통행의 금지·제한 등 필요한 처분을 하거나 조치를 명할 수 있다. (각호 생략)
▪ **골재채취법 제33조(원상복구 명령 등)** ① 시장·군수 또는 구청장은 골재채취 허가를 받아야 할

자가 허가를 받지 아니하고 골재를 채취한 경우에는 골재채취구역의 원상복구 또는 시설의 철거 등을 명하거나 이에 필요한 조치를 할 수 있다.

▌대판 2005. 8. 19, 2004다2809(피수용자 등이 기업자에 대하여 부담하는 수용대상 토지의 인도의무에 관한 구 토지수용법 제63조 등의 규정에서의 **'인도'에는 명도도 포함**되는 것으로 보아야 하고, 이러한 **명도의무는 그것을 강제적으로 실현하면서 직접적인 실력행사가 필요한 것**이지 대체적 작위의무라고 볼 수 없으므로 특별한 사정이 없는 한 행정대집행법에 의한 대집행의 대상이 될 수 있는 것이 아니다)(**종암제3구역주택재개발조합 명도신청 사건**).

(3) 다른 방법이 없을 것(보충성) 대집행이 인정되기 위해서는 불이행된 의무를 다른 수단으로는 이행을 확보하기가 곤란하여야 한다(대판 1989. 7. 11, 88누11193). 다른 수단이란 비례원칙상 의무자에 대한 침해가 대집행보다 경미한 수단을 의미한다. 따라서 직접강제나 행정벌은 이에 해당하기 어렵다. 행정지도 내지 사실상의 권유 등은 다른 수단에 해당한다.

(4) 공익상의 요청이 있을 것 의무의 불이행만으로 대집행이 가능한 것은 아니다. 의무의 불이행을 방치하는 것이 심히 공익을 해한다고 인정되는 경우에 비로소 대집행이 허용된다. 「심히」의 판단시기는 계고시가 기준이 된다.

4. 대집행주체와 대집행행위자

(1) 대집행주체 대집행을 결정하고 이를 실행할 수 있는 권한을 가진 자를 대집행주체라 한다. 대집행주체는 당해 행정청이다(행집법 제2조). 당해 행정청이란 의무를 부과한 행정청을 의미한다. 그것은 국가기관일 수도 있고, 지방자치단체의 기관일 수도 있다.

(2) 대집행행위자 대집행을 현실로 수행하는 자를 대집행행위자라 하는데, 대집행행위자는 반드시 당해 행정청이어야 하는 것은 아니다. 예컨대 행정청과 제3자(예: ○○건설주식회사) 사이에 사법상 도급계약을 통해 제3자가 대집행을 수행할 수도 있다.

5. 대집행의 절차

대집행의 절차는 행정대집행법 제3조가 규정하고 있다. 대집행은 ① 계고 → ② 대집행영장에 의한 통지 → ③ 대집행의 실행 → ④ 비용의 징수의 순으로 이루어진다.

▪ 행정대집행법 제3조(대집행의 절차) ① 전조의 규정에 의한 처분(이하 대집행이라 한다)을 하려함에 있어서는 상당한 이행기한을 정하여 그 기한까지 이행되지 아니할 때에는 대집행을 한다는 뜻을 미리 문서로써 계고하여야 한다. 이 경우 행정청은 상당한 이행기한을 정함에 있어 의무의 성질·내용 등을 고려하여 사회통념상 해당 의무를 이행하는 데 필요한 기간이 확보되도록 하여야 한다.
② 의무자가 전항의 계고를 받고 지정기한까지 그 의무를 이행하지 아니할 때에는 당해 행정청은 대집행영장으로써 대집행을 할 시기, 대집행을 시키기 위하여 파견하는 집행책임자의 성명과 대집행에 요하는 비용의 개산에 의한 견적액을 의무자에게 통지하여야 한다.
③ 비상시 또는 위험이 절박한 경우에 있어서 당해 행위의 급속한 실시를 요하여 전2항에 규정한 수속을 취할 여유가 없을 때에는 그 수속을 거치지 아니하고 대집행을 할 수 있다.

(1) 계 고

㈎ **의 의** 대집행요건이 갖추어진 경우, 대집행을 하기 위해서는 먼저 의무의 이행을 독촉하는 뜻의 계고를 하여야 한다(행집법 제 3 조 제 1 항). 다만 비상시 또는 위험이 절박한 경우에 있어서 당해 행위의 급속한 실시를 요하여 계고의 수속을 취할 여유가 없을 때에는 그 수속을 거치지 아니하고 대집행을 할 수 있다(행집법 제 3 조 제 3 항; 건축법 제85조; 옥외광고물 등의 관리와 옥외광고산업 진흥에 관한 법률 제10조의2 제 1 항). 이러한 경우는 행정상 즉시강제의 성격을 갖게 된다.

㈏ **법적 성질** 계고란 준법률행위적 행정행위로서 통지행위에 해당하며(통설), 행정쟁송의 대상이 된다(대판 1962. 10. 18, 62누117).

㈐ **요 건** ① 계고시에 의무의 내용이 특정되어야 한다(대판 1997. 2. 14, 96누15428; 대판 1992. 6. 12, 91누13564). ② 계고시에 상당한 이행기간을 정하여야 한다. 상당한 기간이란 사회통념상 이행에 필요한 기간을 의미한다(대판 1990. 9. 14, 90누2048). ③ 계고는 문서로 하여야 한다(행집법 제 3 조 제 1 항). 구두에 의한 계고는 무효이다.

(2) 대집행영장에 의한 통지

㈎ **의 의** 의무자가 계고를 받고 그 지정기한까지 그 의무를 이행하지 아니할 때에는 당해 행정청은 대집행영장으로써 대집행을 할 시기, 대집행을 시키기 위하여 파견하는 집행책임자의 성명과 대집행에 요하는 비용의 개산에 의한 견적액을 의무자에게 통지하여야 한다(행집법 제 3 조 제 2 항). 그러나 비상시 또는 위험이 절박한 경우에 있어서 당해 행위의 급속한 실시를 요하여 위에서 말한 대집행영장에 의한 통지의 절차를 취할 여유가 없을 때에는 그 수속을 거치지 아니하고 대집행을 할 수 있다(행집법 제 3 조 제 3 항; 건축법 제85조; 옥외광고물 등의 관리와 옥외광고산업 진흥에 관한 법률 제10조의2 제 1 항).

㈏ **성 질** 대집행통지는 준법률행위적 행정행위로 이해되나, 동시에 의무자에게 대집행시 수인의무를 부과하는 것이기도 하다. 한편, 계고절차는 거치되 대집행영장에 의한 통지절차를 생략하는 경우는 계고절차를 생략하는 경우와는 달리 행정상 즉시강제의 성격을 갖지 않는다.

(3) 대집행의 실행

㈎ **실 행** 의무자가 지정된 기한까지 의무를 이행하지 않으면, 당해 행정청은 스스로 의무자가 해야 할 행위를 하거나 또는 제 3 자로 하여금 그 행위를 하게 한다. 여기서 스스로 한다고 하는 것은 자기집행으로서 소속공무원으로 하여금 실행하게 하는 것을 의미하고, 제 3 자로 하여금 하게 한다는 것은 타자집행으로서 도급계약에 의거하여 적당한 제 3 자로 하여금 행하게 하는 것을 말한다. 실행행위의 성질은 수인하명과 사실행위가 결합된 합성행위로서 권력적 사실행위에 해당한다.

(나) **시간상 제한** 행정청(제2조에 따라 대집행을 실행하는 제3자를 포함한다. 이하 이 조에서 같다)은 해가 뜨기 전이나 해가 진 후에는 대집행을 하여서는 아니 된다. 다만, 다음 각 호(1. 의무자가 동의한 경우, 2. 해가 지기 전에 대집행을 착수한 경우, 3. 해가 뜬 후부터 해가 지기 전까지 대집행을 하는 경우에는 대집행의 목적 달성이 불가능한 경우, 4. 그 밖에 비상시 또는 위험이 절박한 경우)의 어느 하나에 해당하는 경우에는 그러하지 아니하다(행집법 제4조 제1항).

(다) **안전 확보** 행정청은 대집행을 할 때 대집행 과정에서의 안전 확보를 위하여 필요하다고 인정하는 경우 현장에 긴급 의료장비나 시설을 갖추는 등 필요한 조치를 하여야 한다(행집법 제4조 제2항).

(라) **증표의 휴대** 스스로 하든, 제3자로 하여금 행하게 하든 간에 대집행을 하기 위하여 현장에 파견되는 집행책임자는 그가 집행책임자라는 것을 표시한 증표를 휴대하여 대집행시에 이해관계인에게 제시하여야 한다(행집법 제4조 제3항). 집행책임자가 증표를 제시하면 이해관계자는 강제집행에 대해 수인할 의무를 부담하게 되고, 이에 대항하면 공무집행방해죄를 구성하게 된다.

(마) **실력행사** 수인의무를 위반하여 의무자가 행하는 저항을 행정청이 실력으로 배제할 수 있는가는 문제이다. ① 우리는 명문의 규정을 갖고 있지 않기 때문에 부정적으로 보는 견해도 있으나, ② 부득이한 경우에는 대집행의 실행을 위해 필요한 최소한의 범위 내에서 저항을 배제하는 것은 가능하다고 볼 것이다. 그래야만 대집행은 의미있게 되기 때문이다.

(4) 비용의 징수 대집행에 요한 비용은 의무자가 부담한다. 당해 행정청은 실제에 요한 비용과 그 납기일을 정하여 의무자에게 문서로써 그 납부를 명하여야 한다(행집법 제5조). 의무자가 그 비용을 납부하지 않으면 당해 행정청은 대집행에 요한 비용을 국세징수법의 예에 의하여 징수할 수 있다(행집법 제6조 제1항). 비용납부명령은 급부의무를 부과하는 하명으로서 처분성을 가진다.

6. 권리보호

(1) 행정쟁송(행정심판과 행정소송)

(가) **행정심판** 대집행(계고, 대집행영장에 의한 통지, 대집행의 실행)에 대하여는 행정심판을 제기할 수 있다(행집법 제7조). 행정기본법이 규정하는 이의신청을 할 수도 있다(행정기본법 제31조 제1항 제1호).

(나) **행정소송** 대집행에 대한 행정심판의 제기가 법원에 대한 출소의 권리를 방해하지 아니한다(행집법 제8조). 즉, 대집행(계고, 대집행영장에 의한 통지, 대집행의 실행)에 관하여 불복이 있는 자는 행정소송의 제기를 통하여 위법한 대집행을 다툴 수도 있다. 대집행에도 행정소송법의 일반원칙인 임의적 심판전치가 적용된다. 행정대집행이 완료되면 더 이상 행정쟁

송을 제기할 권리보호의 필요는 없게 된다. 따라서 대집행이 완료되기 전에 집행정지제도를 활용할 필요가 있다.

[예] ① 서대문구청장이 甲소유의 A건물이 불법건물이라 하여 甲에게 철거처분을 내렸으나 甲은 A건물이 불법건물이 아니라는 이유로 불응하였고, 이에 서대문구청장이 대집행(강제철거)에 나섰다고 하자. 甲으로서는 대집행처분의 취소를 구하는 행정심판이나 행정소송을 제기하려면 A건물이 철거되기 전까지 하여야 한다. 왜냐하면 판례는 행정심판이나 행정소송으로 다투는 것은 위법한 대집행처분 자체의 제거를 목적으로 하는 것이지, 사라진 건물을 다시 짓는 것을 목적으로 하는 것은 아니므로 이미 철거된 건물에 대한 대집행처분의 취소를 구할 수 없다고 하기 때문이다. 말하자면 A건물이 서대문구청장에 의해 현실적으로 철거되어 버린 후에는 행정심판이나 행정소송에서 甲이 이긴다고 하여도 A건물이 저절로 되살아나는 것은 아니기 때문에 甲의 권리(소유권)를 보호할 필요성이 없기 때문이라는 것이다. 따라서 甲으로서는 대집행의 효력을 묶어두는 집행정지제도(執行停止制度)를 활용하여 서대문구청장의 대집행을 묶어두고 행정심판이나 행정소송을 제기할 필요가 있다. ② 만약 서대문구청장이 A건물을 철거해버린 후라면 甲은 서대문구를 상대로 손해배상(損害賠償)을 청구할 수 있을 뿐이다.

(2) 손해배상 위법한 대집행을 통해 손해를 입은 자는 국가나 지방자치단체를 상대로 손해배상을 청구할 수 있다. 손해배상청구는 대집행이 종료된 경우에 보다 의미를 갖는다. 손해배상의 청구에 대집행처분의 취소판결이 요구되는 것은 아니므로 국가배상청구소송의 수소법원은 선결문제로서 대집행의 위법을 심리할 수 있다.

Ⅱ. 이행강제금의 부과

1. 의 의

의무자가 행정상 의무를 이행하지 아니하는 경우 행정청이 적절한 이행기간을 부여하고, 그 기한까지 행정상 의무를 이행하지 아니하면 금전급부의무를 부과하는 것을 이행강제금의 부과라 하고(행정기본법 제30조 제 1 항 제 2 호). 그 금전을 이행강제금이라 한다. 적절한 이행기간이란 불이행된 의무를 이행하는데 필요한 기간을 말하지만, 그 기간의 설정은 사회통념에 따라 이루어질 것이다.

[예] 서대문구청장이 위법하게 증축한 甲에게 시정명령을 내렸음에도 甲이 시정하지 아니하면, 서대문구청장은 건축법이 정하는 바에 따라 甲에게 일정한 기간까지 시정할 것을 명하고 아울러 시정하지 아니하면 일정 금액의 금전납부의무를 부과할 것을 통지하게 된다.

2. 이행강제금의 성질

① 이행강제금은 위반행위에 대한 제재로서의 벌금형(형벌)이 아니고, 불이행된 행위의 이행을 위한 강제수단일 뿐이다. ② 강제금은 처벌이 아니므로 과태료와 성질을 달리한다.

따라서 강제금은 과태료나 형벌과 병과될 수도 있다. 강제금의 확정은 행정행위의 성질을 갖는다. ③ 대집행이 부적절한 경우에는 대체적 작위의무의 강제를 위해서도 사용될 수 있다. 따라서 대집행과 이행강제금은 선택적으로 활용될 수 있다. ④ 강제금은 처벌이 아니므로 반복부과는 이중처벌이 아니다.

3. 이행강제금의 법적 근거

① 이행강제금의 부과는 개별 법률에 근거가 있어야 한다(행정기본법 제30조 제 1 항). 그러한 개별 법률에는 이행강제금에 관한 다음 각 호의 사항(1. 부과 · 징수 주체, 2. 부과 요건, 3. 부과 금액, 4. 부과 금액 산정기준, 5. 연간 부과 횟수나 횟수의 상한)을 명확히게 규정하어야 한나(행정기본법 제31조 제 1 항 본문). 개별 법률로 건축법과 주차장법 등을 볼 수 있다. ② 이행강제금의 부과절차 등은 부과의 근거를 규정하는 법률(이행강제금 부과의 근거법률)에 따른다. 이행강제금 부과의 근거법률에 규정이 없는 사항에 대해서는 행정기본법 제31조 제 2 항 이하에 의한다.

4. 이행강제금의 부과

(1) 이행강제금의 가중·감경 행정청은 다음 각 호(1. 의무 불이행의 동기, 목적 및 결과, 2. 의무 불이행의 정도 및 상습성, 3. 그 밖에 행정목적을 달성하는 데 필요하다고 인정되는 사유)의 사항을 고려하여 이행강제금의 부과 금액을 가중하거나 감경할 수 있다(행정기본법 제31조 제 2 항).

(2) 부과의 절차 행정청은 이행강제금을 부과하기 전에 미리 의무자에게 적절한 이행기간을 정하여 그 기한까지 행정상 의무를 이행하지 아니하면 이행강제금을 부과한다는 뜻을 문서로 계고하여야 한다(행정기본법 제31조 제 3 항). 행정청은 의무자가 제 3 항에 따른 계고에서 정한 기한까지 행정상 의무를 이행하지 아니한 경우 이행강제금의 부과 금액 · 사유 · 시기를 문서로 명확하게 적어 의무자에게 통지하여야 한다(행정기본법 제31조 제 4 항).

(3) 반복부과와 부과의 중지 행정청은 의무자가 행정상 의무를 이행할 때까지 이행강제금을 반복하여 부과할 수 있다. 다만, 의무자가 의무를 이행하면 새로운 이행강제금의 부과를 즉시 중지하되, 이미 부과한 이행강제금은 징수하여야 한다(행정기본법 제31조 제 5 항).

(4) 강제징수 행정청은 이행강제금을 부과받은 자가 납부기한까지 이행강제금을 내지 아니하면 국세 체납처분의 예 또는 「지방행정제재 · 부과금의 징수 등에 관한 법률」에 따라 징수한다(행정기본법 제31조 제 6 항).

5. 권리보호

이행강제금부과처분에 불복이 있는 사람은 개별 법률이 정하는 바에 따라 일정한 기간 내에 이의를 제기할 수 있다. 개별 법률에 정함이 없다면, 행정기본법이 정하는 바에 따라 이행강제금 관련 처분에 대한 이의신청을 청구할 수 있고(행정기본법 제36조 제 1 항), 행정심판법과 행정소송법이 정하는 바에 따라 행정심판이나 행정소송을 제기할 수 있다. 행정기본법상 처분의 재심사는 허용되지 아니한다(행정기본법 제37조 제 1 항).

Ⅲ. 직접강제

1. 직접강제의 관념

(1) 직접강제의 의의 직접강제란 의무자가 행정상 의무를 이행하지 아니하는 경우 행정청이 의무자의 신체나 재산에 실력을 행사하여 그 행정상 의무의 이행이 있었던 것과 같은 상태를 실현하는 것을 말한다(행정기본법 제30조 제 1 항 제 3 호). 직접강제는 작위의무의 불이행뿐만 아니라 부작위의무나 수인의무의 불이행의 경우에도 활용될 수 있는 수단이다.

[예] 해군이 작전훈련을 위해 A해상에 어선의 출입을 금지하였음에도 불구하고 어민 甲이 A해역에서 조업을 하고 있다면, 해군은 甲에게 A해상 밖으로 나갈 것을 명할 것이고, 그럼에도 甲이 A해역에서 조업을 계속한다면, 해군은 강제로 甲의 어선을 A해상 밖으로 끌어내게 된다.

(2) 즉시강제 · 대집행과 구별

㈎ **행정상 즉시강제와 구별** 행정상 즉시강제는 의무의 불이행을 전제로 하지 아니하나, 직접강제는 의무의 불이행을 전제로 하는 점에서 다르다(전통적 견해).

㈏ **대집행과 구별** 대집행은 행정청이 의무자에게 놓인 대체적 작위의무를 의무자의 지위에서 행하는 것이고, 직접강제는 강제를 통하여 의무자로 하여금 다른 행위, 특히 비대체적 작위 · 부작위 · 수인으로 나아가도록 하는 것인 점에서 양자는 다르다. 대집행의 비용은 의무자가 부담하지만, 직접강제의 경우에는 행정청이 부담한다. 대집행은 제 3 자로 하여금 이행을 시킬 수 있지만, 직접강제의 경우에는 행정청 자신이 하여야 하며, 제 3 자에게 이행시킬 수 없다. 그러나 행정청이 스스로 대집행에 나서는 경우에는 직접강제와의 구분이 어려운 경우도 있다

2. 직접강제의 법적 근거

① 직접강제는 개별 법률에 근거가 있어야 한다(행정기본법 제30조 제 1 항). 그러한 법률로 식품위생법 등을 볼 수 있다. ② 직접강제의 절차 등은 직접강제를 규정하는 법률(직접강제의 근거법률)에 따른다. 직접강제의 근거법률에 규정이 없는 사항에 대해서는 행정기본법 제32조에 의한다.

▪ 식품위생법 제79조(폐쇄조치 등) ① 식품의약품안전처장, 시 · 도지사 또는 시장 · 군수 · 구청장은 제37조 제 1 항, 제 4 항 또는 제 5 항을 위반하여 허가받지 아니하거나 신고 또는 등록하지 아니하고 영업을 하는 경우 또는 제75조 제 1 항 또는 제 2 항에 따라 허가 또는 등록이 취소되거나 영업소 폐쇄명령을 받은 후에도 계속하여 영업을 하는 경우에는 해당 영업소를 폐쇄하기 위하여 관계 공무원에게 다음 각 호의 조치를 하게 할 수 있다.
1. 해당 영업소의 간판 등 영업 표지물의 제거나 삭제
2. 해당 영업소가 적법한 영업소가 아님을 알리는 게시문 등의 부착
3. 해당 영업소의 시설물과 영업에 사용하는 기구 등을 사용할 수 없게 하는 봉인(封印)

3. 직접강제의 요건

(1) 실체적 요건 직접강제는 국민의 신체나 재산에 대한 직접적인 침해수단이자 강력한 수단으로서 국민의 기본권을 침해할 가능성을 많이 갖는다. 따라서 직접강제의 남용으로부터 국민의 보호를 위해 직접강제는 행정대집행이나 이행강제금 부과의 방법으로는 행정상 의무 이행을 확보할 수 없거나 그 실현이 불가능한 경우에 실시하여야 하여야 한다(행정기본법 제32조 제 1 항).

(2) 절차적 요건 직접강제를 실시하기 위하여 현장에 파견되는 집행책임자는 그가 집행책임자임을 표시하는 증표를 보여 주어야 하고(행정기본법 제32조 제 2 항). 문서에 의한 계고 등이 있어야 한다(행정기본법 제32조 제 3 항).

(3) 비례원칙의 적용 직접강제는 필요한 최소한의 범위에서 이루어져야 한다(행정기본법 제31조 제 1 항 본문, 제32조 제 3 항). 즉 직접강제의 실시에 비례원칙이 적용된다. 직접강제의 실시에 비례원칙을 규정하는 개별법(예: 식품위생법법 제79조 제 4 항)도 있다.

▪ 식품위생법 제79조(폐쇄조치 등) ④ 제 1 항에 따른 조치는 그 영업을 할 수 없게 하는 데에 필요한 최소한의 범위에 그쳐야 한다.

4. 권리보호

① 직접강제의 발동은 사실작용이지만, 상대방에게 수인의무를 요구한다는 점에서 법적 행위의 성질도 갖는다. 따라서 직접강제의 발동도 행정기본법상 이의신청(행정기본법 제36조 제 1 항) 또는 행정심판법상 행정심판이나 행정소송법상 행정소송의 대상이 된다. 그러나 직접강제는 통상 신속하게 종료되므로, 권리보호의 이익이 없게 된다. 처분의 재심사는 허용되지 아니한다(행정기본법 제37조 제 1 항). ② 위법한 직접강제를 통해 손해를 입은 자는 특별규정이 없는 한 국가배상법이 정하는 바에 따라 국가나 지방자치단체를 상대로 손해배상을 청구할 수 있다.

Ⅳ. 강제징수

1. 의 의

강제징수란 "의무자가 행정상 의무 중 금전급부의무를 이행하지 아니하는 경우 행정청이 의무자의 재산에 실력을 행사하여 그 행정상 의무가 실현된 것과 같은 상태를 실현하는 것"을 말한다(행정기본법 제30조 제 1 항 제 4 호). 달리 말하면, 서대문세무서장이 乙에게 과세처분을 하였으나 乙이 세금을 납부하지 아니하면, 서대문세무서장이 乙의 재산을 강제로 팔아서 세금으로 충당하는 것과 같이, 사인이 국가 또는 지방자치단체 등에 대해 부담하고 있는 공법상 금전급부의무를 불이행한 경우에 행정청이 강제적으로 그 의무가 이행된 것과 같은 상태를 실현하는 작용을 행정상 강제징수라 한다.

2. 법적 근거

강제징수는 법률의 근거가 있어야 가능하다(행정기본법 제30조 제 1 항). 여러 법률이 강제징수에 있어서 원래 국세징수를 위한 법률인 「국세징수법」을 준용하고 있는 결과, 국세징수법은 공법상 금전급부의무의 강제에 관한 일반법으로 기능하고 있다.

3. 절 차

국세징수법상 강제징수는 체납자가 관할 세무서장의 독촉장을 발급받고 지정된 기한까지 국세 또는 체납액을 완납하지 아니한 경우 ① 재산의 압류, ② 압류재산의 매각·추심, ③ 청산의 절차에 따라 이루어진다. 압류는 의무자의 재산에 대하여 사실상 및 법률상의 처분을 금지하고, 아울러 이를 확보하는 강제적인 보전행위를 말하고, 매각이란 압류한 재산을 팔아서 금전으로 확보하는 것을 말하고, 청산이란 확보된 금전 등으로 강제징수비, 국세, 가산세 기타의 채권에 배분하는 것을 말한다.

4. 권리보호

행정상 강제징수에 대하여 불복이 있을 때에는 개별 법령에 특별한 규정이 없는 한 국세기본법(제55조 이하)·행정심판법·행정소송법이 정한 바에 따라 전심절차를 거쳐 행정상 쟁송을 제기할 수 있다. 물론 불복을 할 수 있는 자는 강제징수에 대하여 법률상 직접적인 이해관계를 가진 자에 한한다. 강제징수에 하자가 있는 경우, 그 하자가 무효사유인지 아니면 취소사유인지는 중대명백설에 따라 판단할 것이다.

[국세기본법상 불복절차의 유형]

국세기본법상 불복절차는 다음과 같이 다양하다. 선택은 불복하는 자의 몫이다.

① **이의신청**(세무서장 · 관할 지방국세청장) → **심사청구**(국세청장) → **행정소송**
② **심사청구**(국세청장) → **행정소송**
③ **이의신청**(세무서장 · 관할 지방국세청장) → **심판청구**(조세심판원) → **행정소송**
④ **심판청구**(조세심판원) → **행정소송**
⑤ **심사청구**(감사원) → **행정소송**

제 3 항 즉시강제

Ⅰ. 관 념

1. 의 의

(1) 개 념 즉시강제란 현재의 급박한 행정상의 장해를 제거하기 위한 경우로서 다음 각 목(가. 행정청이 미리 행정상 의무 이행을 명할 시간적 여유가 없는 경우, 나. 그 성질상 행정상 의무의 이행을 명하는 것만으로는 행정목적 달성이 곤란한 경우)의 어느 하나에 해당하는 경우에 행정청이 곧바로 국민의 신체 또는 재산에 실력을 행사하여 행정목적을 달성하는 것을 말한다(행정기본법 제30조 제 1 항 제 5 호).

> **[예]** 홍수가 나서 교량(다리)에 균열이 생겨서 무너질 가능성이 발생하면, 경찰관은 즉시로 그 다리를 지나가려는 사람들에게 통행을 금지시키고, 통행인들은 금지통보를 받는 순간부터 통행을 하지 말아야 한다. 통행을 하려고 하면 경찰관은 힘으로 통행을 막는다. 이러한 강제작용이 즉시강제에 해당한다.

(2) 유사개념과 구분 ① 행정벌은 과거의 의무위반에 대하여 가해지는 제재이지만, 즉시강제는 행정상 필요한 상태의 실현이라는 점에서 다르다. ② 강제집행은 의무의 존재를 전제로 이의 불이행이 있는 경우에 일정한 절차를 거치면서 실력행사가 이루어지는 것이나, 즉시강제는 구체적인 의무의 불이행이 전제되지 않고 또는 구체적인 의무의 불이행이 있어도 강제집행에 요구되는 절차를 거침이 없이 이루어지는 실력행사라는 점에서 다르다. ③ 행정조사는 조사 그 자체를 목적으로 하나, 행정상 즉시강제는 필요한 상태를 현실적으로 실현하는 것을 목적으로 한다는 점에서 다르다.

2. 법적 근거

① 즉시강제는 개별 법률에 근거가 있어야 한다(행정기본법 제30조 제 1 항). 그러한 법률로

경찰관 직무집행법, 마약류관리에 관한 법률(제47조), 소방기본법(제25조), 감염병의 예방 및 관리에 관한 법률(제42조) 등이 있다. ② 즉시강제의 절차 등은 즉시강제를 규정하는 법률(즉시강제의 근거법률)에 따른다. 즉시강제의 근거법률에 규정이 없는 사항에 대해서는 행정기본법 제33조에 의한다.

3. 보 충 성

즉시강제는 다른 수단으로는 행정목적을 달성할 수 없는 경우에만 허용되며, 이 경우에도 최소한으로만 실시하여야 한다(행정기본법 제33조 제 1 항). 이것은 즉시강제와의 관계에서 보충적인 지위에 있음을 의미한다.

4. 성 질

행정상 즉시강제는 사실행위와 법적 행위가 결합된 행위이다. 따라서 행정상 즉시강제는 수인의무와 관련하여 항고소송의 대상이 되는 처분의 성질을 갖는다.

[예] 홍수가 나서 교량(다리)에 균열이 생겨 무너질 가능성이 발생하면, 경찰관은 즉시로 그 다리를 지나가려는 사람들에게 통행을 금지시키고, 통행인들은 금지통보를 받는 순간부터 통행을 하지 말아야 하고, 만약 통행을 하려고 하면 경찰관은 힘으로 통행을 막는다. 이러한 경찰관의 위험방지조치는 ① 통행금지의무를 발생시키는 법적 행위로서 통행금지처분과 ② 통행인이 통행을 강행하는 경우에 통행을 저지하는 사실행위로서 실력행사와 ③ 그러한 사실행위에 대하여 통행인이 참아야 하는 법적 의무로서 수인의무가 결합된 행위이다.

Ⅱ. 요 건

1. 실체법상 요건

(1) 현재의 급박한 장해의 제거 즉시강제는 현재의 급박한 행정상의 장해를 제거하기 위한 것이어야 한다(행정기본법 제31조 제 1 항 제 5 호). 그리고 행정상 즉시강제는 급박한 장해의 제거라는 소극목적을 위해 실시될 수 있을 뿐, 적극적으로 어떠한 새로운 질서를 창조하기 위하여 실시될 수는 없다(행정기본법 제31조 제 1 항 제 5 호).

(2) 즉시 강제수단의 도입이 불가피할 것 즉시강제는 ① 행정청이 미리 행정상 의무 이행을 명할 시간적 여유가 없는 경우, 또는 ② 그 성질상 행정상 의무의 이행을 명하는 것만으로는 행정목적 달성이 곤란한 경우에만 실시될 수 있다(행정기본법 제31조 제 1 항 제 5 호)(수단도입의 불가피성 요건).

(3) 즉시강제수단 외에 대체수단이 없을 것 국민의 보호를 위해 즉시강제는 "다른 수단으로는 행정 목적을 달성할 수 없는 경우에만" 실시할 수 있다(행정기본법 제33조 제 1

항)(수단의 비대체성 요건).

(4) 비례원칙의 적용 즉시강제는 최소한으로만 실시하여야 한다(행정기본법 제33조 제 1 항 제 2 문). 즉 즉시강제의 실시에 비례원칙이 적용된다.

2. 절차법상 요건

(1) 증표의 제시, 이유와 내용의 고지 즉시강제를 실시하기 위하여 현장에 파견되는 집행책임자는 그가 집행책임자임을 표시하는 증표를 보여 주어야 하며, 즉시강제의 이유와 내용을 고지하여야 한다(행정기본법 제33조 제 2 항). 증표를 보여 주는 것과 이유와 내용을 고지하는 것은 즉시강제의 절차요건으로서 필요적이다.

(2) 영장주의 적용 여부 헌법은 제12조에서 신체의 구속 등에 영장이 필요함을, 제16조에서 주거의 수색 등의 경우에 영장이 필요함을 규정하고 있다. 그러나 헌법은 행정작용의 경우에는 명시적으로 표현하는 바가 없다. 행정작용의 경우에도 영장이 필요한가의 문제와 관련하여 영장이 필요하다는 견해(영장필요설), 영장이 불필요하다는 견해(영장불요설)와 원칙적으로 영장필요설에 입각하면서도 행정목적의 달성을 위해 불가피하다고 인정할 만한 특별한 사유가 있는 경우에는 사전영장주의의 적용을 받지 않는다는 견해(절충설)가 있으나, 절충설이 일반적 견해이자 판례의 입장이다.

▪ **헌법 제12조** ③ 체포·구속·압수 또는 수색을 할 때에는 적법한 절차에 따라 검사의 신청에 의하여 법관이 발부한 영장을 제시하여야 한다. …

제16조 모든 국민은 주거의 자유를 침해받지 아니한다. 주거에 대한 압수나 수색을 할 때에는 검사의 신청에 의하여 법관이 발부한 영장을 제시하여야 한다.

▪ **조세범 처벌절차법 제 8 조(조세범칙행위 혐의자 등에 대한 심문·압수·수색)** 세무공무원은 조세범칙조사를 하기 위하여 필요한 경우에는 조세범칙행위 혐의자 또는 참고인을 심문하거나 압수 또는 수색할 수 있다. 이 경우 압수 또는 수색을 할 때에는 대통령령으로 정하는 사람을 참여하게 하여야 한다.

제 9 조(압수·수색영장) ① 세무공무원이 제 8 조에 따라 압수 또는 수색을 할 때에는 근무지 관할 검사에게 신청하여 검사의 청구를 받은 관할 지방법원판사가 발부한 압수·수색영장이 있어야 한다. 다만, 다음 각 호의 어느 하나에 해당하는 경우에는 해당 조세범칙행위 혐의자 및 그 밖에 대통령령으로 정하는 자에게 그 사유를 알리고 영장 없이 압수 또는 수색할 수 있다.

1. 조세범칙행위가 진행 중인 경우
2. 조세범칙행위 혐의자가 도주하거나 증거를 인멸할 우려가 있어 압수·수색영장을 발부받을 시간적 여유가 없는 경우

② 제 1 항 단서에 따라 영장 없이 압수 또는 수색한 경우에는 압수 또는 수색한 때부터 48시간 이내에 관할 지방법원판사에게 압수·수색영장을 청구하여야 한다.

③ 세무공무원은 압수·수색영장을 발부받지 못한 경우에는 즉시 압수한 물건을 압수당한 자에게 반환하여야 한다. (이하 생략)

Ⅲ. 권리보호

1. 적법한 침해

적법한 즉시강제로 인해 개인이 손실을 입게 되고 또한 그 손실이 특별한 희생에 해당한다면, 그 개인은 행정상 손실보상을 청구할 수 있다(헌법 제49조의2 제 1 항 제 3 호)(간접효력규정설). 개별법이 손실보상에 관해 명문으로 규정을 두는 경우도 있다(소방기본법 제49조의2; 자연재해대책법 제68조). 경우에 따라서는 생명이나 신체의 침해에 대한 보상청구권도 가질 수 있다(소방기본법 제49조의2 제 1 항 제 2 호).

▪ 소방기본법 제49조의2(손실보상) ① 소방청장 또는 시 · 도지사는 다음 각 호의 어느 하나에 해당하는 자에게 제 3 항의 손실보상심의위원회의 심사 · 의결에 따라 정당한 보상을 하여야 한다.
1. 제16조의3 제 1 항에 따른 조치로 인하여 손실을 입은 자
2. 제24조 제 1 항 전단에 따른 소방활동 종사로 인하여 사망하거나 부상을 입은 자
3. 제25조 제 2 항 또는 제 3 항에 따른 처분으로 인하여 손실을 입은 자. 다만, 같은 조 제 3 항에 해당하는 경우로서 법령을 위반하여 소방자동차의 통행과 소방활동에 방해가 된 경우는 제외한다.
4. 제27조 제 1 항 또는 제 2 항에 따른 조치로 인하여 손실을 입은 자
5. 그 밖에 소방기관 또는 소방대의 적법한 소방업무 또는 소방활동으로 인하여 손실을 입은 자

2. 위법한 침해

(1) 행정심판과 행정소송 위법한 행정상 즉시강제의 취소나 변경을 구할 법률상의 이익이 있는 자는 행정상 쟁송의 제기를 통해 즉시강제를 다툴 수 있다. 행정상 즉시강제는 수인의무를 내포하는 행정행위로서의 성질도 갖기 때문이다. 그러나 즉시강제가 완성되어버리면 취소나 변경을 구할 이익이 없기 때문에, 실제상 행정상 쟁송은 행정상 즉시강제가 장기간에 걸쳐 계속되는 경우에 의미를 갖는다. 행정기본법 제36조가 정하는 바에 따라 이의신청을 할 수도 있다(행정기본법 제36조). 그러나 재심사를 신청할 수는 없다(행정기본법 제37조 제 1 항).

(2) 손해배상 위법한 즉시강제로 인하여 손해를 입은 자는 국가나 지방자치단체를 상대로 국가배상법이 정하는 바에 따라 손해배상을 청구할 수 있다.

(3) 인신보호제도 위법한 즉시강제로 인해 신체의 자유가 제한되었을 경우에는 인신보호제도를 이용할 수 있다. 인신보호제도란 자유로운 의사에 반하여 국가, 지방자치단체, 공법인 또는 개인, 민간단체 등이 운영하는 수용시설(의료시설 · 복지시설 · 수용시설 · 보호시설)에 수용 · 보호 또는 감금되어 있는 자(형사절차에 따라 체포 · 구속된 자, 수형자 및 「출입국관리법」에 따라 보호된 자는 제외한다)가 인신보호법에 따라 법원에 그 구제를 청구할 수 있는 제도를 말한다.

인신보호제도는 인신보호법에서 규정되고 있다.

(4) 기 타 ① 위법한 즉시강제에 대항하는 것은 정당방위로서 공무집행방해를 구성하는 것이 아니다. ② 처분청이나 감독청에 의한 직권취소·정지는 위법한 즉시강제에 대한 구제책이 된다. ③ 공무원의 형사책임과 징계책임의 추궁이 가능하다. 직권을 남용하여 위법하게 즉시강제수단을 도입한 공무원은 형법상 공무원의 직무에 관한 죄(형법 제123조), 또는 경찰관 직무집행법상의 직권남용죄로 처벌될 수 있다. 그리고 공무원법상 징계책임이 부과될 수도 있다. ④ 청원·여론·진정 등도 위법한 즉시강제권의 발동에 대한 구제책이 될 수 있다.

제 3 절 행정조사

Ⅰ. 행정조사의 관념

1. 의 의

(1) 개 념 행정조사란 "행정기관이 정책을 결정하거나 직무를 수행하는 데 필요한 정보나 자료를 수집하기 위하여 현장조사·문서열람·시료채취 등을 하거나 조사대상자에게 보고요구·자료제출요구 및 출석·진술요구를 행하는 활동"을 말한다(행정조사기본법 제 2 조 제 1 호).

[예] 서대문구 신촌동 연세대학교 정문 앞에서 범죄가 행해지려고 한다는 전화신고를 받고 출동한 서대문경찰서 소속 경찰관 A는 범죄예방을 위해 연세대학교 정문 앞에 있는 사람들 중 전화신고를 받은 내용에 대하여 알만하다고 생각되는 사람에게 그 내용에 관해 물어볼 수 있다. 강남구청장은 강남구의 역점사업을 정하기 위하여 강남구의 구민들에게 '강남구에서 가장 중요시 하여야 할 사업이 무엇이라 생각하는가'를 물어볼 수 있다.

(2) 성 질 행정조사는 행정기관이 개인에 관한 자료·정보를 수집하는 사실행위 또는 사실행위와 법적 행위의 합성적 행위로서의 조사작용이다.

2. 종 류

행정조사는 조사의 성질에 따라 권력적 행정조사와 비권력적 행정조사로 구분된다. 비권력적 조사는 법적 효과를 가져오지 아니하지만(예: 앞의 강남구청장의 여론조사의 경우), 권력적 조사의 경우에는 조사에 대하여 참아야 하는 수인의무를 가져온다(예: 앞의 서대문경찰서 소속 경찰관 A의 불심검문). 그 밖에 조사의 방법에 따라 직접조사·간접조사, 조사의 대상에 따라 대인적 조사·대물적 조사·대가택조사, 조사의 영역에 따라 경찰행정상 조사·경제행정상 조사·교육행정상 조사, 조사의 목적의 개별성과 일반성에 따라 개별조사·일반조사로 구분된다.

3. 법적 근거

① 행정조사에 관한 일반법으로 행정조사기본법이 있다. 동법은 행정조사에 관한 기본원칙·행정조사의 방법 및 절차 등에 관한 공통적인 사항을 규정함으로써 행정의 공정성·투명성 및 효율성을 높이고, 국민의 권익을 보호함을 목적으로 제정되었다(행정조사기본법 제1조). 행정조사에 관하여 다른 법률에 특별한 규정이 있는 경우를 제외하고는 행정조사기본법으로 정하는 바에 따른다(행정조사기본법 제3조 제1항). ② 개별법에서 행정조사에 관해 규정하기도 한다(예: 경직법 제3조 제1항, 소방의 화재조사에 관한 법률 제9조 제1항, 국징법 제36조).

경찰관 직무집행법 제3조(불심검문) ① 경찰관은 다음 각 호의 어느 하나에 해당하는 사람을 정지시켜 질문할 수 있다.
1. 수상한 행동이나 그 밖의 주위 사정을 합리적으로 판단하여 볼 때 어떠한 죄를 범하였거나 범하려 하고 있다고 의심할 만한 상당한 이유가 있는 사람
2. 이미 행하여진 범죄나 행하여지려고 하는 범죄행위에 관한 사실을 안다고 인정되는 사람

소방의 화재조사에 관한 법률 제9조(출입·조사 등) ① 소방관서장은 화재조사를 위하여 필요한 경우에 관계인에게 보고 또는 자료 제출을 명하거나 화재조사관으로 하여금 해당 장소에 출입하여 화재조사를 하게 하거나 관계인등에게 질문하게 할 수 있다

국세징수법 제36조(질문·검사) ① 세무공무원은 강제징수를 하면서 압류할 재산의 소재 또는 수량을 알아내기 위하여 필요한 경우 다음 각 호의 어느 하나에 해당하는 자에게 구두(口頭) 또는 문서로 질문하거나 장부, 서류 및 그 밖의 물건을 검사할 수 있다.
1. 체납자
2. 체납자와 거래관계가 있는 자 (이하 생략)

Ⅱ. 행정조사의 한계

1. 실체법상 한계

① 행정조사는 그 조사의 목적에 필요한 범위 내에서만 가능하다. 경찰관이 과세자료를 얻기 위하여 조사할 수는 없고, 구청장이 자신의 인기를 유지하기 위하여 여론몰이용 행정조사를 할 수 없는 것과 같이 권력적 조사와 비권력적 조사 모두 위법한 목적을 위한 조사는 불가능하다. ② 비권력적 조사를 포함하여 모든 행정조사는 기본권보장, 보충성의 원칙, 비례원칙 등 행정법의 일반원칙의 범위 내에서만 가능하다.

▌대판 2012. 9. 13, 2010도6203(경찰관직무집행법(이하 '법'이라 한다)의 목적, 법 제1조 제1항·제2항, 제3조 제1항·제2항·제3항·제7항의 규정 내용 및 체계 등을 종합하면, 경찰관은 법 제3조 제

1항에 규정된 대상자에게 질문을 하기 위하여 범행의 경중, 범행과의 관련성, 상황의 긴박성, 혐의의 정도, 질문의 필요성 등에 비추어 **목적 달성에 필요한 최소한의 범위 내에서 사회통념상 용인될 수 있는 상당한 방법**으로 대상자를 정지시킬 수 있고 질문에 수반하여 흉기의 소지 여부도 조사할 수 있다)(**부평경찰서 역전지구대 자전거 날치기 사건**).

2. 절차법상 한계

(1) 영장주의　① 권력적 조사의 경우, 헌법 제12조 제 3 항 및 제16조의 영장주의가 행정조사를 위한 질문 · 검사 · 가택출입 등의 경우에도 적용될 것인가의 문제가 있다. 논리적으로는 행정상 즉시강제의 경우처럼 영장필요설 · 영장불요설 · 절충설이 있는데, 절충설이 지배적인 견해이다. 생각건대 행정조사도 상대방의 신체나 재산에 직접 실력을 가하는 것인 한, 그리고 행정조사의 결과가 형사책임의 추궁과 관련성을 갖는 한 사전영장주의는 원칙적으로 적용되어야 한다. 다만 긴급을 요하는 불가피한 경우에는 그러하지 않다고 보겠다. 다만 이 경우에도 침해가 장기적이면 사후영장이 필요하다. 절충설이 타당하다고 본다. 판례의 입장도 같다(대판 1976. 11. 9, 76도2703). ② 비권력적 행정조사의 경우에는 영장주의의 문제가 생기지 아니한다. 비권력적 행정조사는 피조사자에 대해 강제력을 행사하는 것이 아니고 피조사자측의 임의적인 협력을 전제로 하는 것이기 때문이다.

(2) 증표의 제시　권력적 행정조사의 경우에 국민은 관계 법령에 의거, 작위의무 · 수인의무를 부담하고 또한 사생활이 침해되는 등 불이익을 받게 되므로, 조사절차상 행정조사를 행하는 공무원이 조사의 권한을 가지고 있음을 명백히 할 필요가 있다. 이를 위해 개별법은 행정조사를 행하는 공무원은 그 권한을 증명하는 증표를 휴대하여 관계자에게 이를 제시하도록 하고 있다(예: 국징법 제25조, 식품위생법 제22조 제 3 항). 개별법규가 증표의 제시를 규정하는 한 증표의 제시는 행정조사의 요건을 이루는 것이고, 증표의 제시로 피조사자는 작위 · 수인의무를 지게 된다.

Ⅲ. 실력행사와 위법조사

1. 실력행사

① 권력적 행정조사를 위한 임검(현장에서 실지상황, 설비, 물건 등을 검사하는 것) · 장부검사(물건의 출납, 돈의 수입과 지출을 적은 기록을 살피는 것) · 가택수색(사람의 집이나 사무실 등 건물에 들어가서 일정한 사실, 물건 등의 유무나 상태 등을 찾고 조사하는 것) 등의 경우에 피조사자측의 거부 · 방해 등이 있으면, 명시적인 규정이 없음에도 불구하고 행정조사를 행하는 공무원은 피조사자측의 저항을 실력으로 억압하고 강제조사를 할 수 있는가의 문제가 있다. 학설은 긍정설 · 부정설로 나뉘고 있다. 명문의 규정이 없다는 이유로 의무자의 위법한 저항을 억압할 수 없다고 하면,

권력적 조사제도의 취지는 몰각된다. 따라서 긍정설이 타당하다. 명문으로 강제할 수 없음을 규정하고 있는 경우(예: 경직법 제 3 조 제 2 항 단서 · 제 7 항)에는 물론 실력행사를 하여서는 아니 된다. ② 비권력적 조사의 경우에는 피조사자측의 저항이 있어도, 행정조사를 행하는 공무원은 실력으로 그 저항을 억압할 수 없다.

▪ **경찰관 직무집행법 제 3 조(불심검문)** ② 경찰관은 제 1 항에 따라 같은 항 각 호의 사람을 정지시킨 장소에서 질문을 하는 것이 그 사람에게 불리하거나 교통에 방해가 된다고 인정될 때에는 질문을 하기 위하여 가까운 경찰서·지구대·파출소 또는 출장소(지방해양경찰관서를 포함하며, 이하 "경찰관서"라 한다)로 동행할 것을 요구할 수 있다. 이 경우 동행을 요구받은 사람은 그 요구를 거절할 수 있다.
⑦ 제 1 항부터 제 3 항까지의 규정에 따라 질문을 받거나 동행을 요구받은 사람은 형사소송에 관한 법률에 따르지 아니하고는 신체를 구속당하지 아니하며, 그 의사에 반하여 답변을 강요당하지 아니한다.

2. 위법조사의 효과

권력적 조사나 비권력적 조사가 위법하게 이루어진 경우, 그 위법이 당해 조사를 기초로 한 행정결정에 승계되는가의 문제가 있다. 예컨대 경찰관이 조사과정에서 폭력을 행사하여 확보한 자료를 근거로 처분을 하면, 그러한 처분이 적법한가의 문제가 있다. 학설은 적극설 · 소극설 · 절충설로 나뉘고 있다. 절충설(법령이 행정조사를 필수적인 절차로 규정하고 있는 경우에는 만약 조사자체가 위법하게 이루어졌다면, 조사의 결과 얻은 자료가 정당한 것이라고 하여도 하자있는 결정으로 보아야 한다는 견해)이 전통적 견해이다. 판례의 입장도 유사하다.

▌대판 2016. 12. 15, 2016두47659(국세기본법은 제81조의4 제 1 항에서 "세무공무원은 적정하고 공평한 과세를 실현하기 위하여 필요한 최소한의 범위에서 세무조사를 하여야 하며, 다른 목적 등을 위하여 조사권을 남용해서는 아니 된다."라고 규정하고 있다(이하 '이 사건 조항'이라고 한다). 이 사건 조항은 세무조사의 적법 요건으로 객관적 필요성, 최소성, 권한 남용의 금지 등을 규정하고 있는데, 이는 법치국가원리를 조세절차법의 영역에서도 관철하기 위한 것으로서 그 자체로서 구체적인 법규적 효력을 가진다. 따라서 **세무조사가** 과세자료의 수집 또는 신고내용의 정확성 검증이라는 그 **본연의 목적이 아니라 부정한 목적을 위하여 행하여진 것이라면** 이는 세무조사에 **중대한 위법사유**가 있는 경우에 해당하고 **이러한 세무조사에 의하여 수집된 과세자료를 기초로 한 과세처분 역시 위법**하다고 보아야 한다).

Ⅳ. 행정조사의 권리보호

1. 손실보상

적법한 행정조사로 인하여 특별한 희생을 당한 자는 손실보상을 청구할 수 있다. 다만 현재로서는 이에 관한 일반법이 없다. 간혹 개별법규에서 나타나기도 한다(예: 토상법 제 9 조).

▪ **공익사업을 위한 토지 등의 취득 및 보상에 관한 법률 제 9 조(사업 준비를 위한 출입의 허가 등)**
④ 사업시행자는 제 1 항에 따라 타인이 점유하는 토지에 출입하여 측량·조사함으로써 발생하는 손실을 보상하여야 한다.

2. 행정심판과 행정소송

위법한 권력적 조사처분의 취소·변경을 구할 법률상 이익이 있는 자는 권리보호의 필요가 구비되면 행정심판이나 행정소송을 제기할 수 있다. 그러나 권력적 행정조사가 완성되어버리면 취소나 변경을 구할 이익이 없기 때문에, 실제상 행정상 쟁송은 권력적 행정조사가 장기간에 걸쳐 계속되는 경우에 의미를 갖는다.

3. 손해배상

위법한 행정조사로 인하여 손해를 입은 자는 국가나 지방자치단체를 상대로 국가배상법이 정하는 바에 따라 손해배상을 청구할 수 있다.

4. 기 타

청원, 직권에 의한 취소·정지, 공무원의 형사책임·징계책임제도 등은 간접적으로 위법한 행정조사에 대한 구제제도로서의 의미를 갖는다. 무효인 행정조사에 정당방위가 인정된다는 것도 구제제도의 의미를 갖는다.

제 4 절 그 밖의 수단

Ⅰ. 금전상 제재

1. 과징금·부과금

(1) 의 의 과징금이란 법령등에 따른 의무를 위반한 자에 대하여 법률로 정하는 바에 따라 그 위반행위에 대한 제재로서 부과되는 금전적 제재를 말한다(행정기본법 제28조 제 1 항). 과징금제도는 의무위반행위로 얻은 경제적 이익을 박탈하거나 사업의 취소·정지에 갈음하는 것을 취지로 한다. 환경관련 법률에서는 과징금을 부과금으로 부르기도 한다.

(2) 벌금·과태료와 구별 ① 과징금은 벌금과 같이 금전적 제재수단이다. 그러나 과징금은 행정기관이 부과하지만, 벌금은 사법기관이 부과하는 형벌이다. ② 과징금은 과태료와 같이 금전적 제재수단이다. 그러나 과징금은 행정법상 의무의 불이행이나 위반으로 얻어진 경제적 이익을 박탈하기 위하여 부과하거나 또는 사업의 취소·정지에 갈음하여 부과하는 것으로서 처벌이 아니지만, 과태료는 행정상 질서에 장해를 야기할 우려가 있는 의무위반

에 대하여 부과하는 질서벌인 처벌이다.

(3) 법적 근거(과징금 법정주의) 행정기본법 제28조는 제 1 항은 "행정청은 … 법률로 정하는 바에 따라 …과징금을 부과할 수 있다."고 하여 과징금법정주의를 규정하고 있다. 과징금법정주의로 인해 법률의 근거 없이 과징금을 부과하면, 그러한 과징금 부과처분은 위법한 처분이다. 과징금의 근거가 되는 법률에는 과징금에 관한 다음 각 호(1. 부과·징수 주체, 2. 부과 사유, 3. 상한액, 4. 가산금을 징수하려는 경우 그 사항, 5. 과징금 또는 가산금 체납 시 강제징수를 하려는 경우 그 사항)의 사항을 명확하게 규정하여야 한다(행정기본법 제28조 제 2 항). 과징금에 대한 일반법은 행정기본법 제28조와 제29조이다. 과징금을 규정하는 개별법률로 식품위생법·대기환경보전법 등이있다.

▪ **식품위생법 제82조(영업정지 등의 처분에 갈음하여 부과하는 과징금 처분)** ① 식품의약품안전처장, 시·도지사 또는 시장·군수·구청장은 영업자가 제75조 제 1 항 각 호 또는 제76조 제 1 항 각 호의 어느 하나에 해당하는 경우에는 대통령령으로 정하는 바에 따라 영업정지, 품목 제조정지 또는 품목류 제조정지 처분을 갈음하여 10억원 이하의 과징금을 부과할 수 있다. ….

▪ **대기환경보전법 제35조(배출부과금의 부과·징수)** ① 환경부장관 또는 시·도지사는 대기오염물질로 인한 대기환경상의 피해를 방지하거나 줄이기 위하여 다음 각 호의 어느 하나에 해당하는 자에 대하여 배출부과금을 부과·징수한다. (각호 생략)

(4) 납부기한의 연기, 분할 납부, 담보제공 과징금은 한꺼번에 납부하는 것을 원칙으로 한다. 다만, 행정청은 과징금을 부과받은 자가 다음 각 호(1. 재해 등으로 재산에 현저한 손실을 입은 경우, 2. 사업 여건의 악화로 사업이 중대한 위기에 처한 경우, 3. 과징금을 한꺼번에 내면 자금 사정에 현저한 어려움이 예상되는 경우, 4. 그 밖에 제 1 호부터 제 3 호까지에 준하는 경우로서 대통령령으로 정하는 사유가 있는 경우)의 어느 하나에 해당하는 사유로 과징금 전액을 한꺼번에 내기 어렵다고 인정될 때에는 그 납부기한을 연기하거나 분할 납부하게 할 수 있으며, 이 경우 필요하다고 인정하면 담보를 제공하게 할 수 있다(행정기본법 제29조).

(5) 형벌과 병과 공정거래법에서 형사처벌과 아울러 과징금의 병과를 예정하고 있더라도 이중처벌금지원칙에 위반된다고 볼 수 없으며, 이 과징금 부과처분에 대하여 공정력과 집행력을 인정한다고 하여 이를 확정판결 전의 형벌집행과 같은 것으로 보아 무죄추정의 원칙에 위반된다고도 할 수 없다(대판 2007. 7. 12, 2006두4554).

2. 가 산 세

① 가산세란 국세기본법 및 세법에서 규정하는 의무의 성실한 이행을 확보하기 위하여 세법에 따라 산출한 세액에 가산하여 징수하는 금액을 말한다(국세기본법 제 2 조 제 4 호). ② 가산세는 의무이행의 확보를 위한 것이지 처벌은 아니다(헌재 2021. 7. 15, 2018헌바338). ③ 가산세는 그 자체가 침익적 행정행위(급부하명)이므로 헌법 제37조 제 4 항에 비추어 법률의 근거가

필요하다. 가산세의 예로 국세기본법 제47조의4를 볼 수 있다. 가산세부과에도 비례원칙이 적용된다.

▪ **국세기본법 제47조의4(납부지연가산세)** ① 납세의무자(연대납세의무자, 납세자를 갈음하여 납부할 의무가 생긴 제 2 차 납세의무자 및 보증인을 포함한다)가 법정납부기한까지 국세(「인지세법」 제 8 조 제 1 항에 따른 인지세는 제외한다)의 납부(중간예납 · 예정신고납부 · 중간신고납부를 포함한다)를 하지 아니하거나 납부하여야 할 세액보다 적게 납부(이하 "과소납부"라 한다)하거나 환급받아야 할 세액보다 많이 환급(이하 "초과환급"이라 한다)받은 경우에는 다음 각 호의 금액을 합한 금액을 가산세로 한다.

■ 참고 판례 ■

가산세는 납세의무자에게 부여된 협력의무위반에 대한 책임을 묻는 **행정적 제재를 조세의 형태로 구성**한 것인바, 의무위반에 대한 책임의 추궁에 있어서는 의무위반의 정도와 부과되는 제재 사이에 적정한 비례관계가 유지되어야 하므로, 조세의 형식으로 부과되는 금전적 제재인 가산세 역시 의무위반의 정도에 비례하여 그 세액이 산출되어야 하고, 그렇지 못한 경우에는 비례원칙에 어긋나서 재산권에 대한 부당한 침해가 된다(헌재 2022. 5. 26, 2019헌바7).

Ⅱ. 제재처분

1. 의 의

(1) 개 념 제재처분이란 "법령등에 따른 의무를 위반하거나 이행하지 아니하였음을 이유로 당사자에게 의무를 부과하거나(예: 과징금 부과) 권익을 제한하는(예: 식품판매업 허가 취소 · 정지, 운전면허 취소 · 정지) 처분을 말한다(행정기본법 제 2 조 제 5 호 본문). 행정기본법은 행정상 강제수단을 제재처분에서 제외하고 있다(행정기본법 제 2 조 제 5 호 단서). 종래에는 제재처분을 제재적 행정처분, 또는 관허사업의 제한이라 부르기도 하였다.

(2) 특 징 제재처분은 행정법상 의무위반자에 대하여 인가 · 허가 등을 거부 · 정지 · 철회함으로써 위반자에게 불이익을 가하고, 이로써 행정법상 의무의 이행을 간접적으로 확보하기 위한 수단이다. 한편, 행정법규 위반에 대한 제재처분은 행정 목적의 달성을 위하여 행정법규 위반이라는 객관적 사실에 착안하여 가하는 제재이므로, 반드시 현실적인 행위자가 아니라도 법령상 책임자로 규정된 자에게 부과되고, 특별한 사정이 없는 한 위반자에게 고의나 과실이 없더라도 부과할 수 있다는 것이 판례의 견해이다(대판 2021. 2. 25, 2020두51587).

(3) 행정형벌의 병과가능성 양자는 목적을 달리 하는바 병과가 가능하다(헌재 2022. 3. 31, 2019헌바494).

2. 법적 근거

제재처분은 권익침해의 효과를 가져오기 때문에 철회권의 유보가 있거나, 법률유보의 원칙상 명문의 근거가 있어야 한다. 제재처분의 근거가 되는 법률에는 제재처분의 주체, 사유, 유형 및 상한을 명확하게 규정하여야 한다. 이 경우 제재처분의 유형 및 상한을 정할 때에는 유사한 위반행위와의 형평성을 고려하여야 한다(행정기본법 제22조 제 1 항).

3. 종 류

(1) 관련사업에 대한 제재처분 관련사업의 제한이란 미성년자에게 주류를 제공한 단란주점영업자에게 단란주점영업허가를 취소하는 것과 같이 인가 · 허가 등의 거부 · 정지 · 철회 등이 의무위반사항과 직접 관련을 갖는 사업에 대한 경우를 말한다(예: 식품위생법 제75조).

▪ **식품위생법 제75조(허가취소 등)** ① 식품의약품안전처장 또는 특별자치시장·특별자치도지사·시장·군수·구청장은 영업자가 다음 각 호의 어느 하나에 해당하는 경우에는 대통령령으로 정하는 바에 따라 영업허가 또는 등록을 취소하거나 6개월 이내의 기간을 정하여 그 영업의 전부 또는 일부를 정지하거나 영업소 폐쇄(제37조 제 4 항에 따라 신고한 영업만 해당한다. 이하 이 조에서 같다)를 명할 수 있다.

(2) 무관련사업에 대한 제재처분 무관련사업의 제한이란 예컨대 서대문구에서 단란주점을 하는 甲이 사업소득세를 납부하지 아니하는 경우, 서대문세무서장의 요구에 의하여 허가청인 서대문구청장이 甲의 단란주점영업의 허가를 취소하거나 정지하는 경우와 같이 인가 · 허가 등의 거부 · 정지 · 철회 등이 의무위반사항과 직접 관련을 갖지 아니하는 사업에 대한 경우를 말한다. 무관련사업의 제한의 예로 국세징수법 제112조, 지방세징수법 제 7 조를 볼 수 있다.

▪ **국세징수법 제112조(사업에 관한 허가등의 제한)** ① 관할 세무서장은 납세자가 허가·인가·면허 및 등록 등(이하 이 조에서 "허가등"이라 한다)을 받은 사업과 관련된 소득세, 법인세 및 부가가치세를 체납한 경우 해당 사업의 주무관청에 그 납세자에 대하여 허가등의 갱신과 그 허가등의 근거 법률에 따른 신규 허가등을 하지 아니할 것을 요구할 수 있다. 다만, 재난, 질병 또는 사업의 현저한 손실, 그 밖에 대통령령으로 정하는 사유가 있는 경우에는 그러하지 아니하다.
② 관할 세무서장은 허가등을 받아 사업을 경영하는 자가 해당 사업과 관련된 소득세, 법인세 및 부가가치세를 3회 이상 체납하고 그 체납된 금액의 합계액이 500만원 이상인 경우 해당 주무관청에 사업의 정지 또는 허가등의 취소를 요구할 수 있다. 다만, 재난, 질병 또는 사업의 현저한 손실, 그 밖에 대통령령으로 정하는 사유가 있는 경우에는 그러하지 아니하다.

(3) 기타 제재처분 기타의 제한이란 음주운전자에 대한 운전면허취소와 같이 영업 · 사업에 직접 관련이 없는 경우를 말한다.

4. 적법요건

(1) 법 적용의 기준시 법령등을 위반한 행위의 성립과 이에 대한 제재처분은 법령등에 특별한 규정이 있는 경우를 제외하고는 법령등을 위반한 행위 당시의 법령등에 따른다. 다만, 법령등을 위반한 행위 후 법령등의 변경에 의하여 그 행위가 법령등을 위반한 행위에 해당하지 아니하거나 제재처분 기준이 가벼워진 경우로서 해당 법령등에 특별한 규정이 없는 경우에는 변경된 법령등을 적용한다(행정기본법 제14조 제 3 항).

(2) 부과대상자 판례는 행정법규 위반에 대하여 가하는 제재조치는 현실적인 행위자가 아니라도 법령상 책임자로 규정된 자에게 부과될 수 있는 것으로 이해한다(대판 2021. 2. 25, 2020두51587).

(3) 고의·과실 판례는 제재조치의 부과는 위반자의 고의·과실이 있어야만 하는 것은 아니나(대판 2021. 2. 25, 2020두51587), 그렇다고 하여 위반자의 의무해태를 탓할 수 없는 정당한 사유가 있는 경우까지 부과할 수 있는 것은 아니라고 한다(대판 2020. 6. 25, 2019두52980).

(4) 제척기간의 미경과(소극적 요건) 제척기간이 경과하지 않아야 한다. 제척기간이 경과하면 제재처분을 할 수 없다. 제척기간이 경과하지 아니하였다고 하여도 행정기본법 제12조 제 2 항이 규정하는 실권의 원칙에 반하여 제재처분을 할 수는 없다.

(5) 기 준 행정청은 제재처분을 할 때에는 다음 각 호(1. 위반행위의 동기, 목적 및 방법, 2. 위반행위의 결과, 3. 위반행위의 횟수, 4. 그 밖에 제 1 호부터 제 3 호까지에 준하는 사항으로서 대통령령으로 정하는 사항)의 사항을 고려하여야 한다(행정기본법 제22조 제 2 항). 재량권행사에는 남용이나 일탈이 없어야 한다(대판 2022. 4. 14, 2021두60960).

5. 제척기간

(1) 원 칙 행정청은 법령등의 위반행위가 종료된 날부터 5년이 지나면 해당 위반행위에 대하여 제재처분(인허가의 정지·취소·철회처분, 등록 말소처분, 영업소 폐쇄처분과 정지처분을 갈음하는 과징금 부과처분을 말한다. 이하 이 조에서 같다)을 할 수 없다(행정기본법 제23조 제 1 항).

(2) 제척기간 적용의 배제 다음 각 호 (1. 거짓이나 그 밖의 부정한 방법으로 인허가를 받거나 신고를 한 경우, 2. 당사자가 인허가나 신고의 위법성을 알고 있었거나 중대한 과실로 알지 못한 경우, 3. 정당한 사유 없이 행정청의 조사·출입·검사를 기피·방해·거부하여 제척기간이 지난 경우, 4. 제재처분을 하지 아니하면 국민의 안전·생명 또는 환경을 심각하게 해치거나 해칠 우려가 있는 경우)의 어느 하나에 해당하는 경우에는 제 1 항을 적용하지 아니한다(행정기본법 제23조 제 2 항).

(3) 새로운 제재처분이 가능한 경우 행정청은 제 1 항에도 불구하고 행정심판의 재결이나 법원의 판결에 따라 제재처분이 취소·철회된 경우에는 재결이나 판결이 확정된 날

부터 1년(합의제행정기관은 2년)이 지나기 전까지는 그 취지에 따른 새로운 제재처분을 할 수 있다(행정기본법 제23조 제 3 항).

(4) 다른 법률과의 관계 다른 법률에서 제 1 항 및 제 3 항의 기간보다 짧거나 긴 기간을 규정하고 있으면 그 법률에서 정하는 바에 따른다(행정기본법 제23조 제 4 항).

6. 권리보호

① 제재적 행정처분이 위법하면 행정기본법에 따라 이의신청을 할 수 있고(행정기본법 제36조), 행정심판법에 따라 행정심판을 제기할 수 있으나, 행정기본법상 처분의 재심사는 허용되지 아니한다(행정기본법 제37조). ② 행정소송법이 정하는 바에 따라 행정소송을 제기할 수 있다. ③ 국가배상법이 정하는 바에 따라 손해배상을 청구할 수도 있다.

Ⅲ. 공 표

1. 의 의

행정청은 법령에 따른 의무를 위반한 자의 성명·법인명, 위반사실, 의무 위반을 이유로 한 처분사실 등(이하 "위반사실등"이라 한다)을 법률로 정하는 바에 따라 일반에게 알릴 수 있는 바(절차법 제40조의3 제 1 항), 행정절차법은 이를 위반사실 등의 공표라 부른다(이 책에서는 단순히 공표로 부르기로 한다).

[예] 국세청장은 10억원 이상 고액의 세금을 체납하여 납세의무를 불이행하고 있는 자의 명단을 공개할 수 있고, 여성가족부장관은 청소년의 성을 사는 행위를 하여 청소년보호의무를 위반한 자의 이름 등을 공개할 수 있다.

2. 성 질

① 공표제도는 개인의 명예심 내지 수치심을 자극함으로써 개인에게 제재를 가하고 그로 인해 간접적으로 의무이행을 확보하는 성질을 갖는다(대판 2019. 6. 27, 2018두49130). ② 공표는 행정의 실효성확보수단의 하나로서 사실행위이다. 공표는 의사표시를 요소로 하는 법적 행위가 아니므로 아무런 법적 효과(권리·의무)도 발생시키지 아니한다.

▌대판 2019. 6. 27, 2018두49130(병무청장이 여호와의 증인 신도인 원고들을 병역의무 기피자로 판단하여 인적사항 등을 인터넷 홈페이지에 게시하자 원고들이 인적사항공개처분의 취소를 구한 사건에서)병무청장이 하는 병역의무 기피자의 인적사항 등 공개조치에는 특정인을 병역의무 기피자로 판단하여 그에게 불이익을 가한다는 행정결정이 전제되어 있고, 공개라는 사실행위는 행정결정의 집행행위라고 보아야 한다. 병무청장이 그러한 행정결정을 공개 대상자에게 미리 통보하지 않은 것이 적절한지는 본안에서 해당 처분이 적법한가를 판단하는 단계에서 고려할 요소이며, 병무청장이 그러한 행정결정을 공개 대상자에게 미리 통보하

지 않았다거나 처분서를 작성 · 교부하지 않았다는 점만으로 항고소송의 대상적격을 부정하여서는 아니 된다(**병역의무 기피 여호와의 증인 신도 인적 사항 공개 사건**).

3. 법적 근거

(1) 공표법정주의 행정청은 법령에 따른 의무를 위반한 자의 성명 · 법인명, 위반사실, 의무 위반을 이유로 한 처분사실 등(이하 "위반사실등"이라 한다)을 법률로 정하는 바에 따라 일반에게 공표할 수 있는바(절차법 제40조의3 제 1 항), 행정절차법은 공표법정주의를 규정하고 있다. 개별 법률의 근거 없이는 공표할 수 없다.

(2) 개별법 공표를 규정하는 개별 법률은 적지 않다(예: 공직자윤리법 제 8 조의2, 독점규제 및 공정거래에 관한 법률 제14조, 제24조, 제31조, 하도급거래 공정화에 관한 법률 제25조의4, 아동 · 청소년의 성보호에 관한 법률 제49조, 국세기본법 제85조의5 및 지방세징수법 제11조의 고액 · 상습체납자 명단공개, 석유 및 석유대체연료 사업법 제14조의2). 공표를 규정하는 개별 법률에 특별히 정함이 없는 사항에 대해서는 행정절차법 제40조의3이 적용된다.

▪ **국세기본법 제85조의5(불성실기부금수령단체 등의 명단 공개)** ① 국세청장은 제81조의13과 「국제조세조정에 관한 법률」 제57조에도 불구하고 다음 각 호의 어느 하나에 해당하는 자의 인적사항 등을 공개할 수 있다. 다만, 체납된 국세가 이의신청·심사청구 등 불복청구 중에 있거나 그 밖에 대통령령으로 정하는 사유가 있는 경우에는 그러하지 아니하다.
2. 대통령령으로 정하는 불성실기부금수령단체(이하 이 조에서 "불성실기부금수령단체"라 한다)의 인적사항, 국세추징명세 등

4. 절 차

(1) 증거 등의 확인 행정청은 위반사실등의 공표를 하기 전에 사실과 다른 공표로 인하여 당사자의 명예 · 신용 등이 훼손되지 아니하도록 객관적이고 타당한 증거와 근거가 있는지를 확인하여야 한다(절차법 제40조의3 제 2 항).

(2) 공표대상자의 의견진술 ① 행정청은 위반사실등의 공표를 할 때에는 미리 당사자에게 그 사실을 통지하고 의견제출의 기회를 주어야 한다. 다만, 다음 각 호(1. 공공의 안전 또는 복리를 위하여 긴급히 공표를 할 필요가 있는 경우, 2. 해당 공표의 성질상 의견청취가 현저히 곤란하거나 명백히 불필요하다고 인정될 만한 타당한 이유가 있는 경우, 3. 당사자가 의견진술의 기회를 포기한다는 뜻을 명백히 밝힌 경우)의 어느 하나에 해당하는 경우에는 그러하지 아니하다(절차법 제40조의3 제 3 항). ② 제 3 항에 따라 의견제출의 기회를 받은 당사자는 공표 전에 관할 행정청에 서면이나 말 또는 정보통신망을 이용하여 의견을 제출할 수 있다(절차법 제40조의3 제 4 항).

(3) 공표의 방법 위반사실등의 공표는 관보, 공보 또는 인터넷 홈페이지 등을 통하여 한다(절차법 제40조의3 제 6 항).

(4) 공표절차의 중지 행정청은 위반사실등의 공표를 하기 전에 당사자가 공표와

관련된 의무의 이행, 원상회복, 손해배상 등의 조치를 마친 경우에는 위반사실등의 공표를 하지 아니할 수 있다(절차법 제40조의3 제 7 항). 행정청은 공표된 내용이 사실과 다른 것으로 밝혀지거나 공표에 포함된 처분이 취소된 경우에는 그 내용을 정정하여, 정정한 내용을 지체 없이 해당 공표와 같은 방법으로 공표된 기간 이상 공표하여야 한다. 다만, 당사자가 원하지 아니하면 공표하지 아니할 수 있다(절차법 제40조의3 제 8 항).

5. 권리보호

① 공표는 사실행위이지 행정쟁송법(행정심판법+행정소송법)상 처분이 아니므로 행정상 쟁송의 대상이 될 수 없다. ② 공표는 사실행위이지만 국가배상법 제 2 조의 직무행위에 해당한다. 따라서 공표가 만약 위법한 것이라면, 손해배상을 청구할 수 있다. ③ 공표의 상대방은 민법 제764조에 근거하여 정정공고를 구할 수도 있다.

▪ 민법 제764조(명예훼손의 경우의 특칙) 타인의 명예를 훼손한 자에 대하여는 법원은 피해자의 청구에 의하여 손해배상에 가름하거나 손해배상과 함께 명예회복에 적당한 처분을 명할 수 있다.

Ⅳ. 시정명령

1. 의 의

시정명령이란 행정법령의 위반행위로 초래된 위법상태의 제거 내지 시정을 명하는 행정행위를 말한다. 시정명령은 시정조치라고도 한다(예: 개인정보 보호법 제64조 제 1 항).

2. 성 질

시정명령은 작위(예: 건축법 제79조 제 1 항의 건축물의 해체) · 부작위(예: 건축법 제79조 제 1 항의 건축물의 사용금지) · 급부(가맹사업거래의 공정화에 관한 법률 제33조 제 1 항의 가맹금의 반환) 등을 내용으로 하는 하명에 해당한다.

3. 법적 근거

시정명령은 상대방에게 작위 · 부작위 · 급부 등의 의무를 발생시키므로 헌법 제37조 제 2 항에 비추어 법적 근거를 필요로 한다. 시정명령에 관한 일반법은 없다. 시정명령을 규정하는 개별 법령은 적지 않다(예: 건축법 제79조 제 1 항; 가맹사업거래의 공정화에 관한 법률 제33조; 감염병의 예방 및 관리에 관한 법률 제58조; 개발제한구역의 지정 및 관리에 관한 특별조치법 제30조; 개인정보 보호법 제64조).

4. 특징(판례)

(1) 고의·과실의 요부 행정법규 위반에 대하여 가하는 제재조치는 행정목적의 달성을 위하여 행정법규 위반이라는 객관적 사실에 착안하여 가하는 제재이므로, 위반자가 그 의무를 알지 못하는 것이 무리가 아니었다고 할 수 있어 그것을 정당시할 수 있는 사정이 있을 때 또는 의무의 이행을 당사자에게 기대하는 것이 무리라고 하는 사정이 있을 때 등 의무 해태를 탓할 수 없는 정당한 사유가 있는 경우 등의 특별한 사정이 없는 한 위반자에게 고의나 과실이 없다고 하더라도 부과될 수 있다(대판 2012. 6. 28, 2010두24371).

(2) 시정명령의 대상 원고가 주최하는 제품설명회 등에서의 비용지원은 비용지원을 통한 이익제공으로서의 고객유인행위이므로, 원고의 공정거래법 위반행위로 인정된 회식비 등의 지원, 골프·식사비 지원, 학회나 세미나 참가자에 대한 지원 등과 동일한 유형의 행위로서 가까운 장래에 반복될 우려가 있다고 할 것이어서, 피고는 시정명령으로 이러한 유형의 행위의 반복금지까지 명할 수 있다고 봄이 상당하다. 그럼에도 불구하고, 원심은 원고가 주최하는 제품설명회 등에서의 비용지원과 관련하여 공정거래법 위반행위가 인정되지 않는 이상 피고는 이와 관련한 시정명령을 할 수 없다고 보았으니, 이러한 원심판결에는 시정명령에 관한 법리를 오해하여 판결 결과에 영향을 미친 위법이 있다(대판 2010. 11. 25, 2008두23177).

5. 실효성의 확보

(1) 공표·통지 ① 시정명령을 받은 사실을 공표 또는 통지토록 하는 경우도 있고(예: 가맹사업거래의 공정화에 관한 법률 제33조 제 3 항), ② 관련 행정기관에 알리는 경우도 있다(예: 개발제한구역의 지정 및 관리에 관한 특별조치법 제30조 제 6 항).

(2) 불이행에 대한 제재 시정명령을 따르지 않는 경우에는 ① 행정형벌(개발제한구역의 지정 및 관리에 관한 특별조치법 제31조 제 2 항 제 2 호)이나 행정질서벌(개인정보 보호법 제75조 제 2 항 제13호)이 가해지기도 하고, ② 이행강제금이 부과되기도 하고(건축법 제80조 제 1 항; 개발제한구역의 지정 및 관리에 관한 특별조치법 제30조의2), ③ 제재적 행정처분이 따르기도 한다(가축전염병 예방법 제42조 제 7 항 제 2 호; 감염병의 예방 및 관리에 관한 법률 제59조 제 1 항 제 4 호).

6. 구 제

시정명령을 받은 사람은 시정명령의 근거법령에 특별한 규정이 없다면, 행정심판법과 행정소송법이 정하는 바에 따라 시정명령의 취소등을 구할 수 있다.

제 2 부

*

행정구제법

제 1 장 국가책임법

제 2 장 행정쟁송법(행정심판법 · 행정소송법)

제 1 장 국가책임법

제 1 절 손해배상제도(국가배상제도)

제 1 항 국가배상제도 일반론

Ⅰ. 국가배상제도의 의의

1. 국가배상제도의 개념

경찰관 A가 불심검문 도중에 시민 乙을 강제로 불법적으로 연행하였다면, 국가는 乙에게 피해배상(손해배상)을 하여야 한다. 이와 같이 국가나 지방자치단체가 공무원이 사무수행과 관련하여 위법하게 타인에게 손해를 가한 경우에 피해자에게 손해를 배상해주는 것을 국가배상제도라 한다. 국가배상제도(손해배상제도)는 위법한 침해로 인한 재산이나 생명·신체에 대한 피해의 배상을 내용으로 한다는 점에서 적법한 침해로 인한 재산상 피해에 대한 보상제도인 손실보상제도와 다르다.

2. 국가배상제도의 취지

국가가 공적 임무를 수행하는 과정에서 개인에게 가한 위법한 침해를 방치한다는 것은 국민 개개인의 안정된 생활을 해치는 것이 된다. 따라서 발생된 손해를 국가가 배상하여 피해자를 구제한다는 것은 재산권 등 기본권보장을 내실로 하는 오늘날의 법치국가에서 당연한 것이다.

Ⅱ. 헌법과 국가배상제도

1. 헌법규정

규정내용에 다소 차이가 있으나 제헌헌법 이래 우리 헌법은 한결같이 국가배상제도를 규정하여 왔다. 현행헌법도 "공무원의 직무상 불법행위로 손해를 받은 국민은 법률이 정하는 바에 의하여 국가 또는 공공단체에 정당한 배상을 청구할 수 있다"고 하여 국가배상제도를 헌법적으로 보장하고 있다(헌법 제29조 제 1 항 본문).

2. 국가배상청구권의 성격

① 국가배상청구권은 헌법 제29조 제 1 항에서 청구권적 기본권으로 보장되고 있다(통설). ② 헌법 제29조를 입법자에 대한 명령규정으로 보는 견해도 있으나(소수설), 동 규정이 배상청구권의 직접적인 근거가 된다고 볼 것이다. 다만, 동 규정에서 "법률이 정하는 바에 의하여"라는 것은 구체적인 기준과 방법을 법률로 규정한다는 의미일 뿐이다(다수설). 한편, 동 조항에 따라 일반법으로서 국가배상법이 제정되어 있으므로, 동 조항의 성질에 대한 논의의 실익은 적다.

Ⅲ. 국가배상법

1. 일 반 법

헌법 제29조에 근거하여 국가배상법이 제정되어 있다. "국가 또는 지방자치단체의 손해배상의 책임에 관하여는 이 법의 규정에 의한 것을 제외하고는 민법의 규정에 의한다. 다만, 민법 이외의 법률에 다른 규정이 있을 때에는 그 규정에 의한다"는 국가배상법 제 8 조의 규정내용상 국가배상법은 국가 또는 지방자치단체의 불법행위책임에 관한 일반법이다. 한편 민법 이외의 법률상 다른 규정으로는 ① 배상금액을 정형화 또는 경감하는 경우(예: 우편법 제38조)(대판 1977. 2. 8, 75다1059), ② 무과실책임을 인정하는 경우(원자력손해배상법 제 3 조 제 1 항) 등이 있다.

2. 국가배상법의 성질

국가배상법의 성질과 관련하여 ① 학설은 공법설(실정법상 공·사법의 2원적 체계가 있다는 점, 국가배상법은 공법적 원인으로 야기되는 배상문제를 규율하는 법이라는 점, 생명·신체의 침해로 인한 국가배상을 받을 권리는 압류와 양도의 대상이 되지 아니한다는 점(국배법 제 4 조) 등을 논거로 하는 견해)(다수설)과 사법설(국가무책임의 원칙을 포기하고 국가나 지방자치단체 등도 사인과 같은 지위에서 책임을 지겠다는 것이 헌법의 태도인바, 국가배상책임도 일반불법행위의 한 종류에 불과한 것이고, 따라서 국가배상법은 민법의 특별법으로서 사법의 성질을 갖는다는 견해)(소수설)로 나뉘고 있다. ② 판례는 사법설을 취한다. 국가배상법을 공법으로 보는 입장에서는 국가배상청구권을 공권으로 보고, 사법으로 보는 견해는 그것을 사권으로 본다. 판례는 사권으로 보아, 국가배상사건을 민사법원의 관할사항으로 하고 있다(대판 1972. 10. 10, 69다701).

3. 국가배상제도와 외국인

국가배상법 제 7 조는 "이 법은 외국인이 피해자인 경우에는 해당 국가와 상호 보증이 있을 때에만 적용한다"고 규정하여 상호주의를 택하고 있다. 여기서 상호 보증이란 피해자인 외국인의 본국에서 한국인도 손해배상을 청구할 수 있어야 함을 의미한다. 개별 법률에서 따로 특별규정을 두는 경우도 있다(예: 대한민국과 아메리카합중국 간의 상호방위조약 제 4 조에 의한 시설과 구역 및 대한민국에서의 합중국군대의 지위에 관한 협정의 시행에 관한 민사특별법 제 2 조 제 1 항).

4. 배상책임의 유형

국가배상법은 배상책임의 유형으로 ① 공무원의 직무상 불법행위로 인한 배상책임과 ② 영조물의 설치 · 관리상의 하자로 인한 배상책임의 두 가지를 규정하고 있다. ③ 국가배상법은 국가나 지방자치단체가 사인의 지위에서 행하는 사경제작용(예: 서대문구청이 경영합리화를 위해 중고자동차를 민간인에게 매각하는 행위)으로 인한 손해배상책임에 관해서는 규정하는 바가 없으므로, 이러한 배상책임은 민법에 의한다(대판 1999. 6. 22, 99다7008).

제 2 항 손해배상책임의 성립요건

Ⅰ. 위법한 직무집행행위로 인한 배상책임의 성립요건

국가배상법 제 2 조는 위법한 직무집행행위로 인한 배상책임을 규정하고 있다. 동조는 ① 공무원, ② 직무, ③ 집행하면서, ④ 고의 또는 과실, ⑤ 법령을 위반, ⑥ 타인, ⑦ 손해의 개념을 요소로 하여 국가배상책임의 성립요건을 규정하고 있다. 국가배상책임이 성립하기 위해서는 이러한 요건을 모두 구비하여야만 한다. 이러한 요건들을 차례로 살펴보기로 한다. 다만 자동차손해배상보장법의 규정에 의하여 국가나 지방자치단체가 손해배상의 책임이 있는 경우에 관해서는 설명을 생략하기로 한다.

▪ **국가배상법 제 2 조(배상책임)** ① 국가나 지방자치단체는 공무원 또는 공무를 위탁받은 사인(이하 "공무원"이라 한다)이 직무를 집행하면서 고의 또는 과실로 법령을 위반하여 타인에게 손해를 입히거나, 「자동차손해배상 보장법」에 따라 손해배상의 책임이 있을 때에는 이 법에 따라 그 손해를 배상하여야 한다. …

1. 공 무 원

국가배상법상 공무원이란 행정조직법상 의미의 공무원만을 뜻하는 것이 아니라, 그것을 포함하는 기능적 의미의 공무원에 해당한다. 또한 그것은 최광의의 공무원개념에 해당한다. 나누어서 보기로 한다.

(1) 국가기관의 구성자 공무원이란 행정부 및 지방자치단체소속의 공무원(예: 경찰공무원)뿐만 아니라 입법부 및 사법부 소속의 공무원도 포함한다. 입법부소속의 공무원 중 국회의원도 공무원에 해당한다(대판 2008. 5. 29, 2004다33469). 검사(대판 2002. 2. 22, 2001다23447)와 판사, 그리고 헌법재판소의 재판관(대판 2003. 7. 11, 99다24218)도 포함된다. 공무원은 1인일 수도 있고, 다수인일 수도 있다. 공무원은 자연인인 경우가 일반적이나, 기관 그 자체도 공무원의 개념에 포함된다. 해석상 국회 그 자체도 공무원 개념에 포함된다.

▌대판 2007. 11. 29, 2006다3561(입법부가 법률로써 행정부에게 특정한 사항을 위임했음에도 불구하고 행정부가 정당한 이유 없이 이를 이행하지 않는다면 권력분립의 원칙과 법치국가 내지 법치행정의 원칙에 위배되는 것으로서 위법함과 동시에 위헌적인 것이 되는바, 구 군법무관임용법(1967. 3. 3. 법률 제1904호로 개정되어 2000. 12. 26. 법률 제6291호로 전문 개정되기 전의 것) 제 5 조 제 3 항과 군법무관임용 등에 관한 법률(2000. 12. 26. 법률 제6291호로 개정된 것) 제 6 조가 군법무관의 보수를 법관 및 검사의 예에 준하도록 규정하면서 그 구체적 내용을 시행령에 위임하고 있는 이상, 위 법률의 규정들은 군법무관의 보수의 내용을 법률로써 일차적으로 형성한 것이고, 위 법률들에 의해 상당한 수준의 보수청구권이 인정되는 것이므로, 위 보수청구권은 단순한 기대이익을 넘어서는 것으로서 법률의 규정에 의해 인정된 재산권의 한 내용이 되는 것으로 봄이 상당하고, 따라서 행정부가 정당한 이유 없이 시행령을 제정하지 않은 것은 위 보수청구권을 침해하는 불법행위에 해당한다).

▌대판 2022. 3. 17, 2019다226975(법관의 재판에 법령 규정을 따르지 않은 잘못이 있더라도 이로써 바로 재판상 직무행위가 국가배상법 제 2 조 제 1 항에서 말하는 위법한 행위로 되어 국가의 손해배상책임이 발생하는 것은 아니다. 법관의 오판으로 인한 국가배상책임이 인정되려면 법관이 위법하거나 부당한 목적을 가지고 재판을 하였다거나 법이 법관의 직무수행상 준수할 것을 요구하고 있는 기준을 현저하게 위반하는 등 법관이 그에게 부여된 권한의 취지에 명백히 어긋나게 이를 행사하였다고 인정할 만한 특별한 사정이 있어야 한다는 것이 판례이다).

(2) 사 인 공무수탁사인이 국가배상법상 공무원에 해당하는지에 관해 논란이 있었으나, 최근 국가배상법 개정으로 공무수탁사인이 국가배상법상 공무원에 명시적으로 포함되었다(국배법 제 2 조 제 1 항). 사인이라도 공무를 위탁받아 공무를 수행하는 한, 그것이 일시적인 사무일지라도 여기의 공무원에 해당한다. 설령 사인이 사법상 계약에 의하여 공무를 수행하여도 그 공무가 공법작용에 해당하면 공무원에 해당한다. 예를 들면, 차량견인업자가 경찰의 위탁에 의하여 불법주차차량을 견인하는 도중에 견인되는 차량에 피해를 입힌 경우, 사인인 차량견인업자는 국가배상법상 공무원에 해당한다.

▌대판 2001. 1. 5, 98다39060(지방자치단체(서울시 강서구)가 '교통할아버지 봉사활동 계획'을 수립한 후 관할 동장으로 하여금 '교통할아버지'를 선정하게 하여 어린이 보호, 교통안내, 거리질서 확립 등의 공무를 위탁하여 집행하게 하던 중 '교통할아버지'로 선정된 노인이 위탁받은 업무범위를 넘어 교차로 중앙에서 교통정리를 하다가 교통사고를 발생시킨 경우, 지방자치단체가 국가배상법 제 2 조 소정의 배상책임을 부담한다).

2. 직　　무

(1) 직무의 범위(공법상 직무)　　공법상 권력작용과 비권력작용이 모두 직무에 포함된다. 다만 국가배상법 제 5 조의 직무는 제외되지만, 제 5 조의 영조물의 설치·관리가 제 2 조의 직무와 경합되는 경우도 있을 수 있다. 사법작용(私法作用)은 직무에서 제외된다(대판 2004. 4. 9, 2002다10691). 직무의 의미를 분석적으로 말한다면, ① 직무란 행정뿐만 아니라 입법 및 사법의 모든 직무를 의미한다. ② 명령적 행위, 형성적 행위, 준법률행위적 행정행위(예: 허위의 증명서발부), 행정지도, 사실행위, 특별행정법관계에서의 행위 등도 포함된다. ③ 통치행위는 당연무효가 아닌 한 사법통제 밖에 놓이므로 이에 해당하지 않는다. ④ 공법상 계약은 여기서 말하는 비권력작용에 해당하지 아니한다. 공법상 계약으로부터 나오는 의무를 위반한 경우에는 계약법의 원리에 따른 책임을 부담하여야 한다. ⑤ 사법작용으로 인한 배상책임은 사법상 배상책임문제로 다루는 것이 논리적이다.

(2) 사익보호성의 필요 여부

㈎ **문제상황**　　공무원에게 부과된 직무상 의무는 국민의 보호를 위한 것, 개개 국민의 이익과는 관계없이 전체로서 공공 일반의 이익을 유지·조장하기 위한 것, 그리고 개개 국민은 물론 전체로서의 국민의 이익과도 관계없이 순전히 행정기관 내부의 질서를 규율하기 위한 것 등이 있다. 여기서 국가 등의 국가배상책임이 인정되려면 공무원에게 부과된 이러한 직무가 과연 부수적으로라도 개개 국민(피해자)의 이익을 위해 부과된 것이어야만 하는지가 문제된다.

㈏ **학　　설**　　① 위법한 직무집행으로 개인의 권익이 침해되면 국가 등의 배상책임이 인정되는 것이고 공무원은 개개 국민(피해자)과의 관계에서 직무상 의무를 부담하지는 않는다는 점을 근거로 사익보호성이 필요 없다는 견해(불요설)와 ② 특히 부작위로 인한 손해배상의 경우와 관련하여 국가의 손해배상책임을 인정하려면 공무원의 직무상 의무의 목적이 전적으로 또는 부수적으로라도 개개 국민의 이익을 위하여 부과된 것으로 인정되는 경우라야 국가배상책임이 긍정된다는 견해로 나뉘고 있다(필요설). 필요설도 ⓐ 공무원의 직무의무를 규정한 관계법규가 공익뿐 아니라 국민의 이익도 보호하는 경우에만 그 행정권의 작위의무는 법적인 의무가 되고 그 위반이 국가배상법상 위법한 것이 된다고 하여 위법성의 문제로 보는 견해, ⓑ 손해란 법익침해에 의한 불이익을 말하며, 공공일반의 이익침해 등은

손해에 포함되지 않는다고 보아 손해의 문제로 보는 견해, ⓒ 직무의 문제로 보는 견해로 나누어진다.

㈐ **판 례** 대법원은 국가배상법 제 2 조 제 1 항에서 말하는 직무란 사익의 보호를 위한 직무를 뜻하며, 사회 일반의 공익만을 위한 직무는 이에 포함되지 않는다고 한다 (대판 2009. 7. 23, 2006다87798). 즉, 공무원에게 일정한 의무를 부과한 법령의 규정이 단순히 공공 일반의 이익을 위한 것이거나 행정기관 내부의 질서를 규율하기 위한 것인지 아니면 전적으로 또는 부수적으로 사회구성원 개인의 안전과 이익을 보호하기 위하여 설정된 것인지 여부에 따라 국가 등의 배상책임을 인정한다.

㈑ **사 견** 사익 보호성이 필요하다는 다수설과 판례의 태도는 원칙적으로 타당하다. 말하자면 국가배상법 제 2 조의 직무는 오로지 공익을 위한 직무가 아니라 공익과 사익을 동시에 위한 직무이든지 아니면 사익을 위한 직무이어야 한다. 다만 법원은 사익보호성의 인정에 인색한 태도를 가져서는 곤란할 것이다.

[예] 甲이 A은행에 예금을 하였는데, A은행이 파산하였다고 하자. 이러한 경우에 甲은 국가가 A은행에 대한 감독을 잘못하였다는 이유로 국가를 상대로 손해배상을 청구할 수는 없다. 왜냐하면 국가가 은행을 감독하는 것은 오로지 공공의 이익인 금융질서의 확보를 위한 것일 뿐, 예금자 개개인의 보호를 위한 취지는 없다고 보기 때문이다. 경찰관이 심야에 보호자로부터 이탈하여 길을 잃고 해매는 미아(迷兒)를 보고서도 외면하였는데, 마침 그 미아가 강물에 빠져 변을 당하였다면, 그 미아의 부모는 국가를 상대로 손해배상을 청구할 수 있다. 왜냐하면 경찰관 직무집행법은 적당한 보호자가 없고 응급의 구호를 요한다고 인정되는 미아를 보호하는 것을 경찰의 직무로 하고 있는데, 그러한 직무는 미아 개개인을 보호하는 것도 목적으로 하고 있다고 보기 때문이다.

▪ **경찰관 직무집행법 제 4 조(보호조치등)** ① 경찰관은 수상한 행동이나 그 밖의 주위 사정을 합리적으로 판단해 볼 때 다음 각 호의 어느 하나에 해당하는 것이 명백하고 응급구호가 필요하다고 믿을 만한 상당한 이유가 있는 사람(이하 "구호대상자"라 한다)을 발견하였을 때에는 보건의료기관이나 공공구호기관에 긴급구호를 요청하거나 경찰관서에 보호하는 등 적절한 조치를 할 수 있다.
1. 정신착란을 일으키거나 술에 취하여 자신 또는 다른 사람의 생명·신체·재산에 위해를 끼칠 우려가 있는 사람
2. 자살을 시도하는 사람
3. 미아, 병자, 부상자 등으로서 적당한 보호자가 없으며 응급구호가 필요하다고 인정되는 사람. 다만, 본인이 구호를 거절하는 경우는 제외한다.

▌대판 2011. 9. 8, 2011다34521(공무원이 고의 또는 과실로 그에게 부과된 직무상 의무를 위반하였을 경우라고 하더라도 국가는 그러한 직무상의 의무 위반과 피해자가 입은 손해 사이에 상당인과관계가 인정되는 범위 내에서만 배상책임을 지는 것이고, 이 경우 상당인과관계가 인정되기 위하여는 공무원에게 부과된 직무상 의무의 내용이 단순히 공공 일반의 이익을 위한 것이거나 행정기관 내부의 질서를 규율하기 위한 것이 아니고 전적으로 또는 부수적으로 사회구성원 개인의 안전과 이익을 보호하기 위하여 설정된 것이어야 한다).

3. 집행하면서

통설과 판례는 직무를 "집행하면서"를 직무집행행위뿐만 아니라 널리 외형상으로 직무집행과 관련 있는 행위를 포함하는 것으로 새긴다(외형설). 강서구청장이 강서구의 노인 甲과 乙에게 아침 8시부터 9시까지 A초등학교 앞 B교차로에서만 어린이를 보호하는 일을 맡겼는데, 甲과 乙이 그 시간에 A초등학교 앞 C교차로에서 어린이를 보호하다가 어린이를 다치게 하였다면, 甲과 乙의 행위는 엄밀한 의미에서 직무집행행위라 보기 어렵지만, 외형상 직무집행과 관련 있는 행위로 볼 것이므로, 甲과 乙의 행위도 "집행하면서"에 해당한다.

4. 고의 또는 과실

(1) 의　　의　　고의란 어떠한 위법행위의 발생가능성을 인식하고 그 결과를 인용하는 것을 말하고, 과실이란 부주의로 인해 어떠한 위법한 결과를 초래하는 것을 말한다. 공무원의 직무집행상의 과실이라 함은 공무원이 그 직무를 수행하면서 해당 직무를 담당하는 평균인이 통상 갖추어야 할 주의의무를 게을리한 것을 말한다(대판 2021. 6. 10, 2017다286874).

(2) 판단의 기준　　고의·과실의 유무는 당해 공무원을 기준으로 판단한다. 공무원에게 고의·과실이 없으면 국가는 배상책임이 없다.

▌대판 2021. 6. 30, 2017다249219(행정처분이 나중에 항고소송에서 위법하다고 판단되어 취소되더라도 그것만으로 행정처분이 공무원의 고의나 과실로 인한 불법행위를 구성한다고 단정할 수 없다. 보통 **일반의 공무원을 표준**으로 하여 볼 때 위법한 행정처분의 담당 공무원이 **객관적 주의의무를 소홀히** 하고 그로 인해 **행정처분이 객관적 정당성을 잃었다고 볼 수 있는 경우**에 국가배상법 제 2 조가 정한 국가배상책임이 성립할 수 있다. 이때 객관적 정당성을 잃었는지는 행위의 양태와 목적, 피해자의 관여 여부와 정도, 침해된 이익의 종류와 손해의 정도 등 여러 사정을 종합하여 판단하되, 손해의 전보책임을 국가 또는 지방자치단체가 부담할 만한 실질적 이유가 있는지도 살펴보아야 한다).

▌대판 2011. 1. 27, 2009다30946(국·공립대학 교원에 대한 재임용거부처분이 재량권을 일탈·남용한 것으로 평가되어 그것이 불법행위가 됨을 이유로 국·공립대학 교원 임용권자에게 손해배상책임을 묻기 위해서는 당해 재임용거부가 국·공립대학 교원 임용권자의 고의 또는 과실로 인한 것이라는 점이 인정되어야 한다. 그리고 위와 같은 고의·과실이 인정되려면 국·공립대학 교원 임용권자가 객관적 주의의무를 결하여 그 재임용거부처분이 객관적 정당성을 상실하였다고 인정될 정도에 이르러야 한다).

▌대판 2010. 4. 29, 2009다97925(일반적으로 공무원이 직무를 집행함에 있어서 관계 법규를 알지 못하거나 필요한 지식을 갖추지 못하여 법규의 해석을 그르쳐 잘못된 행정처분을 하였다면 그가 법률전문가가 아닌 행정직 공무원이라고 하여 과실이 없다고 할 수 없으나, 법령에 대한 해석이 그 문언 자체만으로는 명백하지 아니하여 여러 견해가 있을 수 있는 데다가 이에 대한 선례나 학설, 판례 등도 귀일된 바 없어 의의가 없을 수 없는 경우에 관계 공무원이 그 나름대로 신중을 다하여 합리적인 근거를 찾아 그 중 어느 한 견해를 따라 내린 해석이 후에 대법원이 내린 입장과 같지 않아 결과적으로 잘못된 해석에 돌아가고, 이에 따른 처리가 역시 결과적으로 위법하게 되어 그 법령의 부당집행이라는 결과를 가져오게 되었다고 하더라도 그와 같은 처리방법 이상의 것을 성실한 평균적 공무원에게 기대하기는 어려운 일이고, 따라서 이러한 경우에까지 공무원의 과실을 인정할 수는 없다).

(3) 과실개념의 객관화 과실개념을 객관화하여 국가배상책임의 성립을 용이하게 하려는 시도가 근자의 경향이다. 예컨대 ① 과실을 '공무원의 위법행위로 인한 국가작용의 흠이라는 정도로 완화하는 것이 좋을 것'이라는 견해, ② 국가배상책임을 자기책임으로 보아야 한다는 전제하에서 국가배상법상 과실개념을 주관적으로 파악하지 않고 국가작용의 하자라는 의미에서 객관적으로 이해하는 견해, ③ 일원적 관념으로 위법성과 과실을 통합하여 위법성과 과실 중의 어느 하나가 입증되면 다른 요건은 당연히 인정된다는 견해 등이 주장되고 있다. ④ 과실의 기준은 당해 공무원이 아니라 당해 직무를 담당하는 평균적 공무원을 기준으로 한다는 일반적 견해와 판례의 입장도 과실개념을 객관적으로 접근하는 입장의 하나라 하겠다.

(4) 입증책임의 완화 폭넓은 국가배상책임의 성립을 위해 피해자인 사인이 고의·과실의 개연성을 주장하면, 무과실의 입증책임이 국가 측에 옮겨가는 것으로 보는 입증책임의 완화제도의 정착이 필요하다.

5. 법령을 위반

(1) 손해배상의 성질과 국가배상법상 위법개념

(가) 학 설 손해배상제도의 취지에 대한 상이한 이해에 따라 법령위반의 의미에 대한 견해가 나뉘고 있다. ① 결과불법설은 손해배상소송이 손해전보를 목적으로 하는 것이라는 전제하에, 국민이 받은 손해(결과)가 시민법상 원리로부터 수인될 수 있는지를 기준으로 위법성 여부를 판단하고, ② 행위불법설은 법률에 의한 행정의 원리 또는 국가배상소송의 행정통제기능을 고려하여, 가해행위가 객관적인 법규범에 합치되는지 여부를 기준으로 위법성 여부를 판단한다(다수설).

(나) 판 례 판례의 주류적인 입장은 행위위법설이다. 즉, 시위자들의 화염병으로 인한 약국화재에 대한 국가배상책임이 문제된 사건에서 결과불법설을 명시적으로 배제하고, 행위위법설을 취하고 있다(대판 1997. 7. 25, 94다2480).

▌대판 1997. 7. 25, 94다2480(국가배상책임은 공무원의 직무집행이 법령에 위반한 것임을 요건으로 하는 것으로서, 공무원의 직무집행이 법령이 정한 요건과 절차에 따라 이루어진 것이라면 특별한 사정이 없는 한 이는 법령에 적합한 것이고 그 과정에서 개인의 권리가 침해되는 일이 생긴다고 하여 그 법령 적합성이 곧바로 부정되는 것은 아니라고 할 것인바, 불법시위를 진압하는 경찰관들의 직무집행이 법령에 위반한 것이라고 하기 위하여는 그 시위진압이 불필요하거나 또는 불법시위의 태양 및 시위 장소의 상황 등에서 예측되는 피해 발생의 구체적 위험성의 내용에 비추어 시위진압의 계속 수행 내지 그 방법 등이 현저히 합리성을 결하여 이를 위법하다고 평가할 수 있는 경우이어야 한다); 대판 2000. 11. 10, 2000다26807·26814.

(2) 법령의 의의 법령에는 성문법 외에 불문법도 포함된다. 종전에 행정법의 일반원칙으로 이해되었던 비례의 원칙, 성실의무 및 권한남용금지의 원칙, 신뢰보호의 원칙, 부

당결부금지의 원칙은 행정기본법에 반영됨으로써 성문법으로 전환되었다(행정기본법 제10조~제13조). 헌법상 나오는 기본권(인권존중)도 법령에 당연히 포함된다. 아울러 고시·훈령형식의 법규명령도 포함된다.

▌대판 2022. 7. 14, 2020다253287(국가배상책임에서 공무원의 가해행위는 법령을 위반한 것이어야 한다. 여기에서 법령 위반이란 엄격한 의미의 법령 위반뿐 아니라 인권존중, 권력남용금지, 신의성실과 같이 공무원으로서 마땅히 지켜야 할 준칙이나 규범을 지키지 않고 위반한 경우를 포함하여 널리 그 행위가 객관적인 정당성을 잃고 있음을 뜻한다. 따라서 수용자를 교정시설에 수용함으로써 인간으로서의 존엄과 가치를 침해하였다면 그 수용행위는 국가배상책임에서 법령을 위반한 가해행위가 될 수 있다).

(3) 위반의 의의 위반이란 법령에 위배됨을 의미한다. 위반에는 적극적인 작위에 의한 위반(예: 불심검문시 경찰관이 검문당하는 자에게 폭행을 가하는 경우)과 소극적인 부작위에 의한 위반(예: 경찰관이 심야에 보호자로부터 이탈하여 길을 잃고 해매는 미아를 보호하여야 함에도 불구하고 외면하는 경우)도 있다.

▌대판 2004. 9. 23, 2003다49009(경찰은 범죄의 예방, 진압 및 수사와 함께 국민의 생명, 신체 및 재산의 보호 등과 기타 공공의 안녕과 질서유지도 직무로 하고 있고, 그 직무의 원활한 수행을 위하여 경찰관직무집행법, 형사소송법 등 관계 법령에 의하여 여러 가지 권한이 부여되어 있으므로, 구체적인 직무를 수행하는 경찰관으로서는 제반 상황에 대응하여 자신에게 부여된 여러 가지 권한을 적절하게 행사하여 필요한 조치를 취할 수 있는 것이고, 그러한 권한은 일반적으로 경찰관의 전문적 판단에 기한 합리적인 재량에 위임되어 있는 것이나, **경찰관에게 권한을 부여한 취지와 목적에 비추어 볼 때 구체적인 사정에 따라 경찰관이 그 권한을 행사하여 필요한 조치를 취하지 아니하는 것이 현저하게 불합리하다고 인정되는 경우**에는 그러한 권한의 불행사는 직무상의 의무를 위반한 것이 되어 위법하게 된다)(**군산시 대명동 윤락업체 화재 사건**).

물론 부작위의 경우에는 작위의무가 있어야 한다(예: 경찰관의 보호의무)(대판 2008. 4. 24, 2006다32132).

▌대판 2008. 4. 24, 2006다32132(범죄의 예방·진압 및 수사는 경찰관의 직무에 해당하며 그 직무행위의 구체적 내용이나 방법 등이 경찰관의 전문적 판단에 기한 합리적인 재량에 위임되어 있으므로, 경찰관이 구체적 상황하에서 그 인적·물적 능력의 범위 내에서의 적절한 조치라는 판단에 따라 범죄의 진압 및 수사에 관한 직무를 수행한 경우, 경찰관에게 그와 같은 권한을 부여한 취지와 목적, 경찰관이 다른 조치를 취하지 아니함으로 인하여 침해된 국민의 법익 또는 국민에게 발생한 손해의 심각성 내지 그 절박한 정도, 경찰관이 그와 같은 결과를 예견하여 그 결과를 회피하기 위한 조치를 취할 수 있는 가능성이 있는지 여부 등을 종합적으로 고려하여 볼 때, 그것이 객관적 정당성을 상실하여 현저하게 불합리하다고 인정되지 않는다면 그와 다른 조치를 취하지 아니한 부작위를 내세워 국가배상책임의 요건인 법령 위반에 해당한다고 할 수 없다).

부작위의 경우, 판례는 명문의 근거가 없는 경우에도 헌법 및 행정법의 일반원칙(판례상 조리라 불리기도 한다)을 근거로 작위의무를 인정할 수 있다고 본다(대판 1998. 10. 13, 98다18520).

▌대판 1998. 10. 13, 98다18520(공무원의 부작위로 인한 국가배상책임을 인정하기 위하여는 공무원의 작위로 인한 국가배상책임을 인정하는 경우와 마찬가지로 공무원이 그 직무를 집행함에 당하여 고의 또는 과

실로 법령에 위반하여 타인에게 손해를 가한 때라고 하는 국가배상법 제 2 조 제 1 항의 요건이 충족되어야 할 것이다. 여기서 법령에 위반하여라고 하는 것이 엄격하게 형식적 의미의 법령에 명시적으로 공무원의 작위의무가 규정되어 있는데도 이를 위반하는 경우만을 의미하는 것은 아니고, 국민의 생명, 신체, 재산 등에 대하여 절박하고 중대한 위험상태가 발생하였거나 발생할 우려가 있어서 국민의 생명, 신체, 재산 등을 보호하는 것을 본래적 사명으로 하는 국가가 초법규적, 일차적으로 그 위험 배제에 나서지 아니하면 국민의 생명, 신체, 재산 등을 보호할 수 없는 경우에는 형식적 의미의 법령에 근거가 없더라도 국가나 관련 공무원에 대하여 그러한 위험을 배제할 작위의무를 인정할 수 있을 것이다).

(4) 판단기준시점 법령위반 여부의 판단시점은 공무원의 가해행위가 이루어지는 행위시이다. 국가배상법상 국가의 배상책임은 공무원의 가해행위시의 불법(행위불법)을 문제로 삼는 것이지, 행위의 결과의 불법(결과불법)을 문제로 삼는 것은 아니기 때문이다.

6. 타 인

타인이란 위법한 행위를 한 자나 그 행위에 가담한 자를 제외한 모든 피해자를 말한다. 가해한 공무원과 동일한 행위를 위해 그 행위의 현장에 있다가 피해를 받은 공무원도 타인에 해당한다. 가해자가 국가인 경우에는 지방자치단체, 가해자가 지방자치단체인 경우에는 국가도 타인에 해당한다.

7. 손 해

(1) 손해의 의의 손해란 가해행위로부터 발생한 일체의 손해를 말한다. 손해는 법익침해로서의 불이익을 의미한다. 반사적 이익의 침해는 여기의 손해에 해당하지 아니한다. 적극적 손해인가 또는 소극적 손해인가, 재산상의 손해인가 또는 생명·신체·정신상의 손해인가를 가리지 않는다(대판 2004. 9. 23, 2003다49009).

▌대판 2004. 9. 23, 2003다49009(윤락녀들이 윤락업소에 감금된 채로 윤락을 강요받으면서 생활하고 있음을 쉽게 알 수 있는 상황이었음에도, 경찰관이 이러한 감금 및 윤락강요행위를 제지하거나 윤락업주들을 체포·수사하는 등 필요한 조치를 취하지 아니하고 오히려 업주들로부터 뇌물을 수수하며 그와 같은 행위를 방치한 것은 경찰관의 직무상 의무에 위반하여 위법하므로 국가는 이로 인한 정신적 고통에 대하여 위자료를 지급할 의무가 있다).

(2) 인과관계 가해행위인 직무집행행위와 손해의 발생 사이에는 상당인과관계가 있어야 한다. 인과관계유무의 판단은 관련법령의 내용, 가해행위의 태양, 피해의 상황 등 제반사정을 복합적으로 고려하면서 이루어져야 한다(대판 2008. 4. 10, 2005다48994).

▌대판 2020. 7. 9, 2016다268848(제 3 자에게 손해배상청구권이 인정되기 위하여는 공무원의 직무상 의무 위반행위와 제 3 자의 손해 사이에 상당인과관계가 있어야 하고, 상당인과관계의 유무를 판단할 때 일반적인 결과발생의 개연성은 물론 직무상 의무를 부과한 법령 기타 행동규범의 목적이나 가해행위의 태양 및 피해의 정도 등을 종합적으로 고려하여야 한다).

8. 국가와 지방자치단체의 자동차손해배상책임

(1) 법적 근거와 취지 "국가나 지방자치단체는 … 자동차손해배상보장법에 따라 손해배상의 책임이 있을 때에는 이 법에 따라 그 손해를 배상하여야 한다(국배법 제 2 조 제 1 항 본문 후단)." 공무원의 차량사고로 인한 국가배상의 경우 자동차손해배상보장법상의 책임성립요건은 후술하는 바와 같이 국가 등의 "운행자성"만 인정되면 되므로, 일반적인 국가배상책임의 성립보다 용이하고, 그 배상책임의 내용은 국가배상법에 의하므로 자동차사고로 인한 피해자의 구제에 있어서 더 효과적이다.

(2) 성립요건(국가 또는 지방자치단체의 운행자성)

(가) 운행자성의 요소 자동차손해배상보장법상의 책임은 "자기를 위하여 자동차를 운행하는 자"(운행자성)에게 성립된다. 따라서, 국가 또는 지방자치단체가 자동차손해배상보장법상의 운행자성을 갖추어야 한다. 운행자는 보유자(자동차의 소유자 또는 자동차를 사용할 권리가 있는 자로서 자기를 위하여 자동차를 운행하는 자. 동법 제 2 조 제 3 호)와 구별된다. 무단운전자, 절도운전자도 운행자에 포함되므로 운행자가 보유자보다 넓은 개념이다. 운행자성은 '운행이익'(운행으로부터 나오는 이익)과 '운행지배'(자동차의 운행과 관련하여 현실적으로 자동차를 관리운행할 수 있는 것)를 요건으로 한다(대판 2009. 10. 15, 2009다42703 · 42710).

(나) 운행자성에 관한 구체적 판단

(a) **공무원이 공무를 위해 관용차를 운행한 경우** 공무원이 관용차를 공무를 위해 운행한 경우, 국가 등이 운행자로서 국가배상법 제 2 조 제 1 항 본문 후단의 손해배상책임을 진다(대판 1994. 12. 27, 94다31860). 그러나 관용차를 무단으로 사용한 경우라 할지라도 국가 등에게 운행지배나 운행이익을 인정할 사정이 있는 경우는 국가 등이 운행자의 손해배상책임을 지게 된다(대판 1988. 1. 19, 87다카2202).

▌대판 1994. 12. 27, 94다31860(공무원이 그 직무를 집행하기 위하여 국가 또는 지방자치단체 소유의 관용차(공용차)를 운행하는 경우, 그 자동차에 대한 운행지배나 운행이익은 그 공무원이 소속한 국가 또는 지방자치단체에 귀속된다고 할 것이고 그 공무원 자신이 개인적으로 그 자동차에 대한 운행지배나 운행이익을 가지는 것이라고는 볼 수 없으므로, 그 공무원이 자기를 위하여 공용차를 운행하는 자로서 같은 법조 소정의 손해배상책임의 주체가 될 수는 없다).

▌대판 1988. 1. 19, 87다카2202(국가소속 공무원이 관리권자의 허락을 받지 아니한 채 국가소유의 오토바이를 무단으로 사용하다가 교통사고가 발생한 경우에 있어서 국가가 그 오토바이와 시동열쇠를 무단운전이 가능한 상태로 잘못 보관하였고 위 공무원으로서도 국가와의 고용관계에 비추어 위 오토바이를 잠시 운전하다가 본래의 위치에 갖다 놓았을 것이 예상되는 한편 피해자들로 위 무단운전의 점을 알지 못하고 또한 알 수도 없었던 일반 제 3 자인 점에 비추어 보면 국가가 위 공무원의 무단운전에도 불구하고 위 오토바이에 대한 객관적 · 외형적인 운행지배 및 운행이익을 계속 가지고 있었다고 봄이 상당하다).

(b) 공무원이 공무수행을 위하여 자신 소유의 자동차를 이용한 경우 공무원이 직무수행을 위하여 자기 소유의 자동차를 운행하다가 사고가 난 경우, 국가 또는 지방자치단체의 운행자성을 부인하는 것이 판례이다(대판 1994. 5. 27, 94다6741). 따라서 이 경우 공무원이 자동차손해배상보장법상의 책임을 지게 된다. 그러나 이 경우에 외형이론상 국가나 지방자치단체에 배상책임을 인정하는 것이 타당하다. 다만, 이 경우 국가 등은 운행자책임(국배법 제 2 조 제 1 항 본문 후단)이 부정된다고 하더라도 국가배상책임성립요건을 갖춘다면 국가배상책임(국배법 제 2 조 제 1 항 본문 전단)은 성립될 수 있다.

(c) 기타 요건 자동차손해배상보장법상의 손해배상책임은 인적 손해에 한하여 손해를 전보하는 것이므로, 자동차 사고로 인적 손해가 발생하여야 하고, 자동차손해배상보장법상의 면책요건이 없어야 한다(예: 고의나 자살행위로 인한 부상이 아닐 것 등. 같은 법 제 3 조 참조).

(3) 공무원의 책임

(가) 국가 등의 자동차손해배상보장법상의 책임이 인정되는 경우 국가나 지방자치단체의 "운행자성"이 인정되는 경우에는, 공무원에게 자동차손해배상법상의 책임은 발생할 여지가 없게 된다. 그리고 그 배상책임의 내용은 국가배상법에 의하므로, 공무원의 대외적 책임도 국가배상법의 이론이 그대로 적용된다. 따라서 판례에 의하면 고의 또는 중과실이 있는 경우에 민사상 책임을 지게 될 것이다.

(나) 국가 등의 자동차손해배상보장법상의 책임이 부정되는 경우 판례에 의하면 일반적으로 직무상의 불법행위로 인한 공무원의 대외적 책임이 공무원의 고의 또는 중과실의 경우에만 인정되지만, 공무원의 운행자성이 인정되어 자동차손해배상보장법의 책임이 성립되는 경우에는 민법과 국가배상법의 규정과 해석에 따르지 않는다. 즉, 그 사고가 자동차를 운전한 공무원의 경과실에 의한 것인지 중과실 또는 고의에 의한 것인지를 가리지 않고 자동차손해배상보장법상의 손해배상책임을 부담한다고 한다(대판 1996. 3. 8, 94다23876).

(4) 자동차손해배상보장법에 의하여 성립된 책임의 범위와 절차 국가나 지방자치단체는 자동차손해배상보장법에 따라 손해배상책임이 있을 때에는 국가배상법에 따라 그 손해를 배상하여야 한다(국배법 제 2 조 후문). 배상책임의 성립요건은 자동차손해배상보장법에 의하면서 배상책임의 범위와 절차를 국가배상법에 의하게 한 것은 배상책임의 범위와 절차에 특례를 인정한 셈이다. 배상책임의 내용은 국가배상법에 의하므로 이 경우에도 이중배상금지 규정의 적용이 있다.

(5) 국가배상법 제 5 조와의 관계 자동차도 국가배상법 제 5 조의 공물에 해당한다. 따라서 자동차사고의 경우에는 제 2 조와 제 5 조와의 경합이 문제된다. 생각건대 자동차사고와 관련하는 한, 국가배상법 제 2 조 제 1 항 본문 후단이 자동차손해배상보장법의 특례로 규정되고 있으므로, 국가배상법 제 5 조의 적용은 없다고 볼 것이다.

Ⅱ. 영조물의 하자로 인한 배상책임의 성립요건

국가배상법은 제 5 조에서 영조물의 하자로 인한 배상책임을 규정하고 있다. 동조는 ① 영조물, ② 설치 또는 관리에 하자, ③ 타인, ④ 손해의 개념을 요소로 하여 국가배상책임의 성립요건을 규정하고 있다. 국가배상책임이 성립하기 위해서는 이러한 요건을 모두 구비하여야만 한다. 이러한 요건들을 차례로 살펴보기로 한다.

▪ 국가배상법 제 5 조(공공시설 등의 하자로 인한 책임) ① 도로·하천, 그 밖의 공공의 영조물(營造物)의 설치나 관리에 하자(瑕疵)가 있기 때문에 타인에게 손해를 발생하게 하였을 때에는 국가나 지방자치단체는 그 손해를 배상하여야 한다. …

1. 영 조 물

영조물이란 인적·물적 종합시설을 의미한다. 그러나 국가배상법 제 5 조에서 예시되고 있는 도로·하천은 공적 목적에 제공된 물건(대판 1995. 1. 24, 94다45302), 공물을 의미하기 때문에 국가배상법 제 5 조에서 영조물이란 공물의 의미로 사용되고 있다. 공물에는 자연공물(예: 한강)·인공공물(예: 서대문구청사), 동산·부동산이 있고, 동물도 포함되며, 사소유물이라도 공물인 한 여기의 공물에 해당한다. 공물에 공용물과 공공용물이 포함된다.

▌대판 1995. 1. 24, 94다45302(국가배상법 제 5 조 제 1 항 소정의 "공공의 영조물"이라 함은 국가 또는 지방자치단체에 의하여 특정 공공의 목적에 공여된 유체물 내지 물적 설비를 지칭하며, 특정 공공의 목적에 공여된 물이라 함은 일반공중의 자유로운 사용에 직접적으로 제공되는 공공용물에 한하지 아니하고, 행정주체 자신의 사용에 제공되는 공용물도 포함하며 국가 또는 지방자치단체가 소유권, 임차권 그 밖의 권한에 기하여 관리하고 있는 경우뿐만 아니라 사실상의 관리를 하고 있는 경우도 포함한다).

2. 설치 또는 관리에 하자

(1) 설치·관리의 의의 설치란 영조물(공물)의 설계에서 건조까지를 말하고, 관리란 영조물의 건조 후의 유지·수선을 의미한다. 하자의 의미에 관해 견해는 나뉘고 있다.

(2) 하자의 의의

(개) 학 설 학설은 주관설(하자를 공물주체가 관리의무, 즉 안전확보 내지 사고방지의무를 게을리한 잘못으로 이해하는 견해)·객관설(하자를 공물 자체가 항상 갖추어야 할 객관적인 안정성의 결여로 이해하는 견해)·절충설(하자를 영조물 자체의 하자뿐만 아니라 관리자의 안전관리의무위반이라는 주관적 요소도 부가하여 이해하여야 한다는 견해) 등으로 나뉘고 있다.

(내) 판 례 판례는 영조물 설치·관리상의 하자의 의미를 정의할 때 "용도에 따라 통상 갖추어야 할 안전성을 갖추지 못한 상태"라 하여 객관설을 취한다. 그런데 안전성의

구비 여부의 판단기준에서 "완전무결한 상태를 유지할 정도의 고도의 안전성"을 요하는 것은 아니라 하여 객관설은 완화되고 있다. 이러한 판례의 입장을 변형된(수정된) 객관설이라 부르기도 한다.

▌대판 2022. 7. 14, 2022다225910(국가배상법 제 5 조 제 1 항에 규정된 '영조물 설치 · 관리상의 하자'는 공공의 목적에 공여된 영조물이 그 용도에 따라 통상 갖추어야 할 안전성을 갖추지 못한 상태에 있음을 말한다. 그리고 위와 같은 안전성의 구비 여부는 영조물의 설치자 또는 관리자가 그 영조물의 위험성에 비례하여 사회통념상 일반적으로 요구되는 정도의 방호조치의무를 다하였는지를 기준으로 판단하여야 하고, 아울러 그 설치자 또는 관리자의 재정적 · 인적 · 물적 제약 등도 고려하여야 한다. 따라서 영조물이 그 설치 및 관리에 있어 완전무결한 상태를 유지할 정도의 고도의 안전성을 갖추지 아니하였다고 하여 하자가 있다고 단정할 수는 없고, 영조물 이용자의 상식적이고 질서 있는 이용 방법을 기대한 상대적인 안전성을 갖추는 것으로 족하다).

▌대판 2014. 1. 23, 2013다207996(자연영조물로서 하천은 이를 설치할 것인지 여부에 대한 선택의 여지가 없고, 위험을 내포한 상태에서 자연적으로 존재하고 있으며, 그 유역의 광범위성과 유수(流水)의 상황에 따른 하상의 가변성 등으로 인하여 익사사고에 대비한 하천 자체의 위험관리에는 일정한 한계가 있을 수밖에 없어, 하천 관리주체로서는 익사사고의 위험성이 있는 모든 하천구역에 대해 위험관리를 하는 것은 불가능하므로, 당해 하천의 현황과 이용 상황, 과거에 발생한 사고 이력 등을 종합적으로 고려하여 하천구역의 위험성에 비례하여 사회통념상 일반적으로 요구되는 정도의 방호조치의무를 다하였다면 하천의 설치 · 관리상의 하자를 인정할 수 없다).

(다) 사 견　국가배상법 제 5 조의 표현은 주관설에 입각한 것으로 보이나 제 2 조와의 관계상 객관설을 취할 때 국가의 무과실책임이 인정될 것이므로 객관설이 타당하다. 객관설이 전통적 견해의 입장이다. 객관적 안전성을 갖춘 이상 불가항력에 의한 가해행위는 면책이 된다. 예산의 부족은 배상액의 산정에 참작사유는 될지언정 안전성판단에 결정적인 사유는 될 수 없다.

(3) 무과실책임　국가배상법 제 5 조의 국가책임은 무과실책임이다. 말하자면 국가나 지방자치단체가 공물을 설치 · 관리함에 있어 고의 · 과실이 없었음에도 하자가 발생하였다면, 즉 공물 자체에 객관적 안전성이 결여되었다면 국가나 지방자치단체는 배상책임을 부담한다.

(4) 입증책임　하자의 유무에 관한 입증책임은 엄격하게 새길 것이 아니다. 일반시민의 입장에서 공물의 안전도에 관한 전문적 지식을 갖는다는 것은 통상 기대하기 어렵기 때문이다. 따라서 피해자가 하자의 개연성만 주장하면 하자가 추정되는 것으로 보는 제도의 정착이 필요하다

(5) 불가항력 · 예산부족 등과 면책사유　① 객관적 안전성을 갖춘 이상 불가항력으로 발생한 피해에 대해서는 면책이 된다(대판 2000. 5. 26, 99다53247). 불가능에 대해서는 책임을 추궁할 수 없기 때문이다. 판례도 영조물의 기능상 결함으로 인한 손해발생의 예견가능성과 회피가능성이 없는 경우는 영조물의 설치 · 관리상의 하자를 인정할 수 없다(대판 2007. 9. 21,

2005다65678)고 한다. 그러나 당초 불가항력으로 손해가 발생하였어도 영조물의 설치·관리에 하자로 피해가 악화되었다면 그 범위 내에서는 국가가 책임을 져야 한다.

▮ 대판 2000. 5. 26, 99다53247(집중호우로 제방도로가 유실되면서 그 곳을 걸어가던 보행자가 강물에 휩쓸려 익사한 경우, 사고 당일의 집중호우가 50년 빈도의 최대강우량에 해당한다는 사실만으로 불가항력에 기인한 것으로 볼 수 없다).

▮ 대판 1993. 6. 8, 93다11678(비가 많이 올 때 등에 대비하여 깎아 내린 산비탈부분이 무너지지 않도록 배수로를 제대로 설치하고 격자블럭 등의 견고한 보호시설을 갖추어야 됨에도 불구하고, 이를 게을리한 잘못으로 산비탈부분이 1991. 7. 25. 내린 약 308.5mm의 집중호우에 견디지 못하고 도로 위로 무너져 내려 차량의 통행을 방해함으로써 일어난 사고는 피고(대한민국)의 도로의 설치 또는 관리상의 하자로 인하여 일어난 것이라고 보아야 한다. … 매년 비가 많이 오는 장마철을 겪고 있는 우리나라와 같은 기후의 여건하에서 위와 같은 집중호우가 내렸다고 하여 전혀 예측할 수 없는 천재지변이라고 보기는 어렵다).

② 예산의 부족은 배상액의 산정에 참작사유는 될지언정 안전성 판단에 결정적인 사유는 될 수 없다(대판 1967. 2. 21, 66다1723).

▮ 대판 1967. 2. 21, 66다1723(영조물 설치의 「하자」라 함은 영조물의 축조에 불완전한 점이 있어 이 때문에 영조물 자체가 통상 갖추어야 할 완전성을 갖추지 못한 상태에 있음을 말한다고 할 것인바 그 「하자」 유무는 객관적 견지에서 본 안전성의 문제이고 그 설치자의 재정사정이나 영조물의 사용목적에 의한 사정은 안전성을 요구하는 데 대한 정도 문제로서 참작사유에는 해당할지언정 안전성을 결정지을 절대적 요건에는 해당하지 아니한다 할 것이다).

(6) 하천범람에서 영조물(하천)의 설치나 관리에 하자

(가) 학 설 ①설(계획홍수량을 기준으로 하는 견해)은 하천의 경우 강수량의 정확한 예측이 어렵고 제방의 축조에 막대한 비용이 소요되기에 하천과 같은 자연공물의 경우에는 국가재정·긴급성의 정도 등에 의해 연차적으로 그 안정성을 높여가는 특징이 있는바, 하천이 범람하여 수재가 발생할 때마다 그 손해 전부에 대하여 국가가 책임을 질 수는 없다고 한다. 그리하여 파제형 수해(제방파괴로 인한 수해)의 경우에는 국가 등의 배상책임이 인정되지만, 일제형 수해(하천범람으로 인한 수해)의 경우에는 계획홍수량(계획고수량)(홍수시에 하천의 제방이 붕괴되지 아니하고 유지될 수 있도록 계획된 최대유량)을 기준으로 판단하는 입장이다. ②설(객관설을 기준으로 하는 견해)은 일제형 수해에 있어서 계획홍수량이라는 것도 객관설이 보는 통상적 안정성의 문제로 볼 수 있는바, 하천의 경우가 다른 공물과 다르다고 할 특별한 이유가 없다는 입장이다.

(나) 판 례 판례는 계획홍수량 등을 충족하고 있다면 하천의 설치·관리에 하자가 없다는 입장이다(대판 2007. 9. 21, 2005다65678).

▮ 대판 2007. 9. 21, 2005다65678(관리청이 하천법 등 관련 규정에 의해 책정한 하천정비기본계획 등에 따라 개수를 완료한 하천 또는 아직 개수 중이라 하더라도 개수를 완료한 부분에 있어서는, 위 하천정비기본계획 등에서 정한 계획홍수량 및 계획홍수위를 충족하여 하천이 관리되고 있다면 당초부터 계획홍수량 및 계획홍수위를 잘못 책정하였다거나 그 후 이를 시급히 변경해야 할 사정이 생겼음에도 불구하고 이를 해태하였

다는 등의 특별한 사정이 없는 한, 그 하천은 용도에 따라 통상 갖추어야 할 안전성을 갖추고 있다고 봄이 상당하다).

㈐ 사 견 하천의 경우도 영조물의 하자에 관한 일반적인 기준인 객관설에 따라 통상 갖추어야 할 안전성의 결여를 기준으로 판단하고, 예견불가능하거나 회피불가능한 경우는 불가항력으로 국가 등을 면책시키면 될 것이지 하자의 기준을 하천과 다른 영조물간에 별도로 인정할 필요는 없을 것이다(②설). 왜냐하면 제방시설의 불충분은 국가정책선택의 문제이므로 이를 법적인 문제로 보기 어렵기 때문이다.

3. 타 인

타인이란 설치·관리의 주체 이외의 자로서 영조물의 설치 또는 관리상의 하자로 인한 모든 피해자를 말한다. 영조물의 설치 또는 관리의 주체가 국가인 경우에는 지방자치단체, 지방자치단체인 경우에는 국가도 타인에 해당한다. 다만 피해자가 군인·군무원 등인 경우에는 뒤(본 절 제 3 항 Ⅱ. 2. 이중배상의 배제)에서 보는 바의 특례가 인정되고 있다.

4. 손 해

(1) 손해의 의의 손해란 영조물의 설치 또는 관리상의 하자로 인해 발생한 일체의 손해를 말한다. 손해는 법익침해로서의 불이익을 의미한다. 반사적 이익의 침해는 여기의 손해에 해당하지 아니한다. 적극적 손해인가 또는 소극적 손해인가, 재산상의 손해인가 또는 생명·신체·정신상의 손해인가를 가리지 않는다.

(2) 인과관계 영조물의 설치 또는 관리상의 하자와 손해의 발생 사이에는 상당인과관계가 있어야 한다. 인과관계유무의 판단은 관련법령의 내용, 영조물의 설치 또는 관리의 태양, 피해의 상황 등 제반사정을 복합적으로 고려하면서 이루어져야 한다.

▌대판 2009. 7. 23, 2006다81325(일반적인 결과발생의 개연성은 물론 직무상 의무를 부과하는 법령 기타 행동규범의 목적, 그 수행하는 직무의 목적 내지 기능으로부터 예견가능한 행위 후의 사정, 가해행위의 태양 및 피해의 정도 등을 종합적으로 고려하여야 한다).

5. 제 2 조와 경합

서대문구청에서 연세대학교 앞에 육교를 설치하였는데, 그 육교가 붕괴되는 사고가 발생하였고 이로 인해 甲이 다쳤다고 하자. 이러한 경우, 육교의 설계도의 잘못이 원인이라고 한다면, 설계도작성의 잘못은 ① 영조물의 설치·관리상의 하자에 해당하기도 하고, ② 육교건설사무(건설담당공무원의 육교건설이라는 직무)의 수행과정상 잘못에 해당하기도 한다. ①의 관점에서는 제 5 조와 관련하고, ②의 관점에서는 제 2 조와 관련한다. 甲은 제 5 조를 근거로 배상을 청구할 수도 있고, 제 2 조를 근거로 배상을 청구할 수도 있다. 이와 같이 공물의 설치 · 관리상의 하자와 공무원의 위법한 직무집행행위가 경합하는 경우에는 피해자는 국가배상법 제 5 조나 제 2 조 그 어느 규정에 의해서도 배상을 청구할 수 있다. 제 5 조는 제 2 조와의 관계에서 보충적인 지위에 있으므로 경합을 부정해야 한다는 견해도 있다.

제 3 항 손해배상책임의 내용, 손해배상의 청구권자와 책임자

Ⅰ. 손해배상책임의 내용

1. 배상기준

국가배상법은 생명 · 신체에 대한 침해와 물건의 멸실 · 훼손으로 인한 손해에 관해서는 배상금액의 기준을 정해 놓고 있으며(국배법 제 3 조 제 1 항 내지 제 3 항), 그 밖의 손해에 대해서는 불법행위와 상당인과관계가 있는 범위 내의 손해를 기준으로 하고 있다(국배법 제 3 조 제 4 항). 국가배상법상 배상액의 기준의 성질에 관해 견해가 나뉜다.

(1) 학 설　　국가배상법 제 3 조에서 규정하는 기준은 법원을 구속하는 한정액이라는 견해(한정액설)(국가배상법의 기준은 배상범위를 명백히 하여 분쟁의 여지를 제거하는 데 목적이 있다는 점을 논거로 한다)와 단순한 기준에 불과하다는 견해(기준액설)(국가배상법이 기준이라는 용어를 사용하고 있다는 점, 한정적으로 새긴다면 그것은 헌법의 정당한 보상규정에 위반될 가능성을 갖는다는 점을 논거로 한다)가 있으나, 기준액설이 지배적인 견해이다. 기준액설이 타당하다.

(2) 판 례　　판례는 기준액설을 취한다(대판 1970. 1. 29, 69다1203).

▌대판 1970. 1. 29, 69다1203(구 국가배상법(1967. 3. 3. 법률 제1899호) 제 3 조 제 1 항과 제 3 항의 손해배상의 기준은 배상심의회의 배상금지급기준을 정함에 있어서의 하나의 기준을 정한 것에 지나지 아니하는 것이고 이로써 배상액의 상한을 제한한 것으로 볼 수 없다 할 것이며 따라서 법원이 국가배상법에 의한 손해배상액을 산정함에 있어서 그 기준에 구애되는 것이 아니라 할 것이니 이 규정은 국가 또는 공공단체에 대한 손해배상청구권을 규정한 구 헌법(1962. 12. 26. 개정헌법) 제26조에 위반된다고 볼 수 없다).

2. 이익의 공제

제 2 조 제 1 항을 적용할 때 피해자가 손해를 입은 동시에 이익을 얻은 경우에는 손해배상액에서 그 이익에 상당하는 금액을 빼야 한다(국배법 제 3 조의2 제 1 항). 제 3 조 제 1 항의 유족배상과 같은 조 제 2 항의 장해배상 및 장래에 필요한 요양비 등을 한꺼번에 신청하는 경우에는 중간이자를 빼야 한다(국배법 제 3 조의2 제 2 항).

3. 양도 · 압류의 금지

생명 · 신체의 침해로 인한 국가배상을 받을 권리는 이를 양도하거나 압류하지 못한다(국배법 제 4 조). 이것은 사회보장적 관점에서 피해자 또는 피해자의 유족을 보호하기 위한 것이다.

Ⅱ. 손해배상의 청구권자와 시효

1. 청구권자(모든 피해자)

공무원 또는 공무를 위탁받은 사인이 직무를 집행하면서 고의 또는 과실로 법령을 위반하여 타인에게 손해를 입힌 경우, 손해를 입은 타인은 누구나 배상금의 지급을 청구할 수 있다(국배법 제 2 조 제 1 항 본문).

2. 이중배상의 배제

(1) 의 의 군인 · 군무원 · 경찰공무원 또는 예비군대원이 전투 · 훈련 등 직무집행과 관련하여 전사(戰死) · 순직(殉職)하거나 공상(公傷)을 입은 경우에 본인이나 그 유족이 다른 법령에 따라 재해보상금 · 유족연금 · 상이연금 등의 보상을 지급받을 수 있을 때에는 이 법 및 「민법」에 따른 손해배상을 청구할 수 없다(국배법 제 2 조 제 1 항 단서).

▌대판 2011. 3. 10, 2010다85942((경찰공무원이 낙석사고 현장 주변 교통정리를 위하여 사고현장 부근으로 이동하던 중 대형 낙석이 순찰차를 덮쳐 사망하자, 도로를 관리하는 지방자치단체가 국가배상법 제 2 조 제 1 항 단서에 따른 면책을 주장한 사안에서)(경찰공무원 등이 '전투 · 훈련 등 직무집행과 관련하여' 순직 등을 한 경우 같은 법 및 민법에 의한 손해배상책임을 청구할 수 없다고 정한 국가배상법 제 2 조 제 1 항 단서의 면책조항은 구 국가배상법(2005. 7. 13. 법률 제7584호로 개정되기 전의 것) 제 2 조 제 1 항 단서의 면책조항과 마찬가지로 **전투 · 훈련 또는 이에 준하는 직무집행뿐만 아니라 '일반 직무집행'에 관하여도 국가나 지방자치단체의 배상책임을 제한**하는 것이다)(**경찰 순찰차 낙석 사건**).

(2) 취 지 판례는 국가 또는 공공단체가 위험한 직무를 수행하는 군인 · 군무원 · 경찰공무원 등에 대한 피해보상제도를 운영하여 간편하고 확실한 피해보상을 받을 수 있도록 보장하는 대신에, 그들이 국가 등에 대하여 공무원의 직무상 불법행위로 인한 손해배상을 청구할 수 없도록 함으로써 과도한 재정지출과 피해 군인 사이의 불균형을 방지하고, 가해자인 군인 등과 피해자인 군인 등 사이의 쟁송이 가져올 폐해를 예방하는 데 그 취지가 있다고 한다(대판 2001. 2. 15, 96다42420; 대판 2002. 5. 10, 2000다39735).

(3) 적용대상자 이중배상이 배제되는 자는 군인 · 군무원 · 경찰공무원 또는 예비군대원이다. 판례는 (구)전투경찰대설치법에 따른 전투경찰순경은 여기의 경찰공무원으로 보지만(헌재 1996. 6. 13, 94헌마118, 93헌바39(병합)), 공익근무요원은 이중배상이 배제되는 자에 속하

지 않는다고 한다(대판 1997. 3. 28, 97다4036). 한편, 군인·군무원·경찰공무원은 헌법상으로도 이중배상배제가 예정되어 있지만(헌법 제29조 제 2 항), 예비군대원은 국가배상법에서 비로소 규정된 자이다. 이와 관련하여 국가배상법이 예비군을 이중배상배제의 대상자로 규정한 것이 위헌이 아닌가의 문제가 있으나, 헌법재판소는 이를 합헌으로 보았다(헌재 1996. 6. 13, 94헌바20). 이중배상배제 그 자체가 헌법위반이라고 보는 본서의 입장에서는 이중배상배제의 예를 확대하는 헌법재판소의 태도는 정당하지 않다고 본다.

(4) 이중배상배제의 문제점 과거에 이중배상금지제도는 헌법상 근거 없이 국가배상법에서 규정되었으나 1971년 6월 22일 대법원은 이중배상금지를 헌법위반으로 판결하였다(대판 1971. 6. 22, 70다1010). 그 후 소위 유신헌법에서 이중배상금지를 명문화하였고, 이것이 현행헌법까지 그대로 유지되고 있다. 논리적인 관점에서 보면, 국가배상법에 의한 배상은 '불법에 대한 배상'이며, 다른 법령에 의한 보상은 '국가에 바친 헌신에 대한 보상'이어서 양자는 목적을 달리하므로, 이중배상을 금하는 헌법과 국가배상법의 관련규정은 비합리적인 것으로 생각된다. 삭제가 요구된다. 헌법재판소는 "국가배상법 제 2 조 제 1 항 단서가 헌법상 보장되는 국가배상청구권을 헌법 내재적으로 제한하는 헌법 제29조 제 2 항에 직접 근거하고, 실질적으로 내용을 같이한다"는 이유로 합헌을 선언하였다(헌재 2001. 2. 22, 2000헌바38).

3. 배상청구권의 시효

국가배상법에는 소멸시효에 관한 규정이 없는바, 국가배상법 제 8 조에 근거하여 민법 외의 법률이 있다면, 그 법률, 민법 외의 법률이 없다면 민법이 적용된다. 국가배상청구권은 국가나 지방자치단체에 대한 금전채권의 문제인바, 이와 관련하는 민법 외의 법률로 국가재정법·지방재정법이 있다.

▪ **국가배상법 제 8 조(다른 법률과의 관계)** 국가나 지방자치단체의 손해배상 책임에 관하여는 이 법에 규정된 사항 외에는 「민법」에 따른다. 다만, 「민법」 외의 법률에 다른 규정이 있을 때에는 그 규정에 따른다.

▪ **국가재정법 제96조(금전채권·채무의 소멸시효)** ① 금전의 급부를 목적으로 하는 국가의 권리로서 시효에 관하여 다른 법률에 규정이 없는 것은 5년 동안 행사하지 아니하면 시효로 인하여 소멸한다.

▪ **지방재정법 제82조(금전채권과 채무의 소멸시효)** ① 금전의 지급을 목적으로 하는 지방자치단체의 권리는 시효에 관하여 다른 법률에 특별한 규정이 있는 경우를 제외하고는 5년간 행사하지 아니하면 소멸시효가 완성한다.

▪ **민법 제766조(손해배상청구권의 소멸시효)** ① 불법행위로 인한 손해배상의 청구권은 피해자나 그 법정대리인이 그 손해 및 가해자를 **안 날**로부터 3년간 이를 행사하지 아니하면 시효로 인하여 소멸한다. ② 불법행위를 **한 날**로부터 10년을 경과한 때에도 전항과 같다.

국가재정법·지방재정법에는 주관적 기산점(손해 및 가해자를 안 날)에 관한 규정이 없으므로 이에 관해서는 민법 제766조 제 1 항이 적용된다. 한편, ② 국가재정법·지방재정법에는 객관적 기산점(불법행위를 한 날)에 관한 규정이 있으므로 이에 관해서는 국가재정법 · 지방재정법이 적용된다. 요컨대 국가배상청구권에 대해서는 피해자나 법정대리인이 그 손해와 가해자를 안 날(민법 제166조 제 1 항, 제766조 제 1 항에 따른 주관적 기산점)로부터 3년 또는 불법행위를 한 날(민법 제166조 제 1 항, 제766조 제 2 항에 따른 객관적 기산점)로부터 5년의 소멸시효가 적용됨이 원칙이다(대판 2019. 11. 14, 2018다233686).

Ⅲ. 손해배상의 책임자

1. 사무의 귀속주체로서 배상책임자

국가배상법 제 2 조(위법한 직무집행행위로 인한 배상책임) 제 1 항과 제 5 조(영조물의 하자로 인한 배상책임) 제 1 항에서 국가 또는 지방자치단체가 배상책임을 진다고 하는 것은 당해 사무의 귀속주체에 따라 국가사무의 경우에는 국가가 배상책임을 지고, 자치사무의 경우에는 당해 지방자치단체가 배상책임을 진다는 것을 뜻한다. 국가나 광역지방자치단체가 자신의 사무를 광역지방자치단체나 기초지방자치단체가 아니라 광역지방자치단체의 기관(예: 특별시장 · 광역시장 · 도지사)이나 기초지방자치단체의 기관(예: 시장 · 군수 · 구청장)에 위임한 사무인 기관위임사무(예: 보건복지부장관이 군이 아니라 군수에게 위임한 사무)의 경우에는 위임기관이 속한 행정주체가 배상책임을 진다(대판 1996. 11. 8, 96다21331).

2. 비용부담자로서 배상책임자

(1) 일 반 론 국가배상법 제 6 조 제 1 항은 "제 2 조(위법한 직무집행행위로 인한 배상책임) · 제 3 조(배상기준) 및 제 5 조(영조물의 하자로 인한 배상책임)에 따라 국가나 지방자치단체가 손해를 배상할 책임이 있는 경우에 공무원의 선임 · 감독 또는 영조물의 설치 · 관리를 맡은 자와 공무원의 봉급 · 급여, 그 밖의 비용 또는 영조물의 설치 · 관리 비용을 부담하는 자가 동일하지 아니하면 그 비용을 부담하는 자도 손해를 배상하여야 한다"고 규정하고 있다. 국가배상법 제 6 조 제 1 항을 분석하면 동 조항은 ⓐ 공무원의 선임 · 감독자와 공무원의 봉급 · 급여 기타의 비용을 부담하는 자가 동일하지 아니한 경우와 ⓑ 영조물의 설치 · 관리를 맡은 자와 영조물의 설치 · 관리의 비용을 부담하는 자가 동일하지 아니한 경우를 규정하고 있다. ⓐ는 국가배상법 제 2 조와 관련되고, ⓑ는 국가배상법 제 5 조와 관련된다.

(2) 공무원의 봉급 · 급여 기타의 비용 부담자 공무원의 선임 · 감독자와 공무원의 봉급 · 급여 기타의 비용을 부담하는 자가 동일하지 아니한 경우란 기관위임사무와 관련하여 의미를 갖는다. '공무원의 선임 · 감독을 맡은 자'란 사무의 귀속주체인 국가 또는 지방자치단체를 뜻하는 것으로, '공무원의 봉급 · 급여 기타의 비용을 부담하는 자'란 현실적으로 기

관위임사무를 처리하는 지방자치단체로 이해되고 있다. 따라서 보건복지부장관이 식품위생 사무의 일부를 서울특별시장에게 위임한 경우, 서울특별시장의 사무처리에 불법행위가 발생하였다면, 보건복지부장관이 속한 국가는 국가배상법 제 2 조 제 1 항에 따라 사무의 귀속주체로서 배상책임을 지고, 서울특별시장이 속한 서울특별시는 국가배상법 제 6 조 제 1 항에 따라 비용부담자로서 배상책임을 진다.

(3) 영조물의 설치·관리의 비용부담자 영조물의 설치·관리를 맡은 자와 영조물의 설치·관리의 비용을 부담하는 자가 동일하지 아니한 경우도 기관위임사무와 관련하여 의미를 갖는다. '영조물의 설치·관리를 맡은 자'란 사무의 귀속주체인 국가 또는 지방자치단체를 뜻하는 것으로, '영조물의 설치·관리의 비용을 부담하는 자'란 영조물의 설치·관리에 현실적으로 비용을 부담하는 자를 말한다.

[예] 문화체육관광부 장관이 국립전통예술관의 관리를 서울특별시장에게 맡긴 후 국립전통예술관이 일부 붕괴되는 사고가 발생한 경우, 문화체육관광부장관이 속한 국가는 국가배상법 제 5 조 제 1 항에 따라 사무의 귀속주체로서 배상책임을 지고, 서울특별시장이 속한 서울특별시는 국가배상법 제 6 조 제 1 항에 따라 비용부담자로서 배상책임을 진다.

(4) 비용의 범위 '봉급·급여 그 밖의 비용부담자'란 봉급·급여를 부담하거나, 봉급·급여 이외의 사무집행에 소요되는 비용을 부담하거나, 또는 봉급·급여뿐만 아니라 사무집행에 소요되는 비용까지 부담하는 자(행정 주체)를 포함한다(대판 1994. 12. 9, 94다38137). 그리고 '영조물의 설치·관리 비용을 부담하는 자'란 영조물의 설치·관리에 현실적으로 비용을 부담하는 자(행정 주체)를 말한다.

(5) 비용을 부담하는 자의 의미 ① 비용을 부담하는 자의 의미와 관련하여 학설은 ⓐ 국가배상법 제 6 조 제 1 항의 비용부담자란 비용의 실질적·궁극적 부담자를 의미한다는 실질적 비용부담자설, ⓑ 비용부담자란 단순히 대외적으로 비용을 부담하는 자를 의미한다는 형식적 비용부담자설, ⓒ 비용부담자란 피해자의 그릇된 피고선택의 위험성의 배제를 위해 실질적 비용부담자와 형식적 비용부담자를 포함한다는 병합설(다수설)이 있다. ② 판례는 국가배상법 제 6 조 제 1 항의 비용부담자를 여의도광장질주사건에서는 실질적 비용부담자로(관리청의 비용부담규정이 있는 경우)(대판 1995. 2. 24, 94다57671), 천안시진성운송사건에서는 형식적 비용부담자로 보고 있어 병합설을 취하는 것(대판 1994. 12. 9, 94다38137)으로 보인다.

▮대판 1998. 7. 10, 96다42819(원래 광역시가 점유·관리하던 일반국도 중 일부 구간의 포장공사를 국가가 대행하여 광역시에 도로의 관리를 이관하기 전에 교통사고가 발생한 경우, **광역시**는 그 도로의 점유자 및 관리자, 도로법 제56조, 제55조, 도로법시행령 제30조에 의한 **도로관리비용 등의 부담자로서의 책임**이 있고, **국가**는 그 도로의 점유자 및 관리자, 관리사무귀속자, 포장공사비용 부담자로서의 책임이 있다고 할 것이며, 이와 같이 광역시와 국가 모두가 도로의 점유자 및 관리자, **비용부담자로서의 책임을 중첩적으로 지는 경우**에는, 광역시와 국가 모두가 국가배상법 제 6 조 제 2 항 소정의 궁극적으로 손해를 배상할 책임이 있는

자라고 할 것이고, 결국 **광역시와 국가의 내부적인 부담 부분**은, 그 도로의 인계·인수 경위, 사고의 발생 경위, 광역시와 국가의 그 도로에 관한 분담비용 등 제반 사정을 종합하여 결정함이 상당하다)(**광주광역시 폐아스콘 사건**).

3. 종국적 배상책임자

(1) 문제상황　국가배상법 제 6 조 제 2 항은 "제 1 항의 경우에 손해를 배상한 자는 내부관계에서 그 손해를 배상할 책임이 있는 자에게 구상할 수 있다"고 규정하고 있다. 제 6 조 제 1 항은 행정주체(비용부담자)와 국민(피해자) 사이의 관계를 규정하고 있고, 제 6 조 제 2 항은 행정주체 사이(공무원의 선임·감독자와 공무원의 봉급·급여 기타의 비용을 부담하는 자 사이, 영조물의 설치·관리를 맡은 자와 영조물의 설치·관리의 비용을 부담하는 자 사이)의 관계를 규정하고 있다. 제 6 조 제 2 항은 행정주체 사이에서 내부적인 구상권을 정하는 규정이다. 제 6 조 제 2 항과 관련하여 누가 종국적 배상책임자인가에 관해서는 견해가 나뉘고 있다.

(2) 학　설　예컨대, 보건복지부장관의 식품위생사무의 일부를 기관위임받아 서울특별시장이 사무처리를 하던 중 불법행위가 발생하였고, 서울특별시가 피해자에게 손해배상을 하였다면, 서울특별시는 국가에 구상권을 행사할 수 있는가의 여부가 종국적인 배상책임자의 문제이다. 학설로는 ① 사무의 귀속주체가 부담하여야 한다는 사무귀속자설, ② 비용부담자가 부담하여야 한다는 비용부담자설, ③ 손해발생에 기여한 정도에 따라 최종적인 비용부담자가 정해져야 한다는 기여도설 등이 있다. 판례의 입장은 명백하지 않다. 기여도설을 취한 것으로 보이는 판례(대판 1998. 7. 10, 96다42819)도 있고, 귀속자설을 취한 것으로 보이는 판례(대판 2001. 9. 25, 2001다41865)도 있다.

Ⅳ. 국가의 배상책임의 성질과 선택적 청구, 가해공무원의 책임

1. 국가의 배상책임의 성질

(1) 학　설

(가) 자기책임설　국가나 지방자치단체가 부담하는 배상책임은 바로 그들 자신의 책임이라는 견해이다. 자기책임설에도 ① 기관이론에 입각한 자기책임설(공무원의 직무상 불법행위는 국가기관의 불법행위이므로 국가가 책임을 진다는 이론이다. 여기서 경과실에 의한 행위는 바로 기관의 행위이고, 고의·중대한 과실에 의한 행위는 기관행위가 아니지만 직무행위로서 외형을 갖기 때문에 기관행위로 본다)과 ② 위험책임설적 자기책임설(국가는 위법하게 행사될 위험성이 있는 행정권을 공무원에게 부여하였으므로 그 위법행사에 대한 책임까지 부담하여야 한다는 이론)로 구분된다.

(나) 대위책임설　배상책임은 공무원 자신이 부담해야 할 것이지만 피해자의 보호 등을 위해 국가가 공무원에 대신하여 부담하는 책임이 바로 국가배상책임이라는 견해이다.

그 논거로 ⓐ 국가가 공무원을 대신하여 배상하였으므로 국가는 공무원에게 구상할 수 있게 된다는 점(국배법 제 2 조 제 2 항), ⓑ 또한 공무원이 불법행위로 인한 손해배상책임요건을 구비해야 하므로 당연히 공무원의 과실책임주의가 요구된다는 점, 그리고 ⓒ 배상능력이 충분한 국가 등을 배상책임자로 하는 것이 피해자에게 유리하다는 점이 제시되고 있다.

(다) **중 간 설** 공무원의 위법행위가 고의·중과실에 기한 경우는 국가기관으로서의 행위로 볼 수 없고 또한 이때 국가는 공무원에게 구상할 수 있으므로(국배법 제 2 조 제 2 항) 국가의 배상책임은 대위책임이나, 경과실에 의한 경우는 국가기관으로서의 행위로 보아야 하며 또한 국가의 공무원에 대한 구상권이 부정되기에 경과실로 인한 국가의 책임은 자기책임이라고 보는 견해이다.

(라) **절 충 설** 공무원의 행위가 경과실에 기한 경우에는 국가기관의 행위로 볼 수 있어 국가의 자기책임이지만, 고의·중과실에 따른 행위는 국가기관의 행위로 볼 수 없어 공무원만이 배상책임을 지고 국가는 책임이 없지만 그 행위가 직무로서 외형을 갖춘 경우에는 피해자와의 관계에서 국가도 일종의 자기책임으로서 배상책임을 진다는 견해이다.

(2) 판 례 판례는 공무원의 위법행위가 고의 또는 중과실에 의한 것인 때에 국가책임은 대위책임과 자기책임의 양면성을 갖지만, 경과실에 의한 것인 때에는 국가에 구상권이 부인된다는 것을 이유로 국가책임을 자기책임으로 보는 입장을 취한다(대판 1996. 2. 15, 95다38677 전원합의체).

▌대판 1996. 2. 15, 95다38677 전원합의체(**공군버스 지프추돌 사건**).

[사건개요] 공무중의 군용버스가 철길건널목 부근에서 신호대기중이던 같은 부대소속 군용지프차의 뒷부분을 들이받고, 그 충격으로 지프차가 서행하던 봉고트럭 뒷부분을 들이받은 후 때마침 그 곳을 운행중이던 열차와 다시 충돌하게 하였고, 이로 인해 지프차에 타고 있던 장교가 즉사하였고, 이에 그 장교의 유족이 군용버스운전자를 상대로 손해배상을 청구한 사건

[다수의견] 국가배상법 제 2 조 제 1 항 본문 및 제 2 항의 입법 취지는 공무원의 직무상 위법행위로 타인에게 손해를 끼친 경우에는 **변제자력이 충분한 국가 등에게** 선임감독상 과실 여부에 불구하고 손해배상책임을 부담시켜 국민의 재산권을 보장하되, 공무원이 직무를 수행함에 있어 경과실로 타인에게 손해를 입힌 경우에는 그 직무수행상 통상 예기할 수 있는 흠이 있는 것에 불과하므로, 이러한 공무원의 행위는 **여전히 국가 등의 기관의 행위**로 보아 그로 인하여 발생한 손해에 대한 **배상책임도 전적으로 국가 등에만 귀속**시키고 공무원 개인에게는 그로 인한 책임을 부담시키지 아니하여 공무원의 공무집행의 안정성을 확보하고, 반면에 **공무원의 위법행위가 고의·중과실에 기한 경우**에는 비록 그 행위가 그의 직무와 관련된 것이라고 하더라도 그와 같은 행위는 그 본질에 있어서 **기관행위로서의 품격을 상실**하여 국가 등에게 그 책임을 귀속시킬 수 없으므로 **공무원 개인에게 불법행위로 인한 손해배상책임을 부담**시키되, 다만 이러한 경우에도 그 행위의 외관을 **객관적으로 관찰하여 공무원의 직무집행으로 보여질 때**에는 피해자인 국민을 두텁게 보호하기 위하여 **국가 등이 공무원 개인과 중첩적으로 배상책임**을 부담하되 국가 등이 배상책임을 지는 경우에는 **공무원 개인에게 구상**할 수 있도록 함으로써 궁극적으로 그 책임이 공무원 개인에게 귀속되도록 하려는 것이라고 봄이 합당하다.

(3) 사 견 ① 기관이론에 입각한 자기책임설은 공무원의 고의·중과실에 의한 행위가 직무행위로서의 외형을 갖춘다고 하지만, 그러한 해석은 논리필연적인 것이 아니고 입

법례에 따라 달라질 수 있는 정책적인 것에 불과하며, ② 대위책임설에는 독일과 달리 우리나라의 경우에는 '공무원에 대신하여'라는 문구가 없다는 점, 국가면책사상은 철저히 포기되어야 한다는 점, 그리고 공무원의 무과실을 이유로 국가가 면책될 수 있는 가능성을 갖는다는 점에서 문제가 있다. ③ 중간설에는 고의 · 중과실의 경우 대위책임설에 가해지는 문제점이 그대로 가해질 수 있다. ④ 절충설에 대해서도 고의 · 중과실의 경우, 중간설에 대한 지적과 유사한 지적이 가능하다. ⑤ 생각건대 국가가 공무원에게 직무권한의 행사를 하게 한 것에는 공무원의 위법한 권한행사의 가능성까지 고려한 것으로 보아야 한다. 따라서 공무원의 불법행위에 대한 국가의 배상책임은 이러한 위험한 환경을 마련한 국가의 자기책임으로 볼 것이다(견해 변경).

2. 선택적 청구

피해자는 반드시 국가나 지방자치단체에 손해배상을 청구하여야 하는가? 아니면 피해자는 자신의 선택에 따라 국가나 지방자치단체에 청구할 수도 있고, 가해행위를 한 공무원에게 청구할 수도 있는가의 문제가 선택적 청구의 문제이다.

(1) 학 설 ① 국가 또는 지방자치단체에만 청구할 수 있다는 견해(선택적 청구 부정론), ② 피해자의 선택에 따라 국가 또는 지방자치단체에 청구하든지 아니면 가해공무원에게 청구할 수 있다는 견해(선택적 청구 긍정론), ③ 경과실의 경우에는 국가 또는 지방자치단체에만 청구할 수 있고, 고의 · 중과실이 있는 경우에는 선택에 따라 국가 또는 지방자치단체에 청구하든지 아니면 가해공무원에게 청구할 수 있다는 견해(선택적 청구 제한적 긍정론)가 있다.

(2) 판 례 판례는 ① 선택적인 청구가 가능하다는 입장을 취하였으나(대판 1972. 10. 10, 69다701), ② 선택적인 청구가 불가능하다는 입장으로 선회하였다가(대판 1994. 4. 12, 93다11807), ③ 고의나 중대한 과실이 있는 경우에는 선택적 청구가 가능하지만, 경과실이 있는 경우에는 선택적 청구를 할 수 없다고 전원합의체 판결을 통하여 입장을 변경하였다(대판 1996. 2. 15, 95다38677 전원합의체).

(3) 사 견 국가책임의 본질을 위험책임설적 자기책임으로 보는 본서의 입장에서는 피해자의 선택적인 청구는 불가하다고 본다. 말하자면 국가나 지방자치단체에 대해서만 배상의 청구가 가능하다고 본다. 선택적 청구의 배제는 피해자에게는 담보력이 충분한 자에 의한 배상의 보장을, 가해자인 공무원에게는 피해자로부터 직접적인 배상청구를 피함으로써 공무집행에 전념하게 하는 가능성을 가져다 준다.

3. 가해공무원의 책임

(1) 책임의 유형 국가 또는 공공단체가 배상책임을 지는 경우, 공무원 자신의 책임은 면제되지 아니한다(헌법 제29조 제 1 항 단서). 판례는 "면제되지 아니하는 공무원 개인의

책임에는 민사상 · 형사상의 책임이나 국가 등의 기관내부에서의 징계책임 등 모든 법률상의 책임이 포함된다고 할 것이고, 여기에서 특별히 민사상의 불법행위의 책임이 당연히 제외된다고 보아야 할 아무런 근거가 없다"는 입장이다(대판 1996. 2. 15, 95다38677 전원합의체).

(2) 대외적 배상책임 판례의 입장에서 보면, 앞에서 본 바와 같이 공무원에게 고의 · 중과실이 있는 경우에 공무원은 피해자에 대하여 민사상 손해배상책임을 진다. 대위책임설의 입장에서 보면, 가해 공무원은 피해자에 대하여 민사상 손해배상책임은 부담하지 아니한다고 하게 된다.

▮ 대판 2011. 9. 8, 2011다34521(공무원이 직무 수행 중 불법행위로 타인에게 손해를 입힌 경우에 국가나 지방자치단체가 국가배상책임을 부담하는 외에 공무원 개인도 고의 또는 중과실이 있는 경우에는 불법행위로 인한 손해배상책임을 지고, 공무원에게 경과실이 있을 뿐인 경우에는 공무원 개인은 불법행위로 인한 손해배상책임을 부담하지 아니하는데, 여기서 공무원의 중과실이란 공무원에게 통상 요구되는 정도의 상당한 주의를 하지 않더라도 약간의 주의를 한다면 손쉽게 위법 · 유해한 결과를 예견할 수 있는 경우임에도 만연히 이를 간과함과 같은 거의 고의에 가까운 현저한 주의를 결여한 상태를 의미한다).

(3) 내부적 구상책임 국가 또는 지방자치단체가 피해자에게 배상하였을 경우, 가해공무원에게 고의 또는 중대한 과실이 있었다면, 국가 또는 지방자치단체는 그 가해공무원에게 구상할 수 있다(국배법 제 2 조 제 2 항). 대위책임설에서 보면 이 규정은 당연한 것이다. 구상권은 일종의 부당이득반환청구권이다. 다만 국가배상법이 경과실의 경우 구상권을 인정치 않는 것은 공무원으로 하여금 공무에만 전념케 하기 위한 입법정책적 고려의 결과이다. 하여튼 국가책임원칙과 공무원 개인의 구상의무의 인정은 효과적인 국가작용의 요구, 공무수행자의 개인적인 책임, 그리고 소속공직자에 대한 국가의 배려의무의 타협의 결과이다.

▮ 대판 2021. 1. 28, 2019다260197(공무원의 중과실이란 공무원에게 통상 요구되는 정도의 상당한 주의를 하지 않더라도 약간의 주의를 한다면 손쉽게 위법 · 유해한 결과를 예견할 수 있는 경우임에도 만연히 이를 간과한 경우와 같이, 거의 고의에 가까운 현저한 주의를 결여한 상태를 의미한다).

제 4 항 손해배상금의 청구절차

Ⅰ. 행정절차(임의적 결정전치)

1. 임의적 결정전치의 관념

(1) 임의적 결정전치의 의의 국가배상법에 따른 손해배상의 소송은 배상심의회에 배상신청을 하지 아니하고도 제기할 수 있다(국배법 제 9 조). 말하자면 국가배상법은 임의적 결정전치를 택하고 있다. 2000년까지의 구 국가배상법은 필요적 결정전치주의를 택하였다.

(2) 임의적 결정전치제도의 성격 행정절차로서 결정전치제도는 행정소송법상 행정심판전치제도와 성격을 달리한다. 결정전치제도는 처분을 다투는 것도 아니고, 행정청의 반성을 촉구하는 것도 아니며, 행정청의 전문지식을 활용하는 것도 아니다. 결정전치제도의 효율적인 운영은 경제적이고도 신속한 배상금지급, 합리적인 처리, 법원의 업무경감 등의 의미를 가진다.

2. 배상심의회

(1) 종 류 국가나 지방자치단체에 대한 배상신청사건을 심의하기 위하여 법무부에 본부심의회를 둔다(국배법 제10조 제 1 항 본문). 다만, 군인이나 군무원이 타인에게 입힌 손해에 대한 배상신청사건을 심의하기 위하여 국방부에 특별심의회를 둔다(국배법 제10조 제 1 항 단서). 본부심의회 및 특별심의회는 대통령령으로 정하는 바에 따라 지구심의회를 둔다(국배법 제10조 제 2 항). 배상심의회는 합의제행정청의 성격을 갖는다. 본부심의회와 특별심의회와 지구심의회는 법무부장관의 지휘를 받아야 한다(국배법 제10조 제 3 항).

(2) 권 한 본부심의회와 특별심의회는 다음 각 호의 사항(1. 제13조 제 6 항에 따라 지구심의회로부터 송부받은 사건, 2. 제15조의2에 따른 재심신청사건, 3. 그 밖에 법령에 따라 그 소관에 속하는 사항)을 심의 · 처리한다(국배법 제11조 제 1 항). 각 지구심의회는 그 관할에 속하는 국가나 지방자치단체에 대한 배상신청사건을 심의 · 처리한다(국배법 제11조 제 2 항).

3. 배상신청

배상금을 지급받으려는 자는 그 주소지 · 소재지 또는 배상원인 발생지를 관할하는 지구심의회에 배상신청을 하여야 한다(국배법 제12조 제 1 항). 손해배상의 원인을 발생하게 한 공무원의 소속 기관의 장은 피해자나 유족을 위하여 제 1 항의 배상신청을 권장하여야 한다(국배법 제12조 제 2 항). 심의회의 위원장은 배상신청이 부적법하지만 보정할 수 있다고 인정하는 경우에는 상당한 기간을 정하여 보정을 요구하여야 한다(국배법 제12조 제 3 항).

4. 심의와 결정

① 지구심의회는 배상신청을 받으면 지체 없이 증인신문 · 감정 · 검증 등 증거조사를 한 후 그 심의를 거쳐 4주일 이내에 배상금 지급결정, 기각결정 또는 각하결정(이하 "배상결정"이라 한다)을 하여야 한다(국배법 제13조 제 1 항). 본부심의회나 특별심의회는 제 6 항에 따라 사건기록을 송부받으면 4주일 이내에 배상결정을 하여야 한다(국배법 제13조 제 7 항). ② 심의회는 배상결정을 하면 그 결정을 한 날부터 1주일 이내에 그 결정정본을 신청인에게 송달하여야 한다(국배법 제14조 제 1 항).

Ⅱ. 사법절차

1. 행정소송과 민사소송

① 손해배상청구의 절차는 국가배상법을 공법으로 보는 한 행정소송법상 당사자소송절차에 따라야 한다. 그러나 판례는 민사사건으로 다룬다. 한편, ② 처분의 취소를 구하는 소송을 제기하면서 손해배상의 청구를 병합하여 제기하는 것도 가능하다(행소법 제10조 제 1 항 제 2 호, 제 2 항). 예컨대 서대문구청장이 위법하게 甲의 단란주점영업허가를 취소한 경우, 甲은 단란주점영업허가취소처분취소청구소송을 제기하면서 단란주점영업허가의 취소로 인한 피해의 회복을 위하여 손해배상청구소송을 병합하여 제기하는 것도 가능하다.

2. 가집행선고

헌법재판소는 소송촉진등에관한특례법 제 6 조 제 1 항 중 "국가를 상대로 하는 재산권의 청구에 관하여 가집행선고를 할 수 없다"는 부분이 재산권보장과 신속한 재판을 받을 권리의 보장에 있어서 소송당사자를 차별하여 합리적 이유 없이 국가를 우대하고 있다고 하여, 동 부분을 평등의 원칙에 위반된다고 결정하였다(헌재 1989. 1. 25, 88헌가7). 그 후 동법상 가집행선고에 관한 조항은 삭제되었다.

제 2 절 손실보상제도

제1항 일 반 론

Ⅰ. 손실보상제도의 의의

1. 손실보상제도의 개념

서울특별시가 폭이 좁아 교통상 위험한 도로를 확장하기 위하여 甲의 토지를 수용한다면, 甲에게 보상을 하여야 한다. 이와 같이 국가나 지방자치단체가 공공의 필요(예: 도로확장)에 응하기 위한 적법한 공권력행사(예: 수용권의 발동)로 인해 사인의 재산권에 특별한 희생(예: 소유권의 박탈)을 가한 경우에 재산권보장과 공적 부담 앞의 평등이라는 견지에서 그 사인에게 조절적인 보상(예: 토지소유권에 대한 보상)을 해 주는 제도가 바로 손실보상제도이다(대판 2013. 6.

14, 2010다9658). 손실보상제도는 행정상 손해배상제도 · 사법상 손해배상제도 · 형사보상청구제도와 구별된다.

(1) 행정상 손해배상제도 행정상 손해배상은 위법한 행정작용으로 발생한 행정결과의 시정을 위한 것이나, 행정상 손실보상은 적법한 작용으로 발생한 행정결과의 조절에 관한 것인 점에서 양자간에 차이가 있다.

(2) 사법상 손해배상제도 사법상 손해배상은 위법한 사법작용에 관한 문제이나, 행정상 손실보상은 공공필요에 의하여 공법적 근거하에 행해지는 공권력행사로 인해 야기되는 결과의 조절작용이다. 요컨대 손실보상제도는 공법에 특유한 제도이다.

(3) 형사보상청구제도 헌법이 제29조에서 국가배상청구권을 규정하는 외에 제28조에서 형사보상청구권을 별도로 규정하고 있는 점을 보면, 헌법은 형사보상청구권을 일종의 손실보상청구권(희생보상청구권)으로 예상하고 있는 것으로 보인다.

2. 손실보상청구권의 성질

(1) 학 설 학설은 공권설과 사권설로 나뉜다. 공권설은 손실보상의 원인행위가 공법적인 것이므로, 그 효과로서 손실보상 역시 공법적으로 보아야 한다는 견해이다. 이에 따르면 손실보상에 관한 소송은 행정소송(당사자 소송)의 문제가 된다. 사권설은 손실보상의 원인은 공법적이나 그 효과로서의 손실보상은 사법적인 것이라는 견해이다. 이에 따르면 손실보상에 관한 소송은 민사소송의 문제가 된다.

(2) 판 례 종래의 판례는 손실보상의 원인이 공법적이라도 손실의 내용이 사권이라면, 손실보상은 사법적이라는 견해를 취하였다(대판 1998. 2. 27, 97다46450). 그러나 근년의 판례는 손실보상청구권이 재산상 가해진 공법상 특별한 희생에 대한 것임을 이유로 공법상 권리로 보는 경향에 있다.

▌대판 2012. 10. 11, 2010다23210(구 공익사업을 위한 토지 등의 취득 및 보상에 관한 법률 제79조 제 2 항, 공익사업을 위한 토지 등의 취득 및 보상에 관한 법률 시행규칙 제57조에 따른 사업폐지 등에 대한 보상청구권은 공익사업의 시행 등 **적법한 공권력의 행사에 의한 재산상 특별한 희생에 대하여 전체적인 공평부담의 견지에서 공익사업의 주체가 손해를 보상하여 주는 손실보상의 일종**으로 **공법상 권리임이 분명**하므로 그에 관한 쟁송은 민사소송이 아닌 **행정소송절차에 의하여야 한다**)(**디에스디삼호(주) 도시개발사업 폐지 사건**).

▌대판 2019. 11. 28, 2018두227(공공사업의 시행에 따른 손실보상청구권은 적법한 공익사업에 따라 필연적으로 발생하는 손실에 대한 보상을 구하는 권리로서 국가배상법에 따른 손해배상청구권이나 민법상 채무불이행 또는 불법행위로 인한 손해배상청구권 등과 같은 사법상의 권리와는 그 성질을 달리하는 것으로, 그에 관한 쟁송은 민사소송이 아니라 행정소송법 제 3 조 제 2 호에서 정하고 있는 공법상 당사자소송 절차에 의하여야 한다).

(3) 사 견 손실보상제도는 공법상 특유한 제도이고, 손실보상청구권의 발생이 공법적인 것인 만큼, 그리고 현행 행정소송법이 행정청의 처분등을 원인으로 하는 법률관계 기타 공법상 법률관계에 관한 소송을 행정소송의 한 종류로 규정하고 있는 만큼(행소법 제 3 조 제 2 호), 손실보상청구권을 공권으로 보는 것이 타당하다.

Ⅱ. 손실보상제도의 법적 근거

1. 이론적 근거

손실보상제도는 공익과 사익이 충돌하는 경우에 공익이 우선되어야 하지만, 공익을 위해 희생된 사익은 보호되어야 한다는 사고에 바탕을 두고 있다. 이러한 사고는 '희생사상'으로 불리운다. 독일의 경우, 희생사상이 프로이센일반란트법에서 명시적으로 규정된 이래 바이마르헌법 제153조, 본기본법 제14조에 이어지고 있다. 우리 헌법 제23조 제 3 항도 희생사상을 받아들인 것이라 할 수 있다. 희생사상은 학설상 특별희생설로 불리고 있다. 특별희생설은 우리의 통설·판례의 입장이다.

2. 실정법적 근거

(1) 헌법 제23조 제 3 항 헌법은 제23조 제 3 항에서 "공공필요에 의한 재산권의 수용·사용 또는 제한 및 그에 대한 보상은 법률로써 하되, 정당한 보상을 지급하여야 한다"고 규정하고 있다. 헌법 제23조 제 3 항은 불가분조항으로 이해된다. 불가분조항이란 내용상 분리할 수 없는 사항을 함께 규정하여야 한다는 조항을 말한다. 말하자면 헌법 제23조 제 3 항은 수용규율과 보상규율이 하나의 동일한 법률에서 규정될 것을 요구한다고 해석되는바, 동 조항은 불가분조항으로 이해된다. 따라서 보상규정을 두지 아니하거나 불충분한 보상규정을 두는 수용법률은 헌법위반이 된다.

▌대판 1993. 7. 13, 93누2131(헌법 제23조 제 3 항의 규정은 보상청구권의 근거에 관하여서 뿐만 아니라 보상의 기준과 방법에 관하여서도 법률의 규정에 유보하고 있는 것으로 보아야 하고, 위 구 토지수용법과 지가공시법의 규정들은 바로 헌법에서 유보하고 있는 그 법률의 규정들로 보아야 할 것이다).

■ 참고 ■

독일기본법 제14조 제 3 항은 수용을 규정하는 법률은 동시에 보상의 종류와 범위까지 규정토록 하고 있으나, 우리 헌법 제23조 제 3 항은 수용규정과 보상규정이 별개의 법률에서 규정될 수도 있다고 새길 여지가 있으므로 우리 헌법 제23조 제 3 항은 불가분조항이 아니라는 시각도 있을 수 있다.

(2) 법 률 현재로서 손실보상에 관한 일반법은 없다. 공익사업에 필요한 토지 등의 수용 및 사용과 그 손실보상에 관한 일반법으로 '공익사업을 위한 토지 등의 취득 및 보상에 관한 법률'이 있다. 이 법률에는 공용제한과 그 보상에 관해서는 특별히 규정하는 바는 없다. 그 밖에 손실보상을 규정하는 개별 법률(예: 도로법 제99조; 하천법 제76조; 소방기본법 제49조의2)도 적지 아니하다.

▪ 도로법 제99조(공용부담으로 인한 손실보상) ① 이 법에 따른 처분이나 제한으로 손실을 입은 자가 있으면 국토교통부장관이 행한 처분이나 제한으로 인한 손실은 국가가 보상하고, 행정청이 한 처분이나 제한으로 인한 손실은 그 행정청이 속해 있는 지방자치단체가 보상하여야 한다.

▪ 하천법 제76조(공용부담 등으로 인한 손실보상) ① 제75조에 따른 처분이나 제한으로 손실을 입은 자가 있거나 하천관리청이 시행하는 하천공사로 손실을 입은 자가 있는 때에는 국토교통부장관 또는 환경부장관이 행한 처분이나 공사로 인한 것은 국고에서, 시·도지사가 행한 처분이나 공사로 인한 것은 해당 시·도에서 그 손실을 보상하여야 한다.

▪ 소방기본법 제49조의2(손실보상) ① 소방청장 또는 시·도지사는 다음 각 호의 어느 하나에 해당하는 자에게 제 3 항의 손실보상심의위원회의 심사·의결에 따라 정당한 보상을 하여야 한다.

1. 제16조의3 제 1 항에 따른 조치로 인하여 손실을 입은 자
3. 제25조 제 2 항 또는 제 3 항에 따른 처분으로 인하여 손실을 입은 자. 다만, 같은 조 제 3 항에 해당하는 경우로서 법령을 위반하여 소방자동차의 통행과 소방활동에 방해가 된 경우는 제외한다.
4. 제27조(위험시설 등에 대한 긴급조치) 제 1 항 또는 제 2 항에 따른 조치로 인하여 손실을 입은 자
5. 그 밖에 소방기관 또는 소방대의 적법한 소방업무 또는 소방활동으로 인하여 손실을 입은 자

제 2 항 손실보상청구권의 성립요건

헌법 제23조 제 3 항은 "공공필요에 의한 재산권의 수용·사용 또는 제한 및 그에 대한 보상은 법률로써 하되, 정당한 보상을 지급하여야 한다"고 규정하고 있으므로, 헌법은「공공필요」,「재산권」,「침해」,「특별한 희생(이 부분은 해석상 도출된다)」,「보상규정」을 손실보상청구권의 요건으로 규정하고 있다. 이에 관해 나누어서 보기로 한다.

Ⅰ. 공공필요

1. 의 의

손실보상청구권은 공공필요(公共必要)를 위해 재산권에 침해가 이루어지는 경우에 인정된다. 공공필요란 도로·항만의 건설 등 일정한 사업만을 의미하는 것은 아니다. 그것은 넓게 새겨야 하며, 무릇 일반 공익을 위한 것이면 공공필요에 해당하는 것으로 보아야 한다. 오로지 국고목적, 즉 재정확보를 목적으로 하는 것은 여기서 말하는 공공필요에 해당하지 않

는다. 왜냐하면 수용은 국유재산의 증대를 위한 것이 아니기 때문이다.

▮ 헌재 2011. 6. 30, 2008헌바166(국토의 계획 및 이용에 관한 법률에서 규정하는 도시계획시설사업은 도로·철도·항만·공항·주차장 등 교통시설, 수도·전기·가스공급설비 등 공급시설과 같은 도시계획시설을 설치·정비 또는 개량하여 공공복리를 증진시키고 국민의 삶의 질을 향상시키는 것을 목적으로 하고 있으므로, 도시계획시설사업은 그 자체로 공공필요성의 요건이 충족된다).

2. 사 기 업

특정 사기업이 생활배려영역에서 복리적인 기능을 수행한다면, 그 사기업(예: 사기업인 원자력발전소가 전기공급을 위한 경우)도 법률 또는 법률에 근거한 처분으로 수용의 주체가 될 수 있다(헌재 2009. 9. 24, 2007헌바114 전원재판부).

▮ 헌재 2011. 6. 30, 2008헌바166(도시계획시설사업은 그 자체로 공공필요성의 요건이 충족된다. 또한 이 사건 수용조항은 도시계획시설사업의 원활한 진행을 위한 것이므로 정당한 입법목적을 가진다. 민간기업도 일정한 조건하에서는 헌법상 공용수용권을 행사할 수 있고, 위 수용조항을 통하여 사업시행자는 사업을 원활하게 진행할 수 있으므로, 위 조항은 위 입법목적을 위한 효과적인 수단이 된다. 만약 사업시행자에게 수용권한이 부여되지 않는다면 협의에 응하지 않는 사람들의 일방적인 의사에 의해 도시계획시설사업을 통한 공익의 실현이 저지되거나 연기될 수 있고, 수용에 이르기까지의 과정이 국토계획법상 적법한 절차에 의해 진행되며, 사업시행자는 피수용권자에게 정당한 보상을 지급해야 하고, 우리 법제는 구체적인 수용처분에 하자가 있을 경우 행정소송 등을 통한 실효적인 권리구제의 방안들을 마련하고 있는 점 등에 비추어 이 사건 수용조항이 피해의 최소성 원칙에 반한다고 볼 수 없고, 우리 국가공동체에서 도시계획시설이 수행하는 역할 등을 감안한다면 위 수용조항이 공익과 사익 간의 균형성을 도외시한 것이라고 보기도 어렵다. 따라서 이 사건 수용조항은 헌법 제23조 제3항 소정의 공공필요성 요건을 결여하거나 과잉금지원칙을 위반하여 재산권을 침해하지 않는다).

Ⅱ. 재 산 권

손실보상청구권은 재산권에 대한 침해가 있는 경우에 인정된다. 재산권의 종류는 물권인가 채권인가를 가리지 않고 공법상의 권리인가 사법상의 권리인가도 가리지 않는다 재산적 가치 있는 모든 공권과 사권이 침해의 대상이 될 수 있다. 여기서 '가치 있는'이라는 의미는 현재 가치가 있는 것을 의미하며, 영업기회나 이득가능성은 이에 포함되지 아니한다(헌재 2019. 8. 29, 2017헌마828).

▮ 헌재 2023. 6. 29, 2019헌가27(헌법이 보장하고 있는 재산권은 경제적 가치가 있는 모든 공법상·사법상의 권리를 뜻한다(헌재 1992. 6. 26. 90헌바26 참조). 이러한 재산권의 범위에는 동산·부동산에 대한 모든 종류의 물권은 물론, 재산가치 있는 모든 사법상의 채권과 특별법상의 권리 및 재산가치 있는 공법상의 권리 등이 포함되나, 단순한 기대이익·반사적 이익 또는 경제적인 기회 등은 재산권에 속하지 않는다).

Ⅲ. 침　　해

1. 침해의 유형

손실보상청구권은 재산권에 대한 침해가 있는 경우에 인정된다. 침해에는 수용·사용·제한이 있다. 수용이란 재산권을 박탈하는 것을 의미하며, 사용이란 재산권을 일시 사용하는 것을 의미하며, 제한이란 재산권의 사용·수익을 제한하는 것을 말한다. 한편, 수용·사용·제한을 모두 내포하는 넓은 의미로 수용이라는 용어가 사용되기도 한다. 넓은 의미의 수용은 공용침해라고도 한다. 재산의 파기처분 역시 침해의 한 종류가 될 수 있다.

2. 침해의 방식

침해의 방식에는 법률에 의한 직접적인 침해와 법률에 근거하여 이루어지는 행정작용에 의거한 침해의 경우가 있다. 전자는 법률수용, 후자는 행정수용이라 불린다. 법률수용은 법률 그 자체의 효력발생과 더불어 직접, 그리고 집행행위 없이 사인의 개별·구체적인 권리를 침해하는 것을 말한다. 처분법률은 형식상으로는 입법이나 내용상으로는 행정작용의 성질을 갖는다. 개인의 권리보호와 관련하여 법률수용은 예외적으로만 허용된다.

▌헌재 2010. 2. 25, 2008헌바6 전원재판부(이 사건 토지는 제방부지와 제외지로서 공부상 소유자가 복구되지 않은 상태에서 1971년 하천법의 시행으로 일제히 국유로 귀속된 것으로서, 이는 하천관리라는 공익 목적을 위하여 국민의 특정 재산권을 직접 법률에 의하여 강제적으로 국가가 취득한 것이므로, 헌법 제23조 제 3 항에 규정된 재산권의 "수용"에 해당된다).

Ⅳ. 특별한 희생

1. 의　　의

손실보상청구권은 재산권에 대한 침해가 있고, 그 침해가 특별한 희생에 해당하는 경우에 인정된다. 특별한 희생이란 사회적 제약을 벗어나는 희생을 말한다. 따라서 사회적 제약을 벗어나는 재산권규제에는 보상이 따라야 한다.

▌헌재 2013. 10. 24, 2012헌바376(심판대상조항(도로법 제 3 조)은 도로관리청이 도로법 또는 구 도시계획법 등 근거 법률이 정하는 절차에 따라 개설한 도로의 경우 토지의 소유권 등 사법상 권원을 취득하였는지를 불문하고 소유자의 도로부지 인도청구 등을 불허하여 도로개설행위에 의하여 제한된 재산권의 상태를 유지하는 규정이다. 따라서 심판대상조항은 이미 형성된 구체적인 재산권을 공익을 위하여 개별적·구체적으로 박탈하거나 제한하는 것으로서 보상을 요하는 헌법 제23조 제 3 항의 수용·사용 또는 제한을 규정한 것이라고 할 수는 없고, 헌법 제23조 제 1 항 및 제 2 항에 따라 도로부지 등에 관한 재산권의 내용과 한계를 규정한 것이라고 보아야 한다).

▪ **도로법 제 4 조(사권의 제한)** 도로를 구성하는 부지, 옹벽, 그 밖의 시설물에 대해서는 사권(私權)을 행사할 수 없다. 다만, 소유권을 이전하거나 저당권을 설정하는 경우에는 사권을 행사할 수 있다.

2. 특별한 희생(수용과 재산권의 내용 · 한계의 구분)에 관한 학설

(1) 개별행위설 고권주체의 개별행위로 특정인의 권리가 침해되었는가의 여부와, 이것이 공공의 복지를 위한 희생인지 여부에 따라 구분한다. 이 견해에 따르면 동일한 상황하에 있는 모든 사람이 동일한 방식으로 침해된다면 특별희생은 존재하지 않는다. 형식적 기준설(형식설, 형식적 표준설)이라고도 한다.

(2) 특별희생설 독일의 연방통상재판소에 의해 개별행위설을 대체하여 발전된 이론으로, 개인에 요구된 특별한 희생 여부를 결정적인 구분기준으로 한다. 즉 관계된 개인이나 집단을 다른 개인이나 집단과 비교할 때 그들을 불평등하게 다루고, 또한 그들에게 수인을 요구할 수 없는 희생을 공익을 위해 강제하게 되는 경우 특별한 희생을 인정한다.

(3) 중 대 설 독일의 연방행정재판소가 기본적으로 취하는 이론으로 침해의 중대성과 범위를 구분기준으로 한다. 침해의 중대성과 범위에 비추어 사인이 수인할 수 없는 경우에만 보상이 주어진다는 것이다.

(4) 기 타 그 밖에 ① 침해되는 재산상의 권리가 보호할 가치가 있는 것인가를 기준으로 하는 보호가치설, ② 침해가 수인할 수 있는 것인가를 기준으로 하는 수인설(수인한도설), ③ 개인이 갖는 재산권의 사적 이용가능성이 제한될 때, 즉 사소유자의 경제적 형성의 자유가 침해될 때 보상이 주어진다는 사적 이용설, ④ 재산권의 실질적 내용이 박탈되어 재산의 본질적인 경제적 기능이 침해받았는가의 여부를 기준으로 하는 실체감소설, ⑤ 침해가 당해 재산권에 대해 인정되어 온 목적에 위배되는가의 여부를 기준으로 하는 목적위배설, ⑥ 재산권(주로 토지)이 소재하는 위치와 상황에 따른 사회적 제약을 기준으로 보상 여부를 정하는 상황구속성설 등이 있다.

3. 사견(절충설)

일반적 견해는 여러 견해를 종합하여 특별한 희생 여부를 판단한다(특별희생설과 중대설 · 목적위배설 · 상황구속성설을 결합하는 것이 대표적이다). 실제상 그 판단은 용이하지 않다. 예컨대 (구)도시계획법상 개발제한구역지정으로 인한 부담에 대하여 대법원은 특별한 희생이 아니라 합리적 제한(사회적 제약)에 해당한다고 보았으나(대결 1990. 5. 8, 89부2; 대판 1995. 4. 28, 95누627), 헌법재판소는 나대지인 경우와 토지를 더 이상 종래의 목적으로 사용하는 것이 불가능하거나 현저히 곤란하게 되어버린 경우에는 사회적 제약의 한계를 넘는 것으로 보았다(헌재 1998. 12. 24, 89헌마214, 90헌바16, 97헌바7).

Ⅴ. 보상규정

1. 보상규정이 있는 경우

보상규정이 있는 경우는 헌법 제23조 제 3 항이 예정하고 있는 형태의 손실보상이 된다.

2. 보상규정이 없는 경우

재산권의 수용·사용 또는 제한에 관해서는 법률로써 규정하면서 그에 대한 보상은 법률에서 규정되고 있지 아니한 경우에 이루어지는 재산권의 수용·사용 또는 제한으로 인하여 발생한 손실의 보상은 헌법 제23조 제 3 항이 예정하고 있지 않다. 이러한 경우는 제도의 보완이 필요한 부분이다. 이에 관해서는 제 3 절 제 1 항에서 특별한 희생에 대한 보상제도의 보완의 문제로서 살핀다.

제 3 항 손실보상의 범위·내용과 지급상 원칙

Ⅰ. 보상의 범위

1. 법률에 의한 정당한 보상

헌법 제23조 제 3 항은 재산권의 수용·사용·제한 및 보상은 법률로써 하되, 정당한 보상을 지급할 것을 규정하고 있다. 여기서 정당한 보상의 의미와 관련하여 완전보상설과 상당보상설의 대립이 있다.

(1) 완전보상설 손실보상이 재산권보장, 부담의 공평, 상실된 가치의 보전이라는 관점에서 인정된다고 보아 보상은 완전보상이어야 한다는 견해이다. 대법원의 입장이기도 하다(대판 2001. 9. 25, 2000두2426). 헌법재판소도 같은 입장이다(헌재 1991. 2. 11, 90헌바17·18). 완전보상의 의미도 객관적 교환가치만을 의미하는가, 아니면 부대적 손실도 포함하는가에 관해 견해는 갈리고 있다.

▌헌재 2010. 2. 25, 2008헌바6 전원재판부(헌법 제23조 제 3 항에 규정된 "정당한 보상"이란 원칙적으로 수용되는 재산의 객관적인 재산가치를 완전하게 보상하여야 한다는 이른바 "완전보상"을 뜻하는데, 토지의 경우에는 그 특성상 인근 유사토지의 거래가격을 기준으로 하여 그 가격형성에 미치는 제 요소를 종합적으로 고려한 합리적 조정을 거쳐서 객관적인 가치를 평가할 수밖에 없다).

(2) **상당보상설** 재산권의 사회적 제약 내지 사회적 구속성, 재산권의 공공복리적 합의무의 관점에서 공·사익을 형량하여 보상내용이 결정되어야 한다는 견해이다. 이 견해는 완전보상을 원칙으로 하되 합리적인 이유가 있는 경우에는 완전보상을 하회할 수도 있다는 입장이다.

(3) **절 충 설** 학자에 따라서는 정당한 보상이 상황에 따라 완전보상 또는 상당보상일 수 있다는 견해를 언급하기도 한다.

(4) **사 견** 사회국가원리 또한 우리 헌법이 지향하는 이념의 하나임을 고려할 때, 상당보상설이 타당하다.

2. 시가보상(공익사업을 위한 토지 등의 취득 및 보상에 관한 법률의 경우)

(1) **보상액산정의 기준시**(시가보상의 원칙) 보상액의 산정은 협의에 의한 경우에는 협의 성립 당시의 가격을, 재결에 의한 경우에는 수용 또는 사용의 재결 당시의 가격을 기준으로 한다(토상법 제67조 제 1 항). 보상액을 산정할 경우에 해당 공익사업으로 인하여 토지등의 가격이 변동되었을 때에는 이를 고려하지 아니한다(토상법 제67조 제 2 항).

(2) **보상액의 산정방법**

㈎ **취득하는 토지의 보상** 협의나 재결에 의하여 취득하는 토지에 대하여는 「부동산 가격공시에 관한 법률」에 따른 공시지가를 기준으로 하여 보상하되, 그 공시기준일부터 가격시점까지의 관계 법령에 따른 그 토지의 이용계획, 해당 공익사업으로 인한 지가의 영향을 받지 아니하는 지역의 대통령령으로 정하는 지가변동률, 생산자물가상승률(「한국은행법」 제86조에 따라 한국은행이 조사·발표하는 생산자물가지수에 따라 산정된 비율을 말한다)과 그 밖에 그 토지의 위치·형상·환경·이용상황 등을 고려하여 평가한 적정가격으로 보상하여야 한다(토상법 제70조 제 1 항).

㈏ **사용하는 토지의 보상 등** 협의 또는 재결에 의하여 사용하는 토지에 대하여는 그 토지와 인근 유사토지의 지료(地料), 임대료, 사용방법, 사용기간 및 그 토지의 가격 등을 고려하여 평가한 적정가격으로 보상하여야 한다(토상법 제71조 제 1 항).

㈐ **제한에 대한 보상** 헌법 제23조 제 3 항은 제한의 경우에도 보상이 가능함을 예정하고 있으나, 현행 공익사업을 위한 토지 등의 취득 및 보상에 관한 법률은 공용제한의 경우에 보상을 예정하고 있지 아니하다. 실제상 공용제한의 경우에 보상이 특히 문제되는 것은 개발제한구역의 지정 및 관리에 관한 특별조치법이 지정한 개발제한구역의 경우이다. 이에 관해서는 제 2 부 제 6 장 제 3 절 공용제한부분에서 살핀다. 한편 개별법률상 공용제한보상이 인정되는 경우도 있다(도로법 제99조; 화재예방, 화재의 예방 및 안전관리에 관한 법률 제15조; 문화재보호법 제46조; 철도안전법 제46조).

▪ 도로법 제99조(공용부담으로 인한 손실보상) ① 이 법에 따른 처분이나 제한으로 손실을 입은 자가 있으면 국토교통부장관이 행한 처분이나 제한으로 인한 손실은 국가가 보상하고, 행정청이 한 처분이나 제한으로 인한 손실은 그 행정청이 속해 있는 지방자치단체가 보상하여야 한다.

▪ 화재의 예방 및 안전관리에 관한 법률 제15조(손실보상) 소방청장 또는 시·도지사는 제14조 제 1 항에 따른 명령으로 인하여 손실을 입은 자가 있는 경우에는 대통령령으로 정하는 바에 따라 보상하여야 한다.

제14조(화재안전조사 결과에 따른 조치명령) ① 소방관서장은 화재안전조사 결과에 따른 소방대상물의 위치·구조·설비 또는 관리의 상황이 화재 예방을 위하여 보완될 필요가 있거나 화재가 발생하면 인명 또는 재산의 피해가 클 것으로 예상되는 때에는 행정안전부령으로 정하는 바에 따라 관계인에게 그 소방대상물의 개수(改修)·이전·제거, 사용의 금지 또는 제한, 사용폐쇄, 공사의 정지 또는 중지, 그 밖의 필요한 조치를 명할 수 있다.

▪ 문화재보호법 제46조(손실의 보상) 국가는 다음 각 호의 어느 하나에 해당하는 자에 대하여는 그 손실을 보상하여야 한다.

1. 제42조 제 1 항 제 1 호부터 제 3 호까지의 규정에 따른 명령을 이행하여 손실을 받은 자

제42조(행정명령) ① 문화재청장이나 지방자치단체의 장은 국가지정문화유산(보호물과 보호구역을 포함한다. 이하 이 조에서 같다)과 그 역사문화환경 보존지역의 보존·관리를 위하여 필요하다고 인정하면 다음 각 호의 사항을 명할 수 있다.

1. 국가지정문화유산의 관리 상황이 그 문화재의 보존상 적당하지 아니하거나 특히 필요하다고 인정되는 경우 그 소유자, 관리자 또는 관리단체에 대한 일정한 행위의 금지나 제한
2. 국가지정문화유산의 소유자, 관리자 또는 관리단체에 대한 수리, 그 밖에 필요한 시설의 설치나 장애물의 제거
3. 국가지정문화유산의 소유자, 관리자 또는 관리단체에 대한 문화유산 보존에 필요한 긴급한 조치
4. 제35조 제 1 항 각 호에 따른 허가를 받지 아니하고 국가지정문화유산의 현상을 변경하거나 보존에 영향을 미칠 우려가 있는 행위 등을 한 자에 대한 행위의 중지 또는 원상회복 조치

▪ 철도안전법 제46조(손실보상) ① 국토교통부장관, 시·도지사 또는 철도운영자등은 제45조 제 3 항 또는 제 4 항에 따른 행위의 금지·제한 또는 조치 명령으로 인하여 손실을 입은 자가 있을 때에는 그 손실을 보상하여야 한다.

Ⅱ. 보상의 내용

1. 대인적 보상

역사적으로 보면, 손실보상은 피수용자가 수용목적물에 대하여 갖는 주관적 가치의 보상에서 시작되었다. 19세기 영국의 법제가 그러하였다. 주관적 가치란 시장에서의 객관적인 교환가치가 아니라 피수용자 스스로가 평가하는 주관적 가치를 의미한다. 이러한 보상을 대인적 보상이라 부른다. 공익사업을 위한 토지 등의 취득 및 보상에 관한 법률은 "토지에 대한 보상액은 가격시점에서의 현실적인 이용상황과 일반적인 이용방법에 의한 객관적 상황을 고려하여 산정하되, 일시적인 이용상황과 토지소유자나 관계인이 갖는 주관적 가치 및 특별한 용도에 사용할 것을 전제로 한 경우 등은 고려하지 아니한다"고 하여 주관적 가치의 보상을 배제하고 있다(토상법 제70조 제 2 항).

2. 대물적 보상

(1) 의 의 대인적 보상은 보상액산정에 기준이 없을 뿐더러 보상금액이 통상 고액이 된다. 이것은 공공사업의 시행에 장해가 있음을 의미하게 된다. 그리하여 20세기 초부터 시장에서의 객관적인 교환가치를 보상액으로 하는 것이 나타났다. 이것을 대물적 보상 또는 재산권보상이라 부른다. 공익사업을 위한 토지 등의 취득 및 보상에 관한 법률이 시가보상의 원칙을 규정하고 있는 것(토상법 제67조 제 1 항)은 대물적 보상의 원칙을 채택하고 있음을 반증하는 것이기도 한다. 대물적 보상은 현재 우리뿐만 아니라 각국의 기본적인 제도이다.

(2) 공익사업을 위한 토지 등의 취득 및 보상에 관한 법률상 보상내용 ① 토지와 관련하여 수용하는 토지의 보상(토상법 제70조 제 1 항), 사용하는 토지의 보상(토상법 제71조 제 1 항)은 규정하고 있으나, 제한하는 토지의 보상은 규정하고 있지 않다. 동법 시행규칙에 공법상 제한을 받는 토지의 평가에 관한 규정이 있을 뿐이다. 간접효력규정설에 따라 손실보상청구권을 인정할 수 있다고 본다. 손실보상청구권을 인정하는 개별법은 볼 수 있다(예: 도로법 제99조; 철도안전법 제46조). ② 물건과 관련하여 "건축물 · 입목 · 공작물과 그 밖에 토지에 정착한 물건(이하 "건축물등"이라 한다)에 대하여는 이전에 필요한 비용(이하 "이전비"라 한다)으로 보상하여야 한다. 다만, 다음 각 호(1. 건축물등을 이전하기 어렵거나 그 이전으로 인하여 건축물등을 종래의 목적대로 사용할 수 없게 된 경우, 2. 건축물등의 이전비가 그 물건의 가격을 넘는 경우, 3. 사업시행자가 공익사업에 직접 사용할 목적으로 취득하는 경우)의 어느 하나에 해당하는 경우에는 해당 물건의 가격으로 보상하여야 한다(토상법 제75조 제 1 항)"고 규정하고 있다. ③ 권리와 관련하여 "광업권 · 어업권 · 양식업권 및 물(용수시설을 포함한다) 등의 사용에 관한 권리에 대하여는 투자비용, 예상 수익 및 거래가격 등을 고려하여 평가한 적정가격으로 보상하여야 한다(토상법 제76조 제 1 항)"고 규정하고 있다.

(3) 개발이익 · 개발손실과 대물적 보상

(가) 문제상황 공익사업의 시행으로 지가가 상승하여 발생하는 이익을 개발이익이라 하고, 공익사업의 시행으로 지가가 하락하여 발생하는 손실을 개발손실이라 한다. 공익사업을 위한 토지 등의 취득 및 보상에 관한 법률 제67조 제 2 항은 "보상액을 산정할 경우에 해당 공익사업으로 인하여 토지등의 가격이 변동되었을 때에는 이를 고려하지 아니한다"라고 하여 개발이익 · 개발손실은 보상액의 산정에 고려사항이 아니라고 규정하고 있는데, 이 조항이 객관적 교환가치(대물적 보상)의 보상에 반하는 것이 아닌가의 여부가 논란되고 있다.

(나) 판 례 헌법재판소는 ① 개발이익은 피수용자인 토지소유자의 노력이나 자본에 의하여 발생한 것이 아니라는 점, ② 개발이익은 공공사업의 시행에 의하여 비로소 발생하는 것이므로, 그것이 피수용 토지가 수용 당시 갖는 객관적 가치에 포함된다고 볼 수 없

다는 점 등을 이유로, 개발이익은 그 성질상 완전보상의 범위에 포함되는 피수용자의 손실이라고 볼 수 없고, 이러한 개발이익을 배제하고 손실보상액을 산정하여도 헌법이 규정한 정당보상의 원리에 어긋나는 것은 아니라 하였다.

(4) 부수적 손실과 대물적 보상 공용수용으로 목적물의 소유권 이전이라는 직접적인 효과가 발생할 뿐만 아니라 그 밖에도 잔여지의 가치하락, 영업상의 필요한 물건의 이전비나 입목이나 건축물 등의 이전비의 발생, 영업장의 폐쇄로 인한 근로자의 임금의 손실 등이 부수적으로 발생할 수 있다. 이러한 부수적 손실은 대물적 보상의 대상이 된다고 볼 것이다. 공익사업을 위한 토지 등의 취득 및 보상에 관한 법률도 부수적 손실을 보상의 대상으로 하고 있다.

3. 생활보상

(1) 문제상황 대단위 댐의 건설로 수몰되는 벽지의 농민들은 수용보상금만으로는 수용 전의 상태와 같은 삶을 유지할 수 없게 되는 경우에서 보는 바와 같이 수용목적물의 객관적 교환가치의 보상(재산권 보상) 외에도 수용이전의 생활관계회복을 위한 보상을 강구해야 하는 경우가 있다. 이러한 경우와 관련하여 이주대책과 생계지원대책 등도 마련해 주어야 하는데 여기서 생활보상의 개념이 필요하게 된다.

▮ 대판 2011. 11. 24, 2010다80749(구 공익사업을 위한 토지 등의 취득 및 보상에 관한 법률 제78조 제1항에 따른 이주대책은 공익사업의 시행으로 인하여 주거용 건축물을 제공함에 따라 생활 근거를 상실하게 되는 이주대책대상자에 대하여 종전 생활상태를 원상으로 회복시키면서 동시에 인간다운 생활을 보장하기 위하여 마련된 것이다).

(2) 개　　념 ① 광의로 이해하는 입장은 생활보상을 수용 전의 생활상태의 회복을 구하는 보상 즉, 대물적 보상과 정신적 손실에 대한 보상을 제외한 손실에 대한 보상을 의미한다고 본다. ② 협의로 이해하는 입장은 생활보상을 손실보상 중 구체적·개별적으로 특정할 수 있는 유형·무형의 재산이나 재산적 이익을 제외하고 현재 당해 지역에서 누리고 있는 생활이익의 상실로서 재산권 보상으로 메워지지 아니한 손실에 대한 보상으로 정의한다. ③ 광의로 보는 입장과 협의로 보는 입장이 어떤 본질적 사항에 대해 견해를 달리하는 것은 아니고, 다만 일부의 보상항목을 재산권보상으로 보는지 또는 생활보상으로 보는지의 관점에서 차이가 있을 뿐이다. 결국 생활보상을 협의로 보는 입장은 실비변상적 보상(예를 들어 이전료·이식료에 대한 보상처럼 재산권의 상실·이전에 따라 비용의 지출을 필요로 하는 보상)과 일실손실보상(전업기간 또는 휴업기간 중에 사업경영으로 얻을 수 있는 기대이익에 대한 보상)을 재산권보상으로 보지만, 광의로 보는 입장은 생활보상으로 본다.

(3) 법적 근거

(가) 학 설 생활보상의 헌법적 근거에 대하여 학설은 ① 헌법 제23조 제 3 항의 보상을 완전보상으로 이해하면서 완전보상이란 수용 등이 이루어지기 전 상태와 유사한 생활상태를 실현할 수 있도록 하는 보상이므로, 생활보상도 헌법 제23조 제 3 항의 완전보상에 포함될 수 있다는 견해(헌법 제23조설), ② 헌법 제23조 제 3 항은 재산권 보상을 염두에 둔 규정으로 제한적으로 이해되어야 하며, 재산권 보상으로 메워지지 않는 내용의 보장은 헌법 제34조에 의하여 해결되어야 한다고 하면서, 생활보상은 헌법 제34조의 사회보장수단으로서의 성격을 가진다는 견해(헌법 제34조설), ③ 생활보상을 헌법 제23조 제 3 항의 공적부담의 평등에 근거한 보상의 성격과 헌법 제34조의 생존배려에 근거한 보상의 성격이 결합된 것으로 보는 견해(헌법 제23조 · 제34조 결합설)(다수설)가 대립된다.

▪ 헌법 제23조 ③ 공공필요에 의한 재산권의 수용·사용 또는 제한 및 그에 대한 보상은 법률로써 하되, 정당한 보상을 지급하여야 한다.
제34조 ① 모든 국민은 인간다운 생활을 할 권리를 가진다. …

(나) 판 례 ① 대법원은 생활보상의 성격인 생활대책을 헌법 제23조 제 3 항의 보상으로 본 경우도 있고(대판 2011. 10. 13, 2008두17905), 생활보상의 성격인 이주대책을 인간다운 생활을 보장하기 위한 것으로 본 경우도 있다(대판 2011. 2. 24, 2010다43498). ② 헌법재판소는 이주대책에 대해 헌법 제23조 제 3 항의 보상이 아니라 하였다(헌재 2006. 2. 23, 2004헌마19).

(다) 사 견 헌법 제34조설에 따르면 손실보상에는 헌법 제23조에 의한 것과 헌법 제34조에 의한 것이 있어 이원적으로 파악하게 된다. 그러나 헌법 제23조 · 제34조설에 따르면 생활보상도 헌법 제23조의 '정당한 보상'의 하나로 일원적으로 파악하게 될 것이다. 따라서 헌법 제23조 · 제34조설이 타당하다.

(4) 성 질

① 생활보상은 단순히 재산권의 보장에만 머무르는 것이 아니다. 그것은 삶의 기반을 확보하는 문제인 까닭에 생존권적 기본권의 문제이기도 하다. 따라서 생활권보상은 사회복지국가원리에 바탕을 두는 제도로서의 성질을 갖는다. 한편 ② 생활보상은 보상기준이 설정되어 있으므로 대인적 보상에 비하여는 객관성이 강하다는 점, 대물적 보상에 비하여 보상의 범위가 확대된다는 점이 특징적이다. ③ 특히 광의의 생활보상개념에 입각하게 되면, 생활보상은 수용 전 상태로의 회복이라는 의미에서 원상회복의 의미를 갖는다.

(5) 내 용

① 생활보상을 광의로 이해하는 입장은 생활보상의 내용으로 ⓐ 주거의 총체가치의 보상(시장가치를 초과하여 주거용으로 현실적으로 얻고 있는 총체가치를 보상하는 것), ⓑ 영업상 손실의 보상, ⓒ 이전료보상, ⓓ 소수잔존자보상(생활보상으로 보는 견해, 재산권보상으로 보는 견해, 직접적인 수용목적물이나 당사자가 아니므로 간접보상으로 보아야 한다는 견해로 나누어진다)을 든다. ② 생활보상의 개념을 협의로 이해하는 입장은 그 내용으로 생활비보상(공공사업으로

농·어업을 못하게 되는 경우 이농비·이어비의 보상)·주거대책비보상(일시적인 거주를 위한 주거대책을 위한 보상)을 든다.

■ 참고 ■ 간접보상(간접손실보상, 사업손실보상)

(1) 의 의 공공사업의 시행 또는 완성 후의 시설이 간접적으로 사업지범위 밖에 위치한 타인의 토지 등의 재산에 손실을 가하는 경우의 보상을 말한다.
(2) 성 질 간접보상을 생활보상의 한 내용으로 보는 견해와 재산권보상의 하나로 보는 견해, 그리고 재산권보상 및 생활보상과 구별되는 확장된 보상 개념으로 보는 견해로 나누어진다.
(3) 유 형 물리적·기술적 손실(공사중의 소음·진동 또는 완성시설로 인한 일조나 전파 장애)과 경제적·사회적 손실(댐건설로 주민이 이전함으로 생기는 지역경제의 영향이나 어업권의 소멸로 어업활동이 쇠퇴하게 됨으로써 생기는 경제활동의 영향 등)을 포함한다.
(4) 실 정 법 공익사업을 위한 토지 등의 취득 및 보상에 관한 법률 제73조는 잔여지의 손실과 공사비 보상, 제74조는 잔여지 등의 매수 및 수용청구를, 제79조는 기타 토지에 관한 비용보상 등을 규정한다.
(5) 명문의 규정이 없는 경우의 보상 판례는 간접손실에 대한 보상에 관한 명문의 규정이 없더라도 ① 공공사업의 시행으로 인하여 그러한 손실이 발생하리라는 것을 쉽게 예견할 수 있고, ② 그 손실의 범위도 구체적으로 이를 특정할 수 있는 경우라면 관련규정을 유추적용하여 보상할 수 있다고 본다(대판 2004. 9. 23, 2004다25581).

Ⅲ. 보상의 지급

1. 사업시행자보상의 원칙

보상금청구권자는 헌법 제23조 제 3 항에 의해 보호되는 법적 지위를 가지는 자로서 수용을 통해 재산권이 침해된 토지소유자 기타 이해관계인이다. 보상의무자는 수용을 통해 직접 수익한 자이다. 수익자와 침해자가 상이하다면 침해자는 보상의무자가 아니다. 공익사업을 위한 토지 등의 취득 및 보상에 관한 법률은 "공익사업에 필요한 토지등의 취득 또는 사용으로 인하여 토지소유자나 관계인이 입은 손실은 사업시행자가 보상하여야 한다"고 규정하고 있다(토상법 제61조).

2. 사전보상의 원칙(선급의 원칙)

사업시행자는 해당 공익사업을 위한 공사에 착수하기 이전에 토지소유자와 관계인에게 보상액 전액(全額)을 지급하여야 한다. 다만, 제38조에 따른 천재지변 시의 토지 사용과 제39조에 따른 시급한 토지 사용의 경우 또는 토지소유자 및 관계인의 승낙이 있는 경우에는 그러하지 아니하다(토상법 제62조). 후급의 경우에 이자와 물가변동에 따르는 불이익은 보상책임자가 부담하여야 한다.

▌대판 1991. 12. 24, 91누308(재결절차에서 정한 보상액과 행정소송절차에서 정한 보상금액의 차액이 수용시기에 지급되지 않은 이상 지연손해금이 당연히 발생한다).

3. 현금보상의 원칙

손실보상은 다른 법률에 특별한 규정이 있는 경우를 제외하고는 현금으로 지급하여야 한다(토상법 제63조 제 1 항 본문). 다만, 토지소유자가 원하는 경우로서 사업시행자가 해당 공익사업의 합리적인 토지이용계획과 사업계획 등을 고려하여 토지로 보상이 가능한 경우에는 토지소유자가 받을 보상금 중 본문에 따른 현금 또는 제 7 항 및 제 8 항에 따른 채권으로 보상받는 금액을 제외한 부분에 대하여 다음 각 호에서 정하는 기준과 절차에 따라 그 공익사업의 시행으로 조성한 토지로 보상할 수 있다(토상법 제63조 제 1 항 단서). 증권보상이 이루어지는 경우도 있다(징발법 제22조의2 제 1 항). 다만, 일종의 후불이라 할 채권보상의 경우에는 액면가액이 아니라 실질가액이 반영되어야만 헌법이 보장하는 정당한 보상에 해당할 것이다.

■ 참고 ■

채권보상과 관련하여서는 그것이 합헌이라는 주장과 위헌이라는 주장이 대립하고 있다. 합헌론은 채권보상이 보상대상자인 부재부동산소유자에게 자산증식수단으로서의 토지에 대한 통상적인 수익을 보장해 주는 것이므로 헌법위반이 아니라 하고, 위헌론은 부재부동산소유자의 토지와 비업무용토지와 다른 토지를 구분하는 것은 평등원칙에 어긋나므로 위헌이라 한다. 합헌론이 타당하다.

4. 개인별 보상의 원칙(개별급의 원칙)

손실보상은 토지소유자나 관계인에게 개인별로 하여야 한다. 다만, 개인별로 보상액을 산정할 수 없을 때에는 그러하지 아니하다(토상법 제64조). 여기서 개인별이란 수용 또는 사용의 대상이 되는 물건별로 하는 것이 아니라 피보상자의 개인별로 하는 것을 뜻한다.

▌대판 2000. 1. 28, 97누11720(구 토지수용법 제45조 제 2 항은 수용 또는 사용함으로 인한 보상은 피보상자의 개인별로 산정할 수 없을 때를 제외하고는 피보상자에게 개인별로 하여야 한다고 규정하고 있으므로, 보상은 수용 또는 사용의 대상이 되는 물건별로 하는 것이 아니라 피보상자 개인별로 행하여지는 것이라고 할 것이어서 피보상자는 수용 대상물건 중 전부 또는 일부에 관하여 불복이 있는 경우 그 불복의 사유를 주장하여 행정소송을 제기할 수 있다).

5. 일시급의 원칙

보상은 일시급으로 함이 원칙이다. 사업시행자는 동일한 사업지역에 보상시기를 달리하는 동일인 소유의 토지등이 여러 개 있는 경우 토지소유자나 관계인이 요구할 때에는 한꺼번에 보상금을 지급하도록 하여야 한다(토상법 제65조).

제 4 항 손실보상절차

Ⅰ. 공익사업을 위한 토지 등의 취득 및 보상에 관한 법률의 경우

① 보상금액 등은 사업시행자와 토지소유자 등이 협의하여 정한다. ② 협의가 성립되지 아니하거나 협의를 할 수 없으면 사업시행자가 관할 토지수용위원회에 재결을 신청할 수 있다. ③ 관할 토지수용위원회의 재결에 이의가 있는 자는 중앙토지수용위원회에 이의를 신청할 수도 있고, 이의신청 없이 행정소송을 제기할 수도 있다. ④ 중앙토지수용위원회의 이의재결에 불복하는 자는 행정소송을 제기할 수 있다.

■ 참고 ■ 손실보상절차 요약

1. 협의.
2. 협의 → 재결신청.
3. 협의 → 재결신청→ 행정소송.
4. 협의 → 재결신청→ 이의신청.
5. 협의 → 재결신청→ 이의신청 → 행정소송.

1. 협 의

사업시행자는 토지등에 대한 보상에 관하여 토지소유자 및 관계인과 성실하게 협의하여야 한다(토상법 제26조 제 1 항 제 2 문, 제16조, 제26조 제 2 항 단서). 협의가 성립된 때에는 사업시행자는 관할 토지수용위원회에 협의성립의 확인을 신청할 수 있다(토상법 제29조 제 1 항). 제29조 제 1 항 및 제 3 항의 규정에 의한 확인은 이 법에 의한 재결로 보며, 사업시행자·토지소유자 및 관계인은 그 확인된 협의의 성립이나 내용을 다툴 수 없다(토상법 제29조 제 4 항).

2. 재결(수용재결)

제26조에 따른 협의가 성립되지 아니하거나 협의를 할 수 없을 때(제26조 제 2 항 단서에 따른 협의 요구가 없을 때를 포함한다)에는 사업시행자는 사업인정고시가 된 날부터 1년 이내에 대통령령으로 정하는 바에 따라 관할 토지수용위원회에 재결을 신청할 수 있다(토상법 제28조 제 1 항). 재결신청에 따라 내려지는 최초의 재결을 수용재결이라 한다. 한편, 피수용자는 이를 신청할 수 없다.

3. 이의신청(이의재결)

중앙토지수용위원회의 제34조에 따른 재결에 이의가 있는 자는 중앙토지수용위원회에 이의를 신청할 수 있다(토상법 제83조 제 1 항). 지방토지수용위원회의 제34조에 따른 재결에 이의가 있는 자는 해당 지방토지수용위원회를 거쳐 중앙토지수용위원회에 이의를 신청할 수 있다(토상법 제83조 제 2 항). 제 1 항 및 제 2 항에 따른 이의의 신청은 재결서의 정본을 받은 날부터 30일 이내에 하여야 한다(토상법 제83조 제 3 항). 이의신청에 따라 내려지는 재결을 이의재결이라 한다.

4. 행정소송

(1) 행정소송의 제기 행정소송은 원처분인 관할 토지수용위원회의 재결을 대상으로 한다(토상법 제85조 제 1 항). 이의신청절차를 거친 경우에도 중앙토지수용위원회의 이의신청에 대한 재결이 아니라 관할 토지수용위원회의 재결을 대상으로 한다(행소법 제19조 본문). 물론 중앙토지수용위원회의 이의신청에 대한 재결에 고유한 위법이 있다면, 중앙토지수용위원회의 이의신청에 대한 재결을 다툴 수 있다(행소법 제19조 단서).

(2) 원처분중심주의 토상법 제85조 제 1 항은 원처분(제34조의 재결신청에 대한 재결)에 대해서도 행정소송을 제기할 수 있음을 명시적으로 규정하고 있으므로, 원처분이 행정소송의 대상이 됨은 분명하다. 제84조의 이의신청에 대한 재결을 거친 후 행정소송을 제기하는 경우에도 원처분중심주의가 적용된다. 즉 신청에 대한 재결(수용재결)에 대해 다투어야 하고, 이의신청에 대한 재결(이의재결)은 고유한 위법이 있는 경우에 한하여 대상적격을 갖는다(대판 2010. 1. 28, 2008두1504).

▮ 대판 2010. 1. 28, 2008두1504(공익사업을 위한 토지 등의 취득 및 보상에 관한 법률 제85조 제 1 항 전문의 문언 내용과 같은 법 제83조, 제85조가 중앙토지수용위원회에 대한 이의신청을 임의적 절차로 규정하고 있는 점, 행정소송법 제19조 단서가 행정심판에 대한 재결은 재결 자체에 고유한 위법이 있음을 이유로 하는 경우에 한하여 취소소송의 대상으로 삼을 수 있도록 규정하고 있는 점 등을 종합하여 보면, 수용재결에 불복하여 취소소송을 제기하는 때에는 이의신청을 거친 경우에도 수용재결을 한 중앙토지수용위원회 또는 지방토지수용위원회를 피고로 하여 수용재결의 취소를 구하여야 하고, 다만 이의신청에 대한 재결 자체에 고유한 위법이 있음을 이유로 하는 경우에는 그 이의재결을 한 중앙토지수용위원회를 피고로 하여 이의재결의 취소를 구할 수 있다고 보아야 한다).

(3) 제소기간 등의 특례 제34조 규정에 의한 재결에 대하여 불복이 있는 때에는 재결서를 받은 날부터 60일 이내에, 이의신청을 거친 때에는 이의신청에 대한 재결서를 받은 날부터 30일 이내에 행정소송을 제기할 수 있다(토상법 제85조 제 1 항 제 1 문). 행정심판법 제27조(심판청구의 기간)와 행정소송법 제20조(제소기간)의 규정은 적용되지 아니한다는 것이 판례의 입장이다(대판 1989. 3. 28, 88누5198).

5. 보상금증감소송

(1) 의 의 행정소송이 보상금의 증감에 관한 소송인 경우 소송을 제기하는 자가 토지소유자 또는 관계인일 때에는 사업시행자를, 사업시행자일 때에는 토지소유자 또는 관계인을 각각 피고로 한다(토상법 제85조 제 2 항). 본 조항에 의한 소를 보상금증감소송(補償金增減訴訟)이라 부른다.

[예] 서대문구청장이 甲의 토지를 수용하는 과정에서 중앙토지수용위원회의 이의신청절차까지 거치게 되었고, 중앙토지수용위원회는 수용면적을 100,000m², 수용가격을 m²당 3만원으로 하는 내용의 재결을 하였다고 하자. 이러한 경우에 ① 甲이 수용면적 100,000m²가 많다고 하여 50,000m²로 줄여줄 것을 구하는 소송이나 ② 서대문구청장이 수용면적 100,000m²가 적다고 하여 150,000m²로 늘여줄 것을 구하는 소송과 ③ 甲이 수용가격 m²당 3만원이 적다고 하여 m²당 5만원으로 올려줄 것을 구하는 소송이나 ④ 서대문구청장이 m²당 3만원이 많다고 하여 m²당 2만원으로 내려줄 것을 구하는 소송은 피고를 달리한다. ①과 ②는 통상의 보상소송에 해당하고, ③과 ④는 보상금증감소송에 해당한다. 각 소송의 원고와 피고를 도해하기로 한다.

통상의 보상소송 (항고소송)	① 원고: 甲 ② 원고: 서대문구청	피고: 중앙토지수용위원회(처분청) 피고: 중앙토지수용위원회(처분청)
보상금 증감소송 (당사자소송)	③ 원고: 甲 ④ 원고: 서대문구청	피고: 서대문구청 피고: 甲

* 만약 중앙토지수용위원회의 이의신청절차까지 거치지 않고 중앙토지수용위원회의 재결절차(예: 서울특별시 서대문구청장이 수용하는 경우)나 경상북도 토지수용위원회의 재결절차(예: 경상북도 울진군이 수용하는 경우)만 거친 후 행정소송으로 가는 경우에는 중앙토지수용위원회 또는 경상북도토지수용위원회가 처분청으로서 피고가 된다.

(2) 법적 성질 ① '토상법'상 보상금증감소송은 1인의 원고와 1인의 피고를 당사자로 하는 단일소송이다 ② '토상법'은 보상금증감소송의 경우에 처분청(위원회)인 토지수용위원회를 피고로 하지 아니하고, 대등한 당사자인 토지소유자 또는 관계인과 사업시행자를 당사자로 하고 있는바, 형식적 관점에서 보상금증감소송은 당사자소송에 속한다(대판 1991. 11. 26, 91누285; 대판 2000. 11. 28, 99두3416). 그러나 보상금증감소송은 위원회(처분청)의 재결(처분)을 다투는 의미도 갖는 것이므로 실질적 관점에서는 항고소송의 성질도 갖는다(대판 2022. 11. 24, 2018두67 전원합의체). 따라서 전체로서 보상금증감소송을 형식적 당사자소송이라 부를 수 있다.

Ⅱ. 기타 법률의 경우

하천법은 공익사업을 위한 토지 등의 취득 및 보상에 관한 법률을 준용하고 있다(하천법 제78조 제 2 항). 공유수면 관리 및 매립에 관한 법률도 유사하다.

▪ **하천법 제78조(토지등의 수용·사용)** ② 제 1 항에 따라 토지등을 수용 또는 사용하는 경우에는 이 법에 특별한 규정이 있는 경우를 제외하고는 「공익사업을 위한 토지 등의 취득 및 보상에 관한 법률」을 준용한다.

▪ **공유수면 관리 및 매립에 관한 법률 제57조(공익처분 등에 따른 손실보상)** ② 공유수면관리청, 매립면허관청 또는 사업시행자는 제 1 항에 따른 손실보상에 관하여 손실을 입은 자와 협의하여야 한다.
③ 제 2 항에 따른 협의가 성립되지 아니하거나 협의할 수 없는 경우에는 대통령령으로 정하는 바에 따라 관할 토지수용위원회에 재결을 신청할 수 있다.
④ 손실보상에 관하여 이 법에 규정된 것을 제외하고는 「공익사업을 위한 토지 등의 취득 및 보상에 관한 법률」을 준용한다.

제 3 절 국가책임제도의 보완

국가나 지방자치단체의 공공복지를 위한 작용으로 인해 사인이 겪을 수 있는 특별한 희생으로 다음을 볼 수 있다.

1 수용·사용·제한 및 보상의 규정이 있는 법률에 따른 특별한 희생(전통적·전형적 손실보상)
2 수용·사용·제한규정은 있으나 보상규정이 없는 법률에 따른 특별한 희생
3 수용·사용·제한 및 보상의 규정이 있는 법률의 위법한 집행에 따른 특별한 희생
4 수용·사용·제한 및 보상의 규정이 없는 법률에 따른 특별한 희생
5 보상의 규정이 없는 법률에 따른 생명·신체 등에 대한 특별한 희생

제 2 절에서 살펴본 손실보상제도는 1을 중심으로 한 것일 뿐, 2·3·4에 대한 검토와 아울러 5의 보상의 문제도 검토가 필요하다. 2·3·4는 재산권의 침해와 관련하고, 5는 비재산권에 대한 침해와 관련한다. 그 밖에 결과제거청구권과 공법상 위험책임도 문제된다.

■ 참고 ■

저자는 종래 독일법상 국가책임법의 원리를 직접 활용하여 우리의 국가책임제도의 보완 문제를 수용유사침해보상, 수용적 침해보상, 희생보상청구권의 문제로 다루었다. 그러나 이제는 독일의 법리는 다만 참고자료로 활용하고, 우리의 학설과 판례를 기본으로 하여 국가책임제도의 보완 문제를 아래와 같이 정리·해결하기로 하였다.

- 수용·사용·제한규정은 있으나 보상규정 없는 법률과 손실보상청구권(종래 수용유사침해보상 부분)
- 수용·사용·제한규정 및 보상규정 있는 법률의 위법한 집행과 손실보상청구권(종래 수용유사침해보상 부분)
- 수용·사용·제한 및 보상 규정이 없는 법률의 집행과 손실보상청구권(종래 수용적 침해보상 부분)
- 비재산권 침해에 대한 보상청구권(종래 희생보상청구권 부분)

저자가 이렇게 논리를 바꾼 이유는, 저자가 행정법원론(상)(하)의 초판을 집필하던 1980년대 후반기, 1990년대 초에는 국가책임제도의 보완에 관한 국내학자의 논의가 시작되는 초창기였고, 이론서에서 희생보상청구권을 다룬 것은 저자의 행정법원론(상) 초판이 처음이었을 정도였다. 이러한 사정으로 인해 그 당시는 독일법상 국가책임법의 원리를 활용하는 것도 나름대로 의미를 가졌다. 그러나 이제는 국내학자들의 연구 성과도 상당히 축적되었기에 「특별한 희생에 대한 보상제도의 보완」에 관한 논리의 체계와 내용에 손질을 가하는 것은 불가피하다고 생각하였다. 하여간 이러한 변경으로 인해 독자들은 국가책임제도의 보완문제에 보다 용이하게 접근할 수 있으리라 생각된다.

제 1 항 재산권침해에 대한 손실보상청구권의 확장

Ⅰ. 수용·사용·제한규정은 있으나 보상규정 없는 법률과 손실보상청구권

1. 의 의

공익을 위한 법률이 재산권의 수용·사용 또는 제한에 관한 규정을 두면서 보상에 관한 규정을 두고 있지 아니하다면, 이러한 법률은 헌법위반의 법률이 된다. 이러한 법률에 따라 특별한 희생으로서 피해가 발생한다면(예컨대 개발제한구역의 지정 및 관리에 관한 특별조치법상 개발제한구역의 지정으로 인한 불이익으로서 공동체를 위해 참아야 할 정도를 벗어나는 특별한 희생이 있는 경우, 동법상 보상규정이 없다), 피해자인 사인에게 손해배상청구권이 발생하는지, 손실보상청구권이 발생하는지의 여부가 문제된다(독일에서는 수용유사침해보상의 법리로 해결하고 있다).

2. 손실보상청구권의 인정 여부(손실보상청구권의 근거로서 헌법 제23조 제 3 항)

보상규정이 없는 경우에 손실보상청구권을 갖는가의 여부는 헌법 제23조 제 3 항 등을 근거로 손실보상을 청구할 수 있는가의 문제와 관련된다. 이와 관련하여 헌법 제23조 제 3 항의 성질을 둘러싸고 다양한 견해가 있어 왔다.

(1) 학 설

㈎ **방침규정설** 헌법상 손실보상에 관한 규정은 입법의 방침을 정한 것에 불과한 프로그램규정이다. 따라서 이 견해는 손실보상에 관한 구체적인 사항이 법률로써 정해져야만 사인은 손실보상청구권을 갖게 된다는 견해이다. 입법지침설이라고도 한다.

㈏ **직접효력규정설** 개인의 손실보상청구권은 헌법규정으로부터 직접 나온다. 즉 헌법 제23조 제 3 항을 국민에 대해 직접적인 효력이 있는 규정으로 보는 견해이다.

㈐ **위헌무효설** 손실보상청구권은 헌법이 아니라 법률에서 근거되는 것이라는 전제하에 만약 보상규정 없는 수용법률에 의거 수용이 행해진다면 그 법률은 위헌무효의 법률

이고, 따라서 수용은 위법한 작용이 되는바, 사인은 손해배상청구권을 갖는다는 견해이다. 위헌설 또는 입법자에 대한 직접효력설이라고도 한다.

㈑ **간접효력규정설** 공용침해에 따르는 보상규정이 없는 경우에는 헌법 제23조 제 1 항(재산권보장) 및 제11조(평등 원칙)에 근거하고, 헌법 제23조 제 3 항 및 관계규정의 유추해석을 통하여 보상을 청구할 수 있다는 견해이다. 간접효력규정설이란 본서가 붙인 이름이다. 간접이란 손실보상청구권이 헌법상 하나의 특정조문(헌법 제23조 제 3 항)에 근거하는 것이 아니라 여러 조항의 해석의 결과 도출됨을 의미한다. 간접효력규정설은 유추적용설이라 불리기도 한다.

■ 참고 ■ 간접효력규정설과 유추적용설의 비교

① 간접효력규정설은 법률에 명시적인 보상규정이 없는 경우에 헌법을 근거로 보상을 청구할 수 있다는 논리로서 헌법을 1차적인 관심의 대상으로 한다. 유추적용설은 관련 법률의 유추해석을 통해 보상을 청구할 수 있다는 논리로서 관련 법률을 1차적인 관심의 대상으로 한다. ② 간접효력규정설에 근거하여 개별 사건에서 보상청구권의 존부를 판단할 때, 관련 법령의 유추해석이나 목적론적 해석 또는 역사적 해석 등이 활용될 수 있다. 유추적용설도 「법률에 명시적인 보상규정이 없다고 하여도 헌법상 보상청구권이 인정될 수 있다」는 논리를 전제로 한다고 볼 것이므로 유추적용설은 간접효력규정설의 한 적용형태에 해당한다고 말할 수 있다. ③ 그렇다고 간접효력규정설과 유추적용설을 동일한 것이라 말하기는 어렵다.

(2) 판 례 ① 대법원은 직접적인 근거규정이 없는 경우에도 경계이론에 입각하여 ⓐ 관련규정의 유추해석이 가능한 경우에는 유추해석을 통해 손실보상을 인정하기도 하며(대판 1987. 7. 21, 84누126), 관련규정이 없는 경우에도 손실보상을 인정하기도 하지만(대판 1972. 11. 28, 72다1597), ⓑ MBC주식강제증여사건에서 대법원은 보상책임을 부인하였지만, 독일법상 수용유사적 침해보상의 개념을 처음으로 언급하면서 판단을 유보한 것이 눈에 띈다(대판 1993. 10. 26, 93다6409). ② 헌법재판소는 분리이론에 입각하여 진정입법부작위로서의 위헌(헌재 1994. 12. 29, 89헌마2), 또는 보상입법의무의 부과를 통해 문제를 해결하기도 한다(헌재 1998. 12. 24, 89헌마214 등).

▮대판 2011. 8. 25, 2011두2743(법률 제2292호 하천법 개정법률 제 2 조 제 1 항 제 2 호 (나)목 및 (다)목, 제 3 조에 의하면, 제방부지 및 제외지는 법률 규정에 의하여 당연히 하천구역이 되어 국유로 되는데도, 하천편입토지 보상 등에 관한 특별조치법(이하 '특별조치법'이라 한다)은 법률 제2292호 하천법 개정법률 시행일(1971. 7. 20.)부터 법률 제3782호 하천법 중 개정법률의 시행일(1984. 12. 31.) 전에 국유로 된 제방부지 및 제외지에 대하여는 명시적인 보상규정을 두고 있지 않다. 그러나 제방부지 및 제외지가 유수지와 더불어 하천구역이 되어 국유로 되는 이상 그로 인하여 소유자가 입은 손실은 보상되어야 하고 보상방법을 유수지에 관한 것과 달리할 아무런 합리적인 이유가 없으므로, 법률 제2292호 하천법 개정법률 시행일부터 법률 제3782호 하천법 중 개정법률 시행일 전에 국유로 된 제방부지 및 제외지에 대하여도 특별조치법 제 2 조를 유추적용하여 소유자에게 손실을 보상하여야 한다고 보는 것이 타당하다).

(3) 사 견 ① 헌법은 침해의 근거와 보상을 법률로 정하도록 하고 있으므로 직접효력규정설은 채택하기 곤란하다. ② 보상규정 없는 법률에 의한 침해의 경우에는 손해배상청구권이 발생한다는 위헌무효설 역시 문제가 있다. 왜냐하면 공공복지를 위한 침해가 보상규정이 없다는 이유만으로 불법행위와 동일하게 다루어진다는 것은 비합리적이고 또한 손해배상청구권의 성립요건 중 과실인정이 어려울 뿐만 아니라 헌법재판소가 개발제한구역제도에 대하여 헌법불합치결정을 내린 경우와 같이 법령이 형식적으로 존재하는 경우에는 위법성을 인정하기도 어렵기 때문이다. ③ 생각건대 보상은 법률로 정하라는 헌법규정도 고려하고, 보상에 관한 법률의 규정유무를 불문하고 공공필요를 위한 침해는 동일하게 다루어져야 한다는 점을 고려한다면, 간접효력규정설이 합리적이다.

3. 전형적 손실보상청구권과 비교

(1) 성립요건 보상규정이 없다는 의미에서 침해의 위법 부분만 제외하면, 기본적으로 전형적인 손실보상청구권의 요건과 같다.

(2) 보상의 내용과 절차 보상의 내용과 절차도 전형적인 손실보상청구권과 같다.

Ⅱ. 수용·사용·제한규정 및 보상규정 있는 법률의 위법한 집행과 손실보상청구권

1. 의 의

수용·사용·제한과 보상을 규정하는 법률이 위법하게 집행되는 경우는 ① 공공복지에 응하기 위한 경우와 ② 그러하지 아니한 경우로 나눌 수 있다. 특별한 희생이 문제되는 것은 ①의 경우이다. 따라서 수용·사용·제한규정과 보상규정 있는 법률의 위법한 집행과 손실보상청구권의 문제는 ①과 관련한다. 여기서 법률에서 수용·사용·제한과 보상을 규정하지만 법률이 위법하게 집행되어 특별한 희생으로서 재산상 피해가 발생하는 경우, 피해자인 사인에게 손해배상청구권이 발생하는지, 손실보상청구권이 발생하는지의 여부가 문제된다(독일에서는 수용유사침해보상의 법리로 해결하고 있다).

2. 손실보상청구권의 인정 여부

국가배상법상 국가배상청구권은 국가의 불법에 대한 속죄의 대가이지만, 손실보상청구권은 공동체를 위한 사인의 헌신 내지 희생에 대한 대가라는 점을 전제할 때, 법률에서 수용·사용·제한과 보상을 규정하지만 법률이 위법하게 집행되어 특별한 희생으로서 재산상 피해가 발생하는 경우, 사인의 피해는 공동체를 위한 희생이므로 그에게 손해배상청구권이 아니라 손실보상청구권이 인정되는 것이 타당하다.

3. 전형적 손실보상청구권과 비교

(1) 성립요건 전형적인 손실보상청구권의 성립요건 중 공공필요, 재산권, 특별한 희생, 보상규정의 요건은 구비되어야 한다. 다만, 침해의 요건이 전형적인 손실보상의 경우에는 적법한 침해이지만, 수용·사용·제한과 보상을 규정하는 법률의 위법한 집행으로 인한 손실보상의 경우의 침해는 수용·사용·제한이 법률이 정하는 바를 따르지 아니하였다는 점에서 위법하다는 것이 다를 뿐이다.

(2) 보상의 내용과 절차 보상의 내용과 절차는 그 법률이 정하는 바에 따를 것이고, 그것은 전형적인 손실보상청구권의 경우와 같다.

■ 참고 ■ 독일법상 수용유사침해보상

[1] 독일에서는 수용·사용·제한규정은 있으나 보상규정이 없는 법률에 따른 특별한 희생에 대한 손실보상을 수용유사침해보상의 문제로서 다룬다. 수용유사침해보상이란 수용유사침해에 대하여 손실을 보상하는 것을 말한다. 수용유사침해란 법상 허용되었더라면(예컨대, 보상규정이 있었다고 하면) 그 내용이나 효과가 수용이었을 재산권에 대한 위법한 침해를 말한다. 수용유사침해보상의 법적 근거는 헌법적 지위를 갖는 관습법인 희생사상이다. 희생사상이란 공익과 사익이 충돌되면 공익이 우선하고, 침해된 사익은 보상되어야 한다는 원리를 말한다. 희생사상은 프로이센일반란트법에서 유래한다. 희생사상은 침해의 대상이 재산권인가 비재산권인가를 구분하지 아니하고, 침해가 위법인가 적법인가를 가리지 아니한다. 우리나라에 헌법적 지위를 갖는 관습법으로서 희생사상은 없다. 따라서 독일의 수용유사침해보상의 법리를 그대로 활용하는 것은 곤란하다.

[2] 자갈채취사건(Naßauskiesungsbeschluß, 1981. 7. 15, BVerfGE 58, 300)

(1) 사건의 개요 과거부터 채취하여 오던 자갈을 계속하여 채취하고자 원고가 당국에 허가를 신청하였으나, 사후에 제정된 수(水)관리법에 의해 허가가 거부되었다. 왜냐하면 자갈채취장은 수원지로부터 가까운 곳에 있었고, 동법은 수원지로부터 가까운 거리 내에서의 자갈채취를 금하였기 때문이다. 원고의 허가발령청구는 행정심판절차에서도 거부되었다. 그러자 원고는 당국에 손실보상을 청구하였으나 역시 거부당하였다. 이에 원고는 소송을 제기하게 되었는바, 제 1 심은 원고의 청구를 정당한 것으로, 제 2 심은 원고의 청구를 이유 없는 것으로 판단하였다. 연방통상재판소는 수관리법이 재산권보장으로부터 나오는 지하수이용에 대하여 보상 없는 배제를 규정하는 위헌법률임을 이유로 기본법 제100조 제 1 항에 의거하여 연방헌법재판소에 이송하였다.

(2) 연방헌법재판소의 판결요지

1) 권한을 가진 행정재판소는 수용적인 처분의 적법성에 관한 분쟁에서, 그 분쟁의 적법성에 관하여 완전한 범위 내에서 심사를 하여야 한다. 여기에는 침해를 근거지우는 법률이 보상의 종류와 범위에 관한 규율을 포함하고 있는지의 여부에 대한 확정도 포함된다.

2) 보상금액에 관한 분쟁에서 관계자에게 법률상의 규정에 상응하는 보상이 주어지는지의 여부에 대한 심사도 통상재판소의 관할에 속한다.

3) 관계자에게 처분으로 수용이 있게 되는 경우에 그 관계자는 법상으로 청구권의 근거가

주어지는 경우에만 보상청구소송을 제기할 수 있다. 만약 그것이 없다면, 그는 권한 있는 재판소에서 침해행위의 폐지를 구하여야 한다(취소와 손실보상 중 어느 하나에 대한 선택권이 주어지지 않는다).

4) 토지소유권자의 법적 지위를 정할 때에는 기본법 제14조 제 1 항 제 2 문에 따라서 민법과 공법이 동등하게 적용된다.

5) 수관리법이 기능에 적합한 수관리(특히 공적인 용수공급)의 안전을 위하여 지하수를 토지소유권으로부터 분리된 공법상의 이용질서에 두는 것은 기본법과 합치된다.

(3) 판결의 반응　　이 판결 후에도 연방통상재판소는 수용유사침해제도를 유지하며, 문헌상의 지배적인 이론의 입장도 마찬가지이다. 연방통상재판소는 ① 연방헌법재판소의 동 판결이 '민사법원은 수용의 법률적합성의 원칙상 명시적인 법률상의 근거가 있는 경우에만 보상토록 판결할 수 있음'을 정한 것으로 전제하고, ② 동 판결은 다만 기본법 제14조 제 3 항에서 말하는 의미의 형식화된 수용개념(협의의 수용개념. 사용・수익은 제외)에 근거하여 판시하였다는 것이고, ③ 따라서 수용의 법률적합성의 원칙에 대한 연방헌법재판소의 판시는 위법의 수용유사의 침해에는 적용되지 않는다는 것이다.

(4) 새로운 법적 근거　　연방통상재판소는 수용유사침해에 대한 국가의 책임의 근거를 이제는 프로이센일반란트법 제74조와 제75조의 일반적인 희생사상에서 구하고 있다. 기본법 제14조 제 3 항 또는 전체로서 기본법 제14조는 더 이상 제시하지 아니한다. 이러한 태도는 수용이 일반적 희생요건의 한 특별한 경우에 지나지 아니함을 전제로 한다. 연방통상재판소의 태도는 수용유사침해제도가 이제는 도입된 지 오래된 것임을 바탕으로 한다.

Ⅲ. 수용・사용・제한 및 보상의 규정이 없는 법률의 집행과 손실보상청구권

1. 의　의

사인의 재산권의 침해를 직접적으로 의도하는 수용・사용・제한에는 해당하지 아니하지만, 공공복지를 위한 적법한 공권력행사로 인해 사인에게 특별한 희생으로서 재산상 피해가 발생하는 경우(예컨대 지하철공사를 위해 특정의 도로에 대해 상당한 기간 동안 통행을 금지함으로써 발생하는 불이익으로서 공동체를 위해 참아야 할 정도를 벗어나는 특별한 희생이 있는 경우), 사인에게 손실보상청구권이 발생하는지의 여부가 문제된다. 발생한다면, 이러한 경우의 손실보상청구권도 헌법 제23조 제 3 항이 예정하지 아니한 비전형적인 손실보상의 문제가 된다(독일에서는 수용적 침해보상의 법리로 해결하고 있다).

2. 손실보상청구권의 인정 여부

이러한 경우에 사인이 손실보상청구권을 갖는가의 여부는 헌법 제23조 제 3 항 등을 근거로 손실보상을 청구할 수 있는가의 문제와 관련된다. 이와 관련하여 헌법 제23조 제 3 항의 성질을 둘러싸고 다양한 견해가 있다.

(1) **입법보상설**(보상부정설)　　헌법 제23조 제 3 항의 해석과 관련하여 수용적 침해

가 논의되는 상황은 당해 행정작용에 의해 사전에 예정되고 의도된 손해가 발생한 경우가 아니어서 헌법 제23조 제 3 항이 규정하고 있는 불가분조항원칙이 적용될 수 없는 경우에 해당하므로 헌법 제23조 제 3 항을 직접적용하거나 유추적용하는 논리는 따를 수 없고 결국 입법적으로 별도의 손실보상규정을 마련하여야 한다고 주장한다.

(2) 직접효력규정설 이 견해는 독일의 수용적 침해보상법리가 우리에게 적용될 수 없다는 전제하에 수용적 침해보상이 문제되는 경우도 적법한 공권력 행사에 의해 직접 가해진 손실이므로, 적법한 재산권 침해에 대한 보상의 일반적 근거조항인 헌법 제23조 제 3 항에 따라 보상을 청구할 수 있다는 견해이다.

(3) 간접효력규정설(유추적용설) 헌법 제23조 제 3 항은 문면상으로는 의도된 재산권의 제약의 경우에 관한 것이지 의도되지 아니한 재산권의 제약의 경우에 관한 것이 아니다. 그러나 헌법 제11조의 평등의 원리, 제23조 제 1 항의 재산권보장의 원리, 제37조 제 1 항의 기본권보장의 원리와 함께 제23조 제 3 항의 특별희생의 원리를 종합적으로 고려한다면, 의도되지 아니한 재산권의 제약의 경우에도 손실보상을 하여야 한다는 규범적 의미를 찾을 수 있다는 견해이다.

(4) 수용적 침해보상설 우리나라의 경우에도 수용적 침해에 해당하는 재산권침해 유형이 적지 않게 발생하고 있고, 손해배상으로 처리하기 어려운 적법한 공권력행사와 예상치 못한 부수적인 결과로 인한 피해에 대하여 적절한 보상입법이 행하여 지지 않는 우리 현실을 감안한다면 수용적 침해보상이론을 원용하여 권리구제의 수요를 충족시키는 것이 타당하다는 견해이다.

(5) 사 견 간접효력규정설은 종래부터 본서가 주장하는 견해이다. 수용적 침해보상설도 일종의 간접효력규정설에 해당하는 것으로 보인다.

3. 전형적 손실보상청구권과 비교

(1) 성립요건 침해의 위법 부분과 보상규정 부분만 제외하면, 전형적인 손실보상청구권과 다를 바 없다. 말하자면 전형적인 손실보상청구권의 성립요건 중 공공필요, 재산권, 특별한 희생의 요건은 구비되어야 한다. 다만, 침해의 요건이 전형적인 손실배상의 경우에는 사인의 재산권의 침해를 직접적으로 의도하는 수용 · 사용 · 제한을 의미하지만, 여기서는 입법에 의해 직접적으로 의도된 침해가 아니라 의도되지 아니한 침해라는 점에서 다르다.

(2) 보상의 내용과 절차 보상의 내용과 절차는 전형적인 손실보상청구권을 규정하는 법률(예컨대 공익사업을 위한 토지 등의 취득 및 보상에 관한 법률)을 유추하여 정할 것이다. 요컨대 기본적으로 전형적인 손실보상청구권의 경우와 동일하여야 할 것이다.

■ 참고 ■ 독일법상 수용적 침해보상

독일에서는 사인의 재산권의 침해를 직접적으로 의도하는 수용·사용·제한에는 해당하지 아니하지만, 공공복지를 위한 적법한 공권력행사로 인해 사인에게 특별한 희생으로서 재산상 피해가 발생하는 경우, 손실보상을 수용적 침해보상의 문제로서 다룬다. 수용적 침해보상의 법적 근거는 헌법적 지위를 갖는 관습법인 희생사상이다. 우리나라에 헌법적 지위를 갖는 관습법으로서 희생사상은 없다. 따라서 독일의 수용적 보상의 법리를 그대로 활용하는 것은 곤란하다.

제 2 항 비재산권침해에 대한 보상청구권

Ⅰ. 의 의

공공복지를 위한 적법한 공권력행사로 인해 사인의 비재산적 법익에 특별한 희생을 가져오는 경우이나(예컨대 해변에서 위험방지를 위한 경찰관의 도움요청에 응하다가 해일로 인해 실종된 사인의 경우. 경범죄처벌법 제 3 조 제 1 항 제29호는 공무원원조불응에 대하여 10만원 이하의 벌금, 구류 또는 과료의 형을 규정하고 있다), 보상을 규정하는 법률이 없을 때, 사인에게 보상청구권이 발생하는지의 여부가 문제된다(독일에서는 희생보상청구권의 법리로 해결하고 있다). 긍정하는 경우, 이러한 보상청구권은 헌법이 예정하지 아니한 보상 문제가 된다. 이러한 보상청구권을 이하에서 비재산권침해보상청구권이라 부르기로 한다.

Ⅱ. 입법상황(법적 근거)

헌법은 비재산권침해보상청구권을 규정하는 바가 없다. 비재산권침해보상청구권을 규정하는 일반법도 없다. 현재로서는 개별 법률로 소방기본법(제24조 제 2 항)·산림보호법(제44조) 등에서 비재산권침해보상청구권을 볼 수 있다. 의사상자에 대한 보상제도는 비재산권침해보상제도와 격을 달리한다(대판 2001. 2. 23, 2000다46894).

▪ **감염병의 예방 및 관리에 관한 법률 제71조(예방접종 등에 따른 피해의 국가보상)** ① 국가는 제24조 및 제25조에 따라 예방접종을 받은 사람 또는 제40조 제 2 항에 따라 생산된 예방·치료 의약품을 투여받은 사람이 그 예방접종 또는 예방·치료 의약품으로 인하여 질병에 걸리거나 장애인이 되거나 사망하였을 때에는 대통령령으로 정하는 기준과 절차에 따라 다음 각 호의 구분에 따른 보상을 하여야 한다.
1. 질병으로 진료를 받은 사람: 진료비 전액 및 정액 간병비
2. 장애인이 된 사람: 일시보상금
3. 사망한 사람: 대통령령으로 정하는 유족에 대한 일시보상금 및 장제비
② 제 1 항에 따라 보상받을 수 있는 질병, 장애 또는 사망은 예방접종약품의 이상이나 예방접종 행위자 및 예방·치료 의약품 투여자 등의 과실 유무에 관계없이 해당 예방접종 또는 예방·치료 의약품을

투여받은 것으로 인하여 발생한 피해로서 보건복지부장관이 인정하는 경우로 한다.

▪ **소방기본법 제49조의2(손실보상)** ① 소방청장 또는 시·도지사는 다음 각 호의 어느 하나에 해당하는 자에게 제 3 항의 손실보상심의위원회의 심사·의결에 따라 정당한 보상을 하여야 한다.

2. 제24조 제 1 항 전단에 따른 소방활동 종사로 인하여 사망하거나 부상을 입은 자

▪ **산림보호법 제44조(사상자에 대한 보상)** 산림청장 또는 지역산불관리기관의 장은 산불방지작업 또는 인명구조작업으로 사망하거나 부상을 입은 사람에게 대통령령으로 정하는 바에 따라 보상금을 지급할 수 있다. 다만, 산불을 낸 책임이 있는 사람에게는 보상금을 지급하지 아니할 수 있다.

Ⅲ. 비재산권침해보상청구권의 인정 여부

보상에 관한 명시적 규정이 없는 경우에 보상청구권이 인정되는가에 관해서는 아래와 같이 견해는 나뉘고 있다.

1. 입법보상설

생명·신체에 대한 침해가 있는 경우에 보상이 주어져야 한다는 규정이 없다면, 보상청구는 허용될 수 없다는 견해이다.

2. 간접효력규정설

헌법 제23조 제 3 항을 유추적용하고, 헌법상 기본권보장규정(제10조, 제12조) 및 평등조항(제11조)을 직접 근거로 하여 보상을 인정하여야 한다는 견해이다.

3. 희생침해보상설

독일의 희생보상이론을 원용하면서 ① 정당보상원칙을 규정한 헌법 제23조 제 3 항을 유추적용하여 희생보상의 근거로 삼아야 한다는 견해, ② 헌법 제23조 제 3 항의 규정에 의한 손실보상이 법리적 기초를 이루는 특별희생보상의 법리와 헌법상 법치주의, 평등의 원칙으로 보상청구권을 인정하여야 한다는 견해, ③ 헌법 제10조와 제12조, 제37조 제 1 항과 제 2 항에 의해 보상청구권을 인정하여야 한다는 견해 등이 이에 속한다.

4. 사 견

재산권보다 생명, 신체에 대한 기본권이 우월하므로 그에 대한 침해가 있는 경우 당연히 그 희생에 대한 보상청구를 인정하는 것이 정당하며, 그 근거는 헌법상의 특정의 조항이 아니라 여러 기본권 규정 즉 헌법 제10조(인간의 존엄성, 행복추구권), 제12조(신체의 자유), 제11조(평등조항) 그리고 제37조 제 1 항(국민의 자유와 권리는 헌법에 열거되지 아니한 이유로 경시되지 아니한다)에서 간접적으로 도출된다고 본다. 요컨대 간접효력규정설이 타당하다. 희생침해보상설도 일

종의 간접효력규정설에 해당하는 것으로 이해될 수 있을 것이다.

Ⅳ. 성립요건과 보상

1. 성립요건

손실보상청구권이나 비재산권침해보상청구권은 모두 공공복지를 위한 특별한 희생에 대하여 인정되는 것이므로 침해의 대상만 제외한다면 손실보상청구권의 성립요건을 활용하여 비재산권침해보상청구권의 성립요건으로 공공필요, 비재산권, 침해, 특별한 희생을 들 수 있다.

2. 보 상

① 침해를 통해 수익하는 자가 있다면 그 자가 보상의무자가 되고, 만약 없다면 처분의 관할청이 속한 행정주체가 보상의무자가 된다. ② 보상의 내용은 비재산적 침해에 따른 재산적 결과(예: 치료비 · 소송비용)의 보전이다.

Ⅴ. 비재산권침해보상청구권의 확장

1. 유사비재산권침해보상청구권

공공필요를 위한 공권력행사를 규정하는 법률을 집행하면서 특별한 희생이 발생하였으나, 그 법률의 집행과정에서 그 법률이 정한 절차 등을 위반한 경우에는 위법한 침해가 된다. 비록 위법한 침해가 있었다고 하여도 공공필요를 위한 것이면 적법한 경우와 마찬가지로 비재산권침해보상청구권을 인정하는 것이 타당하다. 이러한 청구권을 유사비재산권침해보상청구권으로 부르기로 한다.

2. 청구권의 경합

유사비재산권침해보상청구권이 인정되면, 경우에 따라서 국가배상법상 손해배상청구권이 경합적으로 적용될 수도 있을 것이다.

■ 참고 ■ 독일법상 희생보상청구권

독일에서는 공공복지를 위한 적법한 공권력행사로 인해 사인의 비재산적 법익에 특별한 희생을 가져오는 경우, 피해의 보상을 희생보상청구권의 보상의 문제로서 다룬다. 희생보상청구권의 법적 근거는 헌법적 지위를 갖는 관습법인 희생사상이다. 우리나라에 헌법적 지위를 갖는 관습법으로서 희생사상은 없다. 따라서 독일의 희생보상청구권의 법리를 그대로 활용하는 것은 곤란하다.

제3항 기　　타

Ⅰ. 허가의 취소·철회와 보상

허가처분이 상대방의 귀책사유가 없음에도 불구하고, 행정청에 의해 취소 또는 철회되면, 이로 인해 상대방이 받는 피해는 보상되어야 한다. 우리의 경우, 이에 관해 개별법에서 규정하는 경우는 있으나, 이에 관한 일반법은 없다. 입법례에 따라서는 행정절차법에서 일반적인 규정을 두기도 한다(예: 독일행정절차법).

Ⅱ. 결과제거청구권

1. 의　　의

결과제거청구권이란 공법상 위법한 작용으로 인해 자기의 권리가 침해되고 또한 그 위법침해로 인해 야기된 사실상태가 계속되는 경우, 권리가 침해된 자가 행정주체에 대하여 불이익한 결과의 제거를 통해 계속적인 법익침해의 해소를 구할 수 있는 권리를 말한다. 예컨대 도로교통법에 따라 운전면허취소처분을 받은 甲은 주소지를 관할하는 A지방경찰청장에게 운전면허증을 반납하였다. 甲은 A지방경찰청장의 운전면허취소처분의 취소를 구하는 소송을 제기하여 승소하였다. 그런데 A지방경찰청장은 패소한 뒤에 甲에게 운전면허증을 되돌려주지 않고 있다면, 이것은 A지방경찰청장이 甲에 대한 위법한 침해를 계속하고 있는 것이 된다. 이러한 경우에 甲이 A지방경찰청장에게 운전면허증을 되돌려 받아야 위법한 결과는 제거된다. 여기서 甲이 A지방경찰청장에게 운전면허증을 되돌려 줄 것을 요구할 수 있는 권리가 바로 결과제거청구권이다.

■ 도로교통법 제95조(운전면허증의 반납) ① 운전면허증을 받은 사람이 다음 각 호의 어느 하나에 해당하면 그 사유가 발생한 날부터 7일 이내(제4호 및 제5호의 경우 새로운 운전면허증을 받기 위하여 운전면허증을 제출한 때)에 주소지를 관할하는 지방경찰청장에게 운전면허증을 반납하여야 한다.
1. 운전면허 취소처분을 받은 경우 (이하 생략)

2. 성　　질

결과제거청구권은 손해의 배상청구권도 아니고 손실의 보상청구권도 아니다. 결과제거청구권은 다만 계속되는 위법한 침해의 제거를 통해 원래의 상태로의 회복을 구하는 회복청구권일 뿐이다. 결과제거청구권은 행정상의 원상회복청구권 또는 방해배제청구권으로 부르기도 한다.

3. 법적 근거

결과제거청구권의 법적 근거를 ① 헌법 제10조 · 제23조 제 1 항 전단 · 제29조, 민법 제213조 · 제214조 등에서 찾기도 하고, ② 일부 견해는 근거를 민법 제213조 · 제214조에서 찾기도 한다. ③ 그러나 결과제거청구권을 공법상 청구권으로 이해하는 한, 민법규정을 직접적인 근거규정으로 보기는 어렵다. 생각건대 결과제거청구권의 법적 근거를 법치행정원리, 기본권규정, 민법상의 관계규정(민법 제213조 · 제214조)의 유추적용에서 찾는 것이 타당하다.

4. 요 건

개별 법률에서 그 요건을 정함이 있는 경우에는 그에 따라야 한다. 개별 법률에 규정이 없는 경우에는 다음의 요건이 필요하다. 즉, ① 결과제거청구권은 공법작용(예: 도로교통법에 따른 운전면허증 보관)에서 인정된다. ② 결과제거청구권은 법률상 이익(예: 운전면허증의 소유권 내지 운전면허증 소지의 이익)이 침해된 경우에 인정된다. ③ 결과제거청구권은 침해가 계속되는 경우(예: A지방경찰청장의 운전면허증 반환거부의 지속)에 인정된다. ④ 결과제거청구권은 침해행위가 위법한 경우(예: A지방경찰청장의 법적 근거 없는 운전면허증의 반환거부)에 인정된다. ⑤ 결과제거청구권은 지위회복(예: 甲의 운전면허증의 회수)이 가능하고, 법상 허용되는 경우에 인정된다.

5. 상대방과 내용

① 결과제거청구권은 일반적으로 결과를 야기한 행정주체에 대해 행사된다. 만약 그 행정주체가 사후에 권한을 갖지 못하게 되면, 그때부터는 결과제거를 위한 필요한 작용에 대해 권한을 갖게 된 행정주체가 청구권행사의 상대방이 된다. ② 결과제거청구권은 다만 소극적으로 위법한 공법작용으로 발생한 또는 사후적으로 위법하게 된 상태의 직접적인 제거만을 목적으로 한다. 말하자면 그것은 발생된 손해의 배상이나 보상이 아니라, 단지 행정청의 위법작용으로 인해 개인에게 손해가 되는 변경된 상태로부터 원래의 상태 또는 그와 유사한 상태로 회복하는 것을 내용으로 한다. 청구권의 내용은 원래 상태로의 완전한 회복에 미달할 수도 있다(예: 막힌 골목길을 무단으로 공사하여 차도로 연결함으로서 그 골목길의 주민의 권리가 침해를 받는 경우, 결과제거청구권은 복원공사가 아니라 무단으로 연결된 도로의 폐쇄처분을 내용으로 한다).

Ⅲ. 공법상 위험책임

1. 의 의

공법상 위험책임이란 행정을 통해 조성된 위험상황으로부터 재해가 발생한 경우, 그로 인한 손해를 국가가 배상해야 하는지의 문제를 대상으로 한다.

[예] 무장간첩에 대한 군의 발포로 주민이 다치거나 주민의 재산이 파괴된 경우, 무장간첩에 대한 군의 발포로 인한 위험은 국가에 의해 초래된 것이므로 국가가 책임을 부담하여야 하는가에 관한 이론을 공법상 위험책임론이라 부르고 있다.

2. 일반적 제도로서 위험책임

공법상 위험책임을 일반적으로 규정하는 법률은 없다. 공법상 위험책임의 인정 여부와 관련하여 학설은 나뉘고 있다. ① 국가배상법상의 '과실'이나 '영조물의 설치·관리에 하자' 인정을 용이하게 함으로써 이를 해결하려는 견해, ② 수용유사침해·희생보상청구권의 법리로 해결하려는 견해, ③ 입법으로 해결하여야 한다는 견해가 있다. ④ 생각건대 위험책임제도는 입법적으로 해결함이 가장 효과적이지만 현재로서는 국가배상법의 확대해석 또는 국가책임의 보완론을 통해 해결하는 방향으로 나아가야 할 것이다.

3. 개별적 제도로서 위험책임

우리나라의 법제상 개별법상 위험책임을 규정하고 있는 경우로 소방기본법이나 원자력손해배상법 등을 볼 수 있다.

▪ **소방기본법 제24조(소방활동 종사 명령)** ① 소방본부장, 소방서장 또는 소방대장은 화재, 재난·재해, 그 밖의 위급한 상황이 발생한 현장에서 소방활동을 위하여 필요할 때에는 그 관할구역에 사는 사람 또는 그 현장에 있는 사람으로 하여금 사람을 구출하는 일 또는 불을 끄거나 불이 번지지 아니하도록 하는 일을 하게 할 수 있다. 이 경우 소방본부장, 소방서장 또는 소방대장은 소방활동에 필요한 보호장구를 지급하는 등 안전을 위한 조치를 하여야 한다.
제49조의2(손실보상) ① 소방청장 또는 시·도지사는 다음 각 호의 어느 하나에 해당하는 자에게 제 3 항의 손실보상심의위원회의 심사·의결에 따라 정당한 보상을 하여야 한다.
2. 제24조 제 1 항 전단에 따른 소방활동 종사로 인하여 사망하거나 부상을 입은 자

▪ **원자력 손해배상법 제 3 조(무과실책임 및 책임의 집중등)** ① 원자로의 운전등으로 인하여 원자력손해가 생겼을 때에는 해당 원자력사업자가 그 손해를 배상할 책임을 진다. 다만, 그 손해가 국가 간의 무력 충돌, 적대 행위, 내란 또는 반란으로 인하여 발생한 경우에는 배상책임을 지지 아니한다.

• 제 2 장

행정쟁송법

제 1 절　행정기본법 · 행정심판법

제 1 항　행정기관에 의한 분쟁해결절차

Ⅰ. 일 반 론

1. 의　　의

행정기관에 의한 분쟁해결절차란 행정기관이 행정상 법률관계의 분쟁을 심리 · 재결하는 행정쟁송절차를 말한다. 이러한 절차는 어느 누구도 자기의 행위의 심판관이 될 수 없다는 자연적 정의의 원칙에 반하는 제도이다. 행정기관에 의한 분쟁해결절차는 분쟁해결의 성질을 갖는 광의의 재판의 일종이기는 하나, 그것은 행정절차이며 사법절차는 아니다.

2. 근 거 법

행정기관에 의한 분쟁해결절차를 규정하는 일반법으로서 행정기본법과 행정심판법이 있다. 그밖에 개별법도 적지 않다(예: 도로법 제71조의 이의신청, 지방자치법 제157조의 이의신청, 특허법 제132조의16의 특허심판, 국세기본법 제55조 이하의 불복절차 등).

3. 실정법상 유형

① 행정기본법상 분쟁해결절차로 처분에 대한 이의신청과 처분의 재심사가 있다. 두 경우 모두 처분청에 대하여 제기하는 쟁송절차이다. ② 행정심판법은 분쟁해결절차로 행정심판위원회에 대하여 제기하는 행정심판을 규정하고 있다. ③ 특별법인 특허법, 해양사고의 조사 및 심판에 관한 법률 등은 특별한 심판(특허심판, 해난심판) 등을 규정하고 있다. ④ 개별 법률에 따라서는 당사자쟁송을 규정하기도 한다. 이를 도해하면 다음과 같다.

[실정법상 행정심판의 유형]

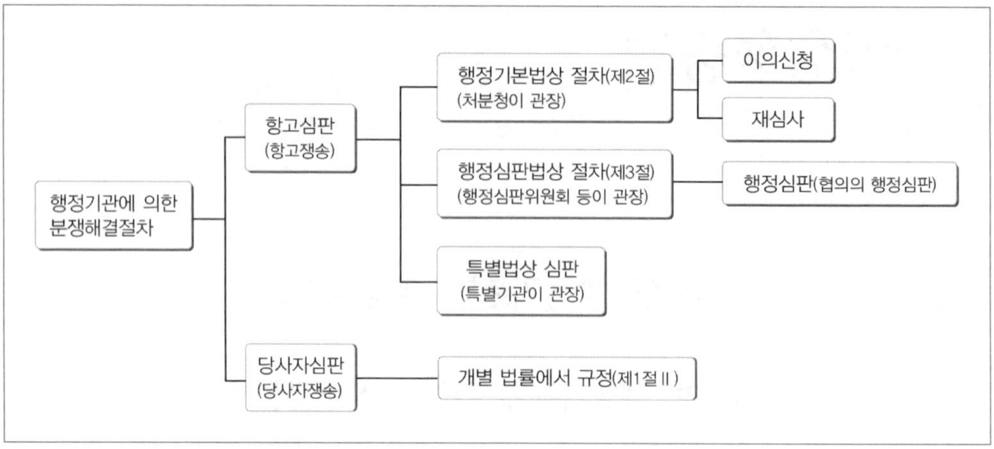

Ⅱ. 당사자심판(재결의 신청)

1. 의 의

(1) 개 념 당사자심판은 토지수용절차상 사업시행자와 피수용자(토지소유자 등) 사이에 협의가 성립되지 아니하는 경우에 사업시행자가 관할 토지수용위원회에 재결을 신청하는 경우에서 보는 바와 같이 행정법관계의 형성·존부에 관한 분쟁이 있을 경우에 일정한 기관에 그에 관한 재결을 구하는 심판을 말한다.

(2) 항고심판과 구별 항고심판은 운전면허취소처분의 취소를 구하는 것과 같이 기존의 위법·부당한 처분의 시정을 구하는 심판을 말한다. 이에 반해 당사자심판은 공권력 행사를 전제로 하지 않고 행정법관계의 형성 또는 존부에 관해 다툼이 있는 경우, 당사자의 신청에 의거하여 권한을 가진 행정기관이 그 법관계에 관해 처음으로 유권적으로 판정하는 심판을 말한다.

2. 성 질

당사자심판은 성질상 시심적 쟁송이다. 당사자심판을 구하는 절차를 재결신청(토상법 제30조 제2항 제 1 문; 수산법 제84조, 제85조)이라 하고, 그 판정을 재결이라 부른다. 실정법상으로는 재결·재정·결정 등의 용어를 사용한다.

3. 법적 근거

당사자심판에 관한 일반적인 근거법은 없다. 다만 개별법률이 몇몇 있을 뿐이다. 재결신청도 행정기관에 심리 · 판단의 의무를 부과하는 것이므로 법적 근거를 요한다. 따라서 개별 법률에 근거가 없는 한 재결신청은 불가하다.

4. 종 류

당사자심판에는 법률관계의 존부에 관한 확인적 재결(예: 수산법 제84조)과 법률관계의 형성에 관한 형성적 재결(예: 토상법 제34조 제 1 항)이 있다.

5. 심판기관

심판기관, 즉 재결기관은 일반행정청인 것이 보통이나 공정을 위해 토지수용위원회 · 농지위원회 · 노동위원회처럼 행정위원회가 설치되는 경우도 있고, 일반행정청이 재결기관인 때에도 조정위원회의 심의를 거치게 하는 경우(예: 수산법 제84조 제 2 항, 제85조 제 2 항)가 있다.

6. 심판청구권자 등

심판청구권자나 심판청구기간 · 심판절차는 각각의 단행법이 정하는 바에 따른다. 개별법에 따르면 재결기간에 제한을 두기도 하고(예: 토상법 제35조), 재결에 일정형식(예: 이유제시)을 요구하기도 한다(예: 토상법 제34조 제 2 항). 재결은 신청의 범위 내에서 이루어지며(예: 토상법 제50조 제 2 항), 불가변력을 갖는다. 재결에 불복이 있으면 관련법률이 정하는 바에 따라 제1차로 이의신청(예: 토상법 제83조), 제2차로 행정소송의 제기가 가능하기도 하다.

제 2 항 행정기본법상 이의신청 · 재심사

제 1 목 이의신청

Ⅰ. 이의신청의 관념

1. 의 의

위법 · 부당한 처분(운전면허취소)으로 법률상 이익(운전의 권리)의 이 침해된 자가 처분청(서울지방경찰청장)에 대하여 그러한 행위의 취소를 구하는 절차를 이의신청이라 한다(행정기본법 제36조 제 1 항). 불복신청 · 재결신청이라고도 한다.

[예] 서울지방경찰청장으로부터 운전면허를 받은 A가 음주운전을 이유로 운전면허취소처분을 받은 경우, 도로교통법에 의하면, A는 서울지방경찰청장에게 운전면허취소처분의 취소를 신청할 수도 있

고, 바로 행정심판법에 따라 중앙행정심판위원회에 취소를 청구할 수도 있다. 운전면허취소처분의 처분청인 서울지방경찰청장에게 취소를 구하는 절차를 이의신청이라 한다.

▪ **도로교통법 제94조(운전면허 처분에 대한 이의신청)** ① 제93조 제 1 항 또는 제 2 항에 따른 운전면허의 취소처분 또는 정지처분이나 같은 조 제 3 항에 따른 연습운전면허 취소처분에 대하여 이의(異議)가 있는 사람은 그 처분을 받은 날부터 60일 이내에 행정안전부령으로 정하는 바에 따라 지방경찰청장에게 이의를 신청할 수 있다.
③ 제 1 항에 따라 이의를 신청한 사람은 그 이의신청과 관계없이 「행정심판법」에 따른 행정심판을 청구할 수 있다. 이 경우 이의를 신청하여 그 결과를 통보받은 사람(결과를 통보받기 전에 「행정심판법」에 따른 행정심판을 청구한 사람은 제외한다)은 통보받은 날부터 90일 이내에 「행정심판법」에 따른 행정심판을 청구할 수 있다.

2. 법적 근거

행정기본법 제36조가 이의신청에 관한 일반법이다. 개별법으로 도로교통법(제94조), 주민등록법(제21조), 공공기관의 정보공개에 관한 법률(제18조) 등을 볼 수 있다. 개별법에 관련규정이 없는 사항에 대하여는 일반법인 행정기본법이 적용된다(행정기본법 제37조 제 5 항). 행정기본법 제36조에 규정한 사항 외에 이의신청의 방법 및 절차 등에 관한 사항은 대통령령으로 정한다(행정기본법 제36조 제 6 항).

▪ **주민등록법 제21조(이의신청 등)** ①시장 · 군수 또는 구청장으로부터 제20조 제 5 항 또는 제 6 항에 따른 주민등록 또는 등록사항의 정정이나 말소 또는 거주불명 등록의 처분을 받은 자가 그 처분에 대하여 이의가 있으면 그 처분일 또는 제20조 제 7 항에 따른 통지를 받거나 공고된 날부터 30일 이내에 서면으로 해당 시장 · 군수 또는 구청장에게 이의를 신청할 수 있다.
▪ **공공기관의 정보공개에 관한 법률 제18조(이의신청)** ① 청구인이 정보공개와 관련한 공공기관의 비공개 결정 또는 부분 공개 결정에 대하여 불복이 있거나 정보공개 청구 후 20일이 경과하도록 정보공개 결정이 없는 때에는 공공기관으로부터 정보공개 여부의 결정 통지를 받은 날 또는 정보공개 청구 후 20일이 경과한 날부터 30일 이내에 해당 공공기관에 문서로 이의신청을 할 수 있다.

Ⅱ. 이의신청의 요건

1. 이의신청의 대상

이의신청을 할 수 있는 사항은 행정심판법 제 3 조에 따라 같은 법에 따른 행정심판의 대상이 되는 처분에 한한다(행정기본법 제36조 제 1 항). 그럼에도 행정기본법 제37조 제 7 항이 정하는 사항은 이의신청의 대상이 되지 아니한다.

2. 이의신청의 기간

경찰행정청의 처분에 이의가 있는 당사자는 처분을 받은 날부터 30일 이내에 해당 행정청에 이의신청을 할 수 있다(행정기본법 제36조 제 1 항).

3. 이의신청의 방법

행정기본법 제36조 제 1 항에 따라 이의신청을 하려는 자는 다음 각 호[1. 신청인의 성명·생년월일·주소(신청인이 법인이나 단체인 경우에는 그 명칭, 주사무소의 소재지와 그 대표자의 성명)와 연락처, 2. 이의신청 대상이 되는 처분의 내용과 처분을 받은 날, 3. 이의신청 이유]의 사항을 적은 문서를 해당 행정청에 제출해야 한다(행정기본법 시행령 제11조 제 1 항).

Ⅲ. 심사결과의 통지 등

1. 심사결과의 통지

행정청은 제 1 항에 따른 이의신청을 받으면 그 신청을 받은 날부터 14일 이내에 그 이의신청에 대한 결과를 신청인에게 통지하여야 한다. 다만, 부득이한 사유로 14일 이내에 통지할 수 없는 경우에는 그 기간을 만료일 다음 날부터 기산하여 10일의 범위에서 한 차례 연장할 수 있으며, 연장 사유를 신청인에게 통지하여야 한다(행정기본법 제36조 제 2 항). 행정청은 행정기본법 제36조 제 2 항 단서에 따라 이의신청 결과의 통지 기간을 연장하려는 경우에는 연장 통지서에 연장 사유와 연장 기간 등을 구체적으로 적어야 한다(행정기본법 시행령 제11조 제 2 항).

2. 행정소송 등과의 관계

제 1 항에 따라 이의신청을 한 경우에도 그 이의신청과 관계없이 「행정심판법」에 따른 행정심판 또는 「행정소송법」에 따른 행정소송을 제기할 수 있다(행정기본법 제36조 제 3 항). 이의신청에 대한 결과를 통지받은 후 행정심판 또는 행정소송을 제기하려는 자는 그 결과를 통지받은 날(제 2 항에 따른 통지기간 내에 결과를 통지받지 못한 경우에는 같은 항에 따른 통지기간이 만료되는 날의 다음 날을 말한다)부터 90일 이내에 행정심판 또는 행정소송을 제기할 수 있다(행정기본법 제36조 제 4 항).

■ 참고 ■ 이의신청 가부 등의 고지

행정기본법은 행정청이 처분을 할 때에 처분의 상대방에게 해당 처분에 대하여 이의신청을 할 수 있는지 등을 알려야 하는지에 관해 규정하는 바가 없다. 상대방의 보호 등을 위해 행정기본법의 보완이 필요하다. 행정심판법은 행정청이 처분을 할 때에 처분의 상대방에게 해당 처분에 대하여 행정심판법상 행정심판을 청구할 수 있는지 등을 알려야 하는 고지제도를 규정하고 있다(행심법 제58조).

제 2 목 처분의 재심사

Ⅰ. 재심사의 관념

1. 의 의

처분이 행정심판, 행정소송 및 그 밖의 쟁송을 통하여 다툴 수 없게 된 경우라도 일정한 사유가 있다면, 해당 처분을 한 행정청에 처분을 취소·철회하거나 변경하여 줄 것을 신청할 수 있는바, 이를 처분의 재심사라 한다(행정기본법 제37조 제 1 항).

[예] 석궁판매업을 하는 A는 2030. 6. 6. 공공의 안녕질서를 해칠 우려가 있다고 믿을 만한 상당한 이유가 있다는 이유로 서울지방경찰청장으로부터 석궁판매업허가처분을 취소하는 통지서를 받았다. A는 2030. 12.이 되어 시간이 나자 석궁판매업허가처분의 취소를 다투려고 한다. 그러나 A는 이의신청이나 행정심판법상 행정심판, 행정소송을 제기할 수 없다. 왜냐하면 이의신청은 처분을 받은 날부터 30일 이내에(행정기본법 제36조 제 1 항), 행정심판법상 취소심판은 처분이 있음을 알게 된 날부터 90일 이내에(행정심판법 제27조 제 1 항), 취소소송은 처분등이 있음을 안 날부터 90일 이내에(행정소송법 제20조 제 1 항) 제기해야 하기 때문이다. 이러한 경우에도 재심사의 신청이 가능하다.

2. 법적 근거

행정심판, 행정소송 및 그 밖의 쟁송을 통하여 다툴 수 없게 되었음에도 불구하고 행정청으로 하여금 해당 처분을 다시 재심사토록 한다는 것은 법적 안정성을 침해하는 성격을 갖기 때문에 처분의 재심사를 위해서는 법적 근거가 필요하다. 행정기본법 제37조가 처분의 재심사에 대한 일반조항이다. 행정기본법 제37조에서 규정한 사항 외에 처분의 재심사의 방법 및 절차 등에 관한 사항은 대통령령으로 정한다(행정기본법 제37조 제 7 항).

Ⅱ. 재심사의 신청

1. 재심사 신청의 대상

재심사를 신청을 할 수 있는 사항은 행정심판, 행정소송 및 그 밖의 쟁송을 통하여 다툴 수 없게 된 처분이며, 제재처분 및 행정상 강제는 재심사 신청의 대상으로서 처분에 해당하지 아니한다(행정기본법 제37조 제 1 항). 한편, 공무원 인사 관계 법령에 따른 징계 등 처분에 관한 사항 등 일정한 사항은 재심사 신청의 대상에서 제외된다(행정기본법 제37조 제 8 항).

2. 재심사 신청의 사유

(1) 의 의 재심사의 신청은 ① 처분의 근거가 된 사실관계 또는 법률관계가 추후에 당사자에게 유리하게 바뀐 경우, ② 당사자에게 유리한 결정을 가져다주었을 새로운 증거가 있는 경우, 또는 ③ 「민사소송법」 제451조에 따른 재심사유에 준하는 사유가 발생한 경우 등 대통령령으로 정하는 경우에만 가능하다(행정기본법 제37조 제 1 항). 그러나 이러한 사유가 있다고 하여도 당사자가 해당 처분의 절차, 행정심판, 행정소송 및 그 밖의 쟁송에서 중대한 과실 없이 이러한 사유를 주장하지 못한 경우에만 재심사를 신청할 수 있다(행정기본법 제37조 제 2 항).

(2) 대통령령으로 정하는 경우 행정기본법 제37조 제 1 항 제 3 호에서 "「민사소송법」 제451조에 따른 재심사유에 준하는 사유가 발생한 경우 등 대통령령으로 정하는 경우"란 다음 각 호(1. 처분 업무를 직접 또는 간접적으로 처리한 공무원이 그 처분에 관한 직무상 죄를 범한 경우, 2. 처분의 근거가 된 문서나 그 밖의 자료가 위조되거나 변조된 것인 경우, 3. 제 3 자의 거짓 진술이 처분의 근거가 된 경우, 4. 처분에 영향을 미칠 중요한 사항에 관하여 판단이 누락된 경우)의 어느 하나에 해당하는 경우를 말한다(행정기본법 시행령 제12조).

3. 재심사의 신청기간

제 1 항에 따른 신청은 당사자가 제 1 항 각 호의 사유를 안 날부터 60일 이내에 하여야 한다. 다만, 처분이 있은 날부터 5년이 지나면 신청할 수 없다(행정기본법 제37조 제 3 항).

4. 재심사의 신청 방법

제37조 제 1 항에 따라 처분의 재심사를 신청하려는 자는 다음 각 호[1. 신청인의 성명·생년월일·주소(신청인이 법인이나 단체인 경우에는 그 명칭, 주사무소의 소재지와 그 대표자의 성명)와 연락처, 2. 재심사 대상이 되는 처분의 내용과 처분이 있은 날, 3. 재심사 신청 사유]의 사항을 적은 문서에 처분의 재심사 신청 사유를 증명하는 서류를 첨부하여 해당 처분을 한 행정청에 제출해야 한다(행정기본법 시행령 제13조 제 1 항).

Ⅲ. 심사결과의 통지 등

1. 심사결과의 통지

제 1 항에 따른 신청을 받은 행정청은 특별한 사정이 없으면 신청을 받은 날부터 90일(합의제행정기관은 180일) 이내에 처분의 재심사 결과(재심사 여부와 처분의 유지·취소·철회·변경 등에

대한 결정을 포함한다)를 신청인에게 통지하여야 한다. 다만, 부득이한 사유로 90일(합의제행정기관은 180일) 이내에 통지할 수 없는 경우에는 그 기간을 만료일 다음 날부터 기산하여 90일(합의제행정기관은 180일)의 범위에서 한 차례 연장할 수 있으며, 연장 사유를 신청인에게 통지하여야 한다(행정기본법 제37조 제 4 항). 행정청은 행정기본법 제37조 제 4 항 단서에 따라처분의 재심사 결과의 통지 기간을 연장하려는 경우에는 연장 통지서에 연장 사유와 연장 기간 등을 구체적으로 적어야 한다(행정기본법 시행령 제13조 제 4 항).

2. 불 복

제 4 항에 따른 처분의 재심사 결과 중 처분을 유지하는 결과에 대해서는 행정심판, 행정소송 및 그 밖의 쟁송수단을 통하여 불복할 수 없다(행정기본법 제37조 제 5 항).

3. 취소 · 철회와의 관계

행정청의 제18조에 따른 취소와 제19조에 따른 철회는 처분의 재심사에 의하여 영향을 받지 아니한다(행정기본법 제37조 제 6 항). 말하자면 당사자가 처분의 재심사 청구를 하였다고 하여도 행정청은 행정기본법 제18조에 따라 취소할 수 있고, 제19조에 따라 철회를 할 수도 있다.

제 3 항 행정심판법상 행정심판

제 1 목 행정심판의 관념과 활용(고지제도)

Ⅰ. 행정심판의 관념

1. 행정심판의 개념

(1) 강학상 개념 강학상 넓은 의미(광의)로 행정심판이란 행정상 법률관계의 분쟁을 행정기관이 심리 · 재결하는 모든 행정쟁송절차를 말하고, 좁은 의미(협의)로 행정심판이란 행정심판법에 따른 행정심판을 말한다.

■ 참고 ■ 행정심판 관련 용어

(1) **실질적 심판 · 형식적 심판** 강학상 넓은 의미의 행정심판은 실질적 심판 · 형식적 심판으로 구분할 수 있다. 실질적 심판은 실질적 쟁송으로서의 심판을 말하고, 형식적 심판은 형식적 쟁송으로서의 심판, 즉 행정절차로서의 행정심판을 말한다. 한편 학자에 따라서는 실질적 의미의 행정심판을 넓게는 행정청이 일정한 공법적 결정을 함에 있어서 거치는 모든 준사법적 절차로, 좁게는 행정기관이 재결청이 되는 행정쟁송절차로 파악하며, 형식적 의미의 행정심판을 행정심

판법의 적용을 받는 행정심판으로 파악하기도 한다(김남진 · 김연태).

(2) **주관적 심판 · 객관적 심판** 강학상 넓은 의미의 행정심판은 주관적 심판 · 객관적 심판으로 구분할 수 있다. 주관적 심판이란 행정작용과 관련하여 자기의 권리(법률상 이익)의 보호를 위해 제기하는 심판을 말하고, 객관적 심판이란 공익에 반하는 행정작용의 시정을 구하는 심판을 말하며, 원칙적으로는 주관적 심판의 한 유형이라 할 특수한 심판이란 일반 행정이 아닌 전문적인 지식과 기술을 요하는 특수한 행정작용을 대상으로 하는 심판을 말한다. 주관적 심판은 항고심판과 당사자심판으로, 객관적 심판은 민중심판과 기관심판으로 구분되며, 특수한 심판으로는 특허심판(특허법 제132조의2 이하)과 해난심판(해난법 제31조 내지 제77조) 등을 들 수 있다. 특수한 심판에는 행정심판법의 적용이 제한된다.

(3) **항고심판 · 당사자 심판** 강학상 넓은 의미의 행정심판은 항고심판과 당사자 심판으로 구분할 수 있다. 항고심판은 운전면허취소처분의 취소를 구하는 것과 같이 기존의 위법 · 부당한 처분의 시정을 구하는 심판을 말한다. 항고심판은 행정기본법상 이의신청과 재심사, 행정심판법상 행정심판 등으로 구분된다. 당사자심판은 토지수용절차상 사업시행자와 피수용자(토지소유자 등) 사이에 협의가 성립되지 아니하는 경우에 사업시행자가 관할 토지수용위원회에 재결을 신청하는 경우에서 보는 바와 같이 행정법관계의 형성 · 존부에 관한 분쟁이 있을 경우에 일정한 기관에 그에 관한 재결을 구하는 심판을 말한다. 당사자심판은 개별 법률에 규정이 있는 경우에만 인정된다(예: 토상법 제30조).

(2) 이 책에서 행정심판의 개념 이 책에서는 행정심판을 좁은 의미로 사용한다. 즉, 행정심판법상 행정심판의 의미로 사용한다. 행정심판법상 행정심판이란 행정청의 위법 또는 부당한 처분이나 부작위로 권리 또는 이익이 침해된 국민이 행정심판위원회에 대해 그 처분에 대한 심사를 구하고, 이에 대하여 행정심판위원회가 재결을 행하는 절차를 말한다. 행정심판법상 행정심판은 실질적 심판 · 주관적 심판 · 항고심판의 성격을 가진다. 행정심판법의 적용을 받는 행정심판을 형식적 · 제도적 의미의 행정심판이라 부르기도 한다.

2. 행정심판의 근거법

(1) 헌법상 근거 헌법은 행정심판제도를 배척하는 것이 아니다. 헌법 제107조 제3항은 "재판의 전심절차로서 행정심판을 할 수 있다. 행정심판의 절차는 법률로 정하되 사법절차가 준용되어야 한다"고 하여 오히려 행정심판절차의 헌법적인 근거를 마련하고 있다. 행정심판제도가 헌법에서 근거된 이상 그것은 헌법의 정신을 실현하는 데에 적합한 것이어야 한다. 말하자면 행정심판은 사인의 기본권보장과 법치주의의 실현에 기여하여야 한다. 동시에 행정심판은 행정권의 자율성의 확보 · 존중에 적합한 것이어야 한다. 그래야만 권력분립주의는 의미를 가지게 될 것이다(헌재 2014. 6. 26, 2013헌바122).

(2) 법률상 근거 행정심판에 관한 일반법으로 행정심판법이 있다. 행정심판법은 행정심판위원회 등이 심리 · 판단하는 행정심판을 규정하고 있다. 개별법에서 특별규정을 두기도 한다(예: 특허법 제132조의16의 특허심판, 국세기본법 제55조 이하의 불복절차 등).

3. 행정심판법의 성격(일반법)

행정심판법 제 3 조 제 1 항은 “행정청의 처분 또는 부작위에 대하여는 다른 법률에 특별한 규정이 있는 경우 외에는 이 법에 따라 행정심판을 청구할 수 있다”고 하고, 아울러 동법 제 4 조 제 2 항은 “다른 법률에서 특별행정심판이나 이 법에 따른 행정심판 절차에 대한 특례를 정한 경우에도 그 법률에서 규정하지 아니한 사항에 관하여는 이 법에서 정하는 바에 따른다”고 하여 동법이 행정심판에 관한 일반법임을 나타내고 있다(대판 1992. 6. 9, 92누565).

Ⅱ. 고지제도

1. 의 의

고지제도란 행정청이 처분을 서면으로 하거나 또는 이해관계인으로부터 요구가 있는 경우에 그 상대방이나 이해관계인에게 처분에 관하여 행정심판을 제기할 수 있는지의 여부, 제기하는 경우의 재결청 · 청구기간 등을 알리는 것을 말한다(행정심판법 제58조). 불복고지라고도 한다. 예컨대, 서대문구청장이 甲의 건축허가신청에 대하여 거부처분을 하게 되면, 서대문구청장은 甲에게 자신(서대문구청장)의 거부처분에 대하여 언제까지 누구에게 행정심판을 제기하여 다툴 수 있다는 것 등을 알려주는데, 이것을 고지제도라 한다.

2. 필 요 성

고지제도는 처분의 상대방 등에게 처분을 정당한 것으로 받아들일 수 없는 경우에 어떻게 다툴 수 있는지를 알려줌으로써 국민들에게 권익보호를 도모하는 데 기여한다. 또한 고지제도가 있음으로 하여 행정청은 처분을 함에 있어서 보다 신중하고 합리적으로 행위하게 된다.

3. 성 질

고지는 사실행위이다. 법적 효과의 발생을 목적으로 하는 의사표시로서의 행정작용인 준법률행위적 행정행위가 아니며, 사실행위일 뿐이다. 따라서 고지 그 자체는 행정쟁송의 대상이 되지 아니한다.

4. 법적 근거

불복고지를 규정하는 입법의 형태에는 세 가지가 있다. 즉 ① 행정절차법에서 규정하는 방법, ② 행정심판법에서 규정하는 방법, ③ 행정재판소법(행정심판과 관련된 부분)에서 규정하는 방법이 그것이다. 논리적으로 본다면 불복고지를 행정처분절차를 규정하는 행정절차법에서 규정하는 것이 합리적이다. 왜냐하면 시간적인 관점에서 볼 때, 불복고지는 행정심판이나 행정소송이 아니라 행정처분과 동시에 이루어질 때에 사인의 권리보호는 가장 용이하게 보장될 수 있기 때문이다. 우리의 경우, 고지제도는 행정심판법과 행정절차법, 그리고 공공기관의 정보공개에 관한 법률에서 규정되어 있다. 내용상 행정심판법상 고지제도가 일반법으로 보인다.

5. 종 류

행정심판법 제58조는 행정청이 상대방에 대하여 스스로 하는 직권고지와 이해관계인의 요구가 있는 경우에 이루어지는 신청에 의한 고지의 두 가지를 규정하고 있다.

▪ **행정심판법 제58조(행정심판의 고지)** ① 행정청이 처분을 할 때에는 처분의 상대방에게 다음 각 호의 사항을 알려야 한다.
1. 해당 처분에 대하여 행정심판을 청구할 수 있는지
2. 행정심판을 청구하는 경우의 심판청구 절차 및 심판청구 기간
② 행정청은 이해관계인이 요구하면 다음 각 호의 사항을 지체 없이 알려 주어야 한다. 이 경우 서면으로 알려 줄 것을 요구받으면 서면으로 알려 주어야 한다.
1. 해당 처분이 행정심판의 대상이 되는 처분인지
2. 행정심판의 대상이 되는 경우 소관 위원회 및 심판청구 기간

(1) 직권에 의한 고지 행정청이 처분을 할 때에는 처분의 상대방에게 다음 각 호(1. 해당 처분에 대하여 행정심판을 청구할 수 있는지, 2. 행정심판을 청구하는 경우의 심판청구 절차 및 심판청구 기간)의 사항을 알려야 한다(행심법 제58조 제 1 항).

(가) 직권고지의 주체와 상대방 고지의 주체는 행정에 관한 의사를 결정하여 표시하는 국가 또는 지방자치단체의 기관, 그 밖에 법령 또는 자치법규에 따라 행정권한을 가지고 있거나 위탁을 받은 공공단체나 그 기관 또는 사인을 말한다(행심법 제 2 조 제 4 호). 고지의 상대방은 해당 처분의 상대방을 의미한다. 제 3 자효 있는 행위의 경우에는 제 3 자에게도 고지함이 바람직하다. 제 3 자는 고지를 신청할 수 있으나, 의무적인 직권고지의 대상자는 아니다.

(나) 직권고지의 대상인 처분 고지의 대상이 되는 처분은 서면에 의한 처분뿐만 아니라, 구두에 의한 처분도 포함된다. 처분은 행정심판법상 행정쟁송의 대상이 될 수 있는 모든 처분뿐만 아니라 특별법상 쟁송대상(예: 각종의 이의신청, 심사청구, 심판청구)까지 포함한다. 고지제도는 행정절차법적인 사항이기 때문이다. 뿐만 아니라 행정심판 역시 넓은 의미에서 행정절차의 한 부분이므로, 재결처분도 고지의 대상인 처분에 포함된다. 신청에 따른 처분이 있는 경우에는 상대방이 다툴 이유가 없기 때문에 고지가 불필요하다.

(다) 직권고지의 내용 고지의 내용으로는 ① 다른 법률에 의한 행정심판까지 포함하여 해당 처분에 대하여 행정심판을 청구할 수 있는지의 여부, 그리고 심판청구가 불필요한 경우에는(행소법 제18조 제 3 항) 불필요하다는 사항까지 포함된다. 그리고 행정심판을 청구할 수

있는 경우에는, ② 심판청구 절차 및 ③ 심판청구 기간도 알려야 한다. '심판청구 절차를 알려야 한다'는 것은 행정심판청구서가 제출되어야 하는 기관이 어떠한 위원회인지를 알려야 한다는 것을 포함한다고 볼 것이다.

㈑ **직권고지의 방법·시기** 고지의 방법이나 시기에 대해서는 특별히 규정하는 바가 없다. 그러나 문서로 고지하는 것이 바람직하다. 그리고 고지는 처분과 동시에 이루어져야 할 것이다. 상당한 기간 내에 사후고지가 있는 경우에는 불고지의 하자가 치유된다(일반적 견해).

(2) 신청에 의한 고지 행정청은 이해관계인이 요구하면 다음 각 호(1. 해당 처분이 행정심판의 대상이 되는 처분인지, 2. 행정심판의 대상이 되는 경우 소관 위원회 및 심판청구 기간)의 사항을 지체 없이 알려 주어야 한다. 이 경우 서면으로 알려 줄 것을 요구받으면 서면으로 알려 주어야 한다(행심법 제58조 제 2 항).

㈎ **고지의 신청권자** 이해관계인이 고지신청권자이다. 이해관계인에는 처분의 상대방뿐만 아니라 법률상 이익이 침해된 제 3 자도 포함된다. 다만 여기서 말하는 처분의 상대방은 제58조 제 1 항에 비추어 행정청으로부터 고지를 받지 못한 상대방을 의미한다.

㈏ **신청고지의 대상인 처분** 직권에 의한 고지의 경우와 다를 바 없다.

㈐ **신청고지의 내용** 고지의 내용은 ① 심판대상 여부, 행정심판의 대상이 되는 경우에는 ② 소관 위원회(행정심판 위원회) 및 ③ 심판청구 기간이다. ④ 명시적으로 규정되고 있는 것은 아니지만, 제58조 제 1 항과의 균형상, 심판청구 절차도 알려야 할 것이다.

㈑ **신청고지의 방법·시기** ① 고지의 방법에 대해서는 특별히 정함이 없다. 적당한 방법으로 알려 주면 된다. 그러나 이해관계인이 서면으로 요구한 경우에는 서면으로 알려야만 한다. 그리고 ② 지체 없이 고지하여야 한다. '지체 없이'란 사회통념상 인정될 수 있는 범위 내에서 신속성이 있어야 함을 의미한다.

6. 고지의무의 위반

(1) 처분의 위법 여부 불복고지는 불복고지의 대상인 처분에 영향을 미치지 아니한다. 말하자면 서대문구청장이 甲에게 건축허가거부처분을 하면서 불복고지를 하지 아니하였다거나 잘못하였다고 하여도 건축허가거부처분이 위법한 처분이 되는 것은 아니다. 그러나 고지제도의 실효성을 확보하기 위하여 불복고지를 하지 아니한 불고지나 잘못 고지한 오고지의 경우에 대하여는 아래의 (2)·(3)·(4)의 제약이 따른다.

▌대판 1987. 11. 24, 87누529(자동차운수사업법 제31조 등의 규정에 의한 사업면허의 취소 등의 처분에 관한 규칙(교통부령) 제 7 조 제 3 항의 **고지절차에 관한 규정은 행정처분의 상대방이 그 처분에 대한 행정심판의 절차를 밟는 데 있어 편의를 제공**하려는데 있으며 처분청이 위 규정에 따른 고지의무를 이행하지 아니하였다고 하더라도 경우에 따라서는 행정심판의 제기기간이 연장될 수 있는 것에 그치고 이로 인하여 심판의 대상이 되는 행정처분에 어떤 하자가 수반된다고 할 수 없다)(**경주시 금아교통 버스 승용차 충돌 사건**).

(2) 청구서의 송부 행정청이 제58조에 따른 고지를 하지 아니하거나 잘못 고지하여 청구인이 심판청구서를 다른 행정기관에 제출한 경우에는 그 행정기관은 그 심판청구서를 지체 없이 정당한 권한이 있는 피청구인에게 보내야 한다(행심법 제23조 제 2 항). 제27조에 따른 심판청구 기간을 계산할 때에는 제 1 항에 따른 피청구인이나 위원회 또는 제 2 항에 따른 행정기관에 심판청구서가 제출되었을 때에 행정심판이 청구된 것으로 본다(행심법 제23조 제 4 항).

(3) 청구기간 행정청이 심판청구 기간을 제 1 항에 규정된 기간보다 긴 기간으로 잘못 알린 경우 그 잘못 알린 기간에 심판청구가 있으면 그 행정심판은 제 1 항에 규정된 기간에 청구된 것으로 본다(행심법 제27조 제 5 항). 행정청이 심판청구 기간을 알리지 아니한 경우에는 제 3 항(행정심판은 처분이 있었던 날부터 180일이 지나면 청구하지 못한다. 다만, 정당한 사유가 있는 경우에는 그러하지 아니하다)에 규정된 기간에 심판청구를 할 수 있다(행심법 제27조 제 6 항).

(4) 행정심판의 전치 행정소송의 제기를 위해서는 행정심판을 반드시 거쳐야 하는 경우임에도 불구하고 처분을 행한 행정청이 행정심판을 거칠 필요가 없다고 잘못 알린 때에는 행정심판을 제기함이 없이 행정소송을 제기할 수 있다(행소법 제18조 제 3 항 제 4 호).

제 2 목 행정심판의 종류 · 기관 · 당사자

Ⅰ. 행정심판의 종류

1. 취소심판

(1) 의 의 취소심판이란 행정청의 위법 또는 부당한 처분을 취소하거나 변경하는 행정심판을 말한다(행심법 제 5 조 제 1 호). 예컨대, 서울지방경찰청장이 의견제출절차를 거치지 아니하고 甲의 운전면허를 취소한 경우, 의견제출절차를 거치지 아니한 것은 위법하지만, 그 하자가 중대한 것은 아니므로 운전면허취소처분은 무효가 아니다. 서울지방경찰청장의 취소처분은 취소할 수 있는 행위로서 유효하다. 달리 말한다면 서울지방경찰청장의 취소처분은 공정력을 갖는다. 따라서 甲은 서울지방경찰청장의 취소처분이 유효하므로 운전을 할 수 없다. 만약 甲이 운전을 하려면 운전면허취소처분을 취소시켜야만 한다. 이러한 경우에 적합한 심판이 바로 취소심판이다.

(2) 특 징 ① 행정심판은 처분이 있음을 알게 된 날부터 90일 이내에 청구하여야 하는 등 청구기간에 제한이 있다(행심법 제27조). ② 취소심판에는 집행부정지의 원칙이 적용된다(행심법 제30조). 예컨대 서울지방경찰청장의 운전면허취소처분에 대하여 甲이 취소심판을 제기한다고 하여 바로 운전면허취소처분의 효력이 정지되고 따라서 甲이 운전을 할 수

있게 되는 것은 아니다. ③ 취소심판에는 사정재결이 가능하다(행심법 제44조). 예컨대 서대문구청장의 甲에 대한 건축허가취소처분이 위법하다고 하여도 건축허가취소처분을 취소하는 것이 공공복리에 적합하지 아니한 경우에는 甲의 청구를 기각할 수도 있다. 물론 기각을 하는 경우에는 甲에 대한 구제가 따라야 한다. ④ 위원회는 취소심판의 청구가 이유가 있다고 인정되면 처분을 취소 또는 다른 처분으로 변경하거나(형성재결) 처분을 다른 처분으로 변경할 것을 피청구인에게 명한다(이행재결).

2. 무효등확인심판

(1) 의 의 무효등확인심판이란 행정청의 처분의 효력 유무 또는 존재 여부를 확인하는 행정심판을 말한다(행심법 제 5 조 제 2 호). 예컨대 甲과 乙이 이웃하면서 단란주점을 운영하던 중 乙이 식품위생법령을 위반하였음에도 송파구청장이 甲에게 영업정지명령을 하였다면, 송파구청장의 영업정지명령은 하자가 중대하고 명백하므로 무효이다. 따라서 甲은 계속 영업을 할 수 있다. 그러나 甲이 계속 영업을 하면, 송파구청장은 甲에 대한 영업정지명령이 유효하다고 주장하면서 영업정지명령 위반을 이유로 영업허가를 취소할 수도 있고, 영업정지명령 위반을 이유로 일단 기소될 수도 있는바, 甲에게 여러 가지의 불편·불리함이 따른다. 이러한 경우에 甲으로서는 송파구청장의 처분이 무효라는 것을 재판을 통해 확인하여 불편·불리함을 해소해둘 필요가 있다. 이러한 경우에 적합한 심판이 바로 무효확인심판이다.

(2) 특 징 ① 무효등확인심판은 취소심판의 경우와 달리 심판제기기간에 제한이 없다. ② 사정재결도 없다(통설). ③ 행정심판법은 무효등확인심판을 「처분의 효력 유무 또는 존재 여부를 확인하는 행정심판」으로 규정하고 있으므로 무효등확인심판은 유효확인심판·무효확인심판·존재확인심판·부존재확인심판으로 구분된다. 그 밖에 학설상으로 실효확인심판이 인정되고 있다.

3. 의무이행심판

(1) 의 의 의무이행심판이란 당사자의 신청에 대한 행정청의 위법 또는 부당한 거부처분이나 부작위에 대하여 일정한 처분을 하도록 하는 행정심판을 말한다(행심법 제 5 조 제 3 호). 예컨대, 甲이 단란주점을 경영하기 위하여 서대문구청장에게 단란주점영업허가를 신청하였는데, 서대문구청장이 허가를 거부하거나, 또는 아무런 조치도 취하지 아니한 채 가만히 있으면 甲은 단란주점을 경영할 수 없다. 이러한 경우에는 서대문구청장이 적극적으로 영업허가처분을 할 수 있도록 하든지 아니면 서대문구청장을 대신하여 다른 행정청(서울특별시장)이 영업허가처분을 할 수 있도록 하는 것이 필요하다. 이러한 필요에 응하기 위한 것이 바로 의무이행심판이다. 취소심판이 행정청의 적극적인 행위(권력의 적극적 행사)로 인한 침해로

부터 권익보호를 목적으로 하는 것인 데 반해, 의무이행심판은 행정청의 소극적인 행위(권력행사의 거부 내지 권력의 불행사)로 인한 침해로부터 국민의 권익보호를 목적으로 한다.

(2) 특 징 ① 거부처분에 대한 의무이행심판에는 심판제기에 기간상 제한이 따르지만, 부작위에 대한 의무이행심판에는 심판제기에 기간상 제한이 따르지 않는다. ② 의무이행심판에는 사정재결의 적용이 있다(행심법 제44조 제 3 항). 예컨대, 서대문구청장의 甲에 대한 단란주점영업허가신청에 대한 거부처분이나 부작위가 위법하다고 하여도 서대문구청장에게 단란주점영업허가를 하도록 하거나 행정심판위원회가 직접 단란주점영업허가를 하는 것이 공공복리에 적합하지 아니한 경우에는 甲의 청구를 기각할 수도 있다. 물론 기각을 하는 경우에는 甲에 대한 구제가 따라야 한다. 한편 ③ 행정심판위원회는 의무이행심판의 청구가 이유가 있다고 인정하면 지체 없이 신청에 따른 처분을 하거나 처분을 할 것을 피청구인에게 명한다(행심법 제43조 제 5 항). 당사자의 신청을 거부하거나 부작위로 방치한 처분의 이행을 명하는 재결이 있으면 행정청은 지체 없이 이전의 신청에 대하여 재결의 취지에 따라 처분을 하여야 한다(행심법 제49조 제 3 항). 말하자면 甲의 청구가 이유 있다면, 재결청인 서울특별시장은 스스로 단란주점영업허가처분을 하든지 아니면 서대문구청장에게 단란주점영업허가처분을 할 것을 명하여야 하고, 후자의 경우에 서대문구청장은 지체없이 행정심판위원회의 명령에 따라 甲의 신청에 대한 처분을 하여야 한다.

Ⅱ. 행정심판기관(행정심판위원회)

1. 의 의

행정심판위원회란 심판청구인이 행정심판을 제기하면, 그 심판청구가 적법한 것인지(심판청구요건을 갖춘 것인지), 그리고 청구사항(본안)에 정당한 이유가 있는지 여부를 심리·재결하고, 그 내용을 재결서라는 문서를 작성하여 심판청구인에게 알려주는 합의제 행정기관을 말한다. 예컨대, 甲이 서대문구청장의 단란주점영업허가거부처분에 대한 이행심판을 구하려고 서울특별시장 소속의 서울특별시행정심판위원회에 심판을 제기하면, 서울특별시행정심판위원회는 甲의 청구가 적법한지, 그리고 이유가 있는지의 여부를 심리·재결한 후, 그 내용을 재결서라는 문서로 작성하여 甲에게 알려주게 된다. 여기서 서울특별시행정심판위원회가 행정심판위원회의 예에 해당한다.

2. 종 류

(1) 해당 행정청 소속 행정심판위원회 다음 각 호(1. 감사원, 국가정보원장, 그 밖에 대통령령으로 정하는 대통령 소속기관의 장, 2. 국회사무총장·법원행정처장·헌법재판소사무처장 및 중앙선거관리위

원회사무총장, 3. 국가인권위원회, 그 밖에 지위 · 성격의 독립성과 특수성 등이 인정되어 대통령령으로 정하는 행정청)의 행정청 또는 그 소속 행정청(행정기관의 계층구조와 관계없이 그 감독을 받거나 위탁을 받은 모든 행정청을 말하되, 위탁을 받은 행정청은 그 위탁받은 사무에 관하여는 위탁한 행정청의 소속 행정청으로 본다. 이하 같다)의 처분 또는 부작위에 대한 행정심판의 청구(이하 "심판청구"라 한다)에 대하여는 다음 각 호(제1행 이하에서 기술하였음)의 행정청에 두는 행정심판위원회에서 심리 · 재결한다(행심법 제 6 조 제 1 항). 예컨대, 법원행정처장의 처분에 대해서는 법원행정처 소속 행정심판위원회(대법원행정심판위원회)가 행정심판기관이 된다. 그리고 "위탁을 받은 행정청은 그 위탁받은 사무에 관하여는 위탁한 행정청의 소속 행정청으로 본다"는 것은 예컨대, 감사원이 A지방공사에 행정권한을 위탁한 경우에 A지방공사는 감사원 소속으로 본다는 것인바, 감사원으로부터 위탁받은 권한의 행사로서 이루어진 A지방공사의 처분에 대한 행정심판은 감사원에 두는 행정심판위원회(감사원행정심판위원회)가 행정심판기관이 된다.

(2) 중앙행정심판위원회 다음 각 호(1. 제 1 항에 따른 행정청 외의 국가행정기관의 장 또는 그 소속 행정청, 2. 특별시장 · 광역시장 · 특별자치시장 · 도지사 · 특별자치도지사(특별시 · 광역시 · 특별자치시 · 도 또는 특별자치도의 교육감을 포함한다. 이하 "시 · 도지사"라 한다) 또는 특별시 · 광역시 · 특별자치시 · 도 · 특별자치도(이하 "시 · 도"라 한다)의 의회(의장, 위원회의 위원장, 사무처장 등 의회 소속 모든 행정청을 포함한다), 3. 「지방자치법」에 따른 지방자치단체조합 등 관계 법률에 따라 국가 · 지방자치단체 · 공공법인 등이 공동으로 설립한 행정청. 다만, 제 3 항 제 3 호에 해당하는 행정청은 제외한다)의 행정청의 처분 또는 부작위에 대한 심판청구에 대하여는 「부패방지 및 국민권익위원회의 설치와 운영에 관한 법률」에 따른 국민권익위원회(이하 "국민권익위원회"라 한다)에 두는 중앙행정심판위원회에서 심리 · 재결한다(행심법 제 6 조 제 2 항).

(3) 시 · 도지사 소속으로 두는 행정심판위원회 다음 각 호의 행정청(1. 시 · 도 소속 행정청, 2. 시 · 도의 관할구역에 있는 시 · 군 · 자치구의 장, 소속 행정청 또는 시 · 군 · 자치구의 의회(의장, 위원회의 위원장, 사무국장, 사무과장 등 의회 소속 모든 행정청을 포함한다), 3. 시 · 도의 관할구역에 있는 둘 이상의 지방자치단체(시 · 군 · 자치구를 말한다) · 공공법인 등이 공동으로 설립한 행정청)의 처분 또는 부작위에 대한 심판청구에 대하여는 시 · 도지사 소속으로 두는 행정심판위원회에서 심리 · 재결한다(행심법 제 6 조 제 3 항).

(4) 직근 상급행정기관에 두는 행정심판위원회 제 2 항 제 1 호에도 불구하고 대통령령으로 정하는 국가행정기관 소속 특별지방행정기관의 장의 처분 또는 부작위에 대한 심판청구에 대하여는 해당 행정청의 직근 상급행정기관에 두는 행정심판위원회에서 심리 · 재결한다(행심법 제 6 조 제 4 항).

3. 구 성

(1) 행정심판위원회 행정심판위원회(중앙행정심판위원회는 제외한다. 이하 이 조에서 같다)

는 위원장 1명을 포함하여 50명 이내의 위원으로 구성한다(행심법 제 7 조 제 1 항). 행정심판위원회의 위원장은 그 행정심판위원회가 소속된 행정청이 되며, 위원장이 없거나 부득이한 사유로 직무를 수행할 수 없거나 위원장이 필요하다고 인정하는 경우에는 다음 각 호(1. 위원장이 사전에 지명한 위원, 2. 제 4 항에 따라 지명된 공무원인 위원)의 순서에 따라 위원이 위원장의 직무를 대행한다(행심법 제 7 조 제 2 항). 제 2 항에도 불구하고 제 6 조 제 3 항에 따라 시·도지사 소속으로 두는 행정심판위원회의 경우에는 해당 지방자치단체의 조례로 정하는 바에 따라 공무원이 아닌 위원을 위원장으로 정할 수 있다. 이 경우 위원장은 비상임으로 한다(행심법 제 7 조 제 3 항).

(2) 중앙행정심판위원회 중앙행정심판위원회는 위원장 1명을 포함하여 70명 이내의 위원으로 구성하되, 위원 중 상임위원은 4명 이내로 한다(행심법 제 8 조 제 1 항). 중앙행정심판위원회의 위원장은 국민권익위원회의 부위원장 중 1명이 되며, 위원장이 없거나 부득이한 사유로 직무를 수행할 수 없거나 위원장이 필요하다고 인정하는 경우에는 상임위원(상임으로 재직한 기간이 긴 위원 순서로, 재직기간이 같은 경우에는 연장자 순서로 한다)이 위원장의 직무를 대행한다(행심법 제 8 조 제 2 항).

4. 회 의

(1) 행정심판위원회 행정심판위원회의 회의는 위원장과 위원장이 회의마다 지정하는 8명의 위원(그중 제 4 항에 따른 위촉위원은 6명 이상으로 하되, 제 3 항에 따라 위원장이 공무원이 아닌 경우에는 5명 이상으로 한다)으로 구성한다. 다만, 국회규칙, 대법원규칙, 헌법재판소규칙, 중앙선거관리위원회규칙 또는 대통령령(제 6 조 제 3 항에 따라 시·도지사 소속으로 두는 행정심판위원회의 경우에는 해당 지방자치단체의 조례)으로 정하는 바에 따라 위원장과 위원장이 회의마다 지정하는 6명의 위원(그중 제 4 항에 따른 위촉위원은 5명 이상으로 하되, 제 3 항에 따라 공무원이 아닌 위원이 위원장인 경우에는 4명 이상으로 한다)으로 구성할 수 있다(행심법 제 7 조 제 5 항). 행정심판위원회는 제 5 항에 따른 구성원 과반수의 출석과 출석위원 과반수의 찬성으로 의결한다(행심법 제 7 조 제 6 항).

(2) 중앙행정심판위원회 중앙행정심판위원회의 회의(제 6 항에 따른 소위원회 회의는 제외한다)는 위원장, 상임위원 및 위원장이 회의마다 지정하는 비상임위원을 포함하여 총 9명으로 구성한다(행심법 제 8 조 제 5 항). 중앙행정심판위원회는 심판청구사건(이하 "사건"이라 한다) 중 「도로교통법」에 따른 자동차운전면허 행정처분에 관한 사건(소위원회가 중앙행정심판위원회에서 심리·의결하도록 결정한 사건은 제외한다)을 심리·의결하게 하기 위하여 4명의 위원으로 구성하는 소위원회를 둘 수 있다(행심법 제 8 조 제 6 항). 중앙행정심판위원회 및 소위원회는 각각 제 5 항 및 제 6 항에 따른 구성원 과반수의 출석과 출석위원 과반수의 찬성으로 의결한다(행심법 제 8 조 제 7 항).

5. 제척 · 기피 · 회피

공정한 심판을 위하여 일정한 사유가 있는 경우에 위원회의 위원이 심리 · 의결에서 배제되는 제척(행심법 제10조 제 1 항), 위원에게 공정한 심리 · 의결을 기대하기 어려운 사정이 있는 경우에 당사자의 신청에 의해 위원장의 결정으로 심리 · 의결에서 물러나는 기피(행심법 제10조 제 2 항), 위원회의 회의에 참석하는 위원이 제척사유 또는 기피사유에 해당되는 것을 알게 되었을 때 스스로 그 사건의 심리 · 의결에서 물러나는 회피(행심법 제10조 제 6 항 제 1 문)가 있다. 사건의 심리 · 의결에 관한 사무에 관여하는 위원 아닌 직원에게도 제척 · 기피 · 회피가 적용된다(행심법 제10조 제 8 항).

6. 권한과 의무

(1) 권 한 행정심판위원회는 선정대표자 선정권고권(행심법 제15조 제 2 항), 이해관계가 있는 제 3 자 또는 행정청에 대한 심판참가요구권(행심법 제21조 제 1 항), 청구의 변경에 대한 불허권(행심법 제29조 제 6 항), 집행정지의 결정권과 취소권(행심법 제30조 제 2 항 · 제 4 항), 심판청구보정요구권(행심법 제32조 제 1 항), 심리권(행심법 제39조, 제40조), 증거조사권(행심법 제35조, 제36조), 관련 심판청구의 병합 심리권과 병합된 관련청구의 분리 심리권(행심법 제37조), 재결권(행심법 제48조) 등을 갖는다.

(2) 의 무 피청구인에 대한 심판청구서 부본의 송부의무(행심법 제26조 제 1 항), 다른 당사자에 대한 답변서 부본 송달의무(행심법 제26조 제 2 항), 제 3 자가 제기한 심판청구를 처분의 상대방에 통지할 의무(행심법 제24조 제 2 항), 당사자로부터 제출된 증거서류 부본의 다른 당사자에게 대한 송달의무(행심법 제34조 제 3 항), 증거서류 등의 반환의무(행심법 제55조), 재결서 정본 송달의무(행심법 제48조) 등을 부담한다.

(3) 권한의 승계 당사자의 심판청구 후 위원회가 법령의 개정 · 폐지 또는 제17조 제 5 항에 따른 피청구인의 경정 결정에 따라 그 심판청구에 대하여 재결할 권한을 잃게 된 경우에는 해당 위원회는 심판청구서와 관계 서류, 그 밖의 자료를 새로 재결할 권한을 갖게 된 위원회에 보내야 한다(행심법 제12조 제 1 항). 제 1 항의 경우 송부를 받은 위원회는 지체 없이 그 사실을 다음 각 호(1. 행정심판 청구인, 2. 행정심판 피청구인, 3. 제20조 또는 제21조에 따라 심판참가를 하는 자)의 자에게 알려야 한다(행심법 제12조 제 2 항).

Ⅲ. 행정심판의 당사자

1. 심판청구인

(1) 심판청구인적격의 의의 행정심판을 현실적으로 청구하는 자를 행정심판청구인이라 한다. 그러나 아무나 행정심판을 제기하여 행정심판위원회로부터 청구가 이유있는지에 관해 심리·의결을 받을 수는 없다.

> **[예]** 甲이 서대문구청장으로부터 단란주점영업허가거부처분을 받은 경우에 甲이 단란주점영업허가거부처분 대한 의무이행심판을 제기하면, 서울특별시행정심판위원회는 甲의 청구가 이유있는지에 관해 심리하고 의결하지만, 만약 甲의 친구인 乙이 그 단란주점영업허가거부처분에 대한 의무이행심판을 제기하면, 乙의 청구가 이유있는지에 관해 심리하지 않고 각하결정을 하게 된다. 이와 같이 행정심판을 청구하여 행정심판위원회로부터 청구가 이유있는지에 관해 심리·의결을 받을 수 있는 자격을 청구인적격이라 한다. 심판청구인적격은 심판청구인이 될 수 있는 적합한 자격이라 말할 수 있다.

(2) 심판청구인적격이 있는 자 ① 취소심판청구의 경우에는 처분의 취소 또는 변경을 구할 법률상 이익이 있는 자가 심판청구인적격을 가지며(행심법 제13조 제 1 항), ② 무효등확인심판청구는 처분의 효력 유무 또는 존재 여부에 대한 확인을 구할 법률상 이익이 있는 자가 심판청구인적격을 가지며(행심법 제13조 제 2 항), ③ 의무이행심판청구는 행정청의 거부처분 또는 부작위에 대하여 일정한 처분을 구할 법률상 이익이 있는 자가 심판청구인적격을 가진다(행심법 제13조 제 3 항). 요컨대 취소심판·무효등확인심판·의무이행심판 모두 법률상 이익이 있는 자가 행정심판을 청구할 수 있다.

(3) 법률상 이익이 있는 자 ① 법률상 이익의 의미에 관해서는 취소소송의 경우와 동일하므로 취소소송에서 살피기로 한다. ② 자(者)에는 자연인과 법인이 있다. 법인 아닌 사단 또는 재단도 대표자 또는 관리인이 정하여져 있는 경우에는 그 이름으로 심판청구를 할 수 있다(행심법 제14조).

(4) 선정대표자 여러 명의 청구인이 공동으로 심판청구를 할 때에는 청구인들 중에서 3명 이하의 선정대표자를 선정할 수 있다(행심법 제15조 제 1 항). 청구인들이 제 1 항에 따라 선정대표자를 선정하지 아니한 경우에 위원회는 필요하다고 인정하면 청구인들에게 선정대표자를 선정할 것을 권고할 수 있다(행심법 제15조 제 2 항). 선정대표자가 선정되면 다른 청구인들은 그 선정대표자를 통해서만 그 사건에 관한 행위를 할 수 있다(행심법 제15조 제 4 항). 선정대표자를 선정한 청구인들은 필요하다고 인정하면 선정대표자를 해임하거나 변경할 수 있다. 이 경우 청구인들은 그 사실을 지체 없이 위원회에 서면으로 알려야 한다(행심법 제15조 제 5 항).

(5) 대 리 인 ① 청구인은 법정대리인 외에 다음 각 호(1. 청구인의 배우자, 청구인 또는 배우자의 사촌 이내의 혈족, 2. 청구인이 법인이거나 제14조에 따른 청구인 능력이 있는 법인이 아닌 사단 또는

재단인 경우 그 소속 임직원, 3. 변호사, 4. 다른 법률에 따라 심판청구를 대리할 수 있는 자, 5. 그 밖에 위원회의 허가를 받은 자)의 어느 하나에 해당하는 자를 대리인으로 선임할 수 있다(행심법 제18조 제 1 항). ② 청구인이 경제적 능력으로 인해 대리인을 선임할 수 없는 경우에는 위원회에 국선대리인을 선임하여 줄 것을 신청할 수 있다(행심법 제18조의2 제 1 항). 위원회는 제 1 항의 신청에 따른 국선대리인 선정 여부에 대한 결정을 하고, 지체 없이 청구인에게 그 결과를 통지하여야 한다(행심법 제18조의2 제 2 항 본문).

2. 심판피청구인

(1) 심판피청구인의 의의

㈎ **권한행정청** 심판피청구인이란 심판청구의 상대방, 즉 심판청구를 당하는 자를 말한다. 행정심판은 처분을 한 행정청(의무이행심판의 경우에는 청구인의 신청을 받은 행정청)을 피청구인으로 하여 청구하여야 하는바(행심법 제17조 제 1 항 본문), 심판피청구인은 행정청, 즉 처분청과 부작위청이다. 처분청이란 처분을 행한 행정청을 말하고, 부작위청이란 처분을 하여야 함에도 처분을 하지 아니한 행정청을 말한다. 예컨대, 甲의 운전면허신청을 받고 서울지방경찰청장이 거부처분을 하였다면 서울지방경찰청장은 처분청이 되고, 아무런 처분도 하지 아니한 채 가만히 있다면 부작위청이 된다. 피청구인은 원래 권리주체로서 국가 또는 지방자치단체이어야 하나, 심판절차진행의 편의와 적정한 분쟁해결을 위해 행정심판법은 편의상 행정청을 피청구인으로 한 것이다.

㈏ **권한위임의 경우** 행정에 관한 의사를 결정하여 표시하는 국가 또는 지방자치단체의 기관 외에 법령 또는 자치법규에 따라 행정권한을 가지고 있거나 위탁을 받은 공공단체나 그 기관 또는 사인(私人)도 포함된다(행심법 제 2 조 제 4 호). 예컨대, 경찰청장이 법령이 정하는 바에 따라 경찰청차장에게 A권한을 위임하였다면, A권한을 행사하는 한 경찰청차장도 행정청이 된다.

(2) 권한승계와 심판피청구인 심판청구의 대상과 관계되는 권한이 다른 행정청에 승계된 경우에는 권한을 승계받은 행정청을 피청구인으로 하여야 한다(행심법 제17조 제 1 항 단서). 예컨대 행정안전부장관의 처분에 대하여 행정심판을 제기하였는데, 정부조직법의 개정으로 행정안전부가 폐지되고 내무행정부가 신설되면서 행정안전부장관의 권한이 내무행정부장관의 권한으로 되었다면, 행정심판의 피청구인은 행정안전부장관에서 내무행정부장관으로 바뀐다.

(3) 대 리 인 피청구인은 그 소속 직원 또는 제 1 항 제 3 호부터 제 5 호까지(3. 변호사, 4. 다른 법률에 따라 심판청구를 대리할 수 있는 자, 5. 그 밖에 위원회의 허가를 받은 자)의 어느 하나에 해당하는 자를 대리인으로 선임할 수 있다(행심법 제18조 제 2 항).

3. 이해관계자(참가인)

(1) 이해관계자의 의의 심판결과에 이해관계가 있는 제 3 자를 이해관계자라 한다.

[예] 甲이 연탄공장의 건설을 위하여 허가신청을 하였으나 거부당하자 연탄공장허가거부처분에 대한 의무이행심판을 제기하였다고 하자. 만약 행정심판에서 甲의 청구가 인용되면, 甲은 연탄공장을 지을 것이고, 이로 인해 공장주변에 사는 주민 乙은 환경권의 침해 등 생활환경상 불편·불이익을 당할 수 있게 된다. 乙과 같이 행정심판의 결과에 따라 법률상 이익에 직접 영향을 받는 자를 이해관계자라 한다.

(2) 이해관계자의 참가 이해관계자의 권익보호를 위해서는 이해관계자도 행정심판에 참가하여 자신의 권익을 보호하기 위해 주장할 수 있는 기회를 갖는 것이 필요하다.

[예] 앞의 예에서 乙이 심판절차에 참가하여 피청구인(허가청)이 甲의 청구를 받아들여서는 아니 된다는 주장을 할 수 있게 할 필요가 있다. 행정청에도 유사한 경우가 있다. 예컨대, 丙이 A건물을 신축하고자 서대문구청장에게 허가신청을 하였으나 서대문구청장은 서대문소방서장이 A건물의 건축허가에 소방시설 설치 및 관리에 관한 법률 제 6 조 제 1 항의 동의를 하지 아니하였다는 이유로 거부처분을 하자, 丙이 서대문구청장의 건축허가거부처분에 대한 의무이행심판을 청구한 경우, 서대문소방서장이 심판절차에 참가하여 丙의 청구를 받아들여서는 아니 된다는 주장을 할 수 있게 할 필요가 있다. 이러한 경우에는 행정청도 이해관계자 유사의 지위에 서게 된다. 이해관계자가 행정심판절차에 참가하는 경우, 이해관계자를 참가인이라 부른다.

▪ 소방시설 설치 및 관리에 관한 법률 제 6 조(건축허가등의 동의) ① 건축물 등의 신축·증축·개축·재축(再築)·이전·용도변경 또는 대수선(大修繕)의 허가·협의 및 사용승인(「주택법」 제16조에 따른 승인 및 같은 법 제29조에 따른 사용검사, 「학교시설사업 촉진법」 제 4 조에 따른 승인 및 같은 법 제13조에 따른 사용승인을 포함하며, 이하 "건축허가등"이라 한다)의 권한이 있는 행정기관은 건축허가등을 할 때 미리 그 건축물 등의 시공지(施工地) 또는 소재지를 관할하는 소방본부장이나 소방서장의 동의를 받아야 한다.

(3) 이해관계자의 참가의 유형 이해관계자의 행정심판절차에의 참가에는 ① 허가에 의한 참가와 ② 요구에 의한 참가가 있다. ① 허가에 의한 참가란 심판결과에 대하여 이해관계가 있는 제 3 자 또는 행정청이 행정심판위원회의 허가를 받아 그 사건에 참가하는 것을 말한다(행심법 제20조). 한편, ② 행정심판위원회가 필요하다고 인정할 때에는 그 심판결과에 대하여 이해관계가 있는 제 3 자 또는 행정청에게 그 사건에 참가할 것을 요구할 수 있는 바(행심법 제21조), 이에 따른 참가가 바로 요구에 의한 참가이다.

제 3 목 행정심판절차

Ⅰ. 행정심판의 청구

1. 심판청구의 대상

행정심판은 처분과 부작위를 대상으로 한다(행심법 제 3 조 제 1 항). 처분과 부작위의 개념에 관해서는 취소소송에서 살피기로 한다. 다만 특기할 것은 ① 대통령의 처분 또는 부작위에 대하여는 다른 법률에서 행정심판을 청구할 수 있도록 정한 경우 외에는 행정심판을 청구할 수 없다는 점(행심법 제 3 조 제 2 항)과 ② 심판청구에 대한 재결이 있으면 그 재결 및 같은 처분 또는 부작위에 대하여 다시 행정심판을 청구할 수 없다는 점(행심법 제51조)이다.

2. 심판청구의 방식

심판청구는 서면으로 하여야 한다(행심법 제28조 제 1 항). 서면청구주의를 택한 것은 청구의 내용을 명백히 하여 법적 안정을 도모하기 위함이다. 심판청구서에 다음 각 호(1. 청구인의 이름과 주소 또는 사무소(주소 또는 사무소 외의 장소에서 송달받기를 원하면 송달장소를 추가로 적어야 한다), 2. 피청구인과 위원회, 3. 심판청구의 대상이 되는 처분의 내용, 4. 처분이 있음을 알게 된 날, 5. 심판청구의 취지와 이유, 6. 피청구인의 행정심판 고지 유무와 그 내용)의 사항이 포함되어야 한다(행심법 제28조 제 2 항). 부작위에 대한 심판청구의 경우에는 제 2 항 제 1 호 · 제 2 호 · 제 5 호의 사항과 그 부작위의 전제가 되는 신청의 내용과 날짜를 적어야 한다(행심법 제28조 제 3 항).

3. 심판청구의 기간

(1) 심판청구기간의 제한 ① 취소심판과 거부처분에 대한 의무이행심판을 청구할 수 있는 기간은 행정심판법에서 정해져 있다. 행정심판청구기간을 법률에서 정하고 있는 것은 행정법관계의 신속한 확정을 도모하기 위한 것이다. 말하자면 일정한 기간을 경과하면 행정처분을 더 이상 다툴 수 없도록 함으로써 행정의 안정을 기하기 위한 것이다. ② 무효확인심판청구와 부작위에 대한 의무이행심판청구에는 기간상 제한이 없다(행심법 제27조 제 7 항).

(2) 심판청구기간제한의 내용

㈎ 안 날 행정심판은 처분이 있음을 알게 된 날부터 90일 이내에 청구하여야 한다(행심법 제27조 제 1 항). 청구인이 천재지변, 전쟁, 사변(事變), 그 밖의 불가항력으로 인하여 제 1 항에서 정한 기간에 심판청구를 할 수 없었을 때에는 그 사유가 소멸한 날부터 14일 이내에 행정심판을 청구할 수 있다. 다만, 국외에서 행정심판을 청구하는 경우에는 그 기간을

30일로 한다(행심법 제27조 제 2 항). 제 1 항과 제 2 항의 기간은 불변기간으로 한다(행심법 제27조 제 4 항).

▌대판 2011. 11. 24, 2011두18786(행정처분이 있음을 안 날부터 90일을 넘겨 행정심판을 청구하였다가 부적법하다는 이유로 각하재결을 받은 후 재결서를 송달받은 날부터 90일 내에 원래의 처분에 대하여 취소소송을 제기한 경우, 취소소송의 제소기간을 준수한 것으로 볼 수 없다).

(나) **있었던 날** 행정심판은 처분이 있었던 날부터 180일이 지나면 청구하지 못한다. 다만, 정당한 사유가 있는 경우에는 그러하지 아니하다(행심법 제27조 제 3 항). 행정청이 심판청구 기간을 제 1 항에 규정된 기간보다 긴 기간으로 잘못 알린 경우 그 잘못 알린 기간에 심판청구가 있으면 그 행정심판은 제 1 항에 규정된 기간에 청구된 것으로 본다(행심법 제27조 제 5 항). 행정청이 심판청구 기간을 알리지 아니한 경우에는 제 3 항에 규정된 기간에 심판청구를 할 수 있다(행심법 제27조 제 6 항).

(다) **안 날과 있었던 날의 관계** 처분이 있음을 알게 된 날부터 90일과 처분이 있었던 날부터 180일 중 어느 것이라도 먼저 경과하면 행정심판의 제기는 불가능하게 된다.

4. 심판청구서의 제출, 접수 · 처리

(1) 심판청구서의 제출 행정심판을 청구하려는 자는 제28조에 따라 심판청구서를 작성하여 피청구인이나 위원회에 제출하여야 한다. 이 경우 피청구인의 수만큼 심판청구서 부본을 함께 제출하여야 한다(행심법 제23조 제 1 항). 행정청이 제58조에 따른 고지를 하지 아니하거나 잘못 고지하여 청구인이 심판청구서를 다른 행정기관에 제출한 경우에는 그 행정기관은 그 심판청구서를 지체 없이 정당한 권한이 있는 피청구인에게 보내야 한다(행심법 제23조 제 2 항). 제 2 항에 따라 심판청구서를 보낸 행정기관은 지체 없이 그 사실을 청구인에게 알려야 한다(행심법 제23조 제 2 항).

(2) 피청구인의 접수와 처리

(가) **의 의** 피청구인이 제23조 제 1 항 · 제 2 항 또는 제26조 제 1 항에 따라 심판청구서를 접수하거나 송부받으면 10일 이내에 심판청구서(제23조 제 1 항 · 제 2 항의 경우만 해당된다)와 답변서를 위원회에 보내야 한다. 다만, 청구인이 심판청구를 취하한 경우에는 그러하지 아니하다(행심법 제24조 제 1 항). 피청구인이 제 1 항 본문에 따라 심판청구서를 보낼 때에는 심판청구서에 위원회가 표시되지 아니하였거나 잘못 표시된 경우에도 정당한 권한이 있는 위원회에 보내야 한다(행심법 제24조 제 5 항).

(나) **심판청구가 명백히 부적법한 경우** 제 1 항에도 불구하고 심판청구가 그 내용이 특정되지 아니하는 등 명백히 부적법하다고 판단되는 경우에 피청구인은 답변서를 위원

회에 보내지 아니할 수 있다. 이 경우 심판청구서를 접수하거나 송부받은 날부터 10일 이내에 그 사유를 위원회에 문서로 통보하여야 한다(행심법 제24조 제 2 항). 제 2 항에도 불구하고 위원장이 심판청구에 대하여 답변서 제출을 요구하면 피청구인은 위원장으로부터 답변서 제출을 요구받은 날부터 10일 이내에 위원회에 답변서를 제출하여야 한다(행심법 제24조 제 3 항).

(다) **제3자의 심판청구의 경우** 피청구인은 처분의 상대방이 아닌 제3자가 심판청구를 한 경우에는 지체 없이 처분의 상대방에게 그 사실을 알려야 한다. 이 경우 심판청구서 사본을 함께 송달하여야 한다(행심법 제24조 제 4 항).

(라) **직권취소** 제23조 제 1 항 · 제 2 항 또는 제26조 제 1 항에 따라 심판청구서를 받은 피청구인은 그 심판청구가 이유 있다고 인정하면 심판청구의 취지에 따라 직권으로 처분을 취소 · 변경하거나 확인을 하거나 신청에 따른 처분(이하 이 조에서 "직권취소등"이라 한다)을 할 수 있다. 이 경우 서면으로 청구인에게 알려야 한다(행심법 제25조 제 4 항).

(3) 위원회의 접수와 처리 위원회는 제23조 제 1 항에 따라 심판청구서를 받으면 지체 없이 피청구인에게 심판청구서 부본을 보내야 한다(행심법 제26조 제 1 항). 위원회는 제24조 제 1 항 본문 또는 제 3 항에 따라 피청구인으로부터 답변서가 제출된 경우 답변서 부본을 청구인에게 송달하여야 한다(행심법 제26조 제 2 항).

5. 심판청구의 변경

① 청구인은 청구의 기초에 변경이 없는 범위 안에서 청구의 취지 또는 이유를 변경할 수 있다(행심법 제29조 제 1 항). 예컨대, 무효인 행위를 취소할 수 있는 행위로 오해하여 취소심판을 제기하였다가 무효확인심판으로 변경하는 경우가 이에 해당한다. ② 행정심판이 청구된 후에 피청구인이 새로운 처분을 하거나 심판청구의 대상인 처분을 변경한 경우에는 청구인은 새로운 처분이나 변경된 처분에 맞추어 청구의 취지나 이유를 변경할 수 있다(행심법 제29조 제 2 항).

[예] 서대문구청장으로부터 단란주점영업허가취소처분을 받은 甲이 단란주점영업허가취소처분에 대한 취소심판을 제기하자 서대문구청장이 단란주점영업허가취소처분을 단란주점영업정지 6월의 처분으로 변경한 경우, 甲은 단란주점영업허가취소처분에 대한 취소심판을 단란주점영업정지 6월의 처분에 대한 취소심판으로 변경할 수 있다. 심판청구의 변경제도가 있기 때문에 종전의 심판을 취하하고 새로운 심판을 제기하여야 하는 번거로움을 피할 수 있다.

③ 청구의 변경은 서면으로 신청하여야 한다(행심법 제29조 제 3 항).

6. 심판청구의 효과

① 행정청의 처분 또는 부작위에 대한 행정심판의 청구가 제기되면 행정심판위원회는

심리·재결할 의무를 진다(행심법 제 6 조, 제32조 이하). 한편, 심판청구인은 심판을 받을 권리, 그 밖에 행정심판법상 인정되는 절차상의 권리를 갖게 된다. ② 심판청구가 있어도 처분의 효력이나 그 집행 또는 절차의 속행에 영향을 주지 아니한다(행심법 제30조 제 1 항). 이를 집행부정지(執行不停止)의 원칙이라 한다.

[예] 서대문구청장이 甲에게 단란주점영업허가취소처분을 하자 甲이 단란주점영업허가취소처분에 대한 취소심판을 제기하였다고 하여도 서대문구청장이 甲에게 한 단란주점영업허가취소처분의 효력이 정지되어 甲이 영업을 할 수 있게 되는 것은 아니다. 집행부정지의 원칙의 내용에 관해서는 취소소송에서 살피기로 한다.

7. 심판청구의 취하

청구인은 심판청구에 대하여 제 7 조 제 6 항 또는 제 8 조 제 7 항에 따른 의결이 있을 때까지 서면으로 심판청구를 취하할 수 있다(행심법 제42조 제 1 항). 참가인은 심판청구에 대하여 제 7 조 제 6 항 또는 제 8 조 제 7 항에 따른 의결이 있을 때까지 서면으로 참가신청을 취하할 수 있다(행심법 제42조 제 2 항). 제 1 항 또는 제 2 항에 따른 취하서에는 청구인이나 참가인이 서명하거나 날인하여야 한다(행심법 제42조 제 3 항). 청구인 또는 참가인은 취하서를 피청구인 또는 위원회에 제출하여야 한다(행심법 제42조 제 4 항). 심판청구의 취하는 행정심판위원회에 대하여 심판청구를 철회하는 청구인의 일방적 의사표시이다. 심판청구의 취하로 심판청구는 소급적으로 소멸된다.

8. 가구제(잠정적 권리보호)

(1) 집행정지

㈎ 의 의 위원회는 처분, 처분의 집행 또는 절차의 속행 때문에 중대한 손해가 생기는 것을 예방할 필요성이 긴급하다고 인정할 때에는 직권으로 또는 당사자의 신청에 의하여 처분의 효력, 처분의 집행 또는 절차의 속행의 전부 또는 일부의 정지(이하 "집행정지"라 한다)를 결정할 수 있다. 다만, 처분의 효력정지는 처분의 집행 또는 절차의 속행을 정지함으로써 그 목적을 달성할 수 있을 때에는 허용되지 아니한다(행심법 제30조 제 2 항). 집행정지는 공공복리에 중대한 영향을 미칠 우려가 있을 때에는 허용되지 아니한다(행심법 제30조 제 3 항).

[예] 국립대학교 학생 甲이 2023년 8월말(1학기 말)에 퇴학처분을 받은 경우, 甲이 퇴학처분을 행정심판으로 다투어 인용재결을 받는다고 하여도 빨라야 2024년 3월초에 복학할 수 있을 것이다. 이것은 甲의 학업에 심각한 문제를 가져온다. 이 때문에 퇴학처분의 효력을 묶어두고 2023년 2학기에도 학업을 계속하면서 퇴학처분을 다투도록 하는 것이 바람직하다. 여기서 퇴학처분의 효력을 묶어두는 것이 집행정지(효력정지)에 해당한다.

(나) **절 차** 집행정지 신청은 심판청구와 동시에 또는 심판청구에 대한 제 7 조 제 6 항 또는 제 8 조 제 7 항에 따른 위원회나 소위원회의 의결이 있기 전까지, 집행정지 결정의 취소신청은 심판청구에 대한 제 7 조 제 6 항 또는 제 8 조 제 7 항에 따른 위원회나 소위원회의 의결이 있기 전까지 신청의 취지와 원인을 적은 서면을 위원회에 제출하여야 한다. 다만, 심판청구서를 피청구인에게 제출한 경우로서 심판청구와 동시에 집행정지 신청을 할 때에는 심판청구서 사본과 접수증명서를 함께 제출하여야 한다(행심법 제30조 제 5 항).

(다) **취 소** 위원회는 집행정지를 결정한 후에 집행정지가 공공복리에 중대한 영향을 미치거나 그 정지사유가 없어진 경우에는 직권으로 또는 당사자의 신청에 의하여 집행정지 결정을 취소할 수 있다(행심법 제30조 제 4 항).

(라) **효 과** 집행정지결정이 있으면, 처분의 집행 또는 절차의 속행의 전부 또는 일부의 정지가 이루어진다(행심법 제30조 제 2 항).

▌대판 2022. 2. 11, 2021두40720(행정소송법 제23조에 따른 집행정지결정의 시간적 효력 법리는 행정심판위원회가 행정심판법 제30조에 따라 집행정지결정을 한 경우에도 그대로 적용된다. 행정심판위원회가 행정심판 청구 사건의 재결이 있을 때까지 처분의 집행을 정지한다고 결정한 경우에는, 재결서 정본이 청구인에게 송달된 때 재결의 효력이 발생하므로(행정심판법 제48조 제 2 항, 제 1 항 참조) 그때 집행정지결정의 효력이 소멸함과 동시에 처분의 효력이 부활한다).

(마) **위원장의 직권결정** 제 2 항과 제 4 항에도 불구하고 위원회의 심리 · 결정을 기다릴 경우 중대한 손해가 생길 우려가 있다고 인정되면 위원장은 직권으로 위원회의 심리 · 결정을 갈음하는 결정을 할 수 있다. 이 경우 위원장은 지체 없이 위원회에 그 사실을 보고하고 추인(追認)을 받아야 하며, 위원회의 추인을 받지 못하면 위원장은 집행정지 또는 집행정지 취소에 관한 결정을 취소하여야 한다(행심법 제30조 제 6 항).

(2) 임시처분

(가) **의 의** 임시처분이란 처분 또는 부작위가 위법 · 부당하다고 상당히 의심되는 경우로서 처분 또는 부작위 때문에 당사자가 받을 우려가 있는 중대한 불이익이나 당사자에게 생길 급박한 위험을 막기 위하여 임시지위를 정하여야 할 필요가 있는 경우 행정심판위원회가 발할 수 있는 가구제 수단이다(행심법 제31조 제 1 항). 가구제제도로서 집행정지는 소극적으로 침익적 처분의 효력을 정지시키는 현상유지적 기능만이 있을 뿐 행정청에게 일정한 처분의무를 지우는 등의 기능은 없기 때문에 집행정지제도는 잠정적 권리구제 수단으로서 한계가 있었다. 따라서 임시처분제도의 도입은 거부처분이나 부작위에 대한 잠정적 권리구제의 제도적인 공백상태를 입법적으로 해소하고 청구인의 권리를 두텁게 보호하려는 데 취지가 있다.

[예] 甲은 A시장으로부터 B영업허가를 받았다(허가기간 2021. 1. 1. ~ 2023. 12. 31.). 甲은 2023년 11월 중순에 B영업허가의 갱신을 신청하였으나, A시장은 2023년 12월 중순이 되어도 아무런 조치도 취하지 아니하고 있다(부작위). 이에 2024년이 되면 영업상 막대한 손실을 입게 될 甲이 A시장의 부작위를 다투고자 행정심판을 제기하였지만 행정심판위원회의 심리·재결이 2023. 12. 31.까지 이루어지기 어려운 상황인 경우, 행정심판위원회는 甲으로 하여금 재결이 있기까지 임시적으로 영업을 계속할 수 있도록 하는 것이 바람직하다. 여기서 임시적으로 영업을 계속할 수 있도록 지위를 부여하는 것이 임시처분에 해당한다.

㈏ **요 건** ① 심판청구가 계속되어야 하고, ② 처분 또는 부작위가 위법·부당하다고 상당히 의심되어야 하고, ③ 당사자에게 생길 중대한 불이익이나 급박한 위험을 방지할 필요가 있어야 한다. 그러나 ④ 행정심판법 제31조 제 2 항은 동법 제30조 제 3 항을 준용하는 결과 임시처분도 공공복리에 중대한 영향을 미칠 우려가 있을 때에는 허용되지 아니한다.

㈐ **보 충 성** 임시처분은 집행정지로 목적을 달성할 수 있는 경우에는 허용되지 아니한다(행심법 제31조 제 3 항).

㈑ **임시처분의 절차** ① 위원회는 직권으로 또는 당사자의 신청에 의하여 임시처분을 결정할 수 있다(행심법 제31조 제 1 항). ② 위원회는 임시처분을 결정한 후에 임시처분이 공공복리에 중대한 영향을 미치는 등의 사유가 있는 경우에는 직권 또는 당사자의 신청에 의하여 이 결정을 취소할 수 있다(행심법 제31조 제 1 항, 제30조 제 4 항). ③ 위원회의 심리·결정을 기다릴 경우 중대한 손해가 생길 우려가 있다고 인정되면 위원장은 직권으로 위원회의 심리·결정을 갈음하는 결정을 할 수 있다(행심법 제31조 제 1 항, 제30조 제 6 항). ④ 위원회는 임시조치 또는 임시조치의 취소에 관하여 심리·결정하면 지체 없이 당사자에게 결정서 정본을 송달하여야 한다(행심법 제31조 제 1 항, 제30조 제 7 항).

Ⅱ. 행정심판의 심리·의결과 조정

1. 심리의 의의

분쟁의 대상이 되고 있는 사실관계와 그에 관한 법률관계를 분명히 하기 위해 당사자나 관계자의 주장이나 반대주장을 듣고, 아울러 그러한 주장을 정당화시켜 주는 각종의 증거·자료를 수집·조사하는 일련의 절차를 심리라고 한다.

2. 심리의 내용

(1) 요건심리

㈎ **의 의** 요건심리란 행정심판의 제기요건을 구비하였는가에 관한 심리를 말

한다. 위원회는 심판청구가 적법하지 아니하나 보정할 수 있다고 인정하면 기간을 정하여 청구인에게 보정할 것을 요구할 수 있다. 다만, 경미한 사항은 직권으로 보정할 수 있다(행심법 제32조 제 1 항).

㈏ **심판청구의 각하** ① 위원회는 청구인이 제 1 항에 따른 보정기간 내에 그 흠을 보정하지 아니한 경우에는 그 심판청구를 각하할 수 있다(행심법 제32조 제 6 항). ② 위원회는 심판청구서에 타인을 비방하거나 모욕하는 내용 등이 기재되어 청구 내용을 특정할 수 없고 그 흠을 보정할 수 없다고 인정되는 경우에는 제32조 제 1 항에 따른 보정요구 없이 그 심판청구를 각하할 수 있다(행심법 제32조의2).

(2) 본안심리 본안심리란 요건심리의 결과 행정심판의 제기가 적법하여 행정처분의 위법·부당 여부를 심리하는 것을 말한다. 위원회는 본안심리 후, 청구인의 청구가 정당하다면 인용재결을. 심판청구가 이유 없다면 기각재결을 하게 된다.

3. 심리의 방식

(1) 대심주의와 구술심리 ① 행정심판은 대심주의에 의한다. 대심주의란 행정심판청구인과 피청구인이 서로 대등한 입장에서 공격·방어를 하고, 이를 바탕으로 심리를 진행하는 원칙을 말한다. ② 행정심판의 심리는 구술심리나 서면심리로 한다. 다만, 당사자가 구술심리를 신청한 경우에는 서면심리만으로 결정할 수 있다고 인정되는 경우 외에는 구술심리를 하여야 한다(행심법 제40조 제 1 항). 위원회는 제 1 항 단서에 따라 구술심리 신청을 받으면 그 허가 여부를 결정하여 신청인에게 알려야 한다(행심법 제40조 제 2 항).

(2) 심리의 병합·분리 위원회는 필요하면 관련되는 심판청구를 병합하여 심리하거나 병합된 관련 청구를 분리하여 심리할 수 있다(행심법 제37조). 병합은 여러 문제를 통일적으로 해결하고 그 심리의 촉진을 위한 것이다.

(3) 답변서·보충서면의 제출, 증거조사 ① 피청구인이 제23조 제 1 항·제 2 항 또는 제26조 제 1 항에 따라 심판청구서를 접수하거나 송부받으면 10일 이내에 심판청구서(제23조 제 1 항·제 2 항의 경우만 해당된다)와 답변서를 위원회에 보내야 한다. 다만, 청구인이 심판청구를 취하한 경우에는 그러하지 아니하다(행심법 제24조 제 1 항). 피청구인은 제24조 제 1 항 본문에 따라 답변서를 보낼 때에는 청구인의 수만큼 답변서 부본을 함께 보내되, 답변서에는 다음 각 호(1. 처분이나 부작위의 근거와 이유, 2. 심판청구의 취지와 이유에 대응하는 답변, 3. 제 2 항에 해당하는 경우에는 처분의 상대방의 이름·주소·연락처와 제 2 항의 의무 이행 여부)의 사항을 명확하게 적어야 한다(행심법 제24조 제 4 항). ② 당사자는 심판청구서·보정서·답변서·참가신청서 등에서 주장한 사실을 보충하고 다른 당사자의 주장을 다시 반박하기 위하여 필요하면 위원회에 보충서면을 제출할 수 있다. 이 경우 다른 당사자의 수만큼 보충서면 부본을 함께 제출하여야 한다

(행심법 제33조 제 1 항).

(4) 증거조사 위원회는 사건을 심리하기 위하여 필요하면 직권으로 또는 당사자의 신청에 의하여 다음 각 호(1. 당사자나 관계인(관계 행정기관 소속 공무원을 포함한다. 이하 같다)을 위원회의 회의에 출석하게 하여 신문(訊問)하는 방법, 2. 당사자나 관계인이 가지고 있는 문서 · 장부 · 물건 또는 그 밖의 증거자료의 제출을 요구하고 영치(領置)하는 방법, 3. 특별한 학식과 경험을 가진 제 3 자에게 감정을 요구하는 방법, 4. 당사자 또는 관계인의 주소 · 거소 · 사업장이나 그 밖의 필요한 장소에 출입하여 당사자 또는 관계인에게 질문하거나 서류 · 물건 등을 조사 · 검증하는 방법)의 방법에 따라 증거조사를 할 수 있다(행심법 제36조 제 1 항).

4. 조 정

(1) 의 의 위원회는 당사자의 권리 및 권한의 범위에서 당사자의 동의를 받아 심판청구의 신속하고 공정한 해결을 위하여 조정을 할 수 있다. 다만, 그 조정이 공공복리에 적합하지 아니하거나 해당 처분의 성질에 반하는 경우에는 그러하지 아니하다(행심법 제43조의2 제 1 항). 조정은 양 당사자 간의 합의가 가능한 사건의 경우 위원회가 개입 · 조정하는 절차를 통해 갈등을 조기에 해결하기 위한 것이다.

(2) 성 립 조정은 당사자가 합의한 사항을 조정서에 기재한 후 당사자가 서명 또는 날인하고 위원회가 이를 확인함으로써 성립한다(행심법 제43조의2 제 3 항).

(3) 효 력 제 3 항에 따른 조정에 대하여는 제48조부터 제50조까지, 제50조의2, 제51조의 규정을 준용한다(행심법 제43조의2 제 4 항). 말하자면 재결과 같은 효력을 갖는다.

Ⅲ. 행정심판의 재결

1. 재결의 의의

재결이란 행정심판의 청구에 대하여 제 6 조에 따른 행정심판위원회가 행하는 판단을 말한다(행심법 제 2 조 제 3 호). 말하자면 행정심판위원회가 심판청구에 대하여 심리한 후 그 청구에 대하여 각하 · 기각 · 인용 여부 등을 결정하는 것을 말한다.

2. 재결의 기간

재결은 제23조에 따라 피청구인 또는 위원회가 심판청구서를 받은 날부터 60일 이내에 하여야 한다. 다만, 부득이한 사정이 있는 경우에는 위원장이 직권으로 30일을 연장할 수 있다(행심법 제45조 제 1 항). 위원장은 제 1 항 단서에 따라 재결 기간을 연장할 경우에는 재결 기간이 끝나기 7일 전까지 당사자에게 알려야 한다(행심법 제45조 제 2 항). 재결에 기간의 제한을 두는 것은 법적 불안정상태를 조속히 시정하고자 하는 데 있다.

3. 재결의 방식

재결은 서면으로 한다(행심법 제46조 제 1 항). 그 서면을 재결서라 한다. 재결을 서면으로 한 것은 법적 안정성을 위한 것이다. 구두에 의한 재결은 무효이다. 제 1 항에 따른 재결서에는 다음 각 호(1. 사건번호와 사건명, 2. 당사자 · 대표자 또는 대리인의 이름과 주소, 3. 주문, 4. 청구의 취지, 5. 이유, 6. 재결한 날짜)의 사항이 포함되어야 한다(행심법 제46조 제 2 항). 재결서에 적는 이유에는 주문 내용이 정당하다는 것을 인정할 수 있는 정도의 판단을 표시하여야 한다(행심법 제46조 제 3 항). 한편, 재결 역시 행정처분의 일종이므로, 재결서에는 행정심판법이 정하는 바에 따라 불복고지에 관한 사항도 기재하여야 한다(행심법 제58조).

4. 재결의 범위

① 위원회는 심판청구의 대상이 되는 처분 또는 부작위 외의 사항에 대하여는 재결하지 못한다(행심법 제47조 제 1 항). 이를 불고불리의 원칙이라 한다. 예컨대, 甲이 서대문구청장을 상대로 단란주점영업허가취소처분의 취소를 구하는 행정심판절차에서 재결청은 甲의 영업용 건물의 건축허가에 대하여 취소재결을 할 수는 없다. 불고불리원칙은 심판청구인의 이익을 위한 것이다. ② 위원회는 심판청구의 대상이 되는 처분보다 청구인에게 불리한 재결을 하지 못한다(행심법 제47조 제 2 항). 이를 불이익변경금지의 원칙이라 한다. 예컨대, 甲이 서대문구청장을 상대로 6월의 단란주점영업정지처분의 취소를 구하는 행정심판절차에서 재결청은 영업허가취소의 재결을 할 수는 없다. 불이익변경금지의 원칙 역시 청구인의 이익을 위한 것이다.

5. 재결의 종류

(1) 각하재결 위원회는 심판청구가 적법하지 아니하면 그 심판청구를 각하한다(행심법 제43조 제 1 항). 이로써 본안심리는 거부된다. 각하재결은 요건재결이라고도 한다.

(2) 기각재결 ① 위원회는 심판청구가 이유가 없다고 인정하면 그 심판청구를 기각한다(행심법 제43조 제 2 항). 이는 원처분이 적법 · 타당함을 인정하는 재결이다. ② 한편, 위원회는 심판청구가 이유가 있다고 인정하는 경우에도 이를 인용하는 것이 공공복리에 크게 위배된다고 인정하면 그 심판청구를 기각하는 재결을 할 수 있다(행심법 제44조 제 1 항 전단). 이러한 재결을 사정재결이라 한다. 이 경우 위원회는 재결의 주문에서 그 처분 또는 부작위가 위법하거나 부당하다는 것을 구체적으로 밝혀야 한다(행심법 제44조 제 1 항 후단). 위원회는 제 1 항에 따른 재결을 할 때에는 청구인에 대하여 상당한 구제방법을 취하거나 상당한 구제방법을 취할 것을 피청구인에게 명할 수 있다(행심법 제44조 제 2 항). 사정재결은 무효등확인심판에

는 적용하지 아니한다(행심법 제44조 제 3 항).

(3) 인용재결 심판청구가 이유 있다고 인정할 때에는 인용재결이 이루어진다. ① 위원회는 취소심판의 청구가 이유가 있다고 인정하면 처분을 취소(예: '서대문구청장의 甲에 대한 영업허가취소처분을 취소한다'라는 재결. 이 경우에는 형성재결이다) 또는 다른 처분으로 변경하거나(예: '서대문구청장의 甲에 대한 영업허가취소처분을 영업정지 6월의 처분으로 변경한다'라는 재결. 이 경우에는 형성재결이다), 처분을 다른 처분으로 변경할 것(예: '서대문구청장은 甲에 대한 영업허가취소처분을 영업정지 6월의 처분으로 변경하라'는 재결. 이 경우에는 이행재결이 된다)을 피청구인에게 명한다(행심법 제43조 제 3 항). 따라서 취소심판의 인용재결에는 취소재결 · 변경재결 · 변경명령재결이 있다. ② 위원회는 무효등확인심판의 청구가 이유가 있다고 인정하면 처분의 효력 유무 또는 처분의 존재 여부를 확인한다(행심법 제43조 제 4 항). 따라서 무효등확인재결에는 유효확인재결 · 무효확인재결 · 존재확인재결 · 부존재확인재결이 있다. 통설은 명문의 규정이 없지만 실효확인재결을 인정한다. ③ 위원회는 의무이행심판의 청구가 이유가 있다고 인정하면 지체 없이 신청에 따른 처분을 하거나 처분을 할 것을 피청구인에게 명한다(행심법 제43조 제 5 항). 따라서 의무이행재결에는 처분재결(예: '甲에게 건축을 허가한다'라는 재결. 이 경우에는 형성재결이 된다)과 처분명령재결(예: '서대문구청장은 甲에게 건축허가를 내주라'는 재결. 이 경우에는 이행재결이 된다)이 있다.

6. 재결의 송달

(1) 송 달 위원회는 지체 없이 당사자에게 재결서의 정본을 송달하여야 한다. 이 경우 중앙행정심판위원회는 재결 결과를 소관 중앙행정기관의 장에게도 알려야 한다(행심법 제48조 제 1 항). 위원회는 재결서의 등본을 지체 없이 참가인에게 송달하여야 한다(행심법 제48조 제 3 항). 처분의 상대방이 아닌 제 3 자가 심판청구를 한 경우 위원회는 재결서의 등본을 지체 없이 피청구인을 거쳐 처분의 상대방에게 송달하여야 한다(행심법 제48조 제 4 항).

(2) 공 고 법령의 규정에 따라 공고하거나 고시한 처분이 재결로써 취소되거나 변경되면 처분을 한 행정청은 지체 없이 그 처분이 취소 또는 변경되었다는 것을 공고하거나 고시하여야 한다(행심법 제49조 제 5 항). 법령의 규정에 따라 처분의 상대방 외의 이해관계인에게 통지된 처분이 재결로써 취소되거나 변경되면 처분을 한 행정청은 지체 없이 그 이해관계인에게 그 처분이 취소 또는 변경되었다는 것을 알려야 한다(행심법 제49조 제 6 항).

7. 재결의 효력

(1) 효력의 발생 재결은 청구인에게 제 1 항 전단에 따라 송달되었을 때에 그 효력이 생긴다(행심법 제48조 제 2 항).

(2) 효력의 개관 ① 재결은 행정행위의 일종이므로 다른 행정행위와 마찬가지로

내용상 구속력·공정력·구성요건적 효력·형식적 존속력과 실질적 존속력(재심판청구의 금지, 행정심판법 제39조) 등의 효력을 갖는다. ② 재결은 분쟁해결을 위한 행정심판위원회의 종국적 판단이라는 점에서 형성력과 기속력을 갖는다. 아래에서 형성력과 기속력에 관해 보기로 한다.

(3) 형 성 력　　위원회가 처분청에 변경을 명령하는 것이 아니라 위원회 스스로 취소하거나 변경하는 재결은 형성력을 갖는다. 재결의 형성력이란 재결 그 자체만으로 행정법관계의 변동(발생·변경·소멸)을 가져오는 힘을 말한다.

[예] 甲이 서대문구청장의 영업허가취소처분을 다툰 취소심판에서 서울특별시행정심판위원회가 서대문구청장에게 영업허가취소처분을 6개월 영업정지처분으로 변경하라고 명령하는 재결이 아니라 서울특별시행정심판위원회가 스스로 '서대문구청장이 甲에게 한 영업허가취소처분을 6개월 영업정지처분으로 변경한다'라는 재결을 하면 그것만으로 서대문구청장이 甲에게 한 영업허가취소처분은 6개월 영업정지처분으로 변경되는 효과를 가져온다.

(4) 기 속 력

(가) 의　　의　　심판청구를 인용하는 재결은 피청구인과 그 밖의 관계 행정청을 기속하는바(행심법 제49조 제 1 항), 이러한 재결의 효력을 기속력이라 한다. 기속이란 피청구인인 행정청과 관계행정청이 재결의 취지에 따라야 함을 의미하는데, 재결의 취지에 따른다는 것은 소극적인 면과 적극적인 면에서 재결의 취지에 따라야 함을 의미한다.

(나) 소극적 의무로서 반복금지의무　　소극적인 면에서 재결의 취지에 따라야 한다는 것은 재결에 반하는 행위를 할 수 없다는 것을 의미한다. 반복금지의무에 위반하여 동일한 내용의 처분을 다시 한 경우 이러한 처분은 그 하자가 중대명백하여 무효이다.

[예] 甲이 서울지방경찰청장의 운전면허취소처분을 다툰 취소심판에서 중앙행정심판위원회가 스스로 '서울지방경찰청장이 甲에게 한 운전면허취소처분을 취소한다'라는 재결을 하면 그 후 서울지방경찰청장은 다시 동일한 상황을 이유로 甲에게 운전면허취소처분을 할 수 없다. 이러한 의무를 반복금지의무라고도 한다.

(다) 적극적 의무로서 재처분의무

(a) 유　　형　　① 재결에 의하여 취소되거나 무효 또는 부존재로 확인되는 처분이 당사자의 신청을 거부하는 것을 내용으로 하는 경우에는 그 처분을 한 행정청은 재결의 취지에 따라 다시 이전의 신청에 대한 처분을 하여야 한다(행심법 제49조 제 2 항).

[예] 甲의 건축허가신청에 대하여 서대문구청장이 거부처분을 하자, 甲이 건축허가거부처분 무효확인심판을 제기하였고, 서울특별시행정심판위원회가 인용재결(무효확인재결)을 한 경우, 서대문구청장은 재결의 취지에 따라 甲의 건축허가신청에 대하여 처분을 하여야 한다.

② 당사자의 신청을 거부하거나 부작위로 방치한 처분의 이행을 명하는 재결이 있으면 행정청은 지체 없이 이전의 신청에 대하여 재결의 취지에 따라 처분을 하여야 한다(행심법 제

49조 제 3 항).

[예] 甲의 건축허가신청에 대한 서대문구청장의 건축허가거부처분을 다툰 의무이행심판에서 서울특별시행정심판위원회가 서대문구청장에게 '甲에게 건축허가를 내주라'는 재결을 하면, 서대문구청장은 지체 없이 甲에게 건축허가를 내주어야 한다.

③ 신청에 따른 처분이 절차의 위법 또는 부당을 이유로 재결로써 취소된 경우에도 재결의 취지에 따라 다시 처분을 하여야 한다(행심법 제49조 제 4 항).

[예] 甲이 A영업허가를 신청하였고, 서대문구청장이 甲에게 A영업허가를 내주었으나, 甲의 경쟁자인 乙이 「서대문구청장이 甲에게 A영업허가를 내주기 전에 자신에게 의견제출의 기회를 부여하지 아니하였음」을 이유로 甲에게 내준 A영업허가취소심판을 제기하였고, 서울특별시행정심판위원회가 인용재결(취소재결)을 한 경우, 서대문구청장은 재결의 취지에 따라 甲의 건축허가신청에 대하여 다시 처분을 하여야 한다.

(b) 재처분의무 이행의 확보

① **위원회의 직접처분(이행재결의 취지에 따른 처분을 아니한 경우)** 위원회는 피청구인이 제49조 제 3 항에도 불구하고 처분을 하지 아니하는 경우에는 당사자가 신청하면 기간을 정하여 서면으로 시정을 명하고 그 기간에 이행하지 아니하면 직접 처분을 할 수 있다. 다만, 그 처분의 성질이나 그 밖의 불가피한 사유로 위원회가 직접 처분을 할 수 없는 경우에는 그러하지 아니하다(행심법 제50조).

② **위원회의 간접강제(배상명령을 통한 강제)** 위원회는 피청구인이 제49조 제 2 항(제49조 제 4 항에서 준용하는 경우를 포함한다) 또는 제 3 항에 따른 처분을 하지 아니하면 청구인의 신청에 의하여 결정으로 상당한 기간을 정하고 피청구인이 그 기간 내에 이행하지 아니하는 경우에는 그 지연기간에 따라 일정한 배상을 하도록 명하거나 즉시 배상을 할 것을 명할 수 있다(행심법 제50조의2).

8. 재결의 불복

재심판청구는 금지된다. 즉 심판청구에 대한 재결이 있으면 그 재결 및 같은 처분 또는 부작위에 대하여 다시 행정심판을 청구할 수 없다(행심법 제51조). 재결에 불복이 있으면 행정소송의 제기로 나아갈 수밖에 없다. 예외적이지만, 개별법(예: 국세기본법)에서 재결에 대하여 다시 행정심판을 제기할 수 있다고 규정하는 경우도 있다.

9. 전자정보처리조직을 통한 행정심판 절차의 수행

(1) 전자정보처리조직을 통한 심판청구 등 이 법(행정심판법)에 따른 행정심판 절차를 밟는 자는 심판청구서와 그 밖의 서류를 전자문서화하고 이를 정보통신망을 이용하여 위

원회에서 지정 · 운영하는 전자정보처리조직(행정심판 절차에 필요한 전자문서를 작성 · 제출 · 송달할 수 있도록 하는 하드웨어, 소프트웨어, 데이터베이스, 네트워크, 보안요소 등을 결합하여 구축한 정보처리능력을 갖춘 전자적 장치를 말한다. 이하 같다)을 통하여 제출할 수 있다(행심법 제52조 제 1 항). 제 1 항에 따라 제출된 전자문서는 이 법에 따라 제출된 것으로 보며, 부본을 제출할 의무는 면제된다(행심법 제52조 제 2 항). 전자정보처리조직을 통하여 접수된 심판청구의 경우 제27조에 따른 심판청구 기간을 계산할 때에는 제 3 항에 따른 접수가 되었을 때 행정심판이 청구된 것으로 본다(행심법 제52조 제 4 항).

(2) 전자서명등 위원회는 전자정보처리조직을 통하여 행정심판 절차를 밟으려는 자에게 본인(本人)임을 확인할 수 있는 「전자서명법」 제 2 조 제 3 호에 따른 공인전자서명이나 그 밖의 인증(이하 이 조에서 "전자서명등"이라 한다)을 요구할 수 있다(행심법 제53조 제 1 항). 제 1 항에 따라 전자서명등을 한 자는 이 법에 따른 서명 또는 날인을 한 것으로 본다(행심법 제53조 제 2 항).

(3) 전자정보처리조직을 이용한 송달 등 피청구인 또는 위원회는 제52조 제 1 항에 따라 행정심판을 청구하거나 심판참가를 한 자에게 전자정보처리조직과 그와 연계된 정보통신망을 이용하여 재결서나 이 법에 따른 각종 서류를 송달할 수 있다. 다만, 청구인이나 참가인이 동의하지 아니하는 경우에는 그러하지 아니하다(행심법 제54조 제 1 항). 제 1 항에 따른 전자정보처리조직을 이용한 서류 송달은 서면으로 한 것과 같은 효력을 가진다(행심법 제54조 제 3 항). 제 1 항에 따른 서류의 송달은 청구인이 제 2 항에 따라 등재된 전자문서를 확인한 때에 전자정보처리조직에 기록된 내용으로 도달한 것으로 본다. 다만, 제 2 항에 따라 그 등재사실을 통지한 날부터 2주 이내(재결서 외의 서류는 7일 이내)에 확인하지 아니하였을 때에는 등재사실을 통지한 날부터 2주가 지난 날(재결서 외의 서류는 7일이 지난 날)에 도달한 것으로 본다(행심법 제54조 제 4 항).

제 2 절 행정소송법

제1항 일 반 론

제 1 목 행정소송의 관념

Ⅰ. 행정소송의 의의

1. 행정소송의 개념

행정소송이란 행정상 법률관계의 분쟁을 법원이 심리·판단하는 행정쟁송절차를 말한다.

[예] 서울지방경찰청장이 甲의 운전면허를 취소하자 甲이 행정심판절차를 거쳐 서울지방경찰청장의 처분이 위법하다고 주장하면서 서울행정법원에 운전면허취소처분의 취소를 구하는 소송(취소소송)을 제기하고 서울행정법원이 심리를 거쳐 판결을 하는 재판절차가 바로 행정소송이다.

2. 행정소송의 의미(기능)

행정소송법은 "행정소송절차를 통하여 행정청의 위법한 처분 그 밖에 공권력의 행사·불행사등으로 인한 국민의 권리 또는 이익의 침해를 구제하고, 공법상의 권리관계 또는 법적용에 관한 다툼을 적정하게 해결함을 목적으로 한다"고 규정하고 있다(행소법 제 1 조). 논리적으로 보아 행정소송의 기능으로 권리구제기능, 행정통제기능 등을 들 수 있다.

3. 유사제도와 구별

(1) 행정심판과 구별 행정소송은 당사자로부터 독립한 지위에 있는 제 3 자 기관인 법원이 구두변론 등을 거쳐 행하는 정식쟁송절차이다. 따라서 행정청이 자기의 행위를 간략한 절차에 따라 행하는 행정심판 등의 약식쟁송과 구별된다.

(2) 민사소송과 구별 행정소송은 행정에 관한 공법상의 분쟁, 즉 행정사건을 대상으로 하는 소송을 말한다. 따라서 행정소송은 사법상 권리관계에 관한 소송인 민사소송과 구별된다. 행정소송사항과 민사소송사항의 구별은 공법과 사법의 구별기준에 따라 판단된다. 양자의 구별기준에 관한 확립된 견해는 없다. 공법과 사법의 구별기준으로 귀속설이 많은 지지를 받지만, 귀속설이 해결하지 못하는 영역도 있다. 학설과 판례는 공법과 사법의 구별에 관한 여러 학설과 관련법령의 여러 규정을 종합적으로 해석하는 방식을 취하고 있다.

■ 참고 ■ 귀속설

민법상으로는 사인 외에 국가나 지방자치단체도 권리와 의무의 귀속주체가 될 수 있다. 그러나 세법의 경우에는 국가만이 세금의 부과주체가 될 수 있고, 사인은 세금의 부과주체가 될 수 없고 다만 부과의 대상이 될 수 있을 뿐이다. 여기서 민법과 같이 사인 외에 국가나 지방자치단체도 권리와 의무의 귀속주체가 될 수 있음을 규정하고 있는 법이 사법이고, 세법과 같이 국가나 지방자치단체만이 권리의 귀속주체가 될 수 있고, 사인은 다만 의무의 귀속주체가 될 수 있음을 규정하고 있는 법이 공법이라는 것이 귀속설의 내용이다.

Ⅱ. 행정소송의 종류

1. 주관적 소송과 객관적 소송

① 주관적 소송은 행정작용과 관련하여 자기의 권리(법률상 이익)의 보호를 위해 제기하는 소송을 말한다. 주관적 소송에는 항고소송과 당사자소송이 있다. 항고소송은 운전면허취소처분의 취소를 구하는 것과 같이 기존의 위법한 처분의 시정을 구하는 소송을 말하고, 당사자소송은 공무원이 보수를 청구하는 소송과 같이 당사자가 대등한 지위에서 공법상 권리와 의무를 다투는 소송을 말한다. ② 객관적 소송은 공직선거법상 선거소송이나 당선소송과 같이 공익에 반하는 행정작용의 시정을 구하는 소송을 말한다. 객관적 소송은 개별 법률에 규정이 있는 경우에만 인정된다.

2. 행정소송법상 행정소송의 종류

행정소송법은 행정소송의 종류를 항고소송 · 당사자소송 · 민중소송 · 기관소송의 4가지로 규정하고(행소법 제 3 조), 항고소송을 다시 3가지로 규정하고 있다(행소법 제 4 조). 행정소송법상 항고소송과 당사자소송은 주관적 소송이고, 민중소송과 기관소송은 객관적 소송이다.

행정소송법 제 3 조(행정소송의 종류) 행정소송은 다음의 네가지로 구분한다.
1. 항고소송: 행정청의 처분등이나 부작위에 대하여 제기하는 소송
2. 당사자소송: 행정청의 처분등을 원인으로 하는 법률관계에 관한 소송 그 밖에 공법상의 법률관계에 관한 소송으로서 그 법률관계의 한쪽 당사자를 피고로 하는 소송
3. 민중소송: 국가 또는 공공단체의 기관이 법률에 위반되는 행위를 한 때에 직접 자기의 법률상 이익과 관계없이 그 시정을 구하기 위하여 제기하는 소송
4. 기관소송: 국가 또는 공공단체의 기관 상호간에 있어서의 권한의 존부 또는 그 행사에 관한 다툼이 있을 때에 이에 대하여 제기하는 소송. 다만, 헌법재판소법 제 2 조의 규정에 의하여 헌법재판소의 관장사항으로 되는 소송은 제외한다.

제 4 조(항고소송) 항고소송은 다음과 같이 구분한다.
1. 취소소송: 행정청의 위법한 처분등을 취소 또는 변경하는 소송
2. 무효등 확인소송: 행정청의 처분등의 효력 유무 또는 존재여부를 확인하는 소송
3. 부작위위법확인소송: 행정청의 부작위가 위법하다는 것을 확인하는 소송

Ⅲ. 행정소송법

1. 일반법으로서 행정소송법

1985년 10월 1일부터 발효된 현행 행정소송법은 행정소송에 관한 일반법이다. 특허법이나 디자인법 등 개별 법률에서 행정소송법의 특례를 규정하는 경우가 있다. 그러한 법률에 규정이 없는 사항은 당연히 일반법인 행정소송법이 적용된다.

2. 행정소송법의 문제점

행정소송법에는 의무이행소송에 관한 규정이 없다. 뿐만 아니라 가처분에 대해서도 규정이 없고, 원고의 행정심판자료의 열람 · 복사청구권에 관한 규정도 없다. 이러한 상황에서 법무부는 행정소송법의 전면개정을 위해 시안을 마련 중에 있다.

제 2 목 행정소송의 한계

Ⅰ. 문 제 점

1. 열기주의와 개괄주의

행정소송의 대상을 규정하는 방법에는 열기주의와 개괄주의가 있다. 열기주의란 행정법원이 관할권을 갖는 재판의 대상을 입법자가 명시적으로 나열하는 방식을 말한다. 열기주의에서 행정법원은 입법자가 명시하지 아니한 사건에 대하여 재판권을 갖지 못한다. 개괄주의란 행정법원이 기본적으로 모든 공법상의 분쟁에 대하여 관할권을 갖는 방식을 말한다. 개괄주의에서 국민들은 행정청의 모든 위법한 공법작용을 행정법원에서 다툴 수 있다. 행정소송법은 개괄주의를 채택하고 있다(행소법 제 1 조, 제 4 조 제 1 호, 제19조).

2. 개괄주의의 한계

행정소송에 개괄주의가 적용된다고 하여 모든 행정사건이 행정소송의 대상이 되는 것은 아니다. 행정소송은 행정사건을 판단의 대상으로 하는 것이지만, 행정소송은 사법작용의 일부이므로, 행정소송도 당연히 사법권이 미치는 한계 내에서만 인정될 수 있다. 행정소송에 대한 사법심사의 한계는 ① 사법의 본질에서 나오는 한계와 ② 권력분립원리에서 나오는 한계로 나누어 살펴볼 필요가 있다.

Ⅱ. 사법본질적 한계(법률상 쟁송으로서 한계)

법원의 조직과 법관의 재판은 법률이 정하는 바에 의한다(헌법 제102조 제 3 항, 제103조). 헌법에 근거한 법원조직법 제 2 조 제 1 항은 '법원은 헌법에 특별한 규정이 있는 경우를 제외한 모든 법률상의 쟁송을 심판'한다고 규정하고 있다. 따라서 법률상 쟁송이 아니면 행정소송의 대상이 아니며, 따라서 법원은 재판할 수 없다. 확립된 법률상 쟁송의 개념은 없다. 이 책에서는 법률상 쟁송의 개념을 「① 권리주체간의 구체적인 법률관계(이와 관련하여 추상적 규범통제와 사실행위가 문제된다)하에서 특정인(이와 관련하여 객관적 소송이 문제된다)의 법률상 이익(이와 관련하여 반사적 이익이 문제된다)에 관한 ② 법령(이와 관련하여 방침규정이 문제된다)의 해석 · 적용(이와 관련하여 소위 법으로부터 자유로운 행위인 재량행위 · 특별권력관계에서의 행위 · 통치행위가 문제된다)에 관한 분쟁」으로 정의하기로 한다. ①은 권리주체간의 구체적인 법률관계를 둘러싼 특정인의 법률상 이익에 관한 분쟁의 부분이고, ②는 법령의 해석 · 적용의 부분이다. 간단히 말한다면 ①은 구체적 사건성의 문제이고, ②는 법적용상의 문제이다. ①과 ②의 어느 한 부분이라도 미흡함이 있는 행위는 법률상 쟁송이 아니고, 따라서 행정소송의 대상이 되지 아니한다.

■ **헌법 제102조** ③ 대법원과 각급법원의 조직은 법률로 정한다.
제103조 법관은 헌법과 법률에 의하여 그 양심에 따라 독립하여 심판한다.
■ **법원조직법 제 2 조(법원의 권한)** ① 법원은 헌법에 특별한 규정이 있는 경우를 제외한 모든 법률상의 쟁송을 심판하고, 이 법과 다른 법률에 따라 법원에 속하는 권한을 가진다.

1. 구체적 사건성의 한계

구체적 사건성이 있어야 한다는 것은 이해가 대립되는 당사자 사이에서 구체적이고도 현실적인 권리 · 의무관계에 관한 분쟁이 존재하여야 한다는 것을 의미한다. 구체적 사건성이 없으면 법률상 쟁송이 되지 아니한다. 다음의 경우는 구체적 사건성이 있다고 보기 어렵다.

(1) 사실행위 행정소송은 법률적 쟁송의 문제, 즉 공법상 권리 · 의무관계에 관한 소송이므로, 사실행위는 행정소송의 대상이 되지 아니한다.

[예] 도로공사의 위법 여부나 무효 여부를 행정소송으로 다툴 수는 없다(대판 1990. 11. 23, 90누3553). 도로공사로 사고를 당한 사람이 재산상 피해의 배상을 구하는 소송을 제기하는 것은 가능하지만, 도로공사 그 자체의 위법 여부나 무효 여부를 행정소송으로 다툴 수는 없다. 또한 공문서가 원본인지 복사본인지의 여부를 행정소송으로 다툴 수는 없다.

(2) 추상적 규범통제 구체적 사건에 대한 재판의 전제로서 법령의 위헌 · 위법 여부를 다투는 것을 구체적 규범통제라 한다. 이와 달리 구체적 사건과 관계없이 다만 추상적인 특정 법령의 위헌 · 위법 여부를 다투는 것을 추상적 규범통제라 한다.

[예] 도로교통법 시행령 제X조에 근거하여 운전면허정지처분을 받은 甲이 도로교통법 시행령 제X조가 위법하므로 도로교통법 시행령 제X조에 근거한 운전면허정지처분도 위법하다고 하여 취소소송을 제기한 경우, 甲은 구체적 사건인 운전면허정지처분의 취소를 구하면서 근거가 되는 대통령령인 도로교통법 시행령 제X조를 다투는 것이 된다. 이와 달리 아무런 처분과 관계없이 甲이 도로교통법 시행령 제X조의 위헌·위법 여부를 다투는 것을 추상적 규범통제라 한다. 전통적 견해와 판례는 헌법 제107조 제 1 항과 제 2 항에 비추어 추상적 규범통제는 인정되지 아니한다고 본다(대판 1987. 3. 24, 86누656; 대판 1992. 3. 10, 91누12639). 다만, 법령 그 자체가 직접 국민의 권리·의무를 침해하는 경우에는 구체적 사건성을 갖게 되므로 행정소송의 대상이 된다고 한다. 예컨대, B분교설치폐지조례가 효력을 발생하면, B분교는 자동적으로 폐지되므로, B분교의 재학생들은 B분교설치폐지조례가 처분이 아닌 규범이지만, 행정소송으로 다툴 수 있다고 한다.

▪ 헌법 제107조 ① 법률이 헌법에 위반되는 여부가 재판의 전제가 된 경우에는 법원은 헌법재판소에 제청하여 그 심판에 의하여 재판한다.
② 명령·규칙 또는 처분이 헌법이나 법률에 위반되는 여부가 재판의 전제가 된 경우에는 대법원은 이를 최종적으로 심사할 권한을 가진다.

(3) 객관적 소송 민중소송이나 기관소송 같은 행정의 적법성의 보장을 주된 내용으로 하는 객관적 소송은 개인의 구체적인 권리·의무에 직접 관련되는 것은 아니어서 법률상 쟁송으로 보기 어렵다. 따라서 행정소송의 대상이 되지 아니한다. 다만 법률에 특별한 규정이 있으면 제기할 수 있다(행소법 제45조).

(4) 반사적 이익 행정소송은 구체적인 법률관계에서 법률상 이익이 침해된 자가 소송을 제기함으로써 진행되는 절차이므로(행소법 제12조, 제35조, 제36조), 법률상 이익의 침해가 아닌 반사적 이익의 침해는 행정소송의 대상이 되지 아니한다(대판 1963. 8. 22, 63누97).

2. 법적용상의 한계

행정소송은 행정법상 권리·의무에 관한 분쟁을 대상으로 한다. 법령의 해석·적용상의 분쟁이 아니면 법률상 쟁송이 되지 아니한다. 다음의 경우는 법령의 해석·적용상의 분쟁이라 보기 어렵다.

(1) 행정상 훈시규정·방침규정 훈시규정 내지 방침규정이란 단순히 행정상의 방침 내지 기준만을 제시하고 있을 뿐, 직접 개인의 권리나 이익의 보호를 목적으로 하는 것은 아닌 규정을 말한다. 훈시규정 내지 방침규정의 해석·적용에 관해서는 행정소송으로 다툴 수 없다. 어떠한 규정이 훈시규정 내지 방침규정인지의 여부는 관련법령의 종합적인 해석을 통해서 판단할 수밖에 없다.

(2) 재량행위·판단여지 ① 재량행위에서 재량행사의 잘못은 원칙적으로 부당을 의미할 뿐 위법을 의미하는 것은 아니므로, 재량행위는 위법성의 통제를 내용으로 하는 행정소송의 대상이 될 수 없고, 행정심판의 대상이 될 수 있을 뿐이다. 그러나 재량권남용이나 재량권일탈의 경우에는 위법한 권한행사가 되어 행정소송의 대상이 된다(행소법 제27조). ②

예외적인 것이나, 요건부분의 해석과 관련하여 불확정개념의 해석상 판단여지가 인정되는 경우에는 사법심사 밖에 놓인다고 볼 것이다.

(3) 소위 특별권력관계에서의 행위 종래 특별권력관계 내부질서유지를 위한 지배 내지 관리행위는 법률적 쟁송이 아니어서 행정소송의 대상이 되지 않는다고 함이 통설이었다. 그 이유는 ① 특별권력관계에서의 행위는 행정행위에 해당하지 않고, ② 사법권은 일반 시민사회의 법질서의 유지를 목적으로 하는 것이지 특별권력관계 내부질서유지를 목적으로 하는 것은 아니라는 것이었다. 그러나 이미 살펴본 대로 법적 통제 밖에 놓이는 특별권력관계라는 것은 인정될 수가 없다. 행정처분의 성질을 갖는 한 소위 특별권력관계에서의 행위도 사법심사의 대상이 된다. 특별행정법관계(소위 특별권력관계)에서의 행위는 특별한 행정목적달성을 위해 인정되는 것이어서 행정주체에 비교적 광범위한 재량이 주어질 것이고, 따라서 실제상 행정소송의 대상이 되는 범위는 비교적 좁다.

▌대판 1991. 11. 22, 91누2144(학생에 대한 징계권의 발동이나 징계의 양정이 징계권자의 교육적 재량에 맡겨져 있다 할지라도 법원이 심리한 결과 그 징계처분에 위법사유가 있다고 판단되는 경우에는 이를 취소할 수 있는 것이고, 징계처분이 **교육적 재량행위라는 이유만으로 사법심사의 대상에서 당연히 제외되는 것은 아니다**)(**서울교육대생 징계 사건**).

(4) 통치행위 고도의 정치적 성격을 갖기 때문에 재판으로부터 거리가 먼 행위를 통치행위라 부른다. 학설·판례는 통치행위의 관념을 인정한다.

▌대판 2010. 12. 16, 2010도5986 전원합의체(입헌적 법치주의국가의 기본원칙은 어떠한 국가행위나 국가작용도 헌법과 법률에 근거하여 그 테두리 안에서 합헌적·합법적으로 행하여질 것을 요구하고, 이러한 합헌성과 합법성의 판단은 본질적으로 사법의 권능에 속하는 것이다. 다만 고도의 정치성을 띤 국가행위에 대하여는 이른바 통치행위라 하여 법원 스스로 사법심사권의 행사를 억제하여 그 심사대상에서 제외하는 영역이 있을 수 있다. 그러나 이와 같이 통치행위의 개념을 인정한다고 하더라도 과도한 사법심사의 자제가 기본권을 보장하고 법치주의 이념을 구현하여야 할 법원의 책무를 태만히 하거나 포기하는 것이 되지 않도록 그 인정을 지극히 신중하게 하여야 한다).

Ⅲ. 권력분립적 한계

1. 문 제 점

예컨대, 甲이 서대문구청장에게 건축허가를 신청하였으나 서대문구청장이 거부한 경우, 甲이 법원에 '서대문구청장이 甲에게 한 건축허가거부처분을 취소한다'라는 판결을 구하는 소송을 제기하면, 법원은 서대문구청장의 건축허가거부처분이 위법하다면 甲의 청구를 인용하는 재판을 하는 데 별다른 문제가 없다. 그러나 甲이 법원에 '서대문구청장은 甲에게 건축허가를 내주라'라는 판결을 구하는 소송을 제기하면, 법원이 서대문구청장의 건축허가거부처분이 위법하다고 할 때 과연 '서대문구청장은 甲에게 건축허가를 내주라'라고 하는 이행판결을 할 수 있는가는 문제이다. 왜냐하면 법원이 행정부에 대하여 명령을 하는 것이 권력분립의 원칙상 가능한가의 문제가 있기 때문이다. 이것이 행정소송의 권력분립적 한계의 문제이다.

2. 입 법 례

영미의 경우에는 직무집행명령 · 이송명령 등 행정청에 의무를 부과하는 소송을 인정하고 있고, 독일의 경우에도 의무화소송이 인정되고 있다. 일본은 부작위위법확인소송 외에 의무이행소송도 인정하고 있다.

3. 학설 · 판례

(1) 학 설 학설은 소극설과 적극설 그리고 절충설로 나뉘고 있다. ① 소극설(부정설)은 법원은 행정기관 또는 행정감독기관도 아니고 행정에 대한 1차적 판단권은 행정기관에 있으므로, 법원은 취소 또는 무효확인판결을 할 수 있을 뿐이라는 입장이다. 소극설은 행정소송법 제 4 조 제 1 호의 변경을 일부취소를 의미하는 것으로 보게 된다. ② 적극설(긍정설)은 행정소송법이 변경이라는 용어를 사용하고 있고, 행정의 적법성 보장과 동시에 개인의 권리보호도 효과적으로 이루어져야 하는바 이행판결이 인정되어야 한다는 입장이다. 적극설은 행정소송법 제 4 조 제 1 호의 변경을 일부취소가 아니라 문자 그대로 적극적인 변경을 의미하는 것으로 새긴다. ③ 절충설은 행정소송법이 규정하는 항고소송으로는 실효성 있는 권익구제가 기대될 수 없는 경우에 이행판결이 인정되어야 한다는 입장이다.

▪ **행정소송법 제 4 조(항고소송)** 항고소송은 다음과 같이 구분한다.
1. 취소소송: 행정청의 위법한 처분등을 취소 또는 변경하는 소송

(2) 판 례 판례는 소극설을 취한다. 판례는 의무이행소송(예: '甲에게 건축허가를 내주라'라는 판결을 구하는 소송)과 작위의무확인소송(예: '교육부장관은 초등학교 6학년 국어교과서 ○○쪽의 내용을 새로이 고쳐 써야 할 의무가 있다'라는 판결을 구하는 소송)을 인정하지 아니하며, 예방적 부작위소송(예: '서대문구청장은 乙의 건축물에 대하여 준공처분을 하여서는 아니 된다'라는 판결을 구하는 소송)도 인정하지 아니한다(대판 1987. 3. 24, 86누182).

(3) 사 견 ① 이행판결은 행정권이 법령상 명령되는 바를 따르지 않은 경우에 주어지는 것이므로 그것이 행정권의 일차적 판단권을 침해하는 것이라는 논거는 타당하지 않고, ② 권력분립이라는 것도 인권의 보장에 참뜻이 있는 것이지 권력의 분립 그 자체에 참뜻이 있는 것은 아니고, ③ 사법의 적극성이 인정되는 예가 외국에서 볼 수 없는 것도 아니

다. 따라서 해석상 행정소송법 제 4 조 제 1 호의 '변경'을 적극적으로 이해하여 이행판결 등을 긍정하는 것이 타당하다.

제 2 항 항고소송

제 1 목 취소소송

A. 취소소송 일반론

Ⅰ. 취소소송의 관념

1. 의 의

취소소송이란 행정청의 위법한 처분등을 취소 또는 변경하는 소송을 말한다(행소법 제 4 조 제 1 호). 예컨대, 서대문구청장이 의견제출절차를 거치지 아니하고 甲에게 단란주점영업허가를 취소한 경우, 의견제출절차를 거치지 아니한 것은 위법하지만, 그 하자가 중대한 것은 아니므로 단란주점영업허가취소처분은 무효가 아니다. 서대문구청장의 단란주점영업허가취소처분은 취소할 수 있는 행위로서 유효하다. 달리 말한다면 서대문구청장의 취소처분은 공정력을 갖는다. 따라서 甲은 서대문구청장의 취소처분이 유효하므로 단란주점영업을 할 수 없다. 만약 甲이 단란주점영업을 하려면 단란주점영업허가취소처분을 취소시켜야만 한다. 이러한 경우에 적합한 소송이 바로 취소소송이다. 취소소송은 항고소송의 중심에 놓인다.

2. 종 류

취소소송이란 행정청의 위법한 처분등을 취소 또는 변경하는 소송인데, 처분등은 처분과 재결을 의미하므로(행소법 제 2 조 제 1 항 제 1 호), 취소소송에는 처분취소소송·처분변경소송·재결취소소송·재결변경소송이 있다. 그리고 판례상 인정된 무효선언을 구하는 취소소송이 인정되고 있다.

3. 성 질

취소소송은 개인의 권익구제를 직접적인 목적으로 하는 주관적 소송이다. 취소소송은 위법한 처분으로 인해 발생한 위법상태의 제거를 위한 소송형식이고, 취소소송의 판결은 유효한 행위의 효력을 소멸시키는 것이므로 형성소송에 속한다. 통설의 입장이자 판례의 입장이다(대판 2006. 7. 28, 2004두13219). 행정소송법 제29조 제 1 항(처분등을 취소하는 확정판결은 제 3 자에 대하여도 효력이 있다)은 취소소송이 형성소송임을 말해 주는 하나의 실정법상 근거로 볼 수 있다.

4. 소 송 물

소송의 대상을 소송물이라 한다. 법적 분쟁의 동일성은 소송물의 개념에 따라 정해진다. 즉, 소송물의 개념은 행정소송 해당 여부, 관할법원, 소송의 종류, 소의 병합과 소의 변경, 소송계속의 범위, 그리고 기판력의 범위 및 그에 따른 판결의 기속력의 범위를 정하는 기준이 된다(예: 동일한 소송물에 대한 소송은 이중소송이 된다). 처분이유의 추가 · 변경이 처분의 동일성의 범위 내에서 인정된다는 것도 소송물과 관련하여 의미를 갖는다. 다수설과 판례는 행정행위의 위법성 그 자체(행정행위의 위법성 일반)를 소송물로 본다.

▌대판 2019. 10. 17, 2018두104(취소소송의 소송물은 '처분의 위법성 일반'이라는 것이 대법원의 확립된 견해이다(대법원 1990. 3. 23, 선고 89누5386 판결, 대법원 1994. 3. 8, 선고 92누1728 판결 등 참조). 취소소송에서 법원은 해당 처분이 헌법, 법률, 그 하위의 법규명령, 법의 일반원칙 등 객관적 법질서를 구성하는 모든 법규범에 위반되는지 여부를 기준으로 처분의 위법성을 판단하여야 하고, 이는 주민소송에서도 마찬가지이다).

Ⅱ. 취소소송과 무효등확인소송의 관계

1. 병렬관계

취소소송과 무효등확인소송은 양립할 수 있는 것이 아니라 선택적인 관계에 놓인다. 예컨대, 서대문세무서장이 甲에게 양도소득세를 부과한 경우, 甲은 양도소득세부과처분의 취소를 구하든지 아니면 양도소득세부과처분의 무효확인을 구하든지 하여야지, 양도소득세부과처분의 취소를 구하면서 동시에 무효확인을 구할 수는 없다. 왜냐하면 하나의 행정행위는 무효이든지 아니면 취소할 수 있는 것이지, 무효이자 동시에 취소할 수 있는 것은 아니기 때문이다. 물론 취소소송과 무효등확인소송은 주위적 · 예비적 청구로서 병합이 가능하다. 예컨대, 주위적으로 양도소득세부과처분의 취소를 구하면서, 예비적으로 취소소송이 받아들여지지 않는 경우를 대비하여 무효확인을 구하는 소송을 병합하여 제기하는 것은 가능하다.

2. 포섭관계

① 무효인 처분을 취소소송으로 다투면, 원고가 취소만을 다투는 것이 명백한 것이 아

니라면 무효확인을 구하는 취지까지 포함되어 있는 것으로 본다. 물론 이러한 경우에는 취소소송의 요건을 구비하여야 한다(무효선언을 구하는 취소소송). 한편, ② 취소할 수 있는 행위를 무효등확인소송으로 다투면, 역시 원고가 무효확인만을 구한다는 것이 명백한 것이 아니라면 취소를 구하는 취지까지 포함되어 있는 것으로 본다. 물론 이러한 경우에는 취소소송의 요건을 구비하여야 한다.

Ⅲ. 취소소송과 당사자소송의 관계

행정행위의 공정력으로 인해 단순위법의 하자 있는 행정행위는 취소소송 이외의 소송으로 그 효력을 부인할 수 없다. 따라서 파면처분을 받은 공무원은 그 파면처분이 단순위법의 처분이라면 파면처분취소소송을 제기하여야 하고, 당사자소송으로 공무원지위확인소송을 제기할 수는 없다. 만약 제기되면 그 청구는 기각될 수밖에 없다(대판 2001. 4. 27, 2000다50237).

B. 본안판단의 전제요건

Ⅰ. 일 반 론

1. 의 의

소(訴)가 없으면 재판은 없다. 법원은 행정소송법과 법원조직법 등이 정하는 요건을 구비한 소의 제기가 있는 경우에만 재판한다. 만약 법원이 행정소송법과 법원조직법 등이 정하는 요건을 구비하지 아니한 소를 재판한다면, 법원이 법률을 위반하는 것이 된다. 여기서 행정소송법과 법원조직법 등이 정하는 요건은 2단계로 구성된다. ① 첫 번째 단계는 법원으로부터 처분이 위법한지 여부의 판단을 받기 위한 전제요건의 단계이고, ② 두 번째 단계는 첫 번째 단계가 구비되었음을 전제로 처분이 위법한지의 여부에 대한 판단의 단계이다. ①의 전제요건을 본안판단의 전제요건이라 하고, ②에서 위법 여부를 본안요건이라 한다.

2. 성 질

본안판단의 전제요건의 구비여부는 법원에 의한 직권심사사항이다(대판 1955. 1. 12, 4288행상126). 말하자면 당사자가 주장하지 아니하여도 법원은 당연히 본안판단의 전제요건의 구비여부를 심사하여야 한다. 본안판단의 전제요건이 결여되면, 법원은 소송판결(각하판결)을 한다. 본안판단의 전제요건이 구비되지 아니하였음에도 법원이 각하판결을 하지 아니하고 본안에 대하여 심리한다면, 법원이 권한을 남용하는 것이 된다.

3. 종 류

본안판단의 전제요건으로는 처분등이 존재하고, 관할법원에 원고가 피고를 상대로 일정한 기간 내에 소장을 제출하여야 하고, 일정한 경우에는 행정심판전치를 거쳐야 하되, 원고에게는 처분등의 취소 또는 변경을 구할 이익(권리보호의 필요)이 있어야 하며, 아울러 당사자 사이의 소송대상에 대하여 기판력 있는 판결이 없어야 하고 또한 중복제소도 아니어야 한다. 아래에서 차례로 살펴보기로 한다.

Ⅱ. 처분등의 존재(대상적격)

1. 처분등의 정의

취소소송은 "행정청의 위법한 처분등을 취소 또는 변경하는 소송"이다. 취소소송은 위법하지만 유효한 처분등을 취소하는 소송이므로 취소소송을 제기하기 위해서는 처분등이 존재하여야 한다. 행정소송법은 「"처분등"이라 함은 행정청이 행하는 구체적 사실에 관한 법집행으로서의 공권력의 행사 또는 그 거부와 그 밖에 이에 준하는 행정작용(이하 "처분"이라 한다) 및 행정심판에 대한 재결을 말한다」라고 규정하고 있다(행소법 제 2 조 제 1 항 제 1 호). 따라서 행정소송법은 처분등을 처분과 재결을 합한 개념으로 사용하고 있는 셈이다(처분등 = 처분 + 재결). 아래에서 처분과 재결을 나누어서 살피기로 한다.

2. 처 분

행정소송법 제 2 조 제 1 항 제 1 호 처분 개념의 구성
- 행정청이 행하는 구체적 사실에 관한 법집행으로서의 공권력의 행사
- 행정청이 행하는 구체적 사실에 관한 법집행으로서의 공권력의 행사의 거부
- 그 밖에 이에 준하는 행정작용

(1) 처분개념의 구조 행정소송법상 처분은 「① 행정청이 행하는 구체적 사실에 관한 법집행으로서의 공권력의 행사 또는 ② 그 거부와 ③ 그 밖에 이에 준하는 행정작용」으로 정의되고 있다. 따라서 행정소송법상 처분에 해당하기 위해서는 ①과 ②, 그리고 ③ 중에서 그 어느 하나에 해당하여야 한다. 이해의 편의를 위해 ①의 부분을 「(2) 행정청의 공권력 행사」에서, ②의 부분을 「(3) 행정청의 공권력 행사의 거부」에서, ③ 부분을 「(4) 이에 준하는 행정작용」에서 분석하기로 한다.

▌대판 2016. 12. 27, 2014두5637(항고소송의 대상이 되는 행정처분은, 행정청의 공법상의 행위로서 특정사항에 대하여 법규에 의한 권리의 설정 또는 의무의 부담을 명하거나 기타 법률상 효과를 발생하게 하는

등 국민의 구체적인 권리 · 의무에 직접적 변동을 초래하는 행위를 말하고, 행정권 내부에서의 행위나 알선, 권유, 사실상의 통지 등과 같이 상대방 또는 기타 관계자들의 법률상 지위에 직접적인 법률적 변동을 일으키지 아니하는 행위 등은 항고소송의 대상이 될 수 없다).

(2) 행정청의 공권력 행사

(가) **행 정 청** 행정소송법상 처분은 행정청이 행하는 공권력행사이다. 행정조직법상 행정청이란 행정권의 의사를 정하고 이를 대외적으로 표시할 수 있는 행정기관을 말한다(예: 행정각부의 장관). 단독제기관 외에 합의제기관(예: 방송통신위원회 · 공정거래위원회 · 노동위원회 · 토지수용위원회 · 교원징계재심위원회)도 포함된다. 행정소송법상 행정청에는 법령에 의하여 행정권한의 위임 또는 위탁을 받은 행정기관, 공공단체 및 그 기관 또는 사인이 포함된다(행소법 제 2 조 제 2 항). 따라서 행정소송법에서 말하는 행정청은 행정조직법상 행정청의 개념보다 넓다.

▌대판 2014. 12. 24, 2010두6700(행정소송의 대상이 되는 행정처분은, 행정청 또는 그 소속기관이나 법령에 의하여 행정권한의 위임 또는 위탁을 받은 공공기관이 국민의 권리의무에 관계되는 사항에 관하여 공권력을 발동하여 행하는 공법상의 행위를 말하며, 그것이 상대방의 권리를 제한하는 행위라 하더라도 행정청 또는 그 소속기관이나 권한을 위임받은 공공기관의 행위가 아닌 한 이를 행정처분이라고 할 수 없다).

(나) **구체적 사실** 행정소송법상 처분은 구체적 사실에 관한 공권력행사이다. 구체적 사실이란 기본적으로 관련자가 개별적이고 규율대상이 구체적인 것을 의미한다. 일반 · 추상적 사실에 대한 규율은 입법을 의미한다. 관련자가 일반적이고 규율사건이 구체적인 경우의 규율(예: 교통신호등)은 일반처분이라 하고 이것 역시 처분에 해당한다.

(다) **법 집 행** 행정소송법상 처분은 법집행으로서의 공권력행사이다. 법집행행위라는 점에서 처분과 사법(판결)은 유사한 면을 갖는다. 그러나 처분은 법집행행위이므로 법정립행위인 입법과는 구별된다.

(라) **공권력 행사** 행정소송법상 처분은 공권력 행사이다. 공권력 행사란 공법에 근거하여 행정청이 우월한 지위에서 일방적으로 행하는 일체의 행정작용을 의미한다. 따라서 행정청이 행하는 사법작용이나 사인과의 대등한 관계에서 이루어지는 공법상 계약 등은 여기서 말하는 공권력 행사에 해당하지 아니한다.

(마) **법적 행위**

(a) 의 의 행정소송법 제 2 조 제 1 항 제 1 호는 처분개념을 정의함에 있어 「법적 행위」라는 용어는 사용하고 있지 않다. 그런데 취소소송의 본질은 위법성의 소급적 제거에 있다. 그러나 사실적인 것은 소급적인 제거가 불가능하지만, 법적 행위에 있는 위법성은 소급적으로 제거할 수 있으므로, 취소소송의 대상이 되는 공권력 행사(처분)는 법적 행위에 한정된다. 판례도 같은 입장이다.

▌대판 2015. 12. 10, 2011두32515(항고소송의 대상이 되는 행정청의 처분은 원칙적으로 행정청의 공법상의 행위로서 특정사항에 대하여 법규에 의한 권리의 설정 또는 의무의 부담을 명하거나 기타 법률상의 효과를 직접 발생하게 하는 등 국민의 권리의무에 직접 관계가 있는 행위를 말하므로, 행정청의 내부적인 의사결정 등과 같이 상대방 또는 관계자들의 법률상 지위에 직접적인 법률적 변동을 일으키지 아니하는 행위는 그에 해당하지 아니한다).

▌대판 2022. 7. 28, 2021두60748(행정청의 행위가 항고소송의 대상이 될 수 있는지는 추상적 · 일반적으로 결정할 수 없고, 구체적인 경우에 관련 법령의 내용과 취지, 그 행위의 주체 · 내용 · 형식 · 절차, 그 행위와 상대방 등 이해관계인이 입는 불이익 사이의 실질적 견련성, 법치행정의 원리와 그 행위에 관련된 행정청이나 이해관계인의 태도 등을 고려하여 개별적으로 결정하여야 한다. 행정청의 행위가 '처분'에 해당하는지가 불분명한 경우에는 그에 대한 불복방법 선택에 중대한 이해관계를 가지는 상대방의 인식가능성과 예측가능성을 중요하게 고려하여 규범적으로 판단하여야 한다).

(b) **권력적 사실행위** 행정소송의 실제상 법적 행위인가 아닌가의 문제는 권력적 사실행위와 관련된다. 아래에서 2가지의 예를 보기로 한다.

[예: 불법건물철거행위] 불법건물의 철거행위는 이중의 의미를 갖는다. 즉, 건물의 철거행위는 ⓐ 사실행위로서의 철거하는 행위와 ⓑ 철거 시에 건물의 주인이 철거를 참아야 하는 수인의무가 결합되어 있다고 새긴다(이러한 행위를 합성적 행위라 한다). 여기서 건물의 철거행위는 ⓑ의 수인의무를 발생시킨다는 점에서 법적 행위로 이해된다. 철거공무원에게 대항한 건물의 주인이 처벌을 받지 아니하려면 건물의 철거에 수인의무가 없었어야 한다. 건물의 철거에 수인의무가 없었다고 하려면 철거처분의 취소를 구하여 철거행위를 원천적으로 무력화하여야 한다. 이를 위한 것이 바로 철거행위에 대한 취소소송이다. 건물의 철거행위는 권력적 사실행위이지만 취소소송의 대상이 된다. 그러나 권리보호의 필요와 관련하여서는 제한을 받는다.

[예: 경찰관의 미행행위] 경찰관 A가 뇌물을 받은 세무공무원 B를 미행한다고 할 때, 법원이 경찰관 A에게 세무공무원 B에 대한 미행을 취소하라고 명령한다고 하여 이미 이루어진 미행행위가 없어지지 아니한다. 따라서 이제부터라도 세무공무원 B가 미행을 당하지 아니하려면 법원이 경찰관 A에게 미행을 더 이상 하지 말라는 판결을 해야만 한다(현재 이러한 판결은 인정되고 있지 않다). 미행행위와 같이 성질상 소급적인 제거가 불가능한 순수한 사실행위는 여기서 말하는 법적 행위가 아니다. 미행행위에는 수인의무가 발생하지 아니한다.

요컨대 권력적 사실행위 중에도 불법건물의 철거와 같이 법적 요소를 갖는 것은 처분에 해당하여 취소소송의 대상이 되지만, 경찰관의 미행행위와 같이 법적 요소를 갖지 아니하는 것은 처분에 해당하지 아니하므로 취소소송의 대상이 되지 아니 한다.

(3) 행정청의 공권력 행사의 거부

(가) **행정청 등** 행정청, 구체적 사실, 법집행, 공권력 행사, 법적 행위의 의미는 앞의 '(2) 행정청의 공권력의 행사'의 경우와 같다. 다만 검토를 요하는 것은 거부의 의미이다.

(나) **거부의 대상** 거부란 공권력을 적극적으로 발동하지 아니하는 소극적 태도를 말한다. 여기서 공권력행사의 거부란 모든 공권력행사의 거부가 아니라, 거부된 행정작용이 '행정청이 행하는 구체적 사실에 관한 법집행으로서의 공권력행사의 거부'인 경우, 즉 거부된 행정작용이 처분에 해당하는 경우의 공권력행사의 거부만을 의미한다.

㈐ **거부와 신청권** 판례는 "국민의 적극적 신청행위에 대하여 행정청이 그 신청에 따른 행위를 하지 않겠다고 거부한 행위가 항고소송의 대상이 되는 행정처분에 해당하기 위해서는, 신청한 행위가 공권력의 행사 또는 이에 준하는 행정작용이어야 하고, 거부행위가 신청인의 법률관계에 어떤 변동을 일으키는 것이어야 하며, 국민에게 행위발동을 요구할 법규상 또는 조리상의 신청권이 있어야 한다"는 입장이다(대판 2017. 6. 15, 2013두2945). 그러나 판례의 태도는 정당하지 않다. 왜냐하면 행정소송법 제 2 조 제 1 항 제 1 호가 처분개념에 관한 정의하고 있기 때문에, 어떠한 거부행위가 행정소송의 대상이 되는 처분에 해당하는가의 여부는 「그 거부된 행위가 행정소송법 제 2 조 제 1 항 제 1 호의 처분에 해당하는가」의 여부에 따라 판단하는 것이 논리적이기 때문이다. 그럼에도 판례는 거부행위의 처분성에 관한 판단에 있어서 신청권(신청에 따른 행정행위를 요구할 수 있는 법규상 또는 조리상 권리)의 유무를 기준으로 하고 있는데, 신청권의 유무는 원고적격(행소법 제12조)의 문제로 처리하는 것이 논리적이다.

(4) 이에 준하는 행정작용 '이에 준하는 행정작용'이 무엇을 의미하는지에 관해 확립된 견해는 없다. 이에 관해 판례가 정의한 것도 찾아보기 어렵다. '이에 준하는 행정작용'의 예로 권력적 사실행위를 제시하는 견해도 있고, 일반처분을 제시하는 견해도 있고, 일반처분과 처분법령을 제시하는 견해도 있다. 그러나 이러한 예들은 모두 앞의 「(2) 행정청의 공권력 행사」에서 살펴본 '행정청이 행하는 구체적 사실에 관한 법집행으로서의 공권력의 행사'에 해당될 수도 있는 것이므로 적절한 예라고 말하기 어렵다. '이에 준하는 행정작용'의 의미에 대해서는 연구를 요한다.

3. 재결과 재결소송

(1) 재결의 개념 행정심판법에서 재결이란 행정심판의 청구에 대하여 제 6 조에 따른 행정심판위원회가 행하는 판단을 말한다(행심법 제 2 조 제 3 호). 행정소송법에서 말하는 재결은 행정심판법이 정하는 절차에 따른 재결만을 뜻하는 것은 아니다. 이 밖에 당사자심판이나 이의신청에 의한 재결도 포함된다.

(2) 원처분중심주의

㈎ **의 의** 행정소송법상 재결에 대한 취소소송은 재결 자체에 고유한 위법이 있음을 이유로 하는 경우에 한한다(행소법 제19조 단서). 따라서 취소소송은 원칙적으로 원처분을 대상으로 하며, 재결은 예외적으로만 취소소송의 대상이 될 수 있다. 이를 원처분중심주의라 부른다. 예컨대, 甲이 서대문구청장에게 단란주점영업허가를 신청하였으나 거부처분을 받고, 이어서 단란주점영업허가거부처분에 대한 의무이행심판을 제기하였으나 기각의 재결을 받게되자 행정소송으로 다투려고 하는 경우, 甲은 ① 서대문구청장을 피고로 하여 서대문구청장의 단란주점영업허가거부처분을 다투는 소송을 제기하여야 하는가, 아니면 ② 서울

특별시장을 피고로 하여 기각재결을 다투는 소송을 제기하여야 하는가의 문제가 있다. 원처분중심주의에 따라 甲은 ①의 소송을 제기하여야 한다. 다만, 서울특별시장이 재결을 하지 않고 서울특별시부시장이 재결을 한 경우와 같이 기각재결에 고유한 위법이 있는 경우에는 ②의 소송을 제기할 수 있다. ②에 관해서는 아래에서 살핀다.

(나) **원처분중심주의의 위반과 기각판결** 재결 자체의 고유한 위법이 없음에도 재결에 대해 취소소송을 제기한 경우의 소송상 처리에 관해서는 학설의 대립이 있다. 행정소송법 제19조 단서를 소극적 소송요건으로 보아 각하판결을 해야 한다는 견해(김용섭)가 있으나 재결 자체의 위법 여부는 본안판단사항이기 때문에 기각판결을 하여야 한다(김향기, 윤영선). 판례도 "재결 자체에 고유한 위법이 없는 경우에는 원처분의 당부와는 상관없이 당해 재결취소소송은 이를 기각하여야 한다(대판 1994. 1. 25, 93누16901)"고 한다.

(3) 재결소송

(가) **의 의** 재결을 분쟁대상으로 하는 항고소송을 재결소송이라 부른다. 재결소송은 재결 자체에 고유한 위법이 있음을 이유로 하는 경우에 한한다. 재결에 고유한 위법이 없는 한, 원처분을 다투어야 한다. 개별법률이 원처분중심주의의 예외가 되는 재결소송을 규정하기도 한다(아래의 '(4) 원처분중심주의의 예외' 참조).

(나) **인정필요성** 원처분중심주의의 예외로서 재결소송(재결에 대한 취소소송)을 인정한 것은 원처분을 다툴 필요가 없거나 다툴 수 없는 자도 재결로 인하여 다툴 필요가 생겨날 수 있을 것인데, 이러한 경우에 재결을 다툴 수 없다면 그러한 자들을 위한 권리보호의 길은 막히는 결과가 되기 때문이다. 요컨대 재결로 인하여 비로소 불이익을 받게 되는 경우에 재결소송은 인정된다. 예를 들어, 유해화학물질생산업자의 허가신청에 대해 허가가 거부된 경우에 이웃주민은 그 거부처분을 다툴 필요가 없지만, 거부처분을 받은 생산업자가 거부처분취소재결을 구한 결과 거부처분의 취소가 있게 되면, 이웃주민은 이 단계에서 비로소 취소재결을 다툴 필요성을 갖게 된다.

(다) **재결소송의 사유** 재결에 대한 취소소송(재결소송)은 재결 자체에 고유한 위법이 있는 경우에 가능하다. 따라서 원처분의 위법을 이유로 재결의 취소를 구할 수는 없다. 여기서 재결 자체의 고유한 위법이란 재결 자체에 주체(예: 권한이 없는 기관이 재결하거나 행정심판위원회의 구성원에 결격자가 있다거나 정족수 흠결 등의 사유가 있는 경우) · 절차(예: 행정심판법상의 심판절차를 준수하지 않은 경우) · 형식(예: 서면에 의하지 아니하고 구두로 한 재결), 그리고 내용상의 위법이 있는 경우를 의미한다. 내용의 위법은 재결 자체의 고유한 위법에 포함되지 않는다는 견해도 있으나 다수 견해와 판례는 내용상의 위법도 포함된다고 본다.

▌대판 1997. 9. 12, 96누14661(행정소송법 제19조에서 말하는 재결 자체에 고유한 위법이란 원처분에는 없고 재결에만 있는 재결청(현행법상으로는 위원회)의 권한 또는 구성의 위법, 재결의 절차나 형식의 위

법, 내용의 위법 등을 뜻하고, 그 중 내용의 위법에는 위법 · 부당하게 인용재결을 한 경우가 해당한다).

■ 참고 ■ 내용상 위법의 예

① 심판청구가 부적법하지 않음에도 실체심리를 하지 아니한 채 각하한 경우(대판 2001. 7. 27, 99두2970).
② 행정심판법 제47조에 위반하여 심판청구의 대상이 되지 아니한 사항에 대하여 재결을 하였거나 원처분보다 청구인에게 불리한 재결을 한 경우(불이익변경금지의 원칙의 위반)
③ 사정재결(행심법 제44조)을 함에 있어서 공공복리에 대한 판단을 잘못한 재결
④ 제기요건 미비의 심판청구에 대하여 인용재결이 있고 제 3 자가 이 인용재결을 다투는 경우
⑤ 제 3 자효를 수반하는 행정행위에 있어서 인용재결로 인하여 불이익을 입은 자(제 3 자가 행정심판청구인인 경우의 행정처분 상대방, 행정처분 상대방이 행정심판청구인인 경우의 제 3 자)가 다투는 경우

(라) 재결소송의 대상인 재결 ① 형성재결(예: 취소재결 · 변경재결)의 경우, 위원회로부터 재결을 통보받은 처분청이 행하는 재결결과의 통보는 사실행위이지 행정행위가 아니다. 따라서 형성재결인 취소재결의 경우에는 취소재결 그 자체가 소의 대상이 된다. 그러나 ② 명령재결의 경우 재결이 소의 대상인지 아니면 재결에 따른 처분이 소의 대상인지 여부가 문제된다. ⓐ 재결과 그에 따른 처분이 각각 소송의 대상이 되고 별도로 판단할 수 있다는 견해(재결과 그에 따른 처분이 독립된 행정처분이라는 데 근거), ⓑ 재결취소가 선행되어야 하고 재결을 놔둔 채 그에 따른 처분만의 취소는 구할 수 없다는 견해(재결에 따른 처분은 행정심판법 제49조 제 1 항이 규정한 재결의 기속력에 따른 것으로 재결이 그대로 유지되는 상태에서 그에 따른 처분만을 위법하다고 할 수 없다는 데 근거)가 있지만, ⓒ 재결은 소송의 대상이 되지 않고 그에 따른 처분만이 소송의 대상이라는 견해(명령적 재결이 있다 하더라도 그에 따른 행정청의 처분이 있기 전까지는 구체적 · 현실적으로 권리이익이 침해되었다 볼 수 없고, 어디까지나 그 잠재적 가능성만이 있을 뿐이므로 명령적 재결은 항고소송의 대상이 될 수 없고, 그에 따른 행정청의 처분만이 쟁송의 대상이 될 수 있다는 데 근거)가 타당하다. 하지만 판례는 양자 모두 소의 대상일 수 있다는 입장이다.

▌대판 1993. 9. 28, 92누15093(구 행정심판법 제37조 제 1 항의 규정에 의하면 재결은 행정청을 기속하는 효력을 가지므로 재결청이 취소심판의 청구가 이유 있다고 인정하여 처분청에게 처분의 취소를 명하면 처분청으로서는 그 재결의 취지에 따라 처분을 취소하여야 하지만, 그렇다고 하여 그 재결의 취지에 따른 취소처분이 위법할 경우 그 취소처분의 상대방이 이를 항고소송으로 다툴 수 없는 것은 아니다).

(4) 원처분중심주의의 예외 개별 법률에서 원처분중심주의의 예외로서 재결을 취소소송의 대상으로 규정하는 경우도 있다. 이를 재결주의라 부른다. 예컨대, 감사원의 변상판정처분에 대하여는 행정소송을 제기할 수 없고, 재결에 해당하는 재심의판정에 대해서만 감사원을 피고로 하여 행정소송을 제기할 수 있다(감사원법 제40조 제 2 항 본문). 중앙노동위원회의 재심판정에 대한 행정소송도 재결주의의 예에 해당한다.

▪ **감사원법 제36조(재심의 청구)** ① 제31조에 따른 변상 판정에 대하여 위법 또는 부당하다고 인정하는 본인, 소속 장관, 감독기관의 장 또는 해당 기관의 장은 변상판정서가 도달한 날부터 3개월 이내에 감사원에 재심의를 청구할 수 있다.
② 감사원으로부터 제32조, 제33조 및 제34조에 따른 처분을 요구받은 소속 장관, 임용권자나 임용제청권자, 감독기관의 장 또는 해당 기관의 장은 그 요구가 위법 또는 부당하다고 인정할 때에는 그 요구를 받은 날부터 1개월 이내에 감사원에 재심의를 청구할 수 있다.
제40조(재심의의 효력) ② 감사원의 재심의 판결에 대하여는 감사원을 당사자로 하여 행정소송을 제기할 수 있다. 다만, 그 효력을 정지하는 가처분결정은 할 수 없다.
▪ **노동위원회법 제26조(중앙노동위원회의 재심권)** ① 중앙노동위원회는 당사자의 신청이 있는 경우 지방노동위원회 또는 특별노동위원회의 처분을 재심하여 이를 인정·취소 또는 변경할 수 있다.
제27조(중앙노동위원회의 처분에 대한 소송) ① 중앙노동위원회의 처분에 대한 소송은 중앙노동위원회위원장을 피고로 하여 처분의 통지를 받은 날부터 15일 이내에 이를 제기하여야 한다.
▪ **노동조합 및 노동관계조정법 제85조(구제명령의 확정)** ① 지방노동위원회 또는 특별노동위원회의 구제명령 또는 기각결정에 불복이 있는 관계 당사자는 그 명령서 또는 결정서의 송달을 받은 날부터 10일 이내에 중앙노동위원회에 그 재심을 신청할 수 있다.
② 제 1 항의 규정에 의한 중앙노동위원회의 재심판정에 대하여 관계 당사자는 그 재심판정서의 송달을 받은 날부터 15일 이내에 행정소송법이 정하는 바에 의하여 소를 제기할 수 있다.

Ⅲ. 관할법원

1. 일 반 론

(1) 삼 심 제 행정소송에도 행정법원-고등법원-대법원의 삼심제가 적용된다. 행정법원은 행정소송법에서 정한 행정사건과 다른 법률에 따라 행정법원의 권한에 속하는 사건을 제 1 심으로 심판한다(법원조직법 제40조의4). 고등법원은 행정법원의 제 1 심 판결·심판·결정·명령에 대한 항소 또는 항고사건을 심판한다(법원조직법 제28조). 대법원은 고등법원의 판결에 대한 상고사건과 결정·명령에 대한 재항고사건을 심판한다(법원조직법 제14조).

(2) 토지관할 취소소송의 제 1 심 관할법원은 피고의 소재지를 관할하는 행정법원으로 한다(행소법 제 9 조 제 1 항). 제 1 항에도 불구하고 다음 각 호(1. 중앙행정기관, 중앙행정기관의 부속기관과 합의제행정기관 또는 그 장, 2. 국가의 사무를 위임 또는 위탁받은 공공단체 또는 그 장)의 어느 하나에 해당하는 피고에 대하여 취소소송을 제기하는 경우에는 대법원소재지를 관할하는 행정법원에 제기할 수 있다(행소법 제 9 조 제 2 항)(보통재판적). 한편, 토지의 수용 기타 부동산 또는 특정의 장소에 관계되는 처분등에 대한 취소소송은 그 부동산 또는 장소의 소재지를 관할하는 행정법원에 이를 제기할 수 있다(행소법 제 9 조 제 3 항)(특별재판적).

(3) 행정법원의 설치 행정법원이 설치되지 않은 지역에 있어서의 행정법원의 권한에 속하는 사건은 행정법원이 설치될 때까지 해당 지방법원본원이 관할한다(법원조직법 부칙 제 2 조). 행정법원에는 부(특별부)를 두며(법원조직법 제40조의3 제 1 항), 행정법원의 심판권은 판사 3인으로 구성된 합의부에서 이를 행한다(법원조직법 제 7 조 제 3 항 본문). 다만 행정법원에 있어

서 단독판사가 심판할 것으로 행정법원 합의부가 결정한 사건의 심판권은 단독판사가 행한다(법원조직법 제 7 조 제 3 항 단서).

2. 관할이송

관할권이 없는 법원에 소송이 제기된 사건을 관할권이 있는 법원(관할법원)으로 보내는 것을 관할이송(管轄移送)이라 한다. ① 예컨대, 다른 모든 소송요건을 갖추었지만 서울행정법원에 제기하여야 할 것을 수원지방법원에 제기한 경우에는 수원지방법원(특별부)은 결정으로 서울행정법원에 이송하여야 하는 것과 같이 관할권이 없는 법원에 소송이 제기된 경우, 다른 모든 소송요건을 갖추고 있는 한 각하할 것이 아니라 결정으로 관할법원에 소송을 이송하여야 한다(행소법 제 8 조 제 2 항 · 제31조 제 1 항; 민사소송법 제34조 제 1 항). ② 민사소송법 제34조 제 1 항의 규정은 원고의 고의 또는 중대한 과실없이 행정소송이 심급을 달리하는 법원에 잘못 제기된 경우에도 적용된다(행소법 제 7 조). 예컨대, 서울행정법원에 제기할 것을 서울고등법원에 제기한 경우, 서울고등법원은 결정으로 서울행정법원으로 이송하여야 한다. ③ 행정사건을 민사법원에 제기한 경우에도 관할이송이 적용된다(대판 2023. 6. 29, 2021다250025).

▪ 민사소송법 제34조(관할위반 또는 재량에 따른 이송) ① 법원은 소송의 전부 또는 일부에 대하여 관할권이 없다고 인정하는 경우에는 결정으로 이를 관할법원에 이송한다.

▌대판 2023. 6. 29, 2021다250025(원고가 고의 또는 중대한 과실 없이 행정소송으로 제기하여야 할 사건을 민사소송으로 잘못 제기한 경우, 수소법원으로서는 만약 그 행정소송에 대한 관할도 동시에 가지고 있다면 이를 행정소송으로 심리 · 판단하여야 하고, 그 행정소송에 대한 관할을 가지고 있지 아니하다면 관할법원에 이송하여야 한다).

3. 관련청구소송의 이송 · 병합

(1) 제도의 취지 예컨대, 서대문구청장이 악의로 甲에 대하여 단란주점영업허가취소처분을 한 경우, 甲으로서는 ① 단란주점영업허가취소처분의 취소청구소송을 제기한 후 승소하여 다시 단란주점영업을 하여야 할 것이고, 아울러 ② 단란주점영업허가취소처분으로 인한 재산상 손해를 서대문구로부터 배상받아야 할 것이다. 원리적으로 본다면, ①을 위해서는 서울행정법원에 행정소송인 단란주점영업허가취소처분 취소청구소송을 제기하여야 하고, ②를 위해서는 서울서부지방법원에 손해배상청구소송을 제기하여 한다. 그런데 ①과 ②는 상호관련이 있으므로 하나의 법원에서 하나의 절차로 재판하는 것이 재판의 모순도 방지하고 심리의 중복도 방지하는 효과를 갖는다. 이와 같이 상호관련성이 있는 여러 청구를 하나의 절차에서 심판함으로써 심리의 중복, 재판상 모순을 방지하고 아울러 신속하게 재판을 진행시키기 위한 제도가 바로 행정소송법 제10조가 규정하는 관련청구소송의 이송 및 병합의

제도이다.

▪ **행정소송법 제10조(관련청구소송의 이송 및 병합)** ① 취소소송과 다음 각호의 1에 해당하는 소송(이하 "관련청구소송"이라 한다)이 각각 다른 법원에 계속되고 있는 경우에 관련청구소송이 계속된 법원이 상당하다고 인정하는 때에는 당사자의 신청 또는 직권에 의하여 이를 취소소송이 계속된 법원으로 이송할 수 있다.
1. 당해 처분등과 관련되는 손해배상·부당이득반환·원상회복등 청구소송
2. 당해 처분등과 관련되는 취소소송
② 취소소송에는 사실심의 변론종결시까지 관련청구소송을 병합하거나 피고외의 자를 상대로 한 관련청구소송을 취소소송이 계속된 법원에 병합하여 제기할 수 있다.

(2) 관련청구소송의 의의 행정소송법은 ① 당해 처분등과 관련되는 손해배상·부당이득반환·원상회복 등 청구소송, ② 당해 처분등과 관련되는 취소소송을 관련청구소송으로 규정하고 있다(행소법 제10조 제 1 항). ①의 경우로는 처분등이 원인이 되어 발생한 손해배상청구소송(예: 서대문구청장이 악의로 甲에 대하여 단란주점영업허가취소처분을 한 경우에 있어서 甲이 제기하는 손해배상청구소송), 처분등의 취소·변경이 원인이 되어 발생한 손해배상청구소송 등이 있고, ②의 경우로는 원처분에 대한 소송에 병합하여 제기하는 재결의 취소소송(예: 甲이 서대문구청장에게 단란주점영업허가를 신청하였으나 거부처분을 받고, 이어서 단란주점영업허가거부처분에 대한 의무이행심판을 제기하였으나 기각의 재결을 받게 되자 행정소송으로 다투려고 하는 경우, 甲이 주위적으로 서대문구청장을 피고로 하여 서대문구청장의 단란주점영업허가거부처분을 다투는 소송을 제기하면서, 예비적으로 그 소송이 인용되지 아니하는 경우를 대비하여 서울특별시장을 피고로 하여 기각재결을 다투는 소송을 병합하여 제기하는 경우), 당해 처분과 함께 하나의 절차를 구성하는 행위의 취소청구소송, 상대방이 제기하는 취소소송 외에 제 3 자가 제기하는 취소소송 등의 경우가 있다.

(3) 관련청구소송의 이송 취소소송과 관련청구소송이 각각 다른 법원에 계속되고 있는 경우에 관련청구소송이 계속된 법원이 상당하다고 인정하는 때에는 당사자의 신청 또는 직권에 의하여 이를 취소소송이 계속된 법원으로 보내는 것을 관련청구의 이송이라 한다. 예컨대, 서울행정법원에 단란주점영업허가취소처분 취소청구소송이 제기되어 있고, 서울서부지방법원에 관련청구소송으로 손해배상청구소송이 제기되어 있는 경우, 서울서부지방법원은 상당하다고 인정하는 때에는 당사자의 신청 또는 직권으로 관련청구소송을 서울행정법원으로 이송할 수 있다. 이송결정이 확정되면 관련청구소송은 처음부터 이송받은 법원에 계속된 것으로 간주된다(행소법 제 8 조 제 2 항; 민사소송법 제40조 제 1 항).

(4) 관련청구소송의 병합

(가) **병합심리** 취소소송이 계속된 법원이 관련청구소송을 한꺼번에 심리하는 것을 관련청구소송의 병합심리라 한다. 예컨대, 甲이 서대문구청장에게 단란주점영업허가를 신청하였으나 거부처분을 받자, ① 서울행정법원에 거부처분에 대한 취소소송을 제기하고, 아울러 단란주점영업허가거부처분에 대한 의무이행심판을 제기하였으나 서울특별시장으로부터

기각의 재결을 받자, ② 기각재결의 취소를 구하는 소송도 서울행정법원에 제기하였다고 하자. ①은 취소소송이고, ②는 관련청구소송인데, 서울행정법원은 ①의 소송을 심리할 때에 ②의 소송을 병합하여 동시에 심리할 수 있다. 소송의 병합 여부는 법원의 재량에 속한다. 관련청구소송의 병합은 취소소송의 사실심의 변론종결시까지만 허용된다(행소법 제10조 제 2 항 전단). 소송의 병합은 특별한 절차를 요하지 아니한다.

(나) **병합제기** 예컨대, 서대문구청장이 악의로 甲에 대하여 단란주점영업허가취소처분을 한 경우, 甲으로서는 ① 서울행정법원에 단란주점영업허가취소처분의 취소청구소송(피고: 서대문구청장)을 제기하면서 동시에 ② 서울행정법원에 단란주점영업허가취소처분으로 인한 손해배상청구소송(피고: 서대문구)을 병합하여 제기할 수도 있다. 다만 관련청구소송인 ②의 병합은 ①의 사실심 변론종결시까지만 가능하다. 원고가 관련청구소송을 병합하여 제기하였다고 하여 법원이 반드시 병합심리를 하여야 하는 것은 아니다.

(다) **적용법규** 병합된 관련청구소송이 민사사건인 경우, 민사사건에 대한 적용법규는 행정소송법인가 민사소송법인가의 문제가 있다. 생각건대 병합심리는 재판상의 편의를 위한 것일 뿐이고, 병합한다고 하여 민사사건이 행정사건으로 성질이 변하는 것은 아니므로 병합된 청구에 대해서는 민사소송법이 적용되어야 할 것이다.

Ⅳ. 당사자와 참가인

1. 일 반 론

(1) 당사자의 의의 행정소송을 제기하는 자를 원고, 제기당하는 자를 피고라 한다. 원고와 피고를 합하여 당사자라 한다. 민사소송에서 원고와 피고는 모두 자기의 권익을 주장하는 자이지만, 행정소송인 취소소송에서 원고는 자기의 권익을 주장하는 자이나 피고는 공동체를 대표하는 행정기관이라는 점에서 민사소송과 차이점을 갖는다.

(2) 당사자능력 소송상 당사자(원고 · 피고 · 참가인)가 될 수 있는 능력(자격)을 당사자능력(當事者能力)이라 한다. 말하자면 당사자능력은 소송법관계의 주체가 될 수 있는 능력을 의미한다. 행정소송상 당사자능력은 민법 등의 법률에 의해 권리능력이 부여된 자(자연인 · 법인)에게 인정될 뿐만 아니라 대표자 또는 관리인이 있으면 권리능력 없는 사단이나 재단의 경우에도 인정된다(행정소송법 제 8 조 제 2 항; 민사소송법 제52조). 다만 권리능력 없는 사단이나 재단도 구체적인 분쟁사건과 관련하여 개인적 공권을 가져야 한다. 당사자능력을 참가능력이라 부르기도 한다. 동물에게는 당사자능력이 없다.

(3) 당사자적격 당사자능력을 가진 자가 개별 · 구체적인 사건에서 원고나 피고로서 소송을 수행하고 본안판결을 받을 수 있는 능력(자격)을 당사자적격이라 한다. 행정소송상

당사자적격은 항고소송의 대상인 처분등의 존재 여부 · 위법여부의 확인 · 확정 등에 대하여 법률상 대립하는 이해관계를 갖는 자에게 인정된다. 당사자적격에는 원고적격과 피고적격이 있다.

2. 원고적격

(1) 원고적격의 의의 행정소송에서 원고가 될 수 있는 자격을 원고적격이라 한다. 취소소송은 처분등의 취소를 구할 법률상 이익이 있는 자가 제기할 수 있다(행소법 제12조 제 1 문)(대판 2019. 7. 11, 2017두38874). 처분등의 효과가 기간의 경과, 처분등의 집행 그 밖의 사유로 인하여 소멸된 뒤에도 그 처분등의 취소로 인하여 회복되는 법률상 이익이 있는 자의 경우에는 또한 같다(행소법 제12조 제 2 문). 법률상 이익이 없는 자는 취소소송을 제기할 수 없다. 「법률상 이익이 있는 자」의 의미를 법률상 이익의 주체와 법률상 이익의 의의로 나누어서 살피기로 한다. 참고로, 간혹 원고적격의 의미로 소의 이익이라는 용어가 사용되기도 하나, 이 책에서 소의 이익이라는 용어는 권리보호의 필요의 의미로 사용한다.

(2) 법률상 이익의 주체 ① 법률상 이익이 있는 '자'에는 권리주체로서 자연인과 법인이 있다. 법인에는 공법인과 사법인이 있다. 법인으로서 지방자치단체 또한 자기의 고유한 권리가 침해되었을 때에 당사자적격을 갖는다. 법인격 없는 단체는 대표자를 통해 단체의 이름으로 출소할 수 있다(행소법 제 8 조 제 2 항; 민사소송법 제52조). 국가기관이 원고적격을 갖는 경우도 있다(대판 2013. 7. 25, 2011두1214). ② 법률상 이익이 있는 '자'에는 처분의 상대방(대판 2018. 3. 27, 2015두47492)뿐만 아니라 법률상 이익이 침해된 제 3 자도 포함된다(대판 2020. 4. 9, 2015다34444).

■ 참고 ■ 행정심판의 피청구인과 원고적격

행정심판에서 기각재결이 있는 경우, 사인(私人)인 청구인은 당연히 취소소송을 제기할 수 있다. 그러나 인용재결이 있는 경우, 피청구인인 행정청은 재결의 기속력(행심법 제49조 제 1 항)으로 인해 취소소송을 제기할 수 없다는 것이 판례의 태도이다. 예컨대 ⓐ 甲이 서대문구청장에게 단란주점영업허가를 신청하였으나 거부처분을 받자, 의무이행심판을 제기하였으나 서울특별시행정심판위원회로부터 기각의 재결을 받았다면, 甲은 서대문구청장의 단란주점영업허가거부처분의 취소를 구하는 소송을 제기할 수 있다. 그러나 ⓑ 甲이 서울특별시행정심판위원회로부터 인용재결을 받았다면, 서대문구청(장)은 서울특별시행정심판위원회의 인용재결의 취소를 구하는 소송을 제기할 수 없다.

■ 참고 ■ 단체소송

(1) 의 의 단체(공법상 단체+사법상 단체)가 원고로서 다투는 소송에는 ⓐ 단체가 자신의 고유한 권리의 침해를 다투는 소송(예: 사회단체신고의 수리를 거부한 처분을 다투는 경우), ⓑ 단체가 구성원의 권리의 침해를 다투는 소송(예: 환경단체의 구성원이 위법한 환경운동을 하였

다고 하여 가해지는 제재를 다투는 경우), ⓒ 일반적 공익(예: 환경보호 · 자연보호 · 기념물보호)의 침해를 다투는 소송을 생각할 수 있다. ① 일설은 ⓐ를 이기적 단체소송, ⓒ를 이타적 단체소송이라 하고, 양자를 합하여 단체소송이라 한다. ② 일설은 ⓑ를 이기적 단체소송, ⓒ를 이타적 단체소송이라 하고 양자를 합하여 단체소송이라 한다. ③ 일설은 ⓑ와 ⓒ를 합하여 진정 단체소송이라 하고, ⓐ를 부진정단체소송이라 부르기도 한다. 행정소송에서 단체소송은 주로 이타적 단체소송과 관련한다.

(2) 예 법률이 정한 경우에 법률에 정한 자가 제기할 수 있으므로(행소법 제45조), 이타적 단체소송의 도입가능성은 열려 있다. 2011년 9월에 발효된 개인정보 보호법은 정보주체의 권리가 침해된 경우에 소비자단체나 비영리민간단체가 정보주체를 위해 소송을 제기할 수 있는 개인정보 단체소송을 도입하였다(자세한 것은 제 1 부 제 3 장 제 2 절 제 1 항 Ⅳ. 3.을 보라).

(3) 법률상 이익의 의의

㈎ 학 설 ① 과거에는 법률상 이익이 권리와 동일한 개념인지의 여부를 중심으로 논란이 많았다. 그러나 ② 오늘날에는 법률상 이익을 전통적 의미의 권리와 청주시연탄공장사건을 계기로 하여 판례상 인정되어온 법률상 보호이익을 포함하는 상위개념으로 새기지만(법률상 이익＝전통적 의미의 권리＋ 판례상 인정되어온 법률상 보호이익), 논리적으로는 법률상 이익과 전통적 의미의 권리, 그리고 판례상 인정되어온 법률상 보호이익이 같은 개념으로 새기는 것(법률상 이익＝전통적 의미의 권리＝ 판례상 인정되어온 법률상 보호이익)이 일반적인 경향이다.

■ 참고 ■ 청주시연탄공장사건

청주시연탄공장사건이란 청주시장이 주거지역내에 연탄공장건축허가를 내주자 주거지역내의 (구)도시계획법 제19조 제 1 항과 (구)건축법 제32조 제 1 항 소정 제한면적을 초과한 연탄공장건축허가 처분으로 불이익을 받고 있는 이웃주민들이 청주시장을 상대로 건축허가처분취소청구소송을 제기한 사건이다. 판결요지는 다음과 같다.

▌대판 1975. 5. 13, 73누96, 97(도시계획법과 건축법의 규정취지에 비추어 볼 때 이 법률들이 주거지역내에서의 일정한 건축을 금지하고 또한 제한하고 있는 것은 (구)도시계획법과 (구)건축법이 추구하는 공공복리의 증진을 도모하는 데 그 목적이 있는 동시에, 한편으로는 주거지역 내에 거주하는 사람의 주거안녕과 생활환경을 보호하고자 하는 데도 그 목적이 있는 것으로 해석된다. 그러므로 주거지역 내에 거주하는 사람의 주거의 안녕과 생활환경을 보호받을 이익은 단순한 반사적 이익이나 사실상의 이익이 아니라 바로 법률에 의하여 보호되는 이익이라고 할 것이다).

㈏ 판 례 오늘날 판례는 "법률상 보호되는 이익이란 당해 처분의 근거 법규 및 관련 법규에 의하여 보호되는 개별적 · 직접적 · 구체적 이익이 있는 경우를 말하므로, 공익보호의 결과로 국민 일반이 공통적으로 가지는 일반적 · 간접적 · 추상적 이익이 생기는 경우에는 법률상 보호되는 이익이 있다고 할 수 없다(대판 2014. 2. 21, 2011두29052)"고 정의하고 있다. 판례의 입장이나 일반적 견해의 입장에는 별 차이가 없다.

▌대판 2014. 12. 11, 2012두28704(당해 처분의 근거 법규와 관련 법규에 의하여 보호되는 법률상 이익은 당해 처분의 근거 법규의 명문 규정에 의하여 보호받는 법률상 이익, 당해 처분의 근거 법규에 의하여 보호되지는 아니하나 당해 처분의 행정목적을 달성하기 위한 일련의 단계적인 관련 처분들의 근거 법규에 의하여 명시적으로 보호받는 법률상 이익, 당해 처분의 근거 법규 또는 관련 법규에서 명시적으로 당해 이익을 보호하는 명문의 규정이 없더라도 근거 법규와 관련 법규의 합리적 해석상 그 법규에서 행정청을 제약하는 이유가 순수한 공익의 보호만이 아닌 개별적 · 직접적 · 구체적 이익을 보호하는 취지가 포함되어 있다고 해석되는 경우까지를 말한다).

㈐ **판단기준** 권리 또는 법률상 보호되는 이익의 존부의 문제는 개인적 공권의 성립요건 중 첫 번째 요건인 행정청의 의무의 존재(강행규범성)를 전제로 하고, 개인적 공권의 성립요건 중 두 번째 요건인 사익보호의 존부의 문제이다. 한편, 사익보호목적의 존부는 당해 처분의 근거되는 법률의 규정과 취지 외에 관련 법률의 규정과 취지, 그리고 기본권규정도 고려하여 판단한다는 것이 학설과 판례의 태도이다.

㈑ **원고적격의 확대**

(a) **경쟁자소송(경업자소송)** 경쟁자소송은 서로 경쟁관계에 있는 자들 사이에서 특정인에게 주어지는 수익적 행위가 타인(제 3 자)에게는 법률상 불이익을 초래하는 경우에 그 타인(제 3 자)이 자기의 법률상 이익의 침해를 이유로 수익을 받은 특정인에 대한 행위를 다투는 소송을 말한다(대판 2010. 6. 10, 2009두10512).

▌대판 2010. 6. 10, 2009두10512(갑 회사의 시외버스운송사업과 을 회사의 시외버스운송사업이 다 같이 운행계통을 정하여 여객을 운송하는 노선여객자동차 운송사업에 속하고, 갑 회사에 대한 시외버스운송사업계획변경인가 처분으로 기존의 시외버스운송사업자인 을 회사의 노선 및 운행계통과 갑 회사의 노선 및 운행계통이 일부 같고, 기점 혹은 종점이 같거나 인근에 위치한 을 회사의 수익감소가 예상되므로, 기존의 시외버스운송사업자인 을 회사에 위 처분의 취소를 구할 법률상의 이익이 있다).

(b) **경원자소송** 경원자소송은 면허나 인 · 허가 등의 수익적 행정처분을 신청한 수인이 서로 경쟁관계에 있어서 일방에 대한 면허나 인 · 허가 등의 행정처분이 타방에 대한 불면허 · 불인가 · 불허가 등으로 귀결될 수밖에 없는 경우(경원관계)에 불허가 등으로 인해 자기의 법률상 이익을 침해당한 자가 허가 등을 받은 자의 처분을 다투는 소송을 말한다(대판 2009. 12. 10, 2009두8359).

▌대판 2009. 12. 10, 2009두8359(인, 허가 등의 수익적 행정처분을 신청한 수인이 서로 경쟁관계에 있어서 일방에 대한 허가 등의 처분이 타방에 대한 불허가 등으로 귀결될 수밖에 없는 때 허가 등의 처분을 받지 못한 자는 비록 경원자에 대하여 이루어진 허가 등 처분의 상대방이 아니라 하더라도 당해 처분의 취소를 구할 원고 적격이 있다고 할 것이고, 다만 명백한 법적 장애로 인하여 원고 자신의 신청이 인용될 가능성이 처음부터 배제되어 있는 경우에는 당해 처분의 취소를 구할 정당한 이익이 없다고 할 것이다. 원고를 포함하여 법학전문대학원 설치인가 신청을 한 41개 대학들은 2,000명이라는 총 입학정원을 두고 그 설치인가 여부 및 개별 입학정원의 배정에 관하여 서로 경쟁관계에 있고 이 사건 각 처분이 취소될 경우 원고의 신청이 인용될 가능성도 배제할 수 없으므로, 원고가 이 사건 각 처분의 상대방이 아니라도 그 처분의 취소 등을 구할 당사자적격이 있다).

(c) **이웃소송**(인인소송) 이웃소송은 이웃하는 자들 사이에서 특정인에게 주어지는 수익적 행위가 타인에게는 법률상 불이익을 초래하는 경우에 그 타인이 자기의 법률상 이익의 침해를 다투는 소송을 말한다. 이웃소송은 인인소송이라고도 한다(대판 2010. 4. 15, 2007두16127).

▌대판 2011. 9. 8, 2009두6766(행정처분의 직접 상대방이 아닌 자로서 그 처분에 의하여 자신의 환경상 이익이 침해받거나 침해받을 우려가 있다는 이유로 취소소송을 제기하는 제 3 자는, 자신의 환경상 이익이 그 처분의 근거 법규 또는 관련 법규에 의하여 개별적·직접적·구체적으로 보호되는 이익, 즉 법률상 보호되는 이익임을 증명하여야 원고적격이 인정되고, 다만 그 행정처분의 근거 법규 또는 관련 법규에 그 처분으로써 이루어지는 행위 등 사업으로 인하여 환경상 침해를 받으리라고 예상되는 영향권의 범위가 구체적으로 규정되어 있는 경우에는, 그 영향권 내의 주민들은 당해 처분으로 인하여 직접적이고 중대한 환경피해를 입으리라고 예상할 수 있고, 이와 같은 환경상의 이익은 주민 개개인에 대하여 개별적으로 보호되는 직접적·구체적 이익으로서 그들에 대하여는 특단의 사정이 없는 한 환경상 이익에 대한 침해 또는 침해 우려가 있는 것으로 사실상 추정되어 법률상 보호되는 이익으로 인정됨으로써 원고적격이 인정되며, 그 영향권 밖의 주민들은 당해 처분으로 인하여 그 처분 전과 비교하여 수인한도를 넘는 환경피해를 받거나 받을 우려가 있다는 자신의 환경상 이익에 대한 침해 또는 침해 우려가 있음을 증명하여야만 법률상 보호되는 이익으로 인정되어 원고적격이 인정된다).

3. 피고적격

(1) 원칙(처분청) 피고적격이란 행정소송에서 피고가 될 수 있는 자격을 의미한다. 다른 법률에 특별한 규정이 없는 한 취소소송에서는 그 처분등을 행한 행정청이 피고가 된다(행소법 제13조 제 1 항 본문). 처분등을 행한 행정청을 처분청이라 부른다. 논리상 피고는 권리주체(법인격자)인 국가나 지방자치단체가 되어야 할 것이나 행정소송수행의 편의상 행정소송법은 행정청을 피고로 규정하고 있다. 행정청에는 단독기관(예: 장관)도 있고, 합의제기관(예: 배상심의회·토지수용위원회)도 있다. 예컨대, 단독기관인 보건복지부장관의 처분을 다투는 경우에는 보건복지부가 아니라 보건복지부장관이 피고가 되지만, 합의제기관인 중앙토지수용위원회의 재결처분을 다투는 경우에는 중앙토지수용위원회의 위원장이 아니라 중앙토지수용위원회가 피고가 된다.

(2) 예 외 ① 처분등이 있은 뒤에 그 처분등에 관계되는 권한이 다른 행정청에 승계된 때에는 이를 승계한 행정청을 피고로 한다(행소법 제13조 제 1 항 단서).

[예] 서대문구청장이 A처분을 하였으나, 그 후 A처분의 권한이 마포구청장에게 넘어간 경우에는 마포구청장이 피고가 된다.

② 행정청이 없게 된 때에는 그 처분등에 관한 사무가 귀속되는 국가 또는 공공단체를 피고로 한다(행소법 제13조 제 2 항).

[예] 내무부가 A사무를 처리하였으나, A사무를 승계하는 기관이 없이 내무부가 폐지된 경우에는 국가를 피고로 하여야 한다.

③ 행정권한의 위임 · 위탁이 있는 경우에는 현실적으로 처분을 한 수임청 · 수탁청이 피고가 된다(행소법 제 2 조 제 2 항)(대판 2013. 2. 28, 2012두22904). ④ 국가공무원법에 의한 처분 기타 본인의 의사에 반한 불리한 처분으로 대통령이 행한 처분에 대한 행정소송의 피고는 소속장관이 된다(국공법 제16조). 국회의장이 한 처분에 대한 행정소송의 피고는 사무총장으로 한다(국회사무처법 제 4 조 제 3 항).

▪ **국가공무원법 제16조(행정소송과의 관계)** ② 제 1 항에 따른 행정소송을 제기할 때에는 대통령의 처분 또는 부작위의 경우에는 소속 장관(대통령령으로 정하는 기관의 장을 포함한다. 이하 같다)을, 중앙선거관리위원회위원장의 처분 또는 부작위의 경우에는 중앙선거관리위원회사무총장을 각각 피고로 한다.

(3) 피고경정 행정안전부장관을 피고로 하였다가 경찰청장을 피고로 변경하는 것과 같이 피고를 변경하는 것을 피고경정이라 한다. 피고경정제도를 두는 것은 피고를 잘못 지정한 경우에 소송요건(본안판단의 전제요건)의 미비를 이유로 각하판결을 하고, 원고로 하여금 새로운 소를 제기하게 하는 것보다는 피고를 경정하게 하는 것이 보다 효과적이라는 데 있다. 원고가 피고를 잘못 지정한 때에는 법원은 원고의 신청에 의하여 결정으로써 피고의 경정을 허가할 수 있다(행소법 제14조 제 1 항). 피고경정의 허가가 있으면 새로운 피고에 대한 소송은 처음에 소를 제기한 때에 제기된 것으로 보며(행소법 제14조 제 4 항) 아울러 종전의 피고에 대한 소송은 취하된 것으로 본다(행소법 제14조 제 5 항).

4. 소송참가

(1) 의 의 취소소송과 이해관계 있는 제 3 자나 다른 행정청을 소송에 참여시키는 것을 소송참가라 한다. 행정소송에서 소송참가는 원고나 피고를 돕기 위한 보조참가이며, 원고나 피고에 대립되는 독립적인 당사자로서의 이익의 확보를 위한 독립당사자참가는 아니다. 소송참가에는 제 3 자의 소송참가와 다른 행정청의 소송참가가 있다.

(2) 취 지 참가제도는 제 3 자가 자신의 법률상 이익의 보호를 위해 직접 공격 · 방어방법을 제출하여 다툴 수 있으므로 제 3 자의 권리보호에 기여하며(권리보호기능), 아울러 분쟁대상에 대한 모순되는 판결을 방지함으로써 법적 안정에도 기여한다(법적 안정의 보장).

(3) 제 3 자의 소송참가 법원은 소송의 결과에 따라 권리 또는 이익의 침해를 받을 제 3 자가 있는 경우에는 당사자 또는 제 3 자의 신청 또는 직권에 의하여 결정으로써 그 제 3 자를 소송에 참가시킬 수 있다(행소법 제16조 제 1 항). 이를 제 3 자의 소송참가라고 한다.

[예] 甲이 고층빌딩의 건축을 위하여 허가신청을 하였으나 서대문구청장이 거부처분을 하였다. 이에 甲이 건축허가거부처분에 대한 취소소송을 제기하였다고 하자. 만약 행정소송에서 甲의 청구가 인용되면, 甲은 고층빌딩을 지을 것이고, 이로 인해의 고층빌딩주변에 사는 주민 乙은 일조권과 조망권의 침해를 당할 수 있게 된다. 이러한 경우에 법원이 乙의 신청이나 직권으로 乙을 소송에 참가시키는 것을 제 3 자의 소송참가라 한다. 소송에 참가하는 乙은 서대문구청장을 보조하는 역할을 하게 될 것이다.

(4) 다른 행정청의 소송참가 법원은 다른 행정청을 소송에 참가시킬 필요가 있다고 인정할 때에는 당사자 또는 당해 행정청의 신청 또는 직권에 의하여 결정으로써 그 행정청을 소송에 참가시킬 수 있다(행소법 제17조 제 1 항). 이를 다른 행정청의 소송참가라 한다.

[예] 甲이 A건물을 신축하고자 서대문구청장에게 허가신청을 하였으나 서대문구청장은 서대문소방서장이 A건물의 건축허가에 소방시설 설치 및 관리에 관한 법률 제 6 조 제 1 항의 동의를 하지 아니하였다는 이유로 거부처분을 하였다. 이에 甲이 서대문구청장의 건축허가거부처분에 대한 취소소송을 제기하였다고 하자. 만약 행정소송에서 甲의 청구가 인용되면, 서대문소방서장의 부동의에도 불구하고 甲은 일정 절차를 거쳐 A건물을 지을 것이고, 이렇게 되면 서대문소방서장은 서대문구에서 화재예방, 소방시설 설치 유지 및 안전관리에 관한 법률에 관한 사무를 집행하는 데 어려움을 겪게 된다. 이러한 경우에 법원이 소송에 참가시킬 필요가 있다고 인정할 때에는 甲이나 서대문구청장, 또는 서대문소방서장의 신청, 아니면 서울행정법원이 직권에 의하여 결정으로 서대문소방서장을 소송에 참가시키는 것을 다른 행정청의 소송참가라 한다. 소송에 참가하는 서대문소방서장은 서대문구청장을 보조하는 역할을 하게 될 것이다.

▪ **소방시설 설치 및 관리에 관한 법률 제 6 조(건축허가등의 동의 등)** ① 건축물 등의 신축·증축·개축·재축(再築)·이전·용도변경 또는 대수선(大修繕)의 허가·협의 및 사용승인(「주택법」 제15조에 따른 승인 및 같은 법 제49조에 따른 사용검사, 「학교시설사업 촉진법」 제 4 조에 따른 승인 및 같은 법 제13조에 따른 사용승인을 포함하며, 이하 "건축허가등"이라 한다)의 권한이 있는 행정기관은 건축허가등을 할 때 미리 그 건축물 등의 시공지(施工地) 또는 소재지를 관할하는 소방본부장이나 소방서장의 동의를 받아야 한다.

Ⅴ. 제소기간

1. 일 반 론

(1) 의 의 제소기간이란 처분의 상대방 등이 소송을 제기할 수 있는 시간적 간격을 말한다. 제소기간이 경과하면 취소소송을 제기할 수 없다. 제소기간이 경과한 후에 제소하면, 법원은 그 소를 각하하여야 한다.

(2) 성 질 제소기간의 준수 여부는 법원의 직권조사사항이다(대판 1987. 1. 20, 86누490). 말하자면 피고가 제소기간경과 후의 제소라고 이의(본안전 항변)를 제기하지 않는다고 하여도 법원은 제소기간의 준수 여부를 명백히 하여야 한다,

(3) 적용범위 ① 제소기간의 요건은 처분의 상대방이 소송을 제기하는 경우는 물

론이고, 법률상 이익이 침해된 제 3 자가 소송을 제기하는 경우에도 적용된다. ② 무효등확인 소송의 경우에는 제소기간의 제한이 없다. 그러나 행정처분의 당연무효를 선언하는 의미에서 그 취소를 구하는 행정소송을 제기하는 경우에는 제소기간의 준수 등 취소소송의 제소요건을 갖추어야 한다는 것이 판례의 입장이다. ③ 공익사업을 위한 토지등의 취득 및 보상에 관한 법률 등 개별 법률에서 제소기간에 관해 특례를 두기도 한다.

▪ **공익사업을 위한 토지등의 취득 및 보상에 관한 법률 제85조(행정소송의 제기)** ① 사업시행자·토지소유자 또는 관계인은 제34조의 규정에 의한 재결에 대하여 불복이 있는 때에는 재결서를 받은 날부터 90일 이내에, 이의신청을 거친 때에는 이의신청에 대한 재결서를 받은 날부터 60일 이내에 각각 행정소송을 제기할 수 있다. …

2. 종류(안 날과 있은 날)

(1) 안 날부터 90일

① 행정심판을 거치지 않은 경우에 제기하는 취소소송은 처분등(處分等)이 있음을 안 날부터 90일 이내에 제기하여야 한다(행소법 제20조 제 1 항 본문). 처분등이 있음을 안 날이란 유효한 행정처분이 있음을 안 날을 의미하며(대판 2019. 8. 9, 2019두38656), 구체적으로 그 행정처분의 위법 여부를 판단한 날을 가리키는 것은 아니다(대판 2006. 4. 14, 2004두3847).

[예] 서대문구청장의 甲에 대한 A처분이 2020년 6월 2일에 등기우편으로 甲의 아파트에 도달하였다고 하여도, 한국에 가족이 없는 노인인 甲이 2020년 6월 1일에 미국으로 갔다가 2020년 12월 20일에 귀국하였다면, 甲이 처분등이 있음을 안 날이란 민법 제157조를 고려할 때 2020년 12월 21일이라 할 것이다.

② 제18조 제 1 항 단서에 규정한 경우와 그 밖에 행정심판청구를 할 수 있는 경우 또는 행정청이 행정심판청구를 할 수 있다고 잘못 알린 경우에 행정심판청구가 있은 때의 기간은 재결서의 정본을 송달받은 날부터 기산한다(행소법 제20조 제 1 항 단서). ③ 90일은 불변기간이다(행소법 제20조 제 3 항).

▪ **민법 제157조(기간의 기산점)** 기간을 일, 주, 월 또는 연으로 정한 때에는 기간의 초일은 산입하지 아니한다. 그러나 그 기간이 오전영시로부터 시작하는 때에는 그러하지 아니하다.
▪ **행정소송법 제18조(행정심판과의 관계)** ① 취소소송은 법령의 규정에 의하여 당해 처분에 대한 행정심판을 제기할 수 있는 경우에도 이를 거치지 아니하고 제기할 수 있다. 다만, 다른 법률에 당해 처분에 대한 행정심판의 재결을 거치지 아니하면 취소소송을 제기할 수 없다는 규정이 있는 때에는 그러하지 아니하다.

▌대판 2007. 6. 14, 2004두619(통상 고시 또는 공고에 의하여 행정처분을 하는 경우에는 그 처분의 상대방이 불특정 다수인이고 그 처분의 효력이 불특정 다수인에게 일률적으로 적용되는 것이므로, 그 행정처분에 이해관계를 갖는 자가 고시 또는 공고가 있었다는 사실을 현실적으로 알았는지 여부에 관계없이 고시가 효력을 발생하는 날 행정처분이 있음을 알았다고 보아야 한다).

(2) 있은 날부터 1년　① 행정심판을 거치지 않고 취소소송을 제기하는 경우에는 처분등(處分等)이 있은 날부터 1년을 경과하면 이를 제기하지 못한다(행소법 제20조 제 2 항 본문). 처분등이 있은 날이란 그 행정처분의 효력이 발생한 날을 각 의미한다(대판 2019. 8. 9, 2019두38656). ② 행정소송법 제18조 제 1 항 단서에 규정된 경우와 그 밖에 행정심판청구를 할 수 있는 경우 또는 행정청이 행정심판청구를 할 수 있다고 잘못 알린 경우에 행정심판청구가 있은 때의 제소기간은 재결이 있은 날부터 역시 1년이다(행소법 제20조 제 2 항 본문). ③ 정당한 사유가 있으면 상기의 두 경우 모두 1년의 기간이 경과하여도 제소할 수 있다(행소법 제 2 항 단서).

(3) 안 날과 있은 날의 관계　처분이 있음을 안 날부터 90일과 처분이 있은 날부터 1년 중 어느 하나의 기간만이라도 경과하면, 제소기간은 종료하게 된다. 두 가지 기간 모두가 경과하여야 하는 것은 아니다.

Ⅵ. 소　장

취소소송은 구두로 제기할 수 없다. 소는 법원에 소장을 제출함으로써 제기한다(행소법 제 8 조 제 2 항; 민사소송법 제248조). 소장에는 당사자, 법정대리인, 청구의 취지와 원인을 기재하여야 한다(행소법 제 8 조 제 2 항; 민사소송법 제249조 제 1 항). 그 밖에 준비서면에 기재하는 사항도 소장에 기재하여야 한다(행소법 제 8 조 제 2 항; 민사소송법 제249조 제 2 항).

Ⅶ. 행정심판의 전치(행정심판법상 행정심판과 행정소송의 관계)

1. 일 반 론

(1) 의　의　행정심판의 전치란 행정소송의 제기에 앞서서 피해자가 먼저 행정청에 행정심판(행정심판법상 행정심판을 말한다. 이하 같다)의의 제기를 통해 처분의 시정을 구하고, 그 시정에 불복이 있을 때 행정소송을 제기하는 것을 말한다. 예컨대, 甲이 서울지방경찰청장으로부터 운전면허취소처분을 받은 경우, 甲이 서울행정법원에 운전면허취소처분 취소청구소송을 제기하기에 앞서서 먼저 중앙행정심판위원회에 운전면허취소처분 취소심판을 제기하는 것을 행정심판의 전치라 한다. 행정심판의 전치에는 필요적 심판전치주의와 임의적 심판전치주의가 있다.

(2) 취　지　행정심판의 전치제도는 ① 행정청에 대하여는 행정권 스스로에 의한 시정의 기회를 줌으로써 행정권의 자율성 내지 자기통제를 확보하고(이것이 본질적 기능이다), ② 법원에 대하여는 행정청의 전문적인 지식을 활용하고 아울러 법원의 부담을 경감해 줌으

로써 경제적이고 신속한 분쟁의 해결에 기여하고, ③ 개인에 대하여는 자신의 권리를 보호하는 데 그 의미가 있다.

(3) 법적 근거 행정심판전치의 헌법적 근거는 헌법 제107조 제 3 항이다. 행정심판전치의 일반법상 근거규정으로는 헌법 제107조 제 3 항에 따른 행정소송법 제18조가 있다. 행정소송법 제18조는 임의적 심판전치주의를 원칙으로 규정하고 있다.

▪ **헌법 제107조** ③ 재판의 전심절차로서 행정심판을 할 수 있다. 행정심판의 절차는 법률로 정하되, 사법절차가 준용되어야 한다.

2. 임의적 심판전치(원칙)

(1) 의 의 취소소송은 법령의 규정에 의하여 당해 처분에 대한 행정심판을 제기할 수 있는 경우에도 이를 거치지 아니하고 제기할 수 있다(행소법 제18조 제 1 항 본문). 따라서 행정소송법상으로는 임의적 심판전치가 원칙이다. 말하자면 법률상 행정심판의 전치에 관해 규정하는 바가 없거나 또는 법률상 행정심판의 전치에 관한 규정이 있어도 그것이 강제되는 경우가 아니라면, 행정심판을 거쳐 소송을 제기할 것인지의 여부는 취소소송을 제기할 사람이 알아서 판단할 사항이다.

[예] 식품위생법에는 단란주점영업허가취소처분에 대하여 취소소송을 제기하는 경우에 행정심판절차를 거쳐야 하는지에 관해 규정하는 바가 없다. 따라서 단란주점영업허가가 취소된 자는 바로 취소소송을 제기할 수도 있고, 아니면 먼저 행정심판을 제기하고 행정심판에서 자기의 청구가 인용되지 아니하면 취소소송을 제기할 수도 있다.

(2) 문 제 점 행정소송법은 임의적 심판전치를 원칙으로 규정하고 있으나, 개별 법률이 필요적 행정심판전치를 규정하게 되면, 임의적 행정심판전치주의는 결과적으로 필요적 행정심판전치제도로 변할 수 있다. 따라서 개별 법률의 제정·개정시 필요적 행정심판전치의 도입에는 신중을 기하여야 한다.

3. 필요적 심판전치(예외)

(1) 의 의 다른 법률에 당해 처분에 대한 행정심판의 재결을 거치지 아니하면 취소소송을 제기할 수 없다는 규정이 있는 때에는 반드시 행정심판의 재결을 거쳐야만 제소할 수 있다(행소법 제18조 제 1 항 단서). ① 다른 법률의 규정이란 국회 제정 법률상 명문의 규정을 말하며, 재결을 거치는 것이 필수적이라는 점을 해석을 통해서 주장할 수는 없다. 그리고 ② 다른 법률의 예로 도로교통법, 국가공무원법, 국세기본법 등을 볼 수 있다.

▪ **도로교통법 제142조(행정소송과의 관계)** 이 법에 따른 처분으로서 해당 처분에 대한 행정소송은 행정심판의 재결(裁決)을 거치지 아니하면 제기할 수 없다.

▪ **국가공무원법 제16조(행정소송과의 관계)** ① 제75조에 따른 처분, 그 밖에 본인의 의사에 반한 불리한 처분이나 부작위에 관한 행정소송은 소청심사위원회의 심사·결정을 거치지 아니하면 제기할 수 없다.
② 제 1 항에 따른 행정소송을 제기할 때에는 대통령의 처분 또는 부작위의 경우에는 소속 장관(대통령령으로 정하는 기관의 장을 포함한다. 이하 같다)을, 중앙선거관리위원회위원장의 처분 또는 부작위의 경우에는 중앙선거관리위원회사무총장을 각각 피고로 한다.
▪ **국세기본법 제56조(다른 법률과의 관계)** ② 제55조에 규정된 위법한 처분에 대한 행정소송은 「행정소송법」 제18조 제 1 항 본문·제 2 항 및 제 3 항의 규정에 불구하고 이 법에 의한 심사청구 또는 심판청구와 그에 대한 결정을 거치지 아니하면 이를 제기할 수 없다. …

(2) 성 질 　필요적 행정심판전치가 적용되는 경우, 그 요건을 구비하였는가의 여부는 소송요건으로서 당사자의 주장의 유무에 불구하고 법원이 직권으로 조사할 사항에 속한다. 예컨대, 운전면허가 취소된 자가 운전면허취소처분에 대한 취소심판절차를 거치지 아니하고 운전면허취소처분 취소청구소송을 제기하면, 피고의 이의(본안전 항변)가 없다고 하여도 법원은 소송요건(본안판단의 전제요건)의 미비를 이유로 각하하여야 한다. 필요적 행정심판전치의 구비 여부는 사실심 변론종결시를 기준으로 한다.

(3) 예 외 　필요적 행정심판전치가 적용되는 경우라 하여도 이를 강행하는 것이 국민의 권익을 침해하는 결과가 되는 경우도 있는바, 이러한 경우에는 필요적 심판전치의 예외를 인정할 필요가 있다. 그 예외의 경우로서 행정소송법은 ① 행정심판은 제기하되 재결을 거치지 아니하고 소송을 제기할 수 있는 경우(행소법 제18조 제 2 항)와 ② 행정심판조차 제기하지 않고 소송을 제기할 수 있는 경우를 규정하고 있다(행소법 제18조 제 3 항).

▪ **행정소송법 제18조(행정심판과의 관계)** ② 제 1 항 단서의 경우에도 다음 각호의 1에 해당하는 사유가 있는 때에는 행정심판의 재결을 거치지 아니하고 취소소송을 제기할 수 있다.
1. 행정심판청구가 있은 날로부터 60일이 지나도 재결이 없는 때
2. 처분의 집행 또는 절차의 속행으로 생길 중대한 손해를 예방하여야 할 긴급한 필요가 있는 때
3. 법령의 규정에 의한 행정심판기관이 의결 또는 재결을 하지 못할 사유가 있는 때
4. 그 밖의 정당한 사유가 있는 때

③ 제 1 항 단서의 경우에 다음 각호의 1에 해당하는 사유가 있는 때에는 행정심판을 제기함이 없이 취소소송을 제기할 수 있다.
1. 동종사건에 관하여 이미 행정심판의 기각재결이 있은 때
2. 서로 내용상 관련되는 처분 또는 같은 목적을 위하여 단계적으로 진행되는 처분중 어느 하나가 이미 행정심판의 재결을 거친 때
3. 행정청이 사실심의 변론종결후 소송의 대상인 처분을 변경하여 당해 변경된 처분에 관하여 소를 제기하는 때
4. 처분을 행한 행정청이 행정심판을 거칠 필요가 없다고 잘못 알린 때

(4) 적용범위 　① 취소소송에 적용되는 행정심판의 전치는 부작위위법확인소송에도 준용된다(행소법 제38조 제 2 항). 그러나 ② 무효등확인소송에는 적용이 없다(행소법 제38조 제 1 항). ③ 당사자소송의 경우에도 행정심판의 전치는 적용이 없다. ④ 제 3 자에 의한 소송제기

의 경우에는 행정심판의 전치는 적용된다. ⑤ 무효선언을 구하는 의미의 취소소송의 경우에도 행정심판의 전치는 적용된다.

4. 행정소송과 행정심판의 관련성

(1) 행정심판제기의 적법성 여부 필요적 행정심판전치의 경우, ① 적법한 심판제기를 하였으나, 기각된 경우에는 심판전치의 요건이 구비된 것이므로 취소소송을 제기할 수 있다. ② 적법한 심판제기가 있었으나 본안심리를 하지 않고 각하된 경우에도 심판전치의 요건이 구비된 것이므로 취소소송을 제기할 수 있다. ③ 심판제기기간의 경과 등으로 부적법한 심판제기가 있었고 이에 대해 각하재결이 있었다면, 심판전치의 요건이 구비되지 않은 것이므로 취소소송을 제기할 수 없다. ④ 심판제기기간의 경과 등으로 부적법한 심판제기가 있었고, 재결청이 각하하지 않고 기각재결을 한 경우에 판례는 심판전치의 요건이 구비되지 않은 것으로 본다. 따라서 취소소송을 제기할 수 없다.

(2) 사후재결의 구비 필요적 행정심판전치의 경우, 행정소송의 제기시에는 심판전치의 요건을 구비하지 못하였으나, 판결(사실심 변론종결시)이 있기 전까지 원고가 심판전치의 요건을 구비하였다면 행정심판전치의 요건은 구비한 것이 된다(헌재 2016. 12. 29, 2015헌바229). 말하자면 심판전치요건의 사후구비는 하자치유의 사유가 된다는 것이 일반적 견해이고, 또한 판례의 태도이다.

(3) 사건의 동일성 필요적 행정심판전치의 경우에 행정심판전치의 요건이 구비되려면, 행정심판의 대상인 처분과 행정소송의 대상인 처분의 내용이 동일하여야 하는데, 그것은 청구의 취지나 청구의 이유가 기본적인 점에서 일치하면 족하다(사항적 관련성).

[예] 서대문세무서장으로부터 2020년도분 종합소득세부과처분을 받은 甲이 종합소득세부과처분에 대한 심사청구를 하였으나 기각재결을 받았다. 그런데 甲이 종합소득세부과처분 취소청구소송을 준비하는 중에 사망하였다고 하자. 이제는 甲의 배우자겸 상속인인 乙이 서대문세무서장을 상대로 종합소득세부과처분을 다툴 수밖에 없다. 이러한 경우에 乙이 종합소득세부과처분 취소청구소송을 제기하려면 심사청구절차를 거쳐야 하는가의 문제가 발생하지만, 乙은 다시 심사청구절차를 거칠 필요 없이 바로 종합소득세부과처분 취소청구소송을 제기할 수 있다. 왜냐하면 甲의 심사청구의 취지나 이유와 乙의 취소소송의 청구의 취지나 이유가 기본적인 점(2020년도분 종합소득세부과처분을 다툰다는 점)에서 일치하기 때문이다.

Ⅷ. 권리보호의 필요(협의의 소의 이익)

1. 의 의

원고적격에서 말하는 법률상 이익을 실제적으로 보호할 필요성을 권리보호의 필요라 한다. 권리보호의 필요를 협의의 소의 이익이라고도 한다. 권리보호의 필요는 법원의 직권조사

사항이다. 취소소송은 위법상태로부터 법률상 이익(권리와 이익)의 원상회복(예: 위법한 처분으로 인해 발생한 철거의무를 제거하여 건물을 소유할 수 있는 권리의 회복)을 위한 것이지, 사실상태의 회복(예: 부서진 건물의 자동 복원)을 위한 것은 아니기 때문에 요구된다.

[예] 甲이 철거명령에 불응하자 서대문구청장이 강제로 철거하려고 하는바, 甲은 강제철거처분 취소청구소송을 제기하려고 한다. 서대문구청장의 철거명령이 위법하기 때문에 甲의 청구가 정당하다고 하여도 甲이 승소판결을 받기 위해서는 ① 서대문구청장의 강제철거행위가 현실로 이루어지기 전에 취소청구소송을 제기하고 판결이 선고될 때까지 서대문구청장이 강제철거를 하지 않고 있거나, 또는 ② 서대문구청장의 강제철거행위가 현실로 이루어지기 전에 취소청구소송을 제기하고 아울러 강제철거행위에 대한 집행정지를 신청하여 판결이 나기 전에 서대문구청장의 강제철거행위가 현실로 이루어질 수 없도록 집행정지결정을 받아두어야 한다. 만약 ③ 서대뮤구청장의 강제철거행위가 현실로 이루어지기 전에 강제철거처분 취소청구소송을 제기하여도 판결 전에 강제철거가 현실로 이루어지거나, ④ 서대문구청장의 강제철거행위가 현실로 이루어진 후에 강제철거처분 취소청구소송을 제기하면 법원은 甲의 청구를 인용하지 아니한다. 왜냐하면 강제철거처분을 취소하는 판결을 한다고 하여도 이미 철거된 건물이 판결만으로 저절로 복원되는 것은 아니기 때문이다.

▌대판 2016. 8. 30, 2015두60617(행정처분의 무효확인 또는 취소를 구하는 소에서, 비록 행정처분의 위법을 이유로 무효확인 또는 취소 판결을 받더라도 그 처분에 의하여 발생한 위법상태를 원상으로 회복시키는 것이 불가능한 경우에는 원칙적으로 그 무효확인 또는 취소를 구할 소의 이익이 없고, 다만 원상회복이 불가능하더라도 그 무효확인 또는 취소로 회복할 수 있는 다른 권리나 이익이 남아있는 경우에만 예외적으로 소의 이익이 인정될 수 있을 뿐이다).

2. 인정근거

행정소송법에는 재판청구권을 제한하는 권리보호의 필요라는 소송요건(본안판단의 전제요건)을 규정하는 조문이 없다. 권리보호의 필요의 요건은 유용성이 없는 재판청구, 과도한 재판청구는 금지되어야 한다는 소송경제의 원칙과 소송법에도 적용되는 신의성실의 원칙(소권남용의 부인)으로부터 나온다. 권리보호의 필요(소의 이익)는 사인의 남소방지와 이로 인한 법원·행정청의 부담완화, 그리고 원활한 행정작용을 위한 것이다.

3. 유무의 판단기준

(1) 원 칙 권리보호의 필요의 유무에 대한 판단은 이성적인 형량에 따라야 한다. 권리보호의 필요의 유무에 대한 판단의 대상은 법률상 이익에만 한정되는 것은 아니고, 그 밖에 경제상 또는 정신상 이익도 포함된다. 권리보호의 필요는 넓게 인정하는 것이 국민의 재판청구권의 보장에 적합하다. 다른 본안판단의 전제요건을 모두 구비하게 되면, 일반적으로 권리보호의 필요의 요건을 구비하게 된다.

(2) 권리보호의 필요가 없는 경우 ① 원고가 추구하는 목적을 소송보다 간이한 방법으로 달성할 수 있는 경우(예: 제 1 심법원의 판결문에 있는 오기(誤記)를 판결정정절차를 거치면 간편

한데 구태여 고등법원에 항소하여 시정하려는 경우), ② 원고가 추구하는 권리보호가 오로지 이론상으로만 의미 있는 경우(예: 현역병입영대상자로 병역처분을 받은 자가 그 취소소송중 모병에 응하여 현역병으로 자진 입대한 경우), ③ 원고가 오로지 부당한 목적으로 소구하는 경우(예: 범죄행위로 파면된 자가 공소시효 경과 후에 파면절차의 하자를 이유로 파면처분의 취소를 구하는 경우)에는 권리보호의 필요가 없다.

4. 효력소멸의 경우

(1) 원　칙　처분등이 소멸하면 권리보호의 필요는 없게 됨이 원칙이다. 행정처분에 그 효력기간이 정하여져 있는 경우에는 그 처분의 효력 또는 집행이 정지된 바 없다면, 그 기간의 경과로 그 행정처분의 효력은 상실되는 것이므로 그 기간 경과 후에는 그 처분이 외형상 잔존함으로 인하여 어떠한 법률상 이익이 침해되고 있다고 볼 만한 별다른 사정이 없는 한, 그 처분의 취소 또는 무효확인을 구할 법률상 이익이 없다는 것이 판례의 입장이기도 하다.

[예] 甲이 2020년 6월 1일부터 30일간의 운전면허정지처분을 받았다면, 6월 30일이 경과함으로써 운전면허정지처분은 소멸된다. 따라서 7월 1일 이후부터는 원칙적으로 운전면허정지처분의 취소를 구할 권리보호의 필요는 없게 된다.

(2) 예　외　처분등의 집행 그 밖의 사유로 인하여 소멸된 뒤에 그 처분등의 취소를 구하거나 처분등의 취소를 구하는 도중에 처분등의 집행 그 밖의 사유로 인하여 소멸되는 경우에도 권리보호의 필요는 요구된다. 이러한 소송에 있어서는 ① 위법한 처분이 반복될 위험성이 있는 경우(그러나 반복의 위험은 추상적인 것이 아니라 구체적이어야 한다)(예: 유사한 집회를 위해 종전의 집회금지처분을 다투는 경우), ② 회복하여야 할 불가피한 이익이 있는 경우(예: 가중된 제재적 처분이 따르는 경우. 이에 관해서는 후술하는 (3) 제재적 행정처분을 보라)에 권리보호의 필요가 있는 것으로 본다.

▮ 대판 2007. 7. 19, 2006두19297(제소 당시에는 권리보호의 이익을 갖추었는데 제소 후 취소 대상 행정처분이 기간의 경과 등으로 그 효과가 소멸한 때, 동일한 소송 당사자 사이에서 동일한 사유로 위법한 처분이 반복될 위험성이 있어 행정처분의 위법성 확인 내지 불분명한 법률문제에 대한 해명이 필요하다고 판단되는 경우, 그리고 선행처분과 후행처분이 단계적인 일련의 절차로 연속하여 행하여져 후행처분이 선행처분의 적법함을 전제로 이루어짐에 따라 선행처분의 하자가 후행처분에 승계된다고 볼 수 있어 이미 소를 제기하여 다투고 있는 선행처분의 위법성을 확인하여 줄 필요가 있는 경우 등에는 행정의 적법성 확보와 그에 대한 사법통제, 국민의 권리구제의 확대 등의 측면에서 여전히 그 처분의 취소를 구할 법률상 이익이 있다).

(3) 제재적 행정처분

㈎ 의　의　아래의 예에서 보는 바와 같이 ②의 제재가 발생하는 경우에 대비하여 ①의 제재기간이 경과하였다고 하여도 ①의 제재를 다툴 수 있도록 하는 것이 필요하다. 이와 같이 제재적 행정처분에 있어서 제재기간 경과 후에도 추후의 제재적 처분이 가중될 수 있는지의 여부에 관한 판례의 태도를 보기로 한다. 가중요건은 식품위생법 시행규칙과 같이 부령에서도 나타난다.

[예] ① 국토교통부장관은 건축사 甲에게 A건물의 공사감리를 위법하게 하였다는 이유로 건축사법 제28조 제 1 항 제 4 호에 근거하여 2020년 4월 1일부터 6월의 업무정지를 명하였다고 하자. 그리고 甲이 집행정지를 받아 두지 아니하고 국토교통부장관의 건축사업무정지명령의 취소를 구하는 소송을 제기하였다고 하자. 만약 甲이 2020년 10월 이후에 승소판결을 받는다면 실익이 없다. 왜냐하면 승소로 업무를 하지 못한 6개월이 되살아나는 것은 아니기 때문이다. 그러나 ② 2020년 11월 1일에 B건물의 공사감리를 위법하게 하였다는 이유로 건축사 甲이 국토교통부장관으로부터 다시 6월의 건축사업무정지명령을 받게 될 처지에 놓이게 되었다고 하자. 이렇게 되면, 甲은 1년 안에 2회의 건축사업무정지명령을 받고, 업무정지기간이 통산하여 12월이 된다. 이러한 경우에 국토교통부장관은 건축사법 제28조 제 1 항 제 5 호에 근거하여 甲에게 건축사업무신고등의 효력상실처분을 하여야 한다.

▪ 건축사법 제28조(건축사사무소개설신고의 효력상실처분 등) ① 시 · 도지사는 건축사사무소개설자 또는 그 소속 건축사가 다음 각 호의 어느 하나에 해당하는 경우에는 건축사사무소개설신고의 효력상실처분을 하거나 1년 이내의 기간을 정하여 그 업무정지를 명할 수 있다. 다만, 제 1 호, 제 2 호, 제 4 호 및 제 5 호에 해당하는 경우에는 건축사사무소개설신고의 효력상실처분을 하여야 한다.
4. 건축물의 구조상 안전에 관한 규정을 위반하여 설계 또는 공사감리를 함으로써 사람을 죽거나 다치게 한 경우
5. 연 2회 이상 업무정지명령을 받고 그 정지기간이 통틀어 1년을 초과하는 경우

▪ 식품위생법시행규칙 제89조(행정처분의 기준) 법 제71조, 법 제72조, 법 제74조부터 법 제76조까지 및 법 제80조에 따른 행정처분의 기준은 별표 23과 같다.
[별표 23] 행정처분 기준(제89조 관련)
Ⅱ. 개별기준
3. 식품접객업, (11) 법 제44조 제 2 항을 위반한 경우
라. 청소년에게 주류를 제공하는 행위(출입하여 주류를 제공한 경우 포함)를 한 경우
1차 위반: 영업정지 2월, 2차 위반: 영업정지 3월, 3차 위반: 영업허가 취소 또는 영업소 폐쇄.

㈏ **법률 또는 대통령령에 규정된 경우** 판례는 제재적 행정 처분에 있어서 제재기간 경과 후에 권리보호의 필요가 있는가의 여부와 관련하여 가중요건이 법률 또는 대통령령인 시행령으로 규정된 경우(예: 건축사법 제28조 제 1 항 제 5 호)에는 법률상 이익(권리보호의 필요)이 있는 것으로 본다(대판 1990. 10. 23, 90누3119, 대판 2005. 3. 25, 2004두14106). 물론 이러한 경우에도 실제상 제재처분을 받을 우려가 없다면 법률상 이익이 없다는 것이 판례의 입장이다(대판 2000. 4. 21, 98두10080).

㈐ **시행규칙에 규정된 경우** 종래의 판례는 가중요건이 부령인 시행규칙상 처분기준으로 규정되어 있는 경우(예: 식품위생법시행규칙 제89조 별표 23 행정처분기준, 도로교통법시행규칙 제91조 제 1 항 별표 28 행정처분기준)에는 법률상 이익이 없는 것으로 보았다(대판 1993. 9. 14, 93누4755). 판례의 이러한 태도는 시행규칙상 처분기준의 법형식은 부령이지만, 법적 성질은 행정규칙으로 보는 데 기인하였다(대판 1991. 5. 14, 90누9780). 그러나 대법원은 2006년 6월 22일 입장을 변경하여 법률상 이익이 있는 것으로 보았으나, 동 판결에서 처분기준의 법적 성질에 대해서는 입장을 밝히지 아니하였다(대판 2006. 6. 22, 2003두1684 전원합의체).

▌대판 2006. 6. 22, 2003두1684 전원합의체(제재적 행정처분이 그 처분에서 정한 제재기간의 경과로 인하여 그 효과가 소멸되었으나, 부령인 시행규칙 또는 지방자치단체의 규칙(이하 이들을 '규칙'이라고 한다)의 형식으로 정한 처분기준에서 제재적 행정처분(이하 '선행처분'이라고 한다)을 받은 것을 가중사유나 전제요건으로 삼아 장래의 제재적 행정처분(이하 '후행처분'이라고 한다)을 하도록 정하고 있는 경우, **제재적 행정처분의 가중사유나 전제요건**에 관한 규정이 법령이 아니라 **규칙의 형식으로 되어 있다고 하더라도**, 그러한 규칙이 **법령에 근거를 두고 있는 이상 그 법적 성질이 대외적·일반적 구속력을 갖는 법규명령인지 여부와는 상관없이, 관할 행정청이나 담당공무원은 이를 준수할 의무**가 있으므로 이들이 그 규칙에 정해진 바에 따라 행정작용을 할 것이 당연히 예견되고, 그 결과 행정작용의 상대방인 국민으로서는 그 규칙의 영향을 받을 수밖에 없다. 따라서 그러한 규칙이 정한 바에 따라 선행처분을 받은 상대방이 그 처분의 존재로 인하여 **장래에 받을 불이익**, 즉 후행처분의 위험은 **구체적이고 현실적인 것**이므로, 상대방에게는 선행처분의 취소소송을 통하여 그 불이익을 제거할 필요가 있다. … 규칙이 정한 바에 따라 선행처분을 가중사유 또는 전제요건으로 하는 후행처분을 받을 우려가 현실적으로 존재하는 경우에는, 선행처분을 받은 상대방은 비록 그 처분에서 정한 **제재기간이 경과하였다 하더라도** 그 처분의 취소소송을 통하여 그러한 불이익을 제거할 권리보호의 필요성이 충분히 인정된다고 할 것이므로, 선행처분의 취소를 구할 법률상 이익이 있다고 보아야 한다)(**유신코퍼레이션 영업정지 사건**).

Ⅸ. 중복제소의 배제 등

1. 기판력 있는 판결이 없을 것

소송당사자 사이의 소송물(분쟁대상)에 대하여 이미 기판력 있는 판결이 있으면 새로운 소송은 허용되지 아니한다(기판력의 확보). 기판력 있는 판결로써 사법절차는 종료되고, 당사자는 판결내용(법적 형성, 법적 확인)에 구속된다. 소송절차의 목적은 당사자 사이에 기판력 있는 판결을 통해 법적 안정과 법적 평화를 구축하는 데 있다. 기판력 있는 판결의 유무는 법원의 직권조사사항이다.

2. 중복제소가 아닐 것

소송물이 이미 다른 법원에 계속중이면, 새로운 소송은 허용되지 아니한다(중복제소의 금지). 소송의 계속은 법원에 소송을 제기함으로써 시작된다. 중복제소가 금지되는 동일한 소송이란 당사자가 동일하고 소송물이 동일한 소송을 말한다.

3. 제소권의 포기가 없을 것

원고가 제소권을 포기하면, 피고는 제소포기의 항변을 제출할 수 있다. 사인은 행정청으로부터 처분의 통지를 받은 후에는 권리구제수단을 포기할 수 있다. 한편, 제소권의 포기와 실체법상 청구권의 포기는 구분되어야 한다. 제소권을 포기하여도 실체법상 청구권은 그대로 존속한다.

C. 소제기의 효과

1. 주관적 효과(법원의 심리의무와 중복제소금지)

소가 제기되면(소장이 수리되면) 법원은 이를 심리하고 판결하지 않으면 아니 될 기속을 받는다. 그것이 법원의 존재이유이기 때문이다. 한편 당사자는 법원에 계속(係屬)된 사건에 대하여 다시 소를 제기하지 못한다(행소법 제 8 조 제 2 항; 민사소송법 제259조).

2. 객관적 효과(집행부정지의 원칙)

취소소송의 제기는 처분등의 효력이나 그 집행 또는 절차의 속행에 영향을 미치지 아니하는바(행소법 제23조 제 1 항), 이를 집행부정지의 원칙이라 한다. 현행법이 집행정지 대신 집행부정지의 원칙을 택한 것은 행정행위의 공정력의 결과가 아니라, 공행정의 원활하고 영속적인 수행을 위한 정책적인 고려의 결과이다.

D. 본안요건(위법성)

1. 위법의 의의

취소소송은 '행정행위의 위법성 그 자체, 즉 행정행위의 위법성 일반'을 분쟁의 대상(소송물)으로 한다는 것이 판례와 전통적 견해의 입장이다. 이러한 견해에 의하면, 원고가 승소하기 위해서는 처분이 위법하다는 원고의 주장이 정당하여야 하는데, 여기서 처분의 위법성을 본안요건이라 한다. 부당은 행정소송에서 문제되지 아니한다. 위법이란 외부효를 갖는 법규의 위반을 의미한다. 외부효를 갖는 법률보충규칙위반은 위법이 된다. 그러나 행정규칙위반은 위법이 되지 아니한다. 행정규칙에 따른 것이라 하여도 재량행위의 경우, 단순한 재량위반행위는 비합목적적인 행위로서 부당한 행위가 될 뿐, 위법한 행위가 아니다. 그러나 재량하자(재량일탈 · 재량결여 · 재량남용)의 경우에는 위법이 된다. 한편, 행정처분의 위법 여부는 공무원의 고의나 과실 여부에 관계없이 객관적으로 판단되어야 한다.

2. 위법의 심사

처분의 위법 여부의 심사는 ① 형식상 ⓐ 처분이 정당한 권한행정청에 의한 것인지의 여부, ⓑ 적법하게 이유제시가 된 것인지의 여부 등 적법한 절차를 거친 것인지의 여부, ⓒ 적법한 형식을 구비하였는지의 여부, ⓓ 적법한 통지나 공고가 있었는지의 여부, 그리고 ② 내용상 처분이 법률의 우위의 원칙과 법률의 유보의 원칙에 반하는 것인지의 여부, 행정법의 일반원칙에 적합한지의 여부, 상대방이 정당한지의 여부, 내용이 가능하고 명확한지의 여부, 재량행사에 하자가 존재하는지의 여부 등 행정행위의 적법요건 전반에 대한 평가를 통해 이루어진다.

3. 위법의 승계

일반적인 견해는 위법의 승계 여부와 관련하여 선행행위와 후행행위가 하나의 효과를 목표로 하는가, 아니면 별개의 효과를 목표로 하는가의 문제로 구분하고, 전자의 경우에는 선행행위의 위법을 후행행위에서 주장할 수 있지만, 후자의 경우에는 선행행위의 위법을 후행행위에서 주장할 수 없다는 입장이다.

E. 소의 변경

1. 의 의

소송의 계속 중 당사자(피고), 청구의 취지, 청구의 변경 등의 전부 또는 일부를 변경하는 것을 소의 변경이라 부른다. 예컨대, 서대문구청장으로부터 건축허가취소처분(A처분)을 받은 甲이 A처분을 취소할 수 있는 행위로 이해하여 A처분취소소송을 제기하였으나 A처분이 무효인 처분으로 드러나는 경우, 법원이 A처분취소소송을 각하하고 甲이 새로이 A처분무효확인소송을 제기하기 보다는 甲이 A처분취소소송을 A처분무효확인소송으로 변경신청하고 법원이 甲의 효과적인 권리보호, 소송경제를 고려하여 그 변경신청을 받아들이는 것이 바람직하다. 여기서 그 변경을 허락하는 것이 소의 변경에 해당한다. 소의 변경 후에도 변경 전의 절차가 그대로 유지된다. 행정소송법상 소의 변경에는 소의 종류의 변경, 처분변경 등으로 인한 소의 변경, 그리고 기타의 소의 변경의 세 경우가 있다.

2. 소의 종류의 변경

법원은 취소소송을 당해 처분등에 관계되는 사무가 귀속하는 국가 또는 공공단체에 대한 당사자소송 또는 취소소송 외의 항고소송으로 변경하는 것이 상당하다고 인정할 때에는 청구의 기초에 변경이 없는 한 사실심의 변론종결시까지 원고의 신청에 의하여 결정으로써 소의 변경을 허가할 수 있다(행정소송법 제21조 제 1 항). 앞의 '1. 의의'에서 본 사례가 소의 종류의 변경에 해당한다. 행정소송의 종류가 다양한 까닭에 소의 종류를 잘못 선택할 가능성은 항시 있을 수 있고, 따라서 사인의 권리구제에 만전을 기하기 위해서 소의 종류의 변경은 인정될 수밖에 없다.

3. 처분변경으로 인한 소의 변경

행정청이 소송의 대상인 처분을 소가 제기된 후 변경한 때에는 원고의 신청에 의하여 법원은 결정으로써 청구의 취지 또는 원인의 변경을 허가할 수 있다(행소법 제22조 제 1 항). 예컨대, 서대문구청장이 甲에게 단란주점영업허가취소처분을 하자 甲이 단란주점영업허가취소처분에 대한 취소청구소송을 제기하였는데 다시 서대문구청장이 단란주점영업허가취소처분을 단란주점영업정지처분(정지기간 6월)으로 변경한 경우, 甲은 단란주점영업허가취소처분 취소청구소송을 단란주점영업정지처분(정지기간 6월) 취소청구소송으로 변경할 수 있다. 원고의 처분변경으로 인한 소의 변경의 신청은 처분의 변경이 있음을 안 날로부터 60일 이내에 하여야 하되(행소법 제22조 제 2 항), 변경되는 청구가 필요적 행정심판전치의 대상이 되는 행위라 할지라도 행정심판을 거칠 필요는 없다(행소법 제22조 제 3 항).

4. 기 타

① 소의 변경은 무효등확인소송 및 부작위위법확인소송의 경우에도 준용된다(행소법 제37조). 무효확인의 소를 취소소송으로 변경하는 경우에는 취소소송의 요건을 구비하여야 한다. ② 소의 변경은 당사자소송을 항고소송으로 변경하는 경우에도 준용된다(행소법 제42조). ③ 행정소송법 제 8 조 제 2 항에 의거하여 민사소송법에 따른 소의 변경 또한 가능하다.

F. 가구제(잠정적 권리보호)

Ⅰ. 일 반 론

1. 의 의

취소소송을 제기하여 판결을 받기까지 상당한 기간이 걸린다. 경우에 따라서는 재판에 오랜 기간이 소요된 결과 승소하여도 권리보호의 목적이 상당히 퇴색하는 경우도 있다.

[예] A국립대학교 총장이 범법행위 등을 이유로 학생 甲에게 퇴학처분을 한 경우, 甲이 퇴학처분취소청구소송을 제기하여 승소한다고 하여도 재판이 2년이나 걸렸다고 한다면, 甲의 졸업은 2년 이상 지연된다. 승소가 甲에게 의미가 없는 것은 아니지만, 甲의 학습권을 온전하게 보호하지는 못하는 것이 된다. 따라서 판결이 나기까지 퇴학처분의 효력을 잠정적으로 묶어두고 甲이 일단 학교에 다닐 수 있게 하고, 추후에 판결내용에 따라 퇴학처분의 효과를 발생케 하든지 아니면 퇴학처분을 무력화 시키는 것이 필요하다.

이와 같이 판결이 있기 전에 일시적인 조치를 취하여 잠정적으로 권리를 보호하여야 할 필요가 생긴다. 이것이 가구제의 문제이다(헌재 2018. 1. 25, 2016헌바208).

2. 문 제 점

가구제를 인정한다는 것은 행정처분의 효력을 묶어 둔다는 것을 뜻하기 때문에 행정목적의 실현이 지연된다는 것을 의미한다. 따라서 가구제를 광범위하게 인정하면 오히려 행정목적의 실현이 상당한 제한을 받을 수 있다. 또한 법원이 가구제를 쉽게 인정해주면, 누구나 일단 취소소송을 제기하여 가구제를 받아 두어야겠다는 유혹을 느끼기 쉽고, 그 결과 취소소송의 남용이 발생할 수도 있다. 이 때문에 행정목적의 실현과 국민의 권리보호의 조화가 이루어질 수 있는 범위 안에서 가구제를 인정하는 것이 가구제의 중심문제가 된다.

Ⅱ. 집행정지

1. 의 의

취소소송이 제기된 경우에 처분등이나 그 집행 또는 절차의 속행으로 인하여 생길 회복하기 어려운 손해를 예방하기 위하여 긴급한 필요가 있다고 인정할 때에는 본안이 계속되고 있는 법원은 당사자의 신청 또는 직권에 의하여 처분등의 효력이나 그 집행 또는 절차의 속행의 전부 또는 일부의 정지를 결정할 수 있다(행소법 제23조 제 2 항 본문). 이것이 (광의의) 집행정지의 제도이다(집행정지 = 처분등의 효력정지 + 처분등의 집행정지 + 절차의 속행정지). 다만 처분의 효력정지는 처분등의 집행 또는 절차의 속행을 정지함으로써 목적을 달성할 수 있는 경우에는 허용되지 아니한다(행소법 제23조 제 2 항 단서).

2. 요 건

법원으로부터 집행정지결정을 받기 위한 요건으로 행정소송법은 ① 본안이 계속 중이어야 하고, ② 처분등이 존재하여야 하고(판례는 거부처분은 집행정지의 대상이 아니라 한다. 대결 1991. 5. 2, 91두15; 대결 1992. 2. 13, 91두47), ③ 회복하기 어려운 손해(특별한 사정이 없는 한 금전으로 보상할 수 없는 손해로서 금전보상이 불가능한 경우 내지는 금전보상으로는 사회관념상 행정처분을 받은 당사자가 참고 견딜 수 없거나 참고 견디기가 현저히 곤란한 경우의 유형, 무형의 손해를 일컫는다. 대결 2018. 7. 12, 2018무600)를 예방하기 위한 것이어야 하고, ④ 긴급한 필요(처분의 성질과 태양 및 내용, 처분상대방이 입는 손해의 성질 · 내용 및 정도, 원상회복 · 금전배상의 방법 및 난이 등은 물론 본안청구의 승소가능성 정도 등을 종합적으로 고려하여 구체적 · 개별적으로 판단하여야 한다. 대판 2018. 7. 12, 2018무600)가 있어야 하고, ⑤ 공공복리에 중대한 영향이 없어야 한다는 것을 규정하고 있다(대결 2010. 5. 14, 2010무48). 판례는 이 밖에 ⑥ 본안청구의 이유 없음이 명백하지 않을 것을 요구한다(대결 1999. 11. 26, 99부3). 본안청구의 이유 없음이 명백하지 않다는 것은 승소가능성이 있다는 것을 의미한다. 판례가 ⑥

의 요건을 추가한 것은 승소가능성이 없음에도 오로지 처분의 집행을 고의로 지연시키기 위해 집행정지를 신청하는 것을 방지하기 위한 것이다. 참고로, 행정처분 자체의 위법여부는 본안요건이지, 집행정지여부를 결정하는 데 요구되는 요건이 아님을 유의할 필요가 있다. 본안청구 자체는 적법하여야 한다(대결 2010. 11. 26, 2010무137).

▌대결 2010. 5. 14, 2010무48(행정소송법 제23조 제 3 항이 집행정지의 또 다른 요건으로 '공공복리에 중대한 영향을 미칠 우려가 없을 것'을 규정하고 있는 취지는, 집행정지 여부를 결정함에 있어서 신청인의 손해뿐만 아니라 공공복리에 미칠 영향을 아울러 고려하여야 한다는 데 있고, 따라서 공공복리에 미칠 영향이 중대한지의 여부는 절대적 기준에 의하여 판단할 것이 아니라, 신청인의 '회복하기 어려운 손해'와 '공공복리' 양자를 비교·교량하여, 전자를 희생하더라도 후자를 옹호하여야 할 필요가 있는지 여부에 따라 상대적·개별적으로 판단되어야 한다).

[회복하기 어려운 손해의 예] 현역병입영처분취소의 본안소송에서 신청인이 승소판결을 받을 경우에는 신청인이 특례보충역으로 해당 전문분야에서 2개월 남짓만 더 종사하여 5년의 의무종사기간을 마침으로써 구 병역법 제46조 제 1 항에 의하여 방위소집복무를 마친 것으로 볼 것이나, 만일 위 처분의 효력이 정지되지 아니한 채 본안소송이 진행된다면 신청인은 입영하여 다시 현역병으로 복무하지 않을 수 없는 결과 병역의무를 중복하여 이행하는 셈이 되어 불이익을 입게 되고 상당한 정신적 고통을 받게 될 것임은 짐작하기 어렵지 아니하며 이와 같은 손해는 쉽게 금전으로 보상할 수 있는 성질의 것이 아니어서 사회관념상 위 '가'항의 '회복하기 어려운 손해'에 해당된다(대결 1992. 4. 29, 92두7).

3. 절 차

정지결정절차는 당사자의 신청이나 법원의 직권에 의해 개시된다(행소법 제23조 제 2 항 본문). 당사자의 신청에 의한 경우에는 집행정지신청에 대한 이유에 관해 소명이 있어야 한다(행소법 제23조 제 4 항). 정지는 결정의 재판에 의한다(행소법 제23조 제 2 항 본문). 관할법원은 본안이 계속된 법원이다.

4. 대 상

(1) 처분등의 효력의 정지 ① 처분등의 효력이 정지된다는 것은 처분등이 갖는 효력(예: 구속력·공정력·존속력)이 정지되는 것을 의미한다. 달리 말한다면 처분등이 형식상으로는 있으되 실질상으로는 없는 것과 같은 상태가 된다. 예컨대, 파면처분을 당한 공무원 甲이 파면처분 취소청구소송을 제기하면서 파면처분의 집행정지(효력정지)를 신청하여 법원으로부터 정지결정을 받았다면, 甲은 파면처분을 받지 아니한 것과 같은 지위에서 자신의 직무를 계속 수행하게 된다. ② 다만, 처분의 효력정지는 처분의 집행 또는 절차의 속행을 정지함으로써 그 목적을 달성할 수 있을 때에는 허용되지 아니한다(행소법 제23조 제 2 항 단서). 즉, 아래의 (2)와 (3)이 적용될 수 있는 경우에는 효력의 정지는 인정되지 아니한다. 왜냐하면 ⓐ「효력의 정지」와 ⓑ「집행의 정지 및 절차의 속행 정지」 중에서 ⓐ가 ⓑ보다 처분청의 권한

에 대한 제약이 강하기 때문에 ⓑ가 가능하다면 ⓐ가 아니라 ⓑ를 선택하는 것이 행정권의 의사를 보다 존중하는 것이 되기 때문이다.

(2) 처분등의 집행의 정지 처분등의 집행의 정지란 처분등의 내용을 강제적으로 실현하기 위한 공권력행사의 정지를 의미한다. 예컨대, 밀입국을 이유로 강제퇴거명령을 받은 외국인 A가 강제퇴거명령 취소청구소송을 제기하면서 집행정지를 신청한 경우, 법원은 강제퇴거명령의 효력정지를 결정할 수 없고, 강제퇴거명령의 집행의 정지를 결정하여야 한다. 여기서 강제퇴거명령의 집행의 정지란 강제퇴거를 현실적으로 집행하는 것을 정지하는 것을 말한다.

(3) 절차의 속행의 정지 절차의 속행의 정지란 단계적으로 발전하는 법률관계에서 선행행위의 하자를 다투는 경우에 후행행위를 하지 못하게 함을 말한다. 예컨대, 세금을 납부하지 아니한 탓으로 서대문세무서장이 甲의 재산을 압류한 경우, 甲이 압류처분취소청구소송을 제기하면서 집행정지를 신청한 경우, 법원은 압류처분의 효력정지를 결정할 수는 없고, 압류절차에 이어지는 후행행위인 매각절차의 정지를 결정하여야 한다. 여기서 후행행위인 매각절차를 정지하는 것이 절차의 속행의 정지에 해당한다.

5. 효 과

(1) 형 성 력 집행정지결정 중 처분등의 효력정지결정은 효력 그 자체를 정지시키는 것이므로 행정처분이 없었던 원래상태와 같은 상태를 가져온다. 그러나 집행정지결정 중 처분등의 집행의 정지결정과 절차속행의 정지결정은 처분의 효력에는 영향을 미치지 아니하지만, 처분의 현실화(집행)만을 저지하는 효과를 갖는다. 제 3 자효 있는 행위의 경우에는 제 3 자에게까지 효력을 미친다(행소법 제29조 제 2 항).

(2) 기 속 력 집행정지결정은 당사자인 행정청과 그 밖의 관계행정청을 기속한다(행소법 제23조 제 6 항, 제30조 제 1 항). 따라서 집행정지결정에 반하는 행정행위를 발령할 수 없다. 행정청이 집행정지결정에 반하는 행위를 하면, 그러한 행위는 무효이다. 예컨대, 법원이 서대문세무서장의 甲의 재산에 대한 압류에 대하여 집행정지(절차의 속행의 정지)를 결정하였음에도 서대문세무서장이 甲의 압류재산을 공매하면, 그 공매는 무효이다.

(3) 시간적 효력 집행정지결정의 효력은 정지결정의 대상인 처분의 발령시점에 소급하는 것이 아니라, 집행정지를 결정한 시점부터 발생한다. 예컨대, 법원이 집행정지결정을 하면서 결정문에 결정일자를 2020년 5월 1일로 하였다면, 2020년 5월 1일부터 집행정지의 효력이 발생한다. 그리고 집행정지결정의 효력은 결정주문에서 정한 시기까지 존속하며(대판 2020. 9. 3, 2020두34070), 그 주문에 특별한 제한이 없다면 본안판결이 확정될 때까지 그 효력이 존속한다는 것이 판례의 입장이다(대판 1962. 4. 12, 4294민상1541).

6. 취 소

① 집행정지의 결정이 확정된 후 집행정지가 공공복리에 중대한 영향을 미치거나, 그 정지사유가 없어진 때에는 당사자의 신청 또는 직권에 의하여 결정으로써 집행정지의 결정을 취소할 수 있다(행소법 제24조 제 1 항). ② 집행정지결정이 취소되면 처분의 원래의 효과가 발생한다. 따라서 행정처분효력정지결정으로 행정처분의 정지기간이 지나갔다 하여도 그 정지결정이 취소되면 그 정지기간은 특별한 사유가 없는 한 이때부터 다시 진행하게 된다.

[예] 서대문구청장이 2020년 2월 10일에 甲에게 2020년 3월 1일부터 60일간의 영업정지처분을 하였으나, 甲이 영업정지처분 취소청구소송을 제기하면서 집행정지를 신청하자, 법원이 2020년 2월 27일에 집행정지결정을 하였다가 2020년 6월 1일에 집행정지결정을 취소하였다면, 서대문구청장의 60일간의 영업정정지처분의 효력이 되살아나기 때문에 甲은 2020년 6월 1일부터 60일간 영업을 할 수가 없다.

Ⅲ. 가 처 분

1. 의 의

가처분이란 금전 이외의 급부를 목적으로 하는 청구권의 집행을 보전하거나 다툼이 있는 법률관계에 관하여 잠정적으로 임시의 지위를 보전하는 것을 내용으로 하는 가구제제도이다.

[예] 甲이 연세대학교 입학시험에 불합격되자 불합격처분취소청구소송을 제기하여 승소한다고 하여도 재판이 오래 걸리므로 甲은 정상적으로 연세대학교에 입학하기 어렵다. 따라서 甲으로서는 승소하는 경우를 대비하여 잠정적으로 연세대학교의 신입생의 지위를 인정받아 학교에 다닐 필요가 있다. 여기서 법원이 甲에게 잠정적으로 연세대학교의 신입생의 지위를 인정하는 것이 가처분의 예에 해당한다.

민사집행법 제300조에 가처분에 관한 규정이 있으므로 이 사례와 같은 민사사건에는 가처분이 인정된다. 그러나 행정소송법상 이에 관한 명문의 규정은 없다. 행정소송상 가처분의 인정여부에 관해 견해가 나뉘고 있다.

▪ 행정소송법 제 8 조(법적용례) ① 행정소송에 대하여는 다른 법률에 특별한 규정이 있는 경우를 제외하고는 이 법이 정하는 바에 의한다.

▪ 민사집행법 제300조(가처분의 목적) ① 다툼의 대상에 관한 가처분은 현상이 바뀌면 당사자가 권리를 실행하지 못하거나 이를 실행하는 것이 매우 곤란할 염려가 있을 경우에 한다.

② 가처분은 다툼이 있는 권리관계에 대하여 임시의 지위를 정하기 위하여도 할 수 있다. 이 경우 가처분은 특히 계속하는 권리관계에 끼칠 현저한 손해를 피하거나 급박한 위험을 막기 위하여, 또는 그 밖의 필요한 이유가 있을 경우에 하여야 한다.

2. 인정가능성

① 판례는 행정소송상 가처분을 인정하지 아니한다(대결 2011. 4. 18, 2010마1576). ② 학설상으로는 행정소송상 가처분제도의 인정 여부에 관해 논란이 있으나, 일반적 견해는 권리보호의 확대, 가처분의 잠정적 성격 등을 고려하여 행정소송상 가처분제도를 인정하되 행정소송법이 처분등의 집행정지제도를 두고 있는 관계상 처분등의 집행정지제도가 미치지 않는 범위에서만 가처분제도가 인정된다고 본다.

[예] 甲이 서울대학교 입학시험에 불합격되자 불합격처분취소청구소송을 제기하여 승소한다고 하여도 재판이 오래 걸리므로 甲은 정상적으로 서울대학교에 입학하기 어렵다. 따라서 甲으로서는 승소하는 경우를 대비하여 잠정적으로 서울대학교의 신입생의 지위를 인정받아 학교에 다닐 필요가 있다. 여기서 법원이 甲에게 잠정적으로 서울대학교의 신입생의 지위를 인정하는 것이 필요하다는 것이 지배적 견해의 입장이다. 물론 판례는 불합격처분(입학거부처분)에 대한 가처분을 인정하지 아니한다. 법원이 행정소송에서 가처분을 인정하지 아니하기 때문에 현재로서는 甲이 승소한다고 하여도 입학이 지연될 수밖에 없다.

▮ 대결 2011. 4. 18, 2010마1576(민사집행법 제300조 제 2 항이 규정한 임시의 지위를 정하기 위한 가처분은 그 가처분의 성질상 그 주장 자체에 의하여 다툼이 있는 권리관계에 관한 정당한 이익이 있는 자는 그 가처분의 신청을 할 수 있고, 그 경우 그 주장 자체에 의하여 신청인과 저촉되는 지위에 있는 자를 피신청인으로 하여야 한다. 한편 민사집행법상의 가처분으로써 행정청의 어떠한 행정행위의 금지를 구하는 것은 허용될 수 없다).

G. 취소소송의 심리

Ⅰ. 심리상 원칙

1. 처분권주의

행정소송에도 처분권주의가 적용된다. 처분권주의란 당사자가 분쟁대상 및 소송절차의 개시(예: 소송의 제기)와 종료(예: 소송취하 · 재판상 화해)에 대하여 결정할 수 있다는 원칙을 말한다(행소법 제 8 조 제 2 항; 민사소송법 제203조).

▪ **행정소송법 제 8 조(법적용례)** ② 행정소송에 관하여 이 법에 특별한 규정이 없는 사항에 대하여는 법원조직법과 민사소송법 및 민사집행법의 규정을 준용한다.
▪ **민사소송법 제203조(처분권주의)** 법원은 당사자가 신청하지 아니한 사항에 대하여는 판결하지 못한다.

2. 변론주의와 직권탐지주의

(1) 의 의 직권탐지주의는 사실관계와 관련한다. 대칭개념은 변론주의이다. 직권탐지주의와 변론주의는 '누가 판결에 중요한 사실의 탐구에 책임을 부담하는가'의 문제

와 관련한다. 직권탐지주의란 법원이 판결에 중요한 사실을 당사자의 신청 여부와 관계없이 직접 조사할 수 있는 원칙을 말한다. 변론주의란 판결에 기초가 되는 사실과 증거의 수집을 당사자의 책임으로 하는 원칙을 말한다.

(2) 입 법 례 행정소송상 소송자료의 수집에 대한 책임분배의 원칙으로서 변론주의를 택할 것인가 아니면 직권탐지주의를 택할 것인가는 입법정책적으로 정할 문제이다. 입법례로는 변론주의를 채택하면서 민사소송법상 보충적 직권증거조사를 인정하는 경우(일본 행정사건소송법 제24조 제 1 문: 재판소는 필요하다고 인정하는 때에는 직권으로 증거조사를 할 수 있다)와 직권탐지주의를 인정하는 경우(독일 행정법원법 제86조 제 1 항 제 1 문: 법원은 사실관계를 직권으로 탐지한다)가 있다.

(3) 행정소송법 제26조

(가) **의 의** 행정소송법 제26조는 직권심리라는 제목하에 "법원은 필요하다고 인정할 때에는 직권으로 증거조사를 할 수 있고, 당사자가 주장하지 아니한 사실에 대하여도 판단할 수 있다"고 규정하고 있다. 이것은 사인이 사실관계에 대한 포괄적인 파악이 용이하지 아니한 경우, 법원에 의한 포괄적인 파악을 통하여 효과적인 사인의 권리보호에 기여하는 면을 갖는다. 뿐만 아니라 법원에 의한 직권탐지는 행정작용의 적법성보장을 위한 것이므로 법치국가적인 근거도 갖는다.

(나) **성 질** 행정소송법 제26조의 성질에 관해 학설은 변론주의보충설과 직권탐지주의설로 나뉜다.

(a) **변론주의보충설** 당사자가 주장하지 않은 사실은 심판의 대상이 될 수 없고, 당사자가 주장한 사실에 대해 당사자의 입증활동이 불충분하여 법원이 심증을 얻기 어려운 경우에 당사자의 증거신청에 의하지 않고 직권으로 증거조사가 가능하다는 견해이다. 행정소송에 공익적인 면이 있다고 할지라도 사인이 원고로서 자신의 이익을 확보하기 위해 가능한 모든 소송자료를 제출하는 것임은 민사소송에서와 같다는 것을 논거로 한다.

(b) **직권탐지주의가미설** 이 견해는 변론주의보충설에서 주장하는 직권증거조사 외에 일정한 한도 내에서 사실관계에 대한 직권탐지도 가능하다고 본다. 직권탐지주의보충설이라고도 한다.

(c) **직권탐지주의설** ① 행정소송법 제26조를 근거로 당사자가 주장하지 아니한 사실에 대해서도 심리·판단할 수 있고, 당사자의 증거신청에 의하지 않고도 직권으로 증거조사 가능하다는 견해이다. ② 행정소송의 목적이 권리구제에만 있는 것이 아니라 행정의 적법성 통제도 그 목적으로 하고 있으며(행정소송의 공익소송으로서의 성격을 감안), 법문이 "…당사자가 주장하지 아니한 사실에 대하여도 판단할 수 있다"고 규정하며, 처분등을 취소하는 확정판결은 당사자뿐만 아니라 제 3 자에 대하여도 그 효력이 미치는 것이므로(행소법 제29조 제 1 항) 변론주의에 의하여 판결내용을 당사자의 처분에 맡기는 경우에는 그 소송에 관여할 기회가 없

는 제 3 자의 이익을 해칠 우려도 있게 되므로 법원은 민사소송에서처럼 당사자에게만 소송의 운명을 맡길 것이 아니라, 적극적으로 소송에 개입하여 재판의 적정·타당을 기하여야 함을 논거로 한다. 이 견해는 직권탐지주의가미설과 달리 직권탐지의 범위를 광범위하게 인정한다. 논자에 따라 직권탐지주의원칙설로 부르기도 한다.

(d) 판 례 판례는 변론주의보충설을 취하고 있다(대판 2013. 8. 22, 2011두26589). 판례는 아무런 제한 없이 당사자가 주장하지 아니한 사실을 판단할 수 있는 것은 아니고 일건 기록상 현출되어 있는 사항에 관해서만 판단할 수 있다고 함으로써 행정소송법 제26조 규정의 의미를 축소 해석한다고 볼 수 있다.

(e) 사 견 법원은 변론주의의 원칙하에서(이 점에서 직권탐지주의를 취하는 독일과 다르다) 행정소송법 제26조를 근거로 하여 사실자료에 대한 직권탐지도 할 수 있고(이 점에서 보충적 직권증거조사만을 인정하는 일본과 다르다), 행정소송법 제 8 조 제 2 항에 의하여 준용되는 민사소송법 제292조(법원은 당사자가 신청한 증거에 의하여 심증을 얻을 수 없거나, 그 밖에 필요하다고 인정한 때에는 직권으로 증거조사를 할 수 있다)의 보충적 직권증거조사를 넘어서서 독자적으로 직권으로 증거조사를 할 수도 있다. 요컨대 행정소송법 제26조는 소송자료에 대한 책임을 일차적으로 당사자에게 인정하면서 동시에 공익을 고려하여 직권으로 탐지할 수 있도록 하고 있는바 일본과 독일의 절충형을 취하고 있다.

3. 구두변론주의

구두변론주의란 특별한 규정이 없는 한, 소송절차는 구두로 진행되어야 하고, 판결도 구두변론에 근거하여야 한다는 원칙을 말한다. 구두변론주의는 법원과 당사자 모두 사실상황과 법적 상황에 대해 구두로 변론할 것을 요구한다. 당사자는 구두변론을 포기할 수도 있다.

4. 공개주의

공개주의란 재판절차(심리·판결)는 공개적으로 진행되어야 한다는 원칙을 말한다. 헌법 제109조 제 1 문은 "재판의 심리와 판결은 공개한다"고 하여 공개원칙을 규정하고 있다. 공개원칙은 재판에 참가하는 자가 아닌 자도 변론의 시기와 장소를 알 수 있어야 하고, 또한 참석할 수 있어야 함을 요구한다. 공개주의는 법원에 대한 공공의 통제를 강화시킨다. 법정이 협소하면, 출입이 제한될 수 있다. 한편, 헌법 제109조 제 2 문은 "다만, 심리는 국가의 안전보장 또는 안녕질서를 방해하거나 선량한 풍속을 해할 염려가 있을 때에는 법원은 결정으로 공개하지 아니할 수 있다"고 규정하고 있다.

Ⅱ. 심리의 범위

1. 요건심리와 본안심리

요건심리란 본안판단의 전제요건(소송요건)을 구비한 적법한 소송인가를 심리하는 것을 말하고, 소송요건이 구비되어 있지 않다면, 소를 각하하게 된다. 한편, 본안심리란 본안판단의 전제요건(소송요건)이 구비된 경우, 청구를 인용할 것인가 또는 기각할 것인가를 판단하기 위해 본안에 대해 심리하는 것을 말한다.

2. 재량문제

당·부당의 재량문제는 법원의 심리범위 밖에 놓이는 것이 원칙이다. 그러나 재량권의 일탈이나 재량권의 남용 등 재량하자는 위법사유이므로 심리의 대상이 된다(행소법 제27조).

Ⅲ. 심리의 방법

1. 행정심판기록제출명령

법원은 당사자의 신청이 있는 때에는 결정으로써 재결을 행한 행정청에 대하여 행정심판에 관한 기록의 제출을 명할 수 있다(행소법 제25조 제 1 항). 법원의 제출명령을 받은 행정청은 지체 없이 당해 행정심판에 관한 기록을 법원에 제출하여야 한다(행소법 제25조 제 2 항). 행정심판에 관한 기록이란 당해 사건과 관련하여 행정심판위원회에 제출된 일체의 서류를 의미한다.

2. 주장책임

분쟁의 중요한 사실관계를 주장하지 않음으로 인하여 일방당사자가 받는 불이익부담을 주장책임이라 한다. 주장책임은 변론주의에서 문제된다.

[예] 서대문세무서장이 甲에게 과세처분을 하자 甲이 그 과세처분의 취소를 구하는 소송을 제기하였다면, 甲은 그 과세처분이 위법하다는 사실을 주장하여야 하며, 그 사실의 주장에는 甲은 비과세대상자라는 주장이 있을 수 있다. 甲이 그 과세처분이 위법하다는 사실을 주장하지 못한다면, 甲은 주장책임을 지고 패소할 수밖에 없다.

▌대판 2011. 2. 10, 2010두20980(행정소송에서 기록상 자료가 나타나 있다면 당사자가 주장하지 않았더라도 판단할 수 있고, 당사자가 제출한 소송자료에 의하여 법원이 처분의 적법 여부에 관한 합리적인 의심을 품을 수 있음에도 단지 구체적 사실에 관한 주장을 하지 아니하였다는 이유만으로 당사자에게 석명을 하거나 직권으로 심리·판단하지 아니함으로써 구체적 타당성이 없는 판결을 하는 것은 행정소송법 제26조의 규정과 행정소송의 특수성에 반하므로 허용될 수 없다).

3. 입증책임

(1) 입증책임의 의의 입증책임이란 어떠한 사실관계에 대한 명백한 입증이 없을 때 당사자가 받게 될 불이익한 부담을 말한다. 입증책임은 행정소송법 제26조의 규정에도 불구하고 여전히 의미를 갖는다. 입증책임을 증명책임이라고도 한다.

(2) 소송요건사실에 대한 입증책임 소송요건은 행정소송에서도 직권조사사항이지만 그 존부가 불명할 때에는 이를 결한 부적법한 소로서 취급되어 원고의 불이익으로 판단되므로 결국 이에 대한 입증책임은 원고가 부담한다(법원실무제요).

(3) 본안에 관한 입증책임

㈎ **학 설** 개별규정에서 적법성의 추정을 규정할 수는 있지만 행정법상 입증책임의 분배에 관한 원칙적인 규정은 없다. 학설은 입증책임과 관련하여 원고책임설(행정행위에는 공정력이 있어서 처분의 적법성이 추정되므로 입증책임은 원고에게 있다는 견해)·피고책임설(법치행정의 원리상 국가행위의 적법성은 국가가 담보하여야 하므로, 행위의 적법성의 입증책임은 피고인 국가에 놓인다는 견해)·입증책임분배설(특별한 규정이 없는 한 민사소송법상의 입증책임분배의 원칙에 따라야 한다는 견해이다. 당사자는 각각 자기에게 유리한 요건사실의 존재에 대하여 입증책임을 부담한다는 입장으로서 규범설·민사소송법상 입증책임분배원칙 등으로 불린다)·독자분배설(행정소송의 특수성을 고려한다는 전제하에 권리나 의무를 제한하는 것은 행정청이 적법성의 입증책임을, 권리·이익의 확장은 원고가 입증책임을, 재량일탈이나 남용은 원고가 입증책임을 부담한다는 견해)로 나뉘고 있다.

㈏ **판 례** 판례는 입증책임분배설을 취하고 있다. 입증책임분배설은 법률요건분류설이라고도 한다.

▮ 대판 2023. 6. 29, 2020두46073(민사소송법이 준용되는 행정소송에서 증명책임은 원칙적으로 **민사소송의 일반원칙**에 따라 당사자 간에 분배되고, 항고소송은 그 특성에 따라 해당 처분의 적법성을 주장하는 **피고에게 적법사유에 대한 증명책임**이 있으나, 예외적으로 앞서 본 바와 같이 행정처분의 **당연 무효를 주장하여 무효 확인을 구하는 행정소송**에서는 원고에게 행정처분이 무효인 사유를 주장·증명할 책임이 있고, 이는 **무효 확인을 구하는 뜻에서 행정처분의 취소를 구하는 소송**에 있어서도 마찬가지이다).

▮ 대판 2020. 6. 25, 2019두52980(재량권 일탈·남용에 해당하는 특별한 사정은 이를 주장하는 원고가 증명하여야 한다).

㈐ **사 견** ① 공정력이란 처분내용의 적법성의 추정이 아니라 정책적 견지에서 인정되는 사실상의 통용력에 불과하므로 공정력을 입증책임의 근거로 삼는 원고책임설은 타당하지 않다. ② 피고책임설은 입증이 곤란한 경우에 패소가능성을 피고에만 전담시키는 결과가 되므로 공평의 원리에 반한다. ③ 독자분배설은 법률요건분류설과 근본적으로 다른 바가 없다. 그것은 법률요건분류설을 유형적으로 바꾸어 놓은 견해에 불과하다. ④ 입증책임분배설을 원칙으로 하되, 행정소송의 특성을 고려하는 방식이 타당하다고 본다(다수설, 판례).

(4) 석명권의 한계 법원의 석명권 행사는 사안을 해명하기 위하여 당사자에게 그 주장의 모순된 점이나 불완전·불명료한 부분을 지적하여 이를 정정·보충할 수 있는 기회를 주고 또 그 계쟁사실에 대한 증거의 제출을 촉구하는 것을 그 내용으로 하는 것이기에 당사자가 주장하지도 않은 법률효과에 관한 요건사실이나 공격방어방법을 시사하여 그 제출을 권유하는 행위는 변론주의의 원칙에 위배되고 석명권 행사의 한계를 일탈한 것이다(대판 2000. 3. 23, 98두2768).

■ 참고 ■ 석명권

당사자의 진술에 불명, 모순, 흠결이 있거나 증명을 다하지 못한 경우에 사건의 내용을 이루는 사실관계나 법률관계를 명백히 하기 위해 당사자에 대하여 사실상 또는 법률상의 사항에 관하여 질문을 하거나 증명을 촉구하는 법원의 권능을 말한다(민사소송법 제136조).

(5) 증거제출시한 당사자는 사실심의 변론종결시까지 주장과 증거를 제출할 수 있다(대판 1989. 6. 27, 87누448). 판례는 항고소송에 있어서 원고는 전심절차에서 주장하지 아니한 공격방어방법을 소송절차에서 주장할 수 있는 것이므로 법원은 이를 심리하여 행정처분의 적법 여부를 판단할 수 있다고 한다(대판 1996. 6. 14, 96누754; 대판 1999. 11. 26, 99두9407).

4. 처분이유의 사후변경(추가·변경)

(1) 의 의 행정처분의 발령시점에 존재하던 사실상 또는 법상의 상황이 처분의 근거로 사용되지 않았으나, 사후에 행정소송절차에서 행정청이 그 상황을 처분의 근거로 제출하거나 법원이 직권으로 회부하여 고려하는 것을 처분이유의 사후변경이라 한다. 처분의 근거변경이라고도 한다.

[예] 甲이 서대문구청장에게 건축허가를 신청하였으나 서대문구청장은 화재예방, 소방시설 설치·유지 및 안전관리에 관한 법률 위반을 이유로 거부처분을 하였다. 이에 甲은 자신의 건축허가신청이 화재예방, 소방시설 설치·유지 및 안전관리에 관한 법률에 위반되지 아니함을 이유로 건축허가 거부처분 취소청구소송을 제기하였다. 그런데 재판절차에서 서대문구청장은 거부처분의 사유를 건축법상 이웃과의 거리제한규정의 위반으로 변경하였다. 여기서 서대문구청장이 처분의 근거를 화재예방, 소방시설 설치·유지 및 안전관리에 관한 법률 위반에서 건축법위반으로 변경하는 것이 처분이유의 사후변경에 해당한다.

(2) 인정 여부

(가) **학 설** 행정소송법에는 처분사유의 사후변경에 관한 규정이 없다. 따라서 행정소송에 처분이유의 사후변경이 인정될 것인가의 문제가 있다. 처분이유의 사후변경을 넓게 인정하면 원고의 보호가 미흡하게 되고, 인정하지 아니하면 행정의 원활한 운용에 다소의 지장이 발생한다. 이 때문에 처분의 상대방 보호와 소송경제를 고려할 때 제한적인 범위 내

에서 처분이유의 사후변경이 인정되어야 한다는 것이 일반적 견해이다.

(나) **판　　례** 　판례는 "행정처분의 취소를 구하는 항고소송에서, 처분청은 당초 처분의 근거로 삼은 사유와 기본적 사실관계가 동일하다고 인정되는 한도 내에서만 다른 사유를 추가 또는 변경할 수 있다. … 추가 또는 변경된 사유가 처분 당시에 이미 존재하고 있었다거나 당사자가 그 사실을 알고 있었다고 하여 당초의 처분사유와 동일성이 있다고 할 수 없다(대판 2018. 4. 12, 2014두5477)"는 견해를 취한다.

▌대판 2011. 5. 26, 2010두28106(피고 서울특별시 종로구청장은, 행정청이 점용허가를 받지 않고 도로를 점용한 사람에 대하여 도로법 제94조에 의한 변상금 부과처분을 하였다가 처분에 대한 취소소송이 제기된 후 해당 도로가 도로법의 적용을 받는 도로에 해당하지 않을 경우를 대비하여 처분의 근거 법령을 도로의 소유자가 서울특별시 종로구인 부분은 구 공유재산 및 물품관리법(2010. 2. 4. 법률 제10006호로 개정되기 전의 것, 이하 같다) 제81조와 그 시행령 등으로 변경하여 주장하였으나, 도로법과 구 국유재산법령 및 구 공유재산 및 물품관리법령의 해당 규정은 별개 법령에 규정되어 입법 취지가 다르고, 해당 규정내용을 비교하여 보면 변상금의 징수목적, 산정 기준금액, 징수 재량 유무, 징수절차 등이 서로 달라 위와 같이 근거 법령을 변경하는 것은 종전 도로법 제94조에 의한 변상금 부과처분과 동일성을 인정할 수 없는 별개의 처분을 하는 것과 다름 없어 허용될 수 없다).

(3) 인정범위

(가) **객관적 범위** 　① 판례는 기본적 사실관계의 동일성 유무는 처분사유를 법률적으로 평가하기 이전의 구체적인 사실에 착안하여 그 기초가 되는 사회적 사실관계가 기본적인 점에서 동일한지의 여부에 따라 결정해야 한다고 한다(대판 2018. 6. 28, 2015두44737). 구체적으로 보면 그 판단은 시간적·장소적 근접성, 행위 태양·결과 등의 제반사정을 종합적으로 고려해야 한다. ② 판례는 처분 당시의 사실을 변경하지 않은 채 처분의 근거법령만을 추가·변경한다거나(대판 1987. 12. 8, 87누632), 당초의 처분사유를 구체화하는 경우(대판 1989. 7. 25, 88누11926)처럼 사유의 내용이 공통되거나 취지가 유사한 경우에는 기본적 사실관계 동일성을 인정하고 있다.

▌대판 2001. 9. 28, 2000두8684(토지형질변경 불허가처분의 당초의 처분사유인 국립공원에 인접한 **미개발지의 합리적인 이용대책 수립**시까지 그 허가를 유보한다는 사유와 그 처분의 취소소송에서 추가하여 주장한 처분사유인 **국립공원 주변의 환경·풍치·미관 등을 크게 손상시킬 우려**가 있으므로 공공목적상 원형유지의 필요가 있는 곳으로서 형질변경허가 금지 대상이라는 사유는 기본적 사실관계에 있어서 동일성이 인정된다)(**서울특별시 종로구 평창동 토지형질변경신청 사건**).

(나) **시간적 범위** 　처분이유의 추가변경은 변론종결시까지만 허용된다(대판 1999. 8. 20, 98두17045). 위법성판단의 기준시점을 처분시로 보는 일반적 견해와 판례에 의할 때, 처분시 이후의 사정은 사후변경할 수 있는 이유에 해당하지 않는다.

(다) **한　　계** 　① 다툼 있는 행위가 재량행위인 경우에도 처분이유의 사후변경은 인정된다는 견해와 재량행위에서 처분사유의 추가·변경은 재량행위에 있어서 고려사항의

변경을 뜻하는 것이고, 고려사항의 변경은 새로운 처분에 해당한다는 것을 이유로 재량행위에서 처분사유의 추가·변경에 부정적인 견해도 있다. 생각건대 재량행위에서 처분사유의 추가·변경도 분쟁대상인 행정행위가 본질적으로 변경되지 않음을 전제로 하는 것이므로 긍정설이 타당하다. ② 원고의 권리방어가 침해되지 않아야 한다. 처분이유의 사후변경은 행정행위의 적법성의 확보를 위한 것이지, 원고의 권리를 침해하기 위한 것은 아니기 때문이다.

5. 위법성의 판단

(1) 기준시점 취소소송의 대상이 되는 처분의 위법성판단의 기준시와 관련하여 학설은 판결시기준설과 처분시기준설, 그리고 절충설이 있다. 처분시기준설이 통설이다. 판례도 처분시설을 취한다(대판 2022. 4. 28, 2021두61932). 행정소송의 본질은 개인의 권익구제에 중점이 있고, 권익구제는 처분시에 이미 위법한 처분으로부터 원고의 권익을 구제하는 것을 뜻하므로, 처분시기준설이 타당하다. 물론 법령에 특별히 정하는 바가 있으면, 그에 의하여야 한다. 다만, 부작위위법확인소송의 경우에는 판결시가 기준이 된다.

▮대판 2017. 4. 7, 2014두37122(행정처분의 위법 여부를 판단하는 기준 시점에 관하여 판결시가 아니라 처분시라고 하는 의미는 **행정처분이 있을 때의 법령과 사실상태를 기준**으로 하여 위법 여부를 판단할 것이며 처분 후 법령의 개폐나 사실상태의 변동에 영향을 받지 않는다는 뜻이지 처분 당시 존재하였던 자료나 행정청에 제출되었던 자료만으로 위법 여부를 판단한다는 의미는 아니다. 그러므로 **처분 당시의 사실상태 등에 관한 증명은 사실심 변론종결 당시까지** 할 수 있고, 법원은 행정처분 당시 행정청이 알고 있었던 자료뿐만 아니라 사실심 변론종결 당시까지 제출된 모든 자료를 종합하여 처분 당시 존재하였던 객관적 사실을 확정하고 그 사실에 기초하여 처분의 위법 여부를 판단할 수 있다).

(2) 판단자료의 범위 법원은 행정처분 당시 행정청이 알고 있었던 자료뿐만 아니라 사실심 변론종결 당시까지 제출된 모든 자료를 종합하여 처분 당시 존재하였던 객관적 사실을 확정하고 그 사실에 기초하여 처분의 위법 여부를 판단할 수 있다(대판 2019. 7. 25, 2017두55077).

H. 취소소송의 판결

Ⅰ. 판결의 종류

1. 각하판결

각하판결이란 소송요건(본안판단의 전제요건)의 결여로 인하여 본안의 심리를 거부하는 판결을 말한다. 각하판결은 취소청구의 대상인 처분의 위법성에 관한 판단은 아니므로 원고는 결여된 요건을 보완하여 다시 소를 제기할 수 있고, 아울러 법원은 새로운 소에 대해 판단하여야 한다. 본안판단의 전제요건의 구비여부는 직권조사사항이다. 본안판단의 전제요건은 구두변론의 종결시점까지 구비되어야 한다.

2. 기각판결과 사정판결

(1) 기각판결　기각판결이란 원고의 청구를 배척하는 판결을 말한다. 기각판결에도 ① 원고의 청구에 합리적인 이유가 없기 때문에 배척하는 일반적인 기각판결과 ② 원고의 청구에 이유가 있으나 배척하는 경우인 사정판결의 2종류가 있다. 일반적인 기각판결의 사유인 '청구에 합리적인 이유가 없다'는 것은 원고가 다투는 행정행위의 적법요건(예: 주체·형식·절차·내용의 요건)에 하자가 없다는 것을 의미한다.

(2) 사정판결

(가) 의　의　원고의 청구가 이유 있다고 인정하는 경우에도, 즉 처분등이 위법한 경우에 처분등을 취소하는 것이 현저히 공공복리에 적합하지 아니하다고 인정하는 때에는 법원은 원고의 청구를 기각할 수 있다(행소법 제28조 제 1 항 본문). 이에 따라 원고의 청구를 기각하는 판결을 사정판결이라 한다.

(나) 성　격　사정판결은 공익과 사익이 충돌할 때 이익형량의 원칙에 입각하여 공익보호가 보다 중대하다고 판단되는 경우에 공익을 사익에 우선시키는 제도이다. 사정판결은 공공복리의 유지를 위해 극히 예외적으로 인정된 제도인 만큼 그 적용은 극히 엄격한 요건 아래 제한적으로 하여야 한다(대판 2000. 2. 11, 99두7210; 대판 1991. 5. 8, 90누1359). 사정판결은 행정의 법률적합성의 원칙의 예외현상이다.

(다) 요　건　① 처분등이 위법하여야 한다. ② 내용상 처분등의 취소가 현저히 공공복리에 적합하지 아니하여야 한다. 즉 원고의 청구를 기각하는 것만이 공공복리의 실현을 위한 해결책이어야 한다(공공복리성). ③ 사정판결을 구하는 피고의 신청이 없어도 법원이 직권으로 사정판결을 할 수 있는지가 문제된다. 판례는 당사자의 명백한 주장이 없는 경우에도 기록에 나타난 여러 사정을 기초로 직권으로 사정판결할 수 있다고 본다(대판 2006. 9. 22, 2005두2506). ④ 사정판결이 필요한가의 판단의 기준시는 판결시점(변론종결시)이 된다(대판 1970. 3. 24, 69누29). 왜냐하면 사정판결은 처분시부터 위법하였으나 사후의 변화된 사정을 고려하는 제도이기 때문이다(기준시).

(라) 원고의 보호　① 법원이 사정판결을 하기 위해서는 원고가 그로 인하여 입게 될 손해의 정도와 배상방법, 그 밖의 사정을 미리 조사하여야 한다(행소법 제28조 제 2 항)(사정조사). ② 사정판결을 함에 있어 미리 원고가 그로 인하여 입게 될 손해의 정도와 배상방법, 그 밖의 사정을 조사한 법원은 사정판결을 행할 것임을 사전에 원고에게 알려 주어야 할 것이

고, 이에 따라 원고는 피고인 행정청이 속하는 국가 또는 지방자치단체를 상대로 손해배상, 재해시설의 설치 그 밖에 적당한 구제방법의 청구를 법원에 병합하여 제기할 수 있다(행소법 제28조 제 3 항)(원고의 보호). ③ 사정판결시 법원은 그 판결의 주문에서 그 처분등이 위법함을 명시하여야 한다(행소법 제28조 제 1 항 단서). ④ 소송비용은 피고가 부담하여야 한다. 사정판결은 청구에 이유가 있음에도 불구하고 원고를 패소시키는 것이기 때문이다(소송비용). ⑤ 원고가 사정판결에 불복하면 물론 상소할 수 있다(불복).

(마) **적용범위** 사정판결은 취소소송에 있어서만 허용될 뿐 무효등확인소송과 부작위위법확인소송에는 준용되고 있지 않다. 취소소송상 인정되는 사정판결이 무효등확인소송에 유추적용되는가에 관해 견해는 갈린다. 판례는 "당연무효의 처분은 존치시킬 효력이 있는 행정행위가 없기 때문에 사정판결을 할 수 없다"고 하여 부정적이다(대판 1996. 3. 22, 95누5509).

3. 인용판결

(1) 의 의 인용판결이란 원고의 청구가 이유 있음을 인정하여 처분등의 취소·변경을 행하는 판결을 의미한다. 성질상 취소소송에서 인용판결은 형성판결이 된다. 판결의 주문은 그 내용이 특정되어야 하고, 그 주문 자체에 의하여 특정할 수 있어야 한다(대판 1986. 4. 8, 82누242).

(2) 종 류 인용판결은 청구의 대상에 따라 처분(거부처분포함)의 취소판결과 변경판결, 재결의 취소판결과 변경판결이 있고, 아울러 무효선언으로서의 취소판결이 있다(대판 1974. 8. 30, 74누168).

(3) 일부위법과 취소 청구의 일부분에만 위법이 있는 경우, 일부취소를 할 것인가, 아니면 전부취소를 할 것인가는 문제이다. 이에 관한 판례를 보기로 한다. ① 외형상 하나의 행정처분이라고 하더라도 가분성이 있거나 그 처분대상의 일부가 특정될 수 있다면 그 일부만의 취소가 가능하다. 이러한 판결은 국세사건에서 빈번히 나타난다(대판 1989. 8. 8, 88누6139; 대판 2001. 6. 12, 99두8930). ② 가분성을 인정하기 어려운 경우, 예컨대 영업정지처분이 재량권남용에 해당한다고 판단될 때에는 위법한 처분으로서 그 처분의 취소를 명할 수 있을 따름이고, 재량권의 범위 내에서 어느 정도가 적정한 영업정지기간인가를 가리는 일은 사법심사의 범위를 벗어난다(대판 2009. 6. 23, 2007두18062).

Ⅱ. 판결의 효력

1. 자 박 력

① 법원이 판결을 선고하면 선고법원 자신도 판결의 내용을 취소·변경할 수 없게 된다.

이를 판결의 자박력 또는 불가변력이라 부른다. ② 자박력은 선고법원에 관련된 효력이다.

2. 확 정 력

(1) 형식적 확정력 ① 상고의 포기, 모든 심급을 거친 경우 혹은 상고제기기간의 경과 등으로 인해 판결에 불복하는 자가 더 이상 판결을 상고로써 다툴 수 없게 되는바, 이 경우에 판결이 갖는 구속력을 형식적 확정력 또는 불가쟁력이라 한다. ② 형식적 확정력은 법원의 판결에 불복할 수 있는 자인 당사자와 이해관계자에 관련된 효력이다.

(2) 실질적 확정력(기판력)

(가) **의 의** 판결이 확정되면 그 후의 절차(예: 후소)에서 동일한 사항(동일한 소송물)이 문제되는 경우에도 당사자와 이들의 승계인은 기존 판결에 반하는 주장을 할 수 없을 뿐만 아니라 법원도 그것에 반하는 판단을 할 수 없는 구속을 받는바, 이러한 구속력을 실질적 확정력이라 부른다. 기판력이라 부르기도 한다. 실질적 확정력에 관해 명문의 규정은 없다.

▌대판 2020. 5. 14, 2019다261381(확정판결의 기판력은 확정판결의 주문에 포함된 법률적 판단과 동일한 사항이 소송상 문제가 되었을 때 당사자는 이에 저촉되는 주장을 할 수 없고 법원도 이에 저촉되는 판단을 할 수 없는 기속력을 의미하고, 확정판결의 내용대로 실체적 권리관계를 변경하는 실체법적 효력을 갖는 것은 아니다).

(나) **취 지** 실질적 확정력은 법적 안정성의 표현(소송절차의 반복의 방지와 재판 사이의 모순방지)이고 법치국가원칙의 표현이다. 실질적 확정력 없이 법적 평화는 유지될 수 없기 때문이다. 요컨대 소송절차의 무용한 반복을 방지하고, 아울러 선후 모순된 재판의 출현을 방지함으로써 법적 안정성을 도모하고자 함이 기판력제도의 취지이다.

(다) **법적 근거** 행정소송법상 실질적 확정력에 관해 명시적으로 규정하는 바가 없다. 다만, 행정소송법 제 8 조 제 2 항에 따라 민사소송법 제216조와 제218조가 준용된다.

(라) **내 용** 판결의 기판력이 발생하면, 당사자는 동일한 소송물을 대상으로 다시 소를 제기할 수 없다(반복금지효). 뿐만 아니라 후소에서 당사자는 기판력을 발생하고 있는 전소의 확정판결의 내용에 반하는 주장을 할 수 없고, 법원은 전소판결에 반하는 판단을 할 수 없다(모순금지효).

(마) **효력범위**

(a) **주관적 효력범위** 실질적 확정력은 당사자 또는 당사자와 동일시할 수 있는 승계인(기판력의 발생시점 이후에 당사자로부터 소송물인 권리·의무를 승계한 자. 민사소송법 제218조 제 1 항 참조)뿐만 아니라 보조참가인(행정소송에서 제 3 자의 소송참가는 공동소송적 보조참가이다)에게도 미친다. 취소소송의 피고는 처분청이므로 행정청을 피고로 하는 취소소송에 있어서의 기판력은 당연

히 당해 처분이 귀속하는 국가 또는 공공단체에 미친다(대판 1998. 7. 24, 98다10854).

(b) **객관적 효력범위** 실질적 확정력은 판결주문에 나타난 판단에만 미치고(민사소송법 제216조 제 1 항), 판결이유에서 제시된 그 전제가 되는 법률관계에는 미치지 않는다(대판 2000. 2. 25, 99다55472; 대판 1987. 6. 9, 86다카2756). 판결이유는 다만 판결주문의 해석에서 고려된다. 그리고 확정판결의 주문에 포함된 법률적 판단과 동일한 사항이 소송상 문제가 되었을 때 당사자는 이에 저촉되는 주장을 할 수 없고 법원도 이에 저촉되는 판단을 할 수 없다. 후소의 소송물이 전소의 소송물과 동일하지 않더라도 전소의 소송물에 관한 판단이 후소의 선결문제가 되거나 모순관계에 있을 때에는 후소에서 전소 확정판결의 판단과 다른 주장을 하는 것도 허용되지 않는다(대판 2021. 9. 30, 2021두38635).

(c) **시간적 효력범위** 실질적 확정력은 사실심의 변론종결시를 기준으로 하여 효력을 발생한다(대판 1992. 2. 25, 91누6108). 확정판결은 변론종결시까지 제출된 자료를 기초로 하여 이루어지는 것이기 때문이다.

(3) 형식적 확정력과 실질적 확정력의 관계 형식적 확정력은 실질적 확정력의 전제요건이 된다. 그리고 실질적 확정력은 형식적 확정력 있는 판결을 내용상으로 보장한다.

3. 형 성 력

(1) 의 의 취소소송에서 청구인용판결은 형성판결의 성질을 갖는다. 형성력에 관한 명시적 규정은 없다. 그러나 행정소송법 제29조 제 1 항(처분등을 취소하는 확정판결은 제 3 자에 대하여도 효력이 있다)에 비추어 당연하다.

(2) 인정 근거 행정소송법은 취소판결의 형성력에 관해 명시적으로 규정하는 바가 없다. 그러나 행정의 법률적합성의 원칙과 행정소송법 제29조 제 1 항의 규정내용에 비추어 취소판결의 형성력을 인정할 수 있다.

(3) 효 과 행정처분을 취소한다는 확정판결이 있으면 그 취소판결의 형성력에 의하여 당해 행정처분의 취소나 취소통지 등의 별도의 절차를 요하지 아니하고 당연히 취소의 효과가 발생한다(대판 1991. 10. 11, 90누5443).

[예] 甲이 서대문구청장을 상대로 제기한 단란주점영업허가취소처분 취소청구소송에서 법원이 “서대문구청장이 甲에게 한 단란주점영업허가취소처분을 취소한다”라는 청구인용판결을 하면, 그것만으로 서대문구청장의 단란주점영업허가취소처분은 취소되는 것이지, 서대문구청장이 판결에 근거하여 甲에게 단란주점영업허가취소처분을 취소하는 처분을 새로이 하여야 단란주점영업허가취소처분이 취소되는 것은 아니다. 그리고 취소판결의 형성력은 소급한다. 예컨대, 2020년 4월 1일자 서대문구청장의 단란주점영업허가취소처분에 대하여 법원이 2020년 10월 1일에 단란주점영업허가취소처분을 취소하는 판결을 하면, 2020년 4월 1일부터 단란주점영업허가취소의 효과는 없는 것이 된다.

(4) 취소의 소급효 취소판결의 형성력은 소급적이다. 즉 행정청으로부터 행정처분을 받았으나 나중에 그 행정처분이 행정쟁송절차에서 취소되면, 그 행정처분은 처분 시에 소급하여 효력을 잃게 된다(대판 2019. 7. 25, 2017두55077).

(5) 제 3 자효 형성력은 제 3 자에 대해서도 발생한다(행소법 제29조 제 1 항). 처분등을 취소하는 확정판결이 제 3 자에 대하여도 효력이 있다는 것은 취소판결의 존재와 그 판결에 의해 형성되는 법률관계를 제 3 자도 용인하여야 함을 의미한다.

> **[예]** A세무서장이 세금을 미납한 甲의 B건물을 공매한 결과 乙이 B건물의 소유권을 취득하였다고 할지라도 甲이 공매처분취소소송을 제기하여 승소하게 되면, 乙은 甲의 승소를 인정하여야 한다. 따라서 甲은 乙에게 B건물의 소유권의 반환을 청구할 수도 있다. 제 3 자란 소송참가인만을 의미하는 것도 아니고, 일반인을 의미하는 것도 아니다. 그것은 소송참가인뿐만 아니라 그 판결과 직접 법적 이해관계를 맺는 자(예: 경원자소송에서 불허가 등을 받은 자가 제기한 소송에서 허가등의 처분을 받았던 자, 공매처분취소소송에서 경락인)를 의미한다.

4. 기 속 력

(1) 의 의 ① 처분등을 취소하는 확정판결은 그 사건에 관하여 당사자인 행정청과 그 밖의 관계행정청을 기속하는바(행정소송법 제30조 제 1 항), 이를 기속력이라 한다. 기속력은 당사자인 행정청과 관계행정청에 대하여 판결의 취지에 따라야 할 실체법상의 의무를 발생시키는 효력이다. 기속력을 구속력으로 부르는 경우도 있다. 자박력 · 확정력 · 형성력과 달리 기속력은 민사소송에서는 강조되지 아니한다. ② 기속력은 당사자인 행정청과 그 밖의 관계행정청에 관련된 효력이다.

(2) 성 질 기속력의 성질에 관해 ① 학설은 기판력설(기속력이 기판력과 동일하다는 견해로서 행정소송법상 기속력에 관한 규정은 판결 자체의 효력으로서 당연한 것으로 보는 입장)과 특수효력설(기속력은 취소판결의 실효성을 확보하기 위해 행정소송법이 취소판결에 특히 인정한 특유한 효력이라는 견해이다. 즉 판결 그 자체의 효력이 아니라 취소판결의 효과의 실질적인 보장을 위해 행정소송법이 특별히 인정한 효력이라는 견해이다. 말하자면 취소판결로 행정행위의 취소는 가능하여도 동일한 행정행위의 발령은 막을 수 없기 때문에 기속력이 인정된다는 것이다)로 나뉘고 있다. ② 판례의 입장은 불분명하다. ③ 기속력은 취소판결에서의 효력이지만 기판력은 모든 본안판결에서 효력이라는 점, 기속력은 당사자인 행정청과 그 밖의 관계 행정청에 미치지만 기판력은 당사자와 후소의 법원에 미친다는 점, 기속력은 일종의 실체법적 효력이지만 기판력은 소송법상 효력이라는 점에서 양자는 상이하므로, 특수효력설이 타당하다.

(3) 내 용

㈎ **소극적 관점에서의 기속력**(반복금지효) 기속력은 소극적으로는 반복금지효를 의미한다. 말하자면 당사자인 행정청은 물론이고 그 밖의 관계행정청(예: 재결취소소송에서 원처

분청)도 확정판결에 저촉되는 처분을 할 수 없음을 의미한다. 이를 부작위의무라고도 한다. 반복금지에 위반한 행위는 무효가 된다. 그러나 확정판결에서 적시된 위법사유(예: 형식 · 절차상 하자)를 보완하여 행한 새로운 처분은 확정판결에 의하여 취소된 종전의 처분과는 별개의 처분으로서 확정판결의 기속력에 저촉되는 것은 아니다.

[예] 甲이 「의견제출의 기회도 주지 아니한 채 이루어진 서대문구청장의 단란주점영업허가취소처분」을 다툰 취소소송에서 법원이 청구인용판결, 즉 단란주점영업허가취소처분 취소판결을 한 경우, 다시 서대문구청장이 甲에게 의견제출의 기회를 주지 아니한 채 단란주점영업허가취소처분을 한다면, 그것은 반복금지에 위반되는 행위로서 무효인 처분이 된다. 그러나 甲에게 의견제출의 기회를 준 후에 단란주점영업허가취소처분을 한다면, 그것은 반복금지에 위반되는 행위가 아니다.

㈏ **적극적 관점에서의 기속력**(재처분의무)

(a) 의 의 기속력은 적극적으로는 재처분의무를 의미한다. 이를 적극적 처분의무라 부르기도 한다.

(b) 거부처분취소소송의 인용판결에 따른 재처분의무 판결에 의하여 취소되는 처분이 당사자의 신청을 거부하는 것을 내용으로 하는 경우에는 그 처분을 행한 행정청은 판결의 취지에 따라 다시 이전의 신청에 대한 처분을 하여야 한다(행소법 제30조 제 2 항).

[예] 甲이 자신의 단란주점영업허가신청에 대한 서대문구청장의 거부처분을 다툰 취소소송에서 법원이 청구인용판결, 즉 단란주점영업허가거부처분 취소판결을 하면, 서대문구청장은 판결의 취지에 따라 甲의 종전의 단란주점영업허가신청에 대하여 다시 처분을 하여야 한다.

▌대판 2011. 10. 27, 2011두14401(행정소송법 제30조 제 2 항의 규정에 의하면, 행정청의 거부처분을 취소하는 판결이 확정된 경우에는 그 처분을 행한 행정청이 판결의 취지에 따라 이전의 신청에 대하여 재처분을 할 의무가 있다. 행정처분의 적법 여부는 그 행정처분이 행하여진 때의 법령과 사실을 기준으로 하여 판단하는 것이므로 확정판결의 당사자인 처분 행정청은 종전 처분 후에 발생한 새로운 사유를 내세워 다시 거부처분을 할 수 있고, 그러한 처분도 위 조항에 규정된 재처분에 해당한다).

(c) 절차의 하자를 이유로 처분을 취소하는 판결에 따른 재처분의 의무 신청에 따른 처분이 절차(節次)의 위법을 이유로 취소되는 경우에도 행정청에 재처분의무가 부과된다(행소법 제30조 제 3 항).

[예] 甲의 신청에 따라 서대문구청장이 화학공장설립을 허가하자 甲의 이웃 주민인 乙 등이 서대문구청장의 허가에 자신들의 의견을 청취하지 아니한 절차상 위법이 있음을 이유로 제기한 허가취소청구소송에서 법원이 인용판결을 한 경우, 서대문구청장은 乙 등의 의견을 청취한 후에 다시 처분을 하여야 한다.

(4) 효력범위

㈎ **주관적 범위** 기속력은 그 사건(취소된 처분)에 관하여 당사자인 행정청과 그 밖의 관계 행정청을 기속한다(인적 효력범위). 여기서 그 밖의 관계 행정청이란 당해 판결에 의하

여 취소된 처분등에 관계되는 어떠한 처분권한을 가지는 행정청을 모두 포함한다.

(나) **객관적 범위** 기속력은 판결주문 및 그 전제가 된 요건사실의 인정과 효력의 판단에만 미친다(대판 2001. 3. 23, 99두5238). 기속력은 기판력과 달리 '판결로 적시된 개개의 위법사유'에 관해서만 발생하므로(대판 2005. 1. 14, 2003두13045) 법원이 위법이라고 판단한 것과 동일한 이유나 자료를 바탕으로 동일인에 대하여 동일행위를 하는 것을 금할 뿐, 별도의 이유나 자료를 바탕으로 동일한 처분 등을 하게 되는 것은 무방하다.

(다) **시간적 범위** 기속력은 처분 당시를 기준으로 그때까지 존재하던 사유에 한하고 그 이후에 생긴 사유에는 미치지 않는다. 따라서 처분시에 존재하던 사유로 동일한 처분이나 거부처분을 할 수는 없다. 그러나 처분시에는 위법한 거부처분(요건을 구비하였기에 수익적 처분을 발령하여야 함에도 거부한 경우)이었으나 그 후 법령이나 사실상태가 변경되어 거부처분이 적법한 상태가 된 경우, 법원이 거부처분을 취소하여 당사자의 청구를 인용하였다고 할지라도(기속력의 시간적 범위는 처분시에 한정되기에) 처분청은 변경된 법령 및 사실상태를 근거로 하여 다시 거부처분을 할 수 있다는 것이 일반적 견해이며, 판례의 입장이다(대판 1998. 1. 7, 97두22). 즉, 이 경우 처분청의 새로운 거부처분도 행정소송법 제30조 제 2 항의 재처분이다.

(라) **기속력 위반행위** 취소판결의 기속력에 반하는 행위, 즉 취소판결에 반하는 행정청의 처분은 위법한 행위로서 무효이다(대결 2002. 12. 11, 2002무22). 행정소송법상 기속력에 관한 규정은 강행규정으로서 일종의 효력규정이다. 한편, 처분의 위법성심사는 처분시를 기준으로 하는바, 처분 후에 사실상태 또는 법률상태가 변동되었다면, 동일한 사유로 취소된 처분과 동일한 처분을 하여도 기속력에 위반되는 것은 아니다.

[예] 甲의 신청에 따라 서대문구청장이 A공장설립을 허가하자 甲의 이웃 주민인 乙 등이 서대문구청장의 허가에 자신들의 의견을 청취하지 아니한 절차상 위법이 있음을 이유로 제기한 허가취소청구소송에서 법원이 인용판결을 하였으나, 인용판결 후에 관련 법령의 개정으로 A공장설립허가에 이웃 주민들의 의견청취가 불필요하게 되었다면, 서대문구청장은 乙 등의 의견을 청취하지 않고 다시 甲의 신청에 따라 A공장설립을 허가한다고 하여도 기속력 위반이 아니다.

5. 집행력(간접강제)

(1) 의 의 ① 집행력이란 통상 이행판결에서 명령된 이행의무를 강제집행절차로써 실현할 수 있는 효력을 의미한다. 따라서 형성판결인 취소판결에는 성질상 강제집행할 수 있는 효력, 즉 집행력이 인정되지 않는다. ② 집행력은 당사자에 관련된 효력이다.

[예] 운전면허취소처분을 취소하는 판결이 나면, 운전면허취소의 효과는 당연히 소멸되므로, 운전면허취소처분의 취소를 위한 집행절차가 필요한 것이 아니다. 그러나 취소판결과 관련하는 한, 앞서 본 바 있는 거부처분취소판결의 확정시에 행정청에 부과되는 재처분의무의 이행을 확보하기 위해 행정소송법은 다음의 간접강제제도를 도입하고 있다. 예컨대, 甲이 자신의 단란주점영업허가신청에

대한 서대문구청장의 거부처분을 다툰 취소소송에서 법원이 청구인용판결, 즉 단란주점영업허가거부처분 취소판결을 하면, 서대문구청장은 판결의 취지에 따라 甲의 종전의 단란주점영업허가신청에 대하여 다시 처분을 하여야 한다. 만약 서대문구청장이 재처분을 하지 아니한다면, 재처분을 강제하는 방법이 필요한데, 행정소송법은 강제의 방법으로 아래의 '간접강제'를 도입하고 있다.

(2) 간접강제

(가) 의 의 판결에 의하여 취소되는 처분이 당사자의 신청을 거부하는 것을 내용으로 하는 경우에는 그 처분을 행한 행정청은 판결의 취지에 따라 다시 이전의 신청에 대한 처분을 하여야 한다(행소법 제30조 제 2 항). 그럼에도 행정청이 제30조 제 2 항의 규정에 의한 처분을 하지 아니하는 때에는 제 1 심 수소법원은 당사자의 신청에 의하여 결정으로써 상당한 기간을 정하고 행정청이 그 기간 내에 이행하지 아니하는 때에는 그 지연기간에 따라 일정한 배상을 할 것을 명하거나 즉시 손해배상을 할 것을 명할 수 있는바(행소법 제34조 제 1 항), 이러한 배상명령제도를 간접강제라 한다. 행정소송법상 간접강제는 재처분의무에 대한 강제집행제도이다.

■ 행정소송법 제30조(취소판결등의 기속력) ② 판결에 의하여 취소되는 처분이 당사자의 신청을 거부하는 것을 내용으로 하는경우에는 그 처분을 행한 행정청은 판결의 취지에 따라 다시 이전의 신청에 대한 처분을 하여야 한다.
③ 제 2 항의 규정은 신청에 따른 처분이 절차의 위법을 이유로 취소되는 경우에 준용한다.

[예문] 피신청인(서울시 광진구청장)은 결정정본을 받은 날로부터 30일 이내에 신청인이 90년 12월 29일자에 낸 광장동 381의 5 등 5필지 토지에 대한 형질변경신청에 대하여 허가처분을 하고, 만약 동 기간 내(30일)에 이를 이행하지 않을 때에는 이 기간만료의 다음 날로부터 이행완료시까지 1일 500만원의 비율에 의한 돈을 지급하라.

(나) **적용범위**(특히 무효등확인판결의 경우) 행정소송법은 거부처분취소판결에 따른 재처분의무에 대한 간접강제를 규정하고, 이를 부작위위법확인판결의 경우에 준용하고 있다(행소법 제38조 제 2 항). 그러나 거부처분에 대한 무효확인판결에 재처분의무를 규정하고 있음에도(행소법 제38조 제 1 항, 제30조 제 2 항), 무효등확인판결에는 간접강제의 준용규정이 없어 무효등확인판결에도 간접강제가 허용되는가가 문제된다. 판례는 소극적인 입장을 취한다(대결 1998. 12. 24, 98무37). 그러나 거부처분 무효확인판결도 재처분의무가 있으며(행소법 제38조 제 1 항, 제30조 제 2 항), 그 의무의 불이행을 강제할 필요성은 취소판결의 경우도 다를 바 없으므로 긍정함이 타당하다.

(다) 절 차 간접강제는 당사자가 제 1 심 수소법원에 신청하여야 한다. 심리의 결과 간접강제의 신청이 이유 있다고 인정되면 간접강제결정을 하게 된다. 결정의 내용은 "상당한 기간을 정하고 행정청이 그 기간 내에 이행하지 아니하는 때에는 그 연장기간에 따라 일정한 배상을 할 것을 명하거나 즉시 손해배상할 것을 명하는 것"이 된다.

㈑ **배상금의 법적 성격** 간접강제결정에 따른 배상금의 법적 성격과 관련하여, 결정에서 정한 예고기간이 경과한 후에 행정청이 재처분을 한 경우, 행정청에게 배상금지급의무가 인정되는가가 문제된다. 판례는 "간접강제결정에 따른 배상금은 확정판결에 따른 재처분의 지연에 대한 제재나 손해배상이 아니고, 재처분의 이행에 관한 심리적 강제수단에 불과하다"고 하여 배상금명령에서 정한 기간 내에 재처분을 하지 않았다고 하더라도, 기간경과 후 재처분을 하였다면 배상금을 추심할 수 없다고 한다(대판 2004. 1. 15, 2002두2444).

■ 참고 ■ 종국판결 이외의 취소소송의 종료사유

취소소송은 법원의 종국판결에 의하여 종료되는 것이 원칙이나 그 밖의 사유로도 종료될 수 있다. 즉 소의 취하, 청구의 포기·인낙, 재판상의 화해(재판상 화해에는 소송계속 전에 하는 제소전 화해와 소송계속 후에 하는 소송상 화해 두 가지가 포함된다. 제소전 화해도 법관 앞에서 하는 화해이므로 소송상 화해와 동일한 효력이 인정되기에 행정소송상 구별 실익은 크지 않다) 등의 사유를 들 수 있다.

1. 소의 취하

소의 취하란 원고가 청구의 전부 또는 일부를 철회하는 취지의 법원에 대한 일방적 의사표시이다. 행정소송에서도 처분권주의에 따라 소의 취하로 취소소송이 종료되는 것은 당연하다.

2. 청구의 포기·인낙

민사소송상 청구의 포기란 변론 또는 준비절차에서 원고가 자신의 소송상의 청구가 이유 없음을 자인하는 법원에 대한 일방적 의사표시이며, 청구의 인낙이란 피고가 원고의 소송상 청구가 이유 있음을 자인하는 법원에 대한 일방적 의사표시이다. 청구의 포기나 인낙은 조서에 진술을 기재하면 당해 소송의 종료의 효과가 발생한다. 조서가 성립되면 포기조서는 청구기각의, 인낙조서는 청구인용의 확정판결과 동일한 효력이 있다(민사소송법 제220조). 행정소송절차에서 청구의 포기와 인락을 인정할 것인가에 관해 견해가 나뉘고 있다. 법률에 의한 행정의 원칙과 행정소송의 특수성을 해하지 않는 범위 안에서 제한적으로 청구의 포기·인락을 인정하는 것은 필요하다고 본다(제한적 긍정설).

▪ 민사소송법 제220조(화해, 청구의 포기·인낙조서의 효력) 화해, 청구의 포기·인낙을 변론조서·변론준비기일조서에 적은 때에는 그 조서는 확정판결과 같은 효력을 가진다.

3. 재판상 화해

민사소송상 재판상 화해란 당사자 쌍방이 소송계속 중(소송계속 이전도 포함) 소송의 대상인 법률관계에 관한 주장을 서로 양보하여 소송을 종료시키기로 하는 합의를 말한다. 당사자 쌍방의 화해의 진술이 있는 때에는 그 내용을 조서에 기재하면 화해조서는 확정판결과 같은 효력이 있다(민사소송법 제220조). 행정소송절차에서 재판상 화해를 인정할 것인가에 관해 견해가 나뉘고 있다. 법률에 의한 행정의 원칙과 행정소송의 특수성을 해하지 않는 범위 안에서 재판상 화해를 인정하는 것은 필요하다고 본다.

Ⅲ. 판결에 대한 불복

1. 상 소

(1) 의 의 행정소송법상 명문규정의 유무를 불문하고 행정법원 및 고등법원의 판결에 대하여 고등법원 및 대법원에 항소·상고할 수 있음은 헌법상 당연하다(헌법 제27조, 제101조 제 2 항, 제107조).

(2) 심리불속행제도 심리불속행제란 상고이유에 관한 주장에 일정한 사유를 포함하지 아니한다고 인정할 때에는 더 나아가 심리를 하지 아니하고 판결로 상고를 기각하는 제도를 말한다(상고심절차에 관한 특례법 제 4 조). 상고심사제라 불리기도 한다. 심리불속행제도는 행정소송 외에 민사소송과 가사소송에도 적용된다(상고심절차에 관한 특례법 제 2 조). 헌법재판소는 상고심절차에 관한 특례법 제 4 조의 심리불속행제도를 합헌으로 보았다(헌재 2012. 5. 31, 2010헌마625).

2. 재 심

(1) 의 의 확정된 종국판결에 일정사유(민소법 제451조 제 1 항)가 있어서 판결법원에 이의 재심사를 구하는 것을 재심이라 한다.

(2) 종 류 재심에는 당사자가 제기하는 일반적인 재심(행소법 제 8 조 제 2 항; 민소법 제451조 이하)과 제 3 자가 제기하는 재심으로 구분할 수 있다. 재심법원이 사실심이면 새로운 공격방어방법의 제출도 가능하다(대결 2000. 12. 12, 2000즈3). 행정소송법 제31조는 제 3 자의 재심청구를 규정하고 있다.

▪ 행정소송법 제31조(제 3 자에 의한 재심청구) ① 처분등을 취소하는 판결에 의하여 권리 또는 이익의 침해를 받은 제 3 자는 자기에게 책임없는 사유로 소송에 참가하지 못함으로써 판결의 결과에 영향을 미칠 공격 또는 방어방법을 제출하지 못한 때에는 이를 이유로 확정된 종국판결에 대하여 재심의 청구를 할 수 있다.
② 제 1 항의 규정에 의한 청구는 확정판결이 있음을 안 날로부터 30일 이내, 판결이 확정된 날로부터 1년 이내에 제기하여야 한다.
③ 제 2 항의 규정에 의한 기간은 불변기간으로 한다.

3. 판결에 대한 헌법소원

(1) 원칙적 부인 헌법재판소는 "원행정처분에 대하여 법원에 행정소송을 제기하여 패소판결을 받고 그 판결이 확정된 경우에는 당사자는 그 판결의 기판력에 의한 기속을 받게 되므로 별도의 절차에 의하여 위 판결의 기판력이 제거되지 아니하는 한, 행정처분의

위법성을 주장하는 것은 확정판결의 기판력에 어긋나므로 행정처분은 헌법소원심판의 대상이 되지 아니한다고 할 것이며, 뿐만 아니라 원행정처분에 대한 헌법소원심판청구를 허용하는 것은, '명령·규칙 또는 처분이 헌법이나 법률에 위반되는 여부가 재판의 전제가 된 경우에는 대법원은 이를 최종적으로 심사할 권한을 가진다'고 규정한 헌법 제107조 제 2 항이나, 원칙적으로 헌법소원심판의 대상에서 법원의 재판을 제외하고 있는 헌법재판소법 제68조 제 1 항의 취지에도 어긋난다"(헌재 1998. 5. 28, 91헌마98, 93헌마253(병합); 헌재 2001. 2. 22, 99헌마409)고 하여 헌법재판소는 판결에 대한 헌법소원을 원칙적으로 부인한다.

(2) 예외적 인정 헌법재판소는 "법원의 재판 대상이 되어 그에 관한 판결이 확정된 원행정처분은, 원행정처분에 관한 재판이 헌법재판소가 위헌으로 결정한 법령을 적용하여 국민의 기본권을 침해함으로써 예외적으로 헌법소원심판의 대상이 되어 그 재판 자체까지 취소되는 경우에 한하여 헌법소원심판의 대상이 될 수 있을 뿐이다"(헌재 1998. 6. 25, 95헌바24; 헌재 2009. 12. 29, 2008헌마421)라고 하여 판결에 대한 헌법소원을 예외적으로 인정한다.

Ⅳ. 소송비용

1. 소송비용부담의 주체

행정소송의 비용은 민사소송법상의 일반원칙에 따라 패소자가 부담하고, 일부패소의 경우에는 각 당사자가 분담하는 것이 원칙이다(행소법 제 8 조 제 2 항; 민사소송법 제98조, 제101조). 그러나 취소청구가 행정소송법 제28조의 규정(사정판결)에 의하여 기각되거나 행정청이 처분등을 취소 또는 변경함으로 인하여 청구가 각하 또는 기각된 경우에는 소송비용은 피고의 부담이 된다(행소법 제32조). 왜냐하면 이러한 경우는 실질적으로 보아 원고의 승소에 해당하기 때문이다. 한편 소를 취하한 경우에는 취하한 자가 부담하고, 재판상 화해의 경우에는 합의가 없는 한 반반씩 부담하여야 한다.

2. 소송비용에 대한 재판의 효력

소송비용에 대한 재판이 확정된 때에는 피고 또는 참가인이었던 행정청이 소속하는 국가 또는 공공단체에 그 효력이 미친다(행소법 제33조). 소송비용에 관한 재판은 독립하여 상소의 대상이 되지 아니한다(민사소송법 제391조)(대결 1991. 12. 30, 91마726).

제 2 목 무효등확인소송

Ⅰ. 무효등확인소송의 관념

1. 의 의

무효등확인소송이란 행정청의 처분등의 효력 유무 또는 존재여부를 확인하는 소송을 말한다(행소법 제 4 조 제 2 호).

[예] 甲이 식품위생법을 위반한 행위를 한 바가 전혀 없음에도 불구하고 서대문구청장이 착오로 甲에게 단란주점영업허가 취소처분을 하였다면, 서대문구청장의 취소처분은 하자가 중대하고 명백하므로 무효이다. 따라서 甲은 영업을 계속할 수 있다. 그러나 서대문구청장이 甲에 대한 단란주점영업허가 취소처분이 유효하다고 주장하면서 甲에 대하여 영업장의 폐쇄를 요구하게 되면, 甲으로서는 여러 가지 불편·불리함이 따른다. 이러한 경우에 甲으로서는 서대문구청장의 처분이 무효라는 것을 재판을 통해 확인하여 불편·불리함을 해소해둘 필요가 있다. 이러한 경우에 적합한 소송이 바로 무효확인소송이다.

2. 종 류

무효등확인소송에는 처분등의 유효확인소송, 처분등의 무효확인소송, 처분등의 존재확인소송, 처분등의 부존재확인소송이 있다. 그리고 학설은 행정소송법에 규정이 없지만, 처분등의 실효확인소송을 인정하고 있다.

■ 참고 ■ 법률관계존부확인소송

처분등은 법률관계의 발생·변경·소멸을 가져오는 것이지, 그 자체가 법률관계는 아니다. 따라서 처분등의 존부확인소송은 법률관계존부확인소송과 구별되어야 한다. 현행법상 항고소송으로서 법률관계존부확인소송은 명시적으로 인정되고 있지 않다. 법률관계존부확인소송의 일종인 작위의무확인소송 역시 현행법상 명문으로 인정되고 있지 않다. 판례도 부인한다(대판 1990. 11. 23, 90누578; 대판 1990. 11. 23, 90누3553).

3. 성 질

① 무효등확인소송은 주관적 소송으로서 처분등의 효력유무 또는 존재여부를 확인하는 확인의 소이며, 이 소송에 의한 판결은 형성판결이 아니고 확인판결(確認判決)에 속한다. ② 기능상으로 본다면 무효확인판결의 효력은 취소판결의 경우와 같이 제 3 자에게도 미치는 까닭에 형성판결과 유사한 기능을 갖는다.

■ 참고 ■ 취소를 구하는 의미의 무효확인의 소

행정처분의 무효 확인을 구하는 소에는 특단의 사정이 없는 한 취소를 구하는 취지도 포함되어 있다(대판 2023. 6. 29, 2020두46073).

Ⅱ. 본안판단의 전제요건

1. 의 의

① '訴 없으면 재판없다'는 원칙은 무효등확인소송의 경우에도 당연히 적용된다. 무효등확인소송을 제기하여 법원으로부터 본안에 관한 승소판결을 받기 위해서는 본안판단의 전제요건(소송요건)과 본안요건을 갖추어야 한다. ② 본안판단의 전제요건으로는 무효라고 주장하는 처분등이 존재하고(아래의 2.), 관할법원에(3.), 원고가 피고를 상대로(4.), 소장을 제출하여야 하고(5.), 원고는 처분등의 무효등의 확인을 구할 이익(권리보호의 필요)이 있어야 하며(6.), 아울러 당사자 사이의 소송대상에 대하여 기판력 있는 판결이 없어야 하고, 또한 중복제소도 아니어야 한다(7.). 취소소송과 비교할 때, 무효등확인소송의 경우에는 제소기간의 적용이 없고, 또한 행정심판전치의 문제가 없다는 점이 다르다. ③ 본안판단의 전제요건이 결여되는 경우의 효과는 취소소송의 경우와 같다.

2. 처 분 등

무효등확인소송도 취소소송의 경우와 같이 처분등을 대상으로 한다. 한편 재결무효등확인소송의 경우에는 재결 자체에 고유한 위법이 있음을 이유로 하는 경우에 한한다. 법규범의 무효확인이나 문서의 진위 등의 사실관계의 확인은 무효등확인소송의 대상이 아니다. 다만 집행행위를 요하지 아니하고 그 자체로서 사인의 권리를 침해하는 법규명령이나 조례는 처분(또는 처분에 준하는 작용)으로서 무효확인의 대상이 된다. 무효등확인소송의 대상은 법률관계가 아니라 처분등임을 유념하여야 한다.

3. 관할법원

재판관할(행소법 제38조 제 1 항 · 제 9 조), 관할의 이송(행소법 제 7 조), 관련청구소송의 이송 및 병합(행소법 제38조 제 1 항 · 제10조) 등의 문제는 취소소송의 경우와 같다.

4. 당사자와 참가인

(1) 원고적격 무효등확인소송은 처분등의 효력유무 또는 존재여부의 확인을 구할 법률상 이익이 있는 자가 제기할 수 있다(행소법 제35조). 법률상 이익이 있는 자의 의미는 취

소소송의 경우와 같다(대판 2014. 2. 21, 2011두29052). 공동소송도 인정된다(행소법 제15조 · 제38조 제 1 항).

(2) 피고적격 취소소송의 관련규정이 준용된다. 즉 무효등확인소송은 다른 법률에 특별한 규정이 없는 한, 그 처분등을 행한 행정청을 피고로 한다. 다만 그 처분등이 있은 뒤에 그 처분등에 관계되는 권한이 다른 행정청에 승계된 때에는 이를 승계한 행정청을 피고로 한다(행소법 제38조 제 1 항 · 제13조 제 1 항). 그러나 권한을 승계한 행정청이 없는 경우에는 그 처분등에 관한 사무가 귀속되는 국가 또는 공공단체를 피고로 한다(행소법 제13조 제 2 항). 그리고 원고가 피고를 잘못 지정한 때에는 법원은 원고의 신청에 의하여 결정으로써 피고의 경정을 허가할 수 있다(행소법 제38조 제 1 항 · 제14조).

▌대판 2009. 7. 9, 2007두16608(구 저작권법 제97조의3 제 2 호는 '문화관광부장관은 대통령령이 정하는 바에 의하여 법 제53조에 규정한 저작권 등록업무에 관한 권한을 저작권심의조정위원회에 위탁할 수 있다'고 규정하고, 동법 시행령 제42조는 '문화관광부장관은 법 제97조의3의 규정에 의하여 저작권 등록업무에 관한 권한을 저작권심의조정위원회에 위탁한다'고 규정하고 있으므로, '저작권심의조정위원회'가 저작권 등록업무의 처분청으로서 그 등록처분에 대한 무효확인소송에서 피고적격을 가진다고 할 것이다).

(3) 소송참가 · 공동소송 취소소송에 적용되고 있는 제 3 자의 소송참가(행소법 제16조)와 행정청의 소송참가(행소법 제17조)도 준용된다(행소법 제38조 제 1 항).

5. 소 장

취소소송의 경우와 같다.

6. 권리보호의 필요

(1) 의 의 무효확인소송에도 권리보호의 필요가 필요하다. 즉, "행정처분의 무효확인을 구하는 소에서, 비록 행정처분의 위법을 이유로 무효확인판결을 받더라도 그 처분에 의하여 발생한 위법상태를 원상으로 회복시키는 것이 불가능한 경우에는 원칙적으로 그 무효확인을 구할 법률상 이익이 없고, 다만 원상회복이 불가능하더라도 그 무효확인으로써 회복할 수 있는 다른 권리나 이익이 남아 있는 경우 예외적으로 법률상 이익이 인정될 수 있을 뿐이다(대판 2016. 6. 10, 2013두1638)." 부존재확인소송의 경우도 같다(대판 1990. 10. 30, 90누3218).

(2) 확인소송의 보충성 행정소송법 제35조가 "무효등확인소송은 처분등의 효력 유무 또는 존재 여부의 확인을 구할 법률상 이익이 있는 자가 제기할 수 있다"라고 규정하여 여기서 「확인을 구할 법률상 이익」의 의미와 관련하여 무효등확인소송에서도 민사소송에서의 '확인의 이익'이 요구되는지, 그리고 무효등확인소송이 보충적으로 적용되는 것인

지가 문제된다. 학설은 나뉘고 있다. 판례는 과거에는 보충성이 요구된다고 하였으나, 그 후 보충성이 요구되지 않는다고 변경하였다(대판 2008. 3. 20, 2007두6342). 판례의 태도는 타당하다.

▌대판 2008. 3. 20, 2007두6342(행정소송은 행정청의 위법한 처분등을 취소·변경하거나 그 효력 유무 또는 존재 여부를 확인함으로써 국민의 권리 또는 이익의 침해를 구제하고 공법상의 권리관계 또는 법 적용에 관한 다툼을 적정하게 해결함을 목적으로 하므로, 대등한 주체 사이의 사법상 생활관계에 관한 분쟁을 심판대상으로 하는 민사소송과는 목적, 취지 및 기능 등을 달리한다. 또한 행정소송법 제 4 조에서는 무효확인소송을 항고소송의 일종으로 규정하고 있고, 행정소송법 제38조 제 1 항에서는 처분등을 취소하는 확정판결의 기속력 및 행정청의 재처분 의무에 관한 행정소송법 제30조를 무효확인소송에도 준용하고 있으므로 무효확인판결 자체만으로도 실효성을 확보할 수 있다. 그리고 무효확인소송의 보충성을 규정하고 있는 외국의 일부 입법례와는 달리 우리나라 행정소송법에는 명문의 규정이 없어 이로 인한 명시적 제한이 존재하지 않는다. 이와 같은 사정을 비롯하여 행정에 대한 사법통제, 권익구제의 확대와 같은 행정소송의 기능 등을 종합하여 보면, 행정처분의 근거 법률에 의하여 보호되는 직접적이고 구체적인 이익이 있는 경우에는 행정소송법 제35조에 규정된 '무효확인을 구할 법률상 이익'이 있다고 보아야 하고, 이와 별도로 무효확인소송의 보충성이 요구되는 것은 아니므로 행정처분의 무효를 전제로 한 이행소송 등과 같은 직접적인 구제수단이 있는지 여부를 따질 필요가 없다고 해석함이 상당하다).

7. 중복제소의 배제 등

취소소송의 경우와 같다.

Ⅲ. 소제기의 효과

취소소송의 경우와 같다. 무효등확인소송의 경우에도 집행부정지의 원칙이 적용되나, 특별한 사정이 있는 경우에는 법원이 결정으로써 집행정지를 결정할 수 있고 또한 정지결정을 취소할 수도 있다(행소법 제38조 제 1 항 · 제23조 · 제24조).

Ⅳ. 본안요건(이유의 유무)

무효확인소송이나 유효확인소송에 있어서 위법의 판단기준 등은 취소소송의 경우와 같다. 다만 인용판결을 위해서는 단순위법으로 충분한 취소소송의 경우와 달리, 무효확인소송의 경우에 위법의 하자가 중대하고 명백하여야 한다. 존재확인소송이나 부존재확인소송의 경우에는 행정행위의 부존재의 원리가 기준이 된다.

Ⅴ. 소의 변경

취소소송에서 살펴본 소의 변경(행소법 제21조)의 규정은 무효등확인소송을 취소소송 또는 당사자소송으로 변경하는 경우에 준용한다(행소법 제37조). 처분변경으로 인한 소의 변경(행소법 제22조) 역시 무효등확인소송에 준용된다(행소법 제38조 제 1 항).

Ⅵ. 심 리

1. 심리의 범위 등

심리의 범위·방법 등이 취소소송의 경우와 특별히 다른 것은 없다. 그런데 판례는 행정처분의 무효 확인을 구하는 소에는 특단의 사정이 없는 한 취소를 구하는 취지도 포함되어 있다고 보아야 하므로, 해당 행정처분의 취소를 구할 수 있는 경우라면 무효사유가 증명되지 아니한 때에 법원으로서는 취소사유에 해당하는 위법이 있는지 여부까지 심리하여야 한다는 견해를 취한다(대판 2023. 6. 29, 2020두46). 행정심판기록제출명령제도(행소법 제25조)·직권탐지주의(행소법 제26조) 등도 준용되고 있다(행소법 제38조 제 1 항). 위법성판단의 기준시점도 취소소송의 경우(처분시설)와 같다.

2. 입증책임

① 입증책임과 관련하여서는 학설은 입증책임분배설·원고책임부담설·피고책임부담설로 나뉘고 있다. 입증책임분배설은 취소소송의 경우와 같다는 견해이고, 원고책임부담설은 하자가 중대하고 명백하다면 원고가 부담하여야 한다는 견해이고, 피고책임부담설은 유효성·적법성을 행정청이 부담하여야 한다는 견해이다. ② 판례는 원고책임부담설을 취한다(대판 2010. 5. 13, 2009두3460). ③ 생각건대 무효확인소송에서의 입증책임을 취소소송의 경우와 달리 볼 특별한 이유는 없다. 입증책임분배설이 타당하다.

▌대판 2012. 12. 13, 2010두20782·2010두20799(병합)(행정처분의 당연무효를 주장하여 그 무효확인을 구하는 원고에게 그 행정처분이 무효인 사유를 증명할 책임이 있다).

Ⅶ. 판 결

1. 판결의 종류

취소소송의 경우와 같다. 다만 무효등확인소송에는 사정판결을 준용한다는 규정이 없다. 준용 여부와 관련하여 견해가 나뉘고 있다. 판례는 부정설을 취한다. 무효를 유효로 변경하는 것은 논리적으로 타당성을 갖지 아니한다고 볼 때, 부정설이 타당하다.

2. 판결의 효력

기본적으로 취소소송의 경우와 같다. 제 3 자효를 갖는다(행소법 제38조 제 1 항 · 제29조). 이 때문에 제 3 자의 보호를 위해 제 3 자의 소송참가(행소법 제38조 제 1 항 · 제16조), 제 3 자에 의한 재심청구(행소법 제31조 · 제38조 제 1 항)가 역시 인정된다. 기속력도 갖는다(행소법 제38조 제 1 항 · 제31조). 한편, 무효등확인판결은 형성판결과 달리 법관계의 변동을 가져오지 아니하고, 아울러 간접강제를 준용한다는 규정도 없다. 무효등확인판결의 기판력은 다만 처분등의 효력 유무와 존부에만 미칠 뿐이다.

Ⅷ. 선결문제

행정소송법은 처분등의 효력 유무 또는 존재 여부가 본안으로서가 아니라 민사소송에서 본안판단의 전제로서 문제가 될 때, 이를 선결문제라 하고(행소법 제11조 제 1 항), 당해 민사소송의 수소법원이 이를 심리 · 판단하는 경우에 행정청의 소송참가(행소법 제17조), 행정심판기록의 제출명령(행소법 제25조), 직권심리(행소법 제26조), 소송비용에 관한 재판의 효력(행소법 제33조) 등이 준용됨을 규정하고 있다(행소법 제11조 제 1 항). 행정소송법은 선결문제의 개념을 민사소송에 관해서만 규정하고, 형사소송이나 당사자소송의 경우에는 규정하는 바가 없다. 행정소송법에 규정이 없는 사항은 학설과 판례가 보충하여야 한다.

제 3 목 부작위위법확인소송

Ⅰ. 부작위위법확인소송의 관념

1. 의 의

부작위위법확인소송이란 행정청의 부작위가 위법하다는 것을 확인하는 소송을 말한다(행소법 제 4 조 제 3 호). 예컨대, 甲이 단란주점을 경영하기 위하여 서대문구청장에게 단란주점 영업허가를 신청하였는데 서대문구청장이 아무런 조치(허가나 거부)도 취하지 아니한 채 가만히 있으면 甲은 단란주점을 경영할 수 없다. 이러한 경우에 서대문구청장이 부작위하는 것(소극적으로 가만히 있는 것)이 위법하다는 확인을 구하는 소송이 부작위위법확인소송이다.

2. 한 계

부작위위법확인소송은 부작위가 위법하다는 것을 확인하는 소송일 뿐, 법원이 행정청에 대하여 처분을 할 것을 명하는 것은 아니다. 따라서 부작위위법확인소송에서 원고가 승소한다고 하여도 피고 행정청이 자발적으로 판결의 취지에 따르지 아니하면 다시 이를 강제하는 수단이 필요하다. 따라서 법원이 행정청에 대하여 처분을 할 것을 명하는 소송(이행소송)이 원고의 권리보호에 직접적인 데 반하여, 부작위위법확인소송은 원고의 권리보호에 간접적이다. 여기에 부작위위법확인소송은 한계를 갖는다. 이 때문에 부작위위법확인소송을 폐지하고 이행소송을 도입하여야 한다는 주장이 강하게 제기되고 있다.

Ⅱ. 본안판단의 전제요건

1. 의 의

① '訴 없으면 재판없다'는 원칙은 부작위위법확인소송의 경우에도 당연히 적용된다. 부작위위법확인소송을 제기하여 법원으로부터 본안에 관한 승소판결을 받기 위해서는 본안판단의 전제요건(소송요건)과 본안요건을 갖추어야 한다. ② 본안판단의 전제요건으로는 부작위가 존재하고(아래의 2.), 관할법원에(3.), 원고가 피고를 상대로(4.), 경우에 따라서는 일정한 기간 내에(5.), 소장을 제출하여야 하고(6.), 경우에 따라서는 행정심판전치를 거쳐야 하고(7.), 원고에게는 부작위위법의 확인을 구할 이익(권리보호의 필요)이 있어야 하며(8.), 아울러 당사자 사이의 소송대상에 대하여 기판력 있는 판결이 없어야 하고 또한 중복제소도 아니어야 한다(9.). 부작위위법확인소송의 소송요건은 취소소송의 소송요건과 기본적으로 다를 바가 없다. 그러나 부작위위법확인소송은 무효등확인소송의 경우와 달리 제소기간의 적용가능성이 있고, 행정심판전치의 적용가능성도 있다. ③ 본안판단의 전제요건의 결여의 효과는 취소소송의 경우와 같다.

2. 부작위의 존재

부작위란 행정청이 당사자의 신청에 대하여 상당한 기간 내에 일정한 처분을 하여야 할 법률상 의무가 있음에도 불구하고 이를 하지 아니하는 것을 말한다(행소법 제 2 조 제 1 항 제 2 호). 부작위가 성립하기 위해서는 ① 당사자의 신청이 있을 것, ② 상당한 기간이 경과할 것, ③ 행정청에 일정 처분을 할 법률상 의무가 있을 것, ④ 행정청이 아무런 처분도 하지 않았을 것이 요구된다.

(1) 당사자의 신청이 있을 것

㈎ **신청의 내용** 신청의 내용이 되는 처분은 행정소송법 제 2 조 제 1 항 제 1 호에서 의미하는 처분을 말한다(대판 1991. 11. 8, 90누9391). 재결도 포함된다. 그러나 비권력적 사실행위의 요구 또는 사경제적 계약의 체결요구 등은 이에 해당하지 아니한다(대판 1995. 3. 10, 94누14018).

(나) **신청의 적법 여부** 신청은 반드시 적법한 것일 필요는 없다고 본다. 부적법한 신청이면 그에 상응하게 응답하여야 할 의무가 행정청에 있다고 보아야 할 것이기 때문이다.

(다) **신청권의 존부**

(a) **판 례** 판례는 당사자에게 처분을 구할 수 있는 신청권은 있어야 한다는 입장이다(대판 1990. 5. 25, 89누5768). 또한 판례는 신청권의 존부의 문제를 대상적격의 문제로 보는 동시에 원고적격의 문제로 보기도 한다(대판 1999. 12. 7, 97누17568).

(b) **학 설** 학설은 신청권을 대상적격의 문제로 보는 견해, 원고적격의 문제로 보는 견해와 본안문제로 보는 견해로 나뉜다.

(c) **사 견** 생각건대 행정소송법은 부작위의 개념에 신청권의 존부에 관해 언급하는 바가 없다. 그럼에도 신청권의 존부를 부작위개념의 요소로 보는 것은 부작위의 개념을 해석상 제한하는 것으로서 사인의 권리보호의 확대의 이념에 반하는 것이 된다. 신청권의 존부의 문제는 원고적격의 문제로 보는 것이 타당하다.

(2) 상당한 기간이 경과할 것 상당한 기간이 경과하도록 아무런 처분이 없을 때 부작위는 위법한 것이 된다. 상당한 기간이란 어떠한 처분을 함에 있어 통상 요구되는 기간을 의미한다. 상당한 기간의 판단에는 처분의 성질·내용 등이 고려되어야 할 것이나 업무의 폭주, 인력의 미비 같은 사정은 고려될 성질의 것이 아니다.

▌대판 2023. 2. 23, 2021두44548(원고는 2017. 3. 7. 피고 광명시장에게 '수도권 대중교통 통합 환승요금할인'을 시행한 데에 따른 보조금 지급을 신청하였다. …피고 광명시장은 구 「경기도 여객자동차 운수사업 관리 조례」 제15조가 정한 보조금 지급 사무 권한자로서 위 보조금의 지급을 구하는 원고의 신청에 대하여 상당한 기간 내에 그 신청을 인용하는 적극적 처분을 하거나 각하 또는 기각하는 등의 소극적 처분을 하여야 할 법률상의 응답의무가 있다. 피고 광명시장이 원심 변론종결일인 2021. 4. 7.까지 원고의 신청에 응답하지 아니한 부작위는 그 자체로 위법하다).

(3) 행정청에 일정한 처분을 할 법률상 의무가 있을 것 부작위는 행정청이 어떠한 처분을 하여야 할 법률상 의무가 있음에도 행정청이 처분을 하지 않는 경우에 성립하게 된다. 어떠한 처분이란 행정소송법 제 2 조 제 1 항 제 1 호 소정의 처분을 말하는 것이고(대판 1993. 4. 23, 92누17099), 법률상 의무에는 명문의 규정에 의해 인정되는 경우뿐만 아니라 법령의 해석상 인정되는 경우도 포함한다(대판 1991. 2. 12, 90누5825). 행정입법은 여기서 말하는 처분에 해당하지 아니한다(헌재 1998. 7. 16, 96헌마246).

(4) 행정청이 아무런 처분도 하지 않았을 것 행정청이 아무런 처분도 하지 않았어야 한다(대판 2005. 4. 14, 2003두7590). 행정청이 인용처분을 하거나 거부처분을 하였다면 부작위의 문제는 생기지 않는다. 거부처분이 있었다면 취소소송을 제기하여야 한다(대판 1998. 1. 23, 96누12641).

3. 관할법원

취소소송에서 규정되고 있는 재판관할, 관련청구소송의 이송 및 병합 등은 부작위위법확인소송의 경우에도 준용된다(행소법 제38조 제 2 항 · 제 9 조 · 제10조). 관할의 이송(사건의 이송)제도 역시 적용된다.

4. 당사자와 참가인

(1) 원고적격

(가) 의 의 부작위위법확인소송은 처분의 신청을 한 자로서 부작위의 위법을 구할 법률상의 이익이 있는 자만이 제기할 수 있다(행소법 제36조). 법률상 이익이 있는 자의 의미는 취소소송의 경우와 같다. 그리고 공동소송이 인정되는 것도 취소소송의 경우와 같다(행소법 제15조 · 제38조 제 2 항).

(나) 신청권의 존부 학설상 원고적격이 인정되기 위해서는 ① 일정한 처분을 신청한 것으로 족하다는 견해와 ② 법령(명시적 규정이나 해석상 인정되는 경우 포함)에 의해 신청권을 가지는 자에 한한다는 견해, ③ 행정청의 부작위로 자기의 법률상의 이익이 침해되었다고 주장하는 자에게 인정된다는 견해의 대립이 있다. 생각건대 부작위의 성립에 원고의 신청권이 요구된다는 점을 고려할 때, ②설이 보다 타당하다.

(2) 피고적격 취소소송의 피고적격에 관한 규정이 부작위위법확인소송에도 준용된다(행소법 제13조 · 제38조 제 2 항). 따라서 부작위행정청이 피고가 된다. 또한 원고가 피고를 잘못 지정한 때에는 법원은 원고의 신청에 의하여 결정으로써 피고의 경정을 허가할 수 있다(행소법 제38조 제 2 항 · 제14조).

(3) 소송참가 · 공동소송 취소소송에 적용되고 있는 행정청의 소송참가(행소법 제17조), 제 3 자의 소송참가(행소법 제16조), 공동소송(행소법 제15조)에 관한 규정들은 부작위위법확인소송에도 준용된다(행소법 제38조 제 2 항).

5. 제소기간

(1) 문 제 점 ① 행정심판을 거쳐 부작위위법확인소송을 제기하는 경우에는 처분등이 존재하는바 제소기간에 관한 행정소송법 제20조의 적용에 문제가 없다(대판 2009. 7. 23, 2008두10560). 그러나 ② 임의적 행정심판전치의 원칙에 따라 행정심판을 거치지 아니하고 부작위위법확인소송을 제기하는 경우에는 문제가 있다. 왜냐하면 이 경우에는 외관상 아무런 명시적인 처분등이 없기 때문에 처분등을 기준으로 제소기간을 정하고 있는 행정소송법 제20조는 그대로 적용할 수 없기 때문이다.

▪ **행정소송법 제20조(제소기간)** ① 취소소송은 처분등이 있음을 안 날부터 90일 이내에 제기하여야 한다. 다만, 제18조 제 1 항 단서에 규정한 경우와 그 밖에 행정심판청구를 할 수 있는 경우 또는 행정청이 행정심판청구를 할 수 있다고 잘못 알린 경우에 행정심판청구가 있은 때의 기간은 재결서의 정본을 송달받은 날부터 기산한다.
② 취소소송은 처분등이 있은 날부터 1년(제 1 항 단서의 경우는 재결이 있은 날부터 1년)을 경과하면 이를 제기하지 못한다. 다만, 정당한 사유가 있는 때에는 그러하지 아니하다.
③ 제 1 항의 규정에 의한 기간은 불변기간으로 한다.
제38조(준용규정) ② … 제20조 …의 규정은 부작위위법확인소송의 경우에 준용한다.

(2) 사 견 행정심판법상 부작위에 대한 의무이행심판의 경우에는 심판청구기간에 제한이 없다는 점(행심법 제27조 제 7 항), 부작위에 대한 행정심판의 제기기간에 제한이 없는바 실제상 부작위에 대한 재결을 거쳐 행정소송을 제기하는 경우에는 출소기간에 제한이 없다고 할 수 있다는 점 등을 고려하면, 앞의 ②의 경우에는 제소기간에 제한이 없다고 본다. 판례의 입장도 같다(대판 2009. 7. 23, 2008두10560).

6. 소 장

취소소송의 경우와 같다.

7. 행정심판의 전치

취소소송의 경우와 같다.

8. 권리보호의 필요

취소소송의 경우와 같다.

9. 중복제소의 배제 등

취소소송의 경우와 같다.

Ⅲ. 소제기의 효과

주관적 효과는 취소소송의 경우와 동일하나, 객관적 효과(집행정지)의 문제는 생기지 않는다. 부작위에 대한 집행정지는 성질상 인정할 수가 없기 때문이다. 또한 일시적으로 어떠한 처분을 하도록 명하는 가처분도 기본적으로 피해의 방지가 아니라 이익의 확보를 구하는 부작위위법확인소송의 성질에 비추어 인정하기 어렵다. 그러나 행정소송절차가 지나치게 상당한 기간동안 지속할 수도 있다는 점, 그리고 성질상 가구제가 필요한 영역도 있다는 점(예: 외국인의 비자신청시 지나친 기간동안 무응답의 경우)을 고려할 때, 재고의 여지가 있다.

Ⅳ. 본안요건(이유의 유무)

취소소송의 논리와 유사하다. 만약 부작위에 대한 법적인 정당화사유가 있다면, 위법이 아니고, 인용판결을 받을 수 없다.

Ⅴ. 소의 변경

1. 의 의

부작위위법확인소송의 계속 중 경우에 따라 취소소송 또는 당사자소송으로 소의 변경이 가능한 것도 취소소송의 경우와 같다(행소법 제37조 · 제21조). 다만 처분변경으로 인한 소의 변경은 문제될 여지가 없다.

2. 부작위위법확인소송에서 거부처분취소소송으로 소의 변경

(1) 문 제 점 거부처분이 있었음에도 소의 종류를 잘못 선택하여 부작위위법확인소송을 제기한 경우에는 행정소송법 제37조(제21조)에 따라 거부처분취소소송으로의 소의 변경이 가능하다. 그러나 부작위에 대하여 부작위위법확인소송을 제기한 후 행정청이 거부처분을 한 경우 논리적으로 보면 행정소송법 제22조의 처분변경으로 인한 소의 변경이 적용되어야 하지만 준용규정이 없어 문제가 된다.

(2) 학 설 ① 행정소송법 제37조(제21조)의 취지는 행정소송의 다양성으로 인해 행정소송간에 소송의 종류를 잘못 선택할 가능성 때문에 소의 변경을 인정한 것이므로 부작위위법확인소송 계속 중에 거부처분이 발령된 경우에는 적용되지 않으며, 행정소송법 제22조는 부작위위법확인소송에 준용되지 않기에 이러한 경우는 소의 변경이 허용되지 않는다는 부정설과 ② 행정소송법이 제22조를 부작위위법확인소송에 준용하지 않는 것은 입법의 불비이므로 부작위위법확인소송 계속 중에 거부처분이 발령된 경우에도 행정소송법 제37조(제21조)를 적용하여 소종류의 변경이 가능하다고 해야 하며, 만일 소의 변경을 부정하면 당사자는 새로이 거부처분취소소송을 제기해야 하기에 이를 긍정함이 타당하다는 긍정설(다수설)이 대립된다.

(3) 사 견 부작위위법확인소송과 거부처분취소소송은 양 청구가 모두 일정한 처분을 얻으려는 것을 목적으로 하고 있어 청구의 기초에 변경이 없으므로 행정소송법 제37조(제21조)를 적용하여 소의 변경이 가능하다고 보아야 한다.

Ⅵ. 심 리

1. 심리의 범위

(1) 학 설 심리의 범위와 관련하여 학설은 실체적 심리설과 절차적 심리설의 대립이 있다. 실체적 심리설이란 부작위의 위법 여부만이 아니라 신청의 실체적인 내용도 심리하여 행정청의 처리방향까지 제시하여야 한다는 견해이고, 절차적 심리설이란 부작위의 위법 여부만을 심사하여야 하며, 만약 실체적인 내용을 심리한다면 그것은 의무이행소송을 인정하는 결과가 되어 정당하지 않다는 견해를 말한다.

(2) 판 례 판례는 절차적 심리설을 취한다(대판 1990. 9. 25, 89누4758; 대판 1992. 7. 28, 91누7361).

(3) 사 견 생각건대 부작위위법확인소송의 소송물이 부작위의 위법성이라는 점과 행정소송법상 부작위위법확인소송의 개념(행정청의 부작위가 위법하다는 것을 확인하는 소송)에 비추어 절차적 심리설이 타당하다. 그러나 무명항고소송으로서 이행소송이 인정되기까지 정책적인 관점에서 본안심리의 경우에 신청의 내용도 심리하는 것이 필요하다고 본다.

2. 심리의 방법

행정심판기록제출명령(행소법 제38조 제 2 항 · 제25조) · 직권심리주의(행소법 제38조 제 2 항 · 제26조) 등 취소소송의 관련규정이 준용된다.

3. 위법성판단의 기준시

취소소송이나 무효등확인소송과는 달리 부작위위법확인소송의 경우에는 위법성판단의 기준시점을 판결시(사실심의 구두변론종결시)로 보는 것이 타당하다. 부작위위법확인소송은 이미 이루어진 처분을 다투는 것이 아니고 다투는 시기에 행정청에 법상의 의무가 있음을 다투는 것이기 때문이다.

Ⅶ. 판 결

1. 판결의 종류

기본적으로 취소소송의 경우와 같다. 다만 취소소송의 경우와 달리 부작위위법확인소송에서는 사정판결의 문제가 생기지 않는다.

2. 판결의 효력

형성력이 생기지 않는 점만 제외하면, 취소소송의 경우와 다를 바가 없다. 말하자면 제 3 자효(행소법 제38조 제 2 항 · 제29조) · 기속력(행소법 제38조 제 2 항 · 제30조) · 간접강제(행소법 제38조 제 2 항 · 제34조) 등이 준용된다.

제 4 목 무명항고소송

Ⅰ. 일 반 론

1. 의 의

행정소송법 제 4 조에서 항고소송으로 규정되고 있는 취소소송 · 무효등확인소송 · 부작위위법확인소송의 세 종류를 법정항고소송이라 부른다. 그리고 행정소송법에서 규정된 이 세 가지의 항고소송 이외의 항고소송을 법정외 항고소송 또는 무명항고소송이라 부른다.

2. 인정가능성

(1) 학 설 학설은 국민생존권의 강화, 행정의 복잡 · 다양성으로 인해 전통적인 법정항고소송만으로는 행정구제가 미흡하고 행정구제제도의 실질화를 위해 무명항고소송이 인정되어야 한다는 견해(긍정설)와 부작위위법확인소송이 인정되고 있는 점 등을 고려하여 무명항고소송을 부인하는 견해(부정설)로 나뉘고 있다.

(2) 판 례 판례는 무명항고소송을 인정하지 아니한다(대판 2021. 12. 30, 2018다241458). 즉 판례는 의무이행소송(예: '서대문구청장은 甲에게 건축허가를 내주라'는 판결을 구하는 소송)(대판 1989. 9. 12, 87누868), 적극적 형성판결(예: '甲에게 건축을 허가한다'라는 판결을 구하는 소송)(대판 1997. 9. 30, 97누3200), 작위의무확인소송(예: '국가보훈처장(현 국가보훈부장관)은 독립기념관 전시관의 해설문, 전시물 중 잘못된 부분을 고쳐 다시 전시 및 배치할 의무가 있음을 확인한다'라는 판결을 구하는 소송)(대판 1990. 11. 23, 90누3553; 대판 1989. 1. 24, 88누3314), 예방적 부작위소송(예: '서대문구청장은 甲에게 준공처분을 하여서는 아니 된다'라는 판결을 구하는 소송)(대판 1987. 3. 24, 86누182) 등을 인정하지 아니한다.

(3) 사 견 국민의 권익구제의 폭을 넓힌다는 점, 행정소송법상 소송의 종류에 관한 규정은 예시규정이라는 점, 소송형식의 인정은 학문과 판례에 의해서도 발전될 수 있다는 점 등을 고려할 때, 긍정설이 타당하다.

▌헌재 2008. 10. 30, 2006헌바80(의무이행소송의 성격은 취소소송이나 확인의 소인 부작위위법확인소송과는 본질적으로 다르고, 소송요건, 본안 요건, 판결의 효력, 집행 방법 등에 있어서도 본질적으로 구별되는 별도의 소송유형이라는 점, 행정청의 1차적 판단권이 존중되어야 한다는 권력분립적 요청, 법치행정의 요청

및 국민의 효율적인 권리구제의 요청, 사법권의 정치화·행정화를 막고 부담을 경감하여야 한다는 사법자제적 요청, 국가 주도의 발전과정과 행정권의 역할에 대한 고려, 행정기관과 법원의 수용태세 등을 고려하여 현행 행정소송법에 도입되지 않은 입법경위 등을 종합하면, 행정소송법 제 4 조가 의무이행소송을 항고소송의 하나로 규정하지 아니한 것은 의무이행소송에 대한 입법행위가 없는 경우(입법권의 불행사)에 해당하는 것이지, 항고소송의 유형을 불완전·불충분하게 규율하여 입법행위에 결함이 있는 경우(입법권 행사의 결함)라고 보기 어렵다. 따라서 이 사건 헌법소원심판청구 중 행정소송법 제 4 조에 대한 청구 부분은 실질적으로 입법이 전혀 존재하지 않는 의무이행소송이라는 새로운 유형의 항고소송을 창설하여 달라는 것으로 헌법재판소법 제68조 제 2 항에 의한 헌법소원에서 허용되지 않는 진정입법부작위에 대한 헌법소원심판청구이므로 부적법하다).

Ⅱ. 입 법 례

1. 의무화소송

의무화소송이란 사인이 국가에 대해 일정한 행정행위를 청구하였음에도 국가에 의해 거부되었거나 방치된 경우, 거부되었거나 발령되지 않은 행정행위의 발령을 위해 권한 있는 행정청에 대하여 행정행위의 발령의무를 부과할 것을 구하는 소송을 말한다. 이것은 독일의 행정법원법에 규정된 소송형태이다.

2. 일반적 급부소송

일반적 급부소송이란 단순공행정작용(예: 사실행위·행정법상 의사표시)의 실행이나 부작위를 구하는 소송이다(예: 일반적 급부소송절차에서 공법상 계약의 체결 또는 미체결에 대한 행정청의 결정이 심사될 수 있다). 행정행위의 발령을 구하는 의무화소송과 일반적 급부소송을 합하여 넓은 의미의 급부소송(공법상 작위·부작위·수인의 청구권을 다투는 소송)이라 부른다. 이것은 독일의 행정법원법에 규정된 소송형태이다. 일반적 급부소송과 의무화소송은 소송대상을 달리한다. 일반적 급부소송은 단순공행정작용의 거부(부작위) 또는 단순공행정작용의 실행으로 권리가 침해된 자만이 제기할 수 있다.

3. 직무집행명령

직무집행명령이란 사인의 제기에 의해 재판소가 공행정기관에 대하여 자기(공행정기관)의 의무를 이행할 것을 발하는 명령으로서, 행정기관이 자신에 부과된 제정법상 공의무를 이행하지 않는 경우에 이의 이행(예: 공직회복·과오납조세반환·문서제공)을 강요하는 효과적인 수단이다. 직무집행명령은 위법한 부작위에 대한 구제제도이다. 이것은 영·미의 제도이다.

4. 예방적 소송

(1) 예방적 부작위소송 예방적 부작위소송이란 장래에 있을 특정의 위협적인 사

실행위 또는 행정행위의 발동을 방지하는 것을 구하는 소송이다. 이러한 소송은 독일에서 이론상 주장되고 있다.

[예] 전과자 A는 경찰의 예방적 감시활동에 공포를 느낀다. 예방적 감시활동은 행정행위가 아니다. 이 경우 전과자 A는 사실행위인 예방적 감시활동의 부작위를 구하기 위해 예방적 부작위소송을 제기할 수 있다.

(2) 예방적 확인소송 예방적 확인소송이란 「A행정청은 장래에 어떠한 처분을 발령하거나 부작위할 권한이 없다」는 확인을 구하는 소송이다. 예방적 확인소송에는 현재의 법률관계의 존재가 필요하다. 여기서 법률관계란 구체적인 법률관계를 말한다. 예방적 확인소송에도 권리보호의 필요가 요구된다. 예방적 확인소송의 한 경우로서 「행정청은 장래에 특정의 행정행위를 발령하여야 하는 의무를 부담한다」는 법률관계의 확인을 구하는 소송형태가 주장되기도 한다. 이러한 소송은 독일에서 이론상 주장되고 있다.

제 3 항 기타 소송

제 1 목 당사자소송

Ⅰ. 당사자소송의 관념

1. 의 의

당사자소송이란 행정청의 처분등을 원인으로 하는 법률관계에 관한 소송, 그 밖에 공법상의 법률관계에 관한 소송으로서 그 법률관계의 한쪽 당사자를 피고로 하는 소송을 말한다(행소법 제 3 조 제 2 호). ① 항고소송은 공행정주체가 우월한 지위에서 갖는 공권력의 행사·불행사와 관련된 분쟁의 해결을 위한 절차인 데 반해, 당사자소송은 그러한 공권력행사·불행사의 결과로서 생긴 법률관계에 관한 소송, 그 밖에 대등한 당사자간의 공법상의 권리·의무에 관한 소송이다. ② 당사자소송은 공법상의 법률관계(공권·공의무)를 소송의 대상으로 하는 점에서 사법상의 법률관계(사권·사의무)를 소송의 대상으로 하는 민사소송과 다르다.

2. 종 류

(1) 실질적 당사자소송 실질적 당사자소송은 대등당사자 사이의 공법상의 권리관계에 관한 소송으로서 통상의 당사자소송이 이에 해당한다. 행정소송법 제 3 조 제 2 호가 규정하는 당사자소송이 이에 해당한다. 행정소송법 제 3 조 제 2 호에서 말하는 ① 처분등을 원

인으로 하는 법률관계에 관한 소송의 예로 과세처분의 무효를 전제로 이미 납부한 세금의 반환을 구하는 소송(예: 부당이득반환청구소송), 직무상 불법행위로 인한 손해배상청구소송 등을 볼 수 있고, ② 기타 공법상 법률관계에 관한 소송의 예로 ⓐ 공법상 계약의 불이행시에 제기하는 소송(예: 토지수용시 협의성립 후 보상금미지급시보상금지급청구소송. 판례는 이를 민사소송으로 다룬다)(대판 1969. 5. 19, 67다2038), ⓑ 공법상 금전지급청구를 위한 소송(예: 공무원보수미지급시 지급청구)(대판 1991. 5. 10, 90다10766), ⓒ 공법상 지위 · 신분의 확인을 구하는 소송(예: 국가유공자의 확인을 구하는 소송)(대판 1992. 12. 24, 92누3335; 대판 1996. 5. 31, 95누10617), ⓓ 공법상 사인의 의사표시를 구하는 소송(대판 2019. 9. 9, 2016다262550) 등이 있다.

▌대판 2019. 9. 9, 2016다262550(토지 소유자 등이 사업시행자의 일시 사용에 대하여 정당한 사유 없이 동의를 거부하는 경우, 사업시행자는 해당 토지의 소유자 등을 상대로 동의의 의사표시를 구하는 소를 제기할 수 있다. 이와 같은 토지의 일시 사용에 대한 동의의 의사표시를 할 의무는 「국토의 계획 및 이용에 관한 법률」 제130조 제 3 항에서 특별히 인정한 공법상의 의무이므로, 그 의무의 존부를 다투는 소송은 '공법상의 법률관계에 관한 소송으로서 그 법률관계의 한쪽 당사자를 피고로 하는 소송', 즉 행정소송법 제 3 조 제 2 호에서 규정한 당사자소송이라고 보아야 한다).

■ 참고 ■

대법원은 2013년 3월 부가가치세 환급세액 지급청구사건에서 전원합의체판결로 "납세의무자에 대한 국가의 부가가치세 환급세액 지급의무에 대응하는 국가에 대한 납세의무자의 부가가치세 환급세액 지급청구는 민사소송이 아니라 행정소송법 제 3 조 제 2 호에 규정된 당사자소송의 절차에 따라야 한다"라고 하여 일종의 부당이득이라 할 부가가치세 환급세액의 지급청구와 관련하여 태도를 변경하였다(대판 2013. 3. 21, 2011다95564 전원합의체).

(2) 형식적 당사자소송 형식적 당사자소송이란 실질적으로 행정청의 처분등을 다투는 것이나 형식적으로는 처분등의 효력을 다투지도 않고, 또한 처분청을 피고로 하지도 않고, 그 대신 처분등으로 인해 형성된 법률관계를 다투기 위해 관련 법률관계의 일방당사자를 피고로 하여 제기하는 소송을 말한다. 말하자면 소송의 내용은 처분등에 불복하여 다투는 것이지만, 소송형식은 당사자소송인 것이 바로 형식적 당사자소송이다. 형식적 당사자소송의 예로 공익사업을 위한 토지 등의 취득 및 보상에 관한 법률 제85조 제 2 항이 규정하는 보상금증감소송을 볼 수 있다.

▞ 공익사업을 위한 토지 등의 취득 및 보상에 관한 법률 제85조(행정소송의 제기) ① 사업시행자·토지소유자 또는 관계인은 제34조의 규정에 의한 재결에 대하여 불복이 있는 때에는 재결서를 받은 날부터 90일 이내에, 이의신청을 거친 때에는 이의신청에 대한 재결서를 받은 날부터 60일 이내에 각각 행정소송을 제기할 수 있다. …
② 제 1 항의 규정에 따라 제기하고자 하는 행정소송이 보상금의 증감에 관한 소송인 경우 당해 소송을 제기하는 자가 토지소유자 또는 관계인인 때에는 사업시행자를, 사업시행자인 때에는 토지소유자 또는 관계인을 각각 피고로 한다.

3. 성　　질

당사자소송은 개인의 권익구제를 직접적인 목적으로 하는 주관적 소송이다. 당사자소송의 1심은 시심적 소송에 해당한다. 그리고 당사자소송은 소송물의 내용에 따라 이행의 소, 확인의 소로 구분될 수 있다.

Ⅱ. 관할법원

1. 행정법원

당사자소송의 관할법원은 취소소송의 경우와 같다(행소법 제40조 본문). 다만 국가 또는 공공단체가 피고인 경우에는 관계행정청의 소재지를 피고의 소재지로 한다(행소법 제40조 단서).

2. 관할이송

취소소송의 경우와 같다. 즉 원고의 고의 또는 중대한 과실 없이 행정소송이 심급을 달리하는 법원에 잘못 제기된 경우에는 법원은 소송의 전부 또는 일부가 그 관할에 속하지 아니함을 인정한 때에는 결정으로 관할법원에 이송한다(행소법 제 7 조, 제 8 조 제 2 항; 민사소송법 제31조 제 1 항).

Ⅲ. 당사자 및 참가인

1. 당사자의 의의

당사자소송의 당사자에는 국가 · 공공단체 · 사인이 있다. 즉 당사자소송은 국가 - 공공단체, 국가 - 사인, 공공단체 - 사인, 공공단체 - 공공단체, 사인 - 사인(국가적 공권을 위탁받은 사인) 사이에서 볼 수 있다.

2. 원고적격

행정소송법상으로 당사자소송의 원고적격에 관하여 규정하는 바는 없다. 그런데 당사자소송은 민사소송에 유사한 것이므로 당사자소송에도 민사소송의 경우와 같이 권리보호의 이익이 있는 자가 원고가 된다(행소법 제 8 조 제 2 항)(대판 1961. 9. 28, 4294행상50). 공동소송이 인정되는 것도 취소소송의 경우와 같다(행소법 제15조 · 제44조 제 1 항).

3. 피고적격

항고소송의 경우와 달리 행정청이 피고가 아니다. 국가 · 공공단체 그 밖의 권리주체가 당사자소송의 피고가 된다(행소법 제39조)(대판 2000. 9. 8, 99두2765; 대판 2001. 12. 11, 2001두7794). 국가를 당사자로 하는 소송(국가소송)의 경우에는 '국가를 당사자로 하는 소송에 관한 법률'에 의거하여 법무부장관이 국가를 대표한다(국가를 당사자로 하는 소송에 관한 법률 제 2 조). 법무부장관은 법무부의 직원이나 검사 또는 공익법무관, 그리고 행정청의 직원을 지정하여 소송을 수행하게 할 수도 있고, 변호사를 소송수행인으로 선임할 수도 있다(국가를 당사자로 하는 소송에 관한 법률 제 3 조). 지방자치단체를 당사자로 하는 소송의 경우에는 지방자치단체의 장이 당해 지방자치단체를 대표한다(지자법 제101조). 피고경정도 인정된다. 즉 원고가 피고를 잘못 지정한 때에는 법원은 원고의 신청에 의하여 결정으로써 피고의 경정을 허가할 수 있다(행소법 제14조 제 1 항).

4. 소송참가

취소소송의 경우와 같다(행소법 제16조 · 제17조 · 제44조). 말하자면 당사자소송에 있어서도 제 3 자의 소송참가(행소법 제16조 · 제44조)와 행정청의 소송참가(행소법 제17조 · 제44조)가 인정되고 있다.

Ⅳ. 소송의 제기

1. 소송요건

취소소송의 경우와 비교할 때, ① 행정심판의 전치, ② 제소기간의 요건이 없다는 점이 다르다. 그러나 ① 개별법에서 행정절차를 규정하는 경우에는 그러한 절차를 거쳐야 하며, ② 당사자소송에 관하여 법령에 제소기간이 정하여져 있는 때에는 그에 따라야 할 것이다. 그리고 그 기간은 불변기간이다(행소법 제41조). 만약 기간의 정함이 없다고 하면 권리가 소멸되지 않는 한 소권이 존재한다. ③ 소의 대상이 취소소송의 경우와 다르다.

2. 소의 변경, 관련청구의 이송 · 병합

① 법원은 당사자소송을 당해 처분등에 관계되는 사무가 귀속하는 국가 또는 공공단체에 대한 항고소송으로 변경하는 것이 상당하다고 인정할 때에는 청구의 기초에 변경이 없는 한, 사실심의 변론종결시까지 원고의 신청에 의하여 결정으로써 소의 변경을 허가할 수 있다(행소법 제42조 · 제21조 제 1 항). 뿐만 아니라 처분변경으로 인한 소의 변경도 인정되고 있다(행소법 제44조 제 1 항 · 제22조). ② 한편 당사자소송과 관련청구소송이 각각 다른 법원에 계속되고

있는 경우에는 법원은 당사자의 신청 또는 직권에 의하여 이를 당사자소송이 계속된 법원으로 이송할 수 있고(행소법 제44조 제 2 항 · 제10조 제 1 항), 또한 당사자소송에는 사실심의 변론종결시까지 관련청구소송을 병합하거나 피고 외의 자를 상대로 한 관련청구소송을 당사자소송이 계속된 법원에 병합하여 제기할 수 있다(행소법 제44조 제 2 항 · 제10조 제 1 항).

Ⅴ. 소제기의 효과

주관적 효과는 취소소송의 경우와 같다. 말하자면 주관적 효과로서 법원에는 심리의무가 주어지고, 당사자에게 중복제소금지의무가 주어진다. 그러나 객관적 효과(집행부정지)는 취소소송의 경우와 달리 적용이 없다.

Ⅵ. 심 리

취소소송의 경우와 특별히 다른 것은 없다. 말하자면 행정심판기록의 제출명령(행소법 제44조 제 1 항 · 제25조), 법원의 직권심리(행소법 제44조 제 1 항 · 제26조) 등이 당사자소송에도 준용된다. 입증책임 역시 민사소송법상 일반원칙인 법률요건분류설에 따른다.

Ⅶ. 판 결

1. 판결의 종류

판결의 종류는 기본적으로 취소소송의 경우와 같다. 말하자면 이 경우에도 각하판결 · 기각판결 · 인용판결의 구분이 가능하다. 그리고 소송물의 내용에 따라 확인판결 · 이행판결의 구분 또한 가능하다. 다만 사정판결의 제도가 없음은 취소소송의 경우와 다르다.

2. 판결의 효력

당사자소송의 확정판결도 자박력 · 확정력 · 기속력을 갖는다. 확정판결은 당사자인 행정청과 관계행정청을 기속한다(행소법 제44조 제 1 항 · 제30조 제 1 항). 그러나 취소판결에서 인정되는 효력 중 취소판결의 제 3 자효(행소법 제29조), 재처분의무(행소법 제30조 제 2 항 · 제 3 항), 간접강제(행소법 제34조) 등은 당사자소송에는 적용이 없다.

제 2 목 객관적 소송

Ⅰ. 민중소송

1. 의 의

민중소송이란 국가 또는 공공단체의 기관이 법률에 위반되는 행위를 한 때에 직접 자기의 법률상 이익과 관계없이 그 시정을 구하기 위하여 제기하는 소송을 말한다(행소법 제 3 조 제 3 호).

2. 성 질

민중소송은 당사자 사이의 구체적인 권리·의무에 관한 분쟁의 해결을 위한 것이 아니라, 행정감독적 견지에서 행정법규의 정당한 적용을 확보하거나 선거 등의 공정의 확보를 위한 소송으로서 객관적 소송에 속한다. 따라서 민중소송은 법률이 규정하고 있는 경우에 한하여 제기할 수 있다(행소법 제45조).

3. 예

민중소송의 예로 공직선거법상 선거소송(대판 2016. 11. 24, 2016수64)과 당선소송, 국민투표법상 국민투표무효소송, 지방자치법상 주민소송, 주민투표법상 주민투표소송 등을 볼 수 있다.

4. 적용법규

민중소송에 적용될 법규는 민중소송을 규정하는 각 개별법규가 정하는 것이 일반적이다(공직선거법 제227조·제228조 참조). 그러나 각 개별법규가 특별히 정함이 없는 경우에는 ① 처분 등의 취소를 구하는 소송에는 그 성질에 반하지 않는 한 취소소송에 관한 규정을 준용하고, ② 처분등의 효력 유무 또는 존재 여부나 부작위위법의 확인을 구하는 소송에는 그 성질에 반하지 아니하는 한 각각 무효등확인소송 또는 부작위위법확인소송에 관한 규정을 준용하며, ③ 상기 ①과 ②의 경우에 해당하지 않는 소송에는 그 성질에 반하지 아니하는 한 당사자소송에 관한 규정을 준용한다(행소법 제46조).

Ⅱ. 기관소송

1. 의 의

① 기관소송이란 국가 또는 공공단체의 기관 상호간에 있어서의 권한의 존부 또는 그 행사에 관한 다툼이 있을 때에 이에 대하여 제기하는 소송을 말한다(행소법 제 3 조 제 4 호). 요컨대 기관소송은 단일의 법주체내부에서 행정기관상호간의 권한분쟁에 관한 소송이다. 다만 헌법재판소법 제 2 조의 규정에 의하여 헌법재판소의 관할사항이 되는 소송(예: 국가기관 상호간, 국가기관과 지방자치단체간 및 지방자치단체 상호간의 기관쟁의)은 행정소송인 기관소송으로부터 제외된다. ② 권한상의 분쟁은 원칙적으로 행정조직내부의 문제이므로 법원이 개입할 성질은 아니고 행정권 스스로가 정할 문제이다. 현행법상 국가행정의 경우 권한쟁의는 상급행정청이, 최종적으로는 국무회의가 정하도록 되어 있으나(헌법 제89조 제10호 · 제11호), 권한쟁의심판제도로 인해 실제상 문제가 생길 여지는 거의 없다.

▪ **헌법 제89조** 다음 사항은 국무회의의 심의를 거쳐야 한다.
10. 행정각부간의 권한의 획정
11. 정부안의 권한의 위임 또는 배정에 관한 기본계획

2. 성 질

기관소송은 객관적 소송이다. 기관소송을 제기할 수 있는 권능은 기본권이 아니다. 그것은 단지 넓은 의미에서 주관적 성격을 띠는 객관적 권리이다. 기관소송은 법률이 정한 경우에 법률에 정한 자에 한하여 제기할 수 있다(행소법 제45조).

3. 예

국가기관간(국회 · 정부 · 법원 · 중앙선거관리위원회 상호간)의 분쟁은 헌법재판소의 권한쟁의의 문제가 된다(헌재법 제62조 제 1 항 제 1 호). 현행 행정소송법상 기관소송은 동일 지방자치단체의 기관간에서 문제된다. 지방자치법 제120조 제 3 항 또는 지방자치법 제192조 제 4 항에 의거하여 지방자치단체의 장이 지방의회를 상대로 대법원에 제기하는 소송과 지방교육자치에 관한 법률 제28조 제 3 항에 의거하여 교육감이 교육위원회를 상대로 대법원에 제기하는 소송을 볼 수 있다.

▪ **지방자치법 제120조(지방의회의 의결에 대한 재의요구와 제소)** ③ 지방자치단체의 장은 제 2 항에 따라 재의결된 사항이 법령에 위반된다고 인정되면 대법원에 소를 제기할 수 있다. 이 경우에는 제192조 제 4 항을 준용한다.
제192조(지방의회 의결의 재의와 제소) ④ 지방자치단체의 장은 제 3 항에 따라 재의결된 사항이 법

령에 위반된다고 판단되면 재의결된 날부터 20일 이내에 대법원에 소를 제기할 수 있다. 이 경우 필요하다고 인정되면 그 의결의 집행을 정지하게 하는 집행정지결정을 신청할 수 있다.

▪ **지방교육자치에 관한 법률 제28조(시·도의회 등의 의결에 대한 재의와 제소)** ③ 제 2 항의 규정에 따라 재의결된 사항이 법령에 위반된다고 판단될 때에는 교육감은 재의결된 날부터 20일 이내에 대법원에 제소할 수 있다.

4. 적용법규

민중소송의 경우와 같다. 즉 기관소송에 적용될 법규는 기관소송을 규정하는 각 개별법규가 정하는 것이 일반적이다. 그러나 각 개별법규가 특별히 정함이 없는 경우에는 ① 처분등의 취소를 구하는 소송에는 그 성질에 반하지 않는 한 취소소송에 관한 규정을 준용하고, ② 처분등의 효력 유무 또는 존재 여부나 부작위위법의 확인을 구하는 소송에는 그 성질에 반하지 아니하는 한 각각 무효등확인소송 또는 부작위위법확인소송에 관한 규정을 준용하며, ③ 상기 ①과 ②의 경우에 해당하지 않는 소송에는 그 성질에 반하지 아니하는 한 당사자소송에 관한 규정을 준용한다(행소법 제46조).

제 3 절 기타 권리구제제도

제 1 항 헌법소원

Ⅰ. 헌법소원의 관념

1. 헌법소원의 의의

헌법은 법률이 정하는 헌법소원에 관한 심판을 헌법재판소의 관장사항으로 규정하고 있다(헌법 제111조 제 1 항 제 5 호). 이 조문에 근거한 헌법재판소법 제68조는 헌법소원심판의 청구사유를 규정하고 있다. 헌법 제111조 제 1 항 제 5 호와 헌법재판소법 제68조를 종합하면, 헌법소원이란 공권력작용에 의하여 기본권이 침해된 국민이 헌법재판소에 제기하는 기본권구제수단으로 정의할 수 있다. 심리결과 위헌성이 있으면, 헌법재판소가 그 공권력작용을 취소하거나 위헌임을 인정함으로써 국민은 침해된 기본권을 구제받게 된다.

2. 헌법소원의 유형

헌법재판소법이 규정하는 헌법소원에는 동법 제68조 제 1 항에 따른 권리구제형 헌법소원과 동법 제68조 제 2 항에 따른 위헌심사형 헌법소원이 있다. 권리구제형 헌법소원이 본래의 헌법소원이고, 위헌심사형 헌법소원은 사실상 위헌법률심사이다.

▪ **헌법재판소법 제68조(청구 사유)** ① 공권력의 행사 또는 불행사(不行使)로 인하여 헌법상 보장된 기본권을 침해받은 자는 법원의 재판을 제외하고는 헌법재판소에 헌법소원심판을 청구할 수 있다. 다만, 다른 법률에 구제절차가 있는 경우에는 그 절차를 모두 거친 후에 청구할 수 있다.
② 제41조 제 1 항에 따른 법률의 위헌 여부 심판의 제청신청이 기각된 때에는 그 신청을 한 당사자는 헌법재판소에 헌법소원심판을 청구할 수 있다. 이 경우 그 당사자는 당해 사건의 소송절차에서 동일한 사유를 이유로 다시 위헌 여부 심판의 제청을 신청할 수 없다.

Ⅱ. 헌법소원의 청구요건

1. 헌법소원의 대상

(1) 권리구제형 헌법소원 권리구제형 헌법소원은 헌법상 보장된 기본권의 침해를 가져오는 공권력의 행사 또는 불행사를 대상으로 한다. 공권력에는 입법권 · 행정권 · 사법권이 모두 포함된다(헌재 2023. 3. 23, 2019헌마1399; 헌재 1990. 10. 15, 89헌마178). 행사란 공권력을 적극적으로 행사한 경우를 말하고, 불행사란 헌법상 요구되는 작위의무를 소극적으로 행사하지 아니한 것을 말한다(헌재 2004. 8. 26, 2003헌마916). 그 행사 또는 불행사로 국민의 권리와 의무에 대하여 직접적인 법률효과를 발생시켜 청구인의 법률관계 내지 법적 지위를 불리하게 변화시키는 것이어야 한다(헌재 2023. 7. 20. 2020헌마1158).

▮ 헌재 2022. 8. 31, 2018헌마305(헌법재판소법 제68조 제 1 항 본문은 공권력의 행사 또는 불행사로 인하여 헌법상 보장된 기본권을 침해받은 자는 법원의 재판을 제외하고는 헌법재판소에 헌법소원심판을 청구할 수 있다고 규정하고 있다. 따라서 공권력의 불행사로 인한 기본권 침해도 헌법소원심판의 대상이 될 수 있으나 행정권력의 부작위에 대한 헌법소원은 공권력의 주체에게 헌법에서 유래하는 작위의무가 특별히 구체적으로 규정되어 있어 이에 의거하여 기본권의 주체에게 그와 같은 행정행위를 청구할 헌법상 기본권이 인정되는 경우에 한하여 허용된다).

(2) 위헌심사형 헌법소원 위헌심사형 헌법소원은 헌법재판소법 제41조 제 1 항의 규정에 의한 법률의 위헌여부심판의 제청신청이 기각된 때에는 그 신청을 한 당사자가 헌법재판소에 헌법소원심판을 청구하는 것이므로 그 심판의 대상은 국회의 의결을 거친 형식적 의미의 법률을 대상으로 한다. 대통령령 · 총리령 · 부령이나 조례 등은 그 대상이 아니라는 것이 헌법재판소의 입장이다(헌재 2003. 7. 24, 2002헌바51).

2. 청구인 능력

기본권의 주체가 될 수 있는 자가 헌법소원을 제기할 수 있다. 자연인, 법인, 법인 아닌 사단, 재단, 정당, 노동조합도 청구인능력이 인정된다. 국가나 국가기관은 청구인능력을 갖지 아니한다.

▌경찰관과 헌법소원(헌재 2009. 3. 24, 2009헌마118)

[사건개요] 경찰관인 청구인은 피청구인인 검사로부터 형집행장에 의하여 검거된 벌금미납자의 신병에 대하여 '귀서 유치장에 인치하였다가 익일 10:00경 제주지방검찰청 재산형집행계로 신병을 인계하라'는 내용의 '벌금미납자 인치지휘' 공문을 받고, 이에 따라 위 벌금미납자를 제주동부경찰서 유치장에 인치하였다. 청구인은 범죄의 수사에 있어 검사의 지휘를 받을 뿐이므로 이미 형이 확정된 벌금미납자를 경찰서 유치장에 인치하라는 이 사건 인치지휘는 아무런 법적 근거가 없는 위법한 명령으로 피청구인이 오로지 검사라는 우월적 지위에서 행한 권력적 사실행위로써 헌법소원심판의 대상이 되는 공권력의 행사에 해당하고 이로써 청구인의 평등권 등 기본권이 침해되었다고 주장하며 이 사건 헌법소원심판을 청구하였다.

[결정요지] 경찰공무원은 기본권의 주체가 아니라 국민 모두에 대한 봉사자로서 공공의 안전 및 질서유지라는 공익을 실현할 의무가 인정되는 기본권의 수범자라 할 것이다. 그런데 벌금미납자에 대하여 검사가 발부한 형집행장은 구속영장과 동일한 효력이 있고(형사소송법 제474조 제 2 항) 경찰서 유치장은 "구속된 자 또는 신체의 자유를 제한하는 판결 또는 처분을 받은 자를 수용하는 시설"이므로(경찰관 직무집행법 제 9 조), 위와 같이 검사가 발부한 형집행장에 의하여 검거된 벌금미납자의 신병에 관한 업무는 국가 조직영역 내에서 수행되는 공적과제 내지 직무영역에 대한 것이다. 따라서 이러한 직무를 수행하는 청구인은 국가기관의 일부 또는 그 구성원으로서 공법상의 권한을 행사하는 공권력 행사의 주체일 뿐, 기본권의 주체라 할 수 없으므로 이 사건에서 청구인에게 헌법소원을 제기할 청구인적격을 인정할 수 없다.

3. 청구인적격

침해되는 기본권이 있고, 기본권침해의 가능성이 있는 자가 청구인적격을 갖는다. 기본권 침해는 청구인 자신의 기본권을 직접, 그리고 현재 침해하고 있어야 한다. 말하자면 기본권침해의 자기관련성 · 직접성 · 현재성이 있어야 한다.

▌헌재 2023. 3. 23, 2020헌마568(심판을 구하는 자는 심판의 대상인 공권력의 행사 또는 불행사로 자기의 기본권이 현재 그리고 직접적으로 침해받고 있는 자여야 한다. 그런데 공권력 작용의 **직접적인 상대방이 아닌 제 3 자라고 하더라도** 그 제 3 자의 기본권을 직접적이고 법적으로 침해하고 있는 경우에는 그 제 3 자에게 **자기관련성이 인정될 수 있다**. 그렇지만 타인에 대한 공권력의 작용이 단지 간접적, 사실적 또는 경제적인 이해관계로만 관련된 제 3 자에게는 자기관련성이 인정되지 않는다)(**미래한국당 정당 등록 승인행위의 위헌확인을 구한 심판사건**).

4. 권리보호의 이익

권리보호의 이익이 있어야 한다(헌재 2022. 8. 31, 2018헌마305). 권리보호의 이익이란 심판을 통해 구제의 효과를 실질적으로 누릴 수 있는 이익을 말한다. 기본권의 침해가 종료되면 권리보호의 이익은 없게 된다. 그러나 예외적으로 기본권 침해가 종료되어도 ① 침해행위가 앞으로도 반복될 위험이 있는 경우, ② 헌법적 해명이 중요한 의미를 갖는 경우에는 권리보호의 이익(심판이익)이 있다(헌재 1992. 1. 28, 91헌마111; 헌재 2022. 8. 31, 2018헌마305).

5. 보 충 성

다른 법률에 구제절차가 있는 경우에는 그 절차를 모두 거친 후가 아니면 청구할 수 없다(헌법재판소법. 이하 헌재법 제68조 1항 단서). 다만 헌법재판소는 헌법소원심판청구인이 그의 불이익으로 돌릴 수 없는 정당한 이유 있는 착오로 전심절차를 밟지 않은 경우 또는 전심절차로 권리가 구제될 가능성이 거의 없거나 권리구제절차가 허용되는지의 여부가 객관적으로 불확실하여 전심절차이행의 기대가능성이 없을 때에는 보충성의 원칙의 예외를 인정하고 있다(헌재 2004. 6. 24, 2003헌마723).

6. 재판의 전제성

헌법재판소는 위헌심사형 헌법소원에서는 재판의 전제성을 요구한다. 즉, "헌법재판소법 제68조 제 2 항에 의한 헌법소원심판은 심판대상이 된 법률조항이 헌법에 위반되는 여부가 관련사건에서 재판의 전제가 된 경우에 한하여 청구될 수 있다는 견해를 취한다.

(1) 재 판 전제되는 재판이란 판결 · 결정 · 명령 등 그 형식 여하와 본안에 관한 재판이거나 소송절차에 관한 재판이거나를 불문하며, 심급을 종국적으로 종결시키는 종국재판뿐만 아니라 중간재판도 이에 포함된다(헌재 1996. 12. 26, 94헌바1).

(2) 전 제 재판의 "전제"가 되어야 한다는 것은 구체적인 사건이 법원에 계속되어 있었거나 계속 중이어야 하고, 위헌 여부가 문제되는 법률이 당해 사건의 재판에 적용되는 것이어야 하며, 그 법률이 헌법에 위반되는지의 여부에 따라 당해 사건을 담당한 법원이 다른 내용의 재판을 하게 되는 경우를 말한다(헌재 2023. 2. 23, 2020헌바400).

7. 청구기간

① 권리구제형 헌법소원은 그 사유가 있음을 안 날부터 90일 이내에, 그 사유가 있은 날부터 1년 이내에 청구하여야 한다. 다만, 다른 법률에 의한 구제절차를 거친 헌법소원의 심판은 그 최종결정을 통지받은 날로부터 30일 이내에 청구하여야 한다(헌재법 제69조 제 1 항). ② 위헌심사형 헌법소원은 위헌여부심판의 제청신청을 기각하는 결정을 통지받은 날부터 30일 이내에 청구하여야 한다(헌재법 제69조 제 2 항).

▮헌재 2023. 7. 20, 2021헌라2(권한쟁의심판의 청구는 그 사유가 있음을 '안 날'로부터 60일 이내, 그 사유가 '있은 날'로부터 180일 이내에 하여야 한다(헌법재판소법 제63조 제1항). 여기서 그 '사유'란 피청구인의 처분 또는 부작위에 의하여 청구인의 권한이 침해되거나 침해될 현저한 위험이 발생한 것을 의미한다. 따라서 처분에 의한 권한침해의 경우, '그 사유가 있음을 안 날'은 다른 국가기관 등의 처분에 의하여 자신의 권한이 침해되었다는 사실을 특정할 수 있을 정도로 현실적으로 인식하고 이에 대하여 심판청구를 할 수 있게 된 때를 말하고 그 처분의 내용이 확정적으로 변경될 수 없게 된 것까지를 요하는 것은 아니라 할 것이다).

▮헌재 2023. 2. 23, 2019헌마1157(헌법소원심판에서 청구취지가 추가되거나 변경된 경우 청구기간의 준수 여부는 헌법재판소법 제40조 제1항 및 민사소송법 제265조에 의하여 추가 또는 변경된 청구서가 제출된 시점을 기준으로 판단하여야 한다. 청구인이 이 사건 취소행위를 통지받은 날은 2019. 7. 15.인데,

이 사건 취소행위가 위헌임을 확인한다는 청구취지가 추가된 청구이유보충서는 그로부터 90일이 경과한 다음인 2019. 12. 10. 제출되었다. 따라서 이 사건 취소행위에 대한 심판청구는 청구기간을 도과하여 부적법하다).

8. 대리인(변호사대리강제주의)

각종 심판절차에 있어서 당사자인 사인은 변호사를 대리인으로 선임하지 아니하면 심판청구를 하거나 심판수행을 하지 못한다. 다만, 그가 변호사의 자격이 있는 때에는 그러하지 아니하다(헌재법 제25조 제 3 항). 헌법소원심판을 청구하고자 하는 자가 변호사를 대리인으로 선임할 자력이 없는 경우에는 헌법재판소에 국선대리인을 선임하여 줄 것을 신청할 수 있다. 이 경우 제69조의 규정에 의한 청구기간은 국선대리인의 선임신청이 있는 날을 기준으로 정한다(헌재법 제70조 제 1 항).

Ⅲ. 가 처 분

헌법재판소법에 명시적 규정이 없으나, 헌법재판소는 헌법소원심판에서 가처분의 필요성은 있을 수 있고, 달리 가처분을 허용하지 아니할 상당한 이유를 찾아볼 수 없다고 하여 가처분을 인정한다. 가처분의 요건으로는 회복하기 어려운 손해의 예방과 효력정지의 긴급한 필요성을 요구한다.

Ⅳ. 인용결정

1. 권리구제형 헌법소원

헌법소원의 인용결정은 모든 국가기관과 지방자치단체를 기속한다(헌재법 제75조 제 1 항). 헌법재판소가 공권력의 불행사에 대한 헌법소원을 인용하는 결정을 한 때에는 피청구인은 결정취지에 따라 새로운 처분을 하여야 한다(헌재법 제75조 제 4 항). 제 2 항의 경우에 헌법재판소는 공권력의 행사 또는 불행사가 위헌인 법률 또는 법률의 조항에 기인한 것이라고 인정될 때에는 인용결정에서 당해 법률 또는 법률의 조항이 위헌임을 선고할 수 있다(헌재법 제75조 제 5 항).

2. 위헌심사형 헌법소원

헌법소원의 인용결정은 모든 국가기관과 지방자치단체를 기속한다(헌재법 제75조 제 1 항). 제68조 제 2 항의 규정에 의한 헌법소원이 인용된 경우에 당해 헌법소원과 관련된 소송사건이 이미 확정된 때에는 당사자는 재심을 청구할 수 있다(헌재법 제75조 제 7 항).

제 2 항 청 원

Ⅰ. 청원의 관념

1. 청원의 의의

청원이란 국민이 국가나 지방자치단체 등에 대하여 의견이나 희망을 진술하는 것을 말한다. 청원을 권리로 관념하여 청원권이라 부른다. 헌법 제26조 제 1 항은 "모든 국민은 법률이 정하는 바에 의하여 국가기관에 문서로 청원할 권리를 가진다"고 하여 청원권을 명시적으로 규정하고 있다.

2. 청원의 법적 근거

헌법 제26조의 규정에 의한 청원권행사의 절차와 청원의 처리에 관한 사항을 규정함을 목적으로 청원법이 제정되어 있다. 국회에 청원하려는 경우와 관련하여 국회법(제123조 내지 제126조), 지방의회에 청원을 하려는 경우와 관련하여 지방자치법(제85조 내지 제88조)에도 청원에 관한 규정이 있다. 청원에 관하여는 다른 법률에 특별한 규정이 있는 경우를 제외하고는 청원법에 따른다(청원법 제 2 조). 청원법이 일반법이다.

3. 청원권의 성질

청원권은 개인이 국가나 지방자치단체에 대하여 일정한 행위를 요구할 수 있다는 점에서 청구권적 기본권으로서 개인적 공권의 성격을 갖는다. 청원권을 다수 국민이 공동으로 행사하게 되는 경우, 그것은 참정권으로서의 성격도 강하게 가질 수 있다. 청원권이 기본권이라 하여도, 그것은 특정의 결정을 요구할 수 있는 개인적 공권은 아니다.

Ⅱ. 청원법상 규정내용

1. 청원의 주체

헌법 제26조 제 1 항에서 규정하는 바와 같이 모든 국민은 청원할 수 있다. 자연인이거나 법인이거나를 가리지 않는다. 권리나 이익이 침해된 자뿐만 아니라 권리나 이익에 대한 침해가 없는 자도 청원할 수 있다. 누구든지 청원을 하였다는 이유로 청원인을 차별대우하거나 불이익을 강요해서는 아니 된다(청원법 제26조).

2. 청원기관

이 법에 따라 국민이 청원을 제출할 수 있는 기관(이하 "청원기관"이라 한다)은 다음 각 호(1. 국회 · 법원 · 헌법재판소 · 중앙선거관리위원회, 중앙행정기관(대통령 소속 기관과 국무총리 소속 기관을 포함한다)과 그 소속 기관, 2. 지방자치단체와 그 소속 기관, 3. 법령에 따라 행정권한을 가지고 있거나 행정권한을 위임 또는 위탁받은 법인 · 단체 또는 그 기관이나 개인)와 같다(청원법 제 4 조). 국회법 제123조 제 1 항에 의하여 국회도 청원대상기관이고, 지방자치법 제85조 제 1 항에 의하여 지방의회도 청원대상기관이다.

3. 청원사항

국민은 다음 각 호(1. 피해의 구제, 2. 공무원의 위법 · 부당한 행위에 대한 시정이나 징계의 요구, 3. 법률 · 명령 · 조례 · 규칙 등의 제정 · 개정 또는 폐지, 4. 공공의 제도 또는 시설의 운영, 5. 그 밖에 청원기관의 권한에 속하는 사항)의 어느 하나에 해당하는 사항에 대하여 청원기관에 청원할 수 있다(청원법 제 5 조).

4. 청원기간

청원기간에는 제한이 없다. 따라서 행정심판의 제기기간이나 행정소송의 제기기간이 경과한 경우에도 청원할 수 있다. 관련된 행정행위가 형식적 존속력(불가쟁력)을 발생한 경우에도 청원은 가능하다.

5. 청원방법

청원은 청원서에 청원인의 성명(법인인 경우에는 명칭 및 대표자의 성명을 말한다)과 주소 또는 거소를 적고 서명한 문서(「전자문서 및 전자거래 기본법」에 따른 전자문서를 포함한다)로 하여야 한다(청원법 제 9 조 제 1 항). 제 1 항에 따라 전자문서로 제출하는 청원(이하 "온라인청원"이라 한다)은 본인임을 확인할 수 있는 전자적 방법을 통해 제출하여야 한다. 이 경우 서명이 대체된 것으로 본다(청원법 제 9 조 제 2 항). 청원인은 청원서를 해당 청원사항을 담당하는 청원기관에 제출하여야 한다(청원법 제11조 제 1 항). 청원인은 청원사항이 제 5 조 제 3 호 또는 제 4 호에 해당하는 경우 청원의 내용, 접수 및 처리 상황과 결과를 온라인청원시스템에 공개하도록 청원(이하 "공개청원"이라 한다)할 수 있다. 이 경우 청원서에 공개청원으로 표시하여야 한다(청원법 제11조 제 2 항). 청원인은 청원서에 이유와 취지를 밝히고, 필요한 때에는 참고자료를 붙일 수 있다(청원법 제11조 제 4 항).

6. 청원의 처리

청원기관의 장은 청원심의회의 심의를 거쳐 청원을 처리하여야 한다. 다만, 청원심의회의 심의를 거칠 필요가 없는 사항에 대해서는 심의를 생략할 수 있다(청원법 제21조 제 1 항). 청원기관의 장은 청원을 접수한 때에는 특별한 사유가 없으면 90일 이내(제13조 제 1 항에 따른 공개청원의 공개 여부 결정기간 및 같은 조 제 2 항에 따른 국민의 의견을 듣는 기간을 제외한다)에 처리결과를 청원인(공동청원의 경우 대표자를 말한다)에게 알려야 한다. 이 경우 공개청원의 처리결과는 온라인청원시스템에 공개하여야 한다(청원법 제21조 제 2 항).

7. 청원 처리의 예외

청원기관의 장은 청원이 다음 각 호(1. 국가기밀 또는 공무상 비밀에 관한 사항, 2. 감사 · 수사 · 재판 · 행정심판 · 조정 · 중재 등 다른 법령에 의한 조사 · 불복 또는 구제절차가 진행 중인 사항, 3. 허위의 사실로 타인으로 하여금 형사처분 또는 징계처분을 받게 하는 사항, 4. 허위의 사실로 국가기관 등의 명예를 실추시키는 사항, 5. 사인간의 권리관계 또는 개인의 사생활에 관한 사항, 6. 청원인의 성명, 주소 등이 불분명하거나 청원내용이 불명확한 사항)의 어느 하나에 해당하는 경우에는 처리를 하지 아니할 수 있다. 이 경우 사유를 청원인(제11조 제 3 항에 따른 공동청원의 경우에는 대표자를 말한다)에게 알려야 한다(청원법 제 6 조).

8. 이의신청

청원인은 다음 각 호(1. 청원기관의 장의 공개 부적합 결정에 대하여 불복하는 경우, 2. 청원기관의 장이 제21조에 따른 처리기간 내에 청원을 처리하지 못한 경우)의 어느 하나에 해당하는 경우로서 공개 부적합 결정 통지를 받은 날 또는 제21조에 따른 처리기간이 경과한 날부터 30일 이내에 청원기관의 장에게 문서로 이의신청을 할 수 있다(청원법 제22조 제 1 항). 청원기관의 장은 이의신청을 받은 날부터 15일 이내에 이의신청에 대하여 인용 여부를 결정하고, 그 결과를 청원인(공동청원의 경우 대표자를 말한다)에게 지체 없이 알려야 한다(청원법 제22조 제 2 항).

제 3 항 고충민원

I. 의 의

부패방지 및 국민권익위원회의 설치와 운영에 관한 법률에서 고충민원이란 행정기관등의 위법 · 부당하거나 소극적인 처분(사실행위 및 부작위를 포함한다) 및 불합리한 행정제도로 인하여 국민의 권리를 침해하거나 국민에게 불편 또는 부담을 주는 사항에 관한 민원(현역장병 및 군 관련 의무복무자의 고충민원을 포함한다)을 말한다(동법 제 2 조 제 5 호). 고충민원처리제도는 운영여하에 따라 경찰작용으로 인한 국민의 피해구제에 대한 효과적인 제도일 수 있다.

Ⅱ. 관장기관(국민권익위원회)

1. 국민권익위원회

고충민원의 처리와 이에 관련된 불합리한 행정제도를 개선하고, 부패의 발생을 예방하며 부패행위를 효율적으로 규제하도록 하기 위하여 국무총리 소속으로 국민권익위원회(이하 "위원회"라 한다)를 둔다(동법 제11조 제 1 항).

2. 시민고충처리위원회

지방자치단체 및 그 소속 기관에 관한 고충민원의 처리와 행정제도의 개선 등을 위하여 각 지방자치단체에 시민고충처리위원회를 둘 수 있다(동법 제32조 제 1 항).

3. 상호간의 관계

위원회 또는 각 시민고충처리위원회는 상호 독립하여 업무를 수행하고, 상호 협의 또는 지원을 요청받은 경우 정당한 사유가 없는 한 이에 협조하여야 한다(동법 제54조 제 1 항). 위원회는 시민고충처리위원회의 활동을 적극 지원하여야 한다(동법 제54조 제 2 항).

Ⅲ. 고충민원의 신청

누구든지(국내에 거주하는 외국인을 포함한다) 위원회 또는 시민고충처리위원회(이하 이 장에서 "권익위원회"라 한다)에 고충민원을 신청할 수 있다. 이 경우 하나의 권익위원회에 대하여 고충민원을 제기한 신청인은 다른 권익위원회에 대하여도 고충민원을 신청할 수 있다(동법 제39조 제 1 항). 권익위원회에 고충민원을 신청하고자 하는 자는 다음 각 호(1. 신청인의 이름과 주소(법인 또는 단체의 경우에는 그 명칭 및 주된 사무소의 소재지와 대표자의 이름), 2. 신청의 취지·이유와 고충민원신청의 원인이 된 사실내용, 3. 그 밖에 관계 행정기관의 명칭 등 대통령령으로 정하는 사항)의 사항을 기재하여 문서(전자문서를 포함한다. 이하 같다)로 이를 신청하여야 한다. 다만, 문서에 의할 수 없는 특별한 사정이 있는 경우에는 구술로 신청할 수 있다(동법 제39조 제 2 항).

Ⅳ. 고충민원의 조사

권익위원회는 고충민원을 접수한 경우에는 지체 없이 그 내용에 관하여 필요한 조사를 하여야 한다. 다만, 다음 각 호(1. 제43조 제 1 항 각 호의 어느 하나에 해당하는 사항, 2. 고충민원의 내용이 거짓이거나 정당한 사유가 없다고 인정되는 사항, 3. 그 밖에 고충민원에 해당하지 아니하는 경우 등 권익위원회가 조사하는 것이 적절하지 아니하다고 인정하는 사항)의 어느 하나에 해당하는 경우에는 조사를 하지 아니할 수 있다(동법 제41조 제 1 항).

Ⅴ. 고충민원의 각하 등

권익위원회는 접수된 고충민원이 다음 각 호의 어느 하나에 해당하는 경우에는 그 고충민원을 관계 행정기관등에 이송할 수 있다. 다만, 관계 행정기관등에 이송하는 것이 적절하지 아니하다고 인정하는 경우에는 그 고충민원을 각하할 수 있다(동법 제43조 제 1 항).

부패방지 및 국민권익위원회의 설치와 운영에 관한 법률 제43조(고충민원의 각하 등) ① …

1. 고도의 정치적 판단을 요하거나 국가기밀 또는 공무상 비밀에 관한 사항
2. 국회·법원·헌법재판소·선거관리위원회·감사원·지방의회에 관한 사항
3. 수사 및 형집행에 관한 사항으로서 그 관장기관에서 처리하는 것이 적당하다고 판단되는 사항 또는 감사원의 감사가 착수된 사항
4. 행정심판, 행정소송, 헌법재판소의 심판이나 감사원의 심사청구 그 밖에 다른 법률에 따른 불복구제절차가 진행 중인 사항
5. 법령에 따라 화해·알선·조정·중재 등 당사자간의 이해조정을 목적으로 행하는 절차가 진행 중인 사항
6. 판결·결정·재결·화해·조정·중재 등에 따라 확정된 권리관계에 관한 사항 또는 감사원이 처분을 요구한 사항
7. 사인간의 권리관계 또는 개인의 사생활에 관한 사항
8. 행정기관등의 직원에 관한 인사행정상의 행위에 관한 사항
9. 그 밖에 관계 행정기관등에서 직접 처리하는 것이 타당하다고 판단되는 사항

Ⅵ. 조정결정 등

1. 합의의 권고

권익위원회는 조사 중이거나 조사가 끝난 고충민원에 대한 공정한 해결을 위하여 필요한 조치를 당사자에게 제시하고 합의를 권고할 수 있다(동법 제44조).

2. 조 정

권익위원회는 다수인이 관련되거나 사회적 파급효과가 크다고 인정되는 고충민원의 신속하고 공정한 해결을 위하여 필요하다고 인정하는 경우에는 당사자의 신청 또는 직권에 의하여 조정을 할 수 있다(동법 제45조 제 1 항). 조정은 당사자가 합의한 사항을 조정서에 기재한 후 당사자가 기명날인하거나 서명하고 권익위원회가 이를 확인함으로써 성립한다(동법 제45조 제 2 항).

3. 시정의 권고 및 의견의 표명

권익위원회는 고충민원에 대한 조사결과 처분등이 위법·부당하다고 인정할 만한 상당한 이유가 있는 경우에는 관계 행정기관등의 장에게 적절한 시정을 권고할 수 있다(동법 제46조 제 1 항). 권익위원회는 고충민원에 대한 조사결과 신청인의 주장이 상당한 이유가 있다고 인정되는 사안에 대하여는 관계 행정기관등의 장에게 의견을 표명할 수 있다(동법 제46조 제 2 항).

4. 제도개선의 권고 및 의견의 표명

권익위원회는 고충민원을 조사·처리하는 과정에서 법령 그 밖의 제도나 정책 등의 개선이 필요하다고 인정되는 경우에는 관계 행정기관등의 장에게 이에 대한 합리적인 개선을 권고하거나 의견을 표명할 수 있다(동법 제47조).

5. 의견제출 기회의 부여

권익위원회는 제46조 또는 제47조에 따라 관계 행정기관등의 장에게 권고 또는 의견표명을 하기 전에 그 행정기관등과 신청인 또는 이해관계인에게 미리 의견을 제출할 기회를 주어야 한다(동법 제48조 제 1 항). 관계 행정기관등의 직원·신청인 또는 이해관계인은 권익위원회가 개최하는 회의에 출석하여 의견을 진술하거나 필요한 자료를 제출할 수 있다(동법 제48조 제 2 항).

Ⅶ. 결정의 통지와 사후조치

1. 결정의 통지

권익위원회는 고충민원의 결정내용을 지체 없이 신청인 및 관계 행정기관등의 장에게 통지하여야 한다(동법 제49조).

2. 처리결과의 통보

제46조 또는 제47조에 따른 권고 또는 의견을 받은 관계 행정기관등의 장은 이를 존중하여야 하며, 그 권고 또는 의견을 받은 날부터 30일 이내에 그 처리결과를 권익위원회에 통보하여야 한다(동법 제50조 제 1 항).

3. 불이행통보

제 1 항에 따른 권고를 받은 관계 행정기관등의 장이 그 권고내용을 이행하지 아니하는 경우에는 그 이유를 권익위원회에 문서로 통보하여야 한다(동법 제50조 제 2 항). 권익위원회는 제 1 항 또는 제 2 항에 따른 통보를 받은 경우에는 신청인에게 그 내용을 지체 없이 통보하여야 한다(동법 제50조 제 3 항).

4. 감사의 의뢰

고충민원의 조사·처리과정에서 관계 행정기관등의 직원이 고의 또는 중대한 과실로 위법·부당하게 업무를 처리한 사실을 발견한 경우 위원회는 감사원에, 시민고충처리위원회는 당해 지방자치단체에 감사를 의뢰할 수 있다(동법 제51조).

5. 권고 등 이행실태의 확인·점검

권익위원회는 제46조 및 제47조에 따른 권고 또는 의견의 이행실태를 확인·점검할 수 있다(동법 제52조).

6. 공　　표

권익위원회는 다음 각 호(1. 제46조 및 제47조에 따른 권고 또는 의견표명의 내용, 2. 제50조 제 1 항에 따른 처리결과, 3. 제50조 제 2 항에 따른 권고내용의 불이행사유)의 사항을 공표할 수 있다. 다만, 다른 법률의 규정에 따라 공표가 제한되거나 개인의 사생활의 비밀이 침해될 우려가 있는 경우에는 그러하지 아니하다(동법 제53조).

제 4 항 기　　타

앞에서 살펴본 제도 외에 경찰 스스로에 의한 경찰행정행위의 직권취소도 위법하거나 부당한 경찰작용으로 인해 침해된 국민의 권익을 회복하는 데 의미를 갖는다. 국민들의 여론이나 관련된 사인들의 진정도 위법하거나 부당한 경찰작용으로부터 국민의 권익을 보호하는데 나름대로 의미를 가질 것이다. 이상의 여러 제도들보다 결코 경시될 수 없는 요청이 국민을 위한 경찰의 강한 봉사의식일 것이다. 경찰의 강한 대국민 봉사의식은 경찰 스스로에 의한 노력 외에 경찰에 대한 국민의 사랑과 신뢰가 바탕에 놓일 때에 가능할 것이다.

제 3 부

*

행정법각론

제 1 장 행정조직법
제 2 장 지방자치법
제 3 장 공무원법
제 4 장 경찰법
제 5 장 공적 시설법
제 6 장 공용부담법
제 7 장 기타 특별행정법상 주요사항

• 제 1 장

행정조직법

제1절 일 반 론

제1항 행정조직법의 개념

Ⅰ. 광의의 행정조직법

넓은 의미의 행정조직법이란 행정권의 조직에 관한 법을 말한다. 넓은 의미의 행정조직법은 ① 행정권을 행사하는 행정기관의 설치·변경·폐지, 행정기관의 권한(예: 법무부장관의 권한) 및 행정기관 상호간의 관계에 관한 법(행정기관법), ② 행정기관의 인적 구성요소로서 현실적으로 행정활동을 담당하는 공무원에 관한 법(공무원법), ③ 행정기관의 물적 구성요소로서 직접적으로 행정목적에 제공되는 물건(예: 정부청사)에 관한 법(공물법), ④ 행정목적에 제공되는 인적·물적 종합체(예: 한국방송공사, 서울대학교)에 관한 법(영조물법) 내지 공적 기업에 관한 법(공기업법) 등으로 구성된다.

Ⅱ. 협의의 행정조직법

좁은 의미의 행정조직법이란 행정기관법을 말한다. 좁은 의미의 행정조직법은 직접국가행정조직법과 간접국가행정조직법으로 구성된다. 한편, 행정기관법 중에서 직접국가행정기관의 조직법만을 최협의의 행정조직법이라 부르기도 한다. 이 책에서는 행정조직법을 협의의 개념으로 사용하기로 한다.

제 2 항 행정조직법의 종류

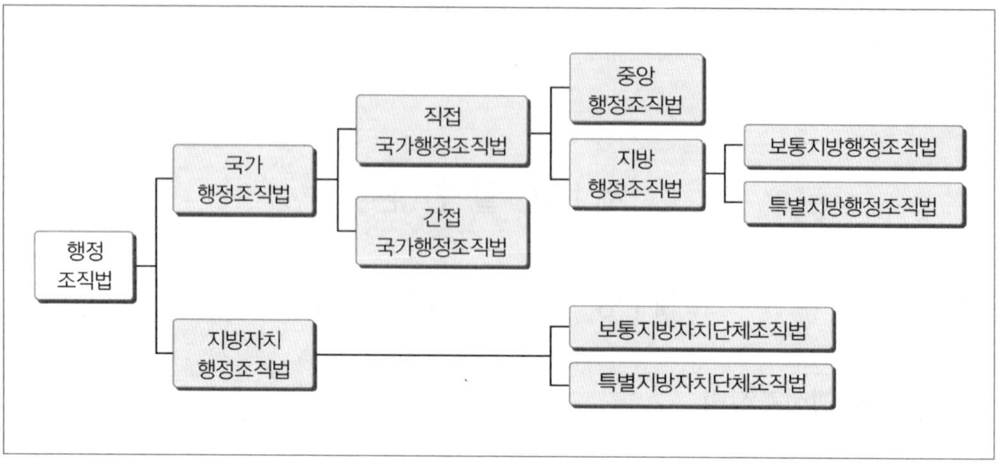

Ⅰ. 국가행정조직법

1. 직접국가행정조직법

(1) 의　의　　직접국가행정조직법이란 직접국가행정, 즉 국가가 자신의 고유한 기관을 통해 수행하는 행정을 수행하는 국가기관(예: 기획재정부 등 행정각부, 세무서, 경찰서)의 조직에 관한 법을 말한다. 직접국가행정조직법은 중앙행정조직법과 지방행정조직법으로 구분된다.

(2) 중앙행정조직법　　중앙행정조직법이란 직접국가행정 중에서 중앙행정, 즉 전국적으로 권한을 갖는 기관(예: 기획재정부장관 등 장관, 경찰청장, 국세청장)이 수행하는 행정을 수행하는 국가기관(예: 기획재정부 등 행정각부, 경찰청, 국세청)의 조직에 관한 법을 말한다.

(3) 지방행정조직법　　지방행정조직법이란 직접국가행정 중에서 지방행정, 즉 일정지역에서만 권한을 갖는 일정기관(예: 서울지방경찰청장, 경찰서장)이 중앙행정기관(예: 경찰청장)의 감독하에 수행하는 국가기관(예: 지방경찰청, 경찰서)의 조직에 관한 법을 말한다. 지방행정조직법은 보통지방행정조직법과 특별지방행정조직법으로 구분된다. 보통지방행정조직법이란 보통지방행정조직, 즉 당해 관할구역 내에서 널리 일반국가행정사무를 수행하는 기관(현재 이러한 기관은 없다)에 관한 법을 말하고, 특별지방행정조직법이란 특별지방행정조직, 즉 특정의 중앙행정기관에 소속하면서 특정지역에서 그 특정중앙행정기관의 권한에 속하는 사무를 수행하는 기관(예: 경찰서, 세무서)에 관한 법을 말한다.

2. 간접국가행정조직법

간접국가행정조직법이란 간접국가행정, 즉 법적으로 독립된 법인(예: 한국방송공사, 한국토지주택공사)에 의해 수행되는 국가행정을 수행하는 그 법인의 조직에 관한 법을 말한다.

Ⅱ. 지방자치행정조직법

지방자치행정조직법이란 지방자치사무를 수행하는 지방자치단체(예: 특별시·광역시, 시·군·구)의 조직에 관한 법을 말한다. 지방자치행정조직법은 보통지방자치단체조직법과 특별지방자치단체조직법으로 구성된다. 보통지방자치단체조직법이란 보통지방자치단체, 일정 구역 안에서 널리 자치사무를 수행하는 지방자치단체(예: 특별시·광역시, 시·군·구)의 조직에 관한 법을 말한다. 특별지방자치단체조직법이란 특별지방자치단체, 즉 일정 구역 안에서 특정한 목적을 위해 설립된 지방자치단체의 조직(예: 각종 지방공사)에 관한 법을 말한다.

제 3 항 행정조직법의 헌법상 원칙

Ⅰ. 행정조직법과 법치주의(행정조직법정주의)

우리 헌법은 여러 조문(헌법 제96조, 제100조, 제90조 제 3 항, 제91조 제 3 항, 제92조 제 2 항, 제93조 제 2 항)에서 행정조직을 법률로써 정할 것을 규정하고 있다. 이것을 행정조직법정주의라 부른다.

Ⅱ. 행정조직법과 민주주의

현행헌법은 권력분립원리를 전제로 대통령제정부형태를 채택하여 행정의 최고책임자인 대통령을 국민이 직접 선출케 하는 민주적 정부형태를 취하고 있다(헌법 제67조). 민주적 정부형태는 행정조직법의 영역에서 헌법원리의 하나인 민주주의원리의 반영·실현을 의미한다. 뿐만 아니라 헌법은 분권주의에 입각하여 지방자치제를 보장하고 있다.

Ⅲ. 행정조직법과 사회복지주의

헌법은 사회복지국가를 지향하고 있다. 이것은 행정조직법도 사회복지국가의 실현에 봉사하는 것이어야 함을 의미한다. 정부조직법상 보건복지부·고용노동부·국가보훈부 등은 바로 사회복지국가이념의 실현을 위한 기관이다. 생활수준의 향상과 더불어 사회복지국가원리는 보다 강조되며, 사회복지국가원리의 강조는 필히 사회복지에 관련된 행정조직의 확대·강화를 가져온다.

제 2 절 행정기관

제 1 항 행정기관의 의의

Ⅰ. 행정기관의 개념

행정기관이란 행정주체인 국가나 지방자치단체 등의 행정조직을 구성하는 기본단위를 말한다. 따라서 모든 행정기관의 체계적인 전체가 국가나 지방자치단체 등의 행정조직을 구성한다. 이 때문에 행정조직은 행정기관을 본질적인 구성부분으로 한다고 하겠다.

Ⅱ. 행정기관의 법인격성

행정기관(예: 법무부장관)은 법인격을 갖지 아니한다. 왜냐하면 행정기관은 전제로서 행정조직(예: 대한민국)을 위하여 권한을 갖는 것이지, 전체로서 행정조직으로부터 분리되어 독자적이고도 고유한 주관적인 권리를 갖는 것은 아니기 때문이다. 따라서 행정기관은 권리능력을 갖지 아니한다.

▮ 대판 1987. 4. 28, 86누93(서울국제우체국장은 우편사업을 담당하는 국가의 일개 기관에 불과할 뿐으로서 법률상 담세능력이 있다거나 책임재산을 가질 수 있다고 볼 수 없어 관세법상의 납세의무자가 될 수 없으므로 위 우체국장에 대한 이 사건 관세부과처분은 관세의 납세의무자가 될 수 없는 자를 그 납세의무자로 한 위법한 처분으로서 그 하자가 중대하고도 명백하여 당연무효라고 할 것이다).

한편, 실정법은 행정청을 법률관계의 일방당사자로 규정하기도 한다(예: 행심법 제17조 제 1 항, 행소법 제13조 제 1 항). 그러나 엄밀히 말한다면, 이 경우에도 행정청은 인격을 갖는다고 할 수는 없다. 왜냐하면 행정청의 소송행위 내지 심판행위의 법적 효과의 귀속주체는 당해 행정청이 아니라 국가나 지방자치단체이기 때문이다.

▪ **행정심판법 제17조(피청구인의 적격 및 경정)** ① 행정심판은 처분을 한 행정청(의무이행심판의 경우에는 청구인의 신청을 받은 행정청)을 피청구인으로 하여 청구하여야 한다. 다만, 심판청구의 대상과 관계되는 권한이 다른 행정청에 승계된 경우에는 권한을 승계한 행정청을 피청구인으로 하여야 한다.

▪ **행정소송법 제13조(피고적격)** ① 취소소송은 다른 법률에 특별한 규정이 없는 한 그 처분등을 행한 행정청을 피고로 한다. 다만, 처분등이 있은 뒤에 그 처분등에 관계되는 권한이 다른 행정청에 승계된 때에는 이를 승계한 행정청을 피고로 한다.

제 2 항 행정기관의 구성방식과 종류

Ⅰ. 행정기관의 구성방식

행정기관은 ① 1인의 우두머리 공무원이 결정을 내리고 책임을 지는 독임제(예: 행정각부의 장관)와 기관구성자가 다수인이며 그 다수인의 등가치적인 의사의 합의(다수결)에 의해 결정을 내리고 구성원 전원이 그 결정에 책임을 지는 합의제(예: 토상법상 토지수용위원회), ② 일정한 자격·능력을 갖춘 자를 기관구성자로 선임하는 전무직제(예: 행정심판법상 행정심판위원회)와 자격·능력에 무관하게 기관구성자를 선임하는 명예직제(예: 주민자치위원회), ③ 기관구성자의 선임이 일정기관의 일방적인 임명행위로 이루어지는 임명제(예: 행정각부의 장관)와 기관구성자의 선임이 국민 또는 그 대표, 주민 또는 그 대표의 선거에 의해 이루어지는 선거제(예: 지방의회 의원)로 구분된다.

Ⅱ. 행정기관의 종류

1. 행정관청

행정관청이란 법상 주어진 권한의 범위 내에서 행정주체의 행정에 관한 의사를 결정하고 이를 외부에 대하여 표시하는 권한을 가진 행정기관(예: 장관, 시·도지사)을 말한다. 행정청 또는 의사기관이라고도 한다. 정부조직법상으로는 행정기관의 장으로 불리기도 한다.

2. 의결기관

의결기관이란 다만 의사결정권한만을 가질 뿐, 표시권한을 갖지 아니하는 행정기관을 말한다(예: 국가공무원법상 징계위원회). 참여기관이라고도 한다.

3. 보조기관

보조기관이란 행정청의 의사결정을 보조하거나 행정청의 명을 받아 사무에 종사하는 기관을 말한다. 정부조직법상 차관(예: 행정안전부차관), 실장(예: 행정안전부 지방행정실장), 국장(예: 행정안전부 전자정부국장) 등이 이에 속한다.

4. 보좌기관

장관은 특히 지시하는 사항에 관하여 장관과 차관을 직접 보좌하기 위하여 차관보(예: 기획재정부 차관보)를 둘 수 있다. 보좌기관이란 중앙행정기관에서 그 기관의 장·차관·차장·실장·국장 밑에 정책의 기획, 계획의 입안, 연구·조사, 심사·평가 및 홍보 등을 통하여 그를 보좌하는 기관을 말한다(예: 행정안전부 장관정책보좌관).

5. 기 타

이 밖에 행정청(예: 경찰서장)의 명을 받아 행정청이 발한 의사를 집행하여 행정상 필요한 상태를 실현하는 기관인 집행기관(예: 진압경찰), 행정기관의 업무나 회계를 감독하고 조사하는 기관인 감독기관(감사기관)(예: 감사원, 감사관), 공익사업을 경영하고 관리하는 기관인 현업기관(공기업기관)(예: 우체국), 행정기관의 지원을 목적으로 하는 기관인 부속기관(예: 각종 연구소 등 연구기관) 등이 있다.

제3절 행정관청

제1항 행정관청 일반론

Ⅰ. 행정관청의 개념

1. 조직법상 의미의 행정관청

행정조직상의 단일체를 행정관청이라 부르기도 한다. 예컨대, 법무부장관, 법무부차관 등을 포함하여 법무부를 구성하는 모든 행정기관을 하나의 조직체로서 법무부라 부르는 경우, 법무부는 조직상 단일체로서 행정관청에 해당한다(포괄적 행정관청개념).

그러나 전통적으로는 조직상 단일체로서 행정관청 중에서 그 우두머리를 행정관청이라 부른다(전통적 행정관청개념). 이 책에서 행정관청(행정청)이란 기본적으로 전통적 행정관청개념을 의미한다. 전통적인 입장은 ① 국가행정기관 중 의사기관을 행정관청 또는 행정청으로, ② 지방자치단체의 의사기관을 행정청으로 부르며, ③ 양자를 합하여 행정청으로 부르기도 한다.

2. 기능상 의미의 행정관청

행정기능상 의미의 행정관청이란 외부관계에서 공법상으로 구체적인 행정상 처분을 행할 수 있는 모든 행정기관을 의미한다. 외부적 권한은 먼저 조직상 의미의 행정관청이 가진다. 그 밖의 여러 기관(예: 국회사무총장 · 법원행정처장)도 행정행위를 발하거나 기타의 공법상의 개별처분을 외부에 행하는 한 기능상 의미의 행정관청에 해당한다. 행정절차법상 행정청의 개념(절차법 제 2 조 제 1 호)과 행정쟁송법상 행정청(예: 행심법 제 2 조, 행소법 제 2 조)의 개념은 기능상 의미의 행정관청개념에 해당한다.

▪ 행정절차법 제 2 조(정의) 이 법에서 사용하는 용어의 뜻은 다음과 같다.
1. "행정청"이란 다음 각 목의 자를 말한다.
가. 행정에 관한 의사를 결정하여 표시하는 국가 또는 지방자치단체의 기관
나. 그 밖에 법령 또는 자치법규(이하 "법령등"이라 한다)에 따라 행정권한을 가지고 있거나 위임 또는 위탁받은 공공단체 또는 그 기관이나 사인(私人)

▪ 행정심판법 제 2 조(정의) 이 법에서 사용하는 용어의 뜻은 다음과 같다.
4. "행정청"이란 행정에 관한 의사를 결정하여 표시하는 국가 또는 지방자치단체의 기관, 그 밖에 법령 또는 자치법규에 따라 행정권한을 가지고 있거나 위탁을 받은 공공단체나 그 기관 또는 사인(私人)을 말한다.

▪ 행정소송법 제 2 조(정의) ② 이 법을 적용함에 있어서 행정청에는 법령에 의하여 행정권한의 위임 또는 위탁을 받은 행정기관, 공공단체 및 그 기관 또는 사인이 포함된다.

Ⅱ. 행정관청의 법적 지위

행정관청은 그 자체가 고유한 권리능력자는 아니다. 행정관청은 행정주체를 위하여 고권을 갖는 행정기관일 뿐이다. 그렇지만 행정관청은 자기의 책임과 자기의 이름으로 주어진 권한을 독자적으로 행사하고 임무를 수행한다. 따라서 행정관청에 있어서는 권한이 중요한 문제가 된다.

[예] 행정안전부장관은 법인격을 가진 자가 아니다. 행정안전부장관은 대한민국을 위하여 권한을 갖고 행사하는 대한민국의 기관일 뿐이다. 행정안전부장관은 자기의 이름으로 권한을 행사한다.

Ⅲ. 행정관청의 종류

행정관청은 ① 기관구성자의 수에 따라 단독관청(예: 행정 각부의 장관)과 합의제관청(예: 감사원 · 중앙토지수용위원회), ② 권한이 미치는 지역적 관할범위에 따라 중앙관청(예: 국세청장)과 지방관청(예: 서울지방국세청장, 세무서장), ③ 권한이 미치는 사물적 관할범위에 따라 관할범위가 광범위한 보통관청(예: 법무부장관)과 관할범위가 제한적인 특별관청(예: 세무서장), ④ 감독권을

기준으로 상급관청(예: 세무서장에 대한 지방국세청장)과 하급관청(예: 지방국세청장에 대한 세무서장)으로 구분되며, ⑤ 정부조직법상 규정되고 있는 중앙행정관청에는 부 · 처 · 청의 장과 위원회 등의 합의제행정기관이 있다(정조법 제 2 조 제 2 항, 제 5 조).

■ **정부조직법 제 2 조(중앙행정기관의 설치와 조직 등)** ② 중앙행정기관은 이 법에 따라 설치된 부 · 처 · 청과 다음 각 호의 행정기관으로 하되, 중앙행정기관은 이 법 및 다음 각 호의 법률에 따르지 아니하고는 설치할 수 없다. 〈개정 2020. 6. 9.〉
1. 「방송통신위원회의 설치 및 운영에 관한 법률」 제 3 조에 따른 방송통신위원회
(이하 각호 생략)
제 5 조(합의제행정기관의 설치) 행정기관에는 그 소관사무의 일부를 독립하여 수행할 필요가 있는 때에는 법률로 정하는 바에 따라 행정위원회 등 합의제행정기관을 둘 수 있다.

Ⅳ. 행정관청의 권한

조직법상 행정관청의 권한(예: 법무부장관의 권한)이란 행정관청이 국가를 위하여, 그리고 국가의 행위로써 유효하게 사무를 처리할 수 있는 능력 또는 사무의 범위(예: 법무부장관의 관장사무의 범위)를 말한다. 권한은 직무권한으로 불리기도 한다. 한편, 특정기관에 특정의 권한이 주어져 있다고 하여도 그 기관의 소관사무수행에 필요하다고 여겨지는 모든 수단이 수권되어 있는 것은 아니다. 개인의 권리침해를 위해서는 조직법상 권한 외에 개인의 권리에 대한 침해를 가능하게 하는 수권규범이 필요하다(예: 정부조직법상 법무부장관이 출입국사무를 관장한다고 하여 이 규정만으로 출입국사무에 필요한 모든 수단을 활용할 수 있는 것은 아니다. 인권침해를 수반하는 수단을 활용하기 위해서는 다시 개별적인 법률의 근거가 필요하다). 한편, 행정기본법은 행정청의 성실의무 및 권한남용금지의 원칙을 규정하고 있다.

■ **정부조직법 제32조(법무부)** ① 법무부장관은 검찰 · 행형 · 인권옹호 · 출입국관리 그 밖에 법무에 관한 사무를 관장한다.
■ **행정기본법 제11조(성실의무 및 권한남용금지의 원칙)** ① 행정청은 법령등에 따른 의무를 성실히 수행하여야 한다.
② 행정청은 행정권한을 남용하거나 그 권한의 범위를 넘어서는 아니 된다.

제 2 항 권한의 대리와 위임(권한행사의 예외적 방식)

Ⅰ. 권한의 대리

1. 의 의

권한의 대리란 일정한 사유에 의거하여 행정관청이 자신의 권한의 전부 또는 일부를 타

기관으로 하여금 행사하게 하는 경우로서, 이때 대리관청은 피대리관청을 위한 것임을 표시하면서 대리관청 자신의 이름으로 행위하되 그 효과는 직접 피대리관청에 귀속하게 하는 제도를 말한다. 권한의 대행 또는 직무대행으로 불리기도 한다. 권한의 대리는 대리권의 발생원인에 따라 임의대리와 법정대리로 나누어진다.

2. 임의대리

임의대리란 행정관청이 스스로의 의사에 기해 타기관에게 대리권을 부여(수권행위)함으로써(예: 장관이 해외출장을 가면서 차관에게 장관의 권한행사를 명하는 경우) 이루어지는 대리를 말한다. 위임대리 또는 수권대리라고도 한다. 수권행위는 상대방의 동의를 요하지 않는 일방적 행위이다. 명문의 규정 유무를 불문하고 임의대리는 원칙적으로 가능하다(다수설). 법의 명시적 근거를 요한다는 반론도 있다(소수설). 대리권의 범위는 수권행위에서 정해진다. 대리관청은 피대리관청의 권한을 피대리관청을 위한 것임을 표시하면서 자기 이름으로 행사하게 되며, 이때 대리관청의 행위는 바로 피대리관청의 행위로 된다. 피대리관청은 대리관청을 선임하며, 대리관청에 대한 지휘·감독권을 행사할 수 있고, 또한 대리관청의 행위에 대해 감독상의 책임을 부담한다.

3. 법정대리

법정대리란 법정사실이 발생하는 경우, 직접 법령의 규정에 의거하여 이루어지는 대리를 말한다. 법정대리에는 수권행위의 문제가 없다. 법정대리는 대리관청의 결정방법과 관련하여 다시 협의의 법정대리와 지정대리로 구분할 수 있다. 협의의 법정대리란 법정사실이 발생하면 법상 당연히 특정한 자에게 대리권이 부여되어 대리관계가 성립되는 경우를 말한다(예: 정조법 제 7 조 제 2 항). 지정대리란 법정사실의 발생시에 일정한 자가 다른 일정한 자를 대리관청으로 지정함으로써 대리관계가 발생하는 경우를 말한다(예: 정조법 제22조). 양자간에 성질상 특별한 차이는 없다. 대리관청은 피대리관청의 권한을 자기의 책임하에 행사한다. 피대리관청은 대리관청의 선임·감독·지휘에 대해 책임을 지지 아니한다. 왜냐하면 대리관계가 피대리관청의 의사가 아니라 법령에 의해 강제된 것이기 때문이다.

▪ **정부조직법 제 7 조(행정기관의 장의 직무권한)** ② 차관(제29조 제 2 항 · 제34조 제 3 항 및 제38조 제 2 항에 따라 과학기술정보통신부 · 행정안전부 및 산업통상자원부에 두는 본부장을 포함한다. 이하 이 조에서 같다) 또는 차장(국무조정실 차장을 포함한다. 이하 이 조에서 같다)은 그 기관의 장을 보좌하여 소관사무를 처리하고 소속공무원을 지휘 · 감독하며, 그 기관의 장이 사고로 직무를 수행할 수 없으면 그 직무를 대행한다. 다만, 차관 또는 차장이 2명 이상인 기관의 장이 사고로 직무를 수행할 수 없으면 대통령령으로 정하는 순서에 따라 그 직무를 대행한다.

제22조(국무총리의 직무대행) 국무총리가 사고로 직무를 수행할 수 없는 경우에는 기획재정부장관이

겸임하는 부총리, 교육부장관이 겸임하는 부총리의 순으로 직무를 대행하고, 국무총리와 부총리가 모두 사고로 직무를 수행할 수 없는 경우에는 대통령의 지명이 있으면 그 지명을 받은 국무위원이, 지명이 없는 경우에는 제26조 제 1 항에 규정된 순서에 따른 국무위원이 그 직무를 대행한다.

4. 권한의 서리

행정관청의 구성자가 사망 · 해임 등의 사유로 궐위된 경우에 새로운 관청구성자가 정식으로 임명되기 전에 일시 대리관청을 두어 그로 하여금 당해 관청의 권한을 행사하게 하는 경우를 서리라 한다. 권한의 서리는 특히 국무총리서리제도와 관련하여 위헌성이 논의되고 있다. 국무총리의 임명에는 국회의 사전동의가 필요하고, 정부조직법 제22조는 일정한 경우에 국무총리의 직무대행에 관해 규정하고 있어 서리의 임용이 불필요하지만, 예외적으로 교전상황 등으로 인해 국회구성이나 국회소집이 불가능하여 국회의 사전동의가 곤란한 경우에는 국무총리서리제도는 인정될 수 있을 것이다. 이러한 경우의 서리는 법정대리의 하나인 지정대리에 해당한다.

Ⅱ. 권한의 위임

1. 의 의

(1) 개 념 행정관청이 자기에게 주어진 권한을 스스로 행사하지 않고 법에 근거하여 타자에게 사무처리권한의 일부를 실질적으로 이전하여 그 자의 이름과 권한과 책임으로 특정의 사무를 처리하게 하는 것을 넓은 의미에서 권한의 위임이라고 한다. '실질적으로'란 모법상으로는 위임행정청의 권한이지만, 위임입법의 법리에 따른 행정입법에 의해 그 권한이 이전됨을 의미한다(예: 지방경찰청장은 도로교통법 제93조에서 부여된 운전면허정지처분의 권한을 도로교통법 제147조에 근거하여 도로교통법 시행령으로 경찰서장에 넘겨주었다. 모법인 도로교통법상 운전면허정지처분권은 지방경찰청장의 권한이지만, 실질적으로는 경찰서장의 권한이다).

▪ 도로교통법 제93조(운전면허의 취소 · 정지) ① 시 · 도경찰청장은 운전면허(연습운전면허는 제외한다. 이하 이 조에서 같다)를 받은 사람이 다음 각 호의 어느 하나에 해당하면 행정안전부령으로 정하는 기준에 따라 운전면허(운전자가 받은 모든 범위의 운전면허를 포함한다. 이하 이 조에서 같다)를 취소하거나 1년 이내의 범위에서 운전면허의 효력을 정지시킬 수 있다. 다만, 제 2 호, 제 3 호, 제 7 호, 제 8 호, 제 8 호의2, 제 9 호(정기 적성검사 기간이 지난 경우는 제외한다), 제14호, 제16호, 제17호, 제20호의 규정에 해당하는 경우에는 운전면허를 취소하여야 하고(제8호의2에 해당하는 경우 취소하여야 하는 운전면허의 범위는 운전자가 거짓이나 그 밖의 부정한 수단으로 받은 그 운전면허로 한정한다), 제18호의 규정에 해당하는 경우에는 정당한 사유가 없으면 관계 행정기관의 장의 요청에 따라 운전면허를 취소하거나 1년 이내의 범위에서 정지하여야 한다.
제147조(위임 및 위탁 등) ③ 시 · 도경찰청장은 이 법에 따른 권한 또는 사무의 일부를 대통령령으로 정하는 바에 따라 관할 경찰서장에게 위임하거나 교통 관련 전문교육기관 또는 전문연구기관 등에 위탁할 수 있다.

▪ **도로교통법 시행령 제86조(위임 및 위탁)** ③ 시·도경찰청장은 법 제147조 제 3 항에 따라 다음 각 호의 권한을 관할 경찰서장에게 위임한다.
3. 법 제93조에 따른 운전면허효력 정지처분

지휘·감독관계에 있는 자 사이의 이전과 대등관계에 있는 자 사이의 이전을 구분하여, 전자의 경우를 좁은 의미의 위임이라 하고, 후자의 경우를 위탁이라고 한다. 양자간에 성질상 차이가 없다. 위임과 위탁을 합하여 임탁이라고도 한다.

(2) 권한의 이양 권한의 위임은 권한 자체가 모법상으로는 위임자에 유보되고 입법에 의해 권한행사의 권한·의무와 책임이 수임자에게 이전되는 것이지만, 권한의 이양은 권한 자체가 법률상 이전되는 것을 말한다(예: 도로교통법을 개정하여 운전면허정지처분의 권한을 지방경찰청장이 아니라 경찰서장에게 부여하는 경우). 권한의 이양은 수권규범의 변경이 있으나, 권한의 위임의 경우에는 수권규범의 변경 없이 위임근거규정을 통해 이루어진다.

(3) 권한의 대리 권한의 대리는 권한의 이전이 아니고 단지 피대리관청을 위한 권한의 대리행사일 뿐이나, 권한의 위임은 권한의 이전의 문제이다. 따라서 권한의 위임의 경우에는 법적 근거가 중요한 문제이다.

(4) 권한의 내부위임 권한의 내부위임이란 행정조직내부에서 수임기관이 위임기관의 권한을 위임기관의 명의와 책임으로 사실상 행사하는 것을 말한다. 권한의 내부위임은 행정청의 권한이 과다함으로써 발생할 수 있는 행정의 신속성과 능률성의 저해를 방지하기 위한 것이다(대판 1989. 3. 14, 88누10985). ① 권한의 위임은 법정권한의 실질적 변경을 의미하므로 법률의 근거를 요하나, 권한의 내부위임은 권한의 대외적 변경이 없으므로 법률의 근거를 요하지 아니한다. ② 권한행사방식에 있어서 권한의 위임은 수임기관이 자신의 이름으로 권한을 행사하나, 내부위임은 수임기관이 위임기관의 명의로 권한을 행사한다. ③ 행정소송과 관련해서 권한의 위임의 경우에는 수임기관이 행정쟁송의 피고가 되나 내부위임의 경우에는 위임기관이 행정쟁송의 피고가 된다. 그러나 내부위임의 경우에도 수임기관이 자신의 명의로 처분을 하였다면, 대외적인 행위를 한 자는 수임기관이 되기 때문에 수임기관이 피고가 된다.

(5) 권한의 대행 성문법에서 권한의 대행이라는 용어가 다양하게 사용되지만, 그 의미는 동일하지 않다. ① 헌법 제71조에서 말하는 대행은 법정대리의 일종이다. ② 국세징수법 제61조 제 5 항(세무서장은 압류한 재산의 공매에 전문 지식이 필요하거나 그 밖에 특수한 사정이 있어 직접 공매하기에 적당하지 아니하다고 인정할 때에는 대통령령으로 정하는 바에 따라 한국자산관리공사로 하여금 공매를 대행하게 할 수 있으며 이 경우의 공매는 세무서장이 한 것으로 본다)의 대행은 판례상 권한의 위임으로 판시되고 있다(대판 1996. 9. 6, 95누12026; 대판 1997. 2. 28, 96누1757). ③ 여권법 제21조의 대행과 자동차관리법 제20조의 대행은 대행하는 자(기관)의 이름이 아니라 피대행기관, 즉 대행을 맡긴 기관(여권법 제21조의 외교부장관, 자동차관리법 제20조의 시·도지사)의 이름으로 하는바, 이 점에서 위임과 다르다. ③의 권한의 대행은 행정사무의 지원을 위한 것으로서 또 하나의 권한행사방식이다.

▪ **헌법 제71조** 대통령이 궐위되거나 사고로 인하여 직무를 수행할 수 없을 때에는 국무총리, 법률이 정한 국무위원의 순서로 그 권한을 대행한다.

▪ **여권법 제21조(사무의 대행 등)** ① 외교부장관은 여권 등의 발급, 재발급과 기재사항변경에 관한 사무의 일부를 대통령령으로 정하는 바에 따라 지방자치단체의 장에게 대행(代行)하게 할 수 있다.

▪ **자동차관리법 제20조(등록번호판발급대행자의 지정 등)** ① 시·도지사는 필요하다고 인정하면 국토교통부령으로 정하는 바에 따라 제19조에 따른 등록번호판의 제작·발급 및 봉인 업무를 대행하는 자(이하 "등록번호판발급대행자"라 한다)를 지정할 수 있다. 이 경우 그 지정방법 및 대행기간은 해당 지방자치단체의 조례로 정할 수 있다.

2. 법적 근거

(1) 필 요 성 권한의 위임이 위임자의 권한을 법률상 수임자에게 이전하는 것을 뜻하는 것은 아니라고 할지라도 권한의 위임은 법률에서 정한 권한분배가 대외적으로 변경됨을 가져오고, 이로 인해 법적 지위가 상이한 수임자로 하여금 새로운 책임과 의무를 부담시키므로 권한의 위임과 재위임은 법적 근거를 요한다(일반적 견해). 판례의 입장도 같다(대판 1995. 11. 28, 94누6475; 대판 1992. 4. 24, 91누5792).

(2) 내 용 ① 권한의 위임에 관한 일반적 근거법으로는 정부조직법 제 6 조와 이에 근거한 대통령령인 행정권한의 위임 및 위탁에 관한 규정, 지방자치법 제115조, 제117조 등이 있다. ② 각 단행법이 개별적으로 권한의 위임을 규정하는 경우도 적지 않다(예: 도로교통법 제147조). ③ 개별 법령에 특별한 규정이 없는 경우에 정부조직법 제 6 조나 지방자치법 제104조 등에 근거하여 권한을 위임할 수 있을 것인가의 여부와 관련하여 판례는 가능한 것으로 본다(대판 1995. 7. 11, 94누4615 전원합의체).

▪ **정부조직법 제 6 조(권한의 위임 또는 위탁)** ① 행정기관은 법령으로 정하는 바에 따라 그 소관사무의 일부를 보조기관 또는 하급행정기관에 위임하거나 다른 행정기관·지방자치단체 또는 그 기관에 위탁 또는 위임할 수 있다. …

▪ **지방자치법 제115조(국가사무의 위임)** 시·도와 시·군 및 자치구에서 시행하는 국가사무는 시·도지사와 시장·군수 및 자치구의 구청장에게 위임하여 수행하는 것을 원칙으로 한다. 다만 법령에 다른 규정이 있는 경우에는 그러하지 아니하다.

제117조(사무의 위임 등) ① 지방자치단체의 장은 조례나 규칙으로 정하는 바에 따라 그 권한에 속하는 사무의 일부를 보조기관, 소속 행정기관 또는 하부행정기관에 위임할 수 있다.

② 지방자치단체의 장은 조례나 규칙으로 정하는 바에 따라 그 권한에 속하는 사무의 일부를 관할 지방자치단체나 공공단체 또는 그 기관(사업소·출장소를 포함한다)에 위임하거나 위탁할 수 있다.

3. 위임의 범위와 재위임

(1) 일부위임 권한의 위임은 권한의 일부의 위임을 의미하는 것이지 권한의 전부의 위임을 의미하는 것은 아니다. 왜냐하면 권한의 전부의 위임은 사실상 위임행정청의 권한 자체의 폐지를 뜻하는 것이 되기 때문이다.

(2) 재 위 임 권한의 위임을 받은 자는 특히 필요한 때, 법령이 정하는 바에 의하여 위임받은 사무의 일부를 보조기관 또는 하급행정기관 등에 재위임할 수 있다(정조법 제 6 조 제 1 항 후단; 지자법 제117조 제 4 항).

▪ **정부조직법 제 6 조(권한의 위임 또는 위탁)** ① …. 이 경우 위임 또는 위탁을 받은 기관은 특히 필요한 경우에는 법령으로 정하는 바에 따라 위임 또는 위탁을 받은 사무의 일부를 보조기관 또는 하급행정기관에 재위임할 수 있다.

▪ **지방자치법 제117조(사무의 위임 등)** ④ 지방자치단체의 장이 위임받거나 위탁받은 사무의 일부를 제 1 항부터 제 3 항까지의 규정에 따라 다시 위임하거나 위탁하려면 미리 그 사무를 위임하거나 위탁한 기관의 장의 승인을 받아야 한다.

4. 효 과

(1) 수임기관의 지위 권한을 위임받은 기관은 자기의 명의 · 책임 · 권한으로 사무를 수행하며, 행정쟁송법상으로는 수임청이 피청구인 또는 피고가 된다. 수임사무의 처리에 관해 위임기관은 수임기관에 대하여 사전승인을 얻거나 협의를 할 것을 요구하지 못한다. 만약 수임기관이 보조기관이면 위임받은 사항에 관해 보조기관은 행정청의 지위에 서게 된다(정조법 제 6 조 제 2 항).

▪ **정부조직법 제 6 조(권한의 위임 또는 위탁)** ② 보조기관은 제 1 항에 따라 위임받은 사항에 대하여는 그 범위에서 행정기관으로서 그 사무를 수행한다.

(2) 위임기관의 지위 위임기관은 위임한 권한을 스스로 행사할 수 없다. 그러나 위임기관은 수임기관의 수임사무의 처리에 대하여 지휘 · 감독하고 그 처리가 위법 또는 부당하다고 인정할 때에는 이를 취소하거나 중지시킬 수 있다. 다만 보조기관이나 하급기관이 아닌 다른 기관에 위임하는 경우에는 위임청의 지휘 · 감독권이 없다고 보는 것이 타당하다는 견해도 있다.

(3) 비용부담 국가기관 사이에서나 국가와 지방자치단체 사이에 있어서도 위임기관은 수임기관에 필요한 인력 및 예산을 이관하여야 한다. 국가가 스스로 행하여야 할 사무를 지방자치단체 또는 그 기관에 위임하여 수행하는 경우에, 그 소요되는 경비는 국가가 전부를 지방자치단체에 교부하여야 한다.

5. 종 료

권한의 위임은 법령 또는 위임관청의 의사표시에 의한 위임의 해제, 위임근거의 소멸, 조건의 성취, 기한의 경과 등으로 종료된다. 위임의 종료로 위임된 권한은 당연히 위임기관에 회복된다.

제 3 항 행정관청간의 관계

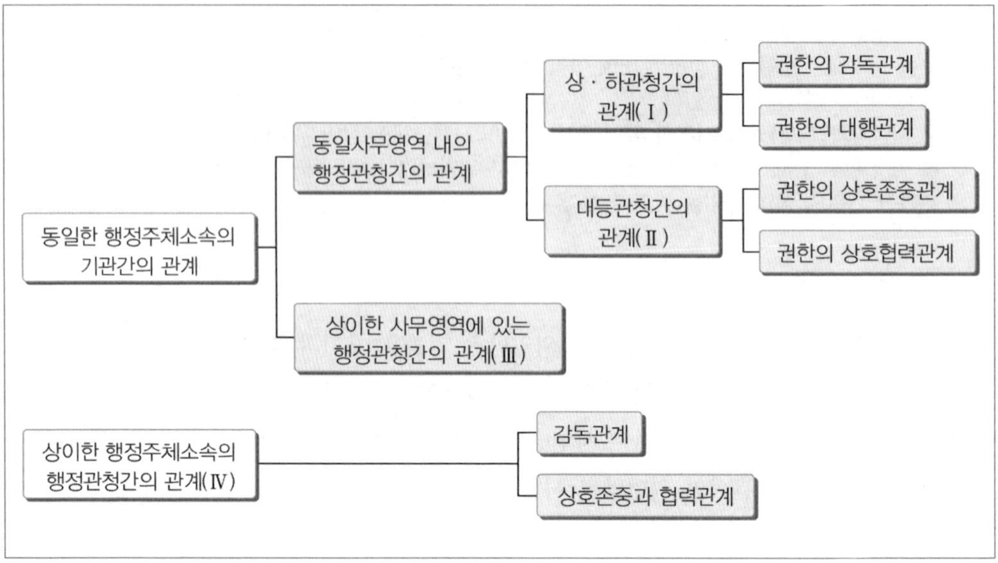

I . 상·하관청간의 관계

1. 권한의 감독관계

(1) 감독의 의의　행정조직은 행정의 통일적인 수행을 위해 상명하복을 주된 특징으로 하는 여러 상하기관의 계층적 통일체이다. 하급관청의 권한행사가 합법성·합목적성을 확보할 수 있도록 하기 위해 상급관청이 하급관청에 대하여 행하는 여러 종류의 지도적 내지 통제적 작용을 권한의 감독이라 한다.

(2) 감독권의 근거　상급관청이 하급관청에 대해 일반적으로 감독권을 갖는다는 감독권 자체에 대한 법적 근거는 필요하다. 현행법상 근거로는 정부조직법 제11조, 지방자치법 제185조, 제188조 등이 있다.

▪ **정부조직법 제11조(대통령의 행정감독권)** ① 대통령은 정부의 수반으로서 법령에 따라 모든 중앙행정기관의 장을 지휘·감독한다.
② 대통령은 국무총리와 중앙행정기관의 장의 명령이나 처분이 위법 또는 부당하다고 인정하면 이를 중지 또는 취소할 수 있다.
▪ **지방자치법 제185조(국가사무나 시·도사무 처리의 지도·감독)** ① 지방자치단체나 그 장이 위임받아 처리하는 국가사무에 관하여 시·도에서는 주무부장관의, 시·군 및 자치구에서는 1차로 시·도지사의, 2차로 주무부장관의 지도·감독을 받는다.

② 시·군 및 자치구나 그 장이 위임받아 처리하는 시·도의 사무에 관하여는 시·도지사의 지도·감독을 받는다.

제188조(위법·부당한 명령·처분의 시정) ① 지방자치단체의 사무에 관한 지방자치단체의 장(제103조 제2항에 따른 사무의 경우에는 지방의회의 의장을 말한다. 이하 이 조에서 같다)의 명령이나 처분이 법령에 위반되거나 현저히 부당하여 공익을 해친다고 인정되면 시·도에 대하여는 주무부장관이, 시·군 및 자치구에 대하여는 시·도지사가 기간을 정하여 서면으로 시정할 것을 명하고, 그 기간에 이행하지 아니하면 이를 취소하거나 정지할 수 있다.

(3) 감독방법

㈎ **감 시 권** 감시권이란 하급관청이 행하는 권한행사의 상황을 파악하기 위하여 상급관청이 하급관청의 사무를 감사하거나, 하급관청으로 하여금 사무처리의 내용을 정기적으로 또는 수시로 보고하게 하는 권한을 말한다. 감시권의 행사는 사전예방적인 것이 일반적이나 사후교정적인 경우도 있다. 감시권은 특별한 법적 근거를 요하는 것이 아니다.

㈏ **훈 령 권** ① 훈령이란 상급관청이 하급관청의 권한행사를 지휘하기 위하여 발하는 명령을 말한다. 훈령을 발할 수 있는 권한이 훈령권이다. 훈령권은 지휘권이라고도 한다. 훈령은 예방적 수단으로도 교정적 수단으로도 활용되나 전자의 경우가 일반적이다. 훈령은 상·하관청간의 문제이므로 상급공무원이 부하공무원에게 발하는 공무원간의 문제인 직무명령과는 구별된다. 훈령은 하급관청의 소관사무와 관련되지만, 직무명령은 공무원 개인의 직무와 관련을 맺는다. ② 훈령권은 명문의 근거가 있어야만 인정되는 것은 아니다. 훈령권은 감독권의 당연한 작용의 하나이다. ③ 훈령은 행정조직내부에서의 작용으로 하급관청을 구속할 뿐(내부적 직접적 구속력) 일반국민을 구속하는 것은 아니라는 것(외부적 간접적 구속력)이 통설·판례의 입장이다. 통설과 판례는 훈령을 행정규칙과 같은 것으로 본다. 통설에 따르면 훈령위반은 위법이 아니며, 훈령위반자에게는 징계책임이 부과될 수 있을 뿐이다.

㈐ **인 가 권** 하급관청이 특정한 권한을 행사함에 있어서 미리 상급관청의 승인을 받아야 하는 경우가 있는데, 이때 상급관청이 갖는 권한이 인가권이다. 인가권의 행사는 예방감독적인 수단의 하나이다. 여기서 인가는 조직법상의 문제이며, 행정행위로서의 인가와 다르다.

㈑ **취소권·정지권** 하급관청의 위법·부당한 행위를 취소하거나 정지하는 상급관청의 권한을 취소권·정지권이라 한다. 취소나 정지는 상급관청의 직권에 의할 수도 있고, 당사자의 신청에 의할 수도 있다. 취소권·정지권은 성질상 교정적 감독수단의 하나이다. 취소는 영속적으로 효과를 제거하는 경우이며, 정지는 일시적으로 효과를 무력화시키는 것을 말한다.

㈒ **주관쟁의결정권** 하급관청 사이에 권한의 분쟁이 있는 경우, 상급관청은 그 분쟁을 해결하고 결정하는 권한을 갖는바, 이를 주관쟁의결정권이라고 한다. 권한분쟁의 해결 또한 예방적 감독수단의 하나이다. 주관쟁의에는 서로 권한이 있다는 적극적 권한쟁의와 서

로 권한이 없다는 소극적 권한쟁의가 있다. 행정관청간의 권한쟁의는 행정조직내부의 문제로서 법률상 쟁송이 아니므로 법원에 제소할 수도 없고, 헌법재판소법 제62조 제 1 항에도 해당하지 않으므로 권한쟁의심판의 대상도 아니다.

2. 권한의 대행관계

권한의 대행관계란 하급관청이 상급관청의 권한을 대신 행사하는 관계를 말한다. 대행관계에는 권한의 위임관계와 권한의 대리관계가 있다. 권한의 대행관계는 반드시 상하관청간의 문제만은 아니다.

Ⅱ. 대등관청간의 관계

1. 권한의 상호존중관계(주관쟁의)

대등관청 사이(예: 서대문경찰서장과 마포경찰서장 사이)에서 행정관청은 다른 행정관청의 권한을 존중하고 침범하지 못한다. 행정관청의 권한은 행정관청 스스로가 정하는 사항이 아니라 법령상 정해지는 것이기 때문이다. 다른 행정청의 행위는 구성요건적 효력을 갖는다. 행정관청 사이에 권한에 관해 분쟁이 있는 경우, 이를 해결하고 결정하는 절차를 주관쟁의라 부른다.

2. 권한의 상호협력관계

권한의 상호협력방식으로 협의, 사무의 위탁, 행정응원이 있다. ① 협의란 어떠한 사항이 둘 이상의 행정관청의 권한에 관련되면, 그 사항은 관련 있는 관청간의 협의에 따라 결정되고 처리되는 것을 말한다. ② 사무의 위탁이란 권한의 위임의 한 종류로서 대등관청간에 이루어지는 권한의 위임을 말한다. 사무의 위탁은 법령의 근거를 요한다. ③ 행정응원이란 직무수행의 필요상 한 관청이 다른 관청에 대해 인적·물적 협력을 요구하는 바가 있을 때에 이루어지는 협력을 말한다. 행정응원은 행정상 공조라 부르기도 한다. 행정응원에 관한 일반법으로 행정절차법이 있으나(제 8 조), 개별법령에서도 행정응원에 관한 규정이 나타난다(예: 경찰직무응원법 제 1 조; 소방기본법 제11조).

행정절차법 제 8 조(행정응원) ① 행정청은 다음 각호의 어느 하나에 해당하는 경우에는 다른 행정청에 행정응원을 요청할 수 있다.
1. 법령등의 이유로 독자적인 직무 수행이 어려운 경우 (이하 각호 생략)

소방기본법 제11조(소방업무의 응원) ① 소방본부장이나 소방서장은 소방활동을 할 때에 긴급한 경우에는 이웃한 소방본부장 또는 소방서장에게 소방업무의 응원(應援)을 요청할 수 있다.

Ⅲ. 상이한 사무영역에 있는 행정관청간의 관계

동일행정주체의 행정관청간의 관계 중 상이한 사무영역에 있는 행정관청간에는 특별한 규정이 없는 한 상하관계가 문제되지 아니한다. 예컨대 국세청장과 경찰청장 사이 또는 법무부장관과 세무서장 사이는 상하관계가 아니다. 계층적 조직은 동일한 사무영역 내에서만 타당한 것이기 때문이다. 여기서는 권한의 상호존중관계와 권한의 상호협력관계가 적용된다.

Ⅳ. 상이한 행정주체소속의 행정관청간의 관계

1. 감독관계

상이한 행정주체소속의 행정관청간(예: 서울시장과 서대문구청장 사이)에는 상·하관계가 나타나지 않는다. 왜냐하면 두 기관은 법인격을 달리하는 행정주체에 속하기 때문이다. 그러나 간접국가행정이나 지방자치행정 모두 국가행정의 한 부분을 구성한다고 볼 수 있으므로, 이 모든 행정은 전체로서 조화를 이루어야 한다. 이 때문에 법령은 국가에 직무감독권을 부여하기도 한다(예: 지방자치법은 서울특별시장에게 서대문구청장에 대한 감독권을 부여하고 있다). 이러한 범위 안에서 감독관계가 성립된다. 특기할 것은 이 경우에 감독의 상대방은 행정청이나 공무원이 아니라 법인격자로서의 행정주체인 지방자치단체나 기타의 공법상 법인 그 자체라는 점이다.

▪ **지방자치법 제185조(국가사무나 시·도사무 처리의 지도·감독)** ① 지방자치단체나 그 장이 위임받아 처리하는 국가사무에 관하여 시·도에서는 주무부장관의, 시·군 및 자치구에서는 1차로 시·도지사의, 2차로 주무부장관의 지도·감독을 받는다.
② 시·군 및 자치구나 그 장이 위임받아 처리하는 시·도의 사무에 관하여는 시·도지사의 지도·감독을 받는다.

2. 상호존중과 협력관계

상이한 행정주체소속의 행정기관간(예: 서울시장과 서대문구청장)일지라도 이러한 관계에는 권한의 상호존중관계와 권한의 상호협력관계가 또한 적용된다.

제 4 항 행정각부와 합의제행정기관

Ⅰ. 행정각부

1. 행정각부의 의의

행정각부란 행정권의 수반인 대통령과 그의 명을 받는 국무총리의 통할하에 정부의 권한에 속하는 사무를 부문별로 처리하기 위하여 설치되는 중앙행정기관을 말한다. 행정임무의 다양성 · 전문성 등으로 모든 행정을 행정수반인 대통령이 처리하는 것은 불가능하다. 이 때문에 행정수반의 통제하에 행정임무를 분업적으로 처리하고자 도입된 것이 바로 행정각부의 제도인 것이다. 행정각부는 헌법에 의해 설치가 예정되고 있는 기관이다(헌법 제96조).

2. 행정각부의 수

행정각부의 수는 헌법상 명시되고 있지 않다. 다만 행정각부의 장은 국무위원 중에서 임명되어야 하고(정조법 제26조 제 2 항), 국무회의는 15인 이상 30인 이하의 국무위원으로 구성되므로(헌법 제88조 제 2 항), 행정각부는 이러한 범위 내에서 설치가 가능하다.

3. 행정각부의 장(장관)

행정각부의 장은 국무위원 중에서 국무총리의 제청으로 대통령이 임명한다(헌법 제94조). 따라서 장관은 국무위원의 신분과 행정각부의 장의 신분을 동시에 갖는다. 국무위원으로서 장관은 국무회의의 구성원이 된다. 이러한 지위에서 그는 국무회의에서 심의할 안을 제출하고, 심의에 참여하고 표결에 참여한다. 행정각부의 장으로서 그는 자신이 장으로 되어 있는 행정각부의 소관사무에 관해 스스로 의사결정을 행하고, 그것을 외부에 표시할 수 있는 지위에 서는 중앙행정관청이 된다.

4. 소속행정기관

행정각부장관에 소속하면서 그의 소관사무의 일부를 독립적으로 관장하는 행정관청으로 청(예: 국세청 · 관세청 · 조달청 · 통계청, 재외동포청, 검찰청, 병무청 · 방위사업청, 경찰청 · 소방청, 문화재청, 농촌진흥청 · 산림청, 특허청, 기상청, 해양경찰청)이 있다. 유사한 것으로 국무총리에 소속하는 행정관청으로 처(예: 인사혁신처 · 식품의약품안전처)가 있다.

Ⅱ. 합의제행정기관

1. 합의제행정기관의 의의

합의제행정기관(합의제행정청)이란 기관구성자가 다수인으로 구성되며, 그 다수인의 등가치적인 의사의 합치(다수결)에 의하여 결정을 내리고, 그 구성원이 그 결정에 책임을 지는 행정기관을 의미한다(예: 중앙토지수용위원회, 중앙행정심판위원회). 합의제행정기관은 1인이 결정을 내리고 책임을 지는 독임제행정기관에 대비되는 개념이다. 합의제행정기관은 독임제에 비하여 신중·공정의 확보에 장점을 가지나, 의사결정의 장기화, 책임소재의 불분명이라는 단점도 갖는다.

2. 합의제행정기관의 설치근거

합의제행정기관의 설치근거는 정부조직법 제 5 조(행정기관에는 그 소관사무의 일부를 독립하여 수행할 필요가 있을 때에는 법률이 정하는 바에 따라 행정위원회 등 합의제기관을 둘 수 있다)이다.

3. 합의제행정기관의 지위

정부조직법상 합의제행정기관은 ① 합의제기관인 점, ② 의사기관으로서의 행정기관인 점, ③ 소관사무의 일부를 처리한다는 점, ④ 직무를 독립하여 수행한다는 점을 특징으로 한다.

제 4 절 간접국가행정조직법

Ⅰ. 의　　의

국가의 행정은 반드시 국가의 고유기관에 의해서만 수행되어야 하는 것은 아니다. 경우에 따라서는 국가로부터 독립한 법인을 설립하여 그로 하여금 국가행정을 수행하게 하는 경우도 있는바, 이와 같이 법인격 있는 단체를 통해 수행되는 국가행정을 간접국가행정이라 하고, 이러한 행정을 행하는 법인의 조직에 관한 법을 간접국가행정조직법이라 부른다. 간접국가행정조직법이란 일반적으로 지방자치단체를 제외한 자치단체 중에서 그 사무가 국가행정인 자치단체의 조직에 관한 법을 뜻한다. 간접국가행정조직은 공법상 사단·공법상 재단·공법상 영조물법인·기타로 구분할 수 있다.

Ⅱ. 공법상 사단(공공조합)

1. 의 의

공법상 사단이란 특정의 공행정목적을 위하여 일정한 자로 구성되는 공법상 법인을 말한다(예: 상공회의소, 대한변호사협회). 일정한 자란 공통의 직업(예: 상공업) 또는 공통의 신분(예: 예비역군인) 등을 가진 자를 의미한다. 공법상 사단은 공행정목적을 위한 공법상의 단체이므로 사법상의 조합이나 사단법인과는 구분된다. 공법상 사단을 공공조합(예: 토지구획정리조합 · 토지개량조합 · 도시재개발조합) 또는 공사단이라고도 한다. 공법상 사단은 구성원의 교체에 관계없이 존속한다. 공법상 사단의 구성원이 반드시 사인이어야 하는 것도 아니다. 다른 공법상 사단 · 재단 · 영조물법인도 사단의 구성원이 될 수 있다. 공법상 사단의 성립 및 조직은 공법에서 규율된다. 국가나 지방자치단체가 아닌 공법상 사단도 행정권을 행사하는 한, 그러한 범위 안에서 행정주체가 된다. 공법상 사단은 자기책임으로 사무를 수행한다.

2. 법관계의 특징

공법상 사단은 공법상 제도이다. 공법상 사단의 내부조직은 공법관계이며 공법상 사단과 구성원의 관계도 공법관계이다. 공법상 사단은 자신의 사무수행을 위하여 국가로부터 각종의 공권(예: 회비미납자에 대한 강제징수권)이나 특권(예: 보조금지급)이 부여되기도 한다. 법령상 권한이 주어지면, 공법상 사단은 행정행위를 발할 수도 있다.

Ⅲ. 공법상 재단

공법상 재단이란 공법에 의해 설립된 재단을 의미한다(예: 한국연구재단, 한국학중앙연구원, 한국소비자원). 공법상 재단은 공적 목적에 기여하는 법상 독립의 재단이다. 공법상 재단의 설립과 조직은 공법에 따른다. 재단은 필수적으로 권리능력을 갖는다. 재단재산은 행정재산과 별도로 관리된다. 재단의 수익은 오로지 재단목적을 위해서만 활용된다. 공법상 재단에는 공공조합의 경우에 보는 구성원이 없고, 영조물법인의 경우에 보는 이용자가 없으며 수혜자만 있을 뿐이다. 따라서 공법상 재단을 자치단체라 부르기는 곤란한 점이 있다.

Ⅳ. 공법상 영조물법인

1. 의 의

공법상 영조물법인이란 공행정목적을 영속적으로 수행하기 위하여 설립되는 인적·물적 결합체인 공법상 영조물로서 권리능력 있는 행정의 단일체를 말한다(예: 서울대학교·한국도로공사·한국방송공사). 행정사무를 수행하는 한, 영조물법인은 행정주체이다. 영조물법인은 독립의 행정주체이지만, 공법상 사단과 달리 구성원이 없고, 다만 이용자만 있을 뿐이다. 영조물법인에 관련하는 인적 요소로는 영조물의 사무를 수행하는 영조물의 직원과 영조물의 외부에서 영조물의 급부를 향유하는 이용자가 있을 뿐이다. 영조물의 존속과 형성의 상당부분은 타자, 즉 영조물법인 외부에 있는 영조물주체(국가 또는 지방자치단체)에 종속된다.

2. 법관계의 특징

영조물법인은 법률에 의해 직접 설립된다. 영조물법인의 조직상 중요한 사항은 법률에서 규정된다. 영조물조직의 내부구조는 공법관계이다. 영조물과 영조물수행자의 관계도 공법관계이다. 판례는 사법관계로 본다(대판 1978. 4. 25, 78다414; 헌재 2006. 11. 30, 2005헌마855). 영조물법인도 공적 임무를 수행하기 위한 것인 까닭에 국가적 공권이 부여되기도 하고(예: 시청료 강제징수), 국가의 보호와 국가의 특별한 감독하에 놓이기도 한다. 한편 국가의 영조물법인에 대해서는 공공기관의 운영에 관한 법률이, 지방자치단체의 영조물법인에 대해서는 지방공기업법 및 지방자치단체 출자·출연 기관의 운영에 관한 법률이 일반적으로 적용된다.

• 제 2 장

지방자치법

제1절 일 반 론

제1항 지방자치의 관념

제1목 자치행정의 의의

Ⅰ. 정치적 의미의 자치행정

정치적 의미의 자치행정이란 직업공무원이 아닌 시민이 행정에 참여함을 기본적인 특징으로 하는 자치행정을 의미한다. 행정에 참여하는 시민에게는 보수가 주어지지 않는 것이 일반적이다. 시민 참여의 목적은 행정결정과정에 시민의 직접적인 참여를 통해 국가와 사회간의 거리감을 좁히고자 하는 데 있다. 정치적 의미의 자치행정은 정치적 원리로서의 자치행정을 의미하고, 또한 그것은 주민자치를 의미한다.

Ⅱ. 법적 의미의 자치행정

법적 의미의 자치행정이란 국가로부터 독립되어 스스로 책임을 부담하는 단체에 의한 공적 임무의 수행을 주요 특징으로 하는 자치행정을 말한다. 법적 의미의 자치행정은 ① 고유의 사무를 가지고, ② 자기책임으로 그 임무를 수행하고, ③ 공법적으로 구성되고, ④ 내용상 행정적 기능을 갖고, ⑤ 궁극적으로는 국가의 감독하에 놓이는 단체에 의한 행정을 의미한다. 법적 의미의 자치행정은 단체자치라 불린다.

Ⅲ. 사 견

국내학자들은 대체로 우리의 지방자치를 주민자치와 단체자치가 결합된 형태라고 설명한다. 그러나 엄밀히 말한다면, 헌법 제117조 및 제118조와 관련하여 우리의 제도는 대륙법계의 전통에 근거하여 단체자치에 입각하고 있으되, 내용상으로 주민자치의 요소(예: 주민소환)를 가미하고 있다고 하겠다.

제 2 목 지방자치(자치권)의 성질

Ⅰ. 자치권의 본질

1. 고유권설

고유권설은 지방자치권이 지방자치단체의 고유한 권리라는 견해이다. 독립설이라고도 한다. 고유권설은 자치권이 지방자치단체의 자연권에 속한다는 것을 근거로 하거나 지방자치단체는 국가 이전부터 생성된 단체라는 것을 근거로 한다.

2. 신고유권설

신고유권설이란 개인이 자연권으로서 기본권을 향유하는 것과 유사하게 지방자치단체도 기본권유사의 고유한 권리를 갖는다는 견해이다. 신고유권설은 고유권설이 갖는 비논리성을 극복하면서 지방자치단체에 폭넓은 자치권의 확보를 위한 논리이다. 신고유권설은 국민주권이 아니라 주민주권론까지 주장되고 있는 일본의 지배적 견해이다.

3. 자치위임설

자치위임설이란 지방자치권은 국가로부터 나온다는 견해이다. 자치위임설은 국가권력의 단일성에 근거한다. 즉, 국가영역 내에서 국가로부터 나오지 아니하는 고권은 있을 수 없다는 논리에 근거한다. 전래설이라고도 한다. 자치위임설이 우리의 다수 견해이다.

Ⅱ. 간접국가행정으로서의 지방자치행정

지방자치행정을 국가행정과 대비시키는 것이 일반적이지만, 양자가 대립개념은 아니다. 지방자치행정은 간접국가행정으로 분류할 수도 있다. 왜냐하면 지방자치행정사무도 궁극적으로는 모두 국가사무이기 때문이다. 지방자치행정을 간접국가행정으로 분류할 것인가, 국가행정에 대비시킬 것인가는 동일한 대상을 보는 시각의 차이에 기인한다. 즉 전자는 지방자치단체의 국가에의 종속을, 후자는 행정주체의 고유한 존재의미를 강조한 것에 불과하다.

제 2 항 지방자치의 보장과 제한

제 1 목 지방자치제도의 헌법적 보장

Ⅰ. 제도보장

헌법은 지방자치행정을 기본권이 아닌 객관적인 제도로서 보장한다. 지방자치제도의 제도보장은 ① 포괄적인 사무의 보장, ② 고유책임성의 보장, ③ 자치권의 보장을 내용으로 한다.

▌헌재 2022. 8. 31, 2021헌라1(헌법은 제117조와 제118조에서 '지방자치단체의 자치'를 제도적으로 보장하고 있는바, 그 보장의 본질적 내용은 자치단체의 보장, 자치기능의 보장 및 자치사무의 보장이다).

1. 포괄적인 사무의 보장

헌법은 지방자치단체의 사무로 '주민의 복리에 관한 사무', '재산의 관리', '법령의 범위 안에서의 자치법규제정' 등을 보장하고 있다. 헌법 규정상 보장되는 지방자치단체의 사무는 매우 포괄적이다. 이를 지방자치단체의 관할사무의 전권한성, 보편성 또는 일반성으로 특징지을 수 있다. 관할사무의 포괄성으로부터 권한의 추정이 나온다. 즉 법률로 다른 기관에 주어진 것이 아닌 한, 지방자치단체는 그 지역 내의 모든 사무에 권한을 갖는 것으로 추정된다고 볼 것이다(대판 1973. 10. 23, 73다1212).

2. 자기책임성의 보장

자치행정은 자신의 사무를 자신의 고유의 책임으로 수행하여야 한다는 데 그 뜻이 있다. 자기책임은 고유책임으로 표현되기도 한다. 자기책임이란 자치사무수행에 있어서 다른 행정주체로부터 합목적성에 관하여 명령·지시를 받지 않는 것을 의미한다. 바꾸어 말하면, 고유책임성이란 자치임무의 수행 여부, 시기, 방법 등의 선택·결정이 당해 지방자치단체의 자유의사에 놓임을 뜻한다. 이것은 자치사무에 대한 국가의 감독은 적법성의 감독에 한정되어야 함을 의미한다.

▌헌재 2022. 8. 31, 2021헌라1(헌법상 제도적으로 보장된 자치권 가운데에는 자치사무의 수행에 있어 다른 행정주체로부터 합목적성에 관하여 명령·지시를 받지 않는 권한도 포함된다).

3. 자치권의 보장

자치행정권, 즉 자치권의 보장은 지방자치행정의 제도보장과 분리하여 생각할 수 없다.

자치권이 국가로부터 전래된 것이기는 하지만, 자치권은 자치임무의 효율적인 수행의 전제가 되기 때문이다. 자치권은 발동대상이 일반적이고, 그 발동의 형식이나 과정이 국가로부터 독립적이다.

Ⅱ. 권리주체성의 보장

헌법은 행정조직의 한 부분으로서 지방자치단체가 권리주체일 것을 예정하고 있다. 왜냐하면 헌법상 지방자치단체는 당해 지역에서 '주민의 복리에 관한 사무를 처리하고 재산을 관리'하는 것을 임무로 하는바, 이것은 지방자치단체가 독자적인 행위주체임을 전제로 하는 것이며, 따라서 이것은 지방자치단체가 법적으로 권리능력을 가질 것을 전제로 하는 것으로 볼 것이기 때문이다. 지방자치법은 지방자치단체를 법인으로 하고 있다(지자법 제 3 조 제 1 항).

Ⅲ. 주관적인 법적 지위의 보장

헌법이 지방자치제도를 기본권으로 보장하는 것은 아니다. 지방자치제도의 보장은 객관적인 제도로서의 보장과 아울러 지방자치단체에 주관적인 법적 지위까지 보장하는 것을 내용으로 한다. 따라서 개별지방자치단체는 어느 정도 주관적인 지위에서 제도보장의무자에게 보장내용의 준수를 요구할 수 있게 된다.

제 2 목 지방자치권의 제한

Ⅰ. 자치권의 제한의 기준

자치행정권의 제한은 법률로써만 가능하다. 헌법과 법률에 따른 법률의 위임이 있으면, 법규명령도 자치권의 제한수단이 될 수 있다. 자치권을 제한하는 법령은 헌법에 적합한 것이어야 하는바, 그것은 주민의 복지와 관련성을 가져야만 한다(공익 요건). 자치행정권을 제한하는 법규범은 법치국가원리에 근거하는 넓은 의미의 비례원칙(적합성의 원칙, 필요성의 원칙, 좁은 의미의 비례원칙)을 준수하여야 한다.

Ⅱ. 제한의 한계로서 핵심영역

자치행정을 공동화(空洞化)로 이끌고, 자치단체가 활발한 활동을 할 수 없게 하고, 따라서 지방자치단체를 다만 외관상·형태상으로만 존재하는 것으로 만드는 침해를 본질적 침해라 한다. 핵심영역에 대한 침해 여부에 대한 판단은 미래지향적으로, 그리고 시대에 적합하게 해석 · 해결되어야 한다. 핵심영역의 판단에 지역성의 요소가 배제될 수 없으나 지역성이 특별히 강조되어서도 아니 될 것이다.

제 3 항 지방자치단체의 관념

Ⅰ. 지방자치단체의 개념

지방자치법은 지방자치단체의 정의에 관련하는 약간의 규정을 가지고 있을 뿐, 지방자치단체의 개념 그 자체를 정의하는 규정을 갖고 있지는 아니한다. 지방자치단체는 주민에 의하여 선출된 기관으로 하여금 주민의 복지를 실현하기 위하여 조직된 지역적인 공법상 법인(지자법 제 3 조 제 1 항)으로서의 사단이다. 지방자치단체는 주민 · 구역 · 자치권의 3요소로 구성된다.

Ⅱ. 지방자치단체의 능력

지방자치단체는 공법상 사단이자 법인으로서(지자법 제 3 조 제 1 항) 권리 · 의무의 주체로서의 능력인 권리능력, 자신의 권한 범위 내에서 자신의 기관(지방자치단체의 장 또는 그 대리인)을 통하여 의사를 주고받을 수 있는 능력인 행위능력을 갖는다. 지방자치단체는 소송상 일방당사자가 될 수 있는 능력인 당사자능력을 갖는다. 지방자치단체는 자신에게 귀속되는 작위 또는 부작위의 효과에 대하여 책임을 부담하는 능력인 책임능력(불법행위능력)을 갖는다. 그러나 지방자치단체는 형법에 따른 범죄능력, 형사법상 책임능력을 갖지는 아니한다. 다만, 질서위반과 관련하여 양벌규정이 있는 경우에는 과태료부과의 대상이 될 수 있다. 그리고 지방자치단체는 공무원을 임용 · 보유할 수 있는 능력인 임용능력을 갖는다.

Ⅲ. 지방자치단체와 기본권

1. 지방자치단체의 기본권주체성

자치사무인가 위임사무인가를 불문하고, 공법적인 것인가 사법적인 것인가를 불문하고 공적 사무를 수행하는 한, 지방자치단체의 기본권주체성은 부인되어야 한다(헌재 2014. 6. 26, 2013헌바122). 이러한 영역에서 지방자치단체에 기본권 또는 기본권 유사의 권리가 침해될 여지는 없다. 왜냐하면 지방자치단체는 행정주체로서 기본권실현에 의무를 지는 것, 즉 기본권에 구속되는 것이기 때문이다. 지방자치단체에는 자치행정권이 보장되는 것이지 기본권이 보장되는 것이 아니다. 다만, 지방자치단체에는 당사자능력 · 소송능력이 인정되므로(즉, 절차에 참가할 수 있으므로), 헌법상 재판청구권은 지방자치단체에도 적용된다. 즉 절차적 권리와 관련하여서는 지방자치단체가 예외적으로 기본권 내지 기본권유사의 권리를 갖는다고 볼 것이다.

2. 지방자치단체의 기본권구속

지방자치단체는 사법적(私法的)으로 행위하여도 기본권에 구속된다. 헌법 제10조에서 규정하는 국가의 기본권보장의무는 지방자치단체의 작용에서도 당연히 적용되며, 또한 행정주체의 행위의 근거가 되는 법의 형식을 가리지 아니하고 적용된다. 만약 행정주체의 사법작용에 기본권이 적용되지 아니한다면, 행정주체의 사법에로의 도피가 가능해질 것이다.

▪ **헌법 제10조** 모든 국민은 인간으로서의 존엄과 가치를 가지며, 행복을 추구할 권리를 가진다. 국가는 개인이 가지는 불가침의 기본적 인권을 확인하고 이를 보장할 의무를 진다.

Ⅳ. 지방자치단체의 명칭

권리 · 의무의 주체로서, 단일의 기능체로서 지방자치단체는 자신의 동일성을 나타내는 이름을 필요로 한다. 지방자치단체의 명칭은 다른 지방자치단체에 대한 관계에서 자신의 인격성 내지 동일성을 나타낼 뿐만 아니라, 자신의 실체적 · 정신적인 가치, 주민을 통합하는 효과를 내포한다. ① 지방자치단체의 명칭은 종전과 같이 하고, 명칭을 바꿀 때에는 법률로 정한다(지자법 제 5 조 제 1 항). 지방자치단체의 한자 명칭의 변경은 대통령령으로 정한다(지자법 제 5 조 제 2 항). 이 경우 경계변경의 절차는 제 6 조에서 정한 절차에 따른다. 지방자치단체의 명칭을 변경할 때(한자 명칭을 변경할 때를 포함한다)에는 관계 지방의회의 의견을 들어야 한다(지자법 제 5 조 제 3 항 본문). 다만, 「주민투표법」 제 8 조에 따라 주민투표를 한 경우에는 그러하지 아니하다(지자법 제 5 조 제 3 항 단서).

Ⅴ. 지방자치단체의 종류

1. 보통지방자치단체

보통지방자치단체란 그 조직과 수행사무가 일반적이고 보편적인 지방자치단체를 말한다. 현행법상 보통지방자치단체는 광역(상급)지방자치단체와 기초(하급)지방자치단체로 구분된다. 광역지방자치단체로는 특별시, 광역시, 특별자치시, 도, 특별자치도가 있고, 기초지방자치단체로는 시 · 군 및 구가 있다(지자법 제 2 조 제 1 항).

2. 특별지방자치단체

제 1 항의 지방자치단체 외에 특정한 목적을 수행하기 위하여 필요하면 따로 특별지방자치단체를 설치할 수 있다. 이 경우 특별지방자치단체의 설치 등에 관하여는 제12장에서 정하는 바에 따른다(지자법 제 2 조 제 3 항). 특별지방자치단체는 지방자치법 제 2 조 제 3 항 및 제12장에 따른 특별지방자치단체, 지방자치법 제176조 이하에 따른 지방자치단체조합, 그리고 개별 법률에 의해 설치되는 특별지방자치단체로 구분할 수 있다.

제 4 항 지방자치단체의 구성요소

제 1 목 주 민

Ⅰ. 주민의 의의

1. 주민의 개념

주민이란 지방자치단체의 구역 안에 주소를 가진 자를 말한다(지자법 제12조). 다른 법률에 특별한 규정이 없으면 주민등록법에 따른 주민등록지를 공법 관계에서의 주소로 한다(주민등록법 제23조 제 1 항). 지방자치단체의 주민이 되는 것은 공법관계의 문제이므로 지방자치단체의 구역 안에 주소를 가진 자란 지방자치단체의 구역 안에 주민등록법에 따른 주민등록지를 가진 자를 말한다. 시 · 군 · 구는 시 · 도의 구역 안에 있으므로 시 · 군 · 구의 주민은 관할을 같이하는 시 · 도의 주민이 된다. 한편, 외국인의 경우에는 출입국관리법상 외국인등록제도가 마련되어 있다(출입국관리법 제31조).

2. 신고와 등록

시장 · 군수 또는 구청장은 30일 이상 거주할 목적으로 그 관할 구역에 주소나 거소(거주지)를 가진 자(주민)를 주민등록법의 규정에 따라 등록하여야 한다. 다만, 외국인은 예외로 한다(주민등록법 제 6 조 제 1 항). 등록은 주민의 권리행사의 요건이다. 주민등록지를 공법 관계에서의 주소로 하는 경우에 신고의무자가 신거주지에 전입신고를 하면 신거주지에서의 주민등록이 전입신고일에 된 것으로 본다(주민등록법 제23조 제 2 항).

3. 명예시민

명예시민은 당해 자치구역의 주민일 것을 요하지 아니한다. 외국인도 명예시민이 될 수 있다. 다만 외국인에 대한 명예시민권의 부여에 대하여는 국가적인 기준을 마련하는 것이 바람직하다. 명예시민권은 재산적 가치 있는 권리가 아니고, 상속대상도 아니다. 일반적으로 명예시민권은 당해 지방자치단체에 공로가 있는 자에게 주어진다.

Ⅱ. 주민의 권리

1. 정책 결정·집행 과정에 참여권

(1) 의 의 주민은 법령으로 정하는 바에 따라 주민생활에 영향을 미치는 지방자치단체의 정책의 결정 및 집행 과정에 참여할 권리를 가진다(지자법 제17조 제 1 항). 이 조항은 2022. 1. 13. 시행 지방자치법 전부개정법률에서 신설되었다. 이 조항으로 인해 지방자치행정에 대한 주민의 직접 참여의 폭은 확대되었다.

(2) 법적 성질 지방자치법 제17조 제 1 항이 규정하는 주민의 정책 결정·집행 과정 참여권은 법령으로 정하는 바에 따라 그 내용이 정해진다. 말하자면 주민의 정책 결정·집행 과정 참여권은 개인적 공권이지만, 구체적인 내용은 법령에 의해 정해지는바, 지방자치법 제17조 제 1 항이 규정하는 주민의 정책 결정·집행 과정 참여권 그 자체는 추상적 권리에 해당한다.

2. 공적 재산·공공시설이용권

(1) 의 의 주민은 법령으로 정하는 바에 따라 소속지방자치단체의 재산과 공공시설을 이용할 권리(예: 공립도서관·공회당 등의 이용권)를 가지는바(지자법 제17조 제 2 항), 이를 공적 재산·공공시설이용권이라 한다. 지방자치법상 "재산"이란 현금 외의 모든 재산적 가치가 있는 물건 및 권리를 말하고(지자법 제159조 제 1 항), "공공시설"이란 지방자치단체가 주민의 복지를 증진하기 위하여 설치하는 시설을 말한다(지자법 제161조 제 1 항). 재산은 주민의 이용을 전제로 하는 것이므로 (공적) 재산과 공공시설을 동의어로 보아도 무방하다.

(2) 이용권의 주체 ① 공공시설이용권은 주민의 권리이다. 따라서 합리적인 이유가 있으면, 비주민에게는 당해 지방자치단체의 재산이나 공공시설의 이용이 제한될 수도 있다. 그리고 주민에는 자연인뿐만 아니라 법인도 포함된다. ② 지방자치단체의 주민은 아니지만, 그 지방자치단체의 구역 내에 토지나 영업소를 가지고 있는 자는 그 토지나 영업소와 관련되는 범위 안에서 당해 지방자치단체의 주민에 유사한 공공시설이용권을 갖는다.

(3) 이용권의 내용과 한계 내용과 한계는 법령(예: 법률 · 명령 · 조례 · 규칙 · 관습법)이나 공용지정행위에 의해 정해진다. 이용관계의 한 내용으로서 공적 재산 · 공공시설이용에 이용수수료의 납부가 반드시 요구되는 것은 아니지만(예: 지방도의 무료이용), 요구되는 경우도 있다(예: 터널통행료).

(4) 이용자의 보호 공적 재산 · 공공시설이용과 관련하여 관리주체가 이용자에게 위법한 처분을 발하게 되면(예: 운동장사용허가신청에 대한 허가거부처분), 경우에 따라 행정소송으로 다툴 수 있다. 뿐만 아니라 공적 재산 · 공공시설의 설치 · 관리상의 하자로 인해 이용자에게 손해가 발생하면 이용자는 국가 또는 지방자치단체에 대하여 국가배상을 청구할 수도 있다.

3. 균등하게 행정의 혜택을 받을 권리

(1) 의 의 주민은 소속지방자치단체로부터 균등하게 행정의 혜택을 받을 권리를 가진다(지자법 제17조 제 1 항). 행정의 혜택을 받을 권리란 공적 재산 · 공공시설의 이용을 제외한 그 밖의 일체의 행정서비스(예: 주민등록등본을 발급받는 것, 구청 · 군청에서 하는 각종 교육 · 교양프로그램에 참여하는 것)의 혜택을 받을 수 있는 권리를 의미한다.

(2) 법적 성질 대법원은 구 지방자치법 제13조 제 1 항(현행 제17조 제 1 항)은 주민이 지방자치단체로부터 행정적 혜택을 균등하게 받을 수 있다는 권리를 추상적이고 선언적으로 규정한 것이므로 이 규정에 의하여 주민이 지방자치단체에 대하여 구체적이고 특정한 권리가 발생하는 것이 아니라고 한다(대판 2008. 6. 12, 2007추42).

4. 선거권 · 피선거권

① 주민은 법령으로 정하는 바에 따라 그 지방자치단체에서 실시하는 지방의회의원과 지방자치단체의 장의 선거(지방선거)에 참여할 권리를 가진다(지자법 제17조 제 3 항). ② 선거일 현재 계속하여 60일 이상(공무로 외국에 파견되어 선거일 전 60일 후에 귀국한 자는 선거인명부작성기준일부터 계속하여 선거일까지) 당해 지방자치단체의 관할구역에 주민등록이 되어 있는 주민으로서 18세 이상의 국민은 그 지방의회의원 및 지방자치단체의 장의 피선거권이 있다. 이 경우 60일의 기간은 그 지방자치단체의 설치 · 폐지 · 분할 · 합병 또는 구역변경(제28조 각호의 어느 하나에 따른 구역변경을 포함한다)에 의하여 중단되지 아니한다(공직선거법 제16조 제 3 항).

5. 주민투표권

(1) 의 의 지방자치단체의 장은 주민에게 과도한 부담을 주거나 중대한 영향을 미치는 지방자치단체의 주요 결정사항 등에 대하여 주민투표에 부칠 수 있는바(지자법 제18

조 제 1 항), 이에 따라 주민은 주민투표에 참여할 수 있는 권리를 갖는다.

(2) 성 질 헌법재판소는 주민투표권을 헌법이 아니라 법률이 보장하는 참정권으로 본다(헌재 2008. 12. 26, 2005헌마1158 전원재판부). 지방자치법은 "주민투표의 대상 · 발의자 · 발의요건 · 그 밖에 투표절차 등에 관한 사항은 따로 법률로 정한다"고 규정하고 있다(지자법 제14조 제 2 항).

(3) 주민투표의 종류

㈎ **지방정책주민투표** 주민에게 과도한 부담을 주거나 중대한 영향을 미치는 지방자치단체의 주요결정사항으로서 그 지방자치단체의 조례로 정하는 사항은 주민투표에 부칠 수 있다(주민투표법 제 7 조 세 1 항). 법령에 위반되거나 재판중인 사항 등은 주민투표에 부칠 수 없다(주민투표법 제 7 조 제 2 항).

㈏ **국가정책주민투표** 중앙행정기관의 장은 지방자치단체의 폐치 · 분합 또는 구역변경, 주요시설의 설치 등 국가정책의 수립에 관하여 주민의 의견을 듣기 위하여 필요하다고 인정하는 때에는 주민투표의 실시구역을 정하여 관계 지방자치단체의 장에게 주민투표의 실시를 요구할 수 있다. 이 경우 중앙행정기관의 장은 미리 행정안전부장관과 협의하여야 한다(주민투표법 제 8 조 제 1 항).

(4) 주민투표의 결과 지방자치단체의 장 및 지방의회는 주민투표 결과 확정된 내용대로 행정 · 재정상의 필요한 조치를 하여야 한다(주민투표법 제24조 제 5 항). 지방자치단체의 장 및 지방의회는 주민투표 결과 확정된 사항에 대하여 2년 이내에는 이를 변경하거나 새로운 결정을 할 수 없다. 다만, 제 1 항 단서의 규정에 의하여 찬성과 반대 양자를 모두 수용하지 아니하거나, 양자택일의 대상이 되는 사항 모두를 선택하지 아니하기로 확정된 때에는 그러하지 아니하다(주민투표법 제24조 제 6 항).

(5) 주민투표쟁송 ① 주민투표의 효력에 관하여 이의가 있는 주민투표권자는 주민투표권자 총수의 100분의 1 이상의 서명으로 주민투표 결과가 공표된 날부터 14일 이내에 관할 선거관리위원회 위원장을 피소청인으로 하여 시 · 군 및 자치구에 있어서는 특별시 · 광역시 · 도 선거관리위원회에, 특별시 · 광역시 및 도에 있어서는 중앙선거관리위원회에 소청할 수 있다(주민투표법 제25조 제 1 항). ② 소청에 대한 결정에 관하여 불복이 있는 소청인은 관할 선거관리위원회 위원장을 피고로 하여 그 결정서를 받은 날(결정서를 받지 못한 때에는 결정기간이 종료된 날을 말한다)부터 10일 이내에 특별시 · 광역시 및 도에 있어서는 대법원에, 시 · 군 및 자치구에 있어서는 관할 고등법원에 소를 제기할 수 있다(주민투표법 제25조 제 2 항).

6. 조례제정 · 개정 · 폐지청구권

(1) 의 의 주민은 지방자치단체의 조례를 제정하거나 개정하거나 폐지할 것을

청구할 수 있다(지자법 제19조 제 1 항). 이에 따라 주민은 조례를 제정하거나 개정하거나 폐지할 것을 청구할 수 있는 권리를 갖는바, 이를 조례제정·개정·폐지청구권이라 한다. 조례제정·개정·폐지청구권은 조례를 제정하거나 개정하거나 폐지할 것을 청구할 수 있는 권리일 뿐, 주민이 직접 조례를 제정하거나 개정하거나 폐지할 수 있는 권리는 아니다.

(2) 법적 근거 조례의 제정·개정 또는 폐지 청구의 청구권자·청구대상·청구요건 및 절차 등에 관한 사항은 따로 법률로 정한다(지자법 제19조 제 2 항). 이에 따라 2021. 10. 19. 주민조례발안에 관한 법률이 제정되었다.

(3) 청구의 대상 지방의회의 조례제정권이 미치는 모든 조례규정사항이 조례제정·개폐의 청구대상이 된다. 조례규정사항이란 자치사무와 단체위임사무에 속하는 사항을 말한다. 그러나 다음 각 호(1. 법령을 위반하는 사항, 2. 지방세·사용료·수수료·부담금을 부과·징수 또는 감면하는 사항, 3. 행정기구를 설치하거나 변경하는 사항, 4. 공공시설의 설치를 반대하는 사항)의 사항은 주민조례청구 대상에서 제외한다(주조법 제 4 조).

(4) 청구권자 18세 이상의 주민으로서 다음 각 호(1. 해당 지방자치단체의 관할 구역에 주민등록이 되어 있는 사람, 2.「출입국관리법」제10조에 따른 영주(永住)할 수 있는 체류자격 취득일 후 3년이 지난 외국인으로서 같은 법 제34조에 따라 해당 지방자치단체의 외국인등록대장에 올라 있는 사람)의 어느 하나에 해당하는 사람(「공직선거법」제18조에 따른 선거권이 없는 사람은 제외한다. 이하 "청구권자"라 한다)은 해당 지방자치단체의 의회(이하 "지방의회"라 한다)에 조례를 제정하거나 개정 또는 폐지할 것을 청구(이하 "주민조례청구"라 한다)할 수 있다.

(5) 청구의 상대방 조례의 제정·개정 또는 폐지 청구의 상대방은 해당 지방자치단체의 의회이다(주조법 제 2 조). 2022년 시행 전부개정법률 전의 구법 하에서는 해당 지방자치단체의 장이 주민조례청구의 상대방이었다(구 지자법 제15조 제 1 항).

(6) 청구의 수리 및 각하 지방의회의 의장은 다음 각 호[1. 제11조 제 2 항(같은 조 제5항에 따라 준용되는 경우를 포함하며, 이하 같다)에 따른 이의신청이 없는 경우, 2. 제11조 제 2 항에 따라 제기된 모든 이의신청에 대하여 같은 조 제 3 항(같은 조 제 5 항에 따라 준용되는 경우를 포함한다)에 따른 결정이 끝난 경우]의 어느 하나에 해당하는 경우로서 제 4 조, 제 5 조 및 제10조 제 1 항(제11조 제 5 항에서 준용하는 경우를 포함한다)에 따른 요건에 적합한 경우에는 주민조례청구를 수리(受理)하고, 요건에 적합하지 아니한 경우에는 주민조례청구를 각하(却下)하여야 한다. 이 경우 수리 또는 각하 사실을 대표자에게 알려야 한다(주조법 제12조 제 1 항). 지방의회의 의장은 제 1 항에 따라 주민조례청구를 각하하려면 대표자에게 의견을 제출할 기회를 주어야 한다(주조법 제12조 제 2 항).

(7) 조례안의 발의 지방의회의 의장은「지방자치법」제76조 제 1 항에도 불구하고 이 조 제 1 항에 따라 주민조례청구를 수리한 날부터 30일 이내에 지방의회의 의장 명의로 주민청구조례안을 발의하여야 한다(주조법 제12조 제 4 항).

(8) 조례안의 의결기한 지방의회는 제12조 제 1 항에 따라 주민청구조례안이 수리된 날부터 1년 이내에 주민청구조례안을 의결하여야 한다. 다만, 필요한 경우에는 본회의 의결로 1년 이내의 범위에서 한 차례만 그 기간을 연장할 수 있다(주조법 제13조 제 1 항).

7. 규칙 제정·개정·폐지 의견제출권

(1) 의 의 주민은 제32조에 따른 규칙(권리·의무와 직접 관련되는 사항으로 한정한다)의 제정, 개정 또는 폐지와 관련된 의견을 해당 지방자치단체의 장에게 제출할 수 있다(지자법 제20조 제 1 항). 이에 따라 주민은 규칙의 제정·개정·폐지에 관련된 의견을 지방자치단체의 장에게 제출할 수 있는 권리를 갖는바, 이를 규칙 제정·개정·폐지 의견제출권이라 한다.

(2) 의견제출대상 주민이 규칙의 제정·개정·폐지와 관련하여 제출할 수 있는 의견은 주민의 권리·의무와 직접 관련되는 사항에 한한다(지자법 제20조 제 1 항). 또한 법령이나 조례를 위반하거나 법령이나 조례에서 위임한 범위를 벗어나는 사항은 제 1 항에 따른 의견제출 대상에서 제외한다(지자법 제20조 제 2 항).

(3) 지방자치단체장의 조치 지방자치단체의 장은 제 1 항에 따라 제출된 의견에 대하여 의견이 제출된 날부터 30일 이내에 검토 결과를 그 의견을 제출한 주민에게 통보하여야 한다(지자법 제20조 제 2 항). 지방자치단체의 장은 주민이 제출한 의견에 구속되는 것은 아니다.

8. 감사청구권

(1) 의 의 지방자치단체의 18세 이상의 일정 주민들은 그 지방자치단체와 그 장의 권한에 속하는 사무의 처리가 법령에 위반되거나 공익을 현저히 해친다고 인정되면 시·도의 경우에는 주무부장관에게, 시·군 및 자치구의 경우에는 시·도지사에게 감사를 청구할 수 있다(지자법 제21조 제 1 항).

(2) 청구의 대상 주민감사청구의 대상은 그 지방자치단체와 그 장의 권한에 속하는 사무로서 그 처리가 법령에 위반되거나 공익을 현저히 해한다고 인정되는 사항이다(지자법 제21조 제 1 항). 지방자치단체의 사무와 그 장의 권한에 속하는 사무는 자치사무·단체위임사무(지방자치단체의 사무)를 포함하며 기관위임사무(지방자치단체의 장의 사무)도 포함한다. 다만 수사나 재판에 관여하게 되는 사항 등은 감사청구의 대상에서 제외된다(지자법 제21조 제 2 항).

(3) 청구의 주체 시·도는 300명, 제198조에 따른 인구 50만 이상 대도시는 200명, 그 밖의 시·군 및 자치구는 150명 이내에서 그 지방자치단체의 조례로 정하는 수 이상의 18세 이상의 주민이 청구의 주체가 된다(지자법 제21 제 1 항). 18세 미만의 자는 감사청구의

절차에 참여할 수 없다. 그러나 조례제정개폐청구권을 갖는 외국인은 감사청구권도 갖는다.

(4) 청구의 상대방 감사청구의 상대방은 시·도의 경우에는 주무부장관에게, 시·군 및 자치구의 경우에는 시·도지사(지자법 제21조 제1항).

(5) 청구의 기한 제1항에 따른 청구는 사무처리가 있었던 날이나 끝난 날부터 3년이 지나면 제기할 수 없다(지자법 제21조 제3항). 주민감사의 청구에 기간상 제한을 둔 것은 지방자치단체의 행정의 안정성을 도모하기 위한 것이다.

(6) 감사의 실시 주무부장관이나 시·도지사는 감사청구를 수리한 날부터 60일 이내에 감사청구된 사항에 대하여 감사를 끝내야 하며, 감사결과를 청구인의 대표자와 해당 지방자치단체의 장에게 서면으로 알리고 공표하여야 한다(지자법 제21조 제9항 본문). 다만, 그 기간에 감사를 끝내기가 어려운 정당한 사유가 있으면 그 기간을 연장할 수 있다. 이 경우 이를 미리 청구인의 대표자와 해당 지방자치단체의 장에게 알리고 공표하여야 한다(지자법 제21조 제9항 단서). 주무부장관이나 시·도지사는 주민 감사청구를 처리할 때 청구인의 대표자에게 반드시 증거 제출 및 의견 진술의 기회를 주어야 한다(지자법 제21조 제11항).

(7) 감사결과의 이행 주무부장관이나 시·도지사는 제3항에 따른 감사결과에 따라 기간을 정하여 해당 지방자치단체의 장에게 필요한 조치를 요구할 수 있다. 이 경우 그 지방자치단체의 장은 이를 성실히 이행하여야 하고 그 조치결과를 지방의회와 주무부장관 또는 시·도지사에게 보고하여야 한다(지자법 제21조 제12항). 주무부장관이나 시·도지사는 제12항에 따른 조치 요구내용과 지방자치단체의 장의 조치 결과를 청구인의 대표자에게 서면으로 알리고, 공표하여야 한다(지자법 제21조 제13항).

9. 주민소송권

(1) 의　　의 지방자치법 제21조 제1항에 따라 공금의 지출에 관한 사항 등을 감사청구한 주민은 그 감사 청구한 사항과 관련이 있는 위법한 행위나 업무를 게을리한 사실에 대하여 해당 지방자치단체의 장(해당 사항의 사무처리에 관한 권한을 소속 기관의 장에게 위임한 경우에는 그 소속 기관의 장을 말한다)을 상대방으로 하여 소송을 제기할 수 있는바(지자법 제22조 제1항), 주민이 갖는 이러한 권리를 주민소송권이라 한다.

(2) 소의 대상 제21조 제1항에 따라 "공금의 지출에 관한 사항, 재산의 취득·관리·처분에 관한 사항, 해당 지방자치단체를 당사자로 하는 매매·임차·도급 계약이나 그 밖의 계약의 체결·이행에 관한 사항 또는 지방세·사용료·수수료·과태료 등 공금의 부과·징수를 게을리한 사항"과 관련이 있는 위법한 행위나 업무를 게을리한 사실이 주민소송의 대상이 된다(지자법 제22조 제1항).

(3) 당 사 자

(개) **원 고** 지방자치법 제21조 제 1 항에 따라 공금의 지출에 관한 사항 등을 감사청구한 주민이 원고가 된다(지자법 제22조 제 1 항). 주민소송의 대상이 되는 사항에 대하여 감사청구한 주민이면 누구나 제소할 수 있다. 1인에 의한 제소도 가능하다. 그러나 제 2 항 각호의 소송이 진행 중이면 다른 주민은 같은 사항에 대하여 별도의 소송을 제기할 수 없다(지자법 제22조 제 5 항).

(내) **피 고** 해당 지방자치단체의 장(해당 사항의 사무처리에 관한 권한을 소속 기관의 장에게 위임한 경우에는 그 소속 기관의 장을 말한다)이 피고가 된다(지자법 제22조 제 1 항). 비위를 저지른 공무원이나 지방의회의원은 피고가 아니다.

(4) 제소사유 주민소송의 대상이 되는 감사청구사항에 대하여 다음의 어느 하나(1. 주무부장관이나 시·도지사가 감사 청구를 수리한 날부터 60일(제21조 제 9 항 단서에 따라 감사기간이 연장된 경우에는 연장된 기간이 끝난 날을 말한다)이 지나도 감사를 끝내지 아니한 경우, 2. 제21조 제 9 항 및 제10항에 따른 감사 결과 또는 같은 조 제12항에 따른 조치 요구에 불복하는 경우, 3. 제21조 제12항에 따른 주무부장관이나 시·도지사의 조치 요구를 지방자치단체의 장이 이행하지 아니한 경우, 4. 제21조 제12항에 따른 지방자치단체의 장의 이행 조치에 불복하는 경우)에 해당하는 경우에 주민소송을 제기할 수 있다(지자법 제22조 제 1 항).

(5) 주민소송의 종류 지방자치법 제22조 제 2 항은 주민소송을 4가지 종류로 구분하여 규정하고 있다.

▪ **지방자치법 제22조(주민소송)** ② 제 1 항에 따라 주민이 제기할 수 있는 소송은 다음 각 호와 같다.
1. 해당 행위를 계속하면 회복하기 어려운 손해를 발생시킬 우려가 있는 경우에는 그 행위의 전부나 일부를 중지할 것을 요구하는 소송
2. 행정처분인 해당 행위의 취소 또는 변경을 요구하거나 그 행위의 효력 유무 또는 존재 여부의 확인을 요구하는 소송
3. 게을리한 사실의 위법 확인을 요구하는 소송
4. 해당 지방자치단체의 장 및 직원, 지방의회의원, 해당 행위와 관련이 있는 상대방에게 손해배상청구 또는 부당이득반환청구를 할 것을 요구하는 소송. 다만, 그 지방자치단체의 직원이 「회계관계직원 등의 책임에 관한 법률」 제 4 조에 따른 변상책임을 져야 하는 경우에는 변상명령을 할 것을 요구하는 소송을 말한다.

(6) 실비의 보상 소송을 제기한 주민은 승소(일부 승소를 포함한다)한 경우 그 지방자치단체에 대하여 변호사 보수 등의 소송비용, 감사청구절차의 진행 등을 위하여 사용된 여비, 그 밖에 실제로 든 비용을 보상할 것을 청구할 수 있다. 이 경우 지방자치단체는 청구된 금액의 범위에서 그 소송을 진행하는 데에 객관적으로 사용된 것으로 인정되는 금액을 지급하여야 한다(지자법 제22조 제17항).

10. 주민소환권

(1) 의 의 주민은 그 지방자치단체의 장 및 지방의회의원(비례대표지방의회 의원을 제외한다)을 소환할 권리를 가지는바(지자법 제25조 제 1 항), 이를 주민소환권이라 한다. 주민소환제도는 지방자치에 관한 주민의 직접참여의 확대와 지방행정의 민주성과 책임성의 제고를 목적으로 한다(주민소환에 관한 법률(이하, 주소법) 제 1 조). 주민소환의 청구사유에는 제한이 없다(예: 단체장이 법령에 위반하여 대단위 토목공사를 하는 경우, 법령에 위반되지 않지만 주민의 상당수가 반대하는 시청사건설을 하려는 경우). 이 때문에 주민소환제도는 정치적 절차의 성격을 갖는다(헌재 2009. 3. 26, 2007헌마843).

(2) 주민소환투표권자 주민소환투표인명부 작성기준일 현재 ① 19세 이상의 주민으로서 당해 지방자치단체 관할구역에 주민등록이 되어 있는 자(「공직선거법」 제18조의 규정에 의하여 선거권이 없는 자를 제외한다)와 ② 19세 이상의 외국인으로서 「출입국관리법」 제10조의 규정에 따른 영주의 체류자격 취득일 후 3년이 경과한 자 중 같은 법 제34조의 규정에 따라 당해 지방자치단체 관할구역의 외국인등록대장에 등재된 자는 주민소환투표권이 있다(주소법 제 3 조 제 1 항).

(3) 주민소환투표의 청구권자의 수 ① 특별시장 · 광역시장 · 도지사(이하 "시 · 도지사"라 한다)는 당해 지방자치단체의 주민소환투표청구권자 총수의 100분의 10 이상, ② 시장 · 군수 · 자치구의 구청장은 당해 지방자치단체의 주민소환투표청구권자 총수의 100분의 15 이상, ③ 지역선거구시 · 도의회의원(이하 "지역구시 · 도의원"이라 한다) 및 지역선거구자치구 · 시 · 군의회의원(이하 "지역구자치구 · 시 · 군의원"이라 한다)은 당해 지방의회의원의 선거구 안의 주민소환투표청구권자 총수의 100분의 20 이상 주민의 서명으로 그 소환사유를 서면에 구체적으로 명시하여 관할선거관리위원회에 주민소환투표의 실시를 청구할 수 있다(주소법 제 7 조 제 1 항).

(4) 주민소환투표의 대상자 지방자치법상 주민소환은 당해 지방자치단체의 장 및 지방의회의원(비례대표지방의회 의원을 제외한다)을 대상으로 한다(지자법 제20조 제 1 항).

(5) 주민소환투표 청구기간의 제한 ① 선출직 지방공직자의 임기개시일부터 1년이 경과하지 아니한 때, ② 선출직 지방공직자의 임기만료일부터 1년 미만일 때, ③ 해당선출직 지방공직자에 대한 주민소환투표를 실시한 날부터 1년 이내인 때에는 주민소환투표의 실시를 청구할 수 없다(주소법 제 8 조).

(6) 권한행사의 정지 및 권한대행 주민소환투표대상자는 관할선거관리위원회가 제12조 제 2 항의 규정에 의하여 주민소환투표안을 공고한 때부터 제22조 제 3 항의 규정에 의하여 주민소환투표결과를 공표할 때까지 그 권한행사가 정지된다(주소법 제21조 제 1 항). 제 1 항의 규정에 의하여 지방자치단체의 장의 권한이 정지된 경우에는 부지사 · 부시장 · 부군수 · 부

구청장(이하 "부단체장"이라 한다)이 「지방자치법」 제124조 제 4 항의 규정을 준용하여 그 권한을 대행하고, 부단체장이 권한을 대행할 수 없는 경우에는 「지방자치법」 제124조 제 5 항의 규정을 준용하여 그 권한을 대행한다(주소법 제21조 제 2 항).

(7) 주민소환투표의 실시 ① 주민소환투표는 찬성 또는 반대를 선택하는 형식으로 실시한다(주소법 제15조 제 1 항). ② 지방자치단체의 장에 대한 주민소환투표는 당해 지방자치단체 관할구역 전체를 대상으로 한다(주소법 제16조 제 1 항). 지역구지방의회의원에 대한 주민소환투표는 당해 지방의회의원의 지역선거구를 대상으로 한다(주소법 제16조 제 2 항). ③ 주민소환투표의 투표시간은 오전 6시부터 저녁 8시까지로 한다(주소법 제27조 제 2 항).

(8) 주민소환투표결과의 확정과 효력 ① 주민소환은 제 3 조의 규정에 의한 주민소환투표권자(이하 "주민소환투표권자"라 한다) 총수의 3분의 1 이상의 투표와 유효투표 총수 과반수의 찬성으로 확정된다(주소법 제22조 제 1 항). 전체 주민소환투표자의 수가 주민소환투표권자 총수의 3분의 1에 미달하는 때에는 개표를 하지 아니한다(주소법 제22조 제 2 항). ② 제22조 제 1 항의 규정에 의하여 주민소환이 확정된 때에는 주민소환투표대상자는 그 결과가 공표된 시점부터 그 직을 상실한다(주소법 제23조 제 1 항).

(9) 주민소환투표쟁송(소청과 소송)

㈎ **주민소환투표소청** 주민소환투표의 효력에 관하여 이의가 있는 해당 주민소환투표대상자 또는 주민소환투표권자(주민소환투표권자 총수의 100분의 1 이상의 서명을 받아야 한다)는 제22조 제 3 항의 규정에 의하여 주민소환투표결과가 공표된 날부터 14일 이내에 관할선거관리위원회 위원장을 피소청인으로 하여 지역구시 · 도의원, 지역구자치구 · 시 · 군의원 또는 시장 · 군수 · 자치구의 구청장을 대상으로 한 주민소환투표에 있어서는 특별시 · 광역시 · 도선거관리위원회에, 시 · 도지사를 대상으로 한 주민소환투표에 있어서는 중앙선거관리위원회에 소청할 수 있다(주소법 제24조 제 1 항).

㈏ **주민소환투표소송** 제 1 항의 규정에 따른 소청에 대한 결정에 관하여 불복이 있는 소청인은 관할선거관리위원회 위원장을 피고로 하여 그 결정서를 받은 날(결정서를 받지 못 한 때에는 「공직선거법」 제220조 제 1 항의 규정에 의한 결정기간이 종료된 날을 말한다)부터 10일 이내에 지역구시 · 도의원, 지역구자치구 · 시 · 군의원 또는 시장 · 군수 · 자치구의 구청장을 대상으로 한 주민소환투표에 있어서는 그 선거구를 관할하는 고등법원에, 시 · 도지사를 대상으로 한 주민소환투표에 있어서는 대법원에 소를 제기할 수 있다(주소법 제24조 제 2 항).

11. 청 원 권

주민은 지방의회에 청원할 수 있다. 지방의회에 청원을 하려는 자는 지방의회의원의 소개를 받아 청원서를 제출하여야 한다(지자법 제85조 제 1 항). 헌법재판소는 청원에 지방의회의원의 소개를 얻도록 한 것은 공공복리를 위한 것으로서 위헌이 아니라 한다(헌재 1999. 11. 25, 97헌마54). 지방자치단체의 장에 대한 청원은 청원법이 정하는 바에 의한다.

▪ **청원법 제 3 조(청원대상기관)** 이 법에 의하여 청원을 제출할 수 있는 기관은 다음 각 호와 같다.
2. 지방자치단체와 그 소속기관 (이하 각호 생략)

Ⅲ. 주민의 의무

주민은 법령으로 정하는 바에 따라 소속지방자치단체의 비용을 분담하는 의무를 진다(지자법 제27조). 말하자면 주민은 공과금의 납부의무를 진다. 공과금에는 지방세·사용료·수수료·분담금 등이 있다. 이 밖에 주민은 노력·물품제공의무를 부담하기도 한다(예: 농어업재해대책법 제 7 조).

▪ **농어업재해대책법 제 7 조(응급조치)** ① 지방자치단체의 장은 재해가 발생하거나 발생할 우려가 있어 응급조치가 필요하면 해당 지역의 주민을 응급조치에 종사하게 할 수 있으며, 그 지역의 토지·가옥·시설·물자를 사용 또는 수용하거나 제거할 수 있다.

Ⅳ. 주민의 참여

1. 의 미

주민참여는 ① 공동체의 운영에 대하여 주민이 책임을 부담하고, ② 지방자치단체에 대한 주민의 관심을 제고시키고, ③ 행정의 관료적인 경직성과 독립성의 경향에 예방적으로 작용하고, ④ 지방자치단체의 정치적 의사형성의 연원으로서 기능한다는 데에 의미가 있다.

2. 참여방법

현행법상 주민의 참여방법으로 지방자치단체 정책의 결정·집행 과정에 참여할 권리(지자법 제17조 제 1 항), 지방선거에 참여(지자법 제17조 제 3 항), 주민투표참여(지자법 제18조 제 1 항), 주민소송(지자법 제22조 제 1 항), 주민소환(지자법 제25조), 간접적인 참여방법으로 조례의 제정과 개폐청구(지자법 제19조 제 1 항), 규칙의 제정·개정·폐지 관련 의견제출(지자법 제20조 제 1 항), 주민의 감사청구(지자법 제16조 제 1 항) 등이 있다.

제 2 목 구　　역

Ⅰ. 의　　의

구역이란 지방자치단체 구성요소의 하나로서 자치권이 미치는 지역적 범위를 말한다. 구역설정에는 주민의 단합, 결속력과 급부력 등이 반드시 고려되어야 한다. 구역은 종전과 같이 한다(지자법 제 5 조 제 1 항). 종전이란 지역의 자연적인 발전을 기초로 하여 일제시대를 거치면서 역사적으로 정해져 온 구획을 의미한다.

▮헌재 2020. 7. 16, 2015헌라3(헌법 제117조 제 1 항은 지방자치제도의 보장과 지방자치단체의 자치권을 규정하고 있다. 지방자치단체의 관할구역은 인적요건으로서의 주민 및 자치를 위한 권능으로서 자치권한과 더불어 지방자치의 3요소를 이루는 것으로, '지방자치단체가 자치권한을 행사할 수 있는 **장소적 범위**'를 뜻한다. 헌법 제118조 제 2 항은 '지방자치단체의 조직과 운영에 관한 사항'을 법률로 정하도록 하고 있는바, 이에는 지방자치단체의 관할구역이 포함된다).

Ⅱ. 구역변경

1. 의　　의

지방자치단체의 구역변경이란 지방자치단체의 구성요소의 하나인 공간, 즉 구역의 범위를 변경하는 것을 말한다. 지방자치단체의 구역을 바꿀 때에는 법률로 정한다(지자법 제 5 조 제 1 항). 지방자치단체의 구역을 변경할 때에는 관계 지방의회의 의견을 들어야 한다(지자법 제 5 조 제 3 항 제 2 호). 구역의 변경은 관련지방자치단체나 그 단체의 주민의 이해와 직결되고, 자칫하면 관련 주민의 저항을 가져오기 쉽기 때문에 관할구역의 변경에는 공공복지의 관점에서 사항상의 정당성과 민주적인 절차에 따라 신중하게 이루어져야 한다.

2. 사무와 재산의 승계

지방자치단체의 구역변경이 있게 되면 새로 그 지역을 관할하게 된 지방자치단체가 그 사무와 재산을 승계한다(지자법 제 8 조 제 1 항). 제 1 항의 경우에 지역으로 지방자치단체의 사무와 재산을 구분하기 곤란하면 시 · 도에서는 행정안전부장관이, 시 · 군 및 자치구에서는 특별시장 · 광역시장 · 특별자치시장 · 도지사 · 특별자치도지사(이하 "시 · 도지사"라 한다)가 그 사무와 재산의 한계 및 승계할 지방자치단체를 지정한다(지자법 제 8 조 제 2 항).

Ⅲ. 폐치·분합

1. 의 의

폐치 · 분합이란 ① 하나의 지방자치단체(A)를 폐지하면서 인접한 다른 지방자치단체(B)에 편입시키는 것(廢. B의 입장에서는 흡수합병이 된다), ② 하나의 지방자치단체의 구역의 일부를 새로운 지방자치단체로 구성하는 것(置), ③ 기존의 지방자치단체를 폐지하면서 수 개의 새로운 지방자치단체를 설치하는 것(分), ④ 둘 이상의 지방자치단체를 합하여 하나의 새로운 지방자치단체를 설치하는 것(合, 신설합병에 해당한다)을 말한다. 합병에는 흡수합병과 신설합병이 있다. 흡수합병은 편입, 신설합병은 합체라고도 한다. 폐치 · 분합은 경계변경의 경우와 마찬가지로 지역개발의 촉진, 주민편의의 제고, 행정능률의 향상을 기본적인 목적으로 한다. 폐치 · 분합은 법률로 정한다(지자법 제 5 조 제 1 항). 이 경우, 관계 지방의회의 의견을 들어야 한다(지자법 제 5 조 제 3 항 제 1 호 본문). 다만, 주민투표를 한 경우에는 그러하지 아니하다(지자법 제 5 조 제 3 항 제 1 호 단서).

2. 사무와 재산의 승계 등

① 새로 그 지역을 관할하게 된 지방자치단체가 그 사무와 재산을 승계한다(지자법 제 6 조 제 1 항). 제 1 항의 경우에 지역으로 지방자치단체의 사무와 재산을 구분하기 곤란하면 시 · 도에서는 행정안전부장관이, 시 · 군 및 자치구에서는 특별시장 · 광역시장 · 특별자치시장 · 도지사 · 특별자치도지사(이하 “시 · 도지사”라 한다)가 그 사무와 재산의 한계 및 승계할 지방자치단체를 지정한다(지자법 제 8 조 제 2 항). 그리고 ② 지방자치단체를 나누거나 합하여 새로운 지방자치단체가 설치되거나 지방자치단체의 격이 변경되면 그 지방자치단체의 장은 필요한 사항에 관하여 조례나 규칙이 제정 · 시행될 때까지 종래 그 지역에 시행되던 조례나 규칙을 계속 시행할 수 있다(지자법 제31조).

제 3 목 자 치 권

Ⅰ. 의 의

자치권이란 지방자치단체가 자신의 사무를 처리할 수 있는 고권(권력)을 말한다. 지방자치단체의 자치권은 국가의 주권과 마찬가지로 포괄적인 것이지 개별적인 권한의 단순한 집합체가 아니다. 권한을 일일이 열거할 수는 없다. 새로운 영역에서 새로운 기능의 고권이 형성될 수도 있다.

Ⅱ. 법적 성질

① 자치권은 지방자치제도의 보장에서 포기할 수 없는 요소, 즉 지방자치에 본질적인 요소이며, ② 지방자치단체의 자치권은 고유권이 아니라 국가에 의하여 승인된 것이므로 법령의 범위 내에서만 인정되며, ③ 자치권은 발동대상이 일반적이고(자치권의 일반성), 그 발동의 형식이나 과정이 국가로부터 독립적이다.

Ⅲ. 종류(내용)

자치권은 지역고권·조직고권·인적 고권·재정고권·자치입법고권·계획고권·행정고권·협력고권·문화고권을 가진다. 끝으로 미래에 대한 배려, 미래세대에 대한 지방자치단체의 책임이 또한 중요한 관심사로 부각되어야 한다.

① **지역고권**이란 지방자치단체가 당해 지방자치단체구역과 그 구역에 주소를 갖거나 또는 영업을 통해 그 지역과 관련을 갖는 모든 사람에 대하여 갖는 지배권을 말한다.
② **조직고권**이란 지방자치단체 스스로가 자신의 내부조직을 형성·변경·폐지할 수 있는 권능을 말한다.
③ **인적 고권**이란 지방자치단체가 질서에 합당한 자신의 임무수행을 위해 필요한 공무원을 국가로부터 독립적으로 선발·임용·해임할 수 있는 권능을 말한다.
④ **재정고권**이란 법정의 예산제도에 따라 고유의 책임으로 세입·세출을 유지하는 지방자치단체의 권능을 말한다.
⑤ **자치입법고권**이란 지방자치단체가 법령의 범위 안에서 자치에 관한 규정을 제정할 수 있는 권능을 말한다. 내용으로 조례제정권·규칙제정권·교육규칙제정권이 있다.
⑥ **계획고권**이란 지방자치단체의 영역 내에 들어오는 지역적인 계획임무를 권한의 범위 안에서 자신의 책임으로 수행하는 권리와 당해 지방자치단체와 관련을 갖는 상위계획과정에 참여하는 권능을 말한다.
⑦ **행정고권**이란 일반적이고 추상적인 자치입법권을 보충·보완하는 고권을 말한다. 즉, 행정고권은 법령의 범위 안에서 자치사무 또는 단체위임사무와 관련하여 법규의 시행을 위하여 필요한 개별적인 결정을 행하고 집행하는 권능을 의미한다.
⑧ **협력고권**이란 지방자치단체가 개별적인 사무수행에 있어서 다른 기관들, 특히 다른 지방자치단체와 공동의 행정수단을 창설하거나, 공동으로 결정하거나, 공동의 기구를 설치할 수 있거나 하는 등의 협력을 할 수 있는 권능을 말한다.
⑨ **문화고권**이란 박물관, 도서관, 각종 교육시설, 교향악단, 스포츠시설, 연극무대 등을 설치·유지할 수 있는 권능을 말한다.

제 2 절 지방자치단체의 조직

헌법은 지방자치단체의 종류 · 조직 · 권한을 법률로 정하도록 규정하고 있다. 이에 근거한 지방자치법은 지방자치단체의 의사를 내부적으로 결정하는 최고의결기관으로 지방의회를, 외부에 대하여 지방자치단체의 대표로서 지방자치단체의 의사를 표명하고 그 사무를 통할하는 집행기관으로 단체장을 각 독립한 기관으로 두고, 의회와 단체장에게 독자적인 권한을 부여하여 상호 견제와 균형을 이루도록 하고 있다(대판 2023. 7. 13, 2022추5156). 이에 관해 차례로 살피기로 한다.

한편, 2022. 1. 13. 시행 지방자치법 전부개정법률 제 4 조는 "지방자치단체의 의회(이하 "지방의회"라 한다)와 집행기관에 관한 이 법의 규정에도 불구하고 따로 법률로 정하는 바에 따라 지방자치단체의 장의 선임방법을 포함한 지방자치단체의 기관구성 형태를 달리 할 수 있다"는 지방자치단체의 기관구성 형태의 특례규정을 신설하였다. 헌법 제118조 제 2 항을 전제할 때, 입법자는 특례를 정하는 법률을 제정함에 있어서 의결기관으로서 지방의회와 집행기관을 두어야 한다는 점 외에는 선택의 자유를 갖는다.

제 1 항 지방의회

Ⅰ. 일 반 론

1. 지방의회의 의의

지방의회는 지방자치단체의 의사를 형성하는 기관이다. 지방의회로 특별시의회 · 광역시의회 · 특별자치시의회 · 도의회 · 특별자치도의회, 구의회 · 시의회 · 군의회가 있다. 지방의회는 독자적인 권리능력이 없다. 그러나 지방자치단체 내부에서 지방의회는 다른 기관과의 관계에서 조직법상의 권리를 가질 수 있다.

2. 지방의회의 지위

① 지방의회는 주민에 의해 선출된 의원으로 구성되는바, 주민대표기관이다(대표기관). ② 지방의회는 해당 자치구역 내의 최상위의결기관으로서, 자치사무에 관한 의사결정권한을 가진다(지자법 제47조 제 1 항, 제 2 항)(의결기관). ③ 지방의회는 자치입법인 조례의 제정 · 개정 및

폐지를 의결할 수 있는 권한을 가진 자치입법기관이다(자치입법기관). ④ 지방의회는 지방자치단체 내부에서 집행기관의 행정을 통제하는 기관이다(통제기관).

지방자치법 제47조(지방의회의 의결사항) ① 지방의회는 다음 각 호의 사항을 의결한다.
1. 조례의 제정·개정 및 폐지
2. 예산의 심의·확정
3. 결산의 승인(이하 각호 생략)

② 지방자치단체는 제 1 항의 사항 외에 조례로 정하는 바에 따라 지방의회에서 의결되어야 할 사항을 따로 정할 수 있다.

■ 참고 ■ 행정기관으로서의 지위문제

지방의회가 국회와 유사한 방법으로 구성된다고 하여도 법적 의미에서 지방의회는 국회와 같은 소위 헌법상 의미의 의회는 아니다. 왜냐하면 ① 전체로서 지방자치단체는 집행부의 한 구성부분인데, 지방의회는 바로 이러한 지방자치단체의 한 구성부분인 것이고, 또한 ② 지방의회에 주어지는 실질적인 입법기능은 시원적인 입법권이 아니라 명시적으로 법령에 의한 자치권의 승인에 근거하는 것이기 때문이다. 한편, ① 지방의회가 주민의 직접선거에 의해 선출·구성되는 기관, 즉 민주적 정당성을 갖는 주민대표기관이라는 점, 그리고 ② 그 기능이 국회와 유사하다는 점을 들어 지방의회를 입법기관으로 보는 견해도 있다.

Ⅱ. 지방의회의 구성과 운영

1. 지방의회의 의장

(1) 의장의 직무상 지위 ① 지방의회의 의장은 지방의회의 외부에 대하여 지방의회를 대표한다(지방의회의 대표자)(지자법 제58조). 이러한 지위에서 의장은 지방의회의 의결을 집행기관의 장에게 송부한다. ② 지방의회의 의장은 의사를 정리하며, 회의장 내의 질서를 유지한다(지자법 제58조). 지방의회의 의장은 지방의회의 회의를 소집하고 회의를 운영한다(회의의 주재자). ③ 의장은 의회의 사무를 감독한다(지자법 제58조). 이러한 사무를 수행하는 범위 안에서 의장은 행정청의 성격을 갖는다(행정청으로서 의장). 따라서 의장의 처분이 행정소송법상 처분에 해당하는 한, 그것은 행정쟁송의 대상이 될 수 있다.

(2) 의장의 신분상 지위 ① 지방의회는 의원 중에서 시·도의 경우 의장 1명과 부의장 2명을, 시·군 및 자치구의 경우 의장과 부의장 각 1명을 무기명투표로 선거하여야 한다(지자법 제57조 제 1 항). 의장선거행위는 처분성을 갖는다(대판 1995. 1. 12, 94누2602). 의장과 부의장의 임기는 2년으로 한다(지자법 제57조 제 3 항). ② 의장이나 부의장이 법령을 위반하거나 정당한 사유 없이 직무를 수행하지 아니하면 지방의회는 불신임을 의결할 수 있다(지자법 제62조 제 1 항). 불신임의결은 재적의원 4분의 1 이상의 발의와 재적의원 과반수의 찬성으로 행한다(지자법 제62조 제 2 항). 불신임의결이 있으면 의장이나 부의장은 그 직에서 해임된다(지자

법 제62조 제 3 항). 불신임의결은 처분성을 갖는다(대판 1994. 10. 11, 94두23).

(3) 의장의 권한 지방의회의장은 지방의회대표권(지자법 제58조), 임시회소집공고권(지자법 제54조 제 3 항), 회의장 내 질서유지권(지자법 제94조), 의회사무감독권(지자법 제104조 제 1 항), 의결된 조례안의 지방자치단체장에의 이송권(지자법 제32조 제 1 항), 확정된 조례의 예외적인 공포권(지자법 제32조 제 6 항), 폐회중 의원의 사직허가권(지자법 제89조) 등을 갖는다.

2. 위 원 회

① 지방의회는 조례로 정하는 바에 따라 위원회를 둘 수 있다(지자법 제64조 제 1 항). 위원회의 위원은 본회의에서 선임한다(지자법 제64조 제 3 항). ② 위원회의 종류는 소관 의안과 청원 등을 심사·처리하는 상임위원회와 특정한 안건을 일시적으로 심사·처리하는 특별위원회 두 가지로 한다(지자법 제64조 제 2 항). 의원의 윤리심사 및 징계에 관한 사항을 심사하기 위하여 윤리특별위원회를 둔다(지자법 제65조).

3. 지방의회의 회의의 원칙

지방의회의 회의에는 ① 회의의 공개원칙(지자법 제75조 제 1 항 본문), ② 회기계속의 원칙(지자법 제79조 본문), ③ 일사부재의의 원칙(지자법 제80조)이 적용된다.

■ **지방자치법 제75조(회의의 공개 등)** ① 지방의회의 회의는 공개한다. 다만, 의원 3명 이상이 발의하고 출석의원 3분의 2 이상이 찬성한 경우 또는 의장이 사회의 안녕질서 유지를 위하여 필요하다고 인정하는 경우에는 공개하지 아니할 수 있다.
제79조(회기계속의 원칙) 지방의회에 제출된 의안은 회기 중에 의결되지 못한 것 때문에 폐기되지 아니한다. 다만, 지방의회의원의 임기가 끝나는 경우에는 그러하지 아니하다.
제80조(일사부재의의 원칙) 지방의회에서 부결된 의안은 같은 회기 중에 다시 발의하거나 제출할 수 없다.

4. 제척제도

(1) 제척제도의 의의 지방의회의 의장이나 의원은 본인·배우자·직계존비속 또는 형제자매와 직접 이해관계가 있는 안건에 관하여는 그 의사에 참여할 수 없다. 다만, 의회의 동의가 있는 때에는 의회에 출석하여 발언할 수 있다(지자법 제82조). 이것이 이른바 지방의회의원의 제척제도이다.

[예] A군은 A군 소유의 일반재산인 B토지(4천제곱미터)를 A군의회 의원인 甲의 배우자에게 매각하려고 한다. 이를 위해서는 지방자치법 제39조 제 1 항 제 6 호에 따라 A군의회의 의결이 있어야 한다. 이러한 경우, A군의회의 심의와 의결에 甲은 참여할 수 없다.

■ **지방자치법 제82조(의장이나 의원의 제척)** 지방의회의 의장이나 의원은 본인·배우자·직계존비속 또는 형제자매와 직접 이해관계가 있는 안건에 관하여는 그 의사에 참여할 수 없다. 다만, 의회의 동

의가 있으면 의회에 출석하여 발언할 수 있다.
제47조(지방의회의 의결사항) ① 지방의회는 다음 각 호의 사항을 의결한다.
6. 대통령령으로 정하는 중요 재산의 취득·처분

(2) 제척제도의 취지 지방자치법상 제척제도는 ① 공정한 의회심의의 확보를 목적으로 한다. 말하자면 지방의회의원이 자유의사로 심의에 참여함으로써 생겨날 수 있는 공익과 사익의 충돌을 방지하기 위한 것으로 이해된다. ② 제척제도는 지방의회에 대한 주민의 신뢰확보를 목적으로 한다.

(3) 제척제도의 적용범위 ① 지방자치법은 '본인·배우자·직계존비속 또는 형제자매'의 이해관계 있는 안건에 한정하고 있다. 배우자의 직계존속과 배우자의 형제자매가 배제된 것과 이들이 중심적인 역할을 하는 법인이 배제된 것은 잘못이다. 입법적 보완이 필요하다. ② '이해관계'란 넓게 이해되어야 한다. 지방의회의원의 지위에 관련된 이해관계뿐만 아니라, 그 밖에 의원 개인의 재산상의 이해관계도 포함된다. 다만, 안건이 일정의 직업단체나 주민단체의 공동의 이익에 관련된 탓으로 지방의회의원이 관련을 맺는 경우는 여기서 말하는 직접적인 이해관계에 해당하지 않는다(예: 일정 사업자에 대하여 도로사용료의 증액·감액을 결정하여야 하는 경우, 의원이 당해업종의 종사자인 경우).

(4) 제척의 효과 제척사유를 갖는 지방의회의원은 의사에 참여할 수 없다. 제척사유 있는 지방의회의원이 의사에 참가하면, 그 의사는 위법한 것이 된다. ① 이러한 경우에 재의의 요구제도가 활용될 수 있다(지자법 제120조, 제192조). ② 문제는 제척사유 있는 의원이 의사에 참여하여 이루어진 결정이 무효인가 또는 취소할 수 있는 것인가의 여부이다. 제척제도의 취지가 심의·의결의 공정뿐만 아니라 지방의회에 대한 주민의 신뢰확보에도 있다는 점을 고려하면, 그 효과는 무효로 볼 것이다.

Ⅲ. 지방의회의 권한

1. 입법에 관한 권한(조례제정권)

지방의회는 조례제정권을 갖는다. 조례제정권은 지방의회의 권한 중 기본적인 것이고 또한 다루어야 할 쟁점이 적지 않은바, 다음의 Ⅳ.에서 자세히 살피기로 한다.

2. 재정에 관한 권한

지방의회는 재정과 관련하여 ① 예산의 심의·확정, ② 결산의 승인, ③ 법령에 규정된 것을 제외한 사용료·수수료·분담금·지방세 또는 가입금의 부과와 징수, ④ 기금의 설치·운용, ⑤ 대통령령으로 정하는 중요재산의 취득·처분, ⑥ 법령과 조례에 규정된 것을 제외한 예산 외 의무부담이나 권리의 포기 등에 관해 의결권을 갖는다(지자법 제47조 제 1 항 제 2 호 내지 제 6 호 · 제 8 호).

3. 집행기관 통제권

지방의회가 갖는 각종의 권한 모두가 집행기관에 대한 통제기능을 갖는다. 그러나 그 성질상 행정통제 그 자체에 중점이 있다고 생각되는 제도로 ① 행정사무의 감사와 조사(지자법 제49조), ② 행정사무처리상황의 보고와 질문응답(지자법 제51조), ③ 서류제출 요구(지자법 제48조), ④ 결산의 승인(지자법 제150조 제 1 항)의 제도가 있다.

(1) 행정사무감사와 조사

(가) 의 의 지방의회는 ① 매년 1회 그 지방자치단체의 사무에 대하여 시 · 도에서는 14일의 범위에서, 시 · 군 및 자치구에서는 9일의 범위에서 감사를 실시하고, ② 지방자치단체의 사무 중 특정 사안에 관하여 본회의 의결로 본회의나 위원회에서 조사하게 할 수 있는바(지자법 제49조 제 1 항), ①을 행정사무감사라 부르고, ②를 행정사무조사라 부른다. 행정사무조사 · 감사권은 지방의회 자체의 권한이지 의회를 구성하는 의원 개개인의 권한은 아니다.

(나) 행정사무 감사 또는 조사 보고에 대한 처리 지방의회는 본회의의 의결로 감사 또는 조사 결과를 처리한다(지자법 제50조 제 1 항). 지방의회는 감사 또는 조사 결과 해당 지방자치단체나 기관의 시정을 필요로 하는 사유가 있을 때에는 그 시정을 요구하고, 그 지방자치단체나 기관에서 처리함이 타당하다고 인정되는 사항은 그 지방자치단체나 기관으로 이송한다(지자법 제50조 제 2 항). 지방자치단체나 기관은 제 2 항에 따라 시정 요구를 받거나 이송받은 사항을 지체 없이 처리하고 그 결과를 지방의회에 보고하여야 한다(지자법 제50조 제 3 항).

(2) 행정사무처리상황의 보고와 질문 · 응답 지방자치단체의 장이나 관계 공무원은 지방의회나 그 위원회에 출석하여 행정사무의 처리상황을 보고하거나 의견을 진술하고 질문에 응답할 수 있다(지자법 제51조 제 1 항). 지방자치단체의 장이나 관계 공무원은 지방의회나 그 위원회가 요구하면 출석 · 답변하여야 한다. 다만, 특별한 이유가 있으면 지방자치단체의 장은 관계 공무원에게 출석 · 답변하게 할 수 있다(지자법 제51조 제 2 항).

(3) 서류제출 요구 본회의나 위원회는 그 의결로 안건의 심의와 직접 관련된 서류의 제출을 해당 지방자치단체의 장에게 요구할 수 있다(지자법 제48조 제 1 항). 위원회가 제 1 항의 요구를 할 때에는 지방의회의 의장에게 그 사실을 보고하여야 한다(지자법 제48조 제 2 항). 제 1 항에도 불구하고 폐회 중에는 지방의회의 의장이 서류의 제출을 해당 지방자치단체의 장에게 요구할 수 있다(지자법 제48조 제 3 항).

(4) 결산의 승인 지방자치단체의 장은 출납 폐쇄 후 80일 이내에 결산서와 증빙서류를 작성하고 지방의회가 선임한 검사위원의 검사의견서를 첨부하여 다음 연도 지방의회

의 승인을 받아야 한다. 결산의 심사결과 위법 또는 부당한 사항이 있는 경우에 지방의회는 본회의 의결 후 지방자치단체 또는 해당 기관에 변상 및 징계 조치 등 그 시정을 요구하고, 지방자치단체 또는 해당 기관은 시정요구를 받은 사항을 지체 없이 처리하여 그 결과를 지방의회에 보고하여야 한다(지자법 제150조 제 1 항).

4. 일반사무에 관한 의결권한

지방의회는 ① 대통령령으로 정하는 공공시설의 설치·처분, ② 청원의 수리와 처리, ③ 그 밖의 법령에 따라 그 권한에 속하는 사항, ④ 그 밖에 조례로 정하는 바에 따라 지방의회에서 의결되어야 할 사항에 대하여 의결권을 갖는다(지자법 제47조 제 1 항 제 7 호·제 9 호·제 11호, 제 2 항). 그리고 지방의회는 결산과 관련하여 검사위원을 선임한다(지자법 제150조 제 1 항).

5. 지방의회내부에 관한 권한

지방의회는 자신의 조직·활동 및 내부사항에 대해서 자주적으로 이를 정할 수 있는 자율권을 가진다. 지방의회의 자율권으로 ① 내부운영의 자율권(의회규칙 제정권)(지자법 제52조), ② 내부경찰권(지자법 제94조, 제97조), ③ 내부조직권(지자법 제57조 제 1 항, 제60조, 제62조 제 1 항, 제 62조 제 3 항, 제64조 제 1 항·제 3 항, 제102조~제104조)과 ④ 지방의회의원의 신분에 관한 심사권을 갖는다. 여기에는 자격심사(지자법 제91조 제 1 항·제 2 항)·징계(지자법 제98조)와 사직허가(지자법 제89조)가 있다.

Ⅳ. 조례제정권

1. 조례의 의의

(1) 조례의 개념 조례란 지방의회가 지방자치법이 정하는 절차를 거쳐 조례라는 형식으로 정하는 법을 말한다. 조례는 지방자치단체가 자기책임으로 임무를 수행하기 위한 기본적인 도구이다. 조례는 주민에 대하여 발하는 일반·추상적인 규율이지만, 규율내용의 일반성이 필수적인 특징이라고 볼 수는 없다. 조례는 구체적인 사항을 규정할 수도 있다. 지방자치단체의 사무에 관한 조례와 규칙 중 조례가 보다 상위규범이다.

(2) 조례의 성질 조례는 기본적으로 불특정다수인에 대해 구속력을 갖는 법규이다. 따라서 조례는 형식적 의미의 법률은 아니지만 실질적 의미의 법률에 해당한다. 조례의 구속력은 당해 지방자치단체의 모든 주민과 지방자치단체 그리고 감독청과 법원에도 미친다. 외부적 구속효를 갖지 않는 조례도 있다. 조례는 일정구역에서만 효력을 갖는다는 의미에서 지역법이다.

(3) 조례와 법규명령의 차이 법규명령(대통령령 · 총리령 · 부령 등)의 발령권은 권한상 국가의 영역에 귀속하지만, 조례제정권은 지방자치단체의 권한에 속한다. 법규명령은 구체적으로 범위를 정한 법률상의 근거를 요하지만(헌법 제75조, 제95조), 조례는 일반적인 수권(포괄적인 수권)으로 족하다(대판 2019. 10. 17, 2018두40744). 이것은 조례제정기관인 지방의회가 민주적으로 선출 · 구성되는 기관인 까닭이다.

2. 조례의 형식적 적법요건(형식적 요건)

(1) 주체요건 조례의결의 주체는 지방의회이다(지자법 제28조, 제47조 제 1 항 제 1 호). 지방의회에서 의결할 의안은 지방자치단체의 장이나 조례로 정하는 수 이상의 지방의회의원의 찬성으로 발의한다(지자법 제76조 제 1 항). 위원회도 소관에 속하는 사항에 관하여 조례안을 제출할 수 있다(지자법 제76조 제 2 항). 주민의 조례제정이나 개폐의 청구가 있고, 그것이 요건을 갖춘 적법한 것이면, 지방의회의 의장은 「지방자치법」 제76조 제 1 항에도 불구하고 제 1 항에 따라 주민조례청구를 수리한 날부터 30일 이내에 지방의회의 의장 명의로 주민청구조례안을 발의하여야 한다(주조법 제12조 제 3 항).

(2) 이송 · 공포요건 조례는 성문의 법원으로서 일정한 문서형식을 요한다. 조례안이 지방의회에서 의결되면 의장은 의결된 날부터 5일 이내에 그 지방자치단체의 장에게 이송하여야 하고(지자법 제32조 제 1 항), 이송받은 지방자치단체의 장은 20일 이내에 공포하여야 한다(지자법 제32조 제 2 항). 그러나 지방자치단체의 장은 이송받은 조례안에 대하여 이의가 있으면 조례안을 이송받은 후 20일 이내에 이유를 붙여 지방의회에 환부하고 재의를 요구할 수 있다. 이 경우 일부환부나 수정환부는 할 수 없다(지자법 제32조 제 3 항).

(3) 보고요건 기본적으로 조례는 감독청의 승인을 요하지 아니한다. 그것은 자치입법이기 때문이다. 만약 예외적으로 법률상 감독청의 승인을 요하게 하는 경우가 있다면, 이러한 예외적 승인은 효력요건이 된다. 지방자치법은 감독청의 승인이 아니라 감독청에 보고하는 제도를 채택하고 있다(지자법 제35조).

3. 조례의 실질적 적법요건(실질적 요건)

(1) 조례제정사항인 사무 지방자치법 제28조 전단은 '지방자치단체는 법령의 범위에서 그 사무에 관하여 조례를 제정할 수 있다'고 규정하고, 동법 제13조 제 1 항은 '지방자치단체는 관할 구역의 자치사무와 법령에 따라 지방자치단체에 속하는 사무를 처리한다'고 규정하므로, 조례로 제정할 수 있는 사항은 자치사무와 단체위임사무에 한정되며, 기관위임사무는 조례의 제정대상이 아니다(대판 2020. 9. 3, 2019두58650). 그러나 개별 법률에서 기관위임사무를 조례로 규율하도록 규정한다면, 그것은 바람직한 것은 아니지만 위헌이라고 보기는

어렵다(대판 1999. 9. 17, 99추30; 대판 2000. 5. 30, 99추85; 대판 2000. 11. 24, 2000추29).

(2) 법률우위의 원칙의 적용

(개) 의 의 헌법 제117조 제1항은 "법령의 범위 안에서 자치에 관한 규정을 제정할 수 있다"라고 하고, 행정기본법 제8조 제1문도 "행정작용은 법률에 위반되어서는 아니 된다"라고 하며, 지방자치법 제28조 본문은 "지방자치단체는 법령의 범위에서 그 사무에 관하여 조례를 제정할 수 있다"고 하므로 법률의 우위의 원칙은 조례에도 당연히 적용된다(대판 2022. 10. 27, 2022추5026). 법률에서 정함이 없는 사항에 대해서는 조례로 정할 수 있다는 법률선점이론도 법률의 우위의 원칙을 위반할 수는 없다. 법률의 우위의 원칙에 반하는 조례는 무효이다(대판 2007. 2. 9, 2006추45).

■ 참고 ■

법률선점이론이란 법률로 규율하는 영역에 대하여 조례가 다시 동일한 목적으로 규율하는 것은 법률이 이미 선점한 영역을 침해하는 것이므로 법률에서 특별한 위임이 없는 한 허용되지 않는다는 이론을 말한다. 국법선점이론이라고도 한다.

■ 참고 ■ 법률우위의 원칙의 위반 여부의 판단기준

1. 조례규정사항과 관련된 법령의 규정이 없는 경우(양자의 입법목적이 다른 경우도 포함)
조례규정사항과 관련된 법령의 규정이 없거나 조례와 법령의 입법목적이 다른 경우는 일반적으로 지방자치법 제22조 단서의 법률유보의 원칙에 반하지 않는 한 조례로서 규정할 수 있다. 다만, 행정법의 일반원칙에 위반됨은 없어야 한다.
2. 조례규정사항과 관련된 법령의 규정이 있는 경우
(1) 조례내용이 법령의 규정보다 더 침익적인 경우
헌법 제117조 제1항과 지방자치법 제22조 본문에 비추어 법령의 규정보다 더욱 침익적인 조례는 법률우위원칙에 위반되어 위법하며 무효이다(대판 1997. 4. 25, 96추251).

▌대판 1997. 4. 25, 96추251(차고지확보 대상을 자가용자동차 중 승차정원 16인 미만의 승합자동차와 적재정량 2.5t 미만의 화물자동차까지로 정하여 자동차운수사업법령이 정한 기준보다 확대하고, 차고지확보 입증서류의 미제출을 자동차등록 거부사유로 정하여 자동차관리법령이 정한 **자동차 등록기준보다 더 높은 수준의 기준을 부가**하고 있는 차고지확보제도에 관한 조례안은 비록 그 법률적 위임근거는 있지만 그 내용이 차고지 확보기준 및 자동차등록기준에 관한 **상위법령의 제한범위를 초과**하여 무효이다)(**수원시 차고지조례안 사건**).

(2) 조례내용이 법령의 규정보다 더 수익적인 경우(수익도 침익도 아닌 경우도 포함)
조례의 내용이 수익적(또는 수익도 침익도 아닌 경우)이라고 할지라도 ⓐ 성문의 법령에 위반되어서는 아니 된다는 것이 일반적인 입장이다. 다만, ⓑ 판례와 일반적 견해는 국가법령의 취지가 지방자치단체의 실정에 맞도록 별도 규율을 용인하려는 것이라면 국가법령보다 더 수익적인 조례 또는 법령과 다른 별도 규율내용을 담은 조례의 적법성을 인정하고 있다. 이 경우도 지방자치법 제122조, 지방재정법 제3조 등의 건전재정운영의 원칙과 행정법의 일반원칙에 위반되어서는 아니 된다(대판 1997. 4. 25, 96추244; 대판 2007. 12. 13, 2006추52; 대판 2006. 10. 12, 2006추38).

(나) **광역·기초지방자치단체의 조례의 관계** 시·군 및 자치구의 조례나 규칙은 시·도의 조례나 규칙에 위반하여서는 아니 된다(지자법 제30조). 본조는 시·도의 조례나 규칙이 시·군 및 자치구의 조례나 규칙의 상위의 입법형식이라는 것을 의미한다. 시·도의 조례나 규칙에 반하는 시·군 및 자치구의 조례나 규칙은 무효가 된다.

(다) **법률우위의 원칙의 배제** 대기환경보전법 제16조 제 3 항에서 보는 바와 같이 법률에서 '조례로 국가의 법령이 정하는 내용보다 더 침익적인 규율을 할 수 있다'고 규정하는 것은 가능하다. 이러한 조례는 법률의 우위의 원칙에 반하는 것이 아니다.

▪ 대기환경보전법 제16조(배출허용기준) ① 대기오염물질 배출시설(이하 "배출시설"이라 한다)에서 나오는 대기오염물질(이하 "오염물질"이라 한다)의 배출허용기준은 환경부령으로 정한다.
③ 특별시·광역시·특별자치시·도(그 관할구역 중 인구 50만 이상 시는 제외한다. 이하 이 조, 제44조, 제45조 및 제77조에서 같다)·특별자치도(이하 "시·도"라 한다) 또는 특별시·광역시 및 특별자치시를 제외한 인구 50만 이상 시(이하 "대도시"라 한다)는 「환경정책기본법」 제12조 제 3 항에 따른 지역 환경기준의 유지가 곤란하다고 인정되거나 「대기관리권역의 대기환경개선에 관한 특별법」 제 2 조 제 1 호에 따른 대기관리권역(이하 "대기관리권역"이라 한다)의 대기질에 대한 개선을 위하여 필요하다고 인정되면 그 시·도 또는 대도시의 조례로 제 1 항에 따른 배출허용기준보다 강화된 배출허용기준(기준 항목의 추가 및 기준의 적용 시기를 포함한다)을 정할 수 있다.

(라) **하위법령에서 조례에 위임된 사항에 대한 제한의 금지** 법령에서 조례로 정하도록 위임한 사항은 그 법령의 하위 법령에서 그 위임의 내용과 범위를 제한하거나 직접 규정할 수 없다(지자법 제28조 제 2 항). 예를 들어, 법률에서 조례로 정하도록 위임한 사항을 조례에서 규정하였으나, 대통령령에서 그 조례의 내용과 상충되는 규정을 둔 경우, 종래 같으면 시행령은 조례의 상위법이므로 그 조례는 효력을 갖지 못한다. 이것은 조례의 자주성·자율성에 비추어 문제가 된다. 본 조항은 이러한 문제점을 시정하기 위한 것이다.

(3) 법률유보의 원칙의 적용

(가) **지방자치법 제28조 단서의 위헌 여부** 지방자치법 제28조 단서는 "주민의 권리제한 또는 의무부과에 관한 사항이나 벌칙을 정할 때에는 법률의 위임이 있어야 한다"고 규정하고 있다. 이 조항이 "지방자치단체는 법령의 범위 안에서 자치에 관한 규정을 제정할 수 있다"는 헌법 제117조 제 1 항에 위반되는지 여부와 관련하여 견해가 나뉘고 있다. ① 학설은 합헌설·위헌설·절충설로 나뉘고 있다. 합헌설은 동 조항이 법률유보원칙의 적용이라 하고, 위헌설은 동 조항이 헌법이 부여하는 지방자치단체의 자치입법권(조례제정권)을 지나치게 제약하고 있다고 하거나 헌법이 지방자치단체에 포괄적인 입법권을 부여한 취지에 반한다고 하고, 절충설은 법령에 의한 규율이 없는 경우에는 법령의 위임이 없이도 직접 규율을 할 수 있다고 하여 동 조항을 헌법합치적으로 새긴다. ② 대법원은 합헌설을 취한다(대판 1995. 5. 12, 94추28; 대판 1997. 4. 25, 96추251). 헌법재판소도 같은 입장이다(헌재 1995. 4. 20, 92헌마

264 · 279)(병합). ③ "행정작용은 국민의 권리를 제한하거나 의무를 부과하는 경우와 그 밖에 국민생활에 중요한 영향을 미치는 경우에는 법률에 근거하여야 한다"는 행정기본법 제 8 조 제 2 문도 조례에 법률유보의 원칙이 적용됨을 규정하고 있다.

(나) **포괄적 위임 가능성** 지방자치법 제28조 단서는 "주민의 권리제한 또는 의무부과에 관한 사항이나 벌칙을 정할 때에는 법률의 위임이 있어야 한다"고 규정하지만, 그 위임은 반드시 구체적인 위임만을 뜻하는 것은 아니고, 포괄적인 위임도 가능하다. 다수설과 판례도 같은 입장이다(대판 1997. 4. 25, 96추251; 대판 2022. 4. 28, 2021추5036; 헌재 1995. 4. 20, 92헌마264 · 279(병합); 헌재 2004. 9. 23, 2002헌바76).

▌헌재 1995. 4. 20, 92헌마264(조례의 제정권자인 지방의회는 선거를 통해서 그 지역적인 **민주적 정당성을 지니고 있는 주민의 대표기관**이고, 헌법이 지방자치단체에 대해 **포괄적인 자치권을** 보장하고 있는 취지로 볼 때 조례제정권에 대한 지나친 제약은 바람직하지 않으므로 조례에 대한 법률의 위임은 법규명령에 대한 법률의 위임과 같이 반드시 구체적으로 범위를 정하여 할 필요가 없으며 포괄적인 것으로 족하다)(**부천시 담배자판기 설치제한조례 사건**).

(다) **벌칙(과태료)** 지방자치단체는 조례를 위반한 행위에 대하여 조례로써 1천만원 이하의 과태료를 정할 수 있다(지자법 제34조 제 1 항).

4. 조례의 효력

(1) 효력불소급의 원칙 조례는 특별한 규정이 없으면 공포한 날부터 20일이 지나면 효력을 발생한다(지자법 제32조 제 8 항). 과거에 완결된 사실관계에 대한 조례의 효력의 소급발생, 즉 진정소급은 법률의 경우와 마찬가지로 금지된다. 다만 법치국가원리(법적 안정성의 원칙)에 비추어 주민의 신뢰보호에 문제를 야기시키지 않는 경우(예: 수익적인 사항을 내용으로 하는 경우)에는 효력을 소급적으로 발생하게 할 수도 있다. 한편 완결되지 아니한 사실관계에의 소급인 부진정소급은 원칙적으로 허용된다. 그것은 개인의 법적 안정에 침해를 가져오는 것이 아니기 때문이다.

(2) 효력의 소멸 일반적으로 조례는 기간의 제한 없이 효력을 갖는다. 그러나 ① 효력의 존속기간에 관한 규정이 있는 경우에는 그 기간의 경과로, ② 조례의 내용에 반하는 상위법의 제정 · 개정으로, ③ 조례의 사후적인 폐지행위로, ④ 내용이 충돌되는 새로운 조례의 제정으로, ⑤ 지방자치단체의 구역변경으로, ⑥ 근거법령의 폐지 등으로 인해 조례의 효력은 소멸된다.

5. 조례의 하자

(1) 위법한 조례의 효력 조례의 적법요건의 일부나 전부가 준수되지 아니하면, 그

조례는 흠(하자)이 있는 것이 된다. 하자 있는 조례는 무효이다.

▮대판 2023. 7. 13, 2022추5149(지방자치법 제28조 제 1 항 본문은 "지방자치단체는 법령의 범위에서 그 사무에 관하여 조례를 제정할 수 있다."라고 규정하는바, 여기서 말하는 '법령의 범위에서'란 '법령에 위반되지 않는 범위 내에서'를 가리키므로 지방자치단체가 제정한 조례가 법령에 위반되는 경우에는 효력이 없다).

▮대판 2023. 3. 9, 2022추5118(지방자치법 제28조 제 1 항 단서, 행정규제기본법 제 4 조 제 3 항에 의하면 지방자치단체가 조례를 제정할 때 그 내용이 주민의 권리 제한 또는 의무 부과에 관한 사항이나 벌칙인 경우에는 법률의 위임이 있어야 하므로, 법률의 위임 없이 주민의 권리 제한 또는 의무 부과에 관한 사항을 정한 조례는 그 효력이 없다).

(2) 위법조례에 근거한 처분 하자 있는 조례에 근거하여 이루어진 처분은 위법하다. 그 효과는 중대명백설에 따라 판단할 것이다. 무효로 선언되기까지 그 하자가 명백하다고 보기 어려우므로, 하자 있는 조례에 근거하여 이루어진 처분은 일반적으로 취소의 대상이 된다. 판례의 입장도 같다(대판 2018. 11. 29, 2016두35229; 대판 1995. 7. 11, 94누4615 전원합의체).

(3) 조례안의 일부무효 재의결 내용 전부가 아니라 그 일부만이 위법한 경우에도 의결 전부의 효력을 부인할 수밖에 없다는 것이 판례의 입장이다(대판 1994. 5. 10, 93추144; 대판 2023. 7. 13, 2022추5149). 그러나 의결 중 일부만의 효력배제가 조례의 전체적인 의미를 변질시키는 것이 아닌 한 일부무효를 인정하는 것이 새로운 조례제정을 위한 지방의회절차의 무용한 반복을 피할 수 있다는 점에서, 그리고 만약 법원에 의한 일부만의 효력배제가 조례의 전체적인 의미를 변질시켰다고 당해 지방의회가 판단하는 경우에는 조례의 개정을 통해 지방의회의사를 바로잡을 수 있다는 점에서 볼 때, 일부무효를 부인하는 판례의 태도는 정당하지 않다.

6. 조례(안)의 통제

(1) 단체장에 의한 통제

㈎ 단체장의 재의요구 이와 관련하여 지방자치법은 제32조 제 3 항, 제120조 제 1 항, 제121조 제 1 항에 규정을 두고 있다.

▪ **지방자치법 제32조(조례와 규칙의 제정 절차 등)** ③ 지방자치단체의 장은 이송받은 조례안에 대하여 이의가 있으면 제 2 항의 기간에 이유를 붙여 지방의회로 환부(還付)하고, 재의(再議)를 요구할 수 있다. 이 경우 지방자치단체의 장은 조례안의 일부에 대하여 또는 조례안을 수정하여 재의를 요구할 수 없다.

제120조(지방의회의 의결에 대한 재의 요구와 제소) ① 지방자치단체의 장은 지방의회의 의결이 월권이거나 법령에 위반되거나 공익을 현저히 해친다고 인정되면 그 의결사항을 이송받은 날부터 20일 이내에 이유를 붙여 재의를 요구할 수 있다.

제121조(예산상 집행 불가능한 의결의 재의 요구) ① 지방자치단체의 장은 지방의회의 의결이 예산상 집행할 수 없는 경비를 포함하고 있다고 인정되면 그 의결사항을 이송받은 날부터 20일 이내에 이유를 붙여 재의를 요구할 수 있다.

■ 참고 ■

제32조 제 3 항에 따른 이의제기는 제120조 제 1 항의 이의제기와는 달리 사유에 제한이 없다.

(나) **단체장의 제소** 이와 관련하여 지방자치법은 제120조 제 3 항, 제192조 제 4 항에 규정을 두고 있다.

▪ **지방자치법 제120조(지방의회의 의결에 대한 재의 요구와 제소)** ③ 지방자치단체의 장은 제 2 항에 따라 재의결된 사항이 법령에 위반된다고 인정되면 대법원에 소(訴)를 제기할 수 있다. 이 경우에는 제192조 제 4 항을 준용한다.
제192조(지방의회 의결의 재의와 제소) ④ 지방자치단체의 장은 제 3 항에 따라 재의결된 사항이 법령에 위반된다고 판단되면 재의결된 날부터 20일 이내에 대법원에 소를 제기할 수 있다. 이 경우 필요하다고 인정되면 그 의결의 집행을 정지하게 하는 집행정지결정을 신청할 수 있다.

■ 참고 ■

제32조에는 소의 제기에 관한 규정은 없다. 그러나 제120조가 재의를 요구할 수 있는 의결에 제한을 가하고 있지 아니하고, 그 의결에 조례가 배제된다고 할 특별한 이유 또한 없고, 제120조 제 2 항의 재의결요건과 제32조 제 4 항의 재의결요건이 동일한 점을 고려할 때, 조례(안)에 대하여 대법원에 소를 제기할 수 있다고 볼 것이다. 판례의 입장도 같다(대판 1999. 4. 27, 99추23).

(2) 감독청에 의한 통제 이와 관련하여 지방자치법은 제192조 제 1 항에 규정을 두고 있다.

▪ **지방자치법 제192조(지방의회 의결의 재의와 제소)** ① 지방의회의 의결이 법령에 위반되거나 공익을 현저히 해친다고 판단되면 시 · 도에 대해서는 주무부장관이, 시 · 군 및 자치구에 대해서는 시 · 도지사가 해당 지방자치단체의 장에게 재의를 요구하게 할 수 있고, 재의 요구 지시를 받은 지방자치단체의 장은 의결사항을 이송받은 날부터 20일 이내에 지방의회에 이유를 붙여 재의를 요구하여야 한다.

(3) 법원에 의한 통제 ① 주민은 특정조례에 근거하여 발령된 처분을 행정소송상 취소나 무효 등을 주장함으로써 간접적으로 조례의 효과를 다툴 수가 있다(구체적 규범통제). ② 조례 그 자체가 개별 · 구체적으로 주민의 법률상 이익을 침해한다면, 그러한 조례는 항고소송의 대상이 되는 처분으로서 무효확인소송의 대상이 되며, 피고는 지방자치단체의 장 또는 교육감이 된다(대판 1996. 9. 20, 95누8003).

(4) 헌법소원 경우에 따라 주민은 기본권을 직접 침해하는 조례에 대하여 헌법소원의 제기를 통해 다툴 수도 있다. 한편 헌법재판소법상으로 헌법소원은 기본권이 침해된 자에게만 인정되므로(헌재법 제68조), 지방자치단체의 집행기관이 헌법소원을 제기할 수는 없다. 조례제정행위도 입법작용의 일종으로서 헌법소원의 대상이 된다(헌재 1994. 12. 29, 92헌마216).

(5) 주민에 의한 통제 조례에 대하여 주민이 직접 통제를 가하는 방법은 없다. 구 지방자치법에서 인정되었던 소청제도도 인정되지 아니한다. 지방자치법 제19조에 따른 조례

의 제정개폐청구제도는 간접적이긴 하지만 주민에 의한 통제수단의 성격을 갖는다.

Ⅴ. 지방의회의원

1. 지방의회의원의 지위

① 지방의회의원은 주민의 대표기관인 지방의회의 구성원으로서의 지위를 가진다(지방의회구성원). ② 지방의회의원은 자치구역주민의 대표자이다(주민대표자).

■ 참고 ■

구 지방자치법 제32조 제 1 항에서 지방의회의원의 직은 명예직으로 규정되어 있었으나, 2003년 7월의 개정 지방자치법에서 명예직이라는 표현은 삭제되었다. 구법이 지방의회의원의 직을 명예직으로 하였던 것은 지방의회의원의 봉사와 명예, 업무의 비전문성 등을 고려하였던 것으로 생각된다. 동 개정법률에서 명예직의 표현을 삭제한 것은 오늘날의 행정의 전문성, 의원의 품위유지와 직무에의 전념 등을 고려한 것으로 생각된다.

2. 신분의 발생과 소멸

지방의회의원은 주민이 보통 · 평등 · 직접 · 비밀선거에 따라 선출한다(지자법 제31조). 지방의회의원은 임기(4년)의 만료(지자법 제39조), 지방의회의 의결(폐회중인 경우는 의장이 허가)이 요구되는 사직(지자법 제89조)(대판 1997. 11. 14, 97누14705), 퇴직사유의 발생(지자법 제90조)(퇴직사유는 의원이 겸할 수 없는 직에 취임할 때, 피선거권이 없게 될 때(지방자치단체의 구역변경이나 없어지거나 합한 것 외의 다른 사유로 그 지방자치단체의 구역 밖으로 주민등록을 이전하였을 때를 포함한다), 징계에 따라 제명될 때이다), 재적의원 3분의 2 이상의 찬성이 요구되는 자격상실의결(지자법 제91조, 제92조), 재적의원 3분의 2 이상의 찬성이 요구되는 제명(지자법 제100조 제 1 항 제 4 호 · 제 2 항), 의원의 사망, 선거무효판결, 당선무효판결, 지방의회의 임의적 해산 등으로 자격을 상실한다.

3. 권리와 의무

(1) 권 리 ① 직무상 의원에게 발의권(지자법 제76조 제 1 항), 질문권(지자법 제51조 제 1 항 · 제 2 항), 질의권 · 토론권 · 표결권이 인정된다. 이 밖에 지방의회의원은 지방의회의 장과 부의장의 선거권(지자법 제57조 제 1 항), 지방의회의 임시회의 소집요구권(지자법 제54조 제 3 항) 등의 권리를 갖는다. 면책특권이나 불체포특권은 인정되지 아니한다. ② 재산상 지방의회의원에게 ① 의정자료를 수집하고 연구하거나 이를 위한 보조활동에 사용되는 비용을 보전하기 위하여 매월 지급하는 의정활동비, ② 지방의회의원의 직무활동에 대하여 지급하는 월정수당, ③ 본회의 의결, 위원회 의결 또는 지방의회의 의장의 명에 따라 공무로 여행할 때 지급하는 여비를 지급한다(지자법 제40조 제 1 항).

(2) 의 무

(가) **겸직금지와 영리행위의 금지** ① 지방의회의원은 국회의원, 다른 지방의회의 의원의 직 등을 겸할 수 없다(지자법 제43조 제1항). 겸직금지의 의무는 공평무사한 임무수행과 의원직무에의 전념을 확보하기 위한 것이다. ② 지방의회의원이 다음 각 호[1. 해당 지방자치단체가 출자 · 출연(재출자 · 재출연을 포함한다)한 기관 · 단체, 2. 해당 지방자치단체의 사무를 위탁받아 수행하고 있는 기관 · 단체, 3. 해당 지방자치단체로부터 운영비, 사업비 등을 지원받고 있는 기관 · 단체, 4. 법령에 따라 해당 지방자치단체의 장의 인가를 받아 설립된 조합(조합설립을 위한 추진위원회 등 준비단체를 포함한다)의 임직원]의 기관 · 단체 및 그 기관 · 단체가 설립 · 운영하는 시설의 대표, 임원, 상근직원 또는 그 소속 위원회(자문위원회는 제외한다)의 위원이 된 경우에는 그 겸한 직을 사임하여야 한다(지자법 제43조 제5항).

(나) **공직자로서의 의무** ① 지방의회의원은 공공의 이익을 우선하여 양심에 따라 그 직무를 성실히 수행하여야 한다(지자법 제44조 제1항). ② 지방의회의원은 청렴의 의무를 지며, 지방의회의원으로서의 품위를 유지하여야 한다(지자법 제44조 제2항). ③ 지방의회의원은 지위를 남용하여 재산상의 권리 · 이익 또는 직위를 취득하거나 다른 사람을 위하여 그 취득을 알선해서는 아니 된다(지자법 제44조 제3항). ④ 지방의회의원은 해당 지방자치단체, 제43조 제5항 각 호의 어느 하나에 해당하는 기관 · 단체 및 그 기관 · 단체가 설립 · 운영하는 시설과 영리를 목적으로 하는 거래를 하여서는 아니 된다(지자법 제44조 제4항).

(다) **회의체구성원으로서의 의무** 회의체인 지방의회의 구성원으로서 지방의회의원은 ① 본회의와 위원회에 출석하여야 하고(지자법 제72조), ② 회의에 있어서는 의사에 관한 법령, 회의규칙을 준수하여 회의장의 질서를 문란케 하여서는 아니 되고(지자법 제94조 제1항), ③ 또한 질서의 유지를 위한 의장의 명령에 복종하고(지자법 제94조 제2항), 본회의 또는 위원회에서 다른 사람을 모욕하거나 다른 사람의 사생활에 대하여 발언해서는 아니 된다(지자법 제95조 제1항).

제2항 집행기관

Ⅰ. 지방자치단체의 장의 지위

특별시에 특별시장, 광역시에 광역시장, 특별자치시에 특별자치시장, 도와 특별자치도에 도지사를 두고, 시에 시장, 군에 군수, 자치구에 구청장을 둔다(지자법 제106조).

1. 지방자치단체의 대표기관

지방자치단체의 장은 법적으로 당해 지방자치단체를 대표한다(지자법 제114조 제 1 문). 대표는 대리가 아니다. 지방자치단체의 장이 법적으로 당해 지방자치단체를 대표한다는 것은 지방자치단체의 장이 공·사법상의 법률관계에서 지방자치단체를 위해 구속적인 의사표시를 할 수 있는 권능을 가짐을 의미한다.

2. 행 정 청

지방자치단체의 장은 그 지방자치단체의 사무와 법령에 따라 그 지방자치단체의 장에게 위임된 사무를 관리하고 집행한다(지자법 제116조). 바꾸어 말하면 지방자치단체의 장은 일상의 행정임무를 수행하는 행정청이다. 지방자치단체의 장은 지방자치단체의 사무를 총괄한다(지자법 제114조 제 2 문). 이 때문에 그는 당해 지방자치단체의 행정의 지도자이다. 이러한 지위에서 지방자치단체의 장은 소속직원(지방의회의 사무직원은 제외한다)을 지휘·감독하고 법령과 조례·규칙으로 정하는 바에 따라 그 임면·교육훈련·복무·징계 등에 관한 사항을 처리한다(지자법 제118조).

3. 자치권의 행사기관

지방자치단체의 장은 주민의 대표자로서 자치권을 행사한다. 자치권의 행사주체에는 주민·지방의회·지방자치단체의 장이 있다. 자치권의 한 행사주체로서 지방자치단체의 장은 위법 또는 월권의 지방의회의결 또는 예산상 집행할 수 없는 경비가 포함되어 있는 의결에 대하여, 지방의회에 재의를 요구할 수 있다(지자법 제120조, 제121조). 이러한 지방자치단체의 장의 이의권은 공동체내부에서 적법성의 통제와 권력간의 균형에 기여한다.

4. 국가행정기관

지방자치단체의 장은 지방자치단체의 기관이지 국가기관은 아니다. 그러나 법령에 의거하여 자치구역에서 국가사무를 수행하는 경우도 있다. 이때 국가위임사무를 수행하는 한에 있어서, 지방자치단체의 장은 국가행정기관의 지위에 놓인다(대판 1982. 11. 24, 80다2303).

Ⅱ. 지방자치단체의 장의 신분

1. 신분의 발생(선거)

지방자치단체의 장은 주민이 보통·평등·직접·비밀선거로 선출한다(지자법 제107조). 선거일 현재 계속하여 60일 이상(공무로 외국에 파견되어 선거일전 60일후에 귀국한 자는 선거인명부작성기준일부터 계속하여 선거일까지) 해당 지방자치단체의 관할구역에 주민등록이 되어 있는 주민으로서 25세 이상의 국민은 그 지방의회의원 및 지방자치단체의 장의 피선거권이 있다. 이 경우 60일의 기간은 그 지방자치단체의 설치 · 폐지 · 분할 · 합병 또는 구역변경(제28조 각 호의 어느 하나에 따른 구역변경을 포함한다)에 의하여 중단되지 아니한다(공선법 제16조 제 3 항). 지방자치단체의 장의 임기는 4년으로 하며, 3기 내에서만 계속 재임할 수 있다(지자법 제108조).

2. 신분의 상실

지방자치단체의 장은 ① 4년의 임기의 만료로 그 지위를 상실할 뿐만 아니라(지자법 제108조), ② 지방자치단체의 장이 다음 각 호(1. 지방자치단체의 장이 겸임할 수 없는 직에 취임할 때, 2. 피선거권이 없게 될 때. 이 경우 지방자치단체의 구역이 변경되거나 없어지거나 합한 것 외의 다른 사유로 그 지방자치단체의 구역 밖으로 주민등록을 이전하였을 때를 포함한다. 3. 제110조에 따라 지방자치단체의 장의 직을 상실할 때)의 어느 하나에 해당될 때에는 그 직에서 퇴직한다(지자법 제112조).

3. 체포 · 구금의 통지

수사기관의 장은 체포되거나 구금된 지방자치단체의 장이 있으면 지체 없이 영장의 사본을 첨부하여 해당 지방자치단체에 알려야 한다. 이 경우 통지를 받은 지방자치단체는 그 사실을 즉시 행정안전부장관에게 보고하여야 하며, 시 · 군 및 자치구가 행정안전부장관에게 보고할 때에는 시 · 도지사를 거쳐야 한다(지자법 제113조 제 1 항). 각급 법원장은 지방자치단체의 장이 형사사건으로 공소가 제기되어 판결이 확정되면 지체 없이 해당 지방자치단체에 알려야 한다. 이 경우 통지를 받은 지방자치단체는 그 사실을 즉시 행정안전부장관에게 보고하여야 하며, 시 · 군 및 자치구가 행정안전부장관에게 보고할 때에는 시 · 도지사를 거쳐야 한다(지자법 제113조 제 2 항).

4. 장의 의무

지방자치단체의 장은 주민의 대표자로서 그 직무범위가 넓을 뿐만 아니라 그 임무가 주민의 일반적인 복지증진에 있으므로 대표자로서의 품위를 유지해야 하며, 아울러 직무에 전념해야 하는바, ① 지방자치단체의 장은 재임 중 그 지방자치단체와 영리를 목적으로 하는 거래를 하거나 그 지방자치단체와 관계 있는 영리사업에 종사할 수 없고(지자법 제109조 제 2 항), ② 대통령, 국회의원, 헌법재판소 재판관 등 일정한 직을 겸임할 수 없고(지자법 제109조 제1 항), ③ 퇴직할 때에는 그 소관 사무 일체를 후임자에게 인계하여야 한다(지자법 제119조).

Ⅲ. 지방자치단체의 장의 권한

1. 지방자치단체의 대표권

지방자치단체의 장은 정치적으로나 법적으로 당해 지방자치단체를 대표하는 권한을 가진다(지자법 제114조 제 1 문). 그는 이러한 권한을 기초로 하여 대외적으로 지방자치단체를 위해 각종의 법률관계를 형성한다.

2. 행정에 관한 권한

(1) 사무총괄 · 관리 · 집행권 지방자치단체의 장은 당해 지방자치단체의 사무를 총괄한다(지자법 제114조 제 2 문). 총괄한다는 것은 당해 지방자치단체의 전체사무(교육 · 학예 · 체육사무 제외)의 기본방향을 정하고 동시에 전체사무의 통일성과 일체성을 유지하는 것을 말한다.

(2) 하부기관에 대한 감독권 지방자치단체의 장은 하부행정기관에 대해 지도 · 감독권을 갖는다. 자치구가 아닌 구를 가진 시의 시장은 구청장을, 시장 또는 군수는 읍장 · 면장을, 시장(구가 없는 시의 시장)이나 구청장(자치구의 구청장 포함)은 동장을 지휘 · 감독한다(지자법 제133조).

3. 소속직원에 대한 권한

지방자치단체의 장은 소속 직원(지방의회의 사무직원은 제외한다)을 지휘 · 감독하고 법령과 조례 · 규칙으로 정하는 바에 따라 그 임면 · 교육훈련 · 복무 · 징계 등에 관한 사항을 처리한다(지자법 제118조). 시 · 도지사는 정무직 또는 일반직 국가공무원으로 보하는 부시장 · 부지사의 임명에 제청권을 갖는다(지자법 제123조 제 3 항).

4. 재정에 관한 권한

지방자치단체의 장은 재정과 관련하여 예산편성(지자법 제142조 제 1 항), 지방채발행(지자법 제139조 제 1 항; 지방재정법 제11조) 등의 권한을 갖는다.

5. 지방의회에 관한 권한

(1) 의회출석 · 진술권 지방자치단체의 장은 지방의회나 그 위원회에 출석하여 행정사무의 처리상황을 보고하거나 의견을 진술하고 질문에 응답할 수 있다(지자법 제51조 제 1 항).

(2) 재의요구권, 조례안공포권, 조례안거부권 ① 지방자치단체의 장은 조례안에

대한 재의요구권(지자법 제32조 제 3 항), 법령위반등 의결에 대한 재의요구권(지자법 제120조 제 1 항), 예산상 집행불가능한 의결에 대한 재의요구권(지자법 제121조) 등을 갖는다. ② 지방의회에서 의결된 조례안이 이송되어 오면, 지방자치단체의 장은 20일 이내에 조례를 공포하여야 한다(지자법 제32조 제 2 항). ③ 지방자치단체의 장은 이송받은 조례안에 대하여 이의가 있으면 제 2 항의 기간에 이유를 붙여 지방의회로 환부(還付)하고, 재의(再議)를 요구할 수 있다. 이 경우 지방자치단체의 장은 조례안의 일부에 대하여 또는 조례안을 수정하여 재의를 요구할 수 없다(지자법 제32조 제 3 항).

(3) 선결처분권

㈎ **의　　의**　　지방자치단체의 장은 지방의회가 성립되지 아니한 때와 지방의회의 의결사항 중 주민의 생명과 재산보호를 위하여 긴급하게 필요한 사항으로서 지방의회를 소집할 시간적인 여유가 없거나 지방의회에서 의결이 지체되어 의결되지 아니한 때에는 선결처분을 할 수 있다(지자법 제122조 제 1 항). 선결처분권은 지방자치단체의 장의 임무수행에 지방의회의 협력이 요구되는 영역에서 그것이 기대될 수 없는 경우에 지방자치단체의 장이 갖는 일종의 긴급권이다.

> **[예]** 기상관측 이래 처음 보는 폭우로 인해 엄청난 재난이 발생하였으나, 재난에 대해 적절하게 대처하는 데 필요한 예산이 많이 부족하여 지방의회에서 추가경정예산의 의결이 필요하지만, 사망, 구속 등으로 인해 지방의회의원 정수의 과반수가 결원이어서 지방의회의 의결이 불가능하다면, 단체장이 우선 예산을 집행하고 후에 지방의회에 보고하고 승인을 받게할 필요가 있다. 이것이 선결처분제도이다.

㈏ **요　　건**　　선결처분은 먼저 ① 지방의회가 성립되지 아니한 경우에 가능하다. 지방의회가 성립되지 아니한 때로 지방자치법은 의원이 구속되는 등의 사유로 제73조(의결정족수)에 따른 의결정족수에 미달하게 된 때를 말한다고 규정하고 있다(지자법 제122조 제 1 항 제 1 문). 그러나 의원의 사직 등으로 인하여 재적의원이 의원정수의 반에 미달하는 경우에도 지방의회가 성립되지 아니하는 경우로 볼 것이다. ② 지방의회가 성립되었다고 하여도 다음의 요인을 모두 구비하는 경우에 장은 선결처분을 할 수 있다(지자법 제122조 제 1 항 제 2 문). 즉 ⓐ 처분대상은 주민의 생명과 재산보호에 관한 사항이어야 하며, ⓑ 그 보호의 요구가 시간적으로 보아 긴급한 것이어야 하고, ⓒ 지방의회를 소집할 시간적 여유가 없거나 지방의회에서 의결이 지체되어 의결되지 아니한 경우이어야 한다.

㈐ **통　　제**　　지방자치단체의 장이 선결처분을 하면, 지체없이 지방의회에 보고하고 승인을 얻어야 한다(지자법 제122조 제 2 항). 만약 지방의회에서 승인을 얻지 못한 때에는 그 선결처분은 그 때부터 효력을 상실한다(지자법 제122조 제 3 항). 그리고 지방자치단체의 장은 선결처분의 보고와 의회의 승인 여부 및 승인거부시 선결처분의 효력상실을 지체 없이 공고

하여야 한다(지자법 제122조 제 4 항).

(라) **유사제도** 선결처분의 특수한 형태로 예산상 선결처분제도, 즉 예산불성립시의 예산집행제도인 준예산제도(지자법 제146조)가 있다. 예산상 선결처분제도는 처분의 내용이 미리 고정되어 있다는 점에서 원래의 선결처분과 다르다.

(4) 기 타 그 밖에 지방자치단체의 장은 지방의회임시회소집요구권(지자법 제54조 제 3 항), 지방자치단체의 장이 지방의회에 부의할 안건의 공고권(지자법 제55조), 지방의회에서 의결할 의안의 발의권(지자법 제76조 제 1 항)을 갖는다.

6. 규칙제정권

(1) 의의와 성질 지방자치단체의 장은 법령 또는 조례의 범위에서 그 권한에 속하는 사무에 관하여 규칙을 제정할 수 있다(지자법 제29조). ① 규칙이란 지방자치단체의 장이 지방자치법 등이 정하는 바에 따라 정립하는 법형식을 말한다. ② 규칙이 법규로서 외부적 효력을 가지는 것은 조례의 경우와 같다. 그러나 내부조직에 관한 사항을 규정한 규칙 등에서 보는 바와 같이 규칙이 언제나 외부적 효과를 갖는다고 볼 수는 없다.

(2) 근거와 종류 ① 규칙은 법령 또는 조례의 위임이 있는 사항에 관해서만 규정할 수 있다는 견해도 있다. 그러나 지방자치단체의 장은 명문의 규정이 없어도 비침익적 사항에 관하여 직권규칙을 제정할 수 있다고 볼 때, 규칙은 반드시 법령이나 조례의 위임이 있어야만 하는 것은 아니다. 다만 위임규칙의 경우에는 위임입법의 법리가 적용된다고 보며, 따라서 법령이나 조례의 위임은 개별 · 구체적인 위임이어야 한다. ② 규칙에는 지방자치단체의 장이 법령 또는 조례가 위임한 범위 안에서 그 권한에 속하는 사무에 관하여 발하는 위임규칙과 법령의 위임없이 법령이나 조례를 시행하기 위하여 직권으로 제정하는 직권규칙이 있다. 다만 교육과 학예에 관하여 교육감이 발하는 규칙은 교육규칙이라 부르며, 이에 관해서는 지방교육자치에 관한 법률에서 규정하고 있다.

(3) 규칙제정사항 규칙을 제정할 수 있는 사항은 교육 · 학예에 관한 사항을 제외한, 법령과 조례가 위임한 범위 내에서 지방자치단체의 장의 권한에 속하는 모든 사항이다. 자치사무 · 단체위임사무 · 기관위임사무임을 묻지 않는다. 특히 기관위임사무의 경우에는 조례가 아니라 규칙으로 정하여야 한다(대판 1995. 11. 14, 94누13572).

(4) 한 계 ① 법률우위의 원칙상 규칙은 '법령 또는 조례가 위임한 범위 안에서' 제정할 수 있으므로 상위의 법령이나 조례의 내용에 반할 수 없다(지자법 제29조). 지방자치단체의 사무에 관한 조례와 규칙은 조례가 상위규범이다(대판 1995. 8. 22, 94누5694). 한편 지방자치법은 시 · 군 및 자치구의 조례나 규칙은 시 · 도의 조례나 규칙에 위반해서는 아니 됨을 규정하고 있다(지자법 제30조). ② 법률유보의 원칙상 위임규칙의 경우에는 법령이나 조례의

개별·구체적인 위임이 있어야 한다. 포괄적 위임이 가능한 조례와는 이 점에서 구별된다.

(5) 효력발생과 보고 규칙은 특별한 규정이 없으면 공포한 날부터 20일이 지나면 효력을 발생한다(지자법 제32조 제 8 항). 규칙을 제정하거나 개정하거나 폐지할 경우 공포 예정일 15일 전에 시·도지사는 행정안전부장관에게, 시장·군수 및 자치구의 구청장은 시·도지사에게 그 전문을 첨부하여 각각 보고하여야 하며, 보고를 받은 행정안전부장관은 그 내용을 관계 중앙행정기관의 장에게 통보하여야 한다(지자법 제35조).

(6) 지방자치단체의 신설, 격의 변경시 규칙의 시행 지방자치단체를 나누거나 합하여 새로운 지방자치단체가 설치되거나 지방자치단체의 격이 변경되면 그 지방자치단체의 장은 필요한 사항에 관하여 새로운 규칙이 제정·시행될 때까지 종래 그 지역에 시행되던 규칙을 계속 시행할 수 있다(지자법 제31조).

7. 주민투표회부권

지방자치단체의 장은 주민에게 과도한 부담을 주거나 중대한 영향을 미치는 지방자치단체의 주요 결정사항 등에 대하여 주민투표에 부칠 수 있다(지자법 제18조 제 1 항).

Ⅳ. 보조기관 등

1. 보조기관

행정청인 집행기관의 장의 의사결정을 직접 보조하는 기관을 보조기관이라 한다. 지방자치법상 보조기관으로서 특별시·광역시 및 특별자치시에 부시장, 도와 특별자치도에 부지사, 시에 부시장, 군에 부군수, 자치구에 부구청장이 있다(지자법 제123조 제 1 항).

2. 소속행정기관

지방자치법은 소속행정기관으로 직속기관(지자법 제126조)·사업소(지자법 제127조)·출장소(지자법 제128조)·합의제행정기관(지자법 제129조), 자문기관(지자법 제130조)을 규정하고 있다.

▪ **지방자치법 제126조(직속기관)** 지방자치단체는 그 소관 사무의 범위 안에서 필요하면 대통령령이나 대통령령으로 정하는 바에 따라 지방자치단체의 조례로 자치경찰기관(제주특별자치도에 한한다), 소방기관, 교육훈련기관, 보건진료기관, 시험연구기관 및 중소기업지도기관 등을 직속기관으로 설치할 수 있다.

제127조(사업소) 지방자치단체는 특정 업무를 효율적으로 수행하기 위하여 필요하면 대통령령으로 정하는 바에 따라 그 지방자치단체의 조례로 사업소를 설치할 수 있다.

제128조(출장소) 지방자치단체는 원격지 주민의 편의와 특정지역의 개발 촉진을 위하여 필요하면 대통령령으로 정하는 바에 따라 그 지방자치단체의 조례로 출장소를 설치할 수 있다.

제129조(합의제행정기관) ① 지방자치단체는 그 소관 사무의 일부를 독립하여 수행할 필요가 있으면

법령이나 그 지방자치단체의 조례로 정하는 바에 따라 합의제행정기관을 설치할 수 있다.
제130조(자문기관의 설치 등) ① 지방자치단체는 소관 사무의 범위에서 법령이나 그 지방자치단체의 조례로 정하는 바에 따라 자문기관(소관 사무에 대한 자문에 응하거나 협의, 심의 등을 목적으로 하는 심의회, 위원회 등을 말한다. 이하 같다)을 설치 · 운영할 수 있다.

3. 하부행정기관

(1) 의 의 하부행정기관이란 지방자치단체의 장에 소속하면서, 지방자치단체의 장의 지휘 · 감독을 받으나, 어느 정도 독립성을 갖고 소속지방자치단체의 사무를 지역적으로 분담 · 처리하는 기관을 의미한다. 스스로 사무를 처리하는 점에서 내부적으로 보조만 하는 보조기관과 구별되고, 그 처리사무가 일반적인 것인 점에서 처리사무가 전문적인 것인 소방기관 · 교육훈련기관 · 보건진료기관 · 시험연구기관 등의 직속기관과 구분된다.

(2) 하부행정기관의 장의 임명 자치구가 아닌 구에 구청장, 읍에 읍장, 면에 면장, 동에 동장을 둔다. 이 경우 면 · 동은 행정면 · 행정동을 말한다(지자법 제131조). ① 자치구가 아닌 구의 구청장은 일반직 지방공무원으로 보하되 시장이 임명한다(지자법 제132조 제 1 항). ② 읍장 · 면장 · 동장은 일반직 지방공무원으로 보하되, 시장 · 군수 · 자치구의 구청장이 임명한다(지자법 제132조 제 2 항).

(3) 하부행정기관의 장의 권한 자치구가 아닌 구의 구청장은 시장, 읍장 · 면장은 시장이나 군수, 동장은 시장(구가 없는 시의 시장을 말한다)이나 구청장(자치구의 구청장을 포함한다)의 지휘 · 감독을 받아 소관 국가사무와 지방자치단체의 사무를 맡아 처리하고 소속 직원을 지휘 · 감독한다(지자법 제133조). 하부행정기관은 자신에게 위임된 사무를 법령의 근거 없이 민간에게 권한을 재위탁할 수는 없다(대판 2000. 11. 10, 2000추36).

제 3 절 지방자치단체의 사무

제 1 항 자치사무

Ⅰ. 자치사무의 의의

1. 자치사무의 개념

자치사무란 주민의 복리에 관한 사무로서 헌법과 법률이 지방자치단체의 사무로 정한 사무를 말한다. 자치사무는 고유사무로 불리기도 한다. 자치사무는 지방자치단체에 존재의미를 부여한다. 자치사무의 목록은 정확하게 나열될 수는 없다.

■ 참고 ■

용례상 지방자치단체의 사무로서 위임사무란 단체위임사무를 말한다. 한편, 현실적으로는 소속 공무원에 의해 처리되고 있다고 하여도 기관위임사무는 지방자치단체의 기관에 위임된 것이지, 지방자치단체 자체에 위임된 것은 아니므로 지방자치단체의 사무라고 말하기 어렵다. 그러나 경우에 따라서는 단체위임사무와 기관위임사무를 합하여 위임사무라 부르기도 한다.

2. 자치사무와 기관위임사무의 구분

(1) 실 정 법 지방자치법 제13조 제 2 항은 지방자치단체의 사무를 예시하고만 있을 뿐, 개별구체적인 경우에 어떠한 사무가 자치사무인지의 여부를 용이하게 판단할 수 있게 하는 일반적 기준을 정하는 조항은 찾아볼 수 없다.

(2) 학 설 개별법에서 대통령, 국무총리, 각 중앙부처의 장 등 중앙행정기관의 장의 권한으로 규정하고 있는 사무는 국가사무이고, 개별법령에서 「지방자치단체장이 행한다」고 규정한 경우, 개별법령의 취지와 내용을 구체적으로 판단하여 해당사무가 주무부장관의 통제하에 적극적 기준에 의하여 처리되어야 할 사무는 국가의 기관위임사무로, 해당사무가 지방자치법 제13조 제 2 항 소정의 지방자치단체의 사무로 예시되어 있는 사무 중에 포함되어 있거나 그렇지 아니하더라도 특히 지역적 특성에 따라 자율적으로 처리되는 것이 바람직한 사무는 자치사무로 보는 견해가 있다.

(3) 판 례 대법원은 "법령상 지방자치단체의 장이 처리하도록 규정하고 있는 사무가 자치사무인지 기관위임사무인지를 판단할 때 그에 관한 법령의 규정 형식과 취지를 우선 고려하여야 하지만, 그 밖에도 사무의 성질이 전국적으로 통일적인 처리가 요구되는 사무인지 여부나 그에 관한 경비부담과 최종적인 책임귀속의 주체 등도 아울러 고려하여야 한다"는 것을 기본적인 입장으로 하고 있다(대판 2020. 9. 3, 2019두58650). 그리고 판례는 지방자치단체의 사무범위를 규정한 지방자치법 제13조 제 2 항을 활용하기도 한다(대판 2008. 6. 12, 2007추42).

■ 참고 ■

대법원은 골재채취법이 골재채취업의 등록관청으로 시장·군수 또는 구청장을 규정하였고(당시 골재채취법 제14조 제 1 항), 골재채취허가사무의 관장기관으로 시장·군수 또는 구청장을 규정하였음에도(당시 골재채취법 제22조 제 1 항) 불구하고, 골재채취업등록 및 골재채취허가사무는 전국적으로 통일적 처리가 요구되는 중앙행정기관인 건설교통부장관의 고유 업무인 국가사무로서 지방자치단체의 장에게 위임된 기관위임사무에 해당한다고 하였다(대판 2004. 6. 11, 2004추34).

(4) 사 견 ① 지방자치단체의 장의 기본적인 지위는 자치사무를 수행하는 지방자치단체의 대표이지 국가의 지방행정기관은 아니라는 점, ② 입법자는 국가의 권한과 지

방자치단체의 권한을 배분하는 기관이지, 국가에 배분한 권한을 다시 지방자치단체에 위임하는 기관은 아니라는 점에서 볼 때, 개별법령에서 「지방자치단체장이 행한다」는 규정의 경우, 그 사무는 지방자치단체장이 대표하는 해당 지방자치단체의 사무로 보아야 한다. 상기 학설과 판례의 견해에 동의하기 어렵다.

Ⅱ. 자치사무의 특징

1. 자치사무의 법적 근거

임의적인 자치사무의 법적 근거로는 당해 지방자치단체의 자치법규로도 충분하다. 의무적인 자치사무는 법률이나 법규명령에 의하여 부과됨이 일반적이다.

2. 판단의 자유의 범위

임의적인 자치사무의 경우에 지방자치단체는 독자적인 책임으로 결정을 행한다. 말하자면 지방자치단체는 법률상 특별한 제한이 없는 한, 임무수행의 여부, 방법 등을 독자적으로 결정하게 된다. 그러나 의무적인 자치사무는 그 사무수행의 여부에 대한 결정의 자유가 지방자치단체에 없다. 즉 소위 결정재량이 부인된다. 다만 그 수행방법만이 지방자치단체의 자유이다.

▮ 헌재 2022. 8. 31, 2021헌라1(자치사무는 지방자치단체가 주민의 복리를 위하여 처리하는 사무이며 법령의 범위 안에서 그 처리 여부와 방법을 자기책임 아래 결정할 수 있는 사무로서 지방자치권의 최소한의 본질적 사항이므로 지방자치단체의 자치권을 보장한다고 한다면 최소한 이 같은 자치사무의 자율성만은 침해해서는 안 된다).

3. 비용부담의 주체

지방자치단체는 그 자치사무의 수행에 필요한 경비를 지출할 의무를 진다(지자법 제158조 본문; 지방재정법 제20조). 지방자치단체의 관할구역 자치사무에 필요한 경비는 그 지방자치단체가 그 전액을 부담한다(지방재정법 제20조). 이 때문에 지방자치단체의 비용부담의 한계는 지방자치단체가 수행할 수 있는 자치사무의 한계가 된다. 따라서 지방자치단체의 충분한 재정력의 확보는 충분한 복지사무수행의 전제요건이 된다.

4. 손해배상의 주체

지방자치단체는 자치사무의 수행과 관련하여 발생하는 불법행위로 인한 손해에 대해서는 사무의 귀속주체로 배상할 책임을 진다(국배법 제 2 조, 제 5 조). 단체위임사무나 기관위임사무의 경우에는 비용부담자로서 배상책임을 부담하기도 한다(국배법 제 6 조 제 1 항).

5. 지방의회의 관여

자치사무는 당해 지방자치단체 자신의 사무이므로, 지방의회는 당연히 자치사무에 관여한다. 지방의회는 자치사무와 관련하여 그 지방자치단체의 사무를 감사하거나 그 사무 중 특정 사안에 관하여 본회의의 의결로 조사할 수 있다(지자법 제49조 제 1 항 제 1 문). 지방의회는 지방자치단체의 장이나 관계 공무원의 출석 · 답변을 요구할 수도 있다(지자법 제51조 제 2 항).

6. 자치사무의 감독

자치사무는 국가의 적법성통제, 즉 법규감독하에 놓이며, 합목적성의 통제의 대상은 아니다. 지방자치법은 자치사무에 대한 감독으로서의 시정명령은 "제188조 제 1 항부터 제 4 항까지의 규정에 따른 자치사무에 관한 명령이나 처분에 대한 주무부장관 또는 시 · 도지사의 시정명령, 취소 또는 정지는 법령을 위반한 것에 한정한다"고 규정하고 있다(지자법 제188조 제 5항). 한편, 감독수단의 하나로서 행정안전부장관이나 시 · 도지사는 지방자치단체의 자치사무에 관하여 보고를 받거나 서류 · 장부 또는 회계를 감사할 수 있다(지자법 제190조 제 1 문). 이 경우 감사는 법령위반사항에 대하여만 실시한다(지자법 제190조 제 2 문). 자치사무에 대한 감독처분이 행정쟁송법상 처분에 해당하는 경우에는 취소소송의 대상이 된다.

Ⅲ. 자치사무의 내용

1. 사무의 예시

지방자치법은 "지방자치단체는 관할 구역의 자치사무와 법령에 따라 지방자치단체에 속하는 사무를 처리한다"(지자법 제13조 제 1 항)고 규정하고, 아울러 "제 1 항에 따른 지방자치단체의 사무를 예시하면 다음 각 호와 같다. …"(지자법 제13조 제 2 항)고 규정하고 있다. 지방자치법 제13조 제 2 항은 자치사무인지 아니면 (단체)위임사무인지 구분함이 없이 지방자치단체가 수행할 사무를 나열하고 있다.

▪ 지방자치법 제13조(지방자치단체의 사무범위) ① 지방자치단체는 관할 구역의 자치사무와 법령에 따라 지방자치단체에 속하는 사무를 처리한다.
② 제 1 항에 따른 지방자치단체의 사무를 예시하면 다음 각 호와 같다. 다만, 법률에 이와 다른 규정이 있으면 그러하지 아니하다.
1. 지방자치단체의 구역, 조직, 행정관리 등
가. 관할 구역 안 행정구역의 명칭·위치 및 구역의 조정
나. 조례·규칙의 제정·개정·폐지 및 그 운영·관리
다. 산하(傘下) 행정기관의 조직관리
라. 산하 행정기관 및 단체의 지도·감독

마. 소속 공무원의 인사·후생복지 및 교육
바. 지방세 및 지방세 외 수입의 부과 및 징수
사. 예산의 편성·집행 및 회계감사와 재산관리
아. 행정장비관리, 행정전산화 및 행정관리개선
자. 공유재산 관리
차. 주민등록 관리
카. 지방자치단체에 필요한 각종 조사 및 통계의 작성 (이하 각목 생략)
2. 주민의 복지증진
3. 농림 · 수산 · 상공업 등 산업 진흥
4. 지역개발과 자연환경보전 및 생활환경시설의 설치 · 관리
5. 교육 · 체육 · 문화 · 예술의 진흥
6. 지역민방위 및 지방소방
7. 국제교류 및 협력

2. 사무의 경합

지방자치법 제13조 제 2 항에 규정되어 있는 사무라고 하여 반드시 그러한 사무가 지방자치단체에 의해 수행되어야 하는 사무로 이해될 수는 없다. 사무에 따라서는 국가에 의해서도 수행될 수도 있고, 또한 수행되어야 할 경우도 있다(예: 중소기업의 육성). 지방자치법 제13조 제 2 항에서 규정되고 있는 사무라도 개별 법령에서 국가의 사무로 규정하고 있다면, 그것은 지방자치단체의 사무가 아니라 국가의 사무가 된다. 지방자치법 제13조 제 2 항은 지방자치단체의 사무의 윤곽을 정하는 규정이다.

3. 현대적 사무

새로운 시대는 새로운 사무를 요구한다. 지방자치단체의 행정작용에 대한 현대적인 요구는 특히 사회적, 문화적, 생태적, 경제적 사항과 관련한다. 말하자면 지방자치단체는 주민의 사회적, 문화적, 생태적, 경제적 복지를 위해 필요한 각종의 시설 · 기구 · 제도 등을 마련하도록 요구받고 있다. 또한 국제적 관련도 요구된다(예: 외국도시와 자매결연). 이러한 것은 특히 주민의 재정부담능력과 관련하여 지방자치단체의 급부력에서 한계를 갖게 된다.

4. 권한의 추정

지방자치법 제13조 제 2 항에 예시되어 있지 아니하고 또한 다른 법률에도 특별한 규정이 없는 사무의 귀속주체는 누구인가의 문제가 있다. 구체적인 경우에 특정사무가 지방자치단체의 사무인지 또는 국가사무인지의 구분이 명확하지 아니한 경우에는, 헌법과 지방자치법의 합목적적인 해석을 전제로 하여, 지방자치단체의 사무의 포괄성의 원칙이 적용되어 지방자치단체의 사무로 추정되어야 한다.

Ⅳ. 자치사무의 배분

1. 배분의 필요

기술한 지방자치단체의 모든 사무가 동일한 구역 내에서 동시에 광역지방자치단체와 기초지방자치단체에 의하여 시행되어서는 아니 된다. 성질상 불가피한 사무(예: 존재사무) 등을 제외한 사무를 광역지방자치단체와 기초지방자치단체가 동시에 수행한다면, 그것은 예산의 낭비를 초래할 뿐더러 행정의 혼란과 혼선을 가져올 수 있다. 말하자면, 그러한 사무는 광역지방자치단체와 기초지방자치단체 사이에 경합적이어서는 아니 된다(불경합의 원칙). 따라서 광역지방자치단체와 기초지방자치단체 사이에 사무의 분담이 필요하게 된다.

2. 존재사무

시·도와 시·군·구의 조직 등 자신의 존재에 관한 사무, 즉 존재사무는 광역지방자치단체와 기초지방자치단체의 양자에 공통하는 사무일 수밖에 없다. "다만, 제13조 제2항 제1호의 사무(지방자치단체의 구역, 조직, 행정관리 등)는 각 지방자치단체에 공통된 사무로 한다"는 지방자치법 제14조 제1항 단서도 이러한 취지의 규정이다.

3. 광역지방자치단체의 사무

(1) 광역성의 원리 헌법상 광역지방자치단체와 기초지방자치단체 사이의 사무구분에 관한 아무런 기준도 없다. 따라서 광역지방자치단체와 기초지방자치단체의 사무를 정하는 것은 입법자의 사무이다. 광역지방자치단체가 처리하는 사무의 유형에 관하여 확립된 견해는 없다. 입법의 기술상 우리의 지방자치법은 광역지방자치단체의 사무를 광역적 또는 범지역적 사무로 규정하는 일반조항을 두고 있다. 즉 광역지방자치단체는 광역적인 사무 등을 수행한다고 표현된다. 사무의 광역성은 일반적으로 공간관련성, 재정력, 급부력 및 재정적·행정기술적 지원 등과 관련하여 판단되어야 한다. 광역지방자치단체가 처리하는 사무의 유형을 범지역적 사무·보완적 사무·균형화 사무로 구분할 수 있다.

(2) 범지역적 사무 본래적으로 범지역적 사무 또는 광역적 사무란 기초지방자치단체의 구역을 능가하는 사무를 말한다(예: 전국적인 계획이 아닌 것으로서 범지역적 계획으로서의 도로계획). 달리 말한다면 범지역적 사무란 기초지방자치단체에 의해 보장되지 아니하는 사무를 말한다. 그것은 또한 지역에 뿌리를 둔 것이 아닌, 광역지방자치단체의 영역에서 필요하고, 광역지방자치단체의 주민에 필요한 사무를 의미한다. 지방자치법 제14조 제1항 제1호의 사무는 이러한 사무의 성질을 갖는다.

(3) 보완적 사무 보완적 사무란 개별 기초지방자치단체의 행정력과 재정력을 능가하는 사무를 말한다. 이러한 사무는 특히 소규모의 기초지방자치단체의 행정력을 광역지방자치단체를 통해 보완하기 위한 것이다. 자기의 구역에 한정된 행정력으로 인해 기초지방자치단체가 수행이 곤란한 것은 광역지방자치단체의 사무라는 점에서 보충적 사무의 의미는 있다. 지방자치법 제14조 제 1 항 제 1 호 마목의 사무는 이러한 사무의 성질을 갖는다.

(4) 균형화 사무 균형화 사무란 개별 기초지방자치단체 사이의 재정력과 행정력의 차이 내지 불균형의 시정을 위한 사무를 말한다. 균형화 사무는 주로 재정문제에 관련한다(재정균형). 이러한 사무에서는 구체적으로 수행하는 사무와 관련하여 수행권능의 문제뿐만 아니라 재정(지원권능)의 문제도 중요하다.

(5) 지방자치법상 배분기준 지방자치법 제14조 제 1 항은 지방자치단체의 종류별로 사무배분기준에 관해 규정하고 있다. 이러한 기준에 따른 사무는 광역지방자치단체의 고유한 자치사무이지, 결코 위임사무가 아님을 유념할 필요가 있다.

▪ **지방자치법 제14조(지방자치단체의 종류별 사무배분기준)** ① 제13조에 따른 지방자치단체의 사무를 지방자치단체의 종류별로 배분하는 기준은 다음 각 호와 같다. 다만, 제13조 제 2 항 제 1 호의 사무는 각 지방자치단체에 공통된 사무로 한다.
1. 시·도
가. 행정처리 결과가 2개 이상의 시·군 및 자치구에 미치는 광역적 사무
나. 시·도 단위로 동일한 기준에 따라 처리되어야 할 성질의 사무
다. 지역적 특성을 살리면서 시·도 단위로 통일성을 유지할 필요가 있는 사무
라. 국가와 시·군 및 자치구 사이의 연락·조정 등의 사무
마. 시·군 및 자치구가 독자적으로 처리하기 어려운 사무
바. 2개 이상의 시·군 및 자치구가 공동으로 설치하는 것이 적당하다고 인정되는 규모의 시설을 설치하고 관리하는 사무
2. 시·군 및 자치구
제 1 호에서 시·도가 처리하는 것으로 되어 있는 사무를 제외한 사무. 다만, 인구 50만 이상의 시에 대하여는 도가 처리하는 사무의 일부를 직접 처리하게 할 수 있다.
② 제 1 항의 배분기준에 따른 지방자치단체의 종류별 사무는 대통령령으로 정한다.

(6) 기초지방자치단체우선의 원칙 시·도와 시·군 및 자치구는 사무를 처리할 때 서로 겹치지 아니하도록 하여야 하며, 사무가 서로 겹치면 시·군 및 자치구에서 먼저 처리한다(지자법 제14조 제 3 항). 이와 같이 사무의 경합이 있는 경우 하급지방자치단체를 우선하는 것을 기초지방자치단체우선의 원칙 또는 현지성의 원칙이라고도 한다. 이것은 기초지방자치단체의 기초를 튼튼히 하기 위한 것이다. 또한 새로이 나타나는 사무도 기초지방자치단체의 기초를 튼튼히 하기 위하여 기초지방자치단체의 사무로 추정되어야 한다. 이러한 원칙을 추정의 원칙이라 부른다. 기초자치단체우선의 원칙은 보충성의 원칙의 적용의 결과이다.

제 2 항 단체위임사무

Ⅰ. 단체위임사무의 의의

1. 단체위임사무의 개념

법률은 일정한 사무를 국가사무 또는 광역지방자치단체의 사무로 정한 후, 대통령령이나 부령 등이 정하는 바에 따라 그 사무를 광역지방자치단체나 기초지방자치단체에 위임하여 수행할 수 있음을 규정하기도 한다. 이러한 법령에 따라 광역지방자치단체나 기초지방자치단체가 처리하는 사무를 위임사무라 한다. 위임사무는 기관위임사무와 구분하여 단체위임사무라 불리기도 한다.

2. 기관위임사무의 구별

사무처리의 권한이 모법상으로는 위임자의 권한이지만, 위임의 법리에 의하여 그 권한이 수임자에게 이전된다는 점에서 단체위임사무나 기관위임사무는 동일하나, 수임자가 단체위임사무는 지방자치단체(집행기관+지방의회)이지만 기관위임사무는 지방자치단체의 기관(집행기관)이라는 점에서 다르다. 일반적으로 위임사무란 단체위임사무를 뜻한다.

3. 단체위임사무의 성질

단체위임사무는 성질상 위임자인 국가 또는 광역지방자치단체의 사무이다. 현행 지방자치법에서 위임사무는 "법령에 따라 지방자치단체에 속하는 사무"(지자법 제13조 제 1 항), "지방자치단체 … 가 위임받아 처리하는 국가사무"(지자법 제185조 제 1 항) 또는 "시 · 군 및 자치구 … 가 위임받아 처리하는 사무"(지자법 제185조 제 2 항)로 표현되고 있다. 자치사무와 단체위임사무의 구분은 용이한 것이 아니다. 단체위임사무의 예를 찾아보기는 어렵다.

■ 참고 ■

구 지방세법 제53조 제 1 항(시, 군은 그 시, 군내의 도세를 징수하여 도에 납입할 의무를 진다. 다만, 필요할 때에는 도지사는 납세의무자 또는 특별징수의무자에게 직접 납세고지서 또는 납입통지서를 교부할 수 있다)에 따른 도세징수사무가 단체위임사무의 예로 언급되기도 하고, 이에 대한 반론도 있었다. 그러나 지방세기본법이 제정되면서 그 조문은 지방세기본법(제67조(도세 징수의 위임) ① 시장 · 군수는 그 시 · 군 내의 도세를 징수하여 도에 납입할 의무를 진다. 다만, 필요할 때에는 도지사는 납세자에게 직접 납세고지서를 발급할 수 있다)에 편입되면서 징수주체가 시, 군에서 시장 · 군수로 바뀌었다. 따라서 도세징수사무를 더 이상 단체위임사무(시, 군의 수임사무)로 보기는 어렵다. 뿐만 아니라 기관위임사무로 보기도 어렵다. 왜냐하면 ① 지방세기본법 제67조 제 1 항 본문이 도세징수사무의 위임가능성을 규정한 것이라면, 그리하여 대통령령이나 조례가 정하는 바에 따라 도세징수사무의 위임이 구체적으로 이루어진다면 수임의 주체가 시장·군수이므로 도세징수사무를 기관위임사무로 볼 수 있다. 그러나 ② 지방세기본법 제67조 제 1 항 본문이 도세징수사무를 시장·군수의 사무로 구체적으로 규정한 것이라면, 동조의 제목에서 도세징수의 '위임'이라는 용어가 사용됨에도 불구하고 도세징수사무를 시·군의 자치사무로 보아야 한다. 왜냐하면 동조문은 국가와 지방자치단체 사이의 권한배분을 규정한 것이지, 권한배분을 전제로 다시 구체적으로 위임을 규정하는 조문으로 보기는 어렵기 때문이다. 말하자면 권한배분을 잘 규정하면, 권한배분을 하고 다시 구체적으로 위임을 규정할 필요는 없기 때문이다.

4. 단체위임사무의 배경

단체위임사무는 국가나 광역지방자치단체의 사무를 경제적으로 처리하기 위한 것이다. 단체위임사무는 효율성·실용성을 근거로 나온다. 또한 단체위임사무는 합목적성의 근거(예: 시민 근접행정) 등에서 나온다. 한편, 국가사무를 지방자치단체에 위임할 것인가의 여부는 지방자치단체의 규모와 경제를 고려하여 판단되어야 한다.

5. 문제상황

오늘날 단체위임사무의 예를 찾아보기는 어렵다. 기관위임사무는 기관(예: 시장·군수)에 위임되는 사무이지만, 단체위임사무는 단체(예: 시·군)에 위임되는 사무로서 단체위임사무의 처리에는 시장과 시의회, 군수와 군의회의 협력이 필요하다는 점에서 보다 민주적인 성격이 강하다. 따라서 특별히 신속히 처리하여야 할 사무가 아니라면 단체위임의 형식을 활용하는 것이 바람직하다.

Ⅱ. 단체위임사무의 특징

1. 법적 근거

단체위임사무에서 수임지방자치단체는 수행의무만을 질뿐이고 당해 사무에 대한 권한은 위임자인 국가나 광역지방자치단체에 있다. 이 때문에 단체위임사무의 위임에는 개별법령상의 법적 근거를 요한다. 광역지방자치단체 사무의 단체위임의 가능성은 지방자치법 제117조 제 2 항에서 규정되고 있다.

2. 판단의 자유

단체위임사무에 있어서 국가는 지방자치단체에 대하여 일정 사무를 부여함과 아울러 그 사무의 수행을 개별적이고도 전문적인 지시에 따라 행하도록 하는 권한을 유보해 둘 수도 있다(지시의 유보).

3. 사무수행의 명의인

단체위임사무는 수임지방자치단체가 국가나 광역지방자치단체의 감독하에 자신의 이름과 책임으로 수행한다. 말하자면 단체위임사무는 위임자인 국가의 이름으로 하는 것도 아니고, 국가의 대리인으로서 하는 것도 아니다.

4. 비용부담의 주체

위임되는 사무의 수행에 비용이 소요된다면, 사무의 위임에는 반드시 비용부담이 따라야 한다. 아니면 사후에 반드시 비용이 보상되어야 한다. 국가사무 또는 지방자치단체사무를 위임할 때에는 이를 위임한 국가나 지방자치단체에서 그 경비를 부담하여야 한다(지자법 제158조 단서). 지방재정법도 단체위임사무의 집행에 소요되는 경비는 광역지방자치단체가 부담하여야 한다고 규정하고 있다(지방재정법 제28조).

5. 손해배상의 주체

지방자치단체는 단체위임사무의 수행과 관련하여 발생하는 불법행위로 인한 손해에 대해서 국가배상법이 정하는 바에 따라 비용부담자로서 배상책임을 부담하기도 한다(국배법 제6조 제1항). 물론 위임자는 국가배상법 제2조가 정하는 바에 따라 사무의 귀속주체로서 책임을 부담한다.

6. 지방의회의 관여

지방의회는 단체위임사무에 관여한다. 자치사무와 마찬가지로 단체위임사무와 관련하여서도 행정사무감사 및 조사(지자법 제49조 제1항), 지방자치단체의 장이나 관계 공무원의 출석요구(지자법 제51조 제2항) 등이 적용된다. 왜냐하면 단체위임사무는 자치사무가 아니지만 역시 당해 지방자치단체의 사무이기 때문이다. 한편, 단체위임사무는 본래 위임자의 사무이지, 수임지방자치단체의 사무는 아니므로 단체위임사무는 성질상 수임지방자치단체의 자치사무에 대한 입법형식인 조례의 규정사항이 아니다. 그러나 현행 지방자치법 제28조는 자치사무인가 또는 위임사무인가를 구분함이 없이 지방자치단체의 사무에 관하여 조례를 제정할 수 있다고 규정하기 때문에, 단체위임사무에 대해서도 조례가 활용될 수밖에 없다.

7. 단체위임사무의 감독

단체위임사무에 대해서는 국가나 광역지방자치단체가 광범위한 감독권을 갖는다(지자법 제185조, 제188조). 단체위임사무는 내용상 국가 또는 광역지방자치단체의 사무이기 때문이다.

단체위임사무에 있어서 국가나 광역지방자치단체는 광역지방자치단체 또는 기초지방자치단체에 대하여 합목적성의 통제까지 행할 수 있다(지자법 제185조 제 1 항 · 제 2 항, 제188조 제 1 항). 이때 국가나 광역지방자치단체의 합목적성의 통제에 대해 수임지방자치단체는 다툴 수 없다. 왜냐하면 내용상의 지도는 원래 국가 또는 광역지방자치단체의 사무영역에 속하는 것이지, 수임지방자치단체의 이해와 직결된 것이 아니기 때문이다.

제 3 항 기관위임사무

Ⅰ. 기관위임사무의 의의

1. 기관위임사무의 개념

법률은 일정한 사무를 국가사무 또는 광역지방자치단체의 사무로 정한 후, 대통령령이나 부령 등이 정하는 바에 따라 그 사무를 광역지방자치단체의 장이나 기초지방자치단체의 장에 위임하여 수행할 수 있음을 규정하기도 한다. 이러한 법령에 따라 광역지방자치단체의 장이나 기초지방자치단체의 장이 처리하는 사무를 위임사무라 한다. 용례상 지방자치법에서 기관위임사무는 "지방자치단체…장이 위임받아 처리하는 국가사무(지자법 제185조 제 1 항)" 또는 "시 · 군 및 자치구…장이 위임받아 처리하는 사무(지자법 제185조 제 2 항)"로 표현되고 있다. 단체위임사무와 달리 기관위임사무는 많이 볼 수 있다(예: 공직선거법에 따른 국회의원선거준비사무, 경찰사무). 일반적으로 기관위임이란 동일한 행정주체 내부에서 다른 행정기관에 위임하는 경우가 아니라, 다른 행정주체의 행정기관에 위임하는 경우를 말한다.

[서울특별시장이 수행하는 국가(장관)의 기관위임사무의 예]

▪ **도시 및 주거환경정비법 제128조(권한의 위임 등)** ① 국토교통부장관은 이 법에 따른 권한의 일부를 대통령령으로 정하는 바에 따라 시 · 도지사, 시장, 군수 또는 구청장에게 위임할 수 있다.

▪ **도시 및 주거환경정비법 시행령 제96조(권한의 위임 등)** ① 국토교통부장관은 법 제128조 제 1 항에 따라 법 제107조에 따른 정비사업전문관리업자에 대한 조사 등의 권한을 시 · 도지사에게 위임한다.

[서울특별시 구청장이 수행하는 서울특별시장의 기관위임사무의 예]

▪ **서울특별시 도시 및 주거환경 정비조례 제 1 조(목적)** 이 조례는 「도시 및 주거환경정비법」, 같은 법 시행령 및 같은 법 시행규칙에서 위임된 사항과 그 시행에 관하여 필요한 사항을 규정함을 목적으로 한다.

제90조(권한의 위임) 시장은 다음 각 호의 권한을 구청장에게 위임한다.

1. 정비사업의 임대주택 매매계약 체결 및 단계별(계약금 · 중도금 · 잔금) 매매대금의 지급에 관한 사항

(제 2 호 이하 생략)

2. 기관위임사무의 성격과 문제점

기관위임사무는 국가의 경비절약, 지방에서 국가사무의 지방민에 의한 수행의 목적으로 생겨난 것으로 이해된다. 현재 이루어지고 있는 국가사무의 위임은 거의 모두가 기관위임이다. 기관위임사무는 지방자치의 본래의 취지와는 거리가 멀다. 기관위임사무가 많다는 것은 자치사무의 효율적인 시행에 부정적인 영향을 미칠 수 있다. 따라서 기관위임사무는 가능한 한 지방자치단체의 사무로 이양되든지 아니면 위임주체가 위임을 철회하는 것이 필요하다.

Ⅱ. 기관위임사무의 특징

1. 법적 근거

기관위임사무에서 수임청은 수행의무만을 질 뿐이고, 당해 사무에 대한 권한은 위임자인 국가나 광역지방자치단체에 있다. 이 때문에 기관위임사무의 위임에는 법적 근거를 요한다. 국가사무의 기관위임의 일반적인 법적 근거로 지방자치법 제115조가 있다. 광역지방자치단체의 사무의 기관위임의 가능성은 지방자치법 제117조 제2항에서 규정되고 있다.

2. 판단의 자유

개별법률상의 근거규정이 있으면, 그에 따라야 한다. 기관위임사무에 있어서 위임자는 수임청에 대하여 일정 사무를 부여함과 아울러 그 사무의 수행을 개별적이고도 전문적인 지시에 따라 행하도록 하는 권한을 유보해 둘 수도 있다(지시의 유보).

3. 사무수행의 명의인

기관위임사무는 국가나 광역지방자치단체의 감독하에 수임자 자신의 이름과 책임으로 수행하게 된다. 말하자면 기관위임사무는 위임자인 국가의 이름으로 하는 것도 아니고, 국가의 대리인으로서 하는 것도 아니다.

4. 비용부담의 주체

위임되는 사무의 수행에 비용이 소요된다면, 비용부담도 따라야 한다. 아니면 사후에 반드시 비용이 보상되어야 한다. 기관위임사무의 집행에 소요되는 경비는 광역지방자치단체가 부담하여야 한다고 규정하고 있다(지방재정법 제28조).

5. 손해배상의 주체

지방자치단체는 기관위임사무의 수행과 관련하여 발생하는 불법행위로 인한 손해에 대해서 국가배상법이 정하는 바에 따라 비용부담자로서 배상책임을 부담하기도 한다(국배법 제 6 조 제 1 항). 물론 위임자는 국가배상법 제 2 조가 정하는 바에 따라 사무의 귀속주체로서 책임을 부담한다.

6. 지방의회의 관여

기관위임사무에 대하여 지방의회의 관여는 배제된다. 기관위임사무는 지방자치단체의 사무가 아니기 때문이다. 다만 지방자치법 제49조 제 3 항이 정하는 바에 따라 지방의회가 감사할 수 있음은 물론이다. 한편, 지방자치법 제29조는 자치사무 · 단체위임사무 · 기관위임사무의 구별 없이 지방자치단체의 장은 법령이나 조례가 위임한 범위에서 그 권한에 속하는 사무에 대하여 규칙을 제정할 수 있다고 규정하고 있기 때문에, 기관위임사무에 대하여 규칙이 활용된다. 조례는 활용될 수 없다(대판 1992. 9. 17, 99추30). 다만, 법령이 기관위임사무를 조례로 규정하도록 한다면, 조례로 규정할 수 있다(대판 1999. 9. 17, 99추30; 대판 2000. 5. 30, 99추85).

7. 기관위임사무의 감독

기관위임사무에 대해서는 국가나 광역지방자치단체가 광범위한 감독권을 갖는다(지자법 제185조, 제188조). 기관위임사무는 위임자인 국가 또는 광역지방자치단체의 사무이다. 따라서 사무수행과 관련하여 국가나 광역지방자치단체는 수임청에 대하여 지시권을 갖는다. 기관위임사무에 있어서 국가나 광역지방자치단체는 수임청에 대하여 합목적성까지 통제할 수 있다(지자법 제185조 제 1 항 · 제 2 항, 제188조 제 1 항). 자치사무에 대한 감독처분에 대해서는 제소가 가능하지만(지자법 제188조 제 2 항), 기관위임사무에 대한 감독처분에 대해 수임청은 소송을 제기할 수 없다. 왜냐하면 수임청은 위임자의 지위에서 위임자의 사무를 수행하는 것으로서, 감독청인 위임자와의 관계에서 상하관계에 놓이고, 감독청의 지시는 내부효만을 가질 뿐 직접적인 외부효를 갖지 않는바, 감독처분은 행정행위가 아닐뿐더러 수임청의 고유한 권리를 침해하는 바가 없기 때문이다. 다만, 지방자치법 제189조 제 3 항에 따라 감독청의 지방자치단체의 장에 대한 직무이행명령에 대하여 수임청이 제기하는 소는 지방자치법이 규정하는 예외에 해당한다.

제 4 절 지방자치단체의 협력과 통제

제 1 항 지방자치단체의 협력과 분쟁조정

Ⅰ. 지방자치단체 상호간 협력

1. 일 반 론

(1) 협력의 필요성 교통의 발전, 인구의 증가 등은 필히 지방자치단체의 임무의 증대를 가져온다. 지방자치단체의 사무 중에는 그 지방자치단체가 갖는 재정력이나 행정력의 한계를 능가하는 것도 있다. 지방자치단체의 급부능력의 강화를 위한 행정개혁이나 구역개혁이 지방자치단체의 모든 사무를 처리할 수 있는 조직력과 재정상 급부력을 보장하는 것은 아니다. 이러한 사무의 수행과 관련하여 다른 행정주체의 도움이 요구되거나(능력의 보완) 또는 능률적인 사무처리를 위해 여러 행정주체가 공동으로 사무를 수행할 것이 요구되기도 한다(능률의 제고). 여기에 지방자치단체와 다른 행정주체간의 협력문제가 나타나게 된다.

(2) 협력의무 지방자치단체는 다른 지방자치단체로부터 사무의 공동처리에 관한 요청이나 사무처리에 관한 협의·조정·승인 또는 지원의 요청을 받으면 법령의 범위에서 협력하여야 한다(지자법 제164조 제 1 항). 사무의 공동처리는 지방자치단체의 행정력·재정력·효율성의 증대를 위한 것이다.

(3) 협력방식 이해의 편의상 지방자치단체간의 협력방식을 도해한다.

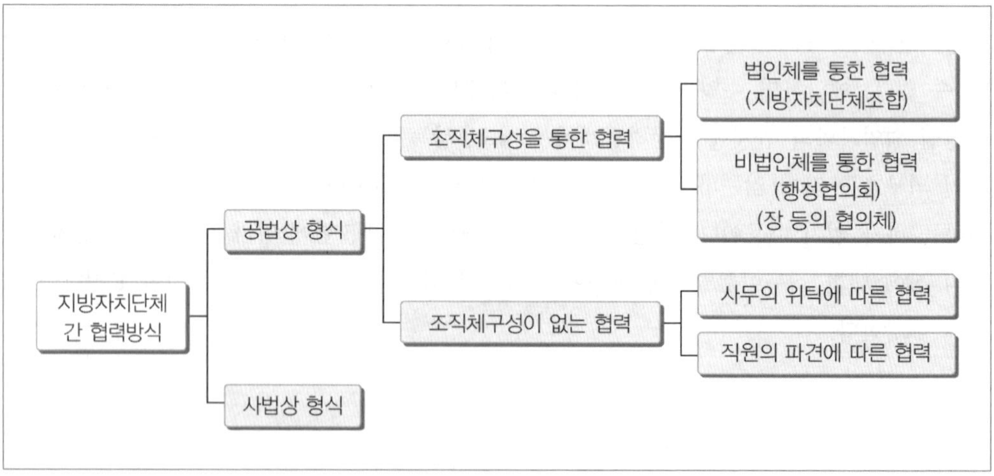

2. 사무의 위탁

지방자치단체나 그 장은 소관사무의 일부를 다른 지방자치단체나 그 장에게 위탁하여 처리하게 할 수 있다(지자법 제168조 제 1 항 제 1 문). 사무의 위탁은 소관사무의 일부에 대해서만 가능하다. 왜냐하면 소관사무의 전부의 위탁은 당해 지방자치단체의 존재의미를 부정하는 것이 되기 때문이다.

3. 행정협의회

지방자치단체는 2개 이상의 지방자치단체에 관련된 사무의 일부를 공동으로 처리하기 위하여 관계 지방자치단체 간의 행정협의회를 구성할 수 있다(지자법 제169조 제 1 항 제 1 문). 행정협의회는 동급의 지방자치단체 간에 그 구성이 예정되고 있다(지자법 제169조 제 1 항 제 2 문 참조). 협의회는 관계 지방자치단체의 독자적인 판단에 따라 구성될 수도 있고, 행정안전부장관이나 시 · 도지사가 공익상 필요하다고 보아 관계 지방자치단체에 대하여 그 설립을 권고함에 따라 구성될 수도 있다(지자법 제169조 제 3 항).

4. 장 등의 협의체

지방자치단체의 장이나 지방의회의 의장은 상호 간의 교류와 협력을 증진하고, 공동의 문제를 협의하기 위하여 ① 시 · 도지사, ② 시 · 도의회의 의장, ③ 시장 · 군수 · 자치구의 구청장, ④ 시 · 군 · 자치구의회의 의장의 구분에 따라 전국적인 협의체를 설립할 수 있다(지자법 제182조 제 1 항). 제 1 항 각호의 전국적 협의체가 모두 참가하는 지방자치단체 연합체를 설립할 수 있다(지자법 제182조 제 2 항).

5. 지방자치단체조합

지방자치단체조합이란 2개 이상의 지방자치단체가 하나 또는 둘 이상의 사무를 공동으로 처리하기 위해 설립한 공법인으로서의 특별지방자치단체를 말한다(지자법 제176조 제 1 항 · 제 2 항). 지방자치단체조합은 지방자치단체사무의 일부의 공동처리를 위한 것이지, 모든 사무의 공동처리를 위한 것은 아니다. 모든 사무의 공동처리를 위한 지방자치단체조합은 지방자치단체의 합병을 뜻하는 것이기 때문이다. 시 · 도가 구성원인 조합은 행정안전부장관의, 시 · 군 및 자치구가 구성원인 조합은 1차로 시 · 도지사, 2차로 행정안전부장관의 지도 · 감독을 받는다(지자법 제176조 제 1 항 본문).

6. 특별지방자치단체

(1) 의 의 2개 이상의 지방자치단체가 공동으로 특정한 목적을 위하여 광역적으로 사무를 처리할 필요가 있을 때에는 특별지방자치단체를 설치할 수 있다. 이 경우 특별지방자치단체를 구성하는 지방자치단체(이하 "구성 지방자치단체"라 한다)는 상호 협의에 따른 규약을 정하여 구성 지방자치단체의 지방의회 의결을 거쳐 행정안전부장관의 승인을 받아야 한다(지자법 제199조 제 1 항). 이 조항은 2022. 1. 13. 시행 지방자치법전부개정법률에 신설되었다. 입법의 취지는 지역균형 발전의 흐름에 맞추어 초광역권 협력체계(메가시티)를 용이하게 구축할 수 있도록 하는 법적 근거를 마련하기 위한 것으로 보인다.

(2) 지방자치단체조합과 비교 특별지방자치단체는 "2개 이상의 지방자치단체가 공동으로 특정한 목적을 위하여 광역적으로 사무를 처리할 필요가 있을 때(지자법 제199조 제 1항)" 설치할 수 있는데, 이러한 요건은 제176조 제 1 항이 정하는 지방자치단체조합의 설립요건인 "2개 이상의 지방자치단체가 하나 또는 둘 이상의 사무를 공동으로 처리할 필요가 있을 때('전부개정법률' 제199조 제 1 항)"의 한 형태에 해당한다. 왜냐하면 「공동으로 특정한 목적을 위하여 광역적으로 사무를 처리한다」는 것은 「하나 또는 둘 이상의 사무를 공동으로 처리하는 것」의 한 형태에 불과하기 때문이다. 그리고 양자 모두 법인이라는 점 등을 고려할 때, 제176조 이하가 규정하는 지방자치단체조합과 제199조 이하가 규정하는 특별지방자치단체가 본질적으로 달라 보이지 않는다.

7. 기 타

이 밖에도 사법상 형식에 따른 협력(예: 여러 지방자치단체가 원활한 교통을 위해 공동의 출자자가 되어 주식회사인 운수회사를 설립하는 경우), 공·사법형식의 결합에 따른 협력(예: 설립은 공법적으로 하되, 그 경영은 사법적으로 하는 경우)도 예상할 수 있다.

Ⅱ. 지방자치단체 상호간 등의 분쟁조정

1. 분쟁조정권자

지방자치단체 상호간이나 지방자치단체의 장 상호간 사무를 처리할 때 의견이 달라 다툼(분쟁)이 생기면 다른 법률에 특별한 규정이 없으면 행정안전부장관이나 시·도지사가 이를 조정할 수 있다(지자법 제165조 제 1 항). 분쟁조정제도는 신속하고도 효과적인 분쟁해결을 목적으로 한다.

2. 분쟁조정절차

(1) 절차의 개시 분쟁조정은 당사자의 신청에 의한다(지자법 제165조 제 1 항 본문). 그러나 그 분쟁이 공익을 현저히 저해하여 조속한 조정이 필요하다고 인정되면 당사자의 신청이 없어도 직권으로 조정할 수 있다(지자법 제165조 제 1 항 단서). 이 경우, 행정안전부장관이나 시 · 도지사가 분쟁을 조정하는 경우에는 그 취지를 미리 당사자에게 알려야 한다(지자법 제165조 제 2 항).

(2) 협의 · 의결 행정안전부장관이나 시 · 도지사가 분쟁을 조정하고자 할 때에는 관계 중앙행정기관의 장과의 협의를 거쳐 제166조에 따른 지방자치단체중앙분쟁조정위원회나 지방자치단체지방분쟁조정위원회의 의결에 따라 조정하여야 한다(지자법 제165조 제 3 항). 그리고 분쟁조정권자가 조정을 결정하면 서면으로 지체없이 관계 지방자치단체의 장에게 통보하여야 한다(지자법 제165조 제 4 항 제 1 문).

3. 이해의 조절

분쟁조정권자는 조정결정에 따른 시설의 설치 또는 역무의 제공으로 이익을 받거나 그 원인을 일으켰다고 인정되는 지방자치단체에 대하여는 그 시설비나 운영비 등의 전부 또는 일부를 행정안전부장관이 정하는 기준에 따라 부담하게 할 수 있다(지자법 제165조 제 6 항).

4. 조정사항의 이행

조정결정의 통보를 받은 지방자치단체의 장은 그 조정 결정 사항을 이행하여야 한다(지자법 제165조 제 4 항 제 2 문). 조정 결정 사항 중 예산이 필요한 사항에 대해서는 관계 지방자치단체는 필요한 예산을 우선적으로 편성하여야 한다(지자법 제165조 제 5 항 제 1 문).

5. 분쟁조정위원회

제165조 제 1 항에 따른 분쟁의 조정과 제173조 제 1 항에 따른 협의사항의 조정에 필요한 사항을 심의 · 의결하기 위하여 행정안전부에 지방자치단체중앙분쟁조정위원회(이하 "중앙분쟁조정위원회"라 한다)를, 시 · 도에 지방자치단체지방분쟁조정위원회(이하 "지방분쟁조정위원회"라 한다)를 둔다(지자법 제166조 제 1 항).

Ⅲ. 지방자치단체와 국가간의 협력

1. 국가에 의한 협력

중앙행정기관의 장이나 시 · 도지사는 지방자치단체의 사무에 관하여 조언 또는 권고하거나 지도할 수 있다(지자법 제184조 제 1 항 제 1 문). 그리고 국가(또는 시 · 도)는 지방자치단체가 그 지방자치단체의 사무를 처리하는 데에 필요하다고 인정하면 재정지원이나 기술지원을 할 수 있다(지자법 제184조 제 2 항). 국가의 지방자치단체에 대한 재정지원, 그리고 국가가 정보나 자료, 전문지식이나 기술을 지방자치단체에 공급하는 것은 지방자치제도의 실질적 보장 내지 내실화를 위한 것이다.

2. 지방자치단체에 의한 협력

(1) 협력의 주체 · 방식 지방자치단체에 의한 협력은 실제상 지방자치단체의 장에 의한 협력이다. 그것은 지방자치단체의 장이 지방의회와의 협력하에 국가의사결정과정에 참여하는 형식이 된다. 지방자치단체의 장으로 구성되는 협의체(지방자치단체의 장 협의회)가 국가와 협력문제를 논의하는 것도 협력방식의 하나이다.

(2) 협력의 의미 이러한 협력체는 내부적으로는 구성원간의 행정경험을 교환하고, 이로써 유사한 자치행정사항에 대하여는 가능한 한 자치행정의 단일화를 도모할 뿐만 아니라 외부적으로는 국가에 대한 구성원들의 공동의 이익을 대변할 수 있다. 이러한 협력은 부분적인 공공이익을 국가적으로 통합한다는 의미와 국가적인 의사결정과정상 효율 · 효과의 증대수단이 된다는 데 그 의미가 있다.

(3) 협력의 한계 국회나 정부에 대한 비구속적인 조언에 머무르는 것인 한, 지방자치단체의 장의 협의회의 협력은 법상 문제되지 아니한다. 문제는 동 협의회가 구속적인 조언을 할 수 있는가이다. 생각건대 국회의원은 직접 국민으로부터 선출되는 까닭에, 동 협의회의 구속적인 조언 또는 동 협의회와 국가의 공동결정권은 인정할 수가 없다. 절차상의 권리 내지 협력권으로서 다음의 것들은 인정이 가능하다.

① 국회에서의 청문권(입법안 사전열람 및 의견제시)

② 정부계획수립과정에 참여

③ 국무회의 출석 · 발언

④ 행정 각부에 의견전달

⑤ 행정입법공포 전 사전열람 및 의견제시 등

3. 국가와 지방자치단체의 상호협력

(1) 중앙지방협력회의 국가와 지방자치단체 간의 협력을 도모하고 지방자치 발전과 지역 간 균형발전에 관련되는 중요 정책을 심의하기 위하여 중앙지방협력회의를 둔다(지자법 제186조 제 1 항). 제 1 항에 따른 중앙지방협력회의의 구성과 운영에 관한 사항은 따로 법률로 정한다(지자법 제186조 제 2 항). 이 조항은 2022. 1. 13. 시행 지방자치법 전부개정법률에 신설되었다.

(2) 협의조정기구 중앙행정기관의 장과 지방자치단체의 장이 사무를 처리할 때 의견을 달리하는 경우 이를 협의·조정하기 위하여 국무총리 소속으로 행정협의조정위원회를 둔다(지자법 제187조 제 1 항).

제 2 항 지방자치단체의 통제

Ⅰ. 통제의 의의

1. 통제의 필요성

국가가 자신을 여러 지방자치단체로 나누고, 지방자치단체에게 행정을 배분하였다면, 국가는 행정의 배분자로서 당연히 지방자치단체가 자신의 행정을 적법하고 질서 있게 처리하는지를 통제(감시·감독)하여야 한다. 말하자면 모든 행정은 법에 구속되기 때문에 상위의 법질서의 유지자로서 국가는 지방자치단체의 행정이 법에 따라 이루어지는지를 감시·감독하여야 한다.

2. 통제의 성격

지방자치단체에 대한 국가의 통제는 지방자치단체가 국가의 한 부분인 까닭에 당연한 것이며, 이것은 법치국가의 원리에 속한다. 지방자치단체에 대한 국가의 감독은 헌법적으로 보장되는 지방자치제의 구성요소는 아니지만, 그것은 헌법적으로 보장되는 지방자치제와 상관개념이다.

3. 통제의 한계

지방자치단체에 대한 국가의 감독과 관련하여 국가와 지방자치단체는 상호 긴장관계에 놓인다. 국가의 감독은 헌법상 보장되는 지방자치제를 공허하게 할 수 없으며, 국가 내부에서 지방자치단체가 자기책임으로 사무를 수행하도록 하는 헌법의 요구를 무시하여서는 아니 된다. 요컨대 지방자치단체에 대한 국가의 감독은 헌법에 적합한 것이어야 하고, 또한 절제가 따라야 한다. 이와 관련하여 감독에 있어서 비례원칙의 준수가 특히 중요하다.

Ⅱ. 통제의 유형

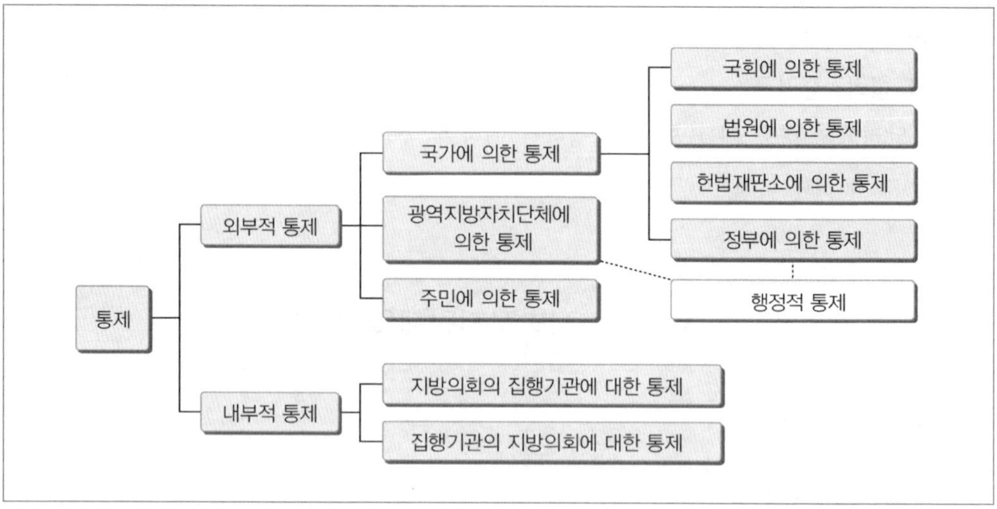

1. 내부적 통제

(1) 내부적 통제의 의미 지방자치단체의 자신에 의한 내부적 감독은 이중의 목표를 갖는다. 즉, 하나는 지방자치단체의 이익을 최적상태로 실현하는 것이고, 또 하나는 지방자치단체에 의한 법률에 의한 행정의 원리를 확보하는 것이다. 전자는 정치적 합목적성의 문제이고, 후자는 법치국가원리의 실현의 문제이다.

(2) 지방의회의 통제수단 집행기관에 대한 지방의회의 감독수단을 넓게 말한다면, 조례제정권을 포함하여 지방의회가 갖는 모든 권한이 집행기관에 대하여 감독의 성질을 갖는다고 할 수 있다. 그러나 통제 그 자체에 중심을 둔 것으로는 지방자치단체의 집행기관의 사무처리에 대한 지방의회의 행정사무감사와 조사(지자법 제49조), 지방자치단체의 장이나 관계공무원의 출석 · 답변요구(지자법 제51조 제 2 항), 지방의회의 회계검사, 즉 결산의 승인제도(지자법 제150조) 등을 들 수 있다.

(3) 집행기관의 통제수단 지방의회에 대한 집행기관의 감독수단으로는 조례에 대한 재의요구(지자법 제32조 제 3 항), 법령에 위반된 의결 등에 대한 재의요구(지자법 제120조 제 1 항), 예산상 집행불가능한 의결에 대한 재의요구(지자법 제121조 제 1 항), 감독청의 요구에 따른

법령위반의 지방의회의결 등에 대한 재의요구(지자법 제192조 제 1 항), 선결처분권(지자법 제122조 제 1 항) 등이 있다. 지방의회임시회소집요구제도(지자법 제54조 제 3 항) 및 의안의 발의제도(지자법 제76조 제 1 항) 등도 지방의회에 대한 통제수단으로서의 성격을 갖는다.

2. 국회에 의한 통제 — 외부적 통제(1)

국회에 의한 통제 중 기본적인 것은 법률의 제정 · 개정을 통해 지방자치단체의 권한행사에 국가의사를 반영시키는 것이다. 입법적 통제는 기본적으로 지방자치단체의 의사형성의 전제를 제공한다는 의미에서 사전적 통제수단으로서의 의미를 갖는다. 입법적 통제는 통제이자 법률에 의한 지방자치단체의 권한의 보장의 성질도 갖는다. 그 밖에 예산을 통한 통제, 국정감사나 국정조사를 통한 통제도 가능하다.

3. 법원에 의한 통제 — 외부적 통제(2)

법원에 의한 감독은 재판을 통하여 지방자치단체의 권한행사의 적법성 여부를 가리는 것을 말한다. 법원에 의한 감독은 성질상 사법적 통제로서 기본적으로 사후적 통제의 성질을 가진다. 법원에 의한 통제로서 행정소송에는 항고소송 · 당사자소송 · 기관소송 · 민중소송이 있다. 이하에서 기관소송에 관해 보기로 한다.

(1) 기관소송의 필요성 현행법상 국가행정의 경우 권한쟁의는 상급행정청이, 최종적으로는 국무회의가 정하도록 되어 있으나(헌법 제89조 제10호 · 제11호), 행정주체 내에 이러한 분쟁을 해결할 수 있는 적당한 기관이 없거나 제 3 자에 의한 공정한 해결을 할 필요가 있는 경우가 있고, 이러한 경우 법원에 제소하여 해결하는 제도가 기관소송이다.

(2) 기관소송의 실정법상 의의 기관소송이란 국가 또는 공공단체의 기관 상호간에 있어서의 권한의 존부 또는 그 행사에 관한 다툼이 있을 때에 이에 대하여 제기하는 소송을 말한다(행소법 제 3 조 제 4 호).

(3) 권한쟁의심판과 구별 ① 형식에서 기관소송은 행정소송이나 권한쟁의심판은 헌법재판이고, ② 대상에 있어 기관소송은 공법상의 법인내부에서의 법적 분쟁을 대상으로 하는 데 반해(학설대립), 권한쟁의 심판은 공법상의 법인 상호간의 외부적인 분쟁을 대상으로 한다. 그러나 헌법재판소법 제62조는 헌법재판소의 관할사항이 되는 소송(예: 국가기관 상호간, 국가기관과 지방자치단체 및 지방자치단체 상호간의 기관쟁의)을 열거하고 있어 국가기관상호간의 분쟁은 권한쟁의심판의 대상이다.

(4) 기관소송의 예 기관소송의 대표적인 예로는 지방자치법 제120조 제 3 항(제192조 제 4 항)에 따른 지방의회와 지방자치단체의 장 사이의 기관소송을 들 수 있다. 다만, 기관소송을 동일한 법주체 내부의 기관간의 소송에 한정할 필요가 없다는 견해도 있다.

(5) 성 질 기관소송은 헌법소송이 아니다. 행정소송법상 기관소송은 행정소송의 일종으로서 객관적 소송으로 규정되고 있다.

4. 헌법재판소에 의한 통제 — 외부적 통제(3)

(1) 권한쟁의심판 헌법재판소는 권한쟁의심판을 통해 지방자치단체의 감독에 관여한다. 국가기관과 지방자치단체간 및 지방자치단체 상호간에 권한의 유무 또는 범위에 관하여 다툼이 있는 때에는 당해 국가기관 또는 지방자치단체는 헌법재판소에 권한쟁의심판을 청구할 수 있다(헌재법 제61조 제 1 항). 기관소송에서는 지방자치단체의 기관이 당사자이지만, 권한쟁의심판에서는 지방자치단체 자체가 당사자가 된다. 헌법재판소의 권한쟁의심판의 결정은 모든 국가기관과 지방자치단체를 기속한다(헌재법 제67조 제 1 항).

(2) 헌법소원 헌법재판소는 헌법소원심판을 통해 지방자치단체의 감독에 관여한다. 지방자치단체의 공권력의 행사 또는 불행사로 인하여 헌법상 보장된 기본권을 침해받은 자는 법원의 재판을 제외하고는 헌법재판소에 헌법소원심판을 청구할 수 있다(헌재법 제68조 제 1 항 본문). 한편, 지방자치단체가 헌법소원을 제기할 수 있다면, 그것 역시 지방자치단체에 대한 헌법재판소의 감독의 성질을 가질 것이다. 현행법상 지방자치단체가 헌법소원을 제기하는 것은 인정되지 아니한다.

5. 정부에 의한 통제 — 외부적 통제(4)

(1) 의 의 정부에 의한 통제란 국가행정권에 의한 지방자치단체의 통제를 의미한다. 국가행정권은 법이 정한 바에 따라 지방자치단체에 대하여 감독과 협력을 행한다. 감독으로는 합법성의 감독과 합목적성의 감독이 있다. 정부에 의한 통제는 행정적 통제라고도 한다(아래의 제 3 항 이하에서 살핀다).

(2) 성 질 국가나 상급지방자치단체의 감독은 지방자치단체의 임무수행에 관해 권고하고, 또한 그 임무를 위법으로부터 보호하고 아울러 지방자치기관의 결정능력과 자기책임성을 강화시켜 주는 데 그 의의를 갖는다. 달리 말한다면 지방자치단체에 대한 감독은 기본적으로 ① 지방자치단체가 헌법과 법률에 적합한 행정을 행할 것을 보장하고, ② 지방자치단체 자신의 권리를 보호하고, ③ 지방자치단체의 의무의 이행을 확실하게 하기 위함에 그 의미가 있다. 한편 지방자치단체에 대한 국가나 광역지방자치단체의 감독은 자치사무에 대해서는 적법성의 감독을, 위임사무에 대해서는 적법성의 감독과 타당성(합목적성)의 감독을 내용으로 한다.

6. 광역지방자치단체에 의한 통제 — 외부적 통제(5)

정부에 의한 통제와 같다.

7. 주민에 의한 통제 — 외부적 통제(6)

주민에 의한 통제는 지방자치행정에 주민의 참여를 통한 통제를 의미한다. 이러한 것은 지방자치와 주민의 참여의 문제로서 논의된다.

제 3 항 자치사무에 대한 감독(행정적 통제 Ⅰ)

Ⅰ. 일 반 론

1. 필 요 성

지방자치행정에 국가나 광역지방자치단체의 적법성의 통제가 요구되는 것은 다음에 그 이유가 있다. 즉 국가행정과 자치행정 또는 광역지방자치단체의 자치행정과 기초지방자치단체의 자치행정은 조직상 분리되어 있으나 기능상으로는 단일체를 구성하고 있는바, 국가나 광역지방자치단체는 지방자치행정 내부에서 행정임무가 적법하게 수행되고 행정의 법률적합성의 원칙이 유지되어야 하는 데 대한 책임을 부담해야 하기 때문이다. 요컨대 모든 자치단체의 사무는 국가의 목표·목적에 부합하여야만 하기 때문이다.

2. 법적 근거·성격

적법성의 감독에 대한 일반적인 법적 근거로 지방자치법 제188조, 제190조, 제192조 등이 있다. 그리고 적법성의 감독은 지방자치단체의 행위의 적법성의 심사이며, 타당성의 심사는 아니다. 지방자치단체의 자치사무에 대한 감독이 적법성의 감독에 한정되는 것은 지방자치단체가 고유의 의사에 따라 자신의 임무를 수행하는 고권주체이기 때문이다.

3. 감 독 청

광역지방자치단체에 대한 감독의 주체는 국가이고, 기초지방자치단체에 대한 감독의 주체는 광역지방자치단체이다(지자법 제188조 제 1 항, 제192조 제 1 항). 국가가 감독기관인 경우를 보다 구체적으로 보면, 지방자치단체에 대한 일반적 감독청은 행정안전부장관이고(정조법 제34조 제 1 항, 제26조 제 3 항), 교육감에 대한 감독청은 교육부장관이며(지방교육자치에 관한 법률 제28조, 정조법 제26조 제 3 항), 행정각부의 장관은 소관사무에 관하여 감독청이 되고(정조법 제26조 제 3 항), 감사원은 모든 회계감사와 직무감찰을 행한다(감사원법 제22조, 제24조).

4. 감독범위

(1) 공법작용과 사법작용 감독청이 사법에 근거하여 행한 작용까지 감독을 행할 수 있는가는 문제이다. 생각건대 사법규정을 준수할 것을 권고하는 것은 적법성 보장이라는 면과 관련하여 별문제가 없다. 그러나 감독청이 사법상의 의무를 강제할 수 있는가에 대해서는 의문이 있다. 지방자치단체의 의무의 이행이 공익, 즉 주민공동의 이익과 무관한 것이라면 강제수단에 의한 법규감독은 배제된다고 본다.

(2) 감독의 내용 적법성 여부의 감독, 즉 공법규정준수 여부를 감독한다고 할 때, ① 법상 의무의 이행 여부, ② 법상 권한의 남용 여부, ③ 법상 절차규정 준수 여부, ④ 재량남용 여부, ⑤ 불확정개념의 해석과 적용의 적정 여부 등이 감독의 주된 내용이 된다.

Ⅱ. 사전적 수단

1. 조언·권고·지원

중앙행정기관의 장이나 시·도지사는 지방자치단체의 사무에 관하여 조언 또는 권고하거나 지도할 수 있으며, 이를 위하여 필요하면 지방자치단체에 자료의 제출을 요구할 수 있다(지자법 제184조).

2. 보고제도(정보권)와 감사

임무수행에 필요한 것인 한, 감독청은 관련 지방자치단체에게 개개의 사무에 관해 자신에게 보고토록 할 수 있다. 말하자면 행정안전부장관이나 시·도지사는 지방자치단체의 자치사무에 관하여 보고를 받거나(보고 징수)(예: 지자법 제190조의 보고, 제35조의 조례·규칙의 제정·개폐의 보고, 제149조 제 2 항의 의결된 예산의 보고, 제150조 제 2 항의 결산의 승인의 보고), 서류·장부 또는 회계를 감사할 수 있다(사무 감사)(예: 지자법 제190조의 감사). 이것은 사후적 수단의 성격도 갖는다. 다만 서류·장부 또는 회계에 대한 감사는 법령위반사항에 대하여만 실시한다(지자법 제190조 제 1 항 제 2 문). 행정안전부장관이 지방자치법 제190조에 따라 서울특별시의 자치사무에 관한 감사를 하고자 할 때에는 국무총리의 조정을 거쳐야 한다(서울특별시 행정특례에 관한 법률 제 4 조 제 2 항).

3. 승인유보제도

(1) 의 의 승인유보제도란 지방자치단체의 어떠한 행위에 감독청의 승인·동의·확인 등을 요구하는 것을 말한다(예: 지방자치법 제176조 제 1 항에 따른 지방자치단체조합의 설립시 국가나 광역지방자치단체의 승인). 승인유보제도는 협력을 통한 통제의 의미를 갖는다. 승인의 시기는 승인을 요하는 사항의 성질에 따라 당해 행위에 선행할 수도 있고(사전적 협력), 후행할 수도 있다(사후적 협력). 승인유보는 원칙적으로 예방적 통제수단이다.

(2) 법적 근거와 절차법 승인의 법적 근거는 일반적 형식으로 규정되는 것이 아니고, 개별규정으로 주어진다. 현행 지방자치법상 감독청의 승인을 요하는 사항으로는 자치구가 아닌 구와 읍·면·동의 폐치분합의 승인(지자법 제 7 조 제 1 항), 지방자치단체조합 설립의 승인(지자법 제176조 제 1 항) 등이 있다. 한편, 지방자치단체의 자치사무와 관련하여 발령되는 감독청의 승인행위는 형성적인 행정행위이므로, 그 절차에는 개별 법률상 특별규정이 없는 한, 행정절차법이 적용된다.

(3) 승인심사의 범위 승인유보의 경우에 감독청의 심사범위는 승인을 요하는 행위의 적법성에 한정되는가 아니면 적법성뿐만 아니라 합목적성에까지 미치는가에 대하여 통일된 견해는 없어 보인다. 독일의 일반적인 견해는 적법성의 심사에 한정되는 경우도 있고, 합목적성까지 심사할 수 있는 경우도 있다고 하여 승인유보의 심사범위를 유형적으로 검토한다. 일반적 견해가 타당하다. 국가와 지방자치단체가 공동결정의 의미를 갖는 경우(예: 지방자치단체의 기채에 대한 승인)에는 후자에 해당한다고 본다.

(4) 승인의 재량성 감독청의 승인행위는 의무에 합당한 재량에 따라 이루어져야 한다. 그것은 법으로부터 자유로운 행위가 아니기 때문이다. 승인을 요하는 행위에 대하여 감독청이 승인을 거부하거나 승인을 방치하면, 그 승인을 요하는 행위는 원래의 효과를 발할 수 없다. 이 경우 관련 지방자치단체는 승인의 거부에 대하여 승인발령청구권을 갖는가의 문제가 있다. 독일의 지배적인 견해는 승인발령청구권을 부인하고, 승인청에 대하여 승인발령과 관련하여 재량여지·판단여지를 보장한다.

Ⅲ. 사후적 수단

1. 이의제도(지방의회에 대한 감독)

(1) 이의제도의 의의 이의제도란 지방의회의 의결에 대하여 감독청이 이의를 제기하고, 그 시정을 요구하는 제도를 말한다. 이의를 제기할 수 있는 감독청의 권한이 이의권이다. 이의제도는 법치국가에서 법의 단일성·동일성의 확보를 위한 것이다. 감독청의 이의

는 지방의회의 의결에 대한 것이지, 지방자치단체의 장에 대한 것이 아니다.

(2) 재의요구의 지시

(가) **의 의** ① 지방의회의 의결이 법령에 위반되거나 공익을 현저히 해친다고 판단되면 시·도에 대해서는 주무부장관이, 시·군 및 자치구에 대해서는 시·도지사가 해당 지방자치단체의 장에게 재의를 요구하게 할 수 있다(지자법 제192조 제 1 항 제 1 문)(제 1 항 재의 요구 지시). ② 시·군 및 자치구의회의 의결이 법령에 위반된다고 판단됨에도 불구하고 시·도지사가 제 1 항에 따라 재의를 요구하게 하지 아니한 경우 주무부장관이 직접 시장·군수 및 자치구의 구청장에게 재의를 요구하게 할 수 있다(지자법 제192조 제 2 항 제 1 문)(제 2 항 재의 요구 지시).

(나) **대 상** 재의요구지시의 대상은 지방의회의 의결이다. 자치사무뿐만 아니라 단체위임사무에 대한 의결에도 적용된다. 왜냐하면 단체위임사무도 지방의회의 의결의 대상이기 때문이다. 의결의 종류에는 특별한 제한이 없다. 조례안의 의결도 당연히 포함된다. 다만 대내·대외적으로 구속력이 없는 의결은 성질상 재의요구의 대상과 거리가 멀다.

(다) **사 유** ① 제 1 항 재의 요구 지시의 경우, 그 사유는 법령위반과 공익을 현저히 해하는 것이다. ② 제 2 항 재의 요구 지시의 경우, 그 사유는 법령위반이다.

(3) 재의의 요구, 재의결, 제소

(가) **의무적 요구** 재의 요구 지시를 받은 지방자치단체의 장은 의결사항을 이송받은 날부터 20일 이내에 지방의회에 이유를 붙여 재의를 요구하여야 한다(지자법 제192조 제 1 항 제 2 문, 제 2 항 제 2 문). 재의요구에는 이유를 붙여야 한다.

(나) **재의결 사항의 확정** 제 1 항 또는 제 2 항의 요구에 대하여 재의한 결과 재적의원 과반수의 출석과 출석의원 3분의 2 이상의 찬성으로 전과 같은 의결을 하면 그 의결사항은 확정된다(지자법 제192조 제 3 항).

(다) **단체장의 제소와 집행정지신청** ① 지방자치단체의 장은 제 3 항에 따라 재의결된 사항이 법령에 위반된다고 판단되면 재의결된 날부터 20일 이내에 대법원에 소를 제기할 수 있다. 이 경우 필요하다고 인정되면 그 의결의 집행을 정지하게 하는 집행정지결정을 신청할 수 있다(지자법 제192조 제 4 항). 제소사유는 법령위반에 한한다. 공익을 현저히 해하는 것은 제소사유가 아니다.

(4) 재의 요구 지시에 불응하는 경우 제 1 항 또는 제 2 항에 따라 지방의회의 의결이 법령에 위반된다고 판단되어 주무부장관이나 시·도지사로부터 재의 요구 지시를 받은 해당 지방자치단체의 장이 재의를 요구하지 아니하는 경우(법령에 위반되는 지방의회의 의결사항이 조례안인 경우로서 재의 요구 지시를 받기 전에 그 조례안을 공포한 경우를 포함한다)에는 주무부장관이나 시·도지사는 제 1 항 또는 제 2 항에 따른 기간이 지난 날부터 7일 이내에 대법원에 직접 제소 및 집행정지 결정을 신청할 수 있다(지자법 제192조 제 8 항).

(5) 재의결된 사항의 법령 위반에도 제소하는 않는 경우 ① 주무부장관이나 시·도지사는 재의결된 사항이 법령에 위반된다고 판단됨에도 불구하고 해당 지방자치단체의 장이 소를 제기하지 아니하면 시·도에 대해서는 주무부장관이, 시·군 및 자치구에 대해서는 시·도지사(제 2 항에 따라 주무부장관이 직접 재의 요구 지시를 한 경우에는 주무부장관을 말한다)가 그 지방자치단체의 장에게 제소를 지시하거나 직접 제소 및 집행정지결정을 신청할 수 있다(지자법 제192조 제 5 항). ② 제 5 항에 따른 제소의 지시는 제 4 항의 기간이 지난 날부터 7일 이내에 하고, 해당 지방자치단체의 장은 제소지시를 받은 날부터 7일 이내에 제소하여야 한다(지자법 제192조 제 6 항). ③ 주무부장관이나 시·도지사는 제 6 항의 기간(감독청의 제소지시에 따라 단체장이 제소하여야 하는 기간)이 지난 날부터 7일 이내에 제 5 항에 따른 직접 제소 및 집행정지결정을 신청할 수 있다(지자법 제192조 제 7 항). 감독청이 직접 제소하는 경우, 그 소송은 일종의 특수한 규범소송의 성질을 갖는다.

(6) 이의제도의 한계 현행 지방자치법상 이의제도는 지방의회의 적극적인 의사결정작용인 의결만을 대상으로 할 뿐, 의사결정의 부작위(예: 의무조례의 미제정)를 대상으로 하지 아니한다. 여기에 현행 이의제도의 한계가 놓인다. 지방의회의 의사결정의 부작위도 경우에 따라서는 위법하게 주민권리를 침해할 수도 있으므로, 이에 대한 보완책의 마련이 필요하다.

2. 시정제도(지방자치단체장에 대한 감독)

(1) 의 의 지방자치단체의 사무에 관한 지방자치단체의 장(제103조 제 2 항에 따른 사무의 경우에는 지방의회의 의장을 말한다)의 명령이나 처분이 법령에 위반되거나 현저히 부당하여 공익을 해친다고 인정되면 시·도에 대해서는 주무부장관이, 시·군 및 자치구에 대해서는 시·도지사가 기간을 정하여 서면으로 시정할 것을 명하고, 그 기간에 이행하지 아니하면 이를 취소하거나 정지할 수 있다(지자법 제188조 제 1 항). 본 조항은 시정명령과 취소·정지에 관한 일반적 근거조항이다.

(2) 대 상 ① 시정명령과 취소·정지는 지방자치단체의 사무를 대상으로 한다. 지방자치단체의 사무에는 자치사무와 단체위임사무가 있으므로 시정명령은 자치사무와 단체위임사무를 대상으로 한다. 기관위임사무는 시정명령과 취소·정지의 대상이 아니다. 반대견해도 있다.

(3) 사 유 시정명령과 취소·정지의 사유는 법령에 위반되거나 현저히 부당하여 공익을 해치는 경우이다. 그 의미는 재의요구의 경우와 같다. 다만 자치사무에 관한 명령이나 처분에 대한 주무부장관 또는 시·도지사의 시정명령과 취소·정지는 법령을 위반한 것에 한정한다(지자법 제188조 제 5 항).

▌대판 2007. 3. 22, 2005추62 전원합의체(지방자치법 제157조 제 1 항 전문 및 후문에서 규정하고 있는 지방자치단체의 사무에 관한 그 장의 명령이나 처분이 법령에 위반되는 경우라 함은 **명령이나 처분이 현저히 부당하여 공익을 해하는 경우**, 즉 합목적성을 현저히 결하는 경우와 대비되는 개념으로, 시 · 군 · 구의 장의 사무의 집행이 **명시적인 법령의 규정을 구체적으로 위반한 경우**뿐만 아니라 그러한 사무의 집행이 **재량권을 일탈 · 남용하여 위법하게 되는 경우**를 포함한다고 할 것이므로, 시 · 군 · 구의 장의 자치사무의 일종인 당해 지방자치단체 소속 공무원에 대한 승진처분이 재량권을 일탈 · 남용하여 위법하게 된 경우 시 · 도지사는 지방자치법 제157조 제 1 항 후문에 따라 그에 대한 시정명령이나 취소 또는 정지를 할 수 있다)(**울산광역시 북구 전공노 공무원 승진 사건**).

(4) 효 과 시정명령으로 인해 시정명령을 받은 지방자치단체는 위법행위 등을 시정할 의무를 진 있다. 시정명령에 정해진 기간에 시정명령을 이행하지 아니하면 감독청은 이를 취소하거나 정지할 수 있다(지자법 제188조 제 1 항).

(5) 지방자치단체의 장의 제소 지방자치단체의 장은 제 1 항 … 에 따른 자치사무에 관한 명령이나 처분의 취소 또는 정지에 대하여 이의가 있으면 그 취소처분 또는 정지처분을 통보받은 날부터 15일 이내에 대법원에 소를 제기할 수 있다(지자법 제188조 제 6 항). 원고는 지방자치단체의 대표기관인 지방자치단체의 장이다. 피고는 감독청이다. 판례는 지방의회를 피고로 본다(대판 2013. 5. 23, 2012추176).

■ 참고 ■

대판 2013. 5. 23, 2012추176은 서울특별시의회가 서울시 및 산하기관의 퇴직공무원으로 구성된 사단법인 서울시 시우회와 서울시의회 전 · 현직의원으로 구성된 사단법인 서울시 의정회가 추진하는 사업에 대하여 사업비를 보조할 수 있도록 하는 내용의 '서울특별시 시우회 등 육성 및 지원 조례안'을 의결하고 서울특별시장에게 이송하였고, 원고 행정안전부장관이 주무부장관의 권한으로 서울시장에게 이 사건 조례안의 재의를 요구하였으나, 서울시장은 원고의 재의요구지시를 따르지 않고 이 사건 조례안을 그대로 공포하였다. 이에 원고가 서울특별시의회를 피고로 하여 조례안의결무효확인의소송을 제기한 사건이다.

(6) 시·도지사가 시정명령을 하지 않는 경우

㈎ 「시 · 도지사는 시정명령을 하라」는 명령 주무부장관은 지방자치단체의 사무에 관한 시장 · 군수 및 자치구의 구청장의 명령이나 처분이 법령에 위반되거나 현저히 부당하여 공익을 해침에도 불구하고 시 · 도지사가 제 1 항에 따른 시정명령을 하지 아니하면 시 · 도지사에게 기간을 정하여 시정명령을 하도록 명할 수 있다(지자법 제188조 제 2 항). 이 조항은 2022. 1. 13. 시행 지방자치법 전부개정법률에 신설된 것이다.

㈏ 시 · 도지사의 불응 시, 주무부장관의 취소 · 정지 주무부장관은 시 · 도지사가 제 2 항에 따른 기간에 시정명령을 하지 아니하면 제 2 항에 따른 기간이 지난 날부터 7일 이내에 직접 시장 · 군수 및 자치구의 구청장에게 기간을 정하여 서면으로 시정할 것을 명하고, 그 기간에 이행하지 아니하면 주무부장관이 시장 · 군수 및 자치구의 구청장의 명령이나 처분

을 취소하거나 정지할 수 있다(지자법 제188조 제 3 항). 이 조항은 2022. 1. 13. 시행 지방자치법 전부개정법률에 신설된 것이다.

(다) **사 유** 제 1 항부터 제 4 항까지의 규정에 따른 자치사무에 관한 명령이나 처분에 대한 주무부장관 또는 시 · 도지사의 시정명령, 취소 또는 정지는 법령을 위반한 것에 한정한다(지자법 제188조 제 5 항).

(라) **제 소** 지방자치단체의 장은 … 제 3 항 …에 따른 자치사무에 관한 명령이나 처분의 취소 또는 정지에 대하여 이의가 있으면 그 취소처분 또는 정지처분을 통보받은 날부터 15일 이내에 대법원에 소를 제기할 수 있다(지자법 제188조 제 6 항).

(7) 시 · 도지사의 시정명령을 시장 · 군수 및 자치구 구청장이 불이행함에도 시 · 도지사가 취소 · 정지를 하지 않는 경우

(가) **「시 · 도지사는 취소 · 정지하라」라는 명령, 직접 취소 · 정지** 주무부장관은 시 · 도지사가 시장 · 군수 및 자치구의 구청장에게 제 1 항에 따라 시정명령을 하였으나 이를 이행하지 아니한 데 따른 취소 · 정지를 하지 아니하는 경우에는 시 · 도지사에게 기간을 정하여 시장 · 군수 및 자치구의 구청장의 명령이나 처분을 취소하거나 정지할 것을 명하고, 그 기간에 이행하지 아니하면 주무부장관이 이를 직접 취소하거나 정지할 수 있다(지자법 제188조 제 4 항)(대판 1998. 7. 10, 97추67). 이것이 감독청의 취소 · 정지권이다.

(나) **취소 · 정지하라는 명령, 취소 · 정지의 사유** 제 1 항부터 제 4 항까지의 규정에 따른 자치사무에 관한 명령이나 처분에 대한 주무부장관 또는 시 · 도지사의 시정명령, 취소 또는 정지는 법령을 위반한 것에 한정한다(지자법 제188조 제 5 항). 단체위임사무의 경우에는 법령위반 외에 현저히 부당하여 공익을 해하는 명령이나 처분도 감독청의 취소 · 정지의 사유가 된다.

(다) **제 소** 지방자치단체의 장은 … 제 4 항…에 따른 자치사무에 관한 명령이나 처분의 취소 또는 정지에 대하여 이의가 있으면 그 취소처분 또는 정지처분을 통보받은 날부터 15일 이내에 대법원에 소를 제기할 수 있다(지자법 제188조 제 6 항).

(8) 시정명령제도의 한계 현행 지방자치법상 시정명령제도는 지방자치단체의 장의 적극적인 의사결정작용인 명령이나 처분만을 대상으로 할 뿐, 의사결정의 부작위(예: 의무규칙의 미제정)를 대상으로 하지 아니한다. 이것이 현행 시정명령제도의 한계이다. 지방자치단체의 장의 의사결정의 부작위도 경우에 따라서는 위법하게 주민의 권리를 침해할 수도 있으므로, 이에 대한 보완책의 마련이 필요하다.

제 4 항 단체위임사무에 대한 감독(행정적 통제 Ⅱ)

Ⅰ. 일 반 론

1. 의 의

단체위임사무에 대한 감독에는 적법성의 감독 외에 타당성의 감독이 있다. 자치사무에는 적법성의 감독이 가해지지만, 단체위임사무에는 적법성의 감독(예: 판단여지의 하자, 불확정 개념, 비례원칙위반의 통제)뿐만 아니라 타당성의 감독(예: 다수의 동등하게 적법한 선택 중에서 여론·비용 등을 고려하여 전문감독청의 최상의 합목적적인 지시에 따르도록 하는 명령)도 가해진다(법률로 적법성의 감독만을 규정할 수도 있다). 지방자치단체의 단체위임사무에 대한 감독에 타당성의 감독이 포함되는 것은 그 사무가 원래 위임자의 사무이기 때문이다.

2. 법적 근거

단체위임사무의 감독에 관한 일반적인 법적 근거로 지방자치법 제185조, 제188조, 제192조가 있다. 이러한 조항들은 '법령위반'이라는 용어로서 적법성 감독을, '현저히 부당하여 공익을 해한다'는 표현으로서 타당성 감독을 표현하고 있다.

3. 감 독 청

지방자치단체나 그 장이 위임받아 처리하는 국가사무에 관하여 시·도에서는 주무부장관의, 시·군 및 자치구에서는 1차로 시·도지사의, 2차로 주무부장관의 지도·감독을 받는다(지자법 제169조 제 1 항). 제 2 차 감독의 원인은 제 1 차 감독기관이 의무에 반하여 활동하지 아니하거나, 위법하게 활동하는 경우이다. 한편, 시·군 및 자치구나 그 장이 위임받아 처리하는 시·도의 사무에 관하여 시·도지사의 지도·감독을 받는다(지자법 제169조 제 2 항). 감사원은 모든 회계감사와 직무감찰을 행한다(감사원법 제22조, 제24조).

4. 감독범위

감독청은 공법에 근거한 작용에 대하여 감독할 수 있다. 그리고 자치사무의 경우와 달리 단체위임사무의 경우에는 감독청이 사법에 근거하여 행한 작용까지 감독을 할 수 있다. 왜냐하면 단체위임사무는 위임자의 사무이기 때문이다.

Ⅱ. 사전적 수단

1. 조언·권고·지도

단체위임사무의 경우에도 중앙행정기관의 장이나 시·도지사는 지방자치단체의 사무에 관하여 조언 또는 권고하거나 지도할 수 있으며(지자법 제184조 제 1 문), 이를 위하여 필요하면 지방자치단체에 자료의 제출을 요구할 수 있다(지자법 제184조 제 2 문).

2. 보고제도

지방자치법은 단체위임사무와 관련하여 보고징수에 관한 규정을 두고 있지 않다. 그러나 단체위임사무의 경우에는 후술하는 기관위임사무에 대한 감독원리를 유추하여 감독청은 지휘·감독의 수단으로서 관련 지방자치단체로부터 개개의 사무에 관하여 보고를 받을 수 있다고 보겠다(행정권한의 위임 및 위탁에 관한 규정(이하 임탁정) 제 6 조 참조).

3. 감 사

감독청(행정안전부장관 또는 시·도지사)은 위임에 관한 일반규정 및 감독에 관한 일반규정인 지방자치법 제185조에 근거하여 사무수행에 필요한 범위 안에서 관련 지방자치단체의 사무에 관하여 서류·장부 또는 회계를 감사할 수 있다.

Ⅲ. 사후적 수단

1. 이의제도(지방의회에 대한 감독)

자치사무에서 살펴본 이의제도와 같다.

2. 시정명령(지방자치단체장에 대한 감독)

① 기본적으로 자치사무에서 살펴본 시정명령제도와 같다, ② 다만, 단체위임사무에 대한 시정명령의 사유에 법령위반 외에 부당이 포함된다는 점, 시정명령은 감독청의 자신의 권한에 속하는 사항에 관한 것이므로 내부적 행위의 성격을 가지는바, 행정소송법상 행정처분의 일종으로 보기 어렵다는 점, 시정명령의 불이행시에 가해지는 취소·정지처분에 대하여 대법원에 출소가 허용되지 아니한다는 점에서 차이가 난다. ③ 지방자치법상 시정명령제도는 지방자치단체의 장의 적극적인 의사결정작용인 명령이나 처분만을 대상으로 할 뿐, 의사결정의 부작위(예: 의무규칙의 미제정)는 대상으로 하지 아니한다. 그러나 감독청은 위임에 관한 일반규정에 근거하여 부작위된 행위의 이행을 명할 수 있을 것이다.

제 5 항 기관위임사무에 대한 감독(행정적 통제 Ⅲ)

Ⅰ. 일 반 론

1. 관념·법적 근거

기관위임사무에 대한 감독에도 단체위임사무와 마찬가지로 적법성의 감독 외에 타당성의, 감독이 있다. 적법성의 감독과 타당성의 감독의 내용은 단체위임사무의 경우와 같다. 한편, 지방기관위임사무의 감독에 관한 법적 근거로 지방자치법 제185조, 제189조가 있다.

2. 감독청·감독의 범위

지방자치단체의 장이 위임받아 처리하는 국가사무에 관하여는 시·도에서는 주무부장관의, 시·군 및 자치구에서는 1차로 시·도지사의, 2차로 주무부장관의 지도·감독을 받는다(지자법 제185조 제 1 항). 제 2 차 감독의 원인과 방법은 단체위임사무의 경우와 같다. 한편, 시·군 및 자치구나 그 장이 위임받아 처리하는 시·도의 사무에 관하여는 시·도지사의 지도·감독을 받는다(지자법 제185조 제 2 항). 그리고 감사원은 모든 회계감사와 직무감찰을 행한다(감사원법 제22조, 제24조). 감독의 범위는 단체위임사무의 경우와 동일하다.

Ⅱ. 사전적 수단

1. 조언·권고·지도

단체위임사무의 경우와 달리 지방자치법상 명문의 규정이 없지만, 위임에 관한 일반규정에 의하여 기관위임사무의 경우에도 중앙행정기관의 장 또는 시·도지사는 조언 또는 권고하거나 지도할 수 있을 것이다(임탁정 제 6 조 참조). 다만 지도의 경우에는 지방자치법 제185조에서 근거를 찾을 수 있다.

2. 보고제도

지방자치법은 기관위임사무와 관련하여 보고징수에 관한 규정을 두고 있지 않다. 그러나 기관위임사무의 경우에도 위임에 관한 일반규정에 의해 감독청은 관련 지방자치단체로부터 개개의 사무에 관하여 보고를 받을 수 있을 것이다(임탁정 제 6 조 참조).

3. 감 사

지방자치법은 기관위임사무와 관련하여 감사에 관한 규정을 두고 있지 않다. 그러나 기관위임사무에도 위임에 관한 일반규정 및 감사에 관한 일반규정에 근거하여 사무수행에 필요한 범위 안에서 감독청은 관련 지방자치단체의 사무에 관하여 수임사무처리상황, 서류·장부 또는 회계를 감사할 수 있을 것이다(임탁정 제 9 조 참조).

Ⅲ. 사후적 수단

1. 시정명령

지방자치법이 규정하는 지방의회에 대한 감독수단인 이의제도와 지방자치단체의 장에 대한 감독수단인 시정명령제도는 자치사무와 단체위임사무에 적용될 뿐, 기관위임사무에는 적용되지 아니한다. 기관위임사무는 위임에 관한 일반규정에 의하여 감독청의 시정명령이나 취소·정지의 대상이 된다(임탁정 제 6 조; 지자법 제185조).

2. 직무이행명령

지방자치법은 기관위임사무에 대한 감독수단으로 직무이행명령제도를 규정하고 있다. 직무이행명령이란 지방자치단체의 장이 기관위임사무의 집행 등을 게을리하는 경우에 감독청이 그 이행을 명하여 부작위를 시정하는 제도를 말한다. 이행을 명령할 수 있는 감독청의 권한이 직무이행명령권이다. 직무이행명령은 기관위임사무에만 적용될 뿐이고(단체위임사무를 대상으로 한다는 견해도 있다), 자치사무나 단체위임사무에는 적용되지 아니한다. 지방자치법상 직무이행명령제도는 다단계로 구성되어 있다.

(1) 직무이행명령의 발령

㈎ **명령의 주체와 상대방** 지방자치단체의 장이 법령의 규정에 따라 그 의무에 속하는 국가위임사무나 시·도위임사무의 관리와 집행을 명백히 게을리하고 있다고 인정되면 시·도에 대하여는 주무부장관이, 시·군 및 자치구에 대하여는 시·도지사가 기간을 정하여 서면으로 이행할 사항을 명령할 수 있다(지자법 제189조 제 1 항).

㈏ **명령의 대상** 직무이행명령의 대상은 법령의 규정에 의하여 장의 업무에 속하는 국가위임사무 또는 시·도위임사무, 즉 장의 기관위임사무이다(대판 2015. 9. 10, 2013추517). 그 사무의 내용에는 일반·추상적인 법규정립행위(예: 규칙발령)뿐만 아니라 개별·구체적인 행위(예: 행정행위)도 포함되며, 사실행위도 포함된다.

㈐ **행사 요건** ① 지방자치단체의 장의 고의적인 의무불이행 상태가 있어야 하며

(재정 능력이나 인력의 부족으로 불이행되는 경우는 제외된다), ② 의무이행을 위한 적합한 이행기간이 설정되어야 하고, ③ 서면의 형식으로 하여야 한다.

(2) 대집행 등 주무부장관이나 시 · 도지사는 해당 지방자치단체의 장이 제 1 항의 기간에 이행명령을 이행하지 아니하면 그 지방자치단체의 비용부담으로 대집행 또는 행정상 · 재정상 필요한 조치(이하 이 조에서 "대집행등"이라 한다)를 할 수 있다. 이 경우 행정대집행에 관하여는 「행정대집행법」을 준용한다(지자법 제188조 제 2 항).

(3) 제 소 지방자치단체의 장은 제 1 항 …에 따른 이행명령에 이의가 있으면 이행명령서를 접수한 날부터 15일 이내에 대법원에 소를 제기할 수 있다. 이 경우 지방자치단체의 장은 이행명령의 집행을 정지하게 하는 집행정지결정을 신청할 수 있다(지자법 제189조 제 6 항).

▌대판 2013. 6. 27, 2009추206(직무이행명령 및 이에 대한 이의소송 제도의 취지는 국가위임사무의 관리 · 집행에서 주무부장관과 해당 지방자치단체의 장 사이의 지위와 권한, 상호 관계 등을 고려하여, **지방자치단체의 장이 해당 국가위임사무에 관한 사실관계의 인식이나 법령의 해석 · 적용에서 주무부장관과 견해를 달리하여 해당 사무의 관리 · 집행을 하지 아니할 때**, 주무부장관에게는 그 사무집행의 실효성을 확보하기 위하여 지방자치단체의 장에 대한 직무이행명령과 그 불이행에 따른 후속 조치를 할 권한을 부여하는 한편, 해당 지방자치단체의 장에게는 직무이행명령에 대한 이의의 소를 제기할 수 있도록 함으로써, 국가위임사무의 관리 · 집행에 관한 두 기관 사이의 분쟁을 대법원의 재판을 통하여 합리적으로 해결함으로써 그 사무집행의 적법성과 실효성을 보장하려는 데 있다)(**경기도교육감 직무이행명령 이행거부 사건**).

(4) 시·도지사가 이행명령을 하지 않는 경우

㈎ **「시 · 도지사는 이행명령을 하라」라는 주무부장관의 명령** 주무부장관은 시장 · 군수 및 자치구의 구청장이 법령에 따라 그 의무에 속하는 국가위임사무의 관리와 집행을 명백히 게을리하고 있다고 인정됨에도 불구하고 시 · 도지사가 제 1 항에 따른 이행명령을 하지 아니하는 경우 시 · 도지사에게 기간을 정하여 이행명령을 하도록 명할 수 있다(지자법 제189조 제 3 항).

㈏ **시 · 도지사의 불응 시, 주무부장관의 취소 · 정지** 주무부장관은 시 · 도지사가 제 3 항에 따른 기간에 이행명령을 하지 아니하면 제 3 항에 따른 기간이 지난 날부터 7일 이내에 직접 시장 · 군수 및 자치구의 구청장에게 기간을 정하여 이행명령을 하고, 그 기간에 이행하지 아니하면 주무부장관이 직접 대집행등을 할 수 있다(지자법 제189조 제 4 항).

㈐ **제 소** 지방자치단체의 장은 … 제 4 항에 따른 이행명령에 이의가 있으면 이행명령서를 접수한 날부터 15일 이내에 대법원에 소를 제기할 수 있다. 이 경우 지방자치단체의 장은 이행명령의 집행을 정지하게 하는 집행정지결정을 신청할 수 있다(지자법 제189조 제 6 항).

(5) 시·도지사의 시정명령을 시장·군수 및 자치구 구청장이 불이행함에도 시·도지사가 대집행 등을 하지 않는 경우

(가) **「시 · 도지사는 대집행등을 하라」라는 명령, 직접 대집행** 주무부장관은 시 · 도지사가 시장 · 군수 및 자치구의 구청장에게 제 1 항에 따라 이행명령을 하였으나 이를 이행하지 아니한 데 따른 대집행등을 하지 아니하는 경우에는 시 · 도지사에게 기간을 정하여 대집행등을 하도록 명하고, 그 기간에 대집행등을 하지 아니하면 주무부장관이 직접 대집행등을 할 수 있다(지자법 제189조 제 5 항).

(나) **제 소** 지방자치법에는 주무부장관의 직접 대집행에 대한 소에 관하여 규정하는 바가 없다. 제소의 가능 여부는 행정소송법에 따라 판단할 문제이다. 사안에 따라서는 행정소송의 제기가 가능한 경우도 있을 수 있다.

• 제 3 장

공무원법

제1절 일 반 론

공무원법이란 행정을 행하는 인적 요소인 공무원의 법관계를 규율하는 법규의 총괄개념이다. 공무원법은 공무원을 대상으로 한다. 공무원법은 국가조직 또는 지방자치단체조직의 내부관계를 중심으로 한다.

제1항 공무원법의 헌법적 기초

I. 민주적 공무원제도

▪ 헌법 제7조 ① 공무원은 국민전체에 대한 봉사자이며, 국민에 대하여 책임을 진다.

1. 국민전체의 봉사자

공무원은 국민전체의 봉사자이다(헌법 제7조 제1항 제1문). 공무원이 국민전체의 봉사자라는 것은 공무원의 근무관계가 공평무사한 직무수행의무의 원칙에 따라 정해져야 한다는 것을 의미한다.

2. 국민에 대한 책임

헌법 제7조 제1항 제2문은 공무원이 국민에 대하여 책임을 진다고 규정하고 있다. 국민의 수임자로서, 국민전체의 봉사자로서 공무원이 자기에게 주어진 책무를 수행함에 있어 문제를 야기한 경우, 당해 공무원에 대하여 책임을 묻는 것은 민주적 공무원제의 또 하나의 중요한 내용이다. 국회의원의 경우는 선거를 통해서(정치적 추궁), 대통령·국무총리·국무위원 등은 탄핵심판에 의해 책임을 추궁(법적 추궁)할 수 있음을 헌법은 예정하고 있다. 이에 비하여 일반의 직업공무원에 대한 책임추궁방식의 구체적인 것은 입법자가 정할 것이지만, 현행 법제상으로는 징계책임·변상책임·형사책임 등이 규정되어 있다.

3. 공무담임의 평등

모든 국민은 주권자로서 공무담임권을 갖는다. 헌법 제25조와 제11조에 의하여 입법자는 모든 국민에게 평등한 공무담임권을 부여하는 입법을 형성하게 되어 있다. 일반적인 경우 공무담임권의 보장은 추상적인 권리의 보장이지 구체적인 개인적 공권으로서의 보장이 아니다. 국가나 지방자치단체는 헌법과 법률이 정한 범위 내에서 인적 고권에 근거하여 공무원을 선택할 자유를 갖는다.

Ⅱ. 직업공무원제도

▪ **헌법 제7조** ② 공무원의 신분과 정치적 중립성은 법률이 정하는 바에 의하여 보장된다.

1. 의 의

헌법 제7조 제2항은 헌법이 직업공무원제도를 공무원제도의 내용 중의 하나로 하고 있음을 의미한다. 일반적으로 직업공무원제란 정권교체에 관계없이 행정의 일관성과 독자성을 유지하기 위해 헌법과 법률에 의해 공무원의 신분이 공무원 개인의 능력이나 업적에 따라 보장되는 공무원제도를 말한다. 이는 공직의 영속성과 전문성의 확보에 기여한다(헌재 1989. 12. 18, 89헌마32 · 33). 직업공무원제의 확립에는 공무원의 신분보장, 공무원의 정치적 중립성, 성적주의 등이 요구된다. 아래와 같이 신분보장을 선언하고 있다.

▌헌재 2021. 6. 24, 2020헌마1614(공무원의 정치적 중립성과 신분의 보장을 규정한 헌법 조항은 직업공무원제도의 핵심적인 보장 내용을 명문화한 것으로 설명된다. 직업공무원제도는 정권교체나 정당에 의한 권력통합현상에도 불구하고, 국가의 일상적 권력작용이 정치권력의 변동에 영향을 크게 받지 않고 지속적이고 일관되게 이루어지게 함으로써 국가생활의 안정성과 계속성을 실현하는 기능을 한다).

2. 신분의 보장

공무원의 신분보장은 엽관주의의 폐단을 방지하고, 국민전체의 봉사자로서 공무원이 공무에 전념할 수 있게 하고 아울러 공무의 영속성을 확보하고자 하는 데 있다. 이와 관련하여 국가공무원법과 지방공무원법은 아래와 같이 신분보장을 선언하고 있다.

▪ **국가공무원법 제68조(의사에 반한 신분 조치)** 공무원은 형의 선고, 징계처분 또는 이 법에서 정하는 사유에 따르지 아니하고는 본인의 의사에 반하여 휴직·강임 또는 면직을 당하지 아니한다. 다만, 1급 공무원과 제23조에 따라 배정된 직무등급이 가장 높은 등급의 직위에 임용된 고위공무원단에 속하는 공무원은 그러하지 아니하다.

▪ **지방공무원법 제60조(신분보장의 원칙)** 공무원은 형의 선고·징계 또는 이 법에서 정하는 사유가 아니면 본인의 의사에 반하여 휴직·강임 또는 면직을 당하지 아니한다. 다만, 1급 공무원은 그러하지 아니하다.

3. 정치적 중립성

정치적 중립성이란 정치적 활동의 금지를 의미한다(헌재 2004. 3. 25, 2001헌마710). 정치적 중립성을 이유로 공무원의 일반적인 정치적 자유권(특히 정치적 표현의 자유)이 무조건 부인될 수는 없다. 공무원의 정치적 중립이란 필요한 최소한의 범위 내에서의 정치행위의 제한이라는 의미로 새겨야 한다. 그리고 공무원의 정치적 중립성이 모든 공무원에게 동일하게 요구되는 것은 아니다. 정치적 공무원은 자기의 정치적 신념에 따라 활동하는 자이므로 정치적 중립성의 요구와 거리가 멀다.

4. 성적주의

성적주의(Merit System)란 정치세력에 의한 간섭 없이 개인의 성적을 기초로 하여 인사행정이 이루어지는 원칙을 말한다. 성적주의는 여러 법률에서 "공무원의 임용은 시험성적·근무성적 그 밖의 능력의 실증에 따라 행한다"는 방식으로 규정되고 있다(예: 국공법 제26조 본문; 지공법 제25조 본문; 경찰공무원법 제11조 제 1 항; 교육공무원법 제10조). 이러한 성적주의는 신규채용뿐만 아니라 승진의 경우에도 적용된다.

5. 직위분류제

▪ **국가공무원법 제22조(직위분류제의 원칙)** 직위분류를 할 때에는 모든 대상 직위를 직무의 종류와 곤란성 및 책임도에 따라 직군·직렬·직급 또는 직무등급별로 분류하되, 같은 직급이나 같은 직무등급에 속하는 직위에 대하여는 동일하거나 유사한 보수가 지급되도록 분류하여야 한다.

국가공무원법 제22조는 직위분류제를 도입하고 있다. 직위분류제는 직위를 체계적으로 분류·표준화함으로써 행정사무의 능률과 전문화 및 객관화를 도모하기 위한 것이다. 직위분류제는 직계제라고도 한다. 직위분류제의 적용을 받는 모든 직위는 어느 하나의 직급 또는 직무등급에 배정되어야 한다(국공법 제23조 제 1 항).

■ 참고 ■

직위란 1명의 공무원에게 부여할 수 있는 직무와 책임을 말하고, 직렬이란 직무의 종류가 유사하고 그 책임과 곤란성의 정도가 상이한 직급의 군을 말한다(예: 경찰직·교정직). 직급이란 직무의 종류·곤란성과 책임도가 상당히 유사한 직위의 군을 말하며(예: 경무관·총경), 직무의 성질이 유사한 직렬의 군을 직군이라 하고(예: 직렬로서 학예연구와 편사연구를 합하여 직군으로서 학예직), 동일한 직렬 내에서 담당분야가 동일한 직무의 군을 직류(예: 직렬로서 수산직과 그 세부분류로서 수산제조직과 수산증식직)라 한다(국공법 제 5 조).

Ⅲ. 공무원과 기본권

1. 기본권의 보장과 제한

공무원에게도 일반국민과 마찬가지로 모든 기본권이 보장된다. 그 밖에 기본권유사의 각종 권리가 보장된다(헌재 2016. 2. 25, 2013헌바435). 그러나 헌법 제 7 조 제 2 항은 공무의 온전한 수행을 위하여 공무원의 기본권의 제한을 예정하고 있다. 한편 특별권력관계라는 이름으로 법적 근거 없이 공무원의 기본권을 제한할 수는 없다. 공무원의 기본권 역시 헌법적 보장이 주어지는 것이므로, 그 제한도 역시 법률에 근거하여야 한다(헌법 제37조 제 2 항). 공무원의 기본권제한은 국가적으로 필수불가결한 법익의 보호와 공무원 개인의 기본권보장의 조화에 그 한계가 있다.

2. 기본권제한의 실례

① 공무원은 법률이 정한 바에 따라 정당가입이나 정치활동이 제한되며(헌법 제 7 조 제 2 항), ② 경찰 등 법률이 정하는 공무원은 국가배상에서 이중배상이 금지되며(헌법 제29조 제 2 항), ③ 법률로 인정된 자를 제외하고는 노동조합결성·단체교섭 및 단체행동을 할 수 없다(헌법 제33조 제 2 항). 또한 공무원 중 근로 3 권이 인정되는 자라고 하더라도 단체행동권에 대해서는 다시 법률로 제한할 수 있다(헌법 제33조 제 3 항). ④ 군인과 군무원은 일반법원이 아닌 군사법원의 재판을 받는다(헌법 제110조). ⑤ 이 밖에 헌법 제37조 제 2 항에 의거, 법률로써 기본권에 제한이 가해질 수도 있다.

제 2 항 공무원법관계의 발생

Ⅰ. 임 명

1. 임명의 의의

(1) 임용과 임명 임용이란 ① 넓게는 신규채용·승진임용·전직·전보·겸임·파견·강임·휴직·직위해제·정직·복직·면직·해임 및 파견을 의미하고, ② 좁게는 신규채용·승진임용·강임·전직·전보를 의미하며, ③ 가장 좁게는 공무원관계를 처음으로 발생시키는 신규채용행위로서의 임명행위를 뜻하기도 한다. 한편 임명이란 좁게는 공무원신분의 신규설정행위를 뜻하나, 넓게는 면직을 포함하는 의미로 사용되기도 한다. ④ 본서에서는 임용

은 넓은 의미로, 임명은 좁은 의미로 사용하기로 한다.

(2) 보직과 임명 보직의 개념은 임명과 구분되어야 한다. 임명은 공무원신분의 설정행위이나, 보직은 공무원의 신분을 가진 자에게 일정한 직위를 부여하여 일정한 직무를 담당하도록 명하는 행위를 말한다. 임명과 보직은 논리상 동시에 이루어지는 경우도 있고 그러하지 않은 경우도 있다. 전자는 임관과 직위부여가 결합되어 있는 경우이고(예: 법제처장에 임하는 경우), 후자는 임관(예: 서기관에 임하는 행위, 임명)과 직위부여(예: ○○과장에 보하는 행위, 보직)가 분리된 경우이다(예: 서기관 임명 후 ○○과장에 보하는 경우).

■ 참고 ■

헌법상 공무원신분을 취득하는 방식에 따라 공무원을 구분하면, ① 선거에 의해 취임하는 공무원(예: 대통령·지방자치단체의 장), ② 국회에서 선출하는 공무원(예: 중앙선거관리위원회위원 3인), ③ 대법원장이 지명하는 공무원(예: 중앙선거관리위원회위원 3인), ④ 국회의 동의를 받아 임명되는 공무원(예: 국무총리·감사원장), ⑤ 대통령이 임명하는 공무원이 있다. ⑤의 경우도 대통령이 임명하는 공무원(중앙선거관리위원회위원 3인·헌법재판소재판관 3인), 국회가 선출한 자를 대통령이 임명하는 공무원(헌법재판소 재판관 3인), 대법원장이 지명한 자를 대통령이 임명하는 공무원(헌법재판소 재판관 3인), 국무총리의 제청으로 대통령이 임명하는 공무원(예: 장관) 등으로 구분된다. 그리고 대통령은 헌법 제78조에 헌법과 법률이 정하는 바에 의하여 그 밖의 공무원도 임명한다.

2. 임명행위 1(협력을 요하는 행정행위)

(1) 성 질 일반적인 공무원(경력직 공무원 등)의 임명행위의 성질을 둘러싸고 공법상 계약설·단독적 행정행위설·쌍방적 행정행위설이 논급되어 왔다. 생각건대 임용주체의 의사와 공무원이 되고자 하는 자의 의사가치가 반드시 대등하다고 보기는 어렵다는 점(공법상 계약설에 대한 비판), 공무원이 되고자 하는 자의 의사는 필수적인 것이므로 도외시될 수 없다는 점(단독적 행정행위설에 대한 비판)에서 쌍방적 행정행위설이 타당하다(대판 1962. 11. 8, 62누163). 그러나 쌍방적이란 용어는 계약을 연상시키는바, 협력을 요하는 행위라고 부르는 것이 바람직하다. 보직행위는 물론 국가의 일방적인 행위이다.

(2) 협력의 결여 임명행위 중 협력을 요하는 임명행위에 있어서 공무원이 되고자 하는 상대방의 신청이나 동의가 결여되었다면, 그러한 임명행위는 무효가 된다. 그리고 임명행위 중 상대방의 협력을 요하는 임명행위를 행정행위로 보는 한, 공무원임명행위에 대한 법적 분쟁은 항고소송의 대상이 된다.

(3) 임용의 거부 판례는 국·공립대학교 교원의 임용과 관련하여 경우에 따라 신규임용거부도 항고소송의 대상이 되고(대판 2004. 6. 11, 2001두7053), 재임용거부 취지의 임용기간만료통지도 항고소송의 대상이 된다(대판 2004. 4. 22, 2000두7735 전원합의체)는 입장이다.

3. 임명행위 2(공법상 계약)

지방자치단체와의 채용계약에 따라 전문지식 · 기술이 요구되거나 임용에 신축성 등이 요구되는 업무에 일정 기간 종사하는 공무원(지공법 제25조의5 참조)의 임명행위는 당연히 공법상 계약에 해당한다. 임명행위 중 공법상 계약을 통해 이루어지는 임명행위에 대한 법적 분쟁은 당사자소송의 대상이 된다(대판 1996. 5. 31, 95누10617; 대판 1993. 9. 14, 92누4611).

4. 임용청구권

특정행위청구권으로서 개인적 공권인 임용청구권은 인정되지 아니한다. 다만 논리상 적법한 재량행사를 구할 권리(무하자재량행사청구권)는 인정될 수 있다. 그러나 이것도 행정소송상 관철하기는 어렵다. 왜냐하면 공무원의 임용을 위한 판단은 대체로 사법통제가 곤란한 판단여지에 해당하기 때문이다. 한편, 임용에 관한 확약이 존재하는 경우에는 예외적으로 임명청구권이 존재할 수도 있다(대판 2009. 7. 23, 2008두10560).

Ⅱ. 임용요건과 채용시험

1. 임용요건

(1) 능력요건 결격사유를 규정하는 국가공무원법 제33조의 각호의 어느 하나에 해당하는 자는 공무원으로 임용될 수 없다(지방공무원법 제31조의 규정도 유사하다). 그리고 그 결격사유는 공무원의 당연퇴직사유이기도 하다(국공법 제69조; 지공법 제61조). 이러한 것은 공무에 대한 국민의 신뢰확보를 위한 것이다(대판 1997. 7. 8, 96누4275). 한편 판례는 공무원관계는 국가의 임용이 있는 때에 설정되는 것이라는 전제하에 공무원임용결격사유가 있는지의 여부는 채용후보자명부에 등록한 때가 아닌 임용당시에 시행되던 법률을 기준으로 하여 판단하여야 한다는 입장이다(대판 1987. 4. 14, 86누459).

■ **국가공무원법 제33조(결격사유)** 다음 각 호의 어느 하나에 해당하는 자는 공무원으로 임용될 수 없다.
1. 피성년후견인
2. 파산선고를 받고 복권되지 아니한 자
3. 금고 이상의 실형을 선고받고 그 집행이 끝나거나(집행이 끝난 것으로 보는 경우를 포함한다) 집행이 면제된 날부터 5년이 지나지 아니한 자
4. 금고 이상의 형의 집행유예를 선고받고 그 유예기간이 끝난 날부터 2년이 지나지 아니한 자
5. 금고 이상의 형의 선고유예를 받은 경우에 그 선고유예 기간 중에 있는 자
6. 법원의 판결 또는 다른 법률에 따라 자격이 상실되거나 정지된 자

6의2. 공무원으로 재직기간 중 직무와 관련하여 「형법」 제355조 및 제356조에 규정된 죄를 범한 자

로서 300만원 이상의 벌금형을 선고받고 그 형이 확정된 후 2년이 지나지 아니한 자
6의3. 「성폭력범죄의 처벌 등에 관한 특례법」 제 2 조에 규정된 죄를 범한 사람으로서 100만원 이상의 벌금형을 선고받고 그 형이 확정된 후 3년이 지나지 아니한 사람
6의4. 미성년자에 대한 다음 각 목의 어느 하나에 해당하는 죄를 저질러 파면 · 해임되거나 형 또는 치료감호를 선고받아 그 형 또는 치료감호가 확정된 사람(집행유예를 선고받은 후 그 집행유예기간이 경과한 사람을 포함한다)
가. 「성폭력범죄의 처벌 등에 관한 특례법」 제 2 조에 따른 성폭력범죄
나. 「아동 · 청소년의 성보호에 관한 법률」 제 2 조 제 2 호에 따른 아동 · 청소년대상 성범죄
7. 징계로 파면처분을 받은 때부터 5년이 지나지 아니한 자
8. 징계로 해임처분을 받은 때부터 3년이 지나지 아니한 자

(2) 성적요건(자격요건) 공무원의 임용은 시험성적 · 근무성적, 그 밖의 능력의 실증에 따라 행한다(국공법 제26조 본문). 신규채용의 경우, 공무원은 공개경쟁시험으로 채용한다(국공법 제28조 제 1 항; 지공법 제27조 제 1 항). 경우에 따라서는 특별채용시험에 의할 수 있다(국공법 제28조 제 2 항).

(3) 요건결여의 효과 ① 능력요건이 결여된 자에 대한 임용은 무효가 된다(대판 2019. 2. 14, 2017두62587; 헌재 2016. 7. 28, 2014헌바437). 취소사유로 보는 견해도 있다. 국가의 과실은 문제되지 아니한다(대판 2005. 7. 28, 2003두469). 재직 중에 능력요건을 결여하게 되면, 그 공무원은 당연히 퇴직하게 된다(국공법 제69조)(대판 1997. 7. 8, 96누4275). ② 성적요건이 결여된 자에 대한 임용은 취소할 수 있는 행위가 된다. ③ 다만 임용요건이 결여된 공무원이 행한 행위는 국민의 신뢰와 법적 안정성을 고려하여 사실상 공무원의 이론에 의하여 유효한 것으로 보아야 할 경우도 있다. 그리고 그러한 자가 현실적으로 공무를 수행하였다면, 그러한 자가 받은 보수를 부당이득으로 볼 수는 없다.

2. 채용시험

(1) 임용시험제와 자격시험제 공무원법상 공무원의 채용시험은 임용시험제를 의미하고 자격시험제를 뜻하는 것은 아니다. 과거 고등고시행정과나 보통고시와 같이 자격시험제를 채택한 경우도 있었으나, 현재는 최신의 전문지식의 중요성에 중점을 두어 임용시험제를 택하고 있다. 양 제도는 서로 상반되는 장단점을 갖는다.

(2) 공개경쟁채용시험과 평등원칙 공개경쟁에 따른 채용시험은 같은 자격을 가진 모든 국민에게 평등하게 공개하여야 하며, 시험의 시기와 장소는 응시자의 편의를 고려하여 결정한다(국공법 제35조; 지공법 제33조). 다만, 국가유공자의 가족이나 장애자에 대하여 어느 정도 달리 다루는 것은 헌법상 평등원칙의 위반은 아니다(헌재 2001. 2. 22, 2000헌마25). 남녀의 실질적 평등의 실현을 위해 최소한의 할당제를 적용하는 것도 헌법상 평등원칙의 위반은 아니다.

제 3 항 공무원법관계의 변경

Ⅰ. 다른 직위에로의 변경

1. 상위직급에로의 변경(승진)

승진이란 하위직급에서 바로 상위직급으로 임용되는 것을 말한다. 직급에 따라 승진의 의미내용에 다소 차이가 있다. 1급 공무원으로의 승진은 바로 하급 공무원 중에서, 2급 및 3급 공무원으로의 승진은 같은 직군 내의 바로 하급 공무원 중에서 각각 임용하거나 임용제청하며, 고위공무원단 직위로의 승진임용은 대통령령으로 정하는 자격·경력 등을 갖춘 자 중에서 임용하거나 임용제청한다(국공법 제40조의2 제 1 항; 지공법 제38조 제 1 항). 승진은 자격·능력·전문적 지식 등에 따라 판단될 성질의 것이며, 그 판단은 임명권자의 평가적인 인식행위로서 제한된 범위 내에서만 사법심사의 대상이 될 수 있다(대판 2022. 2. 11, 2021도13197). 한편 개인적 공권으로서 일반적인 승진청구권은 존재하지 아니한다. 확약 등이 있는 경우에는 인정될 수도 있다(대판 2008. 4. 10, 2007두18611).

2. 동위직급 내의 변경(전직·전보·복직)

(1) 전　　직 　전직이란 직렬을 달리하는 임명을 말한다(국공법 제 5 조 제 5 호; 지공법 제 5 조 제 5 호)(예: 행정사무관을 외무사무관으로 임용하는 경우). 그러나 전직은 직위분류제의 원칙에 예외가 되므로 공무원을 전직 임용하려는 때에는 전직시험을 거쳐야 한다. 다만 대통령령으로 정하는 전직의 경우에는 시험의 전부 또는 일부를 면제할 수 있다(국공법 제28조의3; 지공법 제29조의2). 전직과 구별할 것으로 전입이 있다. 전입이란 국가공무원법상으로는 국회·법원·헌법재판소·선거관리위원회 및 행정부 사이에서 다른 기관 소속의 공무원을 받아들이는 것을 말한다(국공법 제28조의2 참조). 지방공무원법상으로는 지방자치단체 사이에서 다른 지방자치단체소속의 공무원을 받아들이는 것을 전입이라 한다(지공법 제29조의3).

(2) 전　　보 　전보란 같은 직급 내에서의 보직 변경 또는 고위공무원단 직위 간의 보직 변경(제 4 조 제 2 항에 따라 같은 조 제 1 항의 계급 구분을 적용하지 아니하는 공무원은 고위공무원단 직위와 대통령령으로 정하는 직위 간의 보직 변경을 포함한다)을 말한다(국공법 제 5 조 제 6 호; 지공법 제 5 조 제 6 호)(예: 세무 1 과장 서기관 갑을 세무 2 과장으로 보하는 경우).

(3) 복　　직 　복직이란 휴직, 직위해제, 정직 중이거나 강등으로 직무에 종사하지 못한 공무원을 직위에 복귀시키는 것을 말한다(공무원임용령 제 2 조 제 2 호; 지방공무원 임용령 제 2 조 제 2 호).

3. 하위직급에로의 변경(강임 · 강등)

(1) 강 임 ① 강임이란 같은 직렬 내에서 하위 직급에 임명하거나 하위 직급이 없어 다른 직렬의 하위 직급으로 임명하거나 고위공무원단에 속하는 일반직공무원(제 4 조 제 2 항에 따라 같은 조 제 1 항의 계급 구분을 적용하지 아니하는 공무원은 제외한다)을 고위공무원단 직위가 아닌 하위 직위에 임명하는 것을 말한다(국공법 제 5 조 제 4 호; 지공법 제 5 조 제 4 호). ② 임용권자는 직제 또는 정원의 변경이나 예산의 감소 등으로 직위가 폐직되거나 강등되어 과원이 된 경우 또는 본인이 동의한 경우에는 소속 공무원을 강임할 수 있다(국공법 제73조의4 제 1 항; 지공법 제65조의4 제 1 항). 제 1 항에 따라 강임된 공무원은 상위 직급 또는 고위공무원단 직위에 결원이 생기면 우선 임용된다(국공법 제73조의4 제 2 항 본문; 지공법 제65조의4 제 2 항 본문).

(2) 강 등 ① 강등은 징계처분의 하나로서 1계급 아래로 직급을 내리는 것(고위공무원단에 속하는 공무원은 3급으로 임용하고, 연구관 및 지도관은 연구사 및 지도사로 한다)을 말한다(국공법 제80조 제 1 항 본문; 지공법 제71조 제 1 항 본문). 제 4 조 제 2 항에 따라 계급을 구분하지 아니하는 공무원과 임기제공무원에 대해서는 강등을 적용하지 아니한다(국공법 제80조 제 1 항 단서). 「고등교육법」 제14조에 해당하는 교원 및 조교에 대하여는 강등을 적용하지 아니한다(지공법 제71조 제 1 항 단서). ② 공무원신분은 보유하나 3개월간 직무에 종사하지 못하며 그 기간 중 보수는 전액을 감한다(국공법 제80조 제 1 항; 지공법 제71조 제 1 항).

4. 이중직위의 부여 등(겸임 · 파견근무)

(1) 겸 임 직위와 직무 내용이 유사하고 담당 직무 수행에 지장이 없다고 인정하면 대통령령등으로 정하는 바에 따라 일반직공무원을 대학 교수 등 특정직공무원이나 특수 전문 분야의 일반직공무원 또는 대통령령으로 정하는 관련 교육 · 연구기관, 그 밖의 기관 · 단체의 임직원과 서로 겸임하게 할 수 있다(국공법 제32조의3; 지공법 제30조의3).

(2) 파견근무 국가기관의 장은 국가적 사업의 수행 또는 그 업무 수행과 관련된 행정 지원이나 연수, 그 밖에 능력 개발 등을 위하여 필요하면 소속 공무원을 다른 국가기관 · 공공단체 · 국내외의 교육기관 · 연구기관, 그 밖의 기관에 일정 기간 파견근무하게 할 수 있으며, 국가적 사업의 공동 수행 또는 전문성이 특히 요구되는 특수 업무의 효율적 수행 등을 위하여 필요하면 국가기관 외의 기관 · 단체의 임직원을 파견받아 근무하게 할 수 있다(국공법 제32조의4 제 1 항; 지공법 제30조의4 제 1 항).

Ⅱ. 무직위에로의 변경

1. 휴 직

(1) 의 의 휴직이란 공무원의 신분은 보유하게 하나 직무에는 종사하지 못하게 하는 것을 말한다(국공법 제73조 제 1 항; 지공법 제65조 제 1 항). 휴직에는 공무원 의사 여하에 불구하고 임용권자가 행하는 직권휴직(국공법 제71조 제 1 항; 지공법 제63조 제 1 항)과 공무원 본인의 원에 의하여 임용권자가 행하는 의원휴직(국공법 제71조 제 2 항 본문; 지공법 제63조 제 2 항)이 있다.

(2) 효 력 휴직중인 공무원은 공무원의 신분은 보유하나 직무에 종사하지 못한다(국공법 제73조 제 1 항; 지공법 제65조 제 1 항). 휴직 기간중 그 사유가 없어지면 30일 이내에 임용권자 또는 임용제청권자에게 신고하여야 하며, 임용권자는 지체 없이 복직을 명하여야 한다(국공법 제73조 제 2 항; 지공법 제65조 제 2 항). 휴직 기간이 끝난 공무원이 30일 이내에 복귀 신고를 하면 당연히 복직된다(국공법 제73조 제 3 항; 지공법 제65조 제 3 항).

2. 직위해제

(1) 의 의 직위해제란 공무원 본인에게 직위를 계속 보유하게 할 수 없는 일정한 귀책사유가 있어서 그 공무원에게 직위를 부여하지 아니하는 것을 말한다(국공법 제73조의3 제 1 항; 지공법 제65조의3 제 1 항 참조). 직위해제는 휴직과 달리 본인에게 귀책사유가 있을 때에 행하는 것이므로 제재적인 성격을 갖는다. 직위해제처분을 하는 경우에 처분권자 또는 처분제청권자는 처분의 사유를 기재한 설명서를 교부하여야 한다(국공법 제75조 본문; 지공법 제67조 제 1 항).

(2) 사 유 임용권자는 다음 각 호[1. 삭제, 2. 직무수행 능력이 부족하거나 근무성적이 극히 나쁜 자, 3. 파면 · 해임 · 강등 또는 정직에 해당하는 징계 의결이 요구 중인 자, 4. 형사 사건으로 기소된 자(약식명령이 청구된 자는 제외한다), 5. 고위공무원단에 속하는 일반직공무원으로서 제70조의2 제 1 항 제 2 호부터 제 5 호까지의 사유로 적격심사를 요구받은 자, 6. 금품비위, 성범죄 등 대통령령으로 정하는 비위행위로 인하여 감사원 및 검찰 · 경찰 등 수사기관에서 조사나 수사 중인 자로서 비위의 정도가 중대하고 이로 인하여 정상적인 업무수행을 기대하기 현저히 어려운 자]의 어느 하나에 해당하는 자에게는 직위를 부여하지 아니할 수 있다(국공법 제73조의3 제 1 항; 지공법 제65조의3 제 1 항). 공무원에 대하여 제 1 항 제 2 호의 직위해제 사유와 같은 항 제 3 호 · 제 4 호 또는 제 6 호의 직위해제 사유가 경합(競合)할 때에는 같은 항 제 3 호 · 제 4 호 또는 제 6 호의 직위해제 처분을 하여야 한다(국공법 제73조의3 제 5 항; 지공법 제65조의3 제 1 항).

(3) 부가처분 임용권자는 제 1 항 제 2 호에 따라 직위해제된 자에게 3개월의 범위에서 대기를 명한다(국공법 제73조의3 제 3 항; 지공법 제65조의3 제 3 항). 임용권자 또는 임용제청권

자는 제 3 항에 따라 대기 명령을 받은 자에게 능력 회복이나 근무성적의 향상을 위한 교육훈련 또는 특별한 연구과제의 부여 등 필요한 조치를 하여야 한다(국공법 제73조의3 제 4 항; 지공법 제65조의3 제 4 항).

(4) 효 과 ① 직위가 해제되면 직무에 종사하지 못한다. 출근의무도 없다. 직위해제 중 해제사유가 소멸되면 임용권자는 지체 없이 직위를 부여하여야 한다(국공법 제73조의3 제 2 항; 지공법 제65조의3 제 2 항). ② 임용권자는 제73조의3 제 3 항에 따라 대기 명령을 받은 자가 그 기간에 능력 또는 근무성적의 향상을 기대하기 어렵다고 인정되면 미리 관할 징계위원회(지방공무원의 경우는 인사위원회)의 동의를 받아 직권으로 면직시킬 수 있다(국공법 제70조 제 1 항 제 5 호 · 제 2 항; 지공법 제62조 제 1 항 제 5 호).

3. 정 직

정직은 공무원의 신분을 유지하되 일정기간 동안 직무에는 종사하지 못하는 것을 말한다. 정직기간은 1개월 이상 3개월 이하의 기간으로 하고 보수는 전액을 감한다(국공법 제80조 제 3 항; 지공법 제71조 제 3 항). 정직은 징계처분의 하나인 점에서 휴직이나 직위해제와 성질을 달리한다.

제 4 항 공무원법관계의 소멸

공무원법관계의 소멸이란 공무원의 신분이 해소되어 공무원으로서의 법적 지위에서 완전히 벗어나는 것을 말한다. 공무원관계는 법정주의원칙에 따라 법이 정하거나 허용하는 일정 전제요건과 형식에 따라서만 종료될 수 있다. 이러한 법정주의에 의해 공무원관계의 자의적인 종료는 방지될 수 있다. 공무원관계의 소멸을 가져오는 원인에는 당연퇴직과 면직의 경우가 있다.

Ⅰ. 당연퇴직

1. 의 의

당연퇴직이란 임용권자의 의사와 관계없이 법이 정한 일정한 사유의 발생으로 당연히 공무원관계가 소멸되는 것을 말한다. 공무원관계법에서 공무원의 임용결격사유 및 당연퇴직에 관한 규정을 두고 있는 것은 임용결격사유에 해당하는 자를 공무원의 직무로부터 배제함으로써 그 직무수행에 대한 국민의 신뢰, 공무원직에 대한 신용 등을 유지하고 그 직무의 정상적인 운영을 확보하기 위한 것뿐만 아니라, 공무원범죄를 사전에 예방하고 공직사회의 질서를 유지하고자 함에 그 목적이 있다.

2. 사 유

(1) 결격사유의 발생 공무원이 다음 각 호(1. 제33조 각 호의 어느 하나에 해당하는 경우. 다만, 제33조 제 2 호는 파산선고를 받은 사람으로서 「채무자 회생 및 파산에 관한 법률」에 따라 신청기한 내에 면책신청을 하지 아니하였거나 면책불허가 결정 또는 면책 취소가 확정된 경우만 해당하고, 제33조 제 5 호는 「형법」 제129조부터 제132조까지, 「성폭력범죄의 처벌 등에 관한 특례법」 제 2 조, 「아동 · 청소년의 성보호에 관한 법률」 제 2 조 제 2 호 및 직무와 관련하여 「형법」 제355조 또는 제356조에 규정된 죄를 범한 사람으로서 금고 이상의 형의 선고유예를 받은 경우만 해당한다)의 어느 하나에 해당할 때에는 당연히 퇴직한다(국공법 제69조 제 1 호; 지공법 제61조 제 1 호).

▪ **국가공무원법 제33조(결격사유)** 다음 각 호의 어느 하나에 해당하는 자는 공무원으로 임용될 수 없다. (각호 생략)

(2) 기 타 사망 · 임기제 공무원의 근무기간 만료(국공법 제69조 제 2 호, 지공법 제61조 제 2 호) · 정년에 달하거나 국적상실로 당연퇴직된다. 다만 국적상실 후에도 지방공무원의 경우에 지방자치단체와 채용계약에 의해 특수직에 종사할 수 있다.

■ 참고 ■

파면처분취소청구소송의 계속 중에 공무원이 정년에 이르면, 경우에 따라 권리보호의 필요(협의의 소의 이익)가 부인되기도 한다. 그리고 공무원의 정년제를 임기제로 변경하는 것은 정당한 이유가 있는 한 적법하다(대판 1997. 3. 14, 95누17625).

3. 당연퇴직의 의미

당연퇴직이란 결격사유 등으로 법률상 당연퇴직되는 것이지 공무원관계를 소멸시키기 위한 별도의 행정처분을 요하지 아니한다. 당연퇴직의 인사발령이 있었다 하여도 이는 퇴직사실을 알리는 이른바 관념의 통지에 불과하여 행정소송의 대상이 되지 아니한다(대판 1992. 1. 21, 91누2687; 대판 1983. 2. 8, 81누263; 대판 1994. 12. 27, 91누9244). 말하자면 퇴직발령통지서의 발부는 퇴직의 유효요건이 아니며 사실상의 확인행위에 불과하다. 다만, 판례는 대학교원에 대하여 재임용을 거부하는 취지로 한 임용기간만료의 통지는 행정소송의 대상이 되는 처분에 해당한다(대판 2004. 4. 22, 2000두7735 전원합의체)고 하였다.

4. 효 과

퇴직사유가 발생하면 공무원법관계는 당연히 소멸되고, 퇴직된 자는 더 이상 공무원이 아니다. 따라서 그 자가 행한 행위는 무권한의 행위가 된다. 그러나 이러한 경우에도 외부적으로 국민에 대한 관계에서 국민의 신뢰보호와 법적 안정성을 위해 사실상의 공무원이론에 의거, 그러한 행위는 유효한 행위로 볼 수 있을 때도 있다. 그러나 내부관계에서 사실상의 공무원이론을 원용하여 공무원의 권리를 주장할 수는 없다.

Ⅱ. 면 직

1. 의 의

면직이란 특별한 행위로 공무원법관계를 소멸시키는 것을 말한다. 특별한 행위에 의한다는 점에서 법정사유로 인한 당연퇴직과 다르다. 면직에는 공무원 자신의 원에 의한 의원면직과 그러하지 않은 강제면직이 있다. 면직처분을 행할 때에는 그 처분권자 또는 처분제청권자는 처분의 사유를 기재한 설명서를 교부하여야 한다. 다만 본인의 원에 따른 경우에는 그러하지 않다(국공법 제75조; 지공법 제67조 제 1 항).

2. 의원면직

(1) 의의와 성질 ① 의원면직이란 공무원 자신의 사직의 의사표시에 의거하여 임용권자가 공무원관계를 종료시키는 처분을 말한다. ② 의원면직(처분)은 상대방의 신청을 요하는 행정행위(협력을 요하는 행정행위, 쌍방적 행정행위)이다.

(2) 사직의 의사표시 ① 사직의 의사표시(통상적으로 사직원의 제출을 통해 이루어진다)는 행정요건적 사인의 공법행위에 해당한다. ② 사직의 의사표시는 정상적인 의사작용에 의한 것이어야 한다. 사직원의 제출이 의사결정의 자유를 박탈할 정도의 강박에 의한 것이라면 무효가 된다(대판 1997. 12. 12, 97누13962; 대판 1975. 6. 24, 75누46). ③ 판례는 사직의 의사표시에 민법 제107조(비진의 의사표시)가 적용되지 아니한다는 입장이다(대판 2001. 8. 24, 99두9971). ④ 사직의 의사표시는 행정절차법 제17조 제 8 항에 의하여 사직원이 수리되기 전까지 철회될 수 있고(대판 1993. 7. 27, 92누16942), 일단 면직처분이 있고 난 이후에는 철회나 취소할 여지가 없다(대판 2001. 8. 24, 99두9971).

(3) 사직의 자유와 수리의무 ① 직업선택의 자유와 관련하여 원칙적으로 공무원은 사임의 자유를 가진다. ② 공무담임은 권리이고 자유이지 의무만은 아닌 것이므로 임용권자에게 수리의무가 있다. ③ 다만 사임의 의사표시가 있어도 임용권자가 수리할 때까지는 사임의 의사표시를 한 자는 여전히 공무원이다. 따라서 그 자는 여전히 공무원으로서 각종의 의무를 부담하며, 이에 위반하면 책임이 추궁될 수 있다. ④ 수리는 상당한 기간 내에 이루어져야 한다. 상당한 기간은 업무수행의 공백방지 등을 고려하면서 판단되어야 한다.

(4) 명예퇴직제 　의원면직의 특별한 경우로 명예퇴직제가 있다. 명예퇴직이란 20년 이상 근속한 자가 정년 전에 스스로 퇴직하는 것을 말하며, 이 경우에는 예산의 범위에서 명예퇴직수당이 지급될 수 있다(국공법 제74조의2; 지공법 제66조의2).

(5) 사직(퇴직)의 제한 　퇴직(사직)을 희망하는 공무원이 ① 파면, 해임, 강등 또는 정직에 해당하는 징계사유가 있거나 ② 비위와 관련하여 형사사건으로 기소된 때 등의 경우에는 퇴직(사직)이 허용되지 아니한다(국공법 제78조의4 제 2 항; 지공법 제69조의4 제 2 항).

3. 강제면직

(1) 의　　의 　강제면직이란 공무원 본인의 의사에 관계없이 임용권자가 일방적으로 공무원관계를 소멸시키는 처분이다. 일방적 면직이라고도 한다. 이에도 징계면직과 직권면직이 있다. 한편, 용례상 본서에서 말하는 강제면직을 직권면직으로, 직권면직을 협의의 직권면직으로 부르기도 한다.

(2) 징계면직 　징계면직이란 공무원이 공무원법상 요구되는 의무를 위반할 때, 그에 대하여 가해지는 제재로서의 징계처분에 의한 파면과 해임을 의미한다. 자세한 것은 징계부분에서 살피기로 한다.

(3) 직권면직

(가) 의　　의 　공무원이 법에서 정한 특정 사유에 해당될 때 임용권자가 직권으로 면직시키는 것을 말한다(국공법 제70조 제 1 항; 지공법 제62조 제 1 항).

▪ 국가공무원법 제70조(직권면직) ① 임용권자는 공무원이 다음 각 호의 어느 하나에 해당하면 직권으로 면직시킬 수 있다.
1. 삭제 〈1991. 5. 31〉
2. 삭제 〈1991. 5. 31〉
3. 직제와 정원의 개폐 또는 예산의 감소 등에 따라 폐직(廢職) 또는 과원(過員)이 되었을 때
4. 휴직 기간이 끝나거나 휴직 사유가 소멸된 후에도 직무에 복귀하지 아니하거나 직무를 감당할 수 없을 때
5. 제73조의3 제 3 항에 따라 대기 명령을 받은 자가 그 기간에 능력 또는 근무성적의 향상을 기대하기 어렵다고 인정된 때
6. 전직시험에서 세 번 이상 불합격한 자로서 직무수행 능력이 부족하다고 인정된 때
7. 병역판정검사·입영 또는 소집의 명령을 받고 정당한 사유 없이 이를 기피하거나 군복무를 위하여 휴직 중에 있는 자가 군복무 중 군무(軍務)를 이탈하였을 때
8. 해당 직급·직위에서 직무를 수행하는데 필요한 자격증의 효력이 없어지거나 면허가 취소되어 담당 직무를 수행할 수 없게 된 때
9. 고위공무원단에 속하는 공무원이 제70조의2에 따른 적격심사 결과 부적격 결정을 받은 때

(나) 절　　차 　임용권자는 제 1 항 제 3 호부터 제 8 호까지의 규정에 따라 면직시킬 경우에는 미리 관할 징계위원회의 의견을 들어야 한다. 다만, 제 1 항 제 5 호에 따라 면직

시킬 경우에는 징계위원회의 동의를 받아야 한다(국공법 제70조 제 2 항; 지공법 제62조 제 2 항).

4. 면직효력의 발생

판례는 면직의 효력발생도 임용의 경우와 마찬가지로 면직발령장 또는 면직통지서에 기재된 일자에 면직의 효과가 발생하여 그 날 영시(00:00)부터 공무원의 신분을 상실하는 것으로 본다(대판 1985. 12. 24, 85누531).

제 2 절 공무원법관계의 내용

제 1 항 공무원의 권리

Ⅰ. 신분상 권리

1. 신분보유권

공무원은 법이 정한 사유와 절차에 따르지 않는 한 공무원의 신분을 박탈당하지 아니할 신분보유권을 갖는다. 헌법 제 7 조 제 2 항, 국가공무원법 제68조 등에 의해 보장되고 있다. 다만, 특수경력직공무원 · 1급 공무원과 제23조에 따라 배정된 직무등급이 가장 높은 등급의 직위에 임용된 고위공무원단에 속하는 공무원 · 시보임용기간중의 공무원은 신분의 보장이 없다(국공법 제 3 조, 제29조 제 3 항, 제68조 단서; 지공법 제 3 조, 제28조 제 3 항, 제60조 단서). 그러나 법관 · 검사 등은 일반공무원보다 더 강력하게 신분이 보장되기도 한다.

▪ **헌법 제 7 조** ② 공무원의 신분과 정치적 중립성은 법률이 정하는 바에 의하여 보장된다.
▪ **국가공무원법 제68조(의사에 반한 신분 조치)** 공무원은 형의 선고, 징계처분 또는 이 법에서 정하는 사유에 따르지 아니하고는 본인의 의사에 반하여 휴직·강임 또는 면직을 당하지 아니한다. 다만, 1급 공무원과 제23조에 따라 배정된 직무등급이 가장 높은 등급의 직위에 임용된 고위공무원단에 속하는 공무원은 그러하지 아니하다.

2. 직위보유권

공무원은 임용되면 법령에서 따로 정하는 경우를 제외하고는 자신에게 적합한 일정한 직위를 부여받을 권리와 자기에게 부여된 직위가 법이 정한 이유와 절차에 의하지 아니하고는 박탈당하지 않을 권리, 즉 직위보유권을 갖는다(국공법 제32조의5 제 1 항; 지공법 제30조의5 제 1 항). 한편, 공무원은 직위보유권을 갖는 관계로 당연히 직무를 집행할 권리와 의무를 갖는다.

직무집행권은 직위보유권의 한 내용이 된다. 일설은 직무집행권을 직무수행권이라 부르고, 이를 직위보유권과 구별하여 다루기도 한다.

3. 고충심사청구권(고충심사처리제도)

(1) 의 의 고충처리제도란 공무원이 인사·조직·처우 등 각종 직무 조건과 그 밖에 신상 문제에 대하여 인사 상담이나 고충 심사를 일정기관에 청구하여 그 청구를 받은 기관으로 하여금 심사하게 하고, 그 심사결과에 따라 고충의 해소 등의 처리를 도모하는 제도를 말한다(국공법 제76조의2; 지공법 제67조의2). 고충처리제도는 공무원이 갖는 불만이나 어려움을 해소함으로써 근무의욕을 드높이고, 이로써 직무에 보다 충실을 기하게 하고자 하는 제도이다. 고충심사결정이 행정상 쟁송의 대상이 되는 처분이 아니다(대판 1987. 12. 8, 87누657).

(2) 고충심사청구권자·청구대상 공무원이면 누구나 각종 직무조건 그 밖에 신상 문제에 대하여 인사상담이나 고충의 심사를 청구할 수 있다. 청구대상은 위법·부당한 처분에 한정되지 않는다.

4. 소청을 제기할 수 있는 권리

(1) 행정공무원 등 행정기관 소속 공무원의 징계처분, 그 밖에 그 의사에 반하는 불리한 처분이나 부작위에 대한 소청을 심사·결정하게 하기 위하여 인사혁신처에 소청심사위원회를 둔다(국공법 제 9 조 제 1 항). 국회, 법원, 헌법재판소 및 선거관리위원회 소속 공무원의 소청에 관한 사항을 심사·결정하게 하기 위하여 국회사무처, 법원행정처, 헌법재판소사무처 및 중앙선거관리위원회사무처에 각각 해당 소청심사위원회를 둔다(국공법 제 9 조 제 2 항).

(2) 교 원 각급학교 교원의 징계처분과 그 밖에 그 의사에 반하는 불리한 처분(「교육공무원법」 제11조의4 제 4 항 및 「사립학교법」 제53조의2 제 6 항에 따른 교원에 대한 재임용 거부처분을 포함한다)에 대한 소청심사를 하기 위하여 교육부에 교원소청심사위원회를 둔다(교원의 지위 향상 및 교육활동 보호를 위한 특별법 제 7 조 제 1 항).

	고충처리제도	소청심사제도
행정소송과의 관계	전심절차가 아니다	행정소송의 전심절차이다
심사의 대상	근무조건·처우 등 일상의 모든 신상문제가 대상이다	주로 신분상 불이익처분이 대상이다
관할행정청	복수기관(중앙인사기관의 장·임용권자 등)이 관장한다	소청심사위원회가 전담한다
결정의 효력(기속력)	법적 기속력을 갖지 아니한다	법적 기속력을 갖는다

(3) 필요적 전치

(가) **행정공무원 등** 국가공무원법 제75조에 따른 처분, 그 밖에 본인의 의사에 반한 불리한 처분이나 부작위에 관한 행정소송은 소청심사위원회의 심사 · 결정을 거치지 아니하면 제기할 수 없다(국공법 제16조 제 1 항)(필요적 심판전치). 제 1 항에 따른 행정소송을 제기할 때에는 대통령의 처분 또는 부작위의 경우에는 소속 장관(대통령령으로 정하는 기관의 장을 포함한다)을, 중앙선거관리위원회위원장의 처분 또는 부작위의 경우에는 중앙선거관리위원회사무총장을 각각 피고로 한다(국공법 제16조 제 2 항).

(나) **교 원** 교원의 지위 향상 및 교육활동 보호를 위한 특별법 제 1 항에 따른 심사위원회의 결정에 대하여 교원, 「사립학교법」 제 2 조에 따른 학교법인 또는 사립학교 경영자 등 당사자(공공단체는 제외한다)는 그 결정서를 송달받은 날부터 30일 이내에 「행정소송법」으로 정하는 바에 따라 소송을 제기할 수 있다(교원의 지위 향상 및 교육활동 보호를 위한 특별법 제10조 제 4 항).

5. 직장협의회설립 · 운영권

국가기관, 지방자치단체 및 그 하부기관에 근무하는 공무원은 직장협의회를 설립할 수 있다(공무원직장협의회의 설립 · 운영에 관한 법률 제 2 조 제 1 항). 협의회는 기관 단위로 설립하되, 하나의 기관에는 하나의 협의회만을 설립할 수 있다(동법 제 2 조 제 2 항). 협의회를 설립한 경우에는 그 대표자는 소속 기관의 장에게 설립사실을 통보하여야 한다(동법 제 2 조 제 3 항). 협의회는 공무원의 근무환경 개선 · 업무능률 향상 및 고충처리 등을 목적으로 한다(동법 제 1 조).

6. 노동조합설립 · 운영권

(1) 노동조합의 설립

국가공무원법 제 2 조 및 지방공무원법 제 2 조에서 규정하고 있는 공무원(국가공무원법 제66조 제 1 항 단서 및 지방공무원법 제58조 제 1 항 단서에 따른 사실상 노무에 종사하는 공무원과 교원의 노동조합 설립 및 운영 등에 관한 법률의 적용을 받는 교원인 공무원 제외)은 노동조합을 설립할 수 있다(공무원의 노동조합 설립 및 운영 등에 관한법률(이하, 공노법 제 5 조, 제 2 조)).

(2) 노동조합의 설립단위

공무원이 노동조합을 설립하려는 경우에는 국회 · 법원 · 헌법재판소 · 선거관리위원회 · 행정부 · 특별시 · 광역시 · 특별자치시 · 도 · 특별자치도 · 시 · 군 · 구(자치구를 말한다) 및 특별시 · 광역시 · 특별자치시 · 도의 교육청을 최소 단위로 한다(공노법 제 5 조 제 1 항).

(3) 가입범위

노동조합에 가입할 수 있는 공무원의 범위는 다음 각 호(1. 6급 이하의 일반직공무원 및 이에 상당하는 일반직공무원, 2. 특정직공무원 중 6급 이하의 일반직공무원에 상당하는 외무행정 · 외교정보관리직 공무원, 3. 삭제, 4. 6급 이하의 일반직공무원에 상당하는 별정직공무원, 5. 삭제)와 같다(공노법 제 6 조 제 1 항).

(4) 정치활동과 쟁의행위의 금지 ① 노동조합과 그 조합원은 다른 법령에 의하여 공무원에게 금지되는 정치활동을 해서는 아니 된다(공노법 제 4 조). ② 노동조합과 그 조합원은 파업·태업 그 밖에 업무의 정상적인 운영을 저해하는 일체의 행위를 하여서는 아니 된다(공노법 제11조).

Ⅱ. 재산상 권리

1. 보수청구권

(1) 보수의 의의 공무원은 국가나 지방자치단체에 대하여 보수를 청구할 권리를 가진다. 보수란 봉급과 기타 각종 수당을 합산한 금액을 말한다(공무원보수규정 제 4 조 제 1 호; 지방공무원보수규정 제 3 조 제 1 호 본문).

■ 참고 ■

수당이란 직무여건 및 생활여건 등에 따라 지급되는 부가급여를 말한다. 현재 수당으로 상여수당·가계보전수당·특수지근무수당·특수근무수당·초과근무수당 등이 있다(공무원 수당 등에 관한 규정). 특기할 것으로 명예퇴직수당이 있다. 명예퇴직수당이란 공무원으로 20년 이상 근속한 자가 정년 전에 스스로 퇴직하는 경우에 지급되는 수당을 말한다(국공법 제74조의2 제 1 항; 지공법 제66조의2 제 1 항).

(2) 보수의 성격 보수는 공무원의 노동력에 대한 반대급부의 성격과 공무원의 생활보장을 위한 생활자료의 성격을 모두 갖는다. 왜냐하면 보수의 결정에 표준생계비(생활자료의 의미) 등을 고려하고 아울러 책임의 곤란성(반대급부의 의미) 등도 고려하여야 하기 때문이다. 또한 공무원에게는 청렴의무·영리업무 및 겸직금지의무 등이 부과되는데, 이것은 보수가 생활자료임을 나타내는 간접적인 근거이다.

(3) 보수청구권의 성질 보수에 관한 분쟁해결은 민사소송에 의할 것인가 아니면 행정소송에 의할 것인가의 문제가 있다. 보수청구권은 공무원법관계에서 발생하는 것이므로 공법상의 권리가 되어 행정상 쟁송인 당사자소송에 의한다(대판 2004. 7. 8, 2004두244).

(4) 보수청구권의 압류와 시효 보수는 생활자료의 성격도 갖는 것이므로 임의로 포기할 수 없고, 압류에도 제한이 따른다. 보수청구권의 압류는 원칙적으로 보수금액의 2분의 1을 초과하지 못한다(국징법 제33조). 판례는 보수청구권의 소멸시효기간을 민법 제163조 제 1 호에 의거하여 3년으로 본다(대판 1976. 2. 24, 75누800).

2. 실비변상청구권

공무원은 보수 외에 대통령령등으로 정하는 바에 따라 직무 수행에 필요한 실비 변상을 받을 수 있다(국공법 제48조 제 1 항; 지공법 제46조 제 1 항). 그리고 공무원이 소속 기관장의 허가를 받아 본래의 업무 수행에 지장이 없는 범위에서 담당 직무 외의 특수한 연구과제를 위탁받아 처리하면 그 보상을 지급받을 수 있다(국공법 제48조 제 2 항; 지공법 제46조 제 2 항).

3. 연금청구권

(1) 의 의 공무원이 질병·부상·폐질·퇴직·사망 또는 재해를 입으면 본인이나 유족에게 법률로 정하는 바에 따라 적절한 급여를 지급한다(국공법 제77조 제 1 항; 지공법 제68조 제 1 항). 이 법률들이 규정하는 내용 중 공무원 및 그 유족의 생활안정과 복리향상을 위한 공무원연금제도 부분을 구체화하기 위해 공무원연금법 및 동법 시행령 등이 제정되어 있다. 공무원연금제도는 공무원의 퇴직, 장해 또는 사망에 대하여 적절한 급여를 지급하고 후생복지를 지원함으로써 공무원 또는 그 유족의 생활안정과 복지 향상에 이바지함을 목적으로 한다(연금법 제 1 조). 공무원연금제도는 사회보장제도의 하나이다. 공무원연금제도는 사회보장제도의 하나이다. 연금은 적법하게 임용된 공무원에게만 주어진다(대판 1998. 1. 23, 97누16985). 연금에는 단기급여(공무상 요양비·재해부조금·사망조위금)와 장기급여(퇴직급여·장해급여·유족급여·퇴직수당)가 있다(공무원연금법(이하, 연금법) 제28조).

(2) 성 질 연금청구권의 성질에 관해서는 봉급연불설·사회보장설·은혜설로 견해가 나뉜다. 봉급연불설이란 연금은 지급이 연기된 봉급이라는 견해이고, 사회보장설이란 연금은 퇴직공무원이나 공무원의 유족에 대한 사회보장이라는 견해이고, 은혜설이란 연금은 은혜적으로 지급되는 것이라는 견해이다. 생각건대 공무원이 기여금을 납부한다는 점(봉급연불적 성적), 그리고 퇴직뿐만 아니라 질병이나 부상의 경우에도 연금이 주어진다는 점(사회보장적 성격)을 고려하면 연금은 양면적인 성격을 갖는다고 보겠다(헌재 2002. 7. 18, 2000헌바57).

(3) 양도·압류 등의 금지 급여를 받을 권리는 양도, 압류하거나 담보로 제공할 수 없다. 다만, 연금인 급여를 받을 권리는 대통령령으로 정하는 금융기관에 담보로 제공할 수 있고, 「국세징수법」, 「지방세기본법」, 그 밖의 법률에 따른 체납처분의 대상으로 할 수 있다(연금법 제39조 제 1 항). 수급권자에게 지급된 급여 중 「민사집행법」 제195조 제 3 호에서 정하는 금액 이하는 압류할 수 없다(연금법 제39조 제 2 항).

(4) 소멸시효 공무원연금법에 따른 급여를 받을 권리는 그 급여의 사유가 발생한 날부터 단기급여는 3년간, 장기급여는 5년간 행사하지 아니하면 시효로 인하여 소멸한다(연금법 제88조 제 1 항 본문). 잘못 납부한 기여금을 반환받을 권리는 퇴직급여 또는 유족급여의 지

급결정일부터 5년간 행사하지 아니하면 시효로 인하여 소멸한다(연금법 제88조 제 2 항).

4. 재해보상금청구권

(1) 의 의 국가공무원법(제77조 제 1 항)과 지방공무원법(제68조 제 1 항)은 공무원이 질병·부상·폐질·퇴직·사망 또는 재해를 입으면 본인이나 유족에게 법률에서 정하는 바에 따라 적절한 급여를 지급하도록 규정하고 있다. 이 법률들이 규정하는 내용 중 공무원 재해보상제도 부분을 구체화하기 위해 공무원 재해보상법 및 동법 시행령 등이 제정되어 있다. 공무원재해보상제도는 공무원의 공무로 인한 부상·질병·장해·사망에 대하여 적합한 보상을 하고, 공무상 재해를 입은 공무원의 재활 및 직무복귀를 지원하며, 재해예방을 위한 사업을 시행함으로써 공무원이 직무에 전념할 수 있는 여건을 조성하고, 공무원 및 그 유족의 복지 향상에 이바지함을 목적으로 한다(공무원 재해보상법 제 1 조).

(2) 급여의 종류 공무원 재해보상법에 따른 급여는 다음 각 호[1. 요양급여, 2. 재활급여(가. 재활운동비, 나. 심리상담비), 3. 장해급여(가. 장해연금, 나. 장해일시금), 4. 간병급여, 5. 재해유족급여(가. 장해유족연금, 나. 순직유족급여{1) 순직유족연금, 2) 순직유족보상금}, 다. 위험직무순직유족급여{1) 위험직무순직유족연금, 2) 위험직무순직유족보상금}), 6. 부조급여(가. 재난부조금, 나. 사망조위금)]와 같다(공무원 재해보상법 제 8 조 제 1 항). 괄호 부분 내용 중 1.~5.는 재해보상급여로서 6.과 대비된다.

(3) 양도·압류 등의 금지 급여를 받을 권리는 양도, 압류하거나 담보로 제공할 수 없다. 다만, 연금인 급여를 받을 권리는 대통령령으로 정하는 금융회사에 담보로 제공할 수 있고, 「국세징수법」, 「지방세징수법」, 그 밖의 법률에 따른 체납처분의 대상으로 할 수 있다(공무원 재해보상법 제18조 제 1 항). 수급권자에게 지급된 급여 중 「민사집행법」 제195조 제 3 호에서 정하는 금액 이하는 압류할 수 없다(공무원 재해보상법 제18조 제 2 항).

(4) 소멸시효 이 법에 따른 급여를 받을 권리는 그 급여의 사유가 발생한 날부터 요양급여·재활급여·간병급여·부조급여는 3년간, 그 밖의 급여는 5년간 행사하지 아니하면 시효로 인하여 소멸한다(공무원 재해보상법 제54조 제 1 항). 이 법에 따른 환수금 및 그 밖의 징수금을 환수하거나 징수할 인사혁신처장 및 지방자치단체의 장의 권리는 환수 및 징수 사유가 발생한 날부터 5년간 행사하지 아니하면 시효로 인하여 소멸한다(공무원 재해보상법 제54조 제 2 항).

제 2 항 공무원의 의무

Ⅰ. 일 반 론

1. 성 질

국민 전체의 봉사자로서 공무원은 국리민복의 증진이라는 기본적인 자신의 임무수행과 관련하여 각종의 의무를 진다. 공무원의 의무는 자기 목적적인 것이 아니다. 그것은 국가임무수행의 보장이라는 목적을 위한 수단이다.

2. 법적 근거

공무원이 부담하는 의무는 공무원이 특별권력관계에 놓이기 때문에 법적 근거 없이도 당연히 인정된다는 논리는 타당하지 않다. 공무원에게 부과되는 의무도 반드시 법적 근거를 요한다. 왜냐하면 공무원관계도 공법상의 법관계이고, 그 법관계는 법치주의원칙 내에서만 존재하는 것이기 때문이다.

Ⅱ. 공무원법상 의무

1. 선서의무

공무원은 취임할 때에 소속 기관장 앞에서 대통령령등으로 정하는 바에 따라 선서(宣誓)하여야 한다. 다만, 불가피한 사유가 있으면 취임 후에 선서하게 할 수 있다(국공법 제55조; 지공법 제47조).

2. 품위유지의무

공무원은 직무의 내외를 불문하고 그 품위가 손상되는 행위를 하여서는 아니 된다(국공법 제63조; 지공법 제55조). 품위손상행위란 국가의 권위 · 위신 · 체면 · 신용 등에 영향을 미칠 수 있는 공무원의 불량하거나 불건전한 행위를 말한다(예: 축첩 · 도박 · 마약이나 알코올 중독)(대판 2017. 4. 13, 2014두8469). 품위유지의무는 직무집행중뿐만 아니라 직무집행과 관계없이도 존재하며, 만약 이에 위반하면 역시 징계사유가 된다(국공법 제78조; 지공법 제69조)(대판 2013. 9. 12, 2011두20079).

3. 청렴의무

공무원은 직무와 관련하여 직접적이든 간접적이든 사례 · 증여 또는 향응을 주거나 받을 수 없고(국공법 제61조 제 1 항; 지공법 제53조 제 1 항), 또한 공무원은 직무상의 관계가 있든 없든 그 소속 상관에게 증여하거나 소속공무원으로부터 증여를 받아서는 아니 된다(국공법 제61조 제 2 항; 지공법 제53조 제 2 항). 청렴의무도 넓게는 품위유지의무의 내용이 되나 현행 공무원법은 이를 별도로 규정하고 있다. 청렴의무 위반은 징계사유가 될 뿐만 아니라 경우에 따라서는 형법상 뇌물에 관한 죄를 구성할 수도 있다(형법 제129조 내지 제135조).

4. 종교중립의 의무

공무원은 종교에 따른 차별없이 직무를 수행하여야 한다(국공법 제59조의2 제 1 항; 지공법 제51조의2 제 1 항). 공무원은 소속 상관이 제 1 항에 위배되는 직무상 명령을 한 경우에는 이에 따르지 아니할 수 있다(국공법 제59조의2 제 2 항; 지공법 제51조의2 제 2 항).

5. 비밀엄수의무

(1) 의의·취지 공무원은 재직 중은 물론 퇴직 후에도 직무상 지득한 비밀을 엄수하여야 한다(국공법 제60조; 지공법 제52조). 공무원의 비밀엄수의무는 공무원이 직무상 지득한 비밀을 엄수함으로써 행정상 비밀을 보호하고 이로써 행정상 질서를 확보함을 목적으로 한다. 따라서 공무원의 비밀엄수의무로 인해 보호되는 이익은 특정한 개인의 이익이 아니라 국민 전체의 이익이다. 공무원의 비밀엄수의무가 특정 정파의 정치적 이익의 보호를 위한 도구로 전락되어서는 아니 된다.

(2) 직무상 비밀 ① 직무상 비밀사항이란 폐쇄된 또는 일정한 범위의 사람에게만 알려진 사실로서 그에 대한 인식이 공무수행에 요구되는 사항을 말한다. ② 직무상 비밀사항에는 「법률이 직무상 비밀로 정한 사항(예: 군사기밀보호법 제 2 조)」과 「법률이 비밀로 정한 것은 아니지만 비밀인 사항」이 있다. ③ 후자(법령이 비밀로 정한 것은 아니지만 비밀인 사항)와 관련하여 직무상 비밀사항의 판단기준으로 행정기관이 비밀로 취급하는 사항은 모두 비밀이라는 형식설과 객관적·실질적으로 보호할 가치 있는 것인가의 여부를 기준으로 비밀성을 판단하는 실질설로 나뉜다. 국민의 알권리의 보장 및 정보공개의 원칙에 비추어 실질설이 타당하다. 판례도 실질설을 취하고 있다(대판 1996. 10. 11, 94누7171).

(3) 비밀의 엄수 비밀을 엄수하여야 한다는 것은 비밀을 누설하지 말아야 함을 의미한다. 다만 공무원 또는 공무원이었던 자가 그 직무에 관하여 알게 된 사실에 관하여 증인이나 감정인으로서 심문을 받을 경우에는 소속기관의 장의 승인을 받은 사항에 관해서만 진술할 수 있다(형사소송법 제147조, 제177조; 민사소송법 제306조, 제333조). 재직중은 물론 퇴직 후에도 비밀을 엄수하여야 한다.

(4) 의무의 위반 비밀엄수의무를 위반하면 징계처분을 받을 뿐만 아니라 형사처

벌을 받게 된다(형법 제126조, 제127조). 다만 퇴직 후에 누설하면 징계처분은 성질상 불가하다. 물론 공공기관의 정보공개에 관한 법률에 따른 비밀의 공개는 비밀엄수의무의 위반에 해당하지 아니한다. 또한 실질적으로는 비밀사항이 아니어도 행정기관이 비밀로 정한 사항을 누설하면, 누설한 공무원은 형사처벌을 받지 아니하지만, 직무명령위반으로 징계처분을 받을 수는 있다.

(5) 제도의 한계

㈎ **내부고발 제도에 따른 한계** 부패방지 및 국민권익위원회의 설치와 운영에 관한 법률 제56조(공직자는 그 직무를 행함에 있어 다른 공직자가 부패행위를 한 사실을 알게 되었거나 부패행위를 강요 또는 제의받은 경우에는 지체 없이 이를 수사기관·감사원 또는 위원회에 신고하여야 한다)와 고위공직자범죄수사처 설치 및 운영에 관한 법률 제46조 제 1 항(누구든지 고위공직자범죄등에 대하여 알게 된 때에는 이에 대한 정보를 수사처에 제공할 수 있으며, 이를 이유로 불이익한 조치를 받지 아니한다)에 따른 내부고발은 공무원의 비밀 엄수 의무 위반에 해당하지 아니한다.

㈏ **공공기관의 정보공개에 관한 법률상 정보공개 제도에 따른 한계** 공공기관이 보유·관리하는 정보는 국민의 알권리 보장 등을 위하여 공공기관의 정보공개에 관한 법률에서 정하는 바에 따라 적극적으로 공개하여야 한다(공개법 제 3 조). 정보의 공개에 관하여는 다른 법률에 특별한 규정이 있는 경우를 제외하고는 공공기관의 정보공개에 관한 법률에서 정하는 바에 따른다(공개법 제 4 조 제 1 항). 국가공무원법 제60조와 공공기관의 정보공개에 관한 법률 제 4 조 제 1 항은 규정목적을 달리하므로, 국가공무원법 제60조는 공공기관의 정보공개에 관한 법률 제 4 조 제 1 항의 다른 법률의 특별한 규정에 해당하는 것이 아닌바, 공공기관의 정보공개에 관한 법률에 따른 비밀의 공개는 공무원의 비밀 엄수 의무 위반에 해당하지 아니한다.

6. 법령준수의무

모든 공무원은 법령을 준수하여야 한다(국공법 제56조; 지공법 제48조). 법령준수의무는 법치국가에서 공무원이 부담하는 기본적인 의무 중의 하나이다. 법령이란 행정법의 법원이 되는 모든 법을 말한다. 법규명령 외에 행정규칙도 포함된다. 공무원의 법령위반행위는 그 행위의 무효·취소, 손해배상, 공무원 개인의 책임의 문제를 야기한다.

7. 성실의무

모든 공무원은 성실히 직무를 수행하여야 한다(국공법 제56조; 지공법 제48조). 공무원에게 부과된 가장 기본적인 의무이다(대판 2017. 12. 22, 2016두38167). 성실이란 자신의 임무수행에 있어서 자신의 인격과 양심에 입각하여 최선을 다하여야 함을 뜻한다(대판 1989. 5. 23, 88누3161). 성실의무가 공무원에게 무한정의 희생 · 헌신 · 충성을 요구하는 것은 아니다. 성실의무위반 여부의 판단이 용이한 것은 아니다. 그럼에도 그것이 정치적 · 윤리적 의무에 불과한 것이 아니라 법적 의무임에 틀림없다. 성실의무는 때와 장소를 가리지 않는다(대판 1997. 2. 11, 96누2125).

8. 친절 · 공정의무

공무원은 국민 전체에 대한 봉사자로서 친절하고 공정하게 직무를 수행하여야 한다(국공법 제59조; 지공법 제51조). 친절의무는 공무원이 국민에 군림하는 자가 아니라 봉사하는 자라는 지위에서 나오는 것이며, 공정의무는 공무원이 특정국민이 아니라 모든 국민을 위한다는 지위에서 나온다.

9. 복종의무

(1) 의 의 공무원은 직무를 수행할 때 소속 상관의 직무상 명령에 복종하여야 한다(국공법 제57조; 지공법 제49조). 이는 계층적 조직체로서 행정조직의 원리상 필수적이다. 상명하복의 원칙 없이는 조직의 유지가 곤란하기 때문이다.

(2) 소속상관 소속상관이란 당해 공무원의 직무에 관해 지휘 · 감독할 수 있는 권한을 가진 기관을 말한다. 달리 말한다면 신분상 소속상관이 아니라 직무상 소속상관을 뜻한다. 소속상관은 언제나 1인만을 의미하는 것은 아니다. 소속상관은 행정관청일 수도 있고, 보조기관일 수도 있다.

(3) 직무상 명령

(가) 의 의 직무상의 명령 또는 직무명령이란 상급공무원이 부하공무원에 대해 직무상 발하는 명령을 총칭하는 개념이다. 그 내용은 개별 · 구체적일 수도 있고, 일반 · 추상적일 수도 있다. 직무상 명령은 개념상 훈령과 구별을 요한다. 하급관청에 대한 훈령은 하급기관의 구성자인 공무원에게도 미치므로 훈령은 직무명령의 성질을 갖기도 한다. 기능상 훈령이 직무상 명령과 유사한 면을 갖는 경우도 있으나, 개념상으로는 상하공무원간의 개념인 직무상 명령과 상하관청간의 개념인 훈령은 구별되어야 할 것이다.

(나) 성 질 직무상 명령은 하급공무원을 구속할 뿐 일반국민을 구속하는 것은 아니다. 말하자면 직무상 명령은 법규가 아니다. 직무상 명령위반은 위법이 아니고 징계사유가 될 뿐이다.

(다) 명령사항 등(요건) 직무상 명령의 대상이 될 수 있는 사항은 ① 상급공무원의 권한에 속하고, ② 부하공무원의 권한에 속하는 직무에 관련 있는 사항이다(대판 2001. 8. 24, 2000두7704). ③ 부하공무원에게 직무상 독립이 인정되는 사항이 아니어야 한다. 이상과 같은 형식적 요건 외에도 ④ 실질적 요건으로서 법령과 공익에 적합하여야 한다. 한편, 법령상 특

별한 규정이 없는 한 직무상 명령의 형식에는 제한이 없다. 구술이나 서면으로 하면 된다.

(라) **경 합** 둘 이상의 상관으로부터 내용이 모순되는 직무명령이 있는 경우에 직무상 명령의 경합의 문제가 생긴다. 상관 사이에 우열이 없다면 당해 사무에 주된 권한을 가진 상관의 직무명령에 따라야 하고 우열이 있다면 직근상관의 직무명령에 따라야 할 것이다.

	직무상 명령	훈령
규율관계자	상하급 공무원간의 규율	상하급 관청간의 규율
신분변동	상하공무원의 신분의 변동에 따라 효력을 상실	상급관청이 폐지하지 않는 한 기관구성자의 변동에 관계없이 효력을 지속

(4) 복 종

(가) **의 의** 적법한 직무상 명령이 있으면 공무원은 그 명령에 복종하여야 하는데, 여기서 "복종하여야 한다"는 것은 소속상관의 명령을 이행하여야 함을 의미한다. 말하자면 직무상 명령을 받은 공무원은 그 명령의 내용에 따라 작위의무 · 부작위의무 · 수인의무를 이행하여야 한다.

(나) **복종의무의 한계**(직무상 명령에 대한 심사권) ① 직무명령의 형식적 요건은 그 구비 여부가 외관상 명백하므로 부하공무원은 이를 심사할 수 있고 그 요건이 결여된 경우 복종을 거부할 수 있다. ② 그러나 실질적 요건이 결여된 경우 복종하여야 하는지가 문제된다. ⓐ 부하공무원에게 실질적심사권과 복종여부결정권을 인정하면 법령해석의 불통일을 초래하고, 계층적 조직체계에 따른 행정목적의 통일적 수행을 저해한다는 점을 근거로 하는 실질적 요건심사 부정설, ⓑ 공무원은 복종의무 외에도 법령준수의무를 지고 있어 직무명령이 위법한 경우에는 법령준수의무가 보다 중요한 의미를 가진다는 점을 근거로 하는 실질적 요건심사 긍정설, ⓒ 행정의 법률적합성원칙과 행정조직체의 통일적 운영의 이념을 고려하여 절충적으로 보는 견해(절충설)가 대립된다. 판례는 절충설의 입장을 취하는 것으로 보인다(대판 1988. 2. 23, 87도2358).

(다) **의견진술** 국가공무원법과 달리 지방공무원법은 공무원의 복종의무와 관련하여 "다만, 이에 대한 의견을 진술할 수 있다"고 규정하고 있는바(지공법 제49조 단서), 상기의 요건에 비추어 직무상 명령이 위법 · 부당하다고 판단되면 직무상 명령을 받은 공무원은 상관에게 자기의 의견을 진술할 수 있다. 이러한 것은 명문의 규정이 없는 국가공무원법의 경우에도 마찬가지라 하겠다.

(라) **불 복 종** ① 적법한 직무상 명령, 단순위법한 직무상 명령 또는 단순히 내용상 부당한 명령에 대해서는 복종하여야 하며, 만약 이에 불복종하면 징계가 가해질 수 있다. 왜냐하면 공무원법상 공무원의 의무위반은 징계사유로 규정되어 있기 때문이다(국공법 제78조

제1항 제1호; 지공법 제69조 제1항 제1호). 그러나 ② 당연무효의 직무상 명령에 대해서는 복종을 거부하여야 하며, 만약 이에 복종하면 그 명령을 한 상관은 물론이고 그 명령을 집행한 공무원도 책임을 면할 수 없다.

10. 직장이탈금지의무

공무원은 소속 상관의 허가 또는 정당한 사유가 없으면 직장을 이탈하지 못한다(국공법 제58조 제1항; 지공법 제50조 제1항). 물론 이러한 의무는 소속상관의 허가가 있거나 또는 정당한 이유가 있으면, 문제되지 아니한다.

11. 영리업무금지의무 및 겸직금지의무

공무원은 공무 외에 영리를 목적으로 하는 업무에 종사하지 못하며, 소속 기관장의 허가 없이 다른 직무를 겸할 수 없다. 영리를 목적으로 하는 업무의 한계는 대통령령등으로 정한다(국공법 제64조; 지공법 제56조).

12. 영예의 제한

공무원이 외국 정부로부터 영예나 증여를 받을 경우에는 대통령의 허가를 받아야 한다(국공법 제62조; 지공법 제54조).

13. 정치운동금지의무

국민 전체의 봉사자로서 공무원은 정치적 중립성을 지켜야 하는바(헌법 제7조 제2항), 이 때문에 공무원에게는 정치운동이 금지된다. 예외적으로 정치운동이 허용되는 공무원(정치적 공무원)도 있다. 정치운동금지의무의 내용으로 정당결성 등 금지(국공법 제65조 제1항), 선거운동의 금지(국공법 제65조 제2항), 다른 공무원에 대한 운동금지(국공법 제65조 제3항; 지공법 제57조 제3항)가 있다.

14. 집단행위의 금지

(1) 일 반 론 공무원은 국민 전체의 이익을 위한 봉사자이므로 자신의 개인적 이익을 위한 집단행동은 금지된다. 공무원인 근로자는 법률이 정하는 자에 한하여 단결권·단체교섭권 및 단체행동권을 가진다(헌법 제33조 제2항). 공무원은 노동운동이나 그 밖에 공무 외의 일을 위한 집단 행위를 하여서는 아니 된다(국공법 제66조 제1항; 지공법 제58조 제1항). 다만 사실상 노무에 종사하는 공무원은 예외이다(국공법 제66조 제1항 단서; 지공법 제58조 제1항 단서).

(2) 공무원노동조합원의 경우 2006년부터 시행된 공무원의 노동조합 설립 및 운

영 등에 관한 법률에 근거하여 설립된 노동조합의 공무원은 국가공무원법 제66조 제 1 항과 지방공무원법 제58조 제 1 항의 본문(집단행위의 금지)을 적용하지 아니한다(공무원의 노동조합 설립 및 운영 등에 관한 법률 제 3 조 제 1 항).

(3) 교원의 경우 교원의 노동조합 설립 및 운영 등에 관한 법률에 근거하여 일정한 교원은 특별시 · 광역시 · 도단위 또는 전국단위에 한하여 노동조합을 설립할 수 있다(같은 법 제 4 조 제 1 항). 그러나 교원의 노동조합은 일체의 정치활동을 하여서는 아니 된다(같은 법 제 3 조). 그리고 노동조합과 그 조합원은 파업 · 태업 기타 업무의 정상적인 운영을 저해하는 일체의 쟁의행위를 하여서는 아니 된다(같은 법 제 8 조).

Ⅲ. 기타 법률상 의무

1. 공직자윤리법상 의무

공직자윤리법은 ① 공직자의 재산등록의무(공직자윤리법 제 3 조 제 1 항, 제 4 조 제 1 항 · 제 2 항), 공직선거후보자 등의 재산공개의무(같은 법 제10조의2 제 1 항 본문, 제10조의2 제 2 항 본문), ② 선물신고의무(같은 법 제15조 제 1 항, 제16조 제 1 항), ③ 취업금지의무(같은 법 제17조 제 1 항, 제19조 제 1 항 · 제 2 항)를 규정하고 있다.

2. 공직자의 이해충돌 방지법상 의무

공직자의 이해충돌 방지법은 사적이해관계자의 신고 및 회피 · 기피 신청(동법 제 5 조), 공공기관 직무 관련 부동산 보유 · 매수 신고(동법 제 6 조), 고위공직자의 민간 부문 업무활동 내역 제출 및 공개(동법 제 8 조), 직무관련자와의 거래 신고(동법 제 9 조), 직무 관련 외부활동의 제한(동법 제10조), 가족 채용 제한(동법 제11조), 수의계약 체결 제한(동법 제12조), 공공기관 물품 등의 사적 사용 · 수익 금지(동법 제13조), 퇴직자 사적 접촉 신고(동법 제15조), 공무수행사인의 공무수행과 관련된 행위제한 등(동법 제16조)을 규정하고 있다

3. 공직자병역사항신고법(약칭)상 병역사항신고의무

대통령, 국무총리, 국무위원, 국회의원, 국가정보원의 원장 · 차장 등 국가의 정무직공무원 등 일정한 공직자는 공직자 등의 병역사항 신고 및 공개에 관한 법률 제 3 조의 규정에 의한 신고대상자의 병역사항을 신고하여야 한다(동법 제 2 조).

4. 부패방지 및 국민권익위원회의 설치와 운영에 관한 법률상 의무

공직자는 법령을 준수하고 친절하고 공정하게 집무하여야 하며 일체의 부패행위와 품위

를 손상하는 행위를 하여서는 아니 된다(부패방지 및 국민권익위원회의 설치와 운영에 관한 법률 제 7 조). 제 7 조의 규정에 의하여 공직자가 준수하여야 할 행동강령은 대통령령 · 국회규칙 · 대법원규칙 · 헌법재판소규칙 또는 중앙선거관리위원회규칙 또는 공직유관단체의 내부규정으로 정한다(같은 법 제 8 조 제 1 항).

제 3 항 공무원의 책임

공무원의 책임이란 공무원이 공무원으로서 부담하는 의무에 위반하여 위헌 · 위법의 행위를 하거나 부당한 행위를 하는 등의 과오를 범한 경우에, 그에 대하여 불이익한 법적 제재를 받게 되는 지위를 말한다. 따라서 공무원이 일반국민의 지위에서 행한 행위에 대하여 부담하는 책임은 공무원의 책임과는 무관하다. 공무원의 책임문제는 책임이 인정되는 법적 근거와 관련하여 헌법상 책임(예: 헌법 제65조의 탄핵, 헌법 제63조의 해임건의) · 행정법상 책임 · 형사법상 책임 그리고 민사법상 책임으로 나누어 볼 수 있다. 행정법의 영역에서 공무원의 책임문제는 행정법상의 책임문제가 논의의 중심이 된다. 아래에서 행정법상 책임에 관해 살피기로 한다.

Ⅰ. 징계책임(징계벌)

1. 징계벌의 의의

징계란 공무원이 공무원으로서 부담하는 의무를 위반하였을 때, 공무원관계의 질서유지를 위해 공무원법에 따라 당해 공무원에게 법적 제재, 즉 벌을 가하는 것을 말한다. 의무위반에 대하여 가해지는 처벌이 징계벌이고, 처벌을 받게 되는 지위를 징계책임이라고 한다.

2. 징계벌의 성질

(1) 징계벌과 형벌의 차이 징계벌도 고통 내지 불이익의 부과라는 점에서는 형벌과 다를 바가 없다. 그러나 그 목적과 불이익의 구체적인 내용에 있어서는 차이가 있다. 즉 ① 형벌은 국가와 일반사회공공의 질서유지를 목적으로 하나, 징계벌은 행정조직 내부에서 공무원관계의 질서유지를 목적으로 하는바, ② 형벌은 일반국민을 대상으로 하나, 징계벌은 공무원을 대상으로 하며, ③ 따라서 형벌은 공무원의 퇴직 여하에 관계없이 언제나 적용 대상이 되나, 징계벌은 퇴직 후에는 문제되지 아니한다. ④ 그리고 처벌의 내용도 징계벌은 형벌과는 달리 공무원이라는 신분상 갖게 되는 이익의 박탈 내지 제한과 관련한다.

(2) 징계벌과 형벌의 병과 양자는 목적·내용 등에 있어서 상이하므로, 하나의 행위(예: 뇌물수수)에 대하여 양자를 병과할 수 있다. 즉 양자의 병과는 일사부재리의 원칙(헌법 제13조 제 1 항)에 반하는 것이 아니다(대판 2001. 11. 9, 2001두4184).

(3) 징계와 일사부재리 동일한 징계원인으로 거듭 징계될 수 없다는 의미에서 일사부재리의 원칙은 징계벌에도 적용된다. 다만 징계처분과 직위해제는 그 성질이 상이하므로 직위해제의 사유로 징계처분을 할 수도 있다(대판 1983. 10. 25, 83누184).

3. 징계벌과 법적 근거

징계는 공무원의 의사에 반하여 그에게 불이익을 주는 처분이며 국민으로서 향유하는 공무담임권을 부당하게 침해할 우려가 있다는 취지에서 징계벌에도 법적 근거가 필요하다. 징계벌에 관한 실정법상 근거로는 일반직공무원에 관한 것으로 국가공무원법, 지방공무원법이 있고, 특정직공무원에 관한 것으로 법관징계법·검사징계법 등이 있다.

4. 징계의 원인

국가공무원법과 동법에 따른 명령 위반(지방공무원법과 조례·규칙위반), 직무상 의무(다른 법령에서 공무원의 신분으로 인하여 부과된 의무포함. 예: 공직자윤리법 제22조)의 위반 또는 직무태만, 직무의 내외를 불문하고 그 체면 또는 위신을 손상하는 행위 등(국공법 제78조 제 1 항; 지공법 제69조 제 1 항)이 징계의 원인이 된다. 이러한 행위에 반드시 고의나 과실이 있을 것을 요하는 것은 아니다. 그렇다고 공무원의 무과실책임을 의미하는 것도 아니다. 징계사유가 만약 불가항력에 기인하는 것이라면 공무원의 책임은 면제될 수밖에 없다. 경우에 따라서는 임용 전의 행위도 징계원인이 될 수 있다(대판 1990. 5. 22, 89누7368). 한편, 개별 법률이 특정직공무원의 징계원인에 관해 따로 특별히 규정하기도 한다(예: 법관징계법 제 2 조; 검사징계법 제 2 조; 교육공무원법 제51조 제 1 항; 군인사법 제56조; 군무원인사법 제37조; 외무공무원법 제28조).

5. 징계의 종류

징계의 종류는 법률에 따라 상이하나, 국가공무원법과 지방공무원법은 일반직공무원에 대한 징계로 파면·해임·강등·정직·감봉·견책의 여섯 가지를 규정하고 있다(국공법 제79조; 지공법 제70조). 실무상 행하여지는 단순한 경고(권고)는 여기서 말하는 징계에 해당하지 아니한다(대판 1991. 11. 12, 91누2700). 그러나 불문경고조치는 비록 법률상의 징계처분은 아니나 처분성이 있다는 판례가 있다(대판 2002. 7. 26, 2001두3532).

(1) 파 면 파면이란 공무원의 신분을 박탈하여 공무원관계를 배제하는 징계처분이다. 파면의 처분을 받은 자는 파면처분을 받은 때로부터 5년을 경과하여야만 다시 공무

원에 임용될 수 있다(국공법 제33조 제 7 호; 지공법 제31조 제 7 호). 퇴직급여 · 퇴직수당의 감액이 따른다(공무원연금법 제64조 제 1 항 제 2 호).

(2) 해 임 해임이란 역시 공무원신분을 박탈하여 공무원관계를 배제하는 징계처분이나, 해임의 처분을 받은 자는 5년이 아니라 3년간 공무원에 임용될 수 없고(국공법 제33조 제 8 호; 지공법 제31조 제 8 호), 금품 및 향응 수수, 공금의 횡령 · 유용으로 징계 해임된 경우에는 퇴직급여 · 퇴직수당의 감액이 따른다(공무원연금법 제65조 제 1 항 제 3 호).

(3) 강 등 강등은 1계급 아래로 직급을 내리는(고위공무원단에 속하는 공무원은 3급으로 임용하고, 연구관 및 지도관은 연구사 및 지도사로 한다) 징계처분이다. 공무원신분은 보유하나 3개월간 직무에 종사하지 못하며 그 기간 중 보수는 전액을 감한다(국공법 제80조 제 1 항). 그리고 일정 기간 동안 보수에 있어 승급이 제한된다(국공법 제80조 제 6 항).

(4) 정 직 정직이란 공무원의 신분을 보유하되 일정기간 직무에 종사하지 못하게 하는 징계처분이다. 정직기간은 1개월 이상 3개월 이하이며, 이 기간 중에 보수는 전액을 감한다(국공법 제80조 제 3 항; 지공법 제71조 제 2 항).

(5) 감 봉 감봉이란 1개월 이상 3개월 이하의 기간 동안 보수의 3분의 1을 감하는 징계처분이다(국공법 제80조 제 4 항; 지공법 제71조 제 4 항).

(6) 견 책 견책이란 전과에 대하여 훈계하고 회개하게 하는 징계처분이다(국공법 제80조 제 5 항; 지공법 제71조 제 5 항).

6. 징계의 절차

(1) 징계의결의 요구 공무원에게 징계사유가 발생하면, 반드시 징계의결을 요구하여야 한다(국공법 제78조 제 1 항; 지공법 제69조 제 1 항). 징계의결의 요구는 기속적이다(대판 2007. 7. 12, 2006도1390).

(2) 시 효 징계의결등의 요구는 징계 등의 사유가 발생한 날부터 3년(제78조의2 제 1 항 각 호의 어느 하나에 해당하는 경우에는 5년)이 지나면 하지 못한다(국공법 제83조의2 제 1 항; 지공법 제73조의2 제 1 항). 징계사유가 계속적으로 행하여진 일련의 행위인 경우에는 최종의 행위를 기준으로 한다(대판 1986. 1. 21, 85누841).

(3) 징계위원회의 심의 · 의결 징계사건의 심의에서 징계위원회(지방공무원의 경우는 인사위원회)는 징계혐의자를 출석시켜야 한다(대판 1987. 7. 21, 86누623). 그러나 본인이 출석을 원치 아니하거나, 해외체재, 여행 기타의 사유가 있는 경우에는 출석 없이 징계의결할 수 있다(공무원징계령 제10조; 지방공무원 징계 및 소청규정 제 4 조). 징계위원회는 징계 사건을 심사할 때에 대통령령등으로 정하는 바에 따라 피징계인 또는 제76조 제 1 항 후단에 따른 대리인에게 진술 기회를 주어야 하며, 진술 기회를 주지 아니한 징계의결은 무효이다(국공법 제81조 제 3 항, 제

13조 제 2 항).

(4) 재심사청구 징계의결등을 요구한 기관의 장은 징계위원회의 의결이 가볍다고 인정하면 그 처분을 하기 전에 다음 각 호[1. 국무총리 소속으로 설치된 징계위원회의 의결: 해당 징계위원회에 재심사를 청구, 2. 중앙행정기관에 설치된 징계위원회(중앙행정기관의 소속기관에 설치된 징계위원회는 제외한다)의 의결: 국무총리 소속으로 설치된 징계위원회에 심사를 청구, 3. 제 1 호 및 제 2 호 외의 징계위원회의 의결: 직근 상급기관에 설치된 징계위원회에 심사를 청구]의 구분에 따라 심사나 재심사를 청구할 수 있다. 이 경우 소속 공무원을 대리인으로 지정할 수 있다(국공법 제82조 제 2 항 본문; 지공법 제72조 제 2 항 본문).

(5) 하자 있는 징계 징계행위에 명백하고 중대한 하자가 있다면 징계행위는 무효의 행위가 된다. 국가공무원의 경우에 피징계자에 진술 기회를 주지 아니한 결정은 무효가 된다(국공법 제81조 제 3 항, 제13조 제 2 항). 단순위법의 하자는 취소의 사유가 된다(대판 1990. 11. 27, 90누5580).

(6) 징계부가금 국가공무원법 제78조의2는 일정한 징계사유로 징계 의결을 요구하는 경우에는 징계부가금의 부과 · 의결도 요구할 것을 규정하고 있다.

> **▪ 국가공무원법 제78조의2(징계부가금)** ① 제78조에 따라 공무원의 징계 의결을 요구하는 경우 그 징계 사유가 다음 각 호의 어느 하나에 해당하는 경우에는 해당 징계 외에 다음 각 호의 행위로 취득하거나 제공한 금전 또는 재산상 이득(금전이 아닌 재산상 이득의 경우에는 금전으로 환산한 금액을 말한다)의 5배 내의 징계부가금 부과 의결을 징계위원회에 요구하여야 한다.
> 1. 금전, 물품, 부동산, 향응 또는 그 밖에 대통령령으로 정하는 재산상 이익을 취득하거나 제공한 경우
> 2. 다음 각 목에 해당하는 것을 횡령(橫領), 배임(背任), 절도, 사기 또는 유용(流用)한 경우
>   가. 「국가재정법」에 따른 예산 및 기금 (이하 각 목 생략)

7. 소청[징계처분 등 불이익처분에 대한 불복(1)]

(1) 소청의 의의 소청이란 공무원의 징계처분 그 밖에 그 의사에 반한 불리한 처분(예: 의원면직 · 전보 · 복직청구 · 강임 · 휴직 · 면직처분)에 대한 불복신청을 말한다(국공법 제 9 조 제 1 항; 지공법 제13조). 소청심사는 항고쟁송으로서 행정심판의 일종이다. 소청은 공무원 개인의 권익보호와 행정질서의 확립을 목적으로 한다(헌재 2006. 5. 25, 2004헌바12). 징계처분에 대한 소청은 처분사유설명서를 받은 날부터 30일 이내에 청구하여야 한다(국공법 제75조, 제76조 제 1 항; 지공법 제67조 제 1 항 · 제 3 항).

(2) 소청심사위원회 소청사항의 심사는 합의제기관인 소청심사위원회가 행한다. 소청심사위원회는 행정기관 소속 공무원과 관련하여 인사혁신처에, 국회 · 법원 · 헌법재판소 및 선거관리위원회 소속 공무원과 관련하여 각각 국회사무처 · 법원행정처 · 헌법재판소사무처 및 중앙선거관리위원회사무처에 둔다(국공법 제 9 조 제 1 항 · 제 2 항). 인사혁신처에 설치된 위원회는 상설기관이다.

(3) 절 차 소청심사위원회의 심사결정은 일정한 절차를 거쳐야 한다(국공법 제12조 이하). 소청인의 진술권은 보장된다. 진술 기회를 주지 아니한 결정은 무효로 한다(국공법 제13조; 지공법 제18조). 위원회의 결정은 그 이유를 구체적으로 밝힌 결정서로 하여야 한다(국공법 제14조 제 8 항; 지공법 제19조 제 8 항).

(4) 결 정 소청심사위원회의 결정은 처분행정청을 기속한다(국공법 제15조; 지공법 제20조). 소청심사위원회의 취소명령 또는 변경명령 결정은 그에 따른 징계나 그 밖의 처분이 있을 때까지는 종전에 행한 징계처분 또는 제78조의2에 따른 징계부가금 부과처분에 영향을 미치지 아니한다(국공법 제14조 제 6 항).

(5) 소청인의 보호 소청심사위원회가 징계처분 또는 징계부가금 부과처분(이하 "징계처분등"이라 한다)을 받은 자의 청구에 따라 소청을 심사할 경우에는 원징계처분보다 무거운 징계 또는 원징계부가금 부과처분보다 무거운 징계부가금을 부과하는 결정을 하지 못한다(국공법 제14조 제 7 항; 지공법 제19조 제 7 항). 이를 불이익변경금지의 원칙이라 한다. 이 원칙은 소청인에게 소청의 권리를 보장하기 위한 것이다.

8. 행정소송[징계처분 등 불이익처분에 대한 불복(2)]

(1) 원처분주의 소청심사위원회의 결정에 불복이 있으면 행정소송을 제기할 수 있다. 만약 소청심사위원회의 결정에 고유한 위법이 있다면, 위원회의 결정을 소의 대상으로 할 수 있지만, 그 결정에 고유의 위법이 없다면 원처분주의의 원칙에 따라 원징계처분을 소의 대상으로 하여야 한다(행소법 제19조 단서).

(2) 필요적 심판전치 국가공무원법 제75조(공무원에 대하여 징계처분을 할 때나 강임·휴직·직위해제 또는 면직처분을 할 때에는 그 처분권자 또는 처분제청권자는 처분사유를 적은 설명서를 교부하여야 한다. 다만, 본인의 원에 따른 강임·휴직 또는 면직처분은 그러하지 아니하다)에 따른 처분, 그 밖에 본인의 의사에 반한 불리한 처분이나 부작위에 관한 행정소송은 소청심사위원회의 심사·결정을 거치지 아니하면 제기할 수 없다(국공법 제16조 제 1 항; 지공법 제20조의2).

(3) 피 고 제 1 항에 따른 행정소송을 제기할 때에는 대통령의 처분 또는 부작위의 경우에는 소속 장관(대통령령으로 정하는 기관의 장을 포함한다)을, 중앙선거관리위원회위원장의 처분 또는 부작위의 경우에는 중앙선거관리위원회사무총장을 각각 피고로 한다(국공법 제16조 제 2 항).

9. 재징계의결 요구

국가공무원법 제78조의3 제 1 항의 경우에는 재징계의결의 요구가 이루어진다. 처분권자는 제 1 항에 따른 징계의결등을 요구하는 경우에는 소청심사위원회의 결정 또는 법원의 판결이 확정된 날부터 3개월 이내에 관할 징계위원회에 징계의결등을 요구하여야 하며, 관할 징계위원회에서는 다른 징계사건에 우선하여 징계의결등을 하여야 한다(국공법 제78조의3 제 2 항).

▪ **국가공무원법 제78조의3(재징계의결 등의 요구)** ① 처분권자(대통령이 처분권자인 경우에는 처분 제청권자)는 다음 각 호에 해당하는 사유로 소청심사위원회 또는 법원에서 징계처분등의 무효 또는 취소(취소명령 포함)의 결정이나 판결을 받은 경우에는 다시 징계 의결 또는 징계부가금 부과 의결(이하 "징계의결등"이라 한다)을 요구하여야 한다. 다만, 제 3 호의 사유로 무효 또는 취소(취소명령 포함)의 결정이나 판결을 받은 감봉·견책처분에 대하여는 징계의결을 요구하지 아니할 수 있다.
1. 법령의 적용, 증거 및 사실 조사에 명백한 흠이 있는 경우
2. 징계위원회의 구성 또는 징계의결등, 그 밖에 절차상의 흠이 있는 경우
3. 징계양정 및 징계부가금이 과다(過多)한 경우

Ⅱ. 변상책임

1. 변상책임의 의의

변상책임이란 공무원이 의무위반행위로 인해 국가나 지방자치단체에 재산상 손해를 발생케 한 경우, 그에 대하여 공무원이 부담하는 재산상의 책임을 말한다. 변상책임에는 회계관계직원 등의 변상책임과 국가배상법상 변상책임의 경우가 있다.

2. 회계관계직원 등의 변상책임

(1) 일 반 법 ① 국가회계법은 회계관계공무원의 책임에 관하여 "다른 법률로 정하는 바에 따른다"고 규정하고 있고(같은 법 제28조), ② 물품관리법도 물품관리공무원·물품출납공무원과 물품출납을 보관하는 자·물품을 사용하는 공무원 등의 변상책임을 "따로 법률로 정한다"고 규정하고 있으며(같은 법 제45조), ③ 군수품관리법도 물품관리법과 유사한 규정을 두고 있다(같은 법 제28조, 제29조). ④ 이상의 법률에 의거 제정된 법률이 '회계관계직원 등의 책임에 관한 법률'(이하, 회책법)이다. 따라서 동법은 회계관계직원 등의 변상책임에 관하여 일반법의 지위에 선다고 할 수 있다.

(2) 책임의 유형 변상책임의 유형으로는 ① 회계관계직원 등이 고의 또는 중대한 과실로 법령이나 그 밖의 관계 규정 및 예산에 정해진 바에 위반하여 국가, 지방자치단체, 그 밖에 감사원의 감사를 받는 단체 등의 재산에 손해를 끼친 때에 지는 변상책임(회책법 제 4 조 제 1 항), ② 현금 또는 물품을 출납·보관하는 자가 선량한 관리자로서의 주의를 게을리하여 그가 보관하는 현금 또는 물품이 망실되거나 훼손된 경우에 지는 변상책임(회책법 제 4 조 제 2 항)이 있다.

3. 국가배상법에 의한 변상책임

국가배상법상 변상책임은 ① 공무원의 직무상 불법행위로 타인에게 손해를 가한 경우, 국가나 지방자치단체가 공무원에 대위하여 책임을 지는바, 이때 공무원에게 고의나 중대한 과실이 있을 때 당해 공무원이 국가나 지방자치단체의 구상권에 응해 부담하는 변상책임(국배법 제 2 조 제 2 항)과 ② 영조물의 설치 · 관리상의 하자로 타인에게 손해를 가한 경우에 공무원에게 그 원인에 대해 책임을 물을 수 있을 때, 타인에게 손해를 배상한 국가나 지방자치단체에 대해 당해 공무원이 부담하는 변상책임(국배법 제 5 조 제 2 항)의 경우가 있다.

• 제 4 장

경 찰 법

제1절 일 반 론

제1항 경찰법의 관념

Ⅰ. 기본개념으로서 경찰

경찰법(경찰행정법)은 경찰의 조직과 작용에 관한 국내공법이다. 따라서 경찰행정법이라는 개념을 알기 위해서는 먼저 경찰이라는 개념을 이해할 필요가 있다. 경찰이라는 용어는 아래와 같이 다양하게 사용되고 있다.

1. 경찰의 개념

(1) 실질적 의미의 경찰(실질적 경찰개념)

㈎ 정　　의　　실질적 경찰개념은 국가작용의 성질 내지 목적과 관련된 개념이다. 실질적 의미의 경찰(경찰작용)이란 「공공의 안녕(공적 안전)과 질서(공적 질서)를 위협하는 위험의 예방(예: 교통사고 예방을 위한 경찰관의 순찰작용)이나 현실화된 위험의 제거(예: 도로상 발생한 교통사고의 정리. 발생한 교통사고는 새로운 교통사고의 원인이 될 수 있다)를 통해 개인이나 공중을 보호하기 위한 국가(지방자치단체 포함)의 활동」을 말한다. 단순하게 말하면, 실질적 의미의 경찰이란 공동체를 위한 「위험방지작용」이다. 실질적 경찰개념은 어떠한 공행정기관이 위험방지작용을 수행하는가의 문제와는 무관하다. 제복을 입은 경찰관에 의한 도로상 교통통제도 실질적 의미의 경찰작용에 해당하지만, 구청이나 군청에서 내주는 건축허가도 건축으로부터 발생하는 위험을 방지하기 위한 것이므로 실질적 경찰작용에 해당한다.

㈏ 특　　징　　실질적 의미의 경찰작용은 사회의 안녕과 질서의 유지를 위한 것이지 국가의 존립을 위한 것은 아니다. 실질적 의미의 경찰작용은 새로운 복지상태를 창출하기 위한 적극적 작용이 아니라 위험의 발생을 예방하거나 제거하기 위한 소극적 작용이다. 실질적 의미의 경찰작용은 위험방지의 목적을 위해 권력적 수단이 많이 활용된다. 실질적 의미의

경찰을 군사행정 및 복지행정과 비교해본다.

	실질적 의미의 경찰행정	군사행정	복지행정
목적	공공의 안녕과 질서유지	국가의 안전의 유지	인간다운 삶의 보장
방향	사회목적적 행정	국가목적적 행정	사회목적적 행정
성질	소극적 위험방지 작용	소극적 안전보장 작용	적극적 복리증진 작용
수단	권력작용(명령 · 강제)중심	권력작용(명령 · 강제)중심	비권력작용(급부)중심
권력	일반통치권	일반통치권	일반통치권
대상	국민, 외국인	군인 · 군무원	국민, 외국인

(다) **개념요소**

(a) **공공의 안녕** 공공의 안녕이란 국가의 법질서, 국가와 국가의 여러 기관의 존속과 기능, 그리고 개인의 주관적 권리와 법익(생명 · 건강 · 자유 · 명예와 재산)이 침해받지 않고 무사한 것을 말한다. 공공의 안녕은 공적 안전이라고도 한다.

(b) **공공의 질서** 공공의 질서란 헌법질서 안에서 건전한 공동생활을 위한 필수적인 전제로서의 지배적인 사회관 · 윤리관의 준수에 관한 모든 규율의 총괄개념으로 이해되고 있다. 달리 말한다면 그 준수가 공동생활에 불가피한 것으로 여겨지는 공동체의 일체의 불문의 규율이라 할 수 있다. 공공의 질서는 공공의 안녕에 대한 보충적인 개념으로 볼 수 있다.

(c) **위 험** 경찰법상 위험이란 일반적인 생활경험상 판단에 의할 때, 어떠한 행위나 상태가 방해를 받지 아니하고 진전되면 멀지 아니한 시점에 경찰상 보호이익(공적 안전 · 공적 질서)에 피해를 가져올 충분한 개연성이 있는 상황을 말한다. 위험의 유무의 판단은 과학적인 인식이나 경험과학에 의한다. 위험의 유형으로 구체적 위험과 추상적 위험으로 구분할 수 있다. 구체적 위험이란 특정의 개별적인 사실관계에서 나오는 위험을 말하고, 추상적 위험이란 일반적 · 추상적 사실관계에서 추론되는 위험을 말한다.

(d) **장해**(교란) 경찰작용은 위험이 있는 경우뿐만 아니라 위험이 현실화되어 법익에 대한 침해가 직접적이고도 객관적으로 이루어지고 있는 경우에도 이루어진다. 후자의 경우를 경찰상 장해 또는 교란이라 부른다. 장해로 인하여 새로운 위험이 발생하는 것은 방지되어야 하기 때문에 장해 역시 위험의 한 종류가 된다.

(2) 제도적 의미의 경찰(제도적 경찰개념, 조직상 의미의 경찰) 제도적 의미의 경찰개념은 행정조직법상 경찰행정기관의 조직과 관련된 개념이다. 예컨대, 경찰은 비대하다고 지적하는 견해도 있는데, 이러한 경우의 경찰개념은 제도적 의미의 경찰을 뜻한다. 경찰행정기관의 조직은 헌법상 법률로 정하게 되어 있다. 이에 따라 정부조직법에서 경찰조직에 관해 규정하고 있다. 현행법상 경찰청과 그 소속기관(지방경찰청, 경찰서 등)의 총체가 바로 제도적 의

미의 경찰에 해당한다. 제주특별자치도 설치 및 국제자유도시 조성을 위한 특별법에 따라 제주특별자치도에 설치된 자치경찰조직도 제도적 의미의 경찰의 한 부분이다.

헌법 제96조 행정각부의 설치·조직과 직무범위는 법률로 정한다.
정부조직법 제34조(행정안전부) ⑤ 치안에 관한 사무를 관장하기 위하여 행정안전부장관 소속으로 경찰청을 둔다.
⑥ 경찰청의 조직·직무범위 그 밖에 필요한 사항은 따로 법률로 정한다.

(3) 형식적 의미의 경찰(형식적 경찰개념)

㈎ **정 의** 형식적 의미의 경찰개념은 제도적 의미의 경찰(경찰청과 그 소속기관)의 권한과 관련된 개념이다. 형식적 의미의 경찰이란 내용이나 성질을 불문하고 제도적 의미의 경찰이 관장하는 모든 사무를 말한다. 형식적 의미의 경찰은 입법자가 경찰에 부여한 모든 사무를 의미한다. 따라서 형식적 경찰개념은 제도적 의미의 경찰의 사무범위와 관련하는 개념이다.

㈏ **내 용** 경찰법과 경찰관 직무집행법은 제도적 의미의 경찰기관의 사무로 공공의 안녕과 질서를 위한 위험방지작용을 규정하면서 아울러 위험방지사무가 아닌 사무로서 사법작용인 범죄의 수사, 군사작용인 대간첩작전에 관한 사무도 제도적 경찰의 사무로 규정하고 있다. 따라서 현행법은 제도적 의미의 경찰인 경찰청과 그 소속기관에 기본적으로 위험방지사무를 처리할 것을 규정하면서 추가적으로 다른 작용도 수행토록 한다.

국가경찰과 자치경찰의 조직 및 운영에 관한 법률 제 3 조(경찰의 임무) 경찰의 임무는 다음 각 호와 같다.
1. 국민의 생명·신체 및 재산의 보호
2. 범죄의 예방·진압 및 수사
3. 범죄피해자 보호
4. 경비·요인경호 및 대간첩·대테러 작전 수행
5. 공공안녕에 대한 위험의 예방과 대응을 위한 정보의 수집·작성 및 배포
6. 교통의 단속과 위해의 방지
7. 외국 정부기관 및 국제기구와의 국제협력
8. 그 밖에 공공의 안녕과 질서유지

경찰관 직무집행법 제 2 조(직무의 범위) 경찰관은 다음 각 호의 직무를 수행한다.
1. 국민의 생명·신체 및 재산의 보호
2. 범죄의 예방·진압 및 수사
2의2. 범죄피해자 보호
3. 경비, 주요 인사(人士) 경호 및 대간첩·대테러 작전 수행
4. 공공안녕에 대한 위험의 예방과 대응을 위한 정보의 수집·작성 및 배포
5. 교통 단속과 교통 위해(危害)의 방지
6. 외국 정부기관 및 국제기구와의 국제협력
7. 그 밖에 공공의 안녕과 질서 유지

제주특별자치도 설치 및 국제자유도시 조성을 위한 특별법 제90조(사무) 자치경찰은 다음 각 호의 사무(이하 "자치경찰사무"라 한다)를 처리한다.

1. 주민의 생활안전활동에 관한 사무(각목 생략)
2. 지역교통활동에 관한 사무(각목 생략)
3. 공공시설 및 지역행사장 등의 지역경비에 관한 사무
4. 「사법경찰관리의 직무를 수행할 자와 그 직무범위에 관한 법률」에서 자치경찰공무원의 직무로 규정하고 있는 사법경찰관리의 직무
5. 「즉결심판에 관한 절차법」 등에 따라 「도로교통법」 또는 「경범죄 처벌법」 위반에 따른 통고처분 불이행자 등에 대한 즉결심판 청구 사무

2. 경찰의 종류

(1) 행정경찰과 사법경찰 행정경찰이란 실질적 의미의 경찰작용인 공공의 안녕과 질서의 유지를 위한 행정작용을 말한다. 행정경찰은 본래적인 의미의 경찰이다. 사법경찰이란 사법사무인 범죄의 수사작용을 말한다. 사법경찰은 형사사법작용의 일부이므로 실질적 의미의 경찰작용에 해당하지 아니한다. 사법경찰관리는 검사의 지휘에 의하여 구속영장을 집행하고(형사소송법 제81조 제 1 항), 사법경찰관(경무관, 총경, 경정, 경감, 경위)은 범죄의 혐의가 있다고 사료하는 때에는 범인, 범죄사실과 증거를 수사하고(형사소송법 제197조 제 1 항), 사법경찰리(경사, 경장, 순경)는 수사의 보조를 하는바(형사소송법 제197조 제 2 항), 이러한 범위에서 사법경찰작용은 형식적 의미의 경찰작용에 해당한다. 제도적 의미의 경찰이 수행한다고 하여도 사법경찰작용과 행정경찰작용은 구분되어야 한다. 양자는 적용법규를 달리한다.

▪ **국가경찰과 자치경찰의 조직 및 운영에 관한 법률 제16조(국가수사본부장)** ① 경찰청에 국가수사본부를 두며, 국가수사본부장은 치안정감으로 보한다.
② 국가수사본부장은 「형사소송법」에 따른 경찰의 수사에 관하여 각 시·도경찰청장과 경찰서장 및 수사부서 소속 공무원을 지휘·감독한다.

(2) 보안경찰(일반경찰)과 협의의 행정경찰(특별경찰) 도로에서 이루어지는 교통경찰작용(예: 교통의 통제와 단속)은 그 자체가 독립적인 경찰작용인 것과 같이 '공공의 안녕과 질서의 유지' 그 자체를 고유한 임무영역으로 하는 경찰작용을 보안경찰이라 한다. 보안경찰을 위해 국가는 제도적 의미의 경찰(경찰청과 그 소속기관)을 둔다. 일반적으로 경찰이란 보안경찰을 말한다. 이 책은 보안경찰을 일반경찰이라 부르기도 한다. 한편, 산림에서 임산물을 채취하려면 산림에서의 위험방지(예: 산사태 발생방지)를 위해 시장·군수·구청장이나 지방산림청장의 허가를 받아야 한다. 여기서 임산물채취허가는 산림사무를 수행하기 위해 설치된 기관에서 이루어지는 부분사무일 뿐이다. 이와 같이 행정영역별로 그 행정이 갖는 특별한 행정목적의 달성을 위하여 경찰작용이 나타나기도 하는데(예: 건축허가, 어업허가), 이러한 작용을 협의의 행정경찰이라 부른다. 협의의 행정경찰은 각 주무부장관 등의 소관하에 수행된다. 협의의 행정경찰은 각 주무부장관 등의 소관하에 수행된다. 이 책은 협의의 행정경찰을 특별경찰이라 부르기도 한다.

▪ 산림자원의 조성 및 관리에 관한 법률 제36조(입목벌채등의 허가 및 신고 등) ① 산림(…) 안에서 입목의 벌채, 임산물(…)의 굴취·채취(…)를 하려는 자는 농림축산식품부령으로 정하는 바에 따라 특별자치시장 · 특별자치도지사 · 시장·군수·구청장이나 지방산림청장의 허가를 받아야 한다. 허가받은 사항 중 대통령령으로 정하는 중요 사항을 변경하려는 경우에도 또한 같다.

(3) 예방경찰과 진압경찰 예방경찰이란 공공의 안녕과 질서의 유지를 위해 위험을 사전에 방지하기 위하여 이루어지는 경찰작용을 말한다. 예방경찰은 행정경찰의 한 내용이다. 진압경찰이란 위험이 현실화되어 장해가 생긴 경우에 공공의 안녕과 질서의 회복을 위한 경찰작용을 말한다. 범인의 체포 등이 이에 해당한다. 이러한 의미에서 진압경찰은 사법경찰의 의미를 갖는다. 그러나 도로상 불법시위의 진압의 경우, 진압은 사법경찰작용이지만, 동시에 그것은 이미 발생한 장해로 인해 발생할 수 있는 새로운 위험을 방지하는 의미도 갖는다. 이러한 점에서는 진압경찰은 예방경찰의 의미도 갖는다.

(4) 국가경찰과 지방자치단체경찰 국가경찰이란 국가사무로서의 경찰사무를 수행하기 위해 국가가 설치·유지하는 경찰을 말한다. 우리나라는 국가경찰을 원칙으로 한다. 지방자치단체경찰이란 지방자치단체사무로서의 경찰사무를 수행하기 위해 지방자치단체가 설치·유지하는 경찰을 말한다. 지방자치단체경찰을 자치체경찰이라고도 한다. 우리나라의 경우, 제주특별자치도 설치 및 국제자유도시 조성을 위한 특별법에 따라 제주특별자치도에 자치경찰이 있다.

Ⅱ. 경찰법의 의의

1. 경찰법의 개념

경찰법(경찰행정법)은 공법영역에서 위험방지에 타당한 법원칙과 법규범의 총체를 말한다. 경찰행정법은 위험방지를 위한 공행정조직과 작용에 관한 국내공법이라 정의할 수도 있다. ① 경찰법은 경찰, 즉 위험방지를 대상으로 하는데, 그 의미는 앞에서 본 바 있다. 헌법은 국민 개개인에게 자신의 삶을 자신이 원하는 바대로 영위할 수 있는 기본적인 권리를 부여한다. 그러나 또한 헌법은 제37조 제2항에서 질서유지를 위해 기본권을 제한할 수 있음을 규정하고 있는데, 이 규정은 바로 명문으로 경찰작용의 필요성을 나타내고 있는 것이 된다. ② 경찰법은 경찰에 관련된 모든 공법과 사법을 말하는 것이 아니라 공법만을 말한다.

2. 경찰법의 성격

경찰법은 특별행정법의 한 부분이다. 경찰법은 행정법의 이론과 실제의 핵심영역 중의 한 부분을 구성한다. 비례원칙 등 적지 아니한 행정법상 일반원칙은 경찰법에 관한 판례나 성문법을 통해 발전되었다.

3. 경찰법의 법원의 특징

경찰행정은 공공의 안녕과 질서유지를 위해 국민의 권리(자유)를 제한하거나(예: 음주운전의 금지 금지) 의무를 부과하는 것(예: 도로에서 신호등의 신호를 따를 의무)을 규정하는 경우가 많은데, 헌법은 국민의 모든 자유와 권리를 제한하는 경우에는 법률로 하라고 하는바, 경찰행정법은 성문법주의를 원칙으로 한다. 그러나 아직까지 단일의 통일된 경찰법은 존재하지 아니한다.

▪ **도로교통법 제 5 조(신호 또는 지시에 따를 의무)** ① 도로를 통행하는 보행자, 차마 또는 노면전차의 교통안전시설이 표시하는 신호 또는 지시…를 따라야 한다. (각호 생략)
제44조(술에 취한 상태에서의 운전 금지) ① 누구든지 술에 취한 상태에서 자동차등(「건설기계관리법」 제26조 제 1 항 단서에 따른 건설기계 외의 건설기계를 포함한다. 이하 이 조, 제45조, 제47조, 제93조 제 1 항 제 1 호부터 제 4 호까지 및 제148조의2에서 같다), 노면전차 또는 자전거를 운전하여서는 아니 된다.
▪ **헌법 제37조** ② 국민의 모든 자유와 권리는 국가안전보장·질서유지 또는 공공복리를 위하여 필요한 경우에 한하여 법률로써 제한할 수 있으며, 제한하는 경우에도 자유와 권리의 본질적인 내용을 침해할 수 없다.

제 2 항 경찰법과 헌법

Ⅰ. 경찰법의 기초로서 헌법

1. 헌법상 사무로서 경찰

우리 헌법은 위험방지에 관해 명시적으로, 그리고 포괄적으로 규정하는 바가 없지만, 헌법 제37조 제 2 항에서 말하는 질서유지의 개념에 비추어 위험방지작용인 경찰작용은 헌법상 요구되는 국가작용이다. 경찰상 위험방지는 국가의 의무이자 민주법치국가에서 포기할 수 없는 기본적 기능이다.

2. 헌법에 적합한 경찰법

경찰의 조직과 작용에 관한 법인 경찰행정법은 국가의 최상위의 법원인 헌법에 반할 수 없을 뿐만 아니라 헌법의 목적(인간의 존엄과 가치)을 실천하는 데 봉사하여야 한다. 헌법은 모든 국민에게 인간으로서의 존엄과 가치를 보장하기 위해 모든 국가작용에 대하여 법치주의를 따를 것을 요구한다. 경찰작용도 당연히 법치주의를 따라야 하며, 예외일 수가 없다. 오히려 경찰작용에서는 권력행사 내지 인권에 대한 침해와 상당한 관련을 가지므로 법치주의를 보다 엄격하게 준수할 것을 요구한다.

Ⅱ. 경찰상 법치행정의 원칙

1. 의 의

행정기본법 제 8 조는 법치행정이라는 제목 하에 "행정작용은 법률에 위반되어서는 아니 되며, 국민의 권리를 제한하거나 의무를 부과하는 경우와 그 밖에 국민생활에 중요한 영향을 미치는 경우에는 법률에 근거하여야 한다."고 규정하고 있다. 행정기본법은 경찰행정에도 적용되는 일반법이다. 행정기본법 제 8 조 전단은 법률의 우위의 원칙, 후단은 법률유보의 원칙을 규정하고 있다. 법치행정의 원칙은 경찰조직에도 적용될 뿐만 아니라 경찰작용에도 적용된다. 어떠한 경찰조직이나 작용도 헌법이나 법률 등 법규에 위반할 수도 없으며, 침해적인 경찰행정의 경우에는 법적 근거를 필요로 한다. 이하에서 경찰의 법적 근거문제를 경찰조직과 경찰작용으로 나누어서 설명한다.

2. 경찰행정조직과 법적 근거(행정조직법정주의)

우리 헌법은 여러 조문에서 행정조직을 법률로써 정하도록 하여(헌법 제96조 · 제100조 · 제90조 제 3 항 · 제91조 제 3 항 · 제92조 제 2 항 · 제93조 제 2 항) 행정조직법정주의를 택하고 있다. 국가경찰조직에 관한 법적 근거 중 기본적인 법률로 헌법 제96조에 근거한 정부조직법 제34조 제 5 항과 제 6 항에 근거한 경찰법이 있다. 제주특별자치도에 설치되는 자치경찰조직에 관한 법적 근거로 제주특별자치도 설치 및 국제자유도시 조성을 위한 특별법이 있다.

3. 경찰작용과 법적 근거

(1) 법률유보의 원칙의 적용 헌법 제37조 제 2 항 및 행정기본법 제 8 조 후단에 따라 침익적인 경찰작용에는 반드시 법률의 근거가 있어야 한다.

▪ **헌법 제37조** ② 국민의 모든 자유와 권리는 국가안전보장 · 질서유지 또는 공공복리를 위하여 필요한 경우에 한하여 법률로써 제한할 수 있으며, 제한하는 경우에도 자유와 권리의 본질적인 내용을 침해할 수 없다

▪ **행정기본법 제 8 조(법치행정의 원칙)** 행정작용은 법률에 위반되어서는 아니 되며, 국민의 권리를 제한하거나 의무를 부과하는 경우와 그 밖에 국민생활에 중요한 영향을 미치는 경우에는 법률에 근거하여야 한다.

(2) 경찰상 법률유보의 방식 경찰작용의 법률유보의 방식에는 법기술상 ① 일반경찰법상 일반조항(개괄조항)에 의한 일반수권의 방식, ② 일반경찰법상 특별조항에 의한 특별수권의 방식, ③ 특별경찰법상 조항에 의한 특별수권의 방식이 있다.

제 2 절 경찰조직법

제 1 항 경찰기관법

Ⅰ. 경찰기관법의 의의

1. 경찰기관법의 개념

경찰기관법이란 경찰기관에 관한 법의 총체를 말한다. 경찰기관법은 경찰기관의 설치와 폐지, 권한의 범위와 행사방식, 경찰행정기관 상호 간의 관계 등에 관한 사항을 규정대상으로 한다.

2. 경찰조직법정주의

① 행정조직의 존재목적은 행정권의 행사에 있고, 행정기관의 설치여부 등은 바로 국민생활에 지대한 영향을 미치고, ② 행정기관의 설치·운영은 일반국민에게 상당한 경제적 부담을 가하게 되므로, 행정조직의 문제는 국가의 형성유지에 중요한 사항이라 할 것인바(중요사항유보설), 헌법은 행정각부 등의 조직을 법률로써 정하도록 규정하고 있다(헌법 제96조·제100조·제90조 제 3 항·제91조 제 3 항·제92조 제 2 항·제93조 제 2 항). 이를 행정조직법정주의라 부른다. 이에 따라 정부조직법이 제정되어 있다. 행정조직법정주의는 경찰의 영역에서도 당연히 적용되는바(경찰조직법정주의) 경찰행정조직도 당연히 법률로 정하여야 한다.

▪ **정부조직법 제 1 조(목적)** 이 법은 국가행정사무의 체계적이고 능률적인 수행을 위하여 국가행정기관의 설치·조직과 직무범위의 대강을 정함을 목적으로 한다.
제34조(행정안전부) ④ 치안에 관한 사무를 관장하기 위하여 행정안전부장관 소속으로 경찰청을 둔다.
⑤ 경찰청의 조직·직무범위 그 밖에 필요한 사항은 따로 법률로 정한다.
▪ **국가경찰과 자치경찰의 조직 및 운영에 관한 법률 제 1 조(목적)** 이 법은 경찰의 민주적인 관리·운영과 효율적인 임무수행을 위하여 경찰의 기본조직 및 직무 범위와 그 밖에 필요한 사항을 규정함을 목적으로 한다.
제 7 조(국가경찰위원회의 설치) ① 국가경찰행정에 관하여 제10조 제 1 항 각 호의 사항을 심의·의결하기 위하여 행정안전부에 국가경찰위원회를 둔다.
제12조(경찰의 조직) 치안에 관한 사무를 관장하게 하기 위하여 행정안전부장관 소속으로 경찰청을 둔다.
제13조(경찰사무의 지역적 분장기관) 경찰의 사무를 지역적으로 분담하여 수행하게 하기 위하여 특별시·광역시·특별자치시·도·특별자치도(이하 "시·도"라 한다)에 시·도경찰청을 두고, 시·도경찰청장 소속으로 경찰서를 둔다. 이 경우 인구, 행정구역, 면적, 지리적 특성, 교통 및 그 밖의 조건을 고려하여 시·도에 2개의 시·도경찰청을 둘 수 있다.

제18조(시 · 도자치경찰위원회의 설치) ① 자치경찰사무를 관장하게 하기 위하여 시 · 도지사 소속으로 시 · 도자치경찰위원회를 둔다.
② 시 · 도자치경찰위원회는 합의제 행정기관으로서 그 권한에 속하는 업무를 독립적으로 수행한다.

Ⅱ. 경찰행정기관의 종류

경찰행정기관에는 경찰행정관청(경찰행정법상 주어진 권한의 범위 내에서 경찰에 관한 의사를 결정하고 이를 외부에 대하여 표시하는 권한을 가진 경찰행정기관), 경찰의결기관(경찰행정상 의사결정권만을 갖는 기관), 경찰보조기관(경찰행정관청의 보조를 임무로 하는 기관. 예: 차장 · 실장 · 국장 · 과장), 경찰보좌기관(정책의 기획이나 계획의 입안 · 연구조사를 통하여 경찰행정청이나 보조기관을 보좌하는 기관. 예: 담당관), 경찰집행기관(경찰행정청의 명을 받아 경찰행정청이 발한 의사를 집행하여 경찰행정상 필요한 상태를 실현하는 기관) 등을 볼 수 있다.

1. 국가일반경찰기관

(1) 경찰의결기관 – 국가경찰위원회 국가경찰행정에 관하여 제10조 제 1 항 각 호의 사항을 심의 · 의결하기 위하여 행정안전부에 국가경찰위원회를 둔다(경찰법 제 7 조 제 1 항). 국가경찰위원회는 위원장 1명을 포함한 7명의 위원으로 구성하되, 위원장 및 5명의 위원은 비상임으로 하고, 1명의 위원은 상임으로 한다(경찰법 제 7 조 제 2 항). 위원은 행정안전부장관의 제청으로 국무총리를 거쳐 대통령이 임명한다(경찰법 제 8 조 제 1 항). 위원의 임기는 3년으로 하며, 연임할 수 없다. 이 경우 보궐위원의 임기는 전임자 임기의 남은 기간으로 한다(경찰법 제 9 조 제 1 항).

▪ 국가경찰과 자치경찰의 조직 및 운영에 관한 법률 제10조(국가경찰위원회의 심의 · 의결 사항 등)
① 다음 각 호의 사항은 국가경찰위원회의 심의 · 의결을 거쳐야 한다.
1. 국가경찰사무에 관한 인사, 예산, 장비, 통신 등에 관한 주요정책 및 경찰 업무 발전에 관한 사항
2. 국가경찰사무에 관한 인권보호와 관련되는 경찰의 운영 · 개선에 관한 사항
3. 국가경찰사무 담당 공무원의 부패 방지와 청렴도 향상에 관한 주요 정책사항
4. 국가경찰사무 외에 다른 국가기관으로부터의 업무협조 요청에 관한 사항
5. 제주특별자치도의 자치경찰에 대한 경찰의 지원 · 협조 및 협약체결의 조정 등에 관한 주요 정책사항
6. 제18조에 따른 시 · 도자치경찰위원회 위원 추천, 자치경찰사무에 대한 주요 법령 · 정책 등에 관한 사항, 제25조 제 4 항에 따른 시 · 도자치경찰위원회 의결에 대한 재의 요구에 관한 사항
7. 제 2 조에 따른 시책 수립에 관한 사항
8. 제32조에 따른 비상사태 등 전국적 치안유지를 위한 경찰청장의 지휘 · 명령에 관한 사항
9. 그 밖에 행정안전부장관 및 경찰청장이 중요하다고 인정하여 국가경찰위원회의 회의에 부친 사항

(2) 경찰행정청

(가) 경찰청장 - 중앙 경찰행정청 치안에 관한 사무를 관장하기 위하여 행정안전부

장관 소속으로 경찰청을 둔다(정부조직법 제34조 제5항; 경찰법 제12조 제1항). ① 경찰청에 경찰청장을 두며, 경찰청장은 치안총감으로 보한다(경찰법 제14조 제1항). ② 경찰청장은 경찰위원회의 동의를 받아 행정안전부장관의 제청으로 국무총리를 거쳐 대통령이 임명한다. 이 경우 국회의 인사청문을 거쳐야 한다(경찰법 제14조 제2항). ③ 경찰청장은 국가경찰사무를 총괄하고 경찰청 업무를 관장하며 소속 공무원 및 각급 경찰기관의 장을 지휘 · 감독한다(경찰법 제14조 제3항). ⑤ 경찰청장의 임기는 2년으로 하고, 중임(重任)할 수 없다(경찰법 제14조 제4항). ⑥ 경찰청장이 직무를 집행하면서 헌법이나 법률을 위배하였을 때에는 국회는 탄핵 소추를 의결할 수 있다(경찰법 제14조 제5항).

♣ **해양경찰청장** 해양에서의 경찰 및 오염방제에 관한 사무를 관장하기 위하여 해양수산부장관 소속으로 해양경찰청을 둔다(정조법 제43조 제2항). 해양경찰청에 청장 1명과 차장 1명을 두되, 청장 및 차장은 경찰공무원으로 보한다(정조법 제43조 제3항). 해양경찰청장은 치안총감으로 보한다(해양경찰청과 그 소속기관 직제 제4조). 해양경찰청 차장은 치안정감으로 보한다(해양경찰청과 그 소속기관 직제 제5조). 해양경찰청장은 해양경찰사무에 관한 중앙경찰관청이다.

(나) **시 · 도경찰청장 - 지방상급 경찰행정청** 경찰의 사무를 지역적으로 분담하여 수행하게 하기 위하여 특별시 · 광역시 · 특별자치시 · 도 · 특별자치도(이하 "시 · 도"라 한다)에 시 · 도경찰청을 둔다(경찰법 제14조 본문 전단). 시 · 도경찰청에 시 · 도경찰청장을 두며, 시 · 도경찰청장은 치안정감 · 치안감 또는 경무관으로 보한다(경찰법 제28조 제1항). ② 「경찰공무원법」 제7조에도 불구하고 시 · 도경찰청장은 경찰청장이 시 · 도자치경찰위원회와 협의하여 추천한 사람 중에서 행정안전부장관의 제청으로 국무총리를 거쳐 대통령이 임용한다(경찰법 제28조 제2항). 시 · 도경찰청장은 국가경찰사무에 대해서는 경찰청장의 지휘 · 감독을 … 받아 관할구역의 소관 사무를 관장하고 소속 공무원 및 소속 경찰기관의 장을 지휘 · 감독한다. 다만, 수사에 관한 사무에 대해서는 국가수사본부장의 지휘 · 감독을 받아 관할구역의 소관 사무를 관장하고 소속 공무원 및 소속 경찰기관의 장을 지휘 · 감독한다(경찰법 제28조 제3항).

♣ **지방해양경찰청장** 해양경찰청장의 관장사무를 분장하기 위하여 해양경찰청장 소속으로 … 지방해양경찰청을 둔다(해양경찰청과 그 소속기관 직제 제5조). 지방해양경찰청에 청장 1명을 둔다(해양경찰청과 그 소속기관 직제 제26조 제1항). 지방해양경찰청장은 해양경찰청장의 명을 받아 소관사무를 총괄하고, 소속 공무원을 지휘 · 감독한다(해양경찰청과 그 소속기관 직제 제26조 제3항). 해양경찰청장은 해양경찰사무에 관한 지방상급 경찰관청이다.

(다) **경찰서장 - 지방하급 경찰행정청** 경찰의 사무를 지역적으로 분담하여 수행하게 하기 위하여 … 시 · 도경찰청장 소속으로 경찰서를 둔다(경찰법 제14조 본문 후단). 경찰서에 경찰서장을 두며, 경찰서장은 경무관, 총경 또는 경정으로 보한다(경찰법 제30조 제1항). 경찰서장은 시 · 도경찰청장의 지휘 · 감독을 받아 관할구역의 소관 사무를 관장하고 소속 공무원

을 지휘·감독한다(경찰법 제30조 제 2 항). 경찰서장 소속으로 지구대 또는 파출소를 두고, 그 설치기준은 치안수요·교통·지리 등 관할구역의 특성을 고려하여 행정안전부령으로 정한다. 다만, 필요한 경우에는 출장소를 둘 수 있다(경찰법 제30조 제 3 항).

♣ **해양경찰서장** 해양경찰청장의 관장사무를 분장하기 위하여 … 지방해양경찰청장 소속으로 해양경찰서를 둔다(해양경찰청과 그 소속기관 직제 제 2 조 제 2 항). 해양경찰서에 서장 1명을 둔다(해양경찰청과 그 소속기관 직제 제30조 제 1 항). 서장은 총경으로 보한다(해양경찰청과 그 소속기관 직제 제30조 제 2 항). 서장은 지방해양경찰청장의 명을 받아 소관사무를 총괄하고, 소속 공무원을 지휘·감독한다(해양경찰청과 그 소속기관 직제 제30조 제 3 항). 해양경찰서장은 해양경찰사무에 관한 지방하급 경찰관청이다.

2. 국가특별경찰관청

특별경찰행정관청이란 특정의 전문영역에서 경찰상의 권한을 가진 행정기관으로서 조직상 일반경찰행정청에 속하지 아니하는 행정청을 의미한다. 말하자면 특별경찰법(협의의 행정경찰법)상의 경찰기관을 말한다. 특별경찰행정관청을 협의의 행정경찰관청이라 부르기도 한다.

■ 참고 ■ 특별경찰행정청의 예

① 산림경찰의 경우에 산림청장, ② 보건위생경찰의 경우에 보건복지부장관·식품의약품안전처장, ③ 영업경찰의 경우에 행정안전부장관·산업통상자원부장관 등, ④ 상공경찰의 경우에 산업통상자원부장관, ⑤ 수의경찰의 경우에 보건복지부장관, ⑥ 출입국경찰의 경우에 법무부장관, ⑦ 관세경찰의 경우에 관세청장, ⑧ 항공경찰의 경우에 국토교통부장관, ⑨ 군사경찰의 경우에 국방부장관(평상시에는 병사의 안전, 비상시인 전쟁과 계엄선포의 경우는 국민의 보호), ⑩ 청소년경찰의 경우에 보건복지부장관·행정안전부장관 등을 들 수 있다. 국가정보원장이나 계엄사령관도 특별경찰행정청에 해당한다.

■ 참고 ■ 소방기관

소방에 관한 사무를 관장하기 위하여 행정안전부장관 소속으로 소방청을 둔다(정조법 제34조 제 7 항). 소방청에 청장 1명과 차장 1명을 두되, 청장 및 차장은 소방공무원으로 보한다(정조법 제34조 제 7 항). 청장은 소방총감으로 보한다(소방청과 그 소속기관 직제 제 4 조). 특별시·광역시·특별자치시·도 또는 특별자치도(이하 "시·도"라 한다)는 그 관할구역의 소방업무를 담당하게 하기 위하여 해당 시·도의 조례로 소방서를 설치한다. 소방서를 폐지하거나 통합하는 경우에도 또한 같다(지방소방기관 설치에 관한 규정 제 5 조). 소방사무는 소방기본법에서 규정되고 있다.

3. 자치경찰기관

(1) 시·도자치경찰위원회

시·도자치경찰위원회는 특별시장·광역시장·특별자치시장·도지사·특별자치도지사(이하 "시·도지사"라 한다) 소속(경찰법 제18조 제 1 항)이라는 점, 소관사무가 대부분 자치경찰사무에 관한 것(경찰법 제24조)이라는 점에 비추어, 시·도자치경찰위원회는 자치경찰기관의 성격을 갖는다. 국가경찰과 자치경찰의 조직 및 운영에 관한 법률 제

25조에 비추어 시·도자치경찰위원회는 기본적으로 의결기관의 성격을 갖지만, 순수한 의결기관은 아니다.

(2) 자치경찰행정청 ① 시·도경찰청장은 …자치경찰사무에 대해서는 시·도자치경찰위원회의 지휘·감독을 받아 관할구역의 소관 사무를 관장하고 소속 공무원 및 소속 경찰기관의 장을 지휘·감독한다(경찰법 제28조 제3항). ② 시·도경찰청장은 국가경찰사무를 수행하는 범위에서 국가의 경찰행정청의 지위도 갖지만, 자치경찰사무를 수행하는 범위에서 자치경찰행정청의 지위도 갖는다. 따라서 국가경찰과 자치경찰의 조직 및 운영에 관한 법률상 시·도경찰청장의 지위는 이중적이다. ③ 시·도경찰청장의 지위가 이중적이라는 것은 자치경찰제가 온전한 것이 아님을 의미한다. 그것은 과도기 적이다. 지방자치단체 소속기관인 자치경찰기관이 자치경찰사무를 전담하는 것이 온전한 자치경찰제라 할 것이다.

4. 경찰집행기관

경찰집행기관이란 경찰행정관청이 명한 사항을 현장에서 현실적으로 직접 수행하는 경찰기관을 말한다. 이를 집행경찰이라 부르기도 한다.

■ 참고 ■ 국가경찰집행기관의 종류

국가경찰집행기관은 그 임무의 내용의 상이에 따라 ① 제복을 착용하고 무기를 휴대하는 것을 특징으로 하면서 일반경비에 임하는 경비경찰(경찰공무원법 제26조), ② 긴급한 상황에 대처하는 기동경찰(경찰직무응원법 제4조), ③ 해양경비사무를 집행하는 경찰공무원(해양경찰청과 그 소속기관 직제시행규칙 제36조 참조), ④ 간첩침투거부 등을 위한 의무경찰(의무경찰대 설치 및 운영에 관한 법률 제1조), ⑤ 특별경찰행정관청에 소속하면서 그 관청의 소관사무를 집행하는 공무원(예: 사법경찰관리의 직무를 수행할 자와 그 직무범위에 관한 법률 제4조에서 규정하는 산림 보호에 종사하는 특별시·광역시·특별자치시·도·특별자치도의 공무원 및 시·군·구(자치구를 말한다)의 공무원), ⑥ 군인·군무원의 범죄예방 등에 관한 사무를 집행하는 헌병인 병(군사법원법 제33조 제1항), ⑦ 비상사태시 출병하는 군인(헌법 제77조; 계엄법 제1조) 등이 있다.

Ⅲ. 사인과 경찰

1. 사인으로서 경찰(공무수탁사인)

경찰상 공무수탁사인에는 법률에서 직접 경찰권이 부여되는 경우도 있고, 법률에 근거한 행정행위를 통해 경찰권이 부여되는 경우도 있다. 전자의 경우로 항공보안법 제22조 제1항에 따른 비행기의 기장, 선원법 제6조에 따른 선장 등을 볼 수 있고, 후자의 경우로 정부조직법 제6조 제3항 등을 근거로 사인에게 위험방지목적의 어업감시·사냥감시·삼림감시 등의 임무를 부여하는 것이 가능할 것이다.

▪ 항공보안법 제22조(기장 등의 권한) ① 기장이나 기장으로부터 권한을 위임받은 승무원(이하 "기장등"이라 한다) 또는 승객의 항공기 탑승 관련 업무를 지원하는 항공운송사업자 소속 직원 중 기장의 지원요청을 받은 사람은 다음 각 호의 어느 하나에 해당하는 행위를 하려는 사람에 대하여 그 행위를 저지하기 위한 필요한 조치를 할 수 있다.
1. 항공기의 보안을 해치는 행위
2. 인명이나 재산에 위해를 주는 행위
3. 항공기 내의 질서를 어지럽히거나 규율을 위반하는 행위

▪ 선원법 제 6 조(지휘명령권) 선장은 해원을 지휘·감독하며, 선내에 있는 사람에게 선장의 직무를 수행하기 위하여 필요한 명령을 할 수 있다.

▪ 정부조직법 제 6 조(권한의 위임 또는 위탁) ③ 행정기관은 법령으로 정하는 바에 따라 그 소관사무 중 조사·검사·검정·관리 업무 등 국민의 권리·의무와 직접 관계되지 아니하는 사무를 지방자치단체가 아닌 법인·단체 또는 그 기관이나 개인에게 위탁할 수 있다.

2. 청원경찰

(1) 의 의 청원경찰법에서 "청원경찰"이란 다음 각 호(1. 국가기관 또는 공공단체와 그 관리하에 있는 중요 시설 또는 사업장, 2. 국내 주재 외국기관, 3. 그 밖에 행정안전부령으로 정하는 중요 시설, 사업장 또는 장소)의 어느 하나에 해당하는 기관의 장 또는 시설·사업장 등의 경영자가 경비(청원경찰경비)를 부담할 것을 조건으로 경찰의 배치를 신청하는 경우 그 기관·시설 또는 사업장 등의 경비를 담당하게 하기 위하여 배치하는 경찰을 말한다(청원경찰법 제 2 조). 청원경찰을 두는 것은 국가의 예산이 뒷받침되지 못하는 영역에 국가의 감독과 사업주 등의 부담하에 위험방지사무를 처리함으로써 국가경찰의 미비를 보충하고자 함에 있다.

(2) 지 위 청원경찰은 사용자인 청원주(청원경찰의 배치 결정을 받은 자)와의 고용계약에 의한 근로자로서 공무원 신분이 아니다(청경법 제 5 조 제 1 항, 같은 법 시행령 제 7 조, 제18조). 청원경찰 업무에 종사하는 사람은 「형법」이나 그 밖의 법령에 따른 벌칙을 적용할 때에는 공무원으로 본다(청경찰 제10조 제 2 항). 청원경찰의 신분은 형법이나 그 밖의 법령에 따른 벌칙의 적용과 청원경찰법 및 이 법 시행령에서 특히 규정하는 경우를 제외하고는 공무원으로 보지 않는다(같은 법 시행령 제18조).

(3) 불법행위시 적용법규 국가기관·지방자치단체에 근무하는 청원경찰은 직무상 불법행위에 따른 배상책임에 있어 공무원으로 간주되지만, 국가기관 또는 지방자치단체 외의 곳에서 근무하는 청원경찰의 경우 불법행위에 대한 배상책임에 관하여는 민법의 규정이 적용된다(청경법 제10조의2).

3. 자율방범대

자율방범대란 범죄예방 등 지역사회 안전을 위하여 지역 주민들이 자발적으로 조직하여 봉사활동을 하는 단체로 제 4 조에 따라 경찰서장에게 신고한 단체를 말한다(자율방범대 설치 및

운영에 관한 법률 제 2 조 제 1 호). 자율방범대는 국가나 지방자치단체의 경찰행정조직의 일부가 이니라 민간조직이다. 자율방범대는 자율방범활동(1. 범죄예방을 위한 순찰 및 범죄의 신고, 2. 청소년 선도 및 보호, 3. 시·도경찰청장·경찰서장·지구대장·파출소장(이하 "시·도경찰청장등"이라 한다)이 지역사회의 안전을 위하여 요청하는 활동, 4. 특별시장·광역시장·특별자치시장·도지사·특별자치도지사(이하 "시·도지사"라 한다), 시장·군수·구청장 또는 읍장·면장·동장이 지역사회의 안전을 위하여 요청하는 활동)을 행한다(자율방범대 설치 및 운영에 관한 법률 제 7 조).

4. 용역경비(경비업)

경비업법은 시설경비업무(경비를 필요로 하는 시설 및 장소에서의 도난·화재 그 밖의 혼잡 등으로 인한 위험발생을 방지하는 업무)·호송경비업무(운반중에 있는 현금·유가증권·귀금속·상품 그 밖의 물건에 대하여 도난·화재 등 위험발생을 방지하는 업무)·신변보호업무(사람의 생명이나 신체에 대한 위해의 발생을 방지하고 그 신변을 보호하는 업무)·기계경비업무(경비대상시설에 설치한 기기에 의하여 감지·송신된 정보를 그 경비대상 시설 외의 장소에 설치한 관제시설의 기기로 수신하여 도난·화재 등 위험발생을 방지하는 업무)·특수경비업무(공항(항공기를 포함한다) 등 대통령령이 정하는 국가중요시설의 경비 및 도난·화재 그 밖의 위험발생을 방지하는 업무)의 전부 또는 일부를 도급받아 행하는 영업을 경비업이라 부르고 있다(경비업법 제 2 조 제 1 호).

제 2 항 경찰공무원법

Ⅰ. 임용권자와 임용의 상대방

1. 임용권자

(1) 경찰공무원

㈎ **총경 이상** 총경 이상 경찰공무원은 경찰청장 또는 해양경찰청장의 추천을 받아 행정안전부장관 또는 해양수산부장관의 제청으로 국무총리를 거쳐 대통령이 임용한다. 다만, 총경의 전보, 휴직, 직위해제, 강등, 정직 및 복직은 경찰청장 또는 해양경찰청장이 한다(경공법 제7 조 제 1 항).

㈏ **경정 이하** 경정 이하의 경찰공무원은 경찰청장 또는 해양경찰청장이 임용한다. 다만, 경정으로의 신규채용, 승진임용 및 면직은 경찰청장 또는 해양경찰청장의 제청으로 국무총리를 거쳐 대통령이 한다(경공법 제 7 조 제 2 항).

(2) 제주특별자치도 자치경찰공무원 제주특별자치도의 도지사는 소속 자치경찰공무원의 임명·휴직·면직과 징계를 행하는 권한을 가진다(제주특별자치도 설치 및 국제자유도시 조성

을 위한 특별법. 이하 제국법 제107조).

2. 경찰공무원(임용의 상대방)

(1) **경찰공무원의 임용자격**(능력요건) 경찰공무원은 신체 및 사상이 건전하고 품행이 방정한 사람 중에서 임용한다(경공법 제 8 조 제 1 항). 그러나 다음 각 호[1. 대한민국 국적을 가지지 아니한 사람, 2.「국적법」 제11조의2 제 1 항에 따른 복수국적자, 3. 피성년후견인 또는 피한정후견인, 4. 파산선고를 받고 복권되지 아니한 사람, 5. 자격정지 이상의 형(刑)을 선고받은 사람, 6. 자격정지 이상의 형의 선고유예를 선고받고 그 유예기간 중에 있는 사람, 7. 공무원으로 재직기간 중 직무와 관련하여「형법」 제355조 및 제356조에 규정된 죄를 범한 자로서 300만원 이상의 벌금형을 선고받고 그 형이 확정된 후 2년이 지나지 아니한 사람, 8.「성폭력범죄의 처벌 등에 관한 특례법」 제 2 조에 규정된 죄를 범한 사람으로서 100만원 이상의 벌금형을 선고받고 그 형이 확정된 후 3년이 지나지 아니한 사람, 9. 미성년자에 대한 다음 각 목(가.「성폭력범죄의 처벌 등에 관한 특례법」 제 2 조에 따른 성폭력범죄, 나.「아동·청소년의 성보호에 관한 법률」 제 2 조 제 2 호에 따른 아동·청소년대상 성범죄)의 어느 하나에 해당하는 죄를 저질러 형 또는 치료감호가 확정된 사람(집행유예를 선고받은 후 그 집행유예기간이 경과한 사람을 포함한다), 10. 징계에 의하여 파면 또는 해임처분을 받은 사람]의 어느 하나에 해당하는 사람은 경찰공무원으로 임용될 수 없다(경공법 제 8 조 제 2 항). 경찰공무원이 제 8 조 제 2 항 각 호의 어느 하나에 해당하게 된 경우에는 당연히 퇴직한다(경공법 제27조 본문). 예외가 있다(경공법 제27조 본문). 한편, 제주자치도 자치경찰공무원의 능력요건에 관해서는 경찰공무원법 제 7 조가 준용된다(제국법 제119조 제 1 항).

(2) **경찰공무원의 계급** 경찰공무원의 계급은 치안총감·치안정감·치안감·경무관·총경·경정·경감·경위·경사·경장·순경으로 구분한다(경공법 제 3 조). 제주자치도 자치경찰공무원의 계급은 자치경무관, 자치총경, 자치경정, 자치경감, 자치경위, 자치경사, 자치경장, 자치순경으로 구분한다(제국법 제106조).

Ⅱ. 경찰공무원의 의무

경찰공무원의 의무는 경찰법령에서 규정된 것과 널리 공무원에게 적용되는 국가공무원법·공직자윤리법 등에서 규정된 것이 있다. 아래에서는 경찰공무원법상 의무를 보기로 한다.

1. 정치 관여 금지의무

경찰공무원은 정당이나 정치단체에 가입하거나 정치활동에 관여하는 행위를 하여서는 아니 된다(경공법 제23조 제 1 항). 제 1 항에서 정치활동에 관여하는 행위란 다음 각 호(1. 정당이나 정치단체의 결성 또는 가입을 지원하거나 방해하는 행위, 제 2 호 이하 생략)의 어느 하나에 해당하는 행위를 말한다(경공법 제23조 제 2 항).

2. 거짓 보고 · 직무태만 금지의무

경찰공무원은 직무에 관하여 거짓으로 보고나 통보를 하여서는 아니 된다(경공법 제24조 제 1 항). 경찰공무원은 직무를 게을리하거나 유기(遺棄)해서는 아니 된다(경공법 제24조 제 2 항).

3. 지휘권 남용 등의 금지의무

전시 · 사변, 그 밖에 이에 준하는 비상사태이거나 작전수행 중인 경우 또는 많은 인명 손상이나 국가재산 손실의 우려가 있는 위급한 사태가 발생한 경우, 경찰공무원을 지휘 · 감독하는 사람은 정당한 사유 없이 그 직무 수행을 거부 또는 유기하거나 경찰공무원을 지정된 근무지에서 진출 · 퇴각 또는 이탈하게 하여서는 아니 된다(경공법 제25조).

4. 제복착용 · 무기휴대의 의무

경찰공무원은 제복을 착용하여야 한다(경공법 제26조 제 1 항). 제복착용은 권리의 성질도 갖는다. 경찰공무원은 직무 수행을 위하여 필요하면 무기를 휴대할 수 있다(경공법 제26조 제 2 항). 휴대명령에 따른 휴대는 의무의 성질을 갖는다.

제 3 절 경찰작용법

제 1 항 경찰작용의 법적 근거와 한계

Ⅰ. 경찰작용의 법적 근거

1. 경찰작용과 법률의 유보

(1) 법률유보의 원칙의 적용 기술한 바와 같이 헌법 제37조 제 2 항 및 행정기본법 제 8 조 후단에 따라 침익적인 경찰작용에는 반드시 법률의 근거가 있어야 한다. 물론 수익적인 경찰작용에는 반드시 법률의 근거가 요구되는 것은 아니다.

(2) 법률유보의 원칙의 적용방식 경찰작용의 법적 근거의 방식에는 법기술상 ① 특별경찰법상 조항에 의한 특별수권의 방식, ② 일반경찰법상 특별조항에 의한 특별수권의 방식, ③ 일반경찰법상 일반조항(개괄조항)에 의한 일반수권의 방식이 있다. 특별법은 일반법에 우선하는 것이므로, ①은 ②에 우선하고, ②는 ③에 우선한다.

2. 특별경찰법상 특별수권

(1) 의 의 특별경찰법상 특별수권이란 일반경찰법(경찰관 직무집행법)이 아닌 특별경찰법에서 위험방지를 위한 사무처리권한을 규정하고 있는 경우를 말한다. 특별경찰법에 따른 위험방지는 반드시 제도적 의미의 경찰에 의해서만 수행되는 것은 아니다. 그것은 관련 주무부장관 등에 의해 수행되기도 한다. 특별경찰법은 일반경찰법에 우선한다. 특별경찰법은 위험방지의 목적 외에 다른 목적도 추구한다.

(2) 유 형 특별경찰법상 특별수권의 종류는 매우 다양하다. 예컨대, 건강을 위한 위험방지(건강경찰), 도로·하천으로 인한 위험방지(도로경찰·하천경찰), 교통상 위험방지(교통경찰), 위험방지(건축경찰), 영업상 위험방지(영업경찰), 무기·폭발물·수렵으로 인한 위험방지(무기·폭발물·수렵경찰), 집회·시위로 인한 위험방지(집시경찰), 외국인으로 인한 위험방지(외국인경찰), 재난으로 인한 위험방지(재난경찰) 등에 관한 규정은 모두 특별경찰법상 특별수권조항에 해당한다.

▪ 식품위생법 제21조(특정 식품등의 수입·판매 등 금지) ① 식품의약품안전처장은 특정 국가 또는 지역에서 채취·제조·가공·사용·조리 또는 저장된 식품등이 그 특정 국가 또는 지역에서 위해한 것으로 밝혀졌거나 위해의 우려가 있다고 인정되는 경우에는 그 식품등을 수입·판매하거나 판매할 목적으로 제조·가공·사용·조리·저장·소분·운반 또는 진열하는 것을 금지할 수 있다.

3. 일반경찰법상 특별수권(경찰상 표준처분)

(1) 의 의 위험방지에 관한 일반적인 규정으로 이루어진 경찰법을 일반경찰법이라 부른다. 현행법제상 경찰관 직무집행법이 일반경찰법에 해당한다. 경찰관 직무집행법은 공적 안전과 질서의 유지를 위하여 개인의 자유영역에 대하여 빈번히 침해를 가져오는 특별한 조항(특별구성요건)을 갖고 있다. 이를 표준처분이라 부른다. 표준처분은 특정의 위험을 방지하기 위해 설정된 유형화된 권한조항이다. 표준처분을 표준적 직무행위, 표준적 경찰조치, 표준적 경찰작용, 표준조치, 또는 경찰조치라 부르기도 한다.

(2) 성 질 ① 표준처분들은 대체로 침익적인 행정행위로서의 성질을 갖는다. 표준처분은 그 표준처분의 사실상의 집행과 구분되어야 한다. 예컨대 수색처분은 상대방에게 수색행위시에 수인의 의무를 부과하는 행정행위이고 수색의 집행은 사실행위이다. 만약 표준처분을 사실행위로 본다면, 표준처분의 강제집행은 법적 근거의 결여로 불가능할 것이다. ② 표준처분에는 영장이 요구되지 아니한다. 말하자면 표준처분은 영장주의의 예외가 된다. ③ 표준처분에 따른 행위는 재량행위인데, 그 권한을 행사하여 필요한 조치를 취하지 아니하는 것이 현저하게 불합리하다고 인정되는 경우에는 그러한 권한의 불행사는 직무상의 의무를

위반한 것이 되어 위법하게 된다(대판 2022. 7. 14, 2017다29053).

(3) 유 형 경찰관 직무집행법상 인정되고 있는 표준처분으로는 불심검문, 보호조치, 위험발생의 방지, 범죄의 예방과 제지, 위험방지를 위한 출입, 확인을 위한 출석요구 등이 있다(경직법 제 3 조 내지 제 8 조 등). 제주특별자치도 자치경찰에도 경찰관 직무집행법이 준용된다(제국법 제96조).

▪ **경찰관 직무집행법 제 3 조(불심검문)** ① 경찰관은 다음 각 호의 어느 하나에 해당하는 사람을 정지시켜 질문할 수 있다.

1. 수상한 행동이나 그 밖의 주위 사정을 합리적으로 판단하여 볼 때 어떠한 죄를 범하였거나 범하려 하고 있다고 의심할 만한 상당한 이유가 있는 사람
2. 이미 행하여진 범죄나 행하여지려고 하는 범죄행위에 관한 사실을 안다고 인정되는 사람

② 경찰관은 제 1 항에 따라 같은 항 각 호의 사람을 정지시킨 장소에서 질문을 하는 것이 그 사람에게 불리하거나 교통에 방해가 된다고 인정될 때에는 질문을 하기 위하여 가까운 경찰서·지구대·파출소 또는 출장소(지방해양경찰관서를 포함하며, 이하 "경찰관서"라 한다)로 동행할 것을 요구할 수 있다. 이 경우 동행을 요구받은 사람은 그 요구를 거절할 수 있다.

③ 경찰관은 제 1 항 각 호의 어느 하나에 해당하는 사람에게 질문을 할 때에 그 사람이 흉기를 가지고 있는지를 조사할 수 있다.

④ 경찰관은 제 1 항이나 제 2 항에 따라 질문을 하거나 동행을 요구할 경우 자신의 신분을 표시하는 증표를 제시하면서 소속과 성명을 밝히고 질문이나 동행의 목적과 이유를 설명하여야 하며, 동행을 요구하는 경우에는 동행 장소를 밝혀야 한다.

⑤ 경찰관은 제 2 항에 따라 동행한 사람의 가족이나 친지 등에게 동행한 경찰관의 신분, 동행 장소, 동행 목적과 이유를 알리거나 본인으로 하여금 즉시 연락할 수 있는 기회를 주어야 하며, 변호인의 도움을 받을 권리가 있음을 알려야 한다.

⑥ 경찰관은 제 2 항에 따라 동행한 사람을 6시간을 초과하여 경찰관서에 머물게 할 수 없다.

⑦ 제 1 항부터 제 3 항까지의 규정에 따라 질문을 받거나 동행을 요구받은 사람은 형사소송에 관한 법률에 따르지 아니하고는 신체를 구속당하지 아니하며, 그 의사에 반하여 답변을 강요당하지 아니한다.

제 4 조(보호조치 등) ① 경찰관은 수상한 행동이나 그 밖의 주위 사정을 합리적으로 판단해 볼 때 다음 각 호의 어느 하나에 해당하는 것이 명백하고 응급구호가 필요하다고 믿을 만한 상당한 이유가 있는 사람(이하 "구호대상자"라 한다)을 발견하였을 때에는 보건의료기관이나 공공구호기관에 긴급구호를 요청하거나 경찰관서에 보호하는 등 적절한 조치를 할 수 있다.

1. 정신착란을 일으키거나 술에 취하여 자신 또는 다른 사람의 생명·신체·재산에 위해를 끼칠 우려가 있는 사람
2. 자살을 시도하는 사람
3. 미아, 병자, 부상자 등으로서 적당한 보호자가 없으며 응급구호가 필요하다고 인정되는 사람. 다만, 본인이 구호를 거절하는 경우는 제외한다.

제 5 조(위험 발생의 방지 등) ① 경찰관은 사람의 생명 또는 신체에 위해를 끼치거나 재산에 중대한 손해를 끼칠 우려가 있는 천재(天災), 사변(事變), 인공구조물의 파손이나 붕괴, 교통사고, 위험물의 폭발, 위험한 동물 등의 출현, 극도의 혼잡, 그 밖의 위험한 사태가 있을 때에는 다음 각 호의 조치를 할 수 있다.

1. 그 장소에 모인 사람, 사물(事物)의 관리자, 그 밖의 관계인에게 필요한 경고를 하는 것
2. 매우 긴급한 경우에는 위해를 입을 우려가 있는 사람을 필요한 한도에서 억류하거나 피난시키는 것
3. 그 장소에 있는 사람, 사물의 관리자, 그 밖의 관계인에게 위해를 방지하기 위하여 필요하다고 인정되는 조치를 하게 하거나 직접 그 조치를 하는 것

제 6 조(범죄의 예방과 제지) 경찰관은 범죄행위가 목전(目前)에 행하여지려고 하고 있다고 인정될 때

에는 이를 예방하기 위하여 관계인에게 필요한 경고를 하고, 그 행위로 인하여 사람의 생명·신체에 위해를 끼치거나 재산에 중대한 손해를 끼칠 우려가 있는 긴급한 경우에는 그 행위를 제지할 수 있다.
제 7 조(위험 방지를 위한 출입) ① 경찰관은 제 5 조 제 1 항·제 2 항 및 제 6 조에 따른 위험한 사태가 발생하여 사람의 생명·신체 또는 재산에 대한 위해가 임박한 때에 그 위해를 방지하거나 피해자를 구조하기 위하여 부득이하다고 인정하면 합리적으로 판단하여 필요한 한도에서 다른 사람의 토지·건물·배 또는 차에 출입할 수 있다.
② 흥행장(興行場), 여관, 음식점, 역, 그 밖에 많은 사람이 출입하는 장소의 관리자나 그에 준하는 관계인은 경찰관이 범죄나 사람의 생명·신체·재산에 대한 위해를 예방하기 위하여 해당 장소의 영업시간이나 해당 장소가 일반인에게 공개된 시간에 그 장소에 출입하겠다고 요구하면 정당한 이유 없이 그 요구를 거절할 수 없다.
제 8 조(사실의 확인 등) ① 경찰관서의 장은 직무 수행에 필요하다고 인정되는 상당한 이유가 있을 때에는 국가기관이나 공사(公私) 단체 등에 직무 수행에 관련된 사실을 조회할 수 있다. 다만, 긴급한 경우에는 소속 경찰관으로 하여금 현장에 나가 해당 기관 또는 단체의 장의 협조를 받아 그 사실을 확인하게 할 수 있다.
② 경찰관은 다음 각 호의 직무를 수행하기 위하여 필요하면 관계인에게 출석하여야 하는 사유 · 일시 및 장소를 명확히 적은 출석 요구서를 보내 경찰관서에 출석할 것을 요구할 수 있다.
1. 미아를 인수할 보호자 확인
2. 유실물을 인수할 권리자 확인
3. 사고로 인한 사상자(死傷者) 확인
4. 행정처분을 위한 교통사고 조사에 필요한 사실 확인

4. 일반경찰법상 일반수권(일반조항 · 개괄조항)

(1) 의 의 위험의 예방 · 진압이 필요한 경우이지만, 그 위험의 예방 · 진압을 위한 규정이 특별경찰법에도 없고 일반경찰법상 특별한 규정(예: 경찰관 직무집행법 제 3 조 이하의 규정)에도 없는 경우에 최종적으로 그 위험의 예방 · 진압을 위한 법적 근거로서 적용되는 일반경찰법상 개괄적인 조항을 일반조항이라 부른다. 일반조항을 개괄조항이라 부르기도 한다.

(2) 인정 여부

(가) 학 설 현행법에 일반조항이 있는가의 여부에 관해 학설은 나뉘고 있다.

① 긍정설에는 경찰관 직무집행법 제 2 조 제 7 호를 근거로 하는 견해, 경찰관 직무집행법 제 5 조 제 1 항의 "그 밖의 위험한 사태"를 근거로 경찰관 직무집행법 제 5 조를 근거로 보는 견해도 있고, 경찰관 직무집행법 제 2 조와 제 5 조 그리고 제 6 조를 종합하여 근거로 보는 견해가 있다.

■ **경찰관 직무집행법 제 2 조(직무의 범위)** 경찰관은 다음 각호의 직무를 행한다. …
7. 그 밖에 공공의 안녕과 질서유지

② 부정설은 "경찰권발동의 수권조항으로서 개괄조항을 인정하기는 어렵다"고 하면서 경찰관 직무집행법 제 2 조 제 7 호(공공의 안녕과 질서유지)는 경찰권의 발동근거에 관한 개괄조항은 아니고, 그것은 다만 경찰의 직무범위를 정한 것으로서, 본질적으로는 조직법적인 성질

의 규정이라 한다. ③ 입법필요설은 현행법상 일반조항은 없지만, 경찰관 직무집행법의 개정을 통해 일반조항이 규정되어야 한다는 견해이다.

(나) 판 례 판례는 경찰관 직무집행법 제 2 조를 일반조항으로 보는 듯하다.

▌대판 1986. 1. 28, 85도2448(군 도시과 단속계요원인 청원경찰관이 경찰관 직무집행법 제 2 조에 따라 허가 없이 창고를 주택으로 개축하는 것을 단속하는 것은 정당한 공무집행에 속한다).

(다) 사 견 현행 경찰법제상 침해적인 위험방지작용의 근거규범으로서 일반조항을 찾아보기는 어렵다. 경찰관 직무집행법 제 2 조 제 7 호는 임무규범이지 권한규범이 아니다. 경찰관 직무집행법 제 5 조 제 1 항의 "그 밖의 위험한 사태"는 모든 종류의 위험한 사태가 아니라 동 조항에서 예시된 위험과 유사한 위험에 한정된다고 보아야 할 것이므로 일반조항으로 보기 어렵다. 일반조항이 필요한 것인 이상, 법률(경찰관 직무집행법)의 개정을 통해 일반조항을 도입하는 것이 필요하다. 물론 단순한 위험방지영역(예: 차선 · 계몽교육에 의한 교통감시를 통하여 공적 안전에 대한 위험의 예방)에는 법적 근거로서 임무규정만으로도 족하다.

Ⅱ. 경찰권의 한계

1. 의 의

법치행정의 원칙상 경찰권은 법령이 정하는 범위 내에서 합목적적으로 행사될 때, 적법 · 타당한 것이 된다. 만약 그 범위를 벗어나면 위법하거나 부당한 것이 된다. 이와 같이 경찰권의 행사가 적법 · 타당한 것으로서 효과를 발생할 수 있는 경찰권행사 범위의 한계를 경찰권의 한계라 한다. 경찰권의 한계는 경찰의 법적 성질에서 나오는 한계와 행정기본법상 행정의 법원칙으로부터 나오는 한계로 나누어 볼 수 있다. 차례로 보기로 한다.

2. 경찰의 본질에서 나오는 한계

경찰의 본질에서 나오는 한계란 경찰법의 해석상 도출되는 한계를 말한다. 경찰행정을 규정하는 실정법이란 일반경찰법인 국가경찰과 자치경찰의 조직 및 운영에 관한 법률과 경찰관직무집행법, 집회 및 시위에 관한 법률 등 특별(개별) 경찰법률을 말한다.

(1) 위험방지 목적상 한계(경찰소극의 원칙) 경찰법은 공공의 안녕과 질서유지를 경찰의 임무로 규정하고 있다(경찰법 제 3 조 제 8 호). 이것은 경찰권은 적극적인 복리의 증진이 아니라 소극적인 질서의 유지를 위해서만 발동될 수 있다는 것을 의미한다. 위험방지 목적의 한계는 국가경찰과 자치경찰의 조직 및 운영에 관한 법률에서 나오는 실정법상 한계이지 조리상 한계가 아니다.

(2) 공공 목적상 한계

(가) **의 의** 경찰법은 공공의 안녕과 질서유지를 경찰의 임무로 규정하고 있다. 이것은 경찰권은 공공의 안녕과 질서의 유지를 위해서만 발동될 수 있는 것이며, 사적 이익만을 위해 발동될 수는 없다는 것을 의미한다. 공공 목적의 한계는 국가경찰과 자치경찰의 조직 및 운영에 관한 법률에서 나오는 실정법상 한계이지 조리상 한계가 아니다.

(나) **사생활불간섭의 한계** 사생활불간섭의 한계란 경찰권은 공공의 안녕과 질서에 관계가 없는 개인의 사생활영역에는 개입할 수 없다는 것을 말한다. 사생활은 헌법상으로 보호되는 영역이다(헌법 제17조). 사생활의 보호가 헌법상 보호되는 기본권이라 하여도 특정인의 사생활을 방치하는 것이 공공의 안녕과 질서에 중대한 위험을 가져올 수 있다면 경찰이 개입하지 않을 수 없다(예: AIDS환자나 법정감염병감염자의 강제격리 및 치료).

(다) **사주소불간섭의 한계** 사주소불간섭의 한계란 경찰권은 사인의 주소 내에서 일어나는 행위에 대해서는 침해(관여)할 수 없다는 것을 말한다. 사주소 내의 행위가 공공의 안녕이나 질서에 직접 중대한 장해를 가져오는 경우(예: 지나친 소음 · 악취 · 음향의 발생)에는 경찰의 개입이 가능하게 된다. 그리고 사주소라도 공개된 사주소의 경우(예: 흥행장 · 여관 · 음식점)는 사주소로 보기가 곤란하고 경찰권발동의 대상이 된다(경직법 제 7 조 제 2 항).

(라) **민사관계불관여의 한계** 민사관계불관여의 한계란 경찰권은 민사상의 법률관계 내지 권리관계에 개입할 수 없다는 것을 말한다. 민사관계는 직접 공공의 안녕이나 질서에 위해를 가하는 것은 아니기 때문이다. 민사상의 행위가 특정인의 이해관계를 능가하여 사회공공에 직접 위해를 가하게 되는 경우에는(예: 암표매매행위) 공공의 안녕과 질서에 장해를 야기하는 것이므로 경찰의 개입이 가능하다. 한편, 민사상의 거래에 경찰상허가를 요하게 하는 경우도 있다(예: 총포 · 도검 · 화약류 등의 안전관리에 관한 법률 제21조).

▪ **총포 · 도검 · 화약류 등의 안전관리에 관한 법률 제21조(양도 · 양수 등의 제한)** ① 화약류를 양도하거나 양수하려는 자는 행정안전부령으로 정하는 바에 따라 그 주소지 또는 화약류의 사용장소를 관할하는 경찰서장의 허가를 받아야 한다. 다만, 다음 각 호의 어느 하나에 해당하는 경우에는 그러하지 아니하다.
1. 제조업자가 제조할 목적으로 화약류를 양수하거나 제조한 화약류를 양도하는 경우 (2호 이하 생략)

(3) 경찰책임에 따른 한계

경찰책임에 따른 한계란 경찰권은 관련경찰법령이 정하는「경찰상 위험의 발생 또는 위험의 제거에 책임이 있는 자」에게 발동되어야 한다는 것을 말한다. 경찰책임에 따른 한계는 경찰권발동의 상대방이 누구인가에 관련된 문제이다. 침익적인 경찰작용에서 책임의 문제는 법률의 근거가 필요한 것이므로, 경찰책임은 실정법의 문제이다. 따라서 경찰책임의 문제를 조리의 문제로 접근하여서는 아니 된다.

▪ **집회 및 시위에 관한 법률 제 8 조(집회 및 시위의 금지 또는 제한 통고)** ① 제 6 조 제 1 항에 따른 신고서를 접수한 관할경찰관서장은 신고된 옥외집회 또는 시위가 다음 각 호의 어느 하나에 해당하는 때에는 신고서를 접수한 때부터 48시간 이내에 집회 또는 시위를 금지할 것을 주최자에게 통고할 수 있다. 다만, 집회 또는 시위가 집단적인 폭행, 협박, 손괴, 방화 등으로 공공의 안녕 질서에 직접적인 위험을 초래한 경우에는 남은 기간의 해당 집회 또는 시위에 대하여 신고서를 접수한 때부터 48시간이 지난 경우에도 금지 통고를 할 수 있다.
1. 제 5 조 제 1 항, 제10조 본문 또는 제11조에 위반된다고 인정될 때 (제 2 호 이하 생략)

Ⅲ. 행정기본법상 행정의 법 원칙으로부터 나오는 한계

1. 의 의

행정에 관하여 다른 법률에 특별한 규정이 있는 경우를 제외하고는 행정기본법에서 정하는 바에 따른다(행정기본법 제 1 조). 따라서 경찰행정의 영역에서도 특별한 규정이 없으면, 행정기본법이 규정하는 행정의 법 원칙이 적용된다.

2. 평등의 원칙에 따른 한계

행정청은 합리적 이유 없이 국민을 차별하여서는 아니 된다(행정기본법 제 9 조). 경찰권의 행사에 있어서 성별·종교·사회적 신분 등을 이유로 차별이 있어서는 아니 된다. 이에 어긋나면 평등의 원칙에 따른 한계를 벗어난 것이 된다.

3. 비례의 원칙에 따른 한계

행정작용은 다음 각 호(1. 행정목적을 달성하는 데 유효하고 적절할 것, 2. 행정목적을 달성하는 데 필요한 최소한도에 그칠 것, 3. 행정작용으로 인한 국민의 이익 침해가 그 행정작용이 의도하는 공익보다 크지 아니할 것)의 원칙에 따라야 한다(행정기본법 제10조). 비례의 원칙에 따른 한계란 경찰권 발동의 목적과 그 목적을 위해 도입되는 경찰상 수단이 비례관계를 벗어나면, 그러한 경찰권의 발동은 비례원칙의 한계를 벗어난 것이 된다.

4. 성실의무 및 권한남용금지의 원칙에 따른 한계

행정청은 법령등에 따른 의무를 성실히 수행하여야 한다(행정기본법 제11조 제 1 항). 행정청은 행정권한을 남용하거나 그 권한의 범위를 넘어서는 아니 된다(행정기본법 제11조 제 2 항). 이를 벗어난 경찰권의 행사는 성실의무 및 권한남용금지의 원칙에 따른 한계를 벗어난 것이 된다.

5. 신뢰보호의원칙에 따른 한계

행정청은 공익 또는 제 3 자의 이익을 현저히 해칠 우려가 있는 경우를 제외하고는 행정에 대한 국민의 정당하고 합리적인 신뢰를 보호하여야 한다(행정기본법 제12조 제 1 항). 행정청은 권한 행사의 기회가 있음에도 불구하고 장기간 권한을 행사하지 아니하여 국민이 그 권한이 행사되지 아니할 것으로 믿을 만한 정당한 사유가 있는 경우에는 그 권한을 행사해서는 아니 된다. 다만, 공익 또는 제 3 자의 이익을 현저히 해칠 우려가 있는 경우는 예외로 한다(행정기본법 제12조 제 2 항). 이를 벗어난 경찰권의 행사는 신뢰보호의 원칙에 따른 한계를 벗어난 것이 된다.

6. 부당결부금지의 원칙

행정청은 행정작용을 할 때 상대방에게 해당 행정작용과 실질적인 관련이 없는 의무를 부과해서는 아니 된다(행정기본법 제13조). 이를 벗어난 경찰권의 행사는 부당결부금지의 원칙에 따른 한계를 벗어난 것이 된다.

Ⅳ. 경찰권의 적극적 한계(경찰권발동의 의무성)

일설은 경찰권의 한계의 한 종류로서 경찰권이 소극적으로 발동되지 말아야 하는 한계(소극적 한계) 외에 적극적으로 발동되어야 할 한계(적극적 한계)(경찰권발동의 의무성)를 논급하기도 한다. 후자와 관련하여 ① 경찰재량권의 영으로의 수축과 ② 개입청구권을 내용으로 들고 있다.

제 2 항 경찰책임

경찰책임은 경찰작용의 대상자가 누구인가를 관심의 대상으로 한다. 경찰상 책임은 법적 의무를 내용으로 하는바, 경찰책임은 개별 법률규정에 의해 정해진다. 특별경찰법상 특별조항이나 일반경찰법상 특별조항의 경우, 경찰상 의무자가 명시되는 것이 일반적이다. 따라서 경찰책임론은 특별한 의미가 없다고 할 수 있다. 그러나 경찰책임이 개별 법률규정에 의해 정해진다고 하여도 그 개별 법률의 의미를 정확히 이해하기 위해 경찰책임론은 필요하다는 점, 경찰상 긴급상태의 경우에는 경찰책임론을 통해 경찰책임자를 확정할 수 있다는 점, 일반경찰법상 일반조항을 긍정한다고 할 때 일반경찰법상 일반조항의 경우에는 정당한 경찰의무자 여부에 대한 판단이 용이하지 않다는 점 등에 비추어 보면, 경찰책임론은 중요한 의미를 가진다. 경찰책임은 실정 경찰법령의 해석문제이므로, 경찰책임을 단순히 경찰권의 조리상의 한계문제로 접근하는 것은 지양되어야 한다. 현재로서 경찰책임 전반에 관해 규정하는 일반법은 찾아볼 수 없다.

■ 참고 ■

경찰책임의 문제를 검토함에 있어서는 ① 누가 위험의 제거를 위한 조치를 하여야 하는가의 문제, ② 누가 위험의 제거를 위한 조치를 수인하여야 하는가의 문제, 그리고 ③ 누가 위험극복을 위한 비용을 부담하여야 하는가의 문제가 구분되어야 한다.

Ⅰ. 경찰책임의 관념

1. 경찰책임의 개념

① 실질적 의미로 경찰책임이란 공공의 안녕이나 질서를 침해하지 말아야 하는, 그리고 장해가 발생한 경우에는 장해의 근원과 결과를 제거해야 할 의무의 전체를 실질적 의미의 경찰의무라 부른다. 성문·불문의 모든 경찰법규를 준수·유지해야 하는 의무라고 할 수도 있다. 경찰책임은 종래 경찰의무라 불렀다. ② 형식적 의미로 경찰책임이란 실질적 경찰책임을 위반(불이행)한 자가 공공의 안녕이나 질서의 회복을 위한 경찰행정청의 명령에 복종하여야 하는 책임을 말한다.

2. 경찰책임의 성질

① 경찰책임은 공법상 의무이다. 따라서 경찰책임은 사법상 계약의 대상이 될 수 없다. ② 경찰책임은 책임자의 고의·과실과 무관하다. 경찰책임은 위법행위에 대한 처벌이 아니다. 경찰책임은 오로지 공적 안전이나 질서에 대한 위험을 제거하는 데 봉사하는 것일 뿐이다. ③ 경찰책임은 소멸시효와 무관하다. 경찰상 책임을 야기하는 행위나 상태가 존속하는 한, 그 기간이 어느 정도이든 불문하고, 그러한 행위나 상태를 야기한 자는 경찰책임을 부담한다(계속책임).

3. 경찰책임의 주체

(1) 사　　인　　① 자연인은 실질적 경찰책임 외에 형식적 경찰책임도 진다. 행위무능력자의 경우에는 무능력자 자신 외에 그들의 법정대리인이 또한 부가적인 책임을 진다. ② 외국인이나 무국적자도 경찰책임을 부담한다. 경찰책임은 국적과 무관하다. 다만 면책특권(접수국의 관할권으로부터의 면제의 특권)을 가진 외국인은 우리나라의 경찰권 밖에 놓인다. ③ 사법상 사단법인(예: 상법상의 법인과 아울러 민법상의 법인 등 포함)뿐만 아니라 사법상 권리능력 없는 사단도 위험제공자의 성격을 가질 수 있다. 피용자의 경찰책임과 병행하여 사용자 또한 부가적인 경

찰책임을 진다. 사법상 법인도 당연히 실질적 경찰책임뿐만 아니라 형식적 경찰책임도 진다.

(2) 국가와 지방자치단체 공법적으로 이루어지는 국가기관의 행위나 공적 임무의 수행에 봉사하는 물건의 상태가 공공의 안녕이나 질서에 대한 위험을 가져올 수 있다. 이와 관련하여 고권주체(공법상 주체)인 국가와 지방자치단체의 경찰책임이 문제된다.

㈎ **실질적 경찰책임** 모든 국가작용은 국가의 법질서에 부합하여야 하기 때문에 국가나 지방자치단체도 실질적 경찰책임의 주체가 될 수 있다. 다만, 법률이 국가나 지방자치단체의 공적 임무수행을 위해 사인과 다르게 규정할 수는 있다.

▪ **도로교통법 제29조(긴급자동차의 우선 통행)** ① 긴급자동차는 제13조 제3항에도 불구하고 긴급하고 부득이한 경우에는 도로의 중앙이나 좌측 부분을 통행할 수 있다.
② 긴급자동차는 이 법이나 이 법에 따른 명령에 따라 정지하여야 하는 경우에도 불구하고 긴급하고 부득이한 경우에는 정지하지 아니할 수 있다.

㈏ **형식적 경찰책임** ① 국가나 지방자치단체의 기관이 공법상 행위로 인해 공적 안전이나 질서에 위험을 야기하는 경우, 경찰행정청이 국가나 지방자치단체의 기관에 대하여 경찰상 명령이나 금지를 명할 수 있는가의 여부와 관련하여 학설은 부정설(국가의 모든 공법적인 기능이 기본적으로 동등하다는 것을 전제로 한다)과 긍정설(국가기능 중 경찰기능이 다른 기능에 비해 우월하다는 것을 전제로 한다)로 나뉘고 있다. 이 책은 부정설을 취한다. 한편, ② 국가나 지방자치단체의 기관이 사법상 행위로 인해 공적 안전이나 질서에 위험을 야기하는 경우와 관련하여 ⓐ 행정사법작용의 경우에는 공법작용의 경우와 같이 형식적 경찰책임을 부정함이 타당하다. 그러나 ⓑ 좁은 의미의 국고작용의 경우에는 사인의 경우와 같이 경찰행정청의 개입이 가능하다(예컨대 우체국의 신축 후 도로상에 남은 건축자재를 방치하여 교통에 장애를 주는 경우에 우체국은 방치한 물건에 대하여 책임을 져야 한다).

4. 경찰책임의 유형

경찰책임의 유형은 행위책임 · 상태책임 그리고 책임의 경합의 경우로 구분할 수 있다. ① 행위책임이란 자연인이나 법인이 자신의 행위나 자신을 위해 행위하는 타인의 행위로 인해 경찰법상 의미의 공공의 안녕이나 질서에 대한 위험을 야기함으로써 발생되는 경찰책임을 말하고, ② 상태책임이란 물건으로 인해 위험이나 장해를 야기함으로써 발생되는 경찰책임을 말하며, ③ 행위책임과 상태책임의 병합은 예컨대 승용차의 소유자가 사고를 낸 경우에 사고행위에 대한 소유자의 행위책임과 고철로 변해버린 차량이 교통방해를 야기하는 상태책임이 동시에 나타나는 경우에 볼 수 있다.

Ⅱ. 행위책임

1. 행위책임의 개념

술 취한 사람이 도로 위에 누워있는 경우, 경찰은 도로상 위험 때문에 그 사람에게 도로에서 떠날 것을 명할 수 있다. 이와 같이 사람의 행위로 인해 야기되는 위험에 대하여 부담하는 경찰책임을 행위책임이라 한다. 행위책임은 고의나 과실과 무관하다. 행위자가 성년인가 미성년인가는 가리지 않는다. 행위책임은 작위뿐만 아니라 관계자에게 위험방지를 위한 법적 의무가 주어져 있는 경우에는 부작위에 의해서도 나타날 수 있다.

2. 행위와 위험 사이의 인과관계

(1) 의 의 구체적인 경우에 있어서 과연 행위자가 위험을 야기하고 있는가의 판단은 용이하지 않다. 이에 관한 논리가 바로 학문(경찰법론)상 행위와 위험 사이의 인과관계의 문제이다. 원칙적으로 위험에 대하여 직접적으로 원인을 야기하는 행위만이 원인제공적이고, 그러한 행위를 한 자만이 경찰상 책임을 부담하는 것으로 본다. 이를 직접원인제공이론이라 한다. 직접원인제공이 아니면서 경찰책임을 부담하는 예외의 경우도 있다.

(2) 예외 사례 ① 상업광고목적의 진열장을 설치한 경우, 그 진열장의 주위에 많은 사람들이 모여들어 교통에 방해를 가져오는 경우, 통행인이 장해를 가져온 자이기도 하지만, 선전목적으로 사람들을 유인한 진열장의 소유자도 또한 장해를 야기한 자가 된다. 말하자면 이러한 자도 경찰상 책임을 부담한다. ② 어떤 기업이 폐기물처리업자가 폐기물을 금지된 방법으로 처리하고 있다는 것을 알고 있는 경우, 폐기물을 발생시킨 기업자도 자신의 행위가 명백히 위법하고 위험을 내포하고 있음을 알고 있기 때문에 책임자(장해를 야기한 자)의 성격을 갖는다.

3. 타인의 행위에 대한 책임

(1) 의 의 특정인이 널리 타인에 대한 감독의무가 있는 경우에 발생하는 것으로서 피감독자의 행위에 대한 감독자의 책임문제가 된다. 이와 관련하여 ① 자신이 보호하여야 하는 미성년자 등에 대한 감독의무 내지 후견권을 가진 자의 경찰책임의 경우와 ② 자신이 고용한 자의 사무처리행위에 대하여 사용자가 부담하는 경찰책임의 경우가 있다. 이러한 경우에는 사무처리와 관련된 범위 안에서 감독자가 책임을 부담한다. 한편, 누가 법정대리인 내지 후견인으로서 감독책임이 있는지, 누가 사용자로서 감독책임이 있는지의 문제는 사법규정에 따라 판단할 사항이다.

(2) 책임의 성격 무능력자의 법정대리인이나 사용자의 책임은 원인제공자로서의 책임이 아니다. 원인제공자인 무능력자나 피용자의 책임과 병행하는 책임이다. 왜냐하면 무능력자나 피용자도 경찰상의 의무를 지고 있기 때문이다. 따라서 무능력자의 법정대리인 또는 피용자와 사용자 사이에서 누구에게 구체적인 처분을 할 것인가는 경찰의 의무에 합당한 재량에 따라 정할 사항이다.

Ⅲ. 상태책임

1. 상태책임의 개념

도로상에 사나운 개가 돌아다니는 경우, 경찰은 도로에서 차량통행상 위험뿐만 아니라 통행인의 건강상 위험의 방지를 위해 개 주인에게 그 개를 빨리 데려갈 것을 명할 수 있다. 이와 같이 사람의 행위가 아니라 물건의 상태로부터 위험 또는 장해가 야기되는 경우에 부담하는 경찰책임을 상태책임이라 한다. 상태책임은 "물건으로부터 이익을 얻는 자는 그 물건으로부터 발생하는 위험에 대하여도 책임을 부담하여야 한다"는 사고에 근거한다. 많은 경우에 상태책임은 행위책임과 함께 나타난다.

2. 상태와 위험 사이의 인과관계

상태책임의 전제요건으로서의 위험이란 ① 경찰위반상태에 놓인 물건이 위험·장해를 야기시키거나(예: 차도상 주차) 또는 ② 그 물건 자체가 위험한 경우(예: 사인이 폭발물을 보관하는 경우)를 의미한다. ②의 경우에는 인과관계가 특별히 문제되지 아니하지만, ①의 경우에는 행위책임의 경우와 같이 그 물건의 상태와 위험발생의 개연성 사이에 인과관계가 있어야 한다. 이 경우의 인과관계 역시 직접원인제공이론(경찰상 위험은 물건으로부터 직접 나오는 것이어야 한다는 이론)에 따라 책임성이 판단되어야 할 것이다.

3. 상태책임의 주체

① 소유권자나 임차인 등 기타 정당한 권리자들이 상태책임의 주체가 된다. 소유권자의 상태책임은 양도의 경우에 종료한다. 양도가 있게 되면 새로운 양수인은 시원적으로 경찰책임을 진다. ② 소유권자 등 정당한 권리자의 의사에 관계없이 사실상 지배권을 행사하는 자가 있는 경우에는 이들이 책임자가 된다. 사실상 지배권을 행사하는 자의 책임은 그 지배권의 근거 여하와 무관하다. 그 지배권을 부당하게 가져도 책임이 있다. 사실상의 지배권의 종료로 사실상 지배권자의 상태책임은 소멸한다. 이 경우, 정당한 권리자는 자신의 처분권이 법률상 또는 사실상 미치지 않는 범위에서는 상태책임이 없다(예: 도난, 국가에 의한 압류의 경우).

4. 상태책임의 범위

(1) 의 의 소유권자의 상태책임의 범위는 기본적으로 무제한적이다. 그러나 현실적으로 개입이 불가능한 것까지 책임의 내용이 될 수는 없다. 소유권자는 원인에 관계없이(즉, 자신의 행위에 의한 것이든, 자연현상이든, 다른 상위의 힘의 행사에 의한 것이든, 우연이든 불문하고) 자신의 물건의 상태로 인한 위험에 대하여 책임을 져야 한다.

(2) 사 례 ① 정당한 재산권의 행사로 나타나는 위험은 상태책임을 가져오는 위험이 아니다. 예컨대 도로의 교차로를 옮긴 경우, 옮긴 장소부근의 사소유지에 나무가 있어서 교차로의 시야가 침해받고, 그로 인해 교통상의 위험이 야기된다고 하여도 그 나무로 인해 위험이 야기된다고 할 수 없다. ② 자연재해에 의한 경우(예: 대폭풍우로 유조탱크가 파괴된 경우)에도 소유권자는 상태책임을 져야 한다.

Ⅳ. 경찰책임자의 경합

1. 의 의

다수인이 도로에서 불법시위를 하는 경우 또는 다수인의 물건이 도로상에 방치된 경우와 같이 동일한 위험이 다수의 장해야기인에 의해 생겨나는 경우도 적지 않다. 이러한 경우, 경찰행정청은 그 다수의 장해야기인 모두에게 필요한 처분을 할 것인가 아니면 선택재량의 관점에서 그 다수인 중 제한된 범위의 장해야기인에게만 처분을 할 것인가의 문제가 있다.

2. 처분의 상대방

기본적으로 경찰상의 처분은 효과적인 위험방지의 원칙상 위험이나 장해를 가장 신속하고도 효과적으로 제거할 수 있는 위치에 있는 장해야기인에게 행해져야 한다. 그것은 비례원칙을 고려하여 의무에 합당한 재량으로 정할 문제이다.

3. 비용상환

경찰책임자가 경합하는 경우, 경찰행정청에 의해 특정한 행위가 요구된 장해야기인은 특정한 행위가 요구되지 아니한 다른 장해야기인에게 비용의 일부의 상환을 요구할 수 있을 것인가의 문제가 있다. 다수의 장해자가 있는 경우, 경찰처분의 상대방인 장해야기인은 경찰의 하자 없는 재량행사에 따라 위험방지를 위한 광범위한 책임 있는 자로 판단되었기 때문에 다른 장해야기인에게 상환청구를 할 수 없다고 본다. 여기서는 민법상 사무관리규정이 적용될 수 없다. 여기서의 비용상환문제는 불법행위에 기한 배상청구와 별개의 문제이다.

Ⅴ. 경찰책임의 법적 승계

1. 의 의

(1) 문제상황 도로상에 위험한 물건을 방치한 자가 사망하거나 그 물건을 타인에게 양도한 경우와 같이 경찰책임자가 사망하거나 물건을 양도한 경우, 경찰책임이 상속인이나 양수인에게 승계되는가의 문제가 경찰책임의 법적 승계의 문제이다. 경찰책임의 승계문제는 경찰책임자에게 발령된 처분의 효력이 그 승계인에게도 미치는가의 여부를 논의의 대상으로 한다. 경찰책임의 법적 승계의 문제는 법령에 명시적 규정이 없는 경우와 관련한다.

■ 참고 ■

경찰책임의 법적 승계에 관해서는 경찰법상 논란이 많다. 독일의 경우, 원래는 건축법에서 문제되었는데, 그것은 전형적으로 「위험건물의 철거명령에 존속력이 발생한 경우에 사법상 승계(사망, 상속, 양도 등)가 이루어진다면 강제집행이 가능할 것인가? 아니면 행정청은 승계인에게 행정절차를 처음부터 새로이 하여야 하는가?」의 문제로서 논의되어 왔다. 하여간 사법상 법적 지위의 승계시에 경찰법상 책임의 이전에 관한 것을 공법에 규정한다면, 경찰책임의 법적 승계에 관한 이의 없는 해결책이 될 것이지만, 일반경찰법상 이러한 규정은 찾아볼 수 없다. 여기에 경찰책임의 법적 승계에 관한 논의의 의미가 있다.

(2) 논의의 의미 경찰책임의 승계가 인정된다면 승계인에게 새로운 행정행위를 발함이 없이 피승계인에게 발령된 행정행위를 근거로 하여 승계인에 대하여 집행할 수 있는 것이 되고, 승계가 부정된다면 피승계인에게 발한 행정행위는 승계인에게 효과가 없고, 승계인에게 새로운 명령을 발한 후 집행할 수 있는 것이 된다.

2. 행위책임의 법적 승계

학설은 제한적 승계긍정설과 승계부정설로 나뉘고 있다. 전통적 견해는 경찰상 행위책임을 특정인의 행위에 대한 법적 평가와 관련된 것으로 파악하고, 승계부정설을 취한다. 말하자면 행위책임은 위험을 야기한 자에게만 문제되고, 그 자의 사망으로 책임문제는 끝난다. 다만 법문이 명시적으로 승계를 규정한다면, 그것은 예외적인 경우에 해당한다.

3. 상태책임의 법적 승계

학설은 승계긍정설, 제한적 승계긍정설, 개별검토설, 신규책임설(승계부정설) 등이 있다. 지배적 견해는 승계긍정설을 취한다. 승계긍정설은 상태책임은 물건의 상태와 관련된 책임이기 때문에 승계가 원칙적으로 허용된다는 견해이다. 승계긍정설은 상태책임과 관련된 행정행위는 사람의 개성과 무관한 물적 행위라는 점과 절차상의 경제를 논거로 한다.

Ⅵ. 경찰상 긴급상태(경찰책임자로서 제 3 자)

1. 경찰상 긴급상태의 관념

(1) 의 의 공공의 안전이나 질서에 대한 위험의 극복을 위해 장해야기인이 아닌 사람에게 경찰의 개입이 이루어지는 경우를 경찰상 긴급상태라 부른다.

[예] 운전자 갑(甲)이 도로에서 교통사고로 중태에 빠지게 되자 그 도로를 지나는 운전사 을(乙)에게 갑(甲)을 병원에 긴급 후송토록 경찰로부터 명령을 받거나, 또는 적법하게 집회(A집회)가 열리고 있음에도 불구하고, 폭력을 수반한 A집회의 반대집회(B집회)가 열리게 되고, 경찰이 B집회에 대하여 무력으로 진압을 하는 경우, 예기치 않은 위험이 A집회의 참가자에게 발생할 수 있으므로 경찰은 A집회의 주최자와 참가자에게도 해산을 명할 수 있게 되는바, 여기서 A집회의 주최자와 참가자에 대하여 경찰이 해산명령을 내리는 경우 등을 볼 수 있다.

(2) 특 징 위험의 발생에 무관계한 자에게 침익적 처분을 가져오는 경찰상 긴급상태는 법치국가에서 예외적인 상황이다. 경찰상 긴급상태에 있어서는 ① 경찰이 중대한 위험을 방관할 수 없다는 점, ② 위험에 무관계한 자가 책임이 있다는 점이 고려되어야 할 핵심적 요소이다. 따라서 장해야기인에 대한 경찰개입의 경우에 비해 비장해야기인에 대한 경찰의 개입은 보다 엄격한 전제요건에 구속되어야 하고, 개입범위도 보다 제한적이어야 한다.

(3) 제 3 자의 성격 경찰상 긴급상태에서 경찰책임자로서 제 3 자는 현재의 중대한 위험을 방지하는 일을 돕는 경찰의 도구에 해당한다. 따라서 장해야기인이 그 제 3 자에 저항하면, 그것은 공무방해에 해당한다. 제 3 자의 행위에 대한 법적 책임은 그 제 3 자가 아니라 경찰이 부담한다. 경찰의 개입으로 인해 그 제 3 자에게 손실이 발생하면 보상되어야 한다.

2. 경찰상 긴급상태의 법적 근거

경찰상 긴급상태에 대한 일반규정은 없다. 다만 몇몇의 개별 법률에서 나타나고 있을 뿐이다(예: 경직법 제 5 조 제 1 항 제 3 호; 소방기본법 제24조). 인간생활의 실제상 경찰상 긴급상태의 발생은 불가피하다. 따라서 경찰상 긴급상태에 관한 일반적인 규정을 두는 것이 필요하다. 이에 관한 입법적 보완이 요청된다. 현재로서는 경찰관 직무집행법 제 5 조 제 1 항과 경범죄처벌법 제 3 조 제 1 항 제29호 등이 제한된 범위 안에서 경찰상 긴급상태의 법적 근거로 기능할 수 있을 것이다. 경찰상 긴급상태는 처분의 상대방에 기본권의 침해를 가져오므로 법률의 근거 없는 경찰상 긴급상태는 인정될 수 없다.

▪ **경찰관 직무집행법 제 5 조(위험 발생의 방지 등)** ① 경찰관은 사람의 생명 또는 신체에 위해를 끼치거나 재산에 중대한 손해를 끼칠 우려가 있는 천재(天災), 사변(事變), 인공구조물의 파손이나 붕괴, 교통사고, 위험물의 폭발, 위험한 동물 등의 출현, 극도의 혼잡, 그 밖의 위험한 사태가 있을 때에는 다음 각 호의 조치를 할 수 있다.
1. 그 장소에 모인 사람, 사물(事物)의 관리자, 그 밖의 관계인에게 필요한 경고를 하는 것
2. 매우 긴급한 경우에는 위해를 입을 우려가 있는 사람을 필요한 한도에서 억류하거나 피난시키는 것
3. 그 장소에 있는 사람, 사물의 관리자, 그 밖의 관계인에게 위해를 방지하기 위하여 필요하다고 인정되는 조치를 하게 하거나 직접 그 조치를 하는 것

▪ **소방기본법 제24조(소방활동 종사 명령)** ① 소방본부장, 소방서장 또는 소방대장은 화재, 재난·재해, 그 밖의 위급한 상황이 발생한 현장에서 소방활동을 위하여 필요할 때에는 그 관할구역에 사는 사람 또는 그 현장에 있는 사람으로 하여금 사람을 구출하는 일 또는 불을 끄거나 불이 번지지 아니하도록 하는 일을 하게 할 수 있다. 이 경우 소방본부장, 소방서장 또는 소방대장은 소방활동에 필요한 보호장구를 지급하는 등 안전을 위한 조치를 하여야 한다.

▪ **경범죄 처벌법 제 3 조(경범죄의 종류)** ① 다음 각 호의 어느 하나에 해당하는 사람은 10만원 이하의 벌금, 구류 또는 과료(科料)의 형으로 처벌한다.
29. (공무원 원조불응) 눈·비·바람·해일·지진 등으로 인한 재해, 화재·교통사고·범죄, 그 밖의 급작스러운 사고가 발생하였을 때에 현장에 있으면서도 정당한 이유 없이 관계 공무원 또는 이를 돕는 사람의 현장출입에 관한 지시에 따르지 아니하거나 공무원이 도움을 요청하여도 도움을 주지 아니한 사람

3. 경찰상 긴급상태의 요건

개별 법률에 경찰상 긴급상태에 관한 규정이 있다면, 그러한 규정에 따르면 된다. 개별 규정이 없는 경우, 경범죄처벌법 제 3 조 제 1 항 제29호가 제한적이지만 경찰상 긴급상태의 근거규정이 된다고 보면, 그 요건은 다음과 같다.

(1) 현재의 중대한 위험의 방지 경찰상 긴급상태가 적용되기 위해서는 우선 위험이 이미 실현되었거나 또는 위험의 현실화가 목전에 급박하여야 한다. 급박하여야 한다는 것은 위험의 현실화가 시간적으로 근접하여야 함을 의미한다.

(2) 장해야기인에 대한 처분이 무의미할 것 위험 내지 장해의 방지가 장해야기인에 대한 처분을 통해서는 실현이 불가능하여야 한다. 즉 장해에 대한 처분이 위험 내지 장해의 방지·제거에 무의미하여야 한다.

(3) 경찰 자신이나 위임에 의해서 해결이 불가능할 것 경찰상 긴급상태의 개념상 경찰 스스로 또는 경찰의 위임에 의거하여 제 3 자가 적시에 위험을 방지할 수 있는 상태에 있지 않아야 한다. 만약 경찰이나 위임받은 제 3 자가 그러한 상태에 있다면, 그러한 자가 위험을 방지하여야 한다.

(4) 비장해야기인에게 수인가능성이 있을 것 비례원칙에서 나오는 수인가능성의 관점에서 볼 때, 장해야기인이 아닌 제 3 자에 대한 경찰의 처분이 그 제 3 자 자신에게 중대한 위험이나 침해를 가져올 수 있는 경우에는 경찰상 긴급상태의 성립이 인정될 수 없다. 예

컨대 심장병환자에게 신체적으로 힘이 드는 일에 참여할 것을 요구하는 행위를 할 수는 없다. 그러한 경찰처분은 수인할 수 없고 따라서 위법한 것이 된다.

4. 경찰상 긴급상태의 처분

앞에서 말한 요건이 갖추어진 경우, 경찰상 긴급상태의 예외적인 성격에 비추어 비장해야기인에 대한 처분은 행정행위에 의해서만 가능하다(농어업재해대책법 제 7 조 제 2 항 참조). 발생된 장해를 제거하거나 구체적인 위험의 발생을 방지할 수 있는 제 3 자가 다수인이 있는 경우, 경찰기관의 경찰책임자 선택은 의무에 합당한 재량에 따라야 한다. 경찰상 긴급상태의 처분은 과잉금지의 원칙상 물적이나 시간적으로 최소한의 범위에 그쳐야 한다.

■ **농어업재해대책법 제 7 조(응급조치)** ① 지방자치단체의 장은 재해가 발생하거나 발생할 우려가 있어 응급조치가 필요하면 해당 지역의 주민을 응급조치에 종사하게 할 수 있으며, 그 지역의 토지·가옥·시설·물자를 사용 또는 수용하거나 제거할 수 있다.
② 지방자치단체의 장이 제 1 항에 따른 응급조치를 할 때에는 대통령령으로 정하는 바에 따라 재해대책 명령서로 집행하여야 한다.

5. 결과제거청구권과 보상

(1) 결과제거청구권 경찰행정청은 비장해야기인에 대한 처분으로 인하여 비장해야기인에게 위법한 상태를 사실상 야기하였다면, 경찰은 그 사실상의 위법한 결과를 제거하여야 한다. 여기서 비장해야기인은 결과제거청구권을 갖는다. 예컨대, 갑작스런 교통사고의 발생시, 사고지점 부근에 있는 주민에게 경찰과 공동으로 안전조치를 취하면서 경찰이 그 주민의 주택에 경찰장비를 무단으로 방치한 경우에 그 주민은 위법하게 방치된 경찰장비의 제거를 청구할 권리를 갖는다. 결과제거청구권은 비장해야기인과 경찰 사이에서 문제된다.

(2) 보상청구권 비장해야기인은 위험에 대해 책임을 부담할 자가 아니므로, 그 비장해야기인은 자신에게 책임을 부과한 경찰행정청에 대하여 그 책임의 이행으로 인해 생긴 불이익의 보전을 청구할 수 있다(농어업재해대책법 제 7 조 제 3 항 참조). 한편, 보상을 한 행정주체는 경우에 따라 위험의 원인을 제공한 자에게 자신이 부담한 비용(보상금)에 대한 변상을 요구할 수도 있을 것이다.

■ **농어업재해대책법 제 7 조(응급조치)** ③ 지방자치단체의 장은 제 1 항에 따른 처분으로 인하여 손실을 받은 자에게 대통령령으로 정하는 바에 따라 정당한 보상을 하여야 한다.
■ **경찰관 직무집행법 제11조의2(손실보상)** ① 국가는 경찰관의 적법한 직무집행으로 인하여 다음 각 호의 어느 하나에 해당하는 손실을 입은 자에 대하여 정당한 보상을 하여야 한다.
1. 손실발생의 원인에 대하여 책임이 없는 자가 생명 · 신체 또는 재산상의 손실을 입은 경우(손실발생의 원인에 대하여 책임이 없는 자가 경찰관의 직무집행에 자발적으로 협조하거나 물건을 제공하여 생명 · 신체 또는 재산상의 손실을 입은 경우를 포함한다)

▪ 소방기본법 제49조의2(손실보상) ① 소방청장 또는 시 · 도지사는 다음 각 호의 어느 하나에 해당하는 자에게 제3항의 손실보상심의위원회의 심사 · 의결에 따라 정당한 보상을 하여야 한다.
2. 제24조 제1항 전단에 따른 소방활동 종사로 인하여 사망하거나 부상을 입은 자
5. 그 밖에 소방기관 또는 소방대의 적법한 소방업무 또는 소방활동으로 인하여 손실을 입은 자

제3항 기타 경찰작용법상 특수문제

제1목 실효성 확보 수단으로서 경찰상 즉시강제

Ⅰ. 일 반 론

1. 경찰상 즉시강제의 의의

경찰상 즉시강제란 경찰상 장해가 존재하거나 장해의 발생이 목전에 급박한 경우에 성질상 개인에게 의무를 명해서는 경찰행정목적을 달성할 수 없거나 또는 미리 의무를 명할 시간적 여유가 없는 경우에 경찰행정기관이 직접 개인의 신체나 재산에 실력을 가하여 경찰상 필요한 상태의 실현을 목적으로 하는 작용을 말한다(전통적 견해). 경찰상 즉시강제는 행정상 즉시강제의 일종이다.

2. 경찰상 즉시강제의 성질

경찰상 즉시강제는 구체적인 의무부과행위이자 사실행위로서의 실력행사인 동시에 그 실력행사에 대해 참아야 하는 수인의무도 발생시키는 행위이다. 즉 행정상 즉시강제는 사실행위와 법적 행위가 결합된 행위이다. 따라서 행정상 즉시강제는 항고소송의 대상이 되는 처분의 성질을 갖는다.

3. 경찰상 즉시강제의 법적 근거

헌법 제37조 제2항에 비추어 행정상 즉시강제에는 법률의 근거를 필요로 한다. 현재로서 행정상 즉시강제에 관한 일반법은 없다. 그러나 경찰공무원이 수행하는 경찰작용영역에서는 일반법으로 경찰관 직무집행법이 있다. 경찰관 직무집행법에는 즉시강제에 관한 조항만 있는 것이 아니고, 경찰조사에 관한 조항 등이 있다고 하여 경찰관 직무집행법이 경찰공무원이 수행하는 경찰작용영역에서 경찰상 즉시강제의 일반법이 아니라고 말할 수는 없다. 경찰상 즉시강제에 관한 개별법으로 마약류관리에 관한 법률(제47조) · 소방기본법(제25조) · 식품위생법(제72조) · 감염병의 예방 및 관리에 관한 법률(제42조) 등이 있다.

4. 경찰상 즉시강제와 영장, 구제

이에 관해서는 제 1 부 행정법총론 제 4 장 행정의 실효성 확보 제 3 절 행정상 즉시강제에서 기술한 것과 같다.

Ⅱ. 경찰상 즉시강제의 수단

1. 경찰관 직무집행법상 수단

경찰관 직무집행법상 대인적 강제수단으로는 보호조치(경직법 제 4 조), 위험발생의 방지(경직법 제 5 조), 범죄의 예방과 제지(경직법 제 6 조), 장구의 사용(경직법 제10조), 무기의 사용(경직법 제10조의4 제 1 항)이 있고, 대물적 강제수단으로는 무기 등 물건의 임시영치(경직법 제 4 조 제 3 항), 위험방지조치(경직법 제 5 조 제 1 항 · 제 6 조)가 있으며, 대가택강제수단으로는 위험방지를 위한 출입(경직법 제 7 조)이 있다(이에 관해 자세한 것은 제 3 부 행정법각론 제 4 장 경찰법 제 3 절 경찰작용법 Ⅰ. 경찰작용의 법적 근거 3. 일반경찰법상 특별수권(경찰상 표준처분) 부분을 보라).

2. 개별법상 수단

대인적 강제수단에는 강제격리수용과 치료(감염병의 예방 및 관리에 관한 법률 제42조) · 강제진찰과 치료(감염병의 예방 및 관리에 관한 법률 제46조) 등이 있고, 대물적 강제수단에는 물건의 파기 등의 강제처분(소방기본법 제25조), 물건의 폐기(식품위생법 제72조; 약사법 제71조 제 3 항), 도로의 위법공작물 등에 대한 제거(도로교통법 제71조 제 2 항, 제72조 제 2 항) 등이 있고, 대가택강제수단에는 수색(조세범 처벌절차법 제 8 조) 등이 있다.

▪ **감염병의 예방 및 관리에 관한 법률 제42조(감염병에 관한 강제처분)** ① 보건복지부장관, 시·도지사 또는 시장·군수·구청장은 해당 공무원으로 하여금 다음 각 호의 어느 하나에 해당하는 감염병환자등이 있다고 인정되는 주거시설, 선박·항공기·열차 등 운송수단 또는 그 밖의 장소에 들어가 필요한 조사나 진찰을 하게 할 수 있으며, 그 진찰 결과 감염병환자등으로 인정될 때에는 동행하여 치료받게 하거나 입원시킬 수 있다.

1. 제 1 급감염병

제46조(건강진단 및 예방접종 등의 조치) 질병관리청장, 시·도지사 또는 시장·군수·구청장은 보건복지부령으로 정하는 바에 따라 다음 각 호의 어느 하나에 해당하는 사람에게 건강진단을 받거나 감염병 예방에 필요한 예방접종을 받게 하는 등의 조치를 할 수 있다.

1. 감염병환자등의 가족 또는 그 동거인

▪ **소방기본법 제25조(강제처분 등)** ① 소방본부장, 소방서장 또는 소방대장은 사람을 구출하거나 불이 번지는 것을 막기 위하여 필요할 때에는 화재가 발생하거나 불이 번질 우려가 있는 소방대상물 및 토지를 일시적으로 사용하거나 그 사용의 제한 또는 소방활동에 필요한 처분을 할 수 있다.

▪ **식품위생법 제72조(폐기처분 등)** ① 식품의약품안전처장, 시·도지사 또는 시장·군수·구청장은 영업자(…)가 제 4 조부터 제 6 조까지, 제 7 조 제 4 항, 제 8 조, 제 9 조 제 4 항, 제12조의2 제 2 항 또

는 제44조 제 1 항 제 3 호를 위반한 경우에는 관계 공무원에게 그 식품등을 압류 또는 폐기하게 하거나 용도·처리방법 등을 정하여 영업자에게 위해를 없애는 조치를 하도록 명하여야 한다.

3. 수단도입시 고려사항

상기의 수단은 대체적 작위의무의 집행뿐만 아니라 비대체적 작위의무의 집행을 위해서도 적용될 수 있다는 점, 상기의 수단은 대집행이나 기타의 수단으로 효과의 달성이 곤란한 경우에만 적용되어야 한다는 점(보충성의 원칙), 그리고 상기의 수단의 도입이 요구되는 경우에는 경찰력의 신속한 투입이 특히 중요한바, 법규에서 경찰공무원의 직무상 명령에의 복종이 특히 강조되어야 한다는 점, 따라서 위법명령에 대한 이의제기는 제한된다는 점, 그러나 인간의 가치를 부정하는 명령, 경찰목적에 반하는 명령에는 거부하여야 하고 준수할 의무가 없다는 점이 중요하다.

4. 수단선택과 실력행사

(1) 일 반 론 상기의 수단이 도입되는 경우에 사용할 수 있는 실력의 행사방법은 법상 예정되어 있는 것에 한한다. 그 종류에는 ① 경찰공무원의 단순한 신체상의 힘(체력, 즉 경찰공무원의 육체적인 힘), ② 체력의 보조수단(예: 경찰견·경찰마·경찰차·폭약·수갑·포승 등), ③ 무기(칼·방독면·최루가스·총기 등) 등으로 나눌 수 있다(경찰관 직무집행법은 최루탄을 무기와 구분하여 규정하고 있다). 이러한 힘(공무원의 체력, 체력의 보조수단, 무기)의 행사에도 당연히 비례원칙이 적용된다(예컨대, 경찰관 직무집행법 제 5 조에 의거하여 경찰이 위험의 발생의 방지를 위해 필요한 조치를 취하는 경우에 경찰은 제 1 차적으로 자신의 체력에 의하여야 할 것이고, 제 2 차적으로 동법 제10조의2와 제10조의3이 허용하는 경우에는 장구 또는 최루탄을 사용할 수 있을 것이고, 제 3 차적으로 동법 제10조의4가 허용되는 경우에는 무기를 사용할 수도 있다). 이에 관해 규정을 두는 경우도 있다(출입국관리법 제56조의4).

▪ 출입국관리법 제56조의4(강제력의 행사) ① 출입국관리공무원은 피보호자가 다음 각 호의 어느 하나에 해당하면 그 피보호자에게 강제력을 행사할 수 있고, 다른 피보호자와 격리하여 보호할 수 있다. 이 경우 피보호자의 생명과 신체의 안전, 도주의 방지, 시설의 보안 및 질서유지를 위하여 필요한 최소한도에 그쳐야 한다.

1. 자살 또는 자해행위를 하려는 경우
2. 다른 사람에게 위해를 끼치거나 끼치려는 경우
3. 도주하거나 도주하려는 경우
4. 출입국관리공무원의 직무집행을 정당한 사유 없이 거부 또는 기피하거나 방해하는 경우
5. 제 1 호부터 제 4 호까지에서 규정한 경우 외에 보호시설 및 피보호자의 안전과 질서를 현저히 해치는 행위를 하거나 하려는 경우

② 제 1 항에 따라 강제력을 행사할 때에는 신체적인 유형력(有形力)을 행사하거나 경찰봉, 가스분사용총, 전자충격기 등 법무부장관이 지정하는 보안장비만을 사용할 수 있다.

③ 제 1 항에 따른 강제력을 행사하려면 사전에 해당 피보호자에게 경고하여야 한다. 다만, 긴급한 상황으로 사전에 경고할 만한 시간적 여유가 없을 때에는 그러하지 아니하다.

④ 출입국관리공무원은 제 1 항 각 호의 어느 하나에 해당하거나 보호시설의 질서유지 또는 강제퇴거를 위한 호송 등을 위하여 필요한 경우에는 다음 각 호의 보호장비를 사용할 수 있다.
1. 수갑
2. 포승
3. 머리보호장비
4. 제 1 호부터 제 3 호까지에서 규정한 사항 외에 보호시설의 질서유지 또는 강제퇴거를 위한 호송 등을 위하여 특별히 필요하다고 인정되는 보호장비로서 법무부령으로 정하는 것
⑤ 제 4 항에 따른 보호장비의 사용 요건 및 절차 등에 관하여 필요한 사항은 법무부령으로 정한다.

(2) 경찰장비의 사용 경찰관은 직무수행 중 경찰장비를 사용할 수 있다. 다만, 사람의 생명이나 신체에 위해를 끼칠 수 있는 경찰장비(이하 이 조에서 "위해성 경찰장비"라 한다)를 사용할 때에는 필요한 안전교육과 안전검사를 받은 후 사용하여야 한다(경직법 제10조 제 1 항). 제 1 항 본문에서 "경찰장비"란 무기, 경찰장구, 최루제와 그 발사장치, 살수차, 감식기구, 해안 감시기구, 통신기기, 차량 · 선박 · 항공기 등 경찰이 직무를 수행할 때 필요한 장치와 기구를 말한다(경직법 제10조 제 2 항). 경찰상 즉시강제와 관련하여 무기, 경찰장구, 최루제 및 그 발사장치가 중요한 수단이 된다.

(3) 장구의 사용 경찰관은 다음 각 호(1. 현행범이나 사형 · 무기 또는 장기 3년 이상의 징역이나 금고에 해당하는 죄를 범한 범인의 체포 또는 도주 방지, 2. 자신이나 다른 사람의 생명 · 신체의 방어 및 보호, 3. 공무집행에 대한 항거 제지)의 직무를 수행하기 위하여 필요하다고 인정되는 상당한 이유가 있을 때에는 그 사태를 합리적으로 판단하여 필요한 한도에서 경찰장구를 사용할 수 있다(경직법 제10조의2 제 1 항). 제 1 항에서 "경찰장구"란 경찰관이 휴대하여 범인 검거와 범죄 진압 등의 직무 수행에 사용하는 수갑, 포승(捕繩), 경찰봉, 방패 등을 말한다(경직법 제10조의2 제 2 항).

(4) 분사기 · 최루탄의 사용 경찰관은 다음 각 호(1. 범인의 체포 또는 범인의 도주 방지, 2. 불법집회 · 시위로 인한 자신이나 다른 사람의 생명 · 신체와 재산 및 공공시설 안전에 대한 현저한 위해의 발생 억제)의 직무를 수행하기 위하여 부득이한 경우에는 현장책임자가 판단하여 필요한 최소한의 범위에서 분사기(「총포 · 도검 · 화약류 등의 안전관리에 관한 법률」에 따른 분사기를 말하며, 그에 사용하는 최루 등의 작용제를 포함한다. 이하 같다) 또는 최루탄을 사용할 수 있다(경직법 제10조의3).

(5) 무기의 사용

㈎ 무기의 의의 경찰관 직무집행법상 무기란 사람의 생명이나 신체에 위해를 끼칠 수 있도록 제작된 권총 · 소총 · 도검 등을 말한다(경직법 제10조의4 제 2 항). 현행법상 무기사용에 관한 일반적 규정으로 경찰관 직무집행법 제10조의4를 볼 수 있다.

㈏ 무기사용이 가능한 경우 경찰관은 범인의 체포, 범인의 도주 방지, 자신이나 다른 사람의 생명 · 신체의 방어 및 보호, 공무집행에 대한 항거의 제지를 위하여 필요하다고 인정되는 상당한 이유가 있을 때에는 그 사태를 합리적으로 판단하여 필요한 한도에서 무기를 사용할 수 있다(경직법 제10조의4 제 1 항 본문).

■ 참고 판례 ■

경찰관은 범인의 체포, 도주의 방지, 자기 또는 타인의 생명·신체에 대한 방호, 공무집행에 대한 항거의 억제를 위하여 무기를 사용할 수 있으나, 이 경우에도 무기는 목적 달성에 필요하다고 인정되는 상당한 이유가 있을 때 그 사태를 합리적으로 판단하여 필요한 한도 내에서 사용하여야 하는바(경찰관 직무집행법 제10조의4), 경찰관의 무기 사용이 이러한 요건을 충족하는지 여부는 범죄의 종류, 죄질, 피해법익의 경중, 위해의 급박성, 저항의 강약, 범인과 경찰관의 수, 무기의 종류, 무기 사용의 태양, 주변의 상황 등을 고려하여 사회통념상 상당하다고 평가되는지 여부에 따라 판단하여야 하고, 특히 사람에게 위해를 가할 위험성이 큰 권총의 사용에 있어서는 그 요건을 더욱 엄격하게 판단하여야 한다(대판 2008. 2. 1, 2006다6713).

㈐ **위해를 줄 수 있는 무기사용** 무기의 사용은 사람에게 위해를 가하지 않도록 사용하여야 함(예: 겨누기만 하는 경우 또는 위협발사만 하는 경우)이 원칙이다. 그러나 다음의 경우는 불가피하다고 보아 위해를 가하는 것을 허용하고 있다(경직법 제10조의4 제1항 단서).

▪ 경찰관 직무집행법 제10조의4(무기의 사용) ① …

1. 「형법」에 규정된 정당방위와 긴급피난에 해당할 때
2. 다음 각 목의 어느 하나에 해당하는 때에 그 행위를 방지하거나 그 행위자를 체포하기 위하여 무기를 사용하지 아니하고는 다른 수단이 없다고 인정되는 상당한 이유가 있을 때
가. 사형·무기 또는 장기 3년 이상의 징역이나 금고에 해당하는 죄를 범하거나 범하였다고 의심할 만한 충분한 이유가 있는 사람이 경찰관의 직무집행에 항거하거나 도주하려고 할 때
나. 체포·구속영장과 압수·수색영장을 집행하는 과정에서 경찰관의 직무집행에 항거하거나 도주하려고 할 때
다. 제3자가 가목 또는 나목에 해당하는 사람을 도주시키려고 경찰관에게 항거할 때
라. 범인이나 소요를 일으킨 사람이 무기·흉기 등 위험한 물건을 지니고 경찰관으로부터 3회 이상 물건을 버리라는 명령이나 항복하라는 명령을 받고도 따르지 아니하면서 계속 항거할 때
3. 대간첩 작전 수행 과정에서 무장간첩이 항복하라는 경찰관의 명령을 받고도 따르지 아니할 때

㈑ **한 계** 무기사용에는 비례원칙의 엄수가 중요하다. 경찰관 직무집행법은 "… 필요하다고 인정되는 상당한 이유가 있을 때에는 … 필요한 한도에서 무기를 사용할 수 있다"고 하여 비례원칙을 명시적으로 규정하고 있다(경직법 제10조의4 제1항 본문).

㈒ **총기의 사용** 실력행사방법으로서 무기사용 중에서도 총기사용은 그 자체가 목적이 아니다. 총기사용은 정당한 고권적인 처분과 명령상의 특정목적의 실현을 위한 도구일 뿐이다. 즉 그것은 오로지 목적을 위한 수단이며, 특정한 고권적인 목적 없는 총기사용은 예상할 수 없다. 이것은 결국 총기사용에 비례원칙이 반드시 적용되어야 함을 의미한다. 일반적으로 말한다면, 총기의 사용은 경찰책임자(경찰의무자)의 공격이나 도주시에 가능할 것이다.

(6) 사용기록의 보관 살수차, 분사기, 최루탄 또는 무기를 사용하는 경우 그 책임자는 사용 일시·장소·대상, 현장책임자, 종류, 수량 등을 기록하여 보관하여야 한다(경직법 제11조). 사용기록의 보관은 강제 수단 사용에 대한 통제수단이다.

Ⅲ. 차량의 견인

1. 의 의

도로교통법은 교차로 · 횡단보도 · 건널목이나 보도와 차도가 구분된 도로의 보도(「주차장법」에 의하여 차도와 보도에 걸쳐서 설치된 노상주차장을 제외한다), 터널 안 또는 다리 위 등 여러 장소에서 주차(운전자가 승객을 기다리거나 화물을 싣거나 고장이나 그 밖의 사유로 인하여 차를 계속하여 정지상태에 두는 것 또는 운전자가 차로부터 떠나서 즉시 그 차를 운전할 수 없는 상태에 두는 것을 말한다. 도로교통법 제 1 조 세24호)하는 것을 제한하고 있다(도로교통법 제32조, 제33조, 제34조). 만약 이에 위반하여 주차하고 있는 차가 교통에 위험을 일으키게 하거나 방해될 우려가 있는 경우에는 도로에서의 위험을 방지하고 교통의 안전과 원활한 소통을 확보하기 위하여 필요한 한도 안에서 경찰서장 또는 시장 등은 경찰공무원 또는 시 · 군공무원으로 하여금 일정한 장소로 이동하게 할 수 있다. 이것을 차량의 견인이라 한다.

2. 법적 근거

차량의 견인에 관해서는 도로교통법 제35조(주차위반에 대한 조치)와 제36조(차의 견인 및 보관업무 등의 대행)가 규정하고 있다. 차량견인에 관해 입법상 미비가 있다면, 경찰상 표준조항인 경찰관 직무집행법 제 5 조가 적용될 수도 있을 것이다.

3. 견인사무의 대행

경찰서장이나 시장등은 제35조에 따라 견인하도록 한 차의 견인 · 보관 및 반환 업무의 전부 또는 일부를 그에 필요한 인력 · 시설 · 장비 등 자격요건을 갖춘 법인 · 단체 또는 개인(이하 "법인등"이라 한다)으로 하여금 대행하게 할 수 있다(도로교통법 제36조 제 1 항).

제 2 목 경찰상 위험방지와 손실보상, 사인의 비용상환

Ⅰ. 경찰관 직무집행법상 위험방지조치에 따른 손실의 보상

1. 문제상황

① 헌법 제23조 제 3 항은 경찰행정의 영역에서도 당연히 적용된다. 말하자면 국가 또는 지방자치단체가 경찰행정목적을 위해 재산권을 수용 · 사용 또한 제한을 하는 경우, 국가 또는 지방자치단체는 손실보상의 법리에 따라 손실보상책임을 진다. 한편, ② 경찰관의 적법한

직무집행으로 인한 손실의 보상에 관해서는 경찰관 직무집행법 제11조의2에서 규정되고 있다. 이하에서는 ②를 중심으로 보기로 한다. 이 규정은 재산상 손실의 보상을 규정하고 있을 뿐만 아니라 비재산권, 즉 생명·신체상 손실에 대한 보상도 규정하고 있다.

▪ 경찰관직무집행법 제11조의2(손실보상) ① 국가는 경찰관의 적법한 직무집행으로 인하여 다음 각 호의 어느 하나에 해당하는 손실을 입은 자에 대하여 정당한 보상을 하여야 한다.
1. 손실발생의 원인에 대하여 책임이 없는 자가 생명·신체 또는 재산상의 손실을 입은 경우(손실발생의 원인에 대하여 책임이 없는 자가 경찰관의 직무집행에 자발적으로 협조하거나 물건을 제공하여 생명·신체 또는 재산상의 손실을 입은 경우를 포함한다)
2. 손실발생의 원인에 대하여 책임이 있는 자가 자신의 책임에 상응하는 정도를 초과하는 생명·신체 또는 재산상의 손실을 입은 경우

2. 경찰관 직무집행법 제11조의2 제 1 항 제 1 호의 손실보상

(1) 손실보상 대상자 동 조항은 손실발생의 원인에 대하여 책임이 없는 자를 대상으로 한다. 손실발생의 원인에 대하여 책임이 없는 자가 손실을 입는 경우도 여러 가지로 나누어볼 수 있다.

(가) 손실발생의 원인에 대하여 책임이 없으나, 경찰책임을 지는 자 예를 들어 도로에 위험한 동물이 출현하자 경찰관이 도로교통법 제 5 조 제 1 항 제 3 호에 근거하여 지나가는 차량의 주인인 갑과 을에게 차량으로 방어막을 만들어줄 것을 명하였고, 갑과 을이 그 명령을 따랐으나, 차량이 파손된 경우와 같이 손실발생의 원인에 대하여 책임이 없으나, 경찰관의 명령에 따라 경찰책임을 부담하는 자(비장해야기자로서 경찰책임자)는 손실보상을 받을 수 있다. 왜냐하면 이러한 자는 경찰처분이 있도록 한 위험의 발생원인과 아무런 관계가 없기 때문이다.

(나) 손실발생의 원인에 대하여 책임도 없고, 경찰책임을 지지 않는 자 예를 들어 경찰관이 흉악범에게 발사한 총격의 파편에 의해 제 3 자의 건물이 파손된 경우와 같이 손실발생의 원인에 대하여 책임도 없고, 아무런 경찰책임도 부담하지 않는 자(비장해야기자로서 경찰책임자가 아닌 자)는 손실보상을 받을 수 있다. 왜냐하면 이러한 자에게는 경찰처분이 있도록 한 위험의 발생원인과 아무런 관계가 없기 때문이다.

(다) 경찰의 보조자 경찰의 보조자란 경찰의 동의하에 경찰의 직무수행에 자발적으로 협력하는 자를 말한다(경찰관 직무집행법 제11조의2 제 1 항 제 1 호 괄호 부분). 경찰의 보조자는 손실보상의 대상자가 되는 비장해야기자보다 불리한 대우를 받아서는 아니 되기 때문에 손실보상의 대상자가 된다.

(2) 손실보상 내용 경찰관이 경찰관 직무집행법상 직무를 적법하게 수행하는 중 손실보상 대상자가 입은 생명·신체(비재산권) 또는 재산상 손실이 손실보상의 내용이 된다.

종전 경찰관 직무집행법은 재산상 손실만 손실보상의 내용으로 규정하였으나, 2018. 12. 24. 개정 경찰관 직무집행법에서 생명·신체상 손실도 손실보상의 대상으로 포함되었다.

3. 경찰관 직무집행법 제11조의2 제 1 항 제 2 호의 손실보상

(1) 손실보상 대상자 경찰관이 경찰관 직무집행법이 규정하는 직무를 적법하게 수행하는 중 장해야기자(교란자)로서 경찰책임자에게 재산상 손실이 생긴 경우(예: 경찰관이 도로상에서 난동을 부리는 자를 제압하는 과정에서 그 난동을 부리는 자의 옷이 찢어진 경우), 그러한 경찰책임자에게는 손실보상이 인정될 수 없다(무보상의 원칙). 왜냐하면 장해야기자로서 경찰책임자는 자신의 행위나 자신의 책임영역 내에 있는 물건의 상태를 통해 위험을 가져왔고, 그로 인해 손실을 야기하는 경찰처분을 가져오게 하였기 때문이다. 그러나 손실이 과도한 경우, 즉 손실발생의 원인에 대하여 책임이 있는 자가 자신의 책임에 상응하는 정도를 초과하는 재산상의 손실을 입은 경우에는 그 자도 손실보상의 대상자가 된다.

(2) 손실보상 내용 손실발생의 원인에 대하여 책임이 있는 자가 입은 생명·신체상 또는 재산상 손실 중 자신의 책임에 상응하는 정도를 초과하는 생명·신체상 또는 재산상 손실이 손실보상의 대상이 된다. 2018. 12. 24. 개정 경찰관 직무집행법에서 생명·신체상 손실도 손실보상의 대상으로 포함되었다.

4. 손실보상금의 지급과 소멸시효

(1) 손실보상금의 지급 제 1 항에 따른 손실보상신청 사건을 심의하기 위하여 손실보상심의위원회를 둔다(경직법 제11조의2 제 3 항). 경찰청장 또는 지방경찰청장은 제 3 항의 손실보상심의위원회의 심의·의결에 따라 보상금을 지급 … 한다(경직법 제11조의2 제 4 항).

(2) 소멸시효 제 1 항에 따른 보상을 청구할 수 있는 권리는 손실이 있음을 안 날부터 3년, 손실이 발생한 날부터 5년간 행사하지 아니하면 시효의 완성으로 소멸한다(경직법 제11조의2 제 2 항).

Ⅱ. 사인의 비용상환(경찰의 비용상환청구)

경찰기관은 위험방지사무를 위해 인적·물적 비용(예: 무단주차차량의 견인에 따르는 운전자의 보수, 보관에 소요되는 비용 등)을 지출하게 된다. 이러한 비용을 경찰비용이라 부르기로 한다. 경찰비용은 공적 시설(예: 터널통행료)의 단순한 사용대가인 사용수수료와 다르다. 경찰의 위험방지작용으로 인해 발생되는 비용부담에 관한 경찰법상 일반규정은 찾아볼 수 없다. 학설과 판례가 정리하여야 한다.

1. 장해자에 대한 상환청구

(1) 의 의 법률에 근거가 있는 경우라면, 경찰은 장해자로 인해 경찰행정청에 생긴 비용의 상환을 청구할 수 있다. 한편, 헌법적 관점에서 본다면 경찰의 감시·안전유지 활동은 헌법상 명령된 공적 임무인바, 그것은 일반납세자의 부담으로 해결되어야 할 것이라는 주장도 가능하다. 이에 대하여 위험을 야기시킨 자의 행위가 상당한 경우에 일반납세자의 부담으로 해결하는 것은 정당하지 않다는 주장도 가능하다. 바람직한 것은 경찰상 비용부담에 관한 법률을 마련하는 일이다.

(2) 대 집 행 대집행의 경우에는 행정대집행법이 정하는 바에 따라 비용상환을 청구할 수 있다. 대집행에 따른 경찰행정청의 상환청구권은 대집행이 적법한 경우에만 인정된다고 볼 것이다. 대집행의 전제가 된 경찰상의 행위가 적법한 것인가는 묻지 아니한다. 경찰의 대집행이 행정대집행법에 따른 것이 아닌 한, 그 비용의 상환을 청구할 수는 없다. 경찰관 직무집행법 등에 행정대집행에 관한 특례조항을 두는 것도 필요하다.

(3) 직접강제·즉시강제 직접강제나 즉시강제의 경우에 경찰이 비용상환을 청구할 수 있다는 규정을 찾아보기는 어렵다. 법령에 규정이 없는 한, 비용상환의 청구는 인정되기 어렵다. 왜냐하면 통상적으로 경찰은 자신의 인적 물적 수단으로 위험방지사무를 처리할 수 있다고 보기 때문이다. 다만 통상의 비용을 능가하는 많은 비용이 드는 경우에는 예외적으로 의무자에게 비용을 부담시킬 수도 있을 것이다. 그러나 이러한 경우에 의무자에게 비용을 부담시키기 위해서는 법률의 근거가 필요하다.

2. 비장해야기자에 대한 상환청구

비장해야기자는 원칙적으로 경찰행위로 인해 발생한 비용을 상환할 의무가 없다. 비장해야기자의 자신의 이익을 위해 경찰상의 처분이 가해졌더라도 마찬가지이다. 다만, 비장해야기자가 경찰상 처분으로 인해 부당이득을 취득하게 되는 경우에는 공법상 사무관리의 법리에 의해 상환의무를 부담한다고 볼 것이다. 그리고 특별규정이 있다면, 그에 따라야 한다.

• 제 5 장

공적 시설법

제1절 공 물 법

제1항 일 반 론

Ⅰ. 공물의 의의

1. 공물의 개념

① 전통적 견해는 공물(예: 도로, 하천)을 '행정주체가 직접 행정목적(공공목적)에 제공한 개개의 유체물'로 정의한다. ② 유력설은 공물을 "관습법을 포함하여 법령이나 행정주체에 의해 직접 공적 목적에 제공된 유체물과 무체물 및 물건의 집합체(시설, 집합물)"로 정의한다. ③ 생각건대 공물에는 개개의 유체물 외에도 무체물(예: 대기)과 집합물(예: 강·바다)이 있다는 점, 관습법에 의해서도 공물성립이 가능하다는 점에서 유력설이 타당하다.

2. 공물개념의 분석

① 공물은 물건이다. 다만 민법 제98조의 물건개념이 공물에 그대로 적용되지는 아니한다. ② 공물은 공공목적(공용 또는 공공용)을 위한 것이다. ③ 공물은 직접 공적 목적을 위한 것이다. 재산상의 가치나 수익을 통해 간접적으로 공행정 목적에 기여하는 물건인 재정재산은 공물이 아니다. ④ 공물은 법률·관습법 또는 행정청의 지정행위에 의한 공용지정이 있어야 한다. 공용지정이 없는 한 사인의 물건이 공적 목적에 기여하고 있다고 하여도 사법의 적용을 받는다면 그것은 공물이 아니다(예: 사인의 미술관). ⑤ 공물개념과 공물의 소유권의 귀속과는 무관하다(사인소유의 물건도 공용지정이 있으면 공물이 된다).

3. 공물개념의 본질

공물개념의 본질은 사법의 적용을 받는 물건이라도 일정관점과 일정범위에서 공공복지의 목적으로 인해 공법상 제약을 받는다는 것, 즉 공법의 적용을 받는다는 점이다. 그리고 공법의 적용을 받는 범위 내에서 그 물건에 결합되어 있는 소유자 · 점유자 등의 민법에 따른 권리는 배제되고 공법상 특별법이 적용된다는 점이다.

Ⅱ. 공물의 종류

1. 종류의 다양성

공물은 ① 소유권자를 기준으로 국유공물(예: 국유의 도로 · 항만) · 공유공물(예: 지방자치단체 소유의 사무용 건물) · 사유공물(예: 공도로로 지정된 사인소유의 토지), ② 공물의 관리주체와 공물의 소유권자의 동일성 여부를 기준으로 자유공물(예: 국가소유의 사무용 건물) · 타유공물(예: 국가가 사무용 건물로 임차한 사인소유의 건물), 그리고 ③ 자연공물(예: 하천 · 해변) · 인공공물(예: 정부의 청사 · 군함) 등으로 구분된다.

2. 국유재산법상 구분

국유재산법 제 6 조 제 1 항에서 말하는 행정재산이 공물에 해당하고, 일반재산은 사물에 해당한다. 이 조문을 바탕으로 공공용물 · 공용물 · 공적 보존물의 구분이 이루어지기도 한다. 공공용물이란 직접 일반공중의 사용을 위하여 제공되어 있는 공물(예: 도로)을 말하고, 공용물이란 국가나 지방자치단체의 사용을 위하여 제공된 물건(예: 정부종합청사)을 말하며, 공적 보존물이란 문화보전 등의 공적 목적을 위하여 보전에 중점이 놓이는 공물(예: 국보인 숭례문)을 말한다.

■ 국유재산법 제 6 조(국유재산의 구분과 종류) ① 국유재산은 그 용도에 따라 행정재산과 일반재산으로 구분한다.

② 행정재산의 종류는 다음 각 호와 같다.

1. 공용재산: 국가가 직접 사무용·사업용 또는 공무원의 주거용으로 사용하거나 대통령령으로 정하는 기한까지 사용하기로 결정한 재산
2. 공공용재산: 국가가 직접 공공용으로 사용하거나 대통령령으로 정하는 기한까지 사용하기로 결정한 재산
3. 기업용재산: 정부기업이 직접 사무용·사업용 또는 그 기업에 종사하는 직원의 주거용으로 사용하거나 대통령령으로 정하는 기한까지 사용하기로 결정한 재산
4. 보존용재산: 법령이나 그 밖의 필요에 따라 국가가 보존하는 재산 (이하 생략)

▌대판 2014. 11. 27, 2014두10769(국유재산법상의 행정재산이란 국가가 소유하는 재산으로서 직접 공용, 공공용, 또는 기업용으로 사용하거나 사용하기로 결정한 재산을 말한다. 그중 도로, 공원과 같은 인공적 공공용 재산은 **법령에 의하여 지정**되거나 **행정처분으로써 공공용으로 사용하기로 결정**한 경우, 또는 **행정재산으로 실제로 사용**하는 경우의 어느 하나에 해당하면 행정재산이 된다).

제 2 항 공법적 지위의 변동

Ⅰ. 공물의 성립

1. 공용지정(의사적 요소)

(1) 공용지정의 의의 공용지정이란 권한을 가진 기관이 어떠한 물건이 특정한 공적 목적에 봉사한다는 것과 그 때문에 특별한 공법상의 이용질서하에 놓인다는 것을 선언하는 법적 행위를 말한다. 공용지정은 물건에 대한 공법적 성격의 부여, 즉 물건의 공법적 지위의 내용과 범위를 정하는 법적인 행위이다. 공용개시 또는 공용개시행위라고도 한다. 공용지정으로 인해 공물은 특별한 공법상의 지배질서와 이용질서하에 놓이게 된다.

[예] 지방자치단체장 등이 A구역에 대하여 도로구역으로 결정하고 고시하면, 그 구역은 공적 목적인 도로용도로 사용이 제한되고, 공법인 도로법의 적용을 받아 토지소유자는 도로를 구성하는 부지, 옹벽, 그 밖의 물건에 대하여는 사권을 행사할 수 없다(소유권 이전, 저당권 설정은 제외)(도로법 제 3 조).

(2) 공용지정의 필요 여부

(가) 공 용 물 ① 공공용물(특히 인공공물)이나 공적 보존물의 성립에는 공용지정이 필요하지만, 공용물은 행정주체가 자기의 사용에 제공하는 물건이므로 그 성립에 공용지정이 필요하지 않다는 견해도 있다. 그러나 ② 공물은 사유의 물건일지라도 공법상 제약을 받는다는 점, 즉 사법적용에 제한을 받는다는 점을 특징으로 갖는데, 이러한 법적 구속 내지 법적 효력은 논리상 단순히 사실적인 것(예: 단순한 사실상의 제공)으로부터 생겨날 수는 없는 것이고, 법적인 것을 근거로 하여 생겨날 수 있다고 보아야 할 것이므로(존재로서의 사실과 당위로서의 규범의 구별) 공용물의 경우에도 명시적이거나 묵시적인 공용지정이 필요하다고 보아야 한다.

(나) 자연공물 ① 공공용물의 경우에도 자연공물과 인공공물을 구분하여 자연공물은 자연적 상태로 당연히 공물의 성질을 취득하므로 공용지정이 불필요하다는 견해도 있다(대판 2007. 6. 1, 2005도7523). 그러나 ② 자연공물의 경우에도 공용물의 경우와 동일한 논리에서 명시적 또는 묵시적인 공용지정이 필요하다. 이 경우, 법규 · 관습법도 의사적 요소를 구성한다.

(3) 공용지정의 형식

(가) 법규에 의한 공용지정 공법적인 지위를 설정하는 법규에는 형식적 의미의 법률(예: 하천법 제 2 조 제 3 호 가목 · 나목 · 다목), 법규명령(예: 하천법 제 2 조 제 3 호 라목), 자치법규(예: 지방자치단체가 자치법규의 발령을 통해 공공시설이나 영조물의 이용을 가능하게 하는 경우) 그리고 관습법(예: 해변의 공공사용)이 있다.

▪ **하천법 제 2 조(정의)** 이 법에서 사용하는 용어의 정의는 다음과 같다. …
3. "하천시설"이라 함은 하천의 기능을 보전하고 효용을 증진하며 홍수피해를 줄이기 위하여 설치하는 다음 각 목의 시설을 말한다. 다만, 하천관리청이 아닌 자가 설치한 시설에 관하여는 하천관리청이 해당 시설을 하천시설로 관리하기 위하여 그 시설을 설치한 자의 동의를 얻은 것에 한한다.
가. 제방·호안(護岸)·수제(水制) 등 물길의 안정을 위한 시설
나. 댐·하구둑(「방조제관리법」에 따라 설치한 방조제를 포함한다)·홍수조절지·저류지·지하하천·방수로·배수펌프장(「농어촌정비법」에 따른 농업생산기반시설인 배수장과 「하수도법」에 따른 하수를 배제(排除)하기 위하여 설치한 펌프장을 제외한다)·수문(水門) 등 하천수위의 조절을 위한 시설
다. 운하·안벽(岸壁)·물양장(物揚場)·선착장·갑문 등 선박의 운항과 관련된 시설
라. 그 밖에 대통령령으로 정하는 시설

(나) (물적) **행정행위에 의한 공용지정** 행정행위에 의한 공용지정은 무엇보다도 도로의 공용지정 등에서 볼 수 있다(도로법 제11조~제20조; 문화재보호법 제27조 제 1 항; 하천법 제 7 조 제 6 항). 이 경우에 사유토지에 대한 공용지정은 사유재산에 행정법상 목적에의 제공이라는 부담을 가한다. 이 때문에 이 경우의 공용지정은 물적 행정행위라고도 한다.

▌대판 2018. 5. 11, 2015다41671(도로는 도로의 형태를 갖추고 도로법에 따라 노선의 지정·인정 공고와 도로구역 결정·고시를 한 때 또는 구 도시계획법이 정한 절차를 거쳐 도로를 설치한 때, 공용개시행위가 있다고 볼 수 있다).

▪ **도로법 제11조(고속국도의 지정·고시)** 국토교통부장관은 도로교통망의 중요한 축(軸)을 이루며 주요 도시를 연결하는 도로로서 자동차(…) 전용의 고속교통에 사용되는 도로 노선을 정하여 고속국도를 지정·고시한다.
제25조(도로구역의 결정) ① 도로관리청은 도로 노선의 지정·변경 또는 폐지의 고시가 있으면 지체 없이 해당 도로의 도로구역을 결정·변경 또는 폐지하여야 한다.
▪ **문화재보호법 제27조(보호물 또는 보호구역의 지정)** ① 문화재청장은 제23조·제25조 또는 제26조에 따른 지정을 할 때 문화재 보호를 위하여 특히 필요하면 이를 위한 보호물 또는 보호구역을 지정할 수 있다.
▪ **하천법 제 7 조(하천의 구분 및 지정)** ⑥ 환경부장관 또는 시·도지사가 제 2 항 또는 제 3 항에 따라 국가하천 또는 지방하천으로 지정하거나 지정을 변경 또는 해제하는 경우에는 환경부령으로 정하는 바에 따라 이를 고시하고, 관계 서류를 관계 시장·군수 또는 구청장(자치구의 구청장을 말한다. 이하 같다)에게 보내야 하며, 시장·군수 또는 구청장은 관계 서류를 일반인이 볼 수 있도록 하여야 한다.

(4) 공용지정과 권원 공용지정은 소유권자에 대한 불법의 침해행위는 아니다. 다만 공용지정을 위해 공용지정의 권한을 가진 행정청 등은 처분권(권원)을 가져야 한다. 말하자면 공물관리주체는 사법상 계약(예: 지상권·임차권설정계약)을 통해, 또는 사소유권자의 동의·기부 등을 통해 물건에 대한 지배권을 확보하든가, 아니면 공법상 계약이나 기타 공법적인 근거에 의해 물건에 대한 지배권을 확보하여야 한다.

(5) 하자 있는 공용지정처분

(가) **문제상황** 공용지정처분 그 자체는 물적 행정행위로서 하나의 행정행위이다.

따라서 공용지정처분도 행정행위의 적법요건을 갖추어야 한다. 적법요건에 흠이 있는 공용지정처분은 당연히 하자 있는 것이 된다. 공용지정의 하자와 관련하여 특히 문제되는 것은 권원 없이 이루어진 공용지정처분의 경우이다.

(나) **효 과** ① 전통적인 견해는 권원 없이 이루어진 공용지정처분은 무효행위라고 본다. 만약 무효라고 본다면, 권원 없이 이루어진 공용지정처분은 원상회복의 문제, 손해배상청구의 문제, 그리고 부당이득반환의 문제 등을 가져온다. 그러나 ② 공용지정처분의 경우에 행정행위의 무효와 취소의 구별기준인 중대명백설을 적용하지 말아야 할 특별한 사정은 보이지 아니한다. 따라서 권원 없는 공용지정도 하자가 중대하고 명백하면 무효이지만, 그러하지 아니한 위법의 경우에는 취소할 수 있는 행위에 불과하다.

(다) **권리보호** ① 권원 없는 공용지정처분을 행정쟁송절차에서 다툴 수 있음은 물론이다. 공용지정처분을 취소·변경하는 것이 현저히 공공복리에 적합하지 아니한 경우에는 사정재결이나 사정판결이 적용될 수는 있다. ② 권원 있는 공용지정의 경우, 사정에 따라서는 손실보상이 요구될 수 있다.

2. 제공(형태적 요소)

공용지정은 물건을 공물로 만드는 것과 공용지정의 법적 효과를 발하게 하는 것만으로는 충분하지 않다. 여기에다 물건의 이용가능성의 사실상 확보라는 사실적인 면도 요구된다. 이것은 물건의 설치(수영장의 건립, 도로나 조명시설의 설치와 같은 물건의 사실상의 축조)와 그 물건의 실제 이용에의 제공이 필요하다. 이용에의 제공은 명시적으로 이루어질 수도 있고(예: 도로개통식 또는 새로운 시설완공에 대한 언론보도), 묵시적으로 이루어질 수도 있다(예: 행정관청의 청사이전과 그에 따른 새 청사에 접속된 도로이용). 설치나 제공은 행정행위가 아니고 사실행위일 뿐이다(통설). 형태적 요소는 자연공물이 아니라 인공공물에서 주로 문제된다.

Ⅱ. 공물의 소멸

1. 공용폐지

(1) **의 의** 공물의 소멸(공법적 특별지위의 종료)도 법적인 행위, 즉 공용폐지를 필요로 한다(도로법 제21조). 공용폐지의 법형식은 원칙적으로 공용지정의 법형식에 상응한다(예: 일반처분에 의한 공용지정의 공물에 있어서 공용폐지는 역시 일반처분으로 이루어진다). 그리고 공용폐지에 대한 입증책임은 이를 주장하는 자가 부담한다(대판 1997. 8. 22, 96다10737).

▪ **도로법 제21조(도로 노선의 변경과 폐지)** ① 국토교통부장관 또는 행정청은 제11조부터 제18조까지 및 제20조에 따라 지정한 도로 노선을 변경하거나 그 노선의 전부 또는 일부를 폐지할 수 있다.

(2) 요 건 공용폐지는 공물주체의 임의로 이루어져서는 아니 된다. 공용폐지가 있기 위해서는 공물의 공적 목적이 상실되었거나(예: 도로의 경우라면 도로의 의미의 상실)(대판 2009. 12. 10, 2006다87538) 공용폐지를 위한 중대한 공익상의 근거(예: 도로의 경우라면 교통상의 안전 또는 도시건축상의 질서)가 있어야 한다.

(3) 절차·법형식 공용폐지는 원칙적으로 공용지정과 같은 방식으로 이루어져야 한다(대판 2009. 12. 10, 2006다87538). 명시적인 경우 관계자로 하여금 이의를 제기할 수 있도록 하기 위하여 공고 내지 통지되어야 한다.

(4) 효 과 공용폐지로써 공용지정으로 인한 모든 효과(예: 공용에 제공의무·도로유지의무·사용제공의무)는 해제된다. 만약 공물이 국유라면 공용폐지로 인해 그것은 일반재산으로 돌아가고, 시효취득의 대상이 된다. 사유재산이라면 사법상의 권리를 완전히 향유하게 된다.

(5) 권리보호 공용폐지 역시 공법적인 행위의 하나이다. 공용폐지처분으로 권리가 침해된 자는 경우에 따라 행정소송법이 정하는 바에 따라 취소소송을 제기할 수 있다.

(6) 부분폐지 부분폐지도 가능하다(예: 도로의 공용지정을 도보자 전용구역으로 하는 경우). 부분폐지와 공용변경(공물의 공법적 지위의 내용과 범위를 변경하는 것을 말한다. 공용변경인 등급변경에는 상위급으로 변경하는 상위변경과 하위급으로 내리는 하위변경이 있다)은 다르다(부분공용폐지도 공용변경의 일종으로 보는 견해도 있다). 공용변경은 공동사용을 직접 건드리지는 않는다. 그러나 부분폐지는 이용종류·이용목적·이용범위 등과 관련하여 공동사용을 사후적으로 제한한다. 부분폐지행위는 행정행위임이 일반적일 것이다.

2. 형태적 요소의 소멸

공용폐지로 인해 공물로서의 지위를 상실하는 것은 분명하다. 문제는 형태적 요소의 소멸(예: 호수가 매립된 경우)만으로도 공물의 지위를 상실하는가의 여부이다.

(1) 자연공물 ① 지배적 견해는 자연적 상태의 영구확정적 멸실로 자연공물은 당연히 공물로서의 성질을 상실한다는 입장이다. ② 판례는 자연공물이라 할지라도 형태적 요소의 멸실 외에 의사적 요소인 공용폐지가 있어야 공물로서의 성질이 소멸된다는 입장이다(대판 2013. 6. 13, 2012두2764). ③ 생각건대 공물의 성립에 의사적 요소로서 공용폐지와 형태적 요소로서 제공이 필요하므로, 이 중에서 하나만 소멸하여도 당연히 공물로서의 성질을 상실한다고 보는 것이 합리적이다. 물론 여기서 형태적 요소의 소멸이란 사회통념상으로 보아 회복이 불가능한 완전소멸을 말한다.

(2) 인공공물 ① 학설은 인공공물이 사회관념상 회복이 불가능할 정도로 형태적 요소를 상실하면 공물로서의 성질을 상실한다는 견해와 형태적 요소의 소멸은 다만 공용폐지의 원인이 될 뿐이라는 견해의 대립이 있다. ② 판례는 형태적 요소가 상실되면 묵시적 공

용폐지가 인정될 수 있는 경우에 공물로서의 성질을 상실한다는 입장이다(대판 1998. 11. 10, 98다42974). 요컨대 판례는 공용폐지를 필요로 하는 입장이다. ③ 생각건대 인공공물의 경우에도 자연공물의 경우와 같다고 볼 것이다.

(3) 공 용 물 ① 다수설은 공용물은 그 성립에 있어서 공용개시행위를 필요로 하지 아니하므로 그 소멸에 있어서도 별도의 공용폐지행위를 필요로 하지 아니한다는 입장이다. ② 판례는 공용폐지행위가 필요하다는 입장이다(대판 1997. 3. 14, 96다43508). ③ 생각건대 공용물의 경우에도 자연공물의 경우와 달리 볼 이유는 없다.

(4) 공적 보존물(보존공물) ① 학설은 형태적 요소의 소멸로 공물로서의 성질을 상실한다는 견해와 형태적 요소의 소멸은 다만 공용폐지의 사유가 될 뿐이라는 견해로 나뉜다. 말하자면 공적 보존물의 지정해제를 전자는 공적 보존물의 소멸의 확인으로 보고, 후자는 공적 보존물의 소멸사유로 본다. ② 생각건대 공용물의 경우에도 자연공물의 경우와 달리 볼 이유는 없다.

제 3 항 공물의 법적 특질

Ⅰ. 공물권의 성질(공물법제)

공물은 공적 목적에 봉사하는 것이므로, 그 목적 달성을 위하여 공물에는 공법적 규율이 가해지고 있다. 여기서 공법적 규율이란 공물에는 오로지 공법만 적용된다는 것인지, 아니면 사법이 원칙적으로 적용되지만, 공적 목적의 수행을 위한 범위 안에서만 공법이 적용되는가의 문제가 있다. 이와 관련하여 종래에 공소유권설과 사소유권설의 대립이 있었다.

(1) 사소유권설 사소유권설이란 공물이 반드시 공소유권의 대상이어야 하는 것은 아니고 사소유권의 대상일 수 있으며, 후자의 경우에는 공용지정을 통해 정해지는 범위 안에서 사소유권의 행사가 제한을 받는다는 원리(법제)를 말한다. 오늘날 사소유권설에 이의를 제기하는 입장을 찾아보기는 어렵다. 사소유권설은 사소유권제라고도 한다.

(2) 공소유권설 과거에는 공법상의 물건에 대한 지배권은 공법에 속하는 것이므로 공물은 공법의 적용을 받는 공소유권의 대상이 된다고 하였다. 즉, 공물권은 완전성과 포괄성에 있어서 사유재산권에 비교할 만한 권리로서 공소유권으로 이해되기도 하였다. 이를 공소유권설이라 부른다. 이 견해에 따르게 되면 공물에 대하여는 사법의 적용을 부인하게 되고, 따라서 공물에는 사권의 성립도 부인하게 된다. 공소유권설은 공소유권제라 불리기도 한다.

(3) 사견(법적 지위의 이중구조) 공물을 공소유권의 대상으로 할 것인가는 입법정

책의 문제로서 입법자가 선택할 문제이다. 현행법상 하천은 공소유권의 대상이고(하천법 제 7 조), 도로는 사소유권의 대상이 될 수도 있다(도로법 제 3 조). 공물은 단일의 재산법질서에 놓이는 한편, 다른 면으로 공적 목적을 위한 공용지정으로 인하여 사유재산에 주어진 물적인 권리에 대하여 일정한 제한이 가해짐을 특징으로 한다. 공물은 사소유권의 대상이 되는 물건이지만 공적 목적으로 인해 공법상의 특별한 지배를 받고 있을 뿐이다. 요컨대 사소유권설이 합리적이다. 공물은 이중적 구조를 가지고 있다.

Ⅱ. 사법적용의 한계

1. 처분등의 제한(융통성의 제한)

사물은 처분이 자유로우나, 공물은 처분이 가능한 경우도 있고 처분이 제한되는 경우도 있다. 제한의 형태로 처분이 금지되는 경우(예: 국재법 제27조 제 1 항 본문)(절대적 융통제한), 제한된 범위 안에서 사용·수익의 허가가 가능한 경우(국재법 제30조)(상대적 융통제한), 처분에 신고가 요구되는 경우(예: 문화재보호법 제40조 제 1 항 제 2 호)(융통신고주의), 일정한 공적 제한을 전제로 한 이전이나 저당권의 설정이 가능한 경우(예: 도로법 제 4 조)(일부융통제한)가 있다.

국유재산법 제27조(처분의 제한) ① 행정재산은 처분하지 못한다. 다만, 다음 각 호의 어느 하나에 해당하는 경우에는 교환하거나 양여할 수 있다.
제30조(사용허가) ① 중앙관서의 장은 다음 각 호의 범위에서만 행정재산의 사용허가를 할 수 있다.
문화재보호법 제40조(신고 사항) ① 국가지정문화재(보호물과 보호구역을 포함한다. 이하 이 조에서 같다)의 소유자, 관리자 또는 관리단체는 해당 문화재에 다음 각 호의 어느 하나에 해당하는 사유가 발생하면 대통령령으로 정하는 바에 따라 그 사실과 경위를 문화재청장에게 신고하여야 한다. 다만, 제35조 제 1 항 단서에 따라 허가를 받고 그 행위를 착수하거나 완료한 경우에는 특별자치시장, 특별자치도지사, 시장·군수 또는 구청장에게 신고하여야 한다.
2. 국가지정문화재의 소유자가 변경된 경우
도로법 제 4 조(사권의 제한) 도로를 구성하는 부지, 옹벽, 그 밖의 시설물에 대해서는 사권(私權)을 행사할 수 없다. 다만, 소유권을 이전하거나 저당권을 설정하는 경우에는 사권을 행사할 수 있다.

■ 참고 판례 ■

도로법 제 3 조에서 사권을 제한하는 취지는 공공용물로서의 도로의 기능을 보전하기 위해서이다. 만약 도로의 경우에도 사권의 행사를 전면 허용한다면 도로의 기능이 제대로 수행될 수 없게 되어 공중의 통행 및 물건의 운송에 큰 불편을 초래하게 될 것이기 때문이다. 다만 도로법 제 3 조 단서는 소유자가 교체되거나 도로에 저당권을 설정하는 것을 예외적으로 허용하고 있다. 도로 부지를 처분하는 것은 도로의 공익적 목적에 위반되지 않기 때문이다(헌재 2013. 10. 24, 2012헌바376).

2. 사용 · 수익의 제한

공물은 당해 공물의 목적과 달리 사용 또는 수익할 수 없음이 원칙이다. 그러나 그 목적을 침해하지 않는 한에 있어서는 사용이나 수익을 인정할 수 있다(예: 초등학교 운동장을 선거유세장으로 활용 또는 초등학교시설 일부를 매점으로 임대하는 경우). 이와 관련하여 국유재산법(제30조 제 1 항)도 일정한 범위에서만 행정재산의 사용허가를 할 수 있도록 한다.

3. 취득시효

(1) 국 · 공유 공물과 시효취득 행정재산은 민법 제245조에도 불구하고 시효취득의 대상이 되지 아니한다(국재법 제 7 조 제 2 항; 공재법 제 6 조 제 2 항). 따라서 국유재산 · 공유재산 중 일반재산이 아닌 재산인 공물은 공용폐지가 없는 한 시효취득의 대상이 될 수 없다. 공용폐지에는 명시적 공용폐지 외에 묵시적 공용폐지도 포함된다. 물론 일반재산은 시효취득의 대상이 된다.

(2) 사유공물과 시효취득 사유공물은 시효취득의 대상이 될 수 있다. 그러나 공적 목적에 제공하여야 하는 공법상 제한은 여전히 존속한다.

4. 강제집행

논리상 공물로서 제공되어 있는 한 공물은 민사소송법에 의한 강제집행의 대상이 될 수 없다. 공물을 압류하는 것은 공물의 목적에 반하기 때문이다. 다만 압류가 있다고 하여도 공물의 목적 실현에 장애를 가져오지 아니하는 경우라면 압류의 대상이 될 수도 있다. 그러나 국가에 대한 강제집행은 국고금의 압류에 의해야 하기 때문에(민사집행법 제192조), 국유의 공물에 대한 강제집행은 문제될 여지가 없다. 다만 사유공물이 압류된 경우에는 강제집행이 가능하다. 다만 강제집행의 결과 취득자는 역시 공공목적을 위한 공적 이용에 제공하여야 하는 제한을 받는다.

5. 기 타

① 경우에 따라서 공물주체(공물의 관리청)는 행정처분으로써 공물의 범위를 결정하기도 한다(예: 도로법 제25조에 따른 도로구역의 결정). 공물의 범위결정은 공물에 가해지는 공법상 제한의 범위를 말한다. ② 공물에도 민법상 상린관계가 적용되는 것이 원칙이다. 상린관계는 인접하는 토지의 이용의 조절을 위한 것이기 때문이다. 그러나 경우에 따라서 실정법은 그 적용을 제한하기도 한다(예: 도로법 제40조의 접도구역). ③ 공물도 부동산이라면 등기하여야 물권의 변동이 생긴다(국재법 제11조 제 2 항). ④ 공물의 설치 · 관리상의 하자로 인한 국가나 지방자

치단체의 배상책임은 민법이 아니라 국가배상법에 의한다(국배법 제 5 조).

▪ **도로법 제40조(접도구역의 지정 및 관리)** ① 도로관리청은 도로 구조의 파손 방지, 미관(美觀)의 훼손 또는 교통에 대한 위험 방지를 위하여 필요하면 소관 도로의 경계선에서 20미터(고속국도의 경우 50미터)를 초과하지 아니하는 범위에서 대통령령으로 정하는 바에 따라 접도구역(接道區域)을 지정할 수 있다.
② 도로관리청은 제 1 항에 따라 접도구역을 지정하면 지체 없이 이를 고시하고, 국토교통부령으로 정하는 바에 따라 그 접도구역을 관리하여야 한다.
③ 누구든지 접도구역에서는 다음 각 호의 행위를 하여서는 아니 된다. 다만, 도로 구조의 파손, 미관의 훼손 또는 교통에 대한 위험을 가져오지 아니하는 범위에서 하는 행위로서 대통령령으로 정하는 행위는 그러하지 아니하다.
1. 토지의 형질을 변경하는 행위
2. 건축물, 그 밖의 공작물을 신축·개축 또는 증축하는 행위

제 4 항 공물의 관리

Ⅰ. 공물의 관리권

1. 관리권의 의의

공물이 공적 목적에 바쳐진 공물로서의 임무를 충실히 다할 수 있기 위해서는 여러 종류의 행위를 필요로 한다. 이러한 행위를 공물의 관리라 하고, 공물(관리)주체가 공물관리를 위하여 행사할 수 있는 지배권을 공물의 관리권이라 한다.

2. 관리권의 성질

(1) 학 설 공물의 관리권의 성질과 관련하여 ① 소유권설과 ② 공법상 물권적 지배권설로 나뉘고 있다. 소유권설은 공물관리권은 소유권 그 자체의 작용에 불과하다는 견해이고, 공법상 물권적 지배권설은 공물관리권은 공물주체의 공법적 권한에 속하는 물권적 지배권이라는 견해이다. 공법상 물권적 지배권설이 일반적인 견해이다.

(2) 사 견 공물관리권은 공물의 소유권의 한 권능이 아니다. 관리권은 공법상 인정되는 특별한 종류의 물권적 지배권의 한 종류이다. 자유공물의 경우에는 자신의 재산권에 대한 자율적인 제한을 내용으로 하고, 타유공물의 경우에는 타인소유의 재산에 대해 일종의 제한물권의 성질을 갖는다.

3. 관리권의 근거

공물관리권은 공용지정의 근거되는 법규에서 규정됨이 일반적이다(예: 도로법 제23조, 하천

법 제8조). 수익적인 행위 내지 단순관리행위에 관한 사항은 법률의 근거가 없어도 관리주체가 독자적으로 공물규칙을 제정할 수 있으나, 침익적인 사항에 관해서는 반드시 법률의 근거가 있어야 한다(헌법 제37조 제2항).

도로법 제23조(도로관리청) ① 도로관리청은 다음 각 호의 구분에 따른다.
1. 제11조 및 제12조에 따른 고속국도와 일반국도: 국토교통부장관
2. 제15조 제2항에 따른 국가지원지방도(이하 "국가지원지방도"라 한다): 도지사·특별자치도지사(특별시, 광역시 또는 특별자치시 관할구역에 있는 구간은 해당 특별시장, 광역시장 또는 특별자치시장)
3. 그 밖의 도로: 해당 도로 노선을 지정한 행정청 (이하 생략)

4. 관리권의 발동형식

관리권은 법령의 형식(예: 공물관리규칙)으로 발동되는 경우도 있고, 법령에 근거한 개별구체적인 형식(예: 행정행위·공법상 계약·사실행위 또는 사법작용)으로 발동될 수도 있다.

5. 관리권의 주체

공물의 관리는 공물의 관리권을 가진 행정주체의 기관이 행하는 것이 원칙이다. 경우에 따라서는 공물의 관리권자가 다른 기관에 관리를 위임하여 행하게 하는 경우도 있다(예: 도로법 제31조 제2항에 의거하여 국도의 수선·유지에 관한 관리를 도지사에게 위임하는 경우).

6. 관리권의 내용

(1) 공물의 범위결정 공물주체는 공물관리권에 근거하여 공물의 범위를 결정할 수 있다(예: 도로법 제25조에 의한 도로구역 결정, 하천법 제2조 제2호에 의한 하천구역결정, 자연공원법 제4조 내지 제6조에 의한 공원구역 결정).

(2) 공물의 관리·공용부담특권 ① 공물주체는 공물의 관리자로서 공물의 유지·수선·보수 등의 임무를 수행한다(예: 도로법 제31조의 도로공사와 도로의 유지·관리 등). ② 공물의 유지·보존의 특별한 방법으로서 공물의 사용을 일시 제한하거나 금지시키거나(예: 도로법 제75조), 일정한 행위를 금지시키기도 한다(예: 하천법 제46조). ③ 한편 공물주체는 공용부담특권을 갖기도 한다(도로법 제81조 제1항).

도로법 제31조(도로공사와 도로의 유지·관리 등) ① 도로공사와 도로의 유지·관리는 이 법이나 다른 법률에 특별한 규정이 있는 경우를 제외하고는 해당 도로의 도로관리청이 수행한다.
제75조(도로에 관한 금지행위) 누구든지 정당한 사유 없이 도로에 대하여 다음 각 호의 행위를 하여서는 아니 된다.
1. 도로를 파손하는 행위
2. 도로에 토석, 입목·죽(竹) 등 장애물을 쌓아놓는 행위
3. 그 밖에 도로의 구조나 교통에 지장을 주는 행위

제81조(토지의 출입과 사용 등) ① 도로관리청 또는 도로관리청으로부터 명령이나 위임을 받은 자는 도로공사, 도로에 대한 조사·측량 또는 도로의 유지·관리를 위하여 필요하면 타인의 토지에 출입하거나 타인의 토지를 재료적치장, 통로 또는 임시도로로 일시 사용할 수 있고, 특히 필요하면 입목·죽이나 그 밖의 장애물을 변경 또는 제거할 수 있다.

하천법 제46조(하천 안에서의 금지행위) 누구든지 정당한 사유 없이 하천에서 다음 각 호의 어느 하나에 해당하는 행위를 하여서는 아니 된다.
1. 하천의 유수를 가두어 두거나 그 방향을 변경하는 행위
2. 하천시설을 망가뜨리거나 망가뜨릴 우려가 있는 행위
3. 토석 또는 벌목된 나무토막 등을 버리는 행위 (이하 생략)

(3) 공적사용에 제공 공물은 공적 사용에 제공되는 데에 그 목적이 있는 것이므로, 사용관계에 관한 원칙을 정하고 아울러 특정인에게 사용 또는 점용하게 하는 작용이 공물관리권의 중심적인 내용이 된다(도로법 제61조 참조).

도로법 제61조(도로의 점용 허가) ① 공작물·물건, 그 밖의 시설을 신설·개축·변경 또는 제거하거나 그 밖의 사유로 도로(도로구역을 포함한다. 이하 이 장에서 같다)를 점용하려는 자는 도로관리청의 허가를 받아야 한다. 허가받은 기간을 연장하거나 허가받은 사항을 변경(허가받은 사항 외에 도로 구조나 교통안전에 위험이 되는 물건을 새로 설치하는 행위를 포함한다)하려는 때에도 같다.

Ⅱ. 공물관리의 비용

1. 비용부담의 주체

공물의 관리비용은 관리주체가 부담하는 것이 원칙이다(도로법 제85조 제1항). 공물의 관리가 관리주체 자신의 임무이기 때문이다. 그러나 실정법으로는 이러한 원칙에 대하여 다음의 예외가 나타난다. ① 일정한 경우에는 국가가 관리하는 공물의 관리비용을 지방자치단체나 사인이 부담하는 경우가 있다(예: 국고가 부담하는 도로에 관한 비용의 일부를 지방자치단체가 부담하게 하는 경우로 도로법 제87조 제1항). ② 지방자치단체가 관리하는 공물의 경우에도 그 비용을 다른 지방자치단체 또는 사인으로 하여금 부담하게 하는 경우도 있다(예: 도로법 제87조 제2항).

도로법 제85조(비용부담의 원칙) ① 도로에 관한 비용은 이 법 또는 다른 법률에 특별한 규정이 있는 경우 외에는 도로관리청이 국토교통부장관인 도로에 관한 것은 국가가 부담하고, 그 밖의 도로에 관한 것은 해당 도로의 도로관리청이 속해 있는 지방자치단체가 부담한다. 이 경우 제31조 제2항에 따라 국토교통부장관이 도지사 또는 특별자치도지사에게 일반국도의 일부 구간에 대한 도로공사와 도로의 유지·관리에 관한 업무를 수행하게 한 경우에 그 비용은 국가가 부담한다.
② 제1항에도 불구하고 제20조에 따라 노선이 지정된 도로나 행정구역의 경계에 있는 도로에 관한 비용은 관계 지방자치단체가 협의하여 부담 금액과 분담 방법을 정할 수 있다.
제87조(행정청의 비용 부담) ① 국토교통부장관은 제85조 제1항에 따라 국가가 부담하는 도로에 관한 비용의 일부를 대통령령으로 정하는 바에 따라 그 도로가 있는 특별자치시·도 또는 특별자치도나 그 도로로 인하여 이익을 얻는 시·도에 부담시킬 수 있다.
② 제85조, 제86조 제1항, 제88조 및 이 조 제1항에 따라 특별시·광역시 또는 도가 부담하여야 할

비용은 대통령령으로 정하는 바에 따라 이익을 얻는 시·군 또는 구(자치구를 말한다. 이하 같다)에 그 일부를 부담시킬 수 있다.

2. 손해배상

공물의 설치·관리상의 하자로 인해 손해가 발생하면 사무의 귀속주체인 국가나 지방자치단체는 손해배상책임을 부담하여야 한다(국배법 제 5 조 제 1 항)(대판 2000. 1. 14, 99다24201). 다만 비용부담자와 관리자가 상이한 경우에 공물의 설치·관리상의 하자로 인해 손해배상책임이 문제되는 경우에는 양자 모두 배상책임이 있다(국배법 제 6 조 제 1 항)(대판 1993. 1. 26, 92다2684).

3. 손실보상

공물의 설치·관리를 위해 적법하게 사인의 재산권을 침해한 경우에는 손실보상이 이루어져야 한다(예: 도로법 제99조; 하천법 제76조, 제77조).

▪ **도로법 제99조(공용부담 등으로 인한 손실보상)** ① 이 법에 따른 처분이나 제한으로 손실을 입은 자가 있으면 국토교통부장관이 행한 처분이나 제한으로 인한 손실은 국가가 보상하고, 행정청이 한 처분이나 제한으로 인한 손실은 그 행정청이 속해 있는 지방자치단체가 보상하여야 한다.
② 제 1 항에 따른 손실의 보상에 관하여는 국토교통부장관 또는 행정청이 그 손실을 입은 자와 협의하여야 한다.
③ 국토교통부장관 또는 행정청은 제 2 항에 따른 협의가 성립되지 아니하거나 협의를 할 수 없는 경우에는 대통령령으로 정하는 바에 따라 관할 토지수용위원회에 재결을 신청할 수 있다.
④ 제 1 항부터 제 3 항까지의 규정에서 정한 것 외에 공용부담으로 인한 손실보상에 관하여는 「공익사업을 위한 토지 등의 취득 및 보상에 관한 법률」을 준용한다.

▪ **하천법 제76조(공용부담 등으로 인한 손실보상)** ① 제75조에 따른 처분이나 제한으로 손실을 입은 자가 있거나 하천관리청이 시행하는 하천공사로 손실을 입은 자가 있는 때에는 환경부장관이 행한 처분이나 공사로 인한 것은 국고에서, 시 · 도지사가 행한 처분이나 공사로 인한 것은 해당 시 · 도에서 그 손실을 보상하여야 한다.
② 환경부장관, 시 · 도지사는 제 1 항에 따른 손실을 보상하는 경우에는 손실을 입은 자와 협의하여야 한다.
③ 제 2 항에 따른 협의가 성립되지 아니하거나 협의를 할 수 없는 때에는 대통령령으로 정하는 바에 따라 관할 토지수용위원회에 재결을 신청할 수 있다.
④ 제 1 항부터 제 3 항까지에 따라 손실보상을 하는 경우 이 법에 규정된 것을 제외하고는 「공익사업을 위한 토지 등의 취득 및 보상에 관한 법률」을 준용한다.
제77조(감독처분으로 인한 손실보상) ① 제76조는 제70조에 따른 하천관리청의 처분으로 생긴 손실과 제71조에 따른 환경부장관의 처분으로 생긴 손실 또는 환경부장관의 명령에 따라 하천관리청이 그 처분을 취소 또는 변경함으로 생긴 손실의 보상에 관하여 준용한다.

Ⅲ. 공물의 관리와 경찰

1. 의 의

① 공물의 관리작용(관리권)과 공물에 대한 경찰작용(경찰권)은 구분되어야 한다. 공물의 관리권은 공물 자체의 관리(예: 도로보수를 위한 통행금지)를 위한 권한을 말하나, 공물에 대한 경찰권은 공물과 관련된 장해가 일반사회질서에 위해를 가하게 되는 경우에 이의 방지를 위해 발동되는 권한(예: 화재진화를 위한 통행금지)을 말한다. ② 공물관리권은 공물 본래의 목적 달성을 위한 것이나, 공물경찰은 위험방지를 위한 것이다.

2. 법적 근거와 범위

① 공물의 관리권의 근거와 범위는 당해 공물에 관한 법규에서 나오는 것이나, 경찰권은 일반경찰법에서 근거를 갖는다. ② 한편 공물관리권에 의해서는 독점적 사용권의 부여가 가능하나, 공물경찰권으로서는 일시적 허가만이 가능하다.

3. 강 제

의무위반이나 의무의 불이행이 있는 경우에 ① 공물관리의 경우에는 사용의 배제, 민사상의 강제가 가능할 뿐이고, 명문의 규정이 없는 한 행정상 강제가 불가능하나, ② 공물경찰의 경우에는 행정상 강제가 가능하다.

4. 경 합

공물에 하자가 생긴 경우에 그 하자가 사회일반의 공적 안전에 위해를 가져올 수 있는 경우에는 공물의 관리권과 경찰권이 동시에 발동될 수도 있다(도로법 제77조(차량의 운행제한 및 운행허가)와 도로교통법 제 6 조(통행의 금지 및 제한)를 비교하라). 그럼에도 개념상 양자는 구분되어야 할 것이다.

▪ **도로법 제77조(차량의 운행 제한 및 운행 허가)** ① 도로관리청은 도로 구조를 보전하고 도로에서의 차량 운행으로 인한 위험을 방지하기 위하여 필요하면 대통령령으로 정하는 바에 따라 도로에서의 차량 운행을 제한할 수 있다. 다만, 차량의 구조나 적재화물의 특수성으로 인하여 도로관리청의 허가를 받아 운행하는 차량의 경우에는 그러하지 아니하다.

▪ **도로교통법 제 6 조(통행의 금지 및 제한)** ① 지방경찰청장은 도로에서의 위험을 방지하고 교통의 안전과 원활한 소통을 확보하기 위하여 필요하다고 인정할 때에는 구간(區間)을 정하여 보행자, 차마 또는 노면전차의 통행을 금지하거나 제한할 수 있다. 이 경우 지방경찰청장은 보행자, 차마 또는 노면전차의 통행을 금지하거나 제한한 도로의 관리청에 그 사실을 알려야 한다. ② 경찰서장은 도로에서의 위험을 방지하고 교통의 안전과 원활한 소통을 확보하기 위하여 필요하다

고 인정할 때에는 우선 보행자, 차마 또는 노면전차의 통행을 금지하거나 제한한 후 그 도로관리자와 협의하여 금지 또는 제한의 대상과 구간 및 기간을 정하여 도로의 통행을 금지하거나 제한할 수 있다.
④ 경찰공무원은 도로의 파손, 화재의 발생이나 그 밖의 사정으로 인한 도로에서의 위험을 방지하기 위하여 긴급히 조치할 필요가 있을 때에는 필요한 범위에서 보행자, 차마 또는 노면전차의 통행을 일시 금지하거나 제한할 수 있다.

5. 실례(도로법과 도로교통법)

도로법은 상태법이고 도로교통법은 질서법이다. 도로관리청은 공용지정을 통해 어떠한 전제하에, 그리고 어떠한 범위 안에서 도로를 개인에 사용시킬 것인가를 정한다. 이러한 것을 근거로 도로교통법과 도로교통청은 위험을 방지하고 교통의 안전과 원활을 보장하기 위하여 교통에 대한 경찰상의 요구와 교통참가자를 규율한다. 따라서 공용지정이나 공용폐지의 내용은 도로법의 문제이다. 보행구역 결정유무는 도로교통법상의 처분의 대상이 아니다. 다만 질서법상 명령되는 한에 있어서는 교통법상 교통금지나 교통의 제한은 가능하다.

제 5 항 공물의 사용관계

공물(특히 공공용물)은 공공의 사용에 제공되는 것이 근본 목적이다. 공물의 사용은 공법상 사용과 사법상 사용으로 구분된다. 공법상 사용은 다시 ① 자유사용, ② 허가사용, ③ 특허사용, ④ 관습법상 사용으로 구분된다. 학자에 따라서는 ①을 보통사용(공물의 통상의 용도에 통상적으로 사용하는 것), 나머지를 특별사용(공물의 본래의 목적 범위를 넘어서 보통 이상의 정도로 사용하는 것)이라 부르기도 한다.

Ⅰ. 자유사용

1. 의 의

공물의 자유사용이란 공물주체의 특별한 행위 없이 모든 사인이 자유롭게 공물을 사용하는 것(예: 도로상 통행, 호숫가의 산책)을 말한다. 자유사용에 놓이는 공물은 공용지정시에 일반공중의 이용에 놓이는 것을 적시하기 때문에, 일반시민의 사용을 위해 사후에 새로운 행위(예: 사용허가)를 요하지 아니한다. 일반사용 또는 보통사용이라 부르기도 한다. 소유권자는 자유사용에 따른 물건의 이용에 대하여 수인하여야 한다.

2. 성 질

공물의 자유사용관계에서 사인이 갖는 이익, 즉 관리주체가 공물을 설치 · 운영함으로써 사인이 받는 이익이 반사적 이익인가 아니면 개인적 공권인가의 문제가 있다. ① 일설은 이러한 이익이 반사적 이익일 뿐이라고 한다. 그러나 ② 사인이 행정주체에 대하여 특정공물의 신설 또는 유지를 주장할 수 있는 권리는 없으나, 이미 제공된 공물의 이용을 관리청이 합리적인 이유 없이 거부하는 경우에는 당해 사인은 이의 배제 또는 손해배상을 구할 수 있는 권리는 갖는다고 보아야 한다.

3. 범위(한계)

공물의 자유사용의 범위와 한계는 공물에 따라 상이하다. 구체적인 것은 공물의 관리규칙에서 규정된다. 적어도 타인의 자유사용에 침해를 가해서는 아니 된다. 뿐만 아니라 자신의 사용이 방해를 받으면, 경우에 따라서 방해배제의 청구 또는 손해배상의 청구도 가능할 것이다.

▌대판 2021. 3. 11, 2020다229239(불특정 다수인인 일반 공중의 통행에 공용된 도로, 즉 공로를 통행하고자 하는 자는 그 도로에 관하여 다른 사람이 가지는 권리 등을 침해한다는 등의 특별한 사정이 없는 한, 일상생활상 필요한 범위 내에서 다른 사람들과 같은 방법으로 그 도로를 통행할 자유가 있다).

4. 사 용 료

사용대가(사용료)의 징수 여부는 자유사용의 결정적인 개념요소가 아니다. 만약 사용료징수가 이루어지고 아울러 미납시에 강제징수가 예정되어 있다면, 사용료징수권은 공법상 권리의 성격을 가진다.

5. 인접주민의 강화된 이용권(특별이용)

(1) 의 의 도로에 인접한 토지나 영업장의 소유자인 도로의 인접주민은 그 인접한 도로를 그 토지 또는 그 영업을 위해 적정하게 이용할 수 있는 권리인 강화된 이용권을 갖는다(대판 2006. 12. 22, 2004다68311 · 68328). 인접주민이 갖는 강화된 이용권은 개인적 공권으로 이해된다(대판 1992. 9. 22, 91누13212). 강화된 이용권에 따른 이용은 일반사용(예: 사람의 통행)을 능가하는 특별이용에 해당한다.

(2) 근 거 개별 법률에 규정이 없다고 하여도 강화된 이용권은 재산권보장을 규정하는 헌법 제23조 제 1 항으로부터 나온다. 재산권의 내용규정이자 제한규정인 도로법은

허가를 요하지 아니하는 인접주민의 강화된 사용을 보장하여야 한다.

(3) 요 건 인접주민의 강화된 이용권은 ① 인접주민의 토지가 도로의 존재와 도로의 이용에 종속적일 때, ② 자유사용(공동사용)을 영속적으로 배제하지 아니하는 범위 안에서 인정된다. ①은 인접주민의 이용의 전제이자 특징이다.

(4) 내 용 강화된 이용권은 지역관습과 공동체가 수용할만한 범위 안에서 필요한 범위까지 보장된다. 그 내용은 헌법합치적으로 해석하여야 한다(예: 상점의 짐 싣고 내리기, 건축자재물을 쌓아두기 등은 강화된 이용권에 속한다고 본다). 인접주민에게는 필수적인 외부와의 접속을 가능하게 하여야 하는바, 토지의 도로에로의 접속권은 강화된 이용권의 내용에 속하며, 도로의 존속을 구할 수 있는 권리(공물존속보장청구권)도 강화된 이용권에 포함된다(대판 1992. 9. 22, 91누13212).

(5) 수 인 인접주민은 도로의 개선을 위한 작업으로부터 나오는 방해는 보상 없이 수인하여야 한다. 인접주민은 자유사용(공동사용)의 유지 · 보호 · 촉진을 위한 처분으로부터 나오는 방해를 수인하여야 한다.

(6) 침 해 인접주민의 강화된 이용권에 대한 침해는 법률에 근거하여서만 가능하고, 이에 대한 보상이 따라야 한다. 이러한 침해는 수용은 아니지만, 보상이 따를 때에만 비례원칙에 적합한 것이 된다.

6. 공용물의 경우

앞에서 지적한 사항은 대체로 공공용물의 경우이고, 공용물의 경우는 사정이 다르다. 공용물의 경우에는 자유사용이 예외적으로만 인정된다. 이의 예로 학자들은 학교부지의 일부를 통로로 사용하는 경우를 든다.

Ⅱ. 허가사용

1. 의 의

공물(특히 공공용물)의 허가사용이란 사인이 행정청의 사전허가를 받은 후에 공물을 사용하는 것을 말한다. 공물은 원칙적으로 사인이 자유롭게 사용할 수 있어야 한다. 그러나 자유로운 사용이 공물의 목적달성이나 공물의 유지 · 보전에 문제를 야기할 수 있는 경우도 생길 수 있다. 이러한 경우에는 공물의 자유사용을 일단 금지하고 나서 사후에 사인으로 하여금 선별적으로 허가를 받아 사용하게 하는 것이 합리적이다. 여기에 허가사용의 의미가 나타난다.

2. 유 형

(1) 공물관리권에 의한 허가사용 당해 공물의 목적달성을 위해 금지하였던 바를 사인의 신청을 전제로 공물관리청이 해제하여 사인으로 하여금 공물을 사용하게 하는 경우(예: 국공립도서관의 대출 허가에 따른 도서이용)를 공물관리청의 공물관리권에 따른 허가사용이라 한다.

(2) 공물경찰권에 의한 허가사용 경찰상 과해진 금지를 해제함으로써 사인이 공물을 사용하게 되는 경우(예: 위험방지목적의 도로통행금지처분의 예외적 해제, 도로교통법 제 6 조 제 2 항)를 경찰행정청에 의한 허가사용이라 한다. 이러한 경우는 본래적 의미의 공물의 사용관계가 아님을 유념하여야 한다.

3. 성 질

① 일설은 공물의 허가사용도 자유사용과 마찬가지로 보통사용인 이상 사용자의 지위를 권리로 볼 수 없다고 한다. 그러나 ② 허가요건을 갖추었음에도 불구하고 합리적인 사유 없이 허가를 거부하는 것은 평등의 원칙의 침해로서 사인이 다툴 수 있으므로, 경우에 따라서는 사인도 허가사용과 관련하여 개인적 공권을 갖는다고 보아야 한다.

4. 사 용 료

허가사용의 경우에 사용료(허가료)가 징수되기도 하나, 사용료징수를 허가사용의 본질적 요소라고 보기는 곤란하다. 실정법이 사용료의 징수를 규정하면서(예: 도로법 제66조; 하천법 제37조) 동시에 강제징수의 가능성을 규정하는 한(예: 도로법 제69조; 하천법 제67조), 그것은 공권의 성질을 갖는 것으로 이해된다.

▪ **도로법 제66조(점용료의 징수 등)** ① 도로관리청은 도로점용허가를 받아 도로를 점용하는 자로부터 점용료를 징수할 수 있다.
제69조(점용료의 강제징수) ① 도로관리청은 점용료를 내야 할 자가 점용료를 내지 아니하면 납부기간을 정하여 독촉하여야 한다
② 제 1 항에 따라 점용료의 납부가 연체되는 경우에 도로관리청은 가산금을 징수할 수 있다.
③ 제 2 항에 따른 가산금에 관하여는 「국세징수법」 제21조를 준용한다. 이 경우 "국세"는 "점용료"로 본다.
④ 도로관리청은 점용료를 내야 하는 자가 그 납부기한까지 점용료를 내지 아니하면 국세 또는 지방세 체납처분의 예에 따라 징수할 수 있다.
▪ **하천법 제37조(점용료등의 징수 및 감면)** ① 하천관리청은 하천점용허가를 받은 자로부터 토지의 점용료, 그 밖의 하천사용료(이하 "점용료등"이라 한다)를 징수할 수 있다. 다만, 사유(私有)로 되어 있는 하천구역 안에서 제33조 제 1 항 제 1 호·제 3 호부터 제 6 호까지의 하천점용행위를 하는 경우에는 그러하지 아니하다.

제67조(부담금 등의 강제징수) ① 이 법 또는 이 법에 따라 발하는 명령이나 조례 또는 이에 따른 처분으로 생기는 부담금·점용료·사용료 및 변상금, 그 밖의 납부금을 납부하여야 하는 자가 이를 납부하지 아니하는 때에는 가산금을 징수한다.
② 「국세징수법」 제21조 및 제22조는 제 1 항에 따른 가산금에 관하여 준용한다.
③ 부담금·점용료·사용료 및 변상금, 그 밖의 납부금을 납부하여야 하는 자가 그 납부기한까지 납부하지 아니한 때에는 국세 또는 지방세 체납처분의 예에 따라 징수한다.

■ 참고 ■

행정기본법은 **사용료의 사전공개주의**를 규정하고 있다.

행정기본법 제35조(수수료 및 사용료) ② 행정청은 공공시설 및 재산 등의 이용 또는 사용에 대하여 사전에 공개된 금액이나 기준에 따라 사용료를 받을 수 있다.
③ 제 1 항 및 제 2 항에도 불구하고 지방자치단체의 경우에는 「지방자치법」에 따른다.

5. 종 료

허가사용은 공물의 소멸, 사용자의 사용포기, 허가된 사업의 종료, 종기의 도래나 조건의 성취, 허가의 취소나 철회 등으로 인하여 소멸한다.

6. 공용물의 경우

앞에서 지적한 사항은 대체로 공공용물의 경우이고, 공용물의 경우는 사정이 다르다. 말하자면 공용물의 경우에는 허가사용이 예외적이다.

Ⅲ. 특허사용

1. 의 의

공물의 특허사용이란 공물주체의 특허를 받아 사인이 공물을 사용하는 것을 말한다(대판 2001. 8. 24, 2001두2485). 특허사용은 당해 공물의 일반적인 목적·범위를 능가하여 공물을 사용하는 것인바, 공물의 사용의 방식에 있어서 예외적인 경우가 된다. 이러한 예외적인 사용은 공물의 통상의 사용(자유사용)을 방해하지 아니하는 범위 내에서 인정된다. 특허사용은 영속적인 사용을 내용으로 한다.

2. 자유사용·허가사용과의 구별

(1) 자유사용과 구별 공물의 자유사용이 모든 사인이 자유롭게 공물을 사용하는 관계임에 반하여, 특별사용의 일종인 공물의 특허사용은 공물의 원래의 목적을 넘어서 사용하는 관계이다.

(2) 허가사용과 구별 허가사용은 경찰상 위험의 방지 등이 허가 여부의 주요기준

이 되며 사용기간이 비교적 단기인 점에 반하여, 특허사용은 적극적인 복리목적의 실현이 특허 여부의 주요기준이 되며 사용기간도 비교적 장기간인 점에서 차이점이 있다. 또한 허가사용은 허가받는 자의 자유의 회복이라는 점에서 형성적인 성격이 있으나, 특허사용과 같이 특허받는 자에게 구체적인 권리를 설정하는 것이 아니라는 점, 즉 형성의 내용에 있어서 차이가 있다. 그리고 허가사용이 원칙적으로 경찰상 위험의 방지를 위한 금지의 해제라는 점에서 기속행위의 성격을 갖는 반면, 특허사용은 공물의 예외적인 이용을 허용하는 설권행위라는 점, 특허 여부에 공익실현이 주요기준이 된다는 점에서 원칙적으로 재량행위인 점에서 차이가 있다.

3. 성 질

① 특허사용의 원인행위, 즉 특허행위는 공법상 계약인가 아니면 협력을 요하는 행정행위(쌍방적 행정행위)인가? 일반적으로 특허는 협력(예: 상대방의 신청)을 요하는 행위로 이해되고 있다. 점용을 '허가'한다는 실정법상의 표현은 특허가 행정행위임을 나타낸다는 근거가 된다. ② 특허사용은 권리로서의 사용을 의미한다(대판 2018. 12. 27, 2014두11601). 특허처분은 특정인에게 일반인에게는 허용하지 않는 특별한 사용권을 부여하는 형성적 행위(설권행위)로 이해된다(대판 2019. 1. 17, 2016두5672). ③ 판례와 지배적인 견해는 특허처분을 재량행위로 이해하고 있다. 특허사용이 사인에게 어느 정도 공물사용으로 인한 독점적 이익을 보호하는 점, 그리고 특허 여부에 공익적 판단이 주요기준이 된다는 점에서 이를 재량행위로 보는 것이 타당하다. ④ 일반사용과 병존이 가능하다(대판 1995. 2. 14, 94누5830).

■ 참고 ■

도로법 제61조의 특별사용에는 특허사용(예: 도로에 전신주 설치)과 허가사용(예: 건축자재의 일시적 적치를 위한 점용허가의 경우)의 2가지가 있는데, 상기 판례는 특허사용에 관한 것이다. 도로법 제38조의 특별사용을 특허사용으로 이해하는 견해도 있는데, 그것은 아마도 판례상 문제된 사건이 거의 특허와 관련된 것이라는 점에 기인하는 것이 아닌가 생각된다.

도로법 제61조(도로의 점용 허가) ① 공작물 · 물건, 그 밖의 시설을 신설 · 개축 · 변경 또는 제거하거나 그 밖의 사유로 도로(도로구역을 포함한다. 이하 이 장에서 같다)를 점용하려는 자는 도로관리청의 허가를 받아야 한다. 허가받은 기간을 연장하거나 허가받은 사항을 변경(허가받은 사항 외에 도로 구조나 교통안전에 위험이 되는 물건을 새로 설치하는 행위를 포함한다)하려는 때에도 같다.

4. 특허사용자의 권리

① 특허사용권은 공법에 의해 성립·취득하는 권리이므로 공권이다. ② 특허사용권은 공권인 까닭에 공익상 제한이 따른다(예: 도로법 제97조, 하천법 제70조). ③ 국가로부터 특허사용권이 침해되면 그것은 공권인 까닭에 행정쟁송의 방법으로 다툴 수 있다. ④ 특허사용권이

공권이기는 하나 재산권적인 색채가 강한 것이어서 이전성을 가진다(예: 도로법 제106조; 하천법 제 5 조). 특허사용권은 채권적인 성질을 갖기도 하고 물권적 성질을 갖기도 한다. ⑤ 특허사용권은 공물폐지시까지만 의미를 가지며, 그 후에는 권리로서 의미를 갖는다고 보기 어렵다. ⑥ 특허사용권을 침해하는 사인이 있는 경우에는, 그 자에 대하여 민사법상 구제수단(예: 침해행위의 배제 · 예방, 원상회복, 손해배상)을 행사할 수 있다(대판 1994. 9. 9, 94다4592). ⑦ 특허사용권은 목적 달성에 필요한 범위에 한정된다. 왜냐하면 공물은 원래 일반공중의 사용에 제공된 것이고 그들의 사용을 고려하여야 하기 때문이다.

▪ **도로법 제97조(공익을 위한 처분)** ① 도로관리청은 다음 각 호의 어느 하나에 해당하는 경우 이 법에 따른 허가나 승인을 받은 자에게 제96조에 따른 처분을 하거나 조치를 명할 수 있다.
1. 도로 상황의 변경으로 인하여 필요한 경우
2. 도로공사나 그 밖의 도로에 관한 공사를 위하여 필요한 경우
3. 도로의 구조나 교통의 안전에 대한 위해를 제거하거나 줄이기 위하여 필요한 경우
4. 「공익사업을 위한 토지 등의 취득 및 보상에 관한 법률」 제 4 조에 따른 공익사업 등 공공의 이익이 될 사업을 위하여 특히 필요한 경우

제106조(권리 · 의무의 승계 등) ① 이 법에 따른 허가 또는 승인을 받은 자의 사망, 그 지위의 양도, 합병이나 분할 등의 사유가 있으면 이 법에 따른 허가 또는 승인으로 인하여 발생한 권리 · 의무는 다음 각 호의 구분에 따른 자가 승계한다.
1. 이 법에 따른 허가 또는 승인으로 발생한 권리나 의무를 가진 사람이 사망한 경우: 상속인
2. 이 법에 따른 허가 또는 승인으로 발생한 권리나 의무를 가진 자가 그 지위를 양도한 경우: 양수인
3. 이 법에 따른 허가 또는 승인으로 발생한 권리나 의무를 가진 법인이 분할 · 합병한 경우: 분할 · 합병 후 존속하는 법인이나 합병에 따라 새로 설립되는 법인

② 제 1 항에 따라 권리나 의무를 승계한 자는 1개월 내에 국토교통부령으로 정하는 바에 따라 도로관리청에 신고하여야 한다.

▪ **하천법 제 5 조(권리 · 의무의 승계 등)** ① 이 법에 따른 허가 또는 승인으로 발생한 권리 · 의무를 가진 자가 사망하거나 그 권리 · 의무를 양도한 때 또는 그 권리 · 의무를 가진 법인의 합병이 있는 때에는 그 상속인, 권리 · 의무를 양수한 자 또는 합병 후 존속하는 법인이나 합병에 의하여 설립되는 법인이 그 지위를 승계한다.

제70조(공익을 위한 처분 등) ① 하천관리청은 다음 각 호의 어느 하나에 해당하는 경우에는 이 법에 따른 허가를 받거나 승인을 얻은 자에 대하여 제69조 제 1 항에 따른 처분을 하거나 조치를 명할 수 있다.
1. 하천수량의 부족 또는 하천상황의 변경으로 부득이한 경우
2. 하천의 보전 및 재해 예방 등 공익에 대한 피해를 없애거나 줄이기 위하여 필요한 경우
3. 하천공사를 하기 위하여 필요한 경우
4. 「공익사업을 위한 토지 등의 취득 및 보상에 관한 법률」 제 4 조에 따른 공익사업을 위하여 필요한 경우

5. 특허사용자의 의무

① 특허사용은 사용자에게 권리를 설정하는 것이므로 사용자로부터 대가(사용료 · 점용료)를 징수함이 일반적이다. 다수설은 사용료는 공물의 특별한 사용으로부터 받는 이익에 대한

대가이므로 징수에 관한 근거규정(예: 도로법 제66조; 하천법 제37조)이 없이도 징수가 가능하다고 한다. 반대견해도 있다. 물론 특허사용이 오로지 공익을 위한 사용인 경우에는 사용료나 점용료가 감면될 수 있다(예: 도로법 제68조; 하천법 제37조 참조). 사용료나 점용료납부는 공법상 의무이므로 행정상 강제징수의 대상이 된다(예: 도로법 제69조, 하천법 제67조). ② 공물의 특허사용으로 인하여 제 3 자나 공익에 대하여 침해를 가져오는 경우에는 공물관리청은 특허사용자에게 손해배상 또는 위험방지 · 제거의 시설을 할 의무를 부과할 수도 있다(예: 도로법 제33조, 제35조). ③ 공물관리청은 원상회복의무를 부과할 수도 있다(도로법 제73조).

▪ **도로법 제33조(타공작물의 공사시행)** ① 도로관리청은 도로가 타공작물의 효용을 함께 갖추고 있거나 타공작물이 도로의 효용을 함께 갖추고 있는 경우 대통령령으로 정하는 바에 따라 타공작물의 관리자에게 도로공사를 시행하게 하거나 도로의 유지·관리를 하게 할 수 있으며, 도로관리청이 직접 타공작물에 관한 공사를 시행하거나 타공작물에 대한 유지·관리를 할 수 있다.
제66조(점용료의 징수 등) ① 도로관리청은 도로점용허가를 받아 도로를 점용하는 자로부터 점용료를 징수할 수 있다.
제68조(점용료 징수의 제한) 도로관리청은 도로점용허가의 목적이 다음 각 호의 어느 하나에 해당하면 대통령령으로 정하는 바에 따라 점용료를 감면할 수 있다. (각호 생략)
제69조(점용료의 강제징수) ① 도로관리청은 점용료를 내야 할 자가 점용료를 내지 아니하면 납부기간을 정하여 독촉하여야 한다.
제73조(원상회복) ① 도로점용허가를 받아 도로를 점용한 자는 도로점용허가 기간이 끝났거나 제63조 또는 제96조에 따라 도로점용허가가 취소되면 도로를 원상회복하여야 한다. 다만, 원상회복할 수 없거나 원상회복하는 것이 부적당한 경우에는 그러하지 아니하다.

6. 종 료

공물의 특허사용은 공물의 소멸, 공물사용권의 포기, 특허기간의 경과, 해제조건의 성취, 특허행위의 철회 등의 사유로 소멸한다.

Ⅳ. 관습법상 사용

1. 의 의

공물의 관습법상 사용이란 공물의 사용권이 관습법으로 인정된 경우의 사용(예: 관개용 수로로서의 하천사용)을 의미한다. 수산업법상 입어자의 입어권이나 하천의 용수권(대판 1972. 3. 31, 72다78)이 이에 해당한다(수산업법 제 2 조 제 9 호).

▪ **수산업법 제 2 조(정의)** 이 법에서 사용하는 용어의 뜻은 다음과 같다. …
9. "입어자"란 제48조에 따라 어업신고를 한 자로서 마을어업권이 설정되기 전부터 해당 수면에서 계속하여 수산동식물을 포획·채취하여 온 사실이 대다수 사람들에게 인정되는 자 중 대통령령으로 정하는 바에 따라 어업권원부(漁業權原簿)에 등록된 자를 말한다.

2. 성립요건

관습법상 사용권이 인정되기 위해서는 ① 사인이 당해 공물을 장기간 분쟁 없이 사용하였어야 하고, ② 사용에 대한 법적 확신이 있어야 하고, ③ 사용자가 제한된 범위 내이어야 하며, 즉 자유사용에 제공된 것이 아니어야 하고, ④ 그 사용의 정도가 특별한 것이어야 한다.

3. 내 용

관습법상 사용권의 내용은 근거가 되는 관습법에서 정해진다. 성문법에서 그 내용이 제한될 수 있다. 관습법상 사용권도 역시 공법상의 사용권의 성질을 갖는다. 관습법상 사용권의 성질은 특허사용의 경우에 준해서 판단하면 된다. 그것은 공권이며 재산권의 성질도 갖는다.

Ⅴ. 행정재산의 목적외 사용

1. 의 의

행정재산의 목적외 사용이란 사법상 계약을 통하여 공물을 사용하는 것(예: 시청사에 광고물 설치)을 말한다. 사법상 계약이란 대체로 임대차를 의미한다. 행정재산의 목적외 사용은 주로 공물주체가 재정상의 수입을 위하여 특정인에게 특별한 사용을 허용하는 경우에 나타난다.

2. 가 능 성

특히 공공용물을 둘러싸고, 그것이 사법상 사용의 대상이 될 수 있을 것인가에 관해서는 의문이 없지 않다. 공공용물의 공적 목적성에 비추어 공물의 사법상의 사용을 부정적으로 볼 수도 있다. 그러나 특별규정이 없는 한 그리고 공적목적에 방해가 없는 한 사법상 사용을 인정하는 것이 타당하다.

3. 국유재산법 제30조의 사용허가의 성질

국유재산법 제30조나 공유재산 및 물품관리법 제20조의 사용허가에 따른 사용관계의 성질을 둘러싸고 견해가 나뉘고 있다.

▪ **국유재산법 제30조(사용허가)** ① 중앙관서의 장은 다음 각 호의 범위에서만 행정재산의 사용허가를 할 수 있다.
1. 공용·공공용·기업용 재산: 그 용도나 목적에 장애가 되지 아니하는 범위
2. 보존용재산: 보존목적의 수행에 필요한 범위

▪ **공유재산 및 물품관리법 제20조(사용·수익허가)** ① 지방자치단체의 장은 행정재산에 대하여 그 목적 또는 용도에 장애가 되지 아니하는 범위에서 사용 또는 수익을 허가할 수 있다.

(1) 행정처분설 다수 견해는 ① 동 법률이 사용료의 징수를 조세체납절차에 의하도록 규정하고 있다는 점(국재법 제73조 제 2 항), ② 사용허가에 관한 규정(국재법 제30조)과 사용허가의 취소 · 철회에 관한 규정(국재법 제36조)을 각각 독립시켜 놓고 있어서 공법적 규율이 강화되고 있다는 점, 그리고 ③ 발생원인이 처분의 형식인 점 등을 논거로 한다. 판례는 행정처분설을 취하고 있으며, 그 법적 성격을 강학상 특허로 본다(대판 2006. 3. 9, 2004다31074; 대판 1998. 2. 27, 97누1105).

▪ **국유재산법 제36조(사용허가의 취소와 철회)** ① 중앙관서의 장은 행정재산의 사용허가를 받은 자가 다음 각 호의 어느 하나에 해당하면 그 허가를 취소하거나 철회할 수 있다.
제73조(연체료 등의 징수) ② 중앙관서의 장등은 국유재산의 사용료, 관리소홀에 따른 가산금, 대부료, 변상금 및 제 1 항에 따른 연체료가 납부기한까지 납부되지 아니한 경우에는 다음 각 호의 방법에 따라 「국세징수법」 제10조와 같은 법의 체납처분에 관한 규정을 준용하여 징수할 수 있다.

(2) 이원적 법률관계설 원칙적으로 행정재산의 사용 · 수익관계의 발생 · 소멸, 사용료의 징수관계는 공법관계이지만, 행정재산의 사용 · 수익관계는 그 실질에 있어서는 사법상의 임대차와 같다고 할 것이므로 특수한 공법적 규율이 있는 사항을 제외하고는 행정재산의 목적외 사용의 법률관계는 사법관계라고 할 것이라는 견해이다.

(3) 사 견 ① 국유재산법은 국가 외의 자의 행정재산의 사용 · 수익은 사용허가라 하고(국재법 제 2 조 제 7 호), 국가 외의 자의 일반재산의 사용 · 수익은 대부계약이라 하여(국재법 제 2 조 제 8 호) 양자를 구분하고 있다. ② 동법 제 2 조 제 7 호는 사용허가를 "행정재산을 국가 외의 자가 일정 기간 유상이나 무상으로 사용 · 수익할 수 있도록 「허용하는 것」을 말한다"고 하여 사용허가를 관리청의 일방적인 의사표시로 규정하고 있고, ③ 동법 제36조가 관리청의 사용허가의 취소와 철회를 규정하여 관리청의 우월한 지위를 인정하고 있으며, ④ 동법 제73조 제 2 항이 사용료의 체납시에 국세징수법에 따른 강제징수를 규정하고 있음에 비추어 행정재산의 사용허가는 행정처분으로 볼 것이다.

제 2 절 영조물법

Ⅰ. 영조물의 의의

1. 영조물의 개념

영조물개념은 이중적이다. ① 하나는 조직상 의미에서 공법상의 영조물이고, ② 다른 하나는 공동사용이 아니라 특별한 이용질서에 근거하여 사용되는 공행정주체의 수중에 놓인 물건의 의미이다. 전자의 의미가 보다 중요하다. 전자와 관련하여 영조물이란 "공행정조직의 일부분으로서 특별한 공적 목적에 계속적으로 봉사하기 위한 인적·물적 결합체"로 이해되고 있다.

2. 공기업과 구분

(1) 유 사 점 공기업이나 영조물은 ① 모두 국가나 공공단체에 의해 설치·경영·관리·유지된다는 점, ② 그 작용이 비권력적인 행정작용이라는 점, ③ 공적 목적을 위한 것이라는 점에서 유사성을 갖는다.

(2) 차 이 점 ① 영조물은 영리추구가 아니라 공익실현을 직접적인 목적으로 하나, 공기업은 공익실현 외에 영리추구도 주요 목표로 한다(목적상 차이). ② 영조물은 계속적으로 서비스를 제공하는 것이나, 공기업은 계속적인 경우 외에 일시적으로 사업을 수행하는 경우도 있다(사업의 계속성의 차이). ③ 영조물은 종합시설이 관심의 주된 대상이 되나, 공기업은 기업 그 자체가 관심의 중심에 놓인다(관심방향의 차이). 따라서 도서관·박물관·병원 등은 영조물로 관념하게 된다. ④ 영조물은 이용이라는 면에 초점을 둔 정적인 개념이나, 공기업이란 기업활동이라는 동적인 개념이라 할 수 있다(개념의 동태성과 정태성). ⑤ 그렇다고 영조물과 공기업이 언제나 명백히 구분될 수 있는 것은 아니다(구분의 상대성). 영조물이 그 이용에 이용료를 실비 이상으로 징수하는 경우에는 공기업의 성질도 가질 수 있기 때문이다.

3. 영조물의 종류

① 영조물은 관리주체를 기준으로 국가의 영조물(예: 국립대학교·국립도서관·국립병원)과 지방자치단체의 영조물(예: 시립대학교·시립도서관·시립병원)과 특수법인영조물(예: 서울대학교병원, 적십자병원 등), ② 영조물이용의 강제성 여부를 기준으로 임의사용영조물(예: 국립도서관·국립병원)과 강제사용영조물(예: 국공립 초등학교)(강제이용을 위해서는 법률의 근거를 요한다), ③ 영조물을 이용할 수 있는 인적 범위를 기준으로 공용영조물(공무원만이 이용가능한 영조물)과 공공용영조물(일반사인도 이용 가능한 영조물), ④ 영조물의 법인격의 유무를 기준으로 법인영조물(예: 서울대학교)과 비법인영조물(지방소재 국립대학교)로 구분된다.

▌대판 2015. 6. 25, 2014다5531(국가가 설립·경영하는 대학인 국립대학(고등교육법 제 2 조, 제 3 조)은 대학교육이라는 특정한 국가목적에 제공된 인적·물적 종합시설로서 공법상의 영조물에 해당한다. 이러한 국립대학과 학생 사이의 재학관계는 국립대학이 학생에게 강의, 실습, 실험 등 교육활동을 실시하는 방법으로 대학의 목적에 부합하는 역무를 제공하고 교육시설 등을 이용하게 하는 한편, 학생은 국립대학에 그와 같은 역무제공에 대한 대가를 지급하는 등의 의무를 부담하는 영조물 이용관계에 해당한다).

Ⅱ. 영조물주체의 고권(영조물권력)

1. 영조물과 법률의 유보

영조물목적의 실현과 보장에 필요한 처분을 할 수 있도록 하는 힘을 영조물권력이라 한다. 침익적 행위로서 명령은 수권의 근거를 필요로 한다. 공동체에 중요한 사항은 입법자가 스스로 정하여야 한다는 것이다(중요사항유보설). 따라서 재학관계나 수형자관계는 형식적 의미의 법률로 정하여야 한다. 중요사항이 아닌 경우에는 영조물권력에 근거하여 행정규칙(영조물이용규칙)으로 정할 수 있다(예: 국립대학의 강당의 이용방법).

2. 영조물권력의 내용

영조물주체의 영조물권력은 기본적으로 법률에서 근거를 갖는 것인데, 그 내용으로 영조물주체는 ① 영조물이용에 관한 조건을 설정하고(이용조건 제정권), 이용료를 징수하며(이용대가 징수권), 이용규칙위반자에게 제재를 가하는 권한(명령 · 징계권)을 가질 뿐만 아니라, ② 법령과 자치법규가 정하는 바에 따라 영조물을 설치 · 유지 · 관리하고(유지 · 관리의무), 일반공중 등 이용자에게 이용에 제공하여야 할 의무(이용제공의무)를 진다. 그것도 평등하게 제공할 의무를 진다(평등제공의무). ③ 이러한 권한과 의무는 영조물의 설치근거에서 규정됨이 일반적이다.

제 3 절 공기업법

Ⅰ. 공기업의 의의

1. 공기업의 개념

(1) 형식적 공기업개념 공행정주체와 사인 중에서 누가 설립한 기업인가의 기준에 따른 공기업개념이 형식적 공기업개념이다. 형식적 공기업개념은 기업의 소유자와 관련된 개념일 뿐, 실질적인 기준(예: 기업의 목적)과는 무관한 개념이다. ① 행정주체와 사인이 공동으로 설립한 기업은 공 · 사혼합기업으로 불린다. 이 경우 공행정주체의 결정권이 과반수 이상인 때에는 개념상 공기업은 아니나 공기업과 같이 취급되어야 한다. ② 설립에 관여한 자가 모두 행정주체인 경우(예: 여러 지방자치단체가 공동으로 설립한 경우)에 그 기업은 당연히 공기업이다. ③ 공행정주체가 기업적인 활동을 하지 않고 오로지 주식만을 보유하고 있는 경우에는

그것은 재정재산일 뿐이다.

(2) 실질적 공기업개념 공기업개념을 실질적으로 정의하면, 공기업이란 "① 사회공공의 이익의 증진이라는 공적 목적을 수행하는 공행정주체의 조직으로서(이 점에서 특허기업과 구분된다), ② 비경제행정에 대하여 사실상 또는 법적으로 독립성을 가지고(이 점에서 단순한 물적 개념으로서의 공물과 구분된다), ③ 경제적인 활동방식과 계산으로(이 점에서 영조물과 구분된다), ④ 경제상의 가치창조를 통해 실질적인 경제상의 수요의 충족을 위해 경제의 영역에서 생산·분배·용역활동을 하는 조직체(이 점에서 문화·예술목적의 영조물과 구분된다)"를 말한다.

(3) 제도적 공기업개념 이것은 실정법에 의해 제도화된 공기업개념을 말한다. 지방공기업법은 지방직영기업·지방공사·지방공단을 지방공기업으로 하고, 이 중에서 지방직영기업의 사업대상으로는 "수도사업(마을상수도사업은 제외한다)·공업용수도사업·궤도사업(도시철도사업을 포함한다)·자동차운송사업·지방도로사업(유료도로사업만 해당한다)·하수도사업·주택사업·토지개발사업" 등을 들고 있다(지방공기업법 제 2 조 제 1 항).

2. 공기업의 목적

개별공기업의 목적은 설치의 근거되는 법에서 나타난다. 공기업의 목적을 개관한다면 공기업은 ① 영리목적, ② 독점의 통제목적, ③ 행정의 지원목적, ④ 경제촉진목적, ⑤ 긴급사태대비목적, ⑥ 사회정책·소비자보호 등을 목적으로 한다.

3. 공기업법의 법형식

공기업을 조직형식과 법형식에 따라 구분하면 이에는 공법상 조직형식의 공기업과 사법상 조직형식의 공기업이 있다. 양자간에는 조직규범의 법적 성질도 상이할 뿐만 아니라 행정에 대한 관계도 상이하다. 공기업의 조직형식과 관련하여 행정권은 공·사법 중 선택의 자유, 즉 공법에 따라 기업을 설립할 것인가 아니면 사법에 따라 기업을 설립할 것인가에서 선택의 자유를 갖는다(조직형식의 자유). 그러나 이러한 선택의 자유가 공법상 제약으로부터 자유를 의미하는 것은 아니다. 말하자면 임무수행을 위해 사법형식을 선택한다고 하여도 그것이 사적 자치의 자유와 가능성을 보장하는 것은 아니다. 거기에는 공법규정(기본권)의 적용도 있게 된다.

▌대판 1989. 9. 12, 89누2103(서울특별시지하철공사의 임원과 직원의 근무관계의 성질은 지방공기업법의 모든 규정을 살펴보아도 공법상의 특별권력 관계라고는 볼 수 없고 사법관계에 속할 뿐만 아니라, 위 지하철공사의 사장이 그 이사회의 결의를 거쳐 제정된 인사규정에 의거하여 소속직원에 대한 징계처분을 한 경우 위 사장은 행정소송법 제13조 제 1 항 본문과 제 2 조 제 2 항 소정의 행정청에 해당되지 않으므로 공권력발동 주체로서 위 징계처분을 행한 것으로 볼 수 없고, 따라서 사장의 직원에 대한 징계절차에 대한 불복절차는 민사소송에 의할 것이지 행정소송에 의할 수는 없다).

Ⅱ. 공기업의 보호·감독

1. 공기업의 보호

(1) 독점권의 보장 공기업의 보호를 위해 공기업에 독점권이 인정되기도 한다. 우편법은 명문으로 우편사업이 국가의 독점사업임을 규정하고 있다(우편법 제 2 조).

(2) 공용부담특권 공기업이 원활하게 사업을 수행할 수 있도록 하기 위하여 공기업에 타인 토지에의 출입·장애물제거·수용·사용 등 여러 종류의 공용부담특권이 인정되기도 한다(예: 우편법 제 5 조).

(3) 경제상 보호 ① 공기업은 이윤추구가 아니라 공익실현을 주목적으로 하는바, 과세의 대상에서 제외되기도 하고, 감면되기도 하고(조세특례제한법 제 5 조 이하 등), ② 보조금이 교부되기도 하며(한국도로공사법 제16조 제 1 항; 보조금 관리에 관한 법률 제 2 조 제 1 호), ③ 국유재산의 무상대부(국재법 제47조, 제34조), ④ 이용료의 강제징수(우편법 제24조), ⑤ 손해배상의 제한(우편법 제38조 제 2 항, 제39조) 등이 따르기도 한다.

(4) 형사상 보호 공기업목적의 효과적인 수행을 위해 관련법령은 이용자나 기업자 또는 일반국민이 공기업법상 의무를 위반하거나 또는 공기업의 안전한 경영에 대하여 침해를 가한 경우에 형벌을 부과할 것을 예정해 둔다(예: 우편법 제46조, 제47조). 이러한 형벌을 공기업벌이라 부른다. 그것은 행정벌의 일종이다.

2. 공기업의 감독(통제)

(1) 감독청에 의한 감독 직영공기업이나 법인형식의 공기업이거나를 막론하고 감독청에 의한 통제를 받는다. 국영공기업의 경우는 소속장관 또는 외청의 장이 감독청이 되고, 지방공기업의 경우는 지방자치단체의 장이 감독기관이 된다. 법인체 공기업의 경우에는 주무부장관이 감독청이 되며, 감독권에는 일반적인 감독권(감시권)(예: 한국토지주택공사법 제23조)과 개별적인 감독권(예: 기관의 임면·인가권)이 있다.

(2) 감사원에 의한 감독 헌법 제97조는 국가의 세입·세출의 결산, 국가 및 법률이 정한 단체의 회계검사와 행정기관 및 공무원의 직무에 관한 감찰을 감사원의 직무로 규정하고 있는바, 감사원은 일정 공기업에 대해서도 감사권을 가진다(감사원법 제22조, 제23조). 감사원은 감사의 결과 시정을 요하는 사항에 대하여는 시정·주의 등을 요구할 수 있다(감사원법 제33조).

(3) 기 타 이 밖에도 ① 국정감사·국정조사·대정부질문, 예산심의와 결산, 공기업 관련 법령의 개폐 등을 통한 국회에 의한 감독, ② 재판에 의한 법원의 감독도 넓은 의미에서 공기업의 감독수단이다.

Ⅲ. 특허기업의 관념

1. 특허기업의 개념

(1) 두 가지 개념 협의로 특허기업이란 국가나 지방자치단체가 공익사업을 목적으로 하는 기업을 사인에게 특허하는 경우에 그 특허받은 기업을 의미한다(예: 자동차운수사업). 협의의 특허기업을 특허처분기업이라고도 한다. 광의로 특허기업이란 협의의 특허기업 외에 독립의 법인인 공기업(특수법인기업)을 포함하는 개념이다.

(2) 이 책에서의 개념 이 책에서는 다수설과 마찬가지로 특허기업을 협의의 개념으로 사용한다. 왜냐하면 특수법인기업과 특허처분기업은 경영주체가 다르고, 적용되는 법원리가 동일하지 아니하고, 성질이 상이하므로 다르게 검토하는 것이 정당하기 때문이다. 따라서 본서에서 말하는 특허기업은 사인이 경영하는 기업인 점에서 정부나 지방자치단체의 조직의 한 부분인 직영기업으로서의 공기업과 구분되며, 또한 그 자체가 독립의 법인격을 갖는 특수법인기업과도 구분된다.

2. 특허기업의 특허

(1) 특허의 의의 특허기업의 특허란 국가나 지방자치단체가 특정 공익사업의 경영권을 사인에게 부여하는 형성적 행정행위를 말한다. 특허는 국가나 지방자치단체가 행할 공익사업(예: 자동차운수사업 · 도시가스사업)을 사인으로 하여금 수행하게 하는 데 의미를 갖는다. 경영권보장의 측면에서 어느 정도 독점권이 주어지는 것이 일반적이다. 특허기업의 특허는 상대방의 신청을 전제로 하는 행정행위(협력을 요하는 행정행위, 쌍방적 행정행위)이다. 특허기업의 특허는 일반적으로 재량행위이다.

(2) 특허의 성질(형성적 행정행위) 특허기업의 특허는 형성적 행정행위이다. 형성대상과 관련하여 포괄적 법률관계설정설 · 독점적 경영권설정설 · 허가설 등으로 나뉘고 있다. ① 포괄적 법률관계설정설은 공기업특허란 특정한 공기업경영에 관한 각종의 권리 · 의무를 포괄적으로 설정하는 행위라는 견해이고, ② 독점적 경영권설정설은 공기업특허란 특정인에게 공기업경영에 관한 독점권을 부여하는 설권행위라는 견해이고, ③ 허가설은 공기업특허는 영업금지의 해제라는 견해이다. ④ 공기업특허제도의 핵심이 공익을 위해 일정사업을 독점적으로 경영하게 한다는 점에 있는 것임을 고려할 때, 독점적 경영권설정설이 타당하다.

(3) 법규특허와 특허처분 학설상으로 특허라는 용어는 통일적으로 사용되고 있지 아니하다. 학자에 따라서는 특허를 법률에 의한 특허(법규특허)와 행정행위에 의한 특허(특허처분)로 구분한다. 법규특허와 특허처분은 적용법규를 달리하므로 양자를 구분하여 다루는 것

이 합리적이다. 법규특허는 관련법규에서 구체적인 사항이 규율되는 것이 일반적이지만, 특허처분의 경우는 특허명령서에서 구체적인 사항이 규율되는 것이 일반적이다.

3. 특허기업과 허가기업

(1) 유 사 점 특허기업의 특허(예: 여객자동차운수사업법에 따른 버스운송사업면허)나 허가기업의 허가(예: 식품위생법에 따른 단란주점업허가)는 ① 모두 법률행위적 행정행위이고, ② 신청을 전제로 하는 행위이고, ③ 수익적인 행위이고, ④ 특허나 허가 없이 경영하면 제재가 가해지기도 하고, ⑤ 국가에 의한 감독·통제가 따르고, ⑥ 명칭이 혼용되기도 한다는 점에서 유사한 점을 갖는다.

(2) 차 이 점

㈎ **제도의 목적**(소극목적·적극목적) 목적상 허가기업의 허가는 주로 소극적인 경찰상의 목적에서 일정한 행위를 금지하였다가 해제하는 것이나, 특허기업의 특허는 적극적으로 복리목적(공익실현)을 위하여 이루어진다. 허가기업의 허가는 경찰상 영업허가라 불리기도 한다.

㈏ **대상사업**(사익사업·공익사업) 허가기업의 허가는 대체로 각자의 생활영역에서 각자가 해결하여야 할 업종(예: 식품구매)인 사익사업을 대상으로 하나, 특허기업의 특허는 국민생활상 이용이 필수적으로 요구되어 공급이나 제공이 광역적·통일적으로 이루어져야 하는 업종(예: 전기·도시가스·운수)인 공익사업을 대상으로 한다. 물론 양자의 구분이 명백하게 이루어질 수 있는 것은 아니다. 대체로 공공성이 큰 것이 특허기업의 특허의 대상이 되겠으나, 종국적으로는 국가의 입법정책 여하에 따라서 판단될 성질의 문제이다.

㈐ **행위의 성질**(명령적 행위·형성적 행위) 허가기업의 허가는 금지를 해제하여 원래의 자유를 회복해 주는 명령적 행위이나 특허기업의 특허는 권리를 부여하는 형성적 행위라는 점에서 차이가 있다는 것이 종래의 통설적 견해였다. 그러나 허가로 인해 사인은 적법한 행위를 할 수 있게 된다는 의미에서 허가기업의 허가도 형성적 행위의 성질도 갖는다(병존설·양면성설).

㈑ **이익의 성질**(반사적 이익·법률상 이익) 허가나 특허 모두 기본권의 회복이라는 점에서 갖는 이익은 당연히 법률상 이익이다(소극적 관점에서의 이익의 성질)(대판 1999. 11. 23, 98다11529). 그러나 제 3 자와의 관계에서 허가는 허가를 받은 자에게 독점적인 경영권을 법적으로 보장하는 것이 아니지만, 특허는 특허를 받은 자에게 독점적인 경영권을 법적으로 보장한다는 점에서 다르다. 따라서 허가로 인한 경영상의 이익은 반사적 이익이지만, 특허로 인한 경영상의 이익은 법률상 이익이다(적극적 관점에서의 이익의 성질).

㈒ **행위의 재량성**(기속행위·재량행위) 허가기업의 허가나 허가의 취소는 기속재량

행위이나 특허기업의 특허나 그 거부는 자유재량에 속한다는 것이 판례의 태도이다(대판 1992. 4. 28, 91누10220). 그러나 기속재량행위와 자유재량행위의 구분은 별의미가 없고, 기속행위와 재량행위의 구분은 관련법규에 따라야 한다. 만약 법문상 분명하지 아니하면 기본권의 최대한 보장과 행정의 공익성을 기속행위와 재량행위의 구별기준으로 삼아야 한다. 이러한 입장에서 보면, 명시적 규정이 없는 한, 허가의 취소는 재량행위가 된다(기본권 기준설).

(바) **행위의 요건**(공익성 · 판단여지) 양자간에 엄격한 차이가 있다고 할 수는 없으나, 허가기업의 허가의 경우에는 허가의 요건으로 일정자격이나 일정기준에 부합하는 물적 시설이 요구되기도 하며, 특허기업의 특허의 경우에는 목적의 공익성과 사업능력 등이 요구되기도 한다. 그리고 특허의 경우에는 목적의 공익성 및 사업능력의 판단과 관련하여 행정청에 판단여지가 인정될 경우가 비교적 많다.

(사) **보호 · 특전과 감독** 허가기업의 경우에는 경찰상 위해를 가져오지 아니하는 한 국가의 개입도 없고, 동시에 국가에 의한 보호나 특권의 부여도 없음이 일반적이다. 그러나 특허기업의 경우에는 그것이 공익의 실현과 밀접한 관련을 가지므로 아래와 같은 국가의 감독과 보호 및 특전이 부여되기도 한다.

• 제 6 장

공용부담법

제1절 공용부담 일반론

Ⅰ. 공용부담의 관념

1. 공용부담의 개념

공용부담은 실정법상의 용어가 아니고 학문상의 용어이다. 공용부담이란 공익사업 등의 복리작용을 위하여, 또는 물건의 효용을 확보하기 위하여 행정주체가 법규에 근거하여 강제적으로 사인에게 가하는 인적·물적 부담을 말한다.

2. 공용부담의 법적 근거

① 공공필요에 의한 재산권의 수용·사용 또는 제한 및 그에 대한 보상은 법률로써 하되, 정당한 보상을 지급하여야 한다(헌법 제23조 제3항). 따라서 공용부담은 개인의 재산권에 대한 침해를 가져오는 것이므로 반드시 법률에 근거가 있어야 한다. ② 공용부담과 관련 있는 법률은 많다(예: 국토의 계획 및 이용에 관한 법률·공익사업을 위한 토지 등의 취득 및 보상에 관한 법률·도로법·하천법·산림법).

Ⅱ. 공용부담의 종류

1. 인적 공용부담

공용부담은 내용에 따라 인적 공용부담과 물적 공용부담으로 구분되고 있다. 인적 공용부담이란 특정인에게 작위·부작위·급부의 의무를 부과하는 부담을 말한다. 인적 공용부담은 대인적 성질을 가지는 것인바, 원칙적으로 이전이 곤란하다. 인적 공용부담에는 ① 부담금, ② 노역·물품, ③ 부역·현품, ④ 시설부담, ⑤ 부작위부담이 있다. 인적 공용부담은 인적 부담이라고도 한다.

2. 물적 공용부담

물적 공용부담이란 특정의 재산권에 대하여 일정한 제한이나 침해를 가하는 부담을 말한다. 물적 공용부담은 재산권에 부착하며, 재산권의 이전과 더불어 타인에게 이전된다. 물적 공용부담에는 ① 공용제한(공용사용 포함), ② 공용수용, ③ 공용환지 · 공용환권 등이 언급되고 있다. 물적 공용부담은 물적 부담이라고도 한다.

제 2 절 인적 공용부담

인적 공용부담은 ① 의무자를 기준으로 하여 모든 국민에게 균등하게 과하는 부담(예: 국세조사시 통계자료 제공의무)인 일반부담, 특별한 수익자 · 이해관계자에게 과하는 부담인 특별부담, 우연히 그 사업의 수요를 충족시킬 수 있는 지위에 있는 자에 과하는 부담인 우발부담으로 구분되고, ② 부과방법에 따라 개개인에 개별적으로 과하는 부담인 개별부담, 연합체에 공동으로 과하는 부담인 연합부담으로 구분된다. 이 밖에 ③ 내용에 따라 부담금, 부역 · 현품, 노역 · 물품, 시설부담 및 부작위부담으로 구분된다.

Ⅰ. 부 담 금

1. 부담금의 의의

(1) 부담금의 개념　전통적으로 부담금이란 국가나 지방자치단체 등의 행정주체가 특정의 공익사업과 관련이 있는 사인에게 그 사업에 필요한 경비의 전부 또는 일부를 부담하게 하는 경우, 이로 인해 사인이 공법상 납부의무를 부담하는 금전으로 이해되었다. 부담금관리 기본법은 부담금을 "중앙행정기관의 장, 지방자치단체의 장, 행정권한을 위탁받은 공공단체 또는 법인의 장 등 법률에 따라 금전적 부담의 부과권한을 부여받은 자(이하 "부과권자"라 한다)가 분담금, 부과금, 기여금, 그 밖의 명칭에도 불구하고 재화 또는 용역의 제공과 관계없이 특정 공익사업과 관련하여 법률에서 정하는 바에 따라 부과하는 조세 외의 금전지급의무(특정한 의무이행을 담보하기 위한 예치금 또는 보증금의 성격을 가진 것은 제외한다)를 말한다(부담금관리 기본법. 이하 부담법 제 2 조)"고 정의하고 있다.

(2) 부담금 · 조세 · 수수료의 구별　부담금은 공법상 금전채무인 점에서 조세나 수수료와 다를 바 없다. 그러나 부담금은 특정의 공익사업과 이해관계 있는 자에게 그 사업비

용의 전부나 일부의 충당을 위해 부과되는 것이지만, ① 조세는 특정사업과 관계없이 재정상의 수입목적을 위해 일반인에게 부과되는 것인 점에서 부담금과 조세는 차이가 있고, ② 수수료는 행정주체가 제공한 서비스의 대가인 점에서 사업비용의 부담인 분담금(부담금)과 차이를 갖는다(헌재 2004. 7. 15, 2002헌바42).

	부 담 금	조 세	수 수 료
부과목적	특정공익사업의 소요경비충당	일반재정수입	서비스대가
부과대상자	특정공익사업의 이해관계자		서비스받은 자
부과기준	특정사업비 또는 특정사업이해관계	국민 · 주민담세력	서비스제공비용

■ 참고 ■

행정기본법(안)은 **수수료 법정주의**를 규정하고 있다.

▪ **행정기본법 제35조(수수료 및 사용료)** ① 행정청은 특정인을 위한 행정서비스를 제공받는 자에게 법령으로 정하는 바에 따라 수수료를 받을 수 있다.
③ 제 1 항 및 제 2 항에도 불구하고 지방자치단체의 경우에는 「지방자치법」에 따른다.

2. 법률의 유보

(1) 부담금설치의 근거 부담을 강제적인 것으로 이해하는 한 부담금은 행정주체의 일방적인 행위에 의해 강제적으로 부과되는 것만을 뜻한다. 강제적인 부담금은 사인에게 재산상의 침해를 가하는 것이므로 부담금의 설치에는 법률의 근거를 요한다. 부담금관리 기본법은 "부담금은 별표에 규정된 법률에 따르지 아니하고는 설치할 수 없다(부담법 제 3 조)"고 하여 부담금의 설치에 법률의 근거가 필요함을 명시하고 있다.

(2) 부과와 강제징수의 근거 부담금의 부과와 강제징수는 재산권의 침해를 가져오므로, 부과와 강제징수를 위해서는 법률의 근거를 필요로 한다. 부담금은 공법상 금전채무인 까닭에 불이행시에는 행정상 강제징수제도에 의하여 징수하게 된다(부담법 제 4 조 참조).

▪ **부담금관리 기본법 제 4 조(부담금의 부과요건등)** 부담금 부과의 근거가 되는 법률에는 부담금의 부과 및 징수주체, 설치목적, 부과요건, 산정기준, 산정방법, 부과요율 등(이하 "부과요건등"이라 한다)이 구체적이고 명확하게 규정되어야 한다. 다만, 부과요건등의 세부적인 내용은 해당 법률에서 구체적으로 범위를 정하여 위임한 바에 따라 대통령령·총리령·부령 또는 조례·규칙으로 정할 수 있다.

3. 부담금부과의 한도

(1) 비례원칙 부담금은 설치목적을 달성하기 위하여 필요한 최소한의 범위 안에서 공정성 및 투명성이 확보되도록 부과되어야 한다(부담법 제 5 조 제 1 항 제 1 문). 즉, ① 수익자부담금의 경우에는 특별한 수익을 한도로, ② 원인자부담금의 경우는 원인자로 인하여 필

요로 하게 된 공사비 등을 한도로, ③ 손궤자부담금의 경우에는 소요비용의 일부의 부담을 한도로 하여 공정성 및 투명성이 확보되도록 부과되어야 한다.

▪ 부담금관리 기본법 제 5 조(부담금 부과의 원칙) ① 부담금은 설치목적을 달성하기 위하여 필요한 최소한의 범위에서 공정성 및 투명성이 확보되도록 부과되어야 하며, 특별한 사유가 없으면 하나의 부과대상에 이중으로 부과되어서는 아니 된다.

(2) 이중부과의 금지 부담금은 특별한 사유가 없는 한 동일한 부과대상에 대하여 이중의 부담금이 부과되어서는 아니 된다(부담법 제 5 조 제 1 항 제 2 문).

4. 부담금의 종류

부담금은 특정 공익사업과 관련된 개념으로서 종래 수익자부담금, 손괴자부담금, 원인자부담금으로 구분되었는데, 근년에는 특정 공익사업과는 거리가 비교적 먼 개념인 특별부담금도 도입되고 있다. 아래에서 차례로 보기로 한다.

(1) 수익자부담금 수익자부담금이란 특정의 공익사업의 시행으로 인하여 특별한 이익을 받는 자가 그 이익의 범위 내에서 사업의 경비를 부담토록 하기 위하여 부과되는 부담금을 말한다(예: 도로법 제89조; 항만법 제68조).

▪ 도로법 제89조(타공작물의 공사비용) ② 도로관리청은 제 1 항에도 불구하고 제33조 제 1 항에 따른 도로공사의 시행 또는 도로의 유지·관리로 타공작물의 관리자가 이익을 얻을 때에는 해당 타공작물의 관리자에게 그가 얻는 이익의 범위에서 제 1 항에 따른 비용의 일부를 부담시킬 수 있다.

(2) 원인자부담금 원인자부담금이란 특정의 공익사업을 하도록 하는 원인을 제공한 자가 납부하여야 하는 부담금을 말한다(예: 도로법 제91조, 하천법 제29조 제 2 항)(대판 2004. 9. 24, 2003두6849).

▪ 도로법 제91조(원인자의 비용 부담 등) ① 도로관리청은 타공사나 타행위로 인하여 도로공사를 시행하게 된 경우 타공사나 타행위의 비용을 부담하여야 할 자에게 그 도로공사의 비용의 전부 또는 일부를 부담시킬 수 있다.

■ 참고 ■

과거에는 특정의 공익사업을 손괴하는 사업이나 행위를 한 자가 그 사업이나 행위로 인해 필요하게 된 공익사업의 경비충당을 위해 납부하여야 하는 부담금을 손괴자부담금(손궤자 부담금)이라 하였다(예: 구 도로법 제67조). 손괴자부담금(손궤자 부담금)도 원인자부담금의 한 종류에 해당한다고 볼 것이다(예: 수도법 제71조 제 1 항 후단은 손궤자부담금을 원인자부담금으로 규정하고 있다).

(3) 특별부담금 특별부담금은 특별한 과제를 위한 재정에 충당하기 위하여 특정 집단에게 과업과의 관계 등을 기준으로 부과되고 공적기관에 의한 반대급부가 보장되지 않는 금전급부의무를 말한다(헌재 2003. 12. 18, 2002헌가2 전원재판부; 헌재 1999. 10. 21, 97헌바84). 헌법

재판소는 특별부담금을 그 부과목적과 기능에 따라 ① 순수하게 재정조달의 목적만 가지는 재정조달목적 부담금(헌재 2008. 11. 27, 2007 헌마860 전원재판부)과 ② 재정조달 목적뿐만 아니라 부담금의 부과 자체로써 국민의 행위를 특정한 방향으로 유도하거나 특정한 공법적 의무의 이행 또는 공공출연으로부터의 특별한 이익과 관련된 집단간의 형평성 문제를 조정하여 특정한 사회·경제정책을 실현하기 위한 정책실현목적 부담금(예: 구 장애인 고용촉진 등에 관한 법률상 장애인 고용부담금)으로 구분한다. 그리고 전자의 경우에는 공적 과제가 부담금 수입의 지출단계에서 비로소 실현되나, 후자의 경우에는 공적 과제의 전부 혹은 일부가 부담금의 부과단계에서 이미 실현된다고 한다.

Ⅱ. 노역·물품

1. 노역·물품의 의의

노역 또는 물품부담이란 특정 공익사업을 위해 특정의 사인이 노동력 또는 물품을 납부하여야 하는 인적 부담을 말한다. 노동력의 납부의무를 노역부담이라 하고, 물품의 납부의무를 물품부담이라 부른다. 노역·물품부담은 금전으로 대납이 되지 않는 점에서 부역·현품과 구별된다.

2. 법률의 유보

노역·물품부담 역시 사인의 신체·재산에 침해를 가하는 것이므로 법률의 근거를 요한다. 뿐만 아니라 노역·물품부담은 금전으로 대납이 가능하지 아니하기 때문에, 특히 불가피한 예외적인 경우(예: 천재지변의 경우)가 아니면 인정될 수 없다고 보아야 한다. 노역이나 물품에 관한 일반법은 없다. 다만 단행법에서 가끔 나타난다(예: 도로법 제83조).

▪ **도로법 제83조(재해 발생 시 토지 등의 일시 사용 등)** ① 도로관리청은 재해로 인한 도로구조나 교통에 대한 위험을 방지하기 위하여 특히 필요하다고 인정하면 다음 각 호의 행위를 할 수 있다.
1. 재해 현장에서 구호, 복구 활동을 위하여 필요한 토지, 가옥, 그 밖의 공작물을 일시 사용하는 행위
2. 장애물을 변경 또는 제거하거나 토석·입목·죽·운반기구, 그 밖의 물건(공작물은 제외한다)을 사용하거나 수용하는 행위
3. 도로 인근에 거주하는 사람에게 노무(勞務)의 제공을 요청하는 행위

3. 노역·물품의 내용

(1) 노역부담 노역부담이란 천재지변 등의 긴급한 경우에 법률에 근거하여 사인에게 노력의 제공을 명하는 인적 부담을 말한다. 노역부담은 특정한 공익사업을 위한 것이 아니다. 그것은 긴급한 경우에 나타나는 인적 부담이다(예: 도로법 제83조 제1항 제3호). 한편,

노역은 비대체적인 작위의무이므로, 의무의 불이행시에 대집행의 방법이 적용될 수 없다. 그것은 행정벌이나 강제금 등의 방법으로 강제되어야 한다. 노역부담으로 인해 특별한 희생을 입은 자가 있다면, 희생보상의 법리에 의거 보상이 주어져야 한다.

(2) 물품부담 재해 발생 시 토지 등의 일시 사용 등을 규정하는 도로법 제83조 제 1 항 제 1 호 · 제 2 호에서 물품부담의 예를 볼 수 있다. 그러나 엄밀히 말한다면, 그것은 적절한 예로 보기가 어렵다. 왜냐하면 개념상 물품은 복리행정목적의 공익사업을 위한 제도인 데 반해, 도로법 제47조는 기본적으로 위험방지를 위한 경찰작용이기 때문이다. 그렇다고 도로법 제83조 제 1 항 제 1 호 · 제 2 호가 공익사업적인 측면과 전혀 무관하다고 보기는 어려울 것이다.

Ⅲ. 부역 · 현품

1. 부역 · 현품의 의의

부역 · 현품이란 노역 · 물품 또는 금전 중에서 선택적으로 납부할 의무를 부담하는 인적 공용부담을 말한다. 노역과 금전 중에서 선택적 납부의무가 부역이고, 물품과 금전 중에서 선택적 납부의무가 현품이다.

2. 법률의 유보

부역 · 현품은 사인의 신체 · 재산에 대한 침해를 가져오는 것이므로 법률의 근거를 요한다. 부역 · 현품에 관한 일반법은 없다. 실물경제의 유물이라 할 수 있는 부역 · 현품은 오늘날의 화폐경제시대에는 적합하지 않다. 현행법상 그 예를 찾기 어렵다.

3. 부역 · 현품의 부과 · 징수

만약 실정법이 부역 · 현품을 규정한다면, 그 법률에서 부과 · 징수에 관해서도 규정하게 될 것이다(예: 구 농촌근대화촉진법 제39조 참조).

▪ **구 농촌근대화촉진법(1970. 1. 12) 제39조(경비의 부과)** ① 조합은 정관이 정하는 바에 따라 그 사업에 필요한 경비에 충당하기 위하여 조합원으로부터 금전·노역 또는 현품을 부과징수할 수 있다. … ③ 제 1 항의 경우에 노역과 현품은 금전으로 산출하여 부과하여야 하며, 노역 또는 현품은 금전으로 대납할 수 있다.

Ⅳ. 시설부담

1. 시설부담의 의의

시설부담이란 공익사업의 한 내용으로서 일정한 시설을 완성하게 하는 의무를 부과하는 인적 부담을 말한다(예: 사인으로 하여금 하천부속물에 관한 공사를 시키는 경우). ① 시설부담도 노력의 제공이 포함되는 점에서 부역·노역의 경우와 같다. 그러나 부역·노역은 노력 그 자체의 제공을 목적으로 하는 데 반하여, 시설부담은 시설의 공사 그 자체를 목적으로 하는 점에서 차이를 갖는다. 따라서 부역·현품의 경우에 노력의 사용은 부담을 부과한 자의 판단에 따를 것이나, 시설부담의 경우에는 부담자의 판단에 따르게 된다. ② 한편 시설부담자와 특허기업자 사이의 구분도 문제된다.

[예] 도로축조의 경우 특허기업자는 자신의 사업으로서 도로를 축조하는 것이나 시설부담자는 다른 사업주체(예: 국가나 지방자치단체)를 위해 도로를 축조하는 것이 된다(사업의 대행).

2. 법률의 유보

시설부담 역시 관련사인의 자유와 재산을 침해하는 국가작용이므로, 반드시 법률의 근거를 요한다. 이에 관한 일반법은 없다. 다만 단행법률에서 이에 관한 조항을 발견할 수 있다(예: 하천법 제39조).

▪ **하천법 제39조(댐등 설치자 또는 관리자의 재해방지시설의 설치 등)** ① 다음 각 호의 어느 하나에 해당하는 댐 또는 하구둑 등(이하 "댐등"이라 한다)의 설치자 또는 관리자는 대통령령으로 정하는 바에 따라 그 댐등으로 인한 재해발생을 방지하거나 줄이는 데 필요한 시설을 설치하고 그 밖에 필요한 조치를 하여야 한다.

1. 하천의 유수를 저류(貯溜)하거나 취수(取水)하기 위하여 설치한 댐으로서 기초지반부터 댐마루까지의 높이가 15미터 이상이거나 총 저수용량이 2천만세제곱미터 이상인 댐. 다만, 높이가 15미터 이상인 농업용 댐 중 유역면적이 25제곱킬로미터 미만이거나 총 저수용량이 5백만세제곱미터 미만인 댐은 제외한다.
2. 하구둑
3. 하구 부근의 해수면에서 하천의 유수를 저류하는 공작물
4. 운하

3. 강제집행·손실보상

(1) 강제집행 시설부담 중에서도 대체성이 있는 경우에는 의무자의 불이행의 경우에 대집행이 가능하다. 그러나 대체성이 없는 경우에는 행정벌이나 강제금(집행벌)으로써 이행을 확보할 수밖에 없다.

(2) 손실보상 시설부담은 공공의 복지를 위해 사인에게 가해지는 침해이기도 하다. 만약 그 침해가 관계자에게 특별한 희생을 가져오면 그 손실은 보상되어야 한다.

Ⅴ. 부작위부담

1. 부작위부담의 의의

부작위부담이란 사인에게 부작위의무(즉, 일정한 행위를 하지 아니할 의무)를 부과하는 인적 부담을 말한다(예: 도로법 제81조에 따른 토지소유자 등의 수인부담). 부작위부담은 특정한 공익사업을 위한 것인 점에서 경찰상 금지 또는 재정상 금지와 그 목적을 달리한다.

■ **도로법 제81조(토지의 출입과 사용 등)** ① 도로관리청 또는 도로관리청으로부터 명령이나 위임을 받은 자는 도로공사, 도로에 대한 조사·측량 또는 도로의 유지·관리를 위하여 필요하면 타인의 토지에 출입하거나 타인의 토지를 재료적치장, 통로 또는 임시도로로 일시 사용할 수 있고, 특히 필요하면 입목·죽이나 그 밖의 장애물을 변경 또는 제거할 수 있다.

2. 부작위부담의 종류

부작위부담에는 ① 독점사업(예: 우편)의 독점권확보를 위하여 사인에게 그러한 사업을 금하는 경우(예: 우편법 제2조 제2항)와 ② 사업 그 자체의 보호를 위하여 일정한 행위(예: 우편물의 개봉이나 파손)를 금하는 경우(예: 우편법 제48조)가 있다.

■ **우편법 제2조(경영주체와 사업의 독점 등)** ① 우편사업은 국가가 경영하며, 과학기술정보통신부장관이 관장한다. 다만, 과학기술정보통신부장관은 우편사업의 일부를 개인, 법인 또는 단체 등으로 하여금 경영하게 할 수 있으며, 그에 관한 사항은 따로 법률로 정한다.
② 누구든지 제1항과 제5항의 경우 외에는 타인을 위한 서신의 송달 행위를 업(業)으로 하지 못하며, 자기의 조직이나 계통을 이용하여 타인의 서신을 전달하는 행위를 하여서는 아니 된다.
제48조(우편물 등 개봉 훼손의 죄) ① 우편관서 및 서신송달업자가 취급 중인 우편물 또는 서신을 정당한 사유 없이 개봉, 훼손, 은닉 또는 방기(放棄)하거나 고의로 수취인이 아닌 자에게 내준 자는 3년 이하의 징역 또는 3천만원 이하의 벌금에 처한다.
② 우편업무 또는 서신송달업무에 종사하는 자가 제1항의 행위를 하였을 때에는 5년 이하의 징역 또는 5천만원 이하의 벌금에 처한다.

3. 강제·보상

부작위부담의 불이행의 경우에는 벌칙이 가해짐이 일반적이다(예: 우편법 제48조 제2항; 도로법 제114조 제3호). 한편 부작위부담은 사인에게 특별한 희생을 가져오는 것이 아니므로 손실보상의 문제는 생기지 않는다.

제 3 절 공용제한(물적 공용부담 1)

I. 공용제한의 관념

1. 공용제한의 의의

공용제한이란 공적 시설이나 공적 사업을 위하여 국가 또는 지방자치단체 등이 사인의 재산권의 행사에 제한을 가하는 행정작용을 말한다. 공용제한은 헌법상 '제한'이라는 말로 표현되고 있다(헌법 제23조 제 3 항).

[예] 특정인의 토지가 그린벨트(Green Belt), 즉 개발제한구역으로 지정되면, 그 특정인은 토지소유자이지만 시장·군수 등의 허가 없이 물건을 쌓아놓을 수도 없고, 나무를 함부로 배어낼 수도 없는 등 그 토지의 이용에 많은 제한을 받는다. 여기서 개발제한구역으로 지정하는 행위가 공용제한에 해당한다.

(1) 공용제한의 주체 공용제한은 복리행정상의 목적을 위한 작용으로서 국가나 지방자치단체 등의 행정주체가 행하는 작용이다. 그러나 사인도 국가나 지방자치단체로부터 공익사업의 수행을 위탁받은 경우에는 공용제한의 주체가 될 수 있다.

(2) 공용제한의 성질 공용제한은 사인의 노력을 대상으로 하는 것이 아니라 재산권에 가해지는 제한인 점에서 물적 공용부담에 속한다. 물적 공용부담에는 공용제한 외에도 공용사용·공용수용이 있다. 모두가 공적 목적을 위해 사인의 재산권에 가해지는 강제적인 행정작용이라는 점은 동일하나, 사용은 일시사용을, 수용은 재산권의 강제적인 이전을 내용으로 하며, 제한은 오로지 사인의 재산권을 일정기간 또는 일정범위 안에서 제한하는 것을 내용으로 할 뿐이다. 그러나 공용사용은 공용제한의 일종으로 다루기도 한다. 본서도 이러한 입장을 따른다.

(3) 공용제한의 대상 공용제한의 대상이 되는 재산권에는 동산·부동산·무체재산권 등이 있으나, 중심적인 것은 부동산의 경우이다. 부동산 중 특히 토지에 대한 공용제한을 공용지역이라 부르기도 한다.

2. 법률의 유보

공용제한이 공적인 목적을 위해 인정되는 것이지만, 그것은 동시에 사인의 기본권의 침해를 가져온다. 이 때문에 공용제한에는 법률상의 근거가 요구된다(헌법 제37조 제 2 항). 그러나 공용제한에 관한 일반법은 없다. 개개의 단행법률에서 공용제한에 관한 규정을 발견할 수 있을 뿐이다(예: 국토법 제76조; 도로법 제 4 조). 한편 공용제한은 간혹 관련사인에게 특별한 재산상의 침해를 가져오게 된다. 이러한 경우에 관련사인에게는 손실보상의 법리에 따라 피해가 보상되어야 할 것이다. 공용제한을 규정하는 법률들은 동시에 보상규정을 두고 있음이 일반적이다(예: 도로법 제99조). 위법한 공용제한은 다툴 수 있다(대판 2004. 4. 27, 2003두8821).

■ **국토의 계획 및 이용에 관한 법률 제76조(용도지역 및 용도지구에서의 건축물의 건축 제한 등)** ① 제36조에 따라 지정된 용도지역에서의 건축물이나 그 밖의 시설의 용도·종류 및 규모 등의 제한에 관한 사항은 대통령령으로 정한다.

■ **도로법 제 4 조(사권의 제한)** 도로를 구성하는 부지, 옹벽, 그 밖의 시설물에 대해서는 사권(私權)을 행사할 수 없다. 다만, 소유권을 이전하거나 저당권을 설정하는 경우에는 사권을 행사할 수 있다.
제99조(공용부담으로 인한 손실보상) ① 이 법에 따른 처분이나 제한으로 손실을 입은 자가 있으면 국토교통부장관이 행한 처분이나 제한으로 인한 손실은 국가가 보상하고, 행정청이 한 처분이나 제한으로 인한 손실은 그 행정청이 속해 있는 지방자치단체가 보상하여야 한다.

3. 개발제한구역

(1) 의 의 국토교통부장관은 도시의 무질서한 확산을 방지하고 도시 주변의 자연환경을 보전하여 도시민의 건전한 생활환경을 확보하기 위하여 도시의 개발을 제한할 필요가 있거나 국방부장관의 요청으로 보안상 도시의 개발을 제한할 필요가 있다고 인정되면 개발제한구역의 지정 및 해제를 도시·군관리계획으로 결정할 수 있는바(개발제한구역의 지정 및 관리에 관한 특별조치법 제 3 조 제 1 항), 그 제한구역을 바로 개발제한구역(Green Belt)이라 부른다. 종래에는 개발제한구역이 도시계획법에서 규정되었으나, 현재는 국토의 계획 및 이용에 관한 법률 제38조(개발제한구역의 지정 또는 변경에 관하여는 따로 법률로 정한다)에 근거하여 제정된 개발제한구역의 지정 및 관리에 관한 특별조치법에서 규정되고 있다.

(2) 법적 성질 개발제한구역에서는 개발제한구역의 지정 및 관리에 관한 특별조치법 제12조가 정하는 행위제한이 따른다. 개발제한구역 안에서는 재산권의 행사에 제한이 가해지는바, 개발제한구역제도는 대표적인 공용제한의 예에 해당한다.

■ **개발제한구역의 지정 및 관리에 관한 특별조치법 제12조(개발제한구역에서의 행위제한)** ① 개발제한구역에서는 건축물의 건축 및 용도변경, 공작물의 설치, 토지의 형질변경, 죽목(竹木)의 벌채, 토지의 분할, 물건을 쌓아놓는 행위 또는 「국토의 계획 및 이용에 관한 법률」 제 2 조 제11호에 따른 도시·군계획사업(이하 "도시·군계획사업"이라 한다)의 시행을 할 수 없다. 다만, 다음 각 호의 어느 하나에 해당하는 행위를 하려는 자는 특별자치시장·특별자치도지사·시장·군수 또는 구청장(이하 "시장·군수·구청장"이라 한다)의 허가를 받아 그 행위를 할 수 있다.
1. 다음 각 목의 어느 하나에 해당하는 건축물이나 공작물로서 대통령령으로 정하는 건축물의 건축 또는 공작물의 설치와 이에 따르는 토지의 형질변경
가. 공원, 녹지, 실외체육시설, 시장·군수·구청장이 설치하는 노인의 여가활용을 위한 소규모 실내 생활체육시설 등 개발제한구역의 존치 및 보전관리에 도움이 될 수 있는 시설

(3) 손실보상

(개) **문 제 점** 공용제한과 그에 대한 보상을 법률로써 하되, 정당한 보상을 지급하여야 한다(헌법 제23조 제 3 항). 그런데 과거에 개발제한구역에 관해 규정하였던 (구)도시계획법은 개발제한구역지정으로 인한 손실에 대하여 아무런 보상규정도 두고 있지 않았다. 여기서 개발제한구역의 지정으로 인한 손실의 보상문제를 둘러싸고 논란이 있었다. 문제는 개발제한구역지정으로 인한 손실이 특별한 희생에 해당하는가의 여부이었다. 현행 개발제한구역의 지정 및 관리에 관한 특별조치법하에서도 동일한 문제가 있다.

(내) **학 설** 종래에 일설은 개발제한구역지정으로 인한 손실이 특별한 희생에 해당하는바, 개발제한구역지정으로 피해를 받는 자에게 보상이 주어져야 한다고 주장(긍정설)하였다. 특별한 희생이 아니라는 견해(부정설)도 있었다.

(대) **판 례** ① 대법원은 개발제한구역지정으로 인한 피해에 대해 손실보상을 인정하지 아니한다는 입장을 취하였다(대판 1996. 6. 28, 94다54511; 대결 1990. 5. 8, 89부2). ② 헌법재판소는 그린벨트제도 그 자체는 헌법적으로 하자가 없는 것으로서 이를 그대로 유지해야 할 필요성과 당위성이 있고, 다만 개발제한구역 지정으로 말미암아 일부 토지소유자(예: 나대지나 오염된 도시근교 농지의 소유자)에게 사회적 제약의 범위를 넘는 가혹한 부담이 발생하는 예외적인 경우에 대하여 보상규정을 두지 않은 것에는 위헌성이 있고 보상의 기준과 방법은 입법자가 정할 사항이라고 하였다(헌재 1998. 12. 24, 89헌마214).

(래) **사 견** 모든 개발제한구역이 아니라 특별한 희생이 가해지고 있는 개발제한구역에 대해서는 손실보상이 주어져야 할 것이다. 문제는 특별한 희생이 가해지는 개발제한구역과 특별한 희생이 가해지지 않는 개발제한구역의 구별문제이다. 하여간 특별한 희생이 가해지는 개발제한구역의 소유자는 간접효력규정설(유추적용설)에 따라 바로 손실보상을 청구할 수 있다고 보아야 한다.

Ⅱ. 공용제한의 종류

1. 공물제한

(1) 의 의 사인소유의 물건이 특정의 공적 목적에 제공된 경우에 사인의 공물에 대한 소유권은 공적 목적달성을 위해 필요한 범위 내에서 공법상 일정한 제한을 받지 않을 수 없는바, 공물에 대한 이러한 공법상의 제한을 공물제한이라 한다. 여기서 공물제한은 특히 사유공물에서 많이 문제된다.

(2) 종 류 공물제한의 예로는 ① 사유공물에서 공물제한의 경우로 사권행사의 제한(도로법 제 4 조), ② 공적 보존물에 대한 공물제한의 경우로는 수출·반출금지의 제한

(문화재보호법 제39조) 등에서 볼 수 있다.

▪ 도로법 제 4 조(사권의 제한) 도로를 구성하는 부지, 옹벽, 그 밖의 시설물에 대해서는 사권(私權)을 행사할 수 없다. 다만, 소유권을 이전하거나 저당권을 설정하는 경우에는 사권을 행사할 수 있다.
▪ 문화재보호법 제39조(수출 등의 금지) ① 국보, 보물, 국가민속문화재는 국외로 수출하거나 반출할 수 없다. 다만, 문화재의 국외 전시 등 국제적 문화교류를 목적으로 반출하되, 그 반출한 날부터 2년 이내에 다시 반입할 것을 조건으로 문화재청장의 허가를 받으면 그러하지 아니하다.

2. 부담제한

(1) 의 의 부담제한이란 공물제한과 달리 직접 공적 목적에 제공되어 있는 것이 아닌 물건과 관련하여 재산권의 주체에게 공법상의 작위·부작위·수인의 의무를 부과하는 것을 의미한다. 말하자면 일정물건이 사인의 완전한 지배권하에 놓이지만 다만 공적 사업의 관리 또는 보호의 필요상 행정주체는 그 물건에 대하여 일정한 제한을 가하기도 하는바, 이 경우의 제한이 바로 부담제한이다.

(2) 종 류 부담은 ① 내용에 따라 작위부담(도로법 제40조 제 4 항 제 1 호 이하), 부작위부담(도로법 제40조 제 3 항), 수인부담(문화재보호법 제44조; 철도건설법 제10조 제 1 항)으로 나눌 수 있고, ② 목적에 따라 계획제한(토용법 제79조 내지 제81조)과 사업제한(도로법 제40조 제 3 항·제 4 항)으로 구분할 수 있다.

▪ 도로법 제40조(접도구역의 지정 및 관리) ③ 누구든지 접도구역에서는 다음 각 호의 행위를 하여서는 아니 된다. 다만, 도로 구조의 파손, 미관의 훼손 또는 교통에 대한 위험을 가져오지 아니하는 범위에서 하는 행위로서 대통령령으로 정하는 행위는 그러하지 아니하다.
1. 토지의 형질을 변경하는 행위
2. 건축물, 그 밖의 공작물을 신축·개축 또는 증축하는 행위
④ 도로관리청은 도로 구조나 교통안전에 대한 위험을 예방하기 위하여 필요하면 접도구역에 있는 토지, 나무, 시설, 건축물, 그 밖의 공작물(이하 "시설등"이라 한다)의 소유자나 점유자에게 상당한 기간을 정하여 다음 각 호의 조치를 하게 할 수 있다.
1. 시설등이 시야에 장애를 주는 경우에는 그 장애물을 제거할 것 (이하 생략)
▪ 문화재보호법 제44조(정기조사) ① 문화재청장은 국가지정문화재의 현상, 관리, 수리, 그 밖의 환경보전상황 등에 관하여 정기적으로 조사하여야 한다.
④ 제 1 항과 제 2 항에 따라 조사를 하는 공무원은 소유자, 관리자, 관리단체에 문화재의 공개, 현황자료의 제출, 문화재 소재장소 출입 등 조사에 필요한 범위에서 협조를 요구할 수 있으며, 그 문화재의 현상을 훼손하지 아니하는 범위에서 측량, 발굴, 장애물의 제거, 그 밖에 조사에 필요한 행위를 할 수 있다. 다만, 해 뜨기 전이나 해 진 뒤에는 소유자, 관리자, 관리단체의 동의를 받아야 한다.
▪ 철도의 건설 및 철도시설 유지관리에 관한 법률 제10조(토지에의 출입 등) ① 사업시행자는 실시계획의 작성을 위한 조사, 측량 또는 철도건설사업을 하기 위하여 필요하면 다음 각 호에 해당하는 행위를 할 수 있다.
1. 타인의 토지에 출입하는 행위
2. 타인의 토지를 재료 적치장(積置場), 통로 또는 임시도로로 일시 사용하는 행위
3. 나무·흙·돌 또는 그 밖의 장애물을 변경하거나 제거하는 행위

▪ **국토의 계획 및 이용에 관한 법률 제79조(용도지역 미지정 또는 미세분 지역에서의 행위 제한 등)** ① 도시지역, 관리지역, 농림지역 또는 자연환경보전지역으로 용도가 지정되지 아니한 지역에 대하여는 제76조부터 제78조까지의 규정을 적용할 때에 자연환경보전지역에 관한 규정을 적용한다.
제80조(개발제한구역에서의 행위 제한 등) 개발제한구역에서의 행위 제한이나 그 밖에 개발제한구역의 관리에 필요한 사항은 따로 법률로 정한다.
제80조의2(도시자연공원구역에서의 행위 제한 등) 도시자연공원구역에서의 행위 제한 등 도시자연공원구역의 관리에 필요한 사항은 따로 법률로 정한다.
제81조(시가화조정구역에서의 행위 제한 등) ① 제39조에 따라 지정된 시가화조정구역에서의 도시·군계획사업은 대통령령으로 정하는 사업만 시행할 수 있다.

(3) 강제와 보상 ① 부담제한으로 인해 사인이 입는 피해는 침해는 일반적으로 재산권의 사회적 구속하에 들어오는 것으로서 특별한 희생으로 보기가 어려우므로, 손실보상이 주어지기 곤란하다. 그러나 그 침해가 특별한 희생을 가져온다면, 손실보상이 이루어져야 한다. ② 의무불이행이나 위반의 경우에는 행정벌과 강제집행이 가해질 수 있다.

3. 사용제한(공용사용)

(1) 공용사용의 개념 공용사용이란 공익사업(토상법 제 2 조 제 2 호, 제 4 조 참조)을 위하여 공적 시설의 관리·경영을 보호·육성하기 위하여 토지소유권을 포함하여 사인의 재산권을 강제적으로 사용하는 것을 말한다. 공용사용은 공적 목적을 위하여 공법에 의거하여 인정되는 공법상의 사용이다. 따라서 공적 목적을 위한 것이라도 사법상에 의한 경우는 공용사용에 해당하지 않는다. 공용사용은 공용제한을 수반하므로, 공용제한의 성질을 갖는다.

▪ **공익사업을 위한 토지 등의 취득 및 보상에 관한 법률 제 2 조(정의)** 이 법에서 사용하는 용어의 뜻은 다음과 같다. …
2. "공익사업"이란 제 4 조 각 호의 어느 하나에 해당하는 사업을 말한다.
제 4 조(공익사업) 이 법에 따라 토지등을 취득하거나 사용할 수 있는 사업은 다음 각 호의 어느 하나에 해당하는 사업이어야 한다.
1. 국방·군사에 관한 사업
2. 관계 법률에 따라 허가·인가·승인·지정 등을 받아 공익을 목적으로 시행하는 철도·도로·공항·항만·주차장·공영차고지·화물터미널·궤도(軌道)·하천·제방·댐·운하·수도·하수도·하수종말처리·폐수처리·사방(砂防)·방풍(防風)·방화(防火)·방조(防潮)·방수(防水)·저수지·용수로·배수로·석유비축·송유·폐기물처리·전기·전기통신·방송·가스 및 기상 관측에 관한 사업
3. 국가나 지방자치단체가 설치하는 청사·공장·연구소·시험소·보건시설·문화시설·공원·수목원·광장·운동장·시장·묘지·화장장·도축장 또는 그 밖의 공공용 시설에 관한 사업
4. 관계 법률에 따라 허가·인가·승인·지정 등을 받아 공익을 목적으로 시행하는 학교·도서관·박물관 및 미술관 건립에 관한 사업 (이하 생략)

(2) 법률의 유보 공용사용도 사인의 기본권(재산권)의 침해를 가져오는 것이므로 법률의 근거를 요한다(헌법 제23조 제 3 항, 제37조 제 2 항). 공익사업을 위한 토지등의 공용사용에 관한 일반법으로 공익사업을 위한 토지 등의 취득 및 보상에 관한 법률을 볼 수 있다(토상법

제 1 조 참조). 그 밖의 개개의 단행법에서도 공용사용에 관한 규정을 발견할 수 있다(예: 도로법 제81조, 제82조; 하천법 제75조 제 1 항).

▪ **공익사업을 위한 토지 등의 취득 및 보상에 관한 법률 제 1 조(목적)** 이 법은 공익사업에 필요한 토지 등을 협의 또는 수용에 의하여 취득하거나 사용함에 따른 손실의 보상에 관한 사항을 규정함으로써 공익사업의 효율적인 수행을 통하여 공공복리의 증진과 재산권의 적정한 보호를 도모하는 것을 목적으로 한다.

▪ **도로법 제81조(토지의 출입과 사용 등)** ① 도로관리청 또는 도로관리청으로부터 명령이나 위임을 받은 자는 도로공사, 도로에 대한 조사·측량 또는 도로의 유지·관리를 위하여 필요하면 타인의 토지에 출입하거나 타인의 토지를 재료적치장, 통로 또는 임시도로로 일시 사용할 수 있고, 특히 필요하면 입목·죽이나 그 밖의 장애물을 변경 또는 제거할 수 있다.

제82조(토지 등의 수용 및 사용) ① 도로관리청은 도로공사의 시행을 위하여 필요하면 도로구역에 있는 토지·건축물 또는 그 토지에 정착된 물건의 소유권이나 그 토지·건축물 또는 물건에 관한 소유권 외의 권리를 수용하거나 사용할 수 있다.

▪ **하천법 제75조(타인의 토지에의 출입 등)** ① 환경부장관, 하천관리청, 환경부장관 · 하천관리청으로부터 명령이나 위임 · 위탁을 받은 자 또는 환경부장관 · 하천관리청의 하천공사를 대행하는 자는 하천공사, 하천에 관한 조사 · 측량, 그 밖에 하천관리를 위하여 필요한 경우에는 타인의 토지에 출입하거나 특별한 용도로 이용되지 아니하고 있는 타인의 토지를 재료적치장 · 통로 또는 임시도로로 일시 사용할 수 있으며 부득이한 경우에는 죽목 · 토석, 그 밖의 장애물을 변경하거나 제거할 수 있다.

(3) 공용사용의 종류 공용사용은 일반적 사용과 예외적 사용으로 구분할 수 있다. ① 일반적 사용에는 일시적 사용과 계속적 사용으로 구분된다. ② 예외적 사용에는 천재지변시 사용(토상법 제38조)과 긴급사용(토상법 제39조)으로 구분된다.

▪ **공익사업을 위한 토지 등의 취득 및 보상에 관한 법률 제38조(천재지변 시의 토지의 사용)** ① 천재지변이나 그 밖의 사변(事變)으로 인하여 공공의 안전을 유지하기 위한 공익사업을 긴급히 시행할 필요가 있을 때에는 사업시행자는 대통령령으로 정하는 바에 따라 특별자치도지사, 시장·군수 또는 구청장의 허가를 받아 즉시 타인의 토지를 사용할 수 있다. 다만, 사업시행자가 국가일 때에는 그 사업을 시행할 관계 중앙행정기관의 장이 특별자치도지사, 시장·군수 또는 구청장에게, 사업시행자가 특별시·광역시 또는 도일 때에는 특별시장·광역시장 또는 도지사가 시장·군수 또는 구청장에게 각각 통지하고 사용할 수 있으며, 사업시행자가 특별자치도, 시·군 또는 구일 때에는 특별자치도지사, 시장·군수 또는 구청장이 허가나 통지 없이 사용할 수 있다.

제39조(시급한 토지 사용에 대한 허가) ① 제28조에 따른 재결신청을 받은 토지수용위원회는 그 재결을 기다려서는 재해를 방지하기 곤란하거나 그 밖에 공공의 이익에 현저한 지장을 줄 우려가 있다고 인정할 때에는 사업시행자의 신청을 받아 대통령령으로 정하는 바에 따라 담보를 제공하게 한 후 즉시 해당 토지의 사용을 허가할 수 있다. 다만, 국가나 지방자치단체가 사업시행자인 경우에는 담보를 제공하지 아니할 수 있다.

(4) 절차 · 강제 · 보상 ① 공용사용의 절차는 관련법률이 정하는 바에 의한다. 공익사업을 위한 토지의 공용사용에 관해서는 공익사업을 위한 토지 등의 취득 및 보상에 관한 법률에서 규정하고 있다. 이에 관해서는 「제 4 장 공용수용」에서 살피기로 한다. ② 사용제

한으로 사인에 특별한 침해가 가해진다면, 그 침해에 대한 손실보상이 이루어져야 한다(예: 도로법 제82조; 하천법 제76조 참조). 한편 ③ 의무불이행이나 의무위반이 있는 경우에는 행정벌 또는 행정상 강제가 가해질 수도 있다(예: 도로법 제114조 제 1 호 참조).

▪ **도로법 제82조(토지 등의 수용 및 사용)** ① 도로관리청은 도로공사의 시행을 위하여 필요하면 도로구역에 있는 토지·건축물 또는 그 토지에 정착된 물건의 소유권이나 그 토지·건축물 또는 물건에 관한 소유권 외의 권리를 수용하거나 사용할 수 있다.
② 제 1 항에 따른 수용 또는 사용에 관하여는 「공익사업을 위한 토지 등의 취득 및 보상에 관한 법률」을 준용한다. …
제114조(벌칙) 다음 각 호의 어느 하나에 해당하는 자는 2년 이하의 징역이나 2천만원 이하의 벌금에 처한다.
1. 제27조 제 1 항에 따른 허가 또는 변경허가를 받지 아니하고 같은 항에 규정된 행위를 한 자
제27조(행위제한 등) ① 도로구역 및 제26조 제 1 항에 따라 공고를 한 도로구역 결정·변경 또는 폐지 예정지(이하 "도로구역 예정지"라 한다)에서 건축물의 건축, 공작물의 설치, 토지의 형질변경, 토석(土石)의 채취, 토지의 분할, 물건을 쌓아놓는 행위, 그 밖에 대통령령으로 정하는 행위를 하려는 자는 특별자치시장, 특별자치도지사, 시장·군수 또는 구청장(이하 이 조에서 "허가권자"라 한다)의 허가를 받아야 한다.
▪ **하천법 제76조(공용부담 등으로 인한 손실보상)** ① 제75조에 따른 처분이나 제한으로 손실을 입은 자가 있거나 하천관리청이 시행하는 하천공사로 손실을 입은 자가 있는 때에는 환경부장관이 행한 처분이나 공사로 인한 것은 국고에서, 시 · 도지사가 행한 처분이나 공사로 인한 것은 해당 시 · 도에서 그 손실을 보상하여야 한다.

제 4 절 공용수용

제1항 일 반 론

Ⅰ. 공용수용의 의의

1. 공용수용의 개념

공용수용이란 국가 또는 지방자치단체 등(공용수용의 주체)이 특정의 공익사업을 위하여(공용수용의 목적) 법령이 정하는 바에 따라(공용수용의 절차) 사인의 재산권(공용수용의 목적물)을 강제적으로 취득하고(공용수용의 수단) 아울러 피수용자에게는 손실보상(공용수용의 보상)이 주어지는 물적 공용부담을 의미한다. 사업의 공익성·공공성은 종래에는 사권보호의 견지에서 제한적으로 인정되었으나, 최근에 복리행정의 확대에 따라 완화되는 경향에 있다.

[예] 서울특별시가 제24회 올림픽 개최를 위해 서울특별시 마포구 상암동 일대의 개인 소유 토지를 강제로 취득하고, 토지소유자에게는 손실을 보상해주는 것이 공용수용에 해당한다. 여기서 강제란

토지소유자가 자기 소유 토지를 서울특별시에 양도하는 것을 반대한다고 하여도 서울특별시가 법령이 정한 절차를 거쳐 소유권을 취득하는 것을 말한다.

2. 공용수용의 법적 근거

공용수용은 기본권(재산권)에 대한 중대한 침해인 까닭에 법률의 근거를 요한다. ① 헌법 제23조 제 3 항은 "공공필요에 의한 재산권의 수용·사용 또는 제한 및 그에 대한 보상은 법률로써 하되, 정당한 보상을 지급하여야 한다"고 규정하여 공용수용에 법적 근거가 필요함을 규정하고 있고, 이에 의거하여 ② 여러 종류의 법률이 제정되어 있다. 토지등의 수용·사용에 관한 일반법으로 공익사업을 위한 토지 등의 취득 및 보상에 관한 법률이 있고, 그 밖에 개별법률로 도로법·도시 및 주거환경정비법·하천법 등을 볼 수 있다.

Ⅱ. 공용수용의 당사자

1. 공용수용의 주체(수용권자)

(1) 수용권자 공용수용에 있어서 공용수용의 주체(공익사업의 주체)가 누구인가의 문제에 관해 국가수용권설과 사업시행자수용권설(기업자수용권설) 등의 대립이 있다. 이러한 견해의 대립은 국가 이외에 사인도 공익사업을 위해 수용을 할 수 있으나, 수용절차는 국가에 의해 주도되고 있는 데 기인하는 것이다.

(가) **국가수용권설** 이 견해는 자기의 행위로 수용의 효과를 발생시킬 수 있는 능력을 가진 주체를 수용권자로 이해하고, 이러한 능력을 가진 자는 국가뿐이기 때문에 국가만이 수용권자라는 입장이다. 말하자면 이 견해는 공용수용권의 본질을 수용의 효과를 발생시킬 수 있는 힘으로 보면서, 사인인 사업시행자는 국가에 대하여 다만 자기의 사업을 위하여 토지 등을 수용해 줄 것을 청구할 수 있는 권리(수용청구권)만을 갖는다는 입장이다.

(나) **사업시행자수용권설** 이 견해는 공공단체 또는 사인인 사업시행자도 자기의 이익을 위해 토지를 수용하고 그 효과도 자기에게 귀속하는 것이므로 사업시행자 자신이 수용권자라는 견해로서 다수설이다.

(다) **국가위탁권설** 이 견해는 수용권은 국가에 귀속하는 국가적 공권이며, 국가는 사업인정(수용권 설정)을 통하여 이를 사업시행자에게 위탁한 것이라는 입장이다.

(라) **사 견** 생각건대 공용수용은 공익사업을 위해 사인의 재산권을 '강제'로 '취득한다'는 데에 그 의미가 있는 것임을 고려하면, 그리고 수용의 강제성은 수용의 효과를 위한 원인행위에 불과하다는 점을 고려할 때, 사업시행자수용권설(기업자 수용설)이 합리적이다.

(2) 사업시행자 공익사업을 위한 토지 등의 취득 및 보상에 관한 법률은 사업시

행자를 동법 제 4 조에 해당하는 사업인 공익사업을 수행하는 자로 정의하고 있다(토상법 제 2 조 제 3 호). 국가 · 공법인 · 사법인 모두 사업시행자가 될 수 있다. 동법에 의하여 행한 절차 그 밖의 행위는 사업시행자 · 토지소유자 및 관계인의 승계인에게도 그 효력이 미친다(토상법 제 5 조 제 2 항). 동법에 의한 사업시행자의 권리 · 의무는 그 사업을 승계한 자에게 이전한다(토상법 제 5 조 제 1 항). 사업시행자 · 토지소유자 및 관계인은 사업인정의 신청, 재결의 신청, 의견서의 제출 등의 행위를 함에 있어서 변호사 또는 그 밖의 자를 대리인으로 할 수 있다(토상법 제 7 조).

2. 공용수용의 상대방(피수용자)과 관계인

(1) 피수용자 공용수용의 상대방은 수용되는 재산권의 소유자 및 기타의 권리자를 의미한다. 공법인이거나 사법인이거나를 불문하고 피수용자가 될 수 있다. 경우에 따라서는 국가도 피수용자가 될 수 있다(예: 지방자치단체가 국가의 일반재산을 수용하여 공익사업을 경영하고자 하는 경우). 공익사업을 위한 토지 등의 취득 및 보상에 관한 법률상 토지소유자라 함은 공익사업에 필요한 토지의 소유자를 말한다(토상법 제 2 조 제 4 호). 공익사업을 위한 토지 등의 취득 및 보상에 관한 법률에 의하여 행한 절차 그 밖의 행위는 사업시행자 · 토지소유자 및 관계인의 승계인에게도 그 효력이 미친다(토상법 제 5 조 제 2 항). 물론 피수용자는 손실보상청구권 및 그 밖의 각종의 권리(예: 재결신청권 · 수용청구권 · 환매권)를 가진다.

(2) 관 계 인 공익사업을 위한 토지 등의 취득 및 보상에 관한 법률상 "관계인"이라 함은 사업시행자가 취득 또는 사용할 토지에 관하여 지상권 · 지역권 · 전세권 · 저당권 · 사용대차 또는 임대차에 의한 권리 기타 토지에 관한 소유권 외의 권리를 가진 자 또는 그 토지에 있는 물건에 관하여 소유권 그 밖의 권리를 가진 자를 말한다(토상법 제 2 조 제 5 호 본문). 다만, 제22조의 규정에 의한 사업인정의 고시가 있은 후에 권리를 취득한 자는 기존의 권리를 승계한 자를 제외하고는 관계인에 포함되지 아니한다(토상법 제 2 조 제 5 호 단서). 공익사업을 위한 토지 등의 취득 및 보상에 관한 법률에 의하여 행한 절차 그 밖의 행위는 사업시행자 · 토지소유자 및 관계인의 승계인에게도 그 효력이 미친다(토상법 제 5 조 제 2 항).

Ⅲ. 공용수용의 목적물

1. 목적물의 종류

공용수용의 기본적인 목적물은 토지수용의 경우에는 토지소유권이다(토상법 제 3 조, 제19조 제 1 항). 공익사업을 위한 토지 등의 취득 및 보상에 관한 법률은 사업시행자가 ① 토지 및 이에 관한 소유권 외의 권리, ② 토지와 함께 공익사업을 위하여 필요로 하는 입목, 건물 기타 토지에 정착한 물건 및 이에 관한 소유권 외의 권리, ③ 광업권·어업권·양식업권 또는 물의 사용에 관한 권리, ④ 토지에 속한 흙·돌·모래 또는 자갈에 관한 권리 등의 토지·물건 및 권리를 취득 또는 사용하는 경우에 이를 적용한다.

2. 목적물의 제한

공물이 공용수용의 대상이 될 수 될 수 있는지가 문제된다. ① 먼저 학설을 보면, ⓐ 부정설은 공물은 행정목적에 제공되어 있는 것으로서 공물을 수용에 의하여 다른 행정목적에 제공하는 것은 공물 본래의 행정목적에 배치되는 것이므로 공물을 다른 행정목적에 제공하기 위해서는 공용폐지행위가 선행되야 한다고 본다. ⓑ 그러나 긍정설은 토상법 제19조 제2항을 현재 공공목적에 제공되고 있는 토지는 가능한 현재의 용도를 유지하기 위하여 수용의 목적물로 할 수 없는 것이 원칙이나, 보다 더 중요한 공익사업에 제공할 필요가 있는 경우에는 공물로서의 토지도 예외적으로 수용의 목적물이 될 수 있는 것으로 규정하고 있는 것으로 해석한다. 이러한 관점에서 공물도 일정한 경우에는 그 공용폐지행위가 선행되지 않고도 공용수용의 목적물이 될 수 있는 것으로 보게 되는 것이다. ② 판례는 긍정설의 입장이다(헌재 2000. 10. 25, 2000헌바32; 대판 1996. 4. 26, 95누13241). ③ 특정의 행정재산이 특별히 더 큰 공익사업에 필요하다면 기존의 공익사업에 대한 명시적 또는 묵시적 공용폐지를 거쳐야 수용의 대상이 될 수 있다고 볼 것이다.

3. 목적물의 범위

공용수용은 공익사업을 위하여 타인의 특정한 재산권을 법률의 힘에 의하여 강제적으로 취득하는 것이므로 목적물의 범위는 원칙적으로 사업을 위하여 필요한 최소한도에 그쳐야 한다. 말하자면 수용의 경우에도 비례원칙은 적용된다(대판 1987. 9. 8, 87누395).

제2항 사업의 준비('토상법'의 경우)

Ⅰ. 출입의 허가와 공고

1. 출입의 허가

사업시행자는 공익사업을 준비하기 위하여 타인이 점유하는 토지에 출입하여 측량하거나 조사할 수 있다(토상법 제9조 제1항). 사업시행자(특별자치도, 시·군 또는 자치구가 사업시행자인 경우는 제외한다)는 제1항에 따라 측량이나 조사를 하려면 사업의 종류와 출입할 토지의 구역 및 기간을 정하여 특별자치도지사, 시장·군수 또는 구청장(자치구의 구청장을 말한다. 이하 같다)의 허가를 받아야 한다(토상법 제 9 조 제 2 항 본문). 다만, 사업시행자가 국가일 때에는 그 사업을 시행할 관계 중앙행정기관의 장이 특별자치도지사, 시장·군수 또는 구청장에게 통지하고, 사업시행자가 특별시·광역시 또는 도일 때에는 특별시장·광역시장 또는 도지사가 시장·군수 또는 구청장에게 통지하여야 한다(토상법 제 9 조 제 2 항 단서).

2. 허가의 공고

특별자치도지사, 시장·군수 또는 구청장은 다음 각 호(1. 제 2 항 본문에 따라 허가를 한 경우, 2. 제 2 항 단서에 따라 통지를 받은 경우, 3. 특별자치도, 시·군 또는 구(자치구를 말한다. 이하 같다)가 사업시행자인 경우로서 제 1 항에 따라 타인이 점유하는 토지에 출입하여 측량이나 조사를 하려는 경우)의 어느 하나에 해당할 때에는 사업시행자, 사업의 종류와 출입할 토지의 구역 및 기간을 공고하고 이를 토지점유자에게 통지하여야 한다(토상법 제 9 조 제 3 항).

Ⅱ. 장해물의 제거

1. 출입의 통지

제 9 조 제 2 항에 따라 타인이 점유하는 토지에 출입하려는 자는 출입하려는 날의 5일 전까지 그 일시 및 장소를 특별자치도지사, 시장·군수 또는 구청장에게 통지하여야 한다(토상법 제10조 제 1 항). 특별자치도지사, 시장·군수 또는 구청장은 제 1 항에 따른 통지를 받은 경우 또는 특별자치도, 시·군 또는 구가 사업시행자인 경우에 특별자치도지사, 시장·군수 또는 구청장이 타인이 점유하는 토지에 출입하려는 경우에는 지체 없이 이를 공고하고 그 토지점유자에게 통지하여야 한다(토상법 제10조 제 2 항).

2. 장해물의 제거 등

사업시행자는 제 9 조에 따라 타인이 점유하는 토지에 출입하여 측량 또는 조사를 할 때 장해물을 제거하거나 토지를 파는 행위(이하 "장해물 제거등"이라 한다)를 하여야 할 부득이한 사유가 있는 경우에는 그 소유자 및 점유자의 동의를 받아야 한다. 다만, 그 소유자 및 점유자의 동의를 받지 못하였을 때에는 사업시행자(특별자치도, 시·군 또는 구가 사업시행자인 경우는 제외한다)는 특별자치도지사, 시장·군수 또는 구청장의 허가를 받아 장해물 제거등을 할 수 있으며, 특별자치도, 시·군 또는 구가 사업시행자인 경우에 특별자치도지사, 시장·군수 또는 구청장은 허가 없이 장해물 제거등을 할 수 있다(토상법 제12조 제 1 항).

3. 증표 등의 휴대

제 9 조 제 2 항 본문에 따라 특별자치도지사, 시장 · 군수 또는 구청장의 허가를 받고 타인이 점유하는 토지에 출입하려는 사람과 제12조에 따라 장해물 제거등을 하려는 사람(특별자치도, 시 · 군 또는 구가 사업시행자인 경우는 제외한다)은 그 신분을 표시하는 증표와 특별자치도지사, 시장 · 군수 또는 구청장의 허가증을 지녀야 한다(토상법 제13조 제 1 항).

Ⅲ. 손실의 보상

① 사업시행자는 제 1 항에 따라 타인이 점유하는 토지에 출입하여 측량 · 조사함으로써 발생하는 손실을 보상하여야 한다(토상법 제 9 조 제 4 항). ② 사업시행자는 제 1 항에 따라 장해물 제거등을 함으로써 발생하는 손실을 보상하여야 한다(토상법 제12조 제 5 항).

제 3 항 공용수용의 절차

■ 참고 ■

(1) 공익사업을 위한 토지 등의 취득 및 보상에 관한 법률은 사인의 재산권을 강제취득하는 공용수용절차의 핵심절차인 사업인정 이전에 사업시행자가 토지소유자 · 관계인 사이의 협의를 통해 토지등을 취득하거나 사용할 수 있음을 규정하고 있다(토상법 제14조 이하). 이 법률은 임의적 협의절차와 관련하여 토지조서와 물건조서를 작성하여 서명 또는 날인(토상법 제14조 제 1 항), 공익사업의 개요, 토지조서 및 물건조서의 내용과 보상의 시기 · 방법 및 절차 등이 포함된 보상계획의 공고 · 통지와 열람(토상법 제15조), 협의(토상법 제16조), 계약의 체결(토상법 제17조)을 규정하고 있다. 토지조서와 물건조서의 작성과 보상계획의 공고 · 통지와 열람은 강제수용절차인 사업인정 이후의 절차에도 준용되고 있다.

▌대판 2017. 4. 13, 2016두64241[공익사업을 위한 토지 등의 취득 및 보상에 관한 법률(이하 '토지보상법'이라고 한다)에 의하면 사업시행자는 공익사업의 수행을 위하여 토지 등의 취득 또는 사용이 필요할 때에는 다음 두 가지 방법으로 이를 취득 또는 사용할 수 있다.

첫째로, 사업시행자는 사업인정 전이나 그 후에 토지조서 및 물건조서의 작성, 보상계획의 열람 등 일정한 절차를 거친 후 토지 등에 대한 보상에 관하여 **토지소유자 및 관계인과 협의**한 다음 그 협의가 성립되었을 때 계약을 체결할 수 있다(제14조 내지 제17조, 제26조, 이하 '협의취득'이라 한다). 이때의 보상합의는 공공기관이 **사경제주체로서 행하는 사법상 계약**의 실질을 가지는 것으로서, 당사자 간의 합의로 토지보상법이 정한 손실보상 기준에 의하지 아니한 손실보상금을 정할 수 있고, 이처럼 법이 정하는 기준에 따르지 아니하고 손실보상액에 관한 합의를 하였다고 하더라도 그 합의가 착오 등을 이유로 적법하게 취소되지 않는 한 유효하므로, 사업시행자는 그 합의에서 정한 바에 따라 토지 등을 취득 또는 사용할 수 있다.

둘째로, 사업시행자는 **위와 같은 협의가 성립되지 아니하거나 협의를 할 수 없을 때**에는 사업인정고시가 된 날부터 1년 이내에 대통령령으로 정하는 바에 따라 관할 토지수용위원회에 재결을 신청할 수 있고(제28조 제 1 항), 이때 토지수용위원회는 '1. 수용하거나 사용할 토지의 구역 및 사용방법, 2. 손실보상, 3. 수용 또는 사용의 개시일과 기간' 등에 관하여 재결하며(제50조 제 1 항), 사업시행자가 수용 또는 사용의 개시일까지 관할 토지수용위원회가 재결한 보상금을 지급하거나 공탁하지 아니하여 재결이 효력을 상실하지 않는 이상(제42조 제 1 항), 사업시행자는 수용이나 사용의 개시일에 토지나 물건의 소유권 또는 사용권을 취득한다(제45조 제 1 항, 제 2 항, 이하 '수용재결취득'이라 한다)].

(2) 공용수용은 방식에 있어서 법률수용과 행정수용의 두 가지로 구별된다. 법률수용이란 법률에 의거하여 직접 수용이 이루어지고 별다른 절차를 요하지 않는 경우의 수용을 말하며, 행정수용이란 법률이 정하는 일련의 절차에 따라 이루어지는 수용을 말한다. 법률수용은 급박한 경우 등에 예외적으로 나타나고 행정수용이 일반적인 현상이다. 행정수용이 피수용자의 권리보호에 보다 더 효과적이다. 이하에서 공익사업을 위한 토지 등의 취득 및 보상에 관한 법률이 정하는 행정수용의 절차에 관해 보기로 한다.

Ⅰ. 사업의 인정

1. 사업인정의 의의

사업시행자는 제19조에 따라 토지등을 수용하거나 사용하려면 대통령령으로 정하는 바에 따라 국토교통부장관의 사업인정을 받아야 한다(토상법 제20조 제 1 항). "사업인정"이란 공익사업을 토지등을 수용하거나 사용할 사업으로 결정하는 것을 말한다(토상법 제 2 조 제 7 호).

2. 사업인정의 성질

(1) 형성행위 사업인정은 일정한 절차를 거칠 것을 조건으로 하여 사업시행자에게 수용권을 발생시키므로 형성적 행정행위에 해당된다(형성행위설, 다수설). 판례의 입장이기도 하다(대판 2019. 2. 28, 2017두71031; 헌재 2014. 7. 24, 2012헌바294). 사업인정을 특정사업이 공익사업을 위한 토지 등의 취득 및 보상에 관한 법률에 규정된 공익사업에 해당됨을 공권적으로 확인하는 행위로서 사업시행자의 수용권은 사업인정에 의하여 발생하는 것이 아니라 사업인정 후의 협의 또는 토지수용위원회의 재결에 의하여 발생한다는 견해도 있다(확인행위설, 소수설).

(2) 재량행위 토지수용은 공익의 실현이라는 점에 중점을 두고 판단되어야 하는 바, 재량행위로 볼 것이다. 기속행위라는 견해도 있다.

3. 사업인정의 요건

(1) 공익사업 해당 사업인정은 공익사업을 토지등을 수용하거나 사용할 사업으로 결정하는 것을 말하므로, 사업의 공익성의 존부는 사업인정의 요건이 된다. 사업의 공익성이 있다고 하기 위해서는 ① 외형상 해당 사업이 공익사업을 위한 토지등의 취득 및 보상에 관

한 법률 제 4 조가 정하는 공익사업에 해당하여야 하고, ② 내용상 해당 사업이 공용수용을 할 만한 공익성이 있어야 한다. 공익성 유무의 판단에는 비례원칙 등이 적용된다(대판 2019. 2. 28, 2017두71031).

(2) 사업수행 의사와 능력　사업인정은 공익사업이 현실적으로 이루어질 것을 전제로 하는바, 해당 공익사업을 수행할 의사와 능력이 없는 사업시행자에게 사업인정은 허용될 수 없다. 따라서 사업시행자에게 해당 사업을 수행할 의사와 능력이 있어야 한다는 것도 사업인정의 요건의 하나가 된다(대판 2011.1 . 27, 2009두1051).

4. 사업인정의 절차

(1) 의견청취　국토교통부장관은 사업인정을 하려면 관계 중앙행정기관의 장 및 특별시장 · 광역시장 · 도지사 · 특별자치도지사(이하 "시 · 도지사"라 한다) 및 제49조에 따른 중앙토지수용위원회와 협의하여야 하며, 대통령령으로 정하는 바에 따라 미리 사업인정에 이해관계가 있는 자의 의견을 들어야 한다(토상법 제21조 제 1 항).

(2) 고　시　국토교통부장관은 제20조에 따른 사업인정을 하였을 때에는 지체 없이 그 뜻을 사업시행자, 토지소유자 및 관계인, 관계 시 · 도지사에게 통지하고 사업시행자의 성명이나 명칭, 사업의 종류, 사업지역 및 수용하거나 사용할 토지의 세목을 관보에 고시하여야 한다(토상법 제22조 제 1 항).

5. 사업인정의 효과

사업인정은 제 1 항에 따라 고시한 날부터 그 효력이 발생한다(토상법 제22조 제 3 항). 사업인정의 고시로 수용의 목적물은 확정된다. 이것이 사업인정의 기본적인 효과이다. 부수적인 효과로 관계인의 범위제한(토상법 제 2 조 제 5 호 단서), 형질변경 등의 제한(토상법 제25조), 토지등에 대한 조사권발생(토상법 제27조) 등이 따른다.

6. 사업인정의 후속절차

제20조에 따른 사업인정을 받은 사업시행자는 토지조서 및 물건조서의 작성, 보상계획의 공고 · 통지 및 열람, 보상액의 산정과 토지소유자 및 관계인과의 협의 절차를 거쳐야 한다. 이 경우 제14조부터 제16조까지 및 제68조를 준용한다(토상법 제26조 제 1 항).

7. 사업인정의 실효

(1) 재결신청의 해태로 인한 실효　사업시행자가 제22조 제 1 항에 따른 사업인정의 고시(이하 "사업인정고시"라 한다)가 된 날부터 1년 이내에 제28조 제 1 항에 따른 재결신청을

하지 아니한 경우에는 사업인정고시가 된 날부터 1년이 되는 날의 다음 날에 사업인정은 그 효력을 상실한다(토상법 제23조 제 1 항). 사업시행자는 제 1 항에 따라 사업인정이 실효됨으로 인하여 토지소유자나 관계인이 입은 손실을 보상하여야 한다(토상법 제23조 제 2 항).

(2) 사업의 폐지·변경에 의한 실효

(가) **통 지** 사업인정고시가 된 후 사업의 전부 또는 일부를 폐지하거나 변경함으로 인하여 토지등의 전부 또는 일부를 수용하거나 사용할 필요가 없게 되었을 때에는 사업시행자는 지체 없이 사업지역을 관할하는 시·도지사에게 신고하고, 토지소유자 및 관계인에게 이를 통지하여야 한다(토상법 제24조 제 1 항). 사업시행자는 제 1 항에 따라 사업의 전부 또는 일부를 폐지·변경함으로 인하여 토지소유자 또는 관계인이 입은 손실을 보상하여야 한다(토상법 제24조 제 6 항).

(나) **반환·원상회복** 사업시행자는 토지나 물건의 사용기간이 끝났을 때나 사업의 폐지·변경 또는 그 밖의 사유로 사용할 필요가 없게 되었을 때에는 지체 없이 그 토지나 물건을 그 토지나 물건의 소유자 또는 그 승계인에게 반환하여야 한다(토상법 제48조 제 1 항). 제 1 항의 경우에 사업시행자는 토지소유자가 원상회복을 청구하면 미리 그 손실을 보상한 경우를 제외하고는 그 토지를 원상으로 회복하여 반환하여야 한다(토상법 제48조 제 2 항).

8. 사업인정에 대한 불복(권리보호)

① 사업인정으로 법률상 이익이 침해된 자는 행정상 쟁송을 제기할 수 있다. ② 하자 있는 사업인정의 경우, 그 사업인정이 무효행위인지 또는 취소할 수 있는 행위인지 여부의 판단은 하자의 중대명백설에 따른다. ③ 사업인정은 공익사업을 토지등을 수용하거나 사용할 사업으로 사업인정처분 자체의 위법은 사업인정단계에서 다투어야 하고 이미 그 쟁송기간이 도과한 수용재결단계에서는 사업인정처분이 당연무효라고 볼 만한 특단의 사정이 없는 한 그 위법을 이유로 재결의 취소를 구할 수는 없다.

Ⅱ. 토지조서·물건조서, 보상계획 및 보상액의 산정

1. 토지조서·물건조서의 작성

사업시행자는 공익사업의 수행을 위하여 제20조에 따른 사업인정 전에 협의에 의한 토지등의 취득 또는 사용이 필요할 때에는 토지조서와 물건조서를 작성하여 서명 또는 날인을 하고 토지소유자와 관계인의 서명 또는 날인을 받아야 한다. 다만, 다음 각 호(1. 토지소유자 및 관계인이 정당한 사유 없이 서명 또는 날인을 거부하는 경우, 2. 토지소유자 및 관계인을 알 수 없거나 그 주소·거소를 알 수 없는 등의 사유로 서명 또는 날인을 받을 수 없는 경우)의 어느 하나에 해당하는 경우에는 그러하지 아니하다. 이 경우 사업시행자는 해당 토지조서와 물건조서에 그 사유를 적어야 한다(토상법 제26조 제 1 항 제 2 문, 제14조 제 1 항).

2. 보상계획의 공고와 열람

사업시행자는 제14조에 따라 토지조서와 물건조서를 작성하였을 때에는 공익사업의 개요, 토지조서 및 물건조서의 내용과 보상의 시기·방법 및 절차 등이 포함된 보상계획을 전국을 보급지역으로 하는 일간신문에 공고하고, 토지소유자 및 관계인에게 각각 통지하여야 하며, 제 2 항 단서에 따라 열람을 의뢰하는 사업시행자를 제외하고는 특별자치도지사, 시장·군수 또는 구청장에게도 통지하여야 한다. 다만, 토지소유자와 관계인이 20인 이하인 경우에는 공고를 생략할 수 있다(토상법 제26조 제 1 항 제 2 문, 제15조 제 1 항 본문).

3. 보상액의 산정

사업시행자는 토지등에 대한 보상액을 산정하려는 경우에는 감정평가업자 3인(제 2 항에 따라 시·도지사와 토지소유자가 모두 감정평가업자를 추천하지 아니하거나 시·도지사 또는 토지소유자 어느 한 쪽이 감정평가업자를 추천하지 아니하는 경우에는 2인)을 선정하여 토지등의 평가를 의뢰하여야 한다(토상법 제26조 제 1 항 제 2 문, 제68조 제 1 항 본문). 다만, 사업시행자가 국토교통부령으로 정하는 기준에 따라 직접 보상액을 산정할 수 있을 때에는 그러하지 아니하다(토상법 제26조 제 1 항 제 2 문, 제68조 제 1 항 단서).

Ⅲ. 협 의

1. 협의의 의의

사업시행자는 토지등에 대한 보상에 관하여 토지소유자 및 관계인과 성실하게 협의하여야 하며, 협의의 절차 및 방법 등 협의에 필요한 사항은 대통령령으로 정한다(토상법 제26조 제 1항 제 2 문, 제16조). 협의절차를 거치지 않고 재결을 신청할 수는 없다(대판 1994. 4. 15, 93누18594). 협의의 내용은 수용위원회의 재결사항 전반에 미친다.

2. 협의의 성질

통설은 협의의 법적 성질을 공법상 계약으로 본다. 협의는 일방적인 행위가 아니고 쌍방행위이며, 협의는 공익을 목적으로 하는 까닭에 전체로서 협의는 공법상 계약이라 할 것이므로 통설은 타당하다.

3. 협의성립의 확인

① 사업시행자와 토지소유자 및 관계인 간에 제26조에 따른 절차를 거쳐 협의가 성립되었을 때에는 사업시행자는 제28조 제 1 항에 따른 재결 신청기간 이내에 해당 토지소유자 및 관계인의 동의를 받아 대통령령으로 정하는 바에 따라 관할 토지수용위원회에 협의 성립의 확인을 신청할 수 있다(토상법 제29조 제 1 항). ② 사업시행자가 협의가 성립된 토지의 소재지·지번·지목 및 면적 등 대통령령으로 정하는 사항에 대하여 「공증인법」에 따른 공증을 받아 제 1 항에 따른 협의 성립의 확인을 신청하였을 때에는 관할 토지수용위원회가 이를 수리함으로써 협의 성립이 확인된 것으로 본다(토상법 제29조 제 3 항). ③ 제 1 항 및 제 3 항에 따른 확인은 이 법에 따른 재결로 보며, 사업시행자, 토지소유자 및 관계인은 그 확인된 협의의 성립이나 내용을 다툴 수 없다(토상법 제29조 제 4 항).

Ⅳ. 재 결

1. 재결의 의의

재결이란 수용에 관한 협의가 성립되지 아니한 경우에 행하는 공용수용의 최종처분절차 중의 하나로서, 보상금의 지급을 조건으로 하여 당사자 사이에서 수용과 보상의 권리·의무를 발생시키는 형성적 행정행위이다.

2. 재결의 신청

제26조에 따른 협의가 성립되지 아니하거나 협의를 할 수 없을 때(제26조 제 2 항 단서에 따른 협의 요구가 없을 때를 포함한다)에는 사업시행자는 사업인정고시가 된 날부터 1년 이내에 대통령령으로 정하는 바에 따라 관할 토지수용위원회에 재결을 신청할 수 있다(토상법 제28조 제 1 항). 재결의 신청은 사업시행자만이 할 수 있고, 토지소유자 및 관계인은 할 수 없다.

3. 재결신청의 청구

사업인정고시가 된 후 협의가 성립되지 아니하였을 때에는 토지소유자와 관계인은 대통령령으로 정하는 바에 따라 서면으로 사업시행자에게 재결을 신청할 것을 청구할 수 있다(토상법 제30조 제 1 항). 사업시행자는 제 1 항에 따른 청구를 받았을 때에는 그 청구를 받은 날부터 60일 이내에 대통령령으로 정하는 바에 따라 관할 토지수용위원회에 재결을 신청하여야 한다(토상법 제30조 제 2 항 제 1 문).

4. 재결기관(토지수용위원회)

(1) 설 치 토지등의 수용과 사용에 관한 재결을 하기 위하여 국토교통부에 중앙토지수용위원회를 두고, 특별시 · 광역시 · 도 · 특별자치도(이하 "시 · 도"라 한다)에 지방토지수용위원회를 둔다(토상법 제49조). 토지수용위원회는 합의제행정관청에 해당한다. 제49조에 따른 중앙토지수용위원회(이하 "중앙토지수용위원회"라 한다)는 다음 각 호(1. 국가 또는 시 · 도가 사업시행자인 사업, 2. 수용하거나 사용할 토지가 둘 이상의 시 · 도에 걸쳐 있는 사업)의 사업의 재결에 관한 사항을 관장한다(토상법 제51조 제 1 항). 제49조에 따른 지방토지수용위원회(이하 "지방토지수용위원회"라 한다)는 제 1 항 각 호 외의 사업의 재결에 관한 사항을 관장한다(토상법 제51조 제 2 항).

(2) 재결사항 토지수용위원회의 재결사항은 다음 각 호(1. 수용하거나 사용할 토지의 구역 및 사용방법, 2. 손실보상, 3. 수용 또는 사용의 개시일과 기간, 4. 그 밖에 이 법 및 다른 법률에서 규정한 사항)와 같다(토상법 제50조 제 1 항). 토지수용위원회는 사업시행자, 토지소유자 또는 관계인이 신청한 범위에서 재결하여야 한다. 다만, 제 1 항 제 2 호의 손실보상의 경우에는 증액재결(增額裁決)을 할 수 있다(토상법 제50조).

5. 재결의 방식

토지수용위원회의 재결은 서면으로 한다(토상법 제34조 제 1 항). 제 1 항에 따른 재결서에는 주문 및 그 이유와 재결일을 적고, 위원장 및 회의에 참석한 위원이 기명날인한 후 그 정본(正本)을 사업시행자, 토지소유자 및 관계인에게 송달하여야 한다(토상법 제34조 제 2 항). 재결에 계산상 또는 기재상의 잘못이나 그 밖에 이와 비슷한 잘못이 있는 것이 명백할 때에는 토지수용위원회는 직권으로 또는 당사자의 신청에 의하여 경정재결(更正裁決)을 할 수 있다(토상법 제36조 제 1 항).

6. 재결의 효과와 실효

① 사업시행자는 보상금지급을 조건으로 소유권을 원시취득한다. 피수용자는 수용목적물의 이전의무와 손실보상청구권, 그리고 환매권을 갖게 된다. ② 사업시행자가 수용 또는 사용의 개시일까지 관할 토지수용위원회가 재결한 보상금을 지급하거나 공탁하지 아니하였을 때에는 해당 토지수용위원회의 재결은 효력을 상실한다(토상법 제42조 제 1 항). 사업시행자는 제 1 항에 따라 재결의 효력이 상실됨으로 인하여 토지소유자 또는 관계인이 입은 손실을 보상하여야 한다(토상법 제42조 제 2 항).

7. 화해의 권고

토지수용위원회는 그 재결이 있기 전에는 그 위원 3명으로 구성되는 소위원회로 하여금 사업시행자, 토지소유자 및 관계인에게 화해를 권고하게 할 수 있다(토상법 제33조 제 1 항 제 1 문). 제 1 항에 따른 화해가 성립되었을 때에는 해당 토지수용위원회는 화해조서를 작성하여 화해에 참여한 위원, 사업시행자, 토지소유자 및 관계인이 서명 또는 날인을 하도록 하여야 한다(토상법 제33조 제 2 항). 제 2 항에 따라 화해조서에 서명 또는 날인이 된 경우에는 당사자 간에 화해조서와 동일한 내용의 합의가 성립된 것으로 본다(대판 1986. 6. 24, 84누554).

Ⅴ. 재결에 대한 불복

1. 이의신청과 재결

(1) 이의신청 ① 중앙토지수용위원회의 제34조에 따른 재결에 이의가 있는 자는 중앙토지수용위원회에 이의를 신청할 수 있다(토상법 제83조 제 1 항). ② 지방토지수용위원회의 제34조에 따른 재결에 이의가 있는 자는 해당 지방토지수용위원회를 거쳐 중앙토지수용위원회에 이의를 신청할 수 있다(토상법 제83조 제 2 항). ③ 이의절차에는 행정심판법이 준용된다(대판 1992. 6. 9, 92누565).

(2) 재 결 중앙토지수용위원회는 제83조에 따른 이의신청을 받은 경우 제34조에 따른 재결이 위법하거나 부당하다고 인정할 때에는 그 재결의 전부 또는 일부를 취소하거나 보상액을 변경할 수 있다(토상법 제84조 제 1 항). 제85조 제 1 항에 따른 기간 이내에 소송이 제기되지 아니하거나 그 밖의 사유로 이의신청에 대한 재결이 확정된 때에는 「민사소송법」상의 확정판결이 있은 것으로 보며, 재결서 정본은 집행력 있는 판결의 정본과 동일한 효력을 가진다(토상법 제86조 제 1 항). 제83조에 따른 이의의 신청이나 제85조에 따른 행정소송의 제기는 사업의 진행 및 토지의 수용 또는 사용을 정지시키지 아니한다(토상법 제88조).

2. 행정소송

(1) 제소기간 사업시행자, 토지소유자 또는 관계인은 제34조에 따른 재결에 불복할 때에는 재결서를 받은 날부터 90일 이내에, 이의신청을 거쳤을 때에는 이의신청에 대한 재결서를 받은 날부터 60일 이내에 각각 행정소송을 제기할 수 있다(토상법 제85조 제 1 항 제 1 문). 이러한 소송에는 행정심판법 제18조(행정심판 제기기간), 행정소송법 제20조(제소기간)의 규정은 적용되지 아니한다는 것이 판례의 입장이다(대판 1989. 3. 28, 88누5198).

(2) 소의 대상 행정소송법 제19조가 정하는 원처분주의에 따라 원처분인 신청에

대한 재결이 소의 대상이다.

(3) 피고적격·관할법원 신청에 대한 재결에 대하여 제소한 경우에는 해당 토지수용위원회를, 이의신청에 따른 재결에 대하여 제소한 경우에는 중앙토지수용위원회를 피고로 한다. 행정법원(1심법원)이 관할법원이 된다.

(4) 보상금증감소송 제 1 항에 따라 제기하려는 행정소송이 보상금의 증감(增減)에 관한 소송인 경우 그 소송을 제기하는 자가 토지소유자 또는 관계인일 때에는 사업시행자를, 사업시행자일 때에는 토지소유자 또는 관계인을 각각 피고로 한다(토상법 제85조 2항). 이처럼 수용재결이나 이의재결 중 보상금에 대한 재결에 불복이 있는 경우 보상금의 증액 또는 감액을 청구하는 소송을 보상금증감소송이라 한다. 공익사업을 위한 토지 등의 취득 및 보상에 관한 법률상 보상금증감소송은 형식적 당사자소송에 해당한다.

제 4 항 공용수용의 효과

Ⅰ. 손실의 보상

사업시행자는 제38조(천재·지변시의 토지의 사용) 또는 제39조(시급을 요하는 토지의 사용)에 따른 사용의 경우를 제외하고는 수용 또는 사용의 개시일(토지수용위원회가 재결로써 결정한 수용 또는 사용을 시작하는 날을 말한다. 이하 같다)까지 관할 토지수용위원회가 재결한 보상금을 지급하여야 한다(토상법 제40조 제 1 항).

1. 정당한 보상

재산권의 수용·사용 또는 제한에는 정당한 보상을 지급하여야 한다(헌법 제23조 제 3 항). 이에 따라 '토상법'은 손실보상에 관한 일반원칙으로 사업시행자보상의 원칙(토상법 제61조), 사전보상의 원칙(토상법 제62조 본문), 현금보상(금전보상)의 원칙과 대토보상(토상법 제63조 제 1 항)의 예외와 채권보상(토상법 제63조 제1 항)의 예외, 개인별 보상의 원칙(토상법 제64조 본문), 일괄보상의 원칙(토상법 제65조) 및 사업시행이익과의 상계금지의 원칙(토상법 제66조)을 규정하고 있다.

▪ **공익사업을 위한 토지 등의 취득 및 보상에 관한 법률 제61조(사업시행자 보상)** 공익사업에 필요한 토지등의 취득 또는 사용으로 인하여 토지소유자나 관계인이 입은 손실은 사업시행자가 보상하여야 한다.

제62조(사전보상) 사업시행자는 해당 공익사업을 위한 공사에 착수하기 이전에 토지소유자와 관계인에게 보상액 전액(全額)을 지급하여야 한다. 다만, ….

제63조(현금보상 등) ① 손실보상은 다른 법률에 특별한 규정이 있는 경우를 제외하고는 현금으로 지급하여야 한다. 다만, 토지소유자가 원하는 경우로서 사업시행자가 해당 공익사업의 합리적인 토지

이용계획과 사업계획 등을 고려하여 토지로 보상이 가능한 경우에는 토지소유자가 받을 보상금 중 본문에 따른 현금 또는 제 7 항 및 제 8 항에 따른 채권으로 보상받는 금액을 제외한 부분에 대하여 다음 각 호에서 정하는 기준과 절차에 따라 그 공익사업의 시행으로 조성한 토지로 보상할 수 있다.

제64조(개인별 보상) 손실보상은 토지소유자나 관계인에게 개인별로 하여야 한다. 다만, 개인별로 보상액을 산정할 수 없을 때에는 그러하지 아니하다.

제65조(일괄보상) 사업시행자는 동일한 사업지역에 보상시기를 달리하는 동일인 소유의 토지등이 여러 개 있는 경우 토지소유자나 관계인이 요구할 때에는 한꺼번에 보상금을 지급하도록 하여야 한다.

제66조(사업시행 이익과의 상계금지) 사업시행자는 동일한 소유자에게 속하는 일단(一團)의 토지의 일부를 취득하거나 사용하는 경우 해당 공익사업의 시행으로 인하여 잔여지(殘餘地)의 가격이 증가하거나 그 밖의 이익이 발생한 경우에도 그 이익을 그 취득 또는 사용으로 인한 손실과 상계(相計)할 수 없다.

2. 보상액산정의 기준시점(시가보상의 원칙)

보상액의 산정은 협의에 의한 경우에는 협의 성립 당시의 가격을, 재결에 의한 경우에는 수용 또는 사용의 재결 당시의 가격을 기준으로 한다(토상법 제67조 제 1 항). 동법은 이 조항에 따른 보상액산정의 기준이 되는 시점을 가격시점이라 부른다(토상법 제 2 조 제 6 호). 한편, 보상액을 산정할 경우에 해당 공익사업으로 인하여 토지등의 가격이 변동되었을 때에는 이를 고려하지 아니한다(토상법 제67조 제 2 항).

3. 손실보상의 종류·내용

'토상법'은 토지에 대한 보상, 건축물 등 물건에 대한 보상, 권리에 대한 보상, 영업손실 등에 대한 보상, 그리고 이주대책(토상법 제78조 제 1 항) 등을 규정하고 있다. 판례는 "이주대책은 정당한 보상에 포함되는 것이라기보다는 정당한 보상에 부가하여 이주대책대상자에게 종전의 생활상태를 원상으로 회복시키기 위한 생활보상의 일환으로 마련된 제도"라 한다(헌재 2016. 5. 26, 2015헌바263).

■ **공익사업을 위한 토지 등의 취득 및 보상에 관한 법률 제78조(이주대책의 수립 등)** ① 사업시행자는 공익사업의 시행으로 인하여 주거용 건축물을 제공함에 따라 생활의 근거를 상실하게 되는 자(이하 "이주대책대상자"라 한다)를 위하여 대통령령으로 정하는 바에 따라 이주대책을 수립·실시하거나 이주정착금을 지급하여야 한다.

Ⅱ. 대물적 효과

1. 권리의 취득

사업시행자는 수용의 개시일에 토지나 물건의 소유권을 취득하며, 그 토지나 물건에 관한 다른 권리는 이와 동시에 소멸한다(토상법 제45조 제 1 항). 사업시행자는 사용의 개시일에 토지나 물건의 사용권을 취득하며, 그 토지나 물건에 관한 다른 권리는 사용 기간 중에는 행사하지 못한다(토상법 제45조 제 2 항). 사업시행자의 권리취득은 원시취득이다. 그러나 협의매수에 의한 토지수용의 경우, 관할토지수용위원회의 협의성립의 확인을 받지 아니한 것이면 원시취득이 아니라 승계취득이 된다(대판 1997. 7. 8, 96다53826).

2. 위험부담

토지수용위원회의 재결이 있은 후 수용하거나 사용할 토지나 물건이 토지소유자 또는 관계인의 고의나 과실 없이 멸실되거나 훼손된 경우 그로 인한 손실은 사업시행자가 부담한다(토상법 제46조). 위험부담의 이전의 시점이 수용이나 사용의 시기가 아니라 재결시인 점을 유념할 필요가 있다.

3. 토지·물건의 인도 등

토지소유자 및 관계인과 그 밖에 토지소유자나 관계인에 포함되지 아니하는 자로서 수용하거나 사용할 토지나 그 토지에 있는 물건에 관한 권리를 가진 자는 수용 또는 사용의 개시일까지 그 토지나 물건을 사업시행자에게 인도하거나 이전하여야 한다(토상법 제43조). 의무를 이행하여야 할 자가 그 정하여진 기간 이내에 의무를 이행하지 아니하거나 완료하기 어려운 경우 또는 그로 하여금 그 의무를 이행하게 하는 것이 현저히 공익을 해친다고 인정되는 사유가 있는 경우에는 사업시행자는 시·도지사나 시장·군수 또는 구청장에게 「행정대집행법」에서 정하는 바에 따라 대집행을 신청할 수 있다. 이 경우 신청을 받은 시·도지사나 시장·군수 또는 구청장은 정당한 사유가 없으면 이에 따라야 한다(토상법 제89조 제 1 항).

4. 인도·이전의 대행

특별자치도지사, 시장·군수 또는 구청장은 다음 각 호(1. 토지나 물건을 인도하거나 이전하여야 할 자가 고의나 과실 없이 그 의무를 이행할 수 없을 때, 2. 사업시행자가 과실 없이 토지나 물건을 인도하거나 이전하여야 할 의무가 있는 자를 알 수 없을 때)의 어느 하나에 해당할 때에는 사업시행자의 청구에 의하여 토지나 물건의 인도 또는 이전을 대행하여야 한다(토상법 제44조 제 1 항).

제 5 항 환 매 권

Ⅰ. 환매권의 관념

1. 환매권의 의의

환매권이란 공용수용의 목적물이 사업의 폐지 등의 사유로 불필요하게 된 경우에 그 목적물의 피수용자가 일정한 대가를 지급하고 그 목적물의 소유권을 다시 취득할 수 있는 권리를 말한다. 사업시행자의 매각의 의사를 요건으로 하는 선매권의 경우와 달리 환매권은 사업시행자의 매각의 의사표시를 요건으로 하지 아니한다.

2. 환매권의 인정취지

① 피수용자의 감정을 존중하는 데 환매권제도의 뜻이 있다고 한다(박윤흔). 말하자면 자기의 의사에 반하여 권리를 침해당한 피수용자가 보상금을 받았다고 하여도 그 자의 감정은 보상되는 것이 아니므로, 수용의 필요성이 없게 된 경우에는 수용물을 피수용자에게 돌려주는 것이 당연하다는 견해도 있고, 재산권의 존속보장을 근거로 드는 견해도 있으나, 후자가 타당하다. ② 헌법재판소는 재산권보장을 환매권의 근거로 본다(헌재 1994. 2. 24, 92헌가15 내지 17, 20 내지 24; 헌재 1996. 4. 25, 95헌바9; 헌재 2005. 5. 26, 2004헌가10; 헌재 2006. 11. 30, 2005헌가20). 대법원은 환매제도가 원소유자의 보호와 공평의 원칙에 근거를 둔 제도로 이해한다(대판 1993. 12. 28, 93다34701).

3. 환매권의 법적 근거

환매권은 반드시 개별 법령상의 근거가 있어야만 인정되는가, 아니면 개별규정이 없이도 헌법상 재산권보장규정에 근거하여 인정될 수 있는가의 문제가 있다. 판례는 개별법령상 명문의 규정 없이는 환매권을 인정하지 않는 입장을 취한다(대판 1993. 6. 29, 91다43480; 헌재 2006. 11. 30, 2005헌가20). 현행 실정법상으로는 공익사업을 위한 토지 등의 취득 및 보상에 관한 법률 외에 택지개발촉진법 등에서도 환매에 관한 규정을 볼 수 있다.

4. 환매권의 법적 성질

(1) 공 권 ① 학설은 개인이 전적으로 그의 이익을 위하여 일방적으로 이미 불용으로 되거나 또는 이용되지 않고 있는 수용의 목적물을 다시 취득할 수 있는 권리이기 때문에 환매권은 사권이라는 견해와 공법과 사법의 구별기준으로 주체설(귀속설)을 지지하는

입장에서 환매권이 사업시행자라고 하는 '공권력의 주체에 대한 권리'라는 의미에서 공권이라는 견해로 나뉜다. ② 판례는 기본적으로 사권설의 입장을 취한다(대판 1992. 4. 24, 92다4673; 헌재 1994. 2. 24, 92헌마283; 헌재 2006. 11. 30, 2005헌가20). ③ 생각건대 공법적 원인에 기하여 야기된 법적 상태를 원상으로 회복하는 수단 역시 공법적인 것으로 새기는 것이 논리적이라고 본다. 따라서 본서는 공권설을 취한다.

(2) 형 성 권　　환매는 환매기간 내에 환매의 요건이 발생하면 환매권자가 수령한 보상금의 상당금액을 사업시행자에게 지급하고 일방적으로 의사표시를 함으로써 사업시행자의 의사에 관계없이 성립되는 것이므로, 환매권은 형성권의 일종이다(대판 1993. 8. 24, 93다22241; 헌재 1994. 2. 24, 92헌마283; 헌재 2006. 11. 30, 2005헌가20).

Ⅱ. 환매의 요건

1. 환매권자

환매권자는 취득일 당시의 토지소유자 또는 포괄승계인(자연인의 상속인 또는 합병 후의 새로운 법인)이다(토상법 제91조 제 1 항). 따라서 지상권자 등 다른 권리자는 환매권자가 아니다.

2. 환매의 목적물

① 환매의 목적물은 토지소유권이다(토상법 제91조 제 1 항). 따라서 토지 이외의 물건(예: 건물 · 입목 · 토석)이나 토지소유권 이외의 권리는 환매의 대상이 되지 아니한다(헌재 2005. 5. 26, 2004헌가10). ② 수용된 토지의 일부도 환매의 목적물이 될 수 있다(토상법 제91조 제 1 항).

3. 환매권 발생사유

환매권은 공익사업의 폐지 · 변경 또는 그 밖의 사유로 취득한 토지의 전부 또는 일부가 필요 없게 된 경우에 발생한다(토상법 제91조 제 1 항). 필요성의 판단은 객관적으로 이루어져야 한다(대판 1994. 1. 25, 93가11760, 93다11777, 93다13784).

4. 환매권 행사기간

(1) 일반적인 경우　　환매는 ① 사업의 폐지 · 변경으로 취득한 토지의 전부 또는 일부가 필요 없게 된 경우에는 관계 법률에 따라 사업이 폐지 · 변경된 날 또는 제24조에 따른 사업의 폐지 · 변경 고시가 있는 날, ② 그 밖의 사유로 취득한 토지의 전부 또는 일부가 필요 없게 된 경우 사업완료일부터 10년 이내에 하여야 한다(토상법 제91조 제 1 항). 이러한 기간은 제척기간이다. 환매권행사가 이루어진 이상, 환매권행사기간이 경과하여도 환매가격결

정을 위한 절차는 진행될 수 있다(대판 2000. 11. 28, 99두3416).

(2) 공익사업의 변환의 경우 국가, 지방자치단체 또는 「공공기관의 운영에 관한 법률」 제 4 조에 따른 공공기관 중 대통령령으로 정하는 공공기관이 사업인정을 받아 공익사업에 필요한 토지를 협의취득하거나 수용한 후 해당 공익사업이 제 4 조 제 1 호부터 제 5 호까지에 규정된 다른 공익사업으로 변경된 경우 제 1 항 및 제 2 항에 따른 환매권 행사기간은 관보에 해당 공익사업의 변경을 고시한 날부터 기산(起算)한다. 이 경우 국가, 지방자치단체 또는 「공공기관의 운영에 관한 법률」 제 4 조에 따른 공공기관 중 대통령령으로 정하는 공공기관은 공익사업이 변경된 사실을 대통령령으로 정하는 바에 따라 환매권자에게 통지하여야 한다(토상법 제91조 제 6 항).

■ 참고 ■ 공익사업의 변환제도

공익사업의 변환이라 함은 국가 등이 공익사업을 위하여 토지를 협의취득 또는 수용한 후 당해 공익사업을 다른 공익사업으로 변경한 경우 별도의 절차 없이 당해 토지를 다른 공익사업에 이용함으로써 토지소유자의 환매권 행사가능성을 제한하는 제도를 말한다(특정 공익사업이 다른 공익사업으로 변경된 경우에 환매권자에게 환매하도록 한 후 새로운 공익사업의 시행을 위해 다시 수용하는 것이 원칙일 것이다. 여기서 토지의 환매를 인정하여 사유화한 후 다시 같은 토지를 수용하는 번거로운 절차의 반복을 피하기 위하여 도입된 것이 바로 공익사업의 변환제도이다).

5. 환매의 가격

환매가격은 그 토지에 대하여 받은 보상금에 상당하는 금액이다(토상법 제91조 제 1 항). 그러나 토지의 가격이 취득일 당시에 비하여 현저히 변동된 경우 사업시행자와 환매권자는 환매금액에 대하여 서로 협의하되, 협의가 성립되지 아니하면 그 금액의 증감을 법원에 청구할 수 있다(토상법 제91조 제 4 항). 보상금 상당액의 지급은 환매의 요건이지 환매권의 성립요건은 아니다(대판 1992. 6. 23, 92다7832).

6. 환매권의 대항력

제91조 제 1 항부터 제 3 항까지의 규정에 따른 환매권은 「부동산등기법」에서 정하는 바에 따라 공익사업에 필요한 토지의 협의취득 또는 수용의 등기가 되었을 때에는 제 3 자에게 대항할 수 있다(토상법 제91조 제 5 항). 즉 등기되었을 때에는 환매의 목적물(토지)이 제 3 자에게 이전된 경우에도 환매권자는 제 3 자에 대하여 환매권을 행사할 수 있다(물권적 효력).

Ⅲ. 환매의 절차

1. 통지·공고

사업시행자는 제91조 제 1 항 및 제 2 항에 따라 환매할 토지가 생겼을 때에는 지체 없이 그 사실을 환매권자에게 통지하여야 한다(토상법 제92조 제 1 항 본문). 다만, 사업시행자가 과실 없이 환매권자를 알 수 없을 때에는 대통령령으로 정하는 바에 따라 공고하여야 한다(토상법 제92조 제 1 항 단서). 여기서 통지는 최고의 성질을 갖는다. 환매의 통지나 공고를 하지 아니함으로 인해 환매권을 상실시키는 것은 불법행위에 해당한다(대판 2000. 11. 14, 99다45864).

2. 환매권의 소멸

환매권자는 제 1 항에 따른 통지를 받은 날 또는 공고를 한 날부터 6개월이 지난 후에는 제91조 제 1 항 및 제 2 항에도 불구하고 환매권을 행사하지 못한다(토상법 제92조 제 2 항).

Ⅳ. 환매권에 관한 소송

환매권에 관해 분쟁이 있는 경우에 소송을 제기할 수 있음은 물론이지만, 다만 환매권에 관한 소송이 행정소송인가 아니면 민사소송인가의 문제가 있다. 환매권을 사권으로 새기면 민사소송사항으로, 공권으로 새기면 행정소송(당사자 소송)사항으로 보게 될 것이다. 판례는 민사소송으로 다룬다.

● 제 7 장

기타 특별행정법상 주요사항

제 1 절 토지행정법상 주요사항

제 1 항 토지행정작용의 주요내용

Ⅰ. 토지의 소유에 관한 사항

토지의 소유와 관련하여서는 토지소유상한제도와 토지수용제도가 있다. ① 농지는 원칙적으로 자기의 농업경영에 이용하거나 이용할 자가 아니면 이를 소유하지 못한다(농지법 제6조). 한편 ② 특정의 공익사업을 위해서는 사인의 토지재산권을 강제적으로 수용할 수도 있다. 그 밖에 ③ 농지취득자격증명제도(농지법 제8조)도 토지의 소유에 관한 공법적 제약의 일종이다.

▪ **농지법 제6조(농지 소유 제한)** ① 농지는 자기의 농업경영에 이용하거나 이용할 자가 아니면 소유하지 못한다.
② 다음 각 호의 어느 하나에 해당하는 경우에는 제1항에도 불구하고 자기의 농업경영에 이용하지 아니할지라도 농지를 소유할 수 있다. (각호 생략)
제8조(농지취득자격증명의 발급) ① 농지를 취득하려는 자는 농지 소재지를 관할하는 시장(구를 두지 아니한 시의 시장을 말하며, 도농 복합 형태의 시는 농지 소재지가 동지역인 경우만을 말한다), 구청장(도농 복합 형태의 시의 구에서는 농지 소재지가 동지역인 경우만을 말한다), 읍장 또는 면장(이하 "시·구·읍·면의 장"이라 한다)에게서 농지취득자격증명을 발급받아야 한다. 다만, 다음 각 호의 어느 하나에 해당하면 농지취득자격증명을 발급받지 아니하고 농지를 취득할 수 있다. (각호 생략)

Ⅱ. 토지의 이용에 관한 사항

토지의 이용과 관련하여서는 ① 용도지역제와 ② 토지이용강제제도를 볼 수 있다. ① 전자는 토지를 그 성질에 따른 적정한 용도에 이용토록 하고, 그에 부합하지 않은 이용을 규제하여 합리적이고 능률적인 토지이용을 확보하려는 제도이다(국토법 제36조 이하). 한편 ② 후자는 토지를 용도에 적합하게 이용하도록 하는 적극적인 방식이다. 이러한 방식에는 대리경작제(농지법 제20조)·산림사업대행제도(산림자원의 조성 및 관리에 관한 법률 제23조) 등이 있다.

▪ 국토의 계획 및 이용에 관한 법률 제36조(용도지역의 지정) ① 국토교통부장관, 시 · 도지사 또는 대도시 시장은 다음 각 호의 어느 하나에 해당하는 용도지역의 지정 또는 변경을 도시 · 군관리계획으로 결정한다.
1. 도시지역: 다음 각 목의 어느 하나로 구분하여 지정한다. (각목 생략)
2. 관리지역: 다음 각 목의 어느 하나로 구분하여 지정한다. (각목 생략)
3. 농림지역
4. 자연환경보전지역

▪ 농지법 제20조(대리경작자의 지정 등) ① 시장(구를 두지 아니한 시의 시장을 말한다. 이하 이 조에서 같다)·군수 또는 구청장은 유휴농지(농작물 경작이나 다년생식물 재배에 이용되지 아니하는 농지로서 대통령령으로 정하는 농지를 말한다. 이하 같다)에 대하여 대통령령으로 정하는 바에 따라 그 농지의 소유권자나 임차권자를 대신하여 농작물을 경작할 자(이하 "대리경작자"라 한다)를 직권으로 지정하거나 농림축산식품부령으로 정하는 바에 따라 유휴농지를 경작하려는 자의 신청을 받아 대리경작자를 지정할 수 있다.

▪ 산림자원의 조성 및 관리에 관한 법률 제23조(산림사업의 대행 등) ② 특별자치시장·특별자치도지사·시장·군수·구청장은 제13조 제 4 항에 따라 산림경영계획을 인가받은 자가 정당한 사유 없이 인가받은 내용대로 산림사업을 하지 아니하면 산림소유자의 동의를 받아 다음 각 호의 어느 하나에 해당하는 자에게 산림사업을 대행하도록 할 수 있다. …

Ⅲ. 토지의 수익에 관한 사항

토지의 수익과 관련하여서는 개발이익의 환수제도로서 개발부담금제도가 있다. 개발이익환수에 관한 법률은 개발사업의 시행이나 토지이용계획의 변경, 그 밖에 사회적 · 경제적 요인에 따라 정상지가(正常地價)상승분을 초과하여 개발사업을 시행하는 자나 토지 소유자에게 귀속되는 토지가액의 증가분을 "개발이익"이라 하고(개발이익환수에 관한 법률. 이하 환수법 제 2 조 제 1 호), 개발이익 중 동법에 의하여 국가가 부과 · 징수하는 금액을 "개발부담금"으로 정의하고 있다(환수법 제 2 조 제 4 호). 농지의 임대차 · 사용대차의 제한(농지법 제23조 제 1 항)도 토지의 수익에 관련된 공법상 제약에 해당한다.

▪ 농지법 제23조(농지의 임대차 또는 사용대차) ① 다음 각 호의 어느 하나에 해당하는 경우 외에는 농지를 임대하거나 무상사용하게 할 수 없다. (각호 생략)

Ⅳ. 토지의 처분에 관한 사항

토지의 처분과 관련하여서는 토지거래계약허가제(부신법 제11조 이하), 선매협의제(부신법 제15조) 등이 있다. 농지처분의무제(농지법 제10조) 역시 토지의 처분에 관련된 공법상 제약에 해당한다.

▪ 부동산 거래신고 등에 관한 법률 제11조(허가구역 내 토지거래에 대한 허가) ① 허가구역에 있는 토지에 관한 소유권·지상권(소유권·지상권의 취득을 목적으로 하는 권리를 포함한다)을 이전하거나 설정(대가를 받고 이전하거나 설정하는 경우만 해당한다)하는 계약(예약을 포함한다. 이하 "토지거래계

약"이라 한다)을 체결하려는 당사자는 공동으로 대통령령으로 정하는 바에 따라 시장·군수 또는 구청장의 허가를 받아야 한다. 허가받은 사항을 변경하려는 경우에도 또한 같다.

제15조(선매) ① 시장·군수 또는 구청장은 제11조 제 1 항에 따른 토지거래계약에 관한 허가신청이 있는 경우 다음 각 호의 어느 하나에 해당하는 토지에 대하여 국가, 지방자치단체, 한국토지주택공사, 그 밖에 대통령령으로 정하는 공공기관 또는 공공단체가 그 매수를 원하는 경우에는 이들 중에서 해당 토지를 매수할 자[이하 "선매자(先買者)"라 한다]를 지정하여 그 토지를 협의 매수하게 할 수 있다.

1. 공익사업용 토지
2. 제11조 제 1 항에 따른 토지거래계약허가를 받아 취득한 토지를 그 이용목적대로 이용하고 있지 아니한 토지

▪ **농지법 제10조(농업경영에 이용하지 아니하는 농지 등의 처분)** ① 농지 소유자는 다음 각 호의 어느 하나에 해당하게 되면 그 사유가 발생한 날부터 1년 이내에 해당 농지(제 6 호의 경우에는 농지 소유 상한을 초과하는 면적에 해당하는 농지를 말한다)를 그 사유가 발생한 날 당시 세대를 같이하는 세대원이 아닌 자에게 처분하여야 한다. (각호 생략)

제 2 항 지가의 공시

Ⅰ. 표준지공시지가

1. 표준지공시지가의 의의

표준지공시지가란 「부동산 가격공시에 관한 법률(부공법)」의 규정에 의한 절차에 따라 국토교통부장관이 조사 · 평가하고 중앙부동산가격공시위원회의 심의를 거쳐 국토교통부장관이 공시한 표준지의 단위면적당 가격을 말한다(부공법 제 3 조 참조).

2. 표준지공시지가의 성질

(1) 학 설 표준지공시지가(결정)의 법적 성질과 관련하여 학설로 ① 입법행위설(표준지공시지가는 개별공시지가의 산정기준이 되는 일반추상적 규율이라는 견해), ② 행정계획설(표준지공시지가는 일반적인 토지거래의 지표가 되고 행정주체나 감정평가자의 감정평가시에 기준이 되는 계획의 일종이라는 견해), ③ 사실행위설(지가정보를 제공하는 의사작용을 요소로 하는 사실행위에 불과하다는 견해), ④ 행정행위설(국민의 구체적인 권리 · 의무 내지 법률상 이익에 영향을 미치며 이의신청의 대상이 된다는 점에서 행정행위라는 견해), ⑤ 개별검토설(표준지공시지가가 개별공시지가의 성질을 갖는 경우에는 행정행위이고, 표준지공시지가가 토지거래의 지표에 불과한 경우에는 처분성을 인정할 수 없으나, 개별공시지가의 기준이 되거나 토지수용시 보상액산정의 기준이 되는 경우 등에는 처분성이 인정된다는 견해)이 논급되고 있다.

(2) 판 례 판례는 표준지공시지가가 처분에 해당한다는 입장을 취한다(대판 1994. 3. 8, 93누10828; 대판 1997. 2. 28, 96누10225; 대판 1998. 3. 24, 96누6851).

(3) 사 견 생각건대 현행 행정소송법상 처분개념은 항고소송의 본질에 비추어

국민의 권리 · 의무를 직접 구체적으로 발생시키는 공권력 행사에 한정될 수밖에 없다는 저자의 입장에서는, 표준지공시지가 그 자체를 처분으로 보지 아니한다. 왜냐하면 표준지공시지가는 그 자체로서 국민의 권리의무를 발생시키는 것은 아니기 때문이다. 표준지공시지가의 공시는 일종의 행정입법으로 볼 것이다. 다만, 표준지공시지가가 개별공시지가의 성질을 함께 갖는 경우에는 개별공시지가의 문제로 보면 된다.

3. 표준지공시지가의 효력과 적용

(1) 효 력 표준지공시지가는 토지시장에 지가정보를 제공하고 일반적인 토지거래의 지표가 되며, 국가 · 지방자치단체 등이 그 업무와 관련하여 지가를 산정하거나 감정평가법인등이 개별적으로 토지를 감정평가하는 경우에 기준이 된다(부공법 제 9 조).

(2) 적 용 제 1 호 각 목[1. 지가 산정의 주체(가. 국가 또는 지방자치단체, 나. 「공공기관의 운영에 관한 법률」에 따른 공공기관, 다. 그 밖에 대통령령으로 정하는 공공단체)]의 자가 제 2 호 각 목[2. 지가 산정의 목적(가. 공공용지의 매수 및 토지의 수용 · 사용에 대한 보상, 나. 국유지 · 공유지의 취득 또는 처분, 다. 그 밖에 대통령령으로 정하는 지가의 산정)]의 목적을 위하여 지가를 산정할 때에는 그 토지와 이용가치가 비슷하다고 인정되는 하나 또는 둘 이상의 표준지의 공시지가를 기준으로 토지가격비준표를 사용하여 지가를 직접 산정하거나 감정평가법인등에 감정평가를 의뢰하여 산정할 수 있다. 다만, 필요하다고 인정할 때에는 산정된 지가를 제 2 호 각 목의 목적에 따라 가감(加減) 조정하여 적용할 수 있다(부공법 제 8 조).

4. 표준지공시지가에 대한 불복(권리보호)

(1) 이의신청 표준지공시지가에 이의가 있는 자는 그 공시일부터 30일 이내에 서면(전자문서를 포함한다. 이하 같다)으로 국토교통부장관에게 이의를 신청할 수 있다(부공법 제 7 조 제 1 항).

(2) 행정소송 판례와 같이 표준지공시지가의 처분성을 인정하는 입장에서 보면, 표준지공시지가는 당연히 항고소송의 대상이 된다. 따라서 이의신청의 재결에 대하여 불복하는 자는 행정소송을 제기할 수 있다. 이 경우에도 원처분중심주의가 적용된다(행소법 제19조 단서). 표준지공시지가에 대한 불복방법을 개별토지가격에 대한 불복방법과 달리 규정하는 것이 헌법상 평등원칙, 재판권보장의 원칙에 반하는 것이 아니다(대판 1997. 9. 26, 96누7649).

(3) 하자의 승계 판례는 표준지공시지가를 조세부과처분의 취소를 구하는 소송에서 다툴 수 없다고 하고(대판 2022. 5. 13, 2018두50147; 대판 1997. 2. 28, 96누10225), 이의신청절차를 거치지 아니하고 개별토지가격결정을 다투는 절차에서 표준지공시지가를 다툴 수는 없다는 입장이다(대판 1996. 12. 6, 96누1832). 즉 판례는 수용보상금의 증액을 구하는 소송에서 비교표준지공시지가의 위법을 다툴 수 있다고 한다(대판 2008. 8. 21, 2007두13845).

Ⅱ. 개별공시지가

1. 개별공시지가의 의의

시장 · 군수 또는 구청장은 국세 · 지방세 등 각종 세금의 부과, 그 밖의 다른 법령에서 정하는 목적을 위한 지가산정에 사용되도록 하기 위하여 제25조에 따른 시 · 군 · 구부동산가격공시위원회의 심의를 거쳐 매년 공시지가의 공시기준일 현재 관할 구역 안의 개별토지의 단위면적당 가격을 결정 · 공시하고, 이를 관계 행정기관 등에 제공하여야 하는데(부공법 제10조 제1항), 여기서 말하는 개별토지의 단위면적당 가격을 개별공시지가라 부른다.

2. 개별공시지가의 법적 성질

(1) 학 설 개별공시지가(결정)의 법적 성질과 관련하여 ① 입법행위설(개별공시지가는 개발부담금 등의 부과의 기준인 일반추상적 규율이라는 견해), ② 행정계획설(개별공시지가는 개발부담금 등의 부과처분의 기준이 되는 계획의 일종이라는 견해), ③ 사실행위설(개별공시지가는 그 자체가 아무런 법적 효과도 갖지 아니하는 사실행위라는 견해), ④ 행정행위설(개별공시지가는 구체적 사실에 대한 법집행행위라는 견해)이 논급되고 있다. 행정행위설에도 통상의 행정행위로 보는 견해와 물적 행정행위로서 일반처분으로 보는 견해가 있다.

(2) 판 례 판례는 개별공시지가의 결정을 행정소송의 대상이 되는 행정처분으로 본다(대판 1993. 1. 15, 92누12407; 대판 1993. 6. 11, 92누16706).

(3) 사 견 생각건대 개별공시지가는 개발부담금 등의 부과의 전제가 되는 법적인 것이지만, 개별공시지가의 결정 · 고시 그 자체는 사인의 권리 · 의무를 발생시키는 구체적 사실입법에 대한 법집행행위로 보기 어려운바, 행정소송법상 처분개념으로 보기 곤란하다. 개별공시지가의 공시는 일종의 행정입법으로 볼 것이다.

3. 개별공시지가의 기준일

개별공시지가의 기준일은 공시지가의 공시기준일로 한다(부공법 제10조 제1항 본문). 그러나 시장 · 군수 또는 구청장은 공시기준일 이후에 분할 · 합병 등이 발생한 토지에 대하여는 대통령령이 정하는 날을 기준으로 하여 개별공시지가를 결정 · 공시하여야 한다(부공법 제10조 제3항).

4. 개별공시지가에 대한 불복(권리보호)

(1) 이의신청 개별공시지가에 대하여 이의가 있는 자는 그 결정·고시일부터 30일 이내에 서면으로 시장·군수 또는 구청장에게 이의를 신청할 수 있다(부감법 제12조 제 1 항). 시장·군수 또는 구청장은 이의신청기간이 만료된 날부터 30일 이내에 이의신청을 심사하여 그 결과를 신청인에게 서면으로 통지하여야 한다(부공법 제11조 제 2 항 제 1 문).

(2) 행정소송 개별공시지가의 처분성을 인정하는 입장에서 보면, 개별공시지가는 당연히 항고소송의 대상이 된다. 판례도 개별공시지가의 결정에 위법이 있는 경우 그 자체를 행정처분으로 보아 행정소송으로 다툴 수 있다고 한다(대판 1996. 6. 25, 93누17935). 따라서 이의신청의 재결에 대하여 불복하는 자는 행정소송을 제기할 수 있다(대판 2010. 1. 28, 2008두19987). 이 경우에도 원처분중심주의가 적용된다(행소법 제19조 단서).

(3) 하자의 승계 판례는 개별공시지가를 다투는 소송에서 표준지공시지가의 위법을 다툴 수 없다고 한다(대판 1995. 3. 28, 94누12920). 그러나 판례는 수인성의 원칙을 근거로 하여, 개별공시지가의 결정상 위법은 이를 기초로 한 조세소송에서 다툴 수 있다고 한다(대판 1994. 1. 25, 93누8542; 대판 1994. 1. 25, 93누8542; 대판 1996. 6. 25, 93누17935).

제 2 절 경제행정법의 주요사항

Ⅰ. 경제행정법의 의의

경제행정법은 경제법과 행정법의 복합개념이다. 경제행정법이란 "경제생활에 참여하는 자와 공행정간의 관계 및 경제의 감시·지도·촉진 등을 위한 공행정기관의 설치 및 그 활동을 규율하는 규범의 전체"를 말한다. 경제행정법은 국가전체경제의 방향과 사회적 정의를 지향한다. 이러한 개념방식에 따르면, 경제행정법은 특별행정법의 한 부분이다. 다만 세법이나 노동법은 일반적으로 독립된 법영역으로 다루어지고 있다.

Ⅱ. 경제행정의 임무

경제에 대한 국가의 개입작용으로서 경제행정임무는 크게 보아 소극적인 목적의 경제의 감시(경제의 감독)임무와 적극적인 목적의 경제의 지도(경제의 조종)임무 그리고 경제의 촉진(경제의 지원)임무로 나눌 수 있다.

1. 경제의 감독

경제와 관련된 행정의 고전적인 임무는 ① 경찰상 위험방지를 목적으로 사인의 경제활동에 대한 경찰상 감독과 ② 전체 국민경제의 이익의 관점에서 혼란 없는 경제기능의 수행을 위한 배려로서의 경제의 감독이다. 경제의 감독이란 사인의 경제상의 행위, 즉 사인이 경제행정상의 규정을 따르고 있는가의 여부를 감독하는 것을 말하며 그것은 무엇보다 공익상 그 경영이 문제되고 또한 공공복지에 일정한 책임을 지는 일련의 기업에 대해 보다 중요한 의미를 갖는다(기업감독).

2. 경제의 지도

(1) 광의의 경제지도 넓은 의미에서 경제의 지도란 경제정책상·사회정책상 희망하는 상태나 경제생활의 과정을 가져오거나 유지하기 위해서 경제과정상 영향을 미치는 일체의 국가적인 처분을 의미한다. 그것은 개별경제작용에 합목적적인 영향을 가하여 특정경제정책목적을 최선으로 형성·실현하기 위해 이루어지는 경제과정에 대한 합계획적인 국가적인 규율의 전체를 의미한다. 이러한 의미의 경제지도는 국가의 사회형성임무로부터 나오는 국가적인 임무인 점에서 경제상의 공적 안전과 질서를 위한 위험방지작용인 경제감독과 구분된다. 광의의 경제지도는 협의의 경제지도와 경제촉진으로 나눌 수 있다.

(2) 협의의 경제지도 좁은 의미로 경제의 지도란 넓은 의미의 경제지도개념 중에서 급부의 보장과 관련된 경제촉진을 제외한 것을 말한다. 좁은 의미의 경제지도에는 자유시장에서 수요·공급의 원리 대신에 행정상의 생산·분배구조의 도입을 통해 가격규제, 물자나 시장질서의 통제 등의 형식으로 경제에 대해 가해지는 국가의 직접적인 간섭작용과 간접적인 간섭작용이 포함된다. 경제지도에는 부과적인 처분이 중심이 되고, 후술하는 경제촉진은 수익적인 처분이 중심적인 수단이 된다.

3. 경제의 촉진

경제의 촉진이란 국가나 지방자치단체에 의해 직접·간접으로, 그리고 총괄적으로나 부분적으로 이루어지는 경제구조개선, 경제상·기술상의 변천에 적응, 생산성의 진보, 기업의 발전, 일자리·교육자리의 증대, 특정기업의 존속보장 등을 위해 자연재해나 그 밖의 외적 영향으로 인한 경제상의 손실을 보전해 주는 등의 특정경제활동의 촉진을 위한 작용을 말한다. 개념상 경제감독이 공적 안전과 공적 질서에 관련된 것이고, 경제지도가 전체경제의 바른 방향과 관련된 것이나, 경제촉진은 급부의 보장과 관련된 개념이다.

Ⅲ. 보 조 금

1. 보조금의 의의

① 보조금이란 경제촉진을 목적으로 반대급부 없이 주어지는 금전을 말한다. 금전의 지급이 일시적인 것인가 아니면 계속적인 것인가를 가리지 않는다. 보조금은 장려금이라 불리기도 한다. ② 보조금은 공공적 성질을 갖는다. 따라서 보조금은 성질상 양도나 강제집행의 대상이 될 수 없다(대결 1996. 12. 24, 96마1302).

2. 보조금의 법적 근거

(1) 예산과 행정규칙 보조금의 지원은 명문의 규정이 있으면 그에 따른다. 명문의 규정이 없다고 하여도 보조금지원은 급부행정의 한 부분으로서 예산상 근거만으로도 가능하다. 말하자면 통상의 경우, 보조금지원은 법적 근거 없이 국회에서 통과된 예산과 행정규칙만을 근거로 이루어질 수도 있다. 예산만으로도 가능하다는 것은 민주주의원리나 법치주의원리는 의회가 정부에 수권함에 있어 언제나 법률형식만으로 하여야 한다는 것을 요구하는 것은 아니기 때문이다.

■ 참고 ■

국가의 보조금 교부는 개별 법률에서 규정되고 있다(예: 여객자동차 운수사업법 제50조). 국가가 보조하는 보조금의 관리에 관한 일반법으로 보조금 관리에 관한 법률이 있다. 지방자치단체가 보조하는 것은 원칙적으로 금지되고 있다(지방재정법 제17조 제 1 항).

여객자동차 운수사업법 제50조(재정 지원) ① 국가는 여객자동차 운수사업자가 다음 각 호의 어느 하나에 해당하는 사업을 수행하는 경우에 재정적 지원이 필요하다고 인정하면 대통령령으로 정하는 바에 따라 그 여객자동차 운수사업자에게 필요한 자금의 일부를 보조하거나 융자할 수 있다.

지방재정법 제17조(기부 또는 보조의 제한) ① 지방자치단체는 그 소관에 속하는 사무와 관련하여 다음 각 호의 어느 하나에 해당하는 경우와 공공기관에 지출하는 경우에만 개인 또는 법인·단체에 기부·보조, 그 밖의 공금 지출을 할 수 있다. 다만, 제 4 호에 따른 지출은 해당 사업에의 지출근거가 조례에 직접 규정되어 있는 경우로 한정한다.

1. ~ 3.(생략)
4. 보조금을 지출하지 아니하면 사업을 수행할 수 없는 경우로서 지방자치단체가 권장하는 사업을 위하여 필요하다고 인정되는 경우

(2) 행정의 자기구속의 원칙 만약 보조금지원행정청이 유사한 경우에 행정규칙에 따라 이미 보조금을 지원하였다면 다른 특별한 사유가 없는 한 그 후행의 신청의 경우에도 보조금지원을 하여야 한다. 왜냐하면 평등원칙에 근거하여 행정청에 구속력이 발생하기 때문이다.

3. 보조금청구권

(1) 청구권의 존부 개인적 공권으로서 보조금청구권의 존재 여부는 근거법을 기초로 하여 판단되어야 한다. 교부지원의 성격을 갖는 일련의 법률들이 그 법에서 정한 요건을 갖추고 보조금지원을 신청하는 자에게 반드시 교부지원토록 규정하고 있다면, 그러한 경우에는 사인에게 보조금청구권이 인정된다(구속적 교부지원).

(2) 청구권의 일회성 보조금지원은 성질상 시간적으로 한정된다. 그것은 그때그때의 예산이나 경제정책에 의존된다. 따라서 교부지원의 계속적인 존속에 대한 법적인 청구권은 원칙적으로 인정되지 아니한다.

4. 보조금지원의 법형식

보조금 관리에 관한 법률에 따른 보조금의 교부관계의 법적 성질에 관해서는 견해가 갈린다. 공법상 증여계약으로 보는 견해도 있고, 협력을 요하는 행정행위(쌍방적 행정행위)로 보는 견해도 있다. 생각건대 행정청인 중앙관서의 장이 보조금의 교부 여부를 결정한다는 규정(보조법 제17조), 그리고 일정한 경우에는 행정청이 보조금교부의 결정을 취소할 수 있다는 규정(보조법 제30조)을 고려할 때, 동법상 교부관계의 법적 성질은 협력을 요하는 행정행위로 볼 것이다.

5. 보조금의 반환청구

경제촉진수단으로서 보조금지원의 효과(실현성)의 확보를 위해 보조금은 목적에 위반하여 사용하는 경우에는 반환이 요구된다. 보조금 관리에 관한 법률은 이에 관한 규정을 두고 있다(보조법 제30조 제 1 항, 제31조 제 1 항).

▪ **보조금 관리에 관한 법률 제30조(법령 위반 등에 따른 교부 결정의 취소)** ① 중앙관서의 장은 보조사업자가 다음 각 호의 어느 하나에 해당하는 경우에는 보조금 교부 결정의 전부 또는 일부를 취소할 수 있다.
1. 보조금을 다른 용도에 사용한 경우
2. 법령, 보조금 교부 결정의 내용 또는 법령에 따른 중앙관서의 장의 처분을 위반한 경우
3. 거짓 신청이나 그 밖의 부정한 방법으로 보조금을 교부받은 경우

제31조(보조금의 반환) ① 중앙관서의 장은 보조금의 교부 결정을 취소한 경우에 그 취소된 부분의 보조사업에 대하여 이미 보조금이 교부되었을 때에는 기한을 정하여 그 취소한 부분에 해당하는 보조금과 이로 인하여 발생한 이자의 반환을 명하여야 한다.

6. 권리보호

① 보조금지원행정청과 보조금수령자간의 소송은 그 교부지원이 공법상 형식에 의한 것이면 행정소송, 사법상 형식에 의한 것이면 민사소송의 대상이 될 것이다. ② 보조금지원제

도는 통상 경쟁관계에 있는 비지원자에 대해서도 영향(수령자에게는 경쟁상 우위, 미수령자에게는 시장에서의 기회의 약화)을 미친다. 즉 그것은 제 3 자효를 갖는다. 이러한 제 3 자는 경우에 따라 경쟁상의 기회균등이라는 의미에서의 평등원칙, 직업선택의 자유와 관련하여 경쟁자에게 주어지는 보조금지급의 위법을 다투거나 아니면 자신에게도 보조금이 주어질 것을 요구할 수 있다. 그러나 이러한 주장을 위해서는 물론 적어도 제 3 자를 보호하는 규범이 있어야 한다.

제 3 절 재무행정법상 주요사항

제 1 항 국유재산의 관리·처분

Ⅰ. 행정재산

1. 처분의 제한

행정재산은 처분하지 못한다. 다만, 다음 각 호(1. 공유(公有) 또는 사유재산과 교환하여 그 교환받은 재산을 행정재산으로 관리하려는 경우, 2. 대통령령으로 정하는 행정재산을 직접 공용이나 공공용으로 사용하려는 지방자치단체에 양여하는 경우)의 어느 하나에 해당하는 경우에는 교환하거나 양여할 수 있다(국재법 제27조 제 1 항).

2. 사용허가

중앙관서의 장은 다음 각 호(1. 공용·공공용·기업용 재산: 그 용도나 목적에 장애가 되지 아니하는 범위, 2. 보존용재산: 보존목적의 수행에 필요한 범위)의 범위에서만 행정재산의 사용허가를 할 수 있다(국재법 제30조 제 1 항). 행정재산을 사용허가하려는 경우에는 그 뜻을 공고하여 일반경쟁에 부쳐야 한다. 다만, 사용허가의 목적·성질·규모 등을 고려하여 필요하다고 인정되면 대통령령으로 정하는 바에 따라 참가자의 자격을 제한하거나 참가자를 지명하여 경쟁에 부치거나 수의의 방법으로 할 수 있다(국재법 제31조 제 1 항). 행정재산의 사용허가기간은 원칙적으로 5년 이내로 한다(국재법 제35조 제 1 항 본문).

Ⅱ. 일반재산

1. 관리·처분

일반재산은 대부 또는 처분할 수 있다(국재법 제41조 제 1 항). 일반재산의 처분은 행정소송법상 처분에 해당하지 아니한다. 중앙관서의 장등은 국가의 활용계획이 없는 건물이나 그 밖의 시설물이 다음 각 호(1. 구조상 공중의 안전에 미치는 위험이 중대한 경우, 2. 재산가액에 비하여 유지·보수 비용이 과다한 경우, 3. 위치, 형태, 용도, 노후화 등의 사유로 철거가 불가피하다고 중앙관서의 장등이 인정하는 경우)의 어느 하나에 해당하는 경우에는 철거할 수 있다(국재법 제41조 제 2 항).

2. 계약의 방법

일반재산을 처분하는 계약을 체결할 경우에는 그 뜻을 공고하여 일반경쟁에 부쳐야 한다. 다만, 계약의 목적·성질·규모 등을 고려하여 필요하다고 인정되면 대통령령으로 정하는 바에 따라 참가자의 자격을 제한하거나 참가자를 지명하여 경쟁에 부치거나 수의계약으로 할 수 있으며, 증권인 경우에는 대통령령으로 정하는 방법에 따를 수 있다(국재법 제43조 제 1 항). 국가가 일반재산에 관하여 체결하는 대부계약은 사법상 계약이다(대판 2014. 1. 23, 2011다18017).

Ⅲ. 국유재산의 보호

1. 무단사용의 금지

누구든지 이 법 또는 다른 법률에서 정하는 절차와 방법에 따르지 아니하고는 국유재산을 사용하거나 수익하지 못한다(국재법 제 7 조 제 1 항).

2. 변상금의 징수

중앙관서의 장등은 무단점유자에 대하여 대통령령으로 정하는 바에 따라 그 재산에 대한 사용료나 대부료의 100분의 120에 상당하는 변상금을 징수한다. 다만, 다음 각 호(1. 등기사항증명서나 그 밖의 공부(公簿)상의 명의인을 정당한 소유자로 믿고 적절한 대가를 지급하고 권리를 취득한 자(취득자의 상속인이나 승계인을 포함한다)의 재산이 취득 후에 국유재산으로 밝혀져 국가에 귀속된 경우, 2. 국가나 지방자치단체가 재해대책 등 불가피한 사유로 일정 기간 국유재산을 점유하게 하거나 사용·수익하게 한 경우)의 어느 하나에 해당하는 경우에는 변상금을 징수하지 아니한다(국재법 제72조 제 1 항). 변상금 부과처분은 행정소송의 대상이 된다(대판 1992. 4. 14, 91다42197; 대판 2000. 11. 24, 2000다28568).

3. 시효취득의 금지

행정재산은 「민법」 제245조에도 불구하고 시효취득(時效取得)의 대상이 되지 아니한다(국재법 제 7 조 제 2 항). 그러나 일반재산은 시효취득의 대상이 된다.

4. 불법시설물의 철거

정당한 사유 없이 국유재산을 점유하거나 이에 시설물을 설치한 경우에는 중앙관서의 장은 「행정대집행법」을 준용하여 철거하거나 그 밖에 필요한 조치를 할 수 있다(국재법 제74조). 본조는 행정대집행의 근거규정이 된다. 대체적 작위의무가 아닌 의무의 이행을 위해서는 행정대집행법이 적용될 수 없다.

제 2 항 조세행정상 권리보호

Ⅰ. 행정상 쟁송(행정심판과 행정소송)

1. 의　의

조세의 부과 · 징수에 관한 분쟁은 1차적으로 행정심판에 의하고, 이에 불복하는 경우에는 행정소송의 제기를 통해 다툴 수 있다. 조세심판에 관한 법원으로는 국세기본법 · 관세법 · 지방세법 등이 있다.

2. 불복고지

이의신청 · 심사청구 또는 심판청구의 재결청은 결정서에 그 결정서를 받은 날로부터 90일 이내에 이의신청인은 심사청구 또는 심판청구를, 심사청구인 또는 심판청구인은 행정소송 제기를 할 수 있다는 내용을 적어야 한다(국세기본법. 이하 국세법 제60조 제 1 항).

3. 행정심판

(1) 이의신청　① 이의신청은 대통령령으로 정하는 바에 따라 불복의 사유를 갖추어 해당 처분을 하였거나 하였어야 할 세무서장에게 하거나 세무서장을 거쳐 관할 지방국세청장에게 하여야 한다(국세법 제66조 제 1 항 본문). 이의신청은 임의적인 절차이다(국세법 제55조 제 3 항). ② 이의신청은 해당 처분이 있음을 안 날(처분의 통지를 받은 때에는 그 받은 날)부터 90일 이내에 제기하여야 한다(국세법 제66조 제 6 항, 제61조 제 1 항). ③ 이의신청에 대한 결정에 불복하는 자는 심사청구를 할 수 있다(국세법 제61조 제 2 항).

(2) 심사청구　① 심사청구는 해당 처분이 있음을 안 날(처분의 통지를 받은 때에는 그 받은 날)부터 90일 이내에 제기하여야 한다(국세법 제61조 제 1 항). 그리고 이의신청을 거친 후 심사청구를 하려면 이의신청에 대한 결정의 통지를 받은 날부터 90일 이내에 제기하여야 한

다. 다만, 제66조 제 6 항 후단에 따른 결정기간 내에 결정의 통지를 받지 못한 경우에는 결정의 통지를 받기 전이라도 그 결정기간이 지난 날부터 심사청구를 할 수 있다(국세법 제61조 제 2 항). ② 심사청구는 대통령령으로 정하는 바에 따라 불복의 사유를 갖추어 해당 처분을 하였거나 하였어야 할 세무서장을 거쳐 국세청장에게 하여야 한다(국세법 제62조 제 1 항). ③ 국세청장은 심사청구를 받으면 국세심사위원회의 의결에 따라 결정을 하여야 한다. 다만, 심사청구기간이 지난 후에 제기된 심사청구 등 대통령령으로 정하는 사유에 해당하는 경우에는 그러하지 아니하다(국세법 제64조 제 1 항).

(3) 심판청구 ① 심판청구는 해당 처분이 있음을 안 날(처분의 통지를 받은 때에는 그 받은 날)부터 90일 이내에 제기하여야 한다(국세법 제68조 제 1 항). 이의신청을 거친 후 심판청구를 하는 경우의 청구기간에 관하여는 제61조 제 2 항을 준용한다(국세법 제68조 제 2 항). ② 심판청구를 하려는 자는 대통령령으로 정하는 바에 따라 불복의 사유 등이 기재된 심판청구서를 그 처분을 하였거나 하였어야 할 세무서장이나 조세심판원장에게 제출하여야 한다(국세법 제69조 제 1 항 본문). ③ 조세심판원장은 원칙적으로 조세심판관회의의 심리를 거쳐 결정한다(국세법 제78조 제 1 항 본문). 그리고 ④ 조세심판에는 불고불리의 원칙과 불이익변경금지의 원칙이 적용된다(국세법 제79조). 그리고 ⑤ 심판청구에 대한 결정이 있으면 해당 행정청은 결정의 취지에 따라 즉시 필요한 처분을 하여야 한다(국세법 제80조 제 2 항).

(4) 행정소송 ① 국세기본법 제55조(불복)에 규정된 위법한 처분에 대한 행정소송은 「행정소송법」 제18조 제 1 항 본문, 제 2 항 및 제 3 항에도 불구하고 이 법에 따른 심사청구 또는 심판청구와 그에 대한 결정을 거치지 아니하면 제기할 수 없다(국세법 제56조 제 2 항 본문)(필요적 심판전치). 다만, 심사청구 또는 심판청구에 대한 제65조 제 1 항 제 3 호 단서(제81조에서 준용하는 경우를 포함한다)의 재조사 결정에 따른 처분청의 처분에 대한 행정소송은 그러하지 아니하다(국세법 제56조 제 2 항 단서). ② 국세기본법 제55조 제 1 항 제 2 호의 심사청구(감사원법에 따른 심사청구)를 거친 경우에는 이 법에 따른 심사청구 또는 심판청구를 거친 것으로 보고 제 2 항을 준용한다(국세법 제56조 제 5 항).

■ 참고 ■ 제소방식요약

국세부과처분에 대한 제소방식에는 ① 국세청장에의 심사청구 또는 국세심판원장에의 심판청구를 거친 후 제소, ② 세무서장 또는 지방국세청장에의 이의신청을 거친 후 다시 국세청장에 심사청구 또는 국세심판원장에의 심판청구를 거친 후 제소, ③ 감사원에의 심사청구를 거친 후 제소하는 경우가 있고, 지방세부과처분에 대해서는 ① 제소, ② 이의신청을 거친 후 제소, ③ 이의신청과 심사청구를 거친 후 제소, ④ 감사원에의 감사청구를 거친 후 제소하는 경우가 있다.

Ⅱ. 과오납의 반환청구

1. 의 의

과오납이란 법률상 납부할 원인이 없음에도 불구하고 일정액의 조세를 납부한 것을 말한다. 과오납된 조세(과오납금)는 일종의 부당이득의 성질을 가진다. 따라서 과오납금은 납부자에게 반환되어야 한다. 과오납은 과세처분이 무효인 경우, 위법한 과세처분이 사후에 취소된 경우, 납세자가 착오로 초과납부한 경우 등에서 나타난다.

2. 처 리

세무서장은 납세의무자가 국세 및 체납처분비로서 납부한 금액 중 잘못 납부하거나 초과하여 납부한 금액이 있거나 세법에 따라 환급하여야 할 환급세액(세법에 따라 환급세액에서 공제하여야 할 세액이 있을 때에는 공제한 후에 남은 금액을 말한다)이 있을 때에는 즉시 그 잘못 납부한 금액, 초과하여 납부한 금액 또는 환급세액을 국세환급금으로 결정하여야 한다. 이 경우 착오납부 · 이중납부로 인한 환급청구는 대통령령으로 정하는 바에 따른다(국세법 제51조 제1항).

제4절 환경행정법상 주요사항

Ⅰ. 환경정책상 기본원칙

1. 사전대비의 원칙

(1) 의 의 사전대비의 원칙은 오늘날 환경정책에 있어서 실질상 · 내용상의 지도원칙이 된다. 사전에 적절한 수단을 도입하여 가능한 환경침해의 위험을 미리 예방함으로써 환경에 대한 잠재적인 침해를 최대한으로, 원천적으로 방지하여 환경의 이용에 잘못이 없도록 하는 것은 환경정책의 기본이다. 사전배려의 원칙이라고도 한다.

(2) 법적 근거 환경정책기본법은 사전배려의 원칙을 명시적으로 밝히고 있다(환경정책기본법. 이하 환기법 제8조). 사전배려의 원칙은 단순히 환경정책상의 요구에 그치는 것이 아니라 많은 환경법률에서 명시적으로 규정되기도 한다(예: 환경관련 시설 승인제도).

(3) 내 용 사전배려의 원칙은 환경의 질의 개선을 목적으로 한다. 사전배려의 원칙이란 가능한 환경침해를 사전에 예방하고, 이로써 피해나 위험한 상황이 발생하지 아니

하도록 하는 것을 목표로 하는 것이기 때문에 사전배려의 원칙은 현재의 환경의 존속을 보장하는 것을 내용으로 한다고 볼 수 있다. 따라서 사전대비의 원칙에는 존속보호의 원칙이 내재한다.

2. 원인제공자책임의 원칙

(1) 의 의 원인제공자책임의 원칙은 환경관련목적을 직접적인 내용으로 하는 것이 아니라 환경개선비용부담을 내용으로 한다. 따라서 이 원칙은 비용귀속의 원칙으로 이해될 수 있다. 이 원칙은 환경침해를 방지 · 제거 · 회복하기 위한 비용(환경부담금)은 그 원인을 제공한 자가 부담하여야 함을 의미한다. 원인제공자책임의 원칙이라고도 한다.

(2) 법적 근거 환경정책기본법은 원인제공자책임의 원칙을 명시적으로 밝히고 있다(환기법 제 7 조). 환경개선비용 부담법에 따라 시설물의 소유자 · 점유자 또는 자동차의 소유자에게 부과하는 환경개선부담금(동법 제 9 조 제 1 항)도 이러한 원칙에 따른 것이다.

(3) 내 용 국가도 원인제공자일 수 있다. 이 원칙은 자기로 인한 오염의 범위 내에서 책임을 부담함을 내용으로 한다. 원인제공자가 확정될 수 없는 경우에는 공동체구성원의 공동의 부담으로 해결될 수밖에 없다. 이를 공동부담의 원칙이라 부른다. 결국 공동부담의 원칙은 원인제공자책임의 원칙의 한 내용이 된다. 공동부담의 원칙과 원인제공자책임의 원칙을 대립개념으로 이해하는 견해도 있다.

3. 협력의 원칙

(1) 의 의 국가만이 단독으로 환경목적을 달성한다는 것은 불가능한 일이다. 이 때문에 협력의 원칙이 나타난다. 협력의 원칙은 법령에 반하지 않는 한 환경정책의 영역에서 국가와 사회는 공동으로 협력하여야 함을 의미한다. 무엇보다도 협력의 원칙은 환경정책적인 의사형성절차 · 의사결정절차에 있어서 사회의 여러 전문집단의 사전적인 참여를 통하여 환경문제의 해소를 위한 협력이 이루어져야 함을 의미한다. 협동의 원칙이라고도 한다.

(2) 법적 근거 이 원칙을 규정하는 실정법으로는 국가기관 사이의 협력과 국가와 지방자치단체간의 협력 외에 공행정주체와 국민(주민), 그리고 전문가간의 협력을 규정하는 환경정책기본법(환기법 제25조, 제26조, 제27조) 등을 볼 수 있다.

(3) 내 용 국가와 사회와의 관계에서 관계자의 협력은 환경에 의미 있는 결정을 개선시키게 되고 국가의 부담을 완화시키게 된다. 환경정책상의 의사형성절차나 결정절차상 사회의 사전적인 참여는 환경문제 해결에 기여한다. 협력의 원칙은 사회와의 대립이 아니라 사회와의 협력을 통해 환경목적을 보다 용이하게 달성함을 목적으로 한다. 그렇다고 협력의 원칙만으로 모든 문제가 해결되는 것은 아니다.

Ⅱ. 환경영향평가

1. 의 의

환경영향평가법상 "환경영향평가"란 환경에 영향을 미치는 실시계획·시행계획 등의 허가·인가·승인·면허 또는 결정 등(이하 "승인등"이라 한다)을 할 때에 해당 사업이 환경에 미치는 영향을 미리 조사·예측·평가하여 해로운 환경영향을 피하거나 제거 또는 감소시킬 수 있는 방안을 마련하는 것을 말한다(환경영향평가법 제 2 조 제 2 호).

2. 환경영향평가대상사업

다음 각 호(1. 도시의 개발사업, 2. 산업입지 및 산업단지의 조성사업, 3. 에너지 개발사업, 4. 항만의 건설사업, 5. 도로의 건설사업, 6. 수자원의 개발사업, 7. 철도(도시철도를 포함한다)의 건설사업, 8. 공항의 건설사업, 9. 하천의 이용 및 개발 사업, 10. 개간 및 공유수면의 매립사업, 11. 관광단지의 개발사업, 12. 산지의 개발사업, 13. 특정 지역의 개발사업, 14. 체육시설의 설치사업, 15. 폐기물 처리시설의 설치사업, 16. 국방·군사 시설의 설치사업, 17. 토석·모래·자갈·광물 등의 채취사업, 18. 환경에 영향을 미치는 시설로서 대통령령으로 정하는 시설의 설치사업)의 어느 하나에 해당하는 사업(이하 "환경영향평가 대상사업"이라 한다)을 하려는 자(이하 이 장에서 "사업자"라 한다)는 환경영향평가를 실시하여야 한다(환경영향평가법 제22조 제 1 항).

3. 의견수렴

사업자는 제24조에 따라 결정된 환경영향평가항목등에 따라 환경영향평가서 초안을 작성하여 주민 등의 의견을 수렴하여야 한다(환경영향평가법 제25조 제 1 항). 사업자는 제25조에 따른 의견 수렴 절차를 거친 후 제29조에 따라 협의 내용을 통보받기 전까지 환경영향평가 대상사업의 변경 등 대통령령으로 정하는 중요한 사항을 변경하려는 경우에는 제24조 및 제25조에 따라 환경영향평가서 초안을 다시 작성하여 주민 등의 의견을 재수렴하여야 한다(환경영향평가법 제26조 제 1 항).

4. 환경영향평가의 하자

(1) 환경영향평가의 하자와 사업계획승인처분의 관계 환경영향평가는 환경영향평가대상이 되는 사업의 실시를 위한 사업계획승인처분의 절차로서의 성격을 가진다. 따라서 환경영향평가의 하자는 실체(내용)상 하자든 절차상 하자든 사업계획승인처분의 절차상 하자로서의 성질을 갖는다.

(2) 환경영향평가의 하자의 종류

㈎ **환경영향평가 자체를 결한 경우** 법령상 환경영향평가가 행해져야 함에도 불구하고 환경영향평가가 행해지지 않고 대상사업계획승인처분이 내려진 경우 사업승인은 위법하며 중대, 명백한 하자로 무효이다(대판 2006. 6. 30, 2005두14363).

㈏ **환경영향평가의 절차**(형식)**상 하자**(주민의 의견수렴절차나 환경부장관과의 협의절차에 하자가 있는 경우) ① 주민의 의견수렴절차나 환경부장관과의 협의절차 등이 전혀 행하여지지 않은 경우 사업계획승인처분은 절차상 위법이 있는 처분이 된다. ② 절차에 경미한 하자가 있는 경우에는 환경영향평가는 절차상 위법하지 않고 따라서 사업승인처분은 취소사유가 되지 않지만, 절차상 하자가 중요한 경우에는 환경영향평가의 절차상 위법이 인정되어 사업계획승인처분은 독립한 취소사유가 된다. ③ 판례는 "환경영향평가법령에서 정한 환경영향평가를 거쳐야 할 대상사업에 대하여 그러한 환경영향평가를 거치지 아니하였음에도 승인 등 처분을 하였다면 그 처분은 위법하다"고 한다(대판 2015. 12. 10, 2011두32515).

㈐ **환경영향평가의 실체**(내용)**상 하자**(환경영향평가서가 부실하게 작성된 경우 또는 그 부실이 환경부장관과의 협의과정에서 보완되지 않은 경우) 판례는 부실의 정도가 환경영향평가를 하지 아니한 정도인 경우와 그러하지 아니한 경우로 구분하여 해결한다(대판 2015. 12. 10, 2011두32515).

▌대판 2015. 12. 10, 2011두32515(국토해양부장관과 서울지방국토관리청장을 피고로 「환경영향평가를 거쳐야 할 대상사업에서 환경영향평가를 거치지 아니하거나 부실하게 거치고 이루어진 승인 처분의 위법 여부」를 쟁점으로 한 하천공사시행계획취소청구소송에서) 환경영향평가법령에서 정한 환경영향평가를 거쳐야 할 대상사업에 대하여 그러한 환경영향평가 절차를 거쳤다면, 비록 그 환경영향평가의 내용이 다소 부실하다 하더라도, 그 부실의 정도가 환경영향평가 제도를 둔 입법 취지를 달성할 수 없을 정도이어서 환경영향평가를 하지 아니한 것과 다를 바 없는 정도의 것이 아닌 이상, 그 부실은 해당 승인 등 처분에 재량권 일탈·남용의 위법이 있는지 여부를 판단하는 하나의 요소로 됨에 그칠 뿐, 그 부실로 인하여 당연히 해당 승인 등 처분이 위법하게 되는 것이 아니다).

Ⅲ. 권리보호

1. 행정절차 등

환경행정의 영역에서도 국가의 침해로부터 개인의 권리를 보호하는 것은 중요한 문제이다. 개인의 권리보호는 먼저 적합한 절차의 확보를 통해 보호되어야 한다. 특히 환경에 침해를 가져오는 환경관련정책이나 처분을 함에 있어서는 청문회·공청회가 활용되어야 한다. 주민의 참여는 합리적인 결정에 유익하다. 그리고 주민들의 효과적인 참여를 위해 관련 행정기관은 환경관련정보를 있는 그대로 주민들에게 공개하여야 한다.

2. 손해전보

(1) 행정상 손해배상 환경행정의 영역에서 공무원의 위법한 직무집행행위로 인하여 사인이 손해를 입거나, 영조물의 설치 · 관리상의 하자로 인해 손해를 입으면, 국가배상법이 정하는 바에 따라 손해배상을 청구할 수 있다. 다만, 사인간의 피해분쟁과 관련하여서는 특별절차로서 환경분쟁조정절차가 있다.

(2) 행정상 손실보상 국가나 지방자치단체가 환경행정의 영역에서 적법한 행위로 인하여 사인의 재산권에 특별한 희생을 가한다면 손실보상을 청구할 수 있다. 특별법에 근거하여 특별한 지원이 주어지는 경우도 있다.

3. 행정심판과 행정소송

환경행정상의 처분으로 인해 자신의 법률상 이익이 침해된 자는 개별법률에 특별한 규정이 없는 한, 행정심판법과 행정소송법이 정하는 바에 따라 행정심판과 행정소송을 제기할 수 있다. "행정처분의 직접 상대방이 아닌 사람으로서 그 처분에 의하여 자신의 환경상 이익이 침해받거나 침해받을 우려가 있다는 이유로 취소소송을 제기하는 제 3 자는, 자신의 환경상 이익이 그 처분의 근거 법규 또는 관련 법규에 의하여 개별적 · 직접적 · 구체적으로 보호되는 이익, 즉 법률상 보호되는 이익임을 증명하여야 원고적격이 인정된다(대판 2015. 12. 10, 2011두32515)."

4. 행정개입청구권(환경규제조치발령청구권)

(1) 의 의 수질 및 수생태계 보전에 관한 법률 등 환경법에서 정하는 사업자가 당해 법률에서 금지하는 행위를 하거나 요구되는 행위를 하지 아니하는 경우, 권한행정청은 관련법률이 정하는 바에 따라 필요한 조치(예: 개선명령 · 조업정지명령 · 시설이전명령)를 할 수 있다. 그런데 권한행정청이 필요한 조치를 취하지 아니하면, 이로 인해 피해를 입게 되는 인근주민 등이 필요한 조치를 취할 것을 청구할 수 있는가의 문제가 발생한다. 이것이 소위 행정개입청구권으로서 환경규제조치발령청구권의 문제이다.

(2) 인정 여부 관련법령이 규제조치의 발령을 행정청의 의무로 규정하고 동시에 사익보호도 고려하고 있다면, 사인은 행정개입청구권을 갖는다. 다만 행정청의 의무로 된 행위가 기속행위라면 주민은 특정행위(특정한 조치)의 발령청구권을 갖는다. 재량행위에 있어서 재량이 영으로 수축되는 경우라면 기속행위의 경우와 동일한 것이 된다.

(3) 권리의 실현 권한행정청이 주민의 신청을 받아 거부한다면 취소소송의 제기를 통해 다툴 수 있고, 주민의 신청에 대하여 상당한 부작위로 일관한다면 부작위위법확인소송을 제기할 수도 있다. 물론 항고소송의 제기와 별도로 의무이행심판을 제기할 수도 있다.

*

부　　록

서식 1. 행정심판 청구서

서식 2. 집행정지신청서

서식 3. 소　　장

서식 4. 행정처분 집행정지신청

■ 행정심판법 시행규칙 [별지 제30호서식] <개정 2012.9.20>

행정심판 청구서

접수번호	접수일	

청구인	성명	
	주소	
	주민등록번호(외국인등록번호)	
	전화번호	
[ ] 대표자 [ ] 관리인 [ ] 선정대표자 [ ] 대리인	성명	
	주소	
	주민등록번호(외국인등록번호)	
	전화번호	
피청구인		
소관 행정심판위원회	[ ] 중앙행정심판위원회 [ ] ○○시 · 도행정심판위원회 [ ] 기타	

처분 내용 또는 부작위 내용	
처분이 있음을 안 날	
청구 취지 및 청구 이유	별지로 작성
처분청의 불복절차 고지 유무	
처분청의 불복절차 고지 내용	
증거 서류	

「행정심판법」 제28조 및 같은 법 시행령 제20조에 따라 위와 같이 행정심판을 청구합니다.

년 월 일

청구인 (서명 또는 인)

○○행정심판위원회 귀중

첨부서류	1. 대표자, 관리인, 선정대표자 또는 대리인의 자격을 소명하는 서류(대표자, 관리인, 선정대표자 또는 대리인을 선임하는 경우에만 제출합니다.) 2. 주장을 뒷받침하는 증거서류나 증거물	수수료 없음

처리 절차

청구서 작성	→	접수	→	재결	→	송달
청구인		○○행정심판위원회		○○행정심판위원회		

210mm×297mm[백상지 80g/㎡]

■ 행정심판법 시행규칙 [별지 제33호서식] <개정 2012.9.20>

집행정지신청서

접수번호	접수일	

사건명		
신청인	성명	
	주소	
피신청인		
신청 취지		
신청 원인		
소명 방법		

「행정심판법」 제30조제5항 및 같은 법 시행령 제22조제1항에 따라 위와 같이 집행정지를 신청합니다.

년 월 일

신청인 (서명 또는 인)

○○행정심판위원회 귀중

첨부서류	1. 신청의 이유를 소명하는 서류 또는 자료 2. 행정심판청구와 동시에 집행정지 신청을 하는 경우에는 심판청구서 사본과 접수증명서	수수료 없음

처리 절차

신청서 작성	→	접수	→	결정	→	송달
신청인		○○행정심판위원회		○○행정심판위원회		

210mm×297mm[백상지 80g/㎡]

소　　장

원　고　　○ ○ ○ (주민등록번호)
서울 은평구 ○○로 ○○○
(전화 000－000, 팩스 000－000)
피　고　　서울특별시 종로구청장

영업정지처분취소 청구의 소

소　가	50,000,000원
첩부할인지액	230,000원 (소가×0.0045＋5,000원)
송　달　료	71,000원 (3,550원×10회×당사자수)

청 구 취 지

1. 피고가 20○○. ○. ○○. 원고에 대하여 한 숙박영업정지처분을 취소한다.
2. 소송비용은 피고의 부담으로 한다.

라는 판결을 구합니다.

청 구 원 인

(원고가 피고를 상대로 위 청구취지와 같은 청구를 하게 된 원인을 구체적으로 기재)

입 증 방 법

1. 갑 제1호증의 1 공중위생법 위반업소 행정처분통보
1. 갑 제1호증의 2 형정처분(영업정지) 명령서
1. 갑 제2호증　　숙박업 신고증
1. 갑 제3호증　　사업자등록증

첨 부 서 류

1. 위 각 입증방법 각 1부.
1. 송달료 납부서　　1부.

20　.　　.　　.

위 원고 ○ ○ ○ (서명 또는 날인)

서울행정법원　　　귀중

[영업정지처분]

행정처분 집행정지신청

신 청 인　임　길　동(주민등록번호)
서울 ○○구 ○○로 ○○○
(전화 000－000, 팩스 000－000)

첨 부 할 인 지 액	2,000원
송 달 료	원

(3,550원×2회×당사자수)

피신청인　서울특별시 강남구청장

신 청 취 지

피신청인이 20 . ○. ○○. 신청인에 대하여 한 영업정지처분은 이 법원 20○○ 구합 호 영업정지처분취소 청구사건의 판결 선고 시까지 그 집행을 정지한다.

신 청 이 유

생략(신청취지와 같은 신청을 하는 이유를 구체적으로 기재)

휴대전화를 통한 정보수신 신청

위 사건에 관한 재판의 종국내역(인용, 기각, 각하, 일부인용, 이송)에 관한 정보를 예납의무자가 납부한 송달료 잔액 범위 내에서 아래 휴대전화를 통하여 알려주실 것을 신청합니다.

▣ 휴대전화 번호 :

20○○.　.　.

신청인　　　　(날인 또는 서명)

※ 재판의 종국내역(인용, 기각, 각하, 일부인용, 이송)이 법원재판사무시스템에 입력되는 당일 위 휴대전화로 문자메시지가 발송됩니다.
※ 문자메시지 서비스 이용금액은 메시지 1건당 17원씩 납부된 송달료에서 지급됩니다(송달료가 부족하면 문자메시지가 발송되지 않습니다).
※ 추후 서비스 대상 정보, 이용금액 등이 변동될 수 있습니다.

소명방법 및 첨부서류

1. 소갑 제 1호증 행정처분명령서
1. 소갑 제 2호증 영업허가증
1. 소갑 제 3호증 사업자등록증
1. 송달료 납부서　1부.

20○○.　.　.

위 신청인 임　길　동 서명 또는 날인

○○법원　귀중

판례색인

대결 1990. 5. 8, 89부2 … 309, 683
대결 1991. 5. 2, 91두15 … 407
대결 1991. 12. 30, 91마726 … 429
대결 1992. 2. 13, 91두47 … 407
대결 1992. 4. 29, 92두7 … 408
대결 1996. 12. 24, 96마1302 … 714
대결 1998. 12. 24, 98무37 … 426
대결 1999. 11. 26, 99부3 … 407
대결 2000. 12. 12, 2000즈3 … 428
대결 2002. 12. 11, 2002무22 … 425
대결 2010. 5. 14, 2010무48 … 407, 408
대결 2010. 11. 26, 2010무137 … 408
대결 2011. 4. 18, 2010마1576 … 411
대결 2011. 4. 21, 2010무111 전원합의체 … 83
대결 2011. 7. 14, 2011마364 … 244
대결 2018. 7. 12, 2018무600 … 407

대판 1955. 1. 12, 4288행상126 … 378
대판 1961. 9. 28, 4294행상50 … 446
대판 1961. 10. 5, 4292행상6 … 27, 28
대판 1962. 4. 12, 4294민상1541 … 409
대판 1962. 10. 18, 62누117 … 251
대판 1962. 11. 8, 62누163 … 569
대판 1963. 8. 22, 63누97 … 373
대판 1967. 2. 21, 66다1723 … 291
대판 1969. 5. 19, 67다2038 … 445
대판 1970. 1. 29, 69다1203 … 293
대판 1970. 3. 24, 69누29 … 419
대판 1971. 6. 22, 70다1010 … 295
대판 1972. 3. 31, 72다78 … 662
대판 1972. 4. 28, 72다337 … 144
대판 1972. 10. 10, 69다701 … 278, 300
대판 1972. 11. 28, 72다1597 … 323
대판 1973. 10. 23, 73다1212 … 491
대판 1974. 8. 30, 74누168 … 420
대판 1975. 4. 22, 73누215 … 249
대판 1975. 5. 13, 73누96, 97 … 390
대판 1975. 6. 24, 75누46 … 577
대판 1976. 2. 24, 75누800 … 582
대판 1976. 11. 9, 76도2703 … 264
대판 1977. 2. 8, 75다1059 … 278
대판 1978. 4. 25, 78다414 … 487
대판 1981. 1. 27, 79누433 … 112
대판 1982. 3. 9, 80누105 … 83
대판 1982. 7. 27, 81누174 … 115
대판 1982. 11. 24, 80다2303 … 523
대판 1983. 2. 8, 81누263 … 576
대판 1983. 6. 14, 80다3231 … 12
대판 1983. 7. 26, 82누420 … 161, 213
대판 1983. 10. 25, 83누184 … 593
대판 1984. 4. 10, 83누393 … 161
대판 1984. 9. 11, 83누658 … 115
대판 1984. 9. 11, 84누191 … 157
대판 1985. 5. 28, 84누289 … 211
대판 1985. 7. 9, 84누604 … 177
대판 1985. 12. 24, 85누531 … 579
대판 1986. 1. 21, 85누841 … 594
대판 1986. 1. 28, 85도2448 … 618
대판 1986. 4. 8, 82누242 … 420
대판 1986. 6. 24, 84누554 … 699
대판 1986. 7. 22, 86누203 … 116
대판 1987. 1. 20, 86누490 … 394
대판 1987. 3. 24, 86누182 … 375, 442
대판 1987. 3. 24, 86누656 … 373
대판 1987. 4. 14, 86누459 … 570
대판 1987. 4. 28, 86누93 … 470
대판 1987. 6. 9, 86다카2756 … 422
대판 1987. 7. 21, 84누126 … 323
대판 1987. 7. 21, 86누623 … 594
대판 1987. 9. 8, 87누395 … 690
대판 1987. 11. 24, 87누529 … 346
대판 1987. 12. 8, 87누632 … 417

대판 1987. 12. 8, 87누657 … 580
대판 1988. 1. 19, 87다카2202 … 287
대판 1988. 2. 23, 87도2358 … 589
대판 1989. 1. 24, 88누3314 … 442
대판 1989. 3. 14, 88누10985 … 477
대판 1989. 3. 28, 88누5198 … 319, 699
대판 1989. 5. 23, 88누3161 … 587
대판 1989. 6. 27, 87누448 … 416
대판 1989. 7. 11, 88누11193 … 250
대판 1989. 7. 25, 88누11926 … 417
대판 1989. 8. 8, 88누6139 … 420
대판 1989. 9. 12, 87누868 … 442
대판 1989. 9. 12, 89누2103 … 667
대판 1989. 12. 12, 88누8869 … 212
대판 1990. 3. 23, 89누5386 … 377
대판 1990. 5. 22, 89누7368 … 593
대판 1990. 5. 25, 89누5768 … 437
대판 1990. 9. 11, 90누1786 … 211, 212
대판 1990. 9. 14, 90누2048 … 251
대판 1990. 9. 25, 89누4758 … 441
대판 1990. 10. 23, 90누3119 … 402
대판 1990. 10. 30, 90누3218 … 432
대판 1990. 11. 23, 90누578 … 430
대판 1990. 11. 23, 90누3553 … 372, 430, 442
대판 1990. 11. 27, 90누5580 … 595
대판 1991. 2. 12, 90누5825 … 51, 437
대판 1991. 5. 8, 90누1359 … 419
대판 1991. 5. 10, 90다10766 … 445
대판 1991. 5. 14, 90누9780 … 402
대판 1991. 6. 28, 90누4402 … 180
대판 1991. 9. 24, 91누1400 … 128
대판 1991. 10. 11, 90누5443 … 422
대판 1991. 11. 8, 90누9391 … 436
대판 1991. 11. 12, 91누2700 … 593
대판 1991. 11. 22, 91누2144 … 374
대판 1991. 11. 26, 91누285 … 320
대판 1991. 12. 13, 91누1776 … 198
대판 1991. 12. 24, 91누308 … 317
대판 1992. 1. 21, 91누1264 … 178
대판 1992. 1. 21, 91누2687 … 576
대판 1992. 2. 25, 91누6108 … 422
대판 1992. 3. 10, 91누12639 … 373
대판 1992. 4. 14, 91다42197 … 717
대판 1992. 4. 24, 91누5792 … 478
대판 1992. 4. 24, 92다4673 … 704
대판 1992. 4. 28, 91누10220 … 671
대판 1992. 6. 9, 92누565 … 344, 699
대판 1992. 6. 12, 91누13564 … 251
대판 1992. 6. 23, 92다7832 … 705
대판 1992. 7. 28, 91누7361 … 441
대판 1992. 9. 17, 99추30 … 541
대판 1992. 9. 22, 91누13212 … 656, 657
대판 1992. 11. 10, 92누1162 … 88
대판 1992. 12. 24, 92누3335 … 445
대판 1993. 1. 15, 92누12407 … 711
대판 1993. 1. 26, 92다2684 … 653
대판 1993. 4. 23, 92누17099 … 437
대판 1993. 6. 8, 93다11678 … 291
대판 1993. 6. 11, 92누16706 … 711
대판 1993. 6. 29, 91다43480 … 703
대판 1993. 7. 13, 93누2131 … 305
대판 1993. 7. 27, 92누16942 … 577
대판 1993. 8. 24, 93다22241 … 704
대판 1993. 9. 14, 92누4611 … 570
대판 1993. 9. 14, 93누4755 … 402
대판 1993. 9. 28, 92누15093 … 384
대판 1993. 10. 26, 93다6409 … 323
대판 1993. 12. 28, 93다34701 … 703
대판 1994. 1. 25, 93가11760, 93다11777, 93다13784 … 704
대판 1994. 1. 25, 93누16901 … 383
대판 1994. 1. 25, 93누8542 … 712
대판 1994. 3. 8, 92누1728 … 377
대판 1994. 3. 8, 93누10828 … 709
대판 1994. 4. 12, 93다11807 … 300
대판 1994. 4. 15, 93누18594 … 696
대판 1994. 5. 10, 93추144 … 519
대판 1994. 5. 27, 94다6741 … 288
대판 1994. 9. 9, 94다4592 … 661
대판 1994. 10. 11, 94두23 … 511
대판 1994. 12. 9, 94다38137 … 297
대판 1994. 12. 27, 91누9244 … 576
대판 1994. 12. 27, 94다31860 … 287
대판 1995. 1. 12, 94누2602 … 510

대판 1995. 1. 20, 94누6529 … 180
대판 1995. 1. 24, 94다45302 … 289
대판 1995. 2. 14, 94누5830 … 660
대판 1995. 2. 24, 94다57671 … 297
대판 1995. 3. 10, 94누14018 … 436
대판 1995. 3. 28, 94누12920 … 712
대판 1995. 4. 28, 95누627 … 92, 309
대판 1995. 5. 12, 94추28 … 517
대판 1995. 7. 11, 94누4615 전원합의체 … 153, 154, 478, 519
대판 1995. 8. 22, 94누5694 … 527
대판 1995. 10. 17, 94누14148 전원합의체 … 80
대판 1995. 11. 10, 94누11866 … 115
대판 1995. 11. 14, 94누13572 … 527
대판 1995. 11. 16, 95누8850 … 115
대판 1995. 11. 28, 94누6475 … 478
대판 1995. 12. 22, 95누4636 … 187
대판 1996. 2. 15, 95다38677 전원합의체 … 299, 300, 301
대판 1996. 3. 8, 94다23876 … 288
대판 1996. 3. 22, 95누5509 … 420
대판 1996. 4. 12, 96도158 … 245
대판 1996. 4. 26, 95누13241 … 690
대판 1996. 5. 31, 95누10617 … 445, 570
대판 1996. 6. 14, 96누754 … 416
대판 1996. 6. 25, 93누17935 … 712
대판 1996. 6. 28, 94다54511 … 683
대판 1996. 6. 28, 96누4374 … 249
대판 1996. 8. 20, 95누10877 … 182
대판 1996. 9. 6, 95누12026 … 477
대판 1996. 9. 20, 95누8003 … 68, 520
대판 1996. 10. 11, 94누7171 … 586
대판 1996. 11. 8, 96다21331 … 296
대판 1996. 12. 6, 96누1832 … 710
대판 1997. 2. 11, 96누2125 … 588
대판 1997. 2. 14, 96누15428 … 251
대판 1997. 2. 28, 96누1757 … 477
대판 1997. 2. 28, 96누10225 … 709, 710
대판 1997. 3. 14, 95누17625 … 576
대판 1997. 3. 14, 96다43508 … 647
대판 1997. 3. 28, 97다4036 … 295
대판 1997. 4. 17, 96도3376 전원합의체 … 7, 8
대판 1997. 4. 25, 96추244 … 516
대판 1997. 4. 25, 96추251 … 516, 517, 518
대판 1997. 6. 30, 95다28960 … 386
대판 1997. 7. 8, 96누4275 … 570, 571
대판 1997. 7. 8, 96다53826 … 702
대판 1997. 7. 25, 94다2480 … 284
대판 1997. 8. 22, 96다10737 … 645
대판 1997. 9. 12, 96누14661 … 383
대판 1997. 9. 26, 96누7649 … 710
대판 1997. 9. 30, 97누3200 … 442
대판 1997. 11. 14, 97누14705 … 521
대판 1997. 12. 12, 97누13962 … 577
대판 1997. 12. 26, 97누9390 … 227
대판 1998. 1. 7, 97두22 … 425
대판 1998. 1. 23, 96누12641 … 437
대판 1998. 1. 23, 97누16985 … 583
대판 1998. 2. 27, 97누1105 … 664
대판 1998. 2. 27, 97다46450 … 304
대판 1998. 3. 13, 96누6059 … 158
대판 1998. 3. 24, 96누6851 … 709
대판 1998. 7. 10, 96다42819 … 297, 298
대판 1998. 7. 10, 97추67 … 557
대판 1998. 7. 24, 98다10854 … 422
대판 1998. 9. 4, 97누19588 … 48
대판 1998. 10. 13, 98다18520 … 285
대판 1998. 10. 23, 97누157 … 249
대판 1998. 11. 10, 98다42974 … 647
대판 1999. 4. 27, 99추23 … 520
대판 1999. 6. 22, 99다7008 … 279
대판 1999. 8. 20, 98두17045 … 417
대판 1999. 8. 24, 99두592 … 198
대판 1999. 9. 17, 99추30 … 516, 541
대판 1999. 11. 23, 98다11529 … 670
대판 1999. 11. 26, 99두9407 … 416
대판 1999. 12. 7, 97누17568 … 437
대판 2000. 1. 14, 99다24201 … 653
대판 2000. 1. 28, 97누11720 … 317
대판 2000. 2. 11, 99두7210 … 419
대판 2000. 2. 25, 99다55472 … 422
대판 2000. 3. 23, 98두2768 … 416
대판 2000. 4. 21, 98두10080 … 402
대판 2000. 5. 26, 99다53247 … 290, 291

대판 2000. 5. 30, 99추85 … 516, 541
대판 2000. 9. 8, 99두2765 … 447
대판 2000. 10. 27, 98두8964 … 94
대판 2000. 11. 10, 2000다26807 · 26814 … 284
대판 2000. 11. 10, 2000추36 … 529
대판 2000. 11. 14, 99다45864 … 706
대판 2000. 11. 24, 2000다28568 … 717
대판 2000. 11. 24, 2000추29 … 516
대판 2000. 11. 28, 99두3416 … 320, 705
대판 2001. 1. 5, 98다39060 … 281
대판 2001. 2. 15, 96다42420 … 294
대판 2001. 2. 23, 2000다46894 … 328
대판 2001. 3. 23, 99두5238 … 425
대판 2001. 4. 27, 2000다50237 … 378
대판 2001. 5. 29, 99두10292 … 39
대판 2001. 6. 12, 99두8930 … 420
대판 2001. 6. 29, 2001두1611 … 116
대판 2001. 7. 27, 99두2970 … 384
대판 2001. 8. 24, 99두9971 … 577
대판 2001. 8. 24, 2000두7704 … 588
대판 2001. 8. 24, 2001두2485 … 659
대판 2001. 9. 25, 2000두2426 … 310
대판 2001. 9. 25, 2001다41865 … 298
대판 2001. 9. 28, 2000두8684 … 417
대판 2001. 11. 9, 2001두4184 … 593
대판 2001. 12. 11, 2001두7794 … 447
대판 2002. 2. 22, 2001다23447 … 280
대판 2002. 5. 10, 2000다39735 … 294
대판 2002. 7. 9, 2001두10684 … 227
대판 2002. 7. 26, 2001두3532 … 593
대판 2002. 10. 11, 2001두151 … 88
대판 2003. 7. 11, 99다24218 … 280
대판 2003. 7. 24, 2001다48781 … 12
대판 2003. 9. 23, 2001두10936 … 92
대판 2003. 11. 28, 2003두674 … 217
대판 2003. 12. 12, 2003두8050 … 235
대판 2004. 1. 15, 2002두2444 … 427
대판 2004. 3. 26, 2003도7878 … 7, 8
대판 2004. 4. 9, 2002다10691 … 281
대판 2004. 4. 22, 2000두7735 전원합의체 … 130, 569, 576
대판 2004. 4. 22, 2003두9015 … 128
대판 2004. 4. 27, 2003두8821 … 682
대판 2004. 5. 28, 2004두1254 … 218
대판 2004. 6. 11, 2001두7053 … 569
대판 2004. 6. 11, 2004추34 … 530
대판 2004. 7. 8, 2002두8350 … 221
대판 2004. 7. 8, 2004두244 … 582
대판 2004. 9. 23, 2003다49009 … 285, 286
대판 2004. 9. 23, 2004다25581 … 316
대판 2004. 9. 24, 2003두6849 … 676
대판 2004. 10. 15, 2003두6573 … 135
대판 2004. 12. 23, 2002다73821 … 28
대판 2005. 1. 14, 2003두13045 … 425
대판 2005. 3. 25, 2004두14106 … 402
대판 2005. 4. 14, 2003두7590 … 437
대판 2005. 7. 21, 2002다1178 … 12
대판 2005. 7. 28, 2003두469 … 571
대판 2005. 8. 19, 2004다2809 … 250
대판 2006. 3. 9, 2004다31074 … 664
대판 2006. 3. 16, 2006두330 전원합의체 … 46, 48
대판 2006. 4. 14, 2004두3847 … 395
대판 2006. 6. 22, 2003두1684 전원합의체 … 402, 403
대판 2006. 6. 30, 2005두14363 … 723
대판 2006. 7. 28, 2004두13219 … 377
대판 2006. 8. 25, 2004두2974 … 112
대판 2006. 9. 22, 2005두2506 … 419
대판 2006. 9. 28, 2004두5317 … 105
대판 2006. 10. 12, 2006추38 … 516
대판 2006. 12. 22, 2004다68311 · 68328 … 656
대판 2007. 2. 9, 2006추45 … 516
대판 2007. 3. 22, 2005추62 전원합의체 … 556
대판 2007. 5. 11, 2007두1811 … 54
대판 2007. 6. 1, 2005도7523 … 643
대판 2007. 6. 14, 2004두619 … 395
대판 2007. 7. 12, 2006도1390 … 594
대판 2007. 7. 12, 2006두4554 … 267
대판 2007. 7. 19, 2006두19297 … 401
대판 2007. 9. 21, 2005다65678 … 291
대판 2007. 11. 29, 2006다3561 … 280
대판 2007. 12. 13, 2006추52 … 516
대판 2008. 2. 1, 2006다6713 … 635

대판 2008. 3. 20, 2007두6342 … 433
대판 2008. 4. 10, 2005다48994 … 286
대판 2008. 4. 10, 2007두18611 … 572
대판 2008. 4. 24, 2006다32132 … 285
대판 2008. 5. 29, 2004다33469 … 280
대판 2008. 6. 12, 2007추42 … 497, 530
대판 2008. 8. 21, 2007두13845 … 710
대판 2008. 10. 9, 2008두6127 … 24
대판 2009. 1. 30, 2007두7277 … 128
대판 2009. 2. 12, 2005다65500 … 26
대판 2009. 2. 12, 2007두17359 … 128
대판 2009. 3. 12, 2008두11525 … 128
대판 2009. 4. 9, 2007추103 … 509
대판 2009. 6. 23, 2007두18062 … 420
대판 2009. 7. 9, 2007두16608 … 432
대판 2009. 7. 23, 2006다81325 … 292
대판 2009. 7. 23, 2006다87798 … 282
대판 2009. 7. 23, 2008두10560 … 437, 438, 439, 570
대판 2009. 9. 24, 2009두8946 … 107
대판 2009. 10. 15, 2009다42703 · 42710 … 287
대판 2009. 12. 10, 2006다87538 … 646
대판 2009. 12. 10, 2009두8359 … 391
대판 2009. 12. 24, 2009두7967 … 19, 20
대판 2010. 1. 28, 2008두1504 … 319
대판 2010. 1. 28, 2008두19987 … 712
대판 2010. 1. 28, 2009두4845 … 120
대판 2010. 4. 8, 2009다90092 … 145
대판 2010. 4. 15, 2007두16127 … 392
대판 2010. 4. 29, 2009다97925 … 283
대판 2010. 5. 13, 2009두3460 … 434
대판 2010. 6. 10, 2009두10512 … 391
대판 2010. 11. 18, 2008두167 전원합의체 … 39
대판 2010. 11. 25, 2008두23177 … 274
대판 2010. 12. 16, 2010도5986 전원합의체 … 374
대판 2011. 1. 27, 2009다30946 … 283
대판 2011. 1. 27, 2009두1051 … 694
대판 2011. 2. 10, 2010두20980 … 414
대판 2011. 2. 24, 2010다43498 … 315
대판 2011. 3. 10, 2010다85942 … 294
대판 2011. 5. 26, 2010두28106 … 417
대판 2011. 8. 25, 2011두2743 … 323
대판 2011. 9. 8, 2009두6766 … 48, 392
대판 2011. 9. 8, 2011다34521 … 282, 301
대판 2011. 10. 13, 2008두17905 … 315
대판 2011. 10. 27, 2011두14401 … 424
대판 2011. 11. 10, 2011도11109 … 145, 210
대판 2011. 11. 24, 2010다80749 … 314
대판 2011. 11. 24, 2011두18786 … 357
대판 2012. 6. 28, 2010두24371 … 274
대판 2012. 9. 13, 2010도6203 … 263
대판 2012. 10. 11, 2010다23210 … 304
대판 2012. 12. 13, 2010두20782 · 20799(병합) … 434
대판 2012. 12. 13, 2011두29144 … 56, 210, 219
대판 2013. 1. 16, 2011두30687 … 220
대판 2013. 2. 28, 2012두22904 … 393
대판 2013. 3. 21, 2011다95564 전원합의체 … 445
대판 2013. 4. 26, 2010다79923 … 140
대판 2013. 5. 23, 2012추176 … 556
대판 2013. 6. 13, 2012두2764 … 646
대판 2013. 6. 14, 2010다9658 … 304
대판 2013. 6. 27, 2009추206 … 562
대판 2013. 7. 25, 2011두1214 … 389
대판 2013. 8. 22, 2011두26589 … 413
대판 2013. 9. 12, 2011두20079 … 585
대판 2013. 10. 24, 2011두13286 … 128
대판 2013. 11. 14, 2011두28783 … 76
대판 2014. 1. 23, 2011다18017 … 717
대판 2014. 1. 23, 2013다207996 … 290
대판 2014. 2. 21, 2011두29052 … 390, 432
대판 2014. 2. 27, 2011두11570 … 160
대판 2014. 6. 12, 2014두2157 … 80
대판 2014. 6. 26, 2012두91 … 205
대판 2014. 8. 20, 2012두19526 … 64
대판 2014. 10. 15, 2014두37658 … 45
대판 2014. 10. 27, 2012두7745 … 218
대판 2014. 11. 27, 2013두18964 … 19, 77
대판 2014. 11. 27, 2014두10769 … 642
대판 2014. 12. 11, 2012두28704 … 391
대판 2014. 12. 24, 2010두6700 … 380
대판 2014. 12. 24, 2014두9349 … 234

대판 2015. 6. 24, 2012두7073 … 81
대판 2015. 6. 25, 2014다5531 … 665
대판 2015. 9. 10, 2013추517 … 561
대판 2015. 12. 10, 2011두32515 … 381, 723, 724
대판 2016. 1. 28, 2015두52432 … 90, 91, 110
대판 2016. 3. 10, 2012다105482 … 228
대판 2016. 6. 10, 2013두1638 … 432
대판 2016. 8. 30, 2015두60617 … 400
대판 2016. 10. 27, 2016두41811 … 218
대판 2016. 11. 24, 2016수64 … 449
대판 2016. 12. 15, 2016두47659 … 23, 265
대판 2016. 12. 27, 2014두5637 … 379
대판 2017. 3. 16, 2015다3570 … 13
대판 2017. 4. 7, 2014두37122 … 418
대판 2017. 4. 13, 2014두8469 … 585
대판 2017. 4. 13, 2016두64241 … 692
대판 2017. 4. 28, 2017두30139 … 120
대판 2017. 5. 30, 2017두34087 … 107
대판 2017. 6. 15, 2013두2945 … 382
대판 2017. 7. 11, 2015두2864 … 415
대판 2017. 9. 21, 2017도7321 … 145
대판 2017. 12. 5, 2016추5162 … 519
대판 2017. 12. 22, 2016두38167 … 587
대판 2018. 4. 12, 2014두5477 … 417
대판 2018. 4. 24, 2016두40207 … 109
대판 2018. 5. 11, 2015다41671 … 644
대판 2018. 6. 28, 2015두44737 … 417
대판 2018. 7. 12, 2017두48734 … 117
대판 2018. 8. 30, 2016두60591 … 35
대판 2018. 11. 29, 2016두35229 … 519
대판 2018. 12. 27, 2014두11601 … 660
대판 2019. 1. 17, 2016두5672 … 660
대판 2019. 1. 31, 2017두40372 … 156
대판 2019. 2. 14, 2017두62587 … 571
대판 2019. 2. 28, 2017두71031 … 693, 694
대판 2019. 5. 16, 2018두34848 … 153
대판 2019. 6. 27, 2018두49130 … 271
대판 2019. 7. 11, 2017두38874 … 71, 109, 389
대판 2019. 7. 25, 2017두55077 … 418, 423
대판 2019. 8. 9, 2019두38656 … 395, 396
대판 2019. 9. 9, 2016다262550 … 445
대판 2019. 10. 17, 2018두104 … 377
대판 2019. 10. 17, 2018두40744 … 515
대판 2019. 10. 31, 2013두20011 … 73, 75
대판 2019. 10. 31, 2017두74320 … 107
대판 2019. 11. 14, 2018다233686 … 296
대판 2019. 11. 28, 2018두227 … 304
대판 2019. 12. 13, 2018두41907 … 208
대판 2020. 2. 27, 2016두60898 … 137
대판 2020. 4. 9, 2015다34444 … 389
대판 2020. 4. 29, 2017두31064 … 180
대판 2020. 5. 14, 2019다261381 … 421
대판 2020. 5. 28, 2017다211559 … 71
대판 2020. 5. 28, 2017두66541 … 71
대판 2020. 6. 4, 2015두39996 … 107
대판 2020. 6. 11, 2019두49359 … 211
대판 2020. 6. 25, 2019두52980 … 270, 415
대판 2020. 7. 9, 2016다268848 … 286
대판 2020. 7. 9, 2017두39785 … 104
대판 2020. 9. 3, 2019두58650 … 515, 530
대판 2020. 9. 3, 2020두34070 … 409
대판 2020. 10. 29, 2017두51174 … 160
대판 2020. 12. 24, 2018두45633 … 209
대판 2021. 1. 28, 2019다260197 … 301
대판 2021. 2. 4, 2015추528 … 226
대판 2021. 2. 10, 2020두48031 … 122, 124
대판 2021. 2. 25, 2020두51587 … 268, 270
대판 2021. 3. 11, 2020다229239 … 656
대판 2021. 4. 29, 2020두55695 … 117
대판 2021. 6. 10, 2017다286874 … 283
대판 2021. 6. 30, 2017다249219 … 283
대판 2021. 7. 29, 2021두33593 … 81
대판 2021. 9. 30, 2020두48857 … 165
대판 2021. 9. 30, 2021두38635 … 422
대판 2021. 12. 16, 2019두45944 … 131
대판 2021. 12. 30, 2018다241458 … 442
대판 2022. 2. 11, 2021도13197 … 572
대판 2022. 2. 11, 2021두40720 … 360
대판 2022. 3. 17, 2019다226975 … 280
대판 2022. 4. 14, 2021두60960 … 270
대판 2022. 4. 28, 2021두61932 … 418
대판 2022. 4. 28, 2021추5036 … 518, 519

대판 2022. 5. 13, 2018두50147 … 710
대판 2022. 7. 14, 2017다29053 … 52, 616
대판 2022. 7. 14, 2020다253287 … 285
대판 2022. 7. 14, 2022다225910 … 290
대판 2022. 7. 28, 2021두60748 … 171, 381
대판 2022. 10. 27, 2022추5026 … 516
대판 2022. 11. 24, 2018두67 전원합의체 … 320
대판 2023. 2. 2, 2020두4372 … 104
대판 2023. 2. 23, 2021두44548 … 437
대판 2023. 3. 9, 2022추5118 … 519
대판 2023. 6. 29, 2020두46 … 434
대판 2023. 6. 29, 2020두46073 … 415, 431
대판 2023. 6. 29, 2021다250025 … 183, 187, 386
대판 2023. 7. 13, 2022추5149 … 519
대판 2023. 7. 13, 2022추5156 … 509

헌재 1989. 1. 25, 88헌가7 … 303
헌재 1989. 12. 18, 89헌마32 · 33 … 566
헌재 1990. 9. 3, 90헌마13 … 19
헌재 1990. 10. 15, 89헌마178 … 69, 452
헌재 1991. 2. 11, 90헌바17 · 18 … 310
헌재 1991. 5. 13, 90헌마133 … 44
헌재 1992. 1. 28, 91헌마111 … 453
헌재 1992. 6. 26. 90헌바26 … 307
헌재 1994. 2. 24, 92헌가15 내지 17, 20 내지 24 … 703
헌재 1994. 2. 24, 92헌마283 … 704
헌재 1994. 6. 30, 92헌바38 … 245
헌재 1994. 8. 31, 93헌마174 … 234
헌재 1994. 12. 29, 89헌마2 … 323
헌재 1994. 12. 29, 92헌마216 … 520
헌재 1995. 4. 20, 92헌마264 · 279(병합) … 518
헌재 1996. 2. 29, 93헌마186 … 7, 8
헌재 1996. 4. 25, 95헌바9 … 703
헌재 1996. 6. 13, 94헌마118, 93헌바39(병합) … 294
헌재 1996. 6. 13, 94헌바20 … 295
헌재 1996. 12. 26, 94헌바1 … 454
헌재 1998. 4. 30, 97헌마141 … 46
헌재 1998. 5. 28, 91헌마98, 93헌마253(병합) … 429
헌재 1998. 6. 25, 95헌바24 … 429
헌재 1998. 7. 16, 96헌마246 … 437
헌재 1998. 12. 24, 89헌마214, 90헌바16, 97헌바7 … 309, 323, 683
헌재 1999. 5. 27, 98헌바70 … 18
헌재 1999. 6. 24, 97헌마315 … 128
헌재 1999. 10. 21, 97헌바84 … 676
헌재 1999. 11. 25, 97헌마54 … 505
헌재 2000. 6. 1, 97헌바74 … 7
헌재 2000. 10. 25, 2000헌바32 … 690
헌재 2001. 2. 22, 99헌마409 … 429
헌재 2001. 2. 22, 2000헌마25 … 571
헌재 2001. 2. 22, 2000헌바38 … 295
헌재 2001. 5. 31, 99헌마413 … 19
헌재 2002. 7. 18, 2000헌바57 … 583
헌재 2003. 6. 26, 2002헌마337 등 … 201
헌재 2003. 7. 24, 2002헌바51 … 452
헌재 2003. 12. 18, 2002헌가2 전원재판부 … 676
헌재 2004. 3. 25, 2001헌마710 … 567
헌재 2004. 4. 29, 2003헌마814 … 7
헌재 2004. 6. 24, 2003헌마723 … 454
헌재 2004. 7. 15, 2002헌바42 … 675
헌재 2004. 8. 26, 2003헌마916 … 452
헌재 2004. 9. 23, 2002헌바76 … 518
헌재 2004. 9. 23, 2003헌라2 … 12
헌재 2004. 10. 21, 2004헌마554 · 566(병합) 전원재판부 … 8
헌재 2005. 5. 26, 2004헌가10 … 703, 704
헌재 2006. 2. 23, 2004헌마19 … 315
헌재 2006. 5. 25, 2004헌바12 … 595
헌재 2006. 11. 30, 2005헌가20 … 703, 704
헌재 2006. 11. 30, 2005헌마855 … 487
헌재 2008. 10. 30, 2006헌바80 … 442
헌재 2008. 11. 27, 2007헌마860 전원재판부 … 677
헌재 2008. 12. 26, 2005헌마1158 전원재판부 … 498
헌재 2009. 3. 24, 2009헌마118 … 453
헌재 2009. 3. 26, 2007헌마843 … 503
헌재 2009. 9. 24, 2007헌바114 전원재판부 … 307
헌재 2009. 12. 29, 2008헌마421 … 429

헌재 2010. 2. 25, 2008헌바6 전원재판부 … 308, 310
헌재 2011. 6. 30, 2008헌바166 … 307
헌재 2012. 5. 31, 2010헌마625 … 428
헌재 2013. 8. 29, 2011헌가27 … 267
헌재 2013. 8. 29, 2012헌마767 … 77
헌재 2013. 10. 24, 2012헌바376 … 308, 648
헌재 2014. 3. 27, 2011헌마291 … 83
헌재 2014. 4. 24, 2012헌마287 … 44
헌재 2014. 6. 26, 2013헌바122 … 343, 493
헌재 2014. 9. 25, 2011헌바358 … 44
헌재 2015. 6. 25, 2011헌마769 … 234
헌재 2016. 2. 25, 2013헌바435 … 568
헌재 2016. 5. 26, 2015헌바263 … 701
헌재 2016. 7. 28, 2014헌바421 … 122
헌재 2016. 7. 28, 2014헌바437 … 571
헌재 2016. 9. 29, 2015헌바121 … 240
헌재 2016. 12. 29, 2015헌바229 … 399
헌재 2018. 1. 25, 2016헌바208 … 406
헌재 2018. 2. 22, 2017헌가29 … 206
헌재 2018. 8. 30, 2014헌마843 … 229
헌재 2019. 8. 29, 2017헌마828 … 307
헌재 2019. 8. 29, 2018헌바4 … 61
헌재 2019. 12. 27, 2018헌바236 … 307
헌재 2020. 4. 23, 2018헌바350 … 201
헌재 2020. 7. 16, 2015헌라3 … 506
헌재 2021. 6. 24, 2018헌가2 … 79, 228
헌재 2021. 6. 24, 2020헌마1614 … 566
헌재 2021. 7. 15, 2019헌마406 … 24
헌재 2022. 3. 31, 2019헌바494 … 268
헌재 2022. 5. 26, 2019헌바7 … 268
헌재 2022. 8. 31, 2018헌마305 … 452, 453
헌재 2022. 8. 31, 2021헌라1 … 491, 531
헌재 2022. 9. 29, 2018헌바356 … 64
헌재 2022. 10. 27, 2021헌가4 … 44
헌재 2023. 2. 23, 2019헌마1157 … 19, 454
헌재 2023. 2. 23, 2020헌바400 … 454
헌재 2023. 2. 23, 2021헌바93 … 18
헌재 2023. 3. 23, 2019헌마1399 … 452
헌재 2023. 3. 23, 2020헌마568 … 453
헌재 2023. 5. 25, 2021헌마993 … 44
헌재 2023. 6. 29, 2018헌마1215 … 35
헌재 2023. 6. 29, 2019헌가27 … 307
헌재 2023. 7. 20, 2017헌마1376 … 64
헌재 2023. 7. 20. 2020헌마1158 … 452
헌재 2023. 7. 20, 2021헌라2 … 454

사항색인

[ㄱ]
가구제 … 359, 406
가산세 … 267
가처분 … 410, 455
가행정행위 … 99
각하판결 … 418
간접강제 … 367, 426
감봉 … 594
감사청구권 … 500
감시권 … 481
강등 … 573, 594
강임 … 573
강제력 … 148
강제면직 … 578
강제집행 … 248
개괄조항 … 617
개괄주의 … 371
개발제한구역 … 682
개별공시지가 … 711
개별급의 원칙 … 317
개인별 보상의 원칙 … 317
개인적 공권의 개념 … 41
개인적 공권의 성립 … 44
개인적 공권의 종류 … 43
개인정보 단체소송 … 232
객관적 소송 … 370, 373, 449
객관적 심판 … 343
견책 … 594
결격사유 … 32
결과제거청구권 … 331
겸임 … 573
경업자소송 … 391
경원자소송 … 47, 391
경쟁자소송 … 47, 391
경제의 감독 … 713
경제의 지도 … 713
경제의 촉진 … 713
경찰공무원 … 613
경찰관 직무집행법상 위험방지조치에 따른 손실의 보상 … 636
경찰권의 한계 … 618
경찰기관법 … 606
경찰상 긴급상태 … 628
경찰상 위험방지와 손실보상 … 636
경찰상 즉시강제의 수단 … 632
경찰상 즉시강제의 의의 … 631
경찰상 표준처분 … 615
경찰서장 … 608
경찰소극의 원칙 … 618
경찰의 비용상환청구 … 638
경찰장비 … 634
경찰집행기관 … 610
경찰책임의 개념 … 622
경찰책임의 법적 승계 … 627
경찰책임의 성질 … 622
경찰책임의 유형 … 623
경찰책임의 주체 … 622
경찰책임자로서 제3자 … 628
경찰책임자의 경합 … 626
경찰청장 … 607
계고 … 251
계약의 해제 … 186
계획보장청구권 … 91
계획재량 … 90
고액 · 상습체납자에 대한 제재 … 246
고지제도 … 344
고충심사청구권 … 580
공공의 안녕 … 600
공공의 질서 … 600
공공조합 … 486
공기업의 개념 … 666

공기업의 목적 … 667
공기업의 보호 · 감독 … 668
공무수탁사인 … 29, 610
공무원법관계의 변경 … 572
공무원의 권리 … 579
공무원의 의무 … 585
공무원의 책임 … 592
공물의 관리 … 650
공물의 사용관계 … 655
공물의 성립 … 643
공물의 소멸 … 645
공물의 의의 … 641
공물의 종류 … 642
공물제한 … 683
공법과 사법의 구분 … 9
공법상 계약 … 183
공법상 사단 … 485
공법상 사실행위 … 188
공법상 영조물법인 … 487
공법상 재단 … 486
공용부담의 개념 … 673
공용부담의 종류 … 673
공용사용 … 685
공용수용의 개념 … 687
공용수용의 목적물 … 689
공용수용의 효과 … 700
공용제한의 의의 … 681
공용제한의 종류 … 683
공용지정 … 643
공용폐지 … 645
공의무 … 54
공익사업 … 693
공익사업의 변환제도 … 705
공적 경고 … 193
공적 재산 · 공공시설이용권 … 496
공정력 … 140
공증 … 127
공청회제도 … 223
공청회참여권 … 223
공포 … 14
공표 … 271
공표대상자의 의견진술 … 272
공표법정주의 … 272
공표의 방법 … 272
공표절차의 중지 … 272
과징금 … 266
과징금 법정주의 … 267
과태료 … 266
관련청구소송의 이송 · 병합 … 386
관습법 … 11
관할법원 … 385
관할이송 … 386
관허사업의 제한 … 246, 268
구성요건적 효력 … 142
구역 … 506
구역변경 … 506
구체적 사건성 … 372
국가경찰위원회 … 607
국가배상제도의 의의 … 277
국가일반경찰기관 … 607
국가적 공권 … 40
국가특별경찰관청 … 609
국고관계 … 35
국선대리인 … 354
국세기본법상 불복절차의 유형 … 258
권리구제형 헌법소원 … 452
권리보호의 필요 … 399, 432
권한 … 23
권한남용금지의 원칙 … 22
권한의 내부위임 … 477
권한의 대리 … 474
권한의 대행 … 477
권한의 서리 … 476
권한의 위임 … 132, 476
권한의 이양 … 477
권한의 추정 … 533
규칙 제정 · 개정 · 폐지 의견제출권 … 500
규칙제정권 … 527
균등하게 행정의 혜택을 받을 권리 … 497
균형화 사무 … 535
금전적 제재수단 … 266
급부행정 … 5
기각판결 … 419
기간상 제한 … 165, 169

기관소송 … 450
기관위임사무의 의의 … 539
기관위임사무의 특징 … 540
기본권보장원리 … 18
기본권인 경쟁의 자유 … 46
기속력 … 423
기속행위 … 104
기속행위와 재량행위의 구별기준 … 106
기속행위와 재량행위의 구별필요성 … 105
기속행위와 재량행위의 의의 … 104
기초자치단체우선의 원칙 … 535
기판력 … 421
기한 … 173

[ㄴ]
내부고발 … 587
내부법 … 70
내용상 구속력 … 139
노역 … 677
농지취득자격증명제도 … 707
능력설정행위 … 121
능력요건 … 570

[ㄷ]
단체위임사무의 의의 … 536
단체위임사무의 특징 … 537
당사자 … 388
당사자 심판 … 343
당사자능력 … 388
당사자심판 … 336
당사자적격 … 388
당연퇴직 … 575
당해 처분의 근거 법규 및 관련 법규 … 46
대리경작제 … 707
대물적 행위 … 98
대상적격 … 379
대심주의 … 362
대인적 보상 … 312
대인적 행위 … 98
대체적 작위의무 … 249
독촉 … 157, 251

[ㅁ]
면제 … 119
면직 … 577
명령적 계획 … 84
명령적 행위 … 110
무기 … 634
무명항고소송 … 442
무하자재량행사청구권 … 49
무효등확인심판 … 348
문서주의 … 210
물적 공용부담 … 674
물품 … 677
민주적 공무원제도 … 565
민중소송 … 449

[ㅂ]
반복금지효 … 423
반사적 이익 … 42
배상심의회 … 302
벌금 … 266
범지역적 사무 … 534
법규명령 … 60
법규명령의 근거와 한계 … 63
법규명령의 성질 … 62
법규명령의 소멸 … 66
법규명령의 적법요건 … 65
법규명령의 종류 … 62
법규명령의 통제 … 66
법규명령의 하자 … 65
법규명령형식의 행정규칙 … 79
법령준수의무 … 587
법률 … 10
법률보충규칙 … 78
법률상 이익의 의의 … 390
법률상 이익의 주체 … 389
법률요건분류설 … 415
법률유보원칙 … 18
법률유보의 원칙 … 184
법률의 우위의 원칙 … 17, 184
법원의 개념 … 10
법원의 특징 … 10
법정대리 … 475

법치국가원리 … 18
법치행정의 원칙 … 184
변론주의 … 411
변상책임 … 597
보고제도 … 552
보상금증감소송 … 320
보수 … 582
보수청구권 … 582
보안경찰 … 602
보완적 사무 … 535
보조금 … 714
보조기관 … 528
보직 … 569
복종의무 … 588
복직 … 572
복효적 행위 … 97
본안심리 … 414
부가처분 … 574
부과금 … 266
부관 … 171
부관의 가능성 … 175
부담 … 174
부담금 … 674
부담유보 … 174
부담제한 … 684
부당결부금지의 원칙 … 25
부분승인 … 99
부작위 … 436
부작위부담 … 680
부작위위법확인소송 … 435
분쟁조정 … 232
불문법 … 11
불복고지 … 213
불소급의 원칙 … 15
불확정개념 … 102
비례의 원칙 … 20
비밀엄수의무 … 586

[ㅅ]

사무의 위탁 … 543
사법형식의 행정작용 … 201
사실행위 … 188
사업시행자보상 … 316
사업의 인정 … 693
사업인정에 대한 불복 … 695
사업인정의 요건 … 693
사용제한 … 685
사익보호목적 … 45
사인의 공법행위 … 37
사인의 공법행위로서 신고 … 38
사인의 비용상환 … 638
사전대비의 원칙 … 720
사전보상 … 316
사전통지를 받을 권리 … 217
사정판결 … 419
산림사업대행제도 … 707
삼심제 … 385
상당성의 원칙 … 21
상대적 금지해제 … 111
상태책임 … 625
선결문제 … 144, 435
선결처분권 … 526
선급의 원칙 … 316
선매협의제 … 708
선서의무 … 585
성문법 … 10
성실의무 … 587
성실의무의 원칙 … 22
성적주의 … 567
소급효 … 166
소송물 … 377
소송비용 … 429
소송참가 … 393
소의 변경 … 405, 440
소의 종류의 변경 … 405
소의 취하 … 427
소장 … 396
소청 … 595
손실보상의 범위 … 310
손실보상제도의 의의 … 303
손실보상청구권의 성립요건 … 306
손실보상청구권의 확장 … 322
손해배상금의 청구절차 … 301
손해배상의 책임자 … 296

손해배상의 청구권자 … 294
손해배상책임의 내용 … 293
손해배상책임의 성립요건 … 279
수리 … 130
수리가 필요하지 않는 신고 … 214
수리가 필요한 신고 … 213
수리를 요하는 신고 … 39
수리를 요하지 않는 신고 … 38
수용유사침해보상 … 325
수용적 침해보상 … 328
수익자부담금 … 676
승인유보제도 … 553
승진 … 572
시 · 도경찰청장 … 608
시 · 도자치경찰위원회 … 608, 609
시가보상의 원칙 … 701
시설부담 … 679
시정명령 … 559, 561
시정제도 … 555
시행령 · 시행규칙의 형식의 법규명령 … 78
시행유예기간 … 14
시행일 … 14
신고절차 … 213
신뢰보호의 원칙 … 23
신분보유권 … 579
신용정보의 제공 등 … 246
실권의 원칙 … 25
실비변상청구권 … 583
실질적 경찰책임 … 623
실질적 관련성 … 175
실질적 당사자소송 … 444
실질적 심사 … 39
실질적 심판 … 342
실질적 존속력 … 147
실질적 확정력 … 421
실효 … 170
심리불속행제도 … 428
심판청구서의 제출 … 357
심판청구의 기간 … 356
심판청구의 대상 … 356
심판청구의 방식 … 356
심판청구의 변경 … 358
심판청구의 취하 … 359
심판청구의 효과 … 358
심판청구인 … 353
심판청구인적격 … 353
심판피청구인 … 354

[ㅇ]

연금청구권 … 583
열기주의 … 371
열람청구권 … 230
영리업무금지의무 … 590
영리활동 … 204
영업자의 지위승계 … 116
영으로의 재량수축 … 51, 108
영장주의 … 260, 264
영조물 … 289
영조물법인 … 487
영조물의 개념 … 664
영조물의 종류 … 665
예방경찰 … 603
예방적 부작위소송 … 443
예방적 소송 … 443
예방적 확인소송 … 444
예비결정 … 99
예외적 승인 … 119
외부법 … 71
요건심리 … 414
요건심리(행정소송) … 414
요건심리(행정심판) … 361
용역경비 … 612
운행자성 … 287
원고적격 … 389, 431, 438
원인자부담금 … 676
원인제공자책임의 원칙 … 721
원처분중심주의 … 382
월정수당 … 521
위임명령 … 63
위헌심사형 헌법소원 … 452
위험부담 … 702
의견제출권 … 218
의견제출제도 … 218
의견청취 … 136

의무이행심판 … 348
의무화소송 … 375, 443
의원면직 … 577
의정활동비 … 521
의회유보 … 18
의회유보원칙 … 18
이웃소송 … 48, 392
이유제시 … 210
이의신청의 기간 … 338
이의신청의 대상 … 338
이의신청의 방법 … 339
이의신청의 요건 … 338
이의신청의 의의 … 337
이의제도 … 553
이익형량 … 86
이해관계자 … 355
이행강제금의 부과 … 253
인가 … 122
인가권 … 481
인간의 존엄에 상응하는 최소한의 물질적인 생활의 유지에 필요한 급부를 요구할 수 있는 권리 … 44
인신보호제도 … 261
인용판결 … 420
인인소송 … 392
인적 공용부담 … 673
인접주민의 강화된 이용권 … 656
인허가의 의제 … 117
일반경찰 … 602
일반수권 … 617
일반재산 … 716
일반적 급부소송 … 443
일반조항 … 617
일반처분 … 94
일부철회 … 169
일시급의 원칙 … 317
임명 … 568
임시처분 … 360
임용 … 568
임용요건 … 570
임용청구권 … 570
임의대리 … 475
임의적 결정전치 … 301
임의적 심판전치 … 397
입법예고 … 214
입증책임 … 415, 434
입증책임분배설 … 415

[ㅈ]

자기완결적 신고 … 38
자기정보결정권 … 228
자기책임성 … 491
자동적 처분 … 96
자동적으로 결정되는 행정행위 … 95
자력집행력 … 148
자박력 … 420
자유사용 … 655
자체완성적 공법행위로서 신고 … 38
자치경찰기관 … 609
자치사무와 기관위임사무의 구분 … 530
자치사무의 개념 … 529
자치사무의 내용 … 532
자치사무의 의의 … 529
자치사무의 특징 … 531
자치행정의 의의 … 489
장 등의 협의체 … 543
장래효 … 166, 170
재결 … 697
재결소송 … 383
재결의 방식 … 364
재결의 범위 … 364
재결의 불복 … 367
재결의 송달 … 365
재결의 신청 … 336
재결의 의의 … 363
재결의 종류 … 364
재결의 효력 … 365
재량권남용 여부를 심리 … 51
재량권의 불행사 … 109
재량하자 … 108
재심 … 428
재심사 신청과 취소 · 철회의 관계 … 342
재심사 신청의 기간 … 341
재심사 신청의 대상 … 340
재심사 신청의 사유 … 341

재심사의 신청 … 340
재심사의 신청 방법 … 341
재심사의 의의 … 340
재처분의무 … 366
재판상 화해 … 427
재해보상금청구권 … 584
적절한 이행기간 … 253
적합성의 원칙 … 21
전보 … 572
전자행정행위 … 95
전직 … 572
정당한 보상 … 310, 700
정보공개청구권의 관념 … 233
정보공개청구권의 주체 · 대상 … 234
정보공개청구의 절차 … 236
정보상 자기결정권 … 228
정보주체의 권리 … 229
정정 · 삭제청구권 … 230
정직 … 594
정책 결정 · 집행 과정에 참여권 … 496
정치운동금지의무 … 590
제3자의 소송참가 … 393
제3자효 있는 행위 … 97
제도보장 … 491
제소기간 … 394, 438
제재사유의 승계 … 116
제재적 행정처분 … 268
제재처분 … 268
제척기간 … 270
제척제도 … 511
조건 … 173
조달행정 … 203
조례제정권 … 514
조정 … 363
존속력 … 146
종교중립의 의무 … 586
주관쟁의 … 482
주관쟁의결정권 … 481
주관적 소송 … 370
주관적 심판 … 343
주민 … 495
주민소송권 … 501
주민소환권 … 503
주민의 권리 … 496
주민투표권 … 497
주장책임 … 414
주지기간 … 14
준법률행위적 행정행위 … 124
중복제소 … 403
중앙지방협력회의 … 547
중요사항유보설 … 18
증표의 제시 … 260
지가의 공시 … 709
지방의회의 구성과 운영 … 510
지방의회의 권한 … 512
지방의회의 의의 … 509
지방의회의 지위 … 509
지방의회의원의 지위 … 521
지방자치단체의 개념 … 493
지방자치단체의 구성요소 … 495
지방자치단체의 기본권주체성 … 493
지방자치단체의 능력 … 493
지방자치단체의 명칭 … 494
지방자치단체의 사무 … 529
지방자치단체의 장의 권한 … 525
지방자치단체의 장의 신분 … 523
지방자치단체의 장의 지위 … 522
지방자치단체의 종류 … 494
지방자치단체의 통제 … 547
지방자치단체조합 … 543
지방자치의 성질 … 490
지위승계 … 116
직권면직 … 578
직권취소의 하자 … 167
직권탐지주의 … 411
직무상 명령 … 588
직무이행명령 … 561
직무집행명령 … 375, 443
직업공무원제도 … 566
직위보유권 … 579
직위분류제 … 567
직위해제 … 574
직장이탈금지의무 … 590
직접국가행정조직법 … 468

직접처분 … 367
진압경찰 … 603
질서행정 … 5
집단분쟁조정 … 232
집단행위의 금지 … 590
집행력 … 425
집행명령 … 64
집행정지 … 359, 407
징계면직 … 578
징계벌 … 592
징계부가금 … 595
징계책임 … 592

[ㅊ]

차량의 견인 … 636
채용시험 … 571
처리기간의 경과 … 208
처분 … 379
처분 등 … 379
처분권주의 … 411
처분의 사전통지 … 135
처분의 사전통지제도 … 217
처분의 재심사 … 340
처분이유의 사후변경 … 416
철회 … 167
철회권의 유보 … 174
철회의 제한 … 169
청구의 포기·인낙 … 427
청렴의무 … 585
청문권 … 220
청문제도 … 220
청원 … 456
청원경찰 … 611
청원권 … 504
체납처분 … 245
초일 불산입의 원칙 … 14
최소수단의 원칙 … 21
최소침해의 원칙 … 21
추상적 규범통제 … 68, 372
취소소송과 당사자소송의 관계 … 378
취소소송과 무효등확인소송의 관계 … 377
취소소송의 의의 … 376
취소심판 … 347
취소의 자유 … 165
취소의 제한 … 165
친절·공정의무 … 588
침해행정 … 5

[ㅌ]

통고처분 … 242
통지 … 129
통치행위 … 6
특별경찰 … 602
특별권력관계 … 34
특별부담금 … 676
특별수권 … 615
특별지방자치단체 … 495
특허기업의 개념 … 669
특허사용 … 659

[ㅍ]

파견근무 … 573
파면 … 593
판결에 대한 헌법소원 … 428
판결의 종류 … 418
판결의 효력 … 420
판단여지 … 103
평등의 원칙 … 19
폐치·분합 … 507
포괄적 법률관계설정행위 … 122
표준지공시지가 … 709
표준처분 … 615
품위유지의무 … 585
피고적격 … 392, 432
필요성의 원칙 … 21
필요적 심판전치 … 397

[ㅎ]

하명 … 111
하부행정기관 … 529
하자 유무 판단의 기준 법령 … 150
하자의 치유 … 226
하자있는 행정행위의 전환 … 161

하자있는 행정행위의 치유 … 159
합리적 차별 … 19
합의제행정기관 … 485
항고소송의 대상 … 39
항고심판 … 343
해양경찰서장 … 609
해양경찰청장 … 608
해임 … 594
핵심영역 … 492
행위책임 … 624
행정각부 … 484
행정개입청구권 … 52
행정계획의 성질 … 82
행정계획의 의의 … 81
행정계획의 절차 … 85
행정계획의 종류 … 83
행정계획의 효과 … 86
행정관청 … 471
행정관청의 개념 … 472
행정관청의 법적 지위 … 473
행정관청의 종류 … 473
행정권한 … 23
행정권한의 남용 … 23
행정권한의 일탈 … 23
행정규칙의 근거와 한계 … 72
행정규칙의 성질 … 70
행정규칙의 소멸 … 74
행정규칙의 의의 … 69
행정규칙의 적법요건 … 73
행정규칙의 종류 … 71
행정규칙의 통제 … 76
행정규칙의 하자 … 73
행정규칙의 효과 … 74
행정규칙형식의 법규명령 … 78
행정기관에 의한 분쟁해결절차 … 335
행정기관의 개념 … 470
행정기관의 종류 … 471
행정대집행 … 248
행정벌 … 240
행정법관계의 내용 … 40
행정법관계의 의의 … 32
행정법관계의 종류 … 34
행정법의 개념 … 9
행정법의 법원 … 10
행정사법작용 … 202
행정상 강제 … 247
행정상 강제 법정주의 … 247
행정소송의 의미 … 369
행정소송의 의의 … 369
행정소송의 종류 … 370
행정심판법상 행정심판 … 342
행정심판위원회 … 349, 350
행정심판의 개념 … 342
행정심판의 근거법 … 343
행정심판의 심리 · 의결 … 361
행정심판의 재결 … 363
행정심판의 전치 … 396
행정심판의 종류 … 347
행정심판의 청구 … 356
행정에 관한 기간의 계산방법 … 37
행정예고 … 215
행정의 실효성확보 … 239
행정의 의의 … 3
행정의 자기구속의 원칙 … 19, 20
행정의 종류 … 4
행정의 주체 … 29
행정입법 … 59
행정재산 … 716
행정절차의 개념 … 205
행정절차의 법적 근거 … 205
행정절차의 종류 … 207
행정절차의 하자 … 225
행정조사 … 262
행정조직법의 개념 … 467
행정조직법정주의 … 469, 605
행정지도 … 194, 216
행정지도의 효과 … 198
행정질서벌 … 243
행정질서벌화 … 247
행정행위의 개념 … 92
행정행위의 내용 … 110
행정행위의 무효 … 154
행정행위의 무효와 취소의 구별 … 152
행정행위의 변경 … 170

행정행위의 부관 … 171
행정행위의 부관의 가능성과 한계 … 175
행정행위의 부관의 하자 … 176
행정행위의 부존재 … 151
행정행위의 실효 … 170
행정행위의 적법요건 … 131
행정행위의 종류 … 97
행정행위의 직권취소 … 163
행정행위의 철회 … 167
행정행위의 폐지 … 162
행정행위의 하자 … 150
행정행위의 하자의 승계 … 155
행정행위의 효력 … 139
행정협의회 … 543
행정형벌 … 241
행정형벌의 병과가능성 … 268
허가 … 111
허가사용 … 657
헌법 … 10
헌법 제21조에 의하여 직접 보장되는 기본권 … 44
헌법소원 … 451
현품 … 678
협력의 원칙 … 721
협의 … 696
협의의 과잉금지의 원칙 … 21
협의의 비례원칙 … 21
협의의 소의 이익 … 399
협의의 행정경찰 … 602
형량명령 … 86
형성력 … 422
형성의 자유 … 90
형성적 행위 … 119
형식적 경찰책임 … 623
형식적 당사자소송 … 445
형식적 심사 … 39
형식적 심판 … 342
형식적 존속력 … 146
형식적 확정력 … 421
혼합적 행위 … 98
확약의 개념 … 179
확약의 법적 성질 … 180
확약의 요건 … 181
확약의 의의 … 179
확약의 효과 … 181
확인 … 125
확인소송의 보충성 … 432
확정력 … 421
환경영향평가 … 722
환경정책상 기본원칙 … 720
환매권의 의의 … 703
환매의 요건 … 704
환매의 절차 … 706
훈령권 … 481
휴직 … 574
희생보상청구권 … 330

저자약력

서울대학교 법과대학 졸업
서울대학교 대학원 졸업(법학박사)
독일 Universität Tübingen, Universität Wuppertal, Freie Universität Berlin, 미국 University of California at Berkeley 등에서 행정법연구
한국공법학회 회장(현 고문)
한국지방자치법학회 회장(현 명예회장)
국가행정법제위원회 위원장(현) · 행정법제혁신자문위원회 위원장 · 지방자치단체 중앙분쟁조정위원회 위원장 · 서울특별시민간위탁운영평가위원회 위원장 · 주식백지신탁심사위원회 위원장 · 행정자치부정책자문위원회 위원장 · 지방분권촉진위원회위원 · 민주화운동관련자명예회복및보상심의위원회위원 · 헌법재판소공직자윤리위원회위원 · 행정소송법개정위원회위원 · 국무총리행정심판위원회위원 · 중앙분쟁조정위원회위원 · 중앙토지평가위원회위원 · 경찰혁신위원회위원 · 전국시장군수구청장협의회자문교수 · 서울특별시강남구법률자문교수 등
사법시험 · 행정고시 · 입법고시 · 외무고시 · 지방고등고시 등 시험위원
이화여자대학교 법과대학 교수
연세대학교 법학전문대학원 · 법과대학 교수

저 서

헌법과 정치(법문사, 1986)
행정법원리(박영사, 1990)
판례행정법(길안사, 1994)
사례행정법(신조사, 1996)
행정법연습(신조사, 초판 1999, 제 8 판 2008)
신행정법연습(신조사, 초판 2009, 제 2 판 2011)
행정법원론(상)(박영사, 초판 1992, 제32판 2024)
행정법원론(하)(박영사, 초판 1993, 제32판 2024)
경찰행정법(박영사, 초판 2007, 제 3 판 2013)
신지방자치법(박영사, 초판 2009, 제 5 판 2022)
신행정법특강(박영사, 초판 2002, 제23판 2024)
행정기본법 해설(박영사, 초판 2021, 제 2 판 2022)
신행정법입문(박영사, 초판 2008, 제17판 2024)
신판례행정법입문(박영사, 2018)
신경찰행정법입문(박영사, 초판 2019, 제 3 판 2023)
기본 행정법(박영사, 초판 2013, 제12판 2024)
기본 경찰행정법(박영사, 2013)
기본 CASE 행정법(박영사(공저), 2016)
최신행정법판례특강(박영사, 초판 2011, 제 2 판 2012)
로스쿨 객관식 행정법특강(박영사(공저), 2012)
민간위탁의 법리와 행정실무(박영사, 2015)
공직자 주식백지신탁법(박영사, 2018)

제12판
기본 행정법

초판발행 2013년 2월 10일
제12판발행 2024년 1월 5일

지은이 홍정선
펴낸이 안종만·안상준

편 집 김선민
기획/마케팅 조성호
표지디자인 박현정
제 작 고철민·조영환

펴낸곳 (주) 박영사
서울특별시 금천구 가산디지털2로 53, 210호(가산동, 한라시그마밸리)
등록 1959. 3. 11. 제300-1959-1호(倫)
전 화 02)733-6771
f a x 02)736-4818
e-mail pys@pybook.co.kr
homepage www.pybook.co.kr
ISBN 979-11-303-4556-7 93360

정 가 43,000원